민주와
애국

'MINSHU' TO 'AIKOKU'
— SENGO NIHON NO NASHONARIZUMU TO KOKYOSEI
by OGUMA Eiji

민주와 애국
— 전후 일본의 내셔널리즘과 공공성

오구마 에이지 지음
조성은 옮김

2019년 5월 10일 초판 1쇄 발행
2022년 1월 10일 초판 2쇄 발행

펴낸이 한철희 | 펴낸곳 돌베개 | 등록 1979년 8월 25일 제406-2003-000018호
주소 (10881) 경기도 파주시 회동길 77-20 (문발동)
전화 (031) 955-5020 | 팩스 (031) 955-5050
홈페이지 www.dolbegae.co.kr | 전자우편 book@dolbegae.co.kr
블로그 blog.naver.com/imdol79 | 트위터 @Dolbegae79

주간 김수한 | 편집 라헌
표지디자인 박진범 | 본문디자인 이은정·이연경
마케팅 심찬식·고운성·조원형 | 제작·관리 윤국중·이수민
인쇄·제본 상지사 P&B

ISBN 978-89-7199-926-4 93910

이 도서의 국립중앙도서관 출판시도서목록(CIP)은 서지정보유통지원시스템홈페이지
(http://seoji.nl.go.kr)와 국가자료공동목록시스템(http://www.nl.go.kr/kolisent)에서
이용하실 수 있습니다.(CIP제어번호: CIP2019005120)

책값은 뒤표지에 있습니다.

민주와
애국

전후 일본의 내셔널리즘과 공공성

오구마 에이지 小熊英二 지음 | 조성은 옮김

돌베개

일러두기

1. 인명과 지명을 비롯한 고유 명사는 '외래어 표기법'을 따르되 일부는 일반적으로 널리 쓰는 표기를 사용했다.

2. 단행본과 정기 간행물 등은 『 』로, 단편 및 시, 논문, 기사, 법률 등은 「 」, 전집류는 《 》, 영화, 노래, 연극, 방송 프로그램, 미술 작품명 등은 〈 〉로 표시했다.

3. 한자를 병기할 때 일본과 관련된 인명과 도서명 등의 경우에는 일본식 약자를 병기했으며, 본문의 이해를 돕기 위한 경우에는 한국식 정자正字를 병기했다. 처음 등장할 때만 한자를 병기하는 것이 원칙이나, 필요하다고 판단한 경우에 한하여 중복해서 병기했다.

4. 일본어 인명은 원서와 같이 대체로 성과 이름을 모두 표기했다. 서양 인명의 경우 미들네임은 대체로 이니셜만 병기하였고, 일부 인물은 일반적으로 널리 쓰이는 성姓만 표기했다. 원어는 처음 등장할 때만 병기했다.

5. 일본어와 중국어 외의 외국어는 영문 알파벳으로 표기했다.

6. 원문에 없는 말이나 설명을 보충한 부분은 〔 〕로 표시했다.

7. 인용 자료의 출전 가운데 자료집, 전집, 단행본 등에 수록되었다는 표기가 있는 자료는 원칙적으로 그곳에서 인용했다.

8. 일본 간행물의 경우, 고유 명사에 해당하는 부분만 일본어 발음대로 적었다.
　　예) 『마이니치신문』每日新聞, 『긴다이분가쿠』近代文学

제가 이 서문을 쓰는 오늘은 2019년 3월 1일입니다. 텔레비전 뉴스는 1919년 3월 1일로부터 100주년을 맞아 기념하는 한국 사람들의 모습을 비추고 있습니다.

3월 1일과 8월 15일, 7월 17일, 10월 3일이 한국의 국경일이라는 사실은 저도 알고 있습니다. 여기서 저는 '한국의 여러분은 한국이 언제 건국되었다고 생각할까'라는 질문을 떠올립니다. 그것은 1948년일까요. 아니면 기원전 2333년일까요. 그 속에서 1919년은, 1987년은 어떤 의미를 지닐까요. 각자의 정치적·사상적 입장에 따라서 어떤 날과 어떤 해를 중시하는지 달라질 것입니다.

일본에서도 8월 15일은 특별한 날입니다. 전쟁이 끝난 날일 뿐만 아니라 커다란 체제 전환이 시작된 날이었기 때문입니다.

일본의 8월 15일은 국경일이 아니지만, 이 무렵에 사자를 추도하는 관습이 있어서(일본에서는 8월 15일 무렵에 조상의 영혼이 현세로 돌아온다는 오봉お盆 명절을 지냄―옮긴이) 회사 등은 업무를 쉬는 시기입니다. 그 밖에도 일본에서는 기원전 660년에 천황의 선조가 지상에 내려온 날로 여겨지는 2월 11일, 전후의 일본국 헌법을 공포한 5월 3일이 국경일로 지정되어 있습니다. 보수파는 2월 11일을 중시하지만 민주파는 5월 3일을 중시합니다. 또한 양쪽 모두가 8월 15일에 대해서는 특별한, 그러나 입장에 따라서 서로 다른 감정을 가지고 있지요.

일본에서의 전후

이 책에 쓰여 있는 것은, 일본의 건국을 둘러싼 사상입니다. 나라를 사랑한다는 것은 무엇인가, 그것은 민주화와 어떤 관계인가, 일본은 어떤 나라를 지향해야 하는가, 라는 문제들이 이 사상에서 논해졌습니다. 일본의 이야기이지만, 여기 쓰인 것은 어떤 나라에서나 공통된 주제라고 저는 생각합니다.

독자 분들의 이해를 돕기 위해, 일본에서의 '전후'戰後라는 말에 대해 약간 기술하고자 합니다.

일본 이외의 나라에서 '전후'란, 종전 직후 10년 정도의 시기를 가리킵니다. 일본에서도 제2차 세계 대전의 패전으로부터 10년 정도가 지난 1956년에 "더 이상 '전후'가 아니다"라는 말이 퍼졌습니다. 그렇지만 '전후 ○○년'이라는 말은 현재까지도 일본에서 사용되고 있습니다.

그 이유는 무엇일까요. 1945년 이후로 일본이 큰 전쟁을 경험하지 않았던 점도 한 요인이지만, 저는 이유가 더 있다고 봅니다. 제 생각에 '전후 ○○년'이라는 표현은 '일본국 건국 ○○년'의 대용입니다.

현재 세계에 존재하는 국가들 중에는 제2차 세계 대전 후에 건국된 나라가 많습니다. 대한민국, 중화인민공화국, 인도공화국, 독일연방공화국, 이탈리아공화국 등은 이 대전 후에 '건국'되었습니다. 이러한 나라들은, 체제가 변경된 해부터 계산하여 독립이나 건국을 기념합니다.

일본에서도 제2차 세계 대전이 끝난 뒤, 전쟁을 벌인 '대일본 제국'이 멸망하고 '일본국'이 건국되었습니다. 적어도 건국이라고 부를 수 있을 만큼, 체제가 크게 바뀌었습니다. 변한 것은 체제만이 아닙니다. 무엇이 옳고 무엇이 그른가에 관한 사고방식도 크게 변했습니다. 일본국이 이념으로서 내건 평화주의와 국민 주권은, 전쟁 전이나 전쟁 중의 일본에는 없었던 것입니다.

그러나 일본 정부는 그 체제 변경에서부터 셈하여 '일본국 건국 ○○

년'이라는 명칭을 취하지는 않았습니다. 일본 정부와 정권 내부의 유력자 중에 새로운 체제를 환영하지 않은 사람이 많았던 것이 한 가지 이유겠지요. 그 결과로 '건국'이라 부를 수 있을 정도의 체제 변경이 이루어진 사실은 의심할 수 없지만, 그런 시대 구분을 나타낼 말이 없다는 사태가 벌어졌습니다.

그렇기 때문에 일본 사람들은 '건국 ○○년'을 대신해 '전후 ○○년'이라는 말을 무의식 속에서부터 자연 발생적으로 사용하게 되었습니다. 그래서 전쟁으로부터 몇 년이 지나도, 일본국이 이어지는 한 전후라는 호칭은 계속된다는 것이 저의 생각입니다.

1945년 이후의 일본에는 '보수'와 '혁신'이라고 불린 세력 간의 대립이 있었습니다. 그것은 새롭게 건국된 일본국의 인정 여부를 둘러싼 대립이었다고 할 수 있습니다.

정당으로 보면 보수는 자민당自民党으로 대표되고 혁신은 사회당社会党이나 공산당共産党으로 대표되었습니다. 이 대립은 자본주의와 사회주의의 대립이며 일본 내의 냉전이었다고 이야기되어 왔고, 그런 면은 분명히 존재했습니다.

그러나 이것은 자본주의와 사회주의의 대립만은 아니었습니다. 조직과 자금의 측면에서 보면 혁신 세력은 보수 세력보다 훨씬 작았습니다. 그럼에도 불구하고 혁신 세력은 전국 의석에서 3분의 1 이상을 차지했습니다. 그것은 대중이 사회당이나 공산당을 '평화의 당'이라고 간주하고 투표했기 때문입니다.

대중은 사회주의나 공산주의를 지지하지는 않았습니다. 그들은 전쟁이 많은 친척과 친구를 죽게 만들고 자기들을 빈곤의 밑바닥으로 떨어뜨렸던 까닭에, 전쟁을 시작한 보수 세력을 싫어했습니다. 따라서 그들은 사회주의나 공산주의를 지지하지 않는 경우에도 사회당이나 공산당에 투표한 것입니다.

많은 사람들이 정치의 운영 능력에서 보면 자민당 쪽이 위라고 생각했습니다. 자민당의 정치가를 지역의 유력자로서 의지하는 사람도 많았습니다. 게다가 대부분의 사람들이 공산당 정권이나 사회당 정권의 수립을 기대하지 않았습니다.

그렇지만 일본 사람들은 보수 세력이 일본국의 이념인 평화주의와 민주주의를 부정하는 것을 용납하지 않았습니다. 그들의 심정은 '생활이 중요하다'가 3분의 2, '이념이 중요하다'가 3분의 1이었겠지요. 그것이 보수와 혁신의 의석 비율에 그대로 나타났다고 생각할 수 있습니다.

이 책이 다룬 사상들 속에서 일본국을 인정하느냐 마느냐의 대립은, 사랑하는 '나라'의 정의를 둘러싼 대립으로 나타났습니다. 한쪽은 전쟁 전의 대일본 제국을 사랑하며 전후의 변혁을 부정하고자 했습니다. 또 한쪽은 일본국을 사랑하며 민주주의와 평화주의를 지키고자 했습니다. 후자의 사람들 중에는 공산주의자에 공명하는 쪽도, 그렇지 않은 쪽도 있었지만, 평화주의와 민주주의를 지키고자 한 점은 공통되었던 것입니다.

이런 대립의 분기점이 된 것은, 공산주의나 사회주의에 대한 지지 여부보다도, 전쟁을 어떻게 평가할지의 문제였습니다. 그리고 그것은 개개의 사상가가 전쟁을 어떤 식으로 체험했는가에 좌우되었습니다. 이 책이 일본 사람들에게 전쟁이 어떤 체험이었는가에 관한 기술로부터 시작한 것은, 사상을 검증하는 데서도 그들의 전쟁 체험이 중요하다고 생각했기 때문입니다.

앞에서도 말했듯이 현재 존재하는 여러 국가의 건국은 제2차 세계 대전과 관계가 깊습니다. 그러므로 그 나라의 정통성은 건국과 전쟁의 역사를 어떻게 기술하느냐에 달려 있습니다. 제2차 세계 대전이 끝난 지 70년이 넘어가도 전쟁의 역사를 무시할 수 없는 것은 그 때문입니다.

그러나 이 책에서 다룬 사상가들의 경우, 전쟁에 대한 평가는 나라의 정통성 이전에 자기 자신의 경험을 어떻게 되돌아보느냐의 문제이기도 했습니다. 그들 중 다수는 전쟁 시대의 체험을 직접적으로는 이야기하려 하지 않았습니다. 애당초 전쟁이라는 것은 말을 잃게 하는 경험이며, 그것을 이야기하기란 어려운 일입니다.

그 대신에 그들은 민주주의나 평화주의 혹은 나라의 바람직한 모습에 관한 사상이라는 형태로, 자신의 전쟁 체험을 간접적으로 이야기했습니다. 이 책은 그들의 사상을 검증하는 형태를 취하면서, 일본 사람들이 전쟁을 어떤 식으로 체험했는가, 자기의 체험과 어떻게 마주 보았는가를 확인합니다.

이 책이 2002년에 일본에서 출판되었을 때, 여러 반향이 있었습니다. 저명한 전후 지식인들의 사상을 대상으로 한 새로운 연구라는 평가도 받았습니다. 그러나 그보다도 사람들이 전쟁 시대를 어떻게 경험하고, 그 체험과 기억을 어떻게 마주 보며, 거기서 어떤 사상과 정치가 태어나, 일본이라는 나라를 형성했는지를 그린 책으로서 높이 평가하는 반응이 많았다고 생각합니다.

과거의 사상과 정치에는 그다지 관심이 없는 사람들도, 어떤 인간이 자기의 경험으로부터 사상을 낳아 가는 경위에는 관심을 갖는 듯합니다. 그것은 '나였다면 어떻게 했을까'라고 생각하면서 읽을 수 있기 때문입니다. 그 또한 일본에서 이 책의 반향이 컸던 이유의 하나겠지요.

지금의 일본과 세계

이 책의 일본어판이 출판된 지 17년이 지났습니다. 그 사이 일본이 우경화되었다고 이야기하는 경우가 많습니다만, 저는 꼭 그렇다고는 생각하지 않습니다. 각종 조사를 보아도 일본 사람들이 전체적으로 우경화되었다는 징후는 보이지 않습니다. 이 점에 대해서는 일본 학자들의 의견이 거의 일치합니다.

그러나 아래와 같은 두 가지 경향이 보입니다.

첫 번째 경향은 의견의 분극화입니다. 인터넷 등에서 극우적인 의견이나 우익 단체가 한국인 배척을 부르짖는 것이 눈에 띄게 되었습니다.

그러나 일본 연구자의 조사에 따르면, 인터넷상에 우익적인 글을 쓰는 것은 전체 인터넷 이용자의 1퍼센트 정도에 불과하다고 합니다. 일본의 인구는 대략 1억 3,000만 명이므로, 1퍼센트라고 해도 100만 명 정도는 됩니다. 그렇기 때문에 한국을 비판하는 책이 수십만 부 팔리거나, 서점의 가판대에서 눈에 띄는 경우도 있습니다.

이런 것들은 일본 전체가 우경화되었다기보다는, 의견의 분극화라고 보아야 할 현상입니다. 이 현상은 유럽에서도 미국에서도 인도에서도 멕시코에서도 보이며, 인터넷 시대에는 발생하기 쉬운 것입니다. 물론 한국인 배척을 부르짖는 식의 언론이나 가두 운동을 용인해서는 안 됩니다. 그러나 이것을 일본 전체의 경향으로 오해하는 것은, 문제를 정확히 이해하는 데 오히려 방해가 되기 쉽습니다.

더욱 우려해야 할 것은 두 번째 경향입니다. 개인화가 진전되고 나라와 사회 전체에 대한 관심이 낮아진 것입니다.

2000년대 일본에서는 여러 가지 의미에서 개혁의 기운이 있었고, 국정 선거國政選擧의 투표율도 60~70퍼센트 정도였습니다. 2009년에는 오랫동안 정권을 담당했던 자민당이 패배하고 민주당民主黨으로 정권이 교체되었습니다.

그러나 민주당 정권은 2011년의 후쿠시마福島 원전 사고에 대처하지 못했고, 사람들은 실망했습니다. 2012년 선거에서 자민당이 정권을 되찾은 뒤에는, 국정 선거의 투표율이 50퍼센트대에 머무르고 있습니다. 자민당의 득표는 전체 유권자 중 4분의 1정도에 불과하지만, 투표율이 50퍼센트대이고 야당이 분열된 탓에, 그들은 적은 득표수로도 계속 승리했습니다. 게다가 자민당 자체의 지지자도 줄고 있기 때문에, 소수이지만 단결력이 강한 우파의 영향력이 상대적으로 커졌지요.

즉 국정에 대한 관심과 투표율이 전체적으로 낮아지는 가운데, 자민당이 적은 득표로 계속 승리를 거두고, 게다가 자민당 내에서도 우파의 영향력이 커지는 중입니다. 일본 전체가 우경화 중이라고는 할 수 없지만, 일본이 우경화되는 것처럼 보이는 데는, 이런 이유도 있을 것입니다.

그렇지만 이러한 상황이기 때문에, 저는 이 책을 읽을 의의가 있다고 생각합니다. 여기 쓰인 것은 50～70년 전 일본이라는 나라에서 나타난 사상과 논쟁입니다. 그러나 한 나라를 형성하는 데, 그것을 어떤 나라로 만들지, 그 나라와 어떤 식으로 관계를 맺을지는, 세계 어디서든 어느 시대든 보편적인 문제라고 생각합니다. 이 문제에 대한 관심은 지금의 사회에 필요하며, 그렇기 때문에 이 책을 통해서 과거 사람들의 경험으로부터 배운다는 의의는 크다고 할 수 있겠지요.

저는 이 책의 독자 분들이 자기 나라의 역사와 대비시키며 "내가 이 시대를 살아갔다면 어떻게 했을까", "나라면 어떤 나라로 만들고 싶었을까", "내 나라가 어떤 나라라면 사랑할 수 있을까"라고 생각하면서 읽어 주시기를 바랍니다. 이런 식으로 읽어 가면, 여러 가지를 생각할 수 있을 것입니다.

마지막으로 말씀드리겠습니다. 나라를 만들고 사회를 만드는 과정은 건국의 시대에 끝나 버린 것이 아닙니다. 지금도 매일, 여러분은 나라를 만들고 사회를 만드는 과정에 참가하고 있습니다. 그럼으로써 여러분의 자손이 어떤 나라와 어떤 사회를 살아갈지 결정됩니다. 우리가 부모와 조부모의 시대를 되돌아보는 것은, 그러한 자기 자신의 과제를 마주 보려면 필요하기 때문입니다. 뿌리가 없는 꽃은 아무리 아름답더라도 말라비틀어질 수밖에 없기 때문입니다.

독자 여러분이 이 책에서 무엇인가를 얻을 수 있다면 기쁘겠습니다.

2019년 3월
오구마 에이지

차 례

서장

오늘날에는 "전후 민주주의는 애국심을 부정했다"라고 종종 평가되는데, '민주'와 '애국'의 관계는 정말로 그러했을까?

오구마 에이지

"패전 후의 일본에서는 사회 전체가, 인간으로서의 바람직한 모습을 잃어버렸다."

"자원이 부족하고 인구는 과잉한데다 군비도 없는 일본이, 앞으로 세계 속에서 대체 어떤 존재 이유를 가질지에 대해, 많은 국민들에게는 아직도 해답이 없다."

1956년과 1951년, 가토 슈이치加藤周一와 마루야마 마사오丸山眞男의 위와 같은 발언들은, 현대에도 자주 논의되는 문제들을 제기한다.¹ 즉 패전 후의 '일본' 및 '일본인'이 어떤 가치 체계와 국가 정체성을 구축할 것인가라는 문제다.

그리고 이 책의 주제는 전후戰後의 내셔널리즘nationalism과 공公적인 것에 관한 언설을 검증하고, 그 변천 과정을 해명하는 것이다.

두 개의 전후

오늘날 사람들은 종종 "전후, 일본은 풍요로워졌다"고들 말한다. 그러나 그 전후란 어느 시대를 가리킬까?

전쟁의 피해 때문에 크게 하락했던 일본의 1인당 국민 총생산은 패전 후 10년이 지난 1955년에 전쟁 전 수준을 회복했다. 따라서 1954년까지를 전후라고 생각한다면, "전후, 일본은 가난해졌다"라고 말해야 할 것이다.

또한 현대에는 "전후 정치의 기본이었던 55년 체제"와 같은 표현도 쓰인다. 그러나 말할 필요도 없이, 55년 체제는 1955년에 성립되었다. 이 경우의 전후는 1954년 이전은 포함하지 않는다.

그리고 1956년 『경제 백서』經濟白書에는, 당시 유행어가 된 "더 이상 '전후'가 아니다"라는 말이 등장한다. 즉 1955년에 전후가 끝났다는 것이 당시의 인식이었다. 그 전후가 끝났을 때, 55년 체제와 고도 경제 성장으로 상징되는 또 하나의 전후가 시작된 것이다.

여기서는 잠정적으로 앞의 전후를 '제1의 전후', 뒤의 전후를 '제2의 전후'라고 부르겠다. 당연히 "전후, 일본은 풍요로워졌다"라고 말할 때의 전후는 '제2의 전후'를 가리킨다.

이 '제1의 전후'와 '제2의 전후'는 다양한 측면에서 이질적인 세계였다. 7장에서 살펴보겠지만, 1948년 일본의 추정 개인 소득은 100달러에 불과했다. 그에 비해 미국은 1,269달러, 스리랑카는 91달러였다. 당연히 당시 논단에서는 일본을 아시아의 '후진국'으로 간주하는 논조가 많았다.

여기서 하나의 가설을 세울 수 있다. 제1의 전후와 제2의 전후 사이에서, 일본의 국가 정체성을 둘러싼 논의에 어떤 질적인 변화가 일어났다는 가설이다.

일본이 제1의 전후에는 아시아의 '후진국'으로, 제2의 전후에는 서양 수준의 '선진국'으로 이야기되었다는 점은 당연히 예상할 수 있다. 또한 '근대화'가 제1의 전후에는 달성해야 할 꿈으로, 제2의 전후에는 가증스러운 기존 질서로 이야기되었다는 점도 쉽게 추측할 수 있다.

그와 동시에 제1의 전후와 제2의 전후 사이에는 또 하나의 차이점이 있다. 그것은 질서의 안정도이다.

제1의 전후의 특징은 패전에 따른 빈곤과 암시장으로 상징되는 무정부 상태였다. 극도의 인플레이션, 연이은 기업 도산과 재벌 해체, 정치가와 경제인들의 공직 추방 등으로, 사람들의 사회적 지위는 크게 바뀌었고 장래를 예측하기가 어려웠다. 1965년에 작가 오다 마코토小田実는 패전 직후를 회상하며 이렇게 말한다.[2]

'도쿄대 출신'이 꽉 잡고 있던 관료 쪽은 인기가 없었다. 도쿄대 출신들이 많이 근무하던 대기업도 경제적으로 어려웠다. 암거래꾼들만 으스댔다. 학력도 뭣도 없는 맨손 맨주먹파가 잔뜩 돈을 벌었고 도쿄대 출신 관리나 샐러리맨은 아사 직전이었다…….
나는 그 무렵, 도쿄대를 졸업한 샐러리맨이었던 지인으로부터, 대학에 갈지 말지를 상담하러 그를 찾아온 청년에게, 대학을 가도 별 볼일 없다, 그보다 빨리 사회에 나가서 일하는 것이 낫다고 일언지하에 대답했다는 이야기를 들었다. 그는 반쯤은 그것이 좋은 일이라는 듯, 반쯤은 자조적으로 덧붙였다. "이제부터는 대학을 나왔다고 이러니저러니 할 시대가 아닌 거지. 실력의 시대야. 민주주의의 세상이야. 다들 평등한 거야. (그리고는, 약간 목소리를 줄여서) 나만 해도 도쿄대를 나왔지만 말이지."

그는 당시에 다니던 대기업을 그만두고, 친구랑 사업이라도 시작할까 고민하던 중이었다. 지금은 대기업의 간부가 된 그에게, 당시의 그런 상태는 단지 일시적인 '방황'에 불과하리라.

　위의 기술에서는 다음과 같은 점이 엿보인다. 즉 빈곤과 개혁의 시대였던 제1의 전후에는, 민주주의와 평등이라는 말이 '차등 없이 동등한 대우'라는 뜻과 거리가 멀었던 국면이 있다. 그리고 질서가 안정된 제2의 전후에는 민주주의를 비롯한 제1의 전후의 언어들이 이전의 울림을 상실했으며, 패전 직후의 심정을 일시적인 방황으로 보게 되었다.

　제1의 전후에는 사회 질서가 아직 유동적이었고 미래는 불확실했다. 가라타니 고진柄谷行人은 1950년대를 회상한 1999년 대담에서, "현실은 바꿀 수 있는 것이라는 강조가, 리얼하게 울렸던 시대였다"고 말한다. 그리고 "고도성장이 시작되고 도쿄東京 올림픽(1964년 개최 - 옮긴이) 무렵이 되면 사회 분위기 자체가 변해 버려서, 비평이 그에 응하기 어려워졌다"라는 말을 했다.[3]

　제1의 전후와 제2의 전후에는, 똑같은 말도 울림이 달랐다. 이 점은 이 책의 주제와도 관계가 있다. 즉 국가나 민족이라는 말의 울림도 제1의 전후에는 제2의 전후의 그것과 다르지 않았느냐는 의문이 생긴다.

　제1의 전후는 질서가 안정되지 않은 상황 속에서, "현실은 바뀔 수 있다"라는 말이 현실감 있게 울린 시대였다. 그렇다면 이 시대에서 질서의 한 형태인 국가라는 말은 어떻게 울렸을까? 그것이 인간을 짓누르기 위해 주어진 체제가 아니라 변혁이 가능한 현실의 일부로서 이야기된 국면이, 부분적이나마 존재하지 않았을까?

그렇다면 애국이라는 말은 어떻게 울렸을까? 그리고 그것은 진부하게 취급되기 이전의 민주라는 말과 어떤 관계였을까? 오늘날에는 "전후 민주주의는 애국심을 부정했다"라고 종종 평가되는데, 민주와 애국의 관계는 정말로 그러했을까?

내셔널리즘에 관한 전후의 언설을 검증하는 것은, 이런 물음에 대한 답을 모색하는 작업이기도 하다. 그것은 당연히 국가와 개인의 관계, 혹은 공公과 사私의 관계에 대한 전후의 언설을 재검증해 가는 작업이기도 하다.

전후 민주주의의 언어

1997년 설립된 우파 단체 '새로운 역사 교과서를 만드는 모임'新しい歴史教科書をつくる会에서 공민 교과서의 집필을 담당한 사에키 게이시佐伯啓思는, "전후 민주주의라는 것은 국가를 부정하고 개인으로부터 출발한다"라고 주장하며 2000년에 이렇게 말했다. "전후 일본의 민주화는 어디까지나 미국적인 언설, 미국적인 사고방식, 미국적인 틀 안에서 이루어진 것입니다", "전후 지식인은 거의 다 서양주의자였다", "당파적으로는 좌익 진보주의자이며, 시민운동을 조직하느니 운운하는", "좌익은 근대주의와 진보주의를 전제로 하기 때문에, 좌파 지식인은 서구에 스스로를 특권화하게 된다."[4]

또 새로운 역사 교과서를 만드는 모임의 회장이었던 니시오 간지西尾幹二는 1999년 『국민의 역사』国民の歴史에서 전후 지식인을 다음과 같이 비판한다. 그들은 "공산주의를 평화 세력으로 보는 **신앙**"에 침식당해 현실을 보지 못하였으며, 전후 민주주의는 다이쇼大正 시대의 "교양주의가 모습을 바꾼 새로운 정치적 무지의 재래이다"라는 것이다.[5]

이런 글로부터 다음과 같은 전후 민주주의상이 떠오른다. 그것은 국가를 부정하고 개인을 중시하는 세계 시민 사상이며, 미국의 영향을 받은 근대주의, 서양주의이고, 공산주의에 대한 신앙을 품었으며, 다이쇼 교양주의의 연장이다.

그러나 이 전후 민주주의상에는 약간의 모순이 있다. 예를 들어 미국의 영향을 받으면서 어떻게 공산주의를 신봉할 수 있을까?

그리고 이 책의 내용을 미리 말하자면, 패전 후의 일본공산당日本共産党(일공)은 반미 애국을 내걸고 민족주의 노선을 택하면서 근대주의나 시민을 강하게 비판했다. 공산당은 냉전 논리에서 미국과 격하게 대립했을 뿐만 아니라, 근대 시민 사회를 부르주아bourgeois 자본주의 사회와 동의어로 간주하며 이것을 넘어서자고 주장했기 때문이다.

그리고 이 또한 책의 내용을 미리 말하는 것인데, 오늘날 '전후 민주주의자'로 총칭되는 전후 지식인 중 다수가 공산당과 거리를 두었다. 또한 그들은 대개 메이지明治를 상찬하고 다이쇼에는 비판적이었다. 다이쇼 데모크라시의 흐름을 따른 정당 정치가 부패한 나머지 1930년대에 스스로 무너지면서 전쟁 체제로 기울었던 사태를 목격한 그들이, 자신의 사상을 다이쇼에 빗댈 까닭이 없었다.

또한 비평가 가토 노리히로加藤典洋는 1997년의 『패전후론』敗戦後論에서 1946년에 진행된 일본국 헌법의 심의와 관련해, 메이지인明治人인 미노베 다쓰키치美濃部達吉가 이 헌법에 반대한 사실을 다룬다. 여기서 가토는 미국의 점령하에 진행되는 민주화라는 뒤틀림ねじれ을 자각했던 메이지인과, 그런 뒤틀림을 자기기만으로 은폐한 다이쇼인 혹은 쇼와인昭和人의 혁신파가 대립하는 도식을 그린다.[6]

그러나 4장에서 보듯이, 당시 의회에서는 공산당 또한 일본국 헌법에 반대했다. 또한 전면 강화론자로 널리 알려진, 전후 민주주의의 대표적 지식인으로 손꼽히는 난바라 시게루南原繁도 귀족원 의원으로서 일본국 헌법에 반대했다. 하지만 가토는 이런 움직임은 다루지 않는다. 즉 그가 말하는 혁신파는 공산당과 난바라 등을 무시하면서 성립하는 관념이다.

물론 사에키와 니시오, 그리고 가토의 사상적 지향은 각기 다르다. 하지만 1955년 이후에 성인이 된 그들의 공통점은 제1의 전후를 사상적으로 경험하지 않았다는 것이다. 그들의 사상은 제2의 전후 속에서 형성되었고, 거기서 전후 민주주의를 그렸다.

애초에 전후 민주주의라는 호칭 또한 1960년 무렵에 나타난다. 제1의 전후를 살았던 사람들은, 동시대의 다양한 운동이나 사상을 총칭하는 언어를 가지고 있지 않았다. 전후 민주주의란 제1의 전후를 표상表象하기 위해 제2의 전후에서 발명된 말이다. 그런 표상이 이따금 실상으로부터 분리되어 단순화되기 쉽다는 점은 말할 것도 없다.

이 사태는 사에키나 가토가, 마루야마 마사오와 오쓰카 히사오大塚久雄라는 개개 사상가의 저작을 충분히 독해하지 못했다는 문제에서만 발생하는 것이 아니다. 제1의 전후와 제2의 전후에는 같은 말이라도 그 울림이 달랐다. 이 책에서 검증하듯이, 이를테면 시민, 근대, 혹은 민족이라는 말은, 제1의 전후와 제2의 전후에서 의미가 다른 경우가 많다. 그런 문제를 자각하지 못하면 같은 글을 읽더라도 당시의 '울림'과 전혀 다른 해석을 내릴 위험성이 있다.

이런 점에 대한 무자각은 전후사상에 대한 연구에서도 발견된다. 예를 들어 사상사가 쓰즈키 쓰토무都築勉는 1995년의 저작 『전후 일본의 지식인』戰後日本の知識人에서, 마루야마 마사오, 오쓰카 히사오, 다케우치 요시미竹内好, 시미즈 이쿠타로清水幾太郎 등, 패전 시 30대였던 전후 지식인을 총칭하기 위해 '시민 사회 청년'이라는 유형을 설정한다.[7]

그러나 이 책에서 살펴보듯이 시민이라는 말은 전시-전후의 시기, 마르크스주의의 논조에서 부르주아와 동의어로 쓰였다. 따라서 마르크스주의의 영향력이 강했던 1955년 이전, 이른바 진보파 사이에서 시민이라는 말이 긍정적으로 쓰인 경우는 적었다. 이 말이 긍정적으로 쓰이게 된 것은 1950년대 후반, 특히 1960년 안보 투쟁 이후다. 말하자면 쓰즈키는

1960년 이후의 언어로 1955년 이전의 사상가들을 해석한 것이다. 그 점 때문에 쓰즈키의 저작에서는 전후 지식인들이 시민 사회를 논한 글에 대한 평가가 약간 불충분하다고 생각되는 부분들이 있다.[8]

애시당초 '시민'이란 대체 무엇일까? 1997년 좌담회에서 비평가 다케다 세이지武田靑嗣, 만화가 고바야시 요시노리小林よしのり, 사회학자 하시즈메 다이사부로橋爪大三郞는 시민이라는 말에 대해 각자 다른 이미지를 가졌다는 사실을 언급한다.[9] 여기서 하시즈메는 "제가 생각하는 '시민'은 **법률을 지키는 사람**입니다"라고 말하며, 다케다는 "계층, 종교, 인종, 민족, 신조 등과는 무관하게 규칙 위에서 대등"한 상태가 시민이라고 주장하고, 고바야시의 비서인 가네모리 유리코金森由利子는 "'시민'이라면 '이제 지긋지긋하다'라는 느낌이 드는 존재"라고 말한다. 그밖에도 이 좌담회에서는 시민의 이미지로서 "항상 반체제를 주장하는 사람들", "사회적인 변혁 운동과는 무관하게 평온한 시민 생활에 안주한다", "국가가 말하는 것이라면 무엇이든지 방해해 주겠다. 그러면 내가 시민이다"라는 상호 모순되는 것들이 거론된다.

이렇게 같은 말을 사람마다 다른 의미로 사용하는 상태에서는, 제대로 된 대화나 토론이 성립할 리가 없다. 다케다는 좌담회 도중에 "그런가, '시민'이라는 말에는 여러 가지 상像이 있어서 혼란스럽다"라고 말하며 교통정리를 시도하지만, 결국 시민의 정의는 애매한 채로 논의(?)가 진행된다. 그리고 하시즈메는 전후에 신헌법이 시행되면서 '국가에 반대하는 사람들'이라는 시민상이 퍼졌다고 주장하는데, 그런 전제가 과연 옳은지 그른지는 이 책에서 검증할 것이다.

여기서 문제로 볼 것은 다음과 같다. 우리가 사용하는 언어는, 역사적인 경위 속에서 태어나 변천해 왔다. 그 속에는 시민, 민족, 국가, 근대와 같이 내셔널리즘과 '공적인 것'을 논할 때 기본이 되는 말들이 포함된다. 그리고 이 책에서 이루어지는 전후의 재검토는, 그런 말들의 사용법이 어떤 변천을 거쳤는가에 대한 재검토이기도 하다. 그것은 현대를 살아가는 우리가 스스로를 구속하고 있는 언어 체계를 다시 바라보고, 사물을 논하는 회로를 열기 위한 기초 작업이기도 하다.

언설과 심정에 대해

연구 방법에 관심이 없는 독자는 이 부분을 건너뛰고 읽으시기를 바란다.

앞서 말한 대로 이 책은 전후의 내셔널리즘과 공적인 것을 둘러싼 언설言說의 변동을 검증한다. 그러나 여기서의 언설은 단순히 문자로 적힌 문언文言을 가리키지는 않는다. 이 책에서는 한 사회의 특정한 시대를 지배했던 말의 체계 내지는 구조를 언설이라고 칭한다. 전후사상에 있어서 언설을 검증한다는 말은, 민족, 시민, 국민 등의 말이 특정한 시대 속에서 구조적으로 어떻게 배치되었는가, 그리고 이 구조는 어떻게 변동했는가를 밝힌다는 뜻이다.

이 책에서는 이 구조를 언설이라 부르고, 구조 속의 개별적인 발화는 논조論調라고 부른다. 단 일반적인 일본어로서의 언설이라는 말에는 그런 의미가 없다. 따라서 이 책은 언설이 아니라 언설 구조, 언어 체계 등으로 칭하는 경우가 많겠으나, 의미는 같다.[10] 또한 개별적인 논조가 동시대의 언설(언어 체계)로 규정된다는 점을 강조할 때는, 말 쓰임言葉づかい이라고 칭한다.

또한 이 책은 1945년에서 1970년대 초까지의 전후사상을 검증 대상으로 삼는다. 그중에는 이른바 진보적 지식인 뿐 아니라 보수계와 혁신계의 정치가, 공산당과 일본교직원조합日本教職員組合(일교조)을 비롯한 단체들, 그리고 진보적 지식인을 비판하며 등장한 요시모토 다카아키吉本隆明나 에토 준江藤淳 등이 포함된다.

검증 시기를 1970년대 초에서 끊은 것은, 1955년 이후 출현한 제2의 전후의 언어 체계가 그 시기에 거의 완성되기 때문이다. 전공투 운동이 대두한 1968년 무렵에 전후 민주주의자로 총칭되었던 제1의 전후의 지식인들이 영향력을 잃고 사상 상황에 변동이 생긴다는 점은 여러 논자가 지적하는 바다.

반대로 보면, 언설에 있어서 제1의 전후에서 제2의 전후로의 변동은 1955년부터 10여 년의 시간 동안 이루어졌다고 할 수 있다. 정치의 측면에서 보면 55년 체제의 성립, 그리고 같은 1955년에 이루어진 육전협六全協(일본공산당 제6회 전국 협의회)에 따른 공산당의 온건화로 말미암아 제1의 전후가 끝났다. 또한 경제와 생활 양식의 측면에서 보면, 1950년대 후반부터 고도 경제 성장이 시작되고 1960년대 이후에 본격화된다. 언설의 변동은 그보다 한발 늦게, 1960년대 후반에 확정되는 것이다.

사회학자 야마모토 아키라山本明는 1986년에 "현재의 풍속의 원형이 만들어진 것은 1950년대 후반, 즉 쇼와 30년대. 거기에 이데올로기라는 살이 붙은 것이 쇼와 40년대라고 할 수 있다"라고 말했다.[1] 전후사상에 대한 실증적인 검증을 거친 지적은 아니지만, 흥미로운 시각을 준다.

그것은 즉 정치·경제적인 상황이 변동해도, 그것이 사회 구성원의 생활 상황을 바꾸고 이어서 말의 쓰임이 바뀌는 것은 약간 늦게 일어난다는 시각이다. 사람들은 사회와 경제의 상황이 변동되어도 이전의 사회를 지배한 언어 체계에서 쉽게 탈출하지 못한다. 세간의 표현을 쓰자면 '발상의 전환이 안 되는' 것이다.

이런 점은 제1의 전후에서 제2의 전후로의 이행뿐만 아니라, 전쟁으로부터 제1의 전후로 이행하는 과정에도 들어맞는다. 본론에서 검증하듯이, 전후사상의 많은 부분은 전시사상의 언어 체계를 이어가면서 형성되었으며 전시사상과 완전히 단절된 지점에서 발생한 것이 아니다.

많은 경우에 이런 언설 구조의 변동은 완전히 새로운 말을 창조하는 것이 아니라, 기존의 언어를 바꾸어 읽고 그 의미를 변용시킴으로써 일어난다. 왜냐하면 어떤 언설 구조 속에서 살아가는 인간은, 특정한 언어 체계의 내부에서만 발화할 수 있기 때문이다. 해당 언설 체계에 존재하지 않는 말은 쓸 수 없으며, 새로운 말을 창조하더라도 타자가 그것을 이해할 수 없다.

따라서 기존의 언어 체계로는 표현하기 곤란한 심정을 나타내기 위해, 기존의 말을 바꾸어 읽는読みかえ 작업이 종종 행해진다. 이런 사정으로 시민이나 민족과 같은 말들의 의미가, 시대와 함께 바뀌는 현상이 발생한다.

그리고 기존의 언어 체계로는 표현하기 곤란한 잔여의 부분을, 이 책에서는 심정心情이라고 부르겠다. 잔여의 부분은 어디까지나 잔여의 부분이므로, 직접적인 말보다는 오히려 문맥이나 행간으로 표현된다.[12] 그런 잔여의 부분이 기존의 언어 체계 속에서 특정한 말을 표현 수단으로 골라내고, 그것에 새로운 의미를 부여하는 바꾸어 읽기를 초래해, 결과적으로 언설 구조를 변동시키는 요인이 된다.

이런 심정은 각각의 개인이 품는 것이지만, 이 책에서는 집단적으로 공유되는 심정을 중시한다. 어떤 언어 체계에 속한 구성원들 중 다수가, 전쟁처럼 '말로 표현할 수 없는' 경험을 집단적으로 공유하는 경우에 언설의 변동이 발생한다. 왜냐하면 말로 표현할 수 없는 경험은, 기존의 언어 체계로는 표현하기 어려운 심정을 발생시키기 때문이다. 그런 경험이 집단적으로 공유될 때, 심정을 표현하기 위한 말을 모색하는 시도가 집단에서 일어나고 언설 구조가 바뀐다.

최근의 역사 연구에서는, 사회의 변동이 집단적인 심성心性, mentality을 바꾸고 그것이 말까지 변동시키는 사례가 검증되고 있다. 근대화가 가족과 성性을 둘러싼 심성을 바꾸면서, 아이나 처녀라는 개념과 언어의 의미가 변화한다는 점은 가족사 및 여성사에서 종종 지적되는 바이다.

이 책의 연구는 이런 문제를 전후 일본의 내셔널리즘을 둘러싼 언설의 영역에서 검증한 것이다. 그러나 역사학 용어로서의 심성은 표면적인 정치적 사건을 넘어서, 몇 세기에 걸친 장기적인 사회 변동으로 말미암은 변화를 지칭하는 경우가 종종 있다. 하지만 이 책이 말하는 심정은 전쟁과 고도성장이라는 단기적인 공통 경험으로써 변화하는 부분이 크다. 따라서 이 책에서는 심성이 아니라 심정이라는 말을 사용한다.

또한 여기서 말하는 심정은 언어 체계의 변화를 촉진하는 동시에, 기존의 언어 체계에 구속된 것이기도 하다. 앞에서 말한 '발상의 전환이 안된다'라는 현상은, 기존의 언어 체계로는 표현이 불가능한 심정을 품으면서도, 이 체계의 구속에서 벗어나지 못하는 상태다.

그런 까닭에 언어 체계가 변천하는 과도기에는, 표면적인 단어가 바뀌었음에도 그 문법이나 실천이 과거 그대로인 상태가 발생한다. '미 제국주의 타도'라는 말을 사용하며 붉은 깃발을 들고 행진하는 행위가, 전쟁 중 귀축미영鬼畜米英의 풍경과 어딘가 닮아 있는 현상이 그 한 예다. 이 책에서는 언어 체계가 일으키는 구속과 변천의 이런 교착交錯에도 유의하며 기술할 것이다.

또한 이 책은 마루야마 마사오나 다케우치 요시미와 같은 개별적인 사상가도 다루지만, 이 작업의 최종 목적은 개개인의 사상을 논할 뿐만 아니라 그들로써 표현된 집단적인 심정을 검증하는 것이다. 사상가와 문학가의 경우에도, 그 혹은 그녀의 표현이 그 사회의 집단적인 심정과 연결되지 않고 많은 사람들의 심정을 대변하지 못하면, 대중성을 획득할 수 없다.

반대로 말해서 저명한 사상가란 독자적인 사상의 주창자를 뜻하지 않는다. 동시대 사람들이 공유할 수 없을 정도로 독자적인 사상의 소유자는, 후세에 재발견되는 경우는 있을지라도 그 시대의 저명한 사상가가 되기는 어렵다. 그런 의미에서 저명한 사상가란 독창적이기보다는 동시대인들과 공유된 심정을 가장 정교하게 표현한 사람인 경우가 많다.

그리고 이것이 이 책에서 지식인의 사상을 분석 대상으로 중시하는 이유다. 이 책은 지식인의 사상이 동시대에 집단적으로 공유된 심정과 무관할 수 없다는 입장을 취한다. 언설 구조의 변동에 이바지하는 지식인은, 말 쓰임의 전문가로서 집단적인 심정을 표현하는 언어를 빚어내는 역할을 한다. 이 책은 저명한 전후 지식인들의 논조와 함께 정치인이나 일반 민중의 목소리를 동시에 검증할 것인데, 양쪽 모두가 동시대의 공통 기반에서 발생했다는 점을 종종 언급할 것이다.

그리고 이 책은 개개 사상가의 생애에도 주의를 기울인다. 그 사상가 개인의 성격을 밝히기 위해서라기보다는, 그 사상가가 어떤 계층이나 세대에 속해서 어떤 사회적 사건—특히 전쟁 중의 체험—과 조우했는지를 검증하기 위해서다.

사회의 변동은 모든 사람들에게 반드시 균질한 경험을 가져오지는 않는다. 전쟁이라는 공통 체험 또한 계층과 세대, 출신 지역, 혹은 우연—예를 들어 군대에 동원된 경우에도, 파견지가 남방 전선인가 중국 전선인가—등에 따라, 경험이 미묘하게 달랐다.

앞에서 말했듯이 언설 변동의 원동력이 되는 심정은, 전쟁을 비롯한 사회 구성원들의 공통 경험으로 발생한 것이다. 하지만 보다 개별적인 사례로 나누어 보면, 그 공통 경험으로 생긴 심정 또한 계층이나 세대에 따라 달라진다. 기존의 언어 체계에 만족하지 못한다는 점은 같지만 그 불만의 내용은 갖가지이며, 지향하는 언설의 방향에서도 결과적으로 차이가 발생한다.

그러나 반대로 말하면 서로 다른 계층과 세대에 속한 사람들의 심정을 종합하면, 동시대의 공통 경험을 재구성할 수 있다. 즉 여러 지식인의 논조를 검증하여 그 상호 관계를 밝히면, 공통 경험이 낳은 집단적인 심정, 그리고 언설 변동의 상태가 보인다.

말하자면 저명한 사상가를 단지 개인으로서가 아니라, 사회적 특성을 가진 인간의 사례 연구로서 검증하기 위해 그 생애를 중시한다. 한 사상가의 성장 과정을 중시하는 개별 연구적인 접근과 개개의 논조를 집단적 심정의 현현으로 간주하는 접근이, 여기서는 모순되지 않는다.

그리고 언설의 변동은 세대교체를 통해서도 발생한다. 구체적으로 살펴보면, 전쟁에 따른 집단적인 심정을 배경으로 형성된 사상과 언어는 전쟁을 모르는 세대의 심정을 표현하는 수단으로 부적합하다. 이렇게 해서 세대교체와 함께 새로운 말이 모색된다. 1960년대의 언설 변동은 고도 경제 성장이 일어난 까닭도 있지만, 전후에 태어난 세대의 대두가 큰 요인이다.

이런 의미에서도 이 책에서 말하는 '심정'은 심성처럼 수백 년이라는 척도가 아니라, 고작 수십 년 정도 사이에 변동한다. 여기서 말하는 심정이 기존의 이론적인 개념과 어떤 관계를 갖는지에 대해서는 깊게 검토하지 않겠다.[13] 이것은 이 책의 연구 대상을 밝히고, 그것에 대한 기술記述을 용이하게 만드는 잠정적인 기술 개념이다.

기술 개념을 설정함으로써 언설 변동의 검증이 쉬워진다는 이점을 얻는다. 앞에서 말한 대로, 이 책은 시민이나 민족이라는 말이 시대별 혹은 국면별로 지녔던 울림을 검증 대상으로 삼는다. 그리고 다른 시대의 시민과 민족, 민주와 애국이라는 말의 울림을, 현재의 시민이나 애국이라는 말로 기술하기는 불가능하다. 이렇게 언어의 표면적인 형태를 넘어선 대상, 언어로는 기술하기 곤란한 대상을 다루기 위해, 언어 표현의 잔여 부분인 심정이라는 개념을 가설한다.

이와 같이 심정에 대한 주목은, 언어의 표면적인 형상을 넘어서 사상을 평가하는 수단이 된다. 예를 들어 앞에서 본 "전후 지식인은 대부분 서양주의자였다"라는 사에키 게이시의 평가는, 전후 지식인 중 다수가 서양 사상에서 차용한 말을 사용했다는 점만 보면 맞는 말이다. 이런 시점은 역사가들도 공유하는데, 예를 들어 존 다우어John Dower는 저서인 『패배를 껴안고』Embracing Defeat에서 전후 지식인의 사상을 "코즈모폴리턴cosmopolitan의 급진주의"로 위치 짓는다.[14]

그러나 서양 문물을 차용하는 것이 곧 코즈모폴리턴의 심정을 배경으로 지닌다는 의미는 아니다. 이것은 메이지 이후 일본의 근대화에서, 문명개화와 내셔널리즘이 어떤 관계였는지를 떠올려 보아도 자명한 일이다. 서양 사상의 수입이 내셔널리즘의 심정을 표현하는 수단인 경우도 많으며, 언어의 표면을 넘어선 부분에 주목하지 않으면 정확한 평가가 어려워진다. 실제로 이 책에서 보이듯이 많은 전후 지식인들은 서양 사상을 소개하면서도 코즈모폴리터니즘cosmopolitanism을 강하게 비판했다.

이런 서양 사상에서의 언어 차용을 어떻게 생각할지에 대해서는, 영유領有라는 개념을 참고할 수 있다.[15] 어떤 문화나 텍스트를 받아들이는 방식이 모두 똑같다고 한정할 수는 없다. 예를 들어 셰익스피어W. Shakespeare 희곡의 경우, 문언상으로는 완전히 같은 텍스트가 상층 신분과 하층 신분에게 전혀 다른 형태로 수용되었으며, 때로는 원저자의 의도를 넘어서 독해되었다는 점은, 근래 역사학 등의 연구에서 지적하는 바다. 또한 서양에서 수입된 문물이 현지에서 어떻게 수용되어 그 사회에 적응·활용되는지의 문제는, 인류학 분야의 연구들이 말해 준다.

그리고 11장 등에서 살펴보듯 전후 일본에서 가장 큰 영유의 대상이자, 원저자의 의도를 넘어선 독해가 이루어진 대표적인 텍스트는 일본국 헌법이었다. 미국으로부터 주어진 헌법이 그들의 냉전 전략에 대항해 일본의 내셔널리즘을 표현하는 매체가 된 것이다.

그러나 전후 일본에서의 영유는 이런 의식적인 형태로만 일어나지는 않았다. 예를 들어 2장에서 검증하는 오쓰카 히사오처럼, 본인은 서양 사상을 원저자의 의도에 충실하게 수용했다고 의식하지만, 실제로는 당시의 일본 사회에 적합한 해석을 혼입混入한 경우도 많다.[16] 영유의 개념 규정은 논자에 따라 다르지만 의식적으로 바꾸어 읽기가 이루어질 때에 사용하는 경우도 많기 때문에, 이 책에서는 이 말을 쓰지 않고 참고로 하는 데 그쳤다.

부언하자면 바꾸어 읽기와 언어의 문제로부터 전후사상을 고찰하는 것은, 최근의 이론을 도입한 신기한 분석이라고는 할 수 없다. 뒤의 본론에서 말하듯이 전후 지식인의 상당수가 언어의 문제에 민감했다. 요시모토 다카아키, 쓰루미 슌스케鶴見俊輔, 에토 준은 모두 언어의 문제에서 자신의 사색을 시작했던 것이다.

그것은 당시 사람들이 전시에서 전후에 걸친 언어 체계의 격변에 직면하면서 언어의 자명성에 회의를 품고, 언어와 현실의 관계를 고찰할 수밖에 없었기 때문이다. 결론에서 인용했듯 최근의 언설 연구에 큰 영향을 끼친 미셸 푸코Michel Foucault 또한 전쟁 체험이 이론적 탐구의 핵이 되었다고 말한다. 언어 체계에 대한 회의와 그 변천에 대한 끈기 있는 고찰은, 일본뿐 아니라 나치 독일에 패배해 점령당했던 프랑스라는 패전국의 전후사상에서도 공통적인 요소였다고 할 수 있다.

따라서 전쟁 체험자의 일본사상사 연구 중 일부는 언어의 문제에 주목했다. 예를 들어 1923년생인 정치사상사가 이시다 다케시石田雄는 1983년의 『근대 일본의 정치 문화와 언어 상징』近代日本の政治文化と言語象徴에서, 자유나 국체라는 언어의 의미가 근대 일본에서 변천한 경위에 주목한다. 또한 마루야마 마사오는 1960년에 논문 「충성과 반역」忠誠と反逆을 발표하여, 메이지기의 자유 민권 운동과 우치무라 간조內村鑑三 등이 충성이라는 "전통적 범주를 그대로 사용하면서 내용을 바꾸어 읽는 것"을 통해 사상을 형성했다고 논한다.[17]

물론 이시다나 마루야마가 최근의 언설 분석이나 문화 연구의 이론들로부터 영향을 받은 것은 아니다. 그러나 그들은 아마도 전쟁 체험과 미군의 점령이라는 식민지 상황에서 그런 문제의식을 독자적으로 키웠을 것이다. 그런 의미에서 보면 이 책에서 언설을 분석하는 방법은 전후사상이라는 대상에 내재된 접근법이다.

이 책의 구성은 다음과 같다.

우선 1부의 1장에서는 전후사상의 배경이 된 전쟁 시기의 사회 상황을 개괄한다. 그리고 2장 이하에서는 주로 패전 직후의 전후사상과 그 심정을 분석하고, 전시사상의 바꾸어 읽기로 '제1의 전후'의 언어 체계가 태어난 경위를 검증한다.

2부에서는 1950년대부터 1960년 안보 투쟁까지의 시기에서, 전후사상의 다양한 전개 및 시행착오가 이루어지고, 1955년 이후로 유명무실해지는 경위를 그린다. 그리고 3부에서는 유명무실해진 전후사상이 비판받으면서 '제2의 전후'의 언설이 생겨나는 경위를 검증한다. 전체적으로 이 책의 주제인 내셔널리즘과 '공적인 것'을 둘러싼 논조가 검증 대상이 된다는 점은 물론이다.

또한 이 책에서는 주로 중앙의 주류적인 언설을 분석 대상으로 삼았다. 전후 오키나와의 사상 상황에 대해서는, 앞서 발표한 『'일본인'의 경계』〈日本人〉の境界 제4부에서 상술했다. 또한 전후에는 다니가와 간谷川雁 등을 비롯한 변경辺境의 사상과 자이니치在日(자이니치라는 단어만으로 일본에 거주하는 한국인 및 조선인을 의미하기도 함-옮긴이) 한국인 및 조선인 등의 사상이 존재하지만 이 책의 대상에는 포함되지 않는다. 단 오키나와와 자이니치의 존재가 전후사상에서 어떻게 논의되었으며, 동시대의 논조에 어떤 영향을 미쳤는지에 대해서는 어느 정도 주의를 기울였다.[18]

또한 이 책은 지금까지 발표한 나의 다른 저작들이 그렇듯이, 일반적인 연구서와는 서술 방식이 약간 다르다. 학술 논문을 취합한 책 등에서 많이 볼 수 있는, 각 장의 첫머리에서 선행 연구를 논하는 형식은 취하지 않았다. 또한 배경 지식이 없는 독자를 상정하여 사회학 등의 전문 용어는 가능한 한 사용하지 않았고, 역사학자에게는 '상식'에 속할 기초적인 사실도 종종 설명했다.

하지만 '배경 지식이 없는 독자'라고 해도, 학문의 전문적인 세분화가 극심한 요즘에는, 한 분야의 전문 연구자가 다른 분야에서는 초보자인 경우가 적지 않다. 헌법 제정 과정의 연구자가 마루야마 마사오의 사상에 정통하다고는 할 수 없으며, 언설 분석과 문화 연구의 용어에 익숙하다는 보증도 불가능할 것이다. 따라서 이 책처럼 광범위한 영역을 포괄하는 연구에서 전문 연구자만 읽을 수 있는 스타일로 각 장을 기술했다면, 아마 단 한 사람도 통독할 수 없는 책이 되어 버렸을 것이다.

이런 판단에서 일반 독자—반복하지만 어떤 장의 전문 연구자도 다른 장에서는 일반 독자가 될 수 있다—가 쉽게 읽을 수 있도록 본문을 서술하고, 선행 연구 등에 대한 언급은 모두 주注로 처리했다. 학술 잡지에

게재하는 논문은 논외로 치더라도, 단행본 출판은 수천, 수만 명에 이르는 독자를 위한 것이며, 해당 분야의 연구자 몇 명 혹은 수십 명만을 위한 것이 아니다.

또한 이 책에서 전후사상으로 칭한 것은, 전쟁 체험을 지닌 전후 지식인으로부터 이루어진 사상이다. 이 책이 검증하듯이 전후사상이란, 전쟁과 패전의 체험을 어떻게 언어·사상화해 나갈지의 과정이었다고 해도 지나친 말은 아니다. 따라서 전쟁을 체험하지 않은 지식인과 그 사상은, 이 책에서 말하는 전후 지식인, 전후사상에 속하지 않는다. 따라서 전후에 태어난 세대들의 전공투 운동은 주된 연구 대상에 넣지 않았다.

거듭 말하지만 전후사상이란 전쟁 체험의 사상화였다. 그럼에도 이제까지 대부분의 전후사상 연구는 지식인들의 전쟁과 패전 체험이 어떠했는지, 그것이 전후사상에 어떤 영향을 미쳤는지에 대해 충분한 검증을 해오지 않았다. 이 책은 각 장의 검증에서 이 점을 중시한다. 그것은 결과적으로 "'일본인'에게 전쟁이란 무엇이었는가"라는 문제, 그리고 "전쟁의 기억이란 인간에게 어떤 영향을 끼치는가"라는 문제를, 사상의 관점에서 밝히는 작업이 될 것이다.

이 책이 바라는 바는, 이런 전후사상의 형상을 부활시켜서, 계승할 점은 평가하고 그 한계와 구속을 극복하는 것이다. 이 목표를 위해 이 책은 전후사상을 현대의 언어로 성급히 비판하기보다는, 우선 그것이 당시에 표현하려 했던 심정을 밝히고 가장 훌륭한 부분을 재현하는 데 힘썼다. 어떤 사상의 한계를 넘으려면, 가장 열악한 부분을 비판하는 것이 아니라 가장 우월한 부분을 재현하면서 넘어서야만 그 구속으로부터 해방될 수 있다.

또한 인용문에서는 오늘날의 관점에서 보면 부적절한 표현도 그대로 옮겼다. 이 점 양해해 주시기를 부탁드린다.

1부

1

윤리의 초토화
전쟁과 사회 상황

전원 죽어서 돌아오라는 말을 듣고 사기가 올라가겠습니까.
…… 틀림없이 떨어졌지만, 대본영과 위의 놈들은 올라갔다고
들 합니다. 터무니없는 거짓말쟁이입니다.

사카이 사부로

많은 사람이 죽었다.

가족, 이웃, 친구, 연인, 동료가, 연달아 죽었다. 많은 남녀가, 청년과 아이들이, 전장에서 혹은 공습으로 죽었다. 대다수가 일방적으로 살육당하거나, 굶거나 병들어 죽었다.

전후사상은 그 배경이 된 전쟁 체험을 모르고서는 이해할 수 없다. 이 장은 그중에서도 전후사상의 형성에 큰 영향을 끼친 전시 중 윤리의 문제를 개설한다.[1]

분파주의와 무책임

태평양太平洋 전쟁은, 군부와 정부에서도 전혀 승산이 없는 상태에서 개시된 싸움이었다. 태평양 전쟁을 하자는 주장은 육군에서 강했지만, 육군이 생각한 전장은 메이지 이래로 대륙 방면이었고, 태평양에서의 전쟁은 준비되지 않았다. 대본영 해군부의 어떤 참모는 "놀랍게도 육군에게는 이렇다 할 대미 작전 구상도, 구체적인 작전 준비도 없거나, 혹은 없는 것과 다름없는 상태였다는 점이 개전 후에 판명되었다. 무책임이라고 할 수밖에 없었다"라고 회상한다.[2]

이런 무책임도 문제거니와, 작전 준비의 부재가 "개전 후에 판명"되었다는 육군과 해군 간의 분파주의도 문제였다. 대본영은 육군부와 해군부로 나뉘어 각각 작전을 세웠는데, 대본영 육군부 정보 참모의 회상에 따르면 "육군과 해군 양쪽 모두, 아무 연락도 없이 멋대로 전과戰果를 발표했기 때문에, 육군은 해군의 발표를 그대로 믿을 수밖에 없다"는 상황이었다. 해군의 항공모함이 전멸했던 1942년 6월 미드웨이Midway 해전의 실상에 대해서도, 육군 정보부의 부원들은 "각종 정보, 특히 외국의 뉴스 등으로", "대략적으로 알고 있었다"는 수준에 불과했다고 한다.[3]

육해군 내부의 분파주의도 대단했다. 대본영 육군부에 근무했던 참모의 회상에 따르면, 그의 임기 중에 정보부와 작전과가 작전실에 동석해서 논의한 적은 한 번도 없다고 한다. 정보부는 수집한 정보를 자료로 모아 전황을 설명했으나, 작전과는 정보부의 판단을 무시하고 독자적으로 작전을 세웠다.[4]

그 원인은 군의 인사 시스템에 있었다. 육군은 육군대학, 해군은 해군대학의 졸업 연차와 성적을 기준으로 이후의 출세가 정해지는 관청 방식의 인사가 정착되어 있었다. 육군에서 작전과는 최고의 엘리트 코스였고, 작전과원은 다른 부서를 얕보았다. 따라서 "작전과의 작전실에 들어갈 수 있는 자는 대본영大本營 참모 가운데서도 극히 일부에 지나지 않았다"고 한다.[5]

이런 인사 시스템의 폐해는 육군에서도 현저했다. 태평양 전쟁 초기에 항공모함 함대를 지휘한 한 제독은 부하 참모의 제안을 따르는 것 외에는 판단 능력이 없다고 부대 내에 정평이 났는데도, 연공서열에 따라 사령관에 임명되었다. 그리고 앞에서 말한 미드웨이 해전에서는, 이 제독의 지휘하에 항공모함이 전멸당했다.[6]

이런 상황에서 정책 결정은 형식화되었다. 이미 형세가 악화 중이었던 1943년 9월, 전쟁 방침을 결정하기 위해 천황 앞에서 육해군 합동 어전 회의가 열렸다. 어전 회의의 본회의는 리허설대로 보고가 이루어질 뿐이었고, 중견 계급의 장교가 제출 서류를 작성했다. 그 경위에 대해 당시의 대본영 해군부 참모는 이렇게 회상한다.[7]

…… 사무 당국은 정세 판단을 기초起草하는 무리와 정책 사항을 기초하는 무리로 양분되었다. 이치대로라면 정세 판단에 근거해서 정책이 만들어져야 하지만, 양쪽을 병행해서 작성하다보니, 정세 판단이 정해지지 않는 동안 정책이 결정되어 버렸다. 아니, 실은, "이런 결정을 하지 않으면 안 되니까, 어전 회의를 열도록 하자. 어전 회의를 열려면, 정세 판단을 제출하지 않으면 안 된다."라는 식이었다. 결론이 먼저고, 판단이 뒤였다.

이렇게 해서 결정이 끝난 정책에 따라, 정세 판단을 낙관적으로 다시 작성하는 작업이 이루어졌다. 하지만 적은 그대로 움직여 주지 않았다.

이런 사정 탓에 중앙의 작전 결정이나 명령은 종종 너무나 늦었고, 너무나 상황을 무시하는 내용이었다. 중앙에서의 의견 조정과 타협을 위해 많은 회의가 열리는 동안, 착수가 늦어진 전황 속에서 많은 사람들이 죽었다.

전쟁의 추이는 개전 후 반년 정도 우세했던 시기를 지나, 남태평양에서 1년 반 정도 길항의 시기가 이어졌다. 1943년 말까지 이어진 이 길항의 시기 동안 후방의 마리아나Mariana 제도와 필리핀 등지에서는 방위 준비가 거의 이루어지지 않았다. 경직화된 군 조직은 당장 닥친 사태 외에는 대응하려 하지 않았다.

애초에 육해군의 상층부에서는 중앙 근무가 출세 코스였고 전선행은 기피되었다. 따라서 중앙에는 전선의 실정을 모르는 자가 많았다. 전황의 어려움을 인식하고 의견을 말하고자 했던 대본영 해군부의 참모는, 동료에게 이렇게 제지당했다고 한다. "그런 말을 하면, 자네는 내일이라도 당장 뉴기니New Guinea나 솔로몬Solomon 제도의 최전선으로 전근당한다. 전사하는 것도 괜찮겠지만, 쥐도 새도 모르게 사라지는 꼴이 된다."[8]

1944년에 접어들어 남태평양의 길항 상태가 깨지면서, 일본군 전선은 일시에 붕괴되었다. 방위 준비가 되어 있지 않았던 후방 전선은 즉각 무너졌고, 1944년 7월에는 사이판Saipan섬이 함락, 일본의 항공모함 함대가 파멸했다. 이런 시기에도 해군은 육군에게 태평양 항공전의 실상을 가르쳐 주지 않았고, 육군은 태평양 전선이 붕괴하던 와중에 중국과 버마에서 공세 작전을 시도했다. 거의 무의미했던 이 작전으로 말미암아 많은 병사와 현지 주민이 죽었다.

그러나 1944년 후반에 이르러서는, 더 이상 승리의 전망이 없다는 것을 군 상층부도 이해했다. 그 뒤로는 어딘가의 전장에서 국지적 승리를 거둠으로써 항복 조건을 개선한다는, 말하자면 '전략의 가면을 쓴 체면'

아래서 전투가 이어진다.[9]

　제2차 세계 대전의 최종 단계에서는 정규 전투로는 미군에 대항할 수 없었던 가운데, 특공 전법이 광범위하게 채용되었다. 1944년 10월 해군 항공대에서 이 전법이 채용되었을 때, 표면상으로는 현지의 항공 부대 사령관이 발안하고, 조종사들이 지원한 것으로 되어 있었다. 그러나 실제로는 해군 중앙에서 이루어진 사전 협의에 따라, 현지에서 발안하는 형식을 취하고 중앙에서는 어떤 지령도 내리지 않는 것이 내락되어 있었다.[10]

　항공기를 이용한 특공은 "항공기 한 대로 전함 한 척을 데려간다"라는 강령하에 행해졌다. 그러나 폭탄을 실은 항공기의 돌격은 폭탄 투하에 비해 속력과 관통력이 떨어져서 파괴 효과도 적다는 사실이 당초부터 알려져 있었다. 특공기가 미군의 전투기와 방공 탄막의 방해를 뚫을 가능성도 적었다.

　해군군령부의 예측으로는, 8기에서 10기가 동시에 가장 좋은 조건으로 명중하지 않으면 항공모함이나 전함을 침몰시킬 수 없다는 점, 출격하는 특공기 가운데 10퍼센트 정도만이 적의 위치에 도달한다는 점 등이 오키나와 전투가 벌어진 시점에서 이미 산정되어 있었다.[11] 그런 이유도 있어서 특공대로 대형 함선을 침몰시킨 성공 사례는 존재하지 않았다.

　현지의 군이 보고한 특공대의 전과는 종종 대폭 과장되었다. 필리핀 전선의 어떤 작전에서는 24기의 특공기가 37척을 격침했다고 보고되었다.[12] 그리고 특공 가운데는 전투기 고장 등으로 생환한 자를 죽이기 위해 실시된 것도 있었다고 한다. 필리핀 전선에 있었던 한 육군 조종사는 회상기에서 그 이유에 대해 이렇게 말한다.[13]

당시의 고급 참모들은, 장부를 어떻게든 상부의 명령에 맞추려고 필사적이었다. 즉 특공대로 가짜 전과를 만들어 냈다.
게다가 일단 특공에 나갔던 인간이 살아 있다는 것은, 그들에게는 엄청나게 곤란한 일이다. 기껏 만들어 낸 가짜 전과가 없어지고, 특진을 신청한 것도 거짓말이 된다. 이러면 누가 뭐라 해도 장본인이 죽어 주지 않으면 체면이 서지를 않는다.

이 필리핀 전선에서 많은 부하를 특공으로 내보낸 해공군 사령관 도미나가 교지富永恭次 육군 중장은, 미군 상륙 직후 비행기로 타이완까지 무단 탈출했다. 그러나 전 육군성 차관이기도 했던 이 장군은 예비역 편입 처분만 받았다.

특공 조종사는 일단은 본인의 지원을 받아 선발되었다. 그러나 그 실태는 사실상 강제에 가까운 경우가 많았다. 필리핀 전선에 있던 한 해군 항공부대의 사례로는, 밤중에 조종사 전원을 불러내서 특공을 "희망하지 않는 자는 한 발 나와라"라고 명령했다. 이렇게 해서 전원이 지원했다고 인정된 뒤, 상관의 판단에 따라 특공대원이 뽑혔다.[14]

항공대의 간부나 병학교兵学校 출신 사관士官, 고참 조종사 등은 부대의 유지에 필요하다고 판단되어 특공에 나가는 경우가 적었다. 따라서 특공대원의 대부분은 전쟁 후반에 동원된 학도 출신의 예비 사관이나 예과련予科練(해군비행예과연습생海軍飛行予科練習生의 약칭 - 옮긴이) 출신의 소년 항공병 등에서 뽑혔다. 기자재 면에서도 특공용으로는 부서져도 아깝지 않은 구식기나 연습기가 종종 사용되었다. 당시 고참 조종사였던 한 사람은 "특공대에 뽑힌 사람들은 한마디로 말해서 조종사로는 C급입니다"라고 말한다.[15]

해군의 어떤 항공대에서는 이런 상황에 의문을 느낀 비행장의 소좌少佐(소령에 해당 - 옮긴이)가 사령관인 대좌大佐(대령에 해당 - 옮긴이)에게 다음과 같은 주장을 한 뒤에 특공 출격이 취소되었다. "만약에 간다면 우선 제가 대장, 분대장, 병학교 출신의 사관을 데려가서 반드시 적 항공모함을 격침하겠습니다. 마지막에는 사령관도 가 주시겠지요. 예비 사관이나 예과련의 젊은이들은 절대로 내보내서는 안 됩니다."[16] 그러나 많은 특공은 이런 말과는 반대의 형태로 행해졌다.

이런 상황을 앞에 두고서도 탈주하면 총살이었고 고향에 있는 육친이 비난받을 것은 명백했다. 같은 처지의 전우를 버리고 탈주한다는 데 대해 죄책감을 느끼는 이도 많았다. 그런 탓에 많은 특공대원은 국가나 고향을 지키고자 하는 이념을 통해, 자신과 전우의 죽음에 의미를 부여했다. 그러나 기지 상공에서 사령관실로 돌진하는 자세를 보인 뒤에 적진으로 날아간 특공기도 일부 있었다고 한다.[17]

이런 특공 전술은 항공대에서만 이루어진 것이 아니었다. 1945년 4월 전함 야마토大和와 호위함이 오키나와를 향한 '수상水上 특공'에 출격하여, 거의 아무런 전과도 없이 미군 전투기에 침몰당했다. 이 출격에 승산이 없다는 점은 해군 중앙에서도 알았고, 게다가 출동 며칠 전만 해도 이런 계획 자체가 없었다고 한다.[18]

전 연합함대 참모장의 일기에 따르면 해군군령부총장海軍軍令部總長 (해군참모총장에 해당-옮긴이)이 오키나와에서의 특공 작전 계획을 천황에게 올린 것이 야마토 출격의 계기였다. 그때 "항공 부대 전체의 총공격인가"라는 천황의 질문이 있었고, 총장이 그 자리에서 "전 병력을 사용하겠다고 대답"했던 것이다.[19]

이렇게 해서 야마토 함대는 아무런 준비도 없는 상태에서 급히 출동을 명령받아, 일방적인 공습을 당하고 파멸해 4,000명 가까이가 전사했다. 그러나 그런 명령을 내린 사령관이나 참모에게 작전 실패에 대한 책임을 묻는 일은 없었다.

이런 상황에서 병사들의 사기는 저하되었다. 한 해군 항공대 조종사는 전후에 쓴 회상기에서 "이 전법〔특공〕이 전군에 전해지자, 우리 군의 사기는 눈에 보이게 떨어졌다. 신이 아니라 인간이다. 살길이 있어야 병사의 사기가 오른다. 겉으로는 모두 거짓된 활기를 보였지만, 그늘에서는 울고 있다", "승산이 없는 상층부가 될 대로 되라는 식의 마지막 발악을 한다고 생각할 수밖에 없었다"라고 말한다.[20]

특공대원의 유서를 비롯한 병사의 편지는 군의 검열을 거쳤고, 틀에 박힌 미사여구 이외의 내용은 쓸 수 없었다. 이른바 에이스 조종사로 알려진 사카이 사부로坂井三郎는 전후의 인터뷰에서 이렇게 말한다. "당시 신문에서도 해군 부내의 홍보에서도, 시키시마敷島 부대〔최초로 인정된 특공대〕가 장렬히 몸을 던지는 공격을 했다. 이로써 해군 항공대의 사기가 고양되었다고 쓰여 있었습니다. 터무니없는 거짓말입니다. 사기는 저하되었습니다.", "전원 죽어서 돌아오라는 말을 듣고 사기가 올라가겠습니까. …… 틀림없이 떨어졌지만, 대본영과 위의 놈들은 올라갔다고들 합니다. 터무니없는 거짓말쟁이입니다."[21]

이런 전쟁의 모습을 설명한 까닭은 다른 데 있지 않다. 이런 사정이 전후사상, 특히 '전쟁 책임'과 '공적인 것'에 관한 사상의 큰 배경이 되었기 때문이다.

군수 공장의 실태

군수 생산 현장에서도 혼란은 이어졌다. 특히 문제가 된 것은 통제 경제의 폐해와 총력전 체제의 마비였다.

1941년 말부터 각 산업 부문에 생산 할당과 자재의 배분 등을 실시하는 통제회가 설치되었다. 이 조직은 상공청이나 군수성에 직속되어, 기업 대표자나 관료가 임원으로 취임했다. 또 한편으로 민간 산업과 중소기업의 정리 통합이 이루어져, 많은 사람들이 군수 산업으로의 전업이나 근로 동원을 강요받았다.

그러나 육해군의 분파주의는 여기서도 현저했다. 똑같은 독일제 엔진의 생산 허가를 받기 위해 육해군은 개별적으로 교섭을 벌여 사용료를 이중으로 냈고, 여기에 각기 다른 명칭을 붙였다. 병기 개발 계획은 육해군의 각 부처별로 난립해서 실현된 것은 적었다. 이렇게 만들어진 병기는 다종다양하여 생산 증대를 방해했다. 동종의 병기라도 육군과 해군은 탄환이나 부품 규격이 달라서, 상호 호환이 불가능했다.[22]

제2차 세계 대전 후반에는 미군의 잠수함 공격 때문에 원료의 해상 수송이 곤란해져, 연료·자재 부족이 심각해졌다. 육해군은 부족한 자재를 서로 쟁탈했고, 공장에 각각 감독관을 파견해서 자신들의 병기를 먼저 생산하도록 강요했다.

전쟁 후반의 1943년 11월에 군수성이 신설되어 군수 산업 총괄의 일원화가 시도되었다. 그러나 육해군은 군수성에게 작전 계획을 가르쳐 주지 않았고, 군수성 측은 전쟁의 전망에 기초한 생산 계획을 세울 수 없었다.[23]

군수성은 각 항공기 회사에 할당량을 부과해 생산 증대를 촉구했다. 그 결과 1944년에 항공기 생산은 정점에 이르렀지만, 상당수가 형식적으로 생산량을 늘린 불량품이었다. 1944년 2월의 예를 들면 생산된 항공기 가운데 전선 부대에서 만족할 정도로 사용이 가능한 것은 약 3분의 1에 불과했다고 한다.[24]

한 가지 원인은 부품을 공급하는 하청 공장의 역량 부족이었다. 하청은 대부분 영세한 동네 공장으로, 설계한 밀도에 맞추어 부품을 생산하지 못했고, 품질 검사에서 합격품이 절반 이하인 상황도 허다했다. 300만 명 이상의 공장 노동자가 군대로 동원된 탓에 품질을 보장할 수 있는 숙련공도 부족했다.

두 번째 원인은 통제 경제에 있었다. 민간에는 부족한 각종 자재가 군수 공장에 우선적으로 배급되었다. 이는 군수 공장의 간부가 암시장으로 물자를 빼돌리면 불법으로 이익을 챙길 수 있다는 뜻이었다. 생산 자재를 빼돌렸기 때문에 원료 부족이 심각해졌을 뿐만 아니라, 불량 부품도 부적절한 경로를 통해 공장에 공급되었다. 이런 상황에서 군수성은 제품의 규격 기준을 낮추어서 표면적인 생산 목표를 달성하려 했다.

이런 생산 현장의 상황은 거기에 동원된 학생과 여성들에게 큰 심리적 영향을 끼쳤다.

1943년 8월 사무 보조자와 차장車掌 등 17개 업종에서 남성의 취업이 금지되고 젊은 여성의 노동 징용이 추진되었다. 문부성文部省(한국의 교육과학기술부와 유사-옮긴이)은 행학일치行学一致라는 구호를 채용해, 공장은 사회 교육의 장이라는 명목으로 학교 교육을 축소하고 학생 동원에 협력했다.

이렇게 해서 1945년 초까지 중학생 이상의 학생 약 300만 명, 여성 근로 정신대 47만 명이 동원되어, 민간 산업에서 강제로 전직당한 징용 노동자 등과 함께 공장과 농촌에 배치되었다. 당시 8대 조선소의 노동자 평균을 보면, 정규 종업원은 20퍼센트, 징용공 및 학도가 55퍼센트, 조선인, 중국인, 포로, 수감인 등을 합해 21퍼센트였다. 평균 노동 시간은 매일 11.4시간에 이르렀고, 심야 업무 및 휴게 시간 삭감이 강행되었다.[25]

장시간 노동의 강행과 식료품 부족은 생산 능률과 사기를 저하시켜, 불량품의 증가와 무단결근의 속출로 이어졌다. 그런 상황에 대처하기 위해, 헌병의 감시와 군대 조직을 본뜬 직급제가 도입되었고, 불합리한 정신주의도 횡행했다. 나카지마中島 비행기의 오지마尾島 공장의 예를 보면, 여기서는 1944년 6월에 매일 30분씩 세 번의 돌격 시간이 실시되었다. 이 시간 중에는 확성기로 돌격 나팔이 연주되면서 '돌격 정신'으로 작업할 것을 명령받았다. 그러나 작업이 냉정히 이어지지 못한 탓에 오히려 불량품의 증가를 부르는 결과로 끝났다.

국가로부터 배운 강령을 믿고 공장에 동원된 학생들은 이런 실정에 실망한다. 특히 생산 현장을 뒤덮은 허위가 그들을 한숨짓게 했다. 당시 여학생이었던 다케다 기요코武田淸子는 그녀가 동원된 'H제작소'의 모습을 이렇게 회상한다.[26]

당시의 생활을 생각해 보면, 모든 것이 '거짓'으로 관철되어 있었다. 신문에 매일 같이 일본이 승리하고 있다는 인상을 주는 보도가 계속 나왔지만, 공장 현장에서 일하는 사람들은 "이런 식으로 하는데 이기는 것도 대단하다"라고 동료끼리 늘 이야기했다. 일본 비행기의 뼈대를 만드는 자기들의 주형 공장에서 정식 보고서가 생산고를 어떻게 보고하든 간에, 그 제품 중 불량품이 얼마나 많은지 가장 잘 아는 이는 현장에서 일하는 이 사람들이었다. 그리고 그런 불량품의 원인이 당시 일본의 궁박함이 아니라, 윗사람의 재료 빼돌리기나 갖가지 거짓말에 있다는 점을 아는 것도 그들이었다. 자기들도 직급에 걸맞은 만큼 빼돌리는 것이 당연시되는 세계였다. 게다가 매일 조례에서는 윗사람이 필승의 결의에 불타는 얼굴로 훈시를 했고, 그것을 진지한 얼굴로 들으며 현장으로 향하는 생활이 반복되었다.

공장에서의 식량 배급은 적었다. 공정 배급량이 적었을 뿐만 아니라 직제에 따른 빼돌려 팔기나 횡령이 있었기 때문이다. 다케다에 따르면 "공원工員은 물론, 공장을 행학일체의 교육장으로 삼아 기운차게 나온 중학생들까지도, 식권을 위조해서 한 번에 2인분, 3인분을 먹어 공복을 채울 길을 궁리하며 어떤 모순도 느끼지 않는 인간이 되어 버렸다"라고 한다. 허위는 허위를 낳고, 횡령은 횡령을 낳았다. 거짓에 거짓으로 대하는 대책은, 자연스러운 호신 방법이었기 때문이다.

횡령과 동시에 발생한 것이 유착이었다. 군수 공장을 중심으로 모든 산업에 관청의 통제와 인허가가 미치자, 필연적으로 기업과 관료의 유착이 심해졌다. 관료를 접대하여 물자를 배급받으면 빼돌리기로 이익을 취할 수 있다. 당시의 게이오기주쿠대학慶應義塾大学(게이오대) 숙장塾長(다른 대학의 총장總長에 해당-옮긴이)이었던 고이즈미 신조小泉信三는, 관료를 회사 돈으로 접대하는 습관이 전쟁 시기부터 확산되었다고 지적한다.[27]

물자의 부족이 현저해진 전쟁 후기에는, 대장 대신大藏大臣(한국의 기획재정부 장관과 유사-옮긴이)이었던 가야 오키노리賀屋興宣가 스기나미구杉並区 내의 목탄을 자택에 사들여 놓았다던가, 화재로 불탄 아라키 사다오荒木貞夫 육군 대장大將의 집에서 대량의 은닉 식량이 나왔다던가 하는 정보가 구전으로 퍼져 갔다.[28] 그들은 공식석상에서 결핍을 인내하는 생활과 멸사봉공滅私奉公을 훈시한 사람들이었다. 훗날 요시다 시게루吉田茂 내각의 문부 대신이 된 윤리학자 아마노 데이유天野貞祐는 전시를 회상하며 "역설적인 것은 자기自分를 갖지 않아야 마땅할 터인 전체주의자들이 실제로는 가장 사리사욕을 추구하는 사람들로, 가장 자기를 가진 사람들이라는 점이었다"라고 말한다.[29]

이런 가운데 면종복배面從腹背가 사람들의 습성이 되었다. 다케다는 이것을 외피인 '조개껍데기'를 지닌 조개껍데기 인간상貝殼人間像이라 부른다. "직장도, 과장도, 부장도, 공장장도, 공장 감독관도, 모두가 사회의 위계질서 속에서 자기의 위치를 차지하면서, 위를 향해서도 아래를 향해서도 조개껍데기 인간상을 뒤집어쓰고 사회적, 공적인 행동을 취했으며, 그럼에도 불구하고 스스로의 살아 있는 몸뚱이를 가진 인간상으로써 그것을 배신했다."그녀가 전쟁에서 배운 것은 멸사봉공을 비롯한 "국가의 지도 이념 그 자체가 조개껍데기 인간상의 모순과 허위를 본질로 삼았다는 것"이었다.[30]

조직 생활과 통제 경제

이런 허위는 일반 생활에서도 마찬가지로 횡행했다.

1930년대 초반에는 전쟁이 경제 불황의 탈출구가 되리라는 기대를 걸었던 서민도 적지 않았다. 그것은 표면상의 구호와는 무관한 실리적인 타산이었다. 우익 농본주의자 다치바나 고자부로橘孝三郎는, 그가 만주 사변滿洲事變 직후에 열차 안에서 들었던 "소박함 그 자체인 마을 노인 한 무리"의 대화를 이렇게 기록한다.[31]

"기왕 이렇게 된 김에 빨리 미일美日 전쟁이라도 해버리면 좋을 텐데." "그러게 말이야. 그러면 경기가 좋아질 지도 모르지. 그런데 말이지, 이런 식으로 해서 이길 수 있을까. 뭐니뭐니 해도 미국은 크다구." "글쎄 그건 모르는 일이지. 하지만 일본의 군대는 누가 뭐래도 강하니까." "그거야 당연히 세계 최고지. 하지만 군대는 세계 최고로 강하다고 해도 무엇보다 군자금이 지속될 리가 없어." "흐음……." "센본자쿠라千本桜(가지가 풍성한 벚꽃 - 옮긴이)만 그런 것이 아니라, 어쨌든 전투는 배가 고프면 지는 거야." "흐음, 그건 그렇지. 하지만 어차피 저도 상관없으니까, 한 번 이기든 지든 전쟁을 벌여 보라 이거야. 물론 이기면 좋지. 마음껏 돈을 긁어모을 수 있으니까. 진다고 해도 미국이 그렇게까지 심한 짓을 하겠어. 오히려 미국 속국이 되면 편해질지도 모르지."

그러나 전쟁의 격화는 이런 기대를 배신해 갔다. 중일中日 전쟁 및 태평양 전쟁 이후의 대규모 동원은 농민과 노동자의 가정 경제에 직격탄을 날렸다. 쓰다 미치오津田道夫는 당시를 회상하면서 "이웃집 아들에게 소집 영장이 나오면, 집 안에서는 '일손이 없어져서 불쌍하다'라거나 '그거 참 고소하다'라고 하면서, 밖에 나가서는 '축하드립니다'라고 인사한다. 또 아들이 소집된 집은 그 집대로, 집 안에서는 '큰일이다. 큰일이다'라고 하면서도 한 발 밖으로 나서면 '우리 아들도, 이번에 기쁘게도 봉공奉公에 임하게 되었습니다'라고 말할 수밖에 없다."라고 말한다.[32]

군사 동원에 따른 농촌 노동력의 부족과 비료의 원료 부족 등으로, 1942~1945년에 전국의 쌀 생산량은 40퍼센트 이상 낮아졌다. 식료품 및 의료품은 배급제를 실시했는데, 1944년 3월 도쿄에서의 부식품 배급은 1인당 3일에 파 세 뿌리, 5일에 생선 한 조각이었다.

전쟁이 진전되면서 일반 국민들도 군대형 조직으로 재편성되어, 도나리구미隣組(동네를 기반으로 한 가장 작은 규모의 지역 조직 - 옮긴이)나 초나이카이町内会(초町를 단위로 한 지역 조직 - 옮긴이), 혹은 각 직장의 보국회 등에 속했다. 식료 배급은 이런 공인 조직을 거쳐 이루어졌기 때문에, 사람들은 이 조직에 가입하지 않고서는 살 수 없었다.

이런 공인 조직을 통해 정부의 의향은 국민들에게 관철되었다. 이 조직은 국민을 동원하는 장인 동시에 국민 간의 상호 감시와 밀고를 확산시켰다. 그리고 밀고와 식료 배급의 경로를 장악한 도나리구미나 초나이카이 회장 같은 지역 유력자는, 지역 주민의 생살여탈을 장악할 정도의 권력을 갖게 되었다.

게다가 공식 배급량이 부족했던 탓에, 관리자가 부당하게 물자를 빼돌리거나, 연줄을 이용한 암거래가 만연했다. 사람들은 생활을 위해서 식료품을 장악한 군인과 관료, 지역 유력자 등에게 연줄을 대지 않을 수 없었다. 역사가 도야마 시게키遠山茂樹 등은 그런 상황을 이렇게 묘사한다.[33]

물자 부족이 심해지면서 암거래와 물물 교환이 성행했다. 전쟁 수행에 봉사한다는 명목으로 군과 군수 공장 관계자, 통제 조직의 임원들은 상급자에서 하급자에 이르기까지, 거의 공공연하게 각자의 지위에 수반하는 이득을 부정하게 챙겼다. "세상은 별과 닻[별은 육군, 닻은 해군 계급장]이 판치고 암시장에는 연줄이 판치고 바보들만 배급 행렬에 줄을 선다." '연줄'은 생활필수품 배급의 말단 기구가 된 도나리구미의 장, 초나이카이, 부라쿠카이部落会의 임원이 된 마을의 우두머리 및 지주, 심지어는 배급소의 직원이 된 쌀가게에까지 미쳤다. 그들은 관료 통제 조직에 연결됨으로써 공무원 의식을 지니게 되었고, 민중의 한 사람이라는 사실을 잊어버렸다. 사적인 사용이 일체 금지되면서 사사로운 일들이 전부 공용이라는 이름을 빌려서 이루어졌다. 군인, 관료만큼 민중에게 불신의 시선과 미움을 받는 자는 없었다. 그러나 또한 군인, 관료만큼 민중들이 부러워하며 연줄을 대고자 했던 자들도 없었다. 이런 통제가 강해질수록 비밀주의, 분파주의, 형식주의, 비능률 등, 관료 조직의 폐해는 사회 전 영역에 파급되어 전쟁 체제의 활동을 마비시켜 버렸다.

"사사로운 일들이 전부 공용이라는 이름을 빌려서 이루어졌다"는 현상을, 마루야마 마사오는 1946년 논문 「초국가주의의 논리와 심리」超国家

主義の論理と心理에서 "국가적인 것의 내부에 사적 이해가 무제한으로 침입한다"라고 묘사했다.[34]

이런 상황은 공공 윤리의 급격한 저하와 국정에 대한 불신을 야기했다. 당시 민정을 탐지했던 특별고등경찰特別高等警察(특고경찰)의 문서에는 "요즘 아가씨들 사이에 경찰관과 결혼을 희망하는 자가 증가함, 생활필수품을 쉽게 그리고 싼 값에 입수할 수 있기 때문임", "전쟁을 싫어하고 평화를 추구하는 언동이 상당히 증가, 반군적인 분위기가 표면화하고 있음" 등의 기술이 보인다.[35]

식료품과 물자 부족 때문에 치안이 악화되었고 도난도 증가했다. 1944년 2월에는 상류층 출신들이 다니는 아오야마여학원青山女学院에서 도시락을 난로에 데우는 것이 금지되었다. 도시락 도난이 끊이지 않았기 때문이다.[36]

1944년부터 시작된 학동 소개疏開(강제 집단 이주-옮긴이)에서 아동들도 이런 상황에 직면했다. 식료품 부족 속에서 이루어진 집단생활은 인간의 모든 추악함을 드러냈다.

당초 "나라를 위하는 것이라 믿고, 군대에 출진하는 기분으로 집단 소개에 참가했다"는 시바타 미치코柴田道子가 당시를 회상하며 이렇게 말한다. "소개를 갔던 아이들에게 소개 생활에서 가장 괴로웠던 일이 무엇이냐고 물으면 배고픈 것과 집에 가고 싶은 것보다도, 친구들에게 괴롭힘 당한 것이 먼저라고 다들 이구동성으로 대답할 것이다."[37]

집단 피난을 떠난 아동들은 숙박소에서 반으로 편성되었고 상급생이 반장이 되었다. 이것은 일반 사회의 도나리구미 등과 마찬가지로, 반장이 반원의 생살여탈권을 쥐었다는 뜻이었다. 시바타는 "6학년 반장의 권한은 선생님 이상이었고, 제멋대로 횡포를 부렸다"라고 회상하며 다음과 같이 말한다.

우리 방은 학교 기숙사의 모범이었다. 규율을 잘 지키고, 별로 떠들지도 않고, 선생님을 곤란하게 한 적 없고, 거기다 공부도 잘하는 반, 선생님으로서는 그 이상 바랄 바가 없을 것이다. 하지만 선생님의 눈이 닿지 않는 곳에서 무서운 일이 일어나고 있었다. …… 반장인 A코는 자기 마음에 들지 않은 일이 있었을 때, 선생님한테 혼났을 때, 곧잘 이 따돌림을 행했다. B코는 누구누구 선생님이 차별 대우를 해 준다든지, C코는 집에서 편지가 너무 자주 온다든지, 하잘것없는 이유로 반 아이들에게 명령해서, B코를 때리거나, 오늘은 C코와 말하지 말 것과 같은 엄한 제재를 내렸다. 이 따돌림은 순서대로 돌아간다. 지목된 아이는 한시라도 빨리 따돌림에서 해방되고 싶어서, 그저 가만히 반장의 용서를 기다린다. 반발하거나 친구를 동정하면 금세 자기가 따돌림의 대상이 된다. ……

그러는 와중에 아이들은 반장의 기분을 상하게 하지 않도록 아부하는 법을 배웠다. 도쿄에서 보내 준 과자를 반장에게 특히 많이 주는 등의 형태로 이루어졌다. …… 집이 그립다는 핑계를 대면서 화장실에 들어가 울거나, 혹은 밤에 이불 속에서 소리를 죽여 울었다.

소개는 24시간 이루어지는 집단생활로, '아침부터 밤까지, 잠자는 시간까지도 반장한테 감시받는' 상태였다. 시바타는 얌전한 학생이었지만, 현県의 작문 대회에서 입선한 것이 원인이 되어, 반장에게 "눈치가 없다"는 이유로 집단 린치의 대상이 되었다. "모두의 앞에 강제로 세워져, 한 사람 한 사람에게 비판을 당했다. 다른 아이들도 내키지는 않지만 명령에 따를 수밖에 없었다."

아이들의 이런 상황은 어른 사회의 축소판이었다. 교사에게 억압당한 반장이 그 불만을 반원들을 향해 폭발시키는 현상은, 사회 전체가 군대형 조직으로 재편되었던 당시 일본의 모든 곳에서 발생했다. 이 현상 또한 전후에 마루야마 마사오가 상위에서 하위로의 '억압 이양'이라는 말로 표현하게 된다.

이런 상태에서 식료품 부족과 영양실조, 게다가 근로 봉사의 육체적 부담 등이 겹쳐졌다. 위생 상태가 악화되어 소개 아동들 사이에서는 전염병과 기생충이 만연했고, 영양실조로 사망하는 아동 및 '소개병'으로 통칭된 신경증이 종종 발생했다.

교사와 학생의 관계도 나빠졌다. 시바타는 소개 아동용으로 특별 배급된 게살 통조림이 분실된 사건을 든다. 기숙사장과 교사를 중심으로 범인 색출이 이루어져, 예전에 쌀을 훔친 적이 있는 남자 아동이 범인으로 지목되었다. 그러나 시바타는 취침 시간 후에 우연히 직원실을 엿보았을 때, 젊은 교사들이 그 통조림을 먹는 광경을 목격했던 것이다.

그러나 전시 중에는 이런 사태를 고발할 수 없었다. 아동과 부모 사이의 편지는 종종 개봉되어 검열받았다. 시바타의 회상에 따르면 "한 번은 만화를 잘 그리는 아이가 선생님의 덮밥에는 밥이 많고 학생들 덮밥에는 밥이 조금밖에 없는 그림, 게다가 말라비틀어진 우리의 모습을 그려서 도쿄의 집에 보낸 것이 문제가 되었다"라고 한다.

물론 그중에는 학생들을 위해 힘을 쏟은 교사도 있었다. 시바타는 어떤 교사가 "선생님은 배가 아프구나"라고 말하면서 어린 하급생에게 식사를 양보하는 모습을 보고 "나는 이유를 알고 있었기 때문에 울음이 터질듯한 기분으로 그 말을 들었다"라고 말한다. 그러나 전체적으로 식료품이 부족한 가운데 이런 교사가 소수에 그친 것은 어쩔 수 없는 일이었다.

전후에 중국 문학가 다케우치 요시미가 소개 경험 아동들의 체험을 수집해 보니, "가정에서 보내 준 것은 교사가 먼저 손을 댄다. 배급된 기름은 빼돌려진다. 숙소로 지낸 여관에서는 일반 손님이나 교사에게는 하얀 쌀밥을 주고 학동들에게는 고구마나 잡곡이 든 검은 밥을 준다"라는 사례가 태반이었다. 그러나 이런 사태는 물론 공적으로는 기록되지 않았다. 전시 중의 소국민少国民 세대에 속하는 야마나카 히사시山中恒에 따르면 "일부 교사가 고학년 여자아이에게 몹쓸 행동을 했다는 등의 이야기도, 체험자들끼리 수군거리는 일은 있어도, 표면으로는 나오지 않는다"라고 말한다.[38]

식료품의 배급을 둘러싸고 피난민과 현지 주민의 싸움도 발생했다. 그리고 이 경우에는 식료품을 쥔 현지의 농민 쪽이 우위에 섰다. 본래 빈부 격차가 컸던 당시에 도시 중산층은 빈농에게는 질투와 증오의 대상이 되기 일쑤였다. 소개 아동들은 그런 상황 속으로 뛰어든 꼴이었다.

1946년 1월 시즈오카현靜岡県의 농촌으로 귀환歸還(원문의 표현은 복원復員이며 군대에 동원되었다가 돌아온 것을 의미–옮긴이)한 와타나베 기요시渡辺清는 마을을 떠나 집으로 돌아가는 소개 아동들이 "구두쇠 농민, 두목 농민, 도깨비 농민"이라고 소리치며 행진하는 모습을 목격했다. 그는 당시의 일기에 이렇게 썼다.[39]

나는 처음에는 장난인가, 하고 생각했다. 그러나 일종의 분노를 품은, 이상하리만치 굳은 아이들의 얼굴을 보고 퍼뜩 깨달았다. 아이들은 주변 밭에서 일하는 농민들을 향해, 손을 입에 모으고 진심으로 외치고 있었던 것이다. ……
마을 당국도 피난민들에게 냉담했다고 한다. 어른들뿐 아니라 마을 아이들도, 말하자면 '외부자' 취급을 하며 싸움을 걸거나, 밭 서리가 생기면 대개 소개자 탓으로 돌려 버렸다. 아이들에게 마을에서 보낸 이 1년은 굴욕과 오기로 버티기의 연속이었을 것이다. '도깨비 농민'이라는 말도 아마 그렇게 쌓인 분노의 밑바닥에서 끌어올린 외침이었음에 틀림없다.

이렇게 농민에게 반감을 품은 것은 소개 아동들만이 아니었다. 전시부터 패전 후에 걸쳐, 없는 가재도구와 의류를 끌어모아 농촌으로 식료품을 사러 나선 도시 주민들은, 자기들의 가재를 싼값에 사들이는 농민들에게 반감을 품었다. 패전 직후의 신문 보도에 따르면, "식량을 사러 간 사람들은 누구라도 관료와 농가를 극단적으로 싫어하며, 굶어 죽을 때는 대신 집 현관이나 농가의 대문 밑에서 죽겠다고 입을 모아 말한다"라는 상태였다. 한편 와타나베의 일기에 따르면, 농민들은 "도시 놈들도 이번에야말로 농민의 고마움을 알았겠지", "이 기회에 도시 놈들은 좀 더 고생을 해 봐야 한다"라고 말했다고 한다.[40]

이런 실정은 전시 중에는 모두 은폐되었고, 정부가 만들어 낸 미사여구만이 표면에 가득했다. 그러나 언론 통제가 풀리는 전후가 되면, 이런 경험과 감정은 전후사상의 형태로 분출하게 된다.

지식인들

미일 개전 때에는 많은 지식인들이 전쟁을 찬미했다. 이전부터 서양에 대한 열등감에 고민하던 지식인들은, 여러 전투의 승리에 갈채를 보냈다. 평론가 오쿠노 다케오奥野建男는 "대對중국 전쟁에 대해서는 막연하게 켕기는 느낌을 가졌던 대중들, 침략 전쟁이라며 확실하게 비판적이었던 지식인들도 영미英美와의 전쟁에 대해서는 태도가 급변했다"라고 말하며 이렇게 쓴다.[41]

…… 일본인의 눈에는 부를 먼저 독점한 구미의 선진 국가들이 신흥 세력 일본을 방해하고 압살하려 덤비는 것처럼 비쳤다. …… 거기에는 100년에 걸친 백인들의 침략과 횡포에 대한, 아시아 민족으로서의 민족주의적인 분노와 원한도 있었다. …… 전투의 승전보가 연이어 보도되자 긴장감은 해방감으로, 공포감은 우월감으로 기쁨으로, 자부심으로 바뀌었다. 유색 인종, 후진 국민의 백인, 선진국에 대한 열등감에서 일제히 해방되었다. 진흙탕에 빠진 중국 전쟁의 께름칙함과 암담한 기분이 영미와의 싸움으로 대의명분을 얻어, 먹구름이 개는 듯한 기분이 되었다.

정치적 입장을 불문하고, 미일 개전 시에 전쟁을 찬미하는 글을 쓴 지식인은 많았다. 가와카미 데쓰타로河上徹太郎는 "혼돈스럽고 암담한 평화는, 전쟁의 순일함에 비하여 얼마나 흐리고 불쾌한 것인가!"라고 말했고,

아오노 스에키치青野季吉도 "미국과 영국이 갑자기 작아 보였다. 우리처럼 절대적으로 신뢰할 수 있는 황군皇軍을 가진 국민은 행복하다"라고 썼다. 사카구치 안고坂口安吾나 도쿠다 슈세이德田秋声도 영미에 대한 열등감이 극복되었다는 취지로 개전 찬미 기사를 쓴다.[42]

또한 지식인의 사회적 책무라는 관점에서 전쟁에 대한 공헌을 말하는 자도 많았다. 작가 이시카와 다쓰조石川達三는 미일 개전 때, "이 역사적으로 거대한 나날을 살아가면서, 자신의 작업이 시대와 직접적으로 관련되어 살아 있는 부분이 없다면, 오히려 잠시 문학을 쉬는 편이 낫다"라고 썼다. 좌익에서 전향한 작가로 알려진 시마키 겐사쿠島木健作도 "붓을 잡는 자로서의 책무의 중대함을 이토록 느낀 적은 없었다. 그것은 문학가로서의 자부심이기도 했다"라고 쓴다.[43]

그리스 철학 연구자였던 도쿄제국대학東京帝国大学(도쿄제대) 교수 이데 다카시出隆는 1943년에 이렇게 썼다.[44]

국가가 총력을 다해 영미 격멸에 임하는 이 결전의 가을에, 오랜 옛날의 그리스 철학 같은 것을 연구·강의하는 것은, 이 또한 대동아大東亞 신질서의 건설에 불가결한 한 요소라고 확신하기는 하지만, 무언가 지금에 있어서 급한 일이 아니며, 간접적인 역할밖에 안 되는 일을 하고 있어서 죄송하다는 느낌이 없지 않다. 그래서 도나리구미의 장이 된 후에 배급이나 방공, 특히 철모를 쓰고 방화군장放火群長의 완장을 단 채 메가폰으로 여성 방화군을 질책할 때처럼 도나리구미를 위해 일하면 오랜만에 살아 있는 일을 한다는 기분도 들고, 또한 나아가서는 나라를 위해 봉공하는 것이라 떳떳한 기분이 든다.

역설적으로 마르크스주의로부터 전향한 지식인들 사이에 이런 사회 공헌의 지향이 강했다고도 말할 수 있다. 본래 마르크스주의의 문학 운동에서는 사회 변혁에 대한 공헌을 무시하는 개인주의나 예술 지상주의를 비판해 왔기 때문이다.

또 한편으로 통제 경제를 주창했던 군인들의 주장은 마르크스주의자들과 미묘한 친화성을 보였다. 1944년 잡지 『비주쓰』美術의 좌담회에서 육군 보도부의 장교는 이렇게 말한다. "대체로 화가라는 사람들은 정치 같은 것에 무관심한 사람이 많다", "16~17세부터 제사製絲 공장에서 일하는 여자아이를 생각해 보라", "매일매일 땀을 흘리며 일하고 있는데, 그 모습을 그린 그림 한 장 없다", "일류 화가가 되어야지, 일류 조각가가 되어야지 하는 생각 때문에 결국 부자와 결탁하고 부자의 노예가 되어버린다. 그래서 일류 화가가 그린 작품은 박물관에 가지 않으면 볼 수 없다", "예술가들만 가치가 있다고 말하는 것으로는 안 된다. 일반 국민도 국가도 인정하지 않는 것을 혼자서 즐기고 있어서는 안 된다."[45]

공산주의 운동은 1930년대 후반까지 철저하게 탄압받았으며, 많은 공산주의자가 전향을 표명하고 석방되었다. 그리고 그들 중에는 자본주의를 타파하는 통제 경제를 지지하거나, 자본·제국주의의 상징인 영미와의 전쟁을 찬미하는 자도 나타났다. 14장에서 검토할 요시모토 다카아키는 프롤레타리아 문학가들이 우선 국민으로부터의 고립감을 견디지 못해 전향했고, 이어서 마르크스주의의 연장선상에서 전쟁에 협력했다고 주장하며, 이것을 '2단계 전향'이라 명명한다.

하지만 위에서 본 것은 절반의 사실에 불과하다. 전시 중에 공표된 글을 그대로 받아들이면, 거의 모든 지식인이 전쟁을 마음속부터 찬미하고 환영했다고 읽힌다. 그러나 그것은 어디까지나 표면상 그랬다는 말이다. 그들이 직면한 현실은 공표된 문면과는 약간 달랐다.

우선 당시의 배경으로서 거론할 필요가 있는 것은 강력한 언론 통제다. 1940년을 전후해서는 전쟁에 비판적인 기사는 물론, 전쟁을 적극적으로 찬미하지 않는 글이나 작품은 발표하기 어려워졌다. 인쇄용지나 그림 도구는 통제 대상이 되어, 당국의 의지에 반하면 배급이 중지되었다. 당연히 작가와 화가에게 이런 사태는 전쟁을 찬미하지 않는 한 실업자가 되는 것을 의미했다.

이처럼 지식인이나 작가들은 전쟁에 협력하는 작품을 쓰거나, 아니면 창작을 단념하고 군수 관련 공장에서 일해야 하는 양자택일의 상황에 처했다. 원래 재산이 있었던 나가이 가후永井荷風나 기요자와 기요시清沢洌 등을 빼면, 대부분은 시국에 영합하는 글을 쓰게 되었다. 간신히 검열의 눈을 피해 부분적인 비판을 써 넣는 것으로 자기의 양심을 달래면서.

앞에서 말한 대로 공산주의 운동에서 전향한 지식인 가운데 전쟁을 찬미하는 글을 쓴 예가 많은 것은 사실이다. 그러나 그 이유가 마르크스주의와 총력전 체제의 친화성만은 아니었다. 1941년 3월 「치안 유지법」治安維持法이 개정되고 예방 구금제가 도입되어, 석방된 공산주의자에게 재범의 가능성이 있다고 판단되면 구금이 가능해졌다. 전향을 표명하고 석방된 마르크스주의자들은 경찰의 감시하에 놓여, 적극적으로 전쟁에 협력하는 자세를 보이지 않으면 언제든지 수감될 수 있는 상황이었다.

수감의 공포는 고문과 옥사의 공포로 이어진다. 1933년 경찰의 고문으로 사망한 프롤레타리아 작가 고바야시 다키지小林多喜二의 시체는 이렇게 묘사되었다. "상당히 다량의 내출혈이 있다고 보이며, 허벅지 피부는 완전히 팔八자로 갈라질 것처럼 부풀어 올라 있다. 그리고 굵기가 보통 허벅지의 두 배나 된다. 또한 검붉은 내출혈은 음경부터 고환에 이르는데, 이 두 부위가 이상하게 부어올라 있었다."[46] 패전 직전에 수감된 미키 기요시三木清는 감옥에서의 처우와 위생 불량 때문에 피부병과 영양실조를 앓다가 1945년 9월에 옥사했다.

마르크스주의 계열의 교육자였던 무나카타 세이야宗像誠也는 자신이 전쟁에 협력하는 논문을 쓴 이유를 이렇게 말한다.[47]

직접적인 원인은 공포였다. 감옥에 들어간다는 공포다. …… 특히 나는 육체적으로 약골이라서…… 이 공포가 컸던 것 같다. 감옥에 들어간다는 공포는, 동료들이 점점 끌려가면서 더더욱 커진다. 교육과학연구회教育科学

研究会의 동료가 끌려가자 점점 고립감에 빠졌다. …… 고립되고, 그리고 누군가가 나를 노려보고 있다고 느끼자, 너무 불안해서 어쩔 수가 없다. 감옥에 끌려간다는 공포는, 부모님과 처자식을 생각하면 더욱 커진다. 늙은 부모님이 얼마나 한숨을 지으실까. 처자식은 생활이 곤란해질 것이다.

탄압의 공포는 지식인들 사이에 고립감과 의심증을 낳았다. 서로 자유롭게 사상을 이야기할 기회를 빼앗긴 것은, 상대방이 어떤 사상을 지녔는지 알 수 없다는 얘기였다. 이것은 남 앞에서 시국을 비판하면 당국에 밀고당할 위험이 있다는 뜻이었다.

의심증을 더욱 심하게 만든 것은 작가와 지식인들 간의 세력 싸움이었다. 1942년 5월 일본문학보국회日本文学報国会, 같은 해 12월 대일본언론보국회大日本言論報国会가 조직되었다. 이 조직들에 가입하지 않으면 원고를 의뢰받지 못할 가능성이 컸다. 그리고 도나리구미나 초나이카이가 그랬듯이, 이런 조직의 결성은 간부가 회원의 생살여탈권을 장악할 수 있음을 의미했다.

이런 상황 속에서 지식인들의 암투가 시작되었다. 이 시기에는 예전부터 자신과 대립했던 사람에 대해서, 그가 과거에 유물론적 내지는 자유주의적이었다고 밀고하면, 상대를 사회적으로 매장하기가 쉬웠다. 또한 반대로 국책 단체의 주도권을 쥐거나 군 및 관청과 줄을 대면 논단을 지배하는 권력을 쥘 수도 있었다.

이것은 지식인의 전쟁 체험 중에서도 가장 추악한 부분이었다. 1946년 3월 신일본문학회新日本文学会 도쿄지부 창립 대회에서, 「문학에서의 전쟁 책임의 추궁」文学における戦争責任の追及이라는 성명이 가결되었다. 거기서 추궁된 것은 단지 전쟁을 찬미하는 글을 쓴 문학가뿐만 아니라, "자신을 비판하는 사람이 특고경찰, 헌병 혹은 그 외의 힘으로 인해 침묵당했을 때에 이것을 기회로 삼아 날뛴 자, 혹은 자신의 문학상의 적을 '빨갱이'나 '리버럴리스트'라고 밀고, 도발해 특고경찰에 팔아넘긴 문학가"였다.[48]

이렇게 많은 지식인들이 공포와 의심증에 휩싸여, 경쟁하듯 전쟁에 협력해 갔다. 전시 중의 영문학자 혼다 아키라本多顯彰는, 전쟁 전에 반전적인 강의를 했던 점을 걱정하며, "나는 그렇게 위험한 인물이 아니다. 그리고 교실에서 학생들에게 이야기한 것만큼 반전적이지 않다는 인상을 특고와 헌병대에게 주려면 어떻게 해야 좋을지 공상에 빠지는" 일이 많았다고 회상한다. 그리고 그는 대정익찬회大政翼賛会 외국문학부회의 간사회로부터 초청받았을 때 "크게 기뻐하며 나갔고", 그 후에도 "빠짐없이 출석했다. 점수를 딸 생각이었다"라고 말한다.[49]

나아가 혼다는 자신이 출판문화협회의 블랙리스트에 올랐다는 사실을 알게 되자, 문단의 유력자였던 평론가 하야시 다쓰오林達夫에게 전쟁에 협력하는 작업을 하게 해 달라고 편지를 썼다. 그것은 표면적으로는 "온 나라 사람이 일하고 있는데 나만 놀기가 괴로우니, 무언가 할 일이 있으면 돕게 해 주었으면 좋겠다"라는 문면이었다. 그것이 실패하자 "이 지경에 이르러서도 포기하지 않고 군의 기색을 살피고자 했던 자기가 한심해져서, 깊은 자기혐오에 빠졌다"라고 한다.[50]

전쟁 초기에 작가들은 생명의 위험이 큰 전선으로 파견되는 징용 작가로 뽑히지 않을까 두려워했다. 당시 문단에서는 잡지 『분가쿠카이』文学界의 동인 하야시 후사오林房雄 등이 징용 작가의 인선을 위탁받았다던가, 시마키 겐사쿠나 모리야마 게이森山啓가 『분가쿠카이』의 동인이 되어서 징용을 벗어났다는 소문이 퍼졌다.[51] 그리고 시마키도 혼다도 공표하는 글에서는 작가의 사회적 사명이나 국민적 연대를 구가하며 전쟁을 찬미했다.

전선에 징용된 작가들도 경쟁하듯 전쟁을 찬미하는 글을 썼다. 군의 마음에 들어서 빨리 귀국하고 싶다는 동기와 함께, 문단 내의 경쟁심이 작용했다. 버마Burma(오늘날의 미얀마) 전선에 징용된 사회학자 시미즈 이쿠타로는 같이 징용된 작가 다카미 준高見順을 만났는데, 다카미는 일본에서 온 잡지들에 그의 라이벌들이 글을 쓴 것을 보고 질투하며, "'이런 데서 어물쩍거리고 있다가는 망하겠다'고 입버릇처럼 말했다"라고 한다.[52] 그런 다카미가 버마 전투를 찬미하는 역작을 발표했음은 말할 것도 없다.

이렇게 전쟁에 협력하면 탄압의 공포에서 벗어날 수 있을 뿐만 아니라, 군이나 관청의 우대가 보증되었다. 작곡가로서 전의를 고양시키는 곡을 만든 야마다 고사쿠山田耕筰는 군에서 소장급少將級 대우를 받는 것을 자랑했다고 한다.[53] 이렇게 장교 대우를 받는 지식인에게는 군에서 당번병이 하인으로 파견되었고, 주위의 존경도 받았다.

그러나 전쟁을 찬미하는 것만으로는 위험이 사라지지 않았다. 군과 관청의 분파주의 탓에, 어떤 부문에 속하더라도 다른 부문으로부터 공격받을 가능성이 있었다.

예를 들면 교토학파의 철학자들은 해군과 연결된 까닭에 육군과 결부된 우익론자들로부터 적대시되어, 전쟁을 찬미하는 방식이 서구 사상을 따랐다는 명목으로 공격받았다고 한다.[54] 반대로 서구 사상을 배격했던 일본 낭만파의 야스다 요주로保田與重郎도 끝내는 군의 반감을 사 징벌적인 징병을 당했다.

문단과 논단 내에서 누군가의 증오를 받으면 설령 관청이나 군의 특정 부국에 연줄이 있더라도, 언제 어디서 밀고를 당할지 예측이 불가능한 시대였다. 전시에 분명히 전쟁 협력을 행한 지식인들이, 자신은 탄압당한 경험이 있다고 말하는 것은, 모두 허위가 아니라 이런 사정이 배경에 있었다.

의심증과 질투의 소용돌이 속에서, 타인에 대한 우정이나 동정은 종종 자기 자신의 위험을 의미했다. 미키 기요시가 수감되어 옥사한 것은, 사상범 다카쿠라 데루高倉テル가 갈 곳이 없었을 적에 하룻밤 숙소를 제공한 것이 시발점이었다고 한다. 누구나 자기 자신의 보신만을 위해 필사적일 수밖에 없는 상태였다.

이런 상황은 많은 지식인에게 자기혐오와 인간 불신을 심었다. 6장에서 검증할 잡지인 『긴다이분가쿠』近代文学를 전후에 창간한 아라 마사히토荒正人는, 많은 마르크스주의 문학가들이 전쟁 협력으로 기울어진 모습에 대해 다음과 같이 썼다. "지금까지 인민의 친구였던 사람이 어떻게 하인으로, 행복한 상인으로 추락해 가는가. 그 무수한 사실을 두 눈에 똑똑히 새겨 두었다. 그것은 가면이 흘러내린 뒤에 드러난 맨얼굴의 추악함이었다. 휴머니즘의 의상으로 숨겨진 이기주의의 육체였다.", "그전까지는 '그 녀석 꽤 괜찮다'는 말이 어디서든 들렸지만 이제는 뒤집듯이 저 녀석도 좋지 않다, 이 녀석도 좋지 않다, 비방, 중상, 불신…… 이것이 동지애의 구슬픈 말로였다."[55] 패전 후에는 이런 전쟁 체험의 토양을 바탕으로 사회 변혁의 이상을 회복하고자 하는 '민주주의 문학'과 휴머니즘의 허구를 폭로하는 '육체 문학'이 각각 대두된다.

군에 협력해 이익을 얻은 지식인들도 자기혐오와 굴욕감에 고뇌했다. 군인들은 예술과 문학에 대해서는 종종 무지했다. 앞에 인용한 미술 잡지의 좌담회에서도, 육군 장교는 "정신병자가 그린 것 같은 원이나 삼각형 같은 그림은 누가 보아도 의미를 알 수 없다"거나 "새로운 국가관을 가진 사람이 연애의 승리자가 되는" 소설을 쓰라는 등의 주장을 한다.[56]

표면적으로는 영합하면서도 이런 군인에게 자신의 작업을 검열당하고 개작을 요구받으면서 굴욕을 느끼지 않는 이는 거의 없었을 것이다. 태평양 전쟁 중, 용장勇壯한 가사를 짓도록 요구받은 작사가 오오키 아쓰오大木惇夫는 어느 환담회에서 만취해 이렇게 부르짖었다고 한다. "인간으로서는 나보다 못한 군인이 나더러 경례를 하라고 한다. 경례하는 법이 나쁘다고 호통을 친다. 하지만 두고 봐라. 우리들 시대가 오면, 그놈들한테 내가 한 그대로 경례를 하게 만들 테니까."[57]

시대에 편승해서 마지막까지 이익을 얻은 극히 일부의 사람들을 제외하면, 많은 지식인들에게 전쟁은 실로 악몽이었다. 그것은 표면에서 숭고한 이념에 대한 찬미가 이루어지고, 뒷면에서는 공포와 보신, 의심증과 배반, 환멸과 허위를 하나로 뭉쳐 놓은 것이었다. 타자에 대한 신뢰와 자기 자신의 긍지가 뿌리째 뽑힌 그 체험은, 굴욕감과 자기혐오 없이는 좀처럼 회상할 수 없는, 서로가 다시는 떠올리고 싶지 않은 상처로 봉인되었다. 그러나 이런 회한의 기억이 전후사상의 중요한 저류가 된다.

학도병의 경험

1943년 10월부터 문과계 대학생의 징병 유예가 없어지고, 이른바 학도 출진이 이루어졌다. 전쟁 후기에 입영은 죽음과 거의 같은 뜻이었다.

학도병들은 대동아의 해방이든 평화의 초석이 되는 것이든, 자신의 죽음에서 무언가 의미를 찾고자 했다. 교토학파의 철학자들이 전쟁을 찬미한 「세계사의 철학」世界史の哲學이 학도병들에게 폭발적인 인기를 얻은 것은, 그들이 전쟁을 강하게 지지해서라기보다는, 교토학파를 통해 자신들의 죽음에 이념을 부여하고자 갈망했기 때문이었다.

그러나 학도병들이 입영 후에 맞닥뜨린 것은, 이념이나 이상 같은 것과는 전혀 무관한 불합리하기 짝이 없는 생활이었다. 군대의 내무반은 소개 아동들의 반 생활이 그러했듯이, 선배 '고참'들이 지배하는 공간이었다. 하사관이나 고참들은 상관에게 억압받은 울분을 신입 학도병들에게 린치를 가함으로써 폭발시켰다.

전후에 와다쓰미회わだつみ会(전몰 학도병을 추모하는 모임 – 옮긴이)의 사무차장을 맡은 야스다 다케시安田武는 학도병 출신으로, 군대에서 "이불 속에서 짧은 꿈을 꾸는 사이에도, 측간厠間(화장실)에서 볼일을 보는 사이에도", "괴롭힘을 당하고, 들볶이고, '폐하'陛下의 총대로 얻어터지고, 말똥을 억지로 먹고, 철굽이 박힌 군화로 얻어맞아 피를 흘리고, 이가 부러지고, 귀가 먹먹해"졌다고 회상한다.[58] 학도병들의 유고를 모은 책 『들어라 와다쓰미의 소리를』きけ わだつみのこえ에도, 군대에 대한 기대를 품고 입영했던 자가 이윽고 "군대는 교육장이 아니라 지옥이다"라고 쓰게 되는 모습이 엿보인다.[59]

동시에 학도병들은 군 조직과 훈련의 비합리성에 의문을 품었다. 원래 일본군은 근대전近代戰에 대한 준비가 부족했을 뿐 아니라, 급속한 병력 확장 탓에 교관과 장교 같은 인재도 고갈된 상태였다. 훈련은 메이지 시대와 거의 다를 바 없는 전법을 바탕으로 이루어졌고, 「군인 칙유」軍人勅諭나 「작전 요무령」作戰要務令을 암송하는 등의 정신주의가 횡행했다. 유고집 『들어라 와다쓰미의 소리를』에는 "연습을 위한 연습에 불과하다. 바보 같아서 도저히 할 짓이 아니다", "교관은 아무것도 모른다", "소학교의 수신修身 과목과 다를 바가 없다"라는 목소리가 다수 남아 있다.[60]

학도병들을 더욱 놀라게 만든 것은 군대 내의 부패였다. 시중에는 부족한 식재료와 물자가, 군에는 우선적으로 배급되었다. 패전 시에 하급 장교였던 고바야시 나오키小林直樹에 따르면, 군대의 구매부에서는 2원 50전에 배급되는 술 한 말이 암시장에서는 500~800원에 팔렸기 때문에 물자 빼돌리기가 끊이지 않았다고 한다.[61]

인사상의 비리도 많았다. 필리핀 전선에서 생환한 후지오카 아키요시藤岡明義는 야전에 내보낼 사람을 뽑을 때 상관의 친척은 안전한 후방 근무에 남겨진 사실을 예로 들며 "공명정대를 신조로 한 군대라는 곳은, 실은 비리의 도가니"였다고 쓴다. 『들어라 와다쓰미의 소리를』에도, 학도병이 "눈 뜨고 볼 수 없을 지경인 군기의 퇴폐"에 충격을 받아, "군인의 본분이란 얼마나 형식적이며 저급했던 것인가"라고 말한 사례가 보인다.[62]

상관의 절대적인 권력은 종종 불공평한 식량 배급으로 나타났다. 후에 『요미우리신문』読売新聞의 사장이 된 와타나베 쓰네오渡邉恒雄는 전쟁 말기에 이등병으로 소집되었을 때, 자기들의 식사는 "보리나 피나 밤이 밥그릇의 절반 정도"였는데 "소대장은 고봉밥을 먹었다"라고 회상했다. 많은 병사가 굶어 죽은 뉴기니 전선에서는 어느 육군 소장이 식량을 독점하고 그 창고를 지키도록 호위병을 배치해서 일반 병사의 원성을 샀다고 한다.[63]

해군 항공대의 조종사였던 사카이 사부로는 전후의 인터뷰에서 이렇게 말한다. "전지戰地에서 하사관 숙사와 사관 숙사는, 심한 경우에는 4~5킬로미터 떨어져 있었습니다", "우리가 라바울Rabaul에 있을 때, 자기 부하들이 어떤 생활을 하고, 무엇을 먹으며 전투를 하는지 보러 온 사관은 한 명도 없습니다", "가끔 제가 일이 있어서 4킬로미터 떨어진 사관 숙사에 가 보면, 고작 2~3일 전에 연장 교육을 갓 마친 새파란 놈들이 중위님이랍시고, 우리한테는 방부제가 들어간 맥주도 주지 않으면서, 각자 (적지에서 빼앗아 온) 조니 워커 블랙Johnnie Walker Black을 마시고 있었습니다."[64] 세간에서 말하던 '해군 사관의 스마트함'은 이런 계급 격차를 배경으로 성립했다.

이렇게 억압된 병사들의 울분은 군기 퇴폐와 어우러져, 종종 점령지 주민에 대한 잔학 행위로 폭발했다. 조교수의 신분에서 이등병으로 소집되어 조선 주둔군의 보병 부대로 배치된 마루야마 마사오는 1946년 논문 「초국가주의의 논리와 심리」에서 이렇게 말한다. "중국이나 필리핀에서 일본군이 저지른 포학한 행위도 그 책임의 소재는 어찌되었든, 직접적인 하수인이 일반 병사였다는 뼈아픈 사실에서 눈을 돌리면 안 된다. 국내에서는 '천한' 인민이며, 병영 내에서는 이등병이라도, 일단 영외로 나서면 황군으로서 궁극적 가치와 연결되어서 한없이 우월한 지위에 서게 된다. 시민 생활, 또 군대 생활에서 압박을 해소할 장소가 없는 대중이 일단 우월적 지위에 서면, 자신을 가둔 모든 중압에서 한 번에 해방되려는 폭발적인 충동에 휩싸인다는 것은 의심할 여지가 없다. 그들의 만행은 그런 난무의 슬픈 기념비가 아니었을까."[65]

이런 군대 생활 속에서 형성된 학도병들의 반응 가운데, 이 책의 문맥에서 중요한 것은 두 가지다. 그들 중 한 사람이 남긴 말에 따르면, 그것은 "대중성에 대한 본능적 혐오와 국군의 비과학적 조직에 대한 불만"이었다.[66] 이 두 가지 요소는 전후사상의 성격으로 고스란히 이어진다.

우선 '비과학적 조직에 대한 불만'은 비합리적인 정신주의와 무책임한 상관 등에 대한 의문에서 비롯된다. 그것은 전쟁을 합리적으로 수행하기 위해서도 필요한 비판이라 생각되었다. 어떤 학도병은 "전쟁에서 이기자, 힘내자 라는 정신만으로는 안 된다. 그 정신이 짊어질 조직·생산 관계를 과학이 명하는 바에 따라 가장 합리적으로 만드는 것이야말로 필요하지 않은가"라고 쓴다.[67]

이런 지향은 경제 체제와 인간 심리를 해명하는 사회 과학에 대한 배움의 필요성을 통감하게끔 했다. 2장 이후에서 보듯이 '무책임의 체계'나 '억압 이양'이라는 키워드를 만든 마루야마 마사오를 비롯해, 전후의 여러 사회 과학자는 그들 자신이 징병된 경험으로부터 연구를 시작했다. 마루야마의 논문이 동시대 사람들에게서 큰 반향을 얻은 것도, 그들이 마루야마와 공통된 경험을 지녔다는 배경을 빼고서는 이야기할 수 없다.

그리고 다른 한편의 '대중성에 대한 본능적 혐오'는, 실은 마루야마를 비롯한 전후사상의 숨겨진 배경이었다. 여기에는 약간의 설명이 필요하다.

우선 전제는 당시 일본 사회의 가난함과, 도시와 농촌, 상층과 하층 간 지적 계층의 격차다. 도시의 대학생이 독일 철학이나 프랑스 문학에 통달한 반면, 농민 출신 병사 중에는 몇 줄의 편지조차 쓸 수 없는 사람도 있었다. 문부성과 점령군이 협력해서 실시한 1948년의 전국 추출 조사에서도, 신문 정도의 글을 읽고 쓸 수 있는지의 문항에서 만점을 받은 사람은 4.4퍼센트에 불과했다고 기록되어 있다.[68] 이런 상황에서 대학생은 극소수의 엘리트였다.

소개라는 인구 이동이 도시와 농촌의 대립을 표면화시켰다는 점은 앞에서 말했다. 학도 출진도 그것과 같은 효과를 보였다. 많은 학도병이 도시의 중산 계층 출신이었고, 일본의 농민이나 하층 민중의 생활 상황을 알지 못했다. 또한 군대에서는 대학에서 배운 지식이 쓸모없었고, 육체적인 건강함이나 세속적인 '요령' 좋음이 전부였다. 이렇게 학도병들은 군대 생활 속에서 교육 수준이 낮은 하층 출신자보다도 열위에 놓였다.

그리고 농민과 소개 아동의 관계처럼, 하층 출신의 하사관과 고참들은 종종 학도병을 린치함으로써 도시 중산층에 대한 평소의 원한을 폭발시켰다. 철학자 우메하라 다케시梅原猛는 학도병 시절을 회상하며 "노동자나 소작농들이, 학생으로 상징되는 특권 계급 출신자인 우리들에게 얼마나 반감을 가졌는지 배웠다"라고 말한다.[69]

그 결과로 『들어라 와다쓰미의 소리를』에 남겨진 학도병의 말을 빌리면, "나는 예상했던 것보다 심각한 대중에의 혐오에 대해 고민했다. 그들을 인간이라고 생각하고 싶지 않았다"라는 반응이 나타났다. 앞에서 언급한 학도병 출신의 야스다 다케시는 전후의 회상 속에서, 농민 출신 군인을 "비루함만이 전부이고, 굴욕이라는 것을 모르는 사람들, 속이기의 명인, 도둑질의 베테랑, 이길 수 있는 싸움에서는 철저하게 오만하지만, 질 것 같은 싸움에는 철두철미 비굴해지는 사람들"이라 표현한다.[70]

또한 군대 생활은 학도병들에게 대중에 대한 혐오만이 아니라 자기혐오와 굴욕도 가져왔다. 왜냐하면 린치에서 벗어나고 배를 채우려면, 하사관과 고참들의 비위를 맞추고 친구를 배반하는 것이 지름길이었기 때문이다.

우메하라 다케시는 "인간이 궁지에 몰리면 제아무리 비겁한 짓이라도 얼마나 서슴없이 하는지"를 학도병 시절에 배웠다고 말한다. 전후의 1952년에는 작가 노마 히로시野間宏가 자신의 군대 경험을 바탕으로 소설 『진공지대』真空地帶를 썼는데, 거기서 겁쟁이 에고이스트이며 오로지 자기 보신만을 생각하는 안자이安西라는 학도병의 모습을 그려 큰 반향을 일으켰다. 마찬가지로 학도병이었던 불문학자 다다 미치타로多田道太郎는 이 소설의 서평에서 "얼굴을 붉히지 않고는 읽을 수 없다. 나는 대개 안자이 같은 태도로 군대 생활을 보내 왔다"라고 썼다.[71]

전장에서도 인간 불신을 야기하는 체험은 많았다. 평소의 원한 때문에 전투 중 후방에서 고참을 사살한 병사가 있었다는 소문이 많은 부대에서 나돌았다. 용감하고 부하들을 잘 돌보기로 정평이 난 장교가, 기아 혹은 패주 중에 부하를 버리고 퇴각한 사례도 적지 않았다. 평범한 서민 출신의 병사가 흥분하여 전선에서 현지 주민을 학살하는 행위도 끊이지 않았다.

『진공지대』를 쓴 노마 히로시는 종군한 경험을 바탕으로, 1947년에 소설 『얼굴 속의 붉은 달』顔の中の赤い月을 발표했다. 이 작품은 전장에서 식수를 서로 빼앗고, 죽어가는 동료를 버린 채로 생환한 귀환병이 전장에서의 기억에 괴로워하며 전후 사회에 적응하지 못하는 모습을 그린다. 소설의 말미에서 주인공은 이렇게 말한다. "그때와 같은 상태에 놓이면, 역시 나는 또 똑같이, 다른 인간의 생존을 못 본 척하고 죽게 내버려 둘 인간이다."[72]

이런 심정은 전후 대중문화의 저류에도 존재하게 된다. 1949년 공개된 구로사와 아키라黒澤明 감독의 영화 〈들개〉野良犬에서는 미후네 도시로三船敏郎가 연기한 귀환병 출신의 젊은 형사가, 살인범을 단죄하기를 주저하면서 이렇게 말한다. "전쟁터에서, 지극히 간단한 이유로 인간이 야수가 되는 것을 몇 번이고 보았으니까."[73]

그러나 대개의 경우, 전쟁 협력의 오점이 거의 없는 경우라도 전후의 지식인과 작가들이 자신의 원점임에 분명한 전쟁 체험에 대해서 잘 정리된 회상을 기록한 경우는 적었다. 그것은 무엇보다도 굴욕의 상처를 공표하는 행위였기 때문일 것이다.

마루야마 마사오도 자신의 군대 경험을 거의 글로 남기지 않았다. 고작해야 상관의 의향을 살피는 군대 생활을 '영주의 하녀'御殿女中에 비유한 좌담회의 발언, 고참에게 군화발로 얻어맞은 일화가 전해지는 정도다. 그리고 2장에서 보듯이 마루야마는 한편으로 민주주의의 이상을 이야기하면서도 "어둡게 고인 사회적 저류에서 숨 쉬는 서민 대중"이라는 말을 논문에 쓴다.[74]

그러나 동시에 학도병 가운데는 하층 출신 병사의 처지를 이해하고자 노력하는 자세도 생겨났다. 공산주의 운동으로 검거된 경험이 있는, 버마 전선에서 전병사戰病死한 어느 학도병은, 하층 출신 병사에 대한 분노를 토로하며 "병사들의 기분 상태"를 "슬픈 현상"이라 표현하고, "인간이라면 더욱 즐겁게 일하고 생활해야 마땅할 것을"이라고 쓴다.[75]

　군대 경험 속에서 하층 출신 병사에 대한 견해가 바뀐 학도병도 적지 않았다. 체력이 뒤쳐지는 학도병은 극한 상황에서 자신의 행위를 합리화하는 경향이 있었다. 그에 비해 소박한 의리와 인정에 따라 행동하는 하층 출신 병사 쪽이 보다 윤리적으로 행동하는 장면도 있었다. 마찬가지로 학도병 출신인 한자와 히로시桝沢弘는 앞에서 보았던 농민 병사에 대한 야스다 다케시의 평가에 반론하며, 자신의 체험에 따르면 "패주 중, 병이나 부상으로 낙오자가 된 병사를 간호하기 위해 함께 낙오한 사람 중에는, 그런 병사들이 많았다"라고 주장했다. 그리고 한자와는 이렇게 덧붙인다. "나는 그들을 못 본 척하며 버리고 왔다."[76]

　이런 경험은 민중에 대한 혐오와 존경이라는 모순된 심정을 지식인들에게 심어주었다. 동시에 단순한 멸시나 찬미를 넘어서 민중의 실정을 직시해야 한다는 주장도 일어났다. 앞에서 본 다다 미치타로는 "나는 군대에서 질책을 받았으며, 질책받음으로써 일본 민중이라는 존재의 맨살에 부딪힌 것이다"라고 말한다.[77]

　이런 민중 내지 대중과의 만남은, 첫 번째 요소였던 과학 지향과 결합되었다. 하층 출신 병사들이 자기를 증오하고 린치를 가하는 사태에 직면한 학도병들은, 그런 사태를 일으킨 일본 사회의 계층 격차나 민중의 의식 구조를 분석할 필요를 느꼈다. 이 점은 마루야마 마사오나 오쓰카 히사오를 비롯해, 전후 일본의 사회 구조와 의식 구조 사이의 관련성을 분석하는 사상이 전후에 배출되는 배경을 이룬다.

　동시에 학도병들은 서양 철학이나 사상에는 통달했음에도, 일본 사회의 상황에 대해서는 알지 못한다는 점을 통감했다. 대학에서 논해 온 헤겔G. W. F. Hegel이나 칸트I. Kant의 철학을 일상 경험의 분석에 응용하기 위한 훈련이 결여된 점도 실감했다. 이 경험은 서구 이론을 단순한 지식으로 배우는 것이 아니라, 일본 사회의 현상을 분석하고 변혁해 가기 위한 사회 과학으로 단련하는 것이 중요하다고 인식시켰다.

그러나 이런 변혁 지향은 일본 국가에 대한 비판으로는 표현되지 않았다. 오히려 학도병들은 "현재의 이런 상태가 계속되면 조국의 장래가 걱정되어서 견딜 수 없습니다"라는 주장과 함께, "이 난국의 정략에 임하는 군인들의 부패"를 비판하며, "지금의 정치가에게 무엇을 바랄 수 있겠습니까. 학자야말로 지금 제일선에 설 때입니다"라고 말하는 사례가 많았다.[78]

이런 가운데, 정부에 대한 비판적 심정은 정부가 그들에게 가르친 애국이라는 말로 표현되었다. 즉 정부가 주창해 온 애국과는 다른 종류의 진정한 애국이 있다는 것이다. 오키나와 특공대로 전사한 한 학도병은 이렇게 쓴다.[79]

2·26(1936년 2월 26~29일 국가 개조를 목표로, 천황의 친정親政을 요구하는 청년 장교들이 육군 부대를 이끌고 쿠데타를 꾀한 사건 - 옮긴이) 이래, 일본은 나아가야 할 길을 그르쳤다. 급전직하, 자유를 무시하고자 하는 운동(결국은 이기주의였지만, 표면상으로는 그렇게 보였다)이 일어나, 이것에 대항하려 한 진정한 애국자는 차가운 칼날에 목숨을 잃었다. 권력주의자는 스스로의 승리를 밀어붙여, 일본을 영원히 구제할 수 없는 길로 돌진케 했다. 그들은 진실로 일본을 사랑하지 않을 뿐 아니라 이기주의로 질주해…… 전쟁으로 자신의 지위를 더욱 굳건히 하고자 했다. ……
그들은 우리가 무엇보다도 사랑하는 조국을 희생해서라도 자신의 힘을 신장하고자 시도했으나 지금은 그것이 실패로 돌아가고 있으며, 우리가 진실로 사랑하는 일본뿐 아니라, 선량한 국민들도 그것에 말려들었다.

전쟁에 대한 반대야말로 진정한 애국이라는 주장은 이 학도병만의 것이 아니었다. 필리핀 제도의 레이테Leyte섬에서 사망한 한 학도병은 "과연 누가 진정한 애국자였는지는 역사가 결정해 줄 것입니다"라고 썼고, 중국 대륙에서 전사한 학도병도 "내 충절의 방법은 아마도 현재 군 수뇌부의 근본 방침과 어긋난다"라고 말한다.[80] 이런 표현은 상층부의 부패와 무책임 속에서 대일본 제국이 붕괴해 가는 전쟁 말기에 자연 발생적으로 퍼져 갔다.

그리고 이런 학도병들의 경험은 그들만의 것이 아니었다. 전시 중에 지식인들이 사회로 던져진 방식은 징병만이 아니었다. 마루야마 마사오나 다케우치 요시미처럼 군대에 소집된 사람들뿐 아니라, 쓰루미 슌스케는 군속軍属(군인은 아니지만 군대에 속하여 관련된 업무에 종사하는 사람-옮긴이)으로 남방 전선에 근무하면서, 요시모토 다카아키는 공장에서의 근로 동원으로, 오쓰카 히사오는 농촌으로의 소개에서, 크든 작든 학도병들과 유사한 경험을 했다.

학도병들의 경험은 지식인 전쟁 체험의 한 축소판이었다. 그것은 대중에 대한 모순적인 감정을 품게 만든 굴욕의 경험이면서, 사상과 사회과학을 일본 사회의 변혁에 도움이 되게끔 만들 필요성을 통감케 한 경험이었다. 이런 경험은 전시기에 형성된 '진정한 애국'이라는 표현과 함께, 전후사상에 크게 반영된다.

전후의 시작

전쟁의 최종 단계에서는 희생만이 커져 갔다. 전쟁의 결과, 일본의 사망자는 대략 310만 명에 달했다. 이것은 당시 내지內地 인구의 4퍼센트 정도에 달한다. 그 밖에 1,500만 명이 집을 잃었고, 300만 명이 기업 정리 등으로 직장을 잃었다.

당시의 대본영 해군 참모는 전쟁의 마지막 1년간에 대해 "아군 측에게는 패전 처리, 연합국군 측에게는 잔적 소탕"에 지나지 않았다고 말한다. 그럼에도 전쟁을 계속한 것은, 위정자와 군 상층부에게 "전쟁을 수습하기보다 그것을 계속하는 편이 쉽다는 것을 보여 주었다"라고 말한다.[81]

전쟁 종결이 늦어진 주된 이유는 항복 조건에 있었다. 상층부에서는 어느 국지 전투에서 승리하여 항복 조건을 개선해야 한다는 의견이 강했다. 항복 조건의 개선이란 우선 천황제의 방위이며, 이어서 전범 재판을 일본 측에서 진행하는 것이었다. 훗날 작가 오다 마코토는 "천황제의 보호·유지는 단적으로 말해 천황의 생명을 구하는 것이다. 그리고 전쟁의 최고 지도자였던 천황의 생명을 구하는 것은 다른 두 번째, 세 번째 지도자의 생명을 구하는 것이다"라고 말한다.[82]

1945년 2월 고노에 후미마로近衛文麿가 천황에게 항복 교섭을 청했지만, 천황은 "다시 한 번 전과를 올리지 않고서야 이야기는 무척 어려울 것이라 생각한다"라고 거부했다.[83] 그 후로 반년 사이에 오키나와 전투와 대량의 특공 작전이 이루어졌고 각지에서 공습과 원폭 투하가 일어났으며, 소련이 참전하고 한반도가 분단되었으며, 남방 전선에서도 대량의 전사자와 아사자가 발생했다. 일본의 많은 전사자, 특히 민간 희생자의 거의 대부분은 이 반년 동안에 집중적으로 사망했다.

한 인간의 전사는 그 유족과 연고자에게 큰 상처를 남겼다. 작가 유메노 규사쿠夢野久作의 장남이었던 스기야마 류마루杉山龍丸는 패전 직후에 귀환 사무를 맡았던 경험을 회상하며 이렇게 말한다.[84] "우리는 매일 같이 찾아오는 유족들에게, 당신의 아드님은, 부군은 돌아가셨다, 죽었다, 죽었다, 죽었다고 전하는 괴로운 일을 했다", "많은 유족들은 대부분 마르고 쇠약했으며 넝마 같은 복장이 많았다." 어느 날 스기야마는 식량난으로 병이 난 조부모를 대신해서 아버지의 소식을 물으러 온 소학교 2학년 소녀와 조우했다.

장부를 뒤적여 이름이 있는 곳을 보니, 필리핀 루손Luzon의 바기오Baguio에서 전사한 것으로 되어 있었다.

"당신 아버지는……."

이라고 말을 꺼내며, 나는 소녀의 얼굴을 보았다. 여윈, 새까만 얼굴. 자라난 앞머리 아래로 길게 찢어진 눈을 크게 뜨고, 내 입술을 바라보고 있었다.

나는 소녀에게 대답해야만 한다. 대답을 해야 한다고 몸속을 휘몰아치는 전율을 간신히 억누르며, 어떤 목소리로 대답을 했는지 모르겠다.

"당신 아버지는, 전사하셨습니다."

이렇게 말하고 목소리가 이어지지 않았다. 순간 소녀는 크게 뜬 눈을 더욱 크게 뜨며, 마치 울먹거릴 것처럼 보였다. …… 그러나 소녀는,

"저는 할아버지가 시켜서 온 거예요. 아버지가 전사했으면, 관계자 아저씨에게 아버지가 전사한 때랑, 전사한 상황, 상황을요, 그걸 써 달라고 해서 와라, 라고 하셨어요."

나는 입을 다물고 고개를 끄덕이고…… 간신히 다 써서, 봉투에 넣어 소녀에게 건네주자 작은 손으로 주머니에 소중히 넣더니, 팔로 감싸 안으며 고개를 숙였다.

눈물 한 방울 흘리지 않고, 목소리 하나 올리지 않았다.

어깨에 손을 올리고 뭔가 말을 하려고 생각하면서 얼굴을 들여다보자, 아랫입술을 피가 날 정도로 깨문 채, 눈에 힘을 불끈 주고 어깨로 숨을 쉬고 있었다. 나는 목소리를 삼키고 한참 있다가,

"혼자서 집에 갈 수 있겠니"라고 물었다. 소녀는 내 얼굴을 바라보며,

"할아버지께서 말씀하셨어요. 울면 안 된다고. 할아버지, 할머니가 전차비를 주시고, 전차를 가르쳐 주셨어요. 그러니까 갈 수 있지, 라고 몇 번이나 말씀하셨어요."

라고, 다시금 자기 스스로에게 들려주듯이, 꾸벅하고 고개를 끄덕였다.

나는 몸속이 뜨거워져 버렸다. 집에 가는 도중에, 나에게 말했다.

"나한테는 두 여동생이 있어요. 엄마도 죽었어요. 그러니까 내가 단단히 정신 차리지 않으면 안 된다고. 나는 울면 안 된다고."

라며, 작은 손을 잡은 나의 손에 몇 번이고 몇 번이고 말한 것만이, 내 머리 속을 뱅뱅 맴돌고 있었다.

어떻게 되는 걸까, 나는 대체 무엇일까, 무엇을 할 수 있을까?

　　현지 주민들도 많이 죽었던 루손섬 바기오의 전투는 천황이 고노에의 항복 제안을 거부한 시기에 이루어졌다.

　　8월 15일을 맞이한 반응은, 계층이나 거주 지역, 혹은 연령에 따라 상당히 다르다. 전후에 이루어진 미국 전략폭격조사단United States Strategic Bombing Survey, USSBS의 면접 조사에 따르면, 농촌보다도 공습을 받았던 도시가, 또 젊은 층보다 세상살이를 잘 아는 연장자 쪽이, 패전 등을 예고한 미군의 선전을 믿었던 비율이 높았다.[85] 패전의 인상에 대한 이런 차이는 14장 및 결론에서 다시 검증할 텐데, 일단 여기서 전시 중의 가치관과 권위가 붕괴한다.

　　하지만 가치관의 붕괴나 윤리의 저하는 8월 15일에 급격히 찾아온 것이 아니라, 전시 중부터 진행된 사태였다. 정부가 내세운 이념이 허구로 가득했다는 점은, 이미 많은 인간들이 느끼고 있었다. 말하자면 패전은 최후의 일격에 불과했다. 윤리학자 아마노 데이유는 1946년 강연에서 대학으로 돌아온 생존 학도병들을 앞에 두고 이렇게 말했다.[86]

전전 ─ 전시에 얼마나 심각한 부도리不道理가, 허위가, 위선이, 우리 사회를 지배했던 것일까. 가장 도의를 지니지 못한 자가 가장 열심히 도의를 설교했다. 가장 생활에 불편함 없이 호의호식하는 자들이, 궁핍을 견디라고 선전한 최고의 유력자들이었다. "도의 없이는 승리 없다"라는 표어의 진리성을, 그들 스스로가 역사 속에 증명했다. 이 참패의 진정한 원인인 도의 상실이, 서민 쪽이 아니라 지배 계급의 양심에서 일어났음은, 지금에 와서는 명백한 사실이다.

　　막대한 군사비가 무계획적인 국채 발행으로 조달되었던 까닭도 있어서, 패전 후에는 극도의 인플레이션이 사회를 덮쳤다. 1946년 1월의 생계

비 지수는 1937년과 비교해서 도쿄 14.8배, 오사카 약 22배를 기록했고, 그 후에도 상승은 멈추지 않았다. 도시의 주거지는 공습으로 거의 불탔고, 의료품과 식료품은 극도로 부족했다.

이런 물자 부족은 패전의 혼란과 어우러져, 군수 물자의 빼돌리기 및 횡령이 심해졌다. 종종 높은 관리자들이 이런 행위를 했던 사실은, 패전 후 극도의 인플레이션과 식량 부족으로 고통받던 사람들에게, 군인의 윤리 저하를 한층 깊이 각인시켰다. 와타나베 기요시의 회상에 따르면 그가 살던 마을로 이주해 온 해군 중사 출신자는, 항공대의 건축 자재였던 편백扁柏과 식량을 군용 트럭으로 싣고 와서 집을 신축하고 몇 년분의 식량을 비축했다고 한다.[87]

패전 후의 군 상층부의 행동이 이런 불신에 박차를 가했다. 철저 항전과 1억 옥쇄를 부르짖고 부하에게 특공 작전을 명했던 고급 군인 중 패전 시에 자결한 자는 극히 소수였다. "살아서 포로의 치욕을 받지 말라"는 「전진훈」戰陣訓을 시달한 도조 히데키東条英機 육군 대장이 자결에 실패하고 미군에 잡힌 사건은 많은 사람들의 경멸과 분격을 불러일으켰다.

싱가포르에서 열린 전범 재판 중에 형사刑死한 학도병은 이런 글을 남겼다.[88]

미사여구뿐이며 내용이 전혀 없는, 이른바 '정신적'인 언어를 내뱉으면서 실상은 물욕, 명예욕, 허영심 이외의 아무것도 아니었던 군인들……. 감옥에서 누구누구 중장, 누구누구 대좌라는 사람들을 몇 명이나 만나서 같이 생활해 왔지만, 군복을 벗고 발가벗은 상태에서의 그들의 그 언동은 차마 보고 들을 수 없는 것들이었다. 이런 장군들로는 일본에 아무리 과학과 물량이 있었더라도, 도저히 전승을 기대할 수 없었을 것이라고 생각하게 될 정도다.

군인과 위정자의 권위를 한층 더 저하시킨 것은 도쿄 재판이었다. 이 재판이 여론에 준 충격은 두 가지였다. 하나는 아시아 해방의 명목으로 행해진 전쟁에서 일본군이 많은 잔학 행위를 했다는 점. 그리고 또 하나는 일본의 위정자들이 다들 자신의 책임을 부정했다는 점이었다.

마루야마 마사오는 도쿄 재판의 기록을 분석한 1949년 논문 「군국 지배자의 정신 형태」軍国支配者の精神形態에서 일본의 위정자의 "왜소성을 가장 노골적으로 세계에 내보인 것은 전범자들이 이구동성으로 전쟁 책임을 부정한 사실이었다"라고 말한다.[89] 피고들이 자신은 상부의 명령에 따랐다거나, 주위의 분위기에 휩쓸렸을 뿐이며, 일본을 전쟁으로 이끌 의 지도 권한도 없었다고 주장한 것이다.

영문학자 나카노 요시오中野好夫는 특공 작전을 명령한 장관이 젊은 조종사들에게 내린 훈사를 인용하며 1952년에 이렇게 말한다.[90]

"일본은 실로 위기에 처해 있다. 게다가 이 위기를 구해낼 수 있는 것은, 대신도 대장도 군령부총장도 아니다. 물론 나와 같은 장관도 아니다. 그것은 여러분 같은 순진하고 기력 넘치는 젊은이들뿐이다. ……"
이 대목의 대신, 대장, 군령부총장 등등을, 수상, 외상外相, 정당 총재, 국회의원, 지도자, 그 밖에 무엇으로 바꾸어도 될 것이다. 문제는 저 태평양 전쟁으로 이끌어 간 일본의 운명적 과정에서, 이 '젊은이들'은 어떤 발언도 허락받지 못했다. 군부, 정치가, 지도자들의 목소리는 일제히, "너희들은 아직 사상이 미숙하니, 만사는 우리들에게 맡겨라"라고 하면서, 그 두둑한 배를 두드렸다. 그럼에도 그들이 이끈 조국의 위기에 이르러서는 놀랍게도, 그 완전한 무력함을 자백하는 것이다. 선동의 기만이 아니라면, 무시무시한 무책임이다.

이런 무책임은 전후의 민주화 속에서도 드러났다. 작가 마쓰기 노부히코真継伸彦는 패전 시 소학생이었던 시절, 공직 추방을 두려워한 교사가 "'저기, 선생님은 여러분에게 이런 거 가르치지 않았지요'라고 비굴한 말투로 전시 중의 발언을 취소하려고 하며, 학생들에게 공범이 되어 주기를 애원하는"모습을 보았다.[91] 미군을 수행하며 패전 후의 일본을 시찰한 언론인 마크 게인Mark Gayn은 과거의 특고경찰관이나 대정익찬회 간부 등이 각지에서 자신들을 대환영하는 모습을 묘사했다.

게인은 1945년 겨울에 야마가타현山形県 사카타시酒田市를 방문해 중학교 교장과 대화했을 때의 일화를 소개한다.[92]

그의 학교에 근무하는 교사 25명이, 일본 군부의 찬성하에 임명되었음을 그는 인정했다. 그러나 그들을 추방할 의지가 있는지 묻자, 깜짝 놀란 듯한 얼굴로,
"어째서입니까? 그들은 아무 짓도 안 했습니다"라고 말했다.
그렇다면 군부가 선발한 이 사람들이 일본의 청년들에게 민주주의의 관념을 가르칠 수 있다고 생각하는지를 묻자, 그는 확신에 차서 이렇게 답했다.
"물론이죠. 도쿄에서 명령이 오면……"

게인은 이 반응을 듣고, "왜 일본이 전쟁에 돌입했으며, 그리고 졌는가. 그 이유를 나도 알 수 있을 듯한 기분이 들었다"라고 말한다.

마루야마 마사오는 1951년 논문에서 전전의 교육은 개개인의 책임 의식에 뿌리를 내린 애국심을 길러 낸 것이 아니라, "충실하지만 비굴한 종복"을 대량 생산한 것에 불과했다고 논했다. 평론가 오다기리 히데오小田切秀雄는 1946년에 귀축미영에서 민주주의 예찬으로 옷을 갈아입은 자들을 평하여, "이런 무리들에게는 본래 '전향'같은 것이 있을 수 없다", "영합할 주인이 바뀐 것에 불과하다"라고 표현했다.[93]

이런 상황 속에서 구舊도덕의 기만을 비판하는 육체 문학이 대두했다. 작가 사카구치 안고는 1946년의 「타락론」墮落論에서 "혼란하라. 피를 흘리고, 독투성이가 되어라. 우선 지옥의 문을 거쳐서 천국으로 기어오르

지 않으면 안 된다", "우리는, '건전한 도의'로부터 추락함으로써, 진실된 인간으로 복귀하지 않으면 안 된다"라고 말해, 큰 반향을 불렀다.[94]

많은 죽음과 추악함에 직면하고 기아와 빈곤으로 추락했던 사람들에게, 전쟁 지지에 대한 회한은 컸다. 1946년 6월 영화사 도호東宝는 패전 후 제1회 신인 오디션을 개최하여, 미후네 도시로와 구가 요시코久我美子가 선발되었다. 그때 과제로 나온 대사가 "나는 바보였다. 정말로 바보였다. 바보였다."인 것이다.[95]

그러나 한편으로는 전쟁 책임의 추궁이 새로운 추악함을 드러내는 경우도 있었다. 군속으로 남방 전선에 징용되었던 후쿠다 사다요시福田定良가 1947년에 기록한 사건은 그런 상황을 상징한다.

후쿠다가 남방에 있었을 때, 최하급의 군인보다도 하위에 놓였던 군속 기지 건설 노동자들은 항상 군인들에게 린치를 당했다. 그리고 패전 후에 일본으로 향하는 귀환선 속에서, 노동자들은 과거에 자신들을 학대한 군인에게 집단 린치로 복수하기 시작했다.

공원의 리더 격이었던 후쿠다는 린치를 제지하고, 갑판에서 집회를 열어 군인들에게 사죄시키는 것을 대안으로 제시했다. 집회에서 후쿠다는 군인들에게 "당신들에게 죄를 물을 자격은 우리에게도 없다. 우리가 하늘과 땅을 우러러 부끄럽지 않은 행동을 해 왔다고는 결코 생각하지 않는다", "그러나 당신들 중에는, 천황의 권위를 이용해서 자기의 이욕을 채우기 위해 우리들을 괴롭힌 자가 없었는가"라고 말하며 "인간으로서 당신들이 반성한 것만 듣고 싶다"고 요구했다.[96] 그 후에 벌어진 일에 대해 후쿠다는 이렇게 쓴다.

이렇게 되자 우선 위생 병조兵曹(구일본 해군의 하사관 – 옮긴이) M이 우리 앞으로 나왔다. 하지만 그에게서는 군인다운 신념을 거의 찾아 볼 수 없었고, 오로지 자신의 부덕을 읊을 뿐이었다.

그러나 M이 머리를 숙이고 물러나려 하자, 갑자기 젊은 공원이 그에게 고함을 쳤다.

"뭐냐, 그 사과하는 태도는, 무릎을 꿇어라. 무릎을 꿇고 사죄해라!"
……

나는, 줄지어 나와서 양손을 모으고 물러가는 병사의 무리를 보며, 그들의 비참한 모습이 실은 우리의 모습이었음을 깨닫고, 분노에 사로잡혔다. 그들의 사죄는 우리가 제재를 받고 "분대 하사관, 제가 잘못했습니다"라고 말했을 때와 완전히 같은 성질의 것이었다. …… 과거에 그들이 한 것은 모두 바른 것이었다. 그것은 그들에게 권력이 있었기 때문이다. 하지만 지금 와서 그들은 한 사람의 예외도 없이 자기가 잘못했다고 말한다. 그것은 그들이 권력을 잃었기 때문이다. 나는 이 평범한 사실, 즉 그들의 윤리적 정신은 개인의 자각이 아니라, 외적인 권위에 좌우된다는 사실을 눈앞에서 보며, 이렇게 생각하지 않을 수 없었다.

"이것이 군대의 윤리적 정신이다. 그러나 이것이 과연 군대라는 틀 속에 한정된 것일까. 윤리의 측면에서는, 국민 모두가 우리처럼 행동해 온 것이 아닐까. 하지만 설사 그렇다 하더라도 이런 비참한 정신은, 이 항해와 마찬가지로, 여기서 끝을 고하지 않으면 안 된다."

허위와 보신, 무책임과 퇴폐, 면종복배의 이면에 만연했던 이기주의. 그곳에는 물리적인 패배만이 아니라 정신적인 붕괴가 있었다. 전후에 잡지 『세카이』世界의 편집장이 된 요시노 겐자부로吉野源三郎는 전쟁 시기와 패전 직후를 회상하며 이렇게 말했다.[97]

전쟁만큼 인간의 협동이 필요한 것이 없는데도, 전쟁은 일본인의 연대 의식을 무서울 정도로 무너뜨려 버렸습니다. 전쟁을 지도했던 군인과 정치가는 '멸사봉공'을 소리 높여 부르짖고, 국민이 공을 위해 사적인 이해를 버릴 것을 요구했습니다만, 사적인 이해를 무시한 정책이 강행될수록, 국민들은 스스로 자신의 사적 이해를 지킬 수밖에 없게 되었습니다. …… 이윽고 공습이 시작되고부터는, 수백만의 도시 주민은 없는 살림을 지키기 위해 황급히 집단 피난에 뛰어들고, 전쟁의 향방조차 기다릴 수 없다는 듯한 상태였습니다. 사적 이해에 대한 고려가, 공공에 대한 관심을 통째로 삼켜 버렸다고 할 수 있는 상태였습니다.

이렇게 해서 전쟁은, 1억 일심의 협력을 요구하면서도, 반대로 국민 사이의 인간다운 연대를 산산조각 내 버렸고, 그 결과로 패전 후의 그 심각한 궁핍 속으로 국민을 내던져 버렸습니다. …… 이것이 이른바 전후에 우리들이 놓여 있던 상황이었습니다. 일본은 정치·경제적으로 붕괴했을 뿐만 아니라, 정신적으로도 큰 붕괴가 일어난 것입니다.

허위와 무책임을 낳고, 대량의 죽음과 파괴를 가져온 황국 일본과 신민의 관계. 이것을 대신할 공과 사의 관계는 어떻게 만들어져야 할까. 무너진 '국민 사이의 인간다운 연대'는, 어떤 새 원리로 다시 구상할 것인가. "잿더미 속에서 새로운 일본을 창출하는 것이다." 전사한 학도병이 유고에 남긴 이 말은, 패전을 맞닥뜨린 많은 사람들에게 공통된 마음이었다.[98]

전후라고 불리는 시대는, 여기서부터 시작한다.

2

총력전과 민주주의
마루야마 마사오,
오쓰카 히사오

우리나라에서 근대적 사유는 '초극'은커녕, 진정으로 획득된 적
조차 없다.

마루야마 마사오

전후 지식인의 대표 격으로 정치학자 마루야마 마사오와 경제학자 오쓰카 히사오가 거론되는 일은 드물지 않다. 이 장에서는 그들의 전쟁 중부터 패전 직후의 저작을 검증하기로 한다.[1]

결론부터 말하면 그들의 사상은 총력전 체제의 기능 부전을 목격하고 새로운 내셔널리즘의 방식을 구상한 것이었다. 그 사상의 검증은, 전후사상의 배경이 된 심정의 성격을 재검토하는 작업이기도 하다.

애국으로서의 민주주의

일본에서는 프랑스나 한국 등과 달리, 패전 후에 해외 망명자들이 귀국해서 정권을 세우는 사태는 일어나지 않았다. 전후의 위정자와 지식인 대부분은 전쟁 전과 전시부터 활동해 온 사람들로, 사고의 전환은 쉽게 이루어지지 않았다.

그렇기 때문에 전후사상의 모색은 새로운 언어 체계를 외국에서 수입하기 이전에, 전시기의 언어 체계를 바꾸어 읽으며 그것에 새로운 의미를 부여하는 데서 시작했다. 여기서 전후 민주주의의 기반이 된 것은 총력전의 사상이었다.

예를 들어 패전 후 처음으로 소집된 1945년 9월 5일의 중의원衆議院에서 훗날 수상이 되는 아시다 히토시芦田均는 '대동아 전쟁을 불리한 종결로 이끈 원인 및 그 책임'을 추궁하는 장문의 질문서를 제출했다.[2] 아시다는 그 속에서 패전의 원인으로 관료 통제의 실패를 들었다. 즉 "관료의 독선과 부패는 스스로 관민의 이반을 초래했고", 언론 통제로 인해 "나라를 걱정하는 지극한 성심에서 비롯된 정책 비판마저 봉쇄"된 까닭에, "국민이 일체의 공적인 일에 관심을 갖지 않는 사태를 발생"시켜, "국민의 다수는 차례로 면종복배"의 상태에 빠졌다는 것이다.

또한 주목해야 할 것은 아시다가 이 의견서에서 "근대 총력전에서 우위를 획득하기 위해서는, 국민의 한 사람 한 사람으로 하여금 전쟁에 책임을 느끼게 해야 한다. 국민들이 당면한 전쟁을 군부 및 정부의 전쟁이라고 생각하게 된다면, 근대전에서는 우선 이 점만으로도 패배할 수밖에 없다"라고 말하며, 통제 철폐와 언론 자유화를 주장한 점이다. 즉 아시다는 총력전 사상의 연장선상에서 민주화를 주장했다.

이런 논조는 아시다에게서만 보이는 것이 아니다. 이시와라 간지石原莞爾 육군 중장은 1945년 8월 28일에 게재된 신문 인터뷰에서, "관료 전제의 타도는 눈앞의 급무急務이며, 만약 이것을 '민주주의'라 일컫는다면, 일본은 세계 제일의 '민주주의' 국가가 되어야 할 것이다"라고 말하며, 특고경찰의 폐지와 정당 활동의 자유화를 주장했다. 그에 따르면 "군벌, 관료"가 "언론·결사의 자유를 속박하고 말살"했기 때문에 "국민의 저력을 발휘하지 못하는 사이에 전쟁도 끝났다"라는 것이다.[3]

이런 논조는 당시의 논단에 많이 보인다. 예를 들면 1945년 8월 20일에 여성 운동가 이치카와 후사에市川房枝는 신문 기고에서 "대동아 전쟁중에 결성된 부인회가 군인·관료의 지도하에서, 부인들의 자주적 행동을 완전히 봉쇄하여", "그 총력의 발휘를 방해해 왔다"라고 주장한다. 교토학파의 고야마 이와오高山岩男도 전시 통제가 "인민의 자주성과 창의성을 봉쇄하여, 오히려 총력전의 수행을 저해했다"라고 말했다. 작가 요시카와 에이지吉川英治도 1945년 8월 23일 자 신문에서 "우리 일본인은 진짜 저력을 전부 발휘하지 못했다", "신문, 언론의 방향도 국민에게 알려야 할 것을 알리고, 논해야 할 것을 말해서 지하수를 분사시켜, 일본인이 지닌 진정한 강함을 살려야 한다"라고 주장한다.[4]

그리고 당시의 수상이며 쇼와 천황의 조카였던 히가시쿠니 나루히코東久邇稔彦마저도 실은 비슷한 인식을 갖고 있었다. 히가시쿠니 내각은 1945년 8월 17일에 조각되었지만 군대의 동원 해제 외에는 이렇다 할 개혁에 착수하지 못했고, 10월이 되자 점령군으로부터 정치범 석방과 경찰 간부 추방을 지시받자, 그 충격으로 총사직한 유약한 내각이었다. 그러나 이 황족 수상조차도 1945년 8월 28일 기자 회견에서, "국민들이 완전히 묶여서 아무것도 할 수 없었다는 것 또한 전쟁에서 패배한 큰 원인의 하나라고 생각한다"라고 말하며, "장래에 언론을 활발하게 하고 건전한 결사를 발달시킬 것"이라는 방침을, 완곡하게나마 공표했다.[5]

또한 이런 논조는 1945년 8월 하순부터 9월 초에, 즉 점령군의 지시가 내리기 전부터 출현했다. 전후 민주주의는 미국으로부터 '수입'되기 이전에, 총력전 사상의 연장선상에서 발생했던 것이다.

좀 더 말하자면 이런 사상은 패전 후에 돌연히 나타난 것이 아니다. 예를 들어 1944년 7월에 작가 이시카와 다쓰조는 「언론을 활발하게, 밝은 비판에 민의가 고양한다」言論を活発に, 明るい批判に民意の高揚라는 제목이 붙은 『마이니치신문』每日新聞의 기고에서 "비판을 억압하면 전의戰意는 고양되지 않는다", "국민을 신뢰하지 않으면서 무슨 총력전을 할 수 있겠는가"라고 주장했다.

물론 당시 상황에서 이 주장은 정부와 군부를 향해 건설적 비판이라는 형태로 행한 최대한의 저항이었다. 평론가 기요자와 기요시는 이시카와의 기고를 일기에 인용하며 "이것은 지금 시점에서 말할 수 있는 최대한의 표현이다"라고 평한다.[6]

그러나 이런 논조는 전시 체제에 대한 비판인 동시에, 그것을 총력전의 합리적인 수행이라는 말로 표현한 것이기도 했다. 후에 다케우치 요시미가 말한 것처럼 '저항과 굴복'은 '한 끝 차이'의 관계였다.[7]

그리고 앞에서 본 패전 직후의 논조는, 모두 국민의 저력을 발휘하지 못한 채 전쟁이 끝났다고 주장했다. 그것은 패전이라는 충격에 직면한 사람들이 취했던 일종의 심리적 방어 기제였다. 민주화에 대한 지향은 이런 내셔널리즘과 표리일체를 이루었다고 할 수 있다.

그리고 이런 내셔널리즘은, 전쟁으로 붕괴된 국민의 도의道義를 재건한다는 주장과도 연결되었다. 히가시쿠니나 이시와라, 고야마 등은 모두 전시 중의 암시장 경제나 관료의 무책임을 들어 전쟁에 패한 원인은 도의의 퇴폐에 있다고 주장하며, '1억 총참회를 하는 것이 우리나라 재건의

첫걸음'이라고 외친다.[8]

이 1억 총참회라는 말은, 히가시쿠니 수상이 앞에 언급한 기자 회견에서 발언한 뒤로 유명해졌다. 연합국과 아시아 국가들에게 일본의 침략을 사죄한다는 의미는 물론 아니었다. 그것은 그들이 패전의 굴욕감을 표현하기 위해, 패배 원인을 도의의 퇴폐에서 찾는 가운데 나온 말이었다.

"도의 없이는 승리 없다"라는 말은, 사실 대동아 해방을 내걸었던 정부의 전시 중 표어이기도 했다. 도의를 내세운 전쟁이 패배로 끝났을 때, 사람들은 전시 중 말 쓰임의 연장선상에서, 전쟁에 패한 원인은 도의의 퇴폐에 있다고 주장한 것이다.

하지만 말 쓰임이 전시로부터의 연장선상에 있다 해도, 거기서 표현된 심정은 전쟁 전이나 전시 중으로의 회귀를 지향하는 것이 아니었다. 오히려 그것은 전쟁으로 한계를 드러낸 옛 도의를 비판하고 새로운 도의를 모색한다는 주장으로 이어졌다.

예를 들어 작가 사카구치 안고는 1946년 12월에 발표한 「속타락론」續墮落論에서, "'천황제라느니 무사도라느니, 내핍의 정신이라느니'라는 봉건 유제遺制의 계략으로 가득한 '건전한 도의'로부터 타락하여, 벌거숭이 맨몸이 되어 진리의 대지로 내려가야 한다"라고 주장했다. 그리고 그것은 "타락 자체는 항상 재미없는 것이며, 악에 불과하다", "나는, 일본은 타락하라고 외치고 있지만, 실제의 의미는 거꾸로"라는 주장에서 보이듯이, '도의' 그 자체의 부정이 아니라, 새로운 '도의'의 모색이었다.[9]

거기서 재건되는 도의는 멸사봉공의 형태가 아니라, 개인의 자각과 책임 의식에 기반을 두는 것이어야 했다. 윤리학자 아마노 데이유는 1946년 강연에서 "개인적 자각이 발달하지 못하는 쪽이 이기주의에 빠지기 쉽다"라고 강조한다.[10] 멸사봉공 때문에 이기주의와 무책임이 만연한다는 것이야말로 전쟁에서 얻은 교훈이었기 때문이다.

이렇게 해서 전후 민주주의는 총력전 사상의 연장선상에서, 새로운 윤리와 내셔널리즘에 대한 모색으로서 출발했다. 그리고 그런 사조의 대표가 마루야마 마사오였다.

근대에 대한 재평가

마루야마의 사상뿐 아니라, 일반적으로 전후사상을 논하려면, 전시기에 대한 검토부터 시작해야 한다.

우선 확인해야 할 것은, 마루야마의 근대에 대한 평가가 전쟁을 전후해서 달라졌다는 점이다. 마루야마는 전쟁 후에는 근대화를 설파했지만 전쟁 전인 1936년에는 근대를 비판하는 논문을 썼다. 당시 22세의 대학생이었던 마루야마는 도쿄제대 법학부의 학생 단체 미도리카이緑会의 현상 공모에 낸 논문인 「정치학에서의 국가의 개념」政治学に於ける国家の概念에서, 근대적 사유를 무력하다고 표현했다. 그는 이 논문에서 국가에 대해 이렇게 말한다.[11]

우리가 바라는 것은, 개인인가 국가인가라는 양자택일Entweder – Oder에 입각한 개인주의적 국가관이 아니고, 개인이 같은 신분 혹은 계급에 속하는 무리인 등족等族 속에 매몰되는 중세적 단체주의도 아니며, 하물며 양자의 기괴한 절충인 파시즘 국가관일 수도 없다.

여기서 마루야마가 비판하는 개인주의적 국가관이란, 개인과 국가가 대립한다고 생각하는 자유주의의 국가관이며, 그는 이것을 시민적 국가관이라고도 부른다. 당시의 마루야마에게 이것은 비판해야 할 '근대적 사유'였다.

그렇지만 이 주장은 마루야마의 독자적인 것이 아니라 당시의 사상적인 유행을 따른 것이었다. 당시 지식인들 사이에서는 헤겔과 마르크스K. H. Marx의 근대 비판이 상식이었다.

헤겔에 따르면 역사의 진전은 촌락과 길드guild 등의 공동체 속에 인간이 매몰되었던 중세로부터, 개인이 자유를 획득하는 근대 사회로 나아가는 형태를 취한다. 이 근대 시민 사회는 사적인 이익을 추구하는 시민들의 모임이다. 여기서는 국가가 개인을 억압한다고 보면서 국가의 간섭을 비판하는 자유주의 사상이 생긴다. 마루야마가 개인주의적 국가관 내지 시민적 국가관이라고 부른 근대적 사유는 이런 사상을 가리킨다.

그러나 이 근대 시민 사회에서 인간은 뿔뿔이 흩어진 존재가 되며 상호 간에 투쟁이 끊이지 않는다. 그 속에서 빈부 격차가 확대되고, 투쟁에서 진 약자는 물론, 투쟁의 승리에 취한 승자에게도 윤리적인 토대가 주어지지 않는다. 이런 근대 시민 사회는 결국 국가라는 한층 더 높은 차원의 단계로 지양止揚된다는 것이 헤겔의 기본적인 주장이었다.

마르크스주의는 이런 역사관을 계승했다. 마르크스주의에서도 사람들이 공동체 속에 매몰되었던 중세 사회로부터, 개인이 뿔뿔이 흩어지는 근대 시민 사회로 나아간다는 시각은 기본적으로 같다. 단 마르크스주의는 근대 시민 사회를 부르주아 중심의 자본주의 사회로 본다. 여기서의 자유는 형식적인 자유에 불과하며 실질적인 자유는 존재하지 않는다. 그리고 이 근대 시민 사회보다 높은 차원의 단계로서 공산주의 사회가 상정된다.

즉 헤겔 사상도 마르크스주의도 근대나 시민 사회에 대해서는 비판적이었다. 특히 1929년의 세계 공황은 자유주의 경제가 완전히 막다른 골목에 부딪혔다는 인식을 확산시켰다. 당시 유행했던 제국주의론은 자본주의 말기에 고전적인 자유주의를 기반으로 하는 근대 시민 사회가 붕괴하여, 한편으로는 파시즘과 결합한 독점 자본, 또 한편으로는 사회주의적인 입장에 서는 프롤레타리아트라는 양극의 진영으로 나뉜다고 보았다.

1936년 마루야마는 이런 사상 조류를 따라서 근대적 사유나 시민적 국가관을 비판했다. 신문 기자인 아버지를 두었던 마루야마는 1930년대의 농업 공황에 관심을 가졌으며, 1934년 도쿄제대 법학부에 들어간 후에는 당시의 마르크스주의 역사학자들이 집필한 『일본 자본주의 발달사 강좌』日本資本主義發達史講座를 열심히 읽었다. 또 1933년에는 유물론연구회 창립 기념 강연회에 출석했다 검거되었고, 그 후로도 특고경찰과 헌병의 감시를 받았다.

훗날의 회상에 따르면 학생 시절 마루야마는 1936년의 이 논문에 대해 "'이것이 통용된다면, 연구실에 남아도 좋다. 이것은 국가학에 대한 일종의 인민전선이다'와 같은 오만한 말을 했다"라고 한다.[12] 탄압이 극심했던 시국 탓도 있어서 노골적인 마르크스주의 용어를 논문에 사용하지는 않았지만, 알 만한 사람이 읽어 보면 마르크스주의의 영향은 확실했다. 하지만 도쿄제대 법학부 교수 난바라 시게루는 그 자신은 마르크스주의에 비판적이었음에도 불구하고, 마루야마의 사상 경향을 알면서도 그를 조수로 채용하고 이후로도 법학부에서 마루야마를 옹호했다. 이런 까닭에 마루야마는 난바라를 깊이 존경했다고 한다.

그러나 패전 후인 1946년 1월, 군대에서 귀환한 마루야마는 「근대적 사유」近代的思惟라는 논고를 발표했다. 거기서 그는 입장을 바꾸어 근대적 사유를 일본에 정착시켜야 한다고 말했다.

마루야마를 변화시킨 한 가지 요인은 말할 것도 없이, 전쟁 속에서 통감한 일본 근대화의 일천함이었다. 그는 이 논고에서 "우리나라에서 근대적 사유는 '초극'은 커녕, 진정으로 획득된 적조차 없다"(《丸山眞男集》 3권 4쪽)라고 주장한다.

그리고 또 하나의 요인은 전시 중의 언론에 대한 반발이었다. 여기서 초극이라는 말을 쓴 것은, 전시 중 지식인들의 유행어였던 근대의 초극近代の超克에 대한 풍자였다. 1930년대에 유행한 근대 비판은 이윽고 전쟁 찬미에 이용되어, 미일 개전 후에는 근대의 초극이나 세계사의 철학 등으로 명명된 좌담회가 열렸다. 자유주의, 개인주의, 서양 근대를 비판하고, 통제 경제나 대동아 공영권을 자유주의 경제나 개인주의에 대한 초극으로서 찬미하는 내용이었다. 게다가 마르크스주의에서 전향한 자들이 그런 근대 비판에 가담했다.

마루야마의 논고 「근대적 사유」는 이런 지식인들을 통렬히 비판했다. 그는 이렇게 말한다(《丸山眞男集》 3권 3쪽).

…… 근대적 정신이란 지극히 악명이 높고, 마치 그것이 현대의 다양한 악의 궁극적 근원이라는 듯한 언사…… 그 '초극'만이 문제라는 듯한 언사가, 존경스러운 학자, 문학가, 평론가들 사이에서 지배적이었던 이 몇 년간의 시대적 분위기를, 더글러스 맥아더Douglas MacArthur 원수에게 근대 문명의 ABC의 기초를 전수받는 현대 일본과 비교해 보면, 비참함과 우스움이 섞인 듯한 감개가 저절로 솟는 것을 어찌할 길이 없다. 나쓰메 소세키夏目漱石가 말하는 이른바 '내발적'內発的인 문화를 갖지 못한 우리 지식인들은, 시대적으로 나중에 등장하는 것이 그 이전에 나타난 것보다 모두 진보적이라고 생각하는 속류俗流 역사주의의 환상에 사로잡혀서, 파시즘의 '세계사적' 의의 앞에 머리를 숙였다. 그리하여 지금 와서는 벌써 초극되었어야 할 민주주의 이념의 '세계사적' 승리 앞에 당황하고 있다. 이윽고 철학자들은 또다시 그 '역사적 필연'에 대해서 떠들썩하게 지껄이기 시작할 것이다. 그러나 이런 종류의 '역사 철학'으로 역사가 전진한 증례證例는 과거에 없다.

이런 문언은 근대를 비판하는 세계사의 철학이나 마르크스주의와 같은 역사 철학에 대한 결별 선언이었다. 동시에 그것은 1930년대의 유행을 따라 근대를 비판했던 과거의 마루야마 자신에 대한 자기비판이기도 했다. 이후 마루야마는 전쟁 전에 근대 비판을 잔뜩 주입받았기 때문에, 패전 후 부르주아 민주주의의 예찬자가 되기에는 "너무나 닳고 닳았다"라고 회상하는데, 그러면서도 전쟁 체험을 통해 근대의 초극 같은 것은 일본 사회의 현실을 모르는 관념적인 호들갑에 불과하다고 생각하게 되었다.

이렇게 전후의 마루야마는 근대를 재평가하고, 공산당 및 마르크스주의와는 일정한 거리를 두었다. 하지만 그는 공산당의 부활을 환영하고 그들에 대한 탄압에 반대했다. 과거에 그 자신 또한 특고경찰의 감시를 받았던 마루야마는, 언론의 자유를 무엇보다도 소중히 생각했기 때문이다.

그리고 1976년 마루야마는 1936년의 근대 비판을 "치졸한 학생 논문"이라고 평하면서, 1946년의 「근대적 사유」와 함께 단행본에 수록했다. 그는 그 이유를 "어떤 사고방식을, 말하자면 '소여'所與(사고하기에 앞서 이미 의식에 직접적으로 주어진 내용 - 옮긴이)로 해서, 내가 연구자 생활을 시작했는지 보여 주기 위해서"였다고 말한다(《丸山眞男集》 1권 32쪽).

뒤의 6장 그리고 3부에서 살펴보듯이 마루야마는 패전 후에 명성을 누렸던 한편, 패전 직후의 공산당이나 1960년대의 신좌익들로부터 서양 근대를 찬미하는 근대주의자라고 비판받았다. 아마도 그는 자신이 단순한 근대주의자가 아니라는 점을 보이기 위한 목적으로, 스스로의 사상적 이력에 해당하는 학생 시절의 논문을 공표했다고 생각된다. 1970년대 이후 프랑스 현대 사상의 근대 비판론이 일본에 소개되었는데, 물론 마루야마는 그에 대해 완전히 냉담했다.

그러나 마루야마는 근대를 재평가하면서도 개인주의적 국가관으로 되돌아가지는 않았다. 그는 그 대신에 '개인이냐 국가냐'라는 양자택일을 되묻는 사상을 전시부터 추구했다.

국민주의의 사상

1943년 10월 문과계 대학생의 학도 출진이 개시되었다. 게이오대의 『미타 신문』三田新聞은 이때를 기하여 후쿠자와 유키치福沢諭吉 특집을 구성했다. 도쿄제대 법학부에 조교수로 근무하던 29세의 마루야마는 그 특집에 「후쿠자와에서의 질서와 인간」福沢に於ける秩序と人間을 기고했다.

마루야마는 후쿠자와에 대한 당시의 분열된 평가에 대해 언급하면서 이 논고를 시작한다. 한 가지 평가는 후쿠자와를 서양 사상으로부터 영향을 받은 개인주의자로 보고 비판하는 것이었다. 그리고 또 한 가지는 그를 아시아 진출을 주장한 국가주의자로 찬미하는 것이었다.

그러나 마루야마는 "후쿠자와는 **단지** 개인주의자도 아니며 **단지** 국가주의자도 아니었다"라고 주장했다. 그것은 개인주의와 국가주의의 절충이 아니라, "개인주의**라는 점에서** 실로 국가주의자였다"라는 것이다 (《丸山眞男集》 2권 219쪽).

마루야마에 따르면 "일신 독립하여 일국 독립한다"라는 말을 남긴 후쿠자와로서는 "개인적 자주성 없는 국가적 자립은 그로서는 생각할 수조차 없었다." 국민 한 사람 한 사람이 책임 의식을 지니고 "국가를 실로 자기 것처럼 친근하게 감촉感觸하고, 국가의 동향을 자기 자신의 운명으로 의식하는 국가가 아니라면, 어떻게 가열苛烈찬 국제 장리場裡에 확고한 독립성을 보지保持할 수 있겠는가"라는 것이다(《丸山眞男集》 2권 221, 220쪽).

그런 책임 의식을 형성하려면 "이제껏 정치적 질서에 대해서 단순한 수동적 복종 이상을 알지 못했던 국민 대중에게, 국가 구성원으로서의 주체적·능동적 지위를 자각시켜야" 한다며, 마루야마는 이렇게 말한다(《丸山眞男集》 2권 220, 221쪽).

질서를 단순히 외적 소여로 받아들이는 인간으로부터 질서에 능동적으로 참여하는 인간으로의 전환은 개인의 주체적 자유를 계기로 이루어진다. …… 후쿠자와가 우리나라의 전통적인 국민 의식에 무엇보다도 결여되었다고 본 것은 자주적 인격의 정신이었다. 그가 통절히 지적한 우리나라의 사회적 병폐, 예를 들면 도덕 법률이 항상 외부적 권위로서 강행되어, 한편으로는 엄격한 교법과 다른 한편으로는 그것에서 빠져나가는 것을 부끄러워하지 않는 의식이 병존한다는 것. 비판적 정신의 적극적 의미가 인정받지 못한 결과로, 한편으로 권력은 점점 폐쇄화되고 다른 한편으로 비판은 점점 음성적 내지 방관적이 된다는 것. 이른바 관존민비官尊民卑와 관청 내부에서 이루어지는 권력의 하부를 향한 '팽창', 상부를 향한

'수축'. …… 이런 현상은 모두 자주적 인격의 정신이 결핍되었다는 증명과 다름없었다.

이 주장이 어떤 시대 상황을 염두에 두었는지는 설명할 필요가 없을 것이다. 이미 이 시기에는 통제의 과잉이 자주적 인격을 위축시켜, 총력전 체제를 마비 상태로 밀어 넣고 있었다. 마루야마는 그런 정세를 눈앞에 두고 근대적인 개인의 재평가로 향했다. 거기서 그는 개인과 국가를 대립시키는 개인주의적 국가관이 아니라, 주체적인 책임 의식을 가진 인간이 능동적으로 국가의 정치에 참여하는 것, 즉 '개인주의자**라는 점에서** 실로 국가주의자'가 되는 것을 주장했다.

그러나 당시는 이런 제언조차 금지되었다. 마루야마는 후쿠자와의 봉건 시대 비판을 논하는 형태를 취하면서 당시의 상황을 비판했다. 그 의도를 짐작해 알아차린 젊은이들 중에는 "이 논고를 읽고 눈물이 났다", "마루야마는 이 글을 목숨을 걸고 썼다"라는 감상을 표한 자도 있었다고 한다(《丸山眞男集》2권 284쪽).

그리고 그것은 정부와 군부에 대한 저항임과 동시에, 아시다 히토시가 의회에서 말한 바와 같이 "나라를 걱정하는 지극한 성심에서 비롯된 정책 비판"이기도 했다. 이미 말했듯이 당시의 지식인들에게 있어서 저항과 굴복, 혹은 후년의 마루야마의 말을 빌리자면 충성과 반역은 표리일체를 이루었다.

그리고 마루야마의 주장은 아시다의 "근대 총력전에서 우위를 획득하려면, 국민 한 사람 한 사람으로 하여금 전쟁에 책임을 느끼게 해야 한다"라는 말과 거의 같은 취지이기도 했다. 즉 마루야마의 사상은 특이한 것이 아니라, 당시 사람들에게 공유되었던 심정을 표현한 것이라고 할 수 있다.

마루야마는 이런 사상을 1944년 7월에 쓴 「국민주의 이론의 형성」国民主義理論の形成에서 더욱 전개시켰다. 이 논문은 마루야마가 군대의 소집

명령을 받고 마치 유서와 같은 각오로 집필하여, 입영 당일 아침에 완성한 글이었다.

　1944년 7월 사이판섬이 함락되었고, 이 시기에 군대 입영은 거의 죽음을 의미했다. 입영한 마루야마는 조선에 주둔 중이던 보병 연대로 배치되어 거기서 병에 걸려 제대했는데, 그가 속했던 연대는 마루야마가 제대한 뒤에 필리핀 전선에서 괴멸된다. 요양을 거쳐 다시 소집된 마루야마는 히로시마広島의 육군선박사령부에 보내졌고, 그는 거기서 원자 폭탄에 피폭된 뒤 생환한다. 이 논문을 유서와 같은 심정으로 썼다는 표현은 결코 과장이 아니었다.

　이 논문의 첫머리는 다음과 같이 시작한다(《丸山眞男集》2권 227쪽).

국민이란 국민이고자 하는 존재라고 한다. 단지 하나의 국가적 공동체에 소속되어 공통된 정치적 제도를 위에 받들고 있다는 객관적 사실만으로는, 근대적 의미의 '국민'을 성립시키기에 부족하다. 거기에 있는 것은 단지 인민 내지 국가 소속원이며 '국민'nation은 아니다. …… 근대적 국민 국가를 짊어지는 것은 실로 이런 의미의 국민 의식이다.

　근대적 국민 내지 국민 국가는 언어나 문화의 공통성 같은 것이 아니라, 국정에 주체적으로 참가하는 국민 의식을 기반으로 성립한다. 마루야마의 과제는 이런 "국민주의"Nationalism, Principle of nationality로 유지되는 "근대적 국민 국가의 형성"을 일본에 이룩하는 것이었다(《丸山眞男集》2권 228, 268쪽).

　마루야마는 이 논문에서 국가주의와 구분하여 국민주의라는 말을 채용한다. 그에 따르면 "국가주의라는 말"은, "종종 개인주의의 반대 관념으로 사용되기 때문에 적당하지 않다"라고 한다.[13] 물론 국민주의란 그의 후쿠자와 평가에서처럼 "개인주의자**라는 점에서** 실로 국가주의자"인 상태이다.

그리고 이 논문 「국민주의 이론의 형성」은 앞에서 본 후쿠자와론과 마찬가지로 에도江戸 시대 비판의 형식을 빌려 전시의 일본 사회를 비판했다. 마루야마는 막부 말기의 상황을 다음과 같이 묘사한다.

에도의 봉건 체제 속에서는, 정치는 무사의 전업이며 "치자治者와 피치자被治者의 세계가 확연히 나뉘어 있었다." 피치자인 농민과 상인町人의 사회적 의무는 치자인 무사에게 조세를 납부하는 것뿐이며, "그들은 그 이상 국가 사회의 운명에 어떤 관심도, 하물며 책임도 부담할 필요가 없었다."(《丸山眞男集》2권 232쪽)

그렇기 때문에 농민과 상인들은 정치적 무관심과 무책임의 안이한 세계에 영원히 머물러 버린다. 그중에서도 상인들은 "일체의 공공적 의무 의식을 갖지 않고 오로지 개인적 영리를 추구하는, 말하자면 윤리 외적 존재"이며, "사욕의 만족을 위해서는 무엇이든 허용된다는 천민 근성에 몸을 맡겼다." 그런 상인들은 정치에 관심을 갖지 않고, "관능적 향락의 세계로 도피해, 그런 악소惡所의 어두운 구석에서 허무한 사적 자유를 호흡하거나, 혹은 현실의 정치적 지배 관계에 대해 고작 비뚤어진 조소를 보내는 데 그쳤다"라고 마루야마는 말한다(《丸山眞男集》2권 232, 233쪽).

마루야마가 이 논고를 쓸 당시, 암거래를 통해 전쟁으로 한몫 건진 상인들이 적지 않았다. 이것을 비판해야 할 지식인들도, 건설적인 비판이 봉쇄되어 있었기 때문에 시국에 "비뚤어진 조소를 보내는 데"그쳤다.

그러면 치자인 무사는 어떤가. 마루야마는 이 논문에서 무사들에게도 국민주의는 성립하지 않았다고 평가한다.

봉건 체제에서 인간은 사농공상士農工商이라는 신분과 번藩이라는 지역으로 분단되었다. 거기에는 사쓰마薩摩(현재의 가고시마현鹿児島県-옮긴이)의 무사 혹은 미토水戸(현재의 이바라키현茨城県-옮긴이)의 농민이라는 의식은 있어도, 신분이나 지방을 넘어선 국민이라는 의식은 없다. 무사의 충성 대상 역시 일본이 아니라 번주藩主이며, 각 번의 이해를 생각하는 데 불과하다.

그 결과로 "세로의 신분적 격리는 가로의 지역적 할거와 얽혀, 특유의 분파주의를 형성한다." 게다가 무사의 주종 관계에서는 "그 책임 의식은 오직 직접적인 주군이 대상"이며, "그들이 말하는 봉공의 **공**公이란" "봉록으로 이어진 개인 관계"에 불과하다(《丸山眞男集》2권 234, 235쪽). 즉 무사에게 공이란 번의 이익과 윗사람에 대한 충성일 뿐이다. 마루야마가 전시 중의 어떤 상황을 염두에 두고 이런 묘사를 했는지에 대해서는 설명할 필요가 없을 것이다.

그러나 마루야마에 따르면 이런 봉건 체제에도 나름의 장점이 있었다. 그것은 통치의 안정이다.

마루야마에 따르면 에도 막부의 군사력은 그렇게 크지 않았지만, 서민들에게 정치적 관심이 없다는 것은, 거꾸로 보면 그들이 종순한 백성이라는 뜻이었다. 농민도 상인도, 세금이 과중하지 않은 한 막부에 반항하지 않았다.

게다가 봉건 체제에서는, 마루야마가 '간접 지배', '분할 지배'라고 명명한 통치 수법이 작용했다. 에도 막부가 전국의 개개인을 직접 통치하지 않아도, 각 지방 번주나 마을 유력자를 협력하게 만들면 간접 지배가 성립한다. 나아가 번 혹은 마을을 서로 반목케 하면 거대한 반정부 활동은 성립할 수 없으며, 분할 지배의 효과를 발휘한다는 것이다(《丸山眞男集》2권 234, 236쪽).

이렇게 해서 막부는 "국민의 자발적인 정치적 지향을 억압하면서, 다른 한편으로 봉건적 할거에서 생기는 의심을 교묘히 이용해 서로를 감시·견제하게 만들었다." 그리고 "그런 국민적 규모의 감시 조직은 훌륭한 성과를 올려", "정치적 반대파로 성장할 조짐이 보이는 사회·사상적 동향을 모조리 떡잎부터 잘라 버릴 수 있었다."(《丸山眞男集》2권 236쪽) 물론 이것이 초나아키이나 도나리구미라는 군대형 조직에 휩싸인 전시 사회 상황을 비유한 것임은 말할 필요도 없다.

이런 정치 체제는 분명 질서를 안정시켰다. 그러나 "이런 지배 양식에 복종함으로써, 국민정신은 어떻게 좀먹혔는가. " " 거기에 만연한 것은 국민 상호 간의 의심증이며, 군자는 위험한 곳에 가까이 가지 않는다는 보신주의이며, 나와는 상관없다는 식의 이기적인 근성 외에는 아무것도 아니었다. " 그리고 " 봉건 권력이 스스로 뿌린 씨를 수확하는 날이 결국은 도래할 수밖에 없었다. "(《丸山眞男集》 2권 236, 237쪽) 그것이 흑선黑船의 도래이다.

흑선이 도래했을 당시의 봉건 체제는 총력전에 적합한 상태가 전혀 아니었다. 막부는 황급히 전쟁 준비를 명했으나, "국내 생산력 및 기술의 낮은 수준은 도저히 덮을 수 있는 것이 아니었고", 쇄국 정책의 연장선상에서 "막부는 국민이 외국 사정을 모르게 만드는 방침을 계속 유지했으며", "그들의 전함·총포에 대해 우리는 '신국神国의 장기'인 창검으로서 맞선다"라는 종류의 양이攘夷론이 횡행했다. 그 위에 "가장 불행한 일은 사태가 여기에 이르러 국내 상호의 불신과 의심이 심각하게 뿌리를 내렸다는 것으로", 막부는 체제 동요에 편승한 반란을 두려워하여, 대외 정책에 대한 의견을 올린 지식인들에게 사상 탄압을 가했다(《丸山眞男集》 2권 237, 238, 239쪽).

전쟁 수행에 있어서 무엇보다도 큰 장애는 "상층의 국민에 대한 불신과 하층의 정치적 무관심"에서 발생한 "국민적 책임 의식"의 부재였다. 막부는 서민들에게 정보를 알려주지 않았고, 서민은 정치는 무사가 할 일이라고 보고 무관심으로 응했다. 마루야마는 죠슈번長州藩(현재의 야마구치현山口県 - 옮긴이)의 포대가 구미 4개국 연합 함대에 점거되었을 때, 죠슈의 서민들이 전쟁에 대해 어떤 관심도 보이지 않았을 뿐 아니라 유럽인에게 고용되어 포대의 해체 작업을 도운 것을 "봉건적 지배 관계가 가져온 아픈 현실"이라고 표현한다(《丸山眞男集》 2권 240쪽).

마루야마는 1952년에 이 논문을 단행본에 수록하며 이렇게 말했다. "나는 '모든 역사는 현대로부터의 역사다'라는 베네데토 크로체Benedetto Croce의 유명한 말……에 포함된 본질적인 진리를 긍정하면서도, 다른 한편으로는 역사의 실증적 고찰이 어떤 구체적인 정치적 주장의 입맛에 맞게 직접 왜곡되는 위험성에 대해서는 오히려 신경질적으로 반응하는 편이며, 특히 당시는 역사 서술의 주체성이라는 미명 아래 수상한 국체 사관이 횡행했기 때문에 이런 사고방식에 대한 반발이 한층 더 강했으나, 이 원고를 집필함으로써 역시 역사의식과 위기의식 간에 존재하는 깊은 내면적 견련牽連을 다시 한 번 강하게 의식할 수밖에 없었다."(《丸山眞男集》 5권 292쪽) 마루야마는 자신이 쓴 글의 성격을 잘 자각했다고 할 수 있을 것이다.

마루야마는 이렇게 막부 말기의 상황을 묘사하고 "봉건 사회의 다원적 분열"의 극복과 "국민을 국가적 질서에 대한 과거의 무책임하며 수동적인 의존 상태에서 탈각脫殼시켜 그 총력을 정치적으로 동원한다는 과제"를 이야기하며 논문을 결론짓는다(《丸山眞男集》 2권 264, 265쪽). 역사 논문으로서는 메이지 유신明治維新이 과연 그 과제를 해결했는지의 여부가 초점이 되지만, 마루야마는 이 논문에서 메이지 이후에 대해 많이 이야기하지 않는다. 군대 소집에 응해야 했기 때문에 시간이 없었다고 하나, 설령 집필되었다 해도 당시의 상황에서 근대 일본에 대한 직접적인 비판을 공표하기는 아마도 곤란했을 것이다.

마루야마는 패전 후인 1946년 10월의 강연 「메이지 국가의 사상」明治国家の思想에서 이 문제를 논한다. 그에 따르면 메이지 초기에는 자유 민권 운동도 정부도, 민권과 국권이 불가분의 관계임을 인식했다. 그러나 메이지 중기부터 정부 측은 "위로부터의 관료적인 국가주의"로 기울었고 청일 전쟁을 계기로 제국주의적 풍조가 대두하는 한편, "근대적인 개인주의와는 다른, 비정치적인 개인주의, 정치적인 것에서 도피하는, 혹은 국가적인 것에서 도피하는 개인주의"가 나타났다고 평가한다(《丸山眞男集》 4권 81, 79쪽).

또 1951년의 논문 「일본의 내셔널리즘」日本におけるナショナリズム에서는 사회 구조의 문제를 바탕으로 삼아 같은 문제를 논한다. 그에 따르면 메

이지 유신은 하급 무사를 비롯한 봉건 체제의 지배 계급이 수행했기 때문에, 그들 자신의 이익 기반을 완전히 파내는 데까지는 개혁을 진행하지 못했고 철저하지 못한 개혁으로 끝날 수밖에 없었다고 한다. 이런 역사관은 그가 학생 시절에 숙독했던 『일본 자본주의 발달사 강좌』의 집필자들, 통칭 강좌파講座派의 메이지 유신관과 통하는 부분이 있다.

그런 탓에 메이지 이후의 일본에서도 지방 유력자의 기반이었던 농촌 및 영세 기업의 근대화는 용이하게 진행되지 못했다. 정부는 이런 전기적前期的 상태의 개혁을 게을리했을 뿐만 아니라, 이 중간 공동체 내 유력자들의 협력을 얻어서, 에도 시대 간접 지배의 연장이라고 부를 만한 체제를 구축했다. 군대를 경험한 마루야마는 이런 농촌 및 영세 기업의 유력자들을 사회의 하사관이라 부른다.[14]

이런 이유로 메이지 이후에도 중간 집단의 분파주의는 불식되지 않았고 근대적인 국민주의는 형성되지 않았다. 전쟁 전의 애국 교육도 "정치적 책임을 주체적으로 맡는 근대적 공민citoyen 대신, 만사를 '상전'에게 맡기고, 선택의 방향을 오직 권위의 결단에 의지하는 충실하지만 비굴한 종복을 대량 생산"한 데 불과하다고 말한다(《丸山眞男集》 5권 69쪽).

그리고 이런 체제는 총력전을 통해 한계에 직면한다. 체제의 지배 기반이 된 하사관들은 국가 전체의 운명보다도 자신이 지배하는 중간 집단의 이익을 우선시했다. 마루야마는 「일본의 내셔널리즘」에서 이렇게 말한다(《丸山眞男集》 5권 70쪽).

일본 내셔널리즘의 '전기적' 성격에서 오는 이런 부정적인 면은, 최근의 경우처럼 전쟁이 이른바 총력전적 단계로 진화하여, 국민 생활의 전면적 조직화를 필수로 하는 데 이르러서 규환적叫喚的인 강령과 반비례하여 폭발해 갔다. 강제 소개 계획 실시와 노동력의 징용 배치와 공업 생산력의 확충이 다름 아닌 가족주의와 '농본'사상과 '향토애'로부터 어떻게 뿌리 깊은 심리적 저항을 받았는지 상기하면 충분할 것이다. …… 이것들은 모두 일본 제국의 지배층이 내셔널리즘의 합리화를 게을리하고, 오히려 그 비합리적 기원을 이용하는 데 열중한 탓에 결국 치를 수밖에 없었던 대가다. 그들이 국가 총동원의 단계에 이르러서, 의외로 비싼 그 대가를 눈치챘을 때는 이미 늦었다.

총력전 체제가 천황제와 모순되며 양자가 와해로 몰려 들어가는 도식은, 훗날 마루야마의 제자인 후지타 쇼조藤田省三가 심화시킨다.[15]

마루야마는 1952년에 앞에서 말한 에도 시대론을 집필한 당시를 회상하며 "그 어떤 반석과 같은 체제도 자기 안에 붕괴의 내재적인 필연성을 가짐을…… 실증하는 것은…… 거창하게 말하자면 영혼의 구원이었다"라고 말한다(《丸山眞男集》 5권 290쪽). 모든 반체제 운동이 압살되었던 당시에 총력전 체제 그 자체가 초국가주의를 와해시키는 내재적인 필연성을 포함한다는 발상은, 마루야마에게 구원이 되었다.

또한 이 발상은 경제 발전으로 인해 기존의 사회 체제가 족쇄로 바뀐다고 보는 마르크스주의의 주장이나, "전쟁을 혁명으로 전화転化한다"라는 레닌V. Lenin의 사상과도 친연성을 느끼게 한다. 총력전의 진전과 함께 혁명이 일어난다는 현상은 제1차 세계 대전 말기의 독일 및 러시아에서 실현되었다.

그리고 앞으로 살펴보듯, 이런 사태가 일본에서도 발생하리라 기대했던 지식인은 적지 않았다. 16장에서 검증할 쓰루미 슌스케 등은 공습과 기아로 혼란이 확산되면, 익찬 체제로 조직되었던 사회주의자들이 지도자가 되고 도나리구미를 단위로 하여 혁명이 일어날 것이라 예상했다고 한다.[16]

그러나 다른 한편으로 총력전의 합리적 수행을 위해서 향토의식이나 이에家 제도(호주戶主와 그 밖의 사람들로 구성되는 일본의 가족 제도-옮긴이)를 비판하는 논조 또한 전시기에 일반적이었다. 예를 들어 1945년 4월 11일 『아사히신문』朝日新聞의 투고는, 통제 경제에 반하는 사재기를 비판하며,

"대동아 전쟁은 '사적인 이에'의 결점을 속속들이 드러냈다"라고 표현한다. 이 시기에 전쟁을 찬미하는 논고를 썼던 여성사가 다카무레 이쓰에高群逸枝도 거의 비슷한 입장에서 '사적인 이에'를 비판했다.[17]

반복하건대, 전시 중에 현 체제의 붕괴를 기대하는 반역의 심정과 총력전 수행을 위한 건설적 비판을 하는 충성의 심정을, 표리일체의 상태로 품었던 사람들은 적지 않았다. 그리고 마루야마는 특이한 사상가라고 하기보다는, 이런 양가적인 심정을 사회 과학의 언어로 가장 정교하게 표현한 인물이었다고 할 수 있다.

또한 마루야마가 그런 심정을 표현하는 데 매체로 사용한 근대 국민 국가나 국민주의도, 그가 독자적으로 창조한 개념이 아니라 유럽 정치사상의 상식을 응용한 것이었다.

유럽 정치사상에서는 근대 국민 국가의 원리가 프랑스 혁명으로 성립되었다고 본다. 신분과 지방을 초월한 국민이라는 의식은, 신분 제도와 번 제도에 기반을 둔 봉건 체제를 부정함으로써, 또한 촌락과 길드라는 봉건적 공동체로부터 근대적 개인을 해방시킴으로써 비로소 성립한다. 이렇게 자립한 근대적 개인이 번과 주군에 대한 충성을 넘어선 애국심의 담당자가 된다. 이 상태를 목표로 한 사건이, 신분 제도의 정점인 왕을 타도한 프랑스 혁명이었다는 것이다.

정치사상사를 전공한 마루야마는 물론 이런 사상을 숙지하고 있었다. 그는 논문 「일본의 내셔널리즘」에서 '프랑스 혁명의 아이'로서의 근대 내셔널리즘을 논하며, 프랑스 지식인 에르네스트 르낭J. Ernest Renan의 "국민의 존재는 매일의 국민 투표다"라는 말을 인용한다. 또 1946년에는 영국이나 미국에서는 국가로부터의 자유를 주장하는 사상이 강한 데 비해, "독일이나 프랑스에서는 내셔널리즘이 리버럴리즘liberalism의 쌍생아라는 것은 국민적 상식이며, 프랑스 혁명 및 해방 전쟁의 역사적 사실로 명명백백히 증명되었다"라고 했다(《丸山眞男集》5권 67쪽, 3권 74쪽).

그러나 국민 국가의 이념이 유럽 정치사상의 상식이었다 해도, 그것을 심정의 표현 수단으로 채용한 것은 마루야마의 의도적인 선택이었다는 점을 유의해야 한다.

애초에 마루야마가 처음부터 국민 국가의 이념에 주목한 것은 아니었다. 1936년의 근대 비판 논문에서 마루야마가 근대 이후의 국가관으로 거론한 것은 개인주의적 국가관과 파시즘 국가관뿐이었다. 1938년에는 '민주적 국민주의(내셔널리즘)'를 다룬 유럽의 정치학 연구서를 소개하는 리뷰 기사를 썼지만, 극히 간단한 기술이었고 이것을 특별히 중시한 기색은 없다(《丸山眞男集》1권 52쪽).

후쿠자와 유키치 혹은 에도 사상에 대해서도 사정은 비슷했다. 애초에 마루야마는 유럽 정치사상사의 연구를 지망했고, 처음에는 일본사상에 관심이 없었다. 그런데 국수주의의 고양과 함께 문부성이 도쿄제대 법학부에 일본사상 강좌를 설치하도록 지시했고, 학부의 우등생이었던 마루야마가 그 담당 조수로 채용되었기 때문에, 일본사상을 연구하게 된 것이다.

그 후의 마루야마는 점차 후쿠자와 유키치 및 에도 사상의 연구에 빨려 들어갔지만, 미일 개전 전까지는 일본사상사에서 국민주의를 읽어 내려는 경향은 적었다. 그는 1941년 봄부터 에도 사상을 다룬 「근세 일본 정치사상에서의 '자연'과 '작위'」近世日本政治思想に於ける「自然」と「作為」라는 논문을 『곳카갓카이잡지』国家学会雑誌에 연재하는데, 당초의 주제는 유럽 정치사상에 나타난 '질서를 작위하는 인간'의 탄생을 에도 사상에서도 발견하는 것이었으며, 국민주의에 대한 주목은 보이지 않는다.

그러나 미일 개전 이후, 1942년 8월 공표된 이 연재 논문의 최종회에는 막부 말기를 논하면서 "국민이 스스로 구성하는 질서에 대한 주체적 자각 없이, 단지 소여의 질서에 운명적으로 '따르도록' 되어 있는 곳에서는 강인强靭한 외적 방위는 기대할 수 없다"라는 문언이 나타난다(《丸山眞男集》2권 115쪽). 그리고 전황이 긴박해지고 시대적 위기감이 점점 고조되는 전쟁 후기로 접어들어서, 마루야마는 국민주의의 이념을 중심으로 하

는 논문을 썼다.[18]

또한 지적해야 할 사실은, 근대 국가 비판이 전시 중의 사상적 유행에도 포함되었던 점이다. 학도병들 사이에 베스트셀러가 되었던 『세계사적 입장과 일본』世界史的立場と日本에 따르면, "근대 유럽의 최대의 병근病根"은 "처음부터 완성된 인격이나 민족 등을 전제로 삼아 출발하는" "개체주의적인 사상"이다. 근대 시민 사회가 개인을 중시하는 것과 마찬가지로, 근대 국가나 근대 민족주의도 개개의 민족 및 국가를 하나의 개체로 본다. 이런 사상으로부터 개인의 자유를 중시하는 시민 사회도, 민족 자결을 원칙으로 삼는 국제 연맹League of Nations도 생긴다. 하지만 그것은 시민 사회에서는 자본가의 승리를, 국제 사회에서는 앵글로·색슨 국가들의 식민지 지배를 초래했을 뿐이다. 따라서 서양적인 근대와의 싸움에 임하는 일본은 이런 근대 시민 사회와 근대 국가를 지양하는 세계사적 역할을 맡고 있으며, 국내에서는 개인을 넘어선 통제 경제를, 국제적으로는 근대 국가를 넘어선 대동아 공영권을 건설해야 한다는 것이었다.[19]

말하자면 마루야마가 1946년의 「근대적 사유」에서 말했듯이, 근대 국민 국가의 이념은 전시의 논단에서 제악諸惡의 근원으로 취급받았다. 마루야마 자신도 근대 국민 국가의 이념에 대한 지식은 있었지만, 사실상 이를 무시했다. 그러나 전쟁이라는 위기 속에서 그는 논단의 유행에 등을 돌리고 이것을 의도적으로 재평가한 것이다.

물론 이 이념은 마루야마의 독창적인 것이 아니고 당시의 최신 사상도 아니며 유럽사상사의 상식에 불과하다. 하지만 마루야마는 1947년의 「후쿠자와 유키치의 철학」福沢諭吉の哲学에서 이렇게 말한다(《丸山眞男集》 3권 165쪽).

후쿠자와를 단지 유럽 문명을 소개한 학자로 보며, 그의 사상이 구미 학자의 저서를 번역한 것에 지나지 않는다며 그 독창성을 부정하는 견해는 오래 전부터 있었다. …… 만약 독창성이 선인先人의 사상에서 아무런 근본적인 영향을 받지 않고 스스로의 사상 체계를 구성했다는 의미라면, 후쿠자와는 도저히 독창적인 사상가라고 할 수 없다. 그러나 그런 의미에서 독창적이라고 불릴 수 있는 사상가나 철학자가 과연 몇 명이나 될까. 일개 독립적인 사상가인가, 아니면 타인의 학설을 단순히 소개 내지 해설한 사람인가 라는 것은, 다른 사상이나 학설에서 받은 영향의 크고 작음이 아니라, 오히려 그가 그런 영향을 자신의 사상 속에 얼마나 **주체적으로** 받아들였는가에 따라 결정된다. 그리고 이런 의미에서는, 후쿠자와의 사상과 철학은 틀림없이 그 **자신의** 것이었다.

이런 기준에서 보면 마루야마의 국민주의는 '그 **자신의** 것'이었다. 1930년대까지의 마루야마는 당시의 유행을 따라 근대를 비판했던, 말하자면 지적 우등생에 불과했다. 그런 그가 전쟁 속에서 국민주의의 문제에 주목할 수밖에 없게 되었을 때, 전후 지식인으로서의 마루야마가 탄생한 것이다.

초국가주의와 국민주의

패전 후 히로시마에서 귀환한 마루야마는 잡지 『세카이』世界의 1946년 5월호에 「초국가주의의 논리와 심리」를 발표했다. 이 초국가주의란 말은 전시에 일본을 지배했던 사상을 자신이 내세운 국민주의와 구별해서 표현하기 위해 마루야마가 만들었다.

이 논문을 시작으로 전개된 마루야마의 초국가주의 분석은 그의 전시 사상의 연장선상에 있었다. 즉 일본 사회에는 자유로운 주체적 의식을 지닌 개인이 확립되어 있지 않으며, 따라서 내발적內發的인 책임 의식이 없다. 거기서는 권력자조차도 책임 의식을 결여한 '폐하의 하복' 혹은 하료下僚의 로봇일 수밖에 없다는 '무책임의 체계'가 지배한다. 그와 동시에 상위자가 가한 억압을 하위자에게 발산한다는 '억압 이양'이 사방에서 발생한다. 그리고 그것을 국제 관계에 투영한 것이, 구미 제국주의의 압박을 아시아 침략으로 해소하려 한 행위였다.

게다가 이런 일본 사회에는 근대적인 사私가 확립되지 않았기 때문에, 공公의 명확한 경계도 없다. 거기서 발생하는 것은 공의 이름에 따른 사생활에의 개입이며 공의 이름을 빌린 사적 이해의 추구다. 또한 근대적인 정교분리도 이루어지지 않아서 최고 권력자인 천황이 동시에 윤리의 정점이 되며, 이런 '천황으로부터의 거리'가 정치적 지위인 동시에 윤리의 평가 기준이 되었다고 마루야마는 보았다.

이런 분석은 당시 일본에 흔했던 도식적인 마르크스주의의 분석과는 이질적인 것으로, 마루야마 자신의 전쟁 체험에서 태어난 것이었다. 6장에서 보듯 공산당 주변으로부터는 '근대주의'라 비판받았지만, 이 논문은 마루야마에 따르면 "자기 스스로도 아연할 정도로 넓은 반향을 불렀다."(《丸山眞男集》6권 247쪽)

전시 중에 이루어진 극도의 언론 통제와 종이 부족 때문에 제대로 된 출판물이 사라진 뒤, 사람들은 자유로운 언론에 목말라 있었다. 게다가 패전 직후에 사람들은 자신의 고통과 굴욕을 초래한 전쟁 체험이 대체 무엇이었는지 언어화해 줄 표현을 희구했다. 패전 시에 중학교 1학년이었던 오다 마코토는 당시를 회상하며, "누구든, 실로 연령을 불문하고, 적극적으로 어려운 책을 읽었다"라고 말한다.[20] 1947년 7월 이와나미서점岩波書店에서《니시다 기타로 전집》西田幾多郎全集 제1권이 발매되었을 때는, 약 1,500명이 3일 전부터 이와나미서점 앞에 줄을 서고 노숙하며 발매를 기다렸다고 한다.

한편으로 당시는 식량이 극도로 부족하고 도시 인프라가 대부분 파괴된 시대이기도 했다. 식량을 사러 농촌으로 향하는 사람들로 교통 기관은 극도로 혼잡했고, 우편물조차 종종 도난당했다. 평론가 혼다 슈고本多秋五는 패전 직후를 회상하며 이렇게 말한다. "암시장과 인플레이션, 기차와 전차는 살인적으로 혼잡하고, 전화는 통하지 않고, 소포는 분실되고, 밤

마루야마 마사오

이면 하루가 멀다고 정전이 이어졌다. 한편으로 당시는 실로 '고급문화'의 시대였는데, 이것은 사회생활에서 상주할 기반이 근본부터 파괴되었다는 이유에서였다. 좋든 싫든 간에 생활과 문화의 의의가 근저에서 검토, 재고된 것이었다."[21]

1948년 3월 7일 『아사히신문』에 게재된 「대학교수는 굶고 있다」大学教授は飢えている라는 투고에는 이렇게 쓰여 있다.[22] "나는 모 관립 대학의 학생인데, 요즘 교수들의 안색이 나쁘고 기력이 없어서, 그 실상을 물어보고 깜짝 놀랐다. 거의 모든 교수들이 영양실조에 걸렸으며, 모 조교수는 이미 이 세상 사람이 아니고…… 학장조차도 세금을 빼면 수중에 남는 돈이 3,000엔이라고 하니, 배급품을 사기에도 부족하리라 생각한다. …… 두 번이나 전쟁을 거친 모 교수는 완전히 무일푼이 되었는데, 친구 지인에게 얻은 어울리지 않는 복장을 하고, 당당히 교단에 서 계시다. 창백한 얼굴로 열변을 토하는 교수의 모습에서 수행자 같은 느낌마저 받는다." 물론 예외도 있었지만, 다른 사람들과 마찬가지로 대개는 대학교수들의 생활도 어려웠다. 마루야마 자신도, 패전 후 얼마간은 전쟁으로 불탄 집에 4세대가 함께 살았으며, 외출복은 귀환했을 당시 그대로의 군복이었다고 한다.

이런 상황 속에서 기존의 마르크스주의적인 도식에 기대지 않으면서 일본 사회의 모습을 근본적으로 되묻고자 한 마루야마의 「초국가주의의 논리와 심리」는, 특히 학도병 출신의 젊은이들에게서 열렬한 반응을 불러일으켰다. 독자들로부터 "보이지 않던 눈이 뜨이는 듯한, 충격과 전율을 맛보았다", "대일본 제국의 정신이, 지금에 와서 소리를 내며 무너지

기 시작함을 느꼈다"라는 목소리가 끓어올랐고, 이 논문이 게재된 잡지
『세카이』는 금세 입수가 곤란해져, 젊은이들은 서로 빼앗듯이 『세카이』
를 돌려 읽었다. 훗날 정치 평론가가 되는 후지와라 히로타쓰藤原弘達는
중국에서 귀환한 직후, 친구한테 『세카이』를 하룻밤만 빌려, 마루야마의
논문을 밤새워 노트에 필사한 뒤 "몇 번이고 몇 번이고 다시 읽었다"라고
한다.[23]

이렇게 일약 논단의 주목을 모은 마루야마는, 개인의 주체성 확립을
설파하면서 국민주의의 건설을 주창했다. 그 경우에 모델은 메이지 초기
의 후쿠자와 유키치나 구가 가쓰난陸羯南, 그리고 자유 민권 운동 등이었
다. 1946년 강연에서 그는 "훗날의 다이쇼·쇼와 시대와는 역시 무언가
다른 것을 메이지 국가는 가지고 있었다. 그것이 도중에 본래의 방향에서
어떻게 왜곡되었다 해도, 건강한 진보적 정신이라는 것이 어딘가에서는
상실되지 않고 있었다"라고 말했으며, 1947년에는 "우리는 현재 메이지
유신이 이룩해야 했지만 이룩하지 못한 민주주의 혁명의 완수라는 과제
앞에 다시 한 번 서 있다"라고 썼다(《丸山眞男集》 4권 96쪽, 3권 161쪽).

나아가 그는 1947년의 「구가 가쓰난─사람과 사상」陸羯南─人と思想
에서 이렇게 말한다(《丸山眞男集》 3권 105쪽).

가쓰난의 일본주의는…… 내셔널리즘과 데모크라시의 종합을 의도했다.
다소 철저하지 못한 것이었다고는 해도, 그것은 일본 근대화의 방향에 대
한 본질적으로 올바른 전망이다. …… 불행히도 과거에 일본은 그 종합에
실패했다. 후쿠자와 유키치에서 가쓰난으로 이어지는 처음부터 허약했던
국민주의의 동향은, 위로부터의 국가주의의 강력한 지배 속에 이윽고 빨
려 들어가 버렸다. 그 때문에 아래로부터의 운동은 오히려 국제주의, 아
니 세계 시민적인 색채마저 띄지 않을 수 없었다. 오랜 기간에 걸친 초국
가주의의 지배를 벗어난 현재야말로, 올바른 의미에서의 내셔널리즘, 올
바른 국민주의 운동이 민주주의 혁명과 결합하지 않으면 안 된다.

물론 여기서 말하는 국민은 프랑스 혁명에서 성립한 것과 같은 국민, 즉 나시옹nations이었다. 마루야마는 이 구가 가쓰난론에서 "만약 이 **국민** 관념이 군주, 귀족, 승려도 포함한다면, 이런 호칭 그 자체는 완전히 난센스일 수밖에 없다"라고 말하며, 가쓰난이 국민을 '단순한 군민君民의 총괄적 명칭'으로 사용했던 점을 비판한다(《丸山眞男集》 3권 102, 103쪽).

또한 앞의 인용문에는 '올바른 국민주의'에 대한 상찬과 함께 '세계 시민'에 대한 비판이 보인다. 마루야마는 1946년 논고에서도 "국가로부터의 자유라는 세계 시민·원심적 경향"을 비판적으로 논한다(《丸山眞男集》 3권 74쪽).

사실은 이런 세계 시민관도 당시의 지식인들이 공유한 것이었다. 헤겔의 역사관에서, 고대 그리스의 폴리스는 개인과 국가가 일체화된 이상적인 공동체로 상찬받았다. 그리고 그 폴리스가 멸망한 뒤, 헬레니즘 문명 및 로마 제국의 시대에 국정으로부터 도피하는 세계 시민이 탄생했다고 보았다. 그리고 그런 세계 시민의 전형이, 제왕에게 보호를 받으며 국경을 넘어서 이익을 추구한 상인들이었다고 여겨졌다.

또한 앞서 말한 대로, 마르크스주의에서는 근대나 시민 사회가 비판 대상이었다. 그런 까닭에 5장 등에서 살펴보듯, 패전 직후의 마르크스주의자들 사이에서 '시민'은 부르주아의 대명사로, '세계 시민'은 국경을 넘어서 이익을 추구하는 다국적 기업의 자본가들을 의미하는 말로 각각 사용되었다. 2부에서 보듯이 진보계 지식인이 시민이라는 말을 긍정적으로 사용하는 것은 1960년 안보 투쟁을 전후해서다.[24]

1947년 마루야마가 '세계 시민'을 정치적 무관심 및 이기주의의 동의어로 사용한 것도 당시의 그런 언설 구조에 따른 결과였다. 마루야마는 전쟁 체험을 통해, 마르크스주의와는 일정한 거리를 두고 근대를 재평가하는 독자적 사상을 탄생시켰지만, 그럼에도 당시의 그는 동시대의 언어 체계 속에 머물렀다고 할 수 있다. 1944년의 에도 시대론에서도 마루야마는 막부 말기의 국난을 개의치 않고, "찾아온 외국 선박과 활발히 밀무역을 행한" 상인에 대해 "이윤을 위해 수단을 가리지 않는 천민 근성"이라고 비난했다(《丸山眞男集》 2권 240쪽).

그리고 1951년 마루야마에 따르면 메이지기의 '내셔널리즘과 데모크라시의 종합'이 실패한 뒤, 일본에서는 내셔널리즘이 '위로부터의 국가주의'를 의미하게 되어 버렸다. 그런 탓에 "이 나라의 '민주주의' 운동 내지 노동 운동에서 '민족의식'이라거나 '애국심' 같은 문제가 오랫동안 진지하게 검토되지 못했고, 오히려 그런 운동들을 도전적으로 세계주의적 경향에 밀어 넣었다. 그것은 또한 내셔널리즘의 상징들을 지배층 내지 반동분자가 독점하는 악순환을 낳았다"라고 한다(《丸山眞男集》 5권 66쪽).

이런 사상을 가진 마루야마는, 당연하게도 무조건적인 서양 찬미론자일 수는 없었다. 앞에서 본 바와 같이 그는 1946년 1월에 "우리나라에서 근대적 사유는 '초극'은커녕, 실로 획득된 일조차 없다"라고 주장하며, 이어서 이렇게 말한다(《丸山眞男集》 3권 4쪽).

그러나 다른 한편으로는 과거의 일본에 근대 사상의 자생적 성장이 완전히 보이지 않았다는 견해 또한 결코 정당하다고는 할 수 없다. 이런 '초극'설과 정반대의, 말하자면 '무연'설無緣說에게는 현재처럼 의욕을 잃은 경애境涯가 절호의 온상이었으나, 그것은 국민 스스로가 사유하는 힘에 대한 자신을 잃게 만들고, 결과적으로 근대 사상은 곧 서구 사상이라는 과거의 안이한 등식화로 회귀할 위험을 지닌다. 이런 의미에서 나는 일본 사상의 근대화를 해명하려면, 메이지 시대는 물론이거니와, 도쿠가와德川 시대의 사상사를 좀 더 주목해야 한다고 생각한다.

비굴과 거만이 표리일체인 것처럼, 서양에 대한 무비판적인 추종도 무비판적인 일본 예찬과 표리일체다. 마루야마는 1947년에 "스스로의 지반과 환경에서 문제를 끌어내는 대신, 그때그때 유럽 학계의 주제나 방법을 끊임없이 뒤쫓는 것이, 우리 학계 일반에 통유通有하는 경향이며, 학문의 관념적인 유리 또한 그것에서 배태胚胎된다"라고 말한다(《丸山眞男集》 3권 136쪽). 이렇게 마루야마는 전전부터 전시까지의 초국가주의를 비판하는 한편, 일본의 내발적 근대화의 맹아를 찾아 에도 사상을 연구해 간다. 물론 이것은 그 나름의 내셔널리즘을 표현하는 것이었다.

앞에서 인용했듯이 본래 마루야마는 1946년의 「근대적 사유」에서, "소세키의 이른바 '내발적'인 문화를 갖지 못한 우리 지식인"을 비판했다. 그는 「초국가주의의 논리와 심리」에서도 「메이지 국가의 사상」에서도 메이지를 논하면서 나쓰메 소세키를 종종 인용한다. 나쓰메 소세키를 둘러싼 평가는 메이지에 대한 상찬과 함께 전후 내셔널리즘의 한 지표가 되어 가는데, 이것에 대해서는 6장 이후에서 살펴볼 것이다.

그리고 이 장의 첫머리에서 보았듯, "우리 일본인들은 진짜 저력을 전부 발휘하지 못했다"라는 말로 내셔널리즘을 주창하는 동시에 민주화를 주장하는 것은, 패전 직후에는 광범위하게 이루어졌다. 그것은 전쟁 말기부터 널리 퍼진 진정한 애국이라는 사상과 연결되었다.

그런 의미에서는 마루야마의 '내셔널리즘과 데모크라시의 종합'도, 당시 사람들이 공통으로 품었던 심정을 정치학의 언어로 표현한 주장이었다. 사람들이 그런 마루야마의 저작을 자신의 심정을 대변한 것으로서 환영한 현상은, 당연하다고 할 수 있을 것이다.

그리고 이런 마루야마의 역할을 경제학의 언어로 행한 사람이 오쓰카 히사오였다.

근대적 인간 유형의 창출

마루야마가 초국가주의나 무책임의 체계라는 말을 남긴 것으로 알려졌듯이, 오쓰카 히사오는 근대적 인간 유형이나 에토스라는 말로 잘 알려져 있다. 그리고 오쓰카의 사상은 독일의 사회학자 막스 베버Max Weber의 사상을 일본에 응용한 것이며, 일본에 서양형의 '근대적 인간 유형'을 정착시키자는 주장이라고 요약되는 경우가 많다.

그러나 오쓰카의 사상도 총력전 속에서 생겼다. 그리고 결론부터 말하면 마루야마가 정치 참가에서의 자발성을 중시한 데 비해, 오쓰카는 경제 생산에서의 자발성을 중시하는 사상을 형성했다.

오쓰카는 원래 독일의 사회 정책파의 경제학 연구에서 출발했는데, 1938년경부터 베버 연구로 기울었다. 그리고 베버의 사상 중에서도 경제 윤리ethos의 문제를 중시하게 된다.[25]

오쓰카는 암시장 경제가 총력전 체제를 마비시키고 있었던 1943년에 「경제 윤리와 생산력」經濟倫理と生産力이라는 논고를 발표한다. 여기서 그는 "'경제 윤리'라고 부를 수 있는 것이, 전시하의 현재에 얼마나 긴요한 의의를 가지고 있는가"라고 말했다(《大塚久雄著作集》8권 317쪽). 그러나 그가 말한 경제 윤리는 암거래를 비롯한 소비나 유통상의 문제가 아니라 생산력의 문제로서 논해진 점이 특징이었다.

1장에서 말했듯이 당시의 생산 현장에서는 과잉 통제나 광신적인 정신주의 등이 근로 의욕의 저하를 초래했다. 그리고 오쓰카는 1944년 7월 「최고도 '자발성'의 발양」最高度"自発性"の発揚이라는 논고를 발표하여, 생산력 확충을 위해서는 노동자가 "'자발성'과 '목적 합리성'"을 내면화해야 한다고 말한 것이다(《大塚久雄著作集》8권 343쪽).

여기에서도 많은 설명은 필요치 않을 것이다. 노동자의 자발성과 목적 합리성은 과잉 통제와 내용 없는 정신주의 때문에 마비된 총력전 체제를 다시 세우기 위해서 반드시 필요했다.

이런 자발성의 중시는 필연적으로 근대적 개인의 재평가까지 이어졌다. 그러나 이것은 단순한 개인주의나 이기주의의 예찬을 의미하지 않았다. 그저 이기적인 영리심營利心이라면 암시장 경제나 '직책을 이용한 이득'의 형태로, 당시에도 많이 존재했기 때문이다.

또한 근대적 개인의 재평가는 당시의 '근대의 초극론'과 대항할 수밖에 없었다. 당시의 경제학자들 사이에는 이기적인 활동에 바탕을 둔 자유방임 경제를 계획적인 통제 경제로 넘어서야만 생산이 확충된다는 의견이 적지 않았다. 그런 의견에 대항해서 근대적 개인을 재평가하기 위해, 오쓰카는 그것이 질서 없는 이기주의가 아님을 밝혀야 했다.

즉 오쓰카는 마루야마와 같은 과제에 직면해 있었다. 마루야마가 개인주의와 멸사봉공의 대립을 극복한 국민주의를 구상했듯, 오쓰카는 이기적 영리심과 멸사봉공의 대립을 넘어선 경제 윤리를 추구했다.

이런 과제에 대해서 오쓰카는 1944년의 논고에서 두 가지 논의를 전개한다.

우선 오쓰카는 이기적인 영리심으로 생산력이 증대되는 경우가 있다는 점을 지적했다. 예를 들어 영국의 초기 자본주의처럼, "'영리심'의 발휘와 '생산력'의 확충이, 실로 정비례적으로, 오히려 손을 잡고 나타나는 국면"은 실재한다. 즉 "세계사의 현 단계가 근대 서구적인 것을 비판하고 넘어서고 있다 해도, 그 유산을 전부 무차별적으로 버리고 가는 것이 아니라", "자본주의의 정신"을 생산력 확충을 위해 이용하는 것도 중요하다는 말이다(《大塚久雄著作集》 8권 347, 351쪽).

그러나 오쓰카는 "이 '자본주의의 정신'을 단순한 개인적 이기주의의 '무책임' 등과 무비판적으로 동일시하는 것은 아니다"라고 강조한다. 필요한 것은 "근대 서구적인 것" 속에서 "그 '영리'적 성격을 철저히 말살하면서도, 나아가 그 '생산력'······을 **보다** 고차원적인 역사적 현실 속에 발전적으로 받아들이는 것"이다(《大塚久雄著作集》 8권 339, 351쪽).

그렇기 때문에 노동자의 자발성은 중요하지만 그 자발성은 일종의 금욕을 포함해야 한다. 1944년 7월 오쓰카는 "사이판섬 격전의 소식을 들으면서"라고 말미에 기록한 논고, 「최고도 '자발성'의 발양」에서 이렇게 강조한다(《大塚久雄著作集》 8권 343쪽).

또한, 마지막으로 '자발성'에 대해 한마디 덧붙이고 싶다. 그것은 다름이 아니라, 여기서 말하는 '자발성'이 결코, 그 인간·감정적인 욕구가 모든 속박으로부터 해방되어, 자유롭게 발휘되는 상태, 소위 자유 의지liberum arbitrium를 가리키는 것은 아니라는 것이다. ……

진정한 자발성은 실로 반대로, 금욕과 결부되어 **끊임없는 도야**로 얻어져야 한다. 끊임없는 연성鍊成으로 단련되어야 한다. 그런 진정한 '자발성'과 '금욕'의 결합에 대해서는, 거의 설명할 필요가 없을 것이다. 즉 '지금 내가 일어서지 않으면'이라는 말로 훌륭하게 표현되는 그 최고도의 '자발성'이 실제로 끊임없는 '금욕적' 훈련과 서로 표리를 이루어 단련되어야 한다는 점은, 이미 일본인 모두가 주지하는 바라고 생각하기 때문이다.

오쓰카의 이런 사상이 위장적인 시국 비판이었는지 아니면 총력전의 합리적 수행을 주창한 것이었는지는, 후세에서 볼 때 판단이 갈라지는 점이다. 그러나 마루야마의 경우도 그러했듯이, 아마도 이 둘은 당시에는 확연히 구분되지 않았으리라.

오쓰카는 이렇게 자발성과 금욕이 결합한 경제 윤리를 그려 내고자 했다. 그리고 그 표현 수단으로 딱 안성맞춤이었던 것이, 바로 베버의 사상이었다. 베버의 『프로테스탄티즘의 윤리와 자본주의 정신』*Die protestantische Ethik und der Geist des Kapitalismus*은 프로테스탄트의 금욕 윤리야말로 태업이나 소비의 유혹을 극복하고 노동과 생산에 헌신하는 근대적인 자본주의의 정신을 성립시켰다는 내용이었기 때문이다.

그리고 오쓰카의 사상도 그 시대에서 특이한 것은 아니었다. 앞에서 본 그의 논문보다 3개월 앞선 1944년 4월에 구로사와 아키라 감독의 〈가장 아름답게〉一番美しく라는 전의 고양 영화가 공개되었다. 광학 병기 공장에 동원된 여자 정신대원들을 미화한 이 영화에서는, 시무라 다카시志村喬가 연기한 소장이, "인격의 향상 없이 생산의 향상 없다!"라고 훈시한다. 그리고 여자 공원들은 "소장님이 말씀하신 책임감"을 서로 이야기하며 스스로 금욕하고, 자발적으로 생산 향상을 위해 노력하는 것이다.[26]

오쓰카가 패전 후에 전개한 주장 또한 전시의 사상과 크게 다르지 않다. 굳이 달라진 점을 들자면, 이것도 마루야마와 마찬가지로 근대에 대한 평가의 변화였다.

앞에서 본 대로 1944년 7월 논문에서 오쓰카는 "세계사의 현 단계가 근대 서구적인 것을 비판하고 넘어서려 한다"라고 말했다. 그러나 1946년 4월 논문 「근대적 인간 유형의 창출」近代的人間類型の創出에서는, "우리나라 민중"의 인간 유형이 "근대 '이전'적인 것이다"라고 단언하고, "아마도 많은 지식인들은, 이 2, 3년 사이에 진절머리 날 정도로 깨달았을 것"이라고 주장했다(《大塚久雄著作集》8권 171쪽). 오쓰카는 전쟁 말기에 사가미호相模湖 주변의 농촌으로 피난을 갔는데, 거기서 그가 목격한 농민들의 "근대 '이전'적"으로 보인 모습들이 영향을 주었으리라 생각한다.

내셔널리즘에 관한 전후의 의견도 오쓰카는 마루야마와 거의 비슷했다. 필요한 것은 내셔널리즘을 "어두운 '국가주의'적 방향이 아니라, 밝은 '국민주의'적 방향으로 향하게 하여, 국민들의 내셔널리즘 의식을 내면적으로 자유와 민주주의에" 결합해 가는 것이라고 말한다(《大塚久雄著作集》6권 316쪽).

또한 오쓰카는 전시에도 전후에도, 근대적인 경제 윤리로 생산력을 증강할 것을 주장했지만, 그것은 국민을 단위로 한 국민 경제의 발전이지, 이기적인 이익 추구가 아니었다.[27] 그는 1946년 논고에서 17세기 네덜란드와 스페인의 전쟁을 다루며, 이기적인 영리 활동이 끼친 해악의 상징으로 스페인군과 통상했던 네덜란드 상인을 비난한다(《大塚久雄著作集》8권 189쪽).

오쓰카가 이 네덜란드 상인 비판을 쓴 당시에는, 점령군과 유착해 폭리를 취하는 암거래 상인이 적지 않았다. 오쓰카는 이런 상인들의 자세를, "일부 특권 계급이나 부유층의 이해만을 염두에 두고, '국민의 후생'이나 '민중의 풍요'를 무시한 '노골적인 이기주의'"라고 비난한다(《大塚久雄著作集》8권 190쪽).

또한 오쓰카에 따르면 전후의 민주화는 제도적인 속박을 푸는 것만으로는 불충분하다. 왜냐하면 "자율적으로 건설적인 사회 질서를 유지하고 더욱 공공의 복지를 촉진해 갈 수 있는" 인간 정신의 육성이 먼저 이루어지지 않으면, 제도적인 속박을 해제해도 질서 없는 "이기주의의 자유"에 빠질 뿐이기 때문이다(《大塚久雄著作集》8권 172, 191쪽).

경건한 기독교인이었던 오쓰카에 따르면, 근대적 인간 유형의 기원인 청교도puritan는 "규율 바른 병사, 실직實直한 상인, 근면한 노동자"였다. 그리고 근대적 인간 유형의 특징을, "자발성, 합리성, 사회 연대성에 대한 자각, 그리고 그들을 관통한 경제생활 중시라는 현실적 태도"라고 본다 (《大塚久雄著作集》8권 196, 184쪽). 오쓰카는 그런 인간 유형의 사례로 로빈슨 크루소Robinson Crusoe나 벤저민 프랭클린Benjamin Franklin을 든다.

6장에서 살펴보듯 이런 오쓰카의 주장은 마루야마와 마찬가지로 공산당으로부터 근대주의라며 심하게 비판받았다. 그러나 패전 직후의 일반 독자에게서는 열렬히 환영받았다. 가치관의 혼란과 치안 악화가 문제시되었던 당시에 도의의 저하를 한탄하는 논조는 많았지만, 그 대부분은 구태의연한 윤리를 주장하는 데 그쳤다. 그러나 오쓰카는 정신의 근대화로써야말로 윤리의 회복만이 아니라, 경제의 부흥과 정치의 민주화를 동시에 달성할 수 있다고 말했다. 양쪽을 비교했을 때에 오쓰카의 논조가 훨씬 더 논리적, 매력적으로 비추어졌을 터임은 상상하기 어렵지 않다.

게다가 오쓰카는 베버의 저작을 인용하며, 사회 과학을 통해 유럽 근대화의 비밀을 정신 면에서 해명한다는 형태로서 이런 주장을 제공했다. 전시 중의 비합리적인 정신주의에 질려 사회 과학의 언어를 희구하던 동시대의 독자들에게, 오쓰카의 주장은 크게 어필했다. 미국이나 프랑스에서는 그렇게 중시되지 않았던 막스 베버라는 사회학자가, 전후의 일본에서는 마르크스와 어깨를 견줄 정도로 저명해진 까닭도 오쓰카의 영향력을 무시하고는 이야기할 수 없다.

그렇지만 오쓰카의 베버 해석이 정확했는가는 약간 다른 문제였다. 베버의『프로테스탄티즘 윤리와 자본주의 정신』을 읽어 보면 금욕의 윤리가 자본주의의 형성에 기여한 역할에 대해서는 분명히 논하지만, 자본주의 정신이 사회적 연대를 낳았다는 기술은 없다.

오히려 베버의 저작은 생산 이외의 모든 행위를 금욕시키는 자본주의 정신이 냉철한 목적 합리성과 어우러져 사회적 연대를 파괴하고 근대인을 철저한 고독과 철의 감옥으로 밀어 넣는 과정의 측면을 강조한다. 그러나 베버의 그런 비관적 근대관을 오쓰카가 계승한 흔적은 없었다. 말하자면 오쓰카는 베버의 저작을 자신의 필요에 따라서 읽고 싶은 대로 읽은 것이었다.

그렇지만 오쓰카에게 베버는, 마루야마의 근대 국민 국가라는 이념과 마찬가지로 내셔널리즘과 윤리의 재건을 추구하는 동시대의 심정을 표현하는 수단이었다. 거기서 오독이나 번안이 발생한 사실은, 그들 자신이 주도적으로 서양 사상을 이용했음을 보여 주는 것이기도 하다.

대중에의 혐오

그러나 마루야마와 오쓰카의 사상에는 그들의 전쟁 체험에서 심어진 다른 요소도 포함되어 있었다. 대중에 대한 혐오이다.

1장에서 언급했듯이 많은 학도병들은 대중에 대한 혐오를 품었다. 그리고 마루야마는 논고 「일본의 내셔널리즘」에서 "어둡게 고인 사회적 저류에서 숨 쉬는 서민 대중"이라는 표현을 사용하며, 후쿠자와가 "'모든 인민의 뇌 속에 국가의 사상을 품게 만드는 것'을 생애의 과제로 삼는 결의를 다지게 했을 정도로, '국가 관념'과 무관했던 대중"이라는 표현도 쓴다(《丸山眞男集》 5권 68, 69쪽).

앞에서 말한 대로 마루야마는 하사관이 지배하는 촌락 공동체 및 가족 등을 비판하고, 대중의 정치적 무관심 때문에 총력전 체제가 기능 부전에 빠진 점을 지적했다. 그러나 그의 저작에는 전쟁에 동원된 대중을 향한 동정이 거의 보이지 않을 뿐 아니라, 가족과 촌락 공동체가 동원에

맞섰던 저항도 높이 평가하지 않았다. 마루야마는 「일본의 내셔널리즘」에서 징병에 저항하는 가족의 자세를 "가족적 이기주의"라고 부르며, 요사노 아키코与謝野晶子가 그녀의 남동생이 러일 전쟁에 출정했을 때 생환을 바라며 부른 노래인 〈그대 죽지 말라〉君死に給ふこと勿れ에 대해서도 "반전가反戰歌라기 보다 제1차 집단에 대한 애착 감정의 소박한 표현"에 지나지 않는다고 말했다(《丸山眞男集》5권 70쪽).

역사를 논하는 데 있어서 마루야마가 높이 평가한 것은, 후쿠자와 유키치를 비롯한 '치자' 의식을 갖춘 지식인이며, 농민이나 상인에 대한 평가는 낮았다. 1944년 그는 에도 시대의 농민 잇키百姓一揆(에도 시대의 농민이 막부나 영주 등의 악정이나 과중한 세금 부과에 대해 집단으로 반항한 운동이며, 폭동의 형태를 띠는 경우가 많았음-옮긴이)에 대해 이렇게 말한다. "정치적 질서는 어디까지나 그들의 **외부에서** 그들**에게** 주어진다. 그들이 거기에 복종하는 것은, '우는 아이와 토지 관리인地頭에게는 못 이기기' 때문이며, 질서를 내면적으로 자각해서 이루어지는 것은 아니다. 따라서 그들은 언제든 '잇키'를 통해 그들에게 들이밀어진 질서를 뿌리치려 한다."(《丸山眞男集》2권 232~233쪽)

오쓰카의 경우도 근대적 인간 유형의 요소로 "민중에 대한 사랑과 존경"을 들면서도, 현실의 민중에 대한 감정은 복잡했다. 1946년에 열린 잡지 『긴다이분가쿠』의 좌담회에서 그는 "이상의 민중을 가슴속에 품고 있지만, 현실의 민중은 그다지 좋아하지 않는다", "전시의 경험에서 보면, 어떤 경우에는 증오스럽게 생각합니다"라고 말한다.[28] 또한 1946~1947년 논고에서는 일본 농민의 정신 형태를 비합리적인 미신에 사로잡힌 "아시아적인 것"이라고 표현하며, 이것을 "아프리카 원주민"에 비유했다(《大塚久雄著作集》8권 171, 224쪽).

또한 오쓰카와 마루야마는 모두, 정치 면에서의 해방을 부르짖었지만 성性이나 감각 면에서의 해방에는 오히려 부정적이었다. 마루야마는 1946년의 「메이지 국가의 사상」에서 메이지 후기에 대두한 "비정치적인

개인주의"를 "본능적인 생활을 찬미하는 본능주의", "'퇴폐'를 내장한 듯한 개인주의", "유교적 규범으로부터의 인간 해방에 따른 현실적인 결과" 등이라 부르며, 그 사례로 요사노 아키코의 〈흩어진 머리카락〉みだれ髮이나 다야마 가타이田山花袋의 소설 등을 든다(《丸山眞男集》5권 67쪽).

이런 대중 멸시와 아시아 멸시는 후에 요시모토 다카아키와 신좌익계의 논자들에게 비판받는다. 또한 그것은 서양 근대를 이상화한 특권적 지식인이라고 마루야마나 오쓰카를 위치 짓게 만든 요인이기도 했다.

그러나 이런 대중 멸시도 동시대의 많은 사람들이 공유했다. 예를 들어 오쓰카와 같이 사가미호 주변의 농촌으로 피난했던 법학자 가와시마 다케요시川島武宜도 1948년 출판한 『일본 사회의 가족적 구성』日本社会の家族的構成에서 지방의 가족 제도를 "일본 봉건제의 아시아적 성질"을 보여 주는 것으로서 격렬히 비판했다. 마루야마 등과 대극에 위치한 존재였던 무뢰파無賴派 작가 사카구치 안고도 1946년의 「속타락론」에서 농민을 이렇게 비난했다.[29]

문화의 본질은 진보라는 것이며, 농촌에는 진보에 관한 털끝만큼의 그늘조차 없다. 있는 것은 배타적 정신과, 남에 대한 불신, 의심 깊은 영혼뿐이며, 이득과 손해에 대한 집요한 계산이 발달해 있을 뿐이다. ……
다이카 개신大化改新 이래, 농촌 정신이란 탈세를 궁리하는 굽힐 줄 모르는 정신이며, 부랑인이 되어 탈세하고, 호적을 속여 탈세하고, …… 그들은 항상 수동적이다. 자기 스스로가 어떻게 하고 싶다고 말하지 않으며, 또한 말하지 못한다. 그 대신 강요된 일에 대해서는 그들 특유의 뺀들거림으로 처리한다……

이런 농민상은 마루야마, 오쓰카의 대중관과 거의 공통된다. 무뢰파의 사카구치가 탈세를 비판하는 것은 약간 괴이해 보이기도 하지만, 이것역시 "규율 바른 병사, 실직한 상인, 근면한 노동자"를 상찬한 오쓰카와 공통되었다.

이런 논조의 배경은 말할 필요도 없이 당시의 도농 간 대립과 암시장 경제의 만연이었다. 전시 중부터 패전 후에 걸쳐서, 농민은 정부의 식료 공출을 꺼리고 농산물을 고가로 팔 수 있는 암시장 경로의 거래를 원했다. 이 점은 도시 주민의 생활고를 한층 심화시켜, 사카구치가 보인 바와 같은 탈세에 대한 비난을 초래했다.

예를 들어 1장에서 인용한 와타나베 기요시는 1945년 12월에 같은 마을의 농민들을 향해 "도시에는 지금 먹을 것이 없고 매일 굶어 죽는 사람이 나온다고 하니, 할당된 공출미 정도는 제대로 내야 하지 않겠나"라고 말했다. 그러나 농민들은 "시가지町場 놈들이 어떻게 되든 간에 우리가 알 바가 아니다", "이번 기회에 도시 녀석들을 좀 더 빡빡하게 밀어붙여야 한다"와 같은 반응을 보일 뿐이었다고 한다.[30]

오쓰카와 마루야마는 이런 사회 상황 속에서 농민을 비판하고, 국민의 후생을 돌아보지 않는 노골적인 이기주의를 공격했다. 농민과 암시장 상인의 이런 모습을, 도시의 지식인들이 '믿음직한 대중'이라던가 '민중의 반정부 의식' 등으로 상찬하는 자세가 나타난 것은, 생활과 질서가 안정된 이후이다.

그리고 1장에서 말했듯이, 당시의 신문은 "식량을 사러 간 사람들은 누구라도 관료와 농가를 극단적으로 싫어하며, 굶어 죽을 때는 대신 집 현관이나 농가의 대문 밑에서 죽겠다고 입을 모아 말한다"라고 썼다. 여기서 관료 비판과 농민 멸시는 불가분의 상태였다. 그런 배경 속에서 태어난 마루야마나 오쓰카의 사상 속에는 충성과 반역이 실타래처럼 꼬여 있었듯이, 정부 비판과 대중 멸시도 표리일체를 이루었다.

굴욕의 기억

그러나 마루야마나 오쓰카의 대중 멸시는 또 하나의 중요한 요소와 결합해 있었다. 그것은 전쟁으로 얻은 굴욕의 상처와 비굴에 대한 혐오였다.

지금까지 살펴보았듯이 마루야마와 오쓰카는 집요할 정도로 이기주의를 비판하고 사회적 연대를 주장하며, 권위에 면종복배하는 수동적 자세를 혐오했다. 그러나 1장에서 말했듯이 전시 중에는 폭력을 피하고 먹을 것을 얻기 위해 유력자에게 영합하고 타인을 배신할 수밖에 없는 상황이 일반화되어 있었다.

그리고 마루야마와 오쓰카의 저작을 보면, 그들이 말하는 근대적 인간상의 요소로서 권위에 굴하지 않는 주체성이 강조되는 점을 알 수 있다. 예를 들어 오쓰카가 근대적 인간 유형의 특징으로 삼은 것은 "용기, 자발성, 독립, 자유, 연대" 그리고 "비굴이라는 것을 모르는" 것이었다. 그 점과 대조적으로, 극복해야 할 "아시아적"인 인간 유형의 특징으로 삼은 것은, 자발성과 연대감의 결여, "추하며 이기적인 감성적 요구", 그리고 권위에 대한 맹종이었다(《大塚久雄著作集》8권 182, 176, 187쪽).

그리고 마루야마는 도쿄 재판의 기록을 분석한 1949년 논문 「군국지배자의 정신 형태」에서, 시종일관 자기변호와 책임 회피를 일삼는 위정자들의 태도를 "부끄러움을 모르는 교활함", "얄팍한 보신술", "약한 정신" 등의 표현으로 꾸짖는다. 그는 일본 위정자들의 이런 "약한 정신"과 비교해서 뉘른베르크Nürnberg 재판의 나치 지도자들을 "강한 정신"이라 표현하며, "전범 재판에서, 쓰치야土屋는 파랗게 질리고, 후루시마古島는 울며, 그리고 괴링H. Göing은 홍소哄笑한다"고 쓴다(《丸山眞男集》4권 115, 108쪽, 3권 27쪽).

그러나 군대 안에서 파랗게 질리고, 울고, 얄팍한 보신술로 손을 더럽힐 수밖에 없었던 것은 과거의 학도병들이며, 아마 마루야마 그 자신이었을 터였다. 1장에서 말했듯이 그는 병영에서의 심리 상태를 상전에게 굽실대는 "영주의 하녀"와 같았다고 표현한다. 그런 그가 권위에 면종복배하는 에도 시대 농민과 상인의 비굴한 태도를 격렬히 비판한 것이다.

이런 비굴에 대한 혐오도, 실은 많은 사람들이 공유했다. 1945년 9월의회에서 중의원 의원 도고 미노루東鄕実는 언론 탄압이 총력전을 방해한 것을 비판하며 민주화를 통해 "자신의 책임"을 자각케 하는 "국민 정치"의 확립을 주장했다. 그때 그는 일본 재건의 방침으로 "독선·완고·고루함 없이, 비굴·아첨·굴복 없이, 자기 혁신과 창조와 해방으로 충만한 바른 세계관을 확립할" 것을 부르짖는다.[31]

도고는 타이완총독부의 고급 관료 출신으로 후에 자유민주당自由民主党(자민당) 총재가 되는 보수 정치가이며, 마루야마와는 정치적 지향점이 다르다. 하지만 독선·완고·고루함으로 가득 찬 전시 체제 속에서 비굴·아첨·굴복을 강요당했던 굴욕은 당시의 사람들에게 공통되었다. 이런 공통된 전쟁 체험이, 보수계 의원조차 개혁을 부르짖게 만드는 계기로 기능했다.

훗날 전쟁을 체험하지 않은 세대로부터, 마루야마와 오쓰카의 사상은 서양 근대를 이상화하며 대중을 멸시한다고 비판받았다. 앞의 "쓰치야는 파랗게 질리고, 후루시마는 울고, 그리고 괴링은 홍소한다"라는 표현은, 마루야마가 서양을 미화했다는 증거로 언급되는 경우가 많다.[32] 그러나 왜 마루야마가 "괴링은 홍소한다"라고 말했으며 구舊 학도병을 비롯한 독자들은 여기에 설득력을 느꼈는지는, 그들의 전쟁 체험을 바탕으로 삼지 않으면 이야기할 수 없다고 생각한다.

말하자면 마루야마와 오쓰카가 근대라는 말로 설명한 것은, 서양 근대 그 자체는 아니었다. 그것은 비참한 전쟁 체험의 반동으로서 꿈꾸게 된 이상적인 인간상을, 서양 사상의 언어를 빌려서 표현하려는 시도였다. 개個의 확립과 사회적 연대를 겸비하고 권위에 대항하여 자신의 신념을 지켜 내는 정신을, 그들은 주체성이라 이름 붙였다. 그런 주체성을 갖춘 인간상을 마루야마는 근대적 국민, 오쓰카는 근대적 인간 유형이라고 불렀다.

즉 전후사상의 키워드라고 할 수 있는 주체성이란, 전쟁과 패전의 굴욕으로부터 다시 일어서기 위해 사람들이 필요로 했던 말이었다. 앞으로

살펴보게 되듯이 그 주체성은 국내에서는 권위에 항거하는 '자아의 확립'
으로, 국제 관계에서는 미소美蘇에 대한 자주독립이나 중립을 주장하는
내셔널리즘으로 각각 표현되었다. 마루야마가 후쿠자와 유키치의 "일신
독립하여 일국 독립한다"라는 말을 사랑한 것은 그런 심정의 표현이었다.
그리고 마루야마와 오쓰카의 사상은 공통의 전쟁 체험을 가진 동시대의
사람들에게 압도적인 지지를 받았다.

　전쟁을 알지 못하는 아랫세대는, 이런 이상적 인간상을 이야기하
는 것을 달콤하고 낙관적인 휴머니즘이라고 비판했다. 그러나 오쓰카는
1946년 논고에서 "인간의 인격적 존귀함에 대한 존경과 신앙"을 이야기
하면서 "우리는 이 몇 년간 그것과 완전히 반대되는, 인간의 선의에 대한
극단적으로 비관적인 태도, 아니, 오히려 인간의 악의에 대한 확신을 기
조로 한 정신적 분위기 속에서 살아왔다"라고 말한다(《大塚久雄著作集》8권
187쪽). 말하자면 그들이 주장한 휴머니즘도 전쟁 체험에서 받은 고통의
반동이었다고 할 수 있다.

　그리고 이런 경향은 당시 사상과 문화의 일반적 특징이기도 했다. 영
화 평론가 사토 다다오佐藤忠男는 "이 당시의 일본 영화는, 많은 일본인들
이 굶고 있었음에도 한없이 발랄하고 낙천적이었다"라고 말한다. 그 대부
분은 "발랄하고 정신없는 희극이나 가요 영화"거나, 혹은 "'앞으로는 밝
은 민주주의의 시대가 올 것이다'라는 맘 편한 의견"으로 밖에 보이지 않
는 것이었다.[33] 그리고 1960년대 이후 오쓰카와 마루야마의 사상도 전쟁
을 모르는 세대에게 "'앞으로는 밝은 민주주의의 시대가 올 것이다'라고
하는 맘 편한 의견"으로 취급받게 된다.

　지금까지 말해 왔듯이 마루야마와 오쓰카의 사상은 과거의 멸사봉공
을 비판하면서 새로운 내셔널리즘과 윤리를 희구한, 진정한 애국이라는
입장에서 나왔다. 그러나 그들은 만약 자신들의 주장대로 총력전 체제가
강화되었더라면, 아시아의 민중이 어떤 영향을 받았을지에 대한 시점은
거의 완전히 결락되어 있었다. 8장 및 11장에서 보듯이 마루야마 등은 아

시아에 대한 전쟁 책임이라는 의식을 결여하기 일쑤였으며, 조선과 타이완에 대한 시선도 냉담했다.

그러나 그런 문제에 입각해서 말해 둘 점이 있다. 그것은 마루야마도 오쓰카도 주로 전황이 악화된 전쟁 후반기에 총력전 체제의 재건을 호소하는 문장을 썼다는 사실이다.

그 이유는 이렇다. 그들은 패색이 짙어진 상황하에서 전쟁에 방관적인 자세를 취하는 태도를 비겁하다고 느꼈다. 마루야마는 전쟁 말기를 회상하면서 "'폭탄은 반전론자를 피해서 떨어지는 것이 아니며, 일본인으로서 피할 길 없는 운명을 함께 짊어지고 있다. 정말로 운명 공동체인 것이다'라는 기분이 들었습니다"라고 말한다(《丸山眞男集》 13권 155쪽).

이런 심정도 많은 전후 지식인들이 공통으로 품었다. 예를 들어 불문학자 구와바라 다케오桑原武夫는 "질 것을 억지로 이기게 하고자 힘쓸 생각은 들지 않았지만, 모두가 고생하고 있는데 태만한 것은 좋지 않다는 기분은 강했다. 그래서 패전의 날에 여자를 안고 있었다며 젠 체 하는 소설가의 말은, 나에게는 윤리적이라기보다도 미적으로 불쾌하기 그지없었다"라고 회상한다.[34]

총력전 체제하에서 부인 위원을 맡아 전후에 공직 추방을 당한 이치카와 후사에는 이렇게 말한다. "어느 정도 전쟁에 협력했던 것은 사실이었으니까요. 그 책임은 느끼고 있습니다. 그러나 그것을 불명예라고 생각하지는 않습니다. 예를 들어 내 친구들 중에서도 전쟁이 나자 산으로 들어가서, 몰래 편하게 살았던 사람이 있습니다. 전쟁이 끝나고 돌아와서는, 나는 전쟁에 협력하지 않았다고 말하는 사람이 있지만, 나는 그 시대의 그런 상황하에서 국민의 한 사람인 이상, 당연하다고는 하지 않더라도 부끄럽다고 생각하지도 않습니다만 그것이 잘못일까요."[35] 이런 발언은 물론 그들의 내셔널리즘을 보여 주었다. 그러나 그들도 마루야마와 마찬가지로, 전후에는 개인의 확립을 기반으로 한 일본 사회의 재건을 주창하고 자신의 전쟁 체험을 바탕으로 평화주의를 옹호했다.

1946년 3월 다자이 오사무太宰治는 에세이 「답장」返事에서 이런 심정을 다음과 같이 표현한다.[36]

우리들은 정도의 차는 있어도, 이 전쟁에서 일본 편을 들었습니다. 바보 같은 어버이라도, 어쨌든 피투성이로 싸움을 해서 패색이 짙어져 지금이라도 죽을 것 같은 상황이 되면, 이것을 묵묵히 지켜보는 아들들이야말로 이상한eccentric 것이 아닐까요. "보고만 있을 수가 없다"라는 것이, 나의 실감이었습니다.

······ 다른 사람도, 대체로 그런 기분으로 일본을 위해 힘을 쏟았다고 생각합니다.

확실하게 말해도 되지 않을까요. 우리는 이 대전쟁에서, 일본 편을 들었다. 우리는 일본을 사랑한다, 라고.

그리하여 일본은 대패배를 만끽했습니다. 완전히, 그런 상황에서 만약 일본이 이겼다면, 일본은 신의 나라가 아니라 악마의 나라겠지요. 그런데도 이겼다면, 나는 지금만큼 일본을 사랑할 수는 없었을지도 모릅니다.

나는 지금 일본이라는 이 패배한 나라를 사랑합니다. 과거의 어느 때보다도 더 사랑합니다. 빨리 저 '포츠담Potsdam 선언'의 약속을 전부 지켜서, 그래서 작지만 아름다운 평화의 독립국이 되기를, 아아, 나는 목숨이든 무엇이든 전부 걸고 기도하고 있습니다.

이 문장은 약간 비장한pathetic 부분을 포함해서, 패전 직후의 많은 지식인들이 품었던 심정을 잘 표현했다고 생각한다. 그리고 이 심정에서 태어난 '내셔널리즘과 데모크라시의 종합'이라는 사상, '민주'와 '애국'의 양립은 전쟁 체험의 기억이라는 토양 위에서 성립했다.

그리고 시대가 지나면서 전후 민주주의의 이런 배경은 젊은 세대가 이해할 수 없는 것이 된다. 그들은 전후 민주주의를 낙천적인 휴머니즘이라 비판하고, 이것을 서양을 이상화하는 근대주의로 받아들였다. 혹은 국가 총동원을 주창한 전쟁 협력자의 사상이라고 비난하고, 자아의 확립을 설파하며 내셔널리즘을 부정한 개인주의자라고 단정한다.

마루야마는 1947년의 「구가 가쓰난—사람과 사상」에서 메이지 초기의 일본주의로부터 50년 동안에 "우익적 반동과 자유주의와 사회주의의 세 방향이 각각 자라났다"라고 말한다(《丸山眞男集》 3권 105쪽). 그것과 유사하게 마루야마의 학통에서도 전후 50년간 다양한 사상의 소유자들이 배출되었다. 전후 민주주의를 잇는다고 자칭하는 자뿐 아니라, 국정에의 책임을 내건 자칭 현실주의자, 대중에 대한 혐오를 보이는 대중 사회론자, 마지막으로는 국민의 긍지를 내건 역사 수정주의자에 이르기까지, 마루야마의 애독자를 자인하는 예는 적지 않다. 다들 마루야마 사상의 일부는 계승했지만, 마루야마의 전체를 계승하지는 못했다고 말할 수 있다.

마루야마와 오쓰카의 사상은, 전쟁 체험에서 태어난 진정한 애국이라는 심정을 바탕으로 하여 서로 모순되는 여러 이념이 얽힌, 말하자면 판도라의 상자였다. 그리고 그 후 전후사상의 흐름은, 전쟁의 기억이 풍화되면서 거기에 포함되었던 많은 사상 조류가 차례로 분열해, 민주와 애국의 양립이 붕괴하는 과정을 밟는다.

3

충성과 반역
패전 직후의 천황제

나는 천황에게 속았다. 절대자라고 믿었던 천황에게 배신당한
것이다.

와타나베 기요시

전후사상은 주체성의 확립과 더불어 천황제의 타도를 주창했다.¹ 그것과 동시에 전쟁 책임에 대한 추궁이 일어났다.

이 세 가지 주장은 사실상 한 몸이었다. 왜냐하면 2장에서 말했듯이 주체성이란 책임 의식을 갖고 권위에 종속되지 않는 정신이었다. 그리고 천황제는 권위의 대명사이며, 전쟁 책임 문제는 책임 의식의 환기를 의미했기 때문이다. 그리고 이 세 가지 문제의식의 교차점이 천황의 전쟁 책임이었음은 말할 필요도 없다.

그리고 패전 직후에 이루어진 천황의 전쟁 책임 추궁은, 일본의 내셔널리즘을 부정하는 것이 아니라, 천황이 중심이었던 전쟁 전의 내셔널리즘을 대신할 새로운 내셔널리즘의 모색이었다. 거기서는 일본에 대한 충성이, 천황에 대한 반역이 된다는 교착이 나타난다.

전쟁 책임의 추궁

천황에 대한 논의를 검증하기 전에, 우선 전쟁 책임 문제를 둘러싼 당시의 일반적인 논조에 대해 말해 두겠다.

1945년 9월 5일, 전후 처음으로 소집된 의회에서 아시다 히토시가 '대동아 전쟁을 불리한 종결으로 이끈 원인 및 그 책임'을 묻는 의견서를 제출했음을 2장에서 언급했다. 그 밖에 같은 해 12월 중의원에서도 하토야마 이치로鳩山一郎 등의 「의원의 전쟁 책임에 관한 결의안」議員の戰爭責任に関する決議案과, 이치노미야 후사지로一宮房治郎 등의 「전쟁 책임에 관한 결의안」戰爭責任に関する決議案이 나왔다. 이 결의안들이 책임을 물은 것은 우선 군벌과 관료, 역대 수상, 그리고 그런 세력에 "아부하고, 추종하고, 영합"한 의원과 지식인, 경제인 등이었다.²

하지만 군부에 영합한 과거를 가진 자는 너무나 많았다. 1945년 12월 의회에서는 로야마 마사미치蠟山政道를 비롯한 11명의 중의원 의원이 자책의 뜻을 표명하며 사직했지만, 이들은 전체 의원 가운데 소수파였다.

자발적 사직 이외의 책임 추궁은 서로의 오랜 상처를 폭로하는 행위가 되기 쉬웠으며, 의회에서의 책임 논의는 추상적인 결의로 끝났다.

그리고 이런 결의안들에서도 아시아 국가들에 대한 가해 책임은 국제법을 위반한 '전쟁 범죄'의 문제로 다루어지는 데 그쳤다. 패전 책임의 추궁은 군벌과 관료에 집중되었고 일반 국민과 천황은 제외되었다.

그런 가운데 일반 국민의 전쟁 책임에 대해서는 패전 직후 수상이 된 히가시쿠니 나루히코가 1억 총참회를 주장했다. 2장에서 말했듯이 1945년 8월 28일 기자 회견에서 히가시쿠니는 패전의 한 원인으로 암시장 경제로 대표되는 "국민 도덕의 저하"를 들며, "1억 총참회를 하는 것이 우리나라 재건의 첫걸음"이라고 주장했다.

그러나 이 1억 총참회론은 사람들의 반발을 샀다. 예를 들어 『마이니치신문』이 게재한 1945년 9월 8일 자 투고는 이렇게 말한다.[3]

'한 명도 남김없이 반성'이라느니 '한 명도 남김없이 참회'라느니, 대체 그것은 국민의 누구를 향해서 하는 말인가. …… 종전의 성단이 내려질 때까지 나는 줄곧 힘을 다해 왔다. 불공정한 배급과 각종 사업에 대한 급·불급의 오인, 모든 창구의 불명료함 등, 전력 저하에 박차를 가한 것은 모두 관리들이 아니었나. 귀관들은 무슨 입이 있어서 누구에게 "반성하라"느니 "참회하라"느니 말할 수 있는가. 나는 눈물로 묻는다. 특공대를 비롯한 그 밖의 전사자 유족들, 공장 전사자의 유족들도, 죄 많은 관리들과 함께 참회해야 하는가. 반성해야 하는가.

이 투고는 독자들의 반향을 불러일으켜, 이에 찬성하는 투고도 실렸다. 앞에서 말한 의회의 전쟁 책임 결의에 관한 의견서에서도, 전쟁 책임은 "묵묵히 정부를 따른 일반 국민에게 미치는 것이 아니다"라며, 1억 총참회론을 비판하는 의견이 나왔다.[4]

원래 1억 총참회론은 항복 결정 시부터 정부의 공식 방침이기도 했다. 이미 1945년 8월 11일 내무성内務省(한국의 행정안전부와 유사−옮긴이) 경보국警保局이 경찰부장에게 보낸 암호 전보는 "전쟁 책임자에 관한 논의, 그 밖에 군관민을 이간질하는 언동은 앞으로 점점 격증하여 국내의 결속을 혼란케 할 위험이 있으므로, 이것의 억압에 각별한 노력을 다하는 동시에, 이번 사태를 초래한 책임은 '군관민이 함께 담당할 것으로서', 전 국민이 결속하여 수습에 나서지 않으면 사태는 더 악화되어, 황국의 앞길이 위태롭게 될 것이라는 취지를 철저히 할 것"이라고 말했다.[5]

이후 1억 총참회라는 말은 위정자의 책임 은폐를 의미하는 말로 정착해 간다. 1946년 3월 신일본문학회 도쿄 지부가 「문학에서의 전쟁 책임 추궁」이라는 선언을 가결했는데, "우리는 그 '1억 총참회'를 행하려는 자들은 아니다", "거기서는 누구든지 책임이 있다는 논리로 일부 사람들의 중대하고 직접적인 책임이 감추어진다"라고 주장하며, 다카무라 고타로高村光太郎, 고바야시 히데오小林秀雄, 야스다 요주로 등의 실명을 지목했다.[6]

이런 1억 총참회론의 존재는 전쟁 책임론에 일종의 제약을 초래했다. 1장에서 보았듯이 마루야마 마사오의 1946년 5월 논문 「초국가주의의 논리와 심리」는 "[잔학 행위의] 직접적 하수인은 일반 병사였다는 아픈 사실로부터 눈을 돌려서는 안 된다"라는 문제를 이미 제기한 바 있다. 그러나 진보계 인사들은 1억 총참회론과 동화되는 것을 경계하며, 일반 국민의 전쟁 책임을 논하는 작업에서 점점 손을 떼려는 상황이 벌어졌다.

일반 국민이 전쟁 책임을 추궁당하지 않은 데는 또 하나의 이유가 있었다. 그것은 위 신문 투고에 보이듯이 당시의 지배적 논조가 위정자의 전쟁 책임을 추궁하는 윤리적 근거를, 전쟁에 성실히 공헌하고 희생했던 일반 국민에서 찾았기 때문이다.

그리고 그런 윤리적 근거의 궁극적인 존재가 전사자였다. 위의 신문 투고도, 자신이 전쟁에 공헌했음을 강조하면서 "특공대를 비롯한 그 밖의 전사자"를 들며 위정자의 책임을 묻는다. 여기에는 일본이라는 국민 공동체에 충성과 공헌을 다하여 희생한 자야말로 전쟁 책임을 추궁할 자격이 있다는 내셔널리즘의 요소가 포함되었다.

이런 논조는 방관자에 대한 증오로도 이어졌다. 어떤 수단으로 징병이나 공장 동원을 피해서, 결과적으로 전쟁에 협력하지 않았던 자는 일본에도 존재했다. 그러나 1945년 12월 중의원의 전쟁 책임론에서는 "우리나라가 전쟁에 돌입하여, 존망의 관두關頭에 서 있는 가을, 손 놓고 방관한 자는 진실로 냉혹 무정하기 그지없습니다", "이 방관적 태도 자체를 신일본 건설의 담당자가 될 자격이라고 착각까지 하는 것은 용서할 수 없는 태도입니다"라는 발언이 나왔고, "그렇다", "동감이다"라는 목소리가 날아들었다.[7] 구와바라 다케오나 이치카와 후사에도 방관자를 비난했음은 2장에서 말한 대로다.

이런 논조에서 일본에 공헌하지 않은 아시아의 전쟁 희생자가 주목되는 경우는 적었다. 물론 한편으로는 일본군의 잔학 행위가 드러나 여론의 주목을 모았다. 그러나 일반 병사들이 관계된 사례가 많은 만큼, 그것에 대한 추궁은 1억 총참회론에 접근하기 쉬운 위험성을 띄었다. 실제로 마닐라Manila에서의 잔학 행위가 공표된 1945년 9월 『아사히신문』에 게재된 어느 젊은 여성의 투고는, "총참회라는 의미를, 이 사건을 듣고 처음으로 알았습니다"라고 말한다.[8]

아시아에서의 가해 행위를 문제시하는 경우, 그것은 동양 평화나 동아 해방을 부르짖었던 일본인이 그 도의를 짓밟았다는 문제로 논해졌다. 좌익 잡지인 『다이헤이』太平의 1946년 11월호가 아시아에서의 잔학 행위를 다루었을 때, 그 표제는 「국민의 도의는 저하되었는가?」国民の道義は低下したか?였다.[9] 국민적인 윤리의 문제라는 측면에서는, 아시아에 대한 잔학 행위가 논의되었던 것이다.

많은 사람들이 육친과 친구를 잃고 가옥과 재산을 잃은 패전 직후에, 우선 '국민'의 피해가 주목받고 그 피해를 초래한 위정자에게 책임을 묻는 것은 무리가 아니었다. 그런 가운데 위정자와 일반 국민을 함께 일본인으로 취급하고, 그 일본인이 외부에 진 책임을 묻는 논조가 많았다고는 할 수 없었다. 그런 목소리가 일정 수준 이상에 이른 때는, 고도 경제 성장과 전쟁을 모르는 세대의 대두로 전쟁 피해자의 기억이 풍화된 1960년대 이후이다.

그러나 국민을 기반으로 해서 위정자의 전쟁 책임을 추궁할 때, 문제는 천황을 어디에 위치 짓는가였다. 그것은 즉 천황이 전쟁 책임을 물어야 할 위정자 쪽에 들어가는가, 아니면 피해자인 국민 쪽에 들어가는가라는 문제이기도 했다.

물론 보수계의 논조에서는 후자의 인식이 채택되었다. 보수계 신문인 『지지신보』時事新報의 1947년 5월 사설은 군벌을 비난하면서 "황실과 국민은 실로 그 최대의 피해자였다"라고 주장한다. 아시다 히토시나 하토야마 이치로가 의회에 제출한 전쟁 책임 결의안도, "보필 책임의 대의를 바로잡고 국체를 명징하게 하는" 것이나 "일본 본연의 군민이 하나 된 민주정치를 부활"하는 것에 대한 이야기를 한다.[10]

그러나 전자의 인식, 즉 천황은 국민에게 비판받아야 할 위정자라는 논조도 적지 않았다. 그리고 천황의 전쟁 책임 추궁을 논할 때에 내세워진 것 또한 전사자의 기억이었다. 여기서는 천황에게 충성을 다하고 생명을 희생한 전사자야말로 천황을 비판하는 가장 큰 기반이 된 것이다.

어느 소년병의 천황관

전사자의 기억에 입각한 천황의 전쟁 책임론의 사례로, 여기서는 해군 소년병이었던 와타나베 기요시의 일기부터 소개한다. 1945년 9월~1946년 4월에 쓴 이 일기는, 과거에 전함 무사시武蔵를 탔던 와타나베가 시즈오카현의 농촌으로 귀환한 직후부터 시작된다.

와타나베가 귀환한 1945년 9월에 그의 마을에서는 "천황 폐하가 처형당한다"라는 소문이 자자했다. 항복 당시 수병水兵들 사이에서도 "천황

폐하를 비롯해 황족, 화족華族, 중신, 전쟁 중의 각 대신, 그리고 육해군 소장급부터 위로는 전부 교수형"이라는 소문이 무성했다.[1]

그런데 마을 사람들은 이런 소문에 대해 의외로 냉정했다. 와타나베의 이웃은 "뭐 자업자득이지만, 어쨌든 우리가 완전히 져 버렸으니까, 천황 폐하의 목이 날아가도 군소리를 할 수는 없겠지"라고 말할 뿐이었다 (渡辺清『砕かれた神』5쪽).

그러나 천황에게 충성을 맹세하고, 죽을 각오로 싸워 온 와타나베는, 이 소문에 대해 '무서운 벌이 내릴 것'이라고 느꼈다. 그러나 패전이라는 현실은 천황 처형의 가능성을 믿게끔 만들기에 충분했다.

거기서 와타나베는 천황이 미군에 연행되기 전에 "훌륭하게 자결해서 누구도 침범할 수 없는 제왕의 제왕다운 존엄을 천하에 보여 주실 것"이라고 기대했다. "살아서 포로의 굴욕을 받느니"라는 전진훈을 배우고 천황을 '대원수'大元帥라고 믿어 온 그에게 이것은 당연한 생각이었다(6쪽).

이런 와타나베의 예상은 전진훈을 시달했음에 분명한 도조 히데키 육군 대장이 자결에 실패하고 미군에게 붙잡히면서 한층 더 강해졌다. 그는 도조를 "군인의 최고 위치까지 오른 육군 대장이, 자신의 장사 도구인 권총을 잘못 쏘아서 적의 포로가 되었다. 이것은 더 이상 웃을 이야기도 안 된다", "일본인 전체의 치욕을 내외에 보인 꼴이다"라고 경멸하며, 전진훈을 "어긴 것은 다름 아닌 그 자신이 아닌가"라고 생각했다(23쪽).

와타나베는 자기가 타고 있던 전함 무사시가 격침되었을 때, 함장이 '함정을 조종한 책임'을 지고 함선과 함께 침몰한 사실을 기억하고 있었다. 그것을 생각하면 싸움에 지고 국토를 점령당한 대원수가 "염치없게 살아가실 리가 없다"라고 그는 믿었다. 그에게 있어서 천황의 자결은 "패배의 책임을 지는 수단은 결국 그 밖에는 없다. 전투의 책임자인 이상 그렇게 하는 것이 오히려 당연하다"라고 생각되었다(137, 6쪽).

애초에 와타나베는 항복 시점에서 천황이 자결하지 않을까 생각했다. 그러나 "'8월 15일'의 시점에서 천황 폐하가 굳이 자결을 피한 것은, 그

것 때문에 패전의 혼란과 불안이 한층 더 커질 것이라는 '성스러운 고려'
聖慮에 따른 것일지도 모른다"라고 생각했다. 그렇다면 "친히 통솔하신
육해군인이 거의 귀환을 완료하고 인심이 평시로 돌아갔을 때, 아니면 연
합군이 군사 재판을 열기 전쯤에 시기를 보아서, 혹은 퇴위를 할 생각이
실지 모른다"라는 것이, 1945년 9월 초 와타나베의 예상이었다(6쪽).

　　그러나 1945년 9월 30일 자 신문에 실린 사진 한 장이 와타나베에게
무서운 충격을 주었다. 그것은 맥아더의 집무실을 방문한 천황이 맥아더
와 나란히 서서 촬영한 사진이었다. 와타나베는 이 사진에 격노하여 일기
에 이렇게 썼다(32~33쪽).

게다가 찾아간 상대는, 우리가 불과 얼마 전까지 목숨을 걸고 싸웠던 적
의 총사령관이다. "나와라 니미츠C. W. Nimitz, 맥아더"라고 노래까지 불
렀던 원한의 맥아더다. 자기가 일부러 머리를 숙이고 그 자를 찾아가다
니, 천황은 부끄러움을 모르는가. 아무리 전쟁에 졌더라도, 아니 졌으므
로 더더욱 의연히 있어야 할 것 아닌가. ……
맥아더도 머리를 숙이고 찾아 온 천황을 아마 마음속으로 냉랭하게 비웃
었음에 틀림없다. 가볍게 깔보았음에 틀림없다. 그 분위기는 두 사람의
사진에도 노골적으로 드러나 있다. …… 천황은 결국 건방진 키다리 주인
을 섬기는 둔중하고 소심한 종복이라는 느낌이다.
하지만 천황도 천황이다. 잘도 적의 사령관 앞에 얼굴을 내 비추었다. 한
나라의 원수로서, 육해군의 대원수로서 목숨을 걸고 결투를 신청하러 갔
다면 또 모른다. ……
그런데 실제로는 어떤가. 굳이 방문해서, 기념인지 뭔지 모르겠지만 둘이
서 사이좋게 카메라에 찍히기나 하고, 부끄러운 줄도 모르나 보다. 나에
게는 그렇게 보인다. 어쨌든 천황은 원수로서의 신성과 그 권위를 스스로
던져 버리고, 그렇게 개처럼 적 앞에 머리를 숙여 버렸다.

1945년 9월 27일 이루어진 맥아더와 히로히토의
첫 회견에서 촬영한 사진

이전의 충성이 깊었던 만큼, 와타나베의 반역은 격했다. 사진을 본 다음날의 일기에 그는 "나는 천황에게 속았다. 절대라고 믿었던 천황에게 배신당한 것이다"라고 썼다. 미국이 대일 점령 정책에 대한 천황의 협력을 기대하여 극동 군사 재판에 소추하지 않을 생각임을 알게 되자, 천황에 대한 분노는 점점 더 높아졌다. 10월에는 "나는 지금이라도 날아가서 궁성을 태워 버리고 싶다"라고 쓰게 된다(34, 50쪽).

미국에 협조하는 천황에게 대항하기라도 하듯이, 와타나베는 반미 의식을 지켜 갔다. 보다 정확히 말하면, 그것은 미국 그 자체에 대한 적의라기보다는 미국에게 협조하는 천황 및 정부에 대한 반발이 반미라는 형태로 나타난 것이었다. 몇 달 전까지 귀축영미를 부르짖었던 신문이 미국과의 우호를 설파하는 모습을 보고, 그는 "이런 임기응변적인 상황주의를 싸움에 진 개의 아부라고 해야 할 것이다. 그렇게 사이좋게 지낼 필요가 있었다면, 처음부터 전쟁 같은 것을 안 했으면 될 것을"이라고 비판했다 (41쪽).

그러나 마을 사람들은 "아무리 천황 폐하라도 맥아더 원수에게는 고개를 들 수 없다"라는 대화를 나누며 미국의 권위에 복종하고 있었다. 과거의 재향군인회 부회장은 "이 기회에 아예 미국과 합병을 하는 편이 좋을 텐데. 미국 48주에 일본을 또 하나의 주로 넣어 달라고 해서 말이지. 그 편이 이런 보잘것없는 가난뱅이 나라에서 비틀비틀하는 것보다 훨씬 나을 텐데."라고 말했다. 와타나베는 "그런 얌체 같은 사대주의를 참을 수 없다"라면서, 미국제 담배나 통조림을 거부하며 생활했다(55, 154쪽).

이런 와타나베가 윤리적 기반으로서 찾아낸 것이, 죽은 전우들의 기억이었다. 와타나베는 정부에서 발표한 전사자 수의 보도를 보고, "나에게는 단순히 추상적인 숫자가 아니다. 거기에 눈을 두는 것만으로도, 그 숫자의 뒤편에 함께 싸우다 죽은 동료들의 얼굴이 주옥처럼 한 줄로 떠오른다"라고 생각했다. "어느 누구는 머리가 부서지고, 누구는 유리 조각처럼 바다에 흩어져서, 누구는 단말마의 괴로움에 몸부림치며 운명을 함께했다. 그리고 나는 그런 수많은 동료들의 사해死骸를 해저에 묻은 채, 더군다나 어떤 경우에는 죽음을 못 본 척하면서, 나만 살아 돌아온 것이다"라고 그는 생각했다(18, 180쪽).

그렇기 때문에 와타나베는 "나만 살아남은 것이, 몹시도 까닭 없이 떳떳하지 못한 느낌이 든다"라고 생각했다. 그리고 "무슨 일을 하던지 죽은 동료가 '저 놈 혼자 재미 보고 있네……'라고 생각할 일은 하고 싶지 않다. 하늘에 있는 전우들이 나를 보고 있다"라고 생각했다. 과거에는 마을 사람들이 모조리 나와서 전몰자의 유골을 맞이하는 의식을 행했지만, 지금은 고작 몇몇 관계자들만으로 이루어지는 상태에 그는 분노를 불태웠다(18, 229, 61쪽).

천황을 비판하는 기반이 된 것도, 이런 전사자의 기억이었다. 1945년 10월 일기에서 와타나베는 "궁성을 태워 버리고 싶다"라고 쓴 뒤에, "아니, 그걸로도 모자라다. 할 수 있다면 천황을 과거의 해전 장소로 끌고 가서, 바닷속에 끌고 내려가, 거기 누워 있을 전우들의 무참한 사체를 그 눈에 보여 주고 싶다. '이것이 당신의 명령으로 시작한 전쟁의 결말입니다.'…… 그렇게 말하고 그 반질반질한 7대 3의 장발을 쥐어 잡고 바닷속 바위에 머리를 쾅쾅 찧어 버리고 싶다"라고 말한다(50쪽).

1945년 11월에 천황이 야스쿠니 신사靖國神社에 참배했다는 뉴스를 듣고, 와타나베는 "이 세상에 영혼은 존재하지 않는다"라고 생각했다. 왜냐하면 "존재한다면, 천황은 그 영혼에게 저주를 받아 죽어서, 살아 있을 수 없을 것"이기 때문이다. 그의 생각으로는 천황이 자기 이름으로 내린 명령에 병사들이 죽은 것을 "만약 조금이라도 생각한다면, 야스쿠니 신사 앞에는 도저히 설 수 없었을 것"이었다(82쪽).

그 후 와타나베는 "천황제 타도"라고 쓰여 있는 일본공산당의 선전물을 발견하고, 거기에 불만 없이 찬성이라고 느꼈다. 그는 지인의 권유로 사회주의자 가와카미 하지메河上肇와 야마카와 히토시山川均의 저작을 비롯해 많은 책을 읽기 시작했다. 가와카미의 저작에는 감동했지만, 그대로 사회주의 학습에 돌입하지는 않았다. 그것은 그가 해군에 지원하는 과정에서 수많은 '말의 마술'에 속았던 경험을 바탕으로, "아무리 대단하다고 일컬어지는 사람이 한 말이라도, 우선 자기 스스로 잘 생각해서, 스스로가 제대로 납득한 것 말고는, 결코 진실로 받아들여서는 안 된다"라고 결의했기 때문이다(94, 261, 102쪽).

1946년 정월 초하루에 천황의 조서가 나왔다. 천황이 스스로 '사람의 모습을 한 신'現人神임을 부정한, 이른바 '인간 선언'이었다. 퇴위의 선언 아니면 국민과 전사자에 대한 사죄를 기대했던 와타나베는, 이것을 "어처구니없이 갑자기 태도를 바꾼 선언이다"라고 받아들였다(135쪽).

특히 그가 격노한 것은, 이 조서가 국민 도의의 저하를 한탄한 점이었다. 와타나베는 "전쟁 책임조차 지지 않는 자기 문제는 덮어 두고 어떻게 그런 번지르르한 말을 할 수 있는가"라고 생각했다(136쪽). 나아가 와타나베는 이렇게 말한다(203쪽).

그렇다 해도 한심한 것은, 그만큼 파멸적인 대전쟁을 하면서도, "그것을 꾀한 책임자는 나다"라고 나서는 자가 지금껏 한 명도 없다는 사실이다. …… 어찌되었든 높은 사람일수록 타인에게 도의의 중요성을 설교하지만, 막상 자기 문제가 되면, 그 불감증의 모습은 실로 백치와 같다. 정말로 한심한 이야기다.

그러나 무서운 점은, 이것이 국민에게 주는 심리적인 영향일 것이다. 그중에서도 천황의 모습은, "천황조차도 책임자로서의 책임을 지지 않고서도 괜찮으니까, 우리야 무엇을 하든지 책임 같은 것을 질 필요가 없다"라는 무시무시한 도의의 퇴폐를 야기하는 것이 아닐까. 즉 나라가 통째로 '천황을 본받아서'라는 꼴이 되어 버리는 것은 아닐까. 나는 그런 예감이 들어서 견딜 수가 없다.

1946년 3월 신문에 신헌법의 초안이 게재되었다. 천황을 "국민 통합의 상징"으로 규정한 그 제1조를 읽고 "이토록 절조 없는 무책임하기 그지없는 천황을 어째서 국민의 '상징'이라고 할 수 있는가"라고 와타나베는 생각했다. "자기 책임을 조금도 돌아보지 않고, 과거의 적의 사령관에게 부축을 받으면서까지, 계속해서 천황이고자 하는 천황"을 상징으로 삼을 바에야, "정어리 머리가 낫다"라고 그는 쓴다(210쪽).

같은 시기에 개시된 천황의 지방 순행巡行에 대해서도 와타나베는 "패전과 맥아더 때문에 존재감이 옅어진 천황의 인기를 만회하기 위한 연극이다"라고 밖에 느끼지 않았다(201쪽). 천황은 위정자들의 로봇이었으며, 그런 천황에게 집착하는 것은 잘못이라고 말하는 친구도 있었지만, 와타나베는 납득할 수 없었다. 만약 천황이 로봇이었다면, 천황을 믿고 죽은 전우는 뭐가 되는가.

헌법 초안이 발표되고 며칠 뒤, 와타나베는 귀환병 출신인 말 거간꾼이, 난징南京 전선에서의 활약을 자랑하는 이야기를 들었다. 그 내용은 "20명 가까이 짱꼴라チャンコロ(중국인을 비하한 표현-옮긴이)를 베었던가. 뭐무 썰기나 마찬가지지", "이것저것 골라잡아서 여자는 부족하지 않았지", "살려 두면 뒷말이 나오니까, 나는 하고 난 뒤에는 그 자리에서 칼로 팍팍 처분해 버렸지", "뭐 목숨만 위험하지 않으면, 군대 생활은 하고 싶은 대로 할 수 있는 재미있는 장사지. 그러면서 어르신들한테 돈도 받을 수 있으니까"라는 것이었다(214쪽).

오로지 남방의 해전에 종사하며 중국 전선의 상황을 몰랐던 와타나베는 이 이야기를 듣고 충격을 받았다. 그리고 정부와 천황이 중국에게 사죄하지 않은 점을 생각하면서 "말 거간꾼의 반성 없는 자랑 이야기도, 그 뿌리는 정부와 천황의 그런 무책임함에서 오는 것일지 모른다"라고 생각했다(215쪽).

같은 3월에 와타나베는 "빨간 립스틱에 빨간 양장을 입은 일본의 젊은 여자"가 미국 병사와 "보란 듯이 달라붙어서 장난을 치며" 길을 걷는 광경과 맞닥뜨렸다. 사람들은 미국 병사가 두려워서, 눈을 돌리며 길 구석으로 피했지만, 와타나베는 똑바로 걸어가 여자의 어깨에 부딪혔다. 미국 병사에게 걸어차인 와타나베는 그 병사와 난투를 벌였다. 일본 경찰이 왔고 와타나베만 연행되었는데, 그는 "천하의 공도公道를 똑바로 걷는 것이 무엇이 나쁜가"라고 답했다(223, 224쪽).

와타나베가 이 경험에서 한탄한 것은 "움찔움찔하고 작아진 이 땅의 일본인"의 모습이었다. 난투가 벌어졌을 때 그를 도와 가세한 자가 없었던 것을 두고, 그는 "미국이 과거에 적이었음을 잊어버렸는가"라고 생각했다(225, 226쪽).

거기서 와타나베가 상기한 것은 아시아 항일 운동의 여성들이었다. 그가 일본군 점령하의 마닐라에 상륙했을 때, "필리핀 여성이 일본병과 함께 붙어서 걸어가는 모습은 한 번도 본 적이 없었다." 그리고 항일 운동의 여성들은 "스커트 속에 권총을 숨기고 일본병을 노리고 있었다." 그것을 생각해 내고 "나는 당시 그런 여자를 극히 미워했지만, 지금 와서 보면 그 절개의 높음을 깨닫는다"라고 쓴다(226쪽).

일본의 내셔널리즘이 상처를 입은 아픔은, 아시아의 내셔널리즘에 대한 공감으로 이어졌다. 많은 마을 사람들이 귀환 후에 거칠어진 와타나베를 경원했지만, 그 속에서 자이니치인 '넝마장수 김 씨'만이 "무사히 돌아왔다, 참 다행이다, 잘되었다, 축하한다"라고 그를 맞이했다. 와타나베는 "복원한 것을 진심으로 '축하한다'라고 말해 준 것은 이 김 씨뿐일지도 모른다"라고 느꼈다. 그리고 조선이 독립해 김 씨가 귀국하게 되었다는 소문을 듣고 "뭔가 나까지도 구원받는 듯한 이야기다"라고 느꼈다(60,

61쪽).

그러나 한편으로 와타나베는 시대 편승적인 일본 비판에 격한 반감을 품었다. 이미 마을에서는 과거에 성전聖戰 완수를 부르짖었던 유력자 및 교사가 영어를 섞어 가며 민주주의 설교를 시작했다. 마찬가지로 성전을 주창했던 신문과 라디오가, 전쟁은 군벌과 관료가 꾸민 침략이었다고 보도하기 시작하자, 와타나베는 침략 사실은 인정하면서도 "그게 그렇다면 어째서 더 빨리, 적어도 전쟁이 시작되기 전에 그 사실을 제대로 써주지 않았는가", "일구이언, 무문곡필舞文曲筆, 무책임에도 정도가 있다"라고 생각했다(40쪽).

특히 와타나베가 분노한 것은 전쟁 비판이 전사자에 대한 모독을 포함하거나, "미국에 대한 아첨·추종"으로서 행해진다고 느낄 때였다. 미국과의 우호를 노래하는 매스컴의 논조에 반발해서 "그러면 미국을 적으로 삼아 싸우다 죽어간 자들은 뭐가 되는 것인가"라고 생각했다(238, 41쪽).

1946년 2월 히로시마에 투하된 원자 폭탄의 피해가 신문 지상에 보도되었다. 와타나베는 비전투원을 대량 살상한 미국에 새로이 분노하는 한편, 일본에서는 "왜 지도자가 미국에 붙으려고 하는가"라고 생각했다. 그는 그 이유를 "한마디로 타산이다. 돈이다. 손득損得을 위해서는 무슨 짓이든 상관없다는 것이다"라고 생각했다. 그리고 와타나베는 "과거의 일을 천연덕스럽게 잊고, 지금처럼 이득에 눈이 돌아간 지도자가 하라는 대로 하다가는, 언젠가 또 미국에게 큰 코 다칠 일이 생길 것이다"라고 쓴다(172, 173쪽).

도쿄 재판에 대한 와타나베의 평가는 낮았다. 애초에 천황이 소추되지 않은 데다가 "어차피 승자의 원한을 풀기 위한 일방적인 재판"이라고 생각했기 때문이었다. 도쿄 재판이 내건 '평화와 인도에 대한 죄'라는 원리에 대해서도 "일본이 일방적으로 밀어붙여 가며 학살과 약탈을 저지른 중국과 동남아시아의 나라들이 그렇게 말한다면 납득하겠지만", 원폭을 투하한 미국에게 "그런 번듯한 말을 할 자격이 있는가"라고 생각했다(52,

159쪽).

　도쿄 재판에서 천황이 소추되지 않은 데는 불만을 느꼈지만, 와타나베는 미국의 손으로 천황을 심판하는 것에는 반대했다. 천황의 처우에 대한 미군의 의향이 보도되자, "일본의 일은 일본인들이 해결한다. 이러쿵저러쿵하지 말고 입 다물고 가만히 있으라고 말하고 싶어진다"라고 느꼈다(53쪽). 천황의 전쟁 책임은 전사자의 기억을 발판으로 일본인 스스로가 추궁해야 한다는 것이 그의 생각이었다.

　와타나베의 생각으로는, 천황이 전쟁 책임을 지는 방법은 다음과 같았다. 우선 "신속하게 퇴위할 것." 그리고 "천황가는 히로히토裕仁 천황의 퇴위와 함께 폐지시킬 것." 그리고 "퇴위한 뒤에는 머리를 깎고 불문佛門에 들어가 전몰자의 무덤을 지킨다. 그 무덤은, 국가가 어느 적당한 장소에 전몰자의 위령비나 위령당 같은 것을 건립하면 될 것이다"라고 와타나베는 쓴다(230쪽).

　나아가 "퇴위 후의 천황 일가의 생활비는 황실 재산에서 지출하거나, 그것이 무리라면 절의 주지승처럼, 천황에게 마음을 쓰는 사람들의 시주로 충당하고, 국민의 세금에서는 한 푼도 지출하지 않도록"이라고 말한다. 만약 연초에 발표한 조서가 인간 선언이라면 "퇴위 후에는 국민 속으로 들어가, 보통 옷을 입고 보통 음식을 먹고 보통 집에 살면서, 보통 사람들과 보통의 삶을 살아야" 할 것이라는 생각이었다(230쪽).

　그와 함께 와타나베는 "지금까지 그런 무책임한 천황을 믿어 온 자기 자신 또한 용서할 수 없는 기분이 든다"라고 점점 생각하기 시작했다. "배신당했다, 속았다"라는 말로 "천황을 일방적으로 탄핵하면서 자신은 '괜찮다'라고 하는 우쭐함과 도피가 거기에 있었다고 생각한다"고 와타나베는 쓴다. 그렇게 생각하자 "나 자신의 무지에 대한 책임이 나에게 있는 것이 아닌가"라고 그는 느꼈다(171, 179쪽).

　그리하여 와타나베는 "천황을 탓하는 것은, 동시에 천황을 그렇게 믿었던 자신을 탓하는 것이어야 한다"라고 생각했다. 그렇게 생각했을 때

"나 자신이 그 전쟁을 찬미하고, 지원까지 해서 거기에 참가한 인간이라는 사실", 즉 "침략한 병사의 한 명이었다는 것에는 변함이 없다"라는 자각이 생겼다. 이런 생각에서 그는 난징에서의 무용담을 자랑하는 말 거간꾼에게 반발한 뒤에 "그러나 만약 내가 거기에 있었다면, 나도 무슨 짓을 했을지 모른다"라고 생각했다(179, 180, 215쪽).

거기서 와타나베가 낸 결론은 "나는 이번 전쟁에는 처음부터 끝까지 전면적으로 협력했지만, 전쟁에 협력했던 책임은 앞으로 어떤 전쟁 기획에도 협력하지 않는 것으로 갚는 길밖에 없다"라는 것이었다. 이때에 일본군은 막 해체된 상황이었지만 "5, 10년 뒤의 일은 알 수 없다"라고 와타나베는 쓴다. 그러나 "만약 그렇게 되어도, 나는 이번에야말로 전쟁에는 절대로 참가하지 않을 것이다"라고 말한다(216쪽).

이렇게 결의한 와타나베의 내셔널리즘에 대한 태도는 복잡했다. 패전 후 천황 및 매스컴의 모습에 반발하며 그는 "천황이 뭐냐, 일본이 뭐냐, 애국심이 뭐냐, 민주주의가 뭐냐, 문화 국가가 뭐냐. 흥, 그런 것은 전부 똥이나 처먹어라"라고 생각했다. 그러나 한편으로는 편승적인 지식인들이 안이하게 전쟁을 비판하면, "그럼 국난에 순사한 사람들의 애국심은 어찌되는가"라고 느꼈다(117, 206쪽).

이런 와타나베의 내셔널리즘은 국가와 천황을 점차 초월해 갔다. 와타나베는 미국 병사와 난투를 벌여 일본 정부의 경관에게 체포된 뒤 "나는 누가 뭐라 해도 미국에 굴복할 생각은 없다. 일본은 미국에게 항복했을지도 모르지만, 그것은 국가와 국가의 약속이고, 내 알 바가 아니다"라고 썼다(225쪽). 그는 이렇게 국가에 대항하는 내셔널리즘을 획득하기에 이르렀다.

1946년 4월 와타나베는 고향을 떠나 도쿄로 일하러 가게 되었다. 그 직전에 그는 이제 전쟁 전과는 달리 천황에게 직접 편지를 쓸 수 있다는 소문을 들었다. 그는 마을을 떠나며 해군 입대 후부터 귀환하기까지 지급된 식사와 의류, 급여 등의 총액을 계산해, 가진 돈을 긁어모아 천황에게

송금했다. "나는 이것으로 당신에게는 더 이상 어떤 빚도 없습니다"라는 편지를 덧붙였다(268쪽).

와타나베의 일기는 천황에게 보낸 이 편지로 끝난다. 다수의 전쟁 체험자를 인터뷰한 경험이 있는 호사카 마사야스保坂正康는 와타나베의 일기를 "서민 감정의 소박한 발로"라고 표현하며, 와타나베만큼 순수한 형태는 아닐지라도 "이런 감정은 당시 대부분의 일본인들이 품었던 것이 아닐까 생각한다"라고 말한다.[12] 그리고 사실 와타나베가 보인 심정은 이 시기의 많은 천황론이 공유했다.

천황 퇴위론의 대두

천황에 대한 충성이 깊었기에 그 후 비판으로 돌아선 와타나베와 같은 사람을 반드시 특이한 예라고는 할 수 없었다. 학도병 출신으로 필리핀 전선에서 생환한 정치학자 가미시마 지로神島二郎도 그중 한 명이었다. 가미시마는 귀환 직후의 심정을 이렇게 회상한다.[13]

많은 국민이 피를 흘리고 패전했다. 천황은 자결할 것에 틀림없다. 그럼 나는 어떡할까. 나는 살아 있을 수는 없다고 생각했다. 나는 이것을 깊이 마음속에 새기고, 그때부터는 줄곧 천황을 지켜보며 살게 되었다. 그러나 지방 순행이 있었을 뿐, 전범 처형이 끝나도 아무 일도 일어나지 않았다. 이렇게 해서 이듬해 4월 10일에 천황을 처형하라는 T군과 서로 주먹질을 하며 싸웠다. 그러나 5월 3일에 신헌법이 시행되어도, 아무 일도 일어나지 않았다. 여태껏 기다렸던 나는 처음으로 긴 밤의 잠에서 깬 듯이, 천황의 무윤리성을 확실하게 보았다. 민족의 양심은 더 이상 거기에 없다.

그리고 가미시마도 죽은 전우들의 기억을 간직하고 있었다. 그는 귀환 후 밝혀진 일본군의 잔학 행위에 충격을 받아 "동포가 저지른 갖가지 비행이 밝혀졌다. 나는 분개와 굴욕에 휩싸였다. 그러나 나는 전쟁에 나가서 죽은 젊은이들을 알고 있다. 나는 살아남은 자의 책임을 느끼지 않을 수 없었다"라고 썼다. 그런 그는 전사자에게 분명히 명령을 내렸던 천황이, 태도를 확실히 밝히지 않는 것은 부조리하다고 느꼈다.

와타나베나 가미시마 같은 젊은 세대만 천황의 자결을 예측한 것이 아니었다. 정치학자 이노키 마사미치猪木正道는 자유주의 경제학자로 알려진 가와이 에이지로河合榮治郎가 전시에 말한 내용을 이렇게 회상한다.[14]

가와이 씨는 이렇게 말하는 겁니다. 딱하신 천황은 군에게 좌지우지당하고 있다. 스기야마[육군참모총장]와 도조[수상]에게 속고 있는 것이다. 내[가와이]가 가장 걱정하는 점은 이번 전쟁에서 지면 천황은 반드시 자살하시리라는 것이다. 그것은 눈 뜨고 볼 수 없는 일입니다. 거기에 나는 감화되었지요. 정말로 가여우시다고 생각했습니다. 그런데 패전 후에 지켜보았지만 전혀 자살도 무엇도 안 하신다. 그때부터입니다, 비판적이게 된 것은. 천황은 일본 국민의 무책임을 상징하지요.

이런 심정은 민중 수준으로도 이어져 있었다. 오사카에 사는 61세의 회사원은 1948년 6월의 신문 투고에서 "내 아들도 천황의 명령에 따라 전장에서 숨졌다. 그는 그것으로 만족하며 죽었다고 생각하지만, 그러나 그 천황이 평화 애호자이며, 전쟁을 좋아하지 않았다고 말씀하신다. 그렇다면 일본의 군대는 천황의 의사에 반해 행동한 것이 된다. 이 모순을 부모로서 어떻게 생각해야 하나"라고 말하며 "종전 당시, 폐하는 왜 스스로를 탓하는 조칙을 내리지 않으셨나"라는 의견에 찬성했다.[15] 또 잡지 『후진아사히』婦人朝日 1946년 3월호에는 "국민 앞에 책임을 지지 않으실지 생각하며, 뭐라고 할까, 천황 폐하에 대한 관념이 변해 갔습니다"라는 주부의 의견이 실렸다.[16]

근위연대의 청년 장교였던 무라카미 효에村上兵衛도 "만약 이번 패전의 당사자가 메이지 천황이었으면 자살했을지도 모른다"라고 생각했던 사람 중 하나였다. 쇼와 천황은 정치가의 로봇에 불과하다는 의견에 대해, 무라카미는 전사한 친구들의 존재를 강조하며 "천황이 로봇이었다고 하면""천황을 믿었던 남자들은 배신당한 것이다"라고 말한다.[17]

무라카미는 여기서 메이지 천황을 끌어들이며 쇼와 천황을 비판한다. 이런 논조도 무라카미 혼자만의 것은 아니었다. 에토 준의 회상에 따르면 그의 할머니는 패전일의 방송을 듣고 "나라를 이렇게 만들어 놓고, 많은 사람들을 죽게 해 놓고, 폐하는 메이지님께 뭐라고 변명을 하실까"라며 "토해 내듯이 말했다"라고 한다.[18]

패전에 직면한 사람들이 쇼와를 비판하는 준거점으로 메이지를 상기한 사례는 적지 않은 듯하다. 작가 요시카와 에이지는 1945년 8월 23일자 신문 기고에서 "현대의 일본인은 조금 우쭐해졌던 것이 아닐까. 세계 일등국에 선 것은 우리의 힘이 아니었다. 모두 메이지 시대의 유산이었다"라고 말했다. 또한 작가 시바 료타로司馬遼太郎는 육군 청년 장교로서 패전을 맞이한 때를 회상하며 "지도자가 어리석다는 것은 22살이라도 알고 있었습니다. 그러나 옛날의 일본은 달랐으리라 생각했습니다"라고 말하며, 메이지의 역사를 공부하게 된 동기를 이야기한다.[19]

또한 2장에서 보았듯이 마루야마 마사오도 메이지의 후쿠자와 유키치나 자유 민권 운동을 상찬하면서 쇼와의 초국가주의를 비판했다. 마루야마는 1946년 10월 「메이지 국가의 사상」 강연에서 "우리는 러일 전쟁 시대는 잘 알지 못하니까 옛날 사람들의 이야기를 들어 보면, 각오가 국민적으로 매우 팽팽했고, 이번 전쟁과 같은 상황은 아니라 밑에서부터 끓어오른 힘으로 해 냈다는 식의 이야기를 합니다"라고 말한다.[20] 여기서의 메이지는 패전을 초래한 쇼와의 국가를 비판하면서 국가 정체성을 지키기 위한 거점이라고 할 수 있다.

또한 무라카미 효에도 와타나베와 마찬가지로 "최고 지도자인 천황의 책임 문제"를 명확히 하지 않는 것이 국민에게 주는 "악영향은 헤아릴

수 없다"라고 주장했다.[21] 그리고 1946년 6월에는 시인 미요시 다쓰지三好
達治가 "폐하의 이름으로 군율에 따르고, 폐하의 만세를 외치며 군진 사이
에서 쓰러진 충량한 신민"에 대해서 "폐하 쪽에 배신의 책임이 있다"라는
천황 퇴위론을 공표했다. 미요시는 이 논고에서 "폐하의 책임을 불문에
붙여서는, 세상의 도리가 무너진다"라고 강조하며 이렇게 말한다.[22]

…… 조국이 뒤집혀 망하게 만든 주도자는 폐하 자신이 아닐지라도, 주도
자들을 제어해야 할 유일한 명목적 실력자인 폐하의 소만疎慢은 결국 국
민 앞에 변명할 길이 없다. 소박한 국민들은 폐하에 대해 어떤 일을 추구
하며 시도하지 않더라도…… 실은 그들도 도의의 기준을 변별하는 나름
의 마음속 지침을 깊이 간직하고 있음을 잊어서는 안 된다. ……
오늘날 국민 도의의 폐퇴廢頹는 식자라면 누구든지 예외 없이 지적하며
개탄하는 바이다. …… 이것을 구해 낼 길은, 사태를 여기에 이르게 한 최
고 책임자가 스스로 책임을 지고 확실히 물러나 사람으로서 당연히 해야
할 바를 스스로 실천하는 모범을 보여 인심을 고무하는 일보다 유력한 것
은 없다.

이런 식의 전쟁 책임론은 천황 이외의 위정자로도 향했다. 1946년 5월
9일 자『마이니치신문』의 투고는 전범 용의자들에게 "부디 일본의 수치
를 더 이상 세계에 노출하는 일 없이, 그 책임의 소재를 밝혀서 제군의 국
가, 국민에 대한 최후의 봉공이라고 생각했으면 한다"라고 요구한다.[23]
이런 퇴위론은 천황에 대한 경애에서 나온 경우도 많았다. 나쓰메 소
세키의 제자였던 작가 모리타 소헤이森田草平가 1948년 공산당에 입당하
며 공산당 기관지『젠에이』前衛에「공산당에 들어가는 변」共産党に入るの弁
을 발표했다. 거기서 그는 천황의 지방 순행에 대해 이렇게 말한다.[24]

…… 나는 근간의 천황 측근들 및 부현府県 당국자의 행동에 대해 말할 수

없는 분노를 느낀다. 무슨 목적인지는 모르지만, 그들은 종전 후 일도 없는데 이따금 천황을 데리고 나와 각 부현을 순회시켜 천황 자신을 권태롭게 할 뿐만 아니라, 함부로 인민에게 폐를 끼치고 있다. 만약 이것이 잃어버린 천황의 인기를 회복하여, 천황 일가에 대해 인민이 친애하는 정을 늘리려는 의도하에 이루어졌다면, 참으로 잘못된 일이다. …… 진실로 마음속에서부터 나오는 인민의 애정을 되돌리려 한다면, 천황은 하루라도 빨리 퇴위하여, 설령 로봇이라 해도 잘못된 전쟁을 일으켜 인민을 진흙 구덩이의 괴로움에 빠뜨린 그 책임을 지셔야 할 것이다. 그렇다면 천황을 안타까워하는 마음이 빠르게 대두하여 천황 일가에 대한 애정도 다시금 인민 사이에서 치솟듯 끓어오를 것은 뻔한 일이다. 만약 그렇게 하지 못하고, 멋대로 인민의 눈을 속이려는 수작을 하는 것은, 필경 궁내성宮內省과 부현의 공무원들이 짜고서, 천황을 이용해 조금이라도 자신들의 지위를 굳히고, 재래의 봉건적 세력을 유지하려는 기획이라고 밖에 생각되지 않는다. 나는 천황 일가를 애석히 여기기에 이것을 구태여 말하는 것이다.

이런 패전 직후의 천황에 대한 전쟁 책임 추궁은 내셔널리즘의 부정이 아니라, 새로운 국가 정체성의 모색으로서 출현했다. 그런 심정은 이제부터 살펴보듯 천황제에 관한 논의에서도 마찬가지였다.

공산당의 애국

1945년 10월 감옥에서 석방된 도쿠다 규이치德田球一와 미야모토 겐지宮本賢治 등의 공산당 간부는, 성명 「인민에게 호소한다」人民に訴う를 발표하며 천황제 타도를 내걸었다. 12월 8일의 전쟁 범죄 추궁 인민 대회에서는 각계 합계 1,000명 이상의 전범 리스트가 발표되어, 11월의 『아카하타』赤旗(일본공산당의 기관지−옮긴이) 재간 제2호에서는 시가 요시오志賀義雄가 "천황이야말로 최대의 전쟁 범죄인"이라고 지탄했다.[25]

그러나 그들이 주장한 것도 내셔널리즘의 부정이 아니라 진정한 애국이었다. 16년에 걸쳐 소련과 중국에서 망명 생활을 한 노사카 산조野坂参三가 1946년 1월 귀국하여, 「민주전선으로 조국의 위기를 구하라」民主戦線によって祖国の危機を救え라는 제목의 강연을 하며 "진정한 애국자는 누구인가"라고 부르짖었다.[26]

제군! 황량한 도쿄의 거리를 보라. 마르고 쇠약해진 시민의 얼굴을 보라. 누가 이런 괴로움을 인민에게 주었는가! 패전이라는 최대의 굴욕을 우리 민족에게 맛보게 하고, 나라를 파멸의 나락에 밀어 넣은 것은 대체 누구인가! 그것은 애국의 이름으로 제군을 전쟁에 내세워, 수백만의 청년을 전장에서 살상한 천황, 군벌, 재벌, 반동적 관료와 정치가, 반동 단체이며, 그들이야말로 조국을 위태롭게 하고, 민족을 부끄럽게 한 비국민이며 국적國賊입니다. 애국주의를 전매특허로 삼았던 도조 히데키와 그 추종자가 실로 최대의 비국민이며 가장 증오해야 할 국민의 적이었던 것입니다.
이것과 반대로 우리들 공산주의자는 전시 중에 무엇을 했는가? …… 이 전쟁의 제국주의·강도적인 성질을 폭로하고, 또 이 전쟁이 우리나라의 이익에 반하고 나라를 파멸로 이끌 것을 설명하며, 이 전쟁에 반대했던 것입니다. 그렇기 때문에 만주 사변 이래, 수만 명의 공산당원과 그 동조자가 체포되어, 수백 명이 경찰의 손에 참살되었습니다. 이 공산주의자의 주장과 행동이야말로 실로 나라와 인민을 사랑하는 일입니다.

노사카의 이 연설은 전쟁의 참화를 겪어 온 사람들에게 반향을 불러일으켰다. 그리고 공산당의 천황 비판도 이런 '진정한 애국', 즉 국민 내지 민족을 내걸고 천황을 규탄하는 형태로 이루어졌다.
여기서 유의할 점은 당시의 좌파계 논조에서는 민족이라는 말이 민중이나 인민의 동의어로 사용되었다는 사실이다. 예를 들어 1946년 6월 일본역사학회日本歷史学会의 회지 『니혼레키시』日本歷史의 창간호는 이제부터의 역사는 천황과 위정자의 역사가 아니라 "'인민'의 역사, 일본 민족의 역사여야 한다"라고 말했다.[27]

그리고 1946년 2월 공산당 기관지 『젠에이』의 창간호에 감옥에서 석방된 미야모토 겐지가 「천황제 비판에 대해서」天皇制批判について라는 논고를 기고했다. 거기서 미야모토가 말한 내용은, "천황의 발생은, 민족의 정복을 통해서 행해졌다"는 것, 그리고 "전제 군주의 영속적 지배는 그 민족의 오욕"이라는 것이었다.[28]

천황제가 민족의 오욕이 되는 한편, 민족의 긍지는 혁명과 자치의 역사에서 찾아졌다. 1947년에 참의원參議院 의원이 되는 역사가 하니 고로羽仁五郞는 1946년 3월 강연에서 천황제를 격렬히 비판하면서 15세기의 야마시로노쿠니 잇키山城国一揆나 16세기 사카이堺(아즈치모모야마安土桃山 시대에 번성한 상업 도시-옮긴이)의 자치 등을 예로 들어 "일본 인민은 그 자유 독립의 자치 능력에서, 공화제적 정치 능력에서, 결코 구미의 인민에 뒤지지 않았다"라고 주장했다. 1947년 3월 하니는 마지막 국정 역사 교과서가 된 『나라의 발걸음』くにのあゆみ을 비판하며 "사카이의 자유 도시에 대해 쓰지 않은 책은, 국민적 긍지를 지니지 않은 사람이 썼다고 생각할 수밖에 없다"라고 말한다.[29]

동시에 하니는 "천황제의 유래는 많은 사람들의 생각처럼 유구하지 않고, 지극히 새로운 것이다"라고 강조하며 "천황제는 메이지 유신 이래 70년 된 것"이라고 주장했다. 1946년 9월에는 마르크스주의계 역사학자들이 쓴 『역사가는 천황제를 어떻게 보는가』歷史家は天皇制をどう見るか가 발간되었는데, 여기서 근대사가 이노우에 기요시井上清도 "천황제는 메이지 이후에 비로소 생겼다"라고 강조했다.[30]

이노우에에 따르면 봉건 시대의 평민에게 지배자는 번주이며, "일반 인민은 천황에 대해서는 거의 알지 못했다"라고 한다. 그는 천황에 대한 숭배는 사진 촬영한 어진영御真影 등 "문명의 이기를 응용한 방법"을 사용해 메이지 이후에 심어진 것에 지나지 않는다고 말한다.[31]

또 이노우에는 "일본 민족 및 일본 국민은 메이지 유신을 거쳐서 비로소 형성되었다"라고 주장했다.[32] 에도 시대에 나라國(구니)는 번이나 고향을 가리키는 말이며, 국민도 번주의 피지배민을 의미하는 말에 불과했다. 신분과 지방을 넘어선 일본인이라는 의식이 메이지 이전에는 존재하지 않았다는 것이다.

실은 이런 민족관은 당시의 마르크스주의 역사학에서는 상식적인 이해였다. 2장에서 보았듯이 마르크스주의의 역사관에 따르면 번이나 신분으로 인간이 분단되었던 봉건 체제가 타파된 뒤에 근대 시민 사회가 형성된다. 그렇기 때문에 신분 및 지역을 넘어선 국민이나 민족이라는 의식도 근대의 산물로서 성립한다는 것이다.

2장에서 본 마루야마 마사오의 국민주의도 이런 견해를 따랐다. 마루야마는 언어나 문화의 공통성은 국민의 조건이 아니라고 말했는데, 이노우에도 "여기서 '민족'이라는 것은, 영어의 nation에 상당하는 것이며 race인 인종과는 전혀 다르다"라고 강조한다.[33]

이처럼 패전 직후의 지식인들에게는 민족이 근대의 산물이라는 견해가 널리 공유되어 있었다. 2부 이후에서 보듯이 이런 민족관은 1950~1960년대에 일단 쇠퇴했다가, 1990년대에 국민 국가론이라는 명칭으로 부활한다.

그러나 패전 직후의 민족론과 1990년대의 국민 국가론에는 큰 차이점이 있었다. 1990년대의 국민 국가론은 메이지 이후의 일본이 근대화된 국민 국가라는 전제에 서서 국민 국가를 비판했다. 그것에 비해서 패전 직후의 민족론은 근대화를 촉진하여 국민 국가를 지향해야 한다고 주장했다.

마루야마 마사오가 전쟁 전의 『일본 자본주의 발달사 강좌』에서 영향을 받았다는 사실은 2장에서 말했다. 하니 고로를 비롯한 그 강좌의 집필자들은 강좌파라고 불리며 마르크스주의 역사학의 주류를 이루었다. 그리고 강좌파는 메이지 이후의 천황제를 프랑스의 루이 왕조와 같

은 절대 왕정의 일종이라고 위치 지었다. 그런 인식은 1932년 코민테른 Comintern이 일본의 상황에 관해서 발표한 「32년 테제」三二年テーゼ의, 일본이 절대 왕정 단계라는 평가에 대응했다.

이런 역사관에 따르면 절대 왕정은 근대 초기의 상태로 중세 봉건제에서는 벗어났지만, 프랑스 혁명과 같은 시민 혁명은 거치지 않았다. 일본은 부분적으로 근대화된 산업도 있지만, 아직도 일본 사회에는 농촌의 기생 지주제 및 군주제의 자취가 남은 천황제라는, 근대 이전의 요소가 다분히 포함되었다. 기생 지주제에 지배당하는 농촌에서 값싼 노동력이 공급되는 것처럼, 일본의 자본주의는 오히려 전근대적인 요소로 지탱되며 성립했다는 것이다.

이런 역사 인식을 토대로 공산당이 주장한 것은, 우선 천황제를 타도하는 시민 혁명을 목적으로 삼고, 그 후에 사회주의 혁명으로 나아간다는 '2단계 혁명론'이었다. 그리고 2장에서 말했듯 이런 역사관의 상식은 왕정을 타도한 프랑스 혁명으로 신분과 지역을 초월한 근대 국민 국가가 성립되었다는 것이었다. 그렇다면 천황제가 남아 있는 한 일본은 국민 국가가 아니며, 우선 국민 국가의 형성을 목표로 천황제를 타도해야 했다.

거기서는 봉건제의 잔재인 천황제와 근대적인 국민 혹은 민족이 대립하는 존재였다. 마루야마가 천황제를 중심으로 하는 초국가주의와 근대적인 국민주의를 대비시킨 것에도, 이런 역사관이 깔려 있다.

이노우에 기요시도 이런 견해를 따라 천황제를 비판하는 한편, "진정한 '국민'은 이런 봉건 분열을 타파하고 자유 평등한 인간으로서 모든 지방의 일본인이 결합할 때만 생긴다"라고 강조했다. 물론 여기서 말하는 국민이란 천황제에 지배당하는 신민臣民과 구별된, 자유롭고 평등한 근대적 인간이었다. 그리고 이노우에의 표현에 따르면 내셔널리즘과 국가를 부정하는 것이 아니라 "국민의 국가인가, 천황의 국가인가"라는 선택을 요구받고 있는 것이다.[34]

이런 논리는 천황제에 대한 항의 활동에서도 공유되었다. 1946년 5월

19일 황거皇居 앞 광장에서 열린 반미 획득 인민 대회(이른바 식량 메이데이)에는 25만 명이 모여들었는데, 그때 천황을 비판하는 내용의 현수막을 내건 공산당원 마쓰시마 마쓰타로松島松太郎가 불경죄로 기소되었다. 이 사건을 변호한 변호사 마사키 히로시正木ひろし는 천황제를 "망국적"이라 표현하며 "진정한 애국자가 일어서야 할 때가 왔다"라고 주장했다.[35]

거기서는 충군忠君과 애국이 대비되기도 했다. 공산당을 지지한 단 도쿠사부로淡德三郎는 1949년에 「새로운 애국주의를 위해」新しき愛国主義のために라는 논고에서 "충군은 봉건 시대의 군주와 가신 간 도덕이며, 애국이란 근대적 국민 국가의 국민 의식을 표현한다. 양자는 얼음과 재처럼 서로 부합할 수 없다"라고 주장했다.[36] 또 이노우에 기요시는 1951년의 『일본 현대사』에서 이렇게 주장한다.[37]

…… 우리나라는 애국심에 대해서도, 일본인의 애국심은 충군애국이어야만 한다고 말해 왔다. …… 즉 애국은 전제 군주에 대한 절대 복종 속에서만 존재한다고 말해 왔다. 이것이 진실된 애국이 아니라는 점은, 현재로서는 누구에게나 명백할 것이다. ……
일본인이 천황을 중심으로 '민족'적 국민 통일을 지켜 왔다는 말은 역사의 진실에 반하며, 그런 통일로 보이는 것이 실은 진정한 민족적 통일이나 민족의식의 성장을 방해해 왔고, 현재도 방해하고 있다는 사실은 분명하다. 이 점을 이해하는 것은, 우리가 바른 애국심을 최대한 발휘해야 하는 현재, 특히 중요하다고 생각한다.

이런 바른 애국심의 역사적 사례로 이따금 거론된 것이, 마루야마의 경우와 마찬가지로 메이지의 자유 민권 운동이었다. 1946년 『역사가는 천황제를 어떻게 보는가』에서 이노우에는 자유 민권 운동의 활동가를 애국자들이라고 부르며 상찬했다.[38]

그리고 이노우에에 따르면 메이지 초기에 "인민은 국민 국가로 나아가는 경향을 맹아적으로 가지고 있었으나, 그것이 충분히 성장하지 못한 사이에 " 구舊지배인인 무사가 천황제를 세워 버렸다.[39] 그리고 민주화와 번벌藩閥 타도를 부르짖은 자유 민권 운동은 그런 메이지 유신의 불충분함을 넘어서 국민 국가로서의 일본을 추구한 것이었다고 한다.

거기서는 전후의 민주화가 메이지 유신의 한계를 넘어선 제2의 메이지 유신으로 의식되었다. 마루야마 마사오가 " 우리는 현재 메이지 유신이 이룩해야 했으나 이룩하지 못했던, 민주주의 혁명의 완수라는 과제 앞에 다시 한 번 서 있다"라고 말했음은, 2장에서 본 대로다.

패전 직후에는 이런 논조가 광범위하게 공유되었다. 마루야마 마사오가 그러했을 뿐만 아니라, 예를 들면 오다카 구니오尾高邦雄는 " 일본인은 충군이기는 했지만 서양인에 비해서 특별히 애국적이지는 않았다"라고 말했다. 경제학자 오코우치 가즈오大河內一男도 근대 유럽에서는 " 애국 운동은 항상 서민적인 것으로, 다시 말해 낡은 특권에 대립해서 새로운 질서나 이익을 지키기 위한 운동으로 등장했다"라고 말했다. 사회학자 시미즈 이쿠타로는 1949년의 이와나미신서 『애국심』愛国心에서 18세기 유럽에서는 " 보수파는 애국자라고 자칭하지 않고자 신경을 썼고, 진보파는 애국자라고 자칭했을 뿐 아니라, 보수파로부터도 애국자라고 불렸다"라고 강조했다.[40]

이런 논조를 따라, 비평가 아라 마사히토는 1947년에 천황제를 특권적인 ' 종적 연결'이라 부르며 이것을 평등한 국민의 연대인 ' 횡적 연결'과 대비했다. 오다카 구니오도 구래舊來의 일본에서는 " 종적 일선을 거슬러 올라가 ' 위의 한 분'에게 충절을 다하는 것만이 문제이며, 횡적으로 제휴하고 횡적으로 협력함으로써 조국을 위해 동포를 위해 헌신하는 일은 제2, 제3의 문제였다"라고 말한다.[41]

그리고 중요한 점은 내셔널리즘으로 천황을 비판하는 논조가, 어떤 의미에서는 와타나베 기요시 같은 서민의 감정과도 연속되었다는 사실이다. 마루야마가 유럽 정치사상의 언어로 표현했던 데모크라시와 내셔널리즘의 종합처럼, 마르크스주의의 역사관 및 국민 국가라는 말로 표현된 천황에 대항하는 내셔널리즘도, 전쟁이라는 공통된 체험에서 비롯된 진정한 애국이라는 심정 위에 성립했다.

주체성과 천황제

그리고 천황제 비판은 패전 후의 사람들이 품었던 또 하나의 심정과도 결합되어 있었다. 즉 관료제로 대표되는 권위에 대한 비판과 주체성의 확립이다.

예를 들어 이노우에 기요시는 1946년에 이런 일화를 썼다.[42]

대중적 역사의식의 성장을 보라. 4월 7일 도쿄 히비야日比谷에서 열린 민주전선 각 단체 주최의 인민 대회가 수상 관저에서 데모를 해, 대표가 인민의 요구를 가지고 부서 기관장과 절충하는 사이에, 7만 명의 노동자·농민·시민 대중은 관저 앞에 모여, 거기서 많은 연설이 이루어졌다. 그때 우라가 구리하마浦賀久里浜에서 온 20세 정도의 굳은 얼굴의 여성이 다음과 같은 발언을 했다. 과거 구리하마에는 대량의 군용 목재가 있었다. 구리하마의 마을 주민들은 매일 밥을 지을 연료도 부족했기에, 그 목재의 일부만이라도 나누어 주기를 복원성復員省에 부탁했다. 그러나 복원성은 아무리 해도 듣지 않았다. 그러나 그 목재는 1석에 20엔이라는 공짜와 다름없는 염가로 공장에 팔렸다. 그것을 안 마을 주민들은 그렇게 싼값에 일개 자본가에게 불하할 것이라면, 우리 지방에도 조금은 불하해 달라고 집요하게 탄원·요구를 했다. 그러나 한두 사람이 교섭을 해 보아도 복원성은 규칙, 인민과 상담하지 않고 자기 마음대로 정한 규칙을 내세워 그 요구에 응하지 않을 뿐 아니라 오히려 그 사람을 위압한다. "이것이 천황제라고 나는 생각합니다"라고 그 젊은 여성은 비판했다. 관저 깊은 곳까지 울려 퍼질 듯한 큰 박수가 일어났다.

전후로부터 반세기 이상을 지나, 오늘날에는 관료의 권위적 자세를 천황제라고 표현하는 일은 거의 없어졌다. 그러나 당시에 천황제라는 말은 전시 중의 사람들에게 노동을 강요했던 권위주의의 상징으로도 사용되었다.

그리고 이런 천황제에 대치된 것이 주체성이며, 연대와 단결이었다. 이노우에는 위의 일화에 이어서 "거기서 구리하마의 부인들은 결국 일치단결하여 400여 명이 복원성으로 쳐들어가, 대중 단결의 힘으로 보기 좋게 요구를 관철했다. '단결만이 우리의 힘입니다'라고 그 연설은 마무리되었다. 다시 우레와 같은 박수가 울려 퍼졌다"라고 쓴다. 이런 연대를 표현하는 말이, 천황제와 대치되는 국민 내지 민족이었다고 할 수 있다.

그리고 천황제는 이런 국민의 연대를 파괴하고 분파주의와 이기주의를 만연케 하는 것으로 이야기되었다. 시미즈 이쿠타로는 앞에서 말한 1949년의 이와나미신서 『애국심』에서 충군애국을 비판하며 "일본인의 충의는 본질적으로 '고충'孤忠이었다. 충의의 독점이었다. 같은 줄에 서는 동포는 경쟁자, 혹은 오히려 적이다", "자기만이 천황을 향한 고충이라는 의미에서 애국적이고자 하는 것이다"라고 말한다.[43]

물론 이것은 '국민의 인간다운 연대'가 파괴된 전시 중의 체험을 바탕으로 했다. 이토 쓰네오伊藤恒夫는 1952년에 전시 중의 매점매석을 예로 들면서 전쟁 전 일본의 충군은 민주적인 동포애는 아니었다고 강조한다.[44]

그리고 당시의 천황제 논의에서는 천황제가 윤리감이나 책임 의식, 즉 주체성의 확립을 저해한다는 점이 강조되었다.

예를 들어 마루야마 마사오는 천황을 정점으로 한 권위의 위계질서가 '자유로운 주체'의 형성을 방해해 '무책임의 체계'를 발생시킨다고 주장했다. 거기서는 도조 히데키 같은 위정자조차도 천황의 권위에 따르는 소심한 신하라는 의식밖에 갖지 못하는 탓에, 현실 정치에서 하료의 로봇에 지나지 않으며 책임에 대한 자각이 없다는 것이다.[45]

실은 마루야마가 패전 시부터 이런 천황제관을 품은 것은 아니었다. 1958년 좌담회에 따르면 히로시마의 육군선박사령부에 있었던 마루야마는 항복 후 천황의 처우를 궁리하던 참모로부터, 8월 16일에 '민주주의'를 해설하도록 요구받았다. 그때 마루야마는 민주주의를 "군주제에 반하는 것으로 가르친 데 여태까지의 잘못이 있다"라고 말하며, 민주화란 "반드시 천황을 어떻게 하자는 것은 아니므로, 안심하십시오"라고 대답했다. 유럽 정치사상을 공부한 그는 왕정과 민주주의가 공존하는 영국의 사정 등을 잘 알고 있었으며, "참모에게 아첨하려는 생각으로 말한 것이 아니라, 나 자신이 당시 그렇게 생각했다"라고 말한다.[46]

또 마루야마는 1946년 2월에 도쿄제대에서 조직한 헌법연구위원회憲法研究委員会에 참가했다. 헌법학자 미야자와 도시요시宮沢俊義가 위원장이었는데, 미야자와가 당초 대일본 제국 헌법을 약간 개정한 입헌 군주제의 틀에서 전후의 헌법을 검토했다는 점은 잘 알려져 있다.[47] 또 뒤에서 살펴보겠지만, 마루야마가 경애했던 스승인 난바라 시게루가 상징 천황제의 지지자였던 점도 마루야마가 천황 비판을 멀리한 요인으로 들 수 있을지 모른다.

마루야마의 견해를 바꾼 것은 아마도 전후의 정치 정세였다. 그의 예상과는 다르게 민주주의와 천황제가 공존할 수 있다는 논조는 논단에 넘쳐 났다. 1945년 9월 2일 『마이니치신문』은 "미국의 민주주의에 항복하는 것이 아니다. 황실 중심의 민주주의다"라고 주장했으며, 1945년 9월 25일 『요미우리신문』은 국체 호지國體護持와 야마토大和 정신을 살리는 "일본적 민주주의"를 설파했다. 정치학자 로야마 마사미치도 1946년 1월 논고에서 "우리 일본 국체의 진보적 정신"은 "세계의 정치 공리인 민주주의와 통한다"라고 주장했다.[48]

전시에 민주주의와 자유주의를 공격했던 정치가들도 민주주의의 슬로건을 외치기 시작했다. 앞에서 보았듯 하토야마 이치로는 1945년 12월의 의회에서 "군민일여君民一如의 민주 정치"를 말했으며, 전시 중의 익찬

가토 슈이치

翼贊 의원으로 이루어진 보수 정당
도 영국의 입헌 군주제를 들먹이며
천황을 옹호했다.[49] 무엇보다도 쇼
와 천황이 밝힌 1946년 정월 초하루
의 조서(이른바 인간 선언)가 메이지
천황의 「오개조 어서문」五箇条御誓文
을 민주주의의 원조였다고 위치 지
었다.

정치가와 신문의 이런 변절은
많은 사람들의 반발을 불러일으켰
다. 당시 젊은 비평가였던 가토 슈
이치는 1946년 3월에 "일본의 독자적인 민주주의를 만들기 위해 영국의
제도를 모방하자는 발언에 이르러서는, 반박의 가치조차 없는 확실한 모
순이다"라고 말했다. 1951년에는 마루야마도 다음과 같이 썼다. "날마다
일사보국一死報國을 입에 올리며 죽음을 털끝보다 가볍게 여기는 것을 긍
지로 삼았던 군인과 우익 그룹의 거의 대다수가, 그들과 그들의 심벌에게
더할 나위 없는 굴욕이 닥쳐서도 굳이 죽음의 길을 선택하지 않았다는 것
은, 지극히 모순적인 사실이었다. 그 대신에 그중의 많은 자들은 어제까
지의 파시스트적 간판을 잽싸게 '민주주의적'인 그것으로 바꾸어 칠하고,
옛 조직을 온존하면서 재출발을 꾀했다."[50]

나아가 잡지 『세카이』의 1946년 4월호는 전쟁 전부터 마루야마가 존
경해 왔던 역사가 쓰다 소키치津田左右吉가 쓴 천황 옹호론을 게재했다. 그
것도 "국민은 천황을 사랑한다. 사랑하는 데에 진정한 민주주의가 있다"
라는 내용이었다.[51] 그 다음 달 마루야마는 같은 잡지 『세카이』에 「초국
가주의의 논리와 심리」를 발표했다.

그러나 이 논문도 천황을 정점으로 하는 권위의 위계질서를 비판적
으로 논하기는 했지만, 천황에 대한 규탄을 직접적으로 내건 글은 아니었

다. 마루야마는 자유로운 주체의 형성을 방해하는 사회 구조인 천황제에 비판적이었지만, 천황 개인에게는 경애를 품었다. 1989년 마루야마는 쇼와 천황의 죽음을 접하고, 패전 후 8개월이 지나 「초국가주의의 논리와 심리」를 발표했던 과정을 이렇게 회상한다.[52]

이 논문은, 나 자신의 히로히토 천황 및 근대 천황제에 대한, 중학생 이래의 '애착'에 마침표를 찍었다는 의미에서 ─ 논문의 객관적 가치와 관계없이 ─ 나의 '개인사'에도 큰 계기가 되었다. 패전 후, 반년이나 고민한 결과, 나는 천황제가 일본인의 자유로운 인격 형성 ─ 자기의 양심에 따라서 판단하고 행동하며, 그 결과에 스스로 책임을 지는 인간, 즉 '어리광'에 의존하는 것과 **반대의** 행동 양식을 지닌 인간 유형의 형성 ─ 에 치명적인 장해를 끼친다는 결론에 **간신히** 도달했다. 그 논문을 원고지에 쓰면서, 나는 "이것은 학문적인 논문이다. 그러니까 천황 내지 황실에 대한 문자에도 경어를 쓸 필요는 없다"라는 것을 몇 번이고 스스로의 마음속에 반복해서 말했다. 후세 사람들의 눈에는 나의 '사상'의 **당연한** 발로로 비칠지도 모르는 논문의 한 줄 한 줄이, 나에게는 바로 어제까지의 자기에 대한 필사적인 설득이었다. 근대 천황제에 대한 나의 의무는 그처럼 깊었으며, 천황제의 '주술력에서의 해방'은 나에게 그만큼 쉽지 않은 과제였다.

　　마루야마는 이 회상에서 전전의 행차 때 본 군복 차림의 천황과, 전후의 지방 순행 뉴스 영화에서 본 "단 한마디 밖에 모르는 바보처럼, '아, 그래'를 반복하는 구부정한 등의 천황"과의 괴리에서 고민했음을 고백하며 "천황이 그 등줄기가 반듯하게 뻗은 자세에서, 어느 사이에 저렇게 구부정한 등이 되어 버렸는지는, 오늘까지도 풀리지 않는 의문 중 하나다"라고 말한다.[53] 그의 천황 개인에 대한 애착은 1989년에 이르러서도 계속되었다고 할 수 있다.

　　훗날 1960년에 마루야마는 「충성과 반역」이라는 논문을 썼다. 에도 말기부터 메이지에 이르는 반역의 사상은 그 이전의 충성을 재정의하여 "네이션nation에 대한 충성을 군주나 상사에 대한 충성과 범주적으로 구별하는 지점에서 출발하는" 것으로부터 나타났다는 내용이었다.[54]

따라서 반역은 충성을 깊이 몸에 익힌 인간에게서 나타나며, 군주나 국가에 대한 무관심으로부터는 나타나지 않는다. 마루야마는 그 한 예로 카이사르J. Caesar 암살에 가담한 브루투스M. J. Brutus가 말했다고 하는 "카이사르에 대한 애정이 작아서가 아니라, 로마에 대한 사랑이 깊은 까닭이다"라는 말을 든다.[55] 마루야마 역시 천황에 대한 경애를 품으면서 반역에 이른 인간이었다고 할 수 있을 것이다.

아울러 그것은 전시 중에 귀축미영의 합창에 편승하고 전후에는 민주주의의 합창으로 편승한 자들에 대한 비판이기도 했다. 1947년 교육학자 무나카타 세이야는 "독설가인 한 친구가, 군국주의에조차 철저하지 못했던 국민들이, 민주주의를 체득할 수 있겠느냐고 말했다. 그 통렬한 반어를, 급조된 민주주의 교육 해설자에게 바친다"라고 말한다.[56] 마루야마도 "날마다 일사보국을 입에 올렸던" 군인이나 우익들이 패전 시에 자결하지 않고 민주주의로 갈아탄 점을 비판했음은 앞에서 말했다. 물론 마루야마도 무나카타도 군국주의에 대한 충성을 주장하지는 않았지만, 거기서 어떤 심정이 표현되었는지 엿볼 수 있을 것이다.

마루야마는 1950년 좌담회에서 패전 시 그가 속했던 육군선박사령부에서 국토 방위파와 승조필근파承詔必謹派의 분열이 발생했던 일을 언급한다. 그때 천황의 명령에 복종하여 항복해야 한다는 승조필근파에 대항하여, 국토 방위파는 "항복을 명해서 외국 군대의 진주를 허락하는 천황은 더 이상 우리들의 천황이 아니다"라고 주장했다고 한다.[57]

물론 마루야마가 그 어느 쪽을 편들었던 것은 아니다. 그는 패전에 임하여 군국주의 체제의 붕괴에 해방감을 느꼈다. 그러나 아마도 그는 당시 일본에 적지 않게 발생했던 이런 충군과 애국의 분열이, 결국 유야무야하게 되어 버린 점을 유감스럽게 생각했던 것 같다.

그리고 말할 것도 없이 마루야마는 천황으로부터 독립된 내셔널리 즘의 구축을 주장했다. 「일본인의 도덕」日本人の道徳이라는 제목이 붙은 1952년 좌담회에서는 "천황제가 없으면 민족적 통일이 지켜질 수 없지 않겠냐고 생각하는 것이 아니라, 그런 다른 권위에 의존하지 않고서는 민 족 통일을 지킬 수 없다고 하는 한심한 상태를 벗어남으로써, 비로소 일 본 민족은 정신적으로 자립할 수 있다"라고 말하며, "이것을 쓰러뜨리지 않으면 일본인의 도덕적 자립은 절대로 완성되지 않으리라 확신한다"라 고 주장했다.[58]

이런 주장을 한 논자는 마루야마만이 아니었다. 영문학자 나카노 요 시오는 1949년에 "현 히로히토 천황만큼 깊은 경애를 느낄 수 있는 일본 인을 나는 그다지 많이 알지 못한다"라고 말하면서도, "천황제가 오랜 시 간에 걸쳐 온존된 것은, 일본인이 언제까지나 진정으로 스스로를 통치하 는 정치 능력을 몸에 익힐 수 없는, 미성년 단계에, 반영구적으로 멈추게 만들 위험성이 지극히 크다"라고 주장했다.[59]

나카노에 따르면 그 점을 여실하게 보인 사실이 천황이 결정한 패전 이었다. 당시 보수파 중에는 천황이 군부의 반대를 누르고 전쟁을 종결했 던 점을 이유로 들어서 천황을 옹호한 자가 적지 않았다. 그러나 나카노 에 따르면 패전의 그런 결정 경위는 "결코 국민 자신의 정치적 능력에 대 한 자랑은 될 수 없다. 오히려 우리가 한 국민으로써 아직도 미성년 단계 라는 사실을 보기 좋게 폭로한 것"이었다. 따라서 "천황제 폐지를 목표로 하여 국민적 성장을 이룩하는 길밖에 없다"라고 말했다.

마루야마 나카노가 천황제의 폐지로써 정신적 자립을 부르짖은 한 편, 보수계 논자들에서는 천황제를 폐지하면 일본에 혼란이 생긴다는 의 견이 존재했다. 법학자 다나카 고타로田中耕太郎나 윤리학자 와쓰지 데쓰 로和辻哲郎는 정치 능력이 낮은 일본의 국민과 정당은, 천황제를 폐지하면 무정부와 독재에 빠져들 것이라고 주장했다.[60] 5장에서 보듯이 이런 민중 멸시와 결합된 천황 옹호론은 '올드 리버럴리스트'old liberalist로 불린 보수계 지식인에게서 적지 않았다.

　　그러나 1946년 하니 고로는 이런 논조를 "일본인의 자치 능력에 대한 중대한 모욕"이라고 표현했다.[61] 가토 슈이치도 1946년 3월에 「천황제를 논한다」天皇制を論ず라는 논고를 발표해 "부끄러움을 알라"라고 보수파를 비난했다. 후에 가토는 그 이유를 이렇게 말했다.[62]

1945년 패전이 사실상 결정된 상황에서, 항복이냐 항전이냐를 생각했던 일본 지배층이 염두에 두었던 것은, 항복할 경우 천황의 지위가 어떻게 될 것인가였지, 항전할 경우 적어도 몇십만, 혹은 몇백만에 달할지도 모르는 무익한 인명의 희생이 아니었다. 그들에게는 한 사람의 천황이 일본 인민 전체보다도 중요했다. 그런 그들이 항복한 뒤에 천황제를 폐지하면 세상에 혼란이 일어난다고 말한 것이었다. 그때 무명의 한 일본인으로서 나는 「천황제를 논한다」를 집필하여 그들을 향해 "부끄러움을 알라"라고 썼다. 일본국이란 일본의 인민이다. 일본 인민을 깔보고 그 생명을 가볍게 여기는 자에게 분노를 느낀 것은, 아마도 애국심에서 비롯되었다고 생각한다.

　　여기서 말하는 "인명의 희생"은 패전 직후의 사람들에게는 추상적인 말이 아니었다. 패전 시에 26세였던 가토는 동년배의 많은 친구들을 전쟁으로 잃었다. 가토는 "태평양 전쟁은 일본의 많은 청년을 죽이고, 나의 귀중한 친구를 죽였다. 나 자신이 살아남은 것은 완전히 우연에 불과하다. 전쟁은 자연재해가 아니라 정치적 지도자의 무의미한 우거愚擧라고 생각한 나는, 그들과 그들을 추종하고 편승한 사람들에게 분노했다"라고 말한다. 이렇게 해서 가토는 1946년의 「천황제를 논한다」에서 천황제를 "개인의 자유 의지를 빼앗고, 책임의 관념을 불가능하게 하여, 도덕을 퇴폐하게" 만드는 원인이라고 비판했다.[63]

무사도와 천황의 해방

그리고 흥미로운 것은 마루야마나 가토가 근대적인 주체성의 확립을 부르짖으면서도 "죽음을 선택하지 않았다"라던가 "부끄러움을 알아라"라는, 다소 고풍스러운 말을 빈번히 사용했다는 점이다.

이런 논조는 동시대의 다른 논자들에서도 찾아볼 수 있다. 예를 들어 민법학자 가이노 미치타카成能通孝는 1948년 5월의 논고에서 천황제를 "무책임을 긍정하는 제도", "'국민'을 만들지 않는다"라고 비판하면서 보수파를 향해 "신헌법의 공포 앞에 할복이라도 해서······ 천황에 대해 '사죄'를 해야만 했을 터이다"라고 말한다.[64] 천황제를 폐지하라는 근대적 지향과 "할복하라"라는 무사도풍의 비난은 논리적으로는 모순될 터였다.

그러나 양자는 자신의 언동에 책임을 지며 비굴과 무연無緣하다는 점에서는 공통적이었다. 당시에 천황제란 단순히 군주가 존재하는 정치 제도를 의미하는 것이 아니라, 전쟁의 굴욕적인 기억과 결합된 말이었다. 그런 천황제와 대치되는 주체성은, 한편으로는 근대적인 언어로 이야기되면서도, 동시에 무사도적인 언어로 표현되기도 했다.

마루야마도 1948년의 「자유 민권 운동사」自由民権運動史에서 "초기의 자유 민권론자에게는 어찌 되었든 무사도라는 하나의 윤리가 있었으므로, 주의에 대한 절조라던가, 주의를 위해 죽음도 불사한다는 기개가 자유 민권 운동을 떠받쳤다"라고 말하며 "그런 무사도적 정신"을 잃어버렸기 때문에 "운동이 타락했다"라고 위치 지었다.[65] 무사도에 대한 이런 평가가 역사적인 사실과 어디까지 합치하는가와는 별개로, 마루야마는 패전 후의 심정을 이런 언어로 표현했던 것이다.

그리고 마루야마는 1960년의 「충성과 반역」에서도 충성을 비롯한 무사적 에토스와 반역의 결합을 중시해, 메이지의 민권 운동을 논하면서는 "**진보성에도 불구하고** '봉건적'이었다는 '제약'의 관점에서만이 아니라, 동시에 '봉건적'**이었기 때문에** 저항의 에너지가 되었던 측면"에서의 평가가 필요하다는 점을 강조했다.[66] 마루야마는 아마도 천황 개인에 대한 자신의 애착을 저항의 원천으로 파악했던 것이리라.

그리고 당시는 인간이나 인권이라는 말도 종종 무사적인 방식으로 이야기되었다. 1948년 1월 피차별부락被差別部落 출신의 사회당 의원이며 참의원 부의장이었던 마쓰모토 지이치로松本治一郎가 국회 개회식에서 천황에 대한 배알拜謁을 거부하는 사건이 일어났다. 그는 사건 뒤에 쓴 「천황에게 배알하지 않음을 씀」天皇に拜謁せざるの記에서, 천황에 대한 배알을 "인간의 존엄에 상처를 입힌다"고 표현하며, "가만히 있어서는 안 된다, 울면서 매달리면 안 된다, 반드시 죽을힘을 다해서 기본 인권을 지켜라"라고 강조했다.[67] 여기서의 "인간의 존엄"이나 "기본 인권"은 "부끄러움을 알라"나 "무사도"와 동거할 수 있는 말이었다.

그리고 이런 인간이나 인권은 자주독립을 주장하는 내셔널리즘과도 결합되었다. 마쓰모토는 앞의 논고에서 "이제부터 일본인이, 국제적으로 바르게 살아가고자 한다면, 무엇보다도 먼저 비굴해서는 안 된다", "일본인의 권리와 행복과 안전을 위협하는 나라가 있다고 하면, 상대가 어느 나라든 간에 민족적인 기본 인권을 높이 내걸고 헌신적으로 부딪혀 갈 필요가 있다"라고 말했다. 이런 민족 지향은 이윽고 일본에 재군비를 요구해 오는 미국에 맞선 평화주의로 이어지는데, 여기에 대해서는 2부에서 상술하겠다.

그리고 천황제가 인간을 억압한다는 인식과 천황 개인에 대한 경애가 교차하는 데서 하나의 주장이 생겨났다. 쇼와 천황을 한 사람의 인간으로서 천황제로부터 해방시킨다는, '천황제로부터 천황의 해방'이다. 전후의 신헌법하에서, 천황에게는 참정권도 없고, 신앙이나 언론 출판의 자유도 없었기 때문이다.

패전 직후에는 황족 중에서도 천황제로부터의 해방을 부분적으로 맛본 자가 있었다. 쇼와 천황의 동생인 미카사노미야 다카히토 친왕三笠宮崇仁親王은 패전 직후의 시기를 회상하여, "나는 즐거웠다. 30살이 되어 혼자서 거리를 걷는 즐거움을 처음으로 알았다"라고 말한다.[68] 자신이 권위로부터 자유로워지면 주위 사람들도 부담 없이 다가온다는 사실을 경험한 그는 "눈에 보이지 않는 격자문이 걷히고 나니, 격자 속에 갇혔던 사람이 자유로워진 것뿐만 아니라 밖에서 지켜보던 사람들도 자유로워졌다"라고 쓴다.

미카사노미야는 전쟁 중에 육군 장교로 중국 전선에 종군하며 일본군의 군기 퇴폐와 중국공산당군의 엄정한 군기를 보고 들은 경험이 있었다. 거기서 그는 인간의 윤리를 뒷받침하는 종교에도 관심을 가져, 전후에는 대학에서 다시 공부하고, 이윽고 헤브라이Hebrai 역사를 연구했다. 그는 그 동기를 "과거의 모든 것에 실망하고 신뢰를 잃었던 나는, 하나부터 열까지 전부 새로운 것 속에서 찾을 수밖에 없었다"라고 말한다.

패전 직후는 이런 자기 혁신의 지향을 황족들까지 공유할 수 있었던 시대였다. 미카사노미야는 훗날인 1957년에 진무神武 천황의 강림 신화를 기반으로 한 건국 기념일에는 과학적 근거가 없다고 발언한다. 그러나 쇼와 천황에게 그런 자유는 없었다.

이런 쇼와 천황에 대해서 천황제로부터 천황의 해방을 부르짖은 것이, 공산당원 작가이며 1947년에는 참의원 의원이 된 나카노 시게하루中野重治였다. 나카노는 1946년 11월에 발표한 소설 『다섯 작의 술』五勺の酒에서, 등장인물의 입을 빌려 천황에 대해 이렇게 말한다.[69]

정말로 안됐다. …… 개인이 결코 개인으로 있을 수가 없다. 즉 전체주의가 개個를 순수하게 희생물로 삼은 가장 순수한 경우다. 어디에, 나는 신이 아니라고 선언하지 않으면 안 될 만큼 유린된 개個가 있었을까. …… 그들을 개個로서 해방하라. 나는 일본공산당이 천황으로 질식된 그의 개個를 어디까지 동정하는지, 천황제로부터 천황을 해방하는 데에 얼마나 육감적으로 동정과 책임을 느끼는지 구체적으로 알고 싶다.

나카노 시게하루

당시의 나카노는 쇼와 천황을 전쟁 범죄자로 지탄하는 공산당 간부와 보조를 맞추어, 시평에서는 천황을 "국민 도덕의 부패 원인"으로 비판했다. 그러나 한편으로 창작이라는 명목이 서기 쉬운 『다섯 작의 술』에서는 "나는 천황 개인에게 동정을 지니고 있다"라고 말하며 "부끄러워해야 마땅할 천황제의 퇴폐로부터 천황을 혁명적으로 해방하는 것, 그것 없이는…… 어디서 민족 도덕이 생길까. 그리하여 그 점을 공산당이 상대적으로 가장 심하게 잊어버린 것은 아닐까"라고 썼다.[70]

그리고 나카노의 경우에도 천황을 비판하는 발판이 된 것은 전사자의 기억이었다. 그가 당시의 시평에서 천황을 "국민 도덕의 부패 원인"으로 평한 것은, 천황의 새해 조서인 인간 선언이 "무수한 전사자에 대해 한 마디도 언급하지 않았던" 때부터였다.[71]

나카노도 징병되어서 그 당시는 마루야마처럼 귀환 무렵의 군복을 외출복으로 삼았다. 그는 당시의 시평이나 『다섯 작의 술』에서 기아와 죽음에 위협받고, 상관에게 버려지고, 잔학 행위로 손을 더럽힌 병사들에 대한 동정과 공감을 이야기했다. 그리하여 그는 시평에서는 "그 시기에 병대兵隊의 위치는 국민 일반이 놓인 위치의 상징이었다"라고 말하며 "군국주의에 대한 국민의 비판과 '목숨을 되는 대로 맡기고 신명身命을 내던지며' 싸운 병사에 대한 국민의 동정은, 별개의 것이 아니다"라고 주장했다. 그리고 『다섯 작의 술』에서는 "학교에서 전사자의 장례식을 하는 것이 뭐가 나쁜가. 초나이카이에서도 나와라. 생도들도 나와라. 떳떳이 거기서 장사를 지내는 것으로써야말로 전사자 희생의 의미를 모두가 알 수 있게

된다"라고 쓰면서 '천황제로부터 천황의 해방'을 외쳤다.[72]

　무엇보다도 나카노의 이런 주장은 사실 공산당의 공식 방침과 어긋나지도 않았다. 중국에 망명해 있던 노사카 산조는 중국공산당군의 포로가 된 일본 병사들을 설득하는 활동을 할 때, 많은 병사들이 일본의 체제 변혁에는 찬성하면서도 천황에 대해서 강한 애착을 보인 것을 경험했다.

　이것 때문에 노사카는 천황제 존폐에 대한 국민 투표를 실행한 뒤, 다수 의견이 존속을 지지한다면 "전제 권력을 갖지 않는 천황"이라는 형태로 양보할 생각을 했다.[73] 실제로 당시의 여론 조사에서는 공산당 지지자 중에도 천황제 지지가 적지 않게 나타났다.[74] 그러나 옥중에서 석방된 도쿠다 등은 어디까지나 천황제 폐지를 주장했고, 양자가 타협한 결과, 천황제 폐지라는 방침을 내걸면서도 천황가의 존부存否와 천황 개인의 처우는 별개 문제로 삼는다는 방침이 채택되었다.

　1930년대 전반 무렵까지 검거가 이루어졌고, 이후로는 계속 옥중에서 지낸 도쿠다 규이치나 미야모토 겐지 등은, 전시기 일본 사회의 분위기를 알지 못했다. 그렇기 때문에 그들은 노사카가 직면했던 전시기 천황 숭배의 고조 및 나카노 시게하루가 보인 바와 같은 전사자에 대한 애석한 감정을 충분히 이해하지 못했던 듯하다. 이런 사정은 전후 공산당의 운동 방침에 미묘한 영향을 야기하는데, 이 점은 뒤에서 다루기로 한다.

　어쨌든 나카노의 주장은 천황 개인에 대한 경애와 천황제에 대한 비판을 양립시켰다. 「공산당에 들어가는 변」을 쓴 모리타 소헤이도 "천황을 기요틴에 내거는 사태에 이른다 해도, 나는 공산당원의 한 사람으로서 단호히 거기에 서명하지 않을 것을 여기 명언해 둔다. 이것은 내가 천황제의 폐지와 천황 일가를 어디까지나 개별적으로 생각하기 때문이다"라고 말한다. 공산당 이외의 논자, 예를 들어 나카노 요시오 등도 천황제를 폐지하자는 주장은 "천황 개인에 대한 나의 감정과는 완전히 별개다"라고 말했다.[75]

　그들이 주장한 것은 사람들에게 굴욕을 강제했던 사회적, 심리적인 시스템으로서의 천황제의 폐지였으며, 꼭 천황 개인의 처단은 아니었다. 거기서 주장된 것이 새로운 내셔널리즘과 윤리의 재건이며, 나카노 시게하루의 표현을 빌리자면 민족 도덕의 확립이었다.

그리고 민족 도덕의 확립을 위해서는 천황이 어떤 형태로든 전쟁 책임을 밝힐 것이 요구되었다. 그리고 그 제도적 보증이 「황실 전범」皇室典範의 개정 문제였다. 실은 천황의 퇴위가 요구되면서도, 「황실 전범」에는 그 퇴위 규정이 존재하지 않았다.

그리고 의회에서 이 문제를 제기한 사람이 당시 도쿄제대 총장이며 귀족원貴族院 의원이었던 난바라 시게루였다.

천황 퇴위와 헌법

"우리 민족은 과오를 범했지만, 우리는 이 민족 속에 태어난 것을 기뻐하고 이 민족을 끝없이 사랑한다. 그렇기 때문에 우리는 우리 민족을 스스로 채찍질하고 그 명예를 세계 앞에서 회복하고자 하는 것이다."

1946년 2월 11일의 패전 후 첫 기원절紀元節에 도쿄제대 총장 난바라 시게루는 「신일본 문화의 창조」新日本文化の創造라는 제목의 강연에서 이렇게 말했다.[76]

난바라는 원래 19세기의 독일 철학자인 피히테J. G. Fichte의 사상을 전공했지만 귀족원 의원을 겸임한 정치가이기도 했다. 그는 전쟁 말기에는 다나카 고타로나 다카기 야사카高木八尺 등 6명의 교수들과 함께 육해군 유력자와 중신들을 상대로 화평 공작을 행했다.

이때 그들은 천황제의 '호지' 외에는 조건이 없는 항복 계획을 제안했는데, 난바라는 그때 쇼와 천황이 도덕적인 책임을 지고 자발적으로 퇴위하도록 진언했다.[77] 그리고 그는 전후에도 그 실현을 추구해 갔다.

마루야마 등과 마찬가지로, 난바라는 전쟁의 패인으로 근대적 주체성 확립의 결여를 들었다. 그는 한 강연에서 군벌이나 관료를 비판하면서 동시에 일본은 "근대 서양 국가들이 경험한 바와 같은 르네상스Renaissance를 갖지 못했기" 때문에 "일개 독립한 인간으로서의 인간 의식 확립"이 부족했다는 점을 강조한다(《南原繁著作集》7권 23쪽).

난바라 시게루

패전 후의 많은 지식인이 그러했듯이 난바라는 동시에 열렬한 애국자이기도 했다. 이 강연은 전쟁에 대한 반성과 함께 "진정한 '국민적'인 것, 혹은 '조국애'"를 외치며, 당시 점령군이 게양을 금지했던 '일장기'를 굳이 도쿄제대 정문에 내걸며 행한 것이었다(7권 27쪽).

그리고 마루야마나 오쓰카와 마찬가지로 난바라가 말하는 "일개 독립한 인간"도 이기적 향락의 공리주의와는 대극에 놓여 있었다. 그는 당시의 강연에서 '진정한 자유'와 '개인 자유주의'를 구별하여 민족을 "자유 정신을 창조하는 장"이라고 표현했다.[78]

여기서 난바라가 민족을 자유 정신을 창조하는 장으로 표현한 것은 그가 전공한 피히테 사상의 영향이었다. 2장에서 말했듯 19세기 독일 철학의 여러 사상가는 사적 이익 추구에 열중하는 근대 시민 사회에는 형식적인 개인 자유주의는 있어도 진정한 자유는 존재하지 않는다고 취급했다. 그리고 헤겔은 국가를, 마르크스는 공산주의 사회를 인간이 진정한 자유를 실현할 수 있는 사회로 내걸었다. 피히테의 경우는 그런 장으로 민족을 주창했다.

그리고 난바라에 따르면 피히테가 말하는 민족이란, 마르크스주의자나 마루야마 마사오가 주창한 국민이나 민족처럼, 근대적인 주체성을 갖춘 독립한 인간으로 구성되는 것이었다. 추상적, 고립적인 개인에 머물러서는, 인간은 윤리적인 기반을 갖출 수 없으며 진정한 자유도 획득할 수 없다. 인간은 구체적, 역사적인 공동체인 민족의 일원이 됨으로써 비로소 진정한 자유를 얻을 수 있을 뿐만 아니라, 민족 국가의 모임인 국제 사회에도 참가할 수 있다는 것이었다.[79]

난바라가 전시 중인 1942년 11월에 간행한 『국가와 종교』国家と宗教는 피히테의 사상을 이렇게 개설하면서 그것이 나치즘과 무관하다는 점을 강조했다. 난바라에 따르면 나치스Nazis가 말하는 민족이 인간의 독립과 자유를 압살하고 민족 간의 증오를 조장하는 데 비해, 피히테가 말하는 민족은 인간의 독립과 자유를 보장하고 국제 사회를 향한 발판이 되는 것이었다.[80]

난바라가 전후에 민족에 대한 사랑을 강조하고 일장기를 내건 것도 피히테를 따라한 것이었다. 피히테는 프로이센이 나폴레옹Napoléon I과의 전쟁에서 패한 뒤, 『독일 국민에게 고함』Reden an die deutsche Nation이라는 강연을 행하여 개인의 자유와 민족에 대한 사랑을 호소하며, 그런 형태의 애국심을 진흥하는 국민 교육을 제창했다.

난바라뿐 아니라 패전 후의 일본에서는, 이런 피히테에 공감을 보인 사람이 적지 않았다. 9장에서 후술하듯이 일교조와 관계가 깊었던 독일 사학자 우에하라 센로쿠上原専禄도 피히테를 참고해서 국민 교육을 주창했다. 난바라의 제자였던 마루야마 마사오도 "귀환 뒤의 첫 강의 때 곧바로 떠올린 것은 피히테의 『독일 국민에게 고함』이었다"라고 회상한다.[81]

2장에서 말했듯이 당시의 많은 지식인들은 19세기 독일 사상을 기본 교양으로 삼고 있었다. 패전이라는 굴욕에 직면한 지식인들이 자신들의 지식 재고 속에서 그 사태에 대응하는 사상을 찾고자 했을 때, 애국심과 자유의 양립을 설파하는 피히테 사상은 그들의 심정을 표현하는 매개로서 매력적으로 비쳤다.

난바라와 마루야마 사이에는 차이점도 있었다. 마루야마보다 윗세대인 난바라의 천황에 대한 충성심은 절대적이었다. 그는 1946년 4월의 천황 생일을 맞은 강연에서 천황의 정치적 권한은 사라졌다 해도 "일본 국민을 통합하는 상징으로서의 천황제는 영구히 유지될 것이며, 또 유지되지 않으면 안 됩니다"라고 말했다(7권 58쪽).

이 천황관은 난바라의 사상과도 관계가 있었다. 그에 따르면 윤리의 원천인 민족 공동체는 개개의 인간을 넘어선 것이어야만 한다. 이런 공동체의 총의總意를 기반으로 성립하는 민주주의도 개인의 단순한 집합이 아닌, 전체 국민의 관념에 의거해야만 한다. 그리고 민족의 전체상은 일본에서는 천황이라는 형태로 상징되며 "이것을 고유의 이념적 기반으로 해서 새로운 전체를 창출하지 않으면 안 됩니다"라고 말했다(7권 58, 59쪽).

이런 사상은 와쓰지 데쓰로나 쓰다 소키치 등 민주주의와 상징 천황제의 공존을 주장한 논자들과 공통되었다. 특히 와쓰지는 민족의 살아 있는 전체성을 상징하는 천황 아래서 민주주의가 실현된다고 주창했다.[82]

그러나 난바라는 와쓰지나 쓰다와는 다른 주장도 가지고 있었다. 천황의 전쟁 책임에 대한 추궁이다.

그의 사상에 따르면, 마땅히 지향해야 할 민족 공동체는 나치스의 주장처럼 '피와 땅'에 기반을 둔 것이 아니라 자유롭고 독립적인 근대적 개인이 결합한 것이어야 한다. 그러면 천황도 자유롭고 독립적인 개인일 필요가 있다.

이런 생각을 가진 난바라에게 1946년 정월 초하루에 쇼와 천황이 행한 인간 선언은, 새 시대 천황제의 기초가 되었다. 앞에서 말한 1946년 2월 강연에서 난바라는 이 인간 선언이 서양의 르네상스에 해당한다고 말한다.

즉 서양에서는 르네상스를 통해 종교로부터의 통합이 부정되고 인간의 발견이 이루어졌다. 따라서 천황이 스스로 신격성을 부정한 인간 선언은 "일본 신학과 신토적神道的 교양으로부터 천황 자신의 해방, 그 인간성의 독립 선언"이며 실로 르네상스에 상당한다는 것이다(7권 24쪽). 그것은 동시에 일본 민족이 자유와 세계성을 가진 근대적 민족으로 탈피했음을 의미했다.[83]

그런데 난바라에 따르면 이 인간 선언이 천황에게 전쟁 책임을 물어야 할 이유가 된다. 왜냐하면 근대적 개인은 자신의 행동을 규율하는 자유를 가지므로 그 행동에 책임이 있기 때문이다.

그리고 일본 민족이 그런 근대적 개인들로써 구성되는 민족으로 탈피한 이상, 그 민족의 전체성을 상징하는 천황은 책임의 윤리를 체현하는 존재가 되도록 요구받는다. 때문에 난바라는 1946년 4월 강연에서 "천황은 스스로 자유의 원리를 기반으로 삼아 솔선하여 널리 국민의 규범이 되고 이상이 되어야 할 정신적, 도덕적으로 가장 높은 책임을 지니신다"라고 주장했다(7권 59쪽).

난바라는 도쿄 재판에서 전쟁 책임을 추궁받은 고급 군인들이, 시종일관 자신의 책임을 회피하는 언동을 했음을 염두에 두며 이렇게 말한다(7권 56쪽).

…… 국민들이 건국 이래의 완전한 패배와 비참한 상태에 빠진 것에 대해서, 종조宗祖를 향해 또한 국민들을 향해 폐하께서 도덕·정신적 책임을 가장 강하게 느끼셨으리라 추측하는 바입니다. 신하들이 신하로서의 절조를 알지 못하고 책임을 회피하는 가운데 폐하께서 그렇게 느끼심은, 생각건대 우리나라 지고의 도덕이며 그럼으로써 우리 황실이 지금까지 국민 생활의 중심으로 존중되어 왔고, 금후 조국 재건의 정신적 초석은 오로지 거기에 걸려 있기 때문입니다.

천황에 대한 이런 경애에서 비롯된 전쟁 책임론은 피히테의 민족관 등을 통해 사상적으로 살이 붙었다 해도, 와타나베 기요시나 미요시 다쓰지 등과 공통된 심정에서 발생한 것이었다. 즉 난바라도 마루야마나 오쓰카처럼 동시대에 공유되었던 심정을 사상과 학문의 언어로 표현한 인물이라고 할 수 있다.

그리고 귀족원 의원인 난바라는 이런 주장을 정부에 제기할 수 있는 입장이었다. 1946년 12월 귀족원에서 상징 천황제로의 이행에 대응하는 「황실 전범」안의 심의가 이루어졌을 때, 난바라는 천황의 자발적 퇴위 규정을 설치할 것을 주장했다.

이 심의에 나선 난바라의 연설에 따르면, 초하루의 조서는 "천황의 인간성 독립과 해방 선언"이었다.[84] 그리고 "위로는 황조皇祖에 대해, 아래로는 국민에 대해 가장 깊이 책임을 느끼고 계실 것은 폐하이시리라 나는 추측"하고 있지만, 천황이 "일개의 자유로운 인간으로서" 퇴위를 바란다 해도 현재의 「황실 전범」에 그런 규정이 없다는 사실은 "자유로운 인격으로서 천황의 인간성을 부정하는 것이 아닌가"라고 말한 것이다.

난바라는 이 연설에서 "조국 재건의 정신적인 기초는 국민의 상징인 천황의 거취, 오로지 거기에 달려 있다"라고 말했다. 그리고 천황의 지위를 지킨다고 칭하면서 "천황의 자율적인 도덕 의사를 막고, 폐하의 총명을 덮는다는 결과가 된다면…… 그것은 실은 충성인 듯하면서도 진정한 충忠으로부터는 멀리 떨어져 있는 것이라 생각합니다"라고 주장한다. 여기서도 근대적인 자유와 책임의 사상은 진정한 충이라는 무사도적인 말로 표현되었다.

그리고 난바라에게 있어서도 이런 주장의 배경에는 전사자의 기억이 존재했다. 난바라는 1947년 도쿄대학東京大學 졸업식의 강연에서 전후 일본의 민주화를 "인간 혁명"이라고 칭한 뒤, "그것은 꼭 사람들이 말하는 바와 같은 '무혈 혁명'은 아니었다. 싸움에 희생된 수백만의 동포, 그중에서도 우리의 젊은 자제들, 제군이 과거에 같이 공부했던 많은 전우가 피를 흘렸다"라고 말한다(7권 134~135쪽).

후에 난바라는 학도 출진이 행해질 때 "대학에서의 세미나와 연구 성과를 모아서, 유물이 될지도 모를 리포트를 교수의 수중에 남겨 두고 출정한" 학생들을 잊을 수 없다고 말하며, "정치는 좋든 나쁘든 민족을 떠나서 생각할 수 없으며, 그리고 민족이 운명적 공동체라는 것을, 나는 그때보다 더 통절히 느낀 적이 없다"라고 말한다(9권 229쪽). 그런 학생들의 대부분은 무모한 국책國策 때문에 거의 아무것도 하지 못하고 죽어 갔다. 그런 전사자들의 기억이 민족을 내건 전쟁 책임론으로서 나타났다.

퇴위론의 종식

그러나 난바라의 개정 의견은 다수의 반대로 통과되지 않았다. 그리고 이 「황실 전범」 개정 심의 전에 행해진 헌법 개정 심의에서도 천황 규정이 문제가 되었다.

그러나 신헌법의 천황 규정은 해석하기에 따라 달라질 수 있는 애매한 내용이라고 표현할 수밖에 없었다. 요시다 시게루 수상이나 가네모리 도쿠지로金森德次郎 담당 대신 등의 답변을 요약하면 이렇다.

우선 일본 정부가 포츠담 선언을 수락한 조건은 국체 호지였다. 그리고 이 점에 대해 연합국은 특별한 언급을 하지 않았다. 나아가 요시다에 따르면 "국체"란 "만세일계万世一系의 황실이 위에 계시고, 소위 군신의 사이에 어떤 대립 관계도 없다"라는 상태다. 따라서 천황이 정치적 실권을 잃어도 국체에 변경은 없다고 한다.[85]

그리고 가네모리의 답변에 따르면 신헌법의 주권은 "국민"에게 있는데, 그 국민에는 천황도 포함된다. 즉 "천황을 포함한 국민 전체 속에 이 주권이 있다"라는 것이며 "천황이 국민의 하위에 놓인다는 사상은 조금도 포함되어 있지 않습니다"라고 말했다.[86]

가네모리의 답변에 따르면 신헌법을 기초할 때 천황과 민족의 쌍방을 포함하는 말을 찾느라 고생했다고 한다. 전전의 대일본 제국 헌법에서 군주와 신민은 명확히 구분되어 있다. 신헌법 기초에서도 천황은 민民이 아니기 때문에, 천황을 포함하는 개념으로 국인國人이라는 안도 나왔지만, 최종적으로는 "군과 민을 구별해서 썼던 것을, 이번에는 국가의 구성자라는 하나의 사상으로 모아 가려는 신발견"으로서 국민을 채용했다고 한다. 또한 가네모리는 천황을 "국가와 민족의 상징"으로 칭하는데, 여기서 말

하는 국민에는 일본 민족 이외의 집단은 상정되지 않았음이 분명했다.[87]

　이런 정부 답변에 대해 법학자이며 귀족원 의원인 미야자와 도시요시는 "천황의 지위가 주권을 가진 국민의 총의에 기반을 둔다고 되어 있는데, 그 국민 속에 천황이 포함된다고 설명하는 것"은 모순이 아니냐는 질문을 했다. 역시 법학자이며 귀족원 의원인 사사키 소이치佐々木惣一도 "민民이라는 것 속에 군주가 들어간다는 말은 할 것이 아니다"라고 주장했다.[88] 그러나 정부 측은 위와 같은 애매한 답변으로 밀어붙였다.

　천황의 상징화는 어떤 면으로는 민주화 정책이었지만, 또 다른 면에서는 전범 추궁을 피하기 위한 것이었다. 미국 점령군은 점령 정책에 대한 천황의 협력을 기대하면서 전범 소추에서 천황을 제외하는 방침을 취했다. 그러나 미국 본국의 여론 및 중국과 소련, 호주 등에서는 천황을 소추해야 한다는 의견이 강했다.

　그런 상황 속에서 전쟁 책임 추궁으로부터 천황을 피신시키는 한편, 천황의 주권을 박탈한다는 점은 명확히 하지 않기 위해, 신헌법에서의 '국민'이라는 개념이 형성되었다. 가네모리는 천황의 지위를 담은 규정에 대해 "있어야 마땅할 기능이 있으면서도 현실적인 책임의 다툼에는 관계가 없다는 식으로 규정하기" 위해 "일언일구, 옥을 다듬고 돌을 깎는 마음으로 이것을 기안했다"라고 답변한다.[89]

　가네모리의 답변에 따르면 신헌법이 정하는 천황은 "국민이 천황을 중심으로 결합되어 있다는 도의적인" 상징이다. 그런 천황에게는 정치상의 권력이 없을 뿐만 아니라 사법 대신 기무라 도쿠타로木村篤太郎에 따르면 "형사상의 책임은 물론, 민사상의 책임도 지실 수 없다." 그리고 가네모리는 "천황에게 책임이 없게끔 이 헌법을 만드는"것이 취지이며 "천황은 무책임이다"라고 말한다.[90]

　그러나 정부에 따르면 천황은 일본의 도의적인 상징이었다. 그것과 동시에 천황은 무책임이라고 하면, 이노키 마사미치가 말했듯이 "천황은 일본 국민의 무책임을 상징"한다는 해석이 성립할 수밖에 없었다.

이 심의에 참가했던 난바라는 이런 헌법 개정에 반대했다. 그는 귀족원에서 "수상은 황실의 안태安泰라고 설명하셨지만, 그렇게까지 해서 남는 것이 과연 황실의 명예일까. 그리고 국민의 영예일까"라고 질문했다.[91] 이 질문을 제기한 지 4개월 뒤, 난바라는 앞서 설명한「황실 전범」개정론을 의회에서 주장했지만, 역시 그의 의견은 통과되지 않았다.

신헌법 시행 후에도 천황의 퇴위 문제는 계속되었다. 1947년 10월에는 도쿄 재판 주임 검사인 조지프 키넌Joseph B. Keenan이 천황을 소추하지 않으면서도 "퇴위할 때는 황후가 섭정을 하면 충분하다"라고 당시의 외무 대신 아시다 히토시에게 전했다.[92] 1948년에는 아시다가 수상이 되면서 마쓰모토 지이치로의 배알 거부 사건이 일어나 외국 언론에 퇴위설이 나돌았다.

1948년은 퇴위론이 절정에 달했다. 5월에는 최고재판소最高裁判所 장관 미부치 다다히코三淵忠彦와 법학자 사사키 소이치가 천황 퇴위를 논했다. 이것을 계기로 5월 27일에는 런던발 로이터Reuter 통신이 "8월 15일을 기점으로 천황 퇴위가 이루어질 것이라는 소문이 도쿄에서 커지고 있다"고 전했고, 5월 29일에『아사히신문』이 이것을 옮겨 게재했다.[93]

또한 중국의 통신사인 중앙서中央社도 난바라 시게루의 담화를 전하며 "교양 높은 일본인들은 천황제를 따라다니는 전쟁 책임의 흔적을 퇴위로써 닦아 낼 수 있다며, 일치해서 퇴위에 찬성하고 있다"라고 보도했다. 게다가『뉴욕타임스』The New York Times는 사설에서 천황제 폐지를 주장했고 6월에는『타임즈』Times와『뉴스위크』Newsweek에 퇴위를 다룬 보도가 나왔다. 이런 기사를 읽은 아시다 수상은 "나는 결심이 섰다"라고 말했다고 한다.[94]

원래 정치가들 사이에도 퇴위론은 잠재되어 있었다. 이미 1945년 1월에 고노에 후미마로는 "단순히 퇴위만이 아니라 닌나지仁和寺 혹은 다이카쿠지大覚寺에 들어가셔서 전몰장병의 명복을 비는 것도 한 방법"이라고 주장했다. 또한 이케다 스미히사池田純久 육군 중장의 회상에 따르면, 항복을 결정한 1945년 8월의 어전 회의에서, 히라누마 기이치로平沼騏一郎 추밀원樞密院 의장이 "이번의 패전에 대해서는 천황 폐하, 당신께도 책임 이 있습니다. 무엇보다도 황조 황종皇祖皇宗의 영령을 향해 뭐라고 말씀드 리시겠습니까"라고 말했다고 한다.[95]

퇴위론이 대두된 또 하나의 장소는 군이었다. 와타나베 기요시가 그 러했듯이 전쟁에 충성을 바친 군인일수록 천황에 대한 반역으로 돌아설 가능성이 있었다. 제2복원성(구 해군성)의 대신관방大臣官房 임시 조사부 원이었던 도요다 구마오豊田隈雄의 업무 메모는 1946년 11월의 상황에 대 해 "천황의 양위에 관해 육군 쪽에서는 이것을 권고하지 않을 수 없는 분 위기다. 또한 현 천황의 밑에서는, 만일 군을 재건하더라도 충성스런 군 대는 바랄 수 없을 것이라는 등의 공언을 하는 자도 있다"라고 기록한다. 나아가 전범으로 스가모구치소巢鴨拘置所에 수감되었던 다카하시 산키치 高橋三吉 해군 대장이 "나는 천황제 지지론자이지만 현재의 천황에 대해서 는 종래 지녔던 존중의 뜻은 없어졌다"라고 말했다는 기록이, 과거에 내 무 대신을 지낸 아베 겐키安倍源基의 1947년 10월 7일 일기에 보인다.[96]

천황제 옹호론자 사이에서조차 퇴위에 대한 찬성은 많았다. 1948년 일본여론조사연구소日本輿論調査研究所의 조사 보고에서는 퇴위론에 대한 식자의 의견을 모아 보니, "천황제를 존속시키고자 하는 사람도 이 방책 을 취하는 편이 현명"(스에마쓰 미쓰루末松滿), "천황제를 순정하게 만들기 위해서 필요"(야베 데이지矢部貞治)라는 의견이 많았음을 소개한다.[97]

1948년 8월 15일 자 『요미우리신문』은 천황에 관한 여론 조사를 게 재했다. 이 조사에 따르면 천황제 존속 지지는 90.3퍼센트, 현 천황 재 위 지지는 68.5퍼센트이며 황태자에게 양위하는 것을 지지한다는 대답이 18.4퍼센트, 천황 퇴위와 천황제 폐지라는 응답은 4.0퍼센트였다.

그러나 여론에는 계층 차가 상당히 존재했다. 1948년 9월 일본여론조 사연구소는 『일본 문화인 명감』日本文化人名鑑에서 무작위로 추출한 문화 인과 의원 및 경제인들로 1,000명의 '지도자층'을 선정해서 퇴위에 관한 조사를 실시했다. 그에 따르면 '정치, 법률, 사회 문제 관계 문화인'들은 퇴위 찬성이 50.9퍼센트, 반대가 42.9퍼센트였다. 또한 '교육, 종교, 철학 관계 문화인'들은 퇴위 찬성 49.0퍼센트, 반대 44.4퍼센트로, 지식인층에서는 퇴위론이 우세했다. 또한 1948년 6월 오사카에서 실시한 오사카여론조사연구소의 조사는 퇴위 지지가 26.9퍼센트였고, 특히 고전(고등전문학교高等專門学校)졸·대졸자에서는 49.7퍼센트가 퇴위를 지지했다.

아마도 당시 사람들에게 천황제에 대한 의견은 단순히 찬성, 반대로 양분할 수 있는 것은 아니었다. 만약 천황제 타도가 천황의 처형을 의미한다면 모리타 소헤이나 나카노 요시오는 물론, 마루야마 마사오도 아마 지지하지 않았을 것이다. 반대로 천황제가 관료 통제나 '무책임의 체계'의 대명사라는 인식이 침투해 있었다면, 그 타도에 찬성하는 사람이 더 많았으리라 생각한다.

아마도 많은 여론 조사에서 나타난 천황제 지지의 높은 비율은, 마루야마 마사오까지도 공유했던 쇼와 천황에 대한 소박한 애착을 그대로 표현한 것이었다. 그러나 지식인 및 고학력층에서는 천황 개인에의 애착과 진정한 애국을 분리하는 심정이 발생해 있었다. 그리고 그런 심정은 꼭 민중들과 단절된 것은 아니었다. 와타나베 기요시의 일기에 나왔듯이 천황 처형까지도 기정사실로 수용하는 분위기가 지방 촌락에도 존재했음을 생각하면, 사회가 퇴위를 혼란 없이 받아들였을 가능성도 있었으리라 생각된다.

그러나 정치권에서는 천황제 지지가 다른 의미를 포함했다. 1948년 일본여론조사연구소의 조사에서는 중의원 의원 중 퇴위 찬성은 6.2퍼센트, 참의원 의원 중에서도 21.4퍼센트였으며, 의회의 다수파는 퇴위에 반대했다.[98]

의원들 입장에서 보면 천황 퇴위에 찬성하면 소박하게 천황제 지지를 표명하는 사람들의 표를 잃을 위험이 있었다. 그리고 그 이상으로 천황이 퇴위해서 전쟁 책임을 밝히게 되면, 정계 및 재계, 지방 유력자에게까지 전쟁 책임의 추궁이 미칠 가능성도 있었다. 에히메현愛媛県의 정시제 고등학생은 천황의 전쟁 책임이 명확해지지 않는 이유로 "천황에게 책임이 미친다면, 자기도 책임을 지지 않을 수가 없는 사람들이 많습니다"라고 말한다.[99]

또 한편으로는 천황제 폐지를 주장한 공산당도 천황 퇴위론을 경계했다. 당시 참의원 의원이었던 나카노 시게하루는 1948년의 시평에서 "반공이라고는 할 수 없어도 결코 공산당에 찬성하지 않는 쪽의 사람들이 천황제를 옹호하기 위한 최후의 교활한 수단으로 천황 퇴위 문제를 내고 있다"라고 말했다.[100]

그리고 무엇보다도 점령군이 퇴위에 반대했다. 1946년 1월 맥아더는 드와이트 아이젠하워Dwight D. Eisenhower 육군참모총장에게, 천황을 배제하면 "게릴라전이 각지에서 일어나 공산주의의 조직적 활동이 생긴다. 그러면 100만 명의 군대와 수십만 명의 행정관과 전시 보급 체제가 필요하다"라고 말했다. 1946년 2월 27일에는 추밀원 본회의에서 미카사노미야가 쇼와 천황에게 퇴위를 권고했다고 하며, 전 수상 히가시쿠니가 AP통신의 기자에게 "천황 스스로는 적당한 시기에 퇴위하고 싶다는 의지를 내비치셨다"라고 말했다. 그러나 1946년 3월 5일 기노시타 미치오木下道雄 시종 차관侍從次官의 일기에는 "천황에게는 퇴위의 뜻이 있다는 점, 황족 일동이 이것에 찬성한다고 함. 이것이 지금까지 노력한 M〔맥아더〕의 고생을 무산시키게 된다"라고 쓰여 있다.[101]

1948년에 퇴위 문제가 주목을 모았을 때도 미국 측 의향은 명확했다. 7월 뉴욕발 UP통신은 쇼와 천황의 존재는 "맥아더 원수에서 20개 사단에 필적한다"라고 평했다. 10월에는 맥아더가 연합군최고사령부General Headquarters, GHQ 고문인 윌리엄 시볼드William J. Sebald에게 "이번에 천황을 만나면 퇴위 같은 것은 대단히 어리석은 짓"이라고 "충고"하겠다는 말을 했다고 한다.[102] 이런 미국의 전략적 지지로 말미암아 천황은 퇴위하지 않았다.

그 후 퇴위론은 샌프란시스코 강화 조약Treaty of San Francisco의 발효 직전에 마지막 기세를 올렸다. 1951년 10월에 전범으로 옥중에 있던 전 내대신內大臣 기도 고이치木戶幸一가 퇴위를 권고하며 "만약 그렇게 하지 않으면 황실이 결국 책임을 지지 않는 것이 되어, 뭔가 확실치 않은 분위기를 남겨, 영구한 화근이 되지 않을까 염려된다"라고 쇼와 천황에게 전언했다. 또한 이듬해 1월 중의원에서 국민민주당國民民主党의 젊은 의원이었던 나카소네 야스히로中曾根康弘가 "전쟁 희생자들에게 다대한 감명을 주고, 천황제의 도덕적 기초를 확립"하기 위해 강화 조약 발효를 계기로 자발적으로 퇴위할 것을 주장했다. 그러나 당시의 요시다 시게루 수상은 이런 의견을 물리쳤다.[103]

강화 조약 발효를 전후하여 천황을 둘러싸고 두 가지 사건이 일어났다. 하나는 1952년 5월 2일에 전후 최초로 정부가 주최하는 전국 전몰자 추도식이 신주쿠 교엔新宿御苑에서 거행되어, 천황이 「말씀」お言葉을 읽은 것이었다. 그 내용은 "전란 때문에 전진戰陣에서 죽고, 순직하고 또 비명에 쓰러진" 사람들을 추도하는 것이었지만, 천황 자신의 책임에 대한 언급은 없었다.[104]

그리고 또 하나는 1951년 11월 12일에 쇼와 천황이 교토대학京都大学을 순행했을 때 일어난 '교토대 사건'이었다. 한국 전쟁이 한창이었던 시기에 학생 측은 마루키 이리丸木位里·도시丸木俊 부처가 그린 〈원폭의 그림〉原爆の図을 전시하는 '원폭전'을 개최하여 10일 동안 3만 명의 관람객이 다녀갔다. 그런 장소에서 이루어진 순행을, 훗날 영화감독이 되는 오시마 나기사大島渚 등의 학생들은 "평화를 지켜라"라는 합창과 '"천황 폐하 만세"라며 죽어간 선배들을 잊지 말라'고 쓴 현수막으로 맞이하며, 「인간 천황에게 호소한다」人間天皇に訴う라는 제목의 공개 질의서를 작성했다.[105] 그 내용은 다음과 같다.

우리는 당신이 퇴위하시고 천황제가 폐지되기를 바랍니다만, 당신 스스로는 그것을 바라지 않는다 해도, 적어도 한 사람의 인간으로서 헌법에 따라 당신이 상징하고 있는 인간들의 부르짖음에 귀를 기울이고, 우리의 질문에 인간으로서 대답해 주시기를 희망합니다.

질문

1. 만약 일본이 전쟁에 휘말리는 사태가 일어나면, 과거 종전의 조서에서 만세에 평화의 길을 열 것을 선언하신 당신은 개인으로서라도 그것을 거부하게끔 세계에 호소할 용의가 있습니까.
2. 당신은 일본이 재군비를 강요받는 사태가 일어날 때, 헌법에 따라 무장 포기를 선언한 일본국의 천황으로서 그것을 거부하는 주장을 할 용의가 있습니까.
3. 당신의 행사를 이유로 교토에는 자유가 많이 제한되었고, 또한 그 준비를 위해 가난한 시민에게 돌아갔어야 할 수백만 엔이 낭비되고 있습니다. 당신은 민중을 위해서 이런 부자유와 낭비를 바라십니까.
4. 당신이 교토대학에 오셔서 가장 필요한 일은, 교수의 강의를 듣는 것이 아니라 대학 연구의 현 상황을 알고, 학생의 면학, 생활의 실태를 아는 것이라고 생각하는데, 이 점에 대해서 학생들과 만나 이야기를 나누고 싶습니다만 불가능할까요.
5. 히로시마, 나가사키長崎의 원폭의 비참함에 대해서는 당신도 종전의 조서에서 강조하셨습니다. 그것에 대해서 우리는 완전히 의견을 같이 하며 이것을 세상에 철저히 하기 위해 원폭전을 제작하였습니다만, 당신의 내학來學을 이유로 그 개최가 방해를 받고 있습니다. 당신은 그러기를 바라십니까. 또 우리는 특히 당신이 이 전시를 보아 주었으면 합니다만, 보러 와 주겠습니까.

우리는 아직도 일본에서 당신이 가지는 영향력이 크다는 점을 인정합니다. 그렇기 때문에 당신이 민중 지배의 도구로 사용되지 않고 평화로운 세계를 위해 의견을 지닌 개인으로서 노력하시기를 희망합니다. 일국의 상징이 민중의 행복에 대해, 세계의 평화에 대해 아무런 의견도 갖지 않는 사람이라면, 그것은 일본의 비극이라고 하지 않을 수 없습니다. 우리는 당신이 이런 질문들에 보내 주실 회답을 마음 깊이 기대합니다.

이때 쇼와 천황이 퇴위하지 않았던 것에 대한 변론으로, 입헌 군주로서 준법 의식이 강한 천황이 헌법과 「황실 전범」에 퇴위 규정이 없음을 준수했기 때문이라는 설명이 당시에 있었다. 그러나 그렇다면 천황은 헌법 제9조를 준수할 의지는 있는가. 본래 일본국 헌법 제99조는 "천황 혹은 섭정 및 국무 대신, 국회의원, 재판관 그 밖의 공무원은 이 헌법을 존중하고 옹호할 의무를 진다"라고 규정했다. 학생들은 이 점을 질문한 것이다.

그러나 약 500명의 경관대가 호위한 천황은 이 질의서를 받는 일 없이 한 시간 정도 머무른 뒤 교토대학을 떠났다. 여당은 학생들을 불경 행위로 처분할 것을 주장했고, 교토대학 당국은 질의서를 작성한 교토대학 동학회同学会에 해산 명령을 내리고 간부 학생 8명을 무기정학 처분했다.

현재 시점에서 보면 천황제를 둘러싼 패전 직후의 논의는 의외라고 생각될 정도로 천황에 대한 경애를 느끼게 하는 경우가 많다. 그리고 천황의 전쟁 책임 추궁은 전쟁으로 파괴된 구래의 내셔널리즘을 대신할 새로운 내셔널리즘의 원리를 모색하는 것이었다. 천황제를 새로운 시대에 적응시키고자 한 난바라도, 천황제 폐지를 주장한 마르크스주의자들도 그 점에서는 마찬가지였다.

그러나 그런 시도는 미국의 국제 전략과 그에 결합한 보수 정권 아래서 천황의 전쟁 책임이 불문에 부쳐짐으로써 실패로 돌아갔다. 그것은 결과적으로 전후 일본이 독자적인 국가 정체성을 구축하는 것을 크게 저해했다고 할 수 있다.

쇼와 천황에 대해 '인간으로서'의 책임 의식을 기대하는 논조는, 난바라 시게루의 퇴위론이나 교토대학 동학회의 질의서 등이 거의 마지막이었다. 이런 시도가 사라진 뒤에는 천황을 비판하는 쪽도 찬미하는 쪽도, 천황에게 그런 인간으로서의 의식을 기대하는 자세를 잃어 간다. 그 후로는 세속을 초월한 듯한 보수파의 천황상만이 일본 국민의 무책임을 상징한다는 이노키 마사미치의 말과 함께 남겨진다.

4

헌법 애국주의
제9조와 내셔널리즘

어떤 사정이 있다 해도, 일본 정부가 만들고, 또 일본의 제국
의회가 이것에 힘을 합하는 이상, 그 책임은 일본의 것이고, 우
리는 이것을 어디까지나 일본의 헌법으로 확립하지 않으면 안
된다.

난바라 시게루

헌법 제9조는 일본이라는 국가의 이상적인 모습을 생각하는 데 있어서 지속적인 쟁점이었다. 이 장에서는 제정 당시에 제9조가 논의된 방식과 내셔널리즘의 관계를 검증한다.[1]

결론부터 말하면 헌법 제9조는 제정 당시에는 새로운 전후 내셔널리즘의 기반으로서 환영받았다. 그러나 그 환영에는 다양한 이해타산, 그리고 훗날에 일어날 대립의 싹이 포함되어 있었다.

내셔널리즘으로서의 평화

패전 후의 논단에서 내셔널리즘을 전부 부정하거나 혹은 무조건적으로 구미를 찬미하는 논조는 많지 않았다. 굳이 그런 사례를 들자면 정치가 오자키 유키오尾崎行雄나 작가 구메 마사오久米正雄의 논고가 해당될 것이다.

오자키 유키오는 1947년의 『가쿠도 세이단』咢堂淸談 등에서 "청년이여 비국민이 되어라"라고 주장했다. 그에 따르면 "일본이 폐번치현廢藩置県을 했을 때처럼, 마땅히 세계는 국가를 없애 버려야 할 것"이며 "옛날의 '비번민'非藩民 대신, 이번에는 '비국민'이 되어야" 한다. 나아가 "일본 요리만큼 먹어도 맛도 없고 영양도 없는 요리는 세상에 드물다", "일본인의 집은 인간이 병에 걸리게끔 만들어져 있다"라는 등의 주장을 하면서 의식주의 서양화와 한자의 전면 폐지를 주장했다.[2]

또한 구메 마사오는 1950년 2월에 「일본미주론」日本米州論을 집필하여, 일본은 미국에 병합되어 새로운 주가 되어야 한다고 말했다. 군사·경제적으로 파탄에 이른 일본은 "형식적 국가의 긍지와 봉건적 애국심을 내던져 버리고", "미련 없이, 국경을 철폐하고, 정치 따위 그만두고, 무정부 자유국이 되어서 쓸데없는 제한 따위 없는 관광 낙원으로 만드는 길밖에 없다"라고 말한 것이다.[3]

그 밖에 작가 시가 나오야志賀直哉가 프랑스어를 국어화하자고 주장한 사실은 잘 알려져 있다. 이런 논조는 패전 직후의 논단이 내셔널리즘

비판과 일본 문화에 대한 비하로 가득 차 있었다는 선입관에 잘 들어맞기 때문에, 실제의 존재감 이상으로 알려졌다.

그렇지만 현실 논단에서는 이런 종류의 의견은 오히려 소수였다. 구메는 신일본문학회의 전범 문학가 리스트에 오른 작가였고, 오자키는 미일 안보 조약을 상찬했기 때문에 양자는 좌파 논자로부터 도리어 비판 대상이 되었다.[4]

그리고 앞에서 보았듯이 대부분의 전후 지식인들은 패전으로 황폐해진 일본을 재건하기 위해 새로운 국가 정체성을 모색하고 있었다. 그리고 패전 직후에 우선 내세워진 것이 문화 국가나 평화 국가라는 표어였다.

예를 들면 평론가 가와카미 데쓰타로는 1945년 10월에 "정치, 군사, 경제의 모든 면에서 수족이 뜯겨 나간 우리나라의 유일한 희망은 문화다"라고 말했으며 교토학파의 고사카 마사아키高坂正顕도 같은 해 8월 20일의 신문 기고에서 "전쟁에 졌다는 사실이 모든 힘의 면에서 패했다는 것은 아니다"라고 하며 "문화 전쟁을 이겨라"라고 부르짖었다.[5] 히가시쿠니 수상도 1945년 8월 기자 회견에서 1억 총참회와 함께 "이번 기회에 심기일전하여 우리 민족의 전지전능을 인류 문화에 기울이자"라고 주장했다.

나아가 육군 중장 이시와라 간지는 1945년 8월 28일 자『요미우리호치』読売報知에 실린 인터뷰에서 이렇게 말한다.[6]

······ 싸움에 진 이상 단호하게 군으로 하여금 유종의 미를 거두게 하고 군비를 철폐한 뒤, 앞으로 우리야말로 평화의 선진국이라는 긍지로써 세계 여론을 대하고 싶다. 앞으로 국군을 향했던 열의 못지않게 과학·문화·산업의 향상을 목표로 조국 재건에 용왕매진勇往邁進하면, 분명 10년도 안 돼서 이 좁은 국토에, 이 방대한 인구를 가지고서도, 세계에서 가장 우수한 국가에 절대 뒤지지 않는 문명국이 될 수 있으리라 확신한다. 이 손바닥만 한 섬나라가 강건우아剛健優雅한 민족정신으로 세계 평화와 진운進運에 기여하게 된다면 세계가 얼마나 놀라겠는가. 그토록 아름답고

위대한 일은 없으리라. 그런 존경스러운 대사업을 행하는 것이야말로 소위 천업회홍天業恢弘(『니혼쇼키』日本書紀의 「진무 천황기」神武天皇紀에 나오는 말로 하늘의 명을 널리 펼친다는 의미-옮긴이)이며 신의神意에 기반을 두는 일이다. …… 천업은 신으로부터 민족에게 주어진 이 나라 이외의 영토를 함부로 욕심내는 데에 이르지 않는다. 실로 충실한 도의 국가의 완성이야말로 우리의 최고 이상이다.

이런 평화나 도의의 주장은 군사적으로도 경제적으로도 패배한 일본에 남겨진 마지막 국가 정체성의 기반이었다. 그리고 그것은 원자 폭탄으로 상징되는 구미의 군사력에 대한 대항 의식과도 결합되어 있었다.

예를 들어 1945년 9월 2일에 자결한 오키나와 출신의 육군 대좌인 오야도마리 조세이親泊朝省는 "대동아 전쟁은 도의적으로는 승리를 거두었다"라는 유서를 남겼다. 그 유서에 따르면 "우리 일본의 전쟁 목적은 세계 인류의 행복, 세계 평화에 기여하고자 하는 도의적 정신에 입각하여 출발했던"데 비해, 미국은 "인류사상 본 적 없는 잔학한 원자 폭탄을 사용하고 득의양양한 면이 있지 않았나"라고 말했다.[7]

원폭에 대한 비난은 8월 15일 쇼와 천황의 방송에서도, 히가시쿠니 수상의 8월 말 기자 회견에서도 이구동성으로 주장되었다. 이시와라 간지도 앞에 인용한 인터뷰에서 "미국의 원자 폭격에 대해 정면으로 인도를 무시했다는 각인을 새겨 집요하게 항의해야 할 것이다"라고 주장했다.

그러나 그렇게 미국을 비난하는 것은, 일본 측이 세계 평화를 내걸지 않으면 안 된다는 뜻이었다. 이시와라는 그런 논리에 따라 비무장 평화주의를 주장하며 "몸에 쇠붙이 하나 갖추지 않으면서 세계 평화와 인도를 위해 그 태도를 규탄하고 반성을 구해야 한다"라고 주장했다.

동시에 이런 주장은 일본의 비非도의에 대한 반성과도 결합될 가능성을 지녔다. 오야도마리는 앞의 유서에서 원폭의 잔학성을 비난한 뒤, 일본군이 중국에서 행한 "무고한 민중에 대한 살육, 같은 민족同民族인 지나인 (중국인)에 대한 멸시감, 강간, 약탈 등"을 비판했다.[8] 이시와라도 앞의 인터뷰에서 "동아東亞의 각 국가에 대해 일본이 구미의 패도 정책과 같은 태도로 임했던 과거 일체의 죄를 애심哀心으로서 사죄할 용기를 가져야 한다"라고 말했다.

그리고 이런 평화주의의 논조가 1945년 8월 시점부터 존재한 사실에 주목해야 한다. 민주화의 목소리가 점령군의 지령 이전에, 총력전 시기의 언어 사용의 연장선상에서 출현한 것과 마찬가지로, 평화주의의 목소리는 도의 국가라는 슬로건의 연장으로서 출현했다. 헌법 제9조는 이런 토양 위에 등장한 것이다.

환영받은 제9조

1946년 3월 6일 일본 정부안이라 명명된 「헌법 개정 초안 요강」憲法改正草案要綱이 공표되었다. 잘 알려져 있듯이 초안 요강은 GHQ 민정국Government Section, GS 구성원들이 고작 9일 동안에 초안한 영문을 기초로 작성된 것이었다. 점령군으로서는 소련을 포함한 연합국의 극동위원회極東委員會, Far Eastern Committee가 열리는 시기에 맞추어 일본의 전후 체제를 조속히 결정할 필요가 있었다.

GHQ 측이 제시한 헌법안은 일본 정부가 준비했던 안과는 크게 다른 내용으로, 당초에는 놀라운 것으로 받아들여졌다. GHQ 측의 기록에 따르면 1946년 2월 13일에 일본 측 요인과 GHQ안을 교섭했을 때 "일본 측 사람들은 분명히, 망연한 표정을 보였다. 특히 요시다 [시게루] 씨의 얼굴은 경악과 우려의 색을 보였다."라고 한다.[9]

그러나 3월 6일에 그것이 정부안으로 공표되었을 때는, 후에 개헌론으로 돌아서는 보수파도 하나같이 환영을 표명했다. 나중에 자민당에서 수상이 된 이시바시 단잔石橋湛山은 훗날 재군비론자가 되었지만, 1946년 3월 16일 『도요케이자이신보』東洋経済新報 지면에서는 제9조의 원안을 두

고 이렇게 말한다.[10]

······ 기자는 이 1조를 읽고 그지없는 통쾌함을 느꼈다. 근래 외국의 일부 사상가 사이에는 세계 국가의 건설을 창도唱導하는 자가 있으나, 우리나라는 헌법으로써 그 세계 국가의 건설을 직접 주장하고, 스스로 그 모범을 보이려 하는 것과 다름없기 때문이다. ······ 진정 우리 국민이 [초안 전문에 써 있듯이] "국가의 명예를 걸고, 전력을 다해서 이 고원高遠한 목적들을 달성하고자 맹세한다"면, 그 순간에 곧 일본은 패전국도, 4등, 5등도 아니고, 영예에 빛나는 세계 평화의 일등국, 이전부터 일본에서 외쳐 왔던 진실된 신국神國으로 바뀔 것이다. 이보다 더 통쾌한 일이 있을까.

　여기서 4등국이라는 말은 1945년 9월 2일의 항복 문서 조인식으로부터 9일 뒤에 열린 기자 회견에서 맥아더가 사용해서 유행하게 된 표현이었다. 이시바시는 그런 상태로부터 탈각할 발판을 제9조에서 찾아냈다.
　이런 제9조 환영론은 1946년 시점에서는 정부의 공식 견해이기도 했다. 1946년 6월부터 개회된 의회는 대일본 제국 헌법에서 일본국 헌법으로의 개정 심의를 진행했다. 당시의 수상 요시다 시게루는 제9조에 대해 "높은 이상으로써 평화 애국의 선두에 서서, 정의의 큰 길을 걸어 나가고자 하는 굳은 결의를 이 나라의 근본법에 명시하고자 하는 것입니다"라고 말했다. 의원들로부터도 "만국에 선구하여 규정한 것은, 실로 우리 국민으로서 자랑할 바입니다", "실로 빛이 일본으로부터 나온다고 말해야 할 것입니다"라는 발언이 여럿 나왔다.[11]
　게다가 이 헌법 개정 심의에서 요시다가 "오늘날까지의 전쟁은, 자위권의 이름으로 시작된 경우가 많다"라고 말하며 자위권을 명확히 부정했음은 잘 알려져 있다. 또한 요시다와 함께 답변을 한 전 수상 시데하라 기주로幣原喜重郎도 핵병기가 개발된 현대에서 군비를 이용한 자위로써 살아남고자 하는 사상 쪽이 "완전히 꿈같은 이상에 어린애 같은 신뢰를 두

이시바시 단잔

는 것이 아니고 무엇이겠는가"라고 주장했다.[12]

핵병기 시대에는 군비가 무의미해진다는 주장은, 이미 1946년 4월 5일 제1회 대일이사회対日理事会, Allied Council for Japan에서 맥아더가 연설한 내용이었다. 3월에 헌법의 초안이 공표된 뒤, 제9조에 대해서 "유토피아적 기세"(『뉴욕타임즈』)라거나 "어린애 같은 신앙"(『뉴욕 선』 The Sun)이라는 비평이 나왔다. 맥아더는 이런 비평에 대항해서 핵병기 시대에 군비로 살아남고자 하는 사상이야말로 어린애 같은 신앙이라고 반론하며, 자신의 통치하에 실현된 헌법을 옹호했다.[13]

헌법 개정 심의를 거쳐 1946년 11월에 신헌법이 정식으로 공포되고 1947년 5월 3일부터 시행되었다. 정부는 신헌법을 주지시키기 위해서 전국에 유세단을 파견해 그림 연극 등을 이용한 계몽 활동을 펼쳤다. 시데하라 기주로는 각지에서 행한 연설의 초고에서 이렇게 주장했다.[14]

…… 소극적으로 적군이 우리 영토에 상륙 침입하는 것을 막는 정도의 어중간한 자위 시설 등은 오히려 침략국을 유도하는 먹이가 되는 데 불과하며, 침략국을 끌어내는 낚시 바늘은 못 됩니다. 어쩌면 비교적 약한 병력이라도…… 일정 기간 동안 침입군을 방지할 정도의 효과가 있으리라고 상상할지도 모릅니다만, 근대 역사는 오히려 반대의 사실을 보여 주는 부분이 있습니다. 요전의 세계 대전에서, 독일은 전격전blitzkrieg이라 칭하여, 비교적 약한 인접국을 단숨에 꺾지 않았습니까. 또한 만약 우리나라가 보유하고자 하는 병력이…… 일체의 침입군을 철저히 구축駆逐하기에

충분한 것이라면, 연합국 측이 우리나라에 그런 군비를 승인할 리가 없고, 또한 가령 이것을 승인한다고 해도 우리 국력으로 지탱할 수가 없습니다. …… 제3국으로부터 병력 지원을 받으려는 구상에 이르러서는…… 그 제3국이 현실적 이해관계를 가지지 않는 경우에도, 모든 희생을 참고, 일본을 엄호할 의무를 받아들여 주기를 기대하는 것은, 본래 무리한 주문이라고 말하지 않을 수 없습니다. 그에 더하여 그런 군사적 보호 조약의 존재 자체가 침략국을 자극하고, 그 적대 행위의 구실로 이용될 것입니다. 다른 한편 일본이 타국에게 침략을 받아서, 직접 혹은 간접적으로 자국의 긴절緊切한 이익을 위협당하는 제3국의 경우는 조약상의 의무가 없더라도, 또 일본이 간청하지 않더라도, 자국의 이익을 옹호하고 또 국제적 질서를 유지하고자 하므로, 필연적으로 일본에 대한 타국의 침략을 배제하는 수단을 극력 강구할 것입니다.

이상의 제 생각을 축약해서 말하자면, 우리는 타력본원他力本願의 주장에 따라서 국가의 안전을 바라면 안 된다. 우리나라를 타국의 침략에서 구해 낼 자위 시설은 철두철미하게 정의의 힘이다. 우리가 정의의 대도를 걸으며 매진하면, "기도하지 않더라도 신이 지켜 준다"라고 확신합니다.

　　마지막 한 줄에 대한 평가는 일단 보류해 둔다. 여기서 주목할 것은 타국과의 안보 조약을 배제한 비무장 평화주의가 자주독립의 사상으로 설명되었다는 점이다. 그리고 실은 나중에 진보파가 내세운 제9조 옹호론 중 대부분의 내용을, 1946년 시점에서는 정부 측이 주장했다고 볼 수 있다.

　　1947년 5월 3일 신헌법이 시행되자 각 신문의 사설은 한 목소리로 환영을 표명했다. 예를 들어 『니혼케이자이신문』日本経済新聞은 "패전 후의 현재에 우리 국민들이 자신을 갖고 내외에 보일 수 있는 것이 과연 몇 개나 될까. 신헌법이야말로 자칫하면 목표를 잃기 쉬운 국민에게 확실하게 행선지를 가르쳐 주고, 세계를 향해 거짓도 열등감도 느끼지 않으면서 보여 줄 수 있는 최대의 것이리라"라고 말했다. 『요미우리신문』도 "원자력 시대에 한 줌의 군비는 아무런 의미도 없다"라고 강조하며 제9조는 "결 코 단순한 '패전의 결과'가 아니라, 적극적인 세계 정치 이상을 향한 선구 이다"라고 주장했다. 『마이니치신문』은 헌법을 평하여 "앞으로의 일본의 국가 강령이며 동시에 기본적인 국민 윤리다"라고 말했다.[15]

동시에 『마이니치신문』은 헌법 시행일을 축하하는 기사에서 「지금이 야말로 일장기를 올리자」今ぞ翻せ日章旗라는 표제를 내걸었다. 당시 점령 군의 지령으로 일장기 게양은 금지되어 있었으나, 이날은 특별히 허가되 었다. 이때 맥아더는 요시다 수상에게 축사를 보내, "이 펄럭이는 국기를, 일본인의 생활에 개인의 자유, 권위·관용 및 정의로 기반을 삼은 영속적 인 평화 시대가 새롭게 도래했음을 의미하는 것으로 삼자"라고 말했다.[16] 제9조는 새 시대의 내셔널리즘의 기반으로서, 일장기와 공존했다.

제9조에 기반을 둔 내셔널리즘은 정부의 교육 정책에 따라 아동들에 게도 침투해 갔다. 헌법 시행 직후인 1947년 8월에는 문부성이 『새로운 헌법의 이야기』あたらしい憲法のはなし라는 소책자를 발행했다. 이 소책자는 비무장의 이념을 해설한 뒤에 "그러나 여러분은 결코 불안하게 생각하지 않아도 됩니다. 일본은 다른 나라에 앞서서 올바른 것을 행했습니다. 세 상에 올바른 것만큼 강한 것은 없습니다"라고 설명했다.[17]

이런 도의 국가로서의 일본상은, 전전의 수신 교육과 구조적으로는 겹쳤다. 패전 시에 10세였던 작가 오에 겐자부로大江健三郎는 1964년에 "신제新制 중학교에는 수신 시간이 없었다. 그리고 우리들 중학생이 실감 하기에는, 그 대신에 새로운 헌법의 시간이 있었다"라고 말하며 이렇게 회상한다.[18]

종전 직후의 아이들에게 '전쟁 포기'라는 말이 얼마나 휘황한 빛을 지닌 헌법의 말이었는지. 내 기억으로는 신제 중학교의 사회과 교사가 현재의 일본 대국론풍의 분위기로 이어지는 목소리를 최초로 낸 것이, '전쟁 포기'

에 관해서였다. 일본은 싸움에 패했다, 게다가 봉건적인 것과 비과학적인 것의 잔재투성이이며, 지금에 와서는 비소卑小한 나라다. 하지만, 이라고 교사는 돌연히 국면을 역전시켰다. 일본은 전쟁을 포기한 점에서 선택받은 나라다. 나는 언제나, 충분히 힘을 발휘할 수 있는 최후의 카드를 가지고 트럼프 게임을 하는 듯한 기분이 들었다. 이렇게 해서 '전쟁 포기'는 내 윤리의 가장 주요한 지주가 되었다.

이렇게 해서 헌법 애국주의는 재건된 일본 국가의 이념으로서 아동들 속으로 침투해 갔다. 그러나 뒤에서 보듯이 그런 상황은 이해타산의 관계 속에서 성립한 것이기도 했다.

순응으로서의 평화주의

당초 점령군의 제안에 놀랐던 보수적인 정치가들이 헌법을 용인하게 된 큰 이유는 상징 천황을 인정한 제1조의 존재였다. 이 조항으로 말미암아 천황제 폐지의 위험이 없어졌다. 헌법 초안 발표 직후인 3월 10일에 『아사히신문』은 경제계의 반응을 이렇게 보도했다.[19]

이대로는 격류의 한가운데 휩쓸려 어디까지 갈지 모르는 오늘날, 천황제 호지와 자본주의 존속이라는 점에서 큰 틀에 맞추어, 장래에 대한 일단의 관망이 가능해짐과 동시에, 이로써 공산당을 선두로 하는 급진 세력의 압박이 어느 정도 완화되지 않겠는가 라고 관측하며, 안도와 함께 찬의를 표명하고 있다.

GHQ가 신헌법의 원안을 제시하면서 망설이는 일본 측 요인들에게 강조한 것은, 이 원안을 수용하지 않으면 천황을 국제 여론의 지탄으로부터 지킬 수 없게 된다는 점이었다. 3장에서 인용한 기노시타 시종 차장의

1946년 3월 5일 일기에는, 천황이 퇴위하면 "M〔맥아더〕의 고생도 무산되기 때문에, M 사령부는 기를 쓰고, 한시라도 빨리 일본에게 민주화 헌법을 선언시켜서, 천황제에 반대하는 세계의 분위기를 방지하고자, 조금이라도 빨리 이것을 선언하라고 압박하는 것에 의함"이라고 쓰여 있다.[20] 헌법 초안이 정부안으로서 공표된 때는 그 다음 날인 3월 6일이었다.

또한 동시에 이 헌법은 패전으로 위기에 직면한 보수 정치가들이 살아남기 위한 수단이기도 했다. 1946년 2월 13일에 GHQ안이 일본의 요인들에게 건네졌을 때 GHQ 민정국장인 코트니 휘트니Courtney Whitney 장군은 "이 새 헌법의 규정들이 수용된다면, 실제적으로 천황은 안전해지리라 생각합니다"라고 말하며 나아가 "맥아더 장군은 이것이 다수의 사람들이 반동적이라고 여기는 보수파가 권력에 남을 수 있는 마지막 기회라고 생각하고 있습니다"라고 주장했다.[21]

이미 GHQ는 1946년 1월 4일에 제1차 공직 추방령을 냈다. 그 결과로 대전 중 익찬 선거의 추천 의원을 비롯해서 진보당進步黨은 전前 의원 274명 중 260명이, 자유당自由黨은 45명 중 30명이 각각 추방되었다. 한편 급속히 세력을 늘린 공산당은 사회당과의 '인민전선' 결성을 모색했다. 위기에 몰린 보수 정치가들로서는 과감한 개혁안을 제시하는 길 외에는 선택지가 없었다.

실제로 신헌법 초안의 공표는 보수 정권의 위기를 구해 주는 꼴이 되었다. 3월 6일의 초안 요강 발표 이후로 이 초안을 지지하는 사회당과 천황제 타도를 외치며 초안에 반대하는 공산당이 대립한다. 그리고 정부는 초안 요강을 공표한 지 4일 뒤, 4월에 총선거를 실시한다고 고시했다. 개혁의 기운을 선수 친 보수 정당은 지지를 모았고, 특히 요시다 시게루를 중심으로 한 자유당이 이 선거에서 약진하여 정권을 획득했다. 신헌법은 단순히 미국의 압력으로 밀어붙여졌다기보다는, 보수 정치가들의 생존책으로 수용되었다.

소용돌이 속의 쇼와 천황은 GHQ 측의 원안을 "지금 와서는 방법이 없다"라며 수용했다고 한다. 그러면서도 쇼와 천황은「황실 전범」개정의 발의권 확보와 화족 제도의 존속을 희망했지만, 실현이 불가능하다고 본 일본 정부가 이것을 무산시켜 버렸다. 그리고 1946년 3월 6일의 초안 요강 공표에서는 맥아더의 성명과 함께 천황의 조서가 덧붙여져, "자진해 전쟁을 포기하여 올바름을 만방에 닦을 것을 결의"할 것을 호소했다.[22] 천황제 그 자체가 위기에 놓였던 이 당시에는 천황이 헌법에 대한 지지를 호소하는 쪽이었다.

헌법에 대한 신문의 평가 중에도, 제9조의 이념을 칭송함과 동시에 천황제의 존속을 환영하는 것이 많았다. 예를 들어『마이니치신문』은 1947년 5월 3일 사설에서 제9조를 상찬하는 한편, 신헌법의 특징을 "천황제를 확립한 것" 및 "공산주의의 지도를 단호하게 배제"한 데서 찾는다. 그중에서도 보수색이 짙었던『지지신보』의 사설은 같은 헌법 시행일에 이렇게 말한다.[23]

이것은 세계 어느 나라와 비교해도 조금도 뒤지지 않는 진보적인 민주주의 헌법이라고 자랑해도 될 것이다. 개벽 이래의 군주 정치를 굳건히 견지하면서 인민 주권을 행하고자 하는 점에서, 또한 세계에 솔선하여 전쟁을 포기하고, 군비 철폐를 선언한 점에서 특히 훌륭한 헌법이라고 자부해도, 나무랄 자는 아마 없을 것이다.

당시 제9조를 상찬한 요시다 수상이나 시데하라 외상도 공산주의에 대한 경계심은 강했다. 요시다는 1945년 10월에 GHQ의 지령으로「치안 유지법」이 폐지된 뒤에도 "「치안 유지법」을 공산당에 대해서만은 남겨 둘 수 있도록 교섭하자"라고 주장했다. 시데하라는 1946년 11월 25일 『아사히신문』에서 "계급 투쟁, 총파업, 태업 등의 파괴적 행위는 생산 증강의 적이며, 신일본의 건설을 저주하는 악마다"라고 말한다.[24]

1947년 5월 3일에 일본 정부가 주최한 헌법 시행 기념일의 모습은 이런 상황을 상징하는 기묘한 것이었다. 황거 앞 광장에서 행사가 개최되어 취주 악단이 미국 국가를 연주했다. 쇼와 천황이 입장하자 요시다 수상 등은 "천황폐하 만세"의 환성으로 환영하고, 천황은 맥아더의 축사와 함께 헌법을 축하했다. 이틀 전 노동절에는 40만 명의 군중이 황거 앞 광장에서 식량 증배와 임금 증액을 외쳤지만, 5월 3일 헌법 기념식에 모인 사람은 3만 명이었다고 한다.[25]

나아가 헌법 초안의 발표와 거의 동시에, 정치적 실권이 없는 상징 천황제가 실은 일본 고래古来의 전통에 맞는다는 주장이 출현했다. 패전 직후에 행해진 쓰다 소키치 및 와쓰지 데쓰로의 천황 옹호론은 상징 천황이야말로 일본 고래의 방식이라는 것이었다. 앞에서 말했듯이 민주주의의 도입에 대해서도 메이지 천황의 「오개조 어서문」과의 유사성이 왕성하게 강조되었다. 쇼와 천황은 1977년 기자 회견에서 1946년 1월 1일의 조서(인간 선언)가 「오개조 어서문」을 강조한 이유는 "민주주의가 결코 수입된 것이 아님을 보일 필요"가 있어서였다고 말한다.[26]

객관적으로 보면 상징 천황제로의 이행은 미국으로부터 주어진 기정 사실에 대한 순응에 불과했다. 그 상징 천황제를 일본 고래의 역사적 전통이라고 칭한 점은, 패전의 충격을 완화하려는 심리적인 방어 기제의 일종이었다 해도 될 것이다. 강요당한 변혁을, 일본에 고래로부터 존재하는 것, 자발적으로 환영한 것, 세계에 유례가 없는 것 등으로 바꾸어 말함으로써, 내셔널리즘의 방위를 꾀한 것이다.

헌법 초안에 대한 각 정당의 반응에 대해서도 비슷한 평가를 내릴 수 있다. 공산당을 제외한 많은 정당은 메이지 헌법을 약간 고친 개정안을 구상했으며, 신헌법의 초안 요강은 그들의 예상을 뛰어넘었다. 그럼에도 초안 요강이 발표된 뒤에 각 정당은 "우리 당의 안案과 지극히 닮은 진보적인 것이다"(사회당), "자유당이 발표한 헌법 개정안의 원칙과 완전히 일치한다"(자유당) 등이라 입장을 표명하며 이것을 환영했다.[27]

그리고 실은 제9조를 일본 국가의 자랑거리로 바꾸어 읽어 가는 행위에도 유사한 측면이 존재했다. 왜냐하면 1946년 시점에서 군비 철폐는 좋든 나쁘든 간에 추상적인 이념이 아니라 점령하에서 진행 중인 기정사실이었기 때문이다.

일본의 무장 해제는 원래 연합국의 대일 정책과 합치했다. 1946년 6월 21일 미국의 제임스 번스James F. Byrnes 국무 장관은 대일 강화 조약안을 제안했는데, 그것은 일본을 철저히 무장 해제한 뒤에 이를 미국·영국·소련·중국 4개국을 기초로 한 감시위원회가 25년 동안 검사한다는 엄격한 주장이었다. 당시는 일본을 두 번 다시 침략국으로 전화轉化시키지 않는다는 방침에 연합국의 의견이 일치했다.

사회학자인 히다카 로쿠로日高六郎는 패전 직후를 회상하며, 당시의 헌법 논의는 오로지 천황제나 국민 주권 문제에 집중되어, "제9조는 거의 다루어지지 않았다"라는 점을 지적한다. 히다카는 그 이유로 전쟁의 참화를 거친 당시로서는 평화주의가 "당연하다는 기분"이 존재했던 것과 함께 "또 하나는 점령하의 비군사화 정책으로, 좋고 나쁨을 떠나서 이것에는 저항할 수 없었다"라는 점을 든다.[28]

주일 호주 대사를 지낸 맥마흔 볼W. Macmahon Ball은 1948년의 저서에서 헌법 제9조에 대한 일본의 유력자들의 반응을 이렇게 표현한다.[29]

1946년 5월에는 반응이 대략 순응적이며 경건했다. "우리는 우리의 안전을 국제연합United Nations(유엔UN)의 숭고한 이상에 맡깁니다." 그로부터 몇 달이 지나자, 반응은 바뀌어 갔다. "그렇지요. 우리가 군대를 보유할 수 없다는 점은 명확해졌습니다. 그리고 우리는, 자발적으로 이것을 포기한 점에서 상찬을 얻고자 했습니다. 그것이 현명한 길이라고 생각했습니다."

당시의 일본 정부 측에서 보면 제9조는 거부할 수 없도록 주어진 사실이었다. 의회 심의에 앞서 1946년 3~5월에 추밀원에서 헌법 초안의 비공개 심사가 이루어졌다. 5월 29일 그 심의에서 요시다 수상은 "9조는 일본의 재군비에 대한 연합국 측의 우려에서 생긴 규정으로, 수정하는 것은 곤란하다"라고 말했다. 그러나 같은 자리에서 요시다는 "점령군 철퇴 후의 상태를 지금은 아직 예상할 수 없다. 일본이 독립한 뒤에 어떤 형태를 취할지는 불명확하지만, 역시 국가로서 병력을 보유하지 않을까"라고 주장했다.[30]

헌법학자 사토 쓰토무佐藤功는 1951년에 패전 직후를 회상하며 이렇게 말했다.[31]

…… 흥미로운 것은, 전쟁 포기에 대한 이런 이상주의적인 수용 방식이, 실은 그 이면에서 보면 가장 현실적인 현상 시인주의現狀是認主義와도 결합할 수 있었다는 사실이다. 즉 패전 후 일본의 현상은 사실상 무장이 해제되어, 가까운 장래에 군비를 갖추기는 불가능하며, 전쟁 수행도 불가능하다. 제9조는 이 현상을 그대로 제도화한 것뿐 아닌가. 그리고 또 패전한 일본이 승전국에 대해 공순恭順을 보이는 한, 전쟁 포기와 비무장의 선언은 이득이 되는 방책得策이 아닌가. 나는 결코, 모든 일본 국민이 이런 수용 방식을 취했다고 말하는 것이 아니다. 정말로 평화를 사랑하고 두 번 다시 전쟁을 되풀이하지 않겠다고 맹세하며 제9조를 마음속으로부터 지지한 사람이 많았다고 나는 믿는다. 그러나…… 이런 현실주의자도, 제9조를 이상주의적으로 이야기하는 데 있어서 진짜 평화주의자와 함께할 수 있었다.

1946년에는 기정사실에 순응하는 현실주의자와 이상을 믿는 진짜 평화주의자가 다같이 제9조를 환영하는 상황이 이루어졌다. 이런 상황 속에서 제9조가 새로운 내셔널리즘과 윤리의 기반으로 이야기되었다.

공산당의 반대론

그러나 이런 신헌법의 제정에 이의를 제기하는 사람들이 존재했다.

그 하나는 천황이 실권을 상실한 사실을 한탄하는 우파였다. 마지막 추밀원 의장이며 쇼와 천황에게 메이지 헌법을 개인 교습한 경력을 지닌 법학자 시미즈 도오루淸水澄는 신헌법 시행 후에 자살했다. 그러나 쇼와 천황 스스로가 미국에 협조하던 상황에서 이런 사례는 극소수에 그쳤다.

그것에 비해 신헌법에 대한 가장 큰 반대 세력이 된 쪽은 일본공산당이었다. 천황제를 잔존시키고 자본주의를 옹호하는 신헌법을 공산당으로서는 용인할 수 없었다.[32]

당시에 이상주의적인 사람들은 일본국 헌법을 냉안시하는 경향이 있었다. 작가 오다 마코토는 "'신헌법'을 추켜세우는 많은 놈들이, 진심으로 그러는 것이 아니라는 점을 중학교 2학년생인 나는 알고 있었다. 이런 사람이 나 혼자만은 아니었을 것이다"라고 회상한다.[33]

그리고 오다가 신헌법을 읽었을 때의 첫인상은 "이제 와서 뭘 새삼스럽게"였다고 한다. 기본적 인권, 남녀 평등, 전쟁 포기 등은 패전 직후에는 "이미 자명한 것, 당연한 것"으로 느껴져 "뭘 궁시렁궁시렁 아직도 그런 것을 문제 삼는가"라고 생각되었다. 오다에 따르면 "당시의 일본에 가득 찼던 새로운 일본을 만들어 가자는 이상주의적인 욕구는, 정치보다 한 발 앞선 곳에 있었다"라고 한다.

나아가 오다의 짜증을 부추긴 것은 현실 생활의 빈곤함에 비해 헌법이 구가하는 이상이 너무나도 추상적이라는 점이었다. 오다는 패전 후의 기아 상태 속에서 친구와 헌법을 둘러싸고 밤새워 논의한 경험을 이야기한다. 그 주제는 헌법 제25조의 규정을 기반으로 "주식으로 감자를 씹어 먹으면서, 이것이 어째서 '건강하고 문화적인 최저한도의 생활을 영위한다'라는 것이 되는가"라는 문제였다.

오다와 같은 사람들이 보기에 신헌법은 내용이 지나치게 온건할 뿐 아니라, 실질적인 뒷받침이 결여된 것이었다. 그리고 당시 공산당은 빈곤의 원인인 사회 체제의 변혁 없이 그저 인권이나 평등을 설파하는 헌법을 일종의 빈말로 취급했다.

최종적으로는 헌법에 찬성표를 던진 사회당도 실은 이런 인식을 공유하고 있었다. 사회당은 헌법 심의에서 패전 후 국민의 궁핍을 호소하면서 생활 보장 규정의 결여를 지적하고, 사유 재산제의 적절한 제한을 삽입하고자 했으나 실패했다. 그런 탓에 당시의 가타야마 데쓰片山哲 위원장은 1946년 11월에 "궁핍으로부터의 자유가 신헌법에 명확히 담겨 있지 않다"라고 말했고, 의원 모리토 다쓰오森戸辰男도 1947년 9월에 "적당한 시기를 잡아 개정을 꾀해야 할 것이다"라고 주장했다.[34]

또한 공산당의 신헌법 반대에는 제9조도 포함되었다. 중의원 의원이 된 공산당의 노사카 산조는 1946년의 헌법 개정 심의에서 "우리나라의 자위권을 포기하고 민족의 독립을 위태롭게 할 위험이 있다"라며 제9조에 반대했다.[35]

공산당의 주장은 모든 전쟁의 포기가 아니라, 인민을 위한 '해방 전쟁'과 자본주의·제국주의가 일으키는 '침략 전쟁'을 구별하자는 내용이었다. 그런 까닭에 헌법 심의에서도 "민주주의적 국제 평화 기구에 참가하여, 어떤 침략 전쟁도 지지하지 않고"라는 취지로 변경할 것을 주장했다.[36]

이런 주장은 공산당의 사상 그 자체와 관련되어 있었다. 2장에서 말했듯이 당시의 마르크스주의 진영에서는 자본주의 말기인 현대에 자유주의 경제가 붕괴하고, 세계가 국가 독점 자본주의와 결합한 파시즘 진영과 그것에 대항하는 사회주의 진영으로 이분된다고 생각했다. 그런 정세하에서는 어느 진영에 서서 싸울지가 문제이며, 중립 같은 것은 있을 수 없었다. 그리고 자본주의 사회 체제인 상태로 중립을 주장하는 자는 사회주의 진영에의 참가를 거부하는 것에 불과하며, 제국주의가 지배하는 세계에서 이익을 얻는 적대자라고 취급되었다.

이런 중립 비판의 한 예로 나카노 시게하루가 1946년 2월에 공표한 논고 「문학가의 국민으로서의 입장」文学者の国民としての立場이 있다.[37] 당시에는 일본의 미래상으로서 스위스를 모범으로 삼은 평화 문화 국가를 내세우는 논조가 있었는데, 나카노는 그것에 반대하며 "스위스나 스웨덴은 전쟁에 개입하지 않았다. 그들은 중립을 지켰다. 그것은 그들이 세계 민주주의의 옹호로부터도 중립을 지켰음을 뜻한다. 그들은 악에 저항하지 않았다. 악과 싸우는 세력에 가담하지 않았다. 그들은 소극적으로 몸을 지켰다"라고 말한다.

대전 중에 중립국 스웨덴은 나치 독일에 철광석 등을 판매했다. 나카노는 런던의 세계노동조합연맹The World Federation of Trade Unions, WFTU이 독일에 식료와 원료를 공급했던 "스웨덴, 스위스 그 밖의 중립국들"에 대한 비판을 결의한 사실을 강조한다. 나카노에게 이것은 중립을 가장한 채로 제국주의 세계 질서에서 이익을 얻는 존재의 좋은 예였다.

나아가 나카노의 중립 비판은 일본의 전쟁 책임 문제와도 결합되었다. 그는 스위스에 대한 비판에 이어서 이렇게 말한다.

나라들에는 각각의 사정이 있으며, 옆에서 함부로 책망할 수는 없다. 그렇지만 가장 큰 중죄의 범인이 그 범행을 막으려 하지 않고, 그 범죄와 싸우려 하지 않고, 희생하며 그것과 싸우는 사람 옆에서 평화롭게 범행을 바라본 사람을 규범으로 삼아 자신의 죄를 인정하고, 그 속죄의 길로 여긴다면, 이것은 열등, 기만, 반역이다. 그것은 가장 비인간적인 누범累犯이다. '문화 국가'론자들은 이 누범으로의 유혹자이다. 그들은 일본인을 모욕하는 것이다.

나카노에 따르면 "전쟁의 불을 지른 나라"인 일본은, 소극적으로 평화를 이야기하는 것만으로는 충분하지 않다. 국제적으로도 사회주의 진영에 가담하여, 세계 평화에 적극적으로 공헌하지 않으면 그 죄과를 해소할 수 없었다.

3장에서 보았듯이 패전 직후에는 아시아에 대한 가해 책임을 묻는 논조가 적었다. 그러나 비교적 그런 논조가 많았던 것은 공산당 주변이었다. 일본을 외부로부터 물을 수 있게 하는 공산주의라는 사상을 갖추었고, 소련, 중국, 조선 등의 국제 공산주의 운동과 관계가 있었던 사실이 이것을 가능하게 했다.

예를 들면 1946년 6월에 공표된 공산당의 헌법 초안은 천황제를 "근린 식민지, 반식민지의 해방에 대한 가장 큰 장해였다"라고 위치 지었다. 또 공산당의 중앙위원이었던 가미야마 시게오神山茂夫는 1948년에 "저 '난징 사건'이나 '필리핀 바탄Bataan반도의 죽음의 행진'이나 '마닐라의 학살' 등등"의 원인이 된 천황제야말로 "민족의 오욕"이라고 주장하며, 천황제를 존속시킨 일본국 헌법을 비난했다.[38]

게다가 공산주의의 입장에서 보면 전쟁의 폐지는 평화의 구호만으로 달성되는 것이 아니었다. 전쟁은 자본주의와 그 말기 단계인 제국주의의 필연으로서 발생하는 것이었다. 따라서 가미야마는 "이 세상에 자본주의가 존재하는 한 전쟁의 위험은 없어지지 않는다"라고 말하며, 일본국 헌법을 "그림의 떡"이라 비판했다.[39]

헌법 개정 심의에서도 공산당은 이런 점들을 파고들었다. 노사카 산조는 전쟁의 포기가 "헌법 조문 속에 항목 하나 집어넣는 것에 의존해서는 실현될 수 없다"라고 말했고, 도쿠다 규이치는 "전쟁은 실로 자본주의의 내부 모순에서 일어나므로, 필연적으로 전쟁을 포기하기 위해서는 자본주의를 어떻게 할 것인가"를 추궁했다. 나아가 노사카는 전쟁 전체의 포기가 아니라 침략 전쟁에 대한 반대를 강조해야 한다고 주장하며, "수상은 과거의 전쟁이 침략 전쟁이 아니라고 생각하는지 어떤지, 이것을 여기서 명확하게 말해 주었으면 한다"라고 질문했다.[40]

답변에 나선 요시다 수상은 "이번 전쟁의 성격에 대해서 나는 도쿠다 군의 의견에 동의할 수 없다"라고 말하면서 "정당방위권의 인정이 이따금 전쟁을 유발하는 이유가 된다"라며, 자위전쟁을 포함한 전쟁 전체의 부정을 주장했다. 이 장면에서는 제9조와 전쟁 포기가 결합하여 자본주의 옹호와 침략 책임을 애매하게 만들었다.[41]

국제 공헌의 문제

헌법 개정 심의에서 공산당과 나란히 제9조에 반대한 사람이 귀족원 의원이었던 난바라 시게루였다. 그가 반대한 이유는 국가의 자위권의 정당성, 그리고 국제 공헌의 문제였다.

난바라에 따르면 앞으로 일본이 취할 길은 "단순히 공리주의적인, 편의주의적인 안전제일주의적인 평화주의여서는 안 되는" 것이다. 그리고 일본은 침략 전쟁이라는 "우리의 죄과"를 보상한 뒤에 "정의에 기반을 둔 평화의 확립"을 위해 적극적인 국제 공헌을 해야 했다.[42]

이런 주장에서 난바라가 현실적인 문제로 든 것은 유엔의 가입이었다. 1932년에 만주국 승인 문제로 국제 연맹을 탈퇴한 일본이 유엔에서 가입을 인정받을 수 있을지는 당시의 외교 과제였다. 그리고 「유엔 헌장」 제43조는 가맹국에게 국제 평화 유지 활동에 대한 병력 제공을 의무 짓는 규정이었다. 즉 일본이 군비를 전폐하면 유엔에 가입하는 데 장해가 일어날 가능성이 있었다.

1946년 8월 난바라는 귀족원의 헌법 개정 심의에서 이렇게 말한다.[43]

또한 유엔의 병력 조직은 특별한 독립 조직이 없고, 가맹국이 각각 이것을 제공하는 의무를 지닙니다. 장래에 일본이 유엔에 가입을 허가받는 경우, 과연 그런 권리와 의무도 포기한다는 의사인지 여기서 묻고 싶습니다. 그렇다면 일본은 오로지 타국의 호의와 신의에 영구히 의존해서 살아간다는 식의 동양적인 포기, 체념주의에 빠질 위험은 없는지. 적극적으로 인류의 자유와 정의를 옹호하기 위해 서로 피와 땀을 희생으로 바침으로써,

함께 도와서 세계의 항구 평화를 확립한다는 적극적인 이상이, 도리어 그 의의를 잃는 것이 아닌지 그 점을 염려합니다.

실은 이 안건은 GHQ 측이 헌법 원안을 보여 준 직후부터 정부 내에서 문제가 되었다. 앞에서 말했듯이 1946년 5월에는 추밀원에서 헌법 초안의 비공개 심의가 이루어졌는데, 거기서 "유엔 문제는, 어쩌면 헌법 개정을 하지 않으면 가입할 수 없을 것으로도 생각된다"라는 문제가 논해졌다는 기록이 있다. 이 자리에서 이리에 도시로入江俊郎 법제국 장관은, 병력을 제공하지 않아도 가입할 수 있도록 "「유엔 헌장」"을 개정해 달라고 하거나, 아니면 개정하지 않아도 그렇게 해석하는 것이 가능할지도 모른다"라고 말했는데, 실현될지는 미지수였다.[44]

그러나 일본 정부로서는 GHQ로부터 주어진 헌법 원안의 골자를 변경하기란 불가능했다. 요시다 수상은 난바라의 질문에 대해 "오늘은 일본으로서는, 우선 제일로 국권을 회복하고, 독립을 회복하는 일이 긴급한 문제입니다"라고 말하며 "그 이상의 문제에는 대답할 수가 없습니다"라며 버텼다.[45] 일단 헌법을 점령하의 잠정 조치로서 수용한다는 것이 요시다의 견해였다고 생각된다.

이런 요시다를 향해서 난바라는 이렇게 말한다.[46]

······ 일부 국민들 사이에서는, 이것은 점령하의 헌법이므로 어쩔 수 없는 경우도 있겠지, 따라서 어쩌면 나중에 개정해도 되지 않겠느냐는 의견도, 상당한 범위에서 없지 않습니다. ······ 그러나 저는, 그렇게 진실하지 않은 태도를 가져서는 안 된다고 생각합니다. 어떤 사정이 있다 해도, 일본 정부가 만들고, 또 일본의 제국의회가 이것에 힘을 합하는 이상, 그 책임은 일본의 것이고, 우리는 이것을 어디까지나 일본의 헌법으로서 확립하지 않으면 안 되며, 이 점은 특히 정부에서, 앞으로 매우 큰 책임을 가지리라 생각합니다.

헌법 원안이 GHQ로부터 주어졌다는 점은 의원들 모두가 알고 있었다. 그러나 의회에서 이것을 정면으로 지적하는 자는 거의 없었다. 그런 와중에 난바라는 "영문으로 만들어 놓고 이것을 일본문으로 번역한 것 같은 인상"의 헌법이, 점령군의 압력 아래서 제정된 점을 "국민의 불행, 국민의 치욕"이라고 표현한다.[47]

하지만 난바라가 외국을 참고로 했다는 이유로 신헌법을 비판한 것은 아니다. 왜냐하면 그에 따르면 대일본 제국 헌법도 "프로이센을 모범으로 삼았기" 때문이다.

난바라가 문제로 삼은 점은 헌법의 태생보다도 "우리의 선배들은 이것을 일본의 것으로 만들기 위해, 얼마나 많은 노력을 쏟아 왔습니까"라는 것이었다. 헌법에 필요한 것은 충분한 토의와 창의를 더하여 이것을 "일본의 것으로 만든다"는 과정이었다. 그가 비판한 대상은 헌법의 내용 그 자체보다도 점령군의 권위와 기정사실에 떠밀려서 개정한다는 안이한 정치 자세였다.

또한 난바라 이외에도 신헌법의 제정 수단에 대한 이론異論은 당시부터 존재했다. 헌법의 내용에는 찬동할지라도 그 제정 방법이 너무나도 졸속했고, 위로부터 주어진 형태였기 때문이다.

예를 들어 3월 6일의 「헌법 개정 초안 요강」 발표 직후인 3월 10일, 전전부터 사회주의자로 활동해 왔던 야마카와 히토시가 발기인이 되어, 사회당과 공산당을 연합하는 역할을 하는 민주인민연맹民主人民連盟을 소집했다. 운영진으로는 사회당의 아베 이소오安部磯雄, 공산당의 노사카 산조, 자유당의 이시바시 단잔 외에 스에히로 이즈타로末弘嚴太郎와 하세가와 뇨제칸長谷川如是閑, 하니 세쓰코羽仁説子 등이 모여서, 3월 15일에는 헌법 제정에 관해 제창을 행했다. 그 제창 내용은 정부안을 유일한 초안으로 삼지 말고, 특별한 헌법 제정 의회를 구성해 초안을 작성하여, 그 후에 국민 투표에 부치도록 요구하는 국민운동을 일으키자는 것이었다.[48]

그러나 헌법 제정이 늦어져 천황이 국제 여론으로부터 추궁받는 것을 염려한 GHQ와 내각은 이런 제창을 검토하지 않았다. 의회에서도 난바라의 추궁에 대해 시데하라는 "결코 외국으로부터 강요된 것이 아닙니다"라고 말했고, 요시다 수상은 "국민의 자주성, 국민의 요구는 충분히 수용했다"라고 강조하며 "본안 성립 후에는 정부에서도 그 정신을 방방곡곡까지 철저히 하기 위해 충분히 진력할 생각입니다"라고 응했다.[49]

1946년 시점에서 헌법의 태생에 의문을 제기하는 것은 점령군과 대결할 각오를 요구하는 행위였으며, 정부와 보수 정치가들은 이것을 피했다. 나카노 시게하루는 단편 『다섯 작의 술』에서 이런 정부의 자세를 비판했지만, 1946년 11월에 소설을 공표했을 때 점령군의 검열에 걸렸다. 검열에서 삭제된 문장은 다음과 같았다. "그것〔초안 강령〕이 의회에 나온 아침, 아니면 그 전날이었던가, 일본인이 초고를 썼다는 연합군 총사령부의 발표가 신문에 나왔다. 일본의 헌법을 일본인이 만드는 데, 그 초고를 일본인이 썼다고 외국인이 일부러 발표를 해 주지 않으면 안 될 만큼 이 얼마나 부끄러운 자국 정부를 일본 국민은 묵인하고 있는가."[50]

결국 의회에서의 헌법 심의는 형식적인 절차로 끝나, 공산당 등 극히 소수의 반대표를 제외하고 압도적인 다수로 가결되었다. 그리고 제9조에는 국제 평화를 주창한 제1항과 전력 포기를 주창한 제2항 사이에, "전항의 목적을 달성하기 위해"라는 문구를 넣는 수정이 가해졌다. 이 수정은 이후의 재군비에서 국제 평화라는 목적을 해하지 않는다면 전력 보유가 가능하다는 헌법 해석을 낳는다.

패전 직후의 헌법 논의에서 흥미로운 점은, 난바라를 비롯해 이후 호헌 세력이 되는 사람들이 신헌법에 의문을 제기했으며, 후에 개헌 세력이 되는 보수 정치가들은 헌법을 상찬했다는 사실이다. 하지만 반복하듯이 난바라가 헌법을 비판한 것은, 헌법의 내용도 내용이거니와 안이하게 헌법을 개정하는 정치 자세에 의문을 품었기 때문이었다. 그리고 당시에는 점령군이 두려워서 헌법을 상찬했던 보수 정치가들은 미국이 방침을 전환한 1950년대 이후로 헌법 비판을 시작했다.

이런 사정 때문에 난바라뿐 아니라 이후 호헌을 주창하는 전후 지식인들 가운데, 제정 당시에는 헌법에 냉담한 자세를 취한 사람이 적지 않았다. 예를 들어 10장에서 검증할 다케우치 요시미는, 외국으로부터 주어졌다는 사실과 개정 과정의 안이함 탓에 "괜찮은 헌법이라고는 생각했지만, 뭔가 눈이 부신, 남의 일 같은 기분이 들었습니다", "뭐 어디 한 번 두고 보자, 정도의 방관적인 기분이었습니다"라고 회상한다. 마루야마 마사오도 정부가 주도하는 헌법보급회憲法普及会에의 참가 등은 거절했다고 한다.[51]

이런 심정은 단순한 반미 의식이라기보다는, 미국의 권위와 기정사실에 순응하는 안이한 풍조에 대한 반발이 저류를 이루었다. 마루야마 마사오는 1964년에 패전 직후를 회상하며 이렇게 말한다.[52]

…… 민주주의 만만세라는 항간의 외침에, 경솔하게 그 선창을 따라 할 기분은 아니었습니다. 그것은 정치적 보수는 아니지만, 역시 일종의 보수적인 심정과 붙어 있습니다. …… 그러니까 귀환한 뒤의 첫 강의 때 곧바로 생각난 것은 피히테의 『독일 국민에게 고함』이었습니다. 거기서 피히테는, 어제까지는 프로이센의 옛 지배 체제에 편승하여 단물을 빨았지만, 이제는 나폴레옹이 오니까, 어제까지의 지배자에게 자기들이 마치 처음부터 반대한 것처럼, 즉시 향연을 바칠 상대를 바꾼다, 이렇게 뻔뻔한 짓을 아무렇지 않게 저지르는 것은 독일 국민뿐이라고 말하지요.
…… 세상이 바뀌었다고 해서, 똑같은 인간이 그토록 간단히 어제와 오늘이 달라져서야 되겠느냐는, 거의 본능적인 반발이랄까, 고집스러운 근성이, 한편으로 넘칠 듯한 해방감과 기묘하게 뒤섞여 있었다고 생각합니다.

여기서 말하는 보수적인 심정이란 와타나베 기요시가 말한 "자기 스스로 생각해서 납득한 것"이 아니면 양해할 수 없다는 심정, 즉 주체성과 다름없다. 그리고 1950년대에 호헌 세력의 중핵이 된 것은, 이런 심정을 지닌 사람들이었다. 즉 그들은 난바라가 의회에서 말한 것처럼 "어떤 사정이 있다 해도, 일본 정부가 만들고, 또 일본의 제국의회가 이것에 힘을 합하는 이상, 그 책임은 일본의 것이고, 우리는 이것을 어디까지나 일본의 헌법으로서 확립하지 않으면 안 된다"라는 자세를 취했다.

그리고 이런 호헌론의 배경 중 하나가, 역시 전사자의 기억이었다. 난바라나 나카노가 전사자의 기억을 상기했다는 점에 대해서는 3장에서 말했다. 나아가 신헌법이 시행된 1947년 5월 3일 자 『요미우리신문』 사설은 이렇게 말한다.[53]

지금 이 일본국 헌법의 시행에서 만약 조금이라도 위구심危懼心 같은 것이 존재한다면, 그것은 이 헌법의 성립이 유럽 국가들의 그것처럼, 피로써 쟁취된 것이 아니며 메이지 헌법에서 선행했던 자유 민권에의 투쟁조차 거치지 않고, 문자 그대로 무혈 속에서 성립한 점, 나아가 그 내용이 근대 사회와 그 정치사상을 모체로 하여 역사적으로 형성된, 영미 국가들의 제도를 많이 채용한 점. 이런 이유로 일본 국민 한 사람 한 사람이, 과연 진실로 공감하며 받아들여 줄지에 있는 듯하다.
그러나 이 위구심에 대해서, 우리는 이 헌법이 우리에게 주어지기 전, 만주 사변의 시작부터 태평양 전쟁의 끝까지, 긴 시간 동안 많은 피의 희생을 치렀다. 그리고 문화적인 제도는 역사상의 발생지가 어디든 간에, 그 문화적인 가치가 훌륭하면, 충분히 다른 땅에 뿌리를 내려 아름다운 꽃을 피우고 열매를 맺을 수 있다는 말로 대답하고 싶다.

점령군으로부터 주어진 헌법이 '일본의 헌법'이 될 수 있는 가능성을 지탱한 것은, 전쟁 체험과 전사자의 기억이었다. 전사자의 죽음을 무의미한 것으로 만들지 않으려면 패배로써 이루어진 전후 개혁이 유의미해야만 했기 때문이다.

그러나 냉전의 고조와 함께 일본 정부는 비밀리에 제9조를 도외시하기 시작했다. 신속하게도 1947년 9월 13일에 아시다 히토시 외상 등이 작성해 GHQ의 로버트 아이첼버거Robert L. Eichelberger 중장에게 건넨 문서는, 미소의 대립이 풀리지 않는 경우에 미군이 주둔하여 방위해 주기 바란다는 의사를 표명했다.[54] 거의 같은 시기에 미국 측도 초기의 무장 해제 정책을 전환하여, 일본을 반공 동맹국으로 육성한다는 방침으로 돌아선다. 이런 경위에 대해서는 11장에서 후술하겠다.

1946년에는 기정사실에 순응하는 자와 헌법의 이념을 조금씩 체득하고자 하는 자의 쌍방 모두가 제9조를 새로운 내셔널리즘의 기반으로 삼아 전후 일본의 재출발을 꾀했다. 그리고 당연하게도 그 후에 출현한 상황은 이 양자의 공존 상태가 무너지는 과정이었다. 그리고 헌법을 둘러싼 항쟁은, 패전 후에 생긴 새로운 내셔널리즘을 방위하려는 세력과 그것을 파괴하려는 세력 사이의 대결 양상을 띤다.

5

좌익의 '민족',
보수의 '개인'
공산당·보수계 지식인

나는 일본 권력 기구의 상층부에서 브리지 게임의 규칙을 모르면서 전쟁에 반대하는 인간이 있기는 한지 의심스럽다.

가토 슈이치

전후사상을 이야기할 때 일본공산당의 존재는 빼놓을 수 없다. 이 장에서
는 패전 직후의 공산당, 그리고 '올드 리버럴리스트'라 불렸던 보수계 지
식인들의 민족과 개인에 관한 사상을 검증한다.[1]

3장에서 말했듯이 당시의 공산당은 '진정한 애국의 당'을 자칭하며
민족을 상찬했다. 그러나 이 장에서 검증하듯이 당초 그것은 당시의 국
제 공산주의 운동 방침에 따른 것이기도 했다. 반면 올드 리버럴리스트는
'개인'을 내세워 마르크스주의에 대항했다. 이런 대립 도식은 전후 일본
의 내셔널리즘에 미묘한 영향을 가져온다.

회한과 공산당

1950년대까지 일본 지식인들 사이에서 공산당의 정신적 권위는 절대적
이었다. 한 가지 예로 작가 오다 마코토가 1964년에 쓴 일화를 소개한다.

이것은 오시마 나기사 감독이 1950년대 학생 운동가들의 군상을 그
린 1960년 영화 〈일본의 밤과 안개〉日本の夜と霧에 대해 쓴 글이다. 이 영
화에는 공산당으로부터 사문査問을 받고 자기비판을 요구당한 학생 운동
가가 괴로워하다 자살하는 장면이 있었다. 그것에 대해 오다는 이렇게 말
한다.[2]

나와 같이 그 영화를 본 미국인 친구는, 모르겠다, 모르겠다고 고개를 저
었다. 또 훗날 나의 젊은 제자도 그런 말을 했다. "공산당에서 제명되었
다고 해도, 별로 상관없지 않나, 모르겠다, 진보적 정당이 공산당만 있는
것도 아니고."
그러나 그보다 연장자인 일본인이며, 파방법(파괴 활동 방지법破壞活動防止
法, 1952년 일본 정부가 좌파 세력에 대한 경계를 바탕으로, 폭력적인 활동을 하는
단체에 대한 규제 및 처벌을 강화하여 제정한 법규 – 옮긴이) 투쟁을 청춘의 경험
으로 지닌 나는, 그 마음 약한 학생의 궁지에 몰린 기분을 알 수 있었다.

잘 알 수 있었다.

즉 그 학생에게, 공산당은 그의 양심의 유일한 증거였던 것이리라. ……
마르크스주의가 기독교를 대신하는 정신적 원리라면, 그 훌륭한 구체적
인 예가 여기 존재했다고 할 수 있겠다.

3부에서 보게 되듯이 오다가 이 글을 쓴 1964년에는 공산당의 권위가
이미 저하되어 있었다. 그러나 1950년대 중반까지 그 권위는 신과 같았
다. 어떻게 해서 그런 상황이 생겼을까.

첫 번째 이유는 고도 경제 성장 이전의 일본에 존재한 압도적인 빈부
격차다. 도시와 농촌, 상층과 하층 간 격차는 컸으며 패전 후의 거리에는
고아와 전쟁 피해자가 넘쳐 났다. 이런 현실 앞에 공산당의 존재가 빛나
보였던 것은, 어떤 의미에서는 당연한 일이었다.

두 번째 이유는 일본에서 전쟁에 반대한 유일한 정당이 공산당이었던
점이다. 전전의 비공산당계 무산 정당 및 노동 운동은 모두 전쟁에 협력
한 과거가 있었다. 전후가 되어 비공산당계의 사회주의자들이 합동해서
일본사회당을 결성했지만, 전쟁 협력의 오점을 지니지 않은 점에서 공산
당의 정신적 우위는 명백했다.

그리고 세 번째이자 아마도 가장 큰 이유는 지식인들의 회한이었다.
이것에 대해서는 약간의 설명이 필요하다.

마루야마 마사오가 패전 후의 지식인들을 "회한 공동체"라고 부른 것
은 잘 알려져 있다.[3] 그 회한이란 크게 말하자면 무모한 전쟁으로 돌입하
는 것을 허락하고 비참한 패전을 불러온 데 대한 회한이었다. 그러나 미
일 개전 시에 27세의 젊은 조교수에 불과했던 마루야마를 비롯해, 국책을
좌우하는 입장에 있지 않았던 지식인들이 전쟁 돌입이라는 정책 결정에
대해 회한을 느낄 필요는 없었을 것이다.

오히려 마루야마가 말하는 회한이란, 전쟁을 막지 못했다는 결과의
문제보다도, 전시기 그들의 처신에 대한, 말하자면 윤리적인 문제였다.

1장에서 말했듯이 전시 중 다수의 지식인들은 기아와 폭력이 지배하는 상황 속에서 자신의 몸을 지키기 위해 영합과 밀고, 배반 등으로 손을 더럽혔다. 적극적으로 전쟁 찬미에 가담하지는 않았다 해도, 거의 모든 지식인들이 전쟁에 공식적으로 항의할 용기를 결여했다.

이런 기억은 주체성을 추구하는 전후사상의 계기가 된 동시에, 강한 자기혐오와 회한을 남겼다. 예를 들어 호세이대학法政大學의 교수였던 혼다 아키라는 전시 중을 이렇게 회상한다.[4]

그렇다고 해도 그 시절, 우리들 대학교수는 어째서 그렇게까지 비굴했을까. 그중에는 전투의 전과에 광희하는 단순한 교수도 있었고, 신국 일본의 위력과 올바름을 믿어 의심치 않은 교수도 있기는 했다. …… 그렇지만 우리 동료들 중에 전쟁을 구가한 자는 그렇게 많지 않았다. 그런데도 우리는, 군화가 학교를 유린하도록 내버려 두었다. …… [군의] 사찰이 있는 날, 대학교수의 모습은 얼마나 비참했는가. 자기 학생이 얻어맞고 걷어차여도 항의 하나 못하고, 단지 추종하는 웃음으로 이것을 바라보고 있었을 뿐이지 않나. ……
마음속으로 전쟁을 부정하면서도, 교단에서는 진충보국盡忠報國을 설파한다. 그것이 학자의 길이었을까. 진리를 사랑하는 자라면 반드시 그와는 다른 길을 걷지 않으면 안 되었을 터이다. 진정으로 나라를 생각하고 진정으로 인간을 사랑하고 아니 더 가까이 있는 학생을 진정으로 사랑하는 길은, 달리 있었을 것이다. …… 반전反戰을 결집할 지혜와 반전을 부르짖을 용기, 이것을 모두 결여했던 점이 우리를 불행하게 만들었으며, 평생의 후회를 남기게 만들었다.

이런 회한을 고백한 것은 혼다만이 아니었다. 난바라 시게루는 학도 출진으로 대학을 떠난 학생들을 회상하며 이렇게 말한다.[5] "나는 그들에게 '나라의 명을 거부하고서라도 각자의 양심에 따라 행동하라'라고는 말하지 못했다. 아니 굳이 말하지 않았다. 만약 그것을 말한다면, 먼저 나 스스로 일어서서 국가의 전쟁 정책을 비판해야 했다. 나는 나 자신이 겁쟁이이며, 용기가 부족했던 것을 반성하면서, 또한 오늘날에 이르기까지 그런 태도의 옳고 그름에 대해 갈피를 잡지 못하고 있다."

패전 직후에는 지식인뿐만 아니라 많은 사람들이 크든 작든 이런 회한을 품었다. 1946년 10월 구로사와 아키라 감독의 영화 〈내 청춘에 후회는 없다〉わが青春に悔いなし가 공개되어 많은 관객을 모았다. 거기에서는 하라 세쓰코原節子가 연기한 주인공이 "되돌아보았을 때 후회 없는 생활"이라는 말을 부르짖으며 경찰의 탄압과 세간의 백안시에 대항해 반전의 의지를 관철하는 모습이 그려졌다. 구로사와는 이 시기에 "패배한 일본을 재건하려면, 각자가 전면적으로 그 에고ego의 실현에 전념하지 않으면 안 된다고 믿었다"라고 말한다.[6] 물론 여기서 말하는 에고란 단순한 이기주의가 아니라 주체성을 의미했다.

또 혼다는 앞의 글에서 "두 번 다시 그 불성실함을 되풀이하지 말자고 자계自戒해야 할 것이다"라고 말한다.[7] 한국 전쟁이 발발하고 재군비가 개시된 뒤, 1951년 1월에는 일교조가 「제자를 다시 전장에 보내지 말라」教え子を再び戦場に送るな라는 결의를 표명해, 전쟁 체험을 지닌 교원들에게 큰 공감을 불러일으켰다. 그것은 단지 전쟁 반대나 인명 존중뿐 아니라, 또 한 번 굴욕과 회한의 체험을 반복할 것인가 말 것인가라는 문제였다.

이런 회한을 지닌 사람들에게 평화 운동에 참가하는 것은 굴욕의 기억을 해소하고 자신의 용기와 양심을 증명하기 위해서도 필요한 행위였다. 예를 들어 쓰루미 슌스케는 "우리들 전후파는 이전에 굴욕을 경험했으므로, 전후 역코스逆コース(1950년대 초 한국 전쟁과 미국의 매카시즘 등의 영향으로 일본에서 반공 정책이 본격화되어, 공산당계 인사의 공직 추방 등이 일어난 것을 가리킴—옮긴이)가 왔을 때 이번에야말로 행동으로 실증해 주겠다"고 생각했다고 말한다. 마루야마 마사오도 1960년의 안보 조약 반대 운동 때에 "그때는 더욱, 나는 이렇게 했어야만 했다"라는 전시의 "기억과 후

회"가 "행동의 발조發條"가 되었다고 말한다.[8]

이런 회한은 연구자와 독자의 양 측면에서 일본의 사회 과학을 활성화시켰다. 1장에서 말했듯이 도호 영화사가 패전 후 처음으로 신인 모집을 실시했을 때의 연기 과제는 "나는 바보였다. 정말로 바보였다. 바보였다"라는 대사였다. 교육학자 무나카타 세이야는 전쟁 협력의 논문을 썼던 이유로, 탄압의 공포에 굴복한 점과 "사회와 역사를 과학·합리적으로 파악하는 데에 약했던 점"을 들었다. 1977년 마루야마는 이런 회한이야말로 "주린 배를 움켜쥐고 철학서나 사회 과학서를 사기 위해 책방 앞에 줄을 서는 광경이 여기저기에 나타난 이유라고 생각합니다"라고 말한다.[9]

이런 윤리감을 한층 더 강하게 만든 것은, 정치가 및 논단 지식인의 편승적인 자세였다. 보수 정치가 중에서는 전시에 귀축미영을, 패전 직후에 민주주의를, 냉전이 격화되자 현실주의를 외친 자가 적지 않았다. 과거에 문학보국회의 간부를 맡았던 영문학자 나카노 요시오는 1949년 2월에 「하나의 고백」一つの告白이라는 글을 공표했다. 그중 한 구절은 이러하다.[10]

…… 이번 패전이 가져온 한 가지 슬픈 수확은, 지식인의 언설이 꼭 피와 살이 된 사상은 아니며, 때와 기후가 왕왕 변화할 때마다 간단히 가볍게 갈아입는 계절 옷에 불과하다는 사실을 알게 된 것이다.

나는 타인을 탓하는 데만 급급한 것이 아니다. 나 자신은 이미 몇 번이고 밝혔듯이, 태평양 전쟁 발발 이후로는 분명히 전쟁에 협력해 왔으며, 과거의 책임을 호도하려 한 적은 없다. …… 지식인은 지극히 교묘한 궤변으로, 결코 공존할 수 없음이 사실상 분명한 양극단의 사이마저도 교묘히 헤엄쳐 빠져나갈 수도 있을 것이다. 그러나 정직하게 말해서, 그것만큼은 하고 싶지 않다. 그렇기 때문에 나는 여기서 분명히 지금 나 자신의 위치에 대해, 장래를 향해서 책임 있는 언질言質을 제출해 두어야겠다는 생각이 들었다. …… 나는 이 고백에 대해서 평생 동안 책임질 생각이다.

나카노는 이어서 두 가지 정치적 입장을 표명한다. 하나는 천황제의 폐지이며 또 하나는 평화의 옹호였다.

전쟁의 기억이 생생했던 이 당시에 평화라는 단어는 아직 공동화空洞化되지 않았다. 나카노가 이 글을 공표한 1949년에는 냉전이 격화되고 핵전쟁의 위기감이 고조되었다. 한국 전쟁이 시작된 1950년에 사회학자인 히다카 로쿠로가 대학생들의 의식 조사를 실시한 결과, "제3차 세계 대전이 불가피하다"라고 회답한 자가 전체의 80퍼센트, "현실적으로 자신의 생명의 위기를 느끼고 있다"라고 회답한 자가 70퍼센트 이상이었다고 한다.[11]

나아가 나카노는 이 「하나의 고백」에서 다음과 같이 말한다.[12]

만약 평화에 대한 내 의지가 대립하는 국가 중 한쪽의 이해관계에 우연히 이용되는 경우가 있을지라도, 그것이 오로지 평화를 위해서라면, 설령 배반당할 것이 예견된다 하더라도 평화를 지킬 것이다. 다행인지 불행인지, 과거에 나는 세계의 많은 변전을 접하면서도 특별히 이렇다 할 탄압을 받지 않았다. 그러나 이 사실은…… 나의 태도가 교활했던 점, 기회주의적이었다는 점을 폭로하는 것일지도 모른다. 만약 장래의 나에게 여전히 살아갈 의미가 있다면, 이런 애매함을 다시는 나 자신이 반복하게 해서는 안 된다. …… 그것이 아니면 이 한심한 경험으로부터 나는 어떤 교훈을 배웠다고 할 수 있겠는가.

다행히 아직 오늘날은 우리가 평화를 입에 올려도 안전한 시기이며, 어떤 의미에서는 착한 아이로 지낼 수 있는 시기이기도 하다. 그러나 지극히 좋지 않은 예상이지만, 장래의 어느 시기에, 평화를 이야기하는 것이 신변의 위험을 의미하는 그런 시기가 다시 한 번 오지 않으리라고 단언할 수는 없다. 나는 그때를 위해서, 평화에 대한 나의 의지를 이렇게 선언해 둔다. 만약 그때 나의 심약함이 다수라는 압력 앞에서 평화를 배반하는 궤변을 다시 늘어 놓는다면, 누군가 이 글을 기억해서 나를 채찍질해 주었으면

한다, 규탄해 주었으면 한다. 평화는 이미 우리가 죽음으로써 지키지 않으면 안 되는 때에 와 있다.

　"죽음으로써" 지켜야 하는 "평화"란 난바라 시게루가 헌법 개정 심의에서 비판했던 "편의주의적인 안전제일주의" 같은 것일 수는 없었다. 여기서 말하는 "평화" 또한 회한에 찬 전쟁 체험에서 태어난 주체성의 다른 이름이었다. 이후 나카노는 평화 운동과 오키나와 문제에 꾸준히 관여했다. 또 신문의 설문 조사에서 전쟁 책임자의 이름을 들어 달라는 요청을 받았을 때, 자신의 이름을 써서 답했다고 한다.[13]

　그리고 이런 회한을 이야기하는 전후 지식인의 논조에는, 한 가지 특징이 있다는 점을 깨닫게 된다. 그것은 고백, 배반, 채찍질이라는 종교적인 언어가 자주 나온다는 점이다.

　실은 패전 직후는 종교가 관심을 모은 시기이기도 했다. 구래의 가치관이 붕괴되고 마음의 지침을 갈구하던 당시 젊은이들에게 인기가 있던 것은, 하나는 마르크스주의이고 또 하나는 기독교를 비롯한 종교서였다. 1947년 10월 좌담회에서 철학자 고자이 요시시게古在由重는 "전차나 기차 안에서 성서를 읽는 청년을 많이 봅니다"라고 말한다.[14] 오쓰카 히사오나 난바라 시게루가 이 시기에 인기를 얻은 것도, 그들이 경건한 기독교도이며 윤리적인 주장과 사회 과학적인 소양을 겸비한 유형이었다는 사실을 빼놓을 수 없다.

　그리고 종교에 대한 이런 관심은 전사자의 기억과도 관계가 있었다. 당시에 많은 사람들은 육친이나 친구 가운데 누군가를 전쟁으로 잃었고, 그것이 종교에 대한 관심을 불러일으켰다. 그리고 전사자의 존재는 이따금 회한과도 결합되었다. 전장에서 혹은 공습 중에 구원을 청하는 목소리에 응하지 못했던 경험은, 사람들에게 타자를 저버리고 살아남았다는 회한을 심었던 것이다.

　예를 들어 1장에서 보았듯이 한자와 히로시는 패주 중에 낙오한 전우에 대해서 "나는 그들을 버리고 왔다"라고 회상한다. 와타나베 기요시나 가미시마 지로 등이 "살아남은 자의 책임"을 이야기하고, "하늘에 있는 전우가 보고 있다"라고 말했음은 3장에서 본 대로다. 14장에서 검증할 요시모토 다카아키도 많은 동급생들이 전사했음에도 자기만 살아남아 버렸다는 회한으로 괴로워하며, 패전 후에는 성서나 불교서만 읽었다고 한다.

여성들 사이에서는 가까운 남성을 전장에 내보내고 결과적으로 죽음으로 밀어 넣은 것을 후회하는 경우가 많았다. 전시 중 군국 소녀였던 작가 오카베 이쓰코岡部何伊都는 청년 사관이었던 약혼자가 "나는 이 전쟁은 잘못되었다고 생각한다. 이런 전쟁으로 죽기는 싫다. 천황 폐하를 위해서라는 이유 따위로 죽기는 싫다"라고 고백했을 때, 주변에 대한 눈치도 있어서 "나라면 기꺼이 죽을 텐데"라고 답했다.[15] 그 후 그 약혼자는 오키나와전에서 전사했다. 패전 후에 오카베는 이 대답을 생애의 회한으로 지니고 줄곧 오키나와를 오갔다.

이런 회한을 일종의 원죄로 삼아 주체성의 기반을 쌓아야 한다는 의견도 존재했다. 1946년 좌담회에서 평론가 아라 마사히토가 오쓰카 히사오와 이야기를 나누었을 때, 근대적 인간 유형이 프로테스탄티즘의 윤리에서 생겼다고 말하는 오쓰카에게, 아라는 "일본 민족이 잔학한 침략 전쟁을 벌였다는 속죄감"을 기독교의 '원죄'의 대용으로 삼을 수 없겠냐고 말한다. 또 1959년 정치사상사가 하시카와 분소橋川文三도 패전과 전사자의 기억을 "예수의 죽음의 의미에 해당하는 것"으로 삼자고 주장했다.[16]

이런 회한과 죄책감은 아시아에 대한 가해 책임의 자각과는 미묘한 관계였다. 위의 아라 마사히토처럼 가해의 자각을 민족의 속죄 의식으로 이어 가려는 의견도 한편으로는 존재했다. 그러나 예를 들어 오카베 이쓰코 같은 경우는 자기가 결과적으로 죽음으로 밀어 넣은 약혼자를 침략자로 취급하기가 쉽지 않았다. 14장에서 후술하듯이 요시모토 다카아키 등은 "중국을 짝사랑해서 전쟁 책임을 느낄 정도라면, [일본의] 죽은 자들을 생각하라"라고 단언한다.

어찌되었든 전쟁 체험은 사람들에게 회한과 죄책감이라는 기독교적인 심정을 심어 주었다. 그리고 그것은 그들의 죄를 벌하고 용서해 줄 신을 찾는 경향을 만들어 갔다. 1948년 잡지 『긴다이분가쿠』에 실린 「토마스 만에게 보내는 편지」トーマス マンへの手紙는 이런 경향을 잘 보여 준다.

이 글은 일부 문학가의 공개 왕복 서간으로 히라타 지사부로平田治三郎가 독일의 소설가 토마스 만Thomas Mann에게 썼다. 만은 나치스가 정권을 획득한 뒤에 미국으로 망명하여 나치스 비판 강연을 한 것으로 알려져 있었다. 이 글에서 히라타는 전후에 번역된 만의 강연을 읽고 느낀 "죄의 자각과 회한"에 대해 이렇게 말한다.[17]

깊은 부끄러움에 견딜 수 없는 감정, 그리고 그로부터 나온 자기혐오의 상념이었습니다. 귀하의 한 마디 한 마디가 나의 심신에 회한의 각인을 파냈습니다.

…… 파시즘의 정치·사회적인 폭력을 굴복의 변명으로 삼아, 뒤로 물러나 폭력에서 도피하는 것을 유일 무상의 저항이라고 자신의 양심을 납득시켰던 우리가, 그런 폭력과 단호하게 싸운 귀하 앞에서, 머리를 숙이지 않고 어떻게 귀하의 말을 들을 수 있겠습니까! 적어도 나 자신은 귀하 앞에서 '바르게 저항한 인간'으로서 설 수 없음을 통감합니다.

이런 서간을 받은 만은 히라타에게 보낸 답신에서, 독일의 실정은 결코 이상적이지 않으며, 히라타의 편지만 보면 "오히려 일본 쪽이야말로 겸손과 참회라는 기독교적인 요구를 훨씬 더 만족시키는 것처럼 여겨진다"라고 말한다.[18] 그럼에도 패전 후의 일본에서는 만이나 장폴 사르트르Jean-Paul Sartre 등 파시즘에 저항했다고 여겨진 유럽 지식인에 대한 평가가 압도적으로 높았다. 일본 지식인들이 회한과 죄책감을 품으면 품을수록, 그들은 눈부신 존재로 보였다.

그리고 이런 회한으로 신격화되어 간 존재가 또 하나 있었다. 일본공산당이다.

히라타는 만에게 쓴 공개서한에서 자신의 죄책감을 고백하며, 일본 국민 모두가 죄를 짊어지고 있는 것은 아니라고 주장한다. 왜냐하면 "나는 옥중에서 18년 간 긴 세월에 걸쳐 인민의 자유를 위해 싸운 동포를 알기" 때문이었다. 히라타에 따르면 그들이야말로 "정신의 고귀함, 영혼의 순결, 인간애에의 신뢰"를 잃지 않은 "선택받은 자들"이었다.[19]

물론 이 말은 도쿠다 규이치나 미야모토 겐지 등, 1945년 10월에 석방된 공산당 간부들을 가리켰다. 전전에 체포된 마르크스주의자의 대부분이 전향을 표명하고 출옥을 허가받은 뒤 다시 체포될까 두려워해 전쟁에 협력했음에도, 그들은 전향을 거부하고 석방까지 10여 년간을 옥중에서 보냈다.

그리고 패전 직후에 이 옥중 비전향이라는 사실은, 현재로서는 상상할 수 없을 정도의 존경을 얻었다. 왜냐하면 대부분의 위정자 및 지식인들이 전시 전후에 전향을 반복했고, 많은 사람들이 전시 중의 자신에게 회한을 느끼는 상황 아래서, 이 공산당 간부들만이 전쟁 반대를 관철하여, 구로사와 아키라가 말한 "되돌아보았을 때 후회 없는 생활"을 실천한 존재로 여겨졌기 때문이다.

이런 경의는 일반 민중 사이에서도 논리적 설명 없이도 존재했다. 어느 중학생은 패전 직후의 신문 투고에서 "지금까지 머릿속에 나쁜 놈이라고 교육받아 온 공산당원은, 주의主義를 위해서는 투옥되어 비참한 상황에 처해지면서도 어디까지나 주의를 버리지 않았습니다. 그 주의의 가부는 둘째 치더라도, 어떤 박해에도 굴하지 않았던 굳은 신념과 절도에는, 솔직히 깊은 경복敬服의 뜻을 금할 수 없습니다"라고 말한다.[20] 이 당시 젊은이들의 공산당 입당 지원이 속출한 데는, 공산주의 그 자체에 공명한 까닭도 있었겠지만 이런 소박한 경의가 배경에 있었음을 빼놓을 수 없다.

공산당과 적대한 미국 측에서조차 이런 경의가 존재했다. 1946년 2월 저널리스트 마크 게인은 점령군에 영합해 오는 일본의 유력자와 경찰 간부들의 모습을 묘사한 뒤에, 미 국무부의 공무원이 "일본에서 가장 괜찮은 인간들은 감옥에 들어간 적이 있는 녀석들이다"라고 속삭였다고 쓴다. 또 국무부 고문이었던 조지 케넌George F. Kennan의 보고에 따르면 맥아더는 1948년 3월에 케넌과 회담하며 도쿠다 규이치나 노사카 산조를 "유능한 놈들"이라 칭찬하고, "그들이 공산주의자인 것은 실로 유감스러운 일이다"라고 말했다 한다.[21]

나아가 당시의 공산당은 마르크스주의라는 사회 과학으로 얻은 역사의 필연성을 숙지한 존재로도 여겨졌다. 비합리적인 정신주의의 공허함에 질렸던 패전 직후의 사람들에게는 과학에 대한 동경이 존재했다. 게다가 많은 사람들은 자신이 미래에 대한 과학적 예측을 갖지 못한 탓에 파멸적인 전쟁을 지지해 버렸다는 회한을 품고 있었다. 그런 와중에 사회 과학적 분석에 근거하여 전쟁의 성격을 꿰뚫어 보고, 그 패배를 예측했다는 공산당의 존재는 압도적으로 빛나 보였다.

그리고 옥중 비전향이라는 초인적인 행위도, 민중에 대한 봉사라는 윤리 의식과 함께 과학으로 지탱된 냉정한 미래 예측이 있었던 까닭이라고 생각되었다. 앞에서 말한 구로사와 아키라의 〈내 청춘에 후회는 없다〉는 전시 중에 사형당한 공산주의자 오자키 호쓰미尾崎秀実를 모델로 한 영화였는데, 오자키 역의 후지타 스스무藤田晋는 아내 역인 하라 세쓰코를 향해 "우리의 작업은 10년 후에 진상이 밝혀져, 일본 국민으로부터 감사를 받을 그런 작업이다"라고 말한다.[22]

10년 후는커녕 내일의 생활조차 예측할 수 없던 패전 직후의 상황에서 이런 말이 매력적으로 울리지 않을 리가 없었다. 두 번 다시 회한의 체험을 반복하지 않기 위해 과학에 기반을 둔 세계관을 몸에 익히고자, 젊은이들은 앞다퉈 마르크스의 저작을 읽었다. 이렇게 해서 과학과 역사의 필연성을 자기편으로 삼은 공산당은 "오류가 없다"라는 신화가 전쟁 체험과 회한의 기억 위에 정착해 간다.

공산주의에 비판적인 지식인들도 이런 까닭으로 1950년대 전반까지는 공산당에 존경의 시선을 보냈다. 보수파 지식인으로 알려진 다케야마 미치오竹山道雄조차도 1947년 4월의 글에서 감옥에서 풀려난 공산당 간부를 "인간성에 대한 신뢰를 증거하는 데 부족함 없는 인간"이라고 표현하며, 인류를 위해 족쇄에 묶인 그리스 신화의 프로메테우스Prometheus에 비견한다. 반공주의자였던 이노키 마사미치도 1953년 좌담회에서 "전쟁 중에 저항한 도쿠다 등의 사람들은 절대적으로 평가한다"라고 말하며, 동석한 쓰루미 슌스케도 "그 사람들에게는 미칠 수 없다"라고 응했다.[23]

하물며 탄압에 굴복하고 전향했던 과거의 마르크스주의자들에게 비전향 간부의 권위는 절대적이었다. 그것은 히라타가 만을 향해 말한 것처럼 죄책감과 참회 없이는 상대할 수 없는 대상이며, 일본의 용기와 양심, 과학과 진리의 상징이라고 해야 할 존재였다. 공산당이 '양심의 유일한 증거'이며 '기독교를 대신할 정신적 원리'였던 상황은 이런 사정에서 출현했다.

그렇다고 해도 도쿠다나 미야모토 등의 실상이 그런 신격화에 어울렸는지는 약간 다른 문제였다. 3장에서 말했듯이 1930년 전후에 체포당하고 옥중에서 10년 이상을 보낸 그들은, 전시 중의 사회 변천을 체험하지 못했다. 그런 그들이 갑자기 지도적 입장으로 모셔졌을 때, 사람들의 경의를 자신들의 정치적 역량에 대한 신뢰로 받아들여서 이따금 독선적으로 지도한 것도 무리는 아니었다.

그리고 전후에 공산당이 급성장했을 때 입당 내지 복당한 당원의 대부분은, 전시 중에 황국 청년이었던 젊은이들이거나 전향하여 전쟁에 협력했던 지식인 및 노동 운동가 등이었다. 그리고 후자의 사람들은 한 줌의 비전향 간부에게 충성을 맹세하는 것으로써 자신의 전향과 전쟁 협력의 과거에 대해, 말하자면 면죄부를 받았다. 공산당에 소속됨으로써 전쟁 책임의 추궁을 벗어났던 그들은, 종종 당의 권위를 빌려 천황제나 위정자를 규탄하고 비공산주의자를 비판하는 자세를 취했다.

이런 종류의 당원들에 대한 반발은 1950년대 전반부터 이미 존재했다. 이노키 마사미치는 앞서 본 1953년 좌담회에서 비전향 간부에게는 경의를 표했지만 "그러나 코뮤니스트communist 일반은……"이라고 말한다. 동석한 다케타니 미쓰오武谷三男도 공산당이라는 "파티party를 존경한다"라고 말한 뒤에 "개개 코뮤니스트의 다수는, 반드시 신용한다고는 할 수 없다", "〔전시 중의 자기 행위를〕 모르는 척하는 녀석들은 타기唾棄해야 한다"라고 주장한다.[24]

그러나 스탈린I. V. Stalin 비판과 헝가리 사건, 그리고 공산당의 노선 변경 등으로 공산당의 무오류 신화가 무너진 1955년부터 1956년 무렵까지는 이런 반발이 억제되어 있었다. 따라서 공산당의 권위는 전쟁과 회한의 상처가 쓰라렸던 패전 후의 10여 년간 널리 공유되었다.

공산당의 애국론

그런 공산당이 '진정한 애국의 당'을 자칭했던 사실은 3장에서 말했다. 여기서는 전후사상에 적지 않은 영향을 끼친 공산당의 애국론을 좀 더 검증해 둔다.

1945년 10월에 점령군의 지령으로 옥중에서 석방된 공산당 간부들은 10일 자로 「인민에게 호소한다」라는 제목의 선언을 발표했다. 거기서는 "세계 해방을 위한 연합국 군대의 일본 진주"를 환영하면서 천황제의 타도와 "인민 공화국 정부 수립"이 주창되었다.[25]

3장에서 말했듯이 당시의 공산당은 우선 천황제를 타도하는 프랑스 혁명형의 부르주아 민주 혁명을 하고, 이어서 사회주의 혁명으로 이행한다는 2단계 혁명론을 취했다. 그리고 점령군의 지령으로 석방된 경험은 미군이 해방군이라는 규정으로 나타나서, 미군의 점령하에서도 사회주의 혁명은 차치하더라도 평화적 수단으로 민주 혁명은 가능하다는 평화 혁명 노선을 가져 왔다.

그리고 이 선언에서는 "군국주의와 경찰 정치의 일소는 일본 민족을 사멸에서 해방시키고 세계 평화를 확립하기 위한 전제 조건이다"라고 주장했다. 여기서의 일본 민족은 군국주의, 경찰 정치의 피해자였다.

나아가 1946년 1월에는 중국 망명에서 귀국한 노사카 산조가 공산주의자야말로 "진정한 애국자"라고 주장하는 「민주인민전선으로 조국의 위기를 구하라」民主人民戰線によって祖国の危機を救え라는 제목의 강연을 했다. 이 민주인민전선이라는 명칭은 1948년 3월에 당 중앙위원회의 제창에 따라 민주민족전선民主民族戰線으로 바뀌어서 '보수 망국 정부 반대'를 외치게 된다.[26]

실은 이런 애국이나 민족의 강조는 당시 국제 공산주의 운동의 공식 노선을 따른 것이기도 했다. 파시즘에 대항하기 위해 공산당을 중심으로 여러 세력을 규합해 인민전선을 구성한다는 전술은, 나치스가 정권을 획득한 뒤인 1935년의 코민테른 제7회 대회에서 채용되었다. 그리고 제2차 세계 대전 중에는 이 방식이 나치스 독일 점령하의 국가들이나 항일 투쟁을 벌이는 중국 등에서 응용되었다. 즉 공산당을 중심으로 한 레지스탕스résistance 활동이야말로 침입자와 싸우는 애국 투쟁이 된 것이다.

특히 중국공산당은 항일 전쟁 과정에서 식민지적 상태로부터의 민족 해방을 내걸었다. 그리고 이 민족전선은 2단계 혁명론에도 적합했다. 당시의 일본은 중국처럼 아시아의 후진국으로 규정되었는데, 당면 목표가 민주 혁명인 이상, 공산주의를 지지하지 않는 세력과도 민주 혁명과 민족 독립을 위한 폭넓은 제휴가 가능했기 때문이다.

그리고 식민 지배하에서 왕정 타도와 민족 독립은 일체를 이루었다. 왜냐하면 영국의 인도 통치 등에서 보이듯, 이따금 종주국은 현지의 왕조나 지주를 회유하고 그들을 협력시켜서 간접 통치를 행했기 때문이다. 이런 상황에서는 재래의 왕조를 무너뜨리는 민주 혁명이 곧 식민지 상태에서 벗어나는 독립운동이 되었다. 그런 까닭에 중국공산당은 구지배층을 외국에 협력하는 매판 세력이라 비판하고 항일 운동과 혁명을 애국의 이름하에 추진했다.

이런 노선이 일본공산당에 끼친 영향은 패전 직후부터 보였다. 1946년 2월 일본공산당의 기관지 『젠에이』가 창간되었는데, 조선공산당이 그 창간호에 보낸 통신은 "조선 민족은 민족으로서는 단일 민족이다", "조선 민족을 진정으로 사랑하고 조선 민족의 친구로서 조선 민족의 완전한 해방을 위해서, 가장 충실하게 싸우는 것은 조선공산당이다"라고 주장하며 "민족의 총력을 결집하여", "민족통일전선을 결성"하자고 외친다.[27]

그리고 1946년 3월 『젠에이』 제2호에는 「애국주의에 대해서」愛国主義について라는 논문이 게재되었다. 이 논문은 1945년 6월에 소련의 전연방노동조합중앙평의회Vsesoyuznyy Tsentral'nyy Sovet Professional'nykh Soyuzov 기관지인 『노보예 브레먀』Novoye Vremya에 게재된 것을 번역해 실었다. 이 논문의 내용은 이 후에 공산당계 논자들이 주장하는 애국론의 기본형이 된다.[28]

이 논문을 쓴 발티스키N. Baltiysky(오토 빌레 쿠시넨Otto Wille Kuusinen의 가명-옮긴이)는 우선 "공산주의자나 모든 좌익 노동자에게는 애국심이 결여되어 있다"라는 보수파의 비난을 타도할 것을 설파한다. 나치스 독일 점령하의 국가들에서 보수 세력이 반공의 이름 아래 독일의 괴뢰 정권을 세운 데 비해, 공산당은 조국 해방을 위해 레지스탕스를 행한 사실이 그 논거였다. 즉 애국주의를 주창하며 공산당을 공격했던 보수파야말로 조국의 배신자이며 공산주의자야말로 진정한 애국자였다는 것이다.

나아가 이 논문은 진짜 애국주의와 부르주아 민족주의의 구별을 주장한다. 부르주아 민족주의란 "자기 민족의 사이비 우월성"을 주장하며 "노골적인 민족적 편견"이나 "제국주의적 욕망"으로 이어진다. 그것에 비하여 진짜 애국주의는 식민지 독립운동이나 프랑스 혁명 등에서 보이듯이, "자기 민족의 자유를 위해 싸운다는 결의"이며 "타민족의 평등한 권리"를 존중한다.

나아가 발티스키는 "공산주의는 코즈모폴리터니즘과는 어떤 공통점도 없다"라고 단언한다. 공산주의는 국제적 연대를 내세우지만 각국의 공산주의자는 "단단히 조국의 기반 위에 서 있다"는 것이다. 애초에 "코즈모폴리터니즘은 근로자와 전혀 무연한 사상"이며 "노동 계급이 자기 민족으로부터 유리되어 그 민족임을 거부한다는 생각은 지극히 우스꽝스러운 일"에 지나지 않는다. 공산주의를 코즈모폴리터니즘이라고 하는 것은 "노동 계급의 적들"의 "후안무치한 비방이다"라고 발티스키는 말한다.

그럼 코즈모폴리터니즘의 담당자는 누구인가. 그것은 "국제적 재벌의 대표자, 국제적 카르텔·대부르주아 주식 투기자, 세계적 무기 판매상(살인상)과 그 앞잡이들"이다. 왜냐하면 그들은 자신의 이익을 위해 국경을 넘어서 "'맛있는 것이 있는 곳, 그곳이 조국이다'라는 라틴어 속담대로 행동하고 있기" 때문이다.

발티스키에 따르면 코즈모폴리터니즘이란 "조국에 대한 무관심 혹은 멸시적 태도"다. 금융적 코즈모폴리턴들은 "자신은 어떤 정치적 이데올로기의 신봉자도 아니다", "우리는 정치의 구역 밖에 있는 초연한 실무가다" 등이라 주장하지만, 실제로는 "탐람貪婪한 돈벌이주의에 사로잡혀, 보다 많은 이익을 주는 제국주의자에게 손쉽게 나라를 팔고 자기를 판다." 제2차 세계 대전 중에 중립국이었던 스위스나 스웨덴을 비롯해 많은 국가의 자본가들이 나치스에 군수 물자를 판매한 것은 이 사실을 여실히 보여 준다. 따라서 "코즈모폴리터니즘이 결코 '정치를 초월'하지 않는다는 점은 실증이 끝났다"는 것이다.

여기서의 코즈모폴리턴은 정치적 무관심과 중립을 가장하며 제국주의자와 결탁하여 국경을 넘어서 이익을 추구하는 자본가의 대명사였다. 마루야마 마사오가 세계 시민을 비판한 점, 나카노 시게하루가 스위스나 스웨덴의 중립을 비난한 점은 이미 본 대로이다.

그리고 이 발티스키 논문의 주장이 3장에서 소개한 노사카 산조의 연설과 흡사하다는 사실은 말할 것도 없다. 애초 소련 및 중국에서 망명 생활을 했던 노사카는 중국공산당의 영향을 받았다. 1947년 1월에는 역시 중국에서 귀환한 가지 와타루鹿地亘가 「애국이란 무엇인가」愛国とは何か라

는 논고를 공표했는데, 역시 중국에서의 체험이나 발티스키 논문을 인용하며 진정한 애국을 주창하는 내용이었다.[29]

그러나 이런 민족전선의 제창이 꼭 공산당 간부의 체질이 되지는 않았다. 패전 직후의 공산당은 이따금 사회당에게 통일전선을 요청했지만, 그것은 어디까지나 공산당이 주도하는 성격이었고, 전쟁에 협력한 과거를 지닌 사회당 간부를 전범 등이라 지탄하는 일도 있었다.

또 3장에서 말했듯이 중국에서 귀환한 노사카 산조는 천황에 애착을 보이는 일본 병사가 많았던 경험을 토대로 천황제의 존폐를 국민 투표에 부칠 것을 생각했다. 민족전선을 목표로 다양한 세력을 규합하기에는 이 방침이 현명했을지도 모른다. 그러나 옥중에서 탄압을 받았던 도쿠다 규이치 등은 이를 받아들이지 않았다.

앞에서 말한 대로 10년 넘게 외부와 격리되어 옥중에 있었던 도쿠다 등은 일본 사회에 대한 현실적 인식을 결여하기 쉬웠다. 그리고 당시의 공산당 지도부였던 가미야마 시게오에 따르면 1930년대를 옥중에서 보낸 공산당 간부들은 1935년에 채용된 인민전선에 대해, 그 말은 알아도 충분히 이해하지 못했다고 한다.[30]

인민전선 이전에 채용된 방침은 노동자의 지지를 얻는 데 최대 라이벌인 사회당을 우선 공격해야 한다는 '사회민주주의 주요 타격론'이었다. 이렇게 해서 독일의 공산당과 사회민주당이 대립하던 틈을 노린 나치스에게 정권을 빼앗긴 사실을 교훈 삼아, 코민테른은 1935년에 이 방침을 포기했다. 그러나 도쿠다 등은 이 노선을 전후까지 끌고 갔다.

이런 체질을 유지한 채로 민족전선이 도입된 것은, 그 후의 애국심 논의에 악영향을 주었다. 공산당 간부들과 그를 추종하는 당원 지식인들은 자신들의 지도하에 편성된 민족전선에 가입하는 것만 진정한 애국이라 칭하고, 뜻대로 되지 않는 상대를 전범이나 매국노 등이라 비난하는 경향을 보였다.

그래도 '옥중 비전향'의 권위가 살아 있던 패전 후 10여 년간은 공산당이 주도하는 애국이나 민족의 주장이 그 나름대로 받아들여졌다. 그러나 패전 직후에도 공산당의 이런 세력 신장에 반감을 보인 세력이 존재했다. 그것은 올드 리버럴리스트라 칭해진 보수계 지식인들이었다.

전쟁과 리버럴리스트

패전 후의 논단에서 우익 국수주의자는 세력을 실추했다. 그 대신에 올드 리버럴리스트라고 통칭된 지식인들이 보수 논단을 형성했다.

이 올드 리버럴리스트의 특징을 한마디로 설명하기는 어렵다. 구체적으로는 와쓰지 데쓰로, 쓰다 소키치, 고이즈미 신조, 다나카 미치타로田中美知太郎, 다나카 고타로, 아베 요시시게阿部能成 등이 그 대표로 여겨졌는데, 그들 사이의 차이도 나름대로 컸다.

그러나 그들에게는 사상적 상이함을 넘어선 일종의 공통성이 있었다. 하나는 그들 중 다수가 패전 시에 50대 이상으로, 다이쇼기에 청년 시대를 보낸 세대였던 점이며, 또 하나는 그들이 공산주의를 혐오하고 천황을 경애하는 문화인이면서 자유주의를 흠모했다는 점이었다. 이런 이유에서 그들은 올드 리버럴리스트라고 불렸는데, 그 특징을 분석하는 것은 전쟁 전 일본 자유주의의 성격에 대한 이해로도 이어진다.

우선 가장 큰 전제는 고도 경제 성장 이전의 일본 사회에 존재한 큰 계층 격차다. 전전의 지식인은 거의가 도시 거주의 중산층 이상에 속하여, 경제적에서도 교양으로도 일반 민중과 동떨어져 있었다. 1948년 조사에서 신문 정도의 읽고 쓰기가 완전히 가능한 자는 4.4퍼센트에 지나지 않았던 점, 군대에서 처음으로 하층민과 접촉한 학도병들이 대중에게 경악과 경멸의 감정을 품었던 점은 1장에서 말한 대로다.

교양만이 아니라 생활 문화의 면에서도 격차는 거대했다. 올드 리버럴리스트들과 친했던 작가 야마모토 유조山本有三는 1936년에 도쿄 교외의 농촌이었던 미타카三鷹로 이주했는데, 그 저택은 영국 민가와 고딕 건축 양식을 절충해서, 아치형의 큰 창과 일광욕실, 벽난로가 있는 응접실 등을 갖추었다.[31] 이 세대의 지식인 가운데는 서양식 지팡이나 궐련 등을 애용하고, 승마나 골프에 익숙한 사람도 적지 않았다. 물론 당시에 골프는 도시 상층민에게만 허락된 사교 클럽의 스포츠였다.

그런데 이런 격차를 축소시키는 단초가 된 사건이 전시 및 패전 후의 인플레이션이었다. 공습 때문에 도시 중산층의 가옥이 파괴되었고, 금융 상품이나 예금은 인플레이션으로 가치가 급락했다. 패전 직후에는 다자이 오사무의 소설에서 따온 사양족斜陽族이라는 말이 유행어가 된다.

전전의 우아한 생활에 익숙했던 연장 세대의 지식인들 중에는 전후의 사회 변동에 반발한 자도 적지 않았다. 이런 반응의 사례로 잡지『세카이』편집부원의 일기에 나오는 1948년 1월의 일화를 소개하겠다. 이 편집부원은 식재료 사재기 등으로 혼잡했던 당시의 전차에서 미술사가 고지마 기쿠오児島喜久雄와 우연히 만났다.[32]

요요기代〻木 역에서 상행 전차를 기다리다 고지마 기쿠오를 만났다. ……
같이 만원 전차에 탔다.
"전차가 혼잡한 것은 진주군의 횡포가 큰 영향력을 미쳤다. 입으로는 그럴듯한 말을 하면서도 미국인은 일본인에 대해서 씻어내기 힘든 인종적인 멸시감을 품고 있다. 아무리 패전 국민이라고 해도 우리는 필요 이상으로 학대당하고 있다"라고 고지마 선생은 말했다.
거기까지는 뭐 그렇다고 쳐도 "그것은 결국 대부분의 일본인이 실제로 더럽고 저조低調하므로 무리도 아니라고 할 수 있다. 그러나 문화도 교양도 있는 극히 소수의 사람들마저 동일시되는 것은 참을 수 없다"라고 말하는 데 이르러서는 동감할 수 없었다. 이런 사고방식, '귀족 취미'를 아베 요시시게와 만났을 때도 느낀 기억이 있다. ……
"사람은 태어나면서부터 그 각각의 천분天分과 신분을 갖는다. 그것을 무시하고 만인 평등을 주장하는 것은 잘못이다. 요즘의 세상은 개나 소나 민주주의를 외치고 노동자까지도 남들만큼 임금을 획득하려고 자신의 주장을 마구 떠들어 댄다. 무서운 세상이다"라고 계속해서 말했다. 나는 그저 입을 다물고 있었다.

이런 감각을 가진, 전쟁 전 시대에서 자란 문화인들이 전후 보수론자의 1세대를 형성한다.

그러나 한편으로 이런 문화인들 가운데는 전시에 우익이나 군인에게 비판적인 자세를 취했던 자유주의자가 적지 않았다. 그러나 이것도 그들이 자신의 지위를 뒤흔드는 사회 변동을 싫어한 점에서 기인했다.

전쟁 전 지식인의 대부분은 도쿄제대를 비롯한 엘리트 학교 출신으로 관료나 정당 정치가 등과 동창인 사례가 적지 않았다. 그러나 1930년대 말부터 하층 계급 출신 군인들의 발언력이 커지면서, 요시다 시게루로 상징되는 친영미파의 엘리트 관료 중 일부는 자유주의자라며 배척되었다. 나아가 총력전 체제하에서 유럽풍의 교양에 물든 도시 지식인은 비판을 받고, 군수 공장의 노동자나 농민 쪽이 산업 전사라고 상찬되어 갔다.

1940년대까지의 일본에서 서양풍의 생활 양식은 도시 중산층 이상에게만 허락된 특권이었다. 1946년 쓰루미 슌스케는 전시 중에 서양 문화를 배격하는 구호가 민중에게 지지받은 이유를 이렇게 말한다.[33]

이 표어들의 의미를 문자 그대로 해석하면 이국에서 수입된 풍속을 배제하고 일본 고래의 풍속을 추구한다는 내용인데, 그뿐 아니라 상류 계급의 생활 양식에 대한 반감을 다분히 포함하고 있었다. 외래 풍속을 향락하는 지위에 있던 것은 상류 계급 사람들뿐이고, 일반 대중은 대체로 국수적國粹的인 풍속에 머물러 있었기에, 서민들은 이른바 외래 풍속을 폐지하는 것으로 조금도 손해 볼 일이 없었고, 또 외래 풍속 배격을 주장하면 그들 자신의 현재 생활 태도를 칭송하게 된다. 알기 쉽게 말하면 옷치장에 신경 쓰지 않는 공동 주택의 아주머니가 눈부신 양장을 하고 동네를 걷는 상류 부인에게 품는 반감, 일반 사람들이 스키나 스케이트나 댄스에 빠진 양가良家의 자제에게 느끼는 불쾌함, 이런 것들이 위 표어의 뜻에 다분히 포함되었다.

이런 상층의 문화인은 전시 체제 속에서 공격에 노출되었다. 또한 전시의 노동력 부족은 육체 노동자의 임금을 상승시켜, 국채 남발과 어우러져 인플레이션을 급속히 진행시켰다. 노동력을 몽땅 동원하면서 하녀나 서생 같은 피고용인도 소멸해 갔다. 이런 상황이 도시 중산층의 몰락을 초래했다.

총력전으로 중산층이나 귀족층이 몰락하는 현상은, 이미 제1차 세계 대전에서 유럽 국가들이 경험한 것이었다. 일본은 거기에 전 국민의 조직화가 더해졌다. 식료품 배급제의 시행은 초나이카이나 도나리구미의 지역 우두머리, 혹은 배급품 분배를 관할하는 소상점주 등이 도시 중산층보다 우위에 설 기회를 주었다.

다이쇼기에 인격을 형성한 지식인들은 이런 전쟁 체제에 강한 반감을 보였다. 평론가 기요사와 기요시清沢洌의 『암흑일기』暗黒日記는 자유주의자가 전쟁을 비판한 대표적인 예로 꼽히는데, 이런 지식인들의 심정도 잘 보여 준다. 예를 들어 그는 1944년 3월 일기에 이렇게 쓴다.[34]

얼마 전 피난 짐의 검사가 있었다. 그 검사관은 우리 집에 출입하던 목수 우메무라梅村였다. 우리 도나리구미의 장을 데리고 들어와 거수경례를 하며 "잘했습니다"라고 칭찬하고 갔다 한다. 와이프는 "지금까지는 쪽문으로 드나드는 것조차 조심스러워 하더니"라고 말한다.

교양 있는 중산층 지식인이 출입하던 목수에게 명령을 받는다. 이런 총력전 체제의 현실을 기요사와는 "밀리터리즘과 코뮤니즘의 타합妥合", "질서 유지의 책임이 목수나 정원사, 생선 장수 등에게 돌아갔다" 등이라

표현한다.[35]

　기요사와는 일기 여기저기에 이런 총력전 체제에 대한 반감을 토로했다. 그는 "'군인'이라는 중류 계급 이하의 녀석들"을 경계하며 "일본의 지도자는 하사관 정도가 되었다"라고 말하는 친구와 시국을 한탄하며 "무학의 지도자"를 비판한다. 그 한편으로 "우리들의 수입은 점점 감소하고 반대로 노동자의 수입은 천장만큼 높아진다"라며 "인텔리의 몰락"을 우려하고, "'사회의 근저에 적화적赤化的 흐름이 움직이고 있다', '혁명은 이제 와서는 반드시 닥칠 것이다'" 등이라 관측했다.[36]

　총력전의 말기에 혁명이 일어난다는 현상은, 역시 제1차 세계 대전에서 독일이나 러시아가 경험한 사실이었다. 진보계의 지식인 중에 이런 혁명이 일본에서도 일어나지 않을까 하고 기대한 사람들이 있었음은 2장에서 말했다. 혁명에 반감을 보이는 측의 지식인도 비슷한 관측을 품는 경향이 있었다.

　총력전 체제하에서 기요사와가 공산주의적인 징후로 든 것은, 정부가 군수 노동자의 생활을 보장하는 일본적 급여 형태를 추진한 점, 그가 다니던 골프장이 식료품 부족 때문에 농장으로 전환되려는 움직임 등이었다. 1944년 10월 기요사와가 이시바시 단잔이 주최하는 연구회에서 지식인 동료와 "전후는 어떻게 될지"를 논의했는데, 최대 주제는 "사유 재산이 없어질 것인가의 문제"였다.[37]

　그리고 기요사와의 견해로는 일본에서는 "'혁명'이 일어나도 그것은 다분히 파괴·반동적인 것으로, 그것으로 이 나라가 좋아질 예상은 없다"라고 여겨졌다. 총력전 체제에 "딱 맞는 지식과 행동주의의 소유자"인 "목수"나 "생선 장수"가 혁명을 일으켜도, 혼란만 부를 뿐이라고 생각했으리라.[38]

　기요사와에 따르면 이런 무지한 민중에게 질서를 주는 것이 지식 계급과 천황이었다. 그는 "이 공동적 훈련이 없는 국민이 황실이라는 중심이 없어졌을 때, 어떻게 될까"라고 말하며 1944년 7월에 도조 내각이 붕괴했을 때는 "이 독재자가 쓰러진 것은 일본의 중심은 역시 황실이었기 때문이다. 이 제도에 더욱 바라는 바는, 과격한 혁명 수단에 기대는 일 없이 전쟁을 매듭짓는 것이다"라고 쓴다.[39]

또한 기요사와는 "미국의 전후 요구 속에는 조선 독립 같은 것은 있을 수 없다", "그것〔한국 병합〕은 합법적으로 행해진 것이니까"라고 생각했다. 총력전이 혁명을 초래하기 전에 항복하면 바람직하지만, 만주를 포기하는 것으로 구미 제국과 타협하고 "조선, 타이완〔의 상실〕을 저지할 수 있다면 최상이다"라는 것이 그의 전후 구상이었다. 강제 연행 등으로 급증한 조선인에 대해서도 "전차 속에서도 조선어가 범람했다. 금후의 가장 큰 사회 문제다"라고 말한다.[40]

이런 사고방식은 전시 중의 상층 계급에서는 나름대로 일반적이었다. 1945년 2월 고노에 후미마로가 천황에게 화평 교섭을 진언했을 때, 공산 혁명의 위험을 역설하며 총력전 체제를 추진하는 군부 속에 '빨갱이'가 숨어 있다는 관측을 말한 사실은 잘 알려져 있다. 기요사와의 전시 일기에는 전후에 수상이 된 요시다 시게루와 회합을 연 모습도 쓰여 있는데, 요시다 역시 빨갱이와 군부에 반감을 지닌 자유주의자였다. 빨갱이와 군부는 무지한 민중을 선동하여 그들의 지위를 위협하는 존재였던 것이다.

다른 한편으로 많은 마르크스주의자가 전향해 가던 와중에 기요사와나 요시다 같은 자유주의자 쪽이 전쟁에 비판적인 자세를 지켰던 것은 사실이다. 그러나 그들의 자유주의는 체계적인 사상이라기보다는 일종의 생활 감각이었다. 사상은 전향할 수 있지만 생활 감각은 쉽게 바뀔 수 없다. 그리고 그들은 자신들의 생활과 자유를 좌우의 정치 세력으로부터 방위한다는 의미에서는, 분명 자유주의자였다고 할 수 있다.

가토 슈이치는 요시다 시게루 등을 평하여 "나는 일본 권력 기구의 상층부에 브리지bridge 게임의 규칙을 모르면서 전쟁에 반대하는 인간이 있기는 한지 의심스럽다"라고 말했다.[41] 트럼프 놀이의 일종인 브리지는 승마와 마찬가지로 영국 신사의 풍습으로 여겨져 도시의 상층민 사이에서만 알려져 있었다. 기요사와의 취미가 당시로서는 특권적인 스포츠였던 골프였음은 앞에서 쓴 대로다.

이런 지식인들은 하층 출신자가 많은 육군을 경멸하는 한편, 영국풍의 규율을 수용했던 해군 사관에는 호감을 보이는 경우가 많았다. 1장에서 말했듯이 교토학파의 철학자들은 해군과 결합해 있었고, 와쓰지 데쓰로나 아베 요시시게 등도 해군이 주최하는 사상 간담회에 참가했다. 지식인들의 해군에 대한 이런 호감은 전후에도 육군과 대비시켜서 해군을 미화하는 풍조로 이어졌다. 단 해군 사관의 특권적인 우아함이 심각한 계급 간 격차를 배경으로 성립했다는 사실도 1장에서 말한 대로다.

무엇보다 당시의 자유주의자 중에는 시류에 맞추어 전쟁을 지지했던 자도 적지 않았다. 예를 들어 기요사와의 일기에 따르면 게이오기주쿠대학의 숙장이며 내각 고문을 맡은 고이즈미 신조는, 1944년 12월에도 "미국의 노예가 되는 것보다 낫다"라고 말하며 철저 항전을 주장했고, 기요사와는 이에 대해 "완전히 우익적이 되었다", "대신大臣 대우를 받거나 숙장이 되면, 이렇게나 의견이 바뀌는가"라고 평했다.[42]

그리고 많은 보수 정치가와 마찬가지로 고이즈미도 전후에는 친미 노선으로 전향해서 미군의 주둔을 인정하는 안보 조약에 찬성했다. 고이즈미는 천황가와 가까웠고 황태자의 교사로도 알려져 있었다. 작가인 홋타 요시에堀田善衞의 회상에 따르면 고이즈미의 동급생이었던 홋타의 부친은 고이즈미에 대해서 "그런 자야말로 매국자다"라고 평하며 "그런 자가 황태자를 교육하다니, 국적國賊이다"라고 말했다 한다.[43]

또 기요사와처럼 전쟁에 비판적이었던 경우에도, 이런 자유주의자의 비판은 실질적인 정치적 효과와는 그다지 결합되지 않았다. 그들은 대중 운동을 조직하는 것 등은 생각치도 않았으며, 동지들끼리 정부 비판을 투덜대거나 중신 그룹에 물밑 공작을 가하는 정도에 머물렀다.

기요사와는 1945년 5월에 병사했지만, 전후에 살아남았다면 보수론자가 되었을 가능성이 높았다고 생각한다. 그리고 패전 후에 군부가 일소되어 정계와 논단에 다시 피어난 자유주의자들은 반공 및 천황 옹호를 내걸고 전후의 보수 세력을 형성해 간다.

올드 리버럴리스트

패전 직후의 논단에서는 도의道義 부활이나 민주화의 제창과 함께 문화 국가론이 대두했다. 그 담당자는 부활한 전전의 문화인들이었다. 문화를 중시한 문화 국가론은 군부에 억압당해 온 문화인들이 무대 위로 다시 올라왔다는 선언이었다.

부활한 문화인 중에는 「세계사의 철학」으로 전시의 스타가 되었던 교토학파의 철학자들도 포함되어 있었다. 그러나 그들은 전시의 활동 때문에 독자들의 신용을 잃었다. 원래 학도병 출신인 우메하라 다케시는 "자기는 죽음에 직면하지 않으면서 타인에게 죽음을 설파하는 것은 사기 행위가 아닌가"라고 느껴, 귀환 후에 "우리에게 죽음을 설파한 철학자는 도무지 참을 수가 없었다"라고 말한다.⁴⁴ 게다가 그들은 이윽고 공직 추방의 대상이 된다.

그리고 부활한 문화인들의 또 하나의 그룹이 전쟁 전의 자유주의자들이었다. 이와나미서점 사주였던 이와나미 시게오岩波茂雄의 인맥인 아베 요시시게, 와쓰지 데쓰로, 다니카와 데쓰조谷川鐵三, 시가 나오야, 무샤노코지 사네아쓰武蔵小路実篤, 야마모토 유조, 다나카 고타로 등을 중심으로 이시바시 단잔, 고이즈미 신조, 스즈키 다이세쓰鈴木大拙, 야나기 무네요시柳宗悦, 오우치 효에大內兵衛 등이 참가한 동심회同心会가 패전 직후에 결성되었다. 이 모임의 회지로 1945년 12월에 잡지 『세카이』가 창간된다.

당초 『세카이』는 마르크스주의계의 급진적 잡지가 많았던 당시로서는 온건하고 교양주의적이어서, "금단추를 단 수재秀才와 같은 잡지", "보수당 좌파의 잡지"라고 표현되었다. 동심회의 구성원들을 생각하면 당연한 결과였으나, 그런 상태는 길게 이어지지 않았다. 편집부에는 사회주의

에 공명하는 부원들이 적지 않았고, 편집장인 요시노 겐자부로吉野源三郎
는 동심회의 동인지를 넘어선 잡지를 구상했다.

그렇지만 구래의 지식인들이 사상을 전환하기는 어려웠다. 『세카이』
창간호에서 아베 요시시게가 쓴 권두 논문은 전시 중의 윤리 저하를 비판
하고 도의의 재건을 설파하는, 당시의 논단에 자주 보인 내용이었다. 그
러나 이 논문은 점령군의 검열로 두 군데가 삭제된 데다가, 군비 철폐나
식민지 상실을 한탄하는 내용이 포함되어서, 편집부에서는 동심회 멤버
를 배제하라는 요구가 높아졌다.[45]

전술한 바와 같이 아베는 와쓰지 데쓰로 및 다니카와 데쓰조 등과 함
께 해군 주최의 사상 간담회에 참가했다. 과거 경성제국대학京城帝國大學
교수였던 아베는 1942년 이 간담회에서 조선인과의 혼혈 방지를 설파하
며 "일본이 만주국을 착착 밀어붙여 가면 가운데에 낀 조선의 통치는 못
할 것 없다"라고 말했다. 또한 아베는 대동아 공영권에서의 교육에 대해
서도 "달콤한 인도주의로 말미암아 주민의 응석을 받아 주는 것은 불필
요하다", "일본의 이익을 위해서 봉사하도록 이끌어 가지 않을 수 없음은
명백하다"라고 주장한다.[46] 와쓰지도 이 간담회에서 거의 같은 취지의 보
고를 했는데, 이런 아베가 식민지 상실을 한탄하는 논문을 쓴 것은 당연
했다고 할 수 있으리라.

이런 문제가 더욱 표면화된 것은 1946년 4월호 『세카이』에 게재된
쓰다 소키치의 논문 「건국의 사정과 만세일계의 사상」建国の事情と万世一系
の思想이었다. 쓰다는 전전에 『고지키』古事記, 『니혼쇼키』에 대한 연구를
저술했고 그것이 대전 중에 출판법을 위반했기 때문에, 탄압에 저항한 자
유주의 역사학자로서 높은 평가를 받고 있었다. 편집부는 이런 쓰다에게
황국 사관皇國史觀 비판을 기대했는데, 쓰다는 천황을 옹호하고 마르크스
주의 역사학을 비판하는 논문을 기고한 것이다.

조선 멸시 및 천황 옹호, 그리고 반공 등은 이 세대의 자유주의자에게
공통된 경향이었다. 와쓰지 데쓰로나 다나카 고타로가 천황제를 폐지하

면 자치 능력이 없는 국민들은 혼란에 빠진다고 주장한 사실은 3장에서 말한 대로다. 그들은 기요사와의 경우처럼 전시 중에는 군부에 비판적이었던 국면도 있었지만 전후에는 천황 옹호와 반공의 측면을 드러냈다.

쓰다의 논문을 받아 온 편집부에서는 게재 반대의 의견이 다수를 차지했다. 편집장 요시노는 하니 고로에게 상담했는데, "이런 것을 실었다가는, 혁명이 일어나면 기요틴이다"라는 답변을 받았다고 한다.[47] 할 수 없이 요시노는 쓰다에 대한 충고를 담은 편집부 측의 긴 단서但書를 동시 게재하는 형태로 결착을 지었다.

이런 소동 뒤에 다음 달인 『세카이』 5월호의 권두를 장식한 것이 마루야마 마사오의 「초국가주의의 논리와 심리」였다. 당시 32세의 마루야마는 도쿄대학 조교수이기는 하지만 완전히 무명의 젊은이였으며, 대발탁이라 해도 좋을 조치였다.

그러나 마루야마의 논문은 예상을 넘는 반향을 불렀다. 물자 부족 때문에 200자 원고지 앞뒤로 두 장 분량이었던 당시의 『아사히신문』은 잡지 평에서 "논단의 매너리즘의 벽에 드디어 구멍이 뚫릴 때가 왔다", "젊음이라는 것의 가치를 깨닫게 하는 새로운 스타일이 있다"라고 이 논문을 절찬했다.[48] 무엇보다 군대에서 귀환한 젊은 독자들로부터 열렬한 공감의 목소리가 줄을 이었다. 동심회 멤버가 쓴 논문들이 대부분 다이쇼 교양주의의 연장선상에 있는 계몽적 문화론이었음을 생각하면 당연한 반응이었다고 할 수 있다.

이것을 한 전기로 삼아 『세카이』의 집필진은 젊은 쪽으로 이동해 갔다. 1948년부터는 요시노의 주도로 평화문제담화회平和問題談話会(당초 명칭은 평화문제토의회)가 결성되어 『세카이』 지면에 평화 문제 및 강화 문제에 대한 성명을 냈는데, 쓰다 소키치나 다나카 미치타로 등은 그로부터 멀어져 갔다. 평화문제담화회는 당초 아베 요시시게를 의장으로 삼기는 했지만, 점차 마루야마 마사오를 비롯한 젊은 축을 중심으로 운영되었다. 이런 와중에 동심회는 『세카이』로부터 멀어져서 이윽고 1948년 7월에는 잡지 『고코로』心를 창간한다.

　이것과 병행하여 원래 정치가나 관료 중에 지인이 많았던 구세대의 문화인들은 보수 정권의 각료로 임명되어 갔다. 1946년 시데하라 내각의 문부 대신에 아베 요시시게가 임명되었고, 그 밖에 다나카 고타로와 아마노 데이유가 연이어 요시다 내각의 문부 대신이 되었다. 특히 아마노는 공직 추방이 되었던 교토학파의 철학자들에게 의뢰하여 1951년에 「국민 실천 요령」国民実践要領을 작성, 천황에 대한 경애나 가족의 화합을 설파하며 「교육 칙어」教育勅語의 전후판이라고 큰 비판을 받았다.[49] 이윽고 교토학파의 스즈키 시게타카鈴木成高 등은 『고코로』의 집필자가 되어 이 지식인들과 합류한다.

　이런 가운데 『세카이』가 마루야마 등의 젊은이들을 기용하면서, 고이즈미 신조나 다나카 미치타로 등은 『분게이슌주』文藝春秋로 집필의 장을 옮겼다. 패전 직후에는 그리 다르지 않은 집필진으로 구성되었던 『세카이』와 『분게이슌주』가 논단에서 대립적 관계로 이야기되는 것은 이 시기 이후의 일이다. 당연하지만 1950년대에 『세카이』는 대학생에게 인기 있는 젊은이의 잡지였고, 『분게이슌주』는 연장자 독자가 중심이었다.

　이렇게 해서 논단 내의 세대교체와 함께 과거의 자유주의자는 보수론자의 위치를 차지한다. 그들은 이런 상황으로 인해 올드 리버럴리스트라고 불렸다.

개인을 내세우는 보수

이렇게 해서 구성된 1950년대의 보수 논조는 평화주의를 공론空論, 미숙, 유치 등이라 비판하고 현실, 상식, 전통 등을 이야기하는 것이 많았다. 나아가 고이즈미 신조나 다나카 미치타로 등은 재군비에 찬성하고 국방의 의무를 공공심公共心의 일환으로 상찬했다.

　이런 주장은 그 후의 보수 논조와 큰 차이가 없다. 그러나 1950년대의 보수 논조는 고도성장 이후의 그것과 비교할 경우에 특징이 몇 가지 있었다.

그 하나는 전후의 민주화나 노동 운동 등을 군부 독재와 동일시하는 경향이었다. 스즈키 시게타카가 1949년의 『고코로』에 기고한 글에서 "나는 쇼와 22년(1947년)의 2·1 총파업 사건과 쇼와 11년(1936년)의 2·26 사건은 실로 동일한 사건이라고 생각한다"라고 주장하거나, 고이즈미 신조가 1950년에 "군인의 자유주의, 자본주의에 대한 비판은, 대개 마르크스주의로부터 빌려온 것"이었다고 말하는 등, 이런 예는 다수이다.[50] 이런 경향에서 "옛날에는 군벌, 지금은 총평(일본노동조합총평의회日本労働組合総評議会)"이라는 말이 이윽고 생겨나, 후의 보수 논단에서도 자주 쓰였다.

특히 경제학자였던 고이즈미는 마르크스주의와 총력전 체제의 유사성을 강조하고, 이것이 자유주의 경제를 해쳤다고 주장했다. 이런 논조는 보수론자의 세대교체와 함께 일단 쇠퇴하지만, 1990년대에 '1940년 체제론'이라는 형태로 또 한 번 부활한다.

그리고 1950년대까지의 보수 논조에는 또 하나의 특징이 있었다. 고도성장 이후의 보수론자, 예를 들면 3부에서 후술할 에토 준 등은 개인의 아집을 극복하고 공公으로서의 국가에 공헌할 것을 이야기했다. 그러나 1950년대의 올드 리버럴리스트들은 개인의 자유를 열심히 강조했던 것이다.

예를 들어 스즈키 시게타카는 "개인을 살린다는 그 한 가지를 무슨 일이 있어도 관철해 가는" 것이 보수주의라고 주장했다. 다나카 미치타로도 "자신의 생활을 중심으로 오히려 공명정대하게 이기적인 편이 좋다"라고 말한다. 또 무샤노코지나 와쓰지 데쓰로, 아베 요시시게 등도 『고코로』가연 좌담회에서 "개인이 주主이고 정치가 종從이 아닌가", "자기의 자유를 잃어버리고 싶지 않다", "자기를 소중히 여기고 싶다" 등이라고 이구동성으로 주장한다.[51]

이런 논조의 배경 역시 그들의 전쟁 체험이었다. 왜냐하면 그들이 말하는 개인의 자유란 빨갱이와 군부에 대항해 자기의 자유를 지킨다는 의미와 같았기 때문이다.

실제로 1950년대의 올드 리버럴리스트들은 마르크스주의가 개인을 무시하는 전체주의 사상이라고 이따금 비판했다.[52] 그리고 그것과 대조적으로 당시의 공산당은 개인주의를 비판하고 정치의 우위를 주장했다. 1946년 2월 공산당 제5회 대회에서 채택된 문화 정책 초안을 기초한 구라하라 고레히토蔵原惟人는 "개인주의는 부르주아지bourgeoisie의 이데올로기다"라고 말한다.[53]

이미 말했듯이 당시의 공산당 주변에서는 개인주의, 자유주의를 부르주아 시민 사회의 이데올로기라고 여겼다. 그리고 공황으로 자유주의 경제의 앞길이 막힌 현대에는 프티 부르주아petit bourgeois 계급이 파시즘과 제국주의 진영에 서거나, 아니면 프롤레타리아트의 진영에 서도록 선택을 요구받는다고 보았다. 그런 속에서 중립이나 개인의 자유를 외치면, 프롤레타리아트의 진영에 참가하는 데서 도피하여, 결과적으로 제국주의 편을 드는 것이라고 여겨졌다. 올드 리버럴리스트들이 "개인이 주이고 정치가 종이 아닌가"라고 주장한 것은 이런 공산당의 논조와 대항 관계였던 발언이다.

그리고 이 장의 전반부에서 말했듯이 이런 대립 속에서 공산당은 세계 시민을 비판했다. 서양 문화의 향유가 상층 계급의 특권이었던 당시에, 서양의 철학과 문화에 익숙하고 정치로부터 개인의 자유를 외치는 올드 리버럴리스트는 비판되어야 마땅할 세계 시민의 이미지에 부합했다.

이런 비판은 올드 리버럴리스트들이 보기에는 그들의 생활 실감實感에 개입하는 정치의 압력과 다름없었다. 스즈키 시게타카는 "일체의 이즘ism에 구속되지 않는 정신, 그것이 보수주의"라고 말하며 "좋은 것을 솔직히 존경하는 정신, 이것은 당연한 것으로, 나는 엘리트 의식과는 다르다고 생각합니다. 거기에 딱히 이론이나 이유는 없습니다"라고 주장했다.[54] 그러나 이런 자세는 계층 격차가 심했던 시대에 공산당 측이 보면,

자신의 부르주아적인 생활 감각이 어떤 사회적 입장 속에서 태어났는가를 의심치 않는 자세와 다름없었다.

그러나 한편으로 보수론자들은 천황에 대한 경애를 중심으로 하는 애국심 및 공공심을 설파하는 경향도 강했다. 하지만 그러면 그들 속에서 개인의 자유와 공공심은 어떻게 공존했을까. 그 관계를 엿볼 수 있는 것이 잡지 『고코로』의 좌담회 속에 등장하는 다케야마 미치오의 다음과 같은 발언이다.[55]

…… 전체주의가 되어 버리면, 정치가 모든 것을 결정해 버립니다. 그렇게 되면 이야기는 달라집니다만, 그렇지 않은 경우에는 정치뿐 아니라, 다른 면을 맡는 사람도 있어야 합니다. …… 문화를 주된 관심사로 하는 사람도 있어야 할 것이며, 없으면 안 되겠지요. …… 문화를 맡은 자의 역할이겠지요.

이 좌담회에는 "인간이라는 것은 각자의 천분에 따라 각각의 역할을 맡는다"라는 발언도 나왔는데,[56] 이런 일종의 신분제적인 사고방식이 그들이 주장하는 개인의 자유와 공공심의 양립을 지탱했다. 즉 대중이 근로를 통해 사회에 공헌하듯, "문화를 맡은 자"인 자신들은 자유롭게 문화를 즐김으로써 일반 민중이 할 수 없는 형태로 사회에 공헌한다. 이런 질서는 전통적이고 자연스러우며 그 질서에 정치가 개입하면 전체주의라는 것이다. 그리고 평화라는 말도, 이런 보수론자들에게는 약간 독특한 의미로 쓰였다. 고이즈미 신조는 재군비와 미일 안보 조약에 찬성을 표하면서 "민족 간에 평화가 바람직한 것과 마찬가지로 계급 간에도 평화가 바람직하다"라고 말한다.[57] 그리고 천황이야말로 이런 평화, 즉 그들이 안정적인 지위를 누렸던 전쟁 전 시대의 상징이었다.

1945년 10월 평론가 가와카미 데쓰타로는 「배급된 '자유'」配給された「自由」라는 평론을 썼는데, 거기서 그는 패전 후에 부활한 자유주의자들을

야유한다. 그에 따르면 유럽에서는 자유주의자가 군주제나 귀족제와 싸우는 자를 가리키는데, "그런데 우리나라의 자유주의란 [1930년대에] 좌익이 흥할 무렵에 온건했던 중용파로, 성격적으로는 보수적인 자가 많았다"라고 한다. 일본이 정치적으로 패배했기 때문에 이 사람들이 "무난한 문화주의"로 부상했지만 "적극성을 기대할 수 없는 것은 물론"이라고 가와카미는 말한다.[58]

그리고 그들은 종종 자기의 자유를 주장하는 한편, 타자의 이기주의를 비판했다. 그리고 그것은 오로지 하층 계급의 권리 요구를 향했다. 1948년 좌담회에서 아베 요시시게는 "나는 전쟁 중에, 전후에 노동자의 권리 요구가 무척 커질 것이라는 점은, 물론 느꼈다", "전쟁 후의 혼란에 편승해서 자기의 이기주의를 주장하는 것이, 이른바 민주주의적 행동의 주요 동기가 되었다"라고 말한다. 그에 따르면 파업은 애국심의 결여에서 생기며, 지식인의 생활이 전후에 저하된 데 비해 노동자는 "임금을 많이 받으며 훨씬 우대된다", "매우 응석을 부리고 있다"라는 것이었다.[59]

이런 아베에 대해 공산당계의 철학자였던 마쓰무라 가즈토松村一人는 "노동자 계급이 방자하다고 하는 것, 신분에 맞지 않는 짓을 하는 것 아닌지 몹시 신경 쓰고 계신데, 자본가 쪽의 방자함에 대해서는 조금도 신경 쓰지 않으신다"라고 반론한다. 좌담회에 동석한 시미즈 이쿠타로도 노동 운동 및 민주화 운동은 "새로운 내용의 애국심"의 발로라고 주장했다. 그러나 아베는 "그런 의미에서의 애국심이 있을 수 있다고는 생각합니다. 그러나 내게 실감되지는 않습니다"라고 밖에 응하지 않았다.[60]

세대의 차이

그렇지만 이런 보수론자들의 경향은 마루야마 마사오와 같은 젊은 지식인들에게도 어느 정도는 공통되었다. 그들 대부분도 중층 내지 상층의 출신임에는 차이가 없었으며, 마루야마 등이 대중 멸시를 보였던 점이나 하사관에 대한 혐오를 이야기했음은 이미 말한 대로다.

그렇다면 마루야마 등과 올드 리버럴리스트들은 어떤 점에서 달랐을까. 한마디로 말하면 그것은 세대 차이에서 파생한 전쟁 체험의 차이였다.

지금 와서는 잊기 쉬운 사실이지만, 전후 민주주의의 대표적 논객들은 패전 직후의 시점에는 다들 젊었다. 패전 시에 31세였던 마루야마 마사오를 비롯해, 가토 슈이치, 히다카 로쿠로, 쓰루미 슌스케 등이 모두 20대였다.

마루야마는 패전 직후에 참가한 지식인 집단 '청년문화회의 '靑年文化會議를 평하면서 " 30세 정도의, 많든 적든 피해자 의식과 세대론적 발상을 공유한 지식인의 결집 "이라고 말한다.[6] 이 '세대 '라는 키워드는 '주체성 '과 함께 전후사상의 큰 특징을 이룬다.

전쟁은 많은 사람들에게 괴로운 사건이었지만, 받은 피해의 성질은 세대에 따라 달랐다. 전시 중에 정책과 작전의 결정권을 쥐었던 자, 혹은 논단에서 전의 고양의 글을 양산한 자는 40대에서 50대 이상이었다. 한편으로 군대와 공장에 동원되고 최전선에 세워진 것은 젊은 세대였다.

전시 중에 징병 및 동원의 대상이 된 것은 10대 후반~30대 전반이었다. 운 좋게 전사나 부상을 면했다 해도, 학도 동원으로 학업이 중단되거나, 겨우 궤도에 오른 직장을 수년간 포기하는 것은, 그들의 경력에 큰 손실이 되었다. 귀환 후에 학력이나 경력의 재건을 시도해도, 인플레이션과 사회 불안 속에서, 마음대로는 되지 않았다.

그런 까닭에 젊은이들 가운데는 윗세대가 개시한 전쟁 때문에 인생 설계를 파괴당했다는 의식을 가진 자가 많았다. 군대에서 연장자인 상관이 후방으로 도망치고, 젊은 부하가 전선에 남겨진 경험을 한 자도 적지 않았다. 마루야마가 말한 바와 같은 " 30세 정도의, 많든 적든 피해자 의식과 세대론적 발상을 공유한 지식인의 결집 "이 생긴 사실은 이런 사정을 배경으로 한다.

이런 젊은 지식인들은 연장 세대인 보수론자들에게 강한 반감을 품었다. 예를 들어 쓰루미 슌스케는 올드 리버럴리스트들을 비판하며 "누구 한 명 쇼와 6~20년(1931~1945년)에 동원 연령이 아니었다. 그것만으로도 결정적입니다. 동원 연령이었는지 아닌지에 따라서, 감정 형성의 조건이 근본적으로 다르지요"라고 말한다.[62]

이런 피해자 의식은 회한과 미묘한 관계를 이루었다. 마루야마 마사오는 1968년 좌담회에서 군부의 지배에 저항하지 못했다는 회한이 있기는 하지만 "자기 개인으로서 전쟁 책임이 있다고는 우선 생각하지 않았다"라고 말한다.[63] 책임을 물어야 할 대상은 우선 위정자와 연장 세대라는 것이 그들의 감정이었다고 할 수 있다.

그리고 1장에서 말했듯이 마루야마를 비롯한 젊은 지식인들은 동원을 통해 대중과 접촉했다. 그것은 그들에게 굴욕을 주기도 했으나, 일본 사회의 현실을 분석하고 전쟁의 원인을 변혁하고자 하는 정열을 가져오기도 했다. 패전 후의 많은 젊은 지식인이, 정도의 차이는 있지만 사회주의에 공명한 것도 그런 까닭이었다.

그러나 동원을 경험하지 않은 올드 리버럴리스트들은 그런 심정을 공유하지 않았다. 패전 후의 그들은 군부를 일소하는 데는 찬성했지만, 사회 구조의 변혁보다는 그들이 익숙했던 전전 체제로의 복귀를 지향했다. 마쓰무라 가즈토는 1948년의 「세대의 차이를 둘러싸고」世代の差違をめぐって라는 좌담회에서 아베 요시시게나 와쓰지 데쓰로를 상대로 "예전의 정치 경제 기구에서 군인만 없앤 것이 이상이라고 밖에는 받아들일 수가 없다"라고 말한다.[64]

이런 올드 리버럴리스트들에게는 지식을 갖춘 상층 계급이 정치를 하고, 자신들은 안정된 신분과 문화를 누렸던 다이쇼기의 일본이야말로 정상적인 사회이며, 군인이 대두한 쇼와기가 돌발적인 이상 사태였다. 천황의 사회적 위치도, 정치와 밀착된 쇼와기가 이상한 것이며, 그 이전 상태로 돌아가면 천황제와 민주주의는 모순되지 않는다고 그들은 생각했다.

예를 들어 쓰다 소키치는 1948년에 이렇게 주장한다. "메이지·다이쇼 시대부터 세상을 살아간 자로서는, 이번 전쟁을 일부의 정객 혹은 군인의 책모에서 나온 일시적인 특이 사건이자 불행한 사변이었다고 보며, 그것을 상태常態로 생각하지 않지만, 젊은 사람들은 그와는 달리 그 이전을 알지 못하므로, 이번의 사변이 예전부터 일본의 상태이고 일본인의 본질이라는 듯이 생각해, 그로써 일본과 일본인의 만사를 추단하는 것이다."[65] 쓰다의 견해로는 사회 체제의 변혁을 주장하는 의견은 젊은 세대의 무지가 낳은 오류와 다름없었다.

그러나 젊은 지식인들은 그렇게 생각하지 않았다. 마루야마 마사오는 메이지생生인 올드 리버럴리스트들을 비판하며 1950년 좌담회에서 이렇게 말한다.[66]

현대의 메이지적인 인간이라고 불리는 사람은, 최근 일본의 초국가주의가 메이지 이후에 국가 내지 사회 체제의 필연적인 발전으로서 나왔다는 점을, 어떻게 해도 승복하지 않습니다. 쓰다 소키치 선생 같은 사람이 좋은 예지요. 과거 일본은 더욱 근대화되어 있었지만, 곁가지에서 뜻하지 않게 난폭한 군부 및 우익이 나와서 일이 이렇게 되어 버렸다. 이전에는 일본에도 자유가 있었고 비판적 정신이 있었다는 사실을 강조하시지요. 왜 메이지의 인텔리가 이런 느낌을 가지느냐는 점이 재미있습니다. 분명 지식인이 살던 세계는 관념적으로는 상당히 근대적이었습니다만, 그런 관념의 세계는 일반 국민의 생활을 규정하는 '사상'으로부터는 멀리 떨어져 있었고, 국민 생활 그 자체의 근대화 수준과 불균형이 컸습니다. 그러나 지식 사회에 살며 그 사회의 분위기를 알았던 사람에게는, 어찌해도 최근의 신들린 듯한 파시즘의 출현이 돌발 현상으로밖에 받아들여지지 않습니다. 거기서 당치 않은 난폭자 때문에 일본 전체가 지배되어 버렸다는 느낌을 갖게 됩니다. 실은 오히려 반대로, 그런 사람이 살았던 지식 사회가 특별한 사회이므로, 일반적인 국민층은 그와는 완전히 동떨어진 환경과 사회의식 속에 있었습니다.

마루야마 등의 세대는 동원을 통해 하층 민중과 접촉한 결과, 자기들의 생활 감각 및 천황관이 전체 일본 사회에서 소수파에 지나지 않는다는 사실을 통감했다. 마루야마의 견해로는 쇼와기 초국가주의의 대두가 상층의 지식인이 보면 돌발 사태였지만, 메이지·다이쇼기에 없지는 않았으며, 하층 민중 사이에서는 상태常態였던 것이 정치의 중추까지 진출한 결과였다. 그런 까닭에 다이쇼기로 회귀하면 문제가 해결된다는 주장은 있을 수 없으며, 근대 일본의 사회 구조의 분석과 변혁이 필요하다고 생각한 것이다.

그리고 다이쇼를 회고하는 올드 리버럴리스트들에 비해 젊은 세대는 메이지를 중시했다. 그들은 건국과 변혁의 시대였던 메이지 유신과 자유민권 운동을 상찬함으로써, 안정과 문화의 시대인 다이쇼기에 자란 올드 리버럴리스트에게 대항하고자 했다.

예를 들어 쓰루미 슌스케는 1951년의 「늙은 세대를 비판한다」老世代を批判する라는 논고에서 "노인에는 유신인維新人과 메이지인의 두 종류가 있다"라고 말한다. 쓰루미에 따르면 막부 말기에서 메이지 유신까지 변혁의 시대를 체험한 유신인은 사회 질서가 변화 가능하다는 사실을 "이론이 아니라 감각으로 알고" 있다. 그에 비해서 질서가 안정된 메이지 후기 이후에 태어난 세대, 즉 올드 리버럴리스트 및 전시 중의 위정자들은 주어진 틀을 의심하는 법이 없으며 "근본적인 것은 변혁 감각이 아니라 준법 감각"이다. 그리고 "전후 젊은이들의 사상은 유신인의 사상을 계승하는" 면을 지닌다는 것이다.[67]

유사한 논조를 마루야마 마사오나 다케우치 요시미도 주장했다. 마루야마가 "다이쇼, 쇼와의 시대와 역시 뭔가 다른 것을 메이지 국가가 가지고 있었다"라고 주장했던 점은 이미 말했다. 다케우치도 패전을 계기로 "메이지의 정신을 다시 바라보았다"라고 말하는 한편, 올드 리버럴리스트들을 "일본이 가장 혜택받았던 시대"에 "온실적인 배양으로" 인격 형성을 이룬 사람들이라 표현하며 "그들은 실로 권력에 약하다. 역행力行 정신이 빈곤하고, 저항이 희박하다"라고 비판한다. 그리고 다케우치는 "우리 세대에서는 천황제는 불길한, 그러나 또한 아무리 발버둥 쳐도 탈각할 수 없는 숙명과 같다. 천황제를 따라다니는 기억은 모두 공포의 심리와 결합되어 있다. 그리고 그것이 올드 리버럴리스트들에게는 통하지 않는다"라고 말했다.[68]

실은 패전 직후부터 1950년대까지는 다이쇼 데모크라시를 전후의 민주화의 선례로 평가하는 논조를 거의 발견할 수가 없다.[69] 다이쇼 데모크라시의 잔해와 같은 정당 정치가나 올드 리버럴리스트들이 당시 보수파의 위치를 차지한 상황에서는 그것도 당연했다.

또 젊은 세대의 지식인은 다이쇼기에 유행한 교양주의 문화에 혐오감을 품고 있었다. 가토 슈이치는 1946년 7월에 「새로운 성근파」新しき星董派라는 논고를 발표해, 라이너 마리아 릴케Rainer Maria Rilke나 헤르만 헤세Hermann Hesse를 애독했던 지인이, 전시에는 결전과 옥쇄를 이야기하고, 전후에는 "평화라든가 민주주의라든가"를 외치는 것을 비판한다. 가토에 따르면 별星이나 제비꽃菫이나 소녀의 아름다움을 노래하는 성근파는, 전쟁에 항의하지 않고 패전 후 기아의 현실에도 무력하며 "사회적·역사적 문제에 관해서는 소아적인 판단력조차 갖지 못하고", "안전한 문화를 향유하고, 그러면서 자존심을 만족시키는", "소아병 환자의 예술적, 사상적 유희"에 불과했다.[70]

마루야마도 1946년 10월의 「메이지 국가의 사상」 강연에서 "완전히 비정치적인, 즉 별이나 제비꽃을 노래하고, 감각적, 본능적 생활의 해방으로 향하는 바의 개인주의"를 비판했다. 물론 그런 교양주의 문화는 그들 자신이 청소년 시절부터 익숙했던 것이기도 하다. 그러나 그 후에 그들이 직면한 전쟁과 패전이라는 고경苦境에서 그런 교양이나 문화는 어떤 도움도 되지 않았다. 그런 경험을 지닌 그들에게 문화나 미를 이야기한 다이쇼 교양주의는, 가토의 표현을 따르면 "실로 토할 듯한 기분을 불러일으키는 것"이 되었다.[71]

그리고 무엇보다도 당시의 지식인들은 다이쇼 데모크라시가 군부의 대두를 막지 못하고 화해한 점을 동시대의 현상으로서 알고 있었다. 그런 그들이 민주화에 대한 자신들의 지향을 다이쇼 데모크라시에 비유할 리 없었다. 전후 민주주의를 다이쇼 데모크라시에 비유하는 풍조의 출현은, 형해화·온건화된 전후 민주주의를 비판하는 논조가 대두한 1960년대 후반 이후의 일이다.

마루야마를 비롯한 패전 직후의 지식인들은 패전 후 자신들의 심정을 표현하며 변혁의 시대로서의 메이지라는 상像을 만들어 냈다. 거기서는 세계 시민이라는 말이 정치로부터의 도피를 의미하고 국민이나 민족이라는 말은 정치 참가와 주체성의 표현이었다. 그런 논조는 그들이 내셔널리즘 그 자체를 부정하지 않고, 새로운 내셔널리즘의 재건을 지향했던 점과 연동되었다.

그리고 메이지라는 말, 혹은 국민이나 민족이라는 말은, 패전 직후의 혼란기에는 그야말로 혁신의 언어가 될 수 있었다. 초토화된 흔적의 풍경이 이어지고, 질서가 안정되지 않으며, 국가의 장래상이 미지수였던 당시는, 국가의 재건이나 정치 참가라는 말이, 그 이후의 시대와 다른 울림을 지녔다. 이윽고 고도 경제 성장이 찾아와 사회가 안정되면서 메이지나 민족은 혁신파의 언어로서는 의미를 잃고 보수파로 회수되어 가는데, 이것에 대해서는 3부에서 서술한다.

그리고 고도 경제 성장은 보수파의 성격에도 변용을 초래할 수밖에 없었다. 변혁의 기운이 가득 차 있었고 정치 참가라는 말이 좌파로의 동참을 의미했던 시대에는, 오히려 보수파 측이 정치로부터 유리된 개인의 자유를 주장했다. 그런 개인의 자유가 공공심이나 애국심의 주장과 공존할 수 있었던 것은, 1950년대까지의 보수 지식인들이 압도적인 격차를 전제로 해서 성장한 세대였기 때문이다.

그들에게 문화인이라는 국가 내의 역할은, 의도적으로 획득하는 것이 아니라 태어나면서부터 주어진 것이었다. 그런 전제가 고도 경제 성장으로 붕괴될 때, 의도적으로 노력하여 국가에 접근해서 사회적 역할과 자기 동일성identity을 획득하도록 외치는 보수 논조를 에토 준 등이 형성하는 데, 이것에 대해서도 3부에서 후술한다.

내셔널리즘에 관한 패전 직후의 언설 구조는 전쟁을 체험한 기억과 거대한 계층 격차를 배경으로 성립했다. 그리고 전쟁 체험의 풍화와 고도 경제 성장의 도래는 필연적으로 이런 구조를 변용시켜 간다.

6

민족과 시민
정치와 문학 논쟁

문학가는, 정치 문제니까 나는 모른다고 간과하거나, 혹은 공
산당에 가세해서 천황의 전쟁 책임을 추궁한다. 그런 태도로는
문학가의 전쟁 책임은 절대로 추궁할 수 없다.

아라 마사히토

앞에서 말했듯이 주체성과 세대는 전후사상의 키워드였다. 6장에서는 1947년을 전후해서 벌어진 주체성 논쟁, 특히 잡지 『긴다이분가쿠』近代文学와 공산당이 대립했던 '정치와 문학' 논쟁을 다룬다.[1]

마루야마 마사오를 비롯해 많은 전후 지식인은 자아의 확립과 정치 참가를 함께 주장했다. 그러나 자아의 확립과 정치 참가 사이에 알력이 존재하지 않았던 것은 아니다. 문학가와 공산당의 관계가 주제였던 '정치와 문학' 논쟁은 실로 그런 알력이 드러난 현상이었다.

이 논쟁은 정치의 우위를 주장하는 공산당을 향해 문학의 자율성을 내세워 대항한 『긴다이분가쿠』라는 도식으로 종종 이야기된다. 그러나 『긴다이분가쿠』의 주장이 정치를 부정한 것은 아니었다. 그리고 이 논쟁은 근대라는 말, 그리고 민족과 시민이라는 말이 패전 직후에 어떤 함의로 사용되었는지를 엿보게 하는 것이기도 했다.

개인주의의 주장

1945년 12월 말 당시 30대였던 작가 및 평론가들이 잡지 『긴다이분가쿠』를 창간했다. 창간호의 권두 논문 「예술·역사·인간」芸術·歷史·人間에서 이 잡지의 동인인 혼다 슈고는 이렇게 선언한다.[2]

예술가는 '나'私를 죽여서는 안 된다. 그의 내부로부터 끓어오르는 흥미와 기쁨이 없는 곳, 그의 '개인'의 내부로부터 분출하는 정열을 갖추지 않은 곳에서는, 예술은 죽는다. 가까운 예를 보면, 귀감이 될 대상은 멀지 않으니, 전쟁 중에 문학은 숨이 멈춰 있었다. 예술가여, '나'를 살찌워라!

혼다는 나아가 "정치는 외율적外律的, 문학은 내유적內誘的이다", "보수 반동이라고 비난받는 사람들의 작품이더라도, 예술적으로 훌륭한 것이라면 좋다고 본다"라고 주장하며, 정치보다 문학을 우위에 두는 '예술 지상주의'를 내걸었다.

개인의 중시와 예술 지상주의라는 아주 진부한 선언이 행해진 데는 공산당과의 알력이라는 시대적인 배경이 있었다. 5장 등에서 보았듯이 당시의 공산당은 자유주의 및 개인주의를 비판하고 정치의 우위를 주장하는 존재였기 때문이다.

지금까지 반복했듯이 당시 공산당 주변에서는 자본주의 말기에는 자유주의와 개인주의가 막다른 골목에 부딪히고 프티 부르주아 시민층은 프롤레타리아트 진영에 참가할지 제국주의 측에 붙을지의 양자택일을 요구받게 된다고 여겨졌다. 이런 인식에서 보면 프티 부르주아 출신의 문학가는 예술 지상주의나 개인주의라는 프티 부르주아적인 감성을 고쳐서 민중 속으로 들어가 공산당과의 관계 아래서 창작에 몰두해야 했다.

이미 1927년에 공산당계의 문학가들과 아나키즘anarchism계의 문학가들 간에 논쟁이 일어난 시점부터, 공산당계의 평론가였던 구라하라 고레히토는 아나키스트계 문학가를 "모든 '강권을 부정'하고 개인주의적인 자아의 꿈에 취하고자 한다", "말기적 소小부르주아지"라고 표현했다. 그리고 구라하라는 1945년 11월 『도쿄신문』東京新聞에 기고한 「새로운 문학으로의 출발」新しい文学への出発에서도 "비정치주의를 표방하며 프롤레타리아 문학과 대립하고 있지만, 그 본질적인 반동성과 정치적인 문맹성 탓에, 역설적이게도 가장 저열한 정치와 결합되기에 이른 예술 지상주의자"를 비난했다.[3]

이런 예술 지상주의자 비판의 배경에는 예를 들어 작가 무샤노코지 사네아쓰의 동향이 있었다. 프롤레타리아 문학이 전성기였던 전쟁 전에 무샤노코지는 자기自己의 자유를 내세우며 대항했다. 그러나 그는 종국에는 귀족원 의원이 되어 전쟁을 찬미하는 글을 쓰고, 신일본문학회가 발표한 전범 문학가 리스트에 들어가, 1946년에는 공직 추방을 당했다.

이런 무샤노코지가 패전 후에 올드 리버럴리스트의 『고코로』 그룹에 합류하여 "개인이 주이고 정치가 종이 아닌가"라고 주장했던 점은 5장에서 말했다. 이런 작가의 존재는, 정치를 거부하는 프티 부르주아 문학가가 결국 제국주의 진영으로 치닫는다는 공산당의 견해를 체현한 것으로 비추어졌다.

그러나 혼다는 이런 구라하라의 견해를 지나치게 단순하다고 비판하며, 의도적으로 예술 지상주의와 개인의 중시를 내걸었다. 그리고 "소부르주아 작가, 인텔리겐치아intelligentsia 작가가 민중과 함께 싸우며 살아갈 길은, 문학적으로는 소부르주아 작가, 인텔리겐치아 작가라는 점에 철두철미한 것밖에 없다고 생각한다"라고 주장했다.[4]

그러나 혼다를 비롯한 『긴다이분가쿠』 동인들은 전쟁 전 마르크스주의 문학 운동의 경험자이기도 했다. 『긴다이분가쿠』 창간호에는 구라하라를 초대해서 동인들과 좌담회를 열었는데, 그 자리에서 혼다 슈고는 "구라하라 고레히토의 이름은 나에게 있어서 그리고 또 우리에게 있어서 신처럼 느껴지는 부분이 있었습니다"라고 말한다.[5]

구라하라는 1930년 전후에 신진 평론가로서 마르크스주의 문학 운동의 스타였다. 그는 1932년 검거된 뒤에 1940년 10월까지 감옥에 있었고, 경찰의 보호 관찰 아래서 병을 다스리며 전시를 보냈다. 그리고 5장에서 말했듯이 그는 1946년 2월의 공산당 제5회 대회에서 채택된 문화 정책 초안을 집필한다. 구라하라보다 늦게 전쟁 전 마르크스주의 문학 운동에 관계한 『긴다이분가쿠』 동인들에게 이런 구라하라는 동경의 대상이었다.

그러나 구라하라와의 좌담 결과가 근사하지는 않았다. 동인 측은 프롤레타리아 문학에서도 전쟁 문학에서도 "정치가 지나치게 강했기 때문에 문학을 전멸시켰던" 것이 아닌지 구라하라에게 물었다. 그러나 구라하라는 문학가가 "개인"을 중시하면 "자기의 입장을 합리화하여 거기에 안주하고자 해 버린다"라고 주장하며 프티 부르주아적인 자기를 극복하고 정치에 참가하도록 설파했다. 하지만 그러면 정치에 참가해서 전쟁 문학을 쓴 작가는 어떻게 볼 것이냐는 문제가 나오는데, 구라하라는 "그 정치가 옳았을 경우"에 참가하라고 응할 뿐이었다.[6]

아라 마사히토

1장에서도 말했듯이 예술 지상주의나 개인주의에 대한 비판은 대전 중 군부의 주장이기도 했다. 1944년 좌담회에서 육군 보도부의 스즈키 구라조鈴木庫三 소좌는 예술가의 정치적 무관심과 예술 지상주의를 비판하며, 그 결과로 "많은 미술가가 자본주의와 결탁한" 점을 비난했다.[7] 이런 주장을 펼치며 밀어붙여 오는 군부와 공산당이라는 두 가지 정치로부터 어떻게 거리를 둘지는 당시의 문학가들에게 절실한 문제였다.

혼다 슈고가 예술 지상주의와 개인의 중시를 주장한 것은 구라하라의 이런 자세에 실망한 결과이기도 했다. 그리고 『긴다이분가쿠』의 배경에는 전전의 좌익 운동에 대한 환멸이 있었다.

1930년을 전후해 융성했던 프롤레타리아 문학 운동은 1930년대 중반에는 탄압으로 괴멸되었다. 특히 운동 참가자의 환멸을 부른 것은 사문査文(조사, 심문)과 전향의 문제였다. 전전의 특고경찰은 공산당에 다수의 스파이를 잠입시켰는데, 거기서 이용된 한 가지 수단은, 검거 후에 전향시킨 과거 당원을 석방시켜 다시 당 내로 돌려보내는 것이었다. 스파이의 역할은 당 내의 정보를 경찰에게 알리는 것과 함께, 의도적으로 과격한 행동을 선동하여 탄압할 구실을 만들어 내는 것이었다. 이렇게 잠입한 스파이의 지도하에 당 자금 조달을 명목으로 한 강도 사건 등이 일어났다.

스파이 문제로 고민하던 공산당 내부에는 서로를 의심하는 경향이 확산되어 의심스러운 인물을 사문에 붙이는 행위가 횡행했다. 이런 사문은 많은 사람들을 정신적으로 상처 입혔고, 1933년에는 사문 중에 사망자가 나오는 사건도 발생했다.

이렇게 해서 운동이 괴멸된 뒤, 체포된 당원 및 문학가 중 전향자가 속출했고 그중 다수가 전쟁에 협력하는 글을 썼다. 『긴다이분가쿠』동인인 아라 마사히토가 "지금까지 인민의 친구였던 사람이 어떻게 하인으로, 행복한 상인으로 추락해 가는가. 그 무수한 사실을 두 눈에 똑똑히 새겨두었다"라고 말했음은, 1장에서 본 대로다.

그러나 전후에 마르크스주의 문학 운동이 부활했을 때, 전전의 실패에 대한 반성은 거의 이루어지지 않았다. 패전 후의 공산당이 채용한 민주인민전선 노선에 따라 명칭은 프롤레타리아 문학에서 민주주의 문학으로 바뀌었지만 내용은 조금도 변하지 않았다.

1945년 12월에 전전의 프롤레타리아 문학가들이 중핵이 되어 신일본문학회를 결성했다. 그러나 혼다 슈고의 회상에 따르면 "전시하에 침묵했던 (마사무네) 하쿠초正宗白鳥, (나가이) 가후, 다니자키 (준이치로)谷崎潤一郎, 시가 (나오야) 등의 노대가老大家를 빼면, 거의 손을 더럽히지 않았다 할 수 있는 활동적인 작가는 미야모토 유리코宮本百合子와 나카노 시게하루 두 사람 이외에는 보이지 않았다"라고 한다.[8]

『긴다이분가쿠』동인인 오다기리 히데오는 패전 후에 선배 격인 프롤레타리아 문학가들에 대해 이렇게 회상한다.[9]

…… 신일본문학회의 중심이 된 많은 당원 문학가들은, 나카노 시게하루, 미야모토 유리코 등 소수의 몇 명을 제외하면…… 어느 정도 옛 "영광"과 사고 패턴에 의지해, 말하자면 이전에 쌓은 지적 재산의 이자로 생활하는 모습이 현저했다. 이 사람들도 나처럼, 뜻하지 않은 전향을 하고, 전쟁중에는 특고경찰에게 감시를 받은 "충량한 국민"으로, 많은 세상살이에 억눌려 왔지만, 그때 하는 수 없이 당했던 굴욕과 왜곡 속에서, 자기 자신이라는 존재 및 인간성 그 자체에 대해 통절히 자각하지 않을 수 없었던 부분이 무수하게 많았을 것인데도…… 전혀 피가 통하지 않는 공식적이며 틀에 박힌 문구를 안이하게 반복하는 것으로 나날을 보냈다. …… 그

리고 그것은 문학 면뿐만 아니라 전쟁 전 혁명 운동과 그 후 시기, 그 상황 속에서의 자기 스스로에 대해 깊이 파고들어 가는 검토를 가능한 한 피하고 싶다, 혹은 숨긴 채 지나가고 싶다는 당내의 일반적인 분위기와 결과적으로 서로 들어맞는 꼴이 되어, 용맹하며 "계급적"인 틀에 박힌 문구의 전성기가 되었다.

그리고 구라하라나 나카노 시게하루 등, 1930년 전후 프롤레타리아 문학 운동의 고양기를 20대에 담당했던 사람들은 패전 시에 40대가 되어 있었다. 혼다는 앞의 논고에서 자기들 30대 세대에 비해 구라하라를 비롯한 "40대 이상의 지도자"들이 "이미 숨기기 어려운 운동 경화硬化의 징후를 보이고 있다"라고 평한다.[10]

이런 40대에 대한 비판은 5장에서 말했듯이, 전시 중에 동원 연령이었던 세대의 윗세대에 대한 반감이라는 측면을 포함했다. 동인 아라 마사히토는 "40대의 구舊진보인"들을 평하여, 전시 동안 징병 영장의 공포에 떨 일이 없었기 때문에 "우리들 30대만큼 전쟁의 절실함, 육체적 중압감을 경험하지 않고 살 수 있었다"라고 말했다. 그리고 아라는 패전 후의 잡지에서 "한 번 우리를 배신했음이 분명한 어른들이 이번에도 또 염치도 없이 몸소 현실을 지도하겠다고 장담하는 때에, 과연 우리는 이것을 허겁지겁 환영하며 맞이할 수 있을까"라는 젊은 세대의 목소리를 인용한다.[11]

그리고 동인 히라노 겐平野謙은 1946년에 일련의 논고에서 공산당이 주장하는 "정치의 우위성"에 대항하여 "'개인주의 문학'의 확립"을 주장했다. 그리고 "전시하의 문학은 프롤레타리아 문학을 뒤집은 스테레오 타입stereotype과 다름없었다. 그것은 단순히 일본공산당과 일본 제국주의가 서로 바뀐 것에 지나지 않는다", "고바야시 다키지의 피는 허무하게 흘린 특공대원의 그것과 마찬가지였다"라고 주장했다. 오다기리 히데오도 1945년 12월의 논고에서 "자기의 실감과 이어지지 않는 '노동자'나 '인민 대중'"을 그리는 프롤레타리아 문학, 그리고 마찬가지로 "실감의 진실에 뿌리를 내리지 않은 '산업 전사'나 '총후'銃後나 '병대' 등의 미담"을 썼던 전쟁 문학을 모두 비판했다.[12]

또한 히라노 겐이 특히 중시했던 문제가 좌익 운동 내 여성의 지위였다. 전전의 공산당에서는 여성 활동가를 하우스 키퍼house keeper라 통칭하며 남성 활동가와 동거시켰는데, 히라노는 이것을 "목적을 위해 수단을 가리지 않는", "정치"의 비정함을 보여 주는 사례로 들며 "문학에 종사하는 자가 좌우간 더 이상 정치는 싫다고 방언放言하기 일쑤더라도, 그것이 반드시 비난받을 일은 아니다"라고 말했다.[13] 그리고 문학상의 유사한 문제로, 고바야시 다키지의 소설 『당 생활자』党生活者 속에서도 정치 활동을 위해 여성이 이용된다고 주장했다.

아라는 자신의 좌익 운동에 대한 환멸을 이야기하면서, "30대에게, 그 아름다운 추억이, 약간의 쓴 웃음을 섞지 않고서는 되살아나지 않는다"라고 말한다.[14] 전쟁 후 좌익 운동의 재출발에는 처음부터 이런 환멸이 존재했다. 올드 리버럴리스트의 경우와 마찬가지로, 패전 후 개인주의의 주장은 군부와 공산당이라는 두 가지 정치에 대항하며 발생했다.

전쟁 체험과 이기주의

그러나 『긴다이분가쿠』의 동인들은 올드 리버럴리스트와 같은 반공주의자는 아니었다. 동인들은 모두 신일본문학회의 회원이었으며, 아라와 오다기리, 사사키 기이치佐々木基一등은 공산당에 입당해 있었다. 혼다의 회상에 따르면 동인들은 "'신일본문학회'를 제외하면, 다른 어떤 그룹의 문학가들보다도 정치에 강한 관심을 가졌다"라고 한다.[15]

정치에 환멸을 품었을 터인 그들을 정치로 향하게 한 가장 큰 이유는 전쟁의 체험이었다. 예를 들어 아라는 1946년의 평론에서 "우리는 대학 살 속으로 향하는 청년들을 빤히 보면서도 손을 놓은 채 배웅했던 것이다", "여기서 자기의 이기주의를 확인했다"라고 말한다. 그리고 그 당시의 잡지에서 20대 청년이 "아무 말 없이 우리를 전쟁으로 내보낸 30대"를 비난한 말을 인용했다.[16] 이런 회한이 전후 지식인들의 정치 참가의 동기가 되었음은 5장에서 말한 대로다.

또한 아라는 전시에 오다기리, 사사키 등과 함께 마르크스주의에 기반을 둔 문예학 연구회를 열었다는 이유로 1944년 4월부터 8개월간 투옥당한 경험이 있었다. 그리고 그는 거기에서도 굴욕과 회한의 경험을 맛보았다. 1946년의 평론에서 아라는 옥중 체험에 대해 이렇게 쓴다. 식량 사정이 극도로 열악한 감옥에서 "가만히 앉아 있을 수 없을 정도의 배고픔에 나는 다른 사람의 밥을 훔쳤고, 또한 공습이 있었을 때는 가장 안전한 장소에서, 가장 많은 담요를 덮었다"라고. 게다가 일종의 감방 터줏대감이 된 그는 "그런 행위를 고참의 지위를 이용하면서, 지극히 자연스럽게, 제도화하여 행했다"라고 말했다.[17]

이런 체험에 대해서 아라는 "지옥의 이기주의를 알게 되었다", "이것이 나라는 사실의 재발견이었다"라고 표현한다. 그리고 동시에 "지옥 속에서 자기를 시험하는 것은 한 번이면 족하다", "휴머니즘을 위해 싸우고 싶다"라고 말한다.[18] 이렇게 해서 아라는 일단 환멸과 절망으로부터 빠져나온 뒤, 다시 한 번 이상을 믿고자 하는 심정을 "제2의 청춘"이라 부르며 『긴다이분가쿠』에 기고한 첫 번째 작품의 표제로 삼았다.

이런 옥중 체험을 거친 아라는, 옥중 비전향을 관철한 공산당 간부에 대해 깊은 경의를 품었다. 그는 1945년 10월에 공산당 간부들이 감옥에서 석방되는 현장에 달려 나가 환호하며 울었다고 한다. 또 1946년의 평론에서는 "패전 후, 오자키 히데미尾崎秀美나 미야모토 겐지의 옥중 서간의 단편断片을 읽었는데, 그들이 도달한 높은 심경에 진심으로 고개가 숙여졌다"라고 말하며 "〔전시 중에〕 우왕좌왕하던 그 공식주의公式主義의 무리"와 대비했다.[19]

그리고 아라는 옥중에서 경험한 굴욕을 고백하며 "이 기억을 잊지 않을 것이다", "복수하지 않으면 안 된다"라고 말했다. 아라는 패전 소식을 듣고 "교만한 자 오래가지 않는다"라고 중얼거리며 "일종의 분격憤激을 담은 기괴한 홍소"가 끓어올랐다고 말한다. 오다기리 히데오도 앞에서 본 바 같이 "뜻하지 않은 전향을 하고, 전쟁 중에는 특고경찰에게 감시를 받은 '충량한 국민'으로, 많은 세상살이에 억눌려" 왔다는 자신의 과거를 고백하면서 "그런 일을 하는 수 없이 당하게 만든 권력 측과 그 앞잡이들에 대한 복수의 뜻"을 이야기했다.[20] 그들은 40대의 공식주의자들에게 비판적이었지만, 자신들을 탄압한 전쟁 체험 쪽에 더 강한 반감과 증오를 품었다.

그리고 아라도 패전과 함께 혁명이 일어나리라 예상했던 인물 중 한 사람이었다. 후년의 인터뷰에서 아라는 전쟁 말기에 "미군이 도쿄를 공격해 주면 일본을 사랑하는 국민을 토대로 하여, 광범위한 '인민전선'이 성립해서…… 나가노현長野県 부근에 '일본 인민 공화국'이 성립하지 않을까 공상했습니다", "격렬한 내전이 일어나, '일본 인민 공화국'에는 공산주의를 지지하는 사람들이 모이고, 다른 편에 미국과 타협하는 사람들이라는 식으로 분열할 것이라고도 추측했습니다"라고 말한다.[21] 물론 예상은 들어맞지 않았지만, 이런 공상에 희망을 걸 수밖에 없었을 정도로 전시 중에 그가 느낀 억압은 깊었다고 할 수 있으리라.

5장에서 보았듯이 마루야마 마사오를 비롯한 전후 지식인과 올드 리버럴리스트의 차이는 전쟁 체험의 성격에 있었다. 아라를 비롯한 『긴다이분가쿠』의 동인들도 군부와 빨갱이를 함께 '정치'라고 간주했던 올드 리버럴리스트들과 시점이 유사했지만, 전시 중의 자기 자신에 대한 회한이 정치에서 일방적으로 도피하는 자세를 택하지 않게끔 했다고 볼 수 있다.

이런 전쟁 체험을 계기로 아라, 오다기리, 사사키는 1946년 1월부터 『분가쿠지효』文学時標라는 타블로이드판 잡지를 편집하며 문학가의 전쟁 책임 추궁을 개시했다. 거기서는 다카무라 고타로高村光太郎, 히노 아시헤이火野葦平, 무샤노코지 사네아쓰, 기쿠치 간菊池寛 등의 전쟁 협력을 논한 외에, 와쓰지 데쓰로나 다니카와 데쓰조 등의 올드 리버럴리스트, 나아가

가메이 가쓰이치로亀井勝一郎나 시마키 겐사쿠 등 마르크스주의에서 전향한 자들도 규탄 대상으로 다루어졌다.

본래 신일본문학회의 「문학에서의 전쟁 책임의 추궁」 성명을 기초한 사람이 오다기리였다. 또한 아라는 "이 천재일우의 호기에 일본인이 전쟁 범죄인들을 철저히 추궁하지 못한다면, 일본 민족은 영원히 지구의 쓰레기장에서 기어오를 수 없으리라 생각한다"라고 주장한다.[22] 이런 행동이 그들에게 굴욕의 체험을 "하는 수 없이 당하게 만든 권력 측과 그 앞잡이들에 대한 복수의 뜻"에서 나왔음은 말할 것도 없다.

그러나 그것은 단지 복수로만 그치지는 않았다. 전쟁에 노골적으로 협력하지는 않았어도, 전시 중에 전향하고 침묵했다는 회한은 그들 자신의 문제이기도 했다. 오다기리가 쓴 「문학에서의 전쟁 책임의 추궁」은 "문학에서의 전쟁 책임이란, 다른 무엇보다도 우선 우리 스스로의 문제다"라고 말한다.[23]

동시에 그것은 자기비판에만 그치지도 않았다. 아라는 1946년 10월 『분가쿠지효』에서 "자기를 탓하는 것이, 그대로 남을 탓하는 것으로도 이어진다"라고 말한다. 오다기리도 "우리는 스스로의 상처를 헤집어서 딱지를 떼고 상처의 실체를 똑똑히 보지 않으면 안 된다. 그럼으로써 우리들 일본 인텔리겐치아의 실질적 내용을 이번에야말로 진정 확고하게 아름다운 것으로 고양시키지 않으면 안 된다."라고 주장했다.[24]

자기 자신의 문제를 파 내려가는 것이 타자의 문제로 이어져, 나아가서는 사회 변혁에까지 도달한다. 이런 논리를 뒷받침한 것은 전쟁이라는 체험을 전 국민이 공유한다는 전제였다. 혼다가 말했듯이 "정치는 외율적, 문학은 내유적"이라 해도 전쟁 체험이라는 공통의 기반에 서는 것으로써 양자의 일치가 가능했다. 이런 정치와 문학의 가교를 위해서도, 전쟁 체험을 다시 묻는 작업인 전쟁 책임의 추궁이 필요했다고 볼 수 있다.

그들의 천황제 비판에 대해서도 비슷하게 이야기할 수 있다. 1946년 2월 『긴다이분가쿠』 동인들은 「문학가의 책무」文学者の責務라는 제목의

좌담회를 열었다. 거기서 출석자들이 이구동성으로 주장한 것은 전쟁 책임의 추궁과 내면적인 천황제의 극복이었다.

이 좌담회에서 오다기리는 "종전 후에 갑자기 민주주의자 행세를 하는 자들이 꽤나 많다"라고 말했으며, 사사키 기이치는 "자아가 확립되지 않았던 일본에서는, 모두가 전쟁 책임이라는 것을 자기의 문제라고 통절하게 느끼지 않는다. 정치가조차도, 천황의 명령에 따라 움직인 것에 지나지 않는다는 변명을 늘어 놓는다. 문학가는 '어쩔 수가 없었다'고 말한다"라고 강조했다. 그리고 아라는 "천황은 전혀 책임을 지지 않는다"라면서 "문학가는, 정치 문제니까 나는 모른다고 간과하거나, 혹은 공산당에 가세해서 천황의 전쟁 책임을 추궁한다. 그런 태도로는 문학가의 전쟁 책임은 절대로 추구할 수 없다. 문학가가 문학적으로 천황의 전쟁 책임을 추구한다면, 자기 내부의 '천황제'에 뿌리를 내린 반半봉건적인 감각, 감정, 의욕—그런 것과 싸워서 비로소 천황제를 부정할 수 있으며, 궁극적으로는 근대적 인간의 확립이라는 한 줄기 길이 열리지 않을까"라고 주장한다.[25]

옥중에서 감방 터줏대감으로서 지위를 쌓았던 아라나 뜻하지 않게 전향했던 오다기리에게 내부의 천황제와의 싸움은 자기 자신의 문제였다. 이런 전쟁 책임론과 천황제 비판에서는 정치와 문학은 분리되지 않았다.

이런 자세는 아시아에 대한 가해 책임에 대해서도 마찬가지였다. 아라는 1946년 4월의 평론에서 이렇게 말한다.[26]

…… 오늘날 중국, 태평양의 각지에서 벌어졌던 일본 군대의 할 말을 잃게 만드는 야만이 연이어 폭로되고 있다. 그러나 이것에 분개하는 사람들의 표정에 대해서는 일종의 절망을 금할 수 없다. 뭔가 남의 일이라는 듯한 차가운 방관자의 태도로 그것을 논의하는 천박한 심정에 침을 뱉고 싶은 혐오감이 드는 것이다. 자기 같은 문화인은, 지식인은, 그 어떤 조규条規를 벗어난 전쟁 심리에 사로잡힌다 해도, 그런 잔학 행위는 하지 않을 것이

다, 그들은 교양 없는 민중이니까…… 라고 말하고 싶은 것 같은데, 그것은 '내부'의 민중을 자각하지 못하는 자의 어리석은 말痴言이다. 일본 군대의 야만은, 이를테면 수면 위에 뜬 얼음덩어리와 같은 것으로, 그 밑으로는 거대한 야만의 뿌리가 넓고 깊게 뻗어 있다.

5장에서 언급했듯이 아라는 1946년 『긴다이분가쿠』의 오쓰카 히사오와의 대담에서 "일본 민족이 잔학한 침략 전쟁을 벌였다는 속죄감"을 "원죄"의 대용으로 삼아, 일본에 "근대적 인간 유형"을 정착시킬 수 없느냐고 말했다. 옥중에서 타인의 식량을 빼앗은 경험이 있는 아라에게 전장의 잔학 행위는 남의 일이 아니었다. 그런 자각 없이는 아시아에 대한 가해 책임의 강조도, 아라가 비판한 "공산당 편에 가세하여 천황의 전쟁 책임을 추궁한다"라는 태도처럼 타자를 탓함으로써 자기를 정당화하는 것으로 끝나 버리기 쉬웠다.

3장에서도 말했듯이 패전 후 얼마간은 일반 병사의 가해 책임은 그다지 논해지지 않았다. 그런 와중에 마루야마 마사오가 1946년의 「초국가주의의 논리와 심리」에서 일반 병사의 잔학 행위를 논한 점, 그리고 그가 이 논문에 대해 "한 줄 한 줄이 나에게는 바로 어제까지의 자신에 대한 필사적인 설득이었다"라고 말한 점은 앞에서 보았다. 마루야마 및 아라가 민중의 전쟁 책임을 패전 직후부터 논할 수 있었던 것은, 자기 자신 내부의 천황제, 앞에서 인용한 아라의 말을 빌리면 "'내부'의 민중"을 자각했기 때문이라 할 수 있다.

때문에 아라는 1946년 2월의 「민중이란 누구인가」民衆とはたれか라는 평론에서 "민중이란 나다. 나 이외에 민중은 없다."라고 선언했다. 이 평론에서 그는 프티 부르주아적인 감성을 극복하고 민중 속으로 들어가라는 40대의 논조를 평가하며, 그들에게 민중이란 어디까지나 자기와 무관한 존재이고, 무지한 민중이라는 멸시와 친애하는 민중 제군이라는 이상화는 표리일체라고 말한다.[27]

아라는 이 평론에서 자기 자신의 "소시민 인텔리겐치아의 생활 감각 외에, 모든 것이 허망하다"라고도 말했다. 그러나 이것도 풍요로운 생활 감각을 지키려는 올드 리버럴리스트의 주장과는 달랐다. 아라가 말하는 '실감'은, 우선은 전쟁 체험 속에서 직시하게 된 "지옥의 이기주의"이며, 둘째로 "기아는 밤낮없이 입구의 문을 거칠게 두드린다"라는 패전 후의 "생활 감각"이었기 때문이다.[28]

　　전쟁은 사람들에게 공통적인 굴욕과 회한을 가져온 동시에, 공통적인 생활고와 기아를 안겼다. 거기서는 자기 자신의 문제와 사회의 문제가 한 몸이 되어, 사회 전체의 부흥과 변혁 없이는 자기 자신의 행복도 달성할 수 없었다. 아라는 1947년의 평론에서 "전후 현실 속에서, 한 사람이 행복해지기 위해서는 만인이 행복해지지 않으면 안 된다"라고 말하며, "나의 행복을 위해 싸우고 싶다. 그 싸움 속에서 민중의 행복을 찾고 싶다"라고 주장한다.[29]

　　이런 사상을 아라는 "이기주의를 확충한 고차원적인 휴머니즘"이라고도 불렀다. 그리고 "정치와 문학에 대한 이원적 견해"의 타파를 주장했다.[30] 물론 이것은 정치와 문학을 절충시킨다는 뜻이 아니라, 자기 내면의 문학에 철저히 임하는 것이 동시에 사회 전체의 정치로 이어지는 상태를 지향한 표현이었다.

　　그것은 마루야마 마사오가 1943년의 후쿠자와 유키치론에서 말한 "개인주의자**라는 점에서** 실로 국가주의자였다"라는 표현과 마찬가지였다. 그리고 마루야마는 1947년 1월의 논고에서는 "실로 내면적인 인간이 실로 행동적인 인간이라는 명제는 결코 환상이 아니다"라고 주장했다. 이것은 젊은 세대의 학생들을 향해 정치 참가 형태에 대해서 이야기한 논고였다. 거기서 그는 정치를 싫어하는 "'문화적' 그룹"과 그 "반대극의 정치형 청년"의 쌍방을 향해 전자는 "감각적 향락파"의 길로, 후자는 "정치적 육식 동물"의 길로 빠져서는 안 된다고 말하면서 앞과 같이 주장했다.[31]

　　아라와 동년배였던 마루야마는 아라의 문제의식을 분명히 공유했다.

그리고 아라를 비롯한 『긴다이분가쿠』의 주장도 마루야마나 오쓰카 등과 같이 개個와 연대의 양쪽 모두가 파괴되었던 전쟁 체험의 결과로서 출현한 것이었다고 할 수 있다.

근대의 재평가

나아가 『긴다이분가쿠』라는 명칭 또한 근대를 재평가하고자 하는 마루야마 및 오쓰카와 공통된 지향을 보였다. 애초에 『긴다이분가쿠』의 동인들은 1930년대 말에 『겐다이분가쿠』現代文学라는 동인잡지를 간행했던 경위가 있었다. 제목만 보면 그들의 전전에서 전후로의 궤적은 현대에서 근대로의 역행이었다.

그리고 동인 히라노 겐 등은 1942년 9월에 "현재의 우리에게 가장 필요한 것은 근대의 극복이라고 생각한다"라고 말했다. 그러나 패전 후 그들은 오쓰카 히사오 등과 같이 근대적 인간의 확립을 이야기했다. 1953년 좌담회에서 히라노는 "『긴다이분가쿠』라고 이름을 지었을 때의 기분은, 아라 군에게 가장 확실했는데, 근대의 확립에서부터 다시 나아가자는 생각도 있었으리라 생각한다"라고 말한다.[32] 그들도 전쟁 체험을 거치며 근대에 대한 평가를 바꾸었다.

물론 그 경우의 근대는 전쟁 체험의 반동으로 꿈꾸게 된 주체성을 표현하기 위한 일종의 매개였다. 그런 까닭에서야말로 전쟁 책임의 추궁은 근대적 인간의 확립과 뗄 수 없는 관계였다.

그리고 패전 직후의 논단에서 근대를 내세우며 문학의 전쟁 책임을 문제 삼은 것은 그들만이 아니었다. 예를 들어 1946년 11월 불문학자 구와바라 다케오가 하이쿠俳句는 근대 예술 이전의 '제2예술'에 불과하다고 표현해 큰 반향을 불러일으켰다. 거기서 구와바라는 하이쿠 문단俳壇의 유력자들을 평하여 이렇게 말한다.[33]

…… "인생의 궁극은 쓸쓸한 맛이다"라고는 하지만, 일단 강력한 세력이 나타나면 능란하게 거기에 복종한다. 강한 바람이 지나가면 또 속세를 떠난다. 버들가지는 눈이 쌓여도 부러지지 않는다. …… 문학보국회가 생겼을 때, 하이쿠부회만 이상할 정도로 입회 신청이 많았고, 본부가 이 부회에 한해서 입회를 강력히 제한했던 것을 나는 기억한다.

편승하고 영합한 소설가들도 있었지만, 오늘날 그런 작가들은 훌륭한 작품을 쓸 수 없게 되었다. 소설이라는 근대적 장르가 그것을 허락하지 않는 것이며, 장르로서 소설의 강함은 거기에 있다. 그러나 하이쿠 문단에서는, 예를 들면 은銀 공출 운동을 위해 실로 선명한 선전 문구를 그 자리에서 공출해 낸 대가들이, 지금도 마찬가지로 대가다. 예술가가 사회적으로 무엇을 하든지 그것이 작품 그 자체에는 아무런 흔적도 남기지 않는, 하이쿠는 그런 장르다.

구와바라에 따르면 근대 소설은 확고한 세계관이나 인간관 없이는 쓸 수 없다. 그러나 하이쿠는 사상을 결여한 정서를 노래하는 것뿐으로, 하이쿠 문단의 우두머리가 지배하는 중세 직인 조합compagnonnage의 산물에 지나지 않는다. 하이쿠의 이런 방식이야말로, 일본에서 작가의 사상적, 사회적 무자각과 안이한 창작 태도의 유력한 모델이라는 것이다.

여기서 구와바라의 근대 소설관이 서양 근대를 이상화했다고 비판하기는 쉽다. 그러나 구와바라의 하이쿠 비판의 배경에는 전쟁의 기억과 전쟁 책임 문제가 있었으며, 근대는 그 표현 매체였다.

그리고 마루야마와 오쓰카가 그러했듯이, 이 시기의 아라 마사히토나 히라노 겐은 자신이 주장하는 근대적 인간이나 개인주의가 단순한 이기주의가 아니라는 점을 재삼 강조했다. 예를 들어 아라는 3장에서도 언급한 1947년의 「횡적인 연결」橫のつながり이라는 평론에서 천황제를 종적 연결이라 비판하는 한편, "일본에는 진정한 의미에서의 근대도, 개인주의도 없었다", "프랑스 대혁명이 없었다"라고 주장한다. 히라노 겐도 "노골적

인 이기주의 "는 " 개個의 자각이 전혀 없었던 봉건 사회 "의 산물이며 " 진정한 개인주의 문학 "과는 다르다고 주장했다.[34]

그리고 40대에 대한 이의 제기도 이런 진정한 개인주의의 입장에서 이루어졌다. 아라에 따르면 일본과 같은 " 후진국의 비극은 개인주의가 확립될 겨를도 없는 사이에 사회주의를 맞이하지 않으면 안 되었던 것 "이다. 진정한 근대적 개인주의에서는 개의 확립과 사회적 연대가 모순되지 않는다. 그럼에도 일본의 마르크스주의자가 개인주의를 혐오하는 것은 일본 사회의 근대화가 부족한 탓에 단순한 이기주의 이외의 개인주의를 상상할 수 없기 때문임에 불과하다. 그 때문에 사회주의 운동 속에도 종적인 연결이 보이거나, " 어제까지의 군국주의를 뒤집은 것에 지나지 않는 경우도 있다 "라는 것이다.[35]

이런 비판 의식을 가지고 있었음에도 아라가 공산당에 입당한 한 가지 이유는, 패전 후의 공산당이 2단계 혁명론을 내걸고, 후진국인 일본에 우선 필요한 것은 프랑스 혁명식의 민주 혁명이라고 주장했기 때문이기도 했다. 아라는 1947년 4월 좌담회에서 동석한 히다카 로쿠로가 " 부르주아 민주주의 혁명 자체에 목적이 있다 "라고 주장한 데에 찬동하며 " 공산당의 목표는 그래야만 하지 않을까 "라고 말한다. 그리고 " 40대의 구舊좌익인 "들 사이에 " ' 부르주아 민주주의 혁명의 기간은 짧으면 짧을수록 좋다. 그것은 어쩔 수 없는 수단이다 '라는 사고방식 "이 있음을 비판했다.[36]

말하자면 그의 개인주의는 과거의 개인주의와는 별개의 내용을 표현하려 한 말이었다. 마루야마의 경우, 과거의 국가주의와 구별하기 위해 국민주의라는 말을 새로 채용했다. 그러나 아라와 히라노는 개인주의라는 재래의 말에 새로운 의미를 부여하고자 했던 것이다.

그것은 예술 지상주의에 대해서도 마찬가지였다. 원래 30대의 사명 및 예술 지상주의는 동인들이 『긴다이분가쿠』의 잡지 취지로 내세운 것이었다. 그러나 동인인 하니야 유타카埴谷雄高의 회상에 따르면 " 마땅한 말이 떠오르지 않는 상태에서 예술 지상주의라는 관용어를 썼지만, 우리는 이 예술 지상주의라는 말에 만족하지 않고, 어떻게든 새로운 말을 만들어 내고자 고심했다. '예술주의'라는 말은 어떨까, 사용하는 와중에 새 의미가 생겨나지 않을까, 라고 [이 말을] 아라 마사히토가 채용하지 않는 것을 유감스럽게 여기며 몇 번이고 반복해서 제언했다."라고 한다.[37]

하니야는 이어서 "지금 와서 생각하면, 이 예술주의라는 말을 보급했어야 했다. 직접적인 정치색을 배제하면서도, 큰 사회의 흐름에서는 결코 떨어지지 않는 우리의 중심적인 문제였으므로"라고 말한다. 40대가 주장하는 정치의 우위에 대항한다는 문맥이 있었기 때문에, 그들은 개인주의나 예술 지상주의라는 마르크스주의 문학계의 관용어를 사용했다. 그러나 동시에 거기 만족하지 않고 전쟁 체험에서 생긴 심정을 표현하기 위한 말도 탐색되었다.

그리고 그들은 정치와 문학의 이원적 견해의 극복과 함께 관념과 육체 간 분열의 극복을 모색했다. 전쟁에 반대하는 의사를 갖고서도 보신을 위해 전향하고 침묵했던 경험은, 그들에게 가장 큰 회한이었던 동시에 관념과 육체 사이의 분열의 정점이었다. 그리고 아라의 표현을 따르면 "그것을 통일시켰다는 점에서는, 사신死神의 기묘한 매력에 자진해서 사로잡힌 특공대 젊은이들 쪽이 나았다"라는 것이다.[38] 특공대원들은 옥중 비전향의 공산당 간부와 함께, 사상과 행동, 관념과 육체를 통일시킬 수 있었던 존재로 여겨졌다. 그런 자세에 철저하지 못했던 회한을 극복하려는 노력 없이는 표현 활동을 재개할 수 없었다.

그리고 그 열쇠로 동인들이 주목한 것은 전시에 관념과 육체를 일치시키면서도 전쟁에 협력하지 않았던 선배 격의 문학가들이었다. 그런 문학가로 한편으로는 미야모토 유리코와 나카노 시게하루가, 또 한편으로는 나가이 가후나 마사무네 하쿠초, 다니자키 준이치로 등이 상정되었다. 그리고 동인들이 생각하기에 미야모토와 나카노는 정치적 신념이라는 관념에 행동을 일치시킴으로써, 나가이와 다니자키는 정치적 무관심과 이기주의라는 육체에 충실함으로써 그것을 달성했다.

그러나 이기주의에 철저한 비정치주의에도, 관념에 복종하는 공식주의에도 만족할 수 없었던 그들은, 이 두 유형을 함께 극복할 새로운 정치와 문학의 방식을 찾고자 했다. 그것을 위해서는 경직된 40대에 대한 비판과 함께, 나가이 가후나 마사무네 하쿠초에 대한 비판이 필요했다.

예를 들어 오다기리 히데오는 1946년 1월의 논고「문학 정신을 위해서」文学精神のために에서 나가이 가후를 비판의 대상으로 삼았다. 오다기리는 나가이가 1910년의 대역大逆 사건―천황 암살 미수라는 명목으로 사회주의자들이 탄압받고, 아나키스트 고토쿠 슈스이幸德秋水가 사형에 처해져 당시의 문학가들에게 충격을 주었다―에 대해서 쓴 1919년의『불꽃』花火을 인용한다.[39]

나[나가이 가후]는 문학가인 이상, 이 사상 문제에 대해서 입을 다물고 있을 수는 없다. 소설가 졸라É. Zola는 드레퓌스A. Dreyfus 사건에 대해서 정의를 외쳤기 때문에 국외로 망명하지 않았던가. 그러나 나는 세상의 문학가들과 마찬가지로 아무 말도 하지 않았다. 나는 양심의 고통을 견딜 수 없는 느낌이 들었다. 나는 자신이 문학가라는 것에 대해서 극심한 수치를 느꼈다. 그 이후 나는 내 예술의 품위를 에도 시대의 통속 작가 정도까지 끌어내리는 길밖에 없다고 생각했다. 그 무렵부터 나는 담뱃값을 줄여 우키요에浮世絵를 모으고 샤미센三味線을 켜기 시작했다. 나는 에도 말기의 희극 작가나 우키요에 화가가, 우라가浦賀에 흑선이 나타나든 사쿠라다 고몬桜田御門에서 다이로大老가 암살당하든, 그런 것은 내 알바 아니다―아니, 이러쿵저러쿵 말하는 것이 오히려 황송한 일이다, 라고 선을 긋고 외설 책이나 춘화春畵를 그렸던 그 순간의 흉중을, 기막혀 하지 않고 오히려 존경하고자 결심했다.

나가이는 그 후 정치와 연을 끊고 오로지 창기娼妓나 무희들과 교제했다. 그리하여 그는 자산이 풍부했던 이유도 있어서 전쟁 중에 정치적인 글을 쓰지 않아도 되었고 결과적으로는 전쟁에 협력하지 않았다.

그러나 오다기리는 이런 나가이의 자세를 "정치에 대한 시정배素町人 근성"이라 비판했다. 앞에서 본 1946년 2월 좌담회 「문학가의 책무」에서는 하니야 유타카도 "강권强權이 등장하면 죽림칠현竹林七賢마냥 칩거하는 것이 제대로 된 문학가라는 사고방식이 아직도 일부에게 있다"라고 비판하고, 아라는 나가이나 마사무네 하쿠초를 평하여 "전쟁에 대해서 조금도 책임을 느끼지 않는 듯한 태도로, 오늘날 언론에 진출하는 경향을 씁쓸하게 생각한다"라고 말한다.[40]

여기서의 '나가이 가후'나 '에도'는 '근대'나 '메이지'가 그러했듯이, 그들의 심정을 표현하는 하나의 상징적 언어였다. 마루야마 마사오가 전시 중의 논문에서 에도 시대의 시정배 근성을 강하게 비판했음은 2장에서 말했다. 또 마루야마는 1946년에 "죽림칠현적인 자유"를 비판했다.[41] 오다기리나 하니야가 마루야마가 전시 중 학회지에 공표한 논문을 읽었다고 생각하기는 어려우며, 그들은 당시의 언설 구조에 따라 공통된 언어를 사용했다고 생각된다.

무엇보다 이런 시정배 근성에 대한 비판은 그들 자신의 회한의 표현이기도 했다. 오다기리는 나가이를 비판하며 전쟁 속에서 "자기 내면에 잠재된 노예근성이나 시정배 근성"을 "아프게 깨달았다"라고 말한다. 그러나 오다기리에 따르면 정치와 문학은 본래 대립하는 것이 아니며, 우연히 근대 일본의 정치가 비인간적이었기 때문에, 그런 실감을 품을 수밖에 없는 상태를 만든 사회를 변혁하는 새로운 인간의 형성을 그리는 문학이 필요했다.[42]

그리고 아라나 히라노는 일본의 근대 문학사를 독자적으로 재구성하고자 시도했다. 그들이 진정한 개인주의 문학의 선구적인 예로 든 것은 메이지기의 나쓰메 소세키와 모리 오가이森鷗外였다.[43] 마루야마 마사오가 나쓰메 소세키를 높이 평가했음은 2장에서 보았지만, 아라와 히라노도 메이지의 재평가로 향했다고 볼 수 있다.

그리고 그들은 자연주의와 사소설, 그리고 전전의 프롤레타리아 문학을 비판했다. 1946년 12월에 쓰인 히라노의 「아낙네적 문학론」女房的文学論에 따르면 근대 프랑스에서 자연주의 문학이 생겨났을 때는, 이성과 자연 과학을 신뢰하고 그 관찰력으로 인간의 존재를 해명한다는 사상적인 기반이 있었다. 그러나 근대적 정신이 성숙하지 않은 일본에 수입된 자연주의는 단순한 실감을 기반으로 삼아 인간의 추악함을 폭로하고 마지막에는 불교적인 허무감에 잠길 뿐이었다. 거기서부터 "생리적인 이기주의와 사상을 거부하는 미온적 허무감"을 특징으로 하는 "우리나라의 독특한 자연주의적 인간관"이 태어났다는 것이다.[44]

히라노에 따르면 그런 "우리나라의 독특한 자연주의적 인간관"의 연장선상에서 사소설과 프롤레타리아 문학이 태어났다. 사소설이란 사회에서 고립된 작가가 미세한 인간관계 및 이기주의를 그리는, 공公에서 동떨어진 사私의 소설이다. 한편으로 프롤레타리아 문학은 사회 참가를 우선시하여 사를 부정했지만, 그 창작 수법은 자연주의적 리얼리즘의 연장이며, 운동하는 인간 군상을 사소설적으로 쓰거나 도식적인 혁명화를 그리는 데 지나지 않는다. 그 전형이 고바야시 다키지이며, 당 활동을 위해 여성을 희생시키는 주인공을 그린 고바야시의 여성관은 전근대적인 자연주의적 인간관의 일종이라는 것이다.[45]

그리고 프롤레타리아 문학 작가들이 운동의 붕괴 후에 쓴 소설은, 하나는 사소설의 한 변종으로서의 전향 문학이고 다른 하나는 도식적인 전쟁 문학이었다. 지금 일본 문학에 필요한 것은 "자연주의 문학의 철저한 극복과 마르크스주의 문학의 대담한 자기비판"이며, "고바야시 다키지와 히노를 표리일체로 바라볼 수 있는 성숙한 문학적 육안"이라는 것이 히라노의 주장이었다.[46]

아라 마사히토에 따르면 그런 전근대적인 자연주의적 인간관, 즉 소박한 실감에 기반을 둔 이기주의의 전형이, 인간을 비소한 것으로 여기는 마사무네 하쿠초의 허무적 인간관이었다. 아라는 1946년에 전시 중의

"'어두운 계곡' 속에서, 이 하쿠초적 인간관을 곱씹으며, 그에 대한 친근감을 음미해 왔다"라고 인정하면서도, "이기주의와 휴머니즘의 합조정合措定"에 따른 "자연주의적 인간관의 극복"을 주장했다.[47]

이런 지향은 개인주의라는 말을 쓰기는 했지만, 올드 리버럴리스트의 개인의 자유보다 오히려 마루야마의 국민주의에 가까운 심정을 표현했다. 그러나 당장 대항할 상대가 공산당의 '정치의 우위'였기 때문에, 개인주의나 예술 지상주의처럼 마르크스주의 문학계의 부정적인 관용어를 오히려 도발적으로 사용한 점이 마루야마 등과 달랐다고 할 수 있다.

그러나 공산당 주류는 이런 『긴다이분가쿠』를 일제히 비판했다. 이것은 필연적으로 근대와 개인주의에 대한 비판이라는 형태를 취했고, 이런 말들을 둘러싼 항쟁이 벌어진다.

공산당의 근대주의 비판

『긴다이분가쿠』의 동인들은 앞에서 말한바 같은 사상에 입각하여, 창간시에 나카노 시게하루와 미야모토 유리코에게 원고를 의뢰하는 한편, 시가 나오야나 마사무네 하쿠초와도 교섭을 개시했다.

그러나 당초부터 이 양극의 문학가들은 물과 기름 같았다. 혼다가 원고 의뢰를 위해 나카노 시게하루와 만났을 때, 병역에서 귀환한 지 얼마 안 된 나카노는 너덜너덜한 군복 차림으로 나타나서 우익 테러가 일어날 경우 편집부가 어떻게 대응할지를 문제로 삼았다. 한편 혼다가 시가의 집을 방문했을 때는 "위압적일 정도로 당당한 의자"와 "큰 항아리"가 늘어선 응접실에서 대접을 받으며, "글쎄, 언젠가는"이라고 완곡히 거절당했다고 한다.[48]

그래도 동인들은 열심이었다. 그들은 무료로 원고를 쓰고, 인쇄 공장까지 가서 식자공과 회의를 하고, 배낭을 짊어지고 잡지를 배본했다. 이렇게 시작한 『긴다이분가쿠』는 마루야마의 「초국가주의의 논리와 심리」

처럼 젊은 독자에게 특히 호평을 받았다. 3부에서 검증할 요시모토 다카아키나 오다 마코토도『긴다이분가쿠』의 애독자였다. 당시 아직 중학생이었던 오다는 패전 직후의 "젊은이도 늙은이도, 기꺼이 어려운 책을 읽었다"라는 분위기 속에서 "『긴다이분가쿠』창간호에 대해서 이발소 아저씨와 이야기를 했다"라고 한다.[49]

훗날 교도통신사共同通信社의 편집 위원이 된 아라이 나오유키新井直之는 구제舊制 고등학교 학생이었던 당시에 읽은『긴다이분가쿠』를 평하여 이렇게 말한다.[50] "그것은 이제껏 우리가 익숙했던 사소설을 중심으로 한 문학의 개념을 완전히 깨부수는 것이었다", "게다가 그것은 전쟁 전 프롤레타리아 문학의 이론과도 달랐다. 말하자면 그것은 문학을 문학의 좁은 껍질 속에서 문화의 장으로, 사상의 장으로 끌어내는 듯한 느낌을 주었다." 정치적인 문학이라고 하면 프롤레타리아 문학이고, 그것을 거부하면 사소설로 흘러가기 쉬웠던 당시에, 『긴다이분가쿠』는 신선한 인상을 주었다. 정치와 문학 사이의 양자택일을 거부하고, 사소설과 프롤레타리아 문학의 이항 대립을 넘어서겠다는 동인들의 지향이 젊은 독자에게 전해졌다고 할 수 있다.

그러나 연장자 프롤레타리아 문학가들 사이에서『긴다이분가쿠』는 평이 좋지 않았다. 동인들은 구라하라 고레히토나 나카노 시게하루, 미야모토 유리코 등을 좌담회에 초대해서 자신들의 주장을 호소했다. 당초에는 나카노나 미야모토도 이해를 보였지만, 나카노가 돌연히『신니혼분가쿠』新日本文学 1946년 7월호에 히라노와 아라에 대한 비판을 발표했다. 히라노가 히노 아시헤이와 고바야시 다키지를 표리일체로 취급한 데 대해 "그것은 천황과 이등병을 똑같이 희생이라 부르는 것과 마찬가지다"라고 비난하며 "히라노에게는 정치를 인간적으로 생각하는 능력이 없다", "곱게 화장하고 반혁명 문학 세력에게 곁눈질을 주고 있다"라는 등의 공격을 했다.[51]

존경하던 나카노의 돌연한 비판에 아라와 히라노는 놀라고 슬퍼했지만, 이윽고 격한 반론으로 변했다. 이 응수는 '정치와 문학' 논쟁이라고 명명되어, 문학사에서는 공산당의 정치적 압력과 문학가 사이에서 벌어진 알력의 사례로 여겨진다. 그러나 상호 간의 응수 자체는 줄곧 다소 내용 없는 인신공격과 허술한 논점의 충돌로 그친 감이 있다. 오히려 주목해야 할 점은 이 논쟁 자체보다도 그것을 야기한 정치 동향이다.

이 논쟁이 진행된 1946년 후반부터 1947년 초에 걸쳐 "혁명이 멀지 않았다"라는 기운 속에서, 공산당은 1947년 2월 1일 자로 총파업을 기획했다. 그러나 이 2·1 파업은 점령군의 명령으로 중지되었고, 공산당은 전후 처음으로 좌절을 맛보았다. 게다가 점령군의 개입으로 파업이 중지된 것은 점령하에서도 평화 혁명이 가능하다고 보았던 지도부의 방침이 갑자기 틀어졌음을 뜻했다. 그 후 노동 운동에서 공산당의 장악력이 저하되면서 좌절한 학생들과 젊은 노동자들은 내성內省의 시기로 들어갔다.

그리고 이런 젊은 활동가들의 마음을 사로잡은 것이 『긴다이분가쿠』를 비롯한 주체성론主體性論이었다. 이 주체성론이라는 명칭은 사회의 제도적 변혁보다도 인간의 내면적인 정신 개혁을 중시하는 사상을 공산당 측이 총칭한 것이었다.

예를 들어 2장에서 보았듯이 오쓰카 히사오는 근대적 인간 유형의 확립이 선행되지 않는 한 제도적인 사회 개혁을 이루더라도 효과는 적다고 주장했다. 그 주장에 대해서 공산당계의 논자들은 인간의 의지는 경제적인 하부 구조로 규정되며 사회의 변혁 없이 의식의 변혁 같은 것은 일어날 수 없다고 주장했다. 공산당 측에서 보면 사회 변혁의 계획을 동반하지 않는 주체성의 주장 같은 것은 난센스에 지나지 않았다.

그러나 운동이 정체되면서 젊은 당원과 활동가들은 당의 지도에 의문을 느꼈고, 내성적인 문제에 매력을 느꼈다. 앞에서 말해 왔듯이 패전 직후의 젊은이들 사이에서 마르크스주의와 기독교, 그리고 마루야마나 오쓰카 등의 저작이 인기를 모았다. 공산당 측에서 보면 이런 주체성론은 청년층의 지지를 얻는 데 있어서 잠재적인 라이벌 사상과 다름없었다.

이렇게 해서 오쓰카나 마루야마의 저작, 『긴다이분가쿠』의 논조, 그리고 마르크스주의에 실존 철학을 도입하고자 하는 철학자 우메모토 가쓰미梅本克己의 주장 등이 일괄적으로 주체성론이라 총칭되었다. 이들의 사상은 각각의 변용이 있지만, 근대의 재평가를 포함하는 점에서 근대주의라고도 불리게 된다.

1947년 10월 공산당 간부인 미야모토 겐지와 노사카 산조, 문예 평론가 이와카미 준이치岩上順一, 철학자 고자이 요시시게가 참가한 좌담회 「근대주의를 둘러싸고」近代主義をめぐって가 열렸다. 여기서는 전후의 젊은 세대에게 "얽매이기 싫다. 그런 의미에서는 군국주의도 싫지만 공산주의도 싫다"라는 분위기가 확산 중이라고 보고되었고, 젊은 활동가가 "오쓰카 사학 등의 영향을 받아 완전히 회의적이 되어서, 자기 변혁이라는 문제에 열중해 있다"는 사례나, "『긴다이분가쿠』라는 것의 영향이 직장 근로자의 일정 층까지 미쳐 있다"라는 사실이 문제로서 논해졌다.[52]

그리고 주목해야 할 것은 미야모토 겐지가 『긴다이분가쿠』의 주장을 단순한 정치 도피의 이기주의로밖에 취급하지 않았다는 점이다. 그는 이 좌담회에서 "『긴다이분가쿠』의 동인들은 하쿠초의 이기주의 같은 쪽에 무척 친근함을 느낀다"라고 단정하고, "전시 중에는, 예술이 정치에 종속하는 것은 군국주의에 종속하는 것이며 범죄지만, 진보적 정치에 종속하다는 것은 예종隷從이 아니라 발전적인 용수철이 된다"라고 주장했다.[53]

이런 미야모토의 반응은 『긴다이분가쿠』가 개인주의나 예술 지상주의라는 부정적인 관용어를 사용했던 데에 한 원인이 있었겠지만, 그것과 다른 이유도 있었다. 그 자신이 문학가이기도 했던 미야모토는 전쟁 프롤레타리아 문학 운동의 중심인물이었다. 이때 오다기리 히데오는 미야모토 부처의 자택을 방문했는데 아내인 유리코는 『긴다이분가쿠』에 어느 정도 이해를 보였지만 겐지는 "프롤레타리아 문학 운동 붕괴기에 지하의 정치적 지도자였던 만큼, 자기의 책임이 문제가 되는 듯한 문학 운동 비판은 전혀 인정하려 하지 않았다"라고 한다.[54]

그러나 『긴다이분가쿠』를 비판한 것은 미야모토만이 아니었다. 좌담회에 미야모토와 동석한 노사카 산조는 "그들도 반공적인 태도를 취해 간다", "우리는 이기지 않으면 안 된다"라고 말했다. 1947년 12월 공산당 제6회 대회에서는 도쿠다 규이치가 일반 보고를 하며, "당의 일부에 『긴다이분가쿠』의 영향이 보이는데, 이것은 자기완성 운운하는 완전한 이기주의다. 이것은 전쟁 중의 탄압에 대해 반동을 일으킨 것으로, 지금까지 자유행동이 저지되었기 때문에, 이번에는 반동적으로 당의 규율에조차 복종할 수 없게 된 아나키즘이다. 당은 이것과 투쟁하여 악질적인 자는 제명하는 데 이르렀다"라고 위치 짓는다.[55]

여기서 말하는 제명 처분은 1947년 12월에 일어난 도쿄대학 세포 분열 사건을 가리킨다. 이것은 도쿄대학의 공산당 세포에서 『긴다이분가쿠』에 영향을 받은 학생 당원이 분파 활동을 했다고 비난받아 세포가 분열되기에 이른 것으로, 공산당에서는 전후의 첫 대량 징계 사건이었다. 공산당에게 『긴다이분가쿠』는 단순한 문학잡지의 수준을 넘어서 일종의 위협으로 비쳤다.

나카노 시게하루를 비롯한 공산당계 문학가들이 『긴다이분가쿠』를 비판한 데는 이런 배경이 있었다. 그것과 병행하여 1947년에 마르크스주의 역사학자들이 『오쓰카 사학 비판』大塚史学批判이라는 책을 출판했고, 1948년 8월에는 공산당 기관지 『젠에이』가 「근대주의 비판」의 특집을 기획했다.

이렇게 이루어진 근대주의 비판의 골자는 마르크스주의의 근대 비판에 따라, 근대란 부르주아 자본주의 사회에 불과하며 그 변혁 없이는 개인의 해방도 있을 수 없다는 것이었다. 거기서 아마카스 세키스케甘粕石介는 "자유주의, 개인주의, 자연 성장론 등의 부르주아 사상이, 프롤레타리아트 조직 내부의 가장 두려운 파괴자가 된다"라고 평했고, 가쓰베 하지메勝部元는 "과거 부르주아지가 진보적이었던 시대의 낡은 슬로건인 '자아의 확립'을 아직도 내세우는 자는, 완전한 시대착오의 반동적 역할을 맡은 사람 밖에 없을 것이다", "'주체성'이란 반공을 말하는 것이며, 반공이란 반인민의 동의어다"라고 주장한다.[56]

2장에서 말했듯이 이런 근대 비판은 전전의 지식인들에게는 상식적이었다. 마루야마나 오쓰카, 혹은 『긴다이분가쿠』 동인들은 전쟁 체험을 다시 물음으로써 근대의 재평가로 향했다. 그러나 공산당은 그런 경로를 더듬어 가지 않았다. 왜냐하면 공산당 스스로가 옥중 비전향의 신화에 기대어, 전쟁 전의 운동을 실패로 이끈 지도자의 책임과 많은 당원들이 과거에 전향하고 전쟁에 협력했던 사실을 불문에 붙이고, 마치 전시가 존재하지 않았다는 듯이 전전의 운동을 부활시키고자 했기 때문이다.

게다가 그 한편에는 전시 중에 근대를 비판했던 교토학파의 동향이 있었다. 그중 한 사람이었던 고야마 이와오 등은 1946년이 되어서도 "근대 국가, 근대 사회(나아가 근대 가족)의 정신"이나 "근대 본류의 인간 중심주의가 막다른 골목에 달했음"을 주장하며, "일본의 민주주의화는 우선 근대 국가화가 완성되어야 하지만, 세계의 객관적 추세는 이미 근대 국가 및 근대적 국제 사회의 단계를 넘어서려 하고 있다"라고 말하며 전후의 민주화를 비판했다.[57]

말하자면 당시에 근대를 재평가하느냐 마느냐는, 전쟁 체험을 직시하고 사상을 다시 세울지, 아니면 전전의 마르크스주의 운동이나 전시의 근대의 초극에 머무를지의 문제와 직결되어 있었다. 이것은 전쟁 체험과 전쟁 책임을 은폐하느냐 마느냐는 문제와도 연동되었다.

『긴다이분가쿠』가 근대에 대한 재평가를 내세우면서 40대에 반발한 것도 전쟁 체험 때문이었다. 히라노 겐은 1953년 좌담회에서 이렇게 말한다.[58] "예를 들어 〔쇼와〕 20년(1945) 말에 열린 신일본문학회의 발회식에 나도 참가했지만, 15년 만에 열린 그 회합의 분위기가 나에게는 납득이 가지를 않았습니다. 15년 간, 모두 쓰라린 기억을 가진, 오랜만에 만나는 여러 사람의 얼굴에는, 15년의 역사가 새겨져 있었습니다. 그러나 모임 그 자체의 형태라고 할까 진행 방식에는, 그 15년의 역사가 조금도 스며들지 않았다는 인상을 받아서 불만이었습니다. 전쟁 중의 괴로운 체험이 모임 전체의 방침에 확실히 살아 있다는 생각은 들지 않았습니다."

그것은 주체성에 대해서도 할 수 있는 말이었다. 이 시기의 주체성이라는 말은 논자에 따라 함의가 조금씩 달랐지만, 공통점은 그것이 전쟁 체험에서 생긴 심정을 표현했다는 점이었다.

앞에서 말했듯이 마루야마나 오쓰카가 말한 주체성은 공과 사 양 쪽 모두가 파괴된 전쟁 중의 반전反轉으로서 꿈꾸게 된, 권위로부터의 자립과 타자와의 연대를 겸비한 상태를 표현하는 말이었다. 그리고 우메모토 가쓰미 등이 주장한 주체성은 마르크스주의가 주장하는 역사의 필연성을 인정하면서도, 그 필연성 속에 해소되지 않는 자기를 표현했다. 그리고 후자는「세계사의 철학」을 읽으며 전장으로 향했던 학도병을 비롯해, 개인을 넘어선 전쟁이라는 역사의 필연성을 인정하면서도 자기의 죽음을 납득할 수 없었던 사람들이 공통적으로 품었던 심정이다.

즉 패전 후의 주체성이란 마르크스주의를 비롯한 체계적인 이론으로 회수되기 곤란한 심정을 표현한 말이었다. 사람들은 전쟁과 패전이라는 거대한 사회 변동에 농락당하는 가운데, 자기 자신을 납득시킬 설명을 찾아서「세계사의 철학」이나 마르크스주의가 말하는 역사의 필연성을 믿고자 했다. 그러나 그런 이론적인 설명으로 납득이 가지 않는 자기의 잔여물 중 일부가 다른 종류의 말을 찾는 원동력이 되었을 때, 그것이 주체성이라는 말로 표현된 것이다.

후에 마루야마는「초국가주의의 논리와 심리」가 주목을 모은 이유로 "종전 직후에 배출된 일본의 천황제 국가 구조에 대한 비판은, 거의 다 코뮤니즘이거나, 적어도 마르크스주의의 입장에서 이루어진" 가운데 "정신 구조로부터의 접근이 대단히 신선하다고 비추어졌기" 때문일 것이라고 말한다.[59] 즉 이 논문은 마르크스주의 이론 체계를 비롯해 기존의 언어로는 표현하기 곤란한 정신의 문제를 논했으며 그런 까닭에야말로 폭발적인 인기를 모았다.

반대로 말하면 마루야마의 방법은 정신의 문제에서 정치를 논했다. 그것은 『긴다이분가쿠』가 지향한 정치와 문학의 이항 대립 극복과 공통된 심정 위에서 성립했다. 그리고 전쟁을 체험한 동시대인들이 비슷한 심정을 공유했기 때문에, 이런 접근이 주목을 모았다고 할 수 있다.

말하자면 『긴다이분가쿠』나 우메모토 가쓰미, 그리고 오쓰카나 마루야마 등, 일괄하여 주체성론으로 불린 논자들이 지향한 것은, 위로부터 주어진 바의 언어 체계—거기에는 공산당의 경직된 마르크스주의 해석뿐만 아니라, 안이한 민주주의의 합창 등도 포함되어 있었다—로는 납득할 수 없는 심정을 표현할 말의 모색이었다. 그들은 모두 마르크스주의나 공산당에게 경의를 표했지만, 전쟁 체험으로 말미암아 공산당이 내건 언어 체계에 만족할 수 없는 심정을 품기에 이르렀다. 그런 의미에서는 "'주체성'이란 반공을 가리키는 것이며, 반공이란 반인민의 동의어다"라는 공산당 측의 일방적인 평가도 주체성론의 성격을 직감적으로 알아챈 적대심의 표현이었다고 할 수 있을지 모른다.

그리고 이런 공산당의 압력으로 『긴다이분가쿠』측에 분열이 발생했다. "『긴다이분가쿠』동인 중에는 최고 좌익"을 자인했던 오다기리 히데오의 동인 탈퇴다.[60]

원래 오다기리는 예전부터 친교가 있었던 나카노 시게하루의 추천으로 1946년 2월 공산당에 입당했는데, 입당하면서 "전전의 프롤레타리아 문학 시대처럼 문학가를 정치적으로 휘두르는 것은 곤란하다"라고 조건을 붙였다. 그런 조건이 인정되었다는 인식하에 그는 교조적인 민주주의 문학에 대해 비판적인 글을 썼다. 그러나 나카노 시게하루가 『긴다이분가쿠』비판을 개시한 뒤, 1946년 10월에 『신니혼분가쿠』가 오다기리를 비판하는 논문을 게재했다. 신일본문학회의 중심인물 중 하나이기도 했던 오다기리는 입장이 곤란해져 1947년 1월에는 『긴다이분가쿠』를 탈퇴하지 않을 수 없게 되었다.

그 후 얼마 안 되어 오다기리는 『신니혼분가쿠』의 편집장으로 선출

되어 『긴다이분가쿠』를 비판하지 않으면 안 되는 입장에 몰렸다. 동인 탈퇴 후에 오다기리는 아라나 히라노를 "소시민적 자기만족에의 선동", "문단적 처세의 변통" 등으로 비난하기에 이른다.[61] 당시의 공산당은 정치와 문학의 대립을 넘어서고자 했던 『긴다이분가쿠』의 제언을 살리지 못하고 '정치의 우위'를 밀어붙였다.

고바야시 히데오와 후쿠다 쓰네아리

이렇게 해서 공산당의 압력은 정치와 문학의 괴리를 조장하는 결과를 불렀다. 『긴다이분가쿠』 주변에서는 오다기리 히데오의 탈퇴, 그리고 고바야시 히데오 및 후쿠다 쓰네아리福田恆存와의 관계가 그것을 상징했다.

실은 『긴다이분가쿠』의 좌담회에 초청받은 사람은 창간호에 구라하라 고레히토, 제2호에 고바야시 히데오, 제3호에 나카노 시게하루였다. 그리고 고바야시는 프롤레타리아 문학을 관념 과잉이라 비판한 평론가였다. 혼다의 회상에 따르면 원래 동인들은 "구라하라 고레히토와 고바야시 히데오를 함께 아우프헤벤aufheben(지양)한다"라고 이야기했다고 한다.[62]

그러나 구라하라 못지않게, 1946년 1월 이루어진 고바야시와의 좌담도 결실이 없었다. 고바야시는 동인들을 향해 "나는 정치가 싫습니다"라고 단언하고, "정치의 형식이 어떻게 바뀌든, 정치가라는 인간의 유형은 변치 않는다"라고 주장했다.[63]

고바야시에 따르면 마르크스주의 문학은 사상으로 예술을 창작할 수 있다고 생각하는 관념적인 운동에 불과하며, 이성이나 관념을 넘어선 미美에 대한 외경의 뜻을 잃었다. 그리고 "문화의 정말로 미묘한, 살아 있는 부분"은 "뻔한 사상이나 관념 따위의 속"에 있지 않고, 농부나 목수와 같은 "생활자"의 "있는 그대로의 인생"이나, 장인이 전통적으로 계승하는 기술, 그리고 고전의 원문 등에 깃들어 있다는 것이었다.

하지만 정치를 싫어하는 고바야시도 전쟁을 긍정하는 글을 써서 신일

후쿠다 쓰네아리

본문학회의 전범 문학가 리스트에 들어가 있었다. 그러나 고바야시는 좌담회에서 자신은 생활을 위해 원고를 썼으며 "나는 무지하므로 반성 같은 것은 안한다. 똑똑한 놈이 실컷 반성해 보면 되지 않겠냐"라고 반문해 버렸다. 문학가의 책임이라는 문제에 대해서도, 고바야시는 "책임이라든가 무책임이라고 할 문제가 아니다. 기술이 뛰어난가 아닌가의 문제다"라고 말할 뿐이었다.

그렇다면 어떤 문학이 뛰어난가에 대해서는, 고바야시 자신의 직각直覺을 바탕으로 톨스토이L. N. Tolstoy나 이반 투르게네프Ivan S. Turgenev를 일류, 이류 등이라 단언할 뿐이었다. 이 논법에 따르면 인간은 관념을 버리고 일류의 문화 앞에 고개를 조아려야 하는데, 어떤 문화에 대해 고개를 조아릴지는 고바야시의 직각이 정하게 된다.

같은 1946년 작가 사카구치 안고는 천황제에 대해 이렇게 말했다. "자기 스스로를 신이라 칭하면서 인민에게 절대적인 존경을 요구하기는 불가능하다. 그러나 자기가 천황에게 엎드림으로써 천황을 신으로 만들고, 그것을 인민에게 강요할 수는 있다. 거기서 그들[위정자]은 제멋대로 천황을 옹립하면서, 천황 앞에 엎드리고, 자기가 엎드림으로써 천황의 존엄을 인민에게 강요하고, 그 존엄을 이용해서 호령했다."[64] 고바야시의 문화나 생활자에 대한 상찬은 이것과 결과적으로 동일한 구조였다.

일련의 좌담을 거친 동인들은 프롤레타리아 문학이 "사회를 발견한 탓에 개인을 잊어버렸다"라는 점에 비해, 고바야시는 "개인적인 것에 틀어박혀 버렸다"라고 위치 지었다.[65] 이 직후에 생긴 일이 오다기리의 탈퇴와 후쿠다 쓰네아리의 동인 가입을 거부한 사건이었다.

후쿠다 쓰네아리는 훗날 보수론자로 알려졌지만, 패전 직후는 30대 전반의 젊은 영문학자로, "사회 혁명이 가까운 장래에 성취될 것을 바라마지 않는다"라고 말했다. 그리고 1947년 초 시점에서는 마르크스주의 문학가에 대해서 "자기들 마음속에 둥지를 튼 봉건적 기질 내지는 일상적인 안이함을 바라는 프티 부르주아 근성"을 직시하라고 말하며 "문학과 정치의 괴리"를 문제로 삼았다.[66] 이 시점에서 후쿠다는『긴다이분가쿠』동인들과 공통된 문제의식을 가졌다.

1947년 7월『긴다이분가쿠』는 동인을 확대해서 하나다 기요테루花田淸輝와 노마 히로시, 가토 슈이치, 나카무라 신이치로中村眞一郎, 오니시 교진大西巨人 등이 새로 참가했다. 이때 히라노 겐이 후쿠다를 찾아와 동인 참가를 권했다. 후쿠다도 그럴 생각이었지만, 동인 회의에서 후쿠다의 가입이 부결되어 버린다. 그 이유는 명확하지 않지만 가장 큰 이유는 아마도 후쿠다의 공산당에 대한 자세와 전쟁 책임 문제에 대한 대응이었다.

후쿠다는 1947년 2월과 3월「문학과 전쟁 책임」文学と戦争責任 및「세대의 대립」世代の対立이라는 논고를 발표한다. 그것에 따르면 전쟁 문학은 사상적으로 악惡이라기보다는 문학으로서 저질이며, "문학가로서의 우열함을 굳이 전쟁 책임이라는 말로 바꿔치기"하는 것은 일종의 정치적 왜곡에 불과하다. 따라서 "전쟁 책임을 추궁하는 사람들의 태도는 문학과 조금도 길이 통하지 않는다"라고 했다.[67]

그리고 프롤레타리아 문학 운동도 근대적 자아가 확립되지 않은 일본 사회의 상황을 이용해 정치가 문학가를 지도하고, 질 낮은 작품을 만들게 하는 운동일 뿐이다. 옥중 비전향을 관철한 공산당 간부도, "본래의 자기 자신을 지니지 못한 성격적인 약함" 탓에 공산주의 사상을 맹종한 "자동인형"이며 그것이 "절조의 강함으로 잘못 보여"지는 것뿐이라고 했다.[68]

후쿠다에 따르면 "내가 믿는 것은, 본디 자신의 강인함 때문에, 그것을 살리기 위해서는 대역의 자기를 세우지 않을 수 없었던 순응주의자뿐"이다. 옥중에서 전향하지 않은 공산당 간부는 "자기의 대역을 세우는 방법조차 모르는 완미頑迷한 비사회적 존재"에 불과했다. 그런 관점에 서서 자기와 가족의 생활을 지키기 위해 전쟁에 협력한 문학가는 "전쟁 책임을 지는 것이 아니라, 그 범죄의 피해자"라고 말한다.[69]

후쿠다에 따르면 본래 "강권 앞에서는 하릴없이 무릎을 꿇고, 이욕을 위해서는 눈먼 자처럼 공적인 것을 잊는 범속함"이야말로 민중이라는 존재다. 이런 민중의 정치야말로 데모크라시다. 그렇다면 "금고 20년의 이력을 무공 훈장으로 간주하는 마음은, 실로 안티 데모크라시와 파시즘의 온상이 아니라 무엇이겠는가", "강제와 생활고에 허덕이면서, 스스로의 생명을 걸고 군국주의militarism와 싸우기를 기대하는 것은, 정신주의가 아니라 무엇이겠는가"라고 후쿠다는 묻는다. 문학가의 사명은 이런 정신주의의 '이상理想의 채찍'에 맞아 상처 입은 민중, "그 생활을 지키고자 허덕이던 벌레와 같은 가여운 인간" 편에 서는 것이라고 말한다.[70]

여기서 후쿠다는 금고 20년의 공산당 간부와 무공 훈장의 군국주의를 나란히 세워 정신주의라고 부른다. 아라 마사히토가 옥중 비전향 공산당 간부를 상찬하면서, 동시에 특공대원을 관념과 육체의 분열을 극복한 존재로 표현했음은 앞에서 말한 대로다. 후쿠다는 아라와는 대조적으로 생활을 위해 이상을 버린 벌레와 같은 자들을 옹호하며, 비전향 간부를 완미한 비사회적 존재라고 비난했다.

전쟁 문학과 프롤레타리아 문학의 유사성이라는 문제는 히라노와 아라도 논했다. 그리고 3부에서 보듯이 1950년대 말에 요시모토 다카아키가 옥중 비전향 공산당 간부를 후쿠다와 비슷하게 평가했을 때는, 많은 지식인이 환영했다. 그 시대에 이르러서는 공산당에 대한 불만이 쌓여 있었으며, 옥중 비전향 신화의 해체를 환영하는 분위기가 조성되었기 때문이다.

그러나 후쿠다가 이것을 주창한 1947년에는 그의 주장을 환영하는 분위기가 없었다. 게다가 후쿠다는 전시 중에 피지배 지역의 일본어 보급을 주창한 국책 잡지 『니혼고』日本語의 편집 주간을 맡았던 과거가 있었다. 당시 문단에서는 고작 몇 년 전인 전시 중에 누가 무엇을 했는지가 갖가지 소문으로 전해졌다. 이런 상황 속에서 후쿠다가 비전향 간부를 비판하고 전쟁 책임 추궁을 비난하더라도 단지 자기변호로 밖에 받아들여지지 않았을 것이다.

혼다 슈고의 회상에 따르면 후쿠다는 "보기 드문 이상가였다"라고 한다. 후쿠다는 『긴다이분가쿠』의 동인 가입을 거부당한 직후에 "지금이야말로 우리는 생활과 예술의, 정치와 문학의 혼동을 단연코 거부하지 않으면 안 된다"라고 썼다.[71] 후쿠다에 따르면 문학가에게는 정치와 연을 끊고 문학에 집중하거나 문학을 포기하고 정치에 전면적으로 참가하는 양자택일만 있다. 이것은 어중간한 자세를 용납하지 않는 이상가다운 태도였음과 동시에, 전쟁에 협력했던 자기의 생활을 뉘우치고 있었던 후쿠다가 그의 이상을 맡길 유일한 장소인 문학을 정치로부터 방어하려는 표현이기도 했으리라.

이렇게 해서 정치와 문학을 단절시킨 후쿠다는 "문학 같은 것은 사회의 진보나 개선을 위해서 아무 도움도 되지 않는다", "그런 문학을 고집한다는 것, 그것은 양심의 가책 없이는 있을 수 없다"라고 주장했다.[72] 이런 후쿠다가 비전향 간부를 유독 비난한 것은 자기 양심의 가책을 북돋는 이상의 채찍을 향해 욕설을 퍼부음으로써 전시의 회한에서 벗어나려 했던 심정의 폭로일지도 모른다.

후쿠다는 1945년 말부터 1946년 전반에 걸쳐서 전시 중부터 집필했던 논고 「근대 일본 문학의 계보」近代日本文学の系譜를 공표한다. 그 기본적인 주장은 일본 문학에서 긍정할 수 있는 작가는 실생활을 문학 이외의 장에서 완수했던 나쓰메 소세키와 모리 오가이뿐이며, 자연주의 문학도 시라카바파白樺派도 프롤레타리아 문학도, 전부 서양에서 수입된 관념과 정신주의의 산물에 불과하다는 것이었다. 이런 문학사관은 역시 생활을 중시하는 에토 준에게 계승되는데 그에 대해서는 3부에서 살펴보겠다.

후쿠다의 이런 지향은 '인간'이라는 말의 용법에도 반영되었다. 후쿠다는 1947년 2월에 평론 「인간의 이름으로」人間の名において에서 마르크스

주의 문학을 "인간성에 대한 모욕 위에 입각한 문학"이라고 표현한다. 그에 따르면 마르크스주의 문학가는 "무지한 사람들의 생활을 희생으로 삼음으로써, 이론의 순수화와 정치함을 이룰 수 있었던" 관념론자에 불과했다.[73] 여기서의 인간은 "강권 앞에서는 하릴없이 무릎을 꿇고, 이욕을 위해서는 눈먼 자처럼 공적인 것을 잊는 범속함"과 다름없었다.

본래 『긴다이분가쿠』의 동인들도 인간 존중주의를 취지로 내걸기는 했다. 그러나 아라나 오다기리가 주장하는 근대적 인간은 강권 앞에서 하릴없이 무릎을 꿇는 자기를 직시하면서도 그것을 극복하는 존재였다. 1947년부터 동인으로 참가한 가토 슈이치 등은 후쿠다를 비판하며 "일본의 사소설가가 그리는 일상적 에고를 인간성이라고 부르며 인간적 현실의 근저라고 외치는 것은, 시대착오 이외의 아무것도 아니"라고 말한다.[74]

당시로서는 '인간'이라는 말 자체가 익숙하지 않았다. 동인 하니야 유타카는 1946년 2월 좌담회에서 "지금까지 우리는 '국민'은 잘 알았지만 '인간'이라는 것은 거의 알지 못했다. 휴머니즘이라는 말도 잘 와 닿지 않는다. 일부 인텔리겐치아가 아는 척하고 있었을 뿐이다. 비국민이라는 말을 들으면 화를 내지만, 비인도적이라는 말을 들어도 가슴으로 느끼는 바가 없다고 내 친구가 줄곧 말했다"라고 말한다.[75]

인간이라는 말의 이런 분열도 그들의 전쟁 체험의 반영이었다. 전쟁 중에는 개개인의 생활이라는 사私, 연대나 자발적 정치 참가라는 공公이 함께 파괴되었다. 그런 전쟁을 거친 뒤에 후쿠다는 사의 회복을, 가토는 공에의 지향을 각각 인간이라는 말로 표현했다.

패전 직후에 사회 혁명의 희망을 말했던 후쿠다는, 아마 가토와 공통된 심정을 품었을 것이다. 그러나 후쿠다는 마루야마나 아라 등보다도 전쟁 협력에 깊이 관여했다. 그런 과거를 지닌 "본래 지극히 소심한 나"를 자칭했던 후쿠다는,[76] 아라가 주창한 "자기를 탓하는 것이, 그대로 남을 탓하는 것으로 이어진다"는 정치와 문학의 가교를 참기 어려웠으리라. 그렇기 때문에 그는 공산당의 정치에 전면적으로 귀의함으로써 자기의 회한을 구제받거나, 아니면 양심의 가책을 돋우는 정치와 연을 끊고 문학에 틀어박히는 양자택일의 세계관을 품기 쉬웠으리라고 볼 수 있다.

이런 후쿠다에게 『긴다이분가쿠』에의 가입을 권한 사람은 앞에서 말한 대로 히라노 겐이었다. 오다기리가 『긴다이분가쿠』의 가장 좌익이었다고 하면 히라노는 그 대극에 있었다. 그는 전전의 프롤레타리아 문학운동에 관계했다가 전향한 뒤, 전시 중에는 내각정보국內閣情報局의 촉탁으로 활동한 과거가 있었다. 또한 다른 동인보다 비교적 연장자여서, 전쟁을 찬미하는 논고도 쓴 적이 있다.

애당초 전시 중에는 전쟁과 관계가 없는 일은 거의 없었고, 일자리가 없어서 곤란해 하던 히라노에게 혼다 슈고가 정보국의 일을 주선해 주었다. 그러나 히라노는 정보국에서 일하던 와중에 도조 히데키 수상이 행하는 문화 관계의 연설 초고를 쓰라는 명령을 받았다고 한다. 히라노는 후에 "전쟁 중의 나는 거의 무명의 청년이었던 덕분에 '보다 죄가 적은 자'라고 할 수 있을지 모르지만, 그런 나에게도 생각하기조차도 싫은, 할 수만 있다면 말살해 버리고 싶은 전시 중의 글이 하나 있다"라고 말한다.[77] 그리고 1970년대에 그의 전집이 편찬되었을 때, 전시의 몇몇 논고를 생략했다.

이런 히라노는 『긴다이분가쿠』의 다른 동인들보다 정치에 대한 비관주의의 색채가 짙었다. 앞서 인용한 좌담회 「문학가의 책무」에서도 "근대적 인간의 확립"을 주창하는 아라 마사히토나 하니야 유타카를 향해서 "현실에 대해서 문학은 힘이 없다. 그것이 이번 전쟁이 준 하나의 교훈이다. 거기서 자기의 왜소함이라는 문제가 나온다. …… 왜소한, 약점뿐인 자기를 몰아붙여 문학으로 구원받고 싶다는 기분이 된다"라고 말한다.[78]

그런 히라노에 대해 아라 마사히토는 "구원받고 싶다는 바람을 갖는다는 것, 궁극적으로는 앞서 하니야가 말한 대로 사회적인 선善으로 이어질 수 있다는 확신을 가져도 된다"라면서, 자기 내면을 직시하는 것과 내 안의 천황제와 싸우는 것은 무연하지 않다고 주장했다. 그러나 히라노는

"아무래도 내게는 와닿지 않는다"고 했고, 아라에게서 "와닿지 않는 것은 히라노의 전쟁 책임관이 매우 희박했다는 증거다"라고 비판받는다.[79]

패전 시에 37세였던 히라노는 32세의 아라나 29세의 오다기리보다 나이가 많았고, 전전의 공산주의 운동에 대한 환멸의 정도도 깊었다. 또 동년배의 혼다 슈고와 달리 히라노는 투옥된 경험이 없었으며, 이 점에서도 아라나 오다기리처럼 복수의 심정을 갖는 경향이 적었던 것 같다. 아라의 경우와는 달리 히라노는 패전을 알았을 때도 그다지 해방감은 없었다고 말하며, 패전 직후에 쓴 일련의 글들은 "아라 마사히토에게 영향 받은" 것이라고 회상한다.[80]

오히려 히라노는 어떤 의미에서 후쿠다처럼, 전시 중에 저항했다고 일컬어지는 문학가를 비판하는 경향이 있었다. 위의 좌담회에서 여배우 오카다 요시코岡田嘉子와 함께 소련으로 망명한 스기모토 료키치杉本良吉가 문학가의 저항 사례로 다루어지자 히라노는 저항감을 보였다. 이 좌담회 후에 히라노는 스기모토가 오카다를 망명 수단으로 이용한 것이 아니냐는 추측을 담은 논고 「하나의 반조정」一つの反措定을 써서 정치와 문학 논쟁의 불씨를 제공했다.

히라노가 좌익 운동 속 여성의 지위라는 문제에 천착한 것은 그가 마음을 두었던 여성이 전전의 운동 속에서 하우스 키퍼 문제에 말려들었기 때문이라고 말해진다.[81] 그러나 히라노의 전시 중 행적을 아는 사람들 가운데는 히라노가 스기모토 료키치나 고바야시 다키지를 비판하는 데 대해 떨떠름한 마음을 품은 자도 있었을 것이다. 미야모토 겐지는 히라노의 정보국 시대의 과거를 들며 『긴다이분가쿠』를 비판했고, 나카노 시게하루는 히라노를 '하사'下士라고 표현했다.[82]

그러나 적극적인 전쟁 찬미의 글은 쓰지 않았지만, 나카노도 검거당해서 1934년에 전향했던 과거가 있었다. 게다가 그는 전시 중에 문학보국회가 만들어졌을 때, 과거를 반성하며 입회를 탄원하는 편지를 썼다. 처자가 있는 몸으로 특고경찰의 감시하에 놓였던 나카노는 신변의 안전과 수입을 위해서 문학보국회 참가를 간원했다.

나카노의 팬이었던 히라노는 정보국 상사가 그 편지를 읽어 주었을 때 충격을 받아, 이것을 훔쳐서 보관했다. 나카노에게 비판받은 뒤에 히라노는 이 편지를 논쟁 수단으로 쓰지 않는다는 조건으로 동인들에게 보여 주었다. 아라는 나카노의 과거에 분격했고, 논쟁 속에서 "나카노는 시치미를 떼려고 한다"라고 썼다.[83]

실은 나카노는 스스로 전향을 후회하며, 1945년 10월에 비전향 간부들이 출옥했을 때도 "나는 자격 없는 자라 생각했기에" 환영 자리에 나가지 않았다고 한다. 그 후 미야모토 겐지 등으로부터 재입당 권유를 받은 그는 "뭐라 할 말이 없을 정도로 감사"하며 입당했다.[84] 그런 회한을 지닌 나카노는 미야모토의 의향을 거스를 수 없었다고 이야기된다.

이런 착종錯綜한 상황 속에서 히라노가 후쿠다에게 가입을 권유했지만, 다른 동인들로부터는 다른 의견이 나왔다. 가입을 거부당한 후쿠다는 "그런 동인잡지라면, 나도 들어가고 싶지 않다"라고 반발하며『긴다이분가쿠』에 대한 비판으로 돌아섰다.[85]

그렇게 해서 이루어진 후쿠다의 비판은 거의 논리의 곡예였다. 마르크스주의를 비롯해 근대적 자아의 한계를 논하는 사상은 19세기부터 대두했음에도, 후쿠다는 "지금 와서 사회에 대해 개인의 권위를 확립한다니, 시대착오도 정도가 있다"라고 쓴다. 게다가 "근대적 자아의 확립은 제도적, 물질적으로 보증되지 않는 한, 단지 공염불에 불과하다"라는 것이다.[86] 말할 것도 없이 이것은 공산당의 근대주의 비판과 같은 논리였다.

그러나 후쿠다는 마르크스주의 문학에도 비판적이었다. 그에 따르면 지식인이 이상을 내세워 민중을 질타하는 점에서는, 봉건 도덕 문학도 마르크스주의 문학도 마찬가지였다.[87] 이런 후쿠다의 주장은 양심의 가책을 북돋는 이상의 채찍을 증오한 그의 심정 표현이었음과 동시에 마루야마나 오다기리의 시정배 근성 비판과는 대극에 위치했다.

이후 후쿠다는 지식인의 관념을 넘어선 생활자와 전통을 상찬하는 고

바야시 히데오의 논조에 가까워진다. 그리고 1950년대에는 평화 운동을 지식인의 관념 과잉이라고 야유하는 한편, 새로운 가나 표기법新仮名遣い으로의 변경을 이념의 전통 파괴라고 주장하며 옛 표기법을 고집했다. 그러나 동시에 그가 경애한 데이비드 허버트 로런스David Herbert R. Lawrence의 소설『채털리 부인의 사랑』Lady Chatterley's Lover이 발매 금지 처분을 당했을 때는 문학에 대한 정치의 개입이라며 항의했다.

그렇다고는 해도 세간이 신표기법으로 이행한 후에도 구표기법을 고집한 후쿠다의 자세는, 그가 내세운 '생활자'가 지식인을 상대로 한 논쟁 수단에 불과함을 짐작케 했다. 옥중 비전향을 비판할 때는 근대적 자아가 확립되지 않았다고 주장하면서, 『긴다이분가쿠』에 동인 가입을 거부당한 뒤에는 근대적 자아 같은 것은 시대에 뒤처졌다고 말하는 논법도 자기변호를 위해 논리를 나누어 쓰는 자세를 느끼게 했다. 패전 직후에 후쿠다가 쓴 일련의 글들이 단행본이 되었는데, 그것을 읽은 마루야마 마사오는 "이 책은 걸작입니다"라고 평했다.[88]

당시에는 전시 중의 자기 자신에 회한을 갖지 않은 문학가는 거의 없었다. 전쟁을 투철하게 반대한 자도, 전쟁을 찬미한 글을 실천해서 옥쇄한 문학가도 극히 소수였다. 대부분의 문학가는 보신이나 편승으로 전쟁에 협력하고 자기의 내면을 배반했다는 회한을 품고 있었다. 논쟁 상대의 과거를 직접적으로 폭로하는 것은 서로 상처를 입는 진흙탕 싸움으로 직결되기 쉬웠기에 꺼려졌지만, 전쟁이 가져온 상호 불신과 자기혐오는 쉽게 풀리지 않았다. 구로사와 아키라가 영화〈라쇼몽〉羅生門을 제작해서 헤이안平安 시대의 살인 사건을 제재로 삼아 자기에게 형편이 좋은 허위 증언을 늘어 놓는 군상을 그린 것은 이런 시대 상황 아래서였다.

문학가 마루야마 시즈카丸山静는『긴다이분가쿠』1948년 3월호에 기고한 글에서 전쟁 체험에 대해 이렇게 말한다.[89]

…… 무엇보다 깊이깊이 배운 것은, 우리들 소시민 인텔리겐치아의 약함이

었다. 항상 책임을 남에게 전가하고…… 자기비판이 돌고 돌아서 결국은 자기변호가 된다는 정묘한 경지에 이른, 본질적인 비판에 자기를 내놓지 못하는 약함, 그런 약함을 약함으로서 뼈저리게 배운 까닭에야말로…… 본질적인 의미에서 무장武裝할 필요성을 깊이 배우지 않을 수 없었다.

그러나 이런 회한으로부터 본질적인 의미에서의 무장을 생각했을 때, 당시로서는 마르크스주의의 학습과 공산당 참가 이외의 방법이 거의 없었다는 사실이 문제였다. 그리고 고바야시나 후쿠다가 정치로부터 나를 지킨다는 논리로 전쟁 책임 문제를 회피했다면, 많은 공산당원들은 정치의 권위로 나에 대한 비판을 지움으로써, 역시 전쟁 체험을 은폐했다.

시민과 난민

그리고 공산당의 근대주의 비판에는 주목해야 할 요소가 포함되어 있었다. 민족의 강조다. 이미 말했듯이 공산당은 패전 직후부터 민족을 내세웠는데 그것이 근대주의 비판에도 영향을 주었다.

예를 들어 나카노 시게하루는『긴다이분가쿠』1946년 4월호 좌담회에서 근대 문학은 부르주아 민주주의의 산물이라면서, 현대에는 일본인이 자기의 민족 문학을 만들어 가는 것이 필요하다고 주장했다. 고자이 요시시게도『긴다이분가쿠』비판에서 "민족 독립 없이 무슨 주체성의 확립인가"라고 주장했다. 동인에서 탈퇴한 오다기리 히데오도 1947년 2월에 "개인주의 문학"을 비판하며 "민주주의적인 민족 문학" 확립을 주창한다.⁹⁰ 또한 1947년 8월에는 공산당계 학생 신문이『긴다이분가쿠』를 비롯한 주체성론에 대해 "무력한 인텔리의 자기변호"라고 비판하면서, 이것을 "반半식민적 문화의 전조前兆"라고 표현한다.⁹¹ 공산당이 민족전선을 정식으로 내건 것은 1948년 3월부터였지만, 정치와 문학 논쟁의 시점부터 민족을 부르짖는 경향이 이미 발생했다.

무엇보다 3장에서 말한 것처럼 당시의 공산당 주변에서 민족은 인민과 거의 동의어였고 근대적인 개인의 확립과도 모순되지 않는다고 여겨졌다. 나카노 시게하루는 1947년 5월에 『긴다이분가쿠』를 "민족의 재건에 등을 돌린 개인주의"라고 비판하면서, 동시에 "민족의 민주주의 건설을 통한 개個의 확립, 개의 확립으로써 민족의 재건"을 주창한다. 또한 나카노는 1948년 11월 좌담회에서 당시 공산당의 공식 견해에 따라 "민족이라고 말하는 경우, 일본인이라거나 뭐라거나 하는 인종적인 문제에 기초가 있지 않고", 위정자 및 독점 자본가를 제외한 "인민의 95퍼센트가 민족이다"라고 말했다.[92]

그러나 공식적으로는 어찌되었든 자유주의, 개인주의를 비판하면서 민족을 내세우는 논조는 전시를 떠올리게 했다. 이런 '민족'에 대항하여 아라 마사히토는 '시민'을 내세웠다. 아라는 『긴다이분가쿠』 1947년 9월호에 「시민으로써」市民として라는 제목의 반론을 쓰면서, 나카노를 향해 "시민 대 시민의 관계로서만 논쟁을 하고 싶다"라고 말한다.[93]

그런데 여기서 유의할 점이 하나 있다. 그것은 교토京都 시민이나 요코하마橫浜 시민이라는 행정 구분적인 의미에서가 아니라, 일반 명사로서 시민을 사용하는 것은, 당시로서는 다소 드물었다는 사실이다.

개인주의라는 말이 유동적이었던 것에서도 보이듯 기존 언어 체계가 붕괴된 패전 직후의 논단에서는, 언설의 구조가 혼란과 변동의 시기에 있었다. 이때 오쓰카 히사오는 근대적 인간 유형을, 마루야마 마사오는 국민(나시옹)을, 그들이 이상으로 생각하는 근대적인 인간상의 명칭으로 사용했다. 그러나 패전 직후에 그들은 시민이라는 말은 거의 쓰지 않았다.

그 이유로는 크게 두 가지가 있다. 하나는 당시의 일본에 농촌 인구가 많았던 점이다. 1945년에 도시부都市部 인구의 총계는 28퍼센트에 지나지 않았고, 일본 사회의 다수는 농촌을 중심으로 한 군부郡部에 살고 있었다. 다소 시간이 지난 후의 글이지만 1951년에 교육학자 무나카타 세이야는 이렇게 말한다.[94]

…… 시민이라는 말은 일본에서는 좀처럼 일반화되기 어렵겠지요. …… 그것은 도시 주민이라는 뜻이 되어, 농민을 향해서 좋은 시민이 되라, 라고 말해도 이상합니다. 그 경우에는 좋은 촌민이라고 표현해야겠지만, 촌민이라고 하면 또 전근대적이라는 느낌이 강해서 교육의 목표가 되기 어렵습니다. 좋은 촌민이라고 하면, 이른바 어른을 공경하고, 묵묵히 일한다는 느낌이 됩니다. 한마디로 굿 시티즌십good citizenship을 좋은 시민이라고 간단히 번역해서는 잘 와 닿지 않습니다.

또한 당시는 도시부라고 해도 시민이라는 말에 적합하지 않다고 생각되었던 사람들이 많았다. 마루야마 마사오는 1947년 6월 강연에서 "우리나라의 중간 계급 혹은 소시민 계급"을 두 개의 유형으로 구별한다. 하나는 "마을 공장의 장인, 토건 청부업자, 소매상점의 점주, 도편수, 소지주 또는 자작농 상층" 등이며, 또 하나는 "도시의 샐러리맨 계급, 이른바 문화인 내지 저널리스트, 그 밖에 자유 지식 직업자(교수, 변호사 등)"였다.[95]

그리고 당시에는 도시 중간층에서도 전자가 다수파였다. 또한 당시의 언어 체계에서는 일반 명사로서의 시민을 도편수나 토건 청부업자에게 사용하는 습관은 없었다. 물론 그들 밑에서 일하는 일용직 노동자나 도제, 고용살이 등에 대해서는 말할 것도 없다.

그리고 마루야마는 청중을 향해 "우선 여러분들은 제2유형에 들어가겠지요"라고 말하며, "샐러리맨"을 포함한 이 유형을 "본래의 인텔리겐치아"라고 표현했다.[96] 농민이나 자영업자가 다수파였던 당시에는, 안정된 수입이 보장된 샐러리맨은 고학력 엘리트층이었다.

그리고 이런 계층 격차가 시민이라는 말이 일반화되지 않은 두 번째 이유가 되었다. 즉 마루야마가 말하는 제2유형이 특권적인 소수파였던 시대에는, 시민이 마르크스주의자들에게 부르주아의 동의어로 간주되었다.

이미 2장과 5장에서 보았듯이 당시 지식인의 기본 교양이었던 헤겔 사상이나 마르크스주의에서는 근대 시민 사회란 자본주의 사회이며 시민은 부르주아 계급이었다. 서양 문화의 향유가 도시 중간층의 특권이었던 당시에 세계 시민은 자본가의 대명사이며 민족은 민중의 동의어라는 언설이 성립했던 사실도 이미 말했다. 거기서 시민이란 자유주의, 개인주의, 근대주의의 상징이며, 노동자 및 농민의 하위에 놓여야 할 프티 부르주아에 불과했던 것이다.

후에 시민운동이라는 말을 일반화시킨 오다 마코토는 1965년 당시를 회상하며 "'시민'도, 예를 들어 프랑스 혁명을 강의하는 대학교수의 어휘 속에는 있었지만, 예전에는 보통은 사용되지 않았다. 사용하면 기이하게도 눈꼴사납게 들리는 말이었다"라고 말한다. 그리고 "'시민'은 '좌익'의 '혁명 세력'에서, '프티 부르'라거나 '소시민'이라던가 하는 '차별적' 용어와 항상 무관하지 않았다"는 것이다.[97] 2부에서 후술하듯 고도성장에 따라 문화의 균질화와 도시 인구의 증가가 일어나면서 시민이라는 말도 일반화되는데, 그럼에도 1960년대에는 오다의 말과 같은 상황이 있었다.

그렇다고는 해도 고도성장 이전 시대에 비공산당계 지식인이 프랑스 혁명에서 형성된 인간상을 염두에 두고 시민을 긍정적으로 사용한 사례가 없지는 않았다. 마루야마는 1950년 논고 「어느 자유주의자에의 편지」ある自由主義者への手紙에서 일본은 "소련형 민주주의"는 고사하고 "서구의 시민적 민주주의"조차 뿌리를 내리지 못했고, "이 의미에서의 민주주의도 우리들에게는 아직도 과제이지 현실이 아니다"라고 주장한다.[98] 물론 이 주장은 "우리나라에서 근대적 사유는 '초극'은커녕 실로 획득된 적도 없다"라는 그의 인식에서 나왔다.

그러나 마루야마가 이런 시민적 민주주의를 무조건 상찬했다고는 할 수 없다. 마루야마는 1947년에는 "'자유'의 담당자는 더 이상 로크J. Locke 이후의 자유주의자들이 생각한 바와 같은 '시민'이 아니라, 당연히 노동자, 농민을 중핵으로 하는 광범한 근로 대중이 아니면 안 된다"라고 말한다. 또한 「어느 자유주의자에의 편지」에서는 "시민적 민주주의"를 "영미적 민주주의"라고 부르기도 한다.[99] 그리고 2장에서 보았듯이 영미에서는 개인과 국가를 대립시키는 개인주의적 국가관이 뿌리 깊게 자리 잡았지만 "독일이나 프랑스에서는 내셔널리즘이 리버럴리즘의 쌍생아라 는 사실은 국민적 상식"이라는 것이 당시 마루야마의 주장이었다.

그리고 마루야마는 1951년 논문 「일본의 내셔널리즘」에서는 프랑스 혁명으로 생긴 citoyen(시투아앵)의 번역어로 시민이 아니라 공민公民을 사용하며 "정치적 책임의 주체적인 담당자로서의 근대적 공민"이라고 말 한다.[100] 아마도 마루야마는 도시 주민이 소수였던 당시의 사회 상황과 시 민이 프티 부르주아지라는 함의를 가진 말이었던 점을 바탕으로, 시민이 아니라 공민을 사용했다고 생각된다.

당시의 마루야마는 국민은 물론 민족에도 부정적이지 않았다. 1948년 12월 평화문제토의회 총회에서 마루야마는 "진정한 인터내셔널리즘이라 는 것은 각 민족의 문화적 개성에 대한 존중을 통해서만 가능하다"고 말 했고, 동석한 가와시마 다케요시도 "문화의 다양성과 개성을 빼고 국제성 을 논하는 것은 추상적인 코즈모폴리터니즘에 빠지게 됩니다"라고 주장 했다.[101]

이런 언설 상황을 고려하면 아라 마사히토가 "시민으로서" 등이라고 외친 것은 당시로서는 아주 특이한 현상이었다. 아라가 공산당원이며 공 산당 주변에서의 시민이라는 말의 함의를 숙지하고 있었음을 생각하면 이것은 프티 부르주아지로서라고 말하는 것과 마찬가지이며 말하자면 확 신범적인 행위였다고 할 수 있을 것이다.

아라가 시민을 긍정적으로 사용한 이유 중 하나는, 그의 일본 사회 인 식이었다. 앞에서 말했듯이 아라는 공산당의 2단계 혁명론을 바탕으로 프랑스 혁명형의 부르주아 민주 혁명의 필요성을 주창했다. 그때 그는 일 본을 "『공산당 선언』Manifest der Kommunistischen Partei이 시민 사회의 몰 락을 선언한 지 20년을 지나, 간신히 봉건 사회와 미련에 찬 결별을 한 후 진국"이라고 표현했다.[102]

이것에 비해서 『긴다이분가쿠』를 비판했던 공산당계 논자는 또 다른 일본 인식을 보였다. 아마카스 세키스케는 "일본은 단순히 후진국이 아니다"라고 주장하며 "근대주의자가 일본의 후진성을 여러 예를 들어 지적하는 것을 듣고 있으면, 우리는 자기도 모르는 사이에 독점 자본주의국으로서의 일본의 모습을 잊어버리게 된다"라고 아라를 비판한다.[103]

이런 아라의 일본 사회 인식은 마루야마와 공통되었다. 그러나 아라는 마루야마와 달리, 1947년에는 citoyen의 번역어로 공민이 아니라 시민을 쓴다.[104]

이것은 아마도 아라가 소시민 인텔리겐치아의 생활 감각을 내세워 공산당이 주장한 정치의 우위에 대항했던 것과 관계되어 있다. 즉 그는 예술지상주의나 개인주의 등과 마찬가지로, 시민이라는 마르크스주의 문학계의 부정적 관용어에 대항의 의미를 담아 일부러 내세웠다고 생각된다.

실제로 아라는 논쟁 중에 나카노 시게하루에게 "시민 대 시민의 관계로서만 논쟁하고 싶다"라고 반론한 외에도 미야모토 유리코가 "상층 중산 계급upper middle class" 출신임을 강조하며, 미야모토의 "낙천·외향·전진적 등의 특질을 시민citoyen의 강점으로 이해하고 싶다"라고 말한다. 또한 "고바야시 다키지는 소시민 인텔리겐치아였다"라고 말하며, 고바야시의 소설 『당 생활자』에 대해서도 "영웅, 시민을 그린 것으로서 이 작품의 주인공을 바라본다"라고 주장했다.[105]

즉 아라는 소시민성을 극복하라고 주장하는 40대야말로 노동자 계급 출신이 아니라 시민이 아니냐고 반론한다. 시민은 그것을 적극적으로 사용하는 아라조차 일종의 과감함을 동반해야만 사용할 수 있는 말이었다.

또한 마루야마의 국민이나 공민과 달리, 아라의 시민은 국가와 대항 관계였다. 이미 말했듯이 아라는 1947년에는 "근대 시민 사회"를 "횡적 연결"이라 상찬하는데, 그때 "국가와 계급은 오히려 종적인 연결을 주장하며, 횡적인 연결을 혐오했다"라고 썼다.[106] 물론 이것은 국가를 내건 일본 제국주의와 계급을 내건 공산당을 염두에 둔 것이었다.

그리고 아라가 시민과 함께 사용한 말이 '인류'와 '난민'이었다. 그에 따르면 '인류와 같은 감각'은 일본의 문학에는 결여되었고, 이것은 근대 시민 사회의 휴머니즘과 연결되는, '민족과 계급을 넘어선 머나먼 지평선'이다. 그리고 "시민에게 인류는 공허한 명사가 아니라, 충족된 실체다"라고 말한다. 또한 그는 국경을 넘는 "난민을 인류와 연결 지어서 의식한다"라고 말하며 1950년대에는 "시민 문학"을 제창하게 된다.[107]

이런 어휘는 아라가 중학교 시절에 기독교 세례를 받은 사실과 관계가 있다. 그가 오쓰카 히사오와 대담하면서 침략 전쟁의 사실을 원죄로 삼을 것을 주장했음은 앞에서 말한 대로다. 아라는 1946년에는 중국공산당의 장정을 모세Moses의 「출애굽기」에 비유하며 기독교 어휘로서의 난민이라는 말에 익숙해져 있었다. 그리고 그는 "원시 기독교는…… 민족의 신에서 인류의 신으로의 발전이다"라고 말하며, "신 앞에서는 모든 인간이 평등하다. 내재하는 신을 외쳤던 프로테스탄티즘이 시민 사회의 개인주의 확립에 도움이 되었음은, 이미 정설이다"라고 주장했다.[108]

그러나 이 난민이나 인류라는 말은 아라의 전쟁 체험에서 생긴 것이었다. 전쟁에 비판적이었던 지식인들은 전시 중 민족으로부터 고립되어 있었고, 아라의 표현에 따르면 국내 망명자의 상태였다.

아라의 세대는 1930년 전후의 마르크스주의 운동 고양기와 달리, 조직적인 운동이 거의 불가능했다. 그래서 그들의 저항은 비합법 서적을 한 명 내지 몇 명이 읽거나, 자기 마음속에서 반전의 의지를 지키는 것으로 한정되었다. 아라는 전시 중 자기의 상황을 "외부의 민중으로부터도, 친구로부터도 동떨어진 고독의 한가운데에 있었다"라고 회상하며 이것을 "국내 망명자"라고 이름 붙였다.[109]

그리고 아라는 전시를 회상하며 "감옥에 갈 것인가 외국으로 도망갈 것인가, 그 이외에 살아 있는 청춘을 확보할 순결한 수단은 없다고 생각되었다. 그래서, 스기모토 료키치가 눈의 국경을 넘어간 사건에 가슴이 설레었다"라고 말한다.[110] 스기모토 료키치의 망명이 동인들의 좌담회에서 문학가의 저항 사례로 다루어졌고, 히라노 겐이 그것에 저항하여 스기모토를 비판했음은 앞에서 말했다. 그리고 망명이라는 말도 지식인들의 전쟁 체험을 반영한 말의 하나로서 전후사상의 주요 용어 중 하나가 되는데, 이것에 대해서는 2부 이후에서 후술한다.

말하자면 아라의 시민, 난민, 인류, 망명자는 국민으로부터 고립된 상태에 빠졌던 전쟁 체험을 반영했으며, 그렇기 때문에 그야말로 국민과는 대치되었다. 난바라나 오쓰카와 마찬가지로 기독교에서 영향을 받았더라도, 아라의 사상은 국민이나 민족을 중시하는 그들과 달랐다.

거기에는 난바라나 오쓰카, 혹은 마루야마 등보다도 전쟁에 비판적이었고, 그런 까닭에 고립될 수밖에 없었던 그의 전쟁 체험이 반영되었다고 할 수 있으리라. 마루야마는 공습 속에서 운명 공동체라는 의식을 품고, 일종의 건설적 비판으로서 국민의 사상을 형성했다. 그러나 아라는 일반인들로부터 고립된 국내 망명자로서 시민과 인류의 사상을 형성했다.

또한 아라는 야마구치고등학교山口高等学校 시절의 정치 운동에서 조선인이 지도부였던 그룹에 소속되어 "두 사람의 조선인에게서 무수히 배웠다"라고 회상한다. 그에 비해서 마루야마가 경험한 조선인은 그가 군대에 소집되어 조선에 주둔한 보병 연대로 보내졌을 때 "평양平壤의 내무반에서 조선 출신의 고참에게 편상화編上靴로 얻어맞았다"라는 비참한 것이었다.¹¹¹ 그리고 마루야마는 후쿠자와 유키치의 조선 멸시에 대해서도 훗날까지 옹호하는 자세를 취했다. 이런 조선인과의 접촉 경험이나 거기서 파생된 조선에 대한 시선 차이도 아라의 인류와 마루야마의 국민에 반영되었을 가능성이 있다.

그리고 아라는 문학사에 대해서도 독특한 의견을 가지고 있었다. 그는 메이지의 나쓰메 소세키나 모리 오가이 외에도 다이쇼의 시라카바파를 점차 높이 평가했다.

실은 아라가 자신이 주창한 시민 문학의 선구적인 예로 거론한 것이 시라카바파였다. 후에 아라는 시라카바파가 인류와 휴머니즘을 내세우고 이상의 공동체를 만들고자 했던 점을 상찬한다.¹¹² 원래 아라는 다이쇼기에 유행한 모더니즘 문화를 사랑하는 소년이었던 점도 있어서, 우주나 인류라는 말을 애호했다.

그러나 시라카바파의 많은 문학가들은 화족을 비롯한 상층 계급 출신이었다. 그런 까닭에 그들은 유토피아를 공상하며 정치로부터 도피한 부르주아 문학가라고 공산당으로부터 비판받았다. 예를 들어 미야모토 유리코의 시라카바파 평가는, 대역 사건으로 메이지의 사회 운동이 탄압받은 뒤 "촌스러운 사회적·계급적 분쟁으로부터 눈을 돌리고, 세계 인류의 능력이 지닌 눈부신 가능성"을 몽상했다는 것이었다.[113]

『긴다이분가쿠』의 동인들도 시가 나오야 등에게 원고를 의뢰한 경위가 있었지만, 시라카바파에 꼭 호의적이지는 않았다. 시라카바파에 대해 장문의 평론을 쓴 혼다 슈고도 시라카바파의 "자기를 살린다"라는 슬로건에는 공명했지만, 동시에 그들을 "사람을 사람이라고 생각하지 않는 도련님의 '자유'", "때로는 유아적으로 보이는 그 제멋대로와 무경계함, 그것과 불가분의 관계에 있는 그들의 비타협적인 자기 충성" 등이라 평했다.[114] 시라카바파의 무샤노코지 사네아쓰가 귀족원 의원이 되어 전쟁을 찬미했고 공직 추방 처분을 받은 사실은 앞에서 말한 대로다.

똑같이 "자기를 살린다"라고 해도 전쟁에 저항하는 가운데서 자기를 찾아낸 아라와 시라카바파의 "도련님의 '자유'"는 성격이 약간 다를 터였다. 그러나 아라는 시민의 경우와 마찬가지로 공산당에게 혐오당하는 존재를 일부러 호의적으로 평가해 가는 자세를 취했다.

그러나 공산당계 논자만 시라카바파를 비판한 것이 아니었다. 메이지 문학을 상찬하고 시라카바파를 비판하는 경향은 국민 문학을 내세운 다케우치 요시미나 이시모다 쇼石母田正 등에게도 공통되며, 이윽고 에토 준으로 이어진다. 시라카바파와 메이지, 다이쇼에 대한 이런 평가도 전후사상가들이 개인과 국가의 관계를 논할 때의 지표로, 뒤에서 검증할 것이다.

그러나 공산당은 『긴다이분가쿠』의 이런 영향을 철저히 배척하고자 했다. 1947년 12월의 도쿄대학 공산당 세포 분열은 그런 상황을 상징적으로 보여 주는 사건이었다.

이 분열 사건은 2·1 총파업 중지 이후의 운동 정체기에 도쿄대학 학생 당원이 세포 내에서 '에고 논쟁'을 제기한 데서 시작되었다. 논쟁은 이윽고 『긴다이분가쿠』의 영향을 받은 혁신파와 당 중앙을 지지하는 공식파의 내분으로 발전했고, 주변 대학에도 영향이 파급되어 공산당에서 탈당하는 자가 나오기 시작했다.

이렇게 해서 도쿄대 세포의 활동이 정지되어 버린 가운데, 에고 논쟁을 제기한 학생 당원은 근대적 시민 정신과 새로운 휴머니즘을 주창하며 다이쇼 시대의 학생 조직이었던 신인회新人会의 부활을 기획했다. 그러나 당 중앙은 이것을 분파 활동으로 간주해 이 학생 당원은 공산당 본부로 불려가, 공식파의 학생 당원과 미야모토 겐지 등으로부터 반인민적 모더니즘이라는 비판을 받는다.[115]

이 학생 당원의 회상기에 따르면 그는 도쿄대 세포의 옛 동지에게 스파이, 배신자 등으로 비판받고 결국 자발적으로 탈당서를 내겠다고 말했다.[116] 이때 도쿄대 세포의 공식파에서 자주적 탈당이 아니라 제명 처분을 해야 하지 않느냐는 의견도 나왔지만, 그를 동정했던 세포원의 반대로 탈당서가 수리되었다. 이것이 당의 통제위원회에서 문제가 되어, 세포를 일단 해산 처분하고 공식파 학생 당원을 중심으로 재건이 이루어졌다.

공산당 측의 학생들이 발행한 「단죄장」斷罪狀은 처분된 학생 당원을 "배신분자", "추잡스런 균"이라고 표현하며 그가 당의 문서를 대학 근처의 경찰서에 넘겼다고 비난했다.[117] 그러나 이 학생 당원에 따르면 그런 사실이 없으며 경찰서가 어디 있는지조차 몰랐다고 한다.

이 학생 당원은 이듬해 공표한 수기에서 "나의 정열을 불태우고 이상화했던 공산당"에게 받은 중상中傷 때문에 "비유할 바가 없는 환멸의 비애를 맛보았다"라고 쓰며, 이렇게 말한다.[118]

2년간의 당 생활 후에 내 머릿속을 떠나지 않고 남겨진 것은 무엇보다도 이 정치의 전율할 정도의 추악함이다. ……

정치란 많든 적든 목적 지상주의적 요소를 포함한다. 그러나 이 목적 지상주의야말로 우리가 가장 증오해야 할 적이다. 그래서 가령 종국에는 정치 없는 사회, 진실의 자유의 왕국이 눈을 뜨더라도, 거기까지 도달하는 최단 거리를 취하기 위해서 어떤 수단을 취해도 지장이 없다는 논리는 성립할 수 없다. …… 아름다운 종국 목표를 휘두르는 것으로 부정과 허위를 온존하려는 집단에 대해서 항의하는 것이다.

앞에서 말한 대로 1947년 12월에 열린 공산당 제6회 대회에서는 이 사건을 "공산당이 재출발한 이래 최대의 처벌"이라고 표현한다.[119] 그러나 이런 처벌은 여기서 그치지 않았다. 7장에서 후술하듯이 1950년대에 공산당은 대규모 내부 분열에 휩싸여, 많은 당원들이 사문과 제명 처분을 받았다. 나카노 시게하루와 오다기리 히데오도 이윽고 공산당에서 제명되었고, 그들은 『긴다이분가쿠』를 비판한 데 대한 회한을 표명한다.

그리고 공산당에서 제명당한 구舊당원들 중에는 환멸을 느껴 정치에서 손을 떼거나, 혹은 반공의 방향으로 향하는 자가 속출했다. 1947년 에고 논쟁으로 당에서 쫓겨난 와타나베 쓰네오라는 학생 당원도, 이후에 요미우리신문사에 입사하고 사장이 되어 반공과 보수의 방향에서 '정치라는 추악함'에 관계한다.

정치와 문학 논쟁은 1946~1947년에 주목을 모았지만, 거의 평행선을 유지한 채 자연 종식되었다. 문학가의 전쟁 책임 추궁도, 서로에게 먹칠하기를 두려워하는 풍조 속에서 어느새 사라져 버린다.

정치와 문학의 분열을 넘어서고자 한 시도를 살려 낼 수 없었던 공산당은 결과적으로 많은 사람들을 정치에서 배제했다. 그것은 전쟁 체험으로 생긴 주체성에의 지향이 정치의 변동 속에서 좌절한 최초의 사례가 되었다. 그리고 그 속에서 만들어진 민족과 시민의 대립이라는 도식은, 전후의 언설 구조가 변천하는 과정을 보여 준 하나의 지표가 되어 갔다.

2부

7

가난과 단일 민족
1950년대의 내셔널리즘

일본 국민은, 일반적으로 상상하는 것처럼 민족의식이 강한 국민이 아니라 오히려 그것이 옅은 국민입니다. 강했던 것은 민족의식이 아니라 천황 의식과 절대주의적 국가 의식입니다.

이시다 우사부로

이제 2부에서는 1950년대의 내셔널리즘에 관한 언설을 검증한다. 이 장에서는 그 전제로서 이 시대의 사회 상황과 언설의 관계를 개설해 둔다.

정치적 사건의 측면에서 보면 1950년대는 강화 문제로 시작하여 안보 투쟁으로 끝난 10년으로 여겨진다. 그러나 여기서는 이 시대의 배경으로서 두 가지 사회적 요소를 지적해 두고 싶다.

하나는 1950년대에는 언설의 담당자가 모두 전쟁 체험자였다는 사실이다. 이 상황은 전후에 태어난 세대가 주도한 전공투 운동이 대두하는 1960년대 후반까지 계속되었다. 이하의 장에서 보듯이 1950년대의 좌파 운동에서 민족이라는 말이 많이 사용되는 것은, 전쟁 시기와의 연속성이라는 문제를 빼고는 이야기할 수 없다.

그리고 또 하나는 당시 일본 사회의 빈곤과 사회적, 경제적인 격차다. 전쟁으로 황폐해진 경제가 간신히 전전 수준을 회복한 것은 1954년 무렵의 일이다. 1950년대 후반에 고도 경제 성장이 시작된 이후에도, 가난과 격차가 사람들의 관심에서 사라지기까지는 아직 긴 시간이 필요했다.

이 장에서는 이런 배경, 특히 후자에 중점을 두고 1950년대의 좌파 내셔널리즘에 대해 개설한다.

격차와 내셔널리즘

1950년대의 사회적 격차를 보여 주는 사례로, 고도성장의 입구에 해당하는 1957년에 출판된 가토 히데토시加藤秀俊의 『중간 문화』中間文化에 나오는 일화를 보자. 이 책에서 사회학자 가토는 미국의 대중 사회론으로부터 영향을 받아 일본에서도 대중 사회화가 진행되고 있다고 주장했다. 거기서 그는 이렇게 쓴다.[1]

옛날 같으면 예를 들어 우리들 인텔리가 카메라를 목에 걸고 농촌을 찾아가면, 젊은이들은 갈망과 호기심을 가지고 신기하다는 듯이 카메라라는 신비로운 사치품을 살펴보았을 것임에 틀림없다. 그러나 현재, 조사를 하러 간 나라奈良의 마을에서 놀라운 경험을 했다. 내가 기록 사진을 찍기 위해 쓰는 것은 주로 코니카 2형이라는 사진기인데, 이 마을의 어떤 청년은 그걸 슬쩍 보자마자 "아 내 거랑 똑같네. 렌즈는 2.8이려나"라면서, 최근 발매된 후지 논 렌즈의 밝기 등에 대해 이야기를 시작하는 것이다.

　고도성장기 이후의 일본밖에 모르는 사람들은, 이 일화의 어디가 놀라운 경험인지 이해하기 힘들다. 그러나 1957년에 이런 일은 제3세계의 오지를 조사하러 간 문화 인류학자가 조사 대상인 촌민에게 "아 내가 가진 카메라랑 똑같네"라는 말을 듣는 것 이상으로 충격적인 사건이었다.

　가토는 이 『중간문화』에서 당시로서는 놀라운 관찰들을 열거한다. 이를테면 "여공이라면 귀걸이 하나 정도는 가지고 있어도 놀랄 일이 아니다", "산속 마을이라도 청년들은 상등품 양복을 입고, 댄스를 하고, 재즈를 듣고, 자동차 면허를 가지고 있기도 하다", "공장 노동자가 양복을 입고 관광 여행을 가거나, 농가의 아가씨가 르네 클레망René Clément의 『목로주점』Gervaise을 보고 견식 있는 의견을 말하거나 한다", "20살짜리 선반공은 아마도 페기 하야마ㅅギー葉山에 대해서, 하라다 야스코原田康子의 작품에 대해서, 그리고 신형 오토바이에 대해서, 시골 아가씨와도, 대학생과도 스무스하게 의사소통을 할 수 있다" 등이다.[2]

　여기서 알 수 있듯이 1950년대 전반까지의 일본 사회에서는 지식인과 노동자, 도시와 농촌 사이에는 압도적인 문화적 격차가 존재했고, 화제를 공유할 수 없다는 것이 상식이었다. 그런 전제하에서 지식인이나 민중 혹은 부르주아와 프롤레타리아라는 말이 위화감 없이 울렸다.

　패전 후의 일본에서는 사회 전체의 빈곤이 큰 사회 문제였다. 국제 연합의 1948년판 극동 아시아 경제 조사에 따르면, 당시의 일본 국민 1인당 추정 소득은 100달러이고, 미국은 1,269달러였다. 참고로 실론Ceylon(현재의 스리랑카)이 91달러, 필리핀은 88달러, 인도는 43달러였으며 당시의 많은 지식인들은 일본을 아시아의 후진국이라고 위치 지었다. 1957년에도 영·유아 사망률은 전국 평균 4.0퍼센트, 이와테현岩手県의 산간 지역에서는 14.5퍼센트에 이르렀다.[3]

이런 현실 속에서 많은 지식인은 정치에 무관심할 수 없었다. 1958년 당시 26세의 청년 작가였던 오다 마코토가 풀브라이트Fulbright 유학생으로 미국에 갔을 때, 그는 두 가지 사실에 경악했다. 하나는 애완용 고양이가 먹는 캔 사료 혹은 뜨거운 물이 나오는 수도 등으로 상징되는, 당시 일본에서는 상상할 수 없는 풍요로움이었다. 그리고 또 하나는 그런 풍요에 익숙해진 사람들의 철저한 정치적 무관심이었다. 오다는 귀국 후에 미국을 이렇게 그린다.[4]

이런 사회에 있으면, 가난은 눈에 띄지 않는다. …… 나는 뉴욕의 사회주의자들을 많이 알게 되었는데, 그들이 배부하는 미국판『아카하타』가 얼마나 설득력 없이 보였던가. ……
이런 데서부터 정치에 대한 극단적인 무관심이 나온다. 물론 유럽에서든 일본에서든, 혹은 그 밖의 어디에서든, 정치에 등을 돌릴 수는 있다. 정치는 내 알 바 아닙니다, 라고 모르는 체 할 수도 있다. 하지만 그것은 역시 포즈pose다. 어딘가 무리하는 것이다. 정치에 등을 돌린다는 의식이 어딘가 있을 것이다. 그 무리라는 점이, 미국인에게는 없다.

사람들은 가난 속에서 자연히 정치에 대한 관심을 품었다. 4장에서 말했듯이 오다는 패전 후의 기아 속에서 친구와 헌법 제25조의 규정을 둘러싸고 "주식으로 고구마를 씹으면서, 이것이 어째서 '건강하고 문화적인 최저한도의 생활을 영위하는' 것이 되는지"를 밤새워 논의한 경험이 있었다. 오다는 "실제로 우리는 그때 헌법에 대해서, 그런 말들을 내던지는 것 외에는, 거창하게 말하면, 살아갈 길이 없었다"라고 말한다.[5]

이런 오다는 미국 유학에서 돌아오는 길에 들른 시리아에서 가난한 민중들이 가말 압델 나세르Gamal Abdel Nasser 이집트 대통령의 연설에 열광하는 모습에 공감했다. 인도의 캘커타Calcutta(현재의 콜카타Kolkata)에서 만난 현지의 "이 기관차는 국산이다, 라고 눈을 빛내면서 이야기하던" 젊은 신문 기자의 "눈과 표정은, 갖가지 내셔널리즘 논의를 넘어서 내 가슴에 울렸다"고 전한다.[6]

　그러나 오다와 같이 여행을 한 "미국의 젊은이들의 첫 번째 반응은, 어째서 중근동이나 인도에서는 모두가 그렇게 정치에 열중하는가, 라는 의문이었다"라고 한다. 인도의 빈민들을 앞에 두고 미국의 대학생은 "논의를 해 보아도 별 수 없지 않는가, 현실은 하나도 좋아지지 않는다"라고 말했다. 이것을 알면서도 논의를 하지 않고서는 견딜 수 없는 심정을 이해할 수 없었던 이 젊은이에 대해, 오다는 "그 파란 눈은 아주 맑았다. 그것은 이상과 현실의 모순을 알지 못하는 눈이었다"라고 평한다.[7]

　나아가 오다 마코토가 느낀 것은 이런 미국인들이 정치를 추상적인 게임으로만 파악한다는 점이었다. 수술실 내부처럼 청결한 미국의 대학가에서 박사 학위를 목표로 사회학이나 정치학을 공부하는 학생들의 경우에 "정치는, 그들의 전공인 '국제 관계론'의 일환일 때는, 그 범위 안에서라면 크게 흥미를 갖는" 것이었다. 그들은 제3세계를 논할 때 "(현지의 주민들에게는) 굶어 죽을지 아닐지가 가장 중요한 문제이지만 거기에 자유가 있는지 없는지를 우선 문제로" 삼았다. 미일 안보 조약에 대해서도, 오다는 일본이 전쟁에 휘말릴 것인가라는 문제, 즉 "우리 신변의 안전이라는 데서부터 출발하는 것에 비해, 그들은 문제를 국제 정치의 무대 속에서 이해하고자" 했다.[8]

　그리고 오다가 만난 "미국의 젊은이들 중에, 약간 생각이 있는 사람들"은 입을 모아 "인터내셔널리즘을 관철해야 한다. 내셔널리즘이 전쟁의 원인이다" 등이라 주장했다. 어떤 미국인은 아랍 내셔널리즘의 상징인 나세르를 "결국 그놈은 독재자다"라고 평했다. 그러나 오다는 나세르에게 열광하는 민중 편에 공감하고, 미국에서는 "문제가 무척 가볍게 논해

진다"라고 느꼈다.[9]

　그러나 한편으로 일본의 지식인들은 좋든 나쁘든 민중에게서 고립된 존재였다. 이제까지 말했듯이 서양형의 생활 양식과 지식의 향유는 오로지 도시 중산층 이상의 특권으로 간주되었다. 지식인들 사이에서는 헤겔이나 마르크스가 상식이었음에 비해, 1장에서도 언급했듯이 1948년 조사에서는 신문 정도의 문장을 완전히 읽고 쓸 수 있는 사람이 4.4퍼센트에 불과했다. 참고로 국립여론조사소国立世論調査所의 1950년 조사에 따르면, '인권'이라는 말을 들은 적이 없는 사람이 도쿄에서 13퍼센트, 농촌부에서는 45퍼센트를 차지했다.[10]

　1950년대 전반에 대학생이었던 야마모토 아키라는 "이 무렵에는, 도시와 농촌은 완전히 분열되어 있었다. 도회에서 농촌으로 가면, 이것이 같은 일본이냐고 의심될 정도로 만사가 달랐다"라고 말한다. 야마모토의 말에 따르면 "지방이 개발되고 농촌도 같은 일본이라고 사람들이 생각하게 된 것은, 1960년 이후의 일"이었다.[11]

　무엇보다 패전 직후의 시기에는 농촌이 일본 사회의 대다수를 차지했을 뿐 아니라, 식량이 부족한 도시보다 우위에 선 존재이기도 했다. 야마모토는 좌파의 계몽 연예 활동이 농민에게 심한 야유를 당한 일화를 들며 "패전 후 몇 년간은, 쌀을 만드는 농가가 왕으로 '자기가 보기에 재미없는 것은 별 볼일 없는 것이다'라고 확신하고 있었다"라고 말한다.[12]

　물론 이런 농촌 측의 반응은 특권적인 생활을 향유한 도시 주민에 대한 반감의 표현이기도 했다. 마르크스주의계의 학회지 『레키시가쿠켄큐』歷史学研究에 게재된 1951년 좌담회에서 참가자의 한 사람은 이렇게 이야기한다.[13]

전쟁 중 시골로 피난 간 도회 사람들이, 한 명도 빼놓지 않을 정도로, 마치 뼛속까지 사무칠 듯한 증오감으로, 농민들은 지독한 놈들이라고 말하게 되었습니다. 그러나 패전 후에 조금 활기를 되찾자, 마치 도시에는 있지만 농촌에는 없는 것이 근대적인 것이라고 말하는 듯이, 그런 지독한 경우에 처했던 것은 농촌이 뒤쳐져 있기 때문이며, 어떻게 해서든 그 근대화를 꾀해야 한다고 말하기 시작했습니다. 그러나 이런저런 것을 조금씩 추진해 보아도 아무래도 잘 안 될 것 같으면, 역시 뒤쳐진 농촌은 어떻게 해도 안 된다는 식으로 말하기 시작합니다. 조금 전까지 지녔던 증오를 이번에는 경멸로써 잊어버리려고 합니다. 농촌의 경우는 완전히 반대로, 경멸로부터 다시 증오로 바뀌어 갑니다. 마치 증오와 경멸의 벽으로 나누어진 것 같습니다.

말하자면 당시의 일본은 지역과 계층으로 사람들이 분단되어, 균질한 '일본인' 같은 생각이 거의 통용되지 않는 세계였다. 3장에서 보았듯이 당시의 진보적 지식인이나 공산당계의 논자들이 민족 및 국민의 성립을 성취해야 할 목표로 생각한 배경은 이런 사회 상황이었다.

그리고 6장에서도 보았듯이 농촌 인구가 많았던 당시에 '시민'이라는 말은 도시 부르주아층의 대명사였다. 그런 반면 '민중'이나 '대중'은 지식인이나 도시 중산층을 포함하지 않는 말이었다. 그런 언어 상황 속에서 도시 중산층과 농민을 모두 포함하는 집단을 표현하는 말은 '민족'이나 '국민'이 되기 쉬웠다. 또한 1950년대의 좌파 지식인들은 단일 불가분한 일본 민족, 단일한 민족 국가라는 말을 이따금 사용했다.[14] 단일 불가분이라는 말은 프랑스 혁명 정권의 표어였던 '하나이며 불가분한 공화국'Unite, indivisibilite de la republique의 번역에서 파생한 것으로, 신분 및 지역의 분단을 극복하고 국민이 성립한 상태를 지향하는 말이었다.

그리고 그들이 단일 민족 국가와 대비해서 논한 것은 세계 제국, 식민지 영유 국가, 다민족 국가였다. 예를 들어 마르크스주의 중세사학자인 후지타니 도시오藤谷俊雄는 1952년에 "앞서 단일한 민족 국가를 형성한 영국, 프랑스, 이탈리아 등은 타민족의 영토를 손에 넣음으로써 다민족 국가, 식민지 영유 국가가 되어, 더 이상 민족 국가가 아니게 되었습니다"

라고 말하며, 전전의 일본을 다민족 국가라고 부른다.[15]

1부에서 말했듯이 그들의 역사관으로는 이상적인 공동체를 형성했던 고대 그리스의 폴리스가 멸망한 뒤에 로마 제국을 비롯한 세계 제국이 생겼고, 거기서 활동했던 상인은 세계 시민으로 여겨졌다. 단일 민족 국가와 세계 제국을 대비시키는 논조는 이런 도식에서 파생했었다.

그리고 서양 문화의 향유가 도시 중산층의 특권으로 간주되었던 당시에, 세계 시민은 다국적 기업 자본가의 대명사이며, 민족은 민중의 동의어였다. 그리고 지식인들은 자기가 대중으로부터 고립되었다는 점을 자각하면 할수록 세계 시민을 비판하고 민족을 상찬하는 경향이 있었다.

예를 들어 1952년 마르크스주의 중세사가 이시모다 쇼는 "누구라도, 특히 서양의 학예에 대해 배운 적이 있는 인텔리겐치아 가운데, 이 불행하고 흙냄새 나고, 가슴이 꽉 막히는 듯한 일본으로부터의 도피를 생각하지 않는 사람이 있을까요"라고 말하며, 코즈모폴리턴을 강하게 비판했다.[16] 물론 그 코즈모폴리턴이라는 것은 일본 정치에 관심을 갖지 않고 클래식 음악이나 낭만파의 시 등, 다이쇼 교양주의의 시대에 선호된 서양 문화로 도피하는 소시민의 대명사였다.

이시모다는 전후의 평론을 모은 1952년의 『역사와 민족의 발견』歷史と民族の発見에서 이렇게 말한다.[17]

…… 서구 근대 문화가 낳은 다종다양한 사상의 조류가 줄이어 인텔리겐치아에 의해 우리나라로 수입되었습니다. …… 그러나 이 서구 문화의 수입은, 광범위한 대중적 요구 속에서 일어난 것이 아니어서 ─ 지식인에게 대중은 로쿄쿠浪曲와 통속 소설밖에 모르는 속악俗惡을 의미했습니다 ─ 대중 속에 뿌리를 내릴 수 없었기 때문에, 인텔리겐치아와 도시 소시민의 좁은 세계만의 문제가 되어, 국민적 재산으로서 결실結實될 자질을 잃었습니다. 국민이라는 토양에 뿌리를 내리지 않고, 그것으로부터 격리되어, 오히려 서구 제국주의 문화와 직접 이어진 지식인과 소시민의 이 작은 세

계는, 식민지 도시처럼 비굴하게 서구 문화를 수입했습니다. 나도, 다른 많은 역사가도 이런 세계에서 자라났습니다.

이 글에 이어서 이시모다는 코즈모폴리턴에 대한 비판과 함께, 자기의 소시민적 성격을 탈각하고 민족의 일원으로서 자신을 새롭게 단련할 필요를 말한다.

지식이나 교양 면에서는 큰 격차가 있다고 해도, 당시는 도시 지식인도 전쟁과 인플레이션으로 생활 수준이 대폭 저하되어 있었다. 그 속에서 가난한 일본의 현실을 단념하고 서양 문화의 향유로 도피하고 싶다는 망명 지향은 이시모다를 포함한 많은 사람들에게 공유되어 있었다. 6장에서 말했듯이 소시민이나 프티 부르주아에 대한 집요한 비판, 그리고 민족이나 민중에 대한 상찬도, 이 시대의 그런 배경을 빼고는 말할 수 없다.

말하자면 당시의 좌파 지식인이 내셔널리즘을 주장한 것은, 일본의 상황이 비참했기 때문에, 그런 조국을 저버릴 수 없다는 결의의 표명이었다. 이시모다는 메이지의 시인인 이시카와 다쿠보쿠石川啄木를 국민 시인이라 부르며, 이시카와의 편지에서 "현재의 일본에는 불만족스러운 것투성이입니다. 하지만 나도 일본인입니다. 그리고 나 자신도 현재 불만족스러운 것투성이입니다. 즉 나는 자기 및 자기의 생활이라는 것을 개선함과 동시에, 일본인 및 일본인의 생활을 개선하기 위해 노력해야 하지 않겠습니까"라는 말을 인용한다.[18]

이런 심정은 당시의 젊은이들에게도 공유되어 있었다. 패전 후의 인플레이션과 빈곤은 젊은이들을 직격해, 당시에 아직은 소수파 엘리트였던 대학생조차 직장을 구할 수 없었다. 교토대학의 『가쿠인신문』学園新聞의 조사에 따르면 1954년 1월 시점에서 4학년의 취직 희망자 중 취직이 결정된 사람은 문학부 13.7퍼센트, 교육학부 40.6퍼센트, 법학부 55퍼센트에 불과했다. 다음 해 1955년 1월 조사에서는 간사이関西에 있는 국·공·사립 48개 대학의 취직 결정률이 평균 32퍼센트였다.[19]

당시 젊은이들의 꿈은 이런 일본을 사회주의로 변혁하거나, 아니면 일본을 버리고 풍요의 상징이었던 미국으로 도항渡航하는 것이었다. 그러나 1964년까지는 외국 방문이 자유화되지 않았고, 외화의 반출 제한도 엄격했으며, 유학 등 특별한 용건 이외에 해외 출국이 불가능했다.

아시아 각지에 일본의 세력이 미쳤던 전전과 전시 중에 비해, 패전 후 20년 가까이의 기간은 실질적으로는 쇄국 상태였다. 점령하의 일본에서 출입국은 GHQ의 관리를 받았고, 1951년 9월에 샌프란시스코 강화 회의 참석차 해외로 나간 요시다 시게루 수상의 여권이 전후의 여권 제1호였다고 한다. 1956년 가을에 아시아 아프리카 작가 회의에 출석하기 위해 인도로 도항한 홋타 요시에의 여권 번호는 13만 8813호였다.[20]

반대로 말하면 패전 후 10년 이상이 흘렀어도 누계 출국인 수는 14만 명에도 못 미쳤다. 당연하게도 외국 방문은 대단히 특권적인 행위이며, 갈망과 반발의 대상이었다. 오다 마코토의 유학 기록인 『뭐든지 봐 주마』何でも見てやろう나, 태평양을 요트로 횡단한 호리에 겐이치堀江謙一의 『태평양 나 홀로』太平洋ひとりぼっち 등 젊은이의 미국 도항기가 베스트셀러가 된 데는 이런 배경이 있었다.

훗날 애니메이션 감독이 된 미야자키 하야오宮崎駿는 1950년대를 회상하면서 이렇게 말한다. "일본은 4등국이며 실로 어리석은 나라였다는 이야기만 들어왔습니다. 실제로 중국인을 죽였다는 무용담을 하는 사람도 있었고, 정말로 몹쓸 나라에 태어났다고 생각했기 때문에, 농촌 풍경을 보면, 농가의 지붕 속에는, 인신매매와 미신과 가부장제와, 그 밖에 모든 비인간적인 행위가 이루어지는 암흑의 세계가 있는 것처럼 생각되었습니다." 그런 시기였던 1951년, 아쿠타가와상芥川賞 수상 작품인 홋타 요시에의 소설 『광장의 고독』広場の孤独을 읽고서 "마지막에, 일본 탈출을 단념하고 암시장의 달러를 불태우는 주인공의 모습에, 나 역시 일본이라는 이 좋아할 수 없는 나라와 함께 갈 수밖에 없다고 생각했습니다"라고 말한다.[21]

또한 이시모다는 "현재의 일본에는 불만족스러운 것투성이입니다. 그러나 나 역시 일본인입니다."라고 말한 이시카와 다쿠보쿠를 상찬하는 한편, 나가이 가후를 코즈모폴리턴의 대표적인 예로 비판했다. 이시모다에 따르면 나가이는 대역 사건으로 정치에 대한 관심을 포기한 뒤 파리로 떠나, 귀국 후에는 『신귀조자의 일기』新歸朝者の日記를 공표해 "한마디로 일본인들은, 생각이 없습니다"라고 썼다.[22] 한편으로 이시카와는 "일본이라는 조국"과 "가난한 평범한 민중"에 대한 "깊은 애정과 신뢰"를 잃지 않으며 "나가이 씨는 파리로 돌아가야 한다"라고 썼다. 그리고 이런 내용을 기록한 이시모다의 저작 『역사와 민족의 발견』은 당시의 학생들 사이에서 베스트셀러가 되었다.

이시모다도 메이지기의 이시카와 다쿠보쿠를 국민 시인으로 상찬하는 한편 "다이쇼 시대의 지식인은 일면 자유주의적이기는 해도, 메이지 시대의 인간에 비해서 굵직한 뼈대를 잃었다"라고 평한다.[23] 미야모토 유리코가 다이쇼기의 시라카바파를 비판했던 것은 6장에서 봤는데, 이시모다가 역사학에서 시라카바파에 해당된다고 본 존재는, 상징 천황을 옹호한 쓰다 소키치였다.

이시모다에 따르면, 대역 사건 이래 문학가가 정치에 대한 관심을 제거해 버린 다이쇼기에는 역사학자도 정치사나 경제사가 아니라 문화사나 사상사로 도피하기 일쑤였다. 이런 시대에 교양을 키운 것이 문화 국가를 주장한 올드 리버럴리스트들이며 쓰다 소키치다. 그리고 쓰다가 정치나 경제를 초월한 문화적 상징으로 천황을 옹호한 것은, 정치 혐오를 자칭하면서 결과적으로 현 체제를 옹호하는 것이며 "일본의 시민적 역사학의 정치적 성격을 나타내 준다"라고 보았다.[24]

물론 반복해서 말하지만 여기서 말하는 시민은 부르주아의 대명사였다. 1950년대 전반의 마르크스주의계 역사학자들 사이에서는, 비판해야 할 학자를 "'인민'이 아니라 '시민'이다" 등으로 표현하기도 했다.[25]

이렇게 해서 1950년대 전반까지는 훗날 시민을 내세워 국가를 비판하는 사람들 사이에서도, 애국심에 대한 상찬이 활발했다. 1960년 안보 투쟁에서 「시민주의의 성립」市民主義の成立이라는 논고를 써서 시민파 지식인의 대표적 존재가 된 구노 오사무久野収도, 1953년 논고에서는 조국의 독립을 지향하는 민주주의적 애국심을 상찬하고 "조국에 대한 애정을 갖지 않는 인간은 국민으로서 실격이다"라고 말했다.[26]

그리고 종종 거기서 상찬되는 '민족'은 천황 및 국가와는 대립하는 것으로 여겨졌다. 독일사학자 우에하라 센로쿠는 전전 일본의 "이른바 민족의식이라는 것은, 실은 국가의식의 투영"이었음에 불과하며 "국가에 대립하는 것, 혹은 그것에 반발하는 것, 혹은 그것을 초월하는 것으로서의 민족을 자각하는 경우"는 적었다고 주장한다. 당시 좌파 교원이었던 이시다 우사부로石田宇三郎도 "일본 국민은, 일반적으로 상상하는 것처럼 민족의식이 강한 국민이 아니라 오히려 그것이 옅은 국민입니다. 강했던 것은 민족의식이 아니라 천황의식과 절대주의적 국가의식입니다. 노예적 예종의식입니다. 그러니까 민족의식을 높이고, 해방을 성취하는 것은, 새로운 민족을 창조하는 것입니다"라고 말했다.[27]

이런 '민족과 국가의 대립'이라는 사상은 개인의 확립을 포함하는 근대적인 민족 개념을 전제함과 동시에, 우에하라가 전공한 독일사의 지식을 응용한 것이었다. 독일은 복수의 연방 국가로 나뉘었던 독일어 지역들이 통합되어 근대 독일 국가가 생겼다는 역사가 있었다. 그런 까닭에 독일에서 민족은 국가를 넘어서 퍼져 있으며, 국가를 넘어선 존재라는 사상이 존재했다. 그리고 우에하라는 난바라나 마루야마와 마찬가지로 "아이들을 민족의 일원으로 키워 낼 것을 지향했던 피히테"를 상찬했다.[28] 물론 우에하라도 나치스와 피히테의 차이를 강조했음은 말할 것도 없다.

무엇보다 당시에 민족을 국가와 구별한다는 감각은 나름대로 일반적이기도 했다. 1954년 10월 교토대학 1학년 학생들을 대상으로 실시한 의식 조사에서는 국가를 사랑한다는 회답은 25퍼센트에 불과했음에 비해 국토를 사랑한다고 대답한 자는 83퍼센트, 민족을 사랑한다고 회답한 자는 61퍼센트였다.[29] 참고로 이 조사에서는 공산당 지지자는 지극히 일부였다. 민족을 민중의 동의어로 간주하는 어감은, 공산당 지지자 이외에도 공유되었다.

즉 우에하라 역시 독일 사상을 직수입했다기보다는 이런 일반적인 심정을 표현하는 데서 독일 사상을 활용했다고 말하는 편이 정확할 것이다. 이런 상황을 배경으로 1950년대 전반에는 지식인들 사이에 민족에 대한 상찬이 퍼져 있었다.

아시아의 재평가

이런 민족에의 경사傾斜는, 패전 직후 이래의 계몽 노선에 대한 반성에서 파생하기도 했다.

2장 등에서 보았듯이, 예를 들어 오쓰카 히사오는 서양의 근대적 인간 유형을 상찬하고 일본의 농민을 봉건적, 아시아적 등이라 비판했다. 이런 계몽론은 1950년을 전후해 혹독하게 비판받았다.

그 배경은 계몽 활동이 막다른 길에 부딪힌 사실이었다. 전쟁 속에서 고립감에 고민하던 지식인들은, 패전 후에 20세기연구소二〇世紀研究所, 사상의 과학 연구회思想の科学研究会, 민주주의과학자협회民主主義科学者協会(민과) 등 다양한 지식인 집단을 결성하여 공동 연구와 계몽 활동에 나섰다. 그러나 당초에는 인기를 끌었던 계몽 강연회도 1948년경에는 싫증이 나버려 청중이 모이지 않게 되었다.

무엇보다 패전 직후의 시기에도 표면적인 성황의 이면에서 계몽 활동이 실질적인 효과를 가졌는지는 의심스러웠다. 시미즈 이쿠타로의 회상에 따르면 1946년 5월에 그가 소장을 맡았던 20세기연구소가 장기 강습회를 개최했다. 그 회기가 끝나기 전날에 참가자로부터 "내일은 수료장을 받을 수 있겠죠"라는 말을 듣고 시미즈는 아연했다고 한다.[30] 참가자들은 민주주의의 계몽 강연을 듣기 위해서라기보다는 지식인이라는 권위가 부여해 주는 졸업 증서를 손에 넣기 위해 강습에 참가했던 것이다.

앞에서 말한 이시모다 쇼는 주로 마르크스주의 지식인들이 결집한 민주주의과학자협회의 간사를 맡아 지방에 강사를 파견하는 기획을 조직했다. 그러나 그에 따르면 그 대부분은 "인민으로부터 유리된 지식인"들이 일방적으로 강연을 하고 "두세 개의 질의응답을 나누고 귀경하는 방식"이며 "강사는 인민으로부터 아무것도 배워오지 않는다"라는 것이었다.[31] 단상에서 민주주의나 주체성을 설파하면서, 그 강연 자체가 지식인의 권위를 통해 이루어지는 구도는, 일종의 희극이라고 밖에 할 수 없었다.

이시모다는 마루야마 마사오나 오쓰카 히사오의 민중관에 불만을 느끼고 1947년에 오쓰카와 격론을 나눈 경험이 있다고 한다. 논의의 초점은 민중이 "과연 '계몽', '보급'의 단순한 객체 이상이 될 수 있을까"였다. 전전부터 노동 운동에 참가했던 경험을 가진 이시모다는, 민중이 실천 활동 속에서 자기 스스로를 변혁하고 눈을 떠 가는 것이 가능하다고 말했다. 그러나 오쓰카는 "그것은 노동자 가운데 소수의 전위적 요소에 대해서만 할 수 있는 말이며, 거시적으로는 일본의 노동자 계급은 러시아 혁명 당시의 노동자보다도 뒤쳐져 있다"라고 반론하며 "그것은 농촌에서의 자본주의 발전의 성질과 관련되어 있다"라고 주장했다고 한다.[32]

무엇보다 오쓰카는 정신의 변혁이 우선 이루어지지 않으면 제도 개혁도 효과가 적다고 주장했다. 그러나 그렇다면 일본의 민중이 근대적인 정신을 습득하기까지, 모든 것은 쓸모없는 노력이라는 결론이 되지 않을 수 없었다. 당시 재야의 역사가였던 이시모다는 오쓰카가 근무했던 도쿄대학 경제학부의 연구실에서 "어둑해질 때까지 둘 다 어느 정도 흥분하며 논쟁했다"라고 한다.[33]

이 시기 오쓰카는 공산당으로부터, 『긴다이분가쿠』와 마찬가지로 사회 변혁에서 등을 돌린 근대주의라고 비판받았다. 1948년에는 마르크스주의 역사학자들이 『오쓰카 사학 비판』이라는 책을 편찬했다. 이시모다의 맹우였던 고대사가 도마 세이타藤間生大는 "인간 변혁을 힘주어 이야기하는 방법"은 "실패가 두려워서 아무것도 하고 싶지 않은 게으름뱅이의 논리"라고 표현하며, 사회 변혁에의 참가야말로 "인간 자신을 바꿈과 동시에 사회를 바꾸는 것"이라고 주장했다.[34] 서양 근대를 모델로 한 계몽론은 이미 1940년대 후반부터 비판받았다.

거기에 가세한 것이 1949년 중국 혁명의 충격이었다. 전전 이래 일본의 많은 지식인들은 서양을 근대화의 모델로 삼고 중국을 멸시했다. 그 중국의 공산당이 일본 농민보다도 덜 근대화되었을 터인 중국의 농민을 조직해서, 미국에게 원조를 받은 국민당을 꺾고, 일본보다 앞서 사회주의 혁명에 성공했다는 사실에 그들은 크게 놀랐다.

중국뿐 아니라 1940년대 후반에는 인도나 이집트 등, 식민지 독립운동의 승리가 이어졌다. 1950년 10월에는 인도의 러크나우Lucknow에서 태평양문제조사회Institute of Pacific Relations, IPR의 국제회의가 열려, 민족자결과 민족 독립, 서양의 지배에 대한 동양의 저항, 그리고 아시아인의 아시아라는 의제가 토의되었다.

이것을 기회로 일본의 논단에서는 서양 근대에 대한 재검토와 아시아의 재평가가 대두했다. 이시모다 쇼는 1953년에 "민주주의, 사회주의, 공산주의, 이런 말들은 더 이상 유럽만의 말이 아니게 되었다. 긴 시간 동안, 유럽과는 이질적인 법칙이 지배한다고 생각되었던 아시아 민중이, 그 내부로부터, 자기의 노력으로 그것들을 창조하는 시대가 왔음을 중국 혁명이 증명했다"라고 말한다.[35] 이때를 전후해 중국 연구자 다케우치 요시미가 주목을 모았고, 1952년에는 마루야마 마사오도 과거 자신의 중국관에 대한 자기비판을 공표했다.[36]

이런 조류는 일본의 지식인들이 서양 근대를 모델로 한 계몽주의에 대한 반성과 독립을 이루어 낸 아시아의 민족주의에 대한 재평가를 하도록 이끌었다. 다케우치 요시미는 중국을 논하면서 일본 지식인의 서양 지향과 근대주의를 비판하고, '국민 문학'을 제창하여 '민족'에의 주목을 촉진했다.

그리고 민중과 민족이 동의어였던 당시에는, 이런 조류가 서양을 지향했던 지식인들의 자기비판과 아시아적이라 여겨졌던 민중에의 재평가로도 이어졌다. 예를 들어 시미즈 이쿠타로는 『주오코론』中央公論 1951년 1월호에 「일본인」日本人이라는 제목의 논고를 발표하며 일본의 지식인들을 이렇게 비판했다.[37]

많은 일본인이, 실로 많은 일본인들이 스스로 일본인을 재판했다. 사람들은, 말 그대로 앞을 다투어, 일본인의 성격, 태도, 행동에 대한 비판 및 비난의 문자를 늘어 놓았다. …… 일본인은 야만하고 무지하고 비굴하고 교활하고 천하며 우둔하고 재량이 좁으며 기묘하고 앱노멀abnormal하다, 등등. 나도 남들과 섞여서, 돌 한두 개쯤은 던졌으며, 내 가슴속 깊이 그 돌을 담고 있기도 하다. …… 하지만, 나는 이 이상 돌을 던질 수가 없다. 그것은 견딜 수 없다.

시미즈는 이 논고에서 "직업적 인텔리는 일본인의 생활을 남의 일처럼 바라보는 높은 자리에 선다"라고 말하며, 일본의 진기한 풍속이나 비합리성, 비근대성을 비판하는 지식인을 "잡동사니 낡은 도구를 골동품이라며 서양인에게 팔아넘기는 상인"과 같은 존재라고 비판한다. 게다가 그는 당시 일본의 평균 소득이 구미 국가들보다 아시아 국가들과 훨씬 가까운 점을 강조하며 "우리의 진짜 동지는, 같은 빈곤에 고민하는 아시아의 민중임"을 말했다.

시미즈의 이 논고 「일본인」은 일본의 지식인에게 잠재해 있던 민중=민족=아시아에 대한 콤플렉스를 후벼 파는 모양새가 되었다. 철학자 우메모토 가쓰미는 "「일본인」을 읽고 깊이 감명받았다"라는 편지를 시미즈에게 보내 "자기만 유럽에서 살고 있기라도 한 듯한 기분으로, 일본의 혼란과 가난을 비평하는 일본 특유의 근대주의자"에 대한 비판을 평가한다. 시미즈는 이 논고에서 "중요한 문제를 회피하고 거리낄 것이 없는 작

은 양지에서 민주주의를 외쳐 보아도, 그것은 한 조각 망국의 노래다"라고 말하는데,[38] 다케우치 요시미가 국민 문학 논쟁의 불씨가 된 논고「망국의 노래」亡国の歌를 잡지『시소』思想에 게재한 것은 그로부터 4개월 후의 일이었다.

실은 시미즈의 논고「일본인」이 게재된『주오코론』1951년 1월호는「아시아의 내셔널리즘」특집호로, 마루야마 마사오의 논문「일본의 내셔널리즘」도 수록되어 있었다. 마루야마의 이 논문은 앞에서 말한 인도에서 열린 태평양문제조사회의 국제회의에 제출한 논고에 기반을 두고 마루야마가 다시 쓴 것이었다.

이 논문에서 마루야마가 주장한 바는, 근대 일본의 초국가주의가 서양 국가들의 내셔널리즘과도 아시아 국가들의 내셔널리즘과도 다르다는 점이었다. 마루야마에 따르면 서양 국가들은 프랑스 혁명으로 대표되듯, 내셔널리즘이 구체제의 타파와 혁명과 결부되어 있었다. 또한 중국을 비롯한 아시아 국가들에서는 구래의 왕조나 지주층이 서양의 식민지 지배에 협력하는 매판 세력이 되었기 때문에, 그것의 타도가 애국이라는 이름으로 이루어졌다. 그러나 일본에는 그런 과정이 존재하지 않고 내셔널리즘이 민주화와 결합되는 역사를 갖지 못한 채, 제국주의로 전화해 버렸다는 것이다.

그런 까닭으로 마루야마의 표현에 따르면 "아시아 국가들 사이에서 일본은 내셔널리즘에 대해 **이미** 처녀성處女性을 잃은 유일한 나라"다. 그리고 일본의 위정자가 내셔널리즘의 합리화를 게을리하고, 충실하지만 비굴한 종복을 대량 생산해 온 결과로 "그토록 세계에 선전되었던 일본인의 애국 의식이 전후에는 급속히 표면에서 사라져, 근린近隣의 동아시아 민족들이 넘칠 듯한 민족적 정열을 분등奔騰시킬 때에 일본 국민은 반대로 그 무기력한 팡팡パンパン(제2차 세계 대전 후의 점령기 일본에서 주로 주일 미군을 상대하던 성매매 여성을 가리킴 - 옮긴이) 근성 및 노골적인 이기주의의 추구로, 급진 진영과 도학적道學的 보수주의자의 양쪽 모두를 낙담시켰

다."라고 마루야마는 말한다.[39]

이런 주장은 그때까지 서양 근대에서 국민주의의 모델을 찾아 왔던 마루야마가 아시아 식민지 독립 운동이라는 또 하나의 모델을 의식했음을 반영했다. 그리고 이 1950년을 전후해서 중국을 비롯한 아시아의 내셔널리즘을 배우자는 주장이 좌파에서 주창된다.

원래 아시아 국가들의 내셔널리스트들은 당시의 일본 지식인과 유

시미즈 이쿠타로

사한 문제를 다루었다. 그것은 서양 근대의 교양을 익힌 도시부의 지식인들과 농민으로 대표되는 일반 민중의 격차였다. 그런 까닭에 아시아 국가들의 내셔널리스트들은 이 격차를 식민지 독립운동의 과정에서 해소하고 하나의 국민으로서 연대를 만들어 낼 것을 주장했다. 특히 중국공산당이 도시 지식인들에게 중국 재래의 문화를 다시 보게 하고, 지방의 민중 속으로 들어가도록 설파한 점은, 일본에서도 지식인들의 주목을 모았다.

10장에서 후술하듯이 중국 문학가 다케우치 요시미는 1951년에 국민 문학의 창조를 제언했다. 루쉰魯迅 연구자였던 다케우치는 지식인을 대상으로 한 문학을 쓰는 데 불과한 문단 작가들이나, 민중을 일방적으로 계몽하고자 하는 서양 사상의 수입을 비판하며, 국민이 직면한 과제를 표현하는 국민 문학을 제창한 것이다. 이시모다가 이시카와 다쿠보쿠를 국민 시인이라 상찬한 것은 이런 주장의 영향을 받았다.

이렇게 해서 1950년대 전반에는 진보계 지식인이 서양 지향을 자기비판하고 일본인으로의 회귀를 표명하는 것이 하나의 조류가 되었다. 예를 들어 쓰루미 슌스케는 1951년에 "지금까지 일본 인텔리의 생각과 말이 일본 대중으로부터 붕 떠 있던 것을, 우리는 부끄럽게 생각한다. 그러

니까 조금씩이라도 자기의 생각에서 인텔리 냄새를 줄이고, 대중의 한 사람으로서 생각하는 방법을 택하고 싶다"라고 쓴다. 또한 쓰루미의 누나가즈코和子도 1954년에 "나는 이제까지 '일본에서는'이라거나, '일본인은'이라는 식으로 말을 해 왔던 것이 부끄러워졌습니다. 일본의 곤란한 점이나 일본인의 나쁜 부분을 생각할 때, 언제나 나 자신이 일본 안에 살고 있다는 것을 잊은 채, 자기는 일본인의 한 사람이 아니라는 듯한 태도였습니다"라고 말한다.[40]

물론 반대로 말하면 이런 말은 당시의 지식인이 일본 대중으로부터 얼마나 격절隔絶해 있었는가를 보여 주는 것이기도 했다. 쓰루미 슌스케와 가즈코는 친미파의 유력 정치가였던 쓰루미 유스케鶴見祐輔를 아버지로 둔, 당시로서는 드물었던 미국 유학파였다. 시미즈 이쿠타로의 회상에 따르면 전쟁 말기에 가즈코와 만났을 때, 그녀는 "우리 집에서는 다들 영어로 이야기한다"라는 말을 했고, 시미즈가 이유를 묻자 "왜냐니, 안 쓰면 발음이 나빠지잖아"라고 답했다고 한다.[41] 그리고 쓰루미 남매는 패전 직후에 미국 철학의 계몽 활동을 펼쳤지만, 1950년대 전반에는 위와 같은 자기비판으로 돌아섰다.

이 시기에는 계몽 활동을 대신하여 민중 지향의 다양한 활동이 모색되었다. 그 하나는 대중문화의 연구였다. 쓰루미 슌스케 등이 편집한 『시소노카가쿠』思想の科学에는 대중 소설과 영화, 만화, 유행가 등을 분석하는 논고가 다수 게재되었다. 당시에 이것은 지식인들이 대중의 의식을 탐구하기 위해 짜낸 새로운 접근이었다. 이런 수법은 이후 『시소노카가쿠』 그룹에 참가한 사회학자 미타 무네스케見田宗介 등이 계승하여 후에 대중문화pop culture 연구의 원류가 된다.

또한 그것과 병행해서 민화나 민요가 급속히 재평가되고 민속학이 주목을 모았다. 8장에서 말하듯이 이시모다 쇼를 비롯한 마르크스주의 역사학자들은 역사학과 민속학의 제휴를 주장했다. 쓰루미 가즈코는 야나기타 구니오柳田国男나 미나카타 구마구스南方熊楠에 주목했고, 음악 인류

학자 고이즈미 후미오小泉文夫는 전래 동요나 아시아의 음악을 채집해 갔다. 『유즈루』夕鶴의 작자로 잘 알려진 기노시타 준지木下順二를 비롯해서, 농민의 저항을 제재로 삼은 민화풍의 연극이 창작되어 간 것도 이 시기였다. 1952년 이런 민화극의 극단으로서 '고사리좌'わらび座의 원류인, '민족 예술을 만드는 모임'民族芸術を創る会이 설립되었다. 물론 여기서 말하는 민족이 민중의 동의어라는 점은 말할 것도 없다.

같은 움직임으로서 생활 기록 운동의 대두를 들 수 있다. 야마가타현山形県 산촌의 아이들이 쓴 작문집 『산울림 학교』山びこ学校가 1951년에 베스트셀러가 된 것이 그 계기였다. 그 속에는 아이들이 자신의 가난한 생활에 대해서 작문을 하고 교사를 중심으로 토의하는 가운데, 사회의 모순과 공통된 과제를 자각해 가는 모습이 그려졌다. 계몽 활동에 의문을 느끼기 시작했던 당시의 지식인들은, 이것이야말로 민중이 자기 스스로의 실천 활동 속에서 각성해 가는 구체적인 예라고 받아들였다.

민중에게 작문을 지도하는 생활 기록 운동은 원래 전쟁 전부터 지방의 교사들 사이에서 세력의 뿌리가 깊었다. 『산울림 학교』는 이 운동이 다시 주목받는 계기가 되어, 지식인들이 일방적으로 민중을 계몽 내지 표상하는 것이 아니라 민중 스스로가 목소리를 획득하기 위한 운동으로서 주목되었다. 이시모다 쇼나 쓰루미 가즈코, 그리고 마르크스주의 국어학자인 고쿠분 이치타로国分一太郎 등이 노동자와 주부, 여공 등의 서클에 참가하여, 『기계 속의 청춘』機械のなかの青春이나 『연필을 쥔 주부』エンピツを握る主婦 등의 작문집을 편찬해 갔다.

그러나 모델이 서양에서 아시아로 바뀌어도, 거기서 표현되는 심정은 패전 직후와 공통된 부분이 적지 않았다. 예를 들어 이시모다 쇼는 『역사와 민족의 발견』에서 루쉰을 상찬하며 이렇게 말한다.[42]

루쉰은 이 강연 속에서 청년들을 향해 "대담하게 이야기하고, 용감하게 나아가고, 일체의 이해利害를 잊어버리고, 옛 사람을 밀어제치고, 자기의 진심 어린 말을 발표해야 한다"라고 가르칩니다. 우리들은 전쟁 중, 젊은 이들에게 책임을 지고 이렇게 격려할 수 있는 용기를 갖지 못했습니다. 자기 스스로 그것을 실천하지 못했고, 실천할 기백을 갖지 못했기 때문이었습니다. …… 마오쩌둥毛澤東은 "루쉰의 뼈는 가장 단단하고, 조금도 아첨하지 않는다. 이것은 식민지·반半식민지 인민의 가장 귀중한 성격이다"라고 말합니다. …… 옥중에서 싸운 소수의 혁명가를 빼면, 전쟁과 파시즘에 찬성하지 않았던 지식인들은, 적극적으로 전쟁에 협력하지 않았던 경우에도, 공공연히 이야기하고 쓰는 것을 피했을 뿐만 아니라, 어떤 형태로든 직장 — 전쟁과 무관한 직장은 당시 거의 없었습니다 — 에 다니며, 얼마간의 급료를 받아서 생활했습니다.

이시모다는 이어서 중국 및 조선을 지배했던 일본에서 "민족의 등뼈"가 부식되어 갔던 전시 중에, 피압박 민족으로서의 중국 민족이 "아첨하지 않는 비타협적 정신을 단련해 갔습니다"라고 말한다. 여기 보이는 심정이, 패전 직후에 서양 근대를 매체로 삼아 표현된 것과 같다는 점은 말할 필요도 없다.

이 점은 마루야마 마사오 등에서도 마찬가지였다. 모델이 프랑스건 중국이건, 그의 주장은 결국 내셔널리즘과 데모크라시의 종합이었다. 그리고 비교 대상이 "넘칠 듯한 민족적 정열을 분등하고 있는", "근린의 동아시아 민족들"로 바뀌어도, 일본 측의 "무기력한 팡팡 근성 및 노골적인 이기주의"를 비판하는 자세는 패전 직후부터 변하지 않았다.

바꾸어 말하면 그들의 심정을 표현하는 매체가 반드시 서양 근대일 필요는 없었다. 매체가 서양이든 무사도든, 메이지든 중국이든, 이야기하는 내용은 거의 같았다. 단 서구 근대의 내셔널리즘이 개個의 확립이라는 심정을 표현하는 데 적절한 매체였던 것에 비해, 아시아의 내셔널리즘은 민중 지향을 표현하는 데 적당했다는 뉘앙스의 차이가 주된 변화였다고 할 수 있다.

그리고 아시아의 내셔널리즘을 상찬하는 형태로 일본의 내셔널리즘을 표현하는 것도 지식인들만의 현상은 아니었다. 3장에서 소개한 와타나베 기요시가 조선과 필리핀의 항일 내셔널리즘에 자극을 받았음은 이미 말했다. 해군의 예과련생으로 패전을 맞이한 영화 평론가 사토 다다오도 패전으로 허탈 상태에 빠진 자기에 비해 "독립된 모국을 위해서"라고 열심히 이야기하는 조선인 친구가 인상에 남았다고 회상한다.[43] 이시모다나 마루야마의 논조는 이런 패전 후 사람들의 심정과도 이어졌다.

이런 1950년대의 논단에서는 긍정적인 내셔널리즘을 민족주의 내지는 국민주의, 부정적인 내셔널리즘을 국가주의 내지 초국가주의라 부르는 경향이 보였다.[44] 이 구별은 반드시 엄밀하게 공유된 것은 아니었지만, 민족은 민중의 동의어임과 동시에 아시아의 민족 독립운동을 의미하는 말로서도 긍정적인 울림을 가졌다.

그리고 아시아의 내셔널리즘은 민중 지향뿐만 아니라 다른 심정을 표현하는 데도 적합한 매체였다. 반미 감정이다.

반미 내셔널리즘

패전 후의 가난 속에서는 자동차를 운전할 수 있는 사람이 인구의 1퍼센트도 되지 않았다.[45] 그것에 비해서 미군은 거의 완전히 기계화되어 있었을 뿐 아니라, 거의 모든 미군이 지프를 운전할 수 있었고, 담배나 과자 등을 풍부하게 가지고 있었다. 아이들은 미군이 던져주는 초콜릿에 모여들었고, 미군 주택에 드나들 수 있는 것은 일종의 특권이었다.

그러나 그 동경은 강한 굴욕감과 한 몸을 이루었다. 전시 중에는 "천황을 위해 죽는 것"을 꿈꾼 황국 소년이었던 작가 오에 겐자부로는 그가 태어난 산촌에 미군이 왔을 때의 모습을 1966년에 이렇게 회상한다.[46]

[강간당할까봐] 젊은 여자들은 불안으로 추해졌고, 머리를 자르거나 피부

에 검댕을 묻혀서 더욱 추해진 몰골로, 숲으로 도망갈지 상의했다. ······ 부모들은 미국이 지프에 싣고 온 엄청난 능력의 전파 탐지기가 칼을 전부 적발한다는 소문을 두려워해, 조상으로부터 이어받은 일본도를 기름 종이로 감싸 나무 상자에 넣어 숲속 깊이 숨길 준비를 했다. 이윽고 미군을 태운 지프차가 우리 마을의 골짜기로 들어왔다. ······ 아이들은 국민학교의 교정에서 바로 요전까지 농가의 소년들을 만주 개척의 의용군에 응모시키는 선동자 역할을 했던 교두敎頭(소학교나 중학교의 수석 교사를 이르던 말 - 옮긴이)로부터, 지프차를 보면 헬로라고 소리치도록 훈시를 받고, 목소리를 모아서 발성 연습까지 했는데, 누구 하나 실제로 그것을 시도할 용기를 가진 자는 없었다. ······ 아이들의 무리에, 초콜릿이 던져진다. 어른들 중에는 담배를 줍거나······ 누구도 완전하게는 해독할 수 없는 영문이 잔뜩 인쇄된 라벨이 붙은 아스파라거스 깡통을 받는 자도 있었다. ······ 그렇지만 나는 그것을 줍지 않았다. 하지만 그것은, 결국 그것을 줍는 것보다도 나빴다. 나는 그 초콜릿에 격하게 유혹당하면서도, 자존심으로써 그것을 줍기를 거부했다. 복잡한 딜레마가 나를 사로잡았다.

나아가 오에는 점령군으로부터 콘플레이크를 받았던 경험에 대해서 이렇게 쓴다. "새로운 먹을거리는, 자신을 잃고 주뼛주뼛했던 아이의 내부에 더욱 심하게 굴절된 감정을 일으킨다. 주린 배가 격한 욕망을 느끼지만······ 욕망이 심해지면 심해질수록, 굴욕적인 기분도 커진다." 미국은 실로 이런 양가적인 감정을 북돋는 존재였다.

그리고 미군은 오만한 승리자이기도 했다. 미군의 폭행 사건은 일본 정부가 위로금을 대신 지급한 예만 해도, 1950년 1,112건, 1952년 2,374건이었다. 어쩔 수 없이 참으며 묻힌 사례는 그보다 훨씬 많았다. 1946년 고쿠라小倉 주변에서는 "미군에게 상처를 내면 오키나와에 끌려가서 노예가 된다"라는 풍설이 나돌았고, 폭행이나 강간에 대해서도 저항하는 자는 거의 없었다고 한다.[47]

점령군의 검열 탓에 신문은 미군의 폭행 사건을 보도할 수 없었고, "몸집이 큰 사람", "피부가 검은 사람" 등 미군을 암시하는 은어로 기사를 썼다. 미국이 투하한 원자 폭탄의 잔학성에 관한 기사도 검열 대상이었다. 잡지 『긴다이분가쿠』의 경우도 원폭에 피폭된 하라 다미키原民喜의 『원자 폭탄』原子爆弾(후에 『여름의 꽃』夏の花으로 개제됨)이 내부 검열 때문에 게재 불가가 되는 경험을 했다.[48]

점령군은 일본 정부로서는 치외 법권적인 존재였고 일본 경찰은 손을 댈 수 없었다. 1952년 4월에 샌프란시스코 강화 조약이 발효한 뒤에도, 동시에 맺어진 미일 안보 조약과 행정 협정 탓에 미군 기지는 감소하지 않았고 미군과 그 가족의 치외 법권 상태가 계속되었다. 마르크스주의 역사학자들은 이 조약들을 에도 막부 말기의 불평등 조약에 종종 빗대었다.

미국의 인종 차별도 강렬히 의식되었다. 1951년 1월 시미즈 이쿠타로가 논고 「일본인」을 발표했을 때, 그는 미국의 사회학자 에머리 보가더스Emory S. Bogardus의 조사 기록을 인용했다. 1,725명의 미국인에게 "다음 인종들과 결혼할 생각이 있습니까"라는 질문을 했더니 "일본인"과 결혼이 가능하다고 답한 사람은 2.3퍼센트였다. 시미즈는 이 조사에 대해서 "일본인은 아시아인이다. 필리핀인, 터키인, 중국인, 조선인, 인도인과 함께, 그리고 니그로 및 백흑 혼혈아와 함께, 이 표의 최하위에, 거의 서로 구별되지 않는 숫자를 가지고, 아니, 0에 가까운 숫자를 가지고 서 있다"라고 말하며 미국으로부터의 자립과 아시아와의 연대를 이야기했다.[49]

미군에 대한 동경과 반발이 동거하는 속에서, 가장 증오를 받은 것은 미군에게 아부하며 이익을 얻는 일본 측의 인간이었다. 『긴다이분가쿠』의 동인이었던 하니야 유타카는 "점령군이 부리는 일본인 검열 담당자"의 존재가 검열의 과잉에 박차를 가했다고 회상한다.[50] 오쓰카 히사오가 미군의 구매소PX에서 물자를 빼돌려 위법적인 이익을 얻는 암상인을 혐오했음은 2장에서 말한 대로다.

이런 존재가 혐오된 것은 미국에 아부하여 이익을 얻는 그들의 모습이 일본인의 상징으로 느껴졌기 때문이기도 했다. 1952년 4월에 샌프란시스코 강화 조약 발효를 기해 시미즈 이쿠타로와 다카미 준, 훗타 요시에 등이 미군의 군항이었던 요코하마横浜를 방문해서 그 감상을 나누는 좌담회를 행했다. 거기서 다카미는 미제 헬멧을 쓰고 미군 주택의 문지기가 되어 주변 주민을 업신여기는 "노란 얼굴을 한 작은 남자"에 대해 "그것이 일본 국민이다"라고 표현한다. 시미즈도 "일본이라는 나라 전체가 아시아의 나라들에 대해서, 현재 그 문지기와 꼭 닮은 역할을 받아들이고 있다", "요시다 수상이라는 것은, 그 문지기 같은 존재가 아닌가"라고 주장했다.[51]

그리고 미국에 대한 종속의 상징적 존재로 여겨진 것이 팡팡이었다. 전쟁으로 몰락을 강요당한 도시 중산층이나, 인생 설계를 파괴당한 젊은 이들이 품은 굴욕감이 크면 클수록, 미군의 존재는 체격에서도 권력과 물질 면에서도 거대하게 비쳤다. 그런 미군과 일본 여성이 친밀하게 구는 광경은 그들의 자존심에 큰 상처를 입혔다.

패전 시에 중학생이었던 야마모토 아키라는 "미군의 당당한 체구에 비해서 일본인 남성은 얼마나 몸이 빈약한가"라고 말하며, 미군 PX에서 나오는 일본 여성을 목격한 기억에 대해 아래와 같이 쓴다. "일본의 여성은 미군에게 에스코트를 받으며, 씩씩하게 나와서, 일본 남자를 인간으로도 생각하지 않는 듯한 눈빛으로 슬쩍 보았다", "그녀들이 고작 얼마 전까지, 군수 공장에서 '가미카제'神風의 머릿수건을 동여맨 채 씩씩하게 병기를 만들고 있었다고는 상상할 수도 없었다." 전쟁으로 여성들도 상처를 입었고, 빈곤과 식량난에 허덕였음을 알면서도 "나의 기억에 새겨진, PX에서 득의양양하게 나오는 그녀들의 모습과 표정은 잊을 수가 없다"라고 야마모토는 쓴다.[52]

1953년 1월 일본교직원조합의 제2회 교연敎硏 대회가 열렸을 때, 기지 주변 학교의 교사들이 소·중학교 여학생들의 목소리로서 보고한 것은 다음과 같다. "팡팡들은 멋지게 차려입고 있으니까, 좋다고 생각합니다.

그리고 미국인에게 돈이나 미국의 초콜릿을 받으니 나도 그렇게 되고 싶습니다", "내가 요코스카横須賀에 갔더니 미국인과 팡팡이 영어로 이야기를 하고 있었다. 나는 영어를 잘해서 좋겠다고 생각했다." 미군 기지와 인접한 학교에서는 미군으로부터 "과자를 받고 신나서 돌아오는 학생을, 교사가 눈물을 흘리며 혼내는" 광경도 보였다.[53]

이런 가운데 1949년 8월에는 수영 선수 후루하시 히로노신古橋廣之進이 미국에서 열린 전미 수상水上 선수권 대회에서 세계 신기록을 세워 큰 상찬을 받았다. 귀국 후에 후루하시는 "거기[미국]에 도착하기 전까지는, 패전 국민이므로, 실은 흠칫흠칫했었다"라고 말했는데, 이 대회는 전후 최초의 해외 방송으로 NHK 라디오가 실황 중계하여, 거리의 라디오 확성기 주변에는 사람들이 거대한 무리를 이루었다. 그 3개월 뒤에는 물리학자 유카와 히데키湯川秀樹가 일본의 첫 노벨상 수상자가 되었고 이것도 뉴스로 크게 보도되었다. 흥미롭게도 당시의 신문은 유카와의 수상을 절찬하는 한편, 거기에 '노벨상이란 무엇인가'라는 해설을 붙였다. 당시 사람들은 노벨상이 무엇인지 모르는 채로, 단지 그가 구미를 상대로 승리한 데에 갈채를 보냈다.[54]

그리고 동시에 미군 기지의 확장에 맞서는 농민과 어민들이 사람들의 큰 공감과 동정을 모았다. 1954년에 당시의 미군 기지 반대 투쟁의 상징적인 존재였던 이시카와현石川県 우치나다촌内灘村을 견학한 시미즈 이쿠타로는 "아직 우치나다는 정결한 처녀다"라고 표현하며, 요코스카나 요코하마를 "미군에 기생하는 닳고 닳은 여자로 만들어 버렸다"라고 표현한다.[55] 1954년 비키니Bikini제도에서의 수소 폭탄 실험으로 일본의 어민이 사망했을 때도, 많은 사람들이 미국의 인종 차별이라고 비난했다. 일교조 교연 집회의 보고에 따르면, 도쿄도 다치카와시立川市의 기지 확장 반대 투쟁이 벌어진 스나가와砂川 지구에서는, "확장 반대자는 애국자다"라는 의견이 72퍼센트, "기지 확장에 반대하는 자는 자국을 사랑하지 않는다"라는 의견은 4.9퍼센트였다.[56]

1953년 1월에 이노우에 기요시를 비롯한 공산당계 역사학자의 공저로 발간된 『현대 일본의 역사』現代日本の歷史는 전후의 미군 기지 확장을 "일본의 전토가 미군에 짓밟히고 있다"고 표현하며, 이렇게 말한다.[57]

일본 민족이 먼 옛날부터 그리워하고 애정을 쏟아온 후지산 지대에도, 현재의 연습장 등이 더욱 확장되어……『만요슈』万葉集의 옛날부터 일본인이 사랑해 왔던 산도, 일본인의 손에서 빼앗겼다는 국민적 실감은 더 이상 속일 길이 없다. ……

미군이 있는 곳에는, 하우스 업자에 끌려온 수많은 팡팡들이 무리를 이룬다. 추레한 소굴이 늘어서고, 부근의 민가도 순식간에 팡팡의 숙소가 된다. 토지를 뺏긴 농민들은 팡팡에게 방을 빌려주는 처지가 되었다. ……1951년도의 일본의 외화 수입 중 특수特需 다음으로 많은 것은 팡팡이 벌어들인 2억 달러라고 말해지며…… 생사生糸 수출액의 세 배다. 실로 일본은 팡팡의 나라로 화했고, 일본 경제는 팡팡 경제화된 것이다. 이케다池田 대장상大蔵相(대장 대신)은 1950년 4월, 일본은 미국의 첩이다, 첩인 이상 주인에게 아양을 떨지 않으면 안 된다, 라고 거리낌 없이 공언했는데, 일본은 문자 그대로, 그가 말하는 대로 되어 가고 있다.

앞의 인용에 보이듯이 팡팡에 대한 반감은 미국에 종속한 일본 정부에 대한 반감과 이어졌다. 1953년에 미군의 통역을 지냈던 사람이 팡팡의 수기를 모은 편저 『일본의 정조』日本の貞操를 출판해 큰 반향을 불렀다. 거기서는 정숙했던 일본 여성이 팡팡이 된 계기로서, 미군의 폭행, 미군과 결탁한 일본의 업자나 경찰의 존재가 소개되었다. 그 속편에서는 패전 직후에 일본 정부가 설치한 미군 대상의 위안소가 팡팡의 기원으로 강조되었다. 이『일본의 정조』는 반미 기지 투쟁 속에서 종종 회람되었다고 한다.[58]

이런 논조는 순연한 반미 감정이라기보다는, 패전 직후의 군부에 대한 반감과 마찬가지로, 그들 주체성의 표현이기도 했다. 마루야마 마사오가 무기력한 팡팡 근성을 비판하고, "일본은 내셔널리즘에 대해서 처녀성을 **이미** 잃은 유일한 나라"라 했음은 앞에서 말했는데, 이런 성적인 비유의 빈출도, 전쟁과 패전으로 상처 입은 남성들이 자존심과 국가 정체성을 회복하고자 하는 심정을 드러낸 것이라 할 수 있다.[59]

그리고 팡팡이라는 말은 빈곤 문제와도 결부되어 있었다. 『일본의 정조』에서 강조된 것은 팡팡이 된 여성 대부분이 패전 후의 빈곤 탓에 그런 처지에 **빠졌다**는 사실이었다. 앞에서 말한 일교조의 보고에서도 "빈곤하고 혼란해진 가정의 여식은, 팡팡이 되어 돈을 벌라고 부모로부터 강요받는 일이 있다"라고 말한다.

그리고 빈곤의 해결은 당시로서는 평화 운동과 한 몸을 이루었다. 1952년 일교조의 기관지 『교이쿠효론』教育評論에 게재된 교육용 종이 인형극은 아이들에게 전쟁의 참화를 호소하는 내용이었는데, 거기서 중시된 것은 "전쟁 때문에 일본의 국민은 모두 가난해져 버렸다"라는 점이었다. 『산울림 학교』를 본받아서 기지 주변 아동들의 작문을 모으는 운동이 벌어졌고, 그 결과로 1953년에 출판된 작문집 『기지의 아이』基地の子에서도 부친이 전사한 빈곤 가정이 팡팡에게 숙소를 제공하는 사례가 많다는 사실이 그려졌다.[60]

그런 까닭에 당시의 평화론에서는 빈곤이야말로 전쟁의 원인이며, 교육학자 미야하라 세이이치宮原誠一에 따르면 "생산의 부흥과 평화의 옹호는 둘이면서 하나다"라고 여겨졌다.[61] 1950년의 한국 전쟁 발발로 그해 8월에 자위대의 전신인 경찰예비대의 제1회 모집이 실시되었는데, 7만 5,000명 모집에 38만 명이 넘는 응모자가 모였다. 그 대부분은 일반 공무원보다 높은 급여와 연금을 기대한 농가의 차남, 3남이나 실업자들이었다. 이런 정세는 대공황 이후 만주 사변으로 돌입해 갔던 기억을 사람들에게 상기시켰다.

1950년 개시된 한국 전쟁은 많은 사람들에게 몇 년 전에 막 끝난 전쟁의 기억을 상기시켰다. 한국 전쟁 개전 시에 19세였던 사토 다다오는 "일본에 징병 제도가 부활하면, 딱 그에 맞는 연령인 내가 군대에 들어가 한반도의 전선에 보내질 가능성이 있다는 것을 진지하게 걱정했다"라고 한다.[62] 또한 오에 겐자부로의 회상에 따르면 그가 중학생 시절에 살았던 지방 도시에서도 중학생이 끌려가서 특별 훈련을 받고 한반도로 보내진 다는 소문이 자자했다.

그리고 당시에는 미일 안보 조약과 미군 기지야말로 비무장 중립이어 야 할 일본을 전쟁에 말려들게 만든다는 의견이 강했다. 이런 가운데 미 군 기지가 동경의 대상인 동시에 공포와 반감의 대상이 되기도 했다.

또한 그런 반미 논조는 앞에서 말한 아시아의 내셔널리즘에 대한 공 감과 결부되었다. 작문집 『기지의 아이』는 시미즈 이쿠타로와 미야하라 세이이치 등이 편찬했는데, 그 서문은 이렇게 말한다.[63]

무엇보다도 독자의 가슴을 아프게 하는 것은, 미군에게 초콜릿이나 추잉 껌을 조르는 아이들의 모습, 어떻게 보아도 거지라고밖에 생각되지 않는 아이들의 모습일지도 모릅니다. 나는 그런 아이들의 모습을 그린 작문을 읽었을 때, 거의 눈물을 금할 수 없었습니다. 일본의 아이들은 가난합니 다. 그렇습니다, 물자의 면에서도, 그리고 마음의 면에서도. 만약 마음이 가난하지 않았더라면, 평화와 독립의 이상을 가슴에 새겨 왔더라면, 설령 물자가 빈곤하더라도 이렇게 거지와 같은 흉내는 내지 않을 것입니다. 그러나 아이들의 괴로움은, 또한 기지 어른들의 괴로움을 비춥니다. 기지 를 저주하는 아이들의 부모가 기지 덕분에 일자리를 갖게 된 예, 극단적인 경우에는 어머니가 팡팡인 예, 이것은 결코 드물지 않습니다. 기지를 저주 하는 아이들 자신이, 간접적으로나마, 기지에 기생해서 사는 것입니다. 생 각해 보면 오랜 기간, 아시아의 민족들은 식민지 민족으로서, 이 복잡한, 뒤얽힌, 스스로 자기를 잡아먹는 듯한 관계에 던져져 있었습니다. 그 아 시아의 민족들이 지금, 긴 오욕의 역사를 떨쳐 내고 아름다운 독립의 길을 걷기 시작했습니다. 실로 그때, 오랫동안 아시아 민족들을 얕잡아 보았던 일본 국민이 새롭게 식민지 상태로 굴러 떨어진 것입니다.

미국의 식민지가 된 일본이라는 평가는 당시의 좌파들로부터 광범위하게 이루어졌다. 앞에서 말한 일교조의 교연 집회 보고도, 기지 주변의 풍기 문제를 "일본의 아이들을 좀먹는 식민지성"이라고 표현한다. 그리고 당시에 일본을 미국 제국주의의 반식민지 상태로 규정하고, 중국공산당을 본받아서 민족 독립 투쟁을 주장한 것이 일본공산당이었다.

공산당의 민족주의

1부에서 말했듯이 공산당은 1948년 3월에 민주민족전선의 결성을 제창했다. 1948년 8월에는 노동자가 농성을 벌인 도호 영화 쟁의를 탄압하는 데에 일본 경찰과 미美 점령군이 출동했는데, 이것에 대한 항의의 슬로건은 "민족 문화를 지켜라"였다.[64] 1948년 5월 12일 『요미우리신문』은 「극우의 장기家芸를 취한 공산당의 '민주민족전선'」極右のお家芸とる共産党の"民主民族戦線"이라는 표제를 내걸고, "그 옛날 일본의 극우가 18번의 장기로 삼았던 '민족의 피에 호소한다'라는 낡아 빠진 전법을 지금은 모든 장면에 사용하고 있다"라고 말하는 외국인 기자의 기사를 게재한다.[65]

그러나 1940년대에는 공산당의 반미주의가 그리 강렬하지 않았다. 이것도 1부에서 말했듯이 패전 직후의 공산당은 미군을 해방군으로 규정하고 점령하에서도 평화 혁명이 가능하다고 생각했다. 1947년의 2·1 총파업에서는 좌절했지만, 1949년 1월 총선거에서 공산당은 35명 당선이라는 약진을 이루었고 평화 혁명의 가능성에 대해 낙관적인 관측이 퍼져 있었다.

그러나 냉전의 격화와 함께 정세는 어두워졌다. 1949년의 시모야마·미타카·마쓰카와 사건下山·三鷹·松川事件(1949년 여름 일본국유철도에서 발생한 실종, 열차 폭주, 탈선 등의 사고에 대해, 정부가 국철노조의 범행이라는 입장에서 수사를 벌인 사건-옮긴이), 그리고 1950년 6월의 한국 전쟁 개시라는 정세 속에서 공산당 중앙위원은 공직에서 추방되었고, 기관지『아카하타』는 발행이 정지되었으며, 정부 기관이나 보도 부문, 중요 산업 부문 등에서의 레드 퍼지red purge(공산주의자 탄압-옮긴이)가 이루어졌다. 이렇게 해서 공산당은 점령군과 대립 상태로 들어간다.

게다가 거기에 이른바 코민포름 비판의 충격이 가해졌다. 1950년 1월 코민포름 기관지가 일본공산당의 평화 혁명 노선을 비판하며, 식민지적 수탈자인 미 제국주의자와의 투쟁 강화를 요청하는 논문을 게재했다.[66] 이 비판은 서명 없이 공표되었지만 집필자는 스탈린이라고 여겨졌으며, 한국 전쟁을 목전에 두고 일본공산당에게 미국과의 전면 대결을 요구하는 내용이었다.

일본공산당은 이 코민포름 비판에의 대응을 둘러싸고 도쿠다 규이치 등을 중심으로 한 소감파所感派와 미야모토 겐지 등의 국제파國際派로 내부 분열했다. 양 파는 각지의 지부 쟁탈 및 각각의 기관지를 이용해서 비난전을 펼쳤지만, 주류가 된 소감파의 주도하에 평화 혁명 노선을 포기했고, 1950년 3월에는「민족의 독립을 위해서 전 인민 제군에게 호소한다」民族の独立のために全人民諸君に訴う라는 중앙위원회 성명이 나왔다. 이윽고 공산당은 심각한 내부 분열을 품은 채, 혁명을 향한 무장 투쟁으로 향해 간다.

이 성명의 특징은 극단적일만큼 민족을 강조한 점이었다.[67] 거기서 일본의 현재 상황은 미 제국주의와 미국 자본 탓에 식민지화 및 군사 기지화에 노출되어서, 민족의 독립이 위협받고 있다고 되어 있었다. 이 상태를 타파하기 위해 계급 투쟁보다도 민족 독립 투쟁을 우선하여, 미국 자본과 대항하는 민족 자본가와도 제휴하고, 전국의 애국자를 규합하는 민족해방전선의 결성이 요청되었다. 그리고 미국 주도의 강화講和는 "우리 민족을 외국 자본에게 팔아넘겨 자기의 이익과 지위를 지키려 하는 민족의 배반자"인 보수 정권과 독점 자본의 책략이며, 이들 "매국 세력"과 싸우기 위해 "적어도 일본인인 이상", "우리나라 인구의 95퍼센트는 앞의 강령을 지지할 수 있다"라고 했다.

또한 이 성명에서는 미국 문화의 침투 때문에 "건전하고 민주적인 일본 민족의 문화는 압박당해, 이것을 대신하여 외국의 퇴폐·식민지적 문화가 넘치고" 있다는 점이 강조되었다. 이런 방침하에, 공산당 주류파의 영향 아래 있었던 문화 단체는 민족 문화의 상찬을 개시했고, 미국의 문화 침략에 영합하는 코즈모폴리터니즘 및 근대주의를 비판해 갔다.

예를 들어 마르크스주의 역사학자의 영향이 강했던 역사학연구회 대회는 「역사에서 민족의 문제」歷史における民族の問題를 주제로 1951년 5월에 개최되었다. 거기서 보고를 한 도마 세이타는 이렇게 말한다.[68]

······ 식민지화에 따른 예속은 일부 매판 자본가를 제외하고 자본가, 노동자, 농민 등을 포함한 모든 인간의 위기가 되었다. ······

이런 민족의 위기에 대항하기 위해서는, 민족적인 긍지를 전 민족에게 알리며, 우리 민족이 자신을 갖고 과거에 민족을 형성시킨 고심을 알게 해, 현재의 우리 민족의 단결을 기하기 위한 교훈으로 삼지 않으면 안 된다. 코즈모폴리턴·근대주의자 등의 사상으로 관철된 교양주의는, 외국인에 대한 필요 이상의 열등감을 전 인민대중에게 주고, 또한 민족적인 단결을 방해한다. ······ 우리 민족의 영위와 그 성과로서의 문화 속에도, 진실로 민족의 자긍심이 될 만한 것이 있다.

이런 논조하에 다도茶道, 꽃꽂이生け花, 대불大仏 등이 민족 문화로 상찬되고 야마토타케루ヤマトタケル(게이코 천황景行天皇의 아들로서, 영웅적인 무훈을 세웠다고 일컬어짐-옮긴이)가 민족의 영웅으로 표현되었다. 그것과 동시에 민화나 민요에 대한 재평가가 주창되어, 민족(민중)의 역사를 서술하는 국민적 역사학 운동国民的歷史学運動이 역사학계를 석권했다. 병행하여

문학에서도 『만요슈』의 인민적인 성격이나 지카마쓰 몬자에몬近松門左衛門의 민중성 등이 재평가받고, 이시카와 다쿠보쿠나 구니키다 돗포国木田独歩가 지닌 국민 문학으로서의 성격이 논의되었다. 이런 민족 문화 예찬을 비판하면 서양을 추종하는 근대주의자이며 코즈모폴리턴이라는 비판을 받았다. 이런 경위에 대해서는 8장에서 상술한다.

이런 운동들은 그 나름대로 진지한 노력을 포함했지만, 국제 공산주의 운동의 당대 조류를 따른 것이었다. 예를 들어 1949년 10월 동독에서 민주독일민족전선Nationale Front des demokratischen Deutschland의 결의는 "세계 지배 사상의 옹호자들은, 독일 민족—루터M. Luther와 뮌처T. Münzer, 실러F. von Schiller와 괴테J. W. von Goethe, 바흐J. S. Bach와 베토벤L. van Beethoven, 헤겔과 피히테, 훔볼트A. von Humboldt와 피르호R. Virchow, 마르크스와 엥겔스F. Engels, 베벨A. Bebel과 텔만E. Thälmann의 민족—의 민족적 감정과 긍지를 부끄럽게 만들려 한다"라고 주장했다.[69] 이시카와 다쿠보쿠나 『만요슈』의 재평가는 이 노선의 일본판이기도 했다.

무엇보다 강한 영향을 끼친 것은 역시 중국공산당의 문화 정책이었다. 1951년 『레키시가쿠켄큐』에서는 마르크스주의 중세사가 마쓰모토 신파치로松本新八郎가 「민족 문화를 어떻게 지킬 것인가」民族文化をいかにしてまもるか라는 제목으로 문화재 보호를 제안한다. 거기서 그는 "강행되는 식민지 정책"이 "민족의 문화와 전통을 파괴하고" 있음을 강조하면서 "국보 마쓰야마성松山城의 새하얀 벽이, 누각에 올랐다는 외국인의 낙서들로 잿빛이 되고, 마찬가지로 국보 구마모토성熊本城이 팡팡의 침소가 되어 작은 화재가 난 상태"를 한탄하며, "중공의 문화재 보호법 등도 참고가 된다"라고 말했다.[70]

그러면서 전후 개혁에 대한 견해도 비판적으로 변해 갔다. 원래 공산당은 일본국 헌법에 반대했고 점령군의 개혁을 미온적이라며 비판하는 경향이 있었지만, 그 경향이 1950년 이후 한층 강화되었다.

예를 들어 이노우에 기요시를 비롯한 공산당계 역사학자들이 집필한

1953년의 『현대 일본의 역사』는 "종전 직후부터 문화·사상 방면의 미국주의에 기반을 두고 개시된 우민 정책"을 비판하며, 안보 조약과 지위 협정을 "일본을 '프랑스의 베트남, 미국의 필리핀과 같은 지위'에 두는 것"이라고 표현했다. 또한 요시다 시게루 수상은 매국노, 첩이고, 천황은 '미국을 위한 피리 부는 사나이'에 불과하며, 진정한 애국자인 공산당에 대한 탄압은 "일본을 미국의 노예로 삼는", "매국 파시즘"의 산물이라는 것이다.[71]

그런 가운데 예전부터 비판의 대상이었던 시민뿐 아니라 긍정적으로 쓰였던 인민이라는 말조차 국민 및 민족에 자리를 양보했다. 1951년 10월 일본공산당 제5회 전국협의회는 규약을 수정해 기존에 당 규약의 문면에 있었던 "'인민'이라는 말은 전부 '국민'으로 한다"라고 결정했다.[72]

샌프란시스코 강화 조약 발효 직후의 1952년 5월 1일 노동절에는 '피의 메이데이'라고 불리는 유혈 사건이 벌어졌다. 황거 앞 광장으로 향하는 수만 명의 학생 및 노동자에게 약 5,000명의 경관대가 발포했고, 데모대는 사망자 2명과 중경상자 약 500명을 냈다. 이때 경관대는 데모대를 향해 "대체 네 놈들, 그러고도 일본인이냐!"라고 고함을 쳤는데, 공산당 측은 이 데모를 위대한 애국 투쟁이라 표현하고, 사살된 학생은 민족의 영웅으로 불렸다.[73] 여기서는 보수와 혁신의 두 가지 애국이 정면에서 대립했다.

당시는 혁명가 중에서도 〈민족독립행동대의 노래〉民族独立行動隊の歌 등이 애창되었다. 1948년 7월에 점령군의 요청으로 공무원 파업을 금지한 정령 201호가 공포되었을 때, 일부 국철 노동자가 민족독립청년행동대를 결성해 파업을 강행한 역사를 기념한 노래였다.[74]

이런 좌파 민족주의의 논조는 귀축미영이나 동아 해방이라는 전시 중의 어휘 사용과 약간 통하는 면이 있었다. 그리고 당시는 '특공대에서 공산당으로'라는 말이 존재했을 정도로, 원래 황국 청년이었던 젊은이가 공산당에 입당하는 사례가 속출했다. 예를 들어 원래 소년 항공병이며 일본

낭만파의 서적을 애독했던 다카다 요시토시高田佳利는 이렇게 회상한다.[75]

패전을 계기로 한 우익에서 좌익으로의 전환은 비교적 스무스했다. 그 것은 민족 로망이 전쟁 중의 비행병, 그리고 민족 재건의 코스로서 전후 의 좌익 운동으로 튀어 나간 것으로, 양쪽 모두 자기 자신은 완전히 집단 에 매몰되었다. 자기 같은 것은 매우 가벼울 수밖에 없다. 전후의 나를 지 탱한 윤리 의식으로서는 "내 생명은 살아 있는 것이 아니라, 맡겨진 것이 다"와 같은, 죽은 전우의 망령을 등에 업고 조국 부흥을 맡았다는 죄책 감…… 원죄 의식 같은 것에 시달리며 행동했다고 생각한다.

　　패전으로 '공적인 것'의 지향을 표현하는 회로를 잃었을 때, 공산당 이라는 다른 회로가 그 대용이 되어 갔음을 엿볼 수 있다. 패전 직후의 민 주화가 총력전 체제의 어휘를 매체로 삼아 주창된 것과 비슷하게, 민족이 라는 말도 그런 표현 회로의 전환에서 매체의 역할을 담당했다.

　　비평가 에토 준은 유사한 사례를 약간 비판적으로 그린다. 그가 전시 중에 다녔던 소학교에는 천황에 대한 충성을 설파하며 학생을 구타하는 젊은 대용代用 교원이 몇 명 있었는데 "그 눈은 매우 아름답게 맑았다"라 고 에토는 쓴다. 그리고 에토가 패전 후에 그들을 봤을 때, "붉은 깃발을 세운 트럭 위에서, 크게 소리를 지르면서 공산당의 선거 연설을 하고 있 었다. 그때도, 역시 그들의 눈은 아름답게 맑았기에, 나는 약간 기가 질렸 다"는 것이다.[76]

　　그러나 당시의 공산당이 광범위한 지지를 얻었다고는 할 수 없었다. 당시의 일본은 미군에게 한국 전쟁의 출격·보급 기지이며, 서방 진영의 극동 요새였다. 공산당의 무장 투쟁 노선은 이런 일본에서 미군의 후방을 착란시키는 역할을 맡았다. 그것을 위해 산촌공작대라고 명명된 청년 조 직을 지방에 보내거나 화염병이나 폭발물을 이용한 투쟁이 이루어지기는 했지만, 경찰의 탄압을 초래한 데다가, 과격 조직이라고 의식되어 이미지가 나빠져 일반 시민의 지지율도 하락했다. 선거에서도 1949년에는 35석을 획득했지만, 1953년에는 1석이 되었다.

당시의 공산당계 활동가는 경찰의 감시하에 놓여 있어서, 데모에서 현수막을 내걸기도 쉽지 않았다. 이 시대의 학생 활동가였던 야마모토 아키라는 가메이 후미오龜井文夫 감독, 야마다 이스즈山田五十鈴 주연으로 탄광 노동자의 봉기를 그린〈여자 홀로 대지를 걷는다〉女ひとり大地を行く라는 1953년의 영화를 보았을 때, 클라이막스의 봉기 장면에서〈민족독립행동대의 노래〉가 흐르자 영화관을 채운 당원과 활동가들이 합창을 했다는 일화를 쓴다.[77]

이 혁명가는 당시 길거리나 하숙집에서 부를 수 없었다. 회사에서도 부를 수 없었다. 우리 학생들은 자치회의 방에서는 부를 수 있었지만, 그게 다였다. 그 노래가 영화관에서 큰 음량으로 울렸다. 나는 나도 모르게 눈물을 흘렸다. 문득 정신을 차리자, 옆의 남자도 앞의 여자도 눈물을 흘린다. 이윽고, 영화관의 관중 전원이 반주에 맞추어 노래하기 시작했다. ……
그〈민족독립행동대의 노래〉를 영화관에서 울며 부른 젊은이, 학생들은 이 시대에 권력으로부터 박해받고 사회로부터 소외된 소수자이며 약자였다. 영화관에서 반주에 맞추어 부를 수밖에 없다는 유감스러움과, 그러나 이 자리만의 해방감에, 모두가 눈물을 흘리며 노래를 불렀다.

그러나 이런 연대감은 당내에조차 완전히 퍼지지 못했다. 1950년 코민포름 비판 이후로 소감파와 국제파는 상대를 향해 분파 활동, 당 파괴 활동이라는 비난을 거듭했지만, 1951년 8월 코민포름이 소감파에 대한 지지를 표명하자 국제파는 세력을 잃었다. 당 중앙을 장악한 소감파는 국제파로 간주된 멤버를 사문에 부쳐서 자기비판을 강요하거나 제명 처분했다.

이렇게 사문이 다발한 배경에는 연장 세대 활동가들의 의심증이 있었

미야모토 유리코

다. 전쟁 전의 활동 경험자들은 당 내에 잠입한 특고경찰의 스파이 때문에 자신이나 친구들이 체포되었던 경험을 생생히 기억했다. 철학자 고자이 요시시게는 "사람을 신용하지 않는 버릇은, 이 체험에서 나왔다"라고 술회한다.[78] 실제로 1952년 6월에는 경찰이 잠입시킨 스파이의 선동 공작으로 당원이 집단 체포되는 '스고音生 사건'이 일어났다. 당 간부나 연장자 활동가들은 이런 의심에 따라 움직였다고도 할 수 있다.

공산당 산하의 문화 단체는 이런 당내 분열의 충격을 직접적으로 받았다. 문학 단체는 국제파가 신일본문학회의 중심을 쥐고 있었기 때문에, 소감파계의 작가들은 신일본문학회를 탈퇴하여 1950년 10월에 잡지 『진민분가쿠』人民文学를 발간했다.

『신니혼분가쿠』의 편집부에 있었던 아키야마 기요시秋山清의 회상에 따르면 『진민분가쿠』의 『신니혼분가쿠』에 대한 중상과 방해는 격렬해서 "배본표를 훔쳐 『진민분가쿠』의 발송에 이용한 일, 거짓 발주를 해서 보낸 책을 불태워 버린 일, 반동적인 잡지라 칭하여 지부 등의 구독을 정지시킨 일" 등이 속출했다고 한다.[79] 혁명을 위해서는 수단을 가리지 않는다는 나쁜 정치 지향과 문단 내의 근친 증오가 당내 투쟁으로 드러났다.

양자의 대립이 가장 추악한 형태로 드러난 것이 1951년 1월에 급사한 미야모토 유리코의 평가를 둘러싼 사건이었다. 국제파의 중심인 미야모토 겐지의 처였던 유리코는, 이전에는 당내에서 상찬받는 작가였다. 그러나 당내 분열의 한복판에서 소감파 측의 『진민분가쿠』는 "당원의 간판을 건 프티 부르주아 작가", "민족의 운명을 결정하는 당의 조직을 파괴하는 분파", "부르주아 문단에 기식하여 프티 부르주아적 생활을 유지하는데 성공한 재능 있는 사기꾼"이라는 비난을 개시했다.[80]

1951년 5월에 열린 미야모토 유리코 추도 기념제는 소감파의 공산당 임시 중앙 지도부가 대중적 보이콧을 요청하고 신일본문학회 측이 여기에 반론하는, 실로 진흙탕 싸움의 양상을 보였다. 국제파가 세력을 잃자 신일본문학회의 지도부였던 나카노 시게하루나 구보카와 쓰루지로窪川鶴次郎 등은 최악의 분파주의자 등이라 비판받았다.

이런 음산한 항쟁은 각종 단체에 퍼져 나갔다. 전학련全學連에서는 국제파의 다케이 데루오武井昭夫 위원장이 1952년 3월에 자리에서 쫓겨났다. 이 당시 학생 당원이었던 요시카와 유이치吉川勇一의 회상에 따르면, 전학련 제5회 대회가 교토에서 열렸을 때, 주류파 학생 당원들이 반대파에 린치를 가해 "때리고 발로 차는 것뿐 아니라, 불로 지진 젓가락을 대거나 혹은 여학생을 윤간하며, 자기비판을 강요했다"라는 사건까지 발생했다고 한다.[81]

앞에서 말한 전 소년 비행병 다카다도, 1951년 이후에는 옛 동지에게 비판을 받아 당에서 탈락했다. 이런 내분 및 이어진 무장 투쟁으로 당원은 몇 분의 일로 격감했고, 많은 당원과 동조자가 활동에서 멀어져 갔다.

일반적인 지지를 감소시킨 또 하나의 큰 요인은 무장 투쟁으로의 전환이 코민포름의 지시로 행해졌다는 사실이었다. 민족 독립을 내건 것은 공산당뿐만 아니라 당시의 혁신 세력에서는 일반적인 현상이었지만, 그렇기 때문에 코민포름에 종속된 공산당의 자세가 더욱 비판받았다. 코민포름의 비판으로 분열 항쟁이 일어난 내분 상황도 공산당에 대한 환멸을 불러일으켰다.

그런 상황 속에서도 젊은 당원들은 당의 지령을 따라 무장 투쟁이나 농촌 공작을 계속했다. 그러나 이윽고 그것도 끝날 때가 왔다. 1954년경부터 공산당은 차츰 방침 전환의 징후를 보이기 시작했다. 그리고 1955년 7월의 제6회 전국협의회, 이른바 육전협에서 무장 투쟁 노선은 완전히 포기되었다.

1955년의 전환

육전협으로 공산당의 당내 투쟁은 완전히 종지부를 찍었다. 지하로 잠행했던 당의 지도자들이 모습을 드러내고, 소감파의 우두머리 격이었던 도쿠다 규이치가 1953년에 중국에서 객사했음이 밝혀졌다. 미야모토 겐지를 비롯한 구舊국제파의 간부들도 이때를 전후해서 당의 중심으로 돌아왔다.

이 육전협의 결의에서도 민족 독립을 위한 투쟁이라는 방침은 계승되었다. 그러나 그때까지의 무장 투쟁 노선은 극좌모험주의極左冒險主義라며 버려졌다. 무장 투쟁을 대신하여 노래 운동うたごえ運動이라고 불린 코러스 활동으로 지지자를 모으기 시작했고, 선거를 통한 의회 진출이 목표가 되었다.

이런 공산당의 변화도 국제적인 조류를 따른 것이었다. 한국 전쟁으로 무력 충돌로까지 고조되었던 동서 냉전은 1953년의 스탈린 사망과 한국 전쟁 정전으로 진정되었다. 니키타 흐루쇼프Nikita S. Khrushchyov로 지도자가 교체된 소련공산당은 자본주의와의 평화 공존을 내세웠다. 이런 변화는 눈 녹음이라 불렸는데, 일본공산당은 이런 국제 정세의 변화와 함께 방침을 전환했다.

이런 전환은 많은 당원들에게 충격을 주었다. 그때까지 목숨을 걸었던 무장 투쟁 노선을 당 스스로 부정했고, 코러스 활동 등을 명령받은 젊은 당원 중에는 실망하여 운동으로부터 멀어져 간 사람도 많았다.

앞에서 말한 영화관의 일화를 쓴 야마모토 아키라도 이때 당을 떠났다. 그의 회상에 따르면 "'이제까지의 방침은 틀렸다'라는 결정에, 학생 당원은 아우성쳤고, 이윽고 허탈 상태에 빠졌다. 산촌공작대로 산에 들어갔던 친구도, 먼 지방의 지구위원地区委員으로 파견되었던 남자도, 멍하게

돌아왔다. 큰소리로 비분강개하는 친구는 적었다. 다들, 웅크리고 앉아서 무엇에 씌기라도 한 듯 소설을 읽었다.”[82] 구라하시 유미코倉橋由美子의 『파르타이』パルタイ나 시바타 쇼柴田翔의 『그래도 우리의 나날』されどわれらが日々 등이 이후에 등장한다.

그러나 학생 당원들 중에는 그런 내성内省이 아닌 다른 방향으로 향하는 자도 있었다. 그들은 공산당을 단념하고 그것을 대신할 좌익 당파를 결성하고자 했다. 이른바 신좌익이다.

이런 신좌익의 효시가 공산주의자동맹共産主義者同盟(통칭 분트ブント)이었다. 그 서기장이 된 도쿄대생 시마 시게오島成郎는 그 전인 1952년 피의 메이데이에서 데모대의 선두에 선 인물이었다. 하지만 그는 국제파에 속했기 때문에 자기비판서를 제출해야만 했던 경험이 있었다. 그리고 육전협의 보고가 도쿄대 세포로 전해졌을 때, 시마는 “나는 이 5년간 뭘 한 것인가. 분파를 자기비판한 것도 틀렸던 것인가. 뭐가 옳은 것인가”라면서 “괴상한 큰소리를 내며 분노하기 시작했다”라고 말한다.[83]

1958년 도쿄·교토·와세다早稲田대학 등의 학생 세포가 공산당의 지도를 떠날 움직임을 보이기 시작하자, 당은 학생 당원을 대량으로 제명했다. 1958년 12월에 제명된 학생 당원들은 시마를 서기장으로 공산주의자동맹을 결성한다. 이렇게 탄생한 신좌익은 온건화된 일본공산당을 비판하며 보다 과격한 직접 투쟁을 내세웠다. 그들은 공산당의 민족전선 노선에도 반대하면서 이윽고 내셔널리즘에 관한 언설의 변용을 초래하는데 이것에 대해서는 3부에서 후술한다.

이 당시는 국제적으로도 공산당의 권위가 저하되었다. 육전협의 이듬해인 1956년에 흐루쇼프의 스탈린 비판이 이루어져, 소련공산당 스스로 스탈린의 신격성을 부정했다. 또한 같은 해 헝가리의 반정부 운동에 소련이 군사 개입을 단행하여 소련공산당에 비판이 쏟아졌다.

1부에서 말했듯이 공산당이 누린 정신적 권위의 원천은 옥중 비전향과 절대 무류無謬의 신화였다. 그것은 한마디로 말해서 많은 사람들이 우왕좌왕하고 전향을 거듭했던 전시에, 공산당만이 주체성을 유지했다는 인식이었다. 그러나 코민포름의 비판에 동요하고, 몇 번이고 방침을 전환하며 우왕좌왕하는 공산당의 모습은 그런 신화를 완전히 붕괴시켰다. 당 전체는 코민포름에 종속되었으면서 하부 당원에게는 절대적인 권위로 군림하는 자세 역시, 천황제와 유사한 권위주의라는 인상을 주었다.

공산당이 1950년대 전반의 방침이 실패했음을 인정하면서도 당 간부의 책임을 추궁하지 않은 점 역시 사람들의 실망을 산 이유였다. 분열기의 항쟁 책임 중 많은 부분은 이미 객사한 도쿠다 규이치의 개인적 성격에 돌려졌고, 당 전체의 조직 및 체질 문제는 실질적으로 불문에 붙여졌다.

육전협 이후에 공산당 기관지 『젠에이』는 「문화 문제」 특집을 꾸몄다. 격렬히 대립했던 『신니혼분가쿠』와 『진민분가쿠』의 구성원들을 비롯해 당원 지식인과 문학가들이 1950년대 전반의 거동을 자기비판하는 논고를 열거한 내용이었다. 그러나 대부분은 서로를 비난하던 수년 전의 전투적인 문장과는 완전히 딴판인, 시원스럽지 못한 자기변호였다.[84] 이런 자세는 책임 추궁을 피한 당 간부의 자세와 어우러져, 도쿄 재판 중 위정자들의 '왜소함'을 떠올리게 했다.

그리고 공산당의 이런 권위 저하와 함께 논단에 대두한 것이 전쟁 책임의 추궁이었다. 위정자보다도 지식인, 특히 공산당계나 진보계의 지식인이 어떻게 전향과 전쟁 협력을 행했는가를 추궁한 사례가 많았다는 점이 이 시기 전쟁 책임론의 큰 특징이었다.

1956년은 패전 직후 이래로 관심이 떨어졌던 전쟁 책임 문제가 다시 주목받은 시기였다. 우선 1955년 11월 요시모토 다카아키가 「전세대의 시인들」前世代の詩人たち을 발표하여 신일본문학회의 중심이었던 시인들의 전쟁 협력을 추궁했다. 또한 쓰루미 슌스케가 1956년 1월에 「지식인의 전쟁 책임」知識人の戦争責任에서 진보적 지식인의 전쟁 협력을 밝혀야 한다고 주장했다. 마루야마 마사오도 1956년 3월에 「전쟁 책임론의 맹점」戦争責任論の盲点을 공표해서, 공산당도 정치 당파인 이상, 운동 지도에 실

패하여 전쟁 돌입을 막지 못했음에 지휘관으로서의 책임이 있다고 주장했다.[85]

이시다 다케시의 회상에 따르면 마루야마가 공산당에 지휘관으로서의 책임을 물은 배경에는, 1952년 피의 메이데이 사건에서 마루야마의 지인이었던 도쿄대 직원 조합의 여직원이 체포된 사실이 있었다.[86] 마루야마는 결과적으로 데모대가 많은 사상자를 냈고, 온건한 데모를 예상했던 참가자 중에서까지 체포자가 나온 것에 대해, 데모를 지도한 공산당이 책임 의식을 가지고 있는지 의문을 품었다. 즉 마루야마는 역사상의 전쟁 책임을 묻는 형태로 현대의 정치 책임을 문제로 삼았다.

전쟁 책임의 추궁이라는 형태로 현대의 정치 책임을 물은 것은 마루야마만이 아니었다. 1965년, 과거 국제파로서 지위에서 쫓겨난 전 전학련 위원장 다케이 데루오가 요시모토 다카아키와 함께 공산당계 문학가들의 전쟁 협력을 추궁하는『문학가의 전쟁 책임』文学者の戦争責任을 출판했다. 여기서 요시모토 등의 주장은 패전 직후에『긴다이분가쿠』등이 시도했던 전쟁 책임 추궁을 애매하게 끝낸 것이 그 후의 공산당의 체질과 실패를 결정지었다는 내용이었다.

그리고 요시모토는 1958년의 「전향론」転向論에서 옥중 비전향의 공산당 간부도 일본의 현실을 무시하고 공산주의 사상을 묵수한 데 불과하다고 비판했다. 6장에서 말했듯이 후쿠다 쓰네아리가 1947년에 유사한 의견을 말했을 때는 그를 지지하는 자가 없었다. 그러나 1958년 요시모토의 주장은 공산당에게 실망한 지식인과 학생, 그리고 신좌익으로부터 많은 지지를 받았다.

말하자면 전쟁 책임의 추궁은 패전 직후에도 1950년대 후반에도 주체성 확립의 수단이었다. 패전 직후에는 대일본 제국의 권위주의에 대항하는 주체성을 쌓기 위해 전쟁 책임을 추궁했다. 그리고 1950년대 후반에는 지식인들이 공산당의 정신적 권위로부터 자립하는 과정에서 주로 공산당계 지식인에 대한 전쟁 책임 추궁이 이루어졌다.

그러나 이 시기 전쟁 책임 추궁의 성격은, 공산당과의 관계에 고민하던 지식인의 내성만은 아니었다. 쓰루미 슌스케가 조직한 전향 공동 연구에서는 정치가 및 군인의 전향도 다루어졌다. 그리고 마루야마는 「전쟁 책임론의 맹점」에서 "지식인의, 특히 '진보적'인 지식인의 책임**만**을 왈가왈부하면, 그것은 명백히 형평을 잃은 것이며, 결과적으로 악질적인 노림수에 힘을 주는 것이 된다"라고 지적했으며, 또 하나의 맹점으로 천황의 전쟁 책임을 들면서 "정계, 재계에서 전쟁 책임이라는 말은 폐어廢語가 되었다고 이야기된다"라는 상황에 항의를 표했다.[87]

마루야마가 이 글을 쓴 1956년은 패전 후에 공직에서 추방되었던 하토야마 이치로가 수상에 취임한 시기였다. 그리고 이듬해인 1957년에는 미일 개전 시의 상공 대신商工大臣이며 A급 전범이었던 기시 노부스케岸信介가 수상이 된다. 하토야마나 기시뿐만 아니라 패전 직후에 정·재계에서 쫓겨났던 인물들이 한국 전쟁 시기에 시작된 추방 해제와 1952년의 샌프란시스코 강화 조약 발효에 따른 일본 정부의 시정권施政權 회복으로 차례차례 복귀하여, 지반을 굳히기 시작했다.

1955년에는 공산당뿐만 아니라 대규모의 정계 재편이 진행되었다. 공산당이 육전협에서 무장 투쟁 노선을 포기한 것을 전후해, 재군비의 시비를 둘러싸고 분열했던 좌파사회당과 우파사회당이 합체해 일본사회당이 결성되었다. 이에 대항하여 보수 정당 측도 자유당과 민주당이 합동해 자유민주당을 결성한다. 이른바 '55년 체제'라고 불리는 정당 지도가 이때 완성되었다. 그리고 1956년 『경제 백서』에는 이후 유행어가 된 "더 이상 '전후'가 아니다"라는 말이 등장한다.

말하자면 그것은 하나의 '전후'의 끝이며, 또 하나의 '전후'의 시작이었다. 공산당의 무장 투쟁 포기가 말하듯이, 혁명과 암시장으로 상징되는 격동의 전후는 패전 후 10년이 지나 끝을 맞고 있었다. 그 대신 고도성장과 55년 체제로 상징되는 안정과 번영의 전후가 시작되려 했다.

그리고 또 하나 유의해야 할 점은 '전후 민주주의'라는 말이 이 시기 이후에 나타나기 시작한다는 것이다. 패전 직후의 민주주의는 구질서를 타파하기 위해 내걸린 변혁의 상징이었다. 그런 격동의 전후는 끝나고, 민주주의가 55년 체제로 형해화된 의회 정치의 관용구가 되어 가던 때에, 전후 민주주의라는 말이 태어났다.

그리고 이런 안정과 성장의 전후는 하토야마나 기시로 대표되는 전시 지도자들의 부활로 개시되려 했다. 무장 투쟁 노선을 포기한 공산당도, 전전 이래의 지도자가 자기의 책임을 밝히지 않은 채, 형해화되는 전후 민주주의의 일부가 되어 가고 있었다. 그런 상황에 항의하려는 의지가, 전쟁 책임의 추궁이라는 형태로 나타났다.

사私의 변용

하지만 1955년에 변화하기 시작한 것은 정계만이 아니었다. 경제의 부흥과 고도성장으로 생활의 변화가 현저해지기 시작했다.

패전 직후에 황폐했던 일본 경제는 한국 전쟁의 특수特需 경기 덕에 기적적으로 회복하기 시작했다. 미국의 발주에 따른 특수는 수출 총액의 약 60퍼센트를 차지했고 광공업 생산은 1949~1953년에 두 배 이상 증가했다. 이렇게 해서 경제 지표는 전전 수준을 회복하고, 1950년대 후반 이후의 고도성장을 맞이한다. "더 이상 '전후'가 아니다"라는 1956년 『경제 백서』의 표현은, 이 사실을 바탕으로 나왔다.

생활의 변화도 현저했다. 1955년에는 냉장고, 세탁기, 전기밥솥(나중에는 청소기)이 삼종의 신기三種の神器(본래는 천황의 정통성을 상징하는 검, 거울, 구슬을 가리키는 말-옮긴이)라고 칭해졌다. 인스턴트 라면과 중성 세제의 발매는 1958년, 첫 국산 보통 승용차의 발매는 1959년이었다.[88] 진무 경기神武景気나 이와토 경기岩戸景気의 흐름을 탄 삼종의 신기—이 명칭들 자체가 당시 사람들에게 전전의 어휘 사용이 뿌리 깊이 남았음을 보여 준다—는 급속히 생활에 침투했다.

병행해서 매스미디어의 발달이 이루어졌다. 텔레비전 방송이 시작된 것은 1953년인데, 텔레비전 보급 대수는 1957년에 100만 대를 넘었고, 1959년 4월의 황태자 결혼이 계기가 되어 폭발적으로 증가하여, 1962년 3월에는 1,000만 대를 돌파했다. 1956년 2월에 창간된 『주간신초』週間新潮로 대표되는 주간지 붐도 일어났다.

공산당의 육전협이 열린 1955년 7월에는 이시하라 신타로石原愼太郎가 소설 『태양의 계절』太陽の季節을 발표했다. 젊은이들의 분방한 소비문화를 그린 이 소설은 이듬해 아쿠타가와상을 수상했고, 영화화되며 베스트셀러를 기록했다. 평론가들은 "식민지적인 일본에서 일종의 '상류 계층' 자녀들이 자유를 착각하여 아무런 목적도 없이 살아가는 모습" 등이라 평했지만 이시하라 측은 "이치를 따지기보다는 실감"을 중시한다고 말했다.[89]

이런 흐름은 확실히 일본 사회를 바꾸어 갔다. 특히 지역과 계층 간 문화적 차이의 축소와 사회의 단일화가 현저하게 이루어졌다. 사회학자 야마모토 아키라는 이렇게 말한다.[90]

텔레비전의 영향은 다양하지만, 우선 손꼽히는 것은 도시와 지방 간 생활문화의 차이가 현저히 줄어든 점이다. …… 텔레비전과 주간지, 이 두 가지가 대중문화를 정착시켜, 일본 전체에 단일한 문화를 널리 보급했다. 대중문화는 텔레비전, 주간지를 통해 도시에서 지방으로 퍼져 갔다. 그것과 함께 농촌에서 도시로의 인구 이동, 도시 문화의 지방 침투는, 눈이 휘둥그레질 정도였다. 우선 식품의 평준화. 소고기와 햄, 소시지, 치즈처럼, 전전에는 도시부에서만 판매되었던 것들이 대형 식품 업체의 대중 상품으로 발매되어, 지방에서도 소규모의 슈퍼가 아닌 **구멍가게**에서 판매되었다. 동시에, 전국지와 텔레비전의 광고를 통해 널리 알려졌다. 지금은 믿기 어렵겠지만, 나의 설문 조사에 따르면, 1950년의 지방에서는 햄, 소시지, 치즈를 모르는 사람이 많았다. 1955년이 지나서 처음으로 먹어 보앉다는 사람이 적지 않았다. ……

식품의 평준화와 같은 시기에 오락의 평준화가 진행되었다. …… 우선 지역에 따른 특색이 희박해졌다. 예를 들면 나니와부시浪花節. 1930년 일본방송협회日本放送協会, NHK의 청취자 조사에서는 방송 희망 프로그램 1위였던 나니와부시를, 이미 1955년에는 규슈九州의 일부 사람들만 열심히 애호했을 뿐이다.

같은 무렵, 곡마단 연극도 모습을 감추었다. 내가 곡마단을 처음 본 곳은 전시 중에 피난을 갔던 시골의 극장 겸 영화관이었다. …… 교토에서 그런 행렬을 마지막으로 본 것은, 1955년이었던가. 마지막으로 지방에서 본 것은 1959년으로 기억한다.

동시에 발생한 것이 농촌에서 도시로의 인구 이동과 농업 인구의 감소였다. 취업 인구 중에서 농업이 차지하는 비율은 1950년 45.2퍼센트에서 1960년 30.0퍼센트, 1970년 17.9퍼센트로 급감했다. 1945년 전체 인구의 28퍼센트에 불과했던 도시부 인구가 1970년에는 72퍼센트까지 상승했다. 새롭게 도시로 유입된 사람들은 종래의 서민적인 동네下町의 공동체와는 다른 사회를 형성했다. 단지족団地族이라는 표현이 주간지에 등장한 때는 1958년이라고 한다.

이것은 당연히도 일본인의 자화상에 큰 변화를 가져 왔다. 1957년에 출판된 가토 히데토시의 『중간 문화』는 이제 "기름 범벅의 작업복을 입은 근골 강건한 노동자" 같은 것은 공허한 이미지에 불과하다는 점, 그리고 계급을 뛰어넘은 단일 문화 속에서 노동자도 농민도 샐러리맨 영화의 주인공에 가까워지고 있다는 점을 주장했다.[9] 6장에서 말했듯이 1947년에 마루야마 마사오는 샐러리맨을 일본 사회의 소수파로 그렸지만, 그 시대와는 확실히 다른 변화가 생겨나기 시작했다.

그리고 주목해야 할 점은 가토가 이런 변화를 "중간적 대중화=새로운 시민층의 탄생"이라고 표현한 사실이다. 이 시기 이후 시민이라는 말이 급속하게 일반화되기 시작함과 동시에, 부르주아의 대명사라는 의미를 잃어 간다.

동시에 가토는 20대 이하인 자기들 세대와, 전후 지식인의 주류를 이룬 30대 이상 세대의 감각 차이를 강조했다. 1930년생인 가토는 1957년에는 27세로, 이시하라 신타로와 거의 동세대인 젊은 학자였다. 그리고 가토는 연장자 지식인들이 입에 올리는 민중으로부터의 고립이라는 고뇌를 "모르겠다"고 주장하며 "나에게는 내가 다른 보통 시민 중 한 사람이라는 실감이, 내가 대중과 다르다는 기분보다 훨씬 강하다"라고 말했다.

이런 사태와 병행해서 국제 사회 속 일본의 자화상도 변화했다. 패전 직후에는 오쓰카 히사오나 가와시마 다케요시의 주장에 보이듯이 일본 봉건제의 아시아적 성격을 비판하는 일본론이 많았다. 그러나 1957년에는 우메사오 다다오梅棹忠夫가「문명의 생태사관」文明の生態史観을 발표하여 세계를 제1지역과 제2지역으로 이분했다. 우메사오에 따르면 제1지역은 봉건제를 통과한 뒤 근대 문명을 쌓아 올린 서구와 일본이며, 제2지역은 전제專制 제국에서 사회주의 국가로 변천한 러시아와 중국이었다.[92] 우메사오의 주장은 재래 문화의 면에서도 일본을 서양 측에 위치 지은 것으로, 고도성장에 들어서기 시작한 사회에서 환영받았다.

이렇게 해서 1950년대 전반에 존재했던 민족이라는 말의 사회적인 배경은 급속히 해체되어 갔다. 그와 동시에 또 하나의 의식 변화가 일본 사회에 생겨났다. 공과 사에 관한 의식의 변용이다.

전후에 설립된 통계수리연구소統計數理研究所는 1953년부터 5년마다 국민 의식 조사를 실시했다. 그중에서 자기의 성향에 가까운 생활 방식을 선택하도록 하는 조사가 있었다. 그 선택 항목은 "열심히 일을 해서 부자가 된다(재산)", "성실하게 공부해서 이름을 떨친다(명예)", "돈이나 명예를 생각하지 않고 자기의 취향에 맞는 생활을 한다(취미)", "그날그날을 마음 편하게 끙끙거리지 않고 생활한다(안락)", "세상의 옳지 않은 것을 밀어내고 어디까지나 깨끗하고 바르게 살아간다(청렴)", "자기 혼자만을 생각하지 않고, 사회를 위해서 모든 것을 바치며 생활한다(사회)"라는 6가지였다.

사회학자 히다카 로쿠로는 1980년 저작에서 앞의 항목 중 재산과 명예에 대해서는 시대별 변화가 그리 현저하지 않다고 지적한 뒤에 취미·안락을 사생활 지향, 청렴·사회를 '공적 가치' 지향이라고 명명하며, 그 변화를 분석한다.[93] 그에 따르면 히다카가 말하는 사생활 지향은 1953년 32퍼센트에서 1973년 62퍼센트로 일관되게 상승한다. 반면에 공적 가치 지향은 1953년 39퍼센트에서 1973년 16퍼센트로 일관되게 하강했다.

그리고 유의해야 할 점은 1953년 시점에는 공적 가치 지향이 사생활 지향보다 많았다는 것이다. 양자는 1958년에 역전되었고, 이해의 조사에서 공적 가치 지향은 29퍼센트, 사생활 지향은 45퍼센트를 기록했다.

히다카는 이 변화를 민주주의에서 경제주의로의 전환이라 이름 붙이고 이렇게 말한다.[94]

'멸사봉공'에서 '멸공봉사'滅公奉私로. 나는 전쟁 전부터 현재에 이르는 일본인의 의식 변화를 이렇게 단순화해서 젊은이들에게 이야기할 때가 있다. 단순화는 물론 일면적이 될 위험이 있다.
나는 젊은이들에게 약간의 주석을 덧붙인다. 패전 직후, 군국주의 시대의 '멸사봉공'은 결국 비극으로 끝났고, 사람들은 강한 분노를 느꼈다. 거기서 젊은이들은, 그런 '멸사봉공'을 상대조차 하지 않고 '멸공봉사'라는 암시장의 윤리로 돌진한다.
동시에 새로운 형태의 '멸사봉공'이 나타난다. 특공대에서 공산당으로. 출옥한 도쿠다 규이치는 사인을 요청받으면, 항상 '아낌없는 헌신'이라고 적었다는 이야기를 덧붙인다. 나는, 특공대에서 공산당으로 옮겨 간 젊은이들의 심정은 이해할 수 있다고 말한다. 그러나 암시장의 윤리는 상상할 수 있어도 '아낌없는 헌신'은 알지 못하는 것이 현대의 젊은이들이다.
전후, '전근대에서 근대로'가 표어가 되었다. 급진적 리버럴리스트는 '개

個의 확립'을 설파했다. 혁신 정당 및 노동조합의 지도자들(그 대부분이 마르크스주의자였다)은 '노동자의 권리'를 부르짖었다. '개의 확립'파도 '노동자의 권리'파도, 당연히 정치적 관심이 강했다. 정치의 시대였다. 평화, 민주주의, 생활의 향상, 그리고 점령 정책이 냉전의 논리에 종속되었을 때부터는 독립. 그들의 상징은 사람들을 움직이는 힘을 가졌고, 그것들은 항상 정치적 문맥 속에서 이해되었다.

'개'나 '권리' 속에는 새롭게 해석된 '사'와 '공'이 통일되어 있었을 터였다. 그것은 현재의 정치적 무관심과 결부된 '사생활 우선'과는 무척 달랐다. 그럼 '개의 확립'이나 '노동자의 권리'에서 출발해, 현재의 '사생활 우선'에 이르게 한 힘, 혹은 원인은 무엇이었을까.

나는 고도 경제 성장과 그에 수반한 생활 양식의 변화야말로 가장 큰 요인이라고 생각한다.

1부에서 보았듯이 전후 지식인들이 주창했던 개의 확립은 공적인 것에의 참가 의식과 일체를 이루었다. 거기서 주창된 것은 공과 사의 이항 대립의 극복과 멸사봉공과 이기주의의 쌍방에 대한 비판이었다. 그러나 고도 경제 성장 속에서 개의 확립은 사생활 우선으로 바꿔치기 되며, 히다카가 말하는 민주주의에서 경제주의로의 변화가 생겨났다.

그리고 보수파가 주창한 애국심이나 윤리 부활은 히다카가 말하는 경제주의와 이따금 합치했다. 보수 정권은 애국심을 주창하는 한편, 미국에 종속된 경제 성장 노선을 계속해서 취했기 때문이다.

그것은 일반 민중의 수준에서도 마찬가지였다. 1958년 일교조 교연 집회의 보고는, 전후에 폐지된 수신 과목을 부활시키자는 요청이 지방 유력자층과 하층민에게서 많다는 사실을 이야기한다. 그 보고에 따르면 지방 유력자의 수신 부활 요구는 전후의 민주화 때문에 자신들의 지배가 흔들리는 데 대한 반동이지만, "하층의 목소리를 분석하면, '생활에 도움이 된다'는 의미에서 '부모에 대한 효도'를 더 가르치기를 바란다"라는 것이

었다.[95]

1956년 다케다 기요코는 일교조의 기관지인 『교이쿠효론』에의 기고에서 농촌의 어머니들에게 효도의 내용을 질문했다는 보고를 썼다.[96] 그것에 따르면 "돈을 잔뜩 벌어다 주면 좋겠다", "얌전하게 부모가 하는 말을 듣고 집안의 경제를 세워 주면 좋겠다", "훌륭한 사람으로 출세했으면 좋겠다", "다른 아이보다 좋은 성적을 받는다"라는 목소리가 대부분이었다고 한다. 그리고 다케다는 이런 민중의 이기주의와 보수파의 애국 교육론이 이어져 있음을 지적한 뒤, 그것을 극복하는 입장에서 애국심을 이야기했다.

마루야마 마사오는 1960년 인터뷰 「8·15와 5·19」八·一五と五·一九에서 이렇게 말한다.[97]

태평양 전쟁에서 총력전의 극한 상황에서는 '민'民을 거의 송두리째 '신'臣으로 바꾸어 버렸습니다. 1억 익찬과 멸사봉공이 그 이데올로기적 표현입니다. 전후는 실로 '신'에서 '민'으로의 대량 환류로 시작되었습니다. 민주주의는 그런 형태로 출발했습니다. 환류한 '민'은 크게 나누어 두 가지 방향으로 분기했다고 생각합니다. 하나는 '민'의 '사'私화의 방향입니다. 이것은 멸사봉공을 뒤집은 것에 해당합니다. 이것이 농촌에서는 주로 개개 농가의 경제적 이익 관심의 증대와 명망가 질서의 붕괴로 나타나고, 대도시 등에서는 소비 면에서 사생활 향유에의 압도적인 지향으로 나타났음은 잘 아시는 대로입니다. 그런데 또 하나의 '민'의 방향은 적극적인 혁신 운동으로 대표됩니다. 이 쪽에는 에토스로서 다분히 멸사봉공적인 것이 남아 있었습니다. 따라서 전자의 방향에서 보면 후자의 운동 및 행동 양식은 어딘가 강요하는 것 같고, 또 불온하게 보여, 그 기를 쓰는 자세가 오히려 무섭게 보입니다. 그런데 앞에서 말했듯이, 지배층은 신민 의식에 의지할 수 없게 된 대신, 이 '민'의 분기가 그들에게 적잖이 유리하게 작용했다고 생각합니다. 첫째로 신민적 묵종과는 다소 다른 형태지만, 앞의 그룹의 '사'주의에 기반을 둔 정치적 무관심이 제2그룹의 '봉쇄'를 의도하는 지배층에게는 유리합니다. 나아가 적극적으로는 이른바 보조금 행정으로 농가의 이익 관심에 파고들어 갈 수 있습니다. 즉 이런 '민'의 분할 지배 형태가, 천황제의 카리스마를 잃은 지배층의 힘겨운 도주로로서, 오늘날까지 어쨌든 이어져 왔다고 볼 수 있지 않을까요.

마루야마에 따르면 원래 전쟁 전의 초국가주의는 개개인의 책임 의식이 아니라 "'사'의 '공'에의 무한 침입"이라는 이익 추구로 뒷받침되었다. 민중이 지역 우두머리에게, 지역 우두머리가 중앙 정부에게 충성을 보인 것은, 입신출세나 이익 유도를 위해 천황을 정점으로 한 권익의 위계질서에 참가하고 싶었던 까닭에 불과하며, 거기서의 애국심은 사적 이익의 표현 형태였다. 이런 애국심은 중앙 정부가 힘을 잃은 패전 후에는 일시적으로 운산무소雲散霧消했지만, 경제의 부흥과 보조금 행정으로 다시 회복되었다는 것이다.

사랑하는 조국의 의미

그러나 한편으로 유의해야 할 점은 패전부터 1950년대까지의 민주주의 또한 경제를 부정하지는 않았다는 것이다. 앞의 인용에서 히다카도 말했듯이 패전 후 정치의 시대의 슬로건에는 평화, 민주주의, 독립과 함께 생활의 향상이 포함되어 있었다.

그리고 그 생활의 향상은 평화나 민주주의와 대립하는 것이 아니라, 오히려 불가분의 관계로 생각되었다. 왜냐하면 이 장의 전반에서 보았듯이, 전쟁이야말로 일본을 빈곤으로 몰아넣은 최대의 원인이며, 민주화야말로 전쟁 돌입을 막는 최대의 수단으로 간주되었기 때문이다.

그리고 한국 전쟁의 특수 경기로 생활의 향상과 평화가 모순되는 상황이 출현했을 때에 등장한 것이 민족의 독립이었다. 즉 아시아에서 전쟁을 하는 미국에 대한 종속을 끊어 내고, 자력으로 경제 부흥을 이룩하는 것이 평화를 지키는 수단이라고 여겨졌다. 1950년 교육학자 미야하라 세이이치가 말했듯이 "평화를 위한 가장 기본적인 사회적 조건은 생산의 부흥에 따른 일본의 경제적 자립"이며 그런 의미에서 "생산의 부흥과 평화의 옹호는 둘이면서 하나다"라고 여겨진 것이다.[98]

그리고 이 시대에 사회주의가 지지를 받은 것도 생활의 향상에 대한 기대에서 나왔다. 왜냐하면 사회 전체가 빈곤하고 게다가 빈부 격차가 컸던 시대에는, 사회주의로 격차를 시정하고 합리적인 계획 경제를 통해 생산 증대가 이루어질 것으로 기대되었기 때문이다.

예를 들어 1952년 좌담회에서 국어학자 고쿠분 이치타로는 "소련의 생산이 비약적으로 발전한 사실"을 강조하며, "소련 사람들이 사회 발전의 법칙에 따라 생산관계를 변혁한 까닭이다"라고 말한다.[99] 1930년대에 미국이 대공황에 허덕였던 데 비해 소련은 5개년 계획 등으로 생산을 상승시켰던 역사는, 고작 10여 년 전의 일로 지식인들의 기억에 강하게 남아 있었다.

그리고 전쟁 탓에 민간 경제가 큰 타격을 입고 암시장 경제에서 비롯된 혼란이 사회를 뒤덮었던 패전 직후에는, 자유방임주의로 경제 부흥이 가능하다고는 대개 생각하지 않았다. 패전 직후의 정부가 경사傾斜 생산 방식을 도입한 것도 그런 풍조가 배경이었다. 그런 시대에 자본주의보다 사회주의 쪽이 생산을 증대시킨다고 생각하는 사람들이 존재한 것은 부자연스럽지 않았다.

그리고 이런 사회주의를 통한 경제 부흥이야말로 미국에 대한 종속 및 군수 경제에의 의존을 끊어 내고 평화를 실현하는 민족의 독립으로 여겨졌다. 1952년 시미즈 이쿠타로는 단순한 슬로건인 평화의 이상理想과 대치하여 이런 경제 체제를 구축하는 것을 '평화의 육체'라고 표현해서, 많은 지지를 모았다.[100]

그런 생활의 향상은 타자를 돌아보지 않는 사적 이익의 추구와는 대극에 놓였다. 또한 단순한 사적 이익 추구로는 개인의 생활 향상조차도 달성할 수 없다고 생각되었다. 왜냐하면 사회 체제의 변혁 없이는 개개인의 풍요도 실현할 수 없다는 것이, 당시 좌파의 인식이었기 때문이다.

이 점은 당시의 일본 사회에서는 어느 정도 현실감이 있었다. 사회 전체가 빈곤할 때는, 노동자가 개인적으로 노력해도 얻을 수 있는 이익이 적었다. 그런 상황에서는 노동조합 속에서 단결하는 것이야말로, 개인의 생활 향상을 얻어 내는 가장 좋은 수단이었다.

이 점은 농민에게도 마찬가지였다. 생활 기록 운동의 모델이 된 1951년의 문집 『산울림 학교』의 말미에서는, 작문을 쓴 학생들이 교사인 무차쿠 세이쿄無着成恭를 중심으로 빈곤을 해결하는 수단에 대해서 토의했다. 거기서 학생들이 낸 결론은 "농민을 더 부자로 만드는 것"과 "자기만 좋으면 된다는 생각을 버리고, 힘을 모으는" 것이었다.[101]

이 두 가지 결론이 양립할 수 있었던 전제는 산촌의 가난함이었다. 아이들은 생활 향상을 위해 농업의 기계화가 불가결하다는 점, 개개 농민의 경제력으로는 농업 기계를 구입하기가 불가능하다는 점을 서로 이야기했다. 거기서 기계를 공동으로 구입, 사용하기 위해서는 이기주의를 극복하지 않으면 안 된다는 결론이 나왔다. 개개 농가가 도시로 돈을 벌러 나가 경제력을 길러서, 한 해에 몇 번밖에 사용하지 않는 기계를 각자 구입하기 시작한다는 것은, 1951년 시점에서는 상정할 수 없었다.

전쟁 전 시기에 성장한 교사 무차쿠는 이 토의의 말미에서 이와 같이 말한다.[102]

…… 나는 이런 교육을 행하면서, 새로운 시대의 숨결을 느꼈습니다. 새로운 도덕이 생겨나고 있다는 사실을 느낀 것입니다. 니노미야 긴지로二宮金次郎가 장작을 짊어지고 독서를 하는 동상 앞에서 '인내'와 '근면'의 도덕을 주입받고, "남이 8시간 일하면 10시간 일해라"라는 교육을 받은 나는, 이 아이들이 그런 '인내'와 '근면' 속에 숨겨진 속임수, 즉 가난을 운명이

라 여기고 포기하는 도덕에 굳게 반항하며, 가난을 넘어서는 도덕으로 옮겨 가려는 기운에 압도당했습니다.

사회 전체가 가난했던 시대에는 자조自助의 노력을 강요하는 인내나 근면 혹은 타인보다 더 많이 일한다는 이기주의는 개인의 이익조차 되지 않았다. 그것은 사회 변혁으로 향해야 할 농민의 연대를 분단시키고 빈곤을 낳는 사회 구조를 불문에 붙이는, "가난을 운명이라 여기고 포기하는 도덕"으로 기능할 뿐이었다. 그런 낡은 도덕을 부정하고 연대로써 사회를 변혁하여 "가난을 넘어서는" 것이 '새로운 도덕'으로 기대되었다.

그리고 여기서 말하는 가난은 단지 물질적인 문제만이 아니었다. 경제적인 빈곤은 지주 및 자본가에 대한 예속과 영합을 낳아, 정신과 사회관계의 빈곤을 초래했다. 1952년 교육학자 무나카타 세이야는 우에하라 센로쿠와의 대담집 『일본인의 창조』日本人の創造에서 이렇게 말한다.[103]

우리들 일본인의 생활을 보고 있으면, 언제나 고생에 찌들어 있습니다. 전차 안에서 보이는 얼굴은, 다들 고생으로 가득해서 우울한 느낌입니다. 그 고생은 결국은 물질생활의 가난함과 사회관계의 졸렬함에서 온 것이 아닌지. ……
다음 세대에게는 이런 생활을 하게 만들고 싶지 않습니다. …… 인간으로서 자신의 생장 발전을 위해 생활을 설계할 수 있도록 만들고 싶다. …… 남에게 비굴하게 머리를 숙이고, 남의 정에 기대어 살아가는 것. 또 반대의 경우 사람을 압박하며 상처 입히고 착취해서 살아가는 것. 그런 것 없이, 자유롭게, 자신의 내적 요구에 따라서 모두가 생활을 구성할 수 있게, 그렇게 되기를 바랍니다. ……
가난 고생과 마음고생에서 해방된다고 말하면, 잘못 이해될 위험이 있습니다. 내 아이만 가난에서 벗어나 상류·특권 계급과 한 무리가 되면 된다. 그리고 사회가 어찌되든, 일본이 어찌되든 간에 그런 것은 신경 쓰지

말고, 나만, 또 내 가정만 기분 좋게 살면 된다. 그런 생활상은 프티 부르
주아적이라고 해야 할 것입니다. …… 아이에게 가정 교사를 붙여서 특권
적인 학교에 입학시키는 데에 광분하는 부모들의 의식은 이러합니다.
가난 고생과 마음고생에서 일본인이 해방되어야 한다고 말할 때, 나는
그런 것을 말할 생각은 아닙니다. 나는 일본인 전체가 그렇게 되기를 희
망하며, 결코 소수의 사람만이 그렇게 되면 족하다고 생각하지 않습니다.
아니, 일본인 전체가 그렇게 되지 않으면, 일부 사람들이 그렇게 되는 것
도 실은 불가능합니다.

　　이런 논조는 전쟁 체험의 산물이기도 했다. 전후 지식인들은 공산주
의자나 리버럴리스트에의 탄압을 남의 일로 방치하는 사이에 파국적인
사태가 닥치는 경험을 했다. 사회 전체의 동향을 무시하면, 결국은 자기
개인의 자유나 행복도 지킬 수 없게 된다는 것이 전쟁의 교훈이었다.
　　1948년 문학가 마루야마 시즈카는 전쟁에서 배운 점에 대해 다음과
같이 말한다. "우리는 싫더라도 살기 위해서 '정치적으로는 무지'하다는
핑계로 넘어가기가 불가능해졌다", "'민중은 자기 속에 있다'라는 것이
아니라, '자기가 민중 속에 있다'라는 것을 뼈에 사무치게 자각할 수밖에
없었다."[104] 이런 의미에서도 전쟁은 국민 전체를 운명 공동체로 간주하
는 의식을 침투시켰다.
　　이렇게 이기주의에서 벗어나는 것, 즉 새로운 도덕에의 지향은 1950
년대부터 1960년대 전반의 대중문화에서도 다수 찾아볼 수 있다. 1954년
에 공개된 구로사와 아키라 감독의 〈7인의 사무라이〉七人の侍에서는 사무
라이의 주장主將이 전투에서 도망치려는 농민을 향해 "타인을 지킬 때야
말로 자기도 지킬 수 있다. 자기만 생각하는 놈은, 자기도 망하게 하는 놈
이다"라고 일갈한다.[105] 우라야마 기리오浦山桐郎 감독, 요시나가 사유리吉
永小百合 주연으로 주물 공장 거리의 소년 소녀들을 그린 1962년 영화 〈규
폴라(용선로熔銑爐)가 있는 마을〉キューポラのある町에서는 "한 사람의 백 걸

음보다 모두의 한 걸음"一人の百歩よりみんなの一歩이라고 외쳤다.

그리고 이 모두를 표현한 말이 좌파 논조에서의 국민, 민족이었다. 무나카타와 우에하라도 위의 대담집『일본인의 창조』에서 일본에서 민족의식이라 불려 온 것이 천황과 국가에의 종속에 불과하고 국민적인 연대로서의 민족의식은 오히려 희박하다고 주장했다. 그런 의미에서 민족의식의 필요성이『일본인의 창조』라는 제목하에 이야기되었다.

마찬가지로 마르크스주의 역사학자들이 사용한 '단일 불가분한 민족'이라는 말도 이런 국민의 연대를 의미했다. 일본의 대표적인 사전으로 불리는『고지엔』広辞苑에도, 단일이라는 말의 용례로 당초의 판에 게재된 것은 노동자의 단결을 의미하는 "단일 조합"이었다. 이 사전에 배외주의적인 말로서의 "단일 민족론"이 게재된 것은 1991년의 제4판부터다.[106]

즉 1950년대 전반에 단일 민족은 기성사실既成事實이 아니라 지향할 목표이며 사람들의 참가로 창조되어야 할 대상이었다. 그리고 이 시기에는 "모두가 하나가 된다"라는 말도 연대의 의미로 사용되었다. 그러나 고도성장을 지나 단일 문화가 기성사실이 된 이후에, 이 말들은 균질화와 억압을 의미하는 말로 변해 간다.

1952년 시즈오카현 후지군富士郡 우에노촌上野村에서 일어난 '무라하치부村八分 사건'은 민족과 조국을 내건 이런 내셔널리즘의 한 형태를 보여 주었다.

당시의 농촌에서는 보수계 의원과 결탁한 지역 우두머리의 영향력이 컸고, 부정 선거나 선거 간섭은 흔한 현상이었다. 어느 작가의 관찰기에 따르면 부인회, 청년단, 농협, 소방단 등이 동원되어 보수계의 추천 후보에 지지가 모아지는 한편, 비추천 후보의 연설회에서는 청년단 및 소방단이 입장자를 확인하는 상황이었다.[107] 사건이 일어난 우에노촌에서도 투표소 입장권을 도나리구미의 장이 회수해서, 마을에 이익을 끌어온 보수계 후보에게 중복 투표를 했다.

이것이 불의하다고 느낀 이시카와 사쓰키石川さつき라는 소녀가 학교

의 문예부 잡지에 항의의 글을 썼고, 그것이 학교 신문에 전재되었는데, 학교 측이 그 신문을 회수해서 불태워 버렸다. 이시카와는 이것에 굴하지 않고 『아사히신문』에 취재를 의뢰하는 편지를 썼는데, 그러자 오히려 이시카와의 가족이 무라하치부, 즉 마을에서 집단적인 따돌림을 당했다. 마을 사람들이 농사 작업을 도와주지 않기 때문에 모내기가 불가능했고, 스파이의 집이라며 마을 내의 교제가 끊겨, 이시카와의 여동생은 "빨갱이다", "스파이다"라고 야유를 당했다. 이윽고 압력은 그녀의 장학금 정지 공작에까지 이르렀다.

　가난한 농가였던 이시카와 일가에게 이런 압력은 치명적이었다. 이시카와는 이렇게 쓴다.[108]

나는 이때 절실히 생각했습니다. 가난하다는 것이 현재의 사회에서 얼마나 치명적인가 라는 것을. ……
가난한 사람들의 당연한 권리가 금전으로 침해되어 버리는 사회, 가난하기 때문에 끝까지 싸우는 것이 불가능해져 버린 사회, 절실하게 가난이 싫어졌습니다. 조금 더 잘살았더라면, 좀 더 적극적으로 노력할 수 있었을 텐데, 라고 나는 슬퍼져 버렸습니다.

　어려운 지경에 빠져든 이시카와는 존경하던 교사에게 상담을 했다. 교사는 이시카와를 격려하고, 지인인 신문 기자에게 편지를 쓸 것을 약속한 뒤, 사건의 경위를 정리한 글을 쓰도록 제안했다. 교사의 조언을 받아 그녀가 쓴 글은, 다음과 같은 말로 시작한다.[109]

나는 한없이 조국을 사랑하고 싶다. 그렇기 때문에 한없이 남을 사랑하고 싶다. 인류를 사랑하는 것, 그것은 인류의 자유와 행복을 사랑하는 것이고 그것을 위해서는 전 생명을 자기 스스로 지키며, 행복을 위해 싸워야 한다고 생각한다.

이것은 말하자면 촌락의 사상과 조국의 사상 사이의 대결이었다. 마을 도나리구미의 장은 이시카와에게 "남을 죄인으로 만들어 놓고 좋아하고 있다", "자기가 사는 마을을 창피스럽게 만들다니"라며 반성을 요구했다. 이 요구에 대해서 그녀는 "내가 사는 마을이기 때문에 항의를 한 것입니다"라고 반론하며, "사랑하는 조국의 민주화를 위해서"라는 말을 내걸었다.[110]

여기에는 마루야마 마사오가 주창한 국민주의의 이상적인 모습이 있었다. 이 소녀는 촌락 공동체 속에서 개의 확립을 이루어 조국의 정치에 참가한다는 상태를 체현했다. 이 사건은 전국적인 반향을 모아서 일본변호사연합회日本辯護士連合会가 특별위원회를 설치하고 조사단을 현지에 파견하여 그녀에 대한 지원 태세를 짰다.

어쩌면 이시카와가 사랑하는 조국이라는 말을 사용한 것은, 당시 좌파의 언어 체계를 습득한 교사에게 조언을 받은 결과였을지도 모른다. 그녀 자신은 불의를 용서할 수 없다는 심정, 억압에 굴하고 싶지 않다는 심정을 말하려 했으며, 조국이라는 말은 그 표현 수단에 불과했을지도 모른다. 그러나 1952년에는 사랑하는 조국이라는 말이 그런 심정을 표현하는 매체가 될 수 있었던 것 또한 사실이다.

이시카와는 학교 잡지에 투고한 「우리는 전진한다」私達は前進する라는 짧은 글에서 이렇게 말한다.[111]

눈앞에서 벌어지는 부정행위를 멈추게 하는 자가 한 사람도 없었던 것은 참으로 비참한 풍경이다. 이 얼마나 한심한 모습인가. …… 나는 분했다. 슬펐다. 모든 것을 없던 일로 돌려 버리고 싶을 정도로 유감이었다. …… 그러나 우리는 슬퍼하지 않는다. 생각이 없는 어른들이 억지로 빗장을 채운 마음의 문을, 무쇠보다 강한 의지로 크게 열고 우리는 전진한다. 비참한 일본을 우리가 반드시 다시 일으켜 세우기 위해서, 우리는 무슨 일이 있어도 전진하지 않을 수 없다.

여기에 보이는 심정은 당시의 진보적 지식인 및 젊은 공산당원들과 아마도 공통된 것이리라. 전쟁의 상흔과 빈곤의 현실이 생생하고, 사회 질서가 아직 유동적이었던 1950년대 전반에는 "비참한 일본을 우리가 반드시 다시 일으켜 세운다"라는 말이 그 나름의 현실감을 가지고 울렸다.

그러나 그 후의 일본 사회는 각지의 촌락에서 이런 소녀가 나타나는 방향으로 나아가지는 않았다. 많은 농촌의 젊은이들은 촌락을 변혁하는 것보다 개인으로서 촌락을 탈출해 도회로 나가는 길을 택했다. 경제 성장이 궤도에 오른 점과 공산당이 실추하면서 사회 변혁에 대한 환멸이 퍼진 점은 이 경향을 큰 폭으로 가속시켰다. 이시카와의 "조금 더 잘살았더라면"이라는 목소리를 향해 주어진 것은, 사회의 변혁이 아니라 텔레비전과 세탁기였다.

그러나 이시카와의 무라하치부 사건이 일어난 1952년에는 그런 경향은 아직 현저하지 않았다. 전쟁 전을 대신하는 새로운 도덕을 조국이나 민족이라는 말로 표현하려는 시도는, 사회의 변화가 기세를 더해 간 1950년대 후반이 되어서도 그것에 대항하기라도 하듯 계속되었다. 그리고 1950년대가 끝을 맞이하는 1960년의 초여름, 전후 민주주의의 최대이자 최후의 고양인 미일 안보 반대 투쟁이 이루어진다.

2부에서 그리는 것은 그런 시대의 다양한 심정의 모습들이다.

8

국민적 역사학 운동
이시모다 쇼, 이노우에 기요시,
아미노 요시히코 외

암흑 속에서 눈을 뜨고, 자기를 확고히 지탱해 가기 위해서 우
리는 학문의 힘에 기댈 수밖에 없었다.

이시모다 쇼

역사학은 내셔널리즘의 문제를 논할 때 현재도 쟁점이 되는 영역이다. 그리고 마르크스주의의 영향이 강했던 전후 역사학은 전쟁 전의 내셔널리즘을 비판하는 최대 세력 중 하나였다.

그러나 마르크스주의 역사학은 1950년대 전반에는 민족을 가장 강조했던 영역이기도 하다. 이 장에서는 이 시기 마르크스주의 역사학의 리더 격이었던 중세사가 이시모다 쇼와, 그의 제창 아래 이루어진 국민적 역사학 운동을 다룬다.[1]

'역사학의 혁명'이나 '역사학을 국민의 것으로'라는 표어하에 이루어진 국민적 역사학 운동에서는 많은 젊은 역사학자와 학생들이 대학을 떠나 공장과 촌락村(무라)으로 향했다. 이 운동은 1955년 육전협에서 공산당의 방침이 전환되자 와해되어 많은 사람들에게 상처를 입혔고, 역사학 분야에서는 이른바 봉인된 상흔이 되었다. 드물게 언급되는 경우에도 학문에 정치가 개입한 나쁜 사례로 거론되는 것이 대부분이다.

그러나 이 운동과 그 시기 마르크스주의 역사학의 민족주의는 놓쳐서는 안 될 문제를 여럿 포함한다. 그것은 전후 좌파 내셔널리즘의 성격과 한계를 여실히 보여 준다.

고립에서 탈출하기

모든 전후사상이 그렇듯이, 전후의 역사학을 이야기하기 위해서도 우선은 전시의 경위부터 이야기해야만 한다. 1930년대 말, 몇 년 전까지 융성을 자랑했던 마르크스주의 역사학은 거의 완전히 압살되었다. 주요 연구자들은 투옥당하고 침묵하거나, 혹은 전향해서 일본을 찬미하는 논문을 썼다.

그런 가운데 고대사와 중세사는 조금씩 연구가 지속된 분야였다. 전쟁 전 마르크스주의 역사학에서는 자본주의의 발달을 다루는 근대사가 주목받았지만, 전시 중에 이 영역은 철저히 탄압되어 파멸 상태에 처했다. 그런 상황에서 그나마 연구가 가능했던 것이 고대사나 중세사였다.

1952년 근대사가 이누마루 기이치犬丸義—는 마르크스주의 역사학의 상황을 "모두 전쟁 중에 고대나 중세로 도망가 버려서, 근대를 하는 사람은 손에 꼽을 정도였다"라고 표현한다.[2] 자연히 전후의 마르크스주의 역사학은 고대사와 중세사의 연구자가 중핵을 맡게 되었다. 후술하듯이 이런 사정은 전후 역사학의 내셔널리즘의 양상에 미묘한 영향을 끼친다.

패전 후에 마르크스주의 역사학을 이끈 역사가로는 중세사가 이시모다 쇼나 마쓰모토 신파치로, 고대사가 도마 세이타 등의 이름을 들 수 있다. 그들은 전시 중에 고대사가 와타나베 요시미치渡部義通 밑에서 연구회를 열었던 동지들로서 태평양 전쟁이 시작된 무렵에는 아직 20대의 젊은이들이었다. 당시 마르크스주의 역사학자들은 대학에서 자리를 대부분 얻지 못했고, 재야의 연구회에 모여서 기관지인 『레키시가쿠켄큐』를 발행했던 것이다.

그러나 고대사와 중세사 연구도 자유롭다고는 할 수 없었다. 연구회는 가명으로 방을 빌려서 열렸는데, 1940년 11월에는 리더였던 와타나베 요시미치가 결국 검거되었다. 집을 비운 사이에 경찰이 자택을 덮쳤음을 안 와타나베는 체포를 피할 수 없음을 각오하고, 앞으로의 연구를 어떻게 진행해야 할 것인가에 대한 메모를 이시모다 등에게 전한 후, 마지막 연구회에 출석하고서 경찰에 연행되었다고 한다.[3]

아직 젊었던 이시모다 등이 이런 체험에서 큰 영향을 받았음은 상상하기 어렵지 않다. 태평양 전쟁 개전 후에는 회지 『레키시가쿠켄큐』도 휴간을 당했지만 그들은 와타나베가 남긴 "과학 정신을 사수하고 사학史學의 발전을 맡아라"라는 말을 가슴에 담고 각각의 연구에 몰두했다. 이시모다는 당시를 회상하며 "암흑 속에서 눈을 뜨고, 자기를 확고히 지탱해 가기 위해서 우리는 학문의 힘에 기댈 수밖에 없었다"라고 말한다.[4]

그런 이시모다가 전시 중에 얻은 성과가 패전 직후에 출판된 『중세적 세계의 형성』中世的世界の形成이었다. 역사학연구회의 활동이 정지된 다음

달인 1944년 9월에 당시 31세였던 이시모다는 등화관제 때문에 창문을 닫은 방에서, 400자 원고지로 700장에 이르는 이 저작을 한 달 만에 써냈다.

이시모다 쇼

　이 책의 대상은 중세였지만 이시모다의 동시대에 대한 관심을 농후하게 반영했다. 마루야마가 군대 소집의 아침에 완성한 에도 시대론이 그러했듯, 이 시기의 젊은 학자들은 유서를 쓴다는 각오로 학문적 노작을 썼는데 이시모다의 이 책도 그중 하나였다.

　『중세적 세계의 형성』은 이가국伊賀国(현 미에현三重県의 일부–옮긴이)에 있었던 장원인 구로다노쇼黒田荘를 무대로 고대의 종언과 중세의 개막이라는 역사의 필연을 그린 저작이다. 무대가 된 구로다노쇼는 고대의 상징인 도다이지東大寺의 직할령으로, 중세를 담당하는 구로다 아쿠토黒田悪党를 비롯한 재지 무사단이 도다이지에 도전하는 역사를 그렸다.

　물론 이것은 고대의 상징인 도다이지의 지배가 흔들려 가는 모습을 연구함으로써, 천황제 국가가 붕괴하는 '역사의 필연'을 그리고자 한 저작이었다. 학문적인 논문을 쓰는 데 주관적인 문제의식을 가지고 들어가는 것이 부적절하다는 점은 이시모다도 알았지만 "문제의식에 따른 충동 없이는, 적어도 전쟁 말기의 암막을 드리운 방 속에서 글을 쓸 만한 기력이 없었다"라고 말한다.[5]

　그러나 이 저작은 필연이라고 여겨지는 고대에서 중세로의 전환에 대한 묘사가 도무지 낙관적이지 않다는 점이 특징이었다. 구체제에 싸움을 걸었던 무사단은 모두 도다이지에 패배하고, 도다이지가 내부의 부패로 약체화된 시기에 싸웠던 구로다 아쿠토도 결국 진압되어 버린다. 이시모

다가 이 책의 말미에서 말하듯이 이것은 '차질蹉跌과 패배의 역사'로서 쓰였다.[6]

그러면 역사의 진보를 체현하는 측이었던 구로다 아쿠토는 왜 패배했는가. 이시모다는 그 원인을 아쿠토의 고립성에서 찾았다. 도다이지 지배의 말단을 맡은 지닌神人은, "유력자에게는 쩔쩔매면서, 백성에게는 맹악猛惡한 인간이며, 중세 사회에서 가장 부패한 인종이었다"라고 이시모다는 쓴다.[7] 아쿠토는 그 지닌들을 살상했지만 대부분은 목적 없는 테러나 복수에 불과했고 지방의 백성들을 약탈하기도 했다. 말하자면 아쿠토는 민중과 고립된 폭력 집단에 불과했다.

이시모다에 따르면 아쿠토들의 이런 윤리적 퇴폐는 그들이 백성들에게서 고립되었다는 점으로부터 발생했다. 왜냐하면 "아쿠토가 촌락민 전체의 생활을 대표하는 건전한 지방 무사地侍이고, 그런 입장에서 사가寺家와 대치한다면, 그것은 소규모일지라도 '주민과 협동한' 쓰치잇키土一揆적 형태를 취할 것이며, 어떤 도덕적 퇴폐의 경향도 발생할 리가 없기" 때문이었다.[8]

게다가 백성들의 의식도 역사의 진보에 역행했다. 당시 고대적인 장원 지배는 이미 해체되기 시작했고, 구로다노쇼의 인접 지역에서도 중세적인 무가武家 지배가 시작되었다. 그러나 백성들은 외부에서 무사단이 들어오는 것을 두려워하여 도다이지에게 지배를 강화해 달라고 탄원했다. 이시모다는 "외부적 세력에 대한 그런 공포 관념이야말로 외부 세계로부터 차단된 도다이지의 지배에 다년간 길들여진 구로다 백성들의 근본적 약점을 이루며, 그들이 스스로의 힘만으로는 결코 도다이지를 대신할 수 없었음을 보여 준다"라고 평한다.[9]

그러나 도다이지는 무력만이 아니라 종교로도 백성들의 마음을 지배했다. 아쿠토들조차도 "야쓰코寺奴의 피와 의식"에서 자유롭지 못했으며, 무력으로 진압되면 "뜻밖에 충실한 백성으로 재빨리 돌아갈 위험"을 안고 있었다고 한다.[10]

이렇게 해서 구로다노쇼는 내부의 힘으로는 중세를 향한 진보를 이룩할 수 없었다. 15세기가 되어도 구로다노쇼는 도다이지령이었다. 그리고 이시모다는 "고대 세계는 외부에서 정복당하지 않는 한, 존속할 수밖에 없었으리라"라고 말하며 "우리는 이제는 차질과 패배의 역사를 끝내지 않으면 안 된다. 집 밖에서는 중세가 이미 끝났고, 서국西国에는 서구의 상업 자본이 찾아왔다"라면서 책을 끝맺는다.[11]

이런 기술에서 이시모다가 전전의 공산주의 운동과 전시의 상황에 대해 어떤 생각을 품고 있었는지 엿보인다. 원래 이시모다는 1930년대 초에 일본노동조합전국협의회日本労働組合全国協議会(전협)에서 활동하다가 검거되어 실천 활동이 불가능해진 뒤에 역사 연구로 향한 경위가 있었다. 그는 『중세적 세계의 형성』에 대해 "우리가 인민으로부터 고립되었으며, 그 위에 인민 그 자체가 천황제에 사로잡혀 있다"라는 상황의 타파, "한마디로 말하면 천황제에 주박呪縛당한 일본 인민 다수와의 대결"이 주제였다고 회상한다.[12]

그리고 이시모다는 "그것은 동시에 자신과의 대결이기도 했다"라고 회상한다. 그는 항복을 선언하는 방송을 들었을 때, "이제 살았다는 해방감과 함께, 천황의 조칙詔勅이라는 형태로 종전을 맞이하지 않으면 안 된다는 울분"을 느끼고, "자신을 포함한 일본의 인민에 대한 안타까운 감정"을 어찌 할 길이 없었다고 말한다.[13]

제1차 세계 대전 시기의 러시아나 독일에서는 전시하의 혼란과 기아 속에서 혁명이 일어났고 그것으로 전쟁이 종결되었다. 이제까지 말해 왔듯이 지식인 중에는 일본에서도 그런 민중 봉기를 기대한 사람이 적지 않았다. 그러나 일본의 경우에는 이시모다의 예측대로, 내부의 힘으로는 천황제의 주박에서 도망칠 수 없었을 뿐만 아니라, 항복마저도 천황의 명령으로 결정되어 버렸다.

게다가 7장에서 인용했듯이 이시모다는 자기가 전시하에서 반전의 의지를 공표할 용기가 없었던 사실을 분하게 여겼다. 밀실 속에서 역사에 기대어 천황제에 대한 항의를 써 보아도, 거기에 정치적 효과가 전혀 없음은 분명했다.

특히 이시모다가 책임을 느낀 대상은 전쟁 중에 최전선에 세워진, 자기보다 젊은 세대였다. 패전 시에 30세 전후였던 이시모다나 마루야마의 세대는 사춘기에 마르크스주의 등과 접촉할 기회가 있었기 때문에 전쟁을 상대화해서 바라볼 수 있었다. 그에 비해서 패전 시에 대략 20세 이하였던 세대는 사회주의나 자유주의가 완전히 억압된 시기 이후에 철이 든 까닭에, 오로지 황국 사상만을 주입받으며 컸다. 따라서 30세 전후의 세대에는 전쟁에 대해 굴절된 마음을 가진 자가 많았던 데 비해, 20대 전반의 세대들은 전쟁에 어떤 의심도 갖지 않은 채 전장으로 향했고 가장 많은 전사자를 낳았다.

5장과 6장에서 말했듯이 전후 지식인의 중심이 된 30세가량의 세대는, 전쟁을 결정한 40대나 50대에 대해 반감과 피해자 의식을 품었다. 그러나 패전 후에 전장에서 돌아온 20세 전후의 세대는 전쟁의 악을 알면서도 침묵했던 30대에게도 강한 반감을 품었고 그들의 비겁과 기만을 비난했다. 아라 마사히토가 40대를 비판하면서 20대의 청년이 "아무 말 없이 우리를 전장으로 보낸 30대"를 비난하는 말을 인용했음은 6장에서 말한 대로다.

7장에서 인용했듯이 이시모다는 1951년에 "대담하게 이야기하고, 용감하게 나아가고, 일체의 이해를 잊어버리고, 옛 사람을 밀어제치고, 자기의 진심 어린 말을 발표해야 한다"라는 루쉰의 말을 인용하며 "우리들은 전쟁 중에, 젊은 사람들에게 책임을 갖고 이렇게 권할 만큼의 용기를 지니지 못했습니다"라고 말했다. 그는 젊은 사람들에 대해서 이런 회한을 품었다.

역시 7장에서 인용했듯이 이시모다는 전시 중을 회상하며 "전쟁에 관계가 없는 일거리는 당시 거의 없었습니다"라고 말했다. 전시기의 그는 후잔보冨山房나 일본출판회, 그리고 『아사히신문』 출판국 등에 근무했다.

이시모다 본인이 전쟁 협력의 글을 쓴 흔적은 없지만, 이 출판사들은 전쟁을 찬미하는 출판물을 간행했다. 그리고 이시모다는 그런 일거리로 "얼마간의 급료를 받으면서 생활했습니다"라고 말하며 젊은 사람들에 대한 회한을 이야기했다.

즉 이시모다의 출발점은 자기 자신과 일본의 인민에 대한 절망이었다. 이른바 전후 민주주의의 특징으로 낙관적인 휴머니즘이나 민중관이 거론되는 경우가 많다. 그러나 패전 직후의 지식인들은 전쟁을 체험함으로써, 실제로는 일본 민중에게 비관적인 감정을 지녔다. 이시모다도 "페시미즘pessimism을 꿰뚫지 못하는 옵티미즘optimism은, 나는 신뢰하기 어렵다"라고 말했다.[14]

그러나 7장에서 말했듯이 사회 전체의 조류를 무시하면 결국은 자기 자신도 지킬 수 없게 된다는 것이 당시 사람들이 전쟁에서 배운 최대의 교훈이었다. 그리고 전시의 밀실에서 역사를 쓰는 행위로 자기 개인의 양심은 지킬 수 있었더라도, 젊은 사람들에 대한 책임은 씻을 수 없었다. 1946년 3월 이시모다는 간신히 출판한 『중세적 세계의 형성』의 후기에서 "낡은 질서가 소리를 내며 붕괴하기 시작하고, 학문의 자유가 처음으로 이 나라에 열리려 하는 지금, 더 이상 우리의 학문은 단순히 퇴폐와 시류에 저항하여 자기 자신을 버티게 하는 소극적인 것이어서는 안 된다"라고 쓴다.[15]

이런 정치 지향은 동료와 선배가 차례로 체포되는 와중에 연구를 했던 전시기부터 이시모다 등의 안에서 자라났다. 이시모다의 맹우였던 도마 세이타는 1943년 『레키시가쿠켄큐』에서 "단순한 방관자로서의 관찰"이나 "아담한 구석이라도 좋으니 자신의 독립성을 인정받고자 하는 비굴한 의도가 스며든 유형학"을 비난하며 "위기에 직면한 우리 민족"의 상황에 대응하는 주체성의 확립을 요청한다.[16]

무엇보다 이시모다는 구로다 아쿠토가 민중으로부터 고립되었기 때문에 퇴폐와 패배의 길을 걸어간 역사를 그렸다. 그는 『중세적 세계의 형성』의 말미에서 "구로다 아쿠토는 결코 도다이지 때문에 패배한 것이 아니다", "구로다 아쿠토는 자기 자신에게 패배했다"라고 말한다. 즉 "지방 무사가 아쿠토이기를 그만두지 않고, 백성들이 스스로 사가寺家의 지배를 받는 토민이라고 생각하는 것을 그만두지 않는 한, 고대는 몇 번이고 부활한다."[17] 설령 외부의 정복으로 일본의 체제가 일시적으로 바뀐다 해도, 혁신 세력이 민중에게서 고립되어 있는 한, 천황제는 '몇 번이고 부활한다'라는 것이 이시모다의 생각이었다.

이렇게 해서 이시모다는 민중으로부터 고립된 상태를 벗어나 사회에 적극적으로 가담하는 학문으로서의 전후 역사학을 구상했다. 그리고 그런 지향은 이윽고 민족이라는 말로 표현되어 간다.

전후 역사학의 출발

패전 후 언론 통제와 황국 사관의 지배에서 해방된 사람들은 역사학에 뜨거운 관심을 쏟았다.

한 가지 예를 들면 1947년 가와고에川越민주주의연구회가 실시한 「고대 사회 전람회」의 성황이다. 당초 시립도서관에서 3일간 열릴 예정이었던 이 전람회는 시내와 인접 고장에서 관객이 모여들어 회기를 연장했을 뿐 아니라, 다른 지방으로의 이동 전시 요청이 쇄도하여 결국 10곳 이상을 순회했다고 한다.[18] 그때까지의 터부를 부수고 일본 역사를 자유롭게 이야기하는 연구와 만남으로써, 사람들은 단순히 지식을 얻은 것이 아니라 자유와 해방의 공기를 맛보았다.

1946년 1월에 전시 중 고립당했던 철학, 과학, 역사학 등의 마르크스주의계 지식인들이 모였고, 거기에 비非마르크스주의계 지식인들이 가담해 민주주의과학자협회가 창립되었다. 그 역사부회歷史部會의 기관지로 1946년 10월에『레키시효론』歷史評論이 창간된다. 전전 이래 이시모다 등이 거점으로 삼아온『레키시가쿠켄큐』도 1946년 6월호부터 재간되어 이

두 잡지가 전후 마르크스주의 역사학의 중핵이 되었다.

전후의 마르크스주의 역사학자가 계몽 활동 이외에 힘을 쏟은 실천 활동은 교과서 비판이었다. 1946년 10월에 마지막 국민학교 초등과(소학교)용 국정 국사 교과서가 된 『나라의 발걸음』이 발행되었다. 세계사의 견지見地 및 인민의 역사도 다룬 이 교과서는 교육 민주화의 상징으로 선전되었지만, 마르크스주의 역사학자들은 여기에 천황 숭배 교육의 잔재가 보인다든가 전쟁 책임에 대한 추궁이 없다든가 하는 점을 비판했다.

그러나 이 시기의 교과서 비판은 실증주의에 입각해 정치적 편향을 비판하는 것이 아니라 비정치적인 실증주의를 비판하는 형태였다. 1947년 초에 『나라의 발걸음』을 비판하는 좌담회에 참석한 마르크스주의 역사학자들은 "지금까지 역사 교육이 정책에 따라서 악용되었기 때문에, 이번의 역사 교과서가 정치로부터 벗어나야 한다는 것은 옳지 않다", "앞으로는 올바른 정치에 입각한 역사 교육을 행해야 한다" 등이라 주장했다.[19]

6장에서 보았듯이 문학에서는 정치적 중립을 가장한 예술 지상주의가 비판되었는데, 역사학에서는 실증주의가 그것에 해당했다. 중립을 가장한 실증주의는 최종적으로는 제국주의 측에 가담하는 부르주아 사상이라고 여겨졌다.

무엇보다도 당시에는 이런 실증주의나 중립에 대한 비판이 필요했던 것도 사실이다. 1946년 문부 대신이 된 아베 요시시게는 "만약 민주주의의 입장에서만 일본 역사를 다시 쓴다면, 역시 왜곡이 생길 것이다"라고 말했으며, 전쟁을 찬미했던 역사학자인 이타자와 다케오板沢武雄는 "우리는 예전부터 주로 실증을 해 왔으므로 이제 와서 바꾸어야 할 것은 아무것도 없다"라고 주장했다.[20] 이질적인 사상에 편향이라는 딱지를 붙이고 자기들은 중립이라고 주장하는 것은, 보수파의 상습적인 수단이었다.

본디 이런 중립은 정치의 형세를 방치하는 사이에 파시즘의 대두를 허용해 버린 전쟁 체험에 비추어 보아도 용인할 수 없었다. 1949년 발표된 민주주의과학자협회의 성명은 "나쁜 '정치'에 대해서도 '중립적'이라는 이런 태도, 이런 '비정치성'이 일본의 학계를 어떤 상태로 밀어 넣었는 가. 아직도 생생한 전쟁의 경험이, 우리에게 가르쳐 준다"라고 말했다.[21]

이렇게 강한 정치 지향 속에서 이노우에 기요시는 "역사라는 것은 아 동들에게 단지 과거의 지식을 가르치는 것뿐 아니라, 앞으로의 일본이 어 떻게 될 것인가라는 장래의 예측…… 을 가르치지 않으면 안 된다"라고 주장했고, 도야마 시게키는 "단순한 문화 교류나 국제 교류를 중심으로 한, 모두 사이좋게 지내자는 '세계사'"를 비판했다.[22] 그들이 지향한 것은 마르크스주의의 발전 단계론을 기반으로 삼아 일본과 세계가 나아가야 할 미래를 밝히는 역사였다.

이런 마르크스주의 역사학자들에게 역사란 메시지가 명확하고 아동 들에게 희망과 긍지를 주는 것이어야 했다. 이노우에 기요시가 특히 비판 한 점은 『나라의 발걸음』의 "애매하고 뭔가 흐리멍덩한 느낌, 정열이 없 음"이었다. 『나라의 발걸음』의 집필자 중 한 사람이었던 이에나가 사부 로家永三郎는 "문부성에 동조하여 전쟁 이전 역사관의 온존에 의식적으로 힘썼다는 식의 말은 맞지 않다. 비정치적인 실증주의의 입장에서 교과서 를 쓰면, 그렇게 될 수밖에 없었다"라고 후에 회상한다.[23]

특히 마르크스주의 역사학자들을 자극한 것은 『가이조』改造 1947년 2월호에 게재된 휴버트 헤셀 틸트먼Hubert Hessell Tiltman이라는 신문 기 자의 시평이었다. 틸트먼은 영국과 미국의 역사 교과서가 "영국이 상속받 은 긍지"나 "이것이 미국이다"라는 감정을 아동들에게 북돋워 주는 데 비 해, 『나라의 발걸음』의 기술은 "선조의 긍지도 없으며, 자손의 희망도 가 지지 못한" 것이라고 평했다.

이시모다는 후에 이 틸트먼의 평을 『레키시효론』에서 다루며 "일본 국민의 역사를 독자 분들과 함께 만들어서, 틸트먼 씨와 그 주인들로 하 여금 '이것이 일본이다'고 외치게 하자"라고 호소한다.[24] 물론 "일본 국민 이 역사를 만들어 낸다"라는 것은 일본에 혁명을 일으키자는 의미였다.

원래 전후의 마르크스주의 역사학은 민족에 긍정적이었다. 1946년

6월『레키시가쿠켄큐』복간 제1호에 게재된 연구회 강령은 "조국과 인민의 문화를 높이자"라고 주장했다. 또한 다음 호에 게재된 강령의 해설에서도 국가 지상주의나 편협한 민족주의를 비판하는 동시에 "민족적인 것전부가 부정되어야 할 것은 아니다"라는 점을 강조했다.[25]

이노우에 기요시의 회상에 따르면 이 강령은 이노우에와 이시모다가 중심이 되어 작성했다. 그리고 민족이나 조국을 긍정한 것은 "코즈모폴리터니즘이라고 곡해되는" 것을 피하기 위해서, 그리고 "소련의 앞잡이"라는 비난을 예방하기 위해서였다고 한다.[26] 코즈모폴리터니즘에 대한 비판은 당시 공산당 주변의 상식이었지만, 그것과 동시에 민중으로부터의 고립을 두려워한 조치였음을 엿볼 수 있다.

물론 여기서 말하는 민족은 민중의 동의어였다.『레키시가쿠켄큐』복간 제1호도 "소수 지배자를 위한 역사가 아니라, 민족 전체의, 즉 인민대중을 위한 역사의 교육"을 내세웠다.[27]

그리고 3장에서 말했듯이 패전 직후의 마르크스주의 역사학에서 민족은 근대 이후에 형성되었으며, 봉건제의 잔재인 천황제와 대립한다고 상정되어 있었다. 그리고 당시의 강경 좌파 마르크스주의 역사학의 평가에 따르면 일본은 근대화가 불충분한 후진국이었다. 거기서 민족은 과거의 전통이 아니라 미래를 향해 창조되어야 할 대상이었다.

그런 까닭에 패전 직후의 마르크스주의 역사학자들이 힘을 쏟은 일중 하나는 천황제와 일체가 된 과거 민족관의 비판이었다. 7장에서 말했듯이 이시모다는 1947년에 쓰다 소키치를 시민적 역사학이라 비판했는데, 그때 쓰다의 민족관이 문제가 되었다. 쓰다는 민족을 기기 신화記紀神話가 쓰인 시대부터 존재하는 문화 공동체로 간주하고, 그 문화적 상징으로서 천황을 옹호했다. 이시모다는 이런 쓰다에 대해 민족은 근세적 창조물이라는 올바른 의미의 민족 개념을 결여했다고 비판한 것이다.[28]

실은 역사학연구회는 마르크스주의자 이외에도 폭넓게 역사학자들을 규합하자는 지향에서, 1946년 1월의 재건 대회에서는 쓰다를 회장으로 추대하자고 결의했었다. 5장에서 말했듯이 쓰다는 전전의 기기 연구가 출판법 위반으로 탄압받은 경위가 있었으며, 전쟁에 저항한 자유주의 역사학자라는 평가를 받았다.

쓰다는 회장 취임을 거절했지만 『레키시가쿠켄큐』의 복간 제1호에 기고하며 협조의 자세를 보였다. 하지만 쓰다는 그 후 『세카이』 1946년 4월호에 천황을 옹호하는 논고를 발표했다. 그때 쓰다는 『세카이』 편집장인 요시노 겐자부로에게 마르크스주의 역사학에게 "장갑을 던졌다"라고 말했다 한다. 그리고 1946년 9월에는 마르크스주의 역사학을 "전쟁 중에 이른바 우익의 사람들이 일본의 역사에 대해 요란하게 말한 것과 똑같은 방식이며, 단지 그 사상의 방향이 반대일 뿐"이라고 비난했다.[29]

이런 쓰다에 대한 마르크스주의 역사학자들의 실망은 컸다. 이시모다는 이런 쓰다를 비판하면서 민족관의 오류가 쓰다를 천황 옹호로 내달리게 했다고 평한다.

이런 민족관은 민족 문화에도 적용되었다. 7장에서 말했듯이 1948년 8월에는 "민족 문화를 지켜라"라는 구호하에 행해진 도호 쟁의가 경찰과 점령군의 탄압을 받아, 민족 문화가 주목을 모았다. 그리고 이시모다는 1948년 11월 좌담회 「민족 문화의 문제」民族文化の問題에서 민족 문화란 과거의 전통에서 찾을 것이 아니라, "근로자 계급이 중심이 되어 새로운 문화를 창조해야" 하는 것이라고 주장한다. 그런 인식을 갖지 않고서는 "곧 호류지法隆寺, 만요슈万葉集, 다도, 노能가 된다"라고 말했다.[30]

당시 이시모다의 생각으로는 호류지나 노는 지배 계급의 문화이지 민중의 문화는 아니었다. 이시모다에 따르면 "봉건 시대의 조각조각을 통일시키는 것이 민족 문화"이며 지배자의 문화를 민족 문화로 칭할 수는 없었다.[31]

그것은 민중 문화에도 할 수 있는 말이었다. 신분제 아래서 노나 호류지가 지배 계급의 의식을 반영했듯, 하층민이 만든 민요는 비굴한 피지배자 의식을 반영하기 쉽다. 때문에 1948년 말에 열린 「우리 민족 문화의

특질」わが民族文化の特質이라는 좌담회에서 이시모다는 "종래의 민요라던가 전통적인 것, 그것은 장래의 문화가 될 수 없다"라고 말한다.[32]

이시모다와 좌담회에서 동석한 나카노 시게하루는 "민족이라고 말하는 경우, 일본인이라거나 무엇이라거나 하는 인종적인 문제에 기초가 있는 것이 아니라", "인구의 95퍼센트라는 것이 민족이다"라고 말하면서 지식인 대상의 순문학과 대중 대상의 대중 문학의 분단을 극복해 민족 문학을 창조할 것을 역설한다.[33] 여기서의 민족이란 계급의 분단을 극복하고 창출되는 새로운 통일을 말했다.

그리고 이시모다의 생각으로는 호류지나 노를 민족 문화로 여기는 것은 새로운 민족 문화의 창조를 방해했다. 그것들은 과거에 존재하는 것이지 미래를 창조하는 것이 아니며, 정부 및 지식인의 권위가 문화로 지정해서 민중에게 주어진 것이었다. 그는 앞의 좌담회에서 "문화는 남이 주는 것이 아니라 형성시키는 것이 본질적 조건이다"라고 주장한다.[34]

동시에 이시모다는 이 좌담회에서 서양 문화의 일방적 유입을 비판했다. 그러나 그것은 단순한 배외주의가 아니었다. 이시모다에 따르면 근대 일본의 서양 문화는 "문화인이나 지배자들이 외국 문화를 민중과는 관계없이 코즈모폴리턴적으로, 일종의 소수 특권 계급이 소유"한 것에 불과하고, "민중 쪽에 주어지기만 하는 문화"였다.[35] 수입된 서양 문화는 호류지나 노와 마찬가지로 특권적인 권위로부터 일방적으로 주어진 것이기 때문에 비판되었다.

이렇게 보면 당시의 이시모다가 주장한 민족 문화란 권위에의 종속을 거부하고 스스로의 주체성이 문화를 창조하는 것을 표현한 말이었다고 해도 될 것이다. 마루야마의 국민주의가 그러했듯이, 그것은 구래의 질서를 대신할 새로운 미래에의 소망을 의미했다.

그러나 그런 민족 문화를 어떻게 창조할지가 문제였다. 전시 중에 『중세적 세계의 형성』을 썼을 때부터, 이시모다는 어떻게 민중으로부터의 고립을 벗어날지를 과제로 삼아 왔다. 누구나 생각했던 하나의 방법은 민중에 대한 계몽 활동이었다.

7장에서 말했듯이 당시의 이시모다는 민주주의과학자협회의 사무국에서 지방의 계몽 강연에 지식인들을 파견하는 일을 했다. 그러나 이시모다에 따르면 그 대부분은 "인민과 유리된 지식인들이 이미 만들어진 지식, 학문, 사상을 외부로부터 혹은 위에서부터 인민에게 주입한다"라는 메이지기 이래의 계몽 활동의 연장이며 "강사는 인민에게서 아무것도 배워 오지 않는" 것이었다.[36] "남으로부터 주어지는 것이 아니라 형성한다는 것"이 민족 문화의 요건이라면 이런 방법은 가장 비판받아 마땅했다.

그것은 역사관에 대해서도 마찬가지였다. 이시모다에 따르면 "민주주의적인 역사가 중앙으로부터 강습회 및 저서 등으로 교사에게 주어지고, 또한 그것이 입을 통해 아이들에게 전해지는 방법으로는, 내용이 전전의 역사와 다르다고 해도", "교사의 입장에서는 역사가 위로부터 주어진다는 점은 변함이 없다"라는 것이었다.[37]

실은 같은 문제를 마루야마도 지적한 적이 있었다. 그는 1950년 좌담회에서 전후 교육의 양상을 비판하며 "데모크라시가 교과서입니다. 파시즘의 책을 교과서로 삼아서 그 녀석을 비판해 가는 것이 아닙니다. 이래서는 파시즘이 극복되지 않습니다"라고 말했다.[38]

이런 문제에 대한 해답의 하나로서, 이시모다는 1948년 『레키시효론』에 「촌락의 역사·공장의 역사」村の歷史·工場の歷史라는 제목의 논고를 발표한다. 이 논고는 후에 베스트셀러가 된 『역사와 민족의 발견』에 수록되어 1950년대의 국민적 역사학 운동에서 성경과 같은 존재가 된다.

이 논고의 핵심 주제는 역사가 항상 정부나 지식인 등의 권위로부터 주어지는 "낡고 비굴한 전통을 부수기" 위해, 민중 스스로가 "자유로운 창의와 홍미"에 따라 역사를 쓰도록 제안하는 것이었다.[39] 구체적으로는 이시모다가 노동 학교의 강사로서 교류했던 이케가이池貝 철공장의 노동자가 그 공장 노동조합의 역사를 쓰고 싶다는 희망을 이야기하는 글이 소개되었다.

패전 직후의 이 시기에는 각지에서 노동 쟁의가 벌어졌는데, 그때 문제가 된 것 중 하나가 노동 운동의 역사에 관한 지식 부족이었다. 1930년대 이후 사회주의 노동 운동은 철저하게 탄압받았기 때문에 젊은 노동자 중에는 쟁의의 노하우를 아는 사람이 적었다. 이케가이 철공장에도 경영진 측이 만든 사사社史가 있을 뿐, 노동자가 어떤 방법으로 조직을 만들고 싸워 왔는지의 역사는, 얼마 남지 않은 베테랑 노동자의 구전에서 찾을 수밖에 없었다. 이렇게 더듬더듬 쟁의가 벌어지는 가운데 "조합의 역사를 만들자"라는 제안이 자연스레 일어났다.

그것은 노동자가 쟁의 속에서 성장하고 연대하고 새로운 사회를 창조해 가는 과정을 기록하는 작업이기도 했다. 이시모다는 「촌락의 역사·공장의 역사」에서 이케가이 철공장의 노동자가 쓴 다음의 글을 인용한다.[40]

[역사를 쓰자고] 제안한 동지의 의견은, 최근 다른 공장의 세포 회의에 나가 보면 자기들이 1년도 반년도 더 전에 토론한 내용을 이야기한다는 것이었다. 역시 우리 세포의 경험을 정리해 두면 다른 세포의 성장에 얼마나 도움이 될지 모르는 일이다. …… 그러나 그것뿐만이 아니다. 우리에게 세포는 노동자의 해방을 위한 정치 조직일 뿐만 아니라 모두가 고생하며 만들어 낸 하나의 새로운 '사회'이며, 지금까지는 예상조차 할 수 없었던 새로운 생활체다. 같은 공장에 있으면서 이야기를 나눈 적도 없는 노동자들이 하나의 의지로 관통되어 엮였을 뿐 아니라, 서로 돕고, 싸우고, 서로 권유하여 기차에 올라 식량을 사러 가고, 연애나 결혼 문제까지 생각해 준다. …… 처음의 그 보잘것없던 그룹이 공장의 다양한 노동자를 대표하는 조직이 되었고, 이전에는 저 녀석이 무슨, 이라고 생각했던 사람이나 도박과 영화밖에 흥미가 없던 노동자들이 급속히 성장해 갔다. 세포가 커지면 노동자의 축소도縮小圖가 된다. 생각하는 방식과 느끼는 방식의 차이, 연령이나 생활 환경의 차이에서 오는 개성과 재능의 다양함, 좋은 면도 나쁜 면도 여기서는 모두 속속들이 드러내고, 서로 보완해 가지 않으

면 안 된다. 태어나서 처음으로 공부하는 기쁨을 알게 된 것도, 무력하고 가난한 노동자의 권위를 느낀 것도 이 생활에서였다. 세포의 역사를 쓰기로 결의했을 때, 모두들 이 새로운 생활과 사회의 역사에 대해서, 한 사람 한 사람의 변화와 성장에 대해서 쓰자고 생각했다.

이런 상황은 이시모다가 생각하는 민족 문화의 이상적인 형태였다. 그리고 그가 이 「촌락의 역사·공장의 역사」를 쓴 때는 7장에서 말한 오쓰카 히사오와의 논쟁 직후였다. 앞에서 말했듯이 오쓰카는 일본 사회가 근대화되지 않는 한 노동자가 자력으로 각성하는 것은 불가능하다고 주장했다. 이시모다에게 이케가이 철공장의 사례는 오쓰카에 대한 유력한 반증이기도 했다.

동시에 그것은 새로운 역사학이 지향해야 할 미래상에 대한 단서이기도 했다. 기존의 역사학이 대학이라는 상아탑에 틀어박혀, 민중으로부터 고립되고, 권위에 취해서 창조를 잊은 아카데미즘으로 추락해 버린 상황을 타파할 단서가 거기에 있을 터였다. 이시모다는 이 「촌락의 역사·공장의 역사」에서 민중 스스로가 창조한 역사를 소개하면서 "강단 역사학의 좁음, 미천함은 이런 역사가 전국에서 나타나게 될 때 유감없이 폭로될 것이다"라고 주장한다.[41]

물론 글을 쓰지 못하는 노동자가 역사를 쓰기란 "실제로는 곤란한 작업일 것"이다. 거기서 "역사의 전문가가 그 일을 돕는" 것이 필요하다. 그때 역사학자의 역할은 "높은 곳에서 민중에게 요청하지 않고, 겸손하게 함께 작업을 하는 그런 전문가"가 되는 것이다. 그 속에서 전문가도 인민으로부터 자기 학문의 좁음을 깨달으며, 함께 공부하고 성장해 갈 수 있을 것이었다.

동시에 이시모다에게 이런 과정에 참가하는 것은 윤리감이나 책임의식으로 감내해야 할 고행이 아니라 일종의 쾌락이었다. 이시모다가 소개한 이케가이 철공장 노동자의 글은 "모두가 애정을 가지고 키워 낸 역사"

를 쓰는 작업은 즐겁다고 말하면서, "세포는 그 역사를 쓰기 전에, 그 역사를 훌륭하게 만들기 위한 몇 가지 시련을 견디지 않으면 안 된다고 생각한다. 역사를 쓰기와 역사를 만들기가 이렇게 재미있게 결합되는 조직이 또 있을까"라고 썼다.

그것은 자신의 성장과 타자의 연대를 확인해 가는 작업이며, 역사를 형해形骸로 쓰지 않고, 실천으로 역사를 만드는 작업이었다. 이시모다는 이것을 이어받아 「촌락의 역사·공장의 역사」에서 "역사를 쓰는 것은 즐거운 일이다"라고 강조했다.

그것은 말하자면 정치와 연구 사이의 이원적 대립을 지양하는 사상이었다. 6장에서 말했듯이 아라 마사히토 등 『긴다이분가쿠』의 동인들은 자기 자신의 전쟁 책임을 파고드는 과정에서 정치와 문학의 이원적 대립을 넘어설 길을 모색했다. 반대로 이시모다는 민중 속으로 들어가는 정치에 참가해서 자기의 연구를 발전시킬 것을 주장했다. 이런 역사학의 창조는 후에 국민적 역사학이라 불리며, 역사학의 혁명이라는 구호와 결합해서 많은 학생들을 매료시킨다.

이시모다에게 이런 역사학의 혁명은 그의 전쟁 체험에서 생긴 지향이기도 했다. 그것은 지식인이 민중으로부터의 고립을 벗어나는 방법인 동시에, 그가 회한을 품었던 젊은 사람들에 대한 책임을 다하는 행위이기도 했기 때문이다. 다소 시간이 지난 후이지만 1951년 10월에 그는 이렇게 말한다.[42]

이런 학문의 전환 없이는, 학문은 대중으로부터는 말할 것도 없고, 학문에 신뢰를 가졌던 훌륭한 젊은이들로부터도 버려질 것입니다. 이 사람들은 학자의 지위를 얻기 위해 학문을 하는 것이 아니고, 입신출세의 수단으로서도 아니며, 또한 [자신의 일상과 관계없는] 영원한 진리를 탐구하기 위해서도 아닙니다. 이들은 새롭고 올바른 삶의 방법을 공부하며, 조국의 현실을 어떻게 할 것인가라는 절실한 문제와 결합시켜서 학문을 생각합니다. 만약 우리가 앞으로 일본의 학문을 짊어질 이 젊은이들에게 학문이 조금은 도움이 된다는 것, 또 도움이 됨으로써 발전한다는 것을 보일 수 없다면, 이 사람들이 학문을 버려 버린다 해도, 어찌 그들에게 비난 같은 것을 할 수 있겠습니까.

이어서 이시모다는 "나는 학문을 좋아합니다. 학문이 품은 가능성을 신뢰합니다"라고 말하며 "민족과 조국에 대한 애착, 자신과 긍지를 획득하기" 위한 역사학의 창조를 역설한다.[43]

당시의 대학생과 대학원생은 대부분 전장에서 돌아온 학도병 혹은 노동 동원을 경험한 황국 소년 출신이었다. 그들 중 다수는 자신을 전장으로 내보내고 많은 친구들을 전사시킨 장년의 교사와 지식인들에게 불신을 품고 있었다. 혹은 패전 후의 기아와 빈곤한 현실에 대해 아무런 시사도 주지 못하는 영원의 진리를 이야기하는 아카데미즘에 불만을 느꼈다. 병영에서 린치를 당했을 때, 칸트나 헤겔의 사상이 아무런 도움이 되지 않았던 경험을 학도병들은 공유했다.

예를 들어 국사학과의 학생 신분으로 학도 출진한 뒤 귀환해서, 메이지 사상사를 주제로 한 졸업 논문에 「주체성의 연구」라고 부제를 붙여 1947년에 제출한 이로카와 다이키치色川大吉는 당시를 이렇게 회상한다. "대학 재적 중에 패전을 접하고, 일본사학의 허무함을 온몸에 스미도록 느꼈다. 살아남아서 돌아온 우리들은 거의 허무에 가까운 감정으로, 상처 투성이의, 무참한, 말라비틀어진 이 학문을 다루며, 자기를 맡길 사업으로 삼아야 할지 몹시 고뇌했다."[44] 역사학의 변혁은 이런 젊은 사람들의 신뢰를 회복하고 자기 자신의 회한을 씻기 위해서도 이시모다에게 필요한 작업이었다.

그러나 이런 이시모다의 제언에는 당초부터 몇 가지 문제점이 있었다. 그것은 후술하듯이 국민적 역사학 운동 자체의 약점과도 직결되었다.

앞에서 말했듯이 이시모다가 이런 제언을 행한 1948년 논고의 제목은 「촌락의 역사·공장의 역사」였다. 공장의 역사에 대해서는 이케가이 철공장의 사례를 말했지만 촌락의 역사에 대해서는 어느 '역사 이야기'歷史物語가 소개되었다.

이 역사 이야기는 사회주의 운동을 했던 이시모다의 남동생이 기소木曽 지방(현 나가노현長野県의 일부-옮긴이)으로 농촌 조사를 떠나며 아이들에게 줄 이야기 선물로 준비했던 것이다. 에도 시대의 산촌에서 영주殿様가 독점했던 산의 나무를, 촌락 사람들이 생활에 꼭 필요했던 까닭에 베어 냈고, 히라지로平次郎라는 농부 백성이 해명해서 그 한 사람만 희생되어, 그 덕을 칭송해 히라지로 지장平次郎地蔵이 세워졌다는 내용이다.

「촌락의 역사·공장의 역사」에서는 이런 민화풍의 이야기를 소개하며 농촌에서도 이런 민화를 발굴할 것을 권장했다. 그러나 현대의 조합 활동사를 쓰고자 하는 이케가이 철공장의 사례에 비해 에도 시대의 영주와 농부 백성이 등장하는 역사 이야기는 약간 도식적인 전형을 생각나게 하는 것이었다.

「촌락의 역사·공장의 역사」가 이렇게 균형이 맞지 않는 구성이 된 데는 나름의 이유가 있었다. 이시모다는 전쟁 전부터 도쿄의 서민가에서 노동 운동에 전념한 까닭에 노동자 중에는 지인이 많았다. 그러나 후에 국민적 역사학 운동이 종언하고 그가 자기비판에서 말한 것처럼 "내가 쓴 글이 폭로하듯이, 나는 농촌을 잘 모른다"라는 상태였다.[45]

이시모다가 촌락의 역사와 공장의 역사의 쌍방을 논한 것은 노농勞農 연대를 주장한 공산당의 노선을 따른 까닭이었으리라. 그러나 공장은 제쳐두더라도 그가 잘 몰랐던 촌락 쪽은 대부분 얄팍하게 기술되어 버렸다. 농촌에 대한 이런 이해 부족은, 후에 국민적 역사학 운동에서 큰 문제를 드러낸다.

또 하나의 문제는 민족을 보는 방식이었다. 앞에서 말했듯이 당시의 이시모다에게 민족이나 민족 문화는 과거의 전통이 아니라 미래를 향해 창조되는 것이었다.

그러나 이런 민족관이 마르크스주의 역사학자들 사이에서조차 충분히 정착되었는지는 의문이었다. 물론 공식적으로 그들은 민족이 근대의 산물 이라는 견해를 취했다. 그러나 앞에서 본『나라의 발걸음』을 비판하는 좌 담회에서 하니 고로는 "사카이의 자유 도시에 대해 언급하지 않은 책은, 국민적 긍지를 갖지 않은 사람이 썼다고 생각할 수밖에 없다"고 말했으며 도마 세이타도 "겐무 중흥建武中興(고다이고 천황後醍醐天皇의 복고 정치-옮긴 이)을 성공하지 못하게 한 것은 민족의 명예입니다"라고 주장한다.[46]

물론 여기서는 혁명 및 자치의 역사가 강조되었다. 그러나 이런 민족 의 명예나 국민적 긍지가 민족은 근대의 산물이라는 견해와 어떻게 정합 될 수 있는지는 불명확했다. 역사상의 혁명과 자치를 상찬하는 행위는 혈 족적인 민족관으로 되돌아가기 쉬운 위험성을 지녔다.

1949년 중세사가 스즈키 료이치鈴木良一는 민족을 내세운 이시모다나 도마 등의 동향을 비판하면서 "대개 의도와는 반대로 민족전선에 대해 잘 못된 생각을 불러일으킬 것이라 생각하지 않을 수 없다"라고 경고한다.[47] 그리고 이런 의구심은 그 후의 정세 변화 속에서 차츰 현실이 되어간다.

계몽에서 민족으로

1950년 6월에 발발한 한국 전쟁은 일본의 정치적 상황을 크게 변화시켰 다. 1950년 1월의 코민포름 비판 이래 공산당은 분열되어 있었는데, 소 감파가 장악한 임시 지하 지도부는 미 제국주의에 맞선 민족 독립 투쟁을 주장했다.

이 시기에 공산당의 민족관에 큰 변화가 일어났다. 민족이 근대의 산물 이라는 견해가 수정되었다. 이 전환은 한국 전쟁 발발 직후인 1950년 8월, 공산당 기관지『젠에이』에 스탈린의 언어학 논문이 번역 게재된 데서 시 작된다. 이 논문은 소련공산당 기관지『프라우다』Pravda가 1950년 6월 20일에 갓 발표한 것이었다.[48]

실은 그때까지 마르크스주의자들이 민족을 근대의 산물이라고 강조한 배경에는 스탈린의 1913년 논문인 「마르크스주의와 민족 문제」 *Marksizm i natsional'nyy vopros*가 있었다. 거기서는 마르크스주의의 발전 단계론을 따라 근대 자본주의의 발달로 시장·언어·문화 등의 공통성이 생긴 뒤에 민족이 형성된다는 견해를 취했다.

그러나 1950년에 『젠에이』가 게재한 스탈린의 새 논문에서는, 역점을 두는 방식이 바뀌었다. 거기서는 근대적인 민족(러시아어로 나치아natsiya, 영어의 nation에 해당)은 자본주의 이후에 형성되지만, 그 기반으로서 근대 이전의 민족체(러시아어로 나로드노스티narodnost', 영어의 folk 내지 독일어의 Volk에 해당)가 중시되어야 한다고 말했다.

이 논문의 게재는 단순히 학술적 의미에 그치지 않았다. 이미 코민포름은 미 제국주의와 싸우는 민족 독립 투쟁을 강화하도록 일본공산당에 요구했고 공산당 지하 지도부는 1950년 3월의 「민주민족전선 강령」民主民族戰線綱領에서 "민족적, 인민적 예술 문화의 보존과 발전"을 내세웠다.[49] 이 상황 속에서 스탈린의 논문이 게재된 것은, 민족전선에서 내세워야 할 민족 문화에 근대 이전을 포함해야 한다는 전환을 뜻했다.

그리고 이시모다도 이런 전환에 동조했다. 1950년 9월 30일 도쿄대학에서 열린 민주주의과학자협회의 심포지엄에서, 이시모다는 스탈린의 민족론을 보고하며 민족관의 전환을 주장했다.[50]

이런 이시모다의 자세가 공산당 소감파의 지도에 따른 것이었음은 의심할 여지가 없다. 이것도 7장에서 말했듯이 그는 전시 중의 스스로에 대한 회한을 이야기하는 한편, 옥중에서 싸운 소수의 혁명가를 상찬하며, 도쿠다 규이치를 비롯한 비전향 간부에게 열등감을 가졌다.

그러나 이시모다의 전향에는 그 나름의 내발적 이유가 있었다. 그것은 이 시기 많은 지식인들에게 작용한 민중 지향과 아시아 재평가의 영향이었다.

실은 1950년 이전 이시모다의 민족 문화관은 일종의 농민 멸시를 포함하여 성립되었다. 앞에서 말했듯이 그는 1948년 좌담회에서 "종래의 민요라던가 전통적인 것"을 비판했다. 그리고 동시에 그는 "농민 속에 그런 문화를 내버려 두면 촌 연극이라든가 그런 것밖에 나오지 않는다", "예를 들면 코러스를 농촌에 데려가도 다들 도망가 버리고 나오지 않습니다"라고 농민을 비판하며 "프롤레타리아트의 지도성을 전면에 내세우지 않으면" 안 된다고 말한다.[51]

물론 이것은 이시모다가 교류했던 도시 노동자가 전위가 되어 농민을 지도해야 한다는 주장이었다. 당시의 도시 지식인이 품었던 농촌에 대한 반감과 멸시를 이시모다도 공유했으며, 그 토양 위에서 "민요라던가 전통적인 것"에 대한 비판이 성립했다.

이런 농민 멸시는 이시모다의 출신과도 관계가 있다. 그는 농촌 그 자체는 몰랐지만 미야기현宮城県의 이시마키石巻에서 자랐고, 도쿄로 나온 것은 대학생이 된 이후였으며 도호쿠東北 지방 출신이라는 데 강한 열등감을 가졌다. 1952년 그는 도호쿠가 "가장 낡은 형태의 봉건제가 지배하는 후진적인 변경", "반동과 반혁명의 거점"이었다고 표현하며 "나는 어깨가 몹시도 움츠러드는 느낌으로 '자유와 혁명이 태어난 땅'이라는 예의 숫자풀이 노래数え歌(숫자 세기를 제재로 한 민요의 일종이며, 여기서는 민권운동의 메시지가 담긴, 도사土佐 지역 고치고등학교高知高等学校의 숫자풀이 노래豪気節를 지칭-옮긴이)를 크게 부르는 도사(현재의 고치현-옮긴이) 출신의 학우를 부러워하지 않을 수 없었습니다"라고 말한다.[52] 그가 식민지적인 서양 문화 수입을 비판하면서 동시에 서양 망명에 대한 동경을 말했던 사실은 7장에서 보았다.

1950년 이시모다의 민족관 변경은 이런 스스로에 대한 자기비판이 기도했다. 그는 스탈린의 새 논문을 소개하면서 대독對獨 레지스탕스 운동에 종사했던 프랑스 시인 루이 아라공Louis Aragon이 민족의 중세 서사시와 전설을 대중의 힘으로서 시로 읊은 점, 그리고 막심 고리키Maksim Gor'kii가 러시아의 민화와 민요, 신화와 영웅 전설 등을 재평가했던 점을 들었다. 그리고 그들을 "근대주의자가 후진성과 전근대성을 발견한 곳에서, 오히려 문화와 문학의 귀중한 것, 오래되고도 또한 새로운 것을 찾아냈습니다"라고 상찬하며 "우리들은 이런 인식과 정열을 가지고 신화나 민화나 민요를 배우려 하고 있습니까"라고 말한다.[53]

이시모다는 스탈린의 논문을 소개하면서 "대중이야말로 민족"이며 "단계와 단계, 시대와 시대를 하나의 사슬로 이어가는 기반"이라고 강조했다. 그렇게 생각하면 근대 이전에 민족은 존재하지 않았다는 기계적인 재단은 대중의 존재를 무시한 견해이며 극복해야 할 근대주의와 다름없다. 스탈린이 민족관의 전환을 말하는 논문에서 비판한 것은 이런 사고양식이며, "우리를 향해 스탈린이 '실은 너희들 이야기다'라고 이야기하는 것처럼 들립니다"라고 이시모다는 말한다.[54]

원래 이시모다는 『중세적 세계의 형성』에서 민중에 대한 절망을 이야기하면서도 민중으로부터 고립된 아쿠토를 비판하는 모순된 자세를 보였다. 그리고 한편으로는 농민의 민요를 비판하면서 「촌락의 역사·공장의 역사」에서는 민화조의 '역사 이야기'를 상찬했다. 이런 민중에의 양가적 태도가 공산당의 방침 전환을 계기로 민중 찬미의 방향에 쏠렸다.

그리고 민중 지향과 함께 이시모다가 전환한 배경이 된 것은 아시아의 재평가였다. 중국 혁명의 성공 이래로 아시아의 식민지 독립운동에 대한 주목이 높아졌다. 그러나 근대화 이전에는 민족이 존재하지 않는다고 간주하면, 자본주의가 발달하지 않은 지역에서는 민족 독립도 있을 수 없다는 견해가 나오기 쉬웠다.

그리고 이시모다에 따르면 스탈린이 민족관의 변경을 주장한 논문을 공표한 것은, 아시아나 아프리카에 민족 독립운동이 대두하는 상황을 고려했기 때문이었다. 원래 스탈린이 1913년 논문에서 민족이 근대의 산물임을 강조한 목적은 제1차 세계 대전을 눈앞에 둔 유럽에서 민족 간 대립과 증오가 선동되는 상황을 비판하기 위해서였다. 그러나 현재의 주요한 민족 문제는 선진 지역 내의 '부르주아 민족주의' 간 대립에서, 제국주의와 민족 해방 투쟁의 대립으로 이행했다는 것이다.

5장에서 보았듯이 나쁜 '부르주아 민족주의'와 프롤레타리아트의 '진정한 애국'을 구별하는 것은 종래부터 공산당의 방침이었다. 이시모다에 따르면 민족의 이름으로 국내의 계급 대립이 은폐되거나 민족 간 증오가 선동되는 현상은 자본주의하 부르주아 민족주의의 악폐이며, 혁명 덕분에 사회주의 민족의 단계로 나아간 소련에서는 이런 현상은 극복되었다. 게다가 소련이 영역 내 후진 지역의 농민을 조직해서 혁명을 수행한 사실은 "일단 부르주아적 민족까지 성장해, 거기서부터 사회주의 민족으로 나아간다는 단계를 반드시 거칠 필요가 없다는 점"을 보여 준다는 것이다.[55]

그러나 이런 이시모다의 전환의 배경이 된 것은 소련이나 중국의 자극만이 아니었다. 실은 이시모다는 전쟁 전부터 노동 운동에 참가하면서 조선인의 민족주의와 접촉한 경험이 있었다.

이시모다가 전전에 활동했던 곳은 도쿄의 서민적인 노동자 거리였던 후카가와深川였다. 그곳은 다수의 조선인과 오키나와인 노동자가 살았고, 전전에 유일한 조선인 중의원衆議院 의원(1932, 1937년 중의원 선거에서 당선된 박춘금朴春琴을 지칭─옮긴이)이 당선된 지역이기도 했다. 이시모다는 거기서 조선인 노동 운동가들과 만났다.

이시모다의 회상에 따르면 이 교류로 그는 "지배 민족으로서의 일본인이라는 사실이, 자기의 인식을 얼마나 왜곡시켰는지를 알게 되었고, 조선인의 입장과 눈으로 일본과 자기 자신을 되돌아볼 필요를 느끼게 되었다"라고 한다. 그 점은 "일본을 밖에서 보는 습련習練이라면, 서구와의 대비밖에 몰랐던 나에게는, 하나의 진보였다"라고 이시모다는 말한다.[56]

그리고 조선인들과의 이런 접촉이 이시모다의 경우에는 일본인으로서의 민족의식을 강화하는 방향으로 작동했다. 우선 그는 "일본인 전체가 압박·착취하고 있는 조선인들의 눈"을 의식하게 되었고, 자기가 "일본 민족으로 태어난 점"을 의식하게 되었다. 그리고 일본인과 조선인의 그런

관계를 다시 생각하기 위해 "민족 문제에 대해 마르크스나 레닌의 문헌을 읽었다"라고 한다.[57]

물론 그 경우의 일본인 의식은 일본의 현상을 긍정하는 것이 아니었다. 1948년 이시모다는 「단단한 얼음을 부수는 것」堅氷をわるもの이라는 제목의 논고에서 조선인과의 교류를 되돌아보며 "그 비참한 생활과, 마찬가지로 가난한 일본의 민중에게서조차 혹박酷薄한 처사를 받아 괴로워함을 보면, 역시 나는 조선 민족으로 태어나지 않아서 다행이라 생각하는 기분이 우선 들었지만, 그러나 그와 친해질수록, 오히려 일본 민족으로 태어난 것을 불행하게 생각하는 기분이 점점 자기 속에서 성장해 갔다"라고 말한다.[58]

그는 나아가 이 논고에서 전후의 일본 지식인을 이렇게 비판한다.[59]

전쟁에 비판적이었던 사람, 협력하지 않은 사람은 많았다. 그것은 전쟁이 생활과 자유를 파괴했기 때문이다. 그러나 일본인의 생활과 자유에 직접 관계가 없는 사정으로 보였던 조선 민족에 대한 압박을 자기 자신의 문제로 다룬 사람은 의외로 적다고 생각한다. …… 이 문제에 신경을 썼던 사람도, 패전으로 조선이 일본으로부터 떨어져 나갔다, 이걸로 시원해졌다는 정도로 생각하는 사람이 많지 않을까. 일본은 식민지 지배를 그만두었다, 일본인은 자유로운 세계 시민이 될 수 있으며, 되지 않으면 안 된다고 많은 사람들이 생각하고, 한달음에 그 눈을 미국과 유럽에 못 박고 있다. 그러나 이 문제는 고상한, 육체가 없는 세계 시민들이 잊어버리는 것처럼 단순하지는 않다고 생각한다.

이런 비판은 근거가 없는 것은 아니었다. 예를 들어 난바라 시게루는 1946년 4월 29일 천장절天長節(천황의 생일을 기념하는 경축일-옮긴이) 강연에서 전후의 상태를 "외지의 이민족이 떠나고 순수한 일본으로 돌아왔다"라고 표현하며, 인간 천황을 상징으로 하는 민족 공동체의 재건을 주창했다. 마루야마 마사오도 1947년에 구가 가쓰난이 주재했던 메이지기의 신문 『닛폰』日本에 게재된 지도를 다루며 "그 지도에는 혼슈本州, 시코쿠四国, 규슈九州, 홋카이도北海道가 실렸을 뿐이다. 일본은 지금 딱 이 시대에서부터 다시 나아가려 한다"라고 말한다.[60] 그리고 마루야마나 난바라는 일본의 민주화와 평화 문제는 열심히 논했지만 자이니치 조선인에 대해서는 거의 발언하지 않았다.

이시모다는 이렇게 '세계 시민'을 비판한 뒤, 그가 교제했던 조선인에게 들은 어린 시절의 추억을 다음과 같이 열거한다. 어린 시절에 3.1 독립운동을 접했던 것. 일본 측이 마련한 학교가 아니라 조선의 민간 학교인 서당에 다녔던 것. 거기서 노인들이 도요토미 히데요시豊臣秀吉의 침공을 격퇴한 이순신李舜臣 장군이나 고향을 지키기 위해 일어선 농민 의병 등, '민족 영웅의 전설'을 가르쳐 준 것. 그리고 조선의 아이들은 이런 민화를 듣고 "민족의 능력에 대해서 자신自信"을 키웠다고 한 것이다.[61]

그러나 이시모다는 이런 조선의 민화를 들으며 "일본의 민중은 이런…… 이야기를 가지고 있을까"라고 자문할 수밖에 없었다. 물론 조선 민요 중에는 "일본 도호쿠의 민요처럼 자포자기하고 어둡고 무기력한 것"도 존재하지만, 그가 들었던 조선 민화나 민요의 많은 부분은 "민족의 장래를 개척하기 위한 전통"이 되어 있다고 느꼈다.[62]

그리고 이런 조선인들의 '민족 영웅의 전설'을 근대 이전에는 민족이 존재하지 않았다는 논법으로 부정해도 될지에 대해서, 이시모다의 회답은 명확했다. 그가 민족관을 변경하여 민화나 신화의 재평가로 향한 배경은, 이런 조선 민족주의에 대한 공명과 일본인으로서의 책임의식이었다.

조선 민족주의에 대한 공감은 나아가 국가 부정론에 대한 비판으로도 이어졌다. 이시모다는 1952년 논고에서 전전의 무정부주의자인 고토쿠 슈스이가 조선에 대해서도 국가 관념의 부정을 설파한 사실을 비판하면서 "피압박 민족은 외국의 제국주의적 지배자로부터 권력을 빼앗아 자신의 독립된 주권을 확립하는 것, 즉 '민족 국가'를 형성하지 않고서는, 민

족의 해방이 없을 뿐만 아니라 국내의 진보와 혁명도 있을 수 없다"라고 주장했다.[63]

또한 아시아와의 관계는 이시모다의 지론인 민중으로부터의 고립이 지식인의 퇴폐를 낳는다는 견해와도 연동되었다. 이시모다는 1951년에는 "다이쇼 시대의 지식인이 일면 자유주의적이었지만 메이지 시대의 인간과 비교해서 단단한 뼈를 잃어버렸다고 생각되는 것은, 다이쇼 시대가 일본의 제국주의가 확립되어 그것의 부식 작용이 심각해진 시대라는 점과 관련이 있다"라고 말한다.[64]

이시모다에 따르면 메이지의 지식인은 구미의 식민지화로부터 일본의 독립을 지킨다는 과제에 몰두하며, 정치에 대한 참가 의식과 건전한 내셔널리즘을 지녔다. 그에 비해 다이쇼의 지식인은 대일본 제국의 안정과 번영에 안주해서 정치로부터 도피하고 서양 문화의 수입에 심취했다. 그렇게 해서 "국민이라는 토양에 뿌리를 내리지 못하고 거기서 격리되어, 오히려 서구 제국주의 문화와 직접 이어진 이 지식인과 소시민의 소세계"가 태어났으며 그 기본적인 성격은 "서구에는 추종, 동양에는 오만"이 되었다. 그런 까닭에 "존경스러운 업적을 남긴, 자유롭고 진보적인 사상을 가진 학자나 교양인도, 특히 현재의 조선·중국 문제에 대해서는 몰라볼 정도로 저열한 생각을 가지며, 늘상 국가의 침략 정책을 옹호했습니다"라고 말한다.[65]

그러나 패전으로 미 제국주의에 점령되어 식민지화의 위기에 처한 현재의 일본은 "제국주의적 지배 민족에서 종속국 혹은 피압박 민족으로 전화轉化했다." 그것은 이시모다에게 일본인이 민족 해방 투쟁을 벌임으로써 조선인과 중국인의 동지가 될 수 있는 기회였다. 또한 일본이 제국주의에 발을 들이기 이전 시대인 메이지로 회귀하여 민족으로서의 재생을 이루어, 이상적인 학문을 창조할 호기였다. 이시모다는 이런 인식을 기반으로 삼아 "학문을 하는 목적을 제국주의로부터 일본 민족의 해방이라는 한 점으로 명확하게 집중할 수 있으며, 또 하지 않으면 안 된다"라고 주장

했다.[66]

7장에서 소개했듯이 조선 민족주의의 자극으로 일본 민족주의에 눈을 뜬다는 현상은, 패전 후의 일본에서는 드문 일이 아니었다. 그리고 전전부터 활동한 마르크스주의자들은 조선인 활동가와 교류한 경험을 크든 작든 가지고 있었다. 이시모다와 함께 민족을 강조한 나카노 시게하루도 그런 인물 중 한 명이며, 이시모다가 조선인과의 교류를 이야기한 「단단한 얼음을 깨는 것」이라는 논고의 제목도, 나카노가 조선인 활동가와의 이별을 그린 시인 「비 내리는 시나가와역」雨の降る品川駅의 한 구절에서 가져왔다.

원래 공산당 자체가 중국·조선공산당의 민족주의에서 영향을 받았음은 5장에서 말했다. 그리고 패전 후에 옥중에서 해방된 공산당 간부 중에는 오키나와 출신의 도쿠다 규이치와 함께 조선인 김천해金天海가 있었다. 패전 후 얼마 동안은 김천해가 당의 중앙 위원을 맡았던 적도 있어서 일본공산당에는 다수의 조선인이 입당했으며, 1950년 3월에 발표된 공산당의 「민주민족전선 강령」에는 "자이니치 소수 민족에 대한 부당한 차별 대우에 반대하여 그 민주적 권리, 직업, 생활, 교육을 보증할 것"을 주장하는 조항이 포함되었다.[67]

즉 당시의 공산당은 일본 민족주의를 가장 강조했던 정당임과 동시에 조선 민족주의에 가장 관심을 기울인 정당이었다. 이시모다가 공산당을 지지한 것도 "조선인 문제에 대해 진짜로 싸웠던 사람은 공산당 이외에는 없었다고 생각한다"라는 인식이 근저에 있어서였다.[68]

이렇게 해서 이시모다는 자신의 민족관을 바꾸고 민화와 신화에 대한 재평가로 향했다. 이런 전환은 그의 내발적인 동기에 뿌리를 내린 부분도 있었지만 공산당의 정치 방침을 따른 것이기도 하다. 그리고 이런 전환 때문에 마르크스주의 역사학의 민족주의는 그 이전과는 다른 양상을 보인다.

민족주의의 고조

1951년 5월 역사학연구회 대회는「역사에서 민족의 문제」라는 통일 주제 아래 개최되었다.

이 대회 주제의 출현에 "대부분의 연구자는 크게 당혹했다"라고들 한다.[69] 역사학연구회는 마르크스주의 역사학자가 중심이기는 해도 전원이 공산당원은 아니었다. 그리고 민족을 근대의 산물로 보는 그때까지의 상식에서 보면, 민족이 고대사와 중세사를 포함하는 대회의 통일 주제가 되기란 불가능했다.

게다가 공산당계 역사학자들 내부에서도 민족관의 변경에 대한 견해가 통일되지 않았다. 스탈린의 논문이『젠에이』에 게재되었지만, 당시의 공산당은 소감파와 국제파로 분열되어 있었다. 소감파가 장악했던 당시의 지도부는「민주민족전선 강령」을 발표하고 일본 내부의 계급 투쟁보다 반미 투쟁을 우선시하며, 계급을 넘어선 민족전선의 구축을 주장했다. 그러나 국제파는 이것을 계급 투쟁을 방기한 부르주아 민족주의라고 비판하며, 소감파를 민족주의자 등이라 비난했다.[70]

즉 1950년 8월『젠에이』에 스탈린 논문이 게재된 일은 소감파의 의향을 반영한 것이었다. 그리고 당시 소감파계 역사학자로 알려진 사람이 이시모다와 도마 세이타, 그리고 마쓰모토 신파치로와 하야시 모토이林基였다. 그들은 모두 와타나베 요시미치의 지도를 받은 고대 및 중세사가들로 '와타나베파' 등으로 통칭되었다.

당연하게도 역사학연구회 회원들은 이 대회의 주제 설정이 소감파 내지 와타나베파의 책모라고 억측했다. 서양사가 에구치 보쿠로江口朴郎는 대회의 주제로 민족을 내걸자고 제언한 사람은 자기라고 공언하며 이런 억측을 부정했지만, 나쁜 인상의 확산은 돌이킬 수 없었다.[71]

이 대회에서 물의를 빚은 것은 도마 세이타의「고대에서의 민족의 문제」라는 보고였다. 도마는 이 보고에서 "민족적인 긍지를 전 민족에게 알리고, 우리 민족이 자신을 갖기"위해, 기기 신화에 등장하는 야마토타케루를 민족의 영웅으로 재평가하자고 주창했다.[72]

도마 세이타의 대회 보고에 따르면, 근대적인 민족nation과는 별개로 스탈린 논문에서 제기된 민족체Volk가 고대로부터 형성되었으며, 그런 민족의식의 표현이 야마토타케루다. 그 이후 헤이안 시대의 귀족들은 중국으로부터 수입된 문화에 물들어서 민족의식을 잃어버렸지만, 일본 민족의 문화적 창조력은 민족의 힘을 결집한 도다이지의 건설과 일본의 독자적인 가나仮名 발명, 불교를 소화한 본지수적설本地垂迹說(신토에서 말하는 신이란, 불교의 보살이 사람들을 구하기 위해서 모습을 바꾸어 세상에 나타난 것이라고 보는 신불 동체神佛同體의 주장-옮긴이) 등으로 발휘되었다는 것이다.[73]

이 보고를 둘러싸고 대회의 논의가 들끓었다. 고대부터 민족이 존재했다는 견해가 자극적이었을 뿐만 아니라, 천황가의 명령으로 각지를 정복한 야마토타케루를 비롯해서 도마가 거론한 민족 문화는 거의 다 전쟁 전에 애국 교육이 찬미한 것들이었다. 근대사가 이누마루 기이치나 이노우에 기요시는 "민족의 개념을, 극단적으로 말하면 위조하고 있다"라고 도마를 비판하고, 무공 훈장金鵄勲章을 단 전전의 부활이 아니냐며 물고 늘어졌다.[74]

이것에 대해 도마는 이렇게 반론했다. 야마토타케루가 천황가의 앞잡이로 보이는 것은, 본래는 민족정신의 건전한 표현이었던 신화와 전승을 그 시기의 정부가 뒤틀어서 기록했기 때문이다. 대불상 또한 민중의 에너지가 돕지 않았다면 건설할 수 없었다. 지배자가 만든 텍스트나 문화를 재해석하고 그것을 혁명의 표현으로 전화시켜야만, 지배자가 대중에게 주입한 애국 교육을 반대로 거머쥘 수 있다. 많은 반론은 인텔리의 것이며 민중과 괴리되어 있고, 민중의 민족의식을 지배자에게 빼앗기도록 놓아둔다는 것이었다.

역시 와타나베파의 일원이라 일컬어진 마쓰모토 신파치로는 과거의

문화를 "지배 계급의 냄새가 나니까 버리라고 하면, 일본 민족은 무엇에 기대어 싸울 수 있겠습니까"라고 말하며 도마를 옹호했다.[75] 7장에서 말했듯이 마쓰모토는 문화재 보호를 주창한 '일본 문화를 지키는 모임'日本文化を守る会의 회원으로 "중공中共의 문화재 보호 등도 참고"하자고 호소했다.

그 마쓰모토 신파치로가 역사학연구회 봉건부회封建部会에서 행한 「중세의 민족과 전통」中世の民族と伝統이라는 보고도 민족 문화를 전면적으로 상찬했다.[76] 마쓰모토에 따르면 그가 전공한 남북조 시대는 원元이라는 '고대 제국의 습래襲来'를 계기로 민족의식이 각성된 시대이며, 고대에서 중세로 향하는 봉건 혁명의 시대였다. 그리고 "일본에서 민족 문화, 민족적 특수성이 있다고 이야기되는 문화는 모두 남북조 혁명기의 산물이다"라고 한다.

또한 마쓰모토에 따르면 봉건 혁명을 담당한 무사는 고대의 지배자인 귀족을 타도한 존재이며 "혁명을 수행하기 시작한 계급의 윤리로서의 무사도"에는 오늘날에도 배울 점이 많다. 그리고 무사들은 "중국의 혁명적 사실주의인 송원화宋元畵"의 요소를 도입해 민족 문화를 만들었으며, "교겐狂言·요쿄쿠謠曲·다도·꽃꽂이는 모두 무사·농민들의 투쟁 속에서 태어났다"라는 것이었다. 이 마쓰모토의 보고를 글로 정리한 사람은 대학을 갓 졸업한 아미노 요시히코網野善彦였으며, 그는 마쓰모토의 영향 아래서 「와카사 지방의 봉건 혁명」若狭における封建革命이라는 논문을 발표한다(와카사若狭는 현 후쿠이현福井県 남부 지방-옮긴이).

그리고 이듬해인 1952년 5월에 열린 역사학연구회의 대회 주제는 「민족의 문화에 대해서」民族の文化について였다. 이 대회는 피의 메이데이 사건 이틀 후에 열려, 데모로 부상을 입은 출석자가 섞여 있는 긴박한 분위기에서 토의가 이루어졌다. 거기서는 식민지 문화나 팡팡 문화를 비난하는 한편, 무로마치의 속요室町小歌나 민화의 혁명성이 이야기되고, 무사도는 지배자의 사상이 아니라 "민중을 지키고 민족 전체를 지키는 자의

책임 윤리로서, 오히려 아래로부터 나왔다"라고 말해졌다. 나아가 대회 마지막 날에는 혁명 민화극과 민화 종이 연극의 상연, 그리고 역사가 코러스단의 합창이 이루어져, 도마 세이타나 아미노 요시히코 등이 『만요슈』의 옛 와카古歌에 멜로디를 붙인 노래를 불렀다고 한다.[77]

여기서 상연된 민화극과 종이 연극은 도쿄대학 역사학연구회의 종이 연극 〈야마시로노쿠니 잇키〉山城国一揆나 민주주의과학자협회 교토지부 역사부회의 〈기온 마쓰리〉祇園祭 등 민중의 저항을 도입한 민화와 향토사를 제재로 삼았다. 물론 이것들은 이시모다가 「촌락의 역사·공장의 역사」에서 다룬 '히라지로 지장'의 일화를 참고했다. 학생들은 이런 민화조의 종이 연극과 인형극을 직업 안정소의 문 앞과 농촌 등에서 상연하며 민중 봉기의 계발에 힘썼다.

또한 이 시기에는 "민가 민요民歌民謡는 대중 투쟁의 전통적 무기다"라는 말도 부르짖으며, 혁명 민요나 혁명 로쿄쿠浪曲(샤미센三味線으로 반주하는 대중적인 창唱 - 옮긴이)들이 창작되었다. 『레키시효론』 1952년 10월 호에는 메이지 유신을 제재로 삼아서, 요시다 쇼인吉田松陰 및 사쓰마의 애국자들이 미국의 검은 손톱의 코쟁이毛唐와 싸우는 모습을 그린 혁명 모노가타리인 「민족의 외침」民族の叫び이 게재되었다. 7장에서 말했듯이 '민화의 모임'과 '민족 예술을 만드는 모임'이라는 민화 극단도 1952년에 생겼다.[78]

역시 1952년에 도마 세이타·마쓰모토 신파치로·아미노 요시히코 등을 중심으로, 다케우치 요시미와 도야마 시게키 등이 함께하는 좌담회가 열렸다. 거기서는 마쓰모토가 "관료적인 아카데미즘에 저항해", "학문의 혁명을 하는 것이 필요"하다고 주장하고, 구라하시 후미오倉橋文雄는 "역사를 정말로 대중의 것으로 만들기 위해서는 문학의 경우와 마찬가지로 역사가도 사료를 만지는 것 이상의 비약이 필요하지 않겠는가", "대중적이고 좋은 역사 서술을 하는 것이 역사가의 제일 의무이며 책임이다"라고 말하면서 『미야모토 무사시』宮本武蔵를 쓴 요시카와 에이지의 역사 서술이 참고 대상으로서 논해졌다.[79] 원래 도마 등은 자기가 노동자 등과 이야기한 경험을 바탕으로 야마토타케루를 제재로 삼아서 호평을 얻었음을 강조했다.[80]

당시 공산당의 무장 투쟁 노선을 반영해 역사상의 무장 투쟁도 재평가되었다. 마쓰모토 신파치로는 이시모다가 아쿠토를 민중으로부터 고립된 폭력 집단으로 위치 지은 것과는 달리, 아쿠토의 무장 투쟁은 봉건 혁명을 전진시켰다고 주장했다. 이노우에 기요시의 회상에 따르면 1953년의 역사학연구회 총회에서 하야시 모토이는 "이제는 우리가 무장봉기의 전술을 역사적으로 연구하지 않으면 안 되는 가을이 왔다"라고 외쳤다고 한다.[81]

1952년 6월 『레키시효론』이 「의민義民 특집」을 꾸미며 각지의 민화에 그려진 영웅을 다루었다. 거기서 상찬된 것은 농민의 궁핍상을 직소直訴했던 다나카 쇼조田中正造나 사쿠라 소고로佐倉惣五郎 등, 고단講談(청중 앞에서 주로 역사에 관한 이야기를 들려주는 일본의 전통 예능─옮긴이) 등의 제재가 된 의민이었다. 각지의 역사학연구회 등을 중심으로, 지방 의민을 국민적 영웅으로 기리는 의민 현창顯彰 운동이 추진되었고, 의민을 제재로 한 종이 연극도 만들어졌다.[82]

물론 이런 경향에 당시부터 비판이 없지는 않았다. 마루야마 마사오는 1951년 논문 「일본의 내셔널리즘」에서 전기적인 내셔널리즘은 "**그대로의** 형태로는 민주 혁명과 결합된 새로운 내셔널리즘의 지주가 결코 될 수 없다"라고 주장하며, 혁신 진영이 "이것을 장래의 민족의식의 맹아로 오인하거나, 혹은 이것의 그 전기적 성격을 알면서도 눈앞의 정치적 목적에 동원하려는 유혹에 시달린다면, 그것은 반드시 **극심한** 반작용이 되어 이윽고 자신에게 되돌아올 것이다"라고 경고한다.[83]

7장에서 말했듯이 마루야마는 이 논문에서 "일본은 아시아 제국 중에서 내셔널리즘에 대해 처녀성을 **이미** 잃은 유일한 나라다"라고 썼다. 그는 '처녀'인 아시아 국가들에 호의를 보이기는 했지만, 동시에 **이미**라는 말로써 중국이나 조선의 내셔널리즘도 이윽고 일본과 유사한 문제에 직면할지 모른다는 예측을 표현했다고 생각된다.

마르크스주의 역사학 내부에서도 비판은 존재했다. 고대사가 네즈 마사시ねずまさし는 앞의 역사 모노가타리 「민족의 외침」을 "봉건 제도로 되돌아가는 양이와 오늘날의 민족 독립을 혼동해서 생각하는데, 이것은 과거 군부의 '미귀영귀'米鬼英鬼의 사고방식과 조금도 다르지 않다"라고 평했다.[84]

그중에서도 비판의 선두에 선 것은 이노우에 기요시와 이누마루 기이치 같은 근대 역사가들이었다. 앞에서 말했듯이 이누마루는 도마를 향해 "민족의 개념을, 극단적으로 말하면 위조하고 있다"라고 비판했다. 또한 이노우에는 1953년에 "'민족'적인 것이라면 봉건 문화든 뭐든 다 좋다는 것인가", "반봉건을 이야기하는 것이 뭔가 근대주의의 잘못이라는 듯이 말해진다"라고 반론하고 "현재의 민족 문제를 고대로 가져가는 태도"를 비판했다.[85]

그렇다고는 해도 이누마루나 이노우에도 공산당원이었고 민족주의 자체에는 긍정적이었다. 이노우에는 마쓰모토를 비판하면서도 "일본 민족이 미 제국주의의 식민지 노예가 되어 민족 문화가 식민지적 퇴폐에 이르려 한다"라는 인식에서는 "그 어떤 조금의 거리도 차이도 없다"라고 말한다.[86]

역사 서술을 현대와 결부하는 방식에 대해서도 이노우에는 오히려 적극적이었다. 이노우에가 쓴 1955년의 이와나미신서 『조약 개정』条約改正에는 「메이지의 민족 문제」라는 부제가 붙었는데, 국수주의자 장사壯士들의 내지 잡거内地雜居(외국인들이 거류지의 제한 없이 자국 영토 어디에서나 거주하는 것-옮긴이)나 불평등 조약에 대한 반대가 현대의 안보 조약에 대한 항의 데모처럼 그려졌다. 또한 이노우에는 메이지 유신으로 "일본은 반식민지화로부터 스스로를 구해 내, 당시 및 그 후 얼마 동안, 아시아에서 진보의 선두에 서서 아시아인의 희망이 되는 광영을 누릴 수 있었다"

라고 말한다.[87] 이 시기 공산당계 역사가 중 내셔널리즘 그 자체를 부정하는 자는 거의 전무했고, 단지 긍정해야 할 내셔널리즘을 역사상의 어디서 찾을지를 둘러싸고 논쟁했다고 볼 수 있다.

실은 이노우에 등의 비판은 공산당의 당내 투쟁에 따른 것이기도 했다. 앞에서 말했듯이 국제파는 소감파를 비판할 때 반미 투쟁만 중시하고 계급 투쟁은 방기한 부르주아 민족주의자라고 평했다. 그리고 이노우에는 국제파에 속했으며, 지배 계급의 문화를 상찬하는 도마나 마쓰모토의 자세는 민족 독립만 주장하며 계급 투쟁을 방기했다고 비판한 것이다.[88]

그리고 이노우에를 비롯한 근대사가들에게 민족은 근대 이후에 형성되는 것인 이상, 민족 문제를 다루는 일은 근대사가의 특권일 터였다. 근대사가의 한 명인 스즈키 마사시鈴木正四는 1951년 역사학연구회 대회에서 "고대사·중세사에 대한 주문注文"으로 "고대·중세에는 민족Nation이 존재하지 않았음을 구체적으로 입증할 것"을 요망했다.[89]

이런 요망에 대해서 "고대사가·중세사가로서는, 쓸데없는 노력을 요구한다고 밖에 느끼지 않을 것이다"라는 반발이 나왔다.[90] 앞에서 말했듯이 전전에 근대사가 철저하게 탄압되었기 때문에, 당시 마르크스주의 역사학의 중심은 고대·중세사 연구자들이었다.

이시모다에 따르면 그는 원래 민중이 천황제를 내면화해 간 경위를 연구하고 싶었지만, "근대사를 전공하지 않은 나로서는 손을 댈 수 없는 일이었기" 때문에 대신 『중세적 세계의 형성』을 썼다는 경위가 있었다. 그리고 이시모다는 민족의 형성은 근대 이전으로 거슬러 오른다는 견해를 취함으로써 "민족 문제에 대한 자신의 관심을, 오래된 시대 속에 살려낼 수 있으리라 생각했다"라고 회상한다.[91]

말하자면 고대·중세사가의 입장에서, 소감파가 제기한 민족관의 변경은 환영할 만한 일이었다. 그리고 아미노 요시히코의 회상에 따르면 당시의 공산당계 역사학자는 거의 소감파에 속했고, 국제파는 이노우에 기요시 등의 근대사가를 중심으로 소수였다고 한다. 네즈 마사시나 하타다 다카시旗田巍처럼 고대사가 중에도 도마 등의 민족관을 비판하는 사람이 있었지만, 당시 마르크스주의 역사학의 대세가 민족관의 변경에 동조했던 데는 이런 배경이 있었다.[92] 이런 가운데 고대와 중세 민족 문화의 상찬을 비판하면 근대주의자라고 비판받았다.

민족 문화에 대한 이런 상찬은 이시모다가 호류지나 다도를 비판했던 1948년과는 크게 다른 양상을 보였다. 민족 문화라고 하면 무사도와 야마토타케루, 민중과 가까워진다고 하면 『미야모토 무사시』나 로쿄쿠를 떠올리는 반응은 이시모다의 농촌 이미지처럼 발상이 약간 빈곤했다고도 볼 수 있었다.

원래 1948년 시점에서는, 민족은 근대의 산물이라는 견해와 이상적인 민족이 형성되기까지는 계급 투쟁이 중시되어야 한다는 인식이, 단순한 민족 예찬에 제동을 걸었다. 대불상과 야마토타케루를 상찬한 도마 세이타도, 당시의 좌담회에서는 "커다란 대불전을 짓기 위해 인민이 얼마나 사역당했는가, 이것을 드러내지 않으면", "일본 문화를 지키라고 말하는 사람은 금방 만요슈나 호류지를 머리에 떠올린다"라고 말했다.[93]

그러나 그런 제동이 제거된 1950년 이후에는 구래의 민족관을 비판했던 마르크스주의 역사학자들조차 신중한 자세를 잃어버렸다. 원래 그들도 다른 일본 신민들과 마찬가지로 전쟁 전의 애국 교육을 받고 자란 사람들이었다. 말하자면 그들은 혁명을 추진하는 형태로 민족이라는 말을 쓰는 것이 허용되자, 몇 년 전까지 익숙했던 언어의 발화 형태로 되돌아가 버렸다.

거기에는 그들이 전쟁 체험 속에서 키워 온 '운명 공동체'라는 의식도 투영되어 있었다. 도마 세이타는 1951년 역사학연구회 대회 발표에서 『고지키』에는 야마토타케루가 고향을 떠나서 전사하는 감정을 이야기한 시가歌가 수록된 데 비해, 『니혼쇼키』에서는 야마토타케루의 업적이 게이코 천황의 것으로 표현된 사실을 들어, 천황제가 민족의 신화를 왜곡했다고 주장한다. 그리고 전쟁을 체험한 노동자들에게 이 일화를 전함으로써 "민족적인 긍지와 평화에 대한 소망을 강화하고, 나아가 천황제에 대한 미움을 가져오는" 것이 가능했다고 한다. 그리고 도마는 야마토타케루의 상찬에 반대하는 이노우에 기요시를 향해 "남방에서 죽어간 '학도병들'을 기개 없는 놈이라 꾸짖는 정신 이외에 아무것도 아니라고 생각합니다"라고 반론했다.[94]

마루야마 마사오는 1950년 좌담회에서 당시의 학생들을 이렇게 평한다.[95] "낮에는 주체성이라든가 민주 혁명을 입가에 거품을 튀며 논하던 자가, 밤에 회식으로 술을 먹으며 점점 흐트러지면, 역시 곧바로 군대 시절 이야기가 시작됩니다. 그리고 마지막에는 군가를 부릅니다." 7장에서도 말했듯이 당시의 공산당원 중에는 '특공대에서 공산당으로'라는 경로를 밟은 자가 적지 않았다. 역사학에서 민족을 소리 높여 외친 것도 이런 동시대인들의 심정과 연속한 지점에서 이루어졌다.

역사학의 혁명

한편으로 이시모다는 도마나 마쓰모토만큼 고대와 중세의 민족 문화나 민족 영웅을 강조하지는 않았다. 그는 1952년 논고에서는 현재의 민중이 사용할 "공민관公民館을 세우지 않고 마쓰에성松江城을 수리하는 것은 본말전도다"라고 말하며 봉건 문화의 보호에 위화감을 표했다.[96]

원래 이시모다에게는 구로다 아쿠토를 비롯한 무사를 영웅으로 상찬하는 경향은 없었으며, 민중과의 연대에 중점을 두었다. 무사도를 상찬하는 마쓰모토 신파치로와 아쿠토에 대한 평가를 둘러싸고 대립했을 때도 이런 이시모다의 지향이 드러났다고 할 수 있다.

그런 이시모다가 제창한 것이 '국민적 역사학 운동'이었다. 이 운동은 그가 「촌락의 역사·공장의 역사」에서 주장한 이념—민중이 스스로의 역사를 쓰면서 '목소리'를 획득하고, 지식인은 거기에 조력함으로써 기존의 학문을 개혁하는 것—을 실행했다.

국민적 과학이라는 명칭은 이시모다가 민주주의과학자협회의 본부 서기국원으로서 1952년 1월에 발표한 「민과의 당면 임무에 대한 하나의 의견」民科の当面の任務についての一つの意見이라는 글에서 사용되기 시작했다고 한다. 여기서 이시모다는 "민족을 해방한다"라는 목적을 위해, 지식인은 '대중 속으로 들어가는 것'과 '학문적인 창조 활동'의 두 가지를 통일해야 한다고 주장했다.[97]

당시 일본공산당은 지하 활동에 들어가 있었고, 공공연한 계몽 활동은 곤란해진 상태라 직장과 농촌에 거점을 쌓는 운동 방법으로 서클 활동이 주목받았다. 6장에서도 말했듯이 지식인과 프티 부르주아지 당원들이 노동자가 많은 거리와 농촌으로 가서, 민중 속에서 자기를 개조해야 한다는 주장은 종래부터 존재했다.

그리고 1950년대 초에는 '민중 속으로'라는 구호가 중국공산당의 마오쩌둥 사상의 영향으로 한층 강하게 주장되었다. 도마 세이타에 따르면 이시모다는 이미 1948년에 새로운 역사학의 실천 사례로서 중국공산당이 장정長征 참가자에게 체험 수기를 쓰게 한 사실을 거론했다고 한다.[98]

7장에서 말했듯이 당시는 『산울림 학교』의 성공으로 생활 기록 운동에 대한 관심이 높아져 있었다. 이시모다는 물론 이것을 지지했고, 노동자나 농민들과 서클을 결성해서 조합과 촌락의 역사를 쓰도록 장려해 갔다. 현재는 일반화된 서클이라는 말은, 본래 전전에는 마르크스주의의 공부 모임을 가리키는 용어였던 것이 이 시기 이후에 널리 퍼졌다.

'역사학의 혁명'이라고도 불린 국민적 역사학 운동에서는 기존 역사학의 실증주의적 수법이 재검토되었다. 우선 구래의 문서 사료에 대한 편중을 수정해서 민화나 전승과 같은 민간 사료를 사용하거나, 촌락의 노인이나 여성에 대한 청취 조사가 장려되었다. 문서 사료는 오로지 종이와 문자를 쓸 수 있는 권력자 측이 남기는 것으로, 민중의 의식이 나타나지 않는다고 생각되었기 때문이다.

이런 수법은 야나기타 구니오가 창시한 민속학民俗學의 수법과도 일치했다. 본래 야나기타는 도시 지식인의 서양 추종형 학문을 비판하고, 문서 사료로는 민중 생활의 역사를 쓸 수 없다고 주장하며 지방의 민화와 전승을 조사했다.[99] 민중 지향과 내셔널리즘의 동거 역시, 야나기타의 민속학과 이시모다 등의 국민적 역사학 운동이 공유하는 성격이었다. 그리고 7장에서도 말했듯이 이 시기에는 아시아 지향 및 민중 지향의 대두와 함께 민속학도 주목을 받았고, 이시모다나 쓰루미 가즈코 등은 민속학과의 제휴를 주장했다.

동시에 국민적 역사학 운동에서 강조한 점은 학문적 성과를 민중에게 환원하는 것이었다. 서클 활동이나 청취 조사는 민중과의 공동 작업으로 여겨졌고, 지식인이 그 성과를 이용해 '개인주의적인 업적'을 올리는 것은 혹독하게 비판받았다.[100] 서클의 연구 성과는 서클의 공동 명의로 발표하는 것이 원칙으로 여겨졌고, 성과 그 자체보다도 서클 참가자의 인간적 성장을 중시해야 한다고 여겨졌다. 또한 청취 조사는 민중을 대신해서 연구자가 기록하는 행위이며, 그 성과를 민중과 공유하기 쉽도록 서술해서 환원하도록 장려되었다.

또한 여기서 여성의 중시가 제창되었다. 이시모다는 국민적 역사학 운동의 성경적인 존재가 된 『역사와 민족의 발견』에서 「민중과 여성의 역사에 부쳐」民衆と女性の歷史によせて라는 장을 마련해서 「촌락의 역사·공장의 역사」와 함께, 조선인의 역사나 여성의 역사 등 기존의 역사학에서 경시된 영역에 대한 주목을 요청했다.

민과 역사부회의 기관지였던 『레키시효론』의 1954년 7월호는 「어머니의 역사」라는 특집을 꾸몄고, 이시모다가 그 서문을 쓴다. 민중 중에서도 근대주의에서 가장 먼 존재로 생각된 어머니는 목소리가 가장 미약한 '민중 속의 민중'으로 여겨졌다. 그에 따르면 "아버지는 '근대적'인 사상을 가졌더라도, 부르주아적 입신출세주의 때문에 인간성이 해를 입었음에 비해, 어머니는 '봉건적'일지라도, 자신과 아이들의 인간성을 외부와 아버지의 권력으로부터 지킨다"라는 것이었다.[101] 이런 취지 아래 농촌이나 공장 등에서 일해 온 여성의 생애사를 인터뷰함으로써 민중의 의식과 사회의 모순을 잡아낸다는 것이, 이 특집의 의도였다.

이런 민중 지향의 운동을 국민적 역사학이라 부르는 데 대해, 일부에서는 저항도 있었다. 1952년 5월 민과 제7회 대회에서도 국민적이라는 것은 일본적이라는 의미인가, 아니면 대중적이라는 의미인가를 둘러싸고 분규가 일어났다. 1953년 6월 제8회 대회에서는 "국수주의나 나치스를 연상케 하는 '국민적'이라던가 '민족적'이라는 표현을 붙이기보다는, '국민을 위한 과학'이라는 표현이 보다 적당하다"라는 의견이 나온다.[102] 그러나 당시는 공산당이 인민을 폐지하고 국민을 채용했던 시기이기도 하여, 국민적 역사학이라는 호칭은 그대로 정착해 갔다.

이렇게 해서 『레키시효론』의 1952년 10월호는 「국민적 과학의 창조를 위해서」라는 특집을 꾸몄다. 그 목차에는 「민중의 풍요로운 생활을 찾아—민화 모임의 성과와 과제」民衆の豊かな生活を求めて —民話の会の成果と課題, 「농민의 생활 감정에 녹아들어—민족 예술을 만드는 모임의 작업」農民の生活感情にとけ込んで —民族芸術を創る会のしごと, 「가와사키 노동자의 서클로부터」川崎労働者のサークルから, 「종이 연극 〈기온 마쓰리〉를 만들고」紙芝居『祇園祭』を創って라는 보고가 이어졌다. 그 위에 역사 모노가타리 「민중의 외침」歴史物語『民族の叫び』과 「히비야의 봉기—메이지의 일본인은 '굴욕 강화'를 어떻게 맞이했는가」日比谷の焼打 —明治の日本人は『屈辱講和』をいかに迎えたか라는 역사 논고나 「옛날의 노동가·지금의 노동가」昔の労働歌・今の労働歌, 「로쿄쿠에 관한 토의」浪曲に関する討議라는 민중 문화에 관한 기사가 더해졌다.

이런 국민적 역사학 운동 속에서 성공 사례로 상찬받은 것이 1953년의 쓰키노와 고분月の輪古墳 발굴과 1952년의 「돌 사이를 깨는 물보라」石間をわるしぶき였다.[103] 쓰키노와 고분 발굴은 지역 주민과 고대사학자가 공동으로 발굴에 임하는 모습이 영화로 촬영되어, 지식인과 민중이 연대해 '국민의 역사'를 만들어 가는 실례로 여겨졌다. 그리고 「돌 사이를 깨는

물보라」는 도쿄도립대학東京都立大学 역사학연구회 학생들이 여름 방학에 지치부秩父(현 사이타마현埼玉県의 서쪽 지역−옮긴이) 지방의 산촌에 들어가서 청취 조사를 통해 '촌락의 역사'를 쓴 것이었다.

이 「돌 사이를 깨는 물보라」의 역사가 쓰인 산촌은 자유 민권 운동 말기의 민중 봉기로 알려진 '지치부 사건'의 무대였다. 그리고 이 조사가 행해진 1952년 여름은 공산당의 지도 아래 있었던 전학련이 여름 방학을 활용하여 전국적인 농촌 활동을 행하도록 지시한 시기이기도 했다.

한국 전쟁이 벌어지던 당시에 공산당은 산촌공작대를 비롯해서 농촌 활동에 힘을 쏟았고, "혁명이 머지않았다"라는 인식이 퍼졌다. 이후에 다케우치 요시미는 1960년 2월 이렇게 쓴다. "1950년에 전쟁과 혁명은 예측이 아니라 현실이었다. 전년 가을에 중화인민공화국이 성립했고, 그해 여름에는 한국 전쟁이 일어났다. 일본의 혁명도, 많은 사람들은 불가피하다고 믿었다. 10년 뒤의 천하태평을 예상했던 자는 당시에 아마도 없지 않았나."[104] 이런 분위기 속에서 이루어진 국민적 역사학 운동은, 말하자면 정치 운동에서 산촌공작대의 역사학판으로 이루어진 측면이 있었다고 할 수 있다.

그러나 공산당이나 전학련의 방침은 그렇다 해도, 참가한 학생들의 의식은 약간 달랐다. 「돌 사이」의 농촌 조사에 참가했던 학생인 가토 분조加藤文三는 1953년에 이렇게 말한다.[105]

역연 가운데는 "마을 사람을 일으키기 위해서 가는 것이다", "농학 제휴를 강화하기 위해서 가는 것이다"라는 의견을 내는 사람도 있었습니다. 그러나 그것보다도 우리는 학교에서 배우는 역사학, 우리 주변에서 찾을 수 있는 학문이 불만이었습니다. 그것들은 매일 우리가 접하는 문제를 구체적으로 해결하는 데에 도움이 되지 않는다고 생각되었습니다. …… 우리의 마음을 사로잡았던 일도 어떻게 하면 역사학을 좀 더 생생한 것으로 바꿀 수 있을까, 국민을 위한 학문을 만들어 가려면 어떻게 해야 할까, 라는 것이었습니다. 즉 우리들은 역사학의 방식을 변혁하기 위해서 농촌으로 갔습니다.

가토는 이어서 취직을 위해서는 무의미하게 생각되는 강의에도 출석할 수밖에 없으며 "모든 수업의 내용을 변혁해서 살아 있는 학문으로 바꾸어 가지 않는 한, 우리는 살기 위해서 따분하다고 생각하면서도 수업에 출석하고, 펜을 놀리지 않을 수 없습니다"라고 말한다.[106] 학생들은 사회 변혁을 향한 정열에서만이 아니라 대학의 학문에 대한 불만으로부터도 '역사학의 혁명'에 공명했다.

이런 학생들 사이에서 이시모다의 평론을 모은 『역사와 민족의 발견』은 열렬한 인기를 얻었다. 이시모다는 거기서 1952년 5월 피의 메이데이를 러시아 혁명 및 중국 혁명의 발단이 된 피의 일요일과 5·4 운동에 빗대면서 국민적 역사학 운동에의 참가를 촉진했다. 당시 강연에서 이시모다는 학생들에게 이렇게 호소한다.[107]

여러분은 충실히 대학에 다니고, 성실하게 필기를 하고, 점수를 열심히 따서, 관청이나 회사의 간부로 출세해 갈 수 있습니다. 인민을 깔보며 특권적인 지위를 획득할 수도 있습니다. 마작이나 댄스에 빠지고, 교수에게 잘 보이거나 약삭빠르게 굴어서, 보다 용이한 방법으로 출세할 수도 있습니다. 학문에 정진해서 조국과 인민의 괴로움을 나 몰라라 하며 학계의 권위자가 되는 것도 가능합니다. 그 밖에 다양한 길이 존재할 수 있음에도, 그런 삶의 방식, 공부 방식에 질려 버렸다는 것에서부터…… 자기 내부에 있는 모순을 자기 혼자만으로는 해결하기 힘들다는 사실을 자각했기에, 동료에게 호소하고 힘을 결집하여 조직을 만들었습니다. 이런 움직임은 학생들이 있는 모든 곳에서 최근 급속히 일어나기 시작했습니다. 그것은 조국의 현재 상황이 초래한 움직임으로, 인텔리겐치아가 대중과 결합하고 대중과 함께 국민을 형성하려는 역사의 큰 움직임이 나타난 것입니다. 인텔리겐치아의 활동은 더 이상 전쟁 전처럼 대중으로부터 고립될 일은 없습니다.

대학 진학률이 낮았고 학생들에게 엘리트로서의 자의식이 남았던 당시에는 이런 어필이 공감을 모았다. 그리고 대학과 학문에 대한 이런 비판이 학생 측뿐만 아니라 이시모다와 같은 대학교수 측에서 이루어진 배경에는 당시 마르크스주의 역사학자의 사회적 지위가 있었다. 전전에는 많은 마르크스주의 역사학자들이 대학에 취직하지 못하고 재야에서 연구 활동을 했다. 이시모다도 전후에는 호세이대학에 일자리를 얻었지만 당시의 공산주의자 탄압 속에서 언제 대학에서 쫓겨날지 모르는 상황이었다. 대학에서 안정된 지위를 구축하지 못했던 마르크스주의 역사학자들은 기존의 아카데미즘과 대학을 비판하는 기운을 가졌던 것이다.

그리고 학문의 변혁은 자기 자신의 변혁이기도 했다. 이시모다는 기존의 역사학이 여성이나 민중을 경시한 점, 현실과의 관계를 잃고 학자의 입신출세 수단이 된 점을 비판하면서, 청취 조사에 대해 이렇게 말한다.[108]

그러나 여러분은 조사받는 자의 입장이 되어, 이 문제를 생각한 적이 있습니까. …… 인간은 자기 마음의 내부, 그 괴로움이나 망설임, 진지하게 생각하는 문제를, 그렇게 쉽사리 남에게 이야기 하지 않는 법입니다. …… '학문을 위해서'라는 것이, 피압박 계급과는 항상 연이 없거나 혹은 대개 지배 계급을 위한 것임을, 인민은 긴 경험에 따라 본능적으로 알고 있습니다. 여러분의 '조사'가 정말로 인민을 위한 것이다, 그 본인들을 위한 것이라는 보증이 어디에 있을까요. 그런 신뢰를 — 그것이 없으면 인간 의식의 내부에 파고들어갈 수 없습니다 — 여러분은 행위를 통해서 사람들에게 미리 얻고 있습니까. 그뿐만이 아닙니다. 조사는 인간의 마음을 항상 '소재'로 다룹니다. …… 인간의 마음을 '조사'하고자 하는 것은 인간적이지 않고, 왕왕 비정합니다.

여러분은 도덕적인 설교는 그만 되었다고 말하겠지요. 설교가 아니라, 그런 결점을 저도 가졌기 때문에 말씀드리는 것입니다만…… 인간에 대한, 대중에 대한 존경을 자신의 것으로 삼기가 우리에게 얼마나 어려운가, 이 곤란함을 몸에 스미도록 체득하는 것이, 우리의 첫걸음입니다.

이런 '인간 개조의 노력'에 대한 호소도 당시의 젊은이들에게 지지를 받았다. 학생들은 "문화란 창조이며, 창조란 싸움입니다", "당신 자신은 어떻게 할 것인가, 대중은 이렇게 묻고 있습니다"라는 이시모다의 말을 읽고 농촌과 노동자 거리로 향했다.[109]

당시에 23세의 중세사가였던 아미노 요시히코도 그중 한 명이었다. 그는 대학 졸업 후에 상민문화연구소常民文化研究所의 연구원을 하고 있었는데, 하야시 모토이나 도마 세이타 등에게 이끌려 노동자 학교에서 강의를 했다. 아미노는 노동자들에게 강의가 재미없다는 지적을 받으면서도, 이윽고 그것을 뛰어넘어 자신의 학문을 연마하고 노동자와 친구가 되어 갔다는 경험을 민과의 통신에 쓴다. 그리고 이시모다는 그 아미노의 글을 1953년의 『속續역사와 민족의 발견』에 수록하며 '젊은 사람'의 실천 사례로서 상찬했다.[110]

도립대학 학생들의 「돌 사이」가 상찬을 받은 것도 그들이 쓴 촌락 역사의 완성도 그 자체보다, 그들이 농촌에서 이룬 자기 변혁이 평가받아서였다. 고등학교 진학률이 낮았던 당시, 그 촌락에서는 고교 이상의 학교로 진학한 사람은 한 명도 없었고, 도쿄에서 대학생이 왔다는 사실만으로도 놀라워했다. 학생들이 『레키시효론』에 기고한 체험기는 당초 그들이 농민들로부터 "너희들도 놀기만 하지 말고 풀이라도 뽑아 봐라", "너희들은 학교를 나왔으니까 관리나 중역이 되겠지"라는 말을 들은 뒤, 조사를 개시하기 전에 농사일을 돕기로 결정하여 이윽고 고장 사람들에게 환영받는 모습을 생생히 그렸다.[111]

이 사례뿐만 아니라 공산당계 학생들의 농촌 공작은 경찰의 심한 간섭 탓도 있어서 정치적으로는 효과가 거의 없었던 반면, 농민으로부터 환영받은 경우는 있었던 것 같다. 당시는 일종의 특권 계급이었던 '학생 분'이 농민의 이야기에 귀를 기울이며, 보수도 받지 않고 농사일을 돕고, 종이 연극이나 인형극을 했던 사실은 오락이 별로 없는 농촌에서는 종종 호기심과 호감을 샀다.

쓰루미 슌스케는 당시의 산촌공작대를 이렇게 평가한다.[112] "인식은 안이했다 해도, 그만큼 학생들은 순진하고 진지했다. 그들의 순진함, 진지함이 농촌의 어른들에게 오히려 재미있다고 생각된 경우가 많다. 그것은 학생들 스스로의 의지에 반하는 일이기는 했지만." 이런 '학생 분들'에 대한 경의와 호감은 대학생의 존재가 대중화하는 1960년대 중반까지 지속되어, 1960년 안보 투쟁의 고양을 지탱한다.

말하자면 국민적 역사학 운동은 참가한 학생들의 심정이라는 면에서는 1960년대의 전공투 운동과 부분적으로 공통되었다고 할 수 있다. 그러나 1950년대의 특징은 이런 활동으로 얻은 일체감과 자기 변혁이 "우리들 학생과 농민은 하나의 민족이다"라거나 "나는 민족을 발견했다고 생각했습니다"라는 말로 표현된 점이다.[113]

운동의 종언

그러나 국민적 역사학 운동은 1953년경부터 차츰 막다른 길에 부딪혔다. 운동을 담당했던 학생들은 진지하기는 했지만 너무나 미숙했다.

우선 드러난 문제는 학생들 중에 민족이나 민중의 권위를 빌려서 타자를 공격하는 경향이 나타난 것이었다. '역사학의 혁명'을 내세운 그들은 자기들의 뜻에 맞지 않는 학자나 교수들을 반혁명적, 근대주의 등이라 비난하기 시작했다.

「돌 사이」를 비롯해 국민적 역사학 운동에서 집필된 '촌락의 역사'나 '어머니의 역사'는 학문적으로 보면 유치한 자유 연구의 영역을 벗어나지 못한 것이 대부분이었다. 이 글들이 『레키시효론』에 게재된 뒤에 전문적인 역사 연구자들로부터는 "좀 더 역사 공부를 하는 것이 좋겠다", "그것은 오히려 르포르타주reportage다"라는 비판이 나왔다. 그러나 학생 측은 그런 비판에 대해 "의연하게 민중에게서 유리된 낡은 학문, 상아탑에 틀어박힌 학문", "방관자적인 비평가의 입장"이라고 반론했다.[114]

1954년에 학생 등의 젊은이들이 주도권을 쥔 민과 역사부회 전국위원회 준비회의 보고 초안은 서클에서 집필된 '어머니의 역사'나 '촌락의 역사'를 "일본 사학사상의 일대 금자탑"이라 평하여, 역사학자들은 "아직도 전문적이고, 국민의 입장에 서서 이것을 받아들이지 않았다"라고 위치지었다. 학생들의 집회에서는 기존 역사학의 프티 부르주아성이나 아카데미즘성이 비판받았고, "지금까지 좌익 학자의 역사도 이시모다, 도마, 하야시, 마쓰모토 네 선생의 것을 빼면 전부 비국민적 역사학이다"라고 이야기되었다.[115]

나아가 앞에서 말했듯이 고대나 중세 민족 문화의 상찬에 찬동하지 않는 자에게는 근대주의자라는 비판이 종종 쏟아졌다. 전술했듯이 중세사가 스즈키 료이치는 1949년 시점부터 이시모다나 도마에게 비판적이었는데, 국민적 역사학 운동의 시기에는 "관념론자다, 사회민주주의자다, 실증주의자다, 근대주의자다, 코즈모폴리턴이다, 등등이라며 실컷" 타인을 비판하는 풍조가 지배적이었다고 말한다.[116]

무엇보다도 공산당의 당내 투쟁이 상황을 악화시켰다. 소감파와 국제파가 상호 비방을 확대하며 사문과 린치가 횡행하던 상황 속에서, 국민적 역사학 운동에의 찬반은 이윽고 정치적 입장의 시험지가 되었다.

예를 들면 야마토타케루를 민족의 영웅이라 부른 도마 세이타를 비판한 이노우에 기요시는 1954년에 도마에게 사문을 받아 자기비판서를 제출했다. 또한 이노우에가 자택의 우물을 고친 것도 부르주아적 생활 태도에 해당한다는 비판을 받았다. 나아가 이노우에에 따르면, 그의 야마토타케루 비판에 동조한 자도 차례로 사문을 받아 "깡그리 '자기비판'을 하라

고 강요받고, 혹은 사실상 당적을 빼앗겼던 것 같다"라고 한다.[117]

　　이노우에는 후에 "진보파의 역사학계에서 『역사와 민족의 발견』이나 『영웅시대론』에 반대하는 자는 인민의 적으로까지 간주되었다"라고 회상한다. 이 당시 그는 '젊은 친구들'에게 피해가 갈 것을 우려해서 "너희들은 나와 길에서 만나도 모르는 척 지나가라, 우리 집에도 오지 마라"라고 말했다고 한다.[118]

　　공산당의 정치 방침이 미친 악영향은 다른 방식으로도 나타났다. 이시모다의 의지와는 달리, 서클이나 농촌 조사를 단순한 당세 확장의 수단으로 간주하는 경향이 차례로 현저해졌다. 이시모다는 후에 "서클을 단순히 새로운 형태나 수단으로만 생각하는 사상, 혹은 서클의 수나 그 회원의 증감만이 보고되고, 무슨 내용을 이야기했는가가 조금도 토의되지 않는 경향"이 민과 속에서 강해졌다고 회상한다.[119]

　　이런 상황에서 운동의 참가는 점차 강제와 의무의 양상을 보였다. 자기 연구를 우선하고자 했던 역사가들 사이에서는 "'국민적 과학'이라는 것을 어떻게 해도 납득하지 못하는 사람들은 인간으로서 실격인가"라는 목소리가 나오기 시작했다. 그러나 그런 목소리를 "개별 연구자의 주체성 문제로서만 다루고, 질타하며, 이윽고 비난하는" 경향이 출현했다.[120]

　　애초에 이시모다가 주창한 내용은 정치 참가에 따른 자기 개조는 기쁨을 낳으며, 그것이 그대로 자기의 학문의 발전으로 이어진다는 것이었다. 그러나 운동에 의문을 표하는 학자들로부터는 "나는 최근 우리의 논쟁이 정치 지상주의와 학문 지상주의의 논의라고 느꼈다", "농촌이나 서클로부터 직접 연구에 도움이 되는 것을 얻고자 해도, 대부분의 경우에 그것은 불가능하다고 생각합니다"라는 목소리가 나왔다.[121] 정치에의 참가가 의무와 강제로 변질되는 가운데, 정치와 연구의 이항 대립이라는 도식이 발생해 버렸다.

　　게다가 운동에 참가한 학생들은 이따금 성급하고 미숙했다. 어느 대학의 역사학연구회에서 요시다 쇼인의 애국심을 배우자는 학생과 쇼인은 반동 이데올로그라는 학생 간의 논쟁이 일어났다. 그러나 후에 판명된 사실은 논쟁에 참가한 학생들이 실은 쇼인이 쓴 글을 하나도 읽지 않았다는 것이었다.[122]

농촌 공작에서도 마찬가지인 경향이 있었다. 대부분의 학생은 자기가 들어가는 촌락이나 농촌의 생활에 대한 예비지식이 거의 없었다. 1952년 여름에 민과 교토지부 역사부회의 회원을 중심으로 교토부 북부의 농촌 공작이 이루어졌는데, 거기 참가한 나카쓰카 아키라中塚明의 회상에 따르면 "우리가 그 지방에 갔을 때의 사전 지식은, 오로지 그 지방이 혁신 세력의 정치적 공백 지대라는 것뿐이었다"라고 한다.[123]

현실 민중의 반응은 그들의 생각보다 훨씬 복잡했다. 나라奈良의 학생 서클이 에도 시대 농민의 궁핍과 잇키를 그린 종이 연극을 농촌에서 상연했을 때, 마을 사람들은 "옛날에 비하면 지금은 훨씬 낫다"라고 반응할 뿐이었다. 1918년 쌀 소동에 대해 노인의 회상을 청취한 학생은 "그것은 야쿠자가 한 짓입니다. 성실한 사람은 그런 거 안 합니다"라는 대답을 들었다고 한다.[124]

지도하는 학자들도 마찬가지 약점을 안고 있었다. 이시모다는 서클 활동은 민중에게 '친근한 역사'를 쓰는 것으로부터 시작해야 한다고 권유했다. 그러나 그가 참가한 주부 서클에서 무엇을 공부하고 싶은지 물었더니 "아시아에 대해 알고 싶다"라는 목소리가 강했다. 이시모다는 이것을 의외로 생각하다가 구성원의 "30명 중 10명은 전쟁 중에 조선, 중국 등의 외국에서 생활한 경험이 있다는 사실을 알게 되었다"라고 한다.[125] 이시모다가 품었던 민중의 이미지는 이미 현실의 민중과 합치하지 않았다.

이것도 이시모다의 회상에 따르면 그가 기소의 농가에 묵었을 때 멧돼지가 밭을 헤친다는 고생담을 농부에게 들었는데 그 농부는 "이야기를 하면서 한편으로 라디오로 도쿄의 유행가를 듣고, 전 세계의 뉴스도 듣고" 있었다. 도호쿠 출신이었던 이시모다가 "쓰가루津軽의 사과가 홍콩으로 수출되고, 현지 가격에 신경을 쓰는 농민의 의식 구조가 어떤지, 도호

쿠에서 자란 나도 짐작이 가지 않는다"라고 말한다.[126]

후에 이시모다는 국민적 역사학 운동이 실패한 요인 중 하나로 중국 공산당의 농민 정책을 지나치게 참고한 점을 든다. 1950년대의 일본에서는 "아무리 변방의 농촌이라도 옛 중국의 농민과는 정신 구조부터 다를 터인데, 우리가 농촌에서 한 문화 운동은 중국의 그것과 그다지 다르지 않았다"라는 것이다.[127]

1951년 이시모다는 지식인의 대중 멸시를 비판하여 "지식인에게 대중은 로쿄쿠와 통속 소설밖에 이해하지 못하는 속악俗惡을 의미했습니다"라고 말했다. 그러나 혁명 민화나 혁명 로쿄쿠를 민족 문화라 칭했던 점에서는 국민적 역사학 운동의 모습도 다르지 않았다. 후에 이시모다는 "다이쇼 시대 이래로 진보적 지식인이 농촌에 대해서 가졌던 편견으로부터 내가 전혀 벗어나지 못했던 점이, 국민에 대한 전체적인 이미지에 중대한 왜곡을 초래하여, 우리의 과학 운동을 생활자의 의식에서 동떨어진 내용으로 만들었다"라고 자기비판했다.[128]

그것은 즉 '민중 속으로'라는 이념 그 자체가 현실 민중에 대한 무지에서 나왔다는 사실을 의미했다. 아미노 요시히코도 운동 도중에 "'인민 속으로'라는 이념 자체가, 매우 관념적이며 인텔리의 것이라는 기분이 들기 시작했고", "그것을 운동의 내부에서 발언하는 가운데, 여러 가지 마찰이 일어나" 1953년 여름에 운동에서 탈락했다고 한다.[129]

역설적이게도 국민적 역사학 운동에 비판적이었던 이노우에 기요시 쪽이 석탄암을 깨는 일용직 노동자의 아들이었으며, 돌을 쪼개고 짚을 엮으며 대학까지 다닌 사람이었다. 이노우에는 국민적 역사학 운동이 끝난 뒤에 "도련님 아가씨들이 농촌에 들어가서 인민의 빈곤에 놀라고, 봉건제의 뿌리 깊음에 깜짝 놀라, 크게 감격하는 것을 보면서, 그것도 좋은 공부가 되리라 생각했지만, 아무리 그래도 이것이야말로 역사의 정수라며 우쭐거리는 데는 손을 댈 수가 없었다"라고 말한다.[130]

이렇게 막다른 길에 부딪히는 가운데, 우선 전문적인 역사학자가 역사학연구회와 민주주의과학자협회로부터 멀어져 갔다. 도야마 시게키에 따르면 이미 1953년경부터 역사학연구회의 부회에는 "젊은 학생 제군과 늘상 오는 단골 이외에는 아카데믹한 연구자가 출석하는 일은 지극히 드물어"졌다고 한다.[131] 한국 전쟁이 휴전된 1953년은 무장 투쟁 노선의 한계가 보이기 시작한 시기이기도 하며, 당의 내분으로 공산당원도 대폭 감소했다. 국민적 역사학 운동의 정체는 이것과 병행되었다.

운동의 이념도 점차 막다른 길에 부딪혔다. 이것도 도야마에 따르면 "근대 사관을 넘어선다고 폼을 잡아 보아도, 거기서 나오는 것은, 문득 생각난 정도의 가설"에 불과하며 "토론은 언제나 공회전으로 끝났다"라고 한다. 역시 1953년 『레키시효론』에도 "적극적으로 일을 추진해 온 사람들이 확신을 갖지 못하고 있다", "민화를 다루면 민족 예술이라는 이야기는, 아니라고 생각한다. 민족 문화란 무엇인지를 이론적으로 밝혀야 한다"라는 기술이 보인다.[132]

게다가 학생과 학자들은 조직 운영에 익숙하지 않았다. 1953년 7월 민과 본부 통신에는 "'진보적인 과학자'는 민과 회비를 내지 않고, 각 반과 부회에 소속된 회원의 한 사람으로서 조직적인 행동을 하지 않으며, 회합에는 늘 지각, 결석하기 일쑤며 연구는 하지 않으면서 방법론을 이야기할 뿐이다"라는 비판이 보인다. 이 운동의 활동가였던 우메다 긴지梅田欽治의 회상에 따르면 역사학자나 학생들은 "공동 작업에 익숙하지 않은" 데다가 "걸핏하면 감정적인 토론이 되고, 조직의 가장 초보적인 사항에 대해서조차 완전히 이해를 결여한 점도 드러났다"라고 한다.[133]

이런 상황 속에서 최후의 일격이 된 것이 1955년 7월 육전협에서 이루어진 일본공산당의 방침 전환이었다. 산촌공작대를 비롯한 무장 투쟁 노선은 극좌 모험주의라고 총괄되었고, 사문을 받아 추방당했던 국제파 당원들이 복귀했다.

육전협 직후에 열린 1955년 11월의 민과 역사부회 전국 총회는 국민적 역사학 운동에 대한 총비판의 양상을 보였다. "그것은 작문이라는 것밖에는 할 말이 없고, 지금까지의 전통적 역사학의 성과를 바탕으로 한 것이 아니다", "일반 학생층을 성급하게 농민과 결합하는 정치적 조작이었다", "학회로부터 고립되었다"라는 목소리가 이어졌고, 지식인의 프티부르주아성을 비판한 전년의 운동 방침안이 낭독되자 회장 안에 조소가 일었다.[134]

마르크스주의 역사학계의 내부에서도 입장은 완전히 역전되었다. 이시모다와 마쓰모토는 자기비판을 요구받았고 이노우에 기요시와 네즈 마사시가 복권되었다. 네즈는 국민적 역사학 운동을 "소련의 학생과 같은 방식"이라 비판하고, 이노우에는 "좌익이 이렇게 바보 같은 짓을 하는 와중에, 아카데미의 성실한 연구자는 부쩍부쩍 작업을 해 나갔다. 그 차이가 지금 얼마나 커졌는가"라고 말했다.[135] 연구실에 틀어박힌 아카데미즘을 비판하던 시기와는 완전히 바뀐 상황이 출현했다.

운동의 와해는 많은 사람들을 상처 입혔다. 이전의 운동 방침을 부정당한 학생들 사이에서는 정치에 대한 불신이 퍼졌다. 진학이나 연구를 희생하며 운동에 헌신한 까닭에, 그 후의 인생을 재건하는 데에 고생한 사람도 많았다. 운동의 마찰과 내분 속에서 상민문화연구소를 그만두고 고등학교 교사로 전직한 아미노 요시히코는 1960년대 후반까지 논문을 거의 발표할 수 없었다. 당시의 활동가였던 우메다 긴지는 운동이 붕괴되고 "생활을 재건하는 데 5년 이상이 걸렸다"라고 말한다.[136]

그들을 더욱 실망시킨 것은 운동 지도자들의 자세였다. 운동에 참가한 많은 젊은이들은 전시 중에 전장이나 공장으로 동원된 경험이 있었다. 그리고 그들은 자신들을 선동해서 농촌으로 보낸 지도자들이 운동 실패의 책임을 어떻게 질지 주시했다.

그러나 1956년 역사학연구회에서 비판을 받은 마쓰모토 신파치로는 사과陳謝를 표명하기는 했지만, 네즈 마사시에 따르면 "'당시의 정세, 한국 전쟁 등의 국제 정세'를 예로 들며 자기 자신은 지극히 '열심'이었다고 변명"하는 데 그쳤다. 네즈는 여기서 "어떤 반성도 하지 않았다는 인상을 받았다"라고 평한다. 과거에 마쓰모토에게 사사했던 아미노 요시히코도 이런 마쓰모토에게 강한 반발을 품고, 그 후 두 번 다시 말을 섞지 않았다고 한다.[137]

이시모다도 1957년에 자기비판의 글을 공표하기는 했지만, 그 내용은 다소 애매해서 '관료적', '비겁'이라는 비난을 받았다. 이 운동의 성경적 존재였던 『역사와 민족의 발견』도 이누마루 기이치에게 "이 시기 마르크스주의 사학의 나쁜 표본" 등의 비판을 받기에 이른다.[138] 이시모다는 정치 참가와 학문의 변혁을 통해 젊은 사람들에게 전쟁의 책임을 지고자 했으나, 그것은 결과적으로 많은 젊은이들의 인생을 혼란에 빠뜨렸고, 비난받는 결과를 초래했다.

이윽고 고도 경제 성장과 함께 국민적 역사학 운동은 과거의 악몽처럼 망각되었고, 역사학계에는 정치에 대한 기피가 확산되었다. 스즈키 료이치는 1956년 『레키시가쿠켄큐』에서 "실증주의자다, 근대주의자다, 코즈모폴리턴이다"라는 딱지 붙이기가 횡행했던 시기를 비판하면서 "심각하게 예의 '문제의식' 같은 것을 끄집어내기가 두렵다", "그것을 역연에 가지고 들어오는 것은 거절하고 싶다"라고 쓴다.[139]

이내 마르크스주의 역사학자가 대학에서 지위를 구축하는 것과 병행하여 아카데미즘에 대한 비판도 사라졌고, 문서 사료 중심의 실증주의가 역사학의 바람직한 모습으로 정착해 갔다. 이후 민주주의과학자협회는 자연 소멸했고 역사학연구회는 통상적인 학회로 운영된다.

이노우에 기요시는 1959년의 평론에서 역사학의 상황을 평하며 "지금까지의 정치주의와는 정반대의 서재주의書齋主義가 되어 버렸다"라고 말한다. 운동의 반성과 재검토가 필요했음에도 "자기비판 대신에 침묵"이 있었을 뿐, 역사학자 사이에서 "뜨거운 국에 데어 냉채를 후후 불듯이, 민중과 현실에서 동떨어져 학문을 위한 학문에 안주하는 경향"이 나왔다는 것이다.[140]

그 후 도야마 시게키나 우메다 긴지 등이 운동의 총괄을 시도했지만,

1950년대 전반의 사건은 역사학계의 상흔으로 결국 봉인되었다. 운동에 참가한 사람들은 많은 사실을 이야기하지 않았고, 역사학자의 세대교체와 함께 운동에서 제기된 문제 자체가 망각되어 갔다. 그런 가운데 아미노 요시히코는 민중 문화와 여성에 대한 주목, 그리고 중세의 민족의식 발생이라는 국민적 역사학 운동 속에서 주창된 주제를 발전시켜, 1970년대 이후 독자적으로 중세사 연구를 해 나간다.

운동의 붕괴를 전후해서 이시모다는 건강을 해쳐 차츰 역사학의 무대에서 물러났다. 운동이 끝난 지 5년 만인 1960년에 이시모다는 운동을 자기 나름대로 총괄한 「'국민을 위한 역사학' 각서」「国民のための歴史学」おぼえがき를 공표한다. 거기서 그는 자신의 민중 이미지가 빈곤했던 점을 자기비판한 뒤, 학문적 운동을 정치적 동원의 수단으로 이용하고자 한 공산당의 실용주의를 우회적으로 비판하면서 나아가 이렇게 말한다.[41]

서클에 가는 시간을 '연구'에 쓰면 능률이 오르고, 업적도 올리기 쉬워짐은 분명하다. 그럼에도 서클에 가는 것은, 우선 첫째로 그것이 즐거운 일이어서다. 서클의 모임 자체가 즐거울 뿐 아니라…… 공동의 책임을 지는 데서 생기는 새로운 인간관계의 형성은, 우리에게 집단을 만든다는 기쁨을 준다. 그것은 과거의 계몽가가 알지 못한 창조의 측면이다. …… 서클 활동은 '봉사'가 아니다. 강제된 '의무'로서만 서클에 가는 사람은 애초부터 가면 안 되었던 것일지도 모른다.

이런 기쁨과 즐거움을 출발점으로 삼아야 했던 운동이, 정치적인 실용주의에 휘말려서 강제와 의무로 전화되어 버린 점을 이시모다는 후회한 것이리라. 그러나 그의 애초 의도가 어떠했던 간에 이시모다가 제창한 운동의 결과는 전쟁과 마찬가지로 많은 젊은이에게 상처를 주었다. 아미노 요시히코의 회상에 따르면 "이시모다 씨는 국민적 역사학 운동이 종언한 뒤, 나와 얼굴을 맞대고 '아미노 군, 미안했다'라고 말해 준 유일한 역

사가입니다. 다른 사람들은 어영부영 변해 갔습니다"라고 한다.[142]

  그 후에도 이시모다는 병의 악화를 견디며 연구를 계속했지만 1973년에는 불치의 신경 질환인 파킨슨병에 걸려, 독서나 보행조차 곤란한 상태에 빠졌다. 부인의 부축을 받아 지팡이를 짚고, 예전과는 딴판인 모습으로 1980년대의 역사학연구회를 찾아온 이시모다의 모습을 도마 세이타는 "가슴이 아팠다"라고 표현한다.[143] 10년 넘게 투병 생활을 하고, 과거 전화戰火 속에서 집필했던 '차질과 패배의 역사'인『중세적 세계의 형성』의 문고판 서문을 끝으로 절필한 이시모다는 1986년에 사망한다.

  이시모다는『속역사와 민족의 발견』에서 지방 서클지에 실린 노동자가 쓴 글의 정치적 미숙함을 논하며 이렇게 말한다.[144] "여기 인용한 글을 읽고 노동자에게 코웃음 치는 지식인은, 우리와는 연이 없습니다. 우리와 함께 이야기할 수 있는 사람은, 이것을 고통스러워하며 읽는 사람입니다." 민족이라는 언어 아래서 고립으로부터의 탈출과 학문의 혁신을 추구했던 국민적 역사학 운동은, 정치의 변천 속에서 좌절하고 망각되었다. 그러나 이 시기에 제기되었던 문제들이 과연 현대에는 해결되었는지, 거기서 일어난 시행착오를 '코웃음 칠 수' 있을지는 또 다른 문제다.

9

전후 교육과 민족
교육학자·일교조

우리는 오른쪽에서부터든 왼쪽에서부터든, 아이들의 눈을 가리고 다시 전장으로 떠밀 위험이 있는 애국심 교육에서 아이들을 지키지 않으면 안 된다.

우메네 사토루

전후의 내셔널리즘을 논할 때 교육 문제를 뺄 수는 없다. 특히 일장기, 〈기미가요〉君が代에의 대응 등을 둘러싸고 일본교직원조합이 정부와 대항 관계였음은 잘 알려져 있다. 이 장에서는 패전 후부터 1950년대 중반까지 일교조 및 진보계 교육학자들의 내셔널리즘을 검증한다.[1]

결론부터 말하면 전후 좌파와 진보파의 대부분이 그러했듯이, 일교조를 중심으로 한 진보계의 교육 운동도 내셔널리즘의 부정이 아니라 다른 형태의 내셔널리즘을 모색했다. 그리고 역사학의 경우처럼 그 속에서 전전 내셔널리즘과의 단절과 연속성이 복잡한 교착을 이룬다.

전후 교육의 출발

교육 개혁에서도 점령군의 대응은 빨랐다. 1945년 12월까지 군국주의적인 교원을 추방하는 심사 기관의 설치, 공교육과 신토神道의 분리, 수신·일본사·지리 교육의 일시 정지 등을 명령했다.

1946년 3월 미국에서 교육 사절단이 방일해서 GHQ에 조사 보고서를 제출했다. 그 보고서에서는 개인의 가치와 존엄을 확립하는 교육이 주장되었으며, 교육위원회教育委員会의 공선제公選制와 9년간의 무상 의무 교육, 그리고 남녀 공학 등이 제안되었다. 이런 제안 항목들은 거의 전부 개혁에 반영된다.

1947년 3월 극동위원회가 교육에서 칙어 사용을 금지한 한편, 같은 달에 「교육 기본법」教育基本法이 제정된다. '개인의 가치' 및 '인격의 완성'을 주장한 이 기본법은, 교육의 구체적인 제도보다도 전후 교육의 이념을 밝히는 것이 목적이었으며, 말하자면 전쟁 전의 「교육 칙어」를 대신하는 존재였다.

1947년 4월부터는 소학교 6년, 중학교 3년이라는 이른바 6-3제가 시작되었다. 초등 교육에서는 폐지된 수신·역사·지리를 대신하여 사회 과목과 홈룸homeroom이 신설되었다. 도입 초기의 사회 과목은 종래의 교과서 암기를 배제하고 아동들에게 토론과 현지 체험을 시켜서 자발적인 인간으로 자라나도록 하는 것을 목적으로 삼았다.

그러나 이런 제도 면의 개혁에 비해서 의식 면의 변화는 느렸다. 교육에 종사하는 인간이 전전과 같다는 점이 가장 큰 원인이었다.

예를 들어 1945년 9월 15일 문부성이 발표한 「신일본 건설의 기본 방침」新日本建設の基本方針은 "종래의 교육 방침에 검토를 가하여 신사태에 즉시 대응한다"라고 말하면서도 또한 "앞으로의 교육은 점차 국체의 호지護持에 힘쓸 것"이라고 말했다.[2] 점령군의 지령으로 개혁이 진행되고 교원 자격 심사와 추방도 실시되었지만, 일본 측이 행한 심사는 느슨했으며, 추방된 자는 전 교원의 0.5퍼센트, 대학 교원 중에서는 0.3퍼센트 정도에 불과했다.[3] 「교육 칙어」에 대해서도 극동위원회가 금지한 지 1년이 넘게 지난 1948년 6월이 되어서야 국회에서 무효 결의가 이루어졌다.

이렇게 해서 패전 후의 교육계에는, 변경된 제도와 변치 않는 교육자라는 모순된 상황이 생겼다. 그 결과는 어제까지 귀축미영과 천황 숭배를 설파하던 교사가 돌연히 미국과 민주주의를 찬미하는 형태로 나타났다. 이런 현상은 학생들의 불신을 샀고, 전후 민주주의는 기만이라는 인상을 심었다.

그러나 귀축미영에서 민주주의로의 이 전환은 김빠질 만큼 부드럽게 보이면서도, 실은 기묘한 혼란을 품었다. 패전 시에 중학생이었던 야마모토 아키라는 1945년 가을의 학교 모습을 이렇게 회상한다.[4]

2학기 시업식도 없이 첫 시간이 시작되었다. 군가를 가르쳤던 음악 교사가 "전쟁에 지기도 했으니, 오늘은 미국의 국가를 가르쳐 주마"라며 칠판에 쓴 영어 가사를 읽었다. 이렇게 해서 나의 전후가 시작되었다.
'전후'란, 「교육 칙어」와 전쟁 선포의 대조大詔가 미국 국가로 변한 것뿐이다. 상급생이 속속 귀환해서는 하급생을 모아놓고 연설을 한다. "우리들이 오랜만에 학교에 돌아와 보니, 너희들은 흐리멍덩하게 놀고 있고, T중의 정신을 잊어버렸다. …… 다들 눈을 감아라. 내가 말하는 것을 듣고 반성해라! 알겠냐……, 진심에 어긋나는 일은 없는가!"(구 육군의 훈계 중 하나 - 옮긴이)

이래서야 마치 전쟁 중과 같다. 식량은 점점 궁핍해지고 고구마라도 먹을 수 있으면 감사할 따름이었다.

중학교에는, 과거 "조국의 위기를 구하기 위해, 애국의 지정至情을 어찌 할 수가 없어서 펜을 조종간으로 바꾸어 잡았다"라고 칭송받던 예과련 및 비행련飛練의 귀환 생도가 왔다. 그들은 교정에서 담배를 피우며 교사에게 "잘도 나를 예과련에 보냈겠다. 그냥 두나 봐라"라고 위협하는 것이다. 학교 당국은 당황하여 귀환 생도를 하급생에게서 분리하고, 전시 중의 무기고를 개조한 교실에 몰아넣었다.

1946년이 되자…… [길거리에는] 오른쪽 위로 기울어진 뾰족한 글자체로 "군사적 봉건적 천황제 타도"라고 쓰인 일본공산당의 포스터가 붙었다. 중학교 1학년인 나는 이것을 지지하기로 결심했다.

이것이 아마도 당시 각지 학교의 풍경이었을 것이다. 일본에서 미국으로 대상이 전환되어도 가르치는 것은 역시 '국가'라는 점. '특공대에서 공산당으로'라는 풍조 속에서 '마치 전쟁 중'과 같은 훈계로 윤리 회복이 설파되었던 점. 이런 현상은 귀축미영에서 민주주의로 언어가 바뀌어도 심정이나 행동 양식은 전시와 끊기지 않고 이어졌음을 보여 준다.

이러한 상태는 그 후에도 수년 동안 계속된다. 1950년 가을에 야마모토가 다니던 고등학교의 홈룸 시간에 담임 교사가 "한국에서 싸우는 유엔군〔미군〕에게 위문편지를 쓰라"라고 명령했다. 그리고 야마모토의 동급생 소녀는 "평화를 위해서 싸우는 병사 아저씨, 고마워요"라는 영문 편지를 제출했다고 한다.[5] 물론 이것은 5년 전까지 교사나 학생들에게 익숙했던 행동 양식 그 자체였다.

하지만 이 시기에 내셔널리즘은 일반적으로 저하되었다. 정부의 권위와 상호 감시의 시선으로 만들어졌던 전시 중의 애국심은 그런 압력이 사라지자 운산무소되어 버렸다.

예를 들어 1950년 2월 『아사히신문』이 일장기에 대한 여론 조사를 실시했다. 점령하에 제한되었던 일장기 게양은 1949년부터 자유화되어, 정부는 희망자에게 무상으로 배부한다는 계획까지 세웠다. 전시 중에는 모든 가정에 게양이 강요되었기 때문에, 이 조사 결과에서도 73퍼센트의 가정이 일장기를 아직 소유하고 있었다. 그러나 공휴일에 이것을 게양한다는 답변은 전체의 20퍼센트에 지나지 않았다.

일장기에 대한 이런 대응은 의식적인 반발이라기보다는 오히려 무관심의 산물이었다. 게양하지 않는 이유 1위는 "다른 집이 걸지 않는데 나만 걸기는 뭔가 이상하고, 또 귀찮다"라는 것으로, 이것이 44퍼센트를 차지했다. 다음으로 많은 답변은 패전 후의 주택난이었다. 일장기가 없는 이유로도, 우선 전쟁 탓에 일어난 소실이 거론되었다. 패전 후의 물자 부족 속에서 "보자기나 베갯잇이나 쌀 주머니로 사용했다", "아이들의 운동회에 쓸 머리띠를 만들었다"라는 답변도 많았다.[6]

마루야마 마사오가 "급진 진영과 도학적 보수주의자 양쪽 모두를 낙담케 했다"라고 표현한 이런 상황에 보수 정권도 초조함을 드러냈다. 한국 전쟁 발발 직후인 1950년 8월에, 당시의 요시다 시게루 수상은 아마노 데이유, 아베 요시시게, 와쓰지 데쓰로 등 올드 리버럴리스트들로 구성된 문교심의회文敎審議会 위원을 불러 건전한 애국심의 양성에 대해 논의했다. 그리고 같은 해 10월 2일 요시다는 신문협회新聞協会에서 "순정하며 강고한 애국심의 재흥을 문교 정책의 필두로 들고 싶다"라는 담화를 발표했다.[7]

이것에 응하여 문상文相(문부 대신)으로 임명된 아마노 데이유는, 기념일에는 학교에 일장기를 게양하고 기미가요를 제창하라는 지시를 1950년 10월 17일에 내렸다. 이듬해인 1951년 아마노는 「국민 실천 요령」을 제안했다. 칸트를 전공한 윤리학자였던 아마노의 사상은 난바라 시게루 등과 유사한 독일계의 윤리적 민족 공동체론에 가까웠다. 그러나 요령의 내용은 천황에 대한 경애 및 애국심의 중요성, 그리고 가족의 중시와 효행 등, 상당히 일본화된 것이었다.[8]

나아가 아마노에게 이 요령의 편찬을 위촉받은 사람은 대전 중에 세계사의 철학을 주창하여 공직 추방되었던 교토학파의 고사카 마사아키, 니시타니 게이지西谷啓治, 스즈키 시게타카 등이었다.[9] 이 요령은 여론의 비판을 사고 아마노 칙어 등이라 속칭되다가 사라졌다. 그러나 전후의 사회 변동에 당황했던 보수파에서는 「교육 칙어」와 수신 교육의 부활, 그리고 남녀 공학의 폐지 등을 청하는 목소리가 끊이지 않았다.

동시에 문제가 된 것은 전후에 새롭게 등장한 사회 과목이었다. 당시의 사회 과목은 앞에서 말했듯이 교과서 암기를 배제하고 체험 학습이나 자유 연구를 중시했다. 그러나 패전 후의 혼란과 함께, 아동의 국어 및 산수 능력이 저하되어 학력 저하가 교육계에서 문제가 되었다. 그리고 많은 논자들은 학력 저하의 원인으로 사회 과목의 암기 배제와 체험 학습 중시를 들었다.

게다가 사회 과목은 수신·지리·역사를 폐지하고 설치한 과목이었다. 학력 저하에 대한 비판과 함께, 사회 과목을 폐지하고 수신이나 지리, 역사 등을 독립 과목으로 부활시키자는 의견이 높아졌다. 요시다 수상은 1952년 9월 자유당 의원 총회에서 "지리·역사의 교육으로 군비軍備의 근저가 되는 애국심을 키우지 않으면 안 된다"라고 주장했다. 1955년 11월 문상이 된 기요세 이치로清瀬一郎도 역사·지리 교육으로 애국심을 육성하도록 강조하고, 전전의 기원절紀元節을 건국 기념일로 부활시킬 것을 주장했다.[10]

전전의 「교육 칙어」를 대신하는 존재였던 「교육 기본법」도 전후 교육의 상징으로서 비판 대상이 되었다. 기요세 문상은 1955년 12월 6일의 중의원 문교위원회文教委員會에서 「교육 기본법」에는 "세계인으로서, 코즈모폴리턴으로서"의 도덕밖에 들어 있지 않으며 "조국애의 함양"이 없다고 발언한다."

이렇게 해서 1953년에는 교과서 검정권이 문부 대신의 소관으로 이동되었고, 1954년 6월에는 교직원의 정치 행위를 제한하는 교육이법教育二法이 제정된다. 또 1956년에는 교육위원회의 공선제가 폐지되었다. 같은 해에 문부성이 지도를 개시하고 1958년부터 각 부현에서 실시된 교원 근무 평정은 평화 교육을 저해하는 탄압으로 나타나, 일교조는 강경하게 반대 투쟁을 했다.

위와 같은 보수 정권 측의 동향은 전후 교육사에서 종종 개설된다. 그러나 일교조를 비롯한 진보파도 내셔널리즘을 기피하지는 않았다. 그리고 거기에는 전쟁 전과 전시 중에 형성된 행동 양식이 모습을 바꾸어 계속된다는 문제가 미묘한 그림자를 드리운다.

전후 좌파의 신교육 비판

앞에서 말해 왔듯이 패전 후의 마르크스주의자는 자유주의, 개인주의를 비판하고 반미를 주장하는 경향이 있었다. 그리고 미국의 의향을 반영한 전후의 교육 개혁은 그들에게서도 강한 비판을 받았다.

단, 당시 일본 사회의 빈곤과 교육 상황의 황폐함을 전제로서 확인해둘 필요가 있다. 공습으로 많은 학교 건물이 파괴되었고 학생도 교사도 배를 주렸다. 전사한 교원도 적지 않았고, 학교 건물 및 교사도 부족했으며, 급료는 늦어졌고 인플레이션이 교사들을 괴롭혔다. 교사들은 이런 열악한 조건과 한 반에 60명을 편성하는 주야 2부 수업도 드물지 않은 가혹한 여건 아래서 근무했다.

이런 상황 속에서 1947년 3월에 「교육 기본법」이 제정되었다. 그러나 당시는 패전 후의 기아와 혼란의 한복판이었기 때문에 일반의 관심은 낮았다. 1947년 6월 결성된 일교조도 일단 기본법을 환영하는 자세를 보였지만, 당면 과제는 교원의 생활을 개선하는 임금 투쟁이나 단체 투쟁에 맞추어져 있었다.

그리고 좌파계의 교육학자들은 대개 「교육 기본법」에 비판적이었다. 4장에서 보았듯이 당시는 헌법에 대해서도 정부가 지지를 표명하고 좌파가 비판하는 입장이었다. 당시의 공산당이 신헌법에 대해, 사회 변혁의 계획을 갖추지 않은 미사여구라고 비판한 사실은 4장에서 말했다. 당시 마르크스주의자들은 전쟁이 자본주의라는 경제적 하부 구조의 문제에서 발생하는 이상, 정신론만으로 평화를 설파해도 무의미하다고 생각했다.

「교육 기본법」에 대해서도 사정은 거의 마찬가지였다. 문부성은 「교육 기본법」을 상찬했지만 「교육 기본법」이 주장한 이상과 교육 현장의 실정 사이에는 너무나도 큰 괴리가 있었다. 그리고 기본법에는 그 이상을 실현하기 위한 사회 개혁의 계획이나 구체적인 방책은 딱히 들어 있지 않았다.

예를 들어 1948년 3월 19일 『아사히신문』에 게재된 「의무 교육을 받지 못하는 아이들」義務教育を受けられない子供たち이라는 투고에서 야마가타 현의 교원은 이렇게 말한다.[12]

헌법은 모든 국민이 능력에 맞게 동등히 교육받을 권리를 가지며, 그 보호하는 자녀에게 보통 교육을 받게 할 의무를 진다고 상정한다. 그리고 의무 교육은 3년 연장되었다. 모두 더할 나위 없이 좋은 일들이다. 그러나 실상은 어떤가. ……

부형의 편지는 다음과 같이 호소한다. "소생도 직장이 없고, [아이를] 생활상 어쩔 수 없이 휴학시키고 있습니다", "입을 것 먹을 것이 부족하여, 비참한 모습으로 등교시킬 수가 없습니다", "별 수 없이 잡일꾼을 시켜서 월 600엔 정도를 받게 되었습니다"라고. …… 이런 사정으로 학교에 오지 않는 생도는 전 생도의 약 10분의 1 내외일 것이다. 그들에 대해서 국가는 [의무 교육에 태만하다는 이유로] 1,000엔 이하의 벌금을 물릴 뿐이다. 그들을 구제하고 헌법의 정신을 살리기 위해서는 전면적인 생활 부조가, 단지

법률뿐 아니라 현실 속에서도 실시되지 않으면 안 된다.

　빈곤은 아동의 불량화를 초래했고, 패전 후의 무정부 상태와 어우러져 암시장이나 마약 거래, 매매춘 등에 빠져드는 소년 소녀도 끊이지 않았다. 이런 상황에서도「교육 기본법」의 조문은 "개인의 가치"나 "개성 넘치는 문화의 창조"를 외칠 뿐이었다.

　이런 까닭에 교육학자 무나카타 세이야는「교육 기본법」을 "실질적인 뒷받침이 없는 공허한 말"이라고 비판했다. 사회학자 히다카 로쿠로도 "너무나도 안락의자스럽다", "빈곤도, 도덕적인 무정부 상태도, 전쟁의 위기도, '인격의 완성'이나 '개인의 가치'만으로는 돌파할 수 없다"라고 평했다.[13] 패전 직후의 공산당은 "헌법보다 밥이다"라는 구호를 내걸고 신헌법을 비판했는데, 그것과 유사한 상황이「교육 기본법」에도 있었다.

　또 패전 직후의 급진적 분위기는 헌법이나「교육 기본법」을 "미적지근한" 것으로 느끼게 했다. 당시 중학생이었던 오다 마코토가 남녀평등과 군비 철폐를 주장하는 신헌법을 읽고, "뭘 궁시렁궁시렁 그런 것을 아직도 문제 삼는가."라고 느꼈음은, 역시 4장에서 말했다. 그것과 마찬가지로 국어학자 고쿠분 이치타로도 훗날「교육 기본법」제정 당시를 회상하며 "여기에 규정된 것은, 이미 충분히 다 아는 것이라고 생각했다", "국회에서 큰 힘을 보이는 것은 보수당 사람들이므로, 부르주아 민주주의의 교육 방침을 내세운 데 불과하다고 마음속으로 비판했다"라고 말한다.[14]

　물론 당시부터「교육 기본법」을 옹호한 지식인이 없지는 않았다. 우에하라 센로쿠는 진보계 교육론자로 알려져 있지만,「교육 기본법」에는 당초부터 긍정적이었다. 또한 오쿠마 노부유키大熊信行는 1949년에 "「교육 기본법」의 존재를 성찰하는 자가 없는 교육계의 실정"을 비판하고 "평화를 위한 교육은 '진리와 평화를 희구하는 인간의 육성'(「교육 기본법」)에 목표를 두어야 하며, 당면의 국제 위기를 벗어나는 데에 직접적인 목표를 두어서는 안 된다"라고 말한다.[15]

하지만 이런 의견은 사회 개혁에의 지향을 약화시키고 평화 교육을 단순한 정신론으로 낮추는 것으로 보이기 일쑤였다. 사회학자 시미즈 이쿠타로는 1952년 이와나미 강좌 『교육』教育의 권두 논문에서 "정신만으로 평화를 확립할 수는 없다. 그것과 동시에 평화의 육체가 만들어지지 않으면 만사가 쓸모없게 된다", "아무리 전쟁을 저주해도, 자신들이 만들어 낸 사회 그 자체가 '전쟁에의 충동'을 가진 한, 즉 자본주의 사회인 한, 평화를 손에 넣을 수는 없다"라고 말하여, 좌파의 교육 관계자에게 상찬을 받았다.[16]

전후의 교육 개혁에 대해서도 마찬가지였다. 황폐한 교육 현장에서 어떤 물질적 뒷받침도 없이, 미국의 영향을 받은 교육 프로그램('신교육'이라고 통칭되었다)이 급작스럽게 개시되어 많은 혼란을 불렀다. 평균 소득이 미국의 약 10분의 1이었던 당시의 일본 사회에 미국을 참고한 교육 프로그램을 도입하면, 잘 맞지 않는 부분이 생길 수밖에 없었다.

예를 들어 새 과목인 사회 과목은 학생들의 토의와 자유 연구를 중시했다. 그러나 도서관은 고사하고 학교 건물조차 부족한 상황에서 자유 연구를 실시하기는 곤란했다. 과도한 노동 속에서 전쟁 전에는 전혀 없었던 교수법을 요구받고 곤혹스러워하는 교사도 많았다. 무나카타 세이야에 따르면 당시의 많은 교사들은 "사회 과목은 힘들고, 뭘 해야 할지 모르겠다"라는 상태였다고 한다.[17]

이렇게 해서 발생한 「교육 기본법」과 '신교육'에 대한 비판은 「교육 기본법」의 인간관으로도 향했다. 「교육 기본법」 제1조는 "개인의 가치를 존중하고, 근로와 책임을 중시하고, 자주적 정신으로 가득 찬 심신이 건강한 국민의 육성을 기하고 행해야 한다"라고 교육의 이념을 주창했다. 그러나 당시의 좌파 지식인들에게는 국민의 육성을 내건 이 기본법도, 너무나 개인주의적으로 비쳤다.

예를 들어 1947년 시미즈 이쿠타로는 「교육 기본법」의 근저에 있는 미국의 교육사상을 비판했다. 그에 따르면 근대적 개인을 중시하는 미국의 교육사상은 유럽에서는 이미 시대에 뒤떨어진 18세기의 사상에 불과하며 "19세기와 함께 나타난 역사의 힘"을 인식해야 한다는 것이었다.[18]

당시의 일본 지식인들은 유럽사상사에서의 18세기와 19세기를 대비시켜 논하는 경향이 있었다. 그것에 따르면 18세기는 부르주아 시민층이 절대 왕정과 대항했던 시대이며, 개인에 대한 국가의 개입을 거부하는 자유주의 사상이 대두했다. 그러나 19세기에는 그런 자유주의와 개인주의가 계급 대립의 출현과 함께 시대에 뒤떨어지게 되며, 근대를 다시 묻는 헤겔과 마르크스의 역사 철학이 등장했다는 것이다.

그리고 시미즈에 따르면 풍요롭고 토지가 광대한 미국에서는 빈부의 격차가 완화되어 계급 대립이 눈에 띄지 않았다. 그렇기 때문에 미국에서는 각각의 개인이 능력을 발휘하기만 하면 사회 전체도 행복해진다는 낙천적인 근대 자유주의 사상이 예외적으로 살아남았다. 미국 교육사상의 원조인 존 듀이John Dewey를 비롯해 개인의 능력 개발을 중시하는 교육이 주창된 것도 그런 까닭이다. 그러나 일본에는 미국 같은 사회적 조건이 없는 이상, 사회 구조 변혁의 시점이 빠진 개인주의적 능력 개발이라는 교육사상은 적합하지 않다는 것이다.

이런 근대 및 18세기 비판은 당시의 지식인들 사이에서 드물지 않았다. 예를 들어 공산주의에 비판적이었던 난바라 시게루도 1946~1947년에는 "18세기와 프랑스 혁명이 낳은 자유주의적 민주주의"를 비판하며 자본주의를 넘어선 "전체의 계획에 따른 신新경제 질서"를 주장했다. 공산당에게 근대주의자라고 비판받은 오쓰카 히사오조차, 농민층을 개인으로 해체하는 미국형 해방만으로는 불충분하며, 국내 시장을 형성시켜서 국민적 연대를 이루는 것이 불가결하다고 주장했다.[19]

7장에서 보았듯이 사회 전체의 변혁이 없으면 개인의 행복도 없다는 논조는 고도성장 이전의 일본에서는 광범위하게 존재했다. 그런 관점에서 보면 사회 변혁의 시점이 빠진 채로 개인의 중시를 주장하는「교육 기본법」은 봉건제를 타파한다는 의미에서는 한걸음 나아갔다고 해도, 부유

한 자의 승리를 정당화하는 자유주의 사상에 불과했다.[20]

나아가 좌파 중에서도 공산당계 논자들은 문부성이 작성한 교과서인 『민주주의』民主主義도 비판 대상으로 삼았다. 1948(상권)~1949년(하권)에 간행되어 1953년까지 중학교와 고등학교의 사회 과목에서 사용된 이 교과서는 미국과 영국, 스위스 등의 제도를 해설하여 민주주의의 이념과 개인의 존중을 이야기했다.

그러나 공산당의 영향이 강했던 민주주의과학자협회나 역사학연구회는 1949년 1월에 대책위원회를 설치하여 이 교과서를 비판했다. 이 교과서에 따르면 자본주의, 자유주의, 의회주의에 기반을 둔 부르주아 민주주의만이 민주주의로 간주되고 "공산주의가 민주주의의 가장 발전된 형태라는 학문상, 또한 역사상 증명된 사실"이 무시되었기 때문이다.[21] 교과서 『민주주의』에는 폭력 혁명이나 프롤레타리아 독재를 비판하는 장이 있었는데 이것이 그들을 자극했다.[22]

교육학에서는 소련 교육학의 연구자인 야가와 도쿠미쓰矢川德光가 1950년 5월에 『신교육에의 비판』新教育への批判을 출판했다. 그 내용은 "오늘날 미일의 커리큘럼 개조가들"의 사상을 비판해 이를 "지극히 유치한, 뒤떨어진 개인주의적 기계론의 사회관"에 기반을 둔 "시민 즉 부르주아지"의 이데올로기라고 평한 것이었다. 그에 따르면 "오늘날의 일본인은 근대적인 시민 사회를 넘어서…… 새로운 사회로 돌입하지 않으면 안 되는데도", "미국인의 생활이 이상으로 삼는 것은 눈치 빠르고 잔꾀 많은 시민"이다. 그리고 "학교는, 아이들이 아이들 나름으로 인민 혁명의 일익을 담당할 수 있도록, 합목적적으로 육성해야 한다"라는 것이었다.[23]

공산당계 교육자의 경우에는 이런 신교육 비판에 더하여, 역사학의 경우처럼 1951년경부터 반미 민족주의가 현저해졌다. 공산당의 방침이 영향을 끼쳤을 뿐만 아니라, 1949년부터 시작된 공산주의자 탄압으로 약 1,700명의 활동적 요원들이 직장에서 쫓겨나 점령군에 대한 반감이 높아졌기 때문이었다.

이렇게 해서 『교시노토모』敎師の友나 『로쿠산쿄시쓰』六·三敎室 같은 교육 잡지는 1951~1952년에 차례차례 민족 교육에 대한 특집을 엮었다. 『신교육에의 비판』을 쓴 야가와 도쿠미쓰는 1952년 1월 『교시노토모』에서 이렇게 말한다.[24]

일본의 학교는 이미 민족의 '자존심'이라는 것을 갖지 못하는 아이들을 만들어 내는 듯하다. 왜냐하면, 도쿄의 어느 교사가, 어느 나라가 좋은 나라인가라고 아이들에게 물어보니, 그 90퍼센트가 활기차게 '미국'이라고 외쳤으며, 고작 5퍼센트의 아이들이 주뻣주뻣하며 '일본'이라는 국명을 입에 올렸다는 예도 전해진다. 이런 무국적인의 형성에 대해서는……문부성 검정을 받은 사회 과학 교과서가 어떤 한 나라[미국]의 외견적 풍요 앞에 아이들이 무릎 꿇도록 편집되어 있다는 데 다대한 책임이 있다.

역시 1952년에 교육학자 가이고 가쓰오海後勝雄는 "개인과 인류를 생각하는 휴머니스트의 입장"을 비판했다. 가이고에 따르면 구미歐美 제국주의와 아시아의 민족 해방 운동의 싸움이 중요하게 된 "세계의 역사적 단계"에서 "민족의 틀을 특히 희박하게 만들어 개인을 직접 인류와 세계로 연결해 가는 입장"은, 중립을 가장한 듯이 보이지만 결과적으로는 제국주의에 가담하게 된다는 것이었다.[25]

나아가 비판은 사회 과목으로도 향했다. 역사와 지리를 폐지하고 설립된 사회 과목은 일본 민족의 역사와 문화를 박탈한다는 비난을 받았고, 역사·지리 교육의 부활이 주장되었다.

예를 들어 역사교육자협의회歷史敎育者協議会의 서기장이었던 다카하시 신이치高橋磌一는 1952년에 「민족적 교육에의 전진」民族的敎育への前進이라는 제목의 논고에서, 교사들 사이에 사회 과목에 대한 비판이 많음을 소개했다. 다카하시에 따르면 "일본의 양심적인 교사들이 이른바 '신교육', 그중에서도 현재 이루어지는 사회 과목에 불신임장을 내던졌다. 일본 민족의 긍지를 버리고, 일본 민족의 역사를 잊고, 일본의 언어에 대한 애정을 잃고, 민족을 더럽히고, 썩게 만드는 팡팡 교육의 뺨에, 일본의 교육자가 끝내 장갑을 내던졌다"라는 것이었다.[26]

물론 거기서 주장하는 역사 교육의 내용은, 국민적 역사학 운동이 부르짖은 민족 영웅이나 농민 잇키의 민화 등이었다. 역사교육자협의회의 회원이었던 가타오카 나미오片岡並男는 1952년에 "민족적 영웅, 민족적 문화를 일으켜 세워, 실로 잃어 가는 조국을 재인식시켜 민족과 나라의 독립을 쟁취하고자 하는 애국의 열기를 끓어오르게 하는 것, 그것이야말로 올바른 역사 교육"이라고 주장한다.[27]

이런 민족 교육론에서 천황은 미국에 종속된 매판 세력으로 위치 지어졌다. 야가와 도쿠미쓰는 천황을 도덕적 중심이라 표현한 아마노 문상을 비판하면서 "자기의 '신격'을 외국인의 뜻에 따라 버릴 만큼 자주성이 결여된 인간, '민족의 자존심'을 갖지 못하는 인간을 '도덕적 중심'으로 하는 교육은, 비판력이 없는, 주체성이 없는, 자존심이 없는 일본인을 만드는 데 안성맞춤이다"라고 말한다. 다카하시 신이치도 1953년에 당시의 황태자를 "양복 차림으로 미국의 대형 여객기에서 모습을 드러내는 코즈모폴리턴의 프린스"라고 비판했다.[28]

교육학자뿐 아니라 마르크스주의 역사학자들도 이와 같은 비판에 동조했다. 1953년 1월에 출판된 이노우에 기요시 등의 『현대 일본의 역사』는 전후의 교육 개혁을 "식민지적인 우민 교육"이라고 비판하고, 나아가 이렇게 말한다.[29] "민족적 교육이 파괴되었다. 국어의 독본에서는 민족 고전인 민주적 문학의 교육이 생략되고, 고등학교까지는 일본의 역사·지리를 교육하지 않게 되었다. 천황가는 스스로 모범을 보이며 바이닝E. Vining이라는 미국인 부인에게 1947년 4월부터 황태자의 제왕 교육을 맡겼다."

물론 위와 같은 논조를 당시 진보계의 교육학자와 교육자들 전체가 공유한 것은 아니다. 그러나 공산당계의 이런 논조만큼 격하지는 않더라도 내셔널리즘을 긍정하는 교육학자는 많았다. 마루야마 마사오를 비롯해 비공산당계의 지식인들도 내셔널리즘에는 긍정적이었던 것이 통례다.

예를 들어 도쿄대학교수였던 가쓰다 슈이치勝田守一는 1951년의 「교육과 내셔널리즘」教育とナショナリズム이라는 논고에서, 프랑스 혁명으로 대표되는 근대적인 내셔널리즘을 육성하는 국민 교육을 주창했다. 가쓰다는 마루야마와 마찬가지로 프랑스의 지식인 에르네스트 르낭을 언급하며 "국민 교육은 귀족 교육과 대립하는 대중 교육, 서민 교육의 또 다른 이름이다", "일본인들이 자신의 운명적 제약을 벗어나려면, 개인주의적 이상이나 세계 시민적 교양이나 국제적 정신을 품는 것만으로는 불가능하다"라고 주장했다.[30]

일교조와 관계가 깊었던 우에하라 센로쿠도 1952년의 논고 「조국애와 평화」祖国愛と平和에서 "민족의식을 형성하는 문제 및 애국심 교육의 문제는, '신교육'에서는 거의 잊혀졌다"라고 주장했다.[31] 7장에서도 말했듯이 독일사 연구자인 우에하라는 피히테의 『독일 국민에게 고함』을 모델로 삼아, 근대적 자아의 확립과 국민적 연대를 양립시킬 수 있는 국민 교육을 주창했다.

종합적으로 말하면 야가와를 비롯한 공산당계 논자들은 소련과 중국을 모델로 삼아 개인주의와 근대주의를 비판했다.[32] 그에 비해 가쓰다나 우에하라는 프랑스나 독일을 모델로 삼아 근대적 개인들이 뒷받침하는 내셔널리즘을 주창했다. 그런 차이는 있지만 애국심 교육의 필요성을 설파하고 미국적인 전후 교육을 비판하는 경향은, 당시의 진보계 교육학자들에게 공통되었다고 할 수 있다.

물론 그들은 자신들이 주창하는 애국심과 전쟁 전 초국가주의의 차이를 강조했다. 가쓰다와 우에하라 등은 전전의 충군애국론으로는 근대적 자아가 확립되지 않았다고 주장했다. 한편으로 야가와를 비롯한 공산당계 논자들은 천황을 미국에 종속된 매판 세력이라 위치 짓고, 보수파가 주창하는 애국심은 천황을 이용한 미국의 간접 통치에 협력하기 위한 것이라고 주장했다.

11장에서도 언급하듯이 1950년대의 미국은 일본 정부에게 재군비의 강화와 애국심의 육성을 종종 요구했다. 1953년 10월 이케다 하야토池田勇人 특사와 월터 로버트슨Walter S. Robertson 미 국무부 차관보의 회담에서는 미국이 경제 원조를 제공하는 대가로, 일본 정부가 방위력 강화와 "애국심과 자위를 위한 자발적 정신"의 육성을 공약했다.[33] 이런 상황으로 말미암아 보수파의 애국심 교육론은 대미 종속의 산물에 불과하다는 비판이 일었다.

일교조에는 다양한 사상 조류의 교원들이 모인 탓도 있어서 조직으로서「교육 기본법」을 정면으로 비판하는 일은 없었지만, 위와 같은 혁신계의 내셔널리즘은 일교조에도 영향을 끼쳤다. 한국 전쟁하의 1951년 1월에 일교조는「제자를 다시 전장에 보내지 말라」라는 유명한 결의를 했는데, 그 결의에도 전면 강화, 재군비 반대와 함께 민족의 완전 독립이 주창되었다.[34]

1952년 6월 일교조 제9회 대회는「교사 윤리 강령」教師の倫理綱領을 결정했다. 이 강령은 "교사는 말할 것도 없이 노동자다", "단결이야말로 교사의 최고 윤리다"라고 선언하여 보수 정치가들은 그 좌파적 경향을 비판했다. 그러나 우에하라 센로쿠 등의 조력으로 기초된 이 강령은 18세기적 개인주의를 비판하고 "민족의 독립, 착취와 가난과 실업이 없는 사회의 실현"을 주장하는 것이기도 했다.[35]

이「교사 윤리 강령」을 결정한 일교조 제9회 대회에서는 "〈기미가요〉 제창, 수신 과목 부활, 남녀 공학의 폐지, 국민 도덕 실천 요령" 등에 대한 반대와 함께 "국민가요〈녹색의 강산〉綠の山河을 철저히 보급할 것"이 주창되었다.[36] 이〈녹색의 강산〉은 일교조가 공모를 거쳐 제정한 국민가요다. 그 가사는 다음과 같았다.[37]

전쟁 넘어서 일어서는

녹색의 강산 눈이 그치고
지금 다시 살아나는 민족의
젊은 피에 끓어오르는 것
자유의 날개 하늘을 난다
세기의 아침에 영광 있으리

여기에는 평화와 자유 등이 민족이라는 말과 동거하는 모습이 엿보인다. 덧붙여서 일교조의 조합가는 다음과 같았다.[38]

아아 민족의 독립과 자유의 하늘에 걸린 무지개
흔들림 없는 맹세 무쇠의 힘과 의지를 단련하며
승리의 길을 우리는 간다 우리들 우리들 우리들의 일교조

당시 교사들의 활동에도 민족이라는 슬로건은 종종 쓰였다. 1954년 교토의 아사히가오카중학교旭ヶ丘中学校에서는 학급 운영과 평화 교육이 정치적으로 편향되었다는 비판을 받아, 중추적인 교원이 전임 처분을 받은 '아사히가오카중학교 사건'이 일어났다. 그리고 그 중학교에서 교사·학생·학부형들이 1953년 7월에 만든 강령은 "하나, 조국을 사랑하자", "둘, 민족을 사랑하자", "셋, 근로를 사랑하자"라고 외쳤다.[39]

물론 민족이라는 말에 대한 반발도 있었다. 1951년 11월 일교조의 제1회 전국 교육 연구 대회(교연 대회)가 개최되었을 때, 민족을 어떻게 취급할 것인가를 둘러싼 논쟁이 벌어졌다. 이 대회에서는 야가와 도쿠미쓰, 가쓰다 슈이치, 가이고 가쓰오 등이 강사를 맡아 평화교육분과회가 열렸다. 그곳에 모인 교원들에게서 "민족 운운하는 것을 강하게 내세우면, 국가주의로 빠질 위험도 있습니다"(이와테현岩手県 대표), "민족이라든가 국가라든가 하는 것은 버려야 하며, 종국에는 인간 교육을 목표로 삼아야 한다고 생각합니다"(미야자키현宮崎県 대표)라는 의견이 나왔다.[40]

그러나 이때 민족에 찬동하는 목소리는 많았다. 민족이 아니라 인민을 강조해야 한다는 제안도 나왔지만 "현재로서는 애국은 즉 평화다"라는 의견 밑에서 민족 사용이 인정되어 갔다.

그리고 7장에서도 말했듯이 민족 자결을 높이 평가하던 이때는 다민족 국가가 식민지 영유 국가의 동의어로 여겨지고 단일한 민족 국가 건설이 이상으로 여겨졌다. 이 제1회 교연 대회에서도 "이전의 민족주의"는 "국가 안에 다수의 민족이 있었던 민족주의"였지만 "현재는 그렇지 않고, 다수 민족의 국가에서 단일 국가를 요구하는 민족주의로 발달해 왔습니다"라고 이야기되었다.

아시아를 향한 시각

이런 논조 속에서 중국을 비롯한 아시아 국가들의 민족주의는 보고 배워야 할 선례로 여겨지는 경우가 많았다. 그리고 이시모다 쇼의 경우가 그러했듯이 자이니치 조선인의 존재는 종종 일본 민족주의를 고양시키는 요인이 되었다.

그때 강조된 것은 조선 민족과 일본 민족을 모두, 미 제국주의로 말미암아 식민지화된 피압박 민족으로 간주하는 시점이었다. 1953년 1월 일교조 제2회 교연 대회에서는 자이니치 조선인의 민족 교육 문제가 다루어졌는데, 거기서는 이런 발언이 나온다.[41]

요약하면, 자이니치 조선인 교육의 문제를 단순히 외국인의 교육이라는 듯이 서먹한 눈으로 볼 수 없으며, 우리는 우리의 책임과 반성에 더하여, 오늘날 우리가 미 제국주의의 식민 지배에 놓여 있고, 우리의 사랑하는 학생 아동들이 팡팡 문화에 휩싸여 있다는 절실한 문제에 생각이 미친다면, 자이니치 조선인 교육 문제는 결코 조선 민족만의 문제가 아니라, 같이 압박당하는 민족들의 해방 및 식민지화에 대한 저항의 문제로서, 우리가 지향하는 평화·독립 문제와의 관계 속에서, 깊은 공감을 가지고 다루어져야 할 것이다.

이 시기부터 자이니치 조선인 아동의 교육은 큰 문제였다. 조선인 측의 민족 학교는 정비 중이었으며, 일본 아동보다도 심하게 빈곤했던 자이니치 아동의 존재는 많은 교육 현장에서 중요한 문제로 인식되었다.

그리고 교육 현장에서 자이니치 조선인의 민족의식은 종종 일본인 교원들의 민족의식을 자극했다. 어느 소학교 교사는 1951년에 자이니치 조선인의 자제가 민족 학교에서 조선어와 조선사를 배우는 모습을 묘사하며, 일본의 아동들에게도 "복고적이지 않은, 전진하는 민족의 역사적인 사명감을 어린 시절에 키울 것"을 이야기한다.[42]

이 점 때문에 당시의 교육론에서는 자이니치 조선인의 민족적 자각과 일본 민족의 자각은 서로를 고조시켜 주는 관계라고 여겨졌다. 역사가 마쓰시마 에이이치松島栄一는 1952년에 "자신의 민족에 대한 자각과 긍지가 다른 민족에 대한 우애와 이해의 기초가 된다"라고 강조했다. 일교조의 제9차 교연 집회에서도 "일본인의 민족 감각이 마비되면, 자이니치 조선 민족의 민족 교육을 원조하는 것도 도저히 불가능하며, 민족 교육 문제는 추상적인 인권 교육으로 바꿔치기 되어 버린다"라고 여겨졌다.[43]

이런 상황에서 과거의 지배와 차별에 대한 자각도 민족 교육의 주장을 강화하는 요인이 되었다. 다카하시 신이치는 1953년에 "일본의 지배 아래서 조선 민족의 아이들을 조선어로 가르치고 조선의 역사를 가르칠 자유가 있었을까요"라고 말하며 미 제국주의가 지배하는 일본에서도 민족 교육이 필요하다는 점을 이야기했다. 가타오카 나미오도 1952년에 "조선인의 자제들이 자국의 국어와 지리와 역사를 배울 수 없었던 사실, 그리고 그것에 대해 그들이 강렬하고 과감한 투쟁을 벌인 사실"을 거론하며, 역사·지리 교육을 이용한 애국심 육성을 주장했다.[44]

1950년대의 일교조 교연 집회에서는 자이니치 아동의 문제가 오키나와와 피차별부락 문제, 그리고 미군 기지 주변의 풍기 문제나 평화 교육 등과 함께, 민족 교육으로서 동일한 분과회에서 토론되는 경우가 많았다. 그리고 일본 민족의 자각을 기르는 것은 조선 민족과의 공존을 위해서도 필요하다고 여겨졌다. 1958년 1월 제7차 교연 집회에서 토의를 정리한 이노우에 기요시는 이렇게 말한다.[45]

일본에 있는 타민족의 민족적 권리를 빼앗고, 이들을 차별, 박해하는 것은, 실은 일본인 스스로의 민족적 자각, 민족애를 방해하는 것이다. 이 점은 단적으로 말해서, 자이니치 조선 민족을 한 단계 낮게 보는 일본인이 미국인에게는 비굴하다는 눈앞의 사실을 보면 명백하다. 조선 민족의 민족적 권리에 대한 존중은 동시에 일본인의 민족적 권리에 대한 옹호와 한몸이다. 특히 교육의 장에서 조선 민족 자제의 교육을 적당히 하면서, 일본인 아이들에게 바른 국제 이해와 세계 평화의 옹호와 민족적 자각을 부여하기란 불가능하다. …… 조선 민족 자제에게 올바른 민족 교육을 하는 것이, 곧 일본인 자제에게도 바른 민족 교육을 실시하는 장이다. ……

그러나 일본 측의 이런 주장에 자이니치 측이 반드시 동조하지는 않았다. 이 제7차 교연 집회에서는 분과회의 표제에 「자이니치 조선인 자제의 교육」이라는 표현이 쓰인 데 대해, 재일본대한민국거류민단在日本大韓民国居留民団의 방청자가 격하게 항의하며 자이니치 조선인·한국인 혹은 외국인으로 호칭하라고 주장해서 한 시간 이상 논의되었다.

이 항의에 대해 일본 측은 조선인 자제란 "조선 민족의 자제를 말하는 것이며 조선민주주의인민공화국 국민이라는 것이 아니다"라고 말하고, 분단국가가 통일되기를 바라면서 "단일한 조선 민족으로서 자이니치 조선인이라 부르는 것이다"라고 주장했다.[46] 7장에서 말했던 민족은 국가를 초월한다는 논조가 여기서도 응용되었다.

민족은 국가를 초월한다는 사상은 7장에서 말했듯이 독일사를 전공한 우에하라 센로쿠가 주창했다. 원래 여러 개였던 독일어 지역이 통합되어 근대 국가를 만든 독일에서는, 민족은 국가를 넘어서 퍼져 간다는 인식이 존재했다. 이 사상은 국가를 따라서 분단된 조선 민족의 상황에 적용하기 쉬웠다.

이런 논리는 오키나와에도 적용되었다. 오키나와 문제의 근원은 일본 민족의 일부일 터인 오키나와인에 대한 본토 측의 무관심, 즉 "일본의 내셔널리즘＝민족적인 연대 의식이 약하다"라는 점이라고 여겨졌다. 조선 민족을 38선이 남북으로 분단시킨 것처럼, 일본 민족도 '27도선'이 본토와 오키나와로 분단시켰다는 논법이 그 속에서 생겼다.[47]

당시의 오키나와교직원회沖繩敎職員会가 조국 복귀를 주창한 사실도 그런 경향을 조장했다. 1953년 1월 일교조 제2회 교연 대회에는 아마미오시마교직원조합奄美大島敎職員組合과 오키나와교직원회의 대표가 방문해 각각의 처지와 조국 복귀를 호소했다. 이 호소를 접한 본토 측 교원들은 "민족의 동포가 압제에 괴로워한다는 것조차 배울 수 없는 사회 과목의 현 상황"을 비판하며 "민족 교육으로서의 역사·지리 교육을 충실히 해야 한다. 그래야 비로소 오키나와·아마미오시마의 동포에 대해 민족적으로 공감하고 민족적 위기의 중대성을 알 수 있으며, 이 문제를 국민운동으로까지 높여 갈 수 있다."라는 목소리가 나왔다.[48] 이런 논조가 오키나와의 복귀 운동에 초래한 영향에 대해서는 필자의 이전 책인 『'일본인'의 경계』〈日本人〉の境界에서 상술했으므로 여기서는 반복하지 않겠다.

그리고 이렇게 형성되는 민족은 사회 변혁의 주체로 상정되었다. 그런 까닭에 당시에는 민족을 수반하지 않은 평화 교육에 대한 비판이 존재했다. 앞에서 말했듯이 공산당은 헌법 제9조를 비판하면서 사회 변혁의 계획을 동반하지 않는 평화론은 공허한 미사여구에 불과하다고 주장했다. 그렇다면 변혁의 주체인 민족의식을 육성할 수 없는 평화론 또한 공허한 것일 터였다.

1952년 『교시노토모』에는 "이시모다 쇼 씨의 저서 『역사와 민족의

발견』에서 많은 시사를 받았습니다"라는 이시다 우사부로의 다음과 같은 주장이 게재되었다.[49]

만약 우리가 아시아의 민족들에 대한 폭학暴虐의 책임을 잊는다면, 우리는 동시에 지배자의 책임 추궁도 잊어버리는 것이 되며, 민족의 갱생도 불가능하게 됩니다. 즉 우리는 그 전쟁에서 민족이 살아가야 할 방식에 대해서는 거의 아무것도 배우지 않았다는 말이 됩니다. 고작 "전쟁이 싫다"라는 기분을 맛본 데에 그치게 됩니다. ……
그러나 이제까지의 평화 교육에서는 '전쟁은 이제 그만'이라는 이기적 감정이나 원폭에 대한 공포감에 호소하는 것이 주가 되어, 민족의 혼을 풍요롭게 하기 위한 토대의 작업은 경시되었다고 생각됩니다. …… 분명 전쟁을 증오하고 평화를 사랑하는 심정을 키우는 것은 지극히 중요합니다. 그렇지만 이 심정도 민족의식이 뒷받침되지 않으면 결코 역사를 만드는 힘이 될 수 없다고 생각합니다. …… 전쟁이 싫다는 정서, 그것을 지탱하는 논리로서의 사회 과학, 나아가 그것들을 역사적 행위로 발전시키는 민족의식, 이 삼자가 갖춰져야 비로소 평화 운동도 강력해질 수 있다고 생각합니다.

물론 여기서 말하는 사회 과학은 마르크스주의이며 민족의식은 변혁의 주체를 의미했다. 그렇기 때문에 이시다는 "민족의식을 동반하지 않는 평화주의는 결국 무사안일주의나 자기들만의 평온을 바라는 이기주의로 타락하여 강한 윤리성과 실천력을 갖지 못합니다"라고 말한다.
이런 논리에서 보면 조선이나 중국에 대한 가해의 자각도, 일본 민족이라는 주체를 형성하여 그것을 기반으로 삼아 자본주의 체제를 변혁하지 않고서는, 단순한 양심적 반성으로 그칠 터였다. 그렇기 때문에 일본도 아시아·아프리카Asia·Africa, AA 국가들의 일원으로서 민족적 자각을 강화하고 미 제국주의와의 싸움 속에서 AA 국가들과 연대해야, 과거의 침략도 진정한 의미에서 극복될 수 있다는 견해가 주창되었다.

예를 들어 조선 교육사 연구자인 오자와 유사쿠小沢有作는 「민족 해방의 교육을 위해」民族解放の教育のために라는 논고에서 "AA와의 연대를 가능케 하는 민족의식 발전의 과정"으로서 가해자 의식에서 피해자 의식으로 전진할 것을 주창한다.[50] 조선에 대한 가해의 자각은 필요하지만 거기에 그치지 말고 일본 민족과 조선 민족이 미국의 제국주의에 대한 공동의 피해자라는 자각으로 나아가야 한다는 것이다.

그리고 오자와에 따르면 그런 공동의 피해자로서 연대·실천하는 속에서야말로 조선에 대한 차별 의식과 가해자 의식이 함께 "자각적으로 극복된다"고 한다. 그런 까닭에 일본 교사의 과제는 "일본인 교사의 조선인 민족 교육"보다도 우선 "일본인 아동에게 일본인으로서의 민족 자각과 민족 연대를 심는 것"이라고 이야기되었다.

물론 이런 논조들의 전제는 일본이 아시아의 가난한 후진국이라는 인식과 사회주의가 수행해 갈 혁신에 대한 신뢰였다. 당시의 민족 교육론은 이런 배경에서 주창되었다.

공통어 보급과 민족주의

그러나 이런 사상이 교육에 적용되었을 때 한 가지 문제가 발생했다. 민족의 통일이라는 사상이 민족 언어의 통일을 동반한 것이다.

이 경향은 공산당계의 민족주의와 비공산당계의 국민주의라는, 당시의 혁신 내셔널리즘 속 양대 조류를 반영하여 두 가지 방향에서 진전되었다. 우선 공산당계의 민족주의에서 이시다 우사부로는 1953년에 이렇게 주장한다.[51]

하나의 민족에는 하나의 언어(국어)밖에 없다. 계급에 따라서 언어가 서로 다르지는 않다. 그런 까닭에 언어(국어)는 지역, 경제, 문화의 동일성과 더불어 민족적 통일의 기초 중 하나가 되었다. …… 하나의 민족이 하나의 언어(국어)만을 가졌기 때문에 계급 투쟁이 이루어지고 투쟁으로 사회가 발전해 가며, 나아가서 언어(국어)는 이 투쟁과 발전에도 봉사하는 도구다.

이런 주장의 배경에는 8장에서 소개한 스탈린의 1950년 언어학 논문이 있었다. 스탈린은 여기서 "언어는 사회 속에서 단일한, 사회의 전 성원에서 공통된"것이며 "민족어는 민족 문화의 한 형태"라고 규정했다.[52] 그리고 이시다는 위와 같이 스탈린의 사상을 요약하면서 당시 문부성의 지도 요령을 "일본어와 일본 민족에 대한 애정을 잃은, 무서운 코즈모폴리터니즘", "'국어는 민족 문화의 한 형식이다'라고는 꿈에도 생각하지 않는, 개인주의와 무국적주의" 등이라 비판했다.[53]

그 밖에 국어학자 고쿠분 이치타로도 스탈린의 논문을 바탕으로 하여 1952년에 "민족어는 계급적인 것이 아니라 전 국민적인 언어이며, 민족 안에서 공통된 단일한 것이다", "국어를 사랑하지 않으면 안 된다"라고 주장하며 문부성의 지도 요령은 "미국식" 언어관에 침식당했다고 비판했다.[54] 또한 『긴다이분가쿠』의 동인들과 좌담을 한 구라하라 고레히토도 1951년에 스탈린을 인용하며 점령하에서 나타난 미일의 혼혈어를 비난하고 "우리 민족의 말을 파괴와 왜곡으로부터 보호하고 키우기 위해서 싸울 각오가 있어야 한다"라고 주장했다.[55] 스탈린의 논문은 역사학뿐만 아니라 언어 방면에서도 민족주의에 불을 지폈다.

위에서 보았듯이 이시다와 고쿠분은 당시 문부성의 지도 요령을 비판했다. 그리고 고쿠분이 말하는 미국식 언어관이란, 언어를 인간이 사회생활을 하는 데 필요한 도구로 보는 언어 도구설이었다.

고쿠분에 따르면 패전 후의 지도 요령에 도입된 이 언어관은 국어과의 수업 형식에 영향을 주었다. 구체적으로는 전쟁 전 일본의 국어 교육이 교과서의 암송과 고전 감상 등 문어文語에 편중된 데 비해, 전쟁 후에는 일상 회화의 연습과 학급의 토론처럼 구어口語에 중점을 두었고, 글쓰기에서도 편지 쓰기 등 실용적인 것이 중시되었다.

그러나 앞에서 말했듯이 개인의 생활 능력 개발을 중시하는 미국 교육사상은 부르주아적이고 시대에 뒤떨어진 근대주의라는 비판이 패전 직후부터 존재했다. 사상을 생활의 도구로 간주하는 프래그머티즘 pragmatism 철학도 당시의 공산당계 지식인들에게 부르주아 철학이라고 비판받았다. 언어 도구설은 이런 미국적 실용주의의 언어판이며, 민족어에 대한 애정을 잃은 코즈모폴리터니즘으로 간주되었다.

고쿠분에 따르면 이런 언어 도구설이 패전 후의 일본에 대두한 것은, 전전에 횡행했던 "일본어에는 일본 정신이 깃들어 있다는 식의 언어관"에 대한 반발이었다. 고쿠분 자신도 그런 이유로 한때는 언어 도구설을 지지했지만, 미 제국주의의 식민지화라는 민족의 위기에 눈을 뜬 이래, 입장을 전환했다고 한다.[56]

또한 고쿠분에 따르면 전후의 학력 저하도 이런 언어 도구설에서 나온 잘못된 국어 교육의 결과였다. 고쿠분은 1952년 이와나미 강좌 『교육』에서 민족어에의 애정을 강조하는 한편, 전후의 신교육이 토론이나 생활 단원單元 학습을 중시한 결과로 "기억과 연습을 심하게 경시하고", "기본 능력을 기를 수 있는 시간과 기회를 주지 않는 학습 지도가 횡행했다"라고 비난한다.[57]

이런 조류 속에서 고전을 민족 문화로 재평가하는 의견도 대두했다. 1953년 6월 일본문학협회日本文学協会에서 국어 교육자 아라키 시게루荒木繁는 「민족 교육으로서의 고전 교육」民族教育としての古典教育이라는 보고를 했다. 아라키는 거기서 『만요슈』의 「사키모리우타」防人歌에 징병에 대한 민중의 저항감이 나타나 있음을 학생들과 논한 경험 등을 거론했다. 이런 경험에서 그는 보수파와는 다른 고전 교육으로 "일본 민족이 훌륭한 문학 유산을 가졌음에 기쁨과 긍지를 느끼게 할"것과 "학생들에게 조국에 대한 애정과 민족적 자각을 눈뜨게 할"것을 설파했다.[58]

7장에서도 말했듯이 당시는 민족 문학이나 국민 문학을 논하는 경향이 급속히 고조되어 있었다. 이시카와 다쿠보쿠와 기타무라 도코쿠北村透谷 같은 메이지의 문학가뿐 아니라 『만요슈』 같은 고대·중세의 문학에 대해서도 민족 문학으로서의 성격 등이 토의되었다.[59] 일본문학협회와 관계가 깊었던 잡지 『분가쿠』文学도 1952년 9월호에서는 민요에 대해, 같은 해 11월호에서는 민화극에 대해 기획을 꾸몄다. 고전 교육에 대한 재평가도 그런 조류의 일환이었다.

이렇게 해서 공산당계의 논자들은 단일한 민족어에 대한 사랑을 주장했다. 그러나 한편으로 그들이 언어생활주의 등으로 부르며 비판한 언어 도구설 역시 또 다른 형태로 국내의 언어 통일, 내셔널리즘 형성의 주장과 결합되었다.

그 하나의 사례가 국어학자 미즈노 기요시水野清의 1948년 논문이다. 미즈노는 이 논문에서 전쟁 전의 "일본 정신을 작흥作興하는 도구로서의 국어"를 비판하고 "생활 인식 도구로서의 언어 기술이야말로 가르쳐야 할 내용"이라고 주장했다.[60] 그런데 그는 이어서 이렇게 말한다.

국어 교육에 대해 꼭 한마디 해 두고 싶은 것이 표준어의 문제다. 종래 국어학자의 의견으로는 표준어와 방언으로 양 발의 신발을 나누어 쓰는 것이 적당하다고 여겨졌다. 그러나 방언은 '여행 시의 증명서'라고 불리는 것처럼 봉건적 할거割據의 소산이고, 또한 그것이 유지됨으로써 인민을 분할 지배하는 봉건제의 원칙이 강고해졌고 현재도 그 상태를 충분히 벗어나지 못했다. 그래서 민족 통일어로서의 표준어 자체가 확립되지 못하고, 말하자면 격식 차린 말에 지나지 않으며…… 현재는 노동조합, 농민조합, 문화 단체 등의 전국적 조직이 존재하며 그 접촉이 늘어나면서 표준어 확립의 문제는 그 필요성이 더욱 커지고 있다. 교과서에는 훌륭한 표준어 ─ 특히 민중의 생활에 필요한 어휘를 포함하여 ─ 로 쓴 글을 실어야 할 것이며, 표준어로 생각하는 훈련을 해야 할 것이다.

언어는 생활의 도구이기 때문에 전국적으로 통용되어야 하며, 방언은 봉건제의 산물이다. 언어 도구설은 그 근대적인 성격으로 말미암아 근대적인 국민주의와 결합되어 갔다. 미즈노는 훗날 1951년 논고에서는 이 사상을 계급 간의 격차에도 적용하여, 방언과 인텔리의 특수 용어 양쪽 모두를 "봉건적인 분파주의"로 간주하고 "문화적 민족 공통어"의 확립을 주창한다.[61]

미즈노의 주장은 실상 신교육이 평가하는 표준어와도 그다지 동떨어져 있지 않았다. 1951년 문부성의 국어 교육 지도 요령은 "남의 이야기를 잘 듣는다", "상대방이 잘 알 수 있도록 확실히 이야기한다"라는 언어생활을 중시했다. 이런 회화 중시는 전국에 통용되는 발음의 필요성과 결부되어 "학교에서 배우는 말은 일본 어디를 가도 이해할 수 있는, 좋은 말입니다. 이것을 잘 기억해서 어느 누구와도 훌륭하게 이야기를 할 수 있도록"이라는 당시 교과서의 언어가 성립되었다.[62]

역설적이게도 이런 경향은 전후에 도입된 사회 과목이나 홈룸, 자치회 활동 등의 토론 중시와도 이어졌다. 민주적인 사회는 전국 사람들과의 토론을 가능케 하는 공통어를 전제로 해서 성립한다고 여겨지기 쉬웠다. 1952년에 국문학가인 도키 젠마로土岐善麿는 이렇게 말한다.[63]

전후의 국어 교육은 특히 소학교, 중학교의 의무 교육에서 이른바 '구어'를 중시해, '읽고 쓰기'를 주로 해 왔던 낡은 학습 지도를 발언, 회화, 토의 등의 형식으로 바로잡아 가고 있지만, 일반적으로 말해서 국어의 음운에 대한 관심은 옅으며, 발성법에 대해서도 적당한 훈련이 아직 충분하지 않다. 이것과 관련해서 표준어와 방언의 문제가 있으며, 표준어란 무엇인가라는 문제는 학문적으로는 상당히 어려운 부분도 있지만, 적어도 공통어의 필요는 민주 사회를 만들어 가는 데 있어서 반드시 생각할 수밖에 없다. 그러나 그것을 오해해서, 각자가 민주적 자유를 지닌 이상에는 지역 사회가 저마다의 존재를 강하게 주장한 나머지, 방언의 세력을 지나치게 조장하는 경향이 있어서, 그 부분의 조정도 앞으로 충분히 생각해야 할 것이다.

이렇게 하여 스탈린 논문에서 파생된 민족어 애호론과 전후의 교육 개혁으로부터 퍼진 언어 도구설은 서로 비판하는 관계이면서도 공통어 지도를 정당화하는 역할을 함께했다. 니시오 미노루西尾実나 고시미즈 미노루興水実 등의 국어학자들도 언어 도구설에 가까운 입장에서 공통어 보급을 지지했다.

논의의 현장에서 민족어 애호론과 언어 도구설은 종종 혼재하면서 공통어 지도를 뒷받침했다. 1954년 잡지 『짓센코쿠고』実践国語가 지방어와 공통어의 이중 언어주의를 비판하며 공통어 지도를 철저히 할 것을 지지하는 논고를 집중적으로 게재했다. 그 주장을 살펴보면 "(지방어의 분열은) 일본의 민주화에 치명적이다"(곤도 구니이치近藤国一), "언어의 사회적 기능을 특별히 중시하면서, 공통어 지도에서는 이중 언어주의를 주장하는 것은, 모순이 지나치다"(미노데 시게노리蓑手重則), "오늘날 현존하는 공통어를 무시하고 완전히 새로운 것을 만들어야 한다고 말하는 움직임에, 스탈린은 '야만인'이라는 딱지를 붙인다"(오쿠보 다다토시大久保忠利), "방언 존중론은 곧 구어체 지도의 의욕을 감퇴시켜, 문어체 중심의 국어 교육, 읽기 쓰기에 치우친 국어 교육론으로 이어진다"(구라사와 에이키치倉澤栄吉) 라는 것이었다.[64]

동일한 학자의 논조에서도 종종 민족어론과 도구설의 혼합 및 전환이 발생했다. 1948년에 언어 도구설의 입장에서 '민족 통일어'를 주장했던 미즈노 기요시도 1953년에는 "스탈린은 그 언어 논문에서 민족어＝언어와 거기서 줄기가 갈라져 나온 방언을 단호히 구별하고, 후자가 쇠퇴의 운명에 처했음을 이야기한다"라고 주장했다. 그리고 미즈노는 민족어에 대한 애정이 얼마나 중요하며 식민지화에 저항하는 힘이 되는지의 사례로 "일본어를 조선 민족에게 강요한 것이 얼마나 비참한 결과로 끝났는

가"를 거론했다.[65]

　이런 논조는 일교조에도 미묘한 영향을 주었다. 1957년 제6차 일교조 교연 집회 보고집은 "평화와 진실과 자유와 인권 존중과 민주주의적인 사고방식"의 육성을 이야기하면서 "'민족'이라는 개념을 성립시킬 수 있는 조건 중 한 요소인 언어(민족의 말)에 대한 지식을 주는 것"의 필요성을 주장했다.[66]

　1950년대 일교조의 교연 집회에서 공통어 지도는 반복하여 논의된 주제 중 하나였다. 1954년 1월 제3회 교연 집회에서는 "우리가 일본인인 이상, 공통어를 알아야 한다"(구마모토현 대표), "공통어를 자기의 것으로 만듦으로써, 보다 문화적인 생활과 닿아서, 그것을 흡수할 수 있다"(아키타현秋田県 대표)라는 의견과 "나는 오키나와 출신이므로 확실히 말씀드리겠습니다. 허용하든 허용하지 않든 간에, 방언은 현재 지방에서 사용되고 있습니다. 방언에 찬성하느니 마느니 하는 것은 당치 않은 소리입니다"(군마현群馬県 대표)라는 의견 사이에 논의가 있었다. 그러나 일반적으로 말하면 "언제, 어디서든, 누구와도 이야기할 수 있는 공통어"가 필요하다는 의견이 우세했다.[67]

　1955년 1월 제4차 교연 집회에서도 "급속히 '공통어로 고쳐버린다'라는 사고방식과 '생활어로서의 방언을 존중하면서 보다 좋은 공통어(국민어, 이상어理想語)로 지도해 간다'라는 사고방식의 대립이 보였다." 그러나 공통어 지도 그 자체의 필요성을 부정하는 의견은 없었다. 1956년 1월 제5차 교연 집회에서도 "항상 공통어에 대한 이상을 갖게 하되, 조급해하지 말 것"(아오모리현青森県 대표)이라는 의견이 나오는 한편, "학교 통신을 보내고 거기에 방언이나 말 사용표를 붙여, 아이들뿐 아니라 가족들에게도 주의하도록 했다"(후쿠시마현福島県 대표), "(지방어를 사용해서) 수학여행을 갔을 때 곤란했다"(나가사키현 대표)라는 목소리가 나왔다.[68]

　결국 양자의 타협점으로, 강압적인 지도는 바람직하지 않지만 공통어 지도 그 자체는 "주권 재민의 국가의 국민으로서 스스로의 생각과 말을 갖기"위해 필요하다고 여겨지게 되었다. 그러나 공통어 지도에 열심인 지방 대표로부터는 "방언은 역행적인 언어다"(제4차 교연 집회, 구마모토현 대표)라는 식의 지방어 부정론이 끊이지 않았다.[69] 앞에서 말한 미즈노 기요시처럼 지방 언어의 어휘를 공통어에 집어넣자는 의견도 있었지만 실현되는 일은 거의 없었다.[70]

단 당시는 고도성장기 이후와는 비교가 되지 않을 만큼, 지방 사이의 언어적 차이도 경제적인 격차도 컸다. 7장에서 말했듯이 단일 민족의 형성이 목표로 주창된 것도 격차를 해소하려는 바람에서였다. 그러나 그런 격차 해소에 대한 지향이 지방 언어의 억압으로 이어진 것도 사실이었다.

더욱 모순적이게도 좌파 교육학자들의 주장에는 교사의 지도성 확립도 포함되었다. 앞에서 말했듯이 패전 후의 사회 과목에서는 교과서를 통째로 암기하거나 교사가 강제하는 행위를 배제하고, 아동들이 경험과 토론으로 학습하도록 장려되었다. 그러나 야가와 도쿠미쓰는 1950년의 『신교육에의 비판』에서 경험과 시행착오에 따른 학습은 소련의 교육학에서는 이미 비판 대상이 되었다고 주장했다.

야가와에 따르면 초기에는 소련에서도 경험 학습이 주창되었지만 1930년대 이후로는 프롤레타리아트에 대한 당의 지도성이 확립되었다. 인민은 경험과 시행착오보다도 당과 교사의 지도 아래서 과학적 사회주의에 입각한 바른 현실 인식을 배우는 것이 필요하다. 그럼에도 전후의 신교육에서는 경험 학습이 중시되어, "아이들이 저절로 '자라나서' 사회인이 되어 간다는 것이며, 교사는 단순한 조력자라는 식으로 생각되기 일쑤였다"라고 말했다.[71]

이런 비판을 고쿠분 이치타로도 공유한다. 고쿠분은 1952년 이와나미 강좌 『교육』에의 기고에서 패전 후 학력 저하의 원인으로 "생활 단원 학습이나 토론법을 지나치게 강조", "기억과 연습을 지독히 경멸하는 사고방식"과 함께 "교사의 지도성을 너무 가볍게 여기는 아동 중심주의"를 들었다.[72]

이렇게 전후 교육에서도 공통어의 지도와 교사의 지도성을 긍정하는 논조가 형성되었다. 그 결과로 지방의 교육 현장에서는 전쟁 전의 표준어 강제와 거의 변화가 없는 수법이 실행되는 경우도 있었다. 1957년에 오키나와교직원회에 속한 중학교 교사는 이렇게 보고한다.[73]

인간이 자유롭게 자기의 생각과 의견을 말하는 힘을 갖고, 그것이 실제로 이루어지는 사회에서 살아가는 것은 큰 행복이며, 민주 사회는 그런 것들로써 성립한다.
그러나 우리가 맡은 학생들의 언어생활을 보면, 그 기본이라고 해야 할 공통어조차 제대로 익히지 못한 상태이며, 방언과의 이중생활에서 오는 공통어의 오류도 크다. 더욱 아름다운 말의 사용으로 갈고닦는 것은, 앞으로 지도할 때의 역점이다.

이 교사는 나아가 "단지 강제하고 독려하는 것만으로는 효과가 없다. 아무리 주변의 교사가 소리를 쳐도 그 자리에서만 따르고, 선생님이 떠나면 전과 마찬가지로 방언을 쓸지도 모른다. 마음 깊은 곳에서부터 일본어의 아름다움, 언어가 갖는 혼, 일본어가 빚어내는 뭐라 표현하기 어려운 분위기를 감득感得하고, 공통어로 이야기하는 기쁨을 느끼게 만드는 지도는 지극히 중요하다"라고 말한다.
거기에서는 황국 일본이 주권 재민의 국가로 바뀌어도 행동 양식은 전전과 달라지지 않는다는 현상이 드러났다. 이런 현상은 가르치는 내용이 미국의 국가로 바뀌고 "군인 아저씨 고마워요"라는 편지의 대상이 미군으로 바뀌어도, 행동 양식은 변하지 않았던 상황과 병행하여 발생했다.

애국심의 연속

이미 말했듯이 이렇게 전전과의 연속성이 발생한 배경에는 교육계에서 공직 추방이 거의 실행되지 않았다는 사정이 있었다. 전후의 많은 교원들은 전전부터 교육에 종사했거나, 혹은 전전의 교육으로 인격을 형성한 인간들이었다.

그리고 성전 완수가 민주주의로 바뀌어도, 애국심과 민족이 강조되는 사태가 바뀌지 않았다고 할 수 있었다. 1953년 교육학자 우메네 사토루梅根悟는 보수 정권과 좌파 교육학자 쌍방이 모두 애국 교육을 주장하는 상황을 비판하며 이렇게 말한다.[74]

······ 우리 일본인은 오랫동안 애국심, 애국심이라고 교육받아 왔다. 그것이 사회의 어떤 메커니즘 속에서, 어떤 입장의 사람들이 어떤 의도로 요청했는지를 지금 와서 알았으나, 이미 몸에 배어 버린 관념, 즉 애국심을 갖지 않는 자는 국가의 적이며 인간이 아니라는 듯한 관념은, 사람들의 마음속에 깊이 침전되어 있다. 거기에 다시 애국심 공작工作의 불길이 솟고 있다. 사람들은 어떤 의미에서는 나도 애국자라고, 스스로에게든 타인에게든 말하고 들려주지 않으면 성이 차지 않는 것이다.

7장에서 인용했듯이 훗날 시민주의를 내거는 구노 오사무도 1953년에는 "조국에 대한 애정을 갖지 않는 인간은 국민으로서 모자란 자이다"라고 말했다. 하니야 유타카가 "비국민이라는 말을 들으면 화를 내지만, 비인도적이라는 말을 들어도 그다지 느낌이 없다고, 내 친구가 곧잘 이야기했다"라고 말했던 사실도 6장에서 소개한 대로다.

그리고 우메네는 당시 미국의 철학자 듀이의 교육 사상에서 영향을 받아 생활 교육을 내세운 코어커리큘럼연맹コア·カリキュラム連盟을 조직하여 신교육을 옹호했다. 그리고 야가와 도쿠미쓰가 『신교육에의 비판』에서 공격 대상으로 삼은 것은 우메네 사토루나 이시야마 슈헤이石山修平와 같이 신교육을 옹호하는 일본의 교육학자들이었다. 우메네는 이런 비판에 반론하면서 애국심이 인위적인 정책의 산물이라는 점은 일본이 "조선에

서 어떤 애국심 공작을 했는지"를 보아도 분명하다고 주장했다.[75]

분명히 당시 좌파의 민족 교육론에는 전쟁 전 애국 교육의 잔상을 느끼게 하는 부분도 있었다. 1952년『교시노토모』에서 행해진 좌담회에서 이시다 우사부로는 이렇게 말한다.[76]

…… 종전까지의 교육에서, 뭐가 어찌 되었건 간에 아이들을 활기차게 만든 것은 국민이 노력할 목표랄까, 혹은 가장 중요하다고 생각해야 할 것이, 아이들에게 구체적으로 주어져 있었다는 점이다. 그것은 잘못된 것이기는 했지만, 말하자면 싸움의 목표랄까 국민적 행동의 목표가 침략적인 것이라는 점에서 잘못되기는 했지만, 어쨌든 그런 것이 존재했다…….

이시다는 동시에 전후의 교육론에서는 "국민적 목표라는 것이 구체적으로 주어져 있지 않다. 단지 민주화라는 말만 있을 뿐, 솔직하게 말하면 민족의 완전한 독립이라는 문제가 뚜렷이 드러나 있지 않다"라고 비판하며 전후에 "나타난 것은 방향이 없는 고삐 풀린 '자유'이며, 코즈모폴리턴의 자유이며, 부랑아의 자유였다"라고 주장한다.[77]

그리고 그들의 반미 민족주의는 전쟁에 대한 평가에도 반영되었다. 이 좌담회에서 이시다는 패전 후의 전쟁관을 평하여 "오로지 일본의 군부가 나쁜 놈이고 미국은 좋은 놈이라는 식으로 써 있고, 전후 미국이 일본 혹은 아시아에 취해 온 정책이 어떻게 전전부터 이어지는지는 완전히 불문에 붙여져 있다"라고 말한다. 동석한 야가와 도쿠미쓰는 이 말에 찬동하며 "태평양 전쟁에 대한 책임이 일본의 군부나 재벌에게만 있지 않고 미국에도 있다는 사실을 지적하지 않으면 안 된다"라고 주장했다.[78]

이런 연속성은 7장과 8장에서 보았듯이 당시의 역사학자들에게도 존재한 경향이었다. 그러나 교육학에서는 역사학 등에는 없었던 특징이 하나 있었다. 교육학 분야에는 전쟁에 협력했던 자가 역사학보다 많았으며, 전시와 전후 간에 말 사용의 연속성이 보다 현저했다.

예를 들어 야가와 도쿠미쓰는 전시에 대일본청소년단大日本青少年団의
교양부장을 맡아 1942년에는 "일본 민족이 오늘날 세계에 신질서를 건
설하는 것은, 세계를 진짜 세계답게 만드는 것이어야 한다"라고 말했다.[79]
그리고 그는 1952년에 "오늘날 우리의 대의는 무엇일까? 그것은 평화 확
보와 민족 독립을 위해서 싸우는 것이리라. 그것은 우리 일본 민족의 위
대한 사업이다"라고 말했다.[80]

또한 마르크스주의와 전시사상은 자유주의, 개인주의, 근대주의에 대
한 비판이라는 점이 공통된 부분이었다. 1942년 야가와는 "개인주의에서
전체주의로, 자유주의에서 통제주의로"라고 주장했다.[81] 그리고 그는 전
후에는 신교육을 "부르주아적인 개인주의"라고 비판했다.

물론 야가와의 경우에도 전시와 전후 사이에 변화가 없지는 않았다.
천황관의 변화가 그중 하나였다. 그는 1942년에는 천황을 "태양과 같은
광휘", "우리나라 정치 이념의 중축中軸", "정의의 검利劍" 등으로 절찬했
다.[82] 그러나 1952년에는 앞에서 말했듯이 쇼와 천황을 "자기의 '신격'을
외국인의 뜻에 따라서 버릴 만큼 자주성이 결여된 인간"이라고 표현한다.

이 천황 비판에서는 마루야마 마사오가 패전 시에 견문한 국토 방위
파 장교들의 "외국 군대의 진주를 허용하는 천황은 더 이상 우리의 천황
이 아니다"라고 했던 심정과 공통된 부분을 읽어 낼 수 있다. 말하자면 야
가와는 천황조차도 버렸다고 생각한 '민족의 자존심'을 자기가 다른 형태
로 주장해 가고자 했던 것이라고 볼 수 있다.

이런 연속성은 야가와만의 것이 아니었다. 예를 들어 가이고 가쓰오
는 전시 중 육군 사정관司政官으로 버마에 부임해서 1942년에는 『동아 민
족 교육론』東亜民族教育論을 출판하고 "메이지 이후 우리나라 교육학의 전
통은 누가 뭐라 해도 현저히 구미의 영향 아래에 있으며, 거의 그것을 소
개하는 것이 일이었다", "우리나라가 당면한 역사적·사회적 단계에 무관
심하고, 말하자면 시사성을 결여한 교육은, 전혀 교육학의 이름에 걸맞
지 않는, 한가한 사람의 취미에 불과하며, 우리나라 교육학계에 그 존재

를 허용해서는 안 된다고 하지 않을 수 없다"라고 말했다. 그리고 1952년 그는 민족 해방 투쟁의 시점을 결여한 "개인과 인류를 생각하는 휴머니스트"의 교육론을 "중간 계급으로서 교육자층의 사회적 유리성遊離性을 나타낸다"라고 비판한다.[83]

전후에 활약한 교육학자 중에는 이런 사례가 적지 않았다. 예를 들어 가이고 도키오미海後宗臣는 1943년에 "미영의 식민지 교육을 완전히 파쇄하고 대동아 신질서 건설의 토대가 될 새로운 교육을 성립시킬" 것을 주장하다가,[84] 전후에는 일본과 아시아의 민족 해방에 공헌할 민족 교육의 필요성을 주장했다. 미야하라 세이이치는 1943년에 "국민학교 아이들은 국민정신을 몸에 익히고, 국체에 대한 신념을 확립해, 황국 일본의 사명을 자각하도록 키워야 합니다"라고 말했으며, 1953년에는 바른 애국심을 내세워 무국적 교육의 극복을 주창했다.[85] 무나카타 세이야도 1941년에 "병역은 말 그대로 국민 교육 완성의 장소가 된다", "국민 우생優生의 용광로로서 광범위한 병역 제도를 만들어 보고 싶다"라고 말했으며 전후에는 새로운 민족의식을 갖춘 "일본인의 창조"를 주창했다.[86]

그리고 앞에서 말했듯이 야가와 도쿠미쓰 등은 소비에트 교육학에 있어서 당의 지도성을 예로 인용하며 경험 학습을 비판하고 교사의 지도성 확립을 주장했다. 그런 의견은 예를 들어 가이고가 1939년에 쓴 "정치 현상은, 본래 개인의 자유로운 반성과 사유에 입각해서 이루어지는 것이 아니라, 특히 민중에서는 지도자에 대한 절대적인 추종을 원칙으로 한다"라는 말과 기묘하게 상통했다.[87]

앞에서 보았듯이 마루야마 마사오와 오쓰카 히사오라는 대표적인 전후 지식인들은, 전시에는 무명이었고 전쟁 찬미의 논문을 양산한 과거도 없었다. 물론 히라노 요시타로平野義太郎 등과 같이 전전에 좌파였다가 전시에는 전쟁 찬미의 논문을 쓰고 전후에 다시 공산당계 논객으로 활약한 자도 있었다. 그러나 오늘날 대표적인 전후 지식인으로 간주되는 사람들 중 대다수는 전쟁 협력의 오점이 적었다고 할 수 있다.

그러나 교육학은 본래 응용과학적인 색채가 짙었고 행정 및 학교 현장과의 연속성도 강했다. 교육자는 학생의 모범이 되어야 한다는 의식도 그들이 당시의 규범을 따르게 만든 요인이었다. 그런 까닭에 교육학자는 역사학이나 철학 등 다른 학문 분야에 비해 전쟁 협력에 휘말린 수위가 높았다고 생각된다.

1장에서 인용했듯 교육학자 무나카타 세이야는 전쟁에 협력하는 논문을 쓴 첫 번째 이유로 "감옥에 들어갈지 모른다는 공포"를 들었다. 그리고 그가 든 또 하나의 이유는 "내가 교육자였다는 점"이었다.[88] 그의 회상은 당시의 양심적인 교육자가 전쟁에 협력한 사정을 잘 나타낸다.

전시의 무나카타는 1942년 창립된 국민생활학원国民生活学院의 주사로 근무했다. 그때 그가 염두에 둔 것은 "교육자는 모범이 되어야 한다"라는 의식과 "우리가 끌려가면 학생들은 얼마나 불안과 곤혹에 빠질 것인가"라는 우려였다. 그렇기에 무나카타는 "학생을 불행하게 만들고 싶지 않다"라는 마음에서 "나는 가능한 한 끌려가거나 하는 일이 없게끔 해야 한다. 나는 위험인물이 아니라 모범적인 애국자여야 한다"라고 결의하여, 갖고 있던 마르크스주의 관계 서적을 전부 태워 버렸다. 그 뒤로 그는 학원의 주사실에 신단을 모시고 매월 8일의 대조 봉대일大詔奉戴日(태평양 전쟁의 개전 조칙詔勅이 공포된 12월 8일을 기념하여, 전쟁 기간 동안 매월 8일에 일장기 게양과 궁성 요배遙拜 등의 의식을 행했음-옮긴이)에는 미일 선전의 조칙을 봉독했다고 한다.

그런 가운데 무나카타가 생각해 낸 것이 '천황하의 사회주의'라는 논리였다. 즉 "천황 앞에서 국민은 모두 평등해야 한다, 군부와 재벌이 거드름을 피우는 것은 잘못된 일이다"라는 일군만민一君萬民의 주장으로 사회주의의 이상을 얼마간이나마 살리려는 생각이었다. 그러나 동시에 특고 경찰에 검거당할 때를 대비해서 "신문과 잡지에 그런 글을 써 두면 실적이 될 거라는 치사한 생각도 있었다"라고 한다. 무나카타뿐 아니라 많은 전 마르크스주의자가 이런 식으로 총력전 체제 건설을 주장하는 논문을 썼다.

그와 동시에, 원래 애국 교육을 받으며 자란 세대인 무나카타는 "역적으로 몰릴지 모른다는 공포에 이성이 패배했다"라고도 말한다. 그의 회상에 따르면 "여러 전투로 경기가 좋았던 시절에는 주위 사람들이 기고만장하는 것을 오히려 냉안시하는 기분이 있었지만", 패색이 짙어지자 "질 것 같으니까 붕괴를 막아야 한다, 같은 소리를 하기 시작했다"라고 한다. 그런 심정은 전쟁 말기에 총력전 체제의 재건을 이야기한 마루야마 마사오 등과 공통되었다고 할 수 있으리라.

물론 이런 전쟁 체험은 무나카타에게 큰 회한을 남겼다. 그는 전후의 회상에서 "교육자라는 것은 괴로운 일이었다. 자기 자신을 무리하게 속이면서까지 나는 미끄러져 내려가야 했다"라고 말하며 "나도 이 경험을 했던 만큼, 양심적인 교사들의 전쟁 중 책임에 대한 회한과 고민을 알 수 있으며, 때문에 전쟁 후 교원조합 운동의 구호인 '제자를 다시 전장에 보내지 말라'에 진심으로 동감할 수 있다"라고 쓴다.

그러나 동시에 이런 회한은 공산당에 대한 열등감으로도 이어졌다. 무나카타는 투옥에 대한 공포로 말미암아 전쟁에 스스로 협력했던 사실을 고백하며, "옥중 18년과 같은 사람들에 대해서는, 그 한 가지 사실만으로도 거의 초인간적이라고, 겁쟁이인 나는 경탄한다"라고 말한다. 그리고 자신이 전쟁에 저항할 확신을 갖지 못한 이유로서 "사회와 역사의 과학적, 합리적 파악이 약했음"을 들며 마르크스주의와 공산당에 대한 경의를 이야기한다.

아마도 야가와 도쿠미쓰 등은 전시 중의 자기 자신에게 회한을 품으면 품을수록, 당 중앙의 지도에 따름으로써 이 회한을 해소하려 했을 것이다. 그리고 공산당이 민족전선을 이용한 반미 투쟁을 주창했을 때, 그들은 당의 지도에 따르는 형태를 취하면서 전시 중의 언어 사용으로 회귀해 버렸다.

물론 이런 경향은 교육 관계자 모두에게 해당되지는 않는다. 이 장에서 다룬 교육 관계의 논자 중에서도, 야가와 도쿠미쓰 등에 비해 우에하라 센로쿠 등이 전시 중에 쓴 논문은 그렇게 전쟁 찬미로 기울어지지 않았다. 그러나 문제는 전쟁에 협력했던 많은 교육학자들이 전시 중의 발언을 은폐한 채, 전후의 민족 교육론으로 이행해 버린 점이었다. 교육학자의 전쟁 협력을 연구한 나가하마 쓰토무長浜勉에 따르면 야가와 도쿠미쓰나 미야하라 세이이치는 전후에 출판된 자기의 저작집이나 저작 목록에서 전시 중의 논문을 전부 삭제해 버렸다고 한다.[89]

하지만 그 야가와 도쿠미쓰도 육전협 후에 쓴 글에서 공산당 내의 "신경이 강인한 자들"을 비판하고 "정직한 사람이 어이없는 꼴을 당하는 일이 결코 없기를 바란다"라고 말했다.[90] 야가와가 자기의 전쟁 협력을 은폐하려 했던 것은 그가 "신경이 강인"하지는 못했기 때문이라고도 할 수 있을 것이다. 그러나 그런 은폐는 결과적으로 그 자신이 "신경이 강인한 자들"의 일원이라고 간주당해도 피할 수 없는 요인이 되었다.

말할 것도 없이 이런 현상은 좌파나 진보파에서만 생긴 것이 아니다. 전시에는 귀축미영을 외치고 전후에는 친미 반공을 주장한 보수계의 정치가와 교육자가 적지 않았다. 이미 말했듯이 보수 정권이 주장하는 애국 교육은 미국의 의향에 따른 것이었다. 그러나 그것을 비판하는 좌파 측에도 전쟁 책임을 은폐하는 경향이 있었음은 부정할 수 없었다.

물론 자신의 전쟁 협력을 고백한 교육자도 있었다. 교육학자 중에서도 무나카타 세이야는 전후의 저작에서 전쟁 협력을 반복해서 자기비판하고, 대학의 강의에서도 첫 시간에 자신의 전쟁 책임을 다루며 교육의 중요성을 이야기했다고 한다.[91] 그러나 패전 후의 공직 추방이 불충분하게 끝난 까닭도 있어서, 많은 교육 관계자가 이런 과정을 거치지 않았다.

그렇다고는 해도 많은 교육자가 내심으로는 회한을 품고 있었다. 어떤 교사는 전후 30년 만에 열린 제자들의 동창회에 초대장을 받았지만 출석을 사절했다. 그 교사는 신문에 투고하여 이유를 이렇게 말한다.[92] "그때 소학교 5학년인 이 아이들의 담임이었던 나는, 누구에게도 지지 않을 정도로 열심히 군국주의 교육을 했기 때문이다. 전쟁에 졌을 때, 나 나름 대로 책임을 느끼고 교사를 그만두려 했지만, 결국 그것조차도 실행하지 못했던 이 내가, 지금 와서 무슨 면목으로 '은사랍시고' 그들 앞에 나설 수 있을까."

또한 고치현의 교사였던 다케모토 겐지竹本源治가 전후에 쓴 "세상을 떠나 돌아오지 않는 제자여 / 나의 손은 피투성이다! / 너를 옭아맨 그 그물 의 / 한 귀퉁이를 나도 쥐고 있었다 / 그것도 스승이라는 이름으로"라는 시 는 교육 관계자들 사이에 널리 알려졌다.[93] 무나카타도 말했듯이 "제자를 다시 전장에 보내지 말라"라는 일교조의 구호가 널리 지지를 받은 것도 많은 교원들이 크든 작든 이런 회한을 품고 있었기 때문이다.

그리고 앞에서 말한 우메네 사토루가 야가와 등의 민족 교육론에 반 대한 것도, 실은 전쟁에 대한 그 나름의 반성에서 비롯되었다. 우메네도 1941년에는 "천황 귀일歸一의 일본 국체에 관한 신념을 철저히 하고 여기 에 기반을 둔 진충보국의 근본정신을 확립할 것" 등을 주장한 과거가 있 었다.[94] 그리고 우메네는 앞서 말한 1953년 논고에서 이렇게 말한다.[95]

나 자신은, 과거에 위로부터의 애국심 공작에 붙들려서, 스스로도 몇 년 동안 이른바 주구가 되어 아이들에게 애국심을 설파하기도 했다. 지금 와 서 생각하면 그것은 실로 어리석었다. 나는 이것을 참회하고, 그리고 생활 교육 본래의 길로 되돌아가고자 고심했다. …… 오늘날 우리나라의 교육 계에서 가장 중요한 것은, 또다시 대두하기 시작한 위로부터의, 특히 보 수 지배 권력 측으로부터의 이 애국심 공작을 저지하는 일이 아닐까. …… 우리는 오른쪽에서부터든 왼쪽에서부터든, 아이들의 눈을 가리고 다시 전장으로 떠밀 위험이 있는 애국심 교육으로부터 아이들을 지키지 않으 면 안 된다.

그러나 1953년에 이런 의견은 그다지 찬동을 모으지 못했다. 당시의 공산당은 좌우 양쪽 모두의 정치에 반대한다는 중립론을 가장 큰 공격 대상으로 삼았다. 그리고 패전 후의 빈곤과 한국 전쟁의 발발이라는 당시의 현실 속에서는 "보수 지배 권력 측으로부터의 애국심 공작을 저지하기" 위해 필요한 것은 사회 변혁을 지향하는 진정한 애국이지 정치와 애국의 부정은 아니라고 여겨졌다.

게다가 위와 같은 주장을 한 우메네도 전쟁 책임의 문제에 대해 그 이상 깊이 파고들려 하지 않았다. 문학가들의 경우가 그러했듯이, 패전 직후의 이 시기에 전쟁 책임 논의를 파고들면 서로의 전쟁 협력을 폭로하는 진흙탕 싸움으로 이어지기 쉬웠다. 만약 우메네가 야가와의 전시 중 발언을 거론하며 민족 교육론을 비판했다면, 우메네는 물론 그와 함께 코어커리큘럼연맹을 운영한 교육학자들의 전시 중 발언도 밝혀질지 모르는 일이었다.

결국 전후의 교육학자 중 자기의 전쟁 책임에 대해 개인적으로 반성을 표명하는 자는 있어도, 교육계 전체의 전쟁 협력을 총괄하는 움직임은 커지지 않았다. 그런 상황 속에서 좌우의 민족 교육론이 전시와 연속성을 간직한 채 주장되었다.

정체기의 도래

그리고 좌파의 민족 교육론은 실은 보수파 학부형들의 심정과도 이어졌다. 전후의 신교육에 당혹해 하고 학력 저하를 비판하며 사회 과목을 폐지하고 일본 역사와 지리를 부활시키자는 것은, 보수파 학부형의 목소리이기도 했기 때문이다.

그것은 동시에 수신 과목을 부활시키자는 보수파의 심정과도 연속되었다. 이시다 우사부로가 전전 교육에서는 "국민이 노력할 목표"가 명확했다고 말하며 전후 교육을 "방향이 없는 고삐 풀린 '자유'"라고 비판했음은 이미 말했다. 무나카타 세이야도 1958년에 수신 교육의 부활을 바

라는 학부형의 목소리에 대해 이렇게 말한다.[96]

그런데 대중의 희망에는 분명히 이유가 없지는 않다. 일교조의 교연 집회에서 이런 이야기가 나온 적이 있다. 소박한 아버지의 목소리로서, "신교육은 맹탕을 휘젓는 것 같이 막연하고, 답답하다"라는 비판이 나온다는 것이다. ……
맹탕이라는 말을 나 나름대로 해석하자면, 전후의 교육은 하나의 해방이기는 하지만 적극적인 중심적 가치를 제공하는 데까지 이르지 못했다는 것이다. 아이들의 자유를 존중한다든가, 그 자발성을 신장한다든가 하는 것은 본래 좋지만, 그래서 이것을 위해 뭘 해야 하는가라고 물으면, 선생은 함부로 가르쳐서는 안 된다, 혼내서는 안 된다 같은 이야기만 할 뿐이니, 이래서는 마치 가르치지 않는 것이 교육이라는 말 같다. ……
이런 기분에는 나도 크게 동감한다. 지금 아이들은…… 제대로 등뼈가 뻗어 있고, 어떤 곤란에도 지지 않고 목적을 향해 나아가는 강함이 있냐고 하면, 아무래도 그렇게는 생각되지 않는다. 어디를 향해 가려 하는지 믿음직스럽지 못하다. 즉 적극적인 이상이 없으며, 따라서 자기 생활을 규율하는 원리를 갖고 있지 않다.

민족 독립을 내세운 교육론이 대두된 배경에는 이런 심정이 있었다. 말하자면 그것은 전전의 충군애국 교육을 대신할 교육 목표를 모색하는 행위이기도 했다.

그러나 그것은 종종 학부형과 교원들이 공통적으로 친숙했던 것을 부활시키자는 요구로도 이어졌다. 예를 들어 다카하시 신이치는 1953년에 보수파의 애국 교육론을 비판하면서 "역사를 가르쳐 달라, 지리를 가르쳐 달라는 부모들의, 언뜻 보기에 소박한, 때로는 반동적인 목소리 속에는, 추잉 껌 씹는 법을 배우고 단무지 맛을 잊어버린 아이들을 걱정하는 부모들의 올바른 국민적 요구가 들어 있지 않나"라고 말한다.[97] 그러나 "단무지 맛"이 왜 "올바른 국민적 요구"인지에 대해서는 아무 설명도 하지 않는다.

또한 야가와 도쿠미쓰는 1952년에 일본의 식민지적인 상황을 비판하면서 미국제 "'외국 영화'는 일본 민족의 정신에 식민지적 음풍淫風을 불어넣는다", "거리에 흐르는 음악은, 역겹고 퇴폐적인 식민지적 선율로 일본 민족의 귀를 어지럽히고 민족 아이들의 정신을 골수까지 썩게 만든다" 등이라 말한다. 같은 해에 마쓰시마 에이이치도 "팡팡과 초콜릿과 코카콜라가 보여 주는 식민지적 문화의 퇴폐"를 비판하면서 "3,000년이 넘는 민족 역사의 발전"이 낳은 전통적인 예능, 축제(마쓰리祭), 민요, 민화 등을 상찬한다.[98]

물론 압도적인 풍요로움을 보이는 미국에 대한 동경과 반발은, 현재로서는 상상할 수 없을 정도로 컸다. 7장에서 보았듯이 미군 기지 주변의 풍기 문제는 당시의 일교조에게도 중대한 문제였다. 미군에게 초콜릿을 조르는 아이들이나 팡팡을 동경하는 아이들을 교사가 눈물을 흘리며 혼내는 상황이 있었던 것도 7장에서 말한 대로다. 하지만 패전 후의 변동에 당혹해 하며 내셔널리즘과 윤리의 재건을 지향한 점에서, 당시의 좌파와 보수파는 전쟁 전 시대로부터 연속되는 심정을 품은 부분이 있다.

야가와와 고쿠분이 주장한 교사의 지도성에 대해서도 마찬가지 경향이 있었다. 야가와의 신교육 비판은 마르크스주의의 언어로 이야기되었지만 그 실질적인 내용은 자유주의, 개인주의에 대한 비판이며, 애국심과 윤리의 강조이며, 미국에 대한 반감이며, 교사 지도성의 재건이었다. 그리고 패전 후의 혼란 속에서 교육 개혁에 당혹해 했던 교사들은 이런 신교육 비판을 환영했다.

국어 교육에서도 사태는 마찬가지였다. 교과서의 암송과 고전 감상에 익숙했던 교원들은 민족 문화로서 『만요슈』나 『헤이케 모노가타리』平家物語를 재평가하는 의견이 좌파에서 나왔을 때에 이를 환영했다. 물론 재평가의 대상이 된 고전들은 그들이 전전과 전시부터 친숙했고 민족 문화로서 상찬했던 것들이었다.

물론 그들은 의식상에서는 자신의 교육론을 보수파의 그것과 구별했다. 그러나 현장에서 양자는 미묘한 교착을 종종 보였다. 1951년에 어느 소학교 교사가 사회 과목의 시간을 할애해서 일본사를 가르치자, 역사 교육에 찬동하는 학부형에게서 격려의 편지가 왔다. 그러나 교사가 가르친 것은 시마바라의 난島原の乱 등 인민 봉기의 역사였는데도 많은 편지들은 "다시 왕정복고의 쇼와 유신을 실현해야 한다", "구스노키 마사시게楠木正成의 정신으로 돌아가라!" 등을 이야기해서 이 교사를 낙담시켰다. 그러나 동시에 일본사 수업을 기뻐하는 아동에 대한 이 교사의 감상은 "역시 너희들은 일본의 아이들이었다. 너희들의 혼에는 일본의 피가 흐른다"라는 것이었다.[99]

이렇게 해서 1950년대의 논단에서는 좌우의 세력이 함께 애국을 주장하고 상대를 코즈모폴리턴이라고 비판하는 현상이 발생했다. 앞에서 말했듯이 1955년에는 기요세 이치로 문상이 「교육 기본법」을 코즈모폴리턴적이라고 비판했는데, 무나카타 세이야는 일교조의 기관지에서 이것에 반론하며 보수 정권이야말로 미국을 추종하는 코즈모폴리턴이라고 주장한다. 1960년에는 아라키 마스오荒木万寿夫 문상이 미일 안보에 반대하는 학생들을 가리켜 애국심이 결여되었다고 비난한 데 대해, 일교조 위원장이었던 고바야시 다케시小林武는 새로운 시대의 애국심이 발현된 것이라고 반론했다.[100]

그러나 이런 주장은 논단 안에서는 융성했지만, 그에 비해 일반적으로는 좀처럼 정착되지 않았다. 이것은 일교조 내부에서조차 예외가 아니었다. 1952년 1월 교육학자 모리 아키라森昭는 "지난날의 교육 연구 대회(일교조 주최)에 진심으로 참가했던 교원 수는 내가 아는 한, 전체적으로 볼 때 의외로 지극히 소수에 불과했다"라고 평하며 대다수의 교사들은 "정세 판단에 관해 교조 중앙부와 큰 차이"가 있으며 "민족의 위기를 호소하고 평화를 외치는 목소리를, 당돌하고 지나친, 그것도 악의의 정치적

의도를 포함한 선전으로 받아들이는 것이 아닐까"라고 말한다.[101]

하물며 보수계의 정치가나 학부형들은 일교조의 주장을 거의 인식하려 하지 않았다. 국민가요의 인지도도 지극히 낮았다. 보수파의 사람들은 〈기미가요〉나 일장기에 반대하는 일교조가 다른 종류의 애국심을 주창했다는 것을 상상조차 할 수 없었다.

그런 와중에 교육학자들과 일교조는 1960년대 전반까지 계속해서 애국 교육을 요청했다. 다양한 교원들이 모였던 일교조는 국민적 역사학 운동의 경우와는 달리, 1955년 공산당의 방침 전환으로 한 번에 와해되지는 않았다. 1950년대 중반 이후로 민족의 위기라는 표현은 줄어들고 명칭도 민족 교육에서 국민 교육으로 바뀌었지만, 1961년에는 안보 투쟁이 고양되었던 영향으로 국민 교육 운동이 제기되어 교연 집회에도 분과회가 마련된다.

그러나 운동이 계속된 데 비해 내용적인 진보는 거의 없었다. 1957년 교육학자 이토 다다히코伊藤忠彦는 일교조의 기관지 『교이쿠효론』에 전후 교육사를 연재했다. 거기서 그는 전후의 민족 교육에서 국민 교육으로의 변천에 대해, 내용적인 총괄을 거의 하지 않은 채로 말만 바뀌었다고 주장했다.[102]

1950년대 후반부터는 아시아 국가들을 모범으로 삼은 민족 교육에 대해 의문이 제기되었다. 가쓰다 슈이치는 1955년에 "아시아·아프리카의 식민지 혹은 반식민지의 사람들과 비교하면 역시 우리 상태와 차이를 느끼지 않을 수 없다"라고 말하며, 좌파의 민족 교육론과 보수파의 애국 교육론 중에 일반 학부형은 "후자를 받아들일 소지가 훨씬 강하다"라고 주장한다.[103] 그러나 이런 문제 제기로부터 논의가 심화되는 일은 없었다.

이런 가운데 바뀌었다고 할 수 있는 것은, 1955년에 결성된 자유민주당이 헌법과 「교육 기본법」 개정을 공포하자 그에 대항하여 「교육 기본법」의 재평가가 주창된 점이었다. 이를 둘러싼 경위에 대해서는 11장에서 상술하겠으나, 이런 변화는 교육학자와 일교조 내부에서 논의가 깊어

진 결과라기보다는, 보수 정권의 공세에 대한 수동적인 반응이라는 측면
이 있었음은 부정할 수 없었다.

그것은 동시에 사회 전체의 변화를 반영하기도 했다. 공산당의 권위
가 실추되고 경제가 부흥하기 시작한 1955년 이후로 민족에의 외침은 약
간 줄었으며, 헌법과 「교육 기본법」에 대한 평가도 높아졌다. 1950년의
야가와 도쿠미쓰처럼 교육의 목적은 "인민 혁명의 일익을 맡을 수 있는
자"를 육성하는 것이라고 단언하는 자도 감소했고, 전후 신교육의 성과를
인정하는 목소리도 많아졌다. 한마디로 말해서 신교육은 전후 10년을 거
쳐 사회의 안정과 함께 가까스로 정착되었다. 그러나 패전 직후의 마르크
스주의자들이 비판했듯이, 헌법과 「교육 기본법」을 중축으로 삼았던 교
육은 자칫하면 추상적인 평화 교육에 그치는 것으로 간주되기 쉬웠다.

1956년 1월 일교조 제5차 연구 집회를 견학했던 가토 슈이치는 이렇
게 말한다.[104] "패전 후의 일본에서는 사회 전체가 바람직한 인간의 모습
을 잃어 갔다." 그리고 "민주주의는 일종의 틀이며, 내용물은 그 나름대
로 생각해야 한다. 그러나 그 내용물은 지금 사회에서는 완전히 혼란스러
운 형태로밖에 존재하지 않는다." 교육학자들의 문제의식도 그러했다.

1958년 1월 일교조 제7차 교연 집회에서는 보수 정권이 내세운 도덕
교육의 부활에 대항해 "전후 10년, 우리들이 행한 도덕 교육"이 재검토되
었다. 각지에서 모인 교원들은 수신 과목이 없어졌어도 전후 교육은 독자
적으로 도덕심을 육성해 왔다고 주장했다. 하지만 그럼 "어떤 인간을 목
표로 하는가"에 대해서는 그들 사이에서조차 의견의 일치를 보지 못했다.
각 현의 대표들로부터 "적극적인 인간", "생명을 사랑하고, 행복해지고자
하는 인간" 등 다양한 안이 나왔지만, "결국 '평화를 사랑하고 진실을 관
철하는 인간'이라는 데서 한걸음도 나아가지 못하고" 끝난다.[105]

이미 보아 왔듯이 1950년대의 교육학자들에게는, 전쟁 전의 교육에
존재했던 국가 목표에 향수를 품고 그 대안을 찾는 경향이 있었다. 그런
행동 양식의 연속성 속에 있는 한, 새로운 교육 이념을 모색하더라도 만

족할 만한 결과가 얻어질 리 없었다. 그들이 어떤 이념을 찾아냈다고 해도, 그 행위가 국가 목표의 대용품을 찾는다는 의식에 기반을 두는 한, 그것이 대용품에 불과하다는 사실을 그들 스스로가 잠재적으로 알았을 것이기 때문이다.

즉 패전 후의 교육론을 구속한 것은 전쟁으로 말미암아 각인된 행동 양식이었다. 황국 일본에서 주권 재민의 나라로 말이 바뀌어도, 공통어를 보급하고, 교사의 지도성을 부르짖고, 반미를 주창하고, 민족과 전통을 상찬하고, 국가 목표를 추구한다는 행동 양식이 실은 쉽게 바뀌지 않았다. 사상적인 대립과는 대조적으로, 보수파와 상통하는 부분이 생긴 것도 그런 이유였다. 패전 후의 교육학자와 교사들은 아마 스스로도 의식하지 못하는 동안 각인된 행동 양식에 구속된 채로, 패전 후 10년이 넘게 잃어버린 국가 목표의 대용품을 찾았다.

그 속에서 어쨌든 간에 공통적으로 양해된 것은 빈곤의 극복이었다. 이 점에 대해서는 보수부터 좌파까지 누구도 이론이 없었다. 지방의 비민주적인 인간관계도, 학습을 따라가지 못하는 아동 문제도, 우선 빈곤 문제로서 논해졌다. 당시는 입학시험이나 학력 경쟁 역시 취직난에서 기인한 경제 문제로 간주되었다.[106]

이렇게 해서 1950년대 후반 이후, 좌파에서의 민족 교육론과 국민 교육론은 차례로 사상적 진로가 막힌다. 그것은 11장에서 서술할 호헌론이나 평화론이 같은 시기에 사상적인 활력을 잃어 간 상황과 상응했다. 교육 관계자들이 혁신 진영의 약체화를 두려워해서 교육학 내부의 전쟁 책임을 불문에 붙인 것, 그리고 패전 직후에 「교육 기본법」과 신교육을 비판한 경위를 총괄하지 않은 것은 그 경향을 강화하는 한 요인이 되었다.

이런 상황은 교육을 받는 아동 측에 전후 민주주의의 기만과 형해화라는 인상을 주지 않을 수 없었다. 거기서 생긴 불신감은 전후의 교육을 받은 아동들이 성인이 된 1960년대에 전후 민주주의를 비판하는 목소리가 나오는 배경을 이룬다.

10

피로 물든
민족주의의 기억
다케우치 요시미

내가 나이기 위해서는 내가 나 이외의 것이 되지 않으면 안 되
는 시기가 반드시 있을 것이다.

다케우치 요시미

전후 일본에서 민족과 아시아를 중시한 사상가로 다케우치 요시미의 이름이 종종 거론된다. 이 장에서는 이 다케우치의 사상과 1950년대 전반에 이루어진 '국민 문학 논쟁'을 다룬다.[1]

중국 문학 연구자인 다케우치 요시미는 1951년에 국민 문학을 제창하여 근대주의를 비판했다. 그때 전시기 일본의 국수주의 문학으로 알려진 일본 낭만파에 대한 주목을 주창한다. 또한 그는 미일 개전 시에 동아 해방의 싸움을 찬미하는 글을 쓴 것으로 알려졌고, 전후에도 태평양 전쟁이 결과적으로 아시아에 해방을 가져 왔다고 주장했다.

그런 까닭에 다케우치는 전시의 국수주의와 아시아주의의 흐름을 계승하여, 서양 근대를 찬미하는 전후 계몽을 비판한 민족주의자로 간주되기 쉬웠다. 또한 1960년대 이후에 전공투 운동 및 신좌익 활동을 거친 젊은이들이 전후 민주주의와 근대에 대한 비판을 주장한 시기에는 다케우치가 재평가를 받아 "민족이라는 관점에서 전후 민주주의=근대주의 비판을 감행했다"라는 평도 받는다.[2]

그러나 이제껏 밝혀왔듯이 국민 문학의 제창이나 중국의 재평가, 혹은 민족을 내세워 근대주의를 비판하는 논조는 특별히 드문 것이 아니었다. 특히 1951년에는 이것이 공산당의 공식 견해이기도 했다.

그러나 다케우치는 국민 문학 논쟁에서, 공산당 또한 근대주의라고 비판했다. 그리고 그가 친교를 맺은 사람들은 마루야마 마사오를 비롯해 '근대주의=전후 민주주의'의 대표로 여겨지는 인물들이었다. 나아가 다케우치는 1960년에 자기에 대한 세평에 항의하며 "저놈은 파시스트다, 내셔널리스트라는 식의 평가마저 받아 왔습니다"라고 말한다.[3]

이런 배경을 바탕으로, 여기서는 다케우치를 선험적으로 민족주의자였다고 규정하지 않는 형태로 검증한다. 거기서 필요한 것은 다케우치가 민족이나 근대주의라는 말로 무엇을 표현했느냐는 시점이다. 마루야마가 근대라는 말로 표현한 것이 반드시 서양 근대 그 자체가 아니었듯이, 다케우치의 민족 또한 그가 독특한 의미를 담은 것이었다. 그리고 그런 다케우치의 제언으로부터 일어난 국민 문학 논쟁은, 민족이라는 말을 둘러싼 소통 오류discommunication가 집중적으로 나타난 실례가 되었다.

정치와 문학의 관계

다케우치 요시미는 1910년 나가노현에서 태어나 도쿄에서 자라났다. 아버지는 사업에 실패했고 어머니는 그가 14세일 때 세상을 떠났다. 아버지는 원래 공무원이었지만 다케우치의 어린 시절에는 윤락업을 했다고 한다. 이런 가운데 다케우치는 빈곤한 생활과 세간의 시선에 괴로워하는 유년기를 보냈다.

다케우치의 회상에 따르면 빈곤 그 자체보다도 "저 녀석 집은 가난뱅이라는 소리를 듣지 않을까라는 공포의 감정"쪽이 "훨씬 괴로웠다"라고 한다. 그 사례로서 유행하던 알루미늄 도시락을 사지 못해 학교의 "점심 시간에 몸이 잘리는 기분이었다"라던가, 중학교 입시 때 새 옷을 산 것이 무엇보다도 기뻤다는 경험을 회상기에 쓴다.[4]

이런 자의식은 빈곤 가정에서 자란 아동에게는 흔히 있는 것이지만, 다케우치는 유소년기부터 "남들보다 배로 남의 시선을 신경" 썼다. 그러나 이런 성격은 다케우치에게 하나의 계기가 되었다. 그는 후에 "지금까지의 생애에 나를 격려해 준 가장 큰 동기는 내 안에 있는 열등감이었다"라고 말한다(『竹内好全集』 제13권 7쪽). 빈곤의 현실에서 벗어나기 위해서 그는 문학을 탐독하는 한편 공부에서도 다른 학생보다 앞서고자 힘썼다.

하지만 공부로 우등생이 되는 길은, 뒤집어 보면 교사에게 영합하는 길이었다. 다케우치는 소학교 4학년 때 과제 작문으로 쓴 일본 시和歌가 교사에게 칭찬을 받아 최고점으로 입선한 경험을 하나의 굴욕으로 회상한다. 거기서 입선한 일본 시는 자기의 선호를 굽히고 "선생님이 좋아할 법한 어투"로 쓴 것이었다. 다케우치는 이 경험에서 "학생은 항상 교사에게 영합한다"라는 정리定理를 이끌어 낸다(13권 10쪽).

그러나 이윽고 다케우치는 이런 영합을 견딜 수 없게 되었다. 소학교 시절의 다케우치는 우등생으로서 교사의 눈길을 받았다. 또한 다케우치 쪽도 자기의 일본 시를 칭찬해 준 교사에게 첨삭을 부탁하며 다수의 작문을 했다. 다케우치는 이런 작문들을 수제로 합본해서 그 교사에게 제목을 써 달라고 한 뒤 소중히 보존했다. 그러나 부립1중에 진학한 뒤, 우등생이라는 존재에 의문을 품기 시작한 그는 중학교 4학년 때 학교를 빼먹고 이노카시라井の頭 공원에 가, 숲 속에서 이 작문집과 편지 그리고 써 둔 원고류를 전부 태워 버렸다(13권 10쪽).

열등감에서 탈출하기 위해 교사에게 영합하여 우등생이 되고, 보신을 꾀하여 타인을 깔본다. 다케우치가 삶에서 주제로 삼은 것은, 이런 영합과 보신의 메커니즘으로부터의 탈각이었다. 후술하듯이 그는 서양 문명을 배워 아시아의 우등생이 된 근대 일본의 모습을 줄곧 비판했고, 보신을 타파하고 자기 혁신을 이루어 가는 것을 영원한 혁명이라고 표현하게 된다.

이렇게 해서 다케우치는 우등생이기를 그만두었지만, 남의 눈을 신경 쓰는 성격은 변하지 않았다. 우등생을 포기한 그는 수학 성적이 떨어졌지만 1928년에는 어쨌든 오사카 고교에 입학했다. 이 고교는 당시의 신설교로 전국에서 유일하게 입학시험에 수학이 나오지 않는 고교였다. 무사히 합격은 했지만, 본래 교토의 제3고등학교를 동경했던 그는 "굴욕감으로 가득 차게" 되었고, 휴일에는 오사카에서 교토의 거리로 나다니는 생활을 보냈다. 후년이 되어서도 그는 "질투의 감정 없이는 교토를 떠올릴 수가 없다"라고 말한다(13권 20쪽).

이런 열등감 속에서 다케우치는 이전부터 좋아했던 문학에 더욱 심취했다. 훗날 그는 "나는 용모에 대한 열등감에서, 그를 대신할 것을 정신적 가치에서 찾았고, 재능에 대한 열등감에서 결과적으로 문학을 선택했다"라고 말한다(13권 7쪽).

다케우치의 고교 시절은 전쟁 전 좌익 운동의 절정기와도 겹쳤다. 학생 잡지의 편집부에 소속했던 그는 1930년, 학생을 특고경찰에 넘긴 학교 당국에 항의하여 전교 파업을 조직했다. 이때 다케우치와 함께 파업의 주모자로 간주된 학생 가운데 훗날 일본 낭만파의 중심인물이 되는 야스다 요주로가 있었다는 사실은 잘 알려져 있다. 고교 졸업 후, 1931년 다케우치는 도쿄제대 지나문학과支那文学科에 입학하여 마르크스주의 계통의 독서회에 참가했다.

그렇지만 다케우치는 정치에 맞는 성격은 아니었다. 『자본론』Das Kapital은 읽었지만, 실천 이론으로서보다는 오로지 논리 구성의 절묘함에 감동했고, 그 재미를 추리 소설에 빗대었다. 지나문학과에 진학한 것도 도쿄제대의 수많은 학과 중에서 "가장 쉬울 것 같아서 들어갔을 뿐"이라고 한다(13권 24, 238쪽). 그렇지만 이런 우연으로 관계를 맺은 중국이, 이 자의식 과잉인 문학청년의 운명을 바꾼다.

지나문학과에 진학한 다케우치는 현대 중국 문학을 전공했다. 이것은 당시로서는 꽤나 특이한 관심이었다. 당시는 문학이라고 하면 서양 문학이라는 대답이 정해져 있었다. 그리고 중국에 대한 관심이라고 하면 전쟁과 대륙 진출을 배경으로 한 정치·경제적인 것이거나 또는 한적漢籍이나 사서를 비롯한 고전 연구였다.

당시의 지나문학과에서도 연구 대상의 중심은 고전이었다. 지나문학과 동창생 중에 현대 문학을 전공한 것은 다케우치 혼자였고, 현대 중국 문학을 다룬 졸업 논문은 다케우치의 것이 학과 창설 이래 사상 두 번째였다고 한다.[5] 학과의 중국어 교육도 한문 읽는 법이 중심이었고 현대 중국어 회화는 가르치지 않았다.

원래 우등생을 지향했던 다케우치가 아마도 학과 교수들에게 선호받지 못할 이런 주제를 선택한 것은 반항심의 표현이기도 했다. 후술하듯이 다케우치는 훗날까지 '한학 선생'과 '관료 문화'를 문학적 창조의 적으로 간주하게 된다.

앞에서 말했듯이 당시 일본에서 중국에 대한 관심이라면 고전이거나 정치·경제였다. 그리고 이 둘 사이에는 하나의 공통점이 있었다. 그것은 동시대의 중국인들이 가졌던 고뇌를 자기의 문제로 생각하는 관점이 빠진 것이었다. 고전 연구자들은 동시대의 중국에 무관심했다. 한편으로 정치적인 '지나통通'들은 중국을 일본의 진출지로 간주하거나, 기껏해야 동정이나 연민의 대상으로 생각했다. 그러나 다케우치는 동시대의 중국 문학가들에게서 자기가 가진 문제의식과 공통된 점을 찾아냈다.

다케우치는 대학 재학 중인 1932년 8월에 견학 여행으로 중국에 처음 갔다. 그리고 베이징에 도착했을 때, "나와 같은 생각을 가진 듯한 인간이 있다는 사실에 감동했다"라고 한다(5권 92쪽). 다케우치는 약 1개월간의 베이징 체재 중에 가정 교사를 붙여 중국어 회화를 배우고 현대 중국 문학을 홀린 듯이 읽기 시작했다. 귀국한 뒤 다케우치는 친구인 다케다 다이준武田泰淳 등과 함께 1934년 1월 중국문학연구회中国文学研究会를 결성한다.

그러면 다케우치가 중국 문학에서 찾아낸 '나와 같은 생각'이란 무엇이었는가. 그것은 한마디로 외부 권위로부터의 자립이었다.

다케우치가 중국 문학에서 찾아낸 권위로부터의 자립이라는 문제는, 크게 나누어서 두 가지였다. 하나는 식민지화 중인 중국이 서구 근대의 권위로부터 자립하여 독립을 이루어 가는 것이었다. 전후의 다케우치는 이 문제에 관심을 집중하게 된다.

그러나 1930년대 전반의 다케우치가 중국 문학에서 찾아낸 것은 또 다른 하나의 문제였다. 그것은 중국의 문학가가 정치의 권위로부터 어떻게 거리를 지키며 문학의 자율성을 확립했느냐는 문제였다.

당시의 중국은 국공 내전國共內戰과 일본군의 침입 등이 이어진 정치의 시대였다. 그런 가운데 문학가들도 정치와의 관계를 생각하지 않을 수 없었다. 이 중국 문학가들의 과제가 프롤레타리아 문학 운동의 전성기에 대학 시절을 보낸 다케우치의 문제의식과 합치했다.

1933년 12월 23세의 다케우치는 도쿄제대에 제출한 졸업 논문에서 위다푸郁達夫라는 작가를 논했다. 이 졸업 논문에서 다케우치는 위다푸를 "성격의 근본을 이루는 문인 기질과 고독벽癖"을 품고 정치에의 직접 참가를 거부하며 문학의 자율성을 모색한 작가로 그렸다(17권 142쪽).

다케우치에 따르면 위다푸는 '예술을 위한 예술'을 표방한 창조사創造社의 중심 회원이었다. 그리고 마찬가지로 창조사에 있던 궈모뤄郭沫若가 이윽고 혁명 운동에 참가하여 건설·적극적인 작품을 만들어 갔던 것과는 대조적으로, 파괴·소극적인 창작 활동을 이어 간다는 것이다(17권 76쪽).

그러나 다케우치에 따르면 위다푸는 단지 고립된 문학가가 아니었다. 위는 직접적인 정치 참가는 피했지만, 점차 자기와 같은 고뇌를 공유하는 민중에게 공감하며 문학을 창조했다. 즉 위는 자기의 외부에 있는 정치에 참가하는 것이 아니라, 자기의 내면을 응시함으로써 고립에서 벗어났던 것이다.

다케우치는 이 졸업 논문의 결론에서 이렇게 말한다(17권 160쪽).

위다푸 ― 그는 고뇌의 시인이었다. 그는 자신의 고뇌를 진지한 태도로 추구하고 대담한 표현 속에 폭로함으로써 중국 문단에 범상치 않은 영향을 초래했다. 왜냐하면 그의 고뇌는 동시대 청년의 고뇌를 집약한 것이었기 때문이다.

외부의 권위인 정치에 영합함으로써 타자 위에 군림하는 것이 아니라, 자기 내부의 고뇌에 파고들어 가는 문학으로써 타자의 고뇌와 이어지는 것. 다케우치는 이런 위다푸의 작풍을 "약함을 철저화한 강함의 예술"이라고 표현한다(14권 62쪽).

전후의 다케우치는 국민 문학론을 제기하거나 수많은 시사 평론을 쓰면서 정치에 대해 적극적으로 발언하는 비평가로 비쳤다. 큰 민머리, 독특한 외견과 함께 '국사적國士的 풍모의 논객'이라 평가되기도 했다.[6] 그런 그가 이토록 정치를 거부하고 문학을 상찬한 것은 기이하게도 보인다.

하지만 후술하듯이 그는 주저 『루쉰』魯迅에서도 문학가가 안이하게 정치에 참가하는 것에 대해 부정적이었다.

전쟁 전 다케우치의 사진을 보면 섬세한 표정을 지닌 문학청년이며, 후년의 국사스러운 외견과는 거리가 멀다. 앞에서 말했듯이 그는 자기의 용모에 열등감을 가졌기 때문에 국사의 풍모는 일종의 포즈였다고도 생각할 수 있다. 다케우치의 맹우였던 다케다 다이준에 따르면 다케우치는 "무슨 일이 있어도 약한 모습을 보이기를 싫어한" 인간이었다고 한다.[7] 어찌되었건 간에 이 '위다푸론論'에 보이는 주장은 이후에도 다케우치의 기본 사상으로 지속된다.

하지만 시대의 변화와 함께 다케우치도 자신의 사상적 표현 형태를 변화시켜 갔다. 변화는 우선 중국 정세가 절박해지면서 다케우치의 사회 지향이 강해지고, 연구 대상이 위다푸에서 루쉰으로 바뀌는 형태로 일어났다.

대학 졸업 후에 다케우치는 중국과 관계가 있는 직업을 얻고자 남만주철도주식회사南満州鉄道株式会社(만철) 조사부에 지원했지만, 문학부 출신자는 채용하지 않았다. 마침 1930년대 중반의 불경기여서 졸업 후에도 일이 없었지만, 1935년부터는 중국문학연구회의 회지 『주고쿠분가쿠월보』中国文学月報(후에 『주고쿠분가쿠』中国文学로 개제改題)를 발행한다.

이런 가운데 중일 전쟁 직전인 1936년 10월, 중국 문학의 거성이었던 루쉰이 서거한다. 전후에 다케우치는 1943년에 『루쉰』을 쓰기까지는 "루쉰이라는 사람이 싫었습니다"라고 회상하는데, 이 시기에 그는 루쉰 추도라는 형태로 중국 문학의 동향에 대해서 글을 썼다.[8] 그에 따르면 현재로서는 "살아남은 작가는 많이들 인생적인 요구를 사회성에 합치시킬 수 있었던 자들뿐"이며 "자기를 강하게 주장하는 선구자일수록 문단에서의 탈락이 심하고, 이후에 반발력反撥力을 잃었다"고 한다. 그리고 전자의 예가 루쉰, 후자의 예가 위다푸라는 것이다.[9]

이런 이행에는 중일 전쟁으로 향해 가는 시대의 동향 외에도 다케우치 자신의 체험이 있었다.[10] 위의 루쉰 추도문을 전후해서 1936년 11월에 다케우치 등의 중국문학연구회는 일본을 찾은 위다푸의 환영회를 열고 강연회를 기획했다. 그러나 위는 강연 전날에 재일 중국 유학생을 대상으로 항일 선동 연설을 해서 경찰에 잡혔고, 관헌이 쳐들어 온 강연회장에서 다케우치가 즉석 강연을 하며 위기를 면하는 사태가 되었다.

실은 이때 위다푸가 일본에 온 목적은 항일 활동을 위해 인쇄기를 구입하는 것이었다. 그는 이 체재 중에 일본에서 항일 운동에 관계한 탓에 경찰의 감시를 받던 궈모뤄와도 세 번에 걸쳐 회합했다. 그 후 위다푸는 항일 운동에 종사하며 소식이 끊겼는데 태평양 전쟁 중에 수마트라 Sumatra에서 일본 헌병에게 살해당했다는 말도 있다.

훗날 다케우치는 이때의 경험에 대해 "이쪽에서는 아무것도 모른다. 실제로 침략하는 쪽은 침략당하는 쪽에 대해서 알지 못한다"라고 회상한다(13권 215쪽). 그가 문학 작품을 통해 추측하기에 고립적인 작가로 보였던 위다푸는 실은 활동적인 인물이었다. 이런 체험도 보다 사회성이 강한 문학 작품을 쓴 루쉰으로 관심이 옮겨 간 계기가 되었다고 추측된다.

그러나 이윽고 다케우치가 루쉰에게 더욱 크게 기울도록 만드는 경험이 찾아온다. 중일 전쟁하의 베이징 유학, 그리고 대전 말기 중국 전선에서의 종군이었다.

저항으로서의 12월 8일

1937년 다케우치는 베이징으로 유학을 떠났다. 마침 발발한 중일 전쟁으로 인해 출발이 연기되기는 했지만, 소집 영장이 나왔던 맹우 다케다 다이준을 배웅한 뒤에 다케우치는 이와나미문고판『전쟁과 평화』Vojna i mir를 품고 10월에 베이징으로 향했다.

이 시기에 많은 중국 지식인들은 전쟁을 피해 베이징을 떠났고, 거리는 일본 군인과 상인들이 활개 치는 살풍경한 상황으로 변해 있었다. 문학 공부가 될 만한 분위기가 아니었지만, 다케우치는 일본어 강사 등을 하면서 1939년 10월까지 2년간을 거기서 보냈다.

다케우치는 다양한 회상기를 남겼는데 이 베이징 체재에 대해서는 많이 이야기하지 않는다. 고작 "생애의 괴로운, 빨리 잊어버리고 싶은 한 시기"였다던가, "자기가 이류 인간이라는 운명을 알게 되었다"라는 말을 남길 뿐이다. 단편적인 회상에서 엿볼 수 있는 것은, 일본 군인과 상인들의 횡포를 종종 목격하고, 반쯤 자포자기가 된 그가 매일 "술 마시고 허송세월할 뿐"이었다는 사실이다(13권 63, 49쪽).

패전 후의 1949년 5월에 다케우치는 「중국인의 항전의식과 일본인의 도덕의식」中国人の抗戦意識と日本人の道徳意識이라는 논고를 발표한다.[1] 거기서 그는 일본 정부가 국제적인 금지품이었던 아편을 계획적으로 양산하고 중국에 공공연히 팔아넘긴 사실을 다루었다. 이 사실은 도쿄 재판에서 전모가 폭로되었고, 일반적인 일본 국민들은 전쟁 중에는 알지 못했다. 그러나 다케우치에 따르면 "나는 문학을 했던 덕분에 그것을 어슴푸레 알고 있었다"라고 한다(4권 28쪽).

다케우치는 이 논고에서 1938~1939년—그가 베이징에 체재한 시기—에 쓰인 린위탕林語堂의 소설에 대해 논한다. 다케우치는 여기서 이 린위탕의 소설이 전시 중의 일본에서 번역 출판되었을 때, 일본의 마약 거래를 그린 부분이 생략되거나 개찬改竄된 점을 지적했다. 다케우치는 이 소설에서 일본의 마약에 중독된 중국인 남성이 일본 선원에게 구타당한 뒤 갱생을 결의하는 장면을 번역한다(4권 33쪽).

"누가 백아伯牙에게 중독을 고칠 결심을 시켰는지 아시겠나? 일본인 선원입니다. …… 제복을 입은 일본인 선원이 뒤를 따라와…… 부인이 뒤돌아보아도 일본인은 그만두지 않는 겁니다. 부인은 무서워져서 작은 소리로 남편에게 말했습니다. 세 번째로 그 일본인이 장난을 쳤을 때에, 부인은 새된 목소리를 높였고, 그리고 백아는 분개해서 뒤돌아본 겁니다. 그러자 그 일본인 선원은 쫙 하고 백아의 따귀를 갈겨 놓고, 웃는 겁니다. 그때 일본인이 밉다, 라는 기분이 뼛속까지 스민 겁니다. 그리고 자기에게 헤로인하는 습관을 들인 것은 일본인이라는 사실을 깨닫고, 거기서 그만둘 생각을 가진 겁니다."

"얻어맞고서는 어떻게 했나요?'라고 목란이 물었다.

"뭘 어떻게 할 수 있겠어요. 중국 경찰은 일본인에게 손을 댈 수 없습니다. 치외 법권인 걸요."

이 번역 뒤에 다케우치는 "이 일화는 가공의 것이지만 있을 법하며, 나도 이와 비슷한 광경을 실제로 본 적이 있다. 그것은 드문 일은 아니다"라고 말한다(4권 35쪽). 다케우치는 이런 사례를 들면서 중국 침략에 대한 일본 국민의 도덕적 책임을 물었다.

그러나 도쿄 재판을 기다리지 않아도, 다케우치는 베이징에 체재했을 때 이런 광경을 견문하고 마약 거래의 사실도 알았을 터였다. 그렇다면 왜 전쟁 중에 그 사실을 추궁하여 항의하지 않았는가. 이에 대해 다케우치는 1949년 논고에서 "내 용기의 문제는 지금은 다루지 않겠다"라고 말할 뿐이었다(4권 28쪽).

다케우치는 베이징에 체재했을 때 침략의 현실을 알면서도 그것에 항의할 용기 없이, 2년간 "술 마시고 허송세월할 뿐"으로 보냈다. 그 회한이 이 베이징 유학을 "생애의 괴로운, 빨리 잊어버리고 싶은 한 시기"로 기억하게 만들었다고 생각된다. 앞에서 말했듯이 다케우치는 이 유학에 대해서 많은 이야기를 하지 않는데, 귀국 직후인 1941년에 이렇게 쓴다. "나조차도, 대단히 후안무치한 놈들과 지금은 가까운 것이다", "(베이징에) 갔을 때는 등불 하나가 켜져 있었다. 지금은 그것이 없다. 그 무렵의 일기를 보면 나만은 이해할 수 있다. 일기의 공백 시기가 그것이다."(14권 282쪽)

베이징에서 귀국한 다케우치는 대륙 진출을 위해 설립된 회교권연구소回敎圈硏究所의 연구원으로 밥벌이를 했다. 이시모다 쇼가 회한과 함께 회상했듯이 당시의 일본에는 전쟁과 관계가 없는 일자리는 거의 없었다. 나아가 다케우치는 중국의 정보를 얻기 위해 아시아주의 단체인 동아회東亜会에도 가입했다.

이런 상태 속에서 일어난 것이 1941년 12월의 태평양 전쟁 개전이었다. 이 개전에 앙분昻奮한 지식인이 많았다는 점은 1장에서 말했는데, 다케우치도 그중 한 사람이었다. 다케우치는 1941년 12월 16일에 「대동아 전쟁과 우리의 결의」大東亜戦争と吾等の決意라는 선언을 집필하여 그들이 운영했던 중국문학연구회의 회지『주고쿠분가쿠』에 게재했다. 그 선언은 다음과 같이 시작한다(14권 294~295쪽).

12월 8일 선전宣戦의 대조大詔가 내려진 날, 일본 국민의 결의는 하나로 불탔다. 산뜻한 기분이었다. 다들 이것으로 안심이라고 생각하고, 입을 다물고 걸으며 친근한 눈길로 서로 동포들을 바라보았다. 입에 올려 말할 것은 아무것도 없었다. 건국의 역사가 일순에 거래去来하여, 그것은 설명할 필요도 없이 자명했다.
그 누가 이런 사태의 전개를 예상할 수 있었을까. 전쟁은 어디까지나 피해야 할 것이라고 그 직전까지 믿고 있었다. 전쟁은 비참한 것이라고밖에 생각하지 못했다. 실은, 그런 생각 쪽이 비참한 것이었다.

전후의 다케우치는 지식인이 전쟁 책임을 은폐하는 것에 비판적이었기 때문에 "모든 언어 표현은 자기의 피와 살과 함께 있으며, 그 책임은 평생 간다", "타인에게 어떻게 단죄되든지 간에, 나는 그 사상을 가진 채 지옥에서 살아갈 수밖에 없다"라고 말하며(11권 157쪽), 이 선언을 단행본에 재수록했다. 그런 까닭에 이 선언은 다케우치가 전시의 대아시아주의를 계승하는 민족주의자로 위치 지어지는 문맥에서 종종 인용된다. 그러나 여기서 주목하고 싶은 것은 이 첫 부분의 뒤에 이어지는 다음과 같은 글이다(14권 295~296쪽).

솔직히 말하면 우리는 지나 사변(중일 전쟁)에 대해 곧장 동의하기 힘든 감정이 있었다. 의혹이 우리들을 괴롭혔다. …… 가혹한 현실은 우리의 존재를 무시하고 그런 까닭에 우리는 스스로를 의심했다. 너무나도 무력했다. 현실이 승인을 요구하면 요구할수록 우리는 물러나고, 움츠러들었다. 노를 잃은 배처럼 바람에 맡겨진 채 맴돌았다. 도착해야 할 목적지는 없었다.

현실은 너무나도 명백하고 강력하며 부정할 수가 없다. 우리는 자기 자신을 부정하는 수밖에 방법이 없었다. 한계 지점으로 밀려나, 남몰래 범상치 않은 결의를 가슴에 그린 적도 있다. 지금 와서 생각하면 제한된 사유의 목적지는 이럴 수밖에 없을 것이다. 끙끙거리며 고민하고, 하나도 행동으로 옮기는 일 없이, 모든 것을 백안시했다. …… 우리 일본은 동아 건설이라는 미명 아래 약한 자를 괴롭히는 것이 아닌가라고, 방금 전까지 의심해 왔다.

우리 일본은 강자를 두려워한 것이 아니었다. 추상과 같은 행위의 발로가 이 모든 것을 증명한다. 국민의 한 사람으로서 이보다 더 큰 기쁨이 있을까. 지금이야말로 일체가 백일하에 드러났다. 우리의 의혹은 사라졌다. 아름다운 말은 사람을 현혹할지언정 행위는 속일 수 없다. 동아에 새로운 질서를 퍼뜨리고 민족을 해방한다는 것의 진짜 의의는 이제 골신骨身에 스민 우리들의 결의다.

당시의 다케우치는 중국 침략의 실태를 알면서도 그것에 대해 항의할 용기가 없었을 뿐 아니라, 군에 봉사하는 조사 기관에서 급료를 받으며 생활했다. 그것은 침략의 현실을 부정하지 않는 한, 그가 자기를 부정하는 길밖에 없는 상황이었다.

그런 자기혐오가 견딜 수 없는 수위까지 올라갔을 때, 태평양 전쟁이 일어났다. 다케우치는 그것을 일본이 구미라는 강자와의 싸움에 도전하는 용기를 보인 것이라고 희망적으로 해석했다. 그리하여 그는 미일 개전을 기점으로 동아 해방의 구호가 진실이 되어, 중국 침략이라는 현실 쪽이 사라질지도 모른다고 반쯤 자포자기하며 기대를 걸었다.[12]

이런 심정은 당시에는 드물지 않았다. 시미즈 이쿠타로는 미일 개전시를 회상하며, 중일 전쟁이 막다른 길에 부딪힌 "긴 시간의 괴로운 변비후에 드디어 변통便痛이 오는 듯한 기분"이었다고 말한다. 또한 1959년 다케우치는 당시의 문예지 편집자였던 다카스기 이치로高杉一郎의 글에서, 중일 전쟁에는 내심 반대했음에도 태평양 전쟁 개전과 함께 "하룻밤 새에 자기 마비라도 걸린 듯, 저항의식을 버리고 일종의 성전의식으로 달려 들어갔다"라는 부분을 인용한다.[13]

그러나 전후에 성인이 된 젊은 세대는 이런 배경을 이해할 수 없었다. 1958년에는 당시 26세의 젊은 비평가였던 에토 준이 위의 다카스기가 쓴 회상을 인용하며 윗세대의 지식인들은 성전과 동아 해방이라는 신화에 적극적으로 가담했다고 주장했다. 다케우치는 이런 에토의 평가에 대해 "틀린 것은 아니지만, 부족하다"라고 말하며 "신화의 거부 내지 혐오는 일관적이었지만, 이중 삼중으로 굴절된 형태가 되어, 결과적으로 신화 속에 말려들어 갔다"라고 반론한다(8권 29쪽).

그러나 침략의 현실은 다케우치가 기대한 것처럼 사라지지는 않았다. 위의 선언을 공표한 뒤, 1942년 2월부터 다케우치는 회교권연구소의 명령으로 중국에 현지 조사를 갔다. 그는 이 조사 여행에서 일본이 마약을 생산하던 몽골을 찾아, 일본 측 조사 기관의 조사원과 마약 문제에 대해 이야기를 나누었다.

당시 일본군은 이런 현지 조사 기관의 인재로 과거 마르크스주의에서 전향한 인물들을 종종 이용했다. 내지에서 일자리를 얻지 못한 점과 투옥의 공포에 떨었던 점이 원인이 되어, 그들은 앞장서서 군에 협력하는 일자리를 맡았다. 다케우치가 이야기를 나눈 조사원도 그중 한 사람이었다.

전후 다케우치의 회상에 따르면 이 조사원은 "중공의 전력을 실로 면밀히 조사했다. 나는 일본 군부가 마르크스주의를 이용하는 근대성에 놀랐다." 하지만 "그 조사는 숫자일 뿐, 그 사람은 문제를 윤리적 관점에서 바라보는 것에는 흥미를 보이지 않았다"라고 다케우치는 쓴다(4권 38쪽).

그리고 다케우치가 이 조사원과의 대화에서 충격을 받은 것이 중국공산당의 마약 정책이었다. 그는 1949년의 「중국인의 항전의식과 일본인의 도덕의식」에서 이렇게 쓴다(4권 38쪽).

아편은 오랫동안 중국 군벌의 재원이었다. 아편을 근절하는 정책은 언제나 독점 이윤의 유혹 앞에 무너졌다. 국민 정부 치하에서도 표면적으로는 금지하면서도 반쯤은 공공연히 팔렸다. 일본의 점령지에서는 그것이 공공연해졌다. 그러나 일본 점령지와 경계를 접한 중공 지구(중국공산당의 해방구)에서는 절대금지를 지켰다. 그런 까닭에 밀수가 심했다. 만약 순경제적인 관점에서 보면 중공의 이런 정책은 어리석다. 그것은 자기 돈으로 상대방의 전력을 살찌우는 꼴이 된다. 하지만 중공은 눈앞의 이익을 위해 이상을 팔아넘기는 짓은 하지 않았다. 불리함을 알면서도 보복 수단으로 나오지 않았다.

다케우치가 만난 조사원은 중국공산당의 물질적인 전력을 면밀히 조사했다. 중국공산당의 군사력이나 경제력은, 일본은 물론 미국으로부터 원조를 받은 국민당에 비해서도 뒤떨어져 있었다. 그러나 그 중국공산당이 어째서 민중에게 지지를 모으고, 항전력을 유지하느냐는 문제에 대해 "그 사람은 윤리적 관점에서 바라보는 것에는 흥미를 보이지 않았다." "중공의 정책은 어리석다"라는 말은 어쩌면 그 조사원이 한 표현일지도 모른다.

마르크스주의를 속류적俗流的, 공식적으로 해석하면, 인간의 양심이나 윤리 등은 경제적인 하부 구조로 결정되는 이데올로기에 불과하며, 그것을 전력 조사의 대상으로 삼는 것은 '어리석은' 일일 터였다. 패전 직후에 『긴다이분가쿠』나 오쓰카 사학을 비판한 공산당계의 논자들도, 주체성 등을 논하는 것은 난센스라고 주장했다. 그러나 다케우치는 위의 조사원 일화를 쓴 「중국인의 항전의식과 일본인의 도덕의식」에서 "사람을 이익만으로 움직일 수 있다고 생각하는 자는, 자기가 이익만으로 움직이는 인간이다"라고 말하며 이렇게 주장한다(4권 40, 37~38쪽).

생산력 비교에서는 일본 쪽이 절대적으로 우세하다. …… 그러나 마오쩌둥은 다른 조건이 없어도 중국은 자력 항전이 가능하다고 했다. …… 만약 마오쩌둥이 속류 마르크스주의자, 노예적 공식론자라면…… 적의 전력과 아군의 전력을 고정되고 실체적인 것으로 생각해서 그 양적 비교에서 자력 항전이 불리하다고 결론짓고 그 불리함을 국제 정세나 다른 조건으로 보완하고자 했을 것이다. ……
마오쩌둥의 이 확신은 어디에서 나왔는가. …… 중국공산당에는 오랜 고투의 역사가 있다. 그 고투는 밖에 대한 싸움이라기보다는, 그와 동시에 내부에서 끊임없이 자기를 정화하고 끌어내기 위한 싸움이었다. 그 싸움으로 단련되어서, 혁명적 정세는 경건에 가까운 이상주의의 극치로 고조되어, 동시에 그 사실이 밖에 대한 싸움에서, 마르크스주의가 육체화한 무로부터 유를 만드는 전술을 탄생시켰다.

다케우치에 따르면 중국공산당은 외부의 원조에 기대지 않고 자기 내부와의 싸움으로 스스로를 혁신했고, 거기서 현상을 변혁하는 힘을 끌어냈다. 이런 중국공산당의 이미지는 그가 위다푸론 이래 품었던 정치와 문학의 이상적인 관계에 적합했다.

그러나 전시 중의 다케우치는 즉각 중국공산당을 지지한다는 방향으로는 향하지 않았다. 탄압의 공포가 있었을 뿐 아니라. 원래 남의 시선을 신경 쓰는 성격에다가 지기 싫어했던 다케우치는, 한 번 자기가 선택하고 공언한 사상을 간단히 포기하는 데 저항을 느끼는 타입이었다. 그리고 무엇보다 자기비판에서 외부의 권위나 사상에 의거하는 것은 그의 선택지가 아니었다.

그런 까닭에 전시 중의 다케우치가 선택한 것은, 당시의 일본에 내재한 사상으로 일본의 정화를 시도하는 것이었다. 그것은 그가 미일 개전에서 상찬한 동아 해방의 이념을 이용해서 현실의 일본을 비판하는 형태로 나타났다.

1942년 다케우치가 중국 시찰에서 돌아와 쓴 보고서에는 일본에 대한 약간의 비판이 담겨 있었다. 그리고 그것은 "동아 해방"이라는 "엄숙한 문제가 속리俗吏 등의 손에서 눈앞의 공리功利나 낮은 관념에 이용되어서는 안 된다"라는 형태로 이루어졌다. 그는 애초에 태평양 전쟁 개전 시의 선언문에서도 동아 해방의 이상을 외치면서 "우리들은 닮은 듯 닮지 않은 지나통, 지나학자 및 절조 없는 지나 방랑자를 쫓아내고, 일지日支 양국 만년의 공영을 위해서 헌신한다"라고 외쳤다.[14]

1부에서 보았듯이 원래 많은 학도병과 지식인들은 진정한 애국이라는 전시 중의 사상을 출발점으로 삼아 전후사상을 형성해 갔다. 다케우치의 경우는 진정한 동아 해방이라는 전시사상을 변주함으로써 그의 전후사상을 형성하기 시작했다.

이 경향이 보다 현저해진 것이, 1942년 11월 도쿄에서 개최된 제1회 대동아 문학가 대회에 대한 다케우치의 비판이다. 이후 1943년 8월에 대동아 문학가 결전 회의가, 1944년 11월에는 난징南京 대회가 열리는데, 일본의 지배 지역에서 일본에 협력적인 문학가를 모은 데 불과했다.[15]

1942년 가을에 일본문학보국회는 다케우치 등의 중국문학연구회에게 이 대회와 협력하도록 요청했다. 그러나 다케우치는 그것을 정면으로 거부했다. 다케우치가 공개한 비판문에 따르면 대회의 기획에 관계한 것은 "문학도 지나도 모르는 주제에 자기 잇속 챙기기만 잘하는 사람"이며 "중국문학연구회가 관료인 체 하며 환영의 한 편을 맡는 것은 전통이 허락하지 않는다", "희롱당하는 지나 문학이 가엾다"라는 것이었다(14권 434, 435쪽).

그리고 다케우치가 협력 거부의 이유로 든 것은, 이 대회가 '12월 8일에 대한 모독'이라는 논리였다. 다케우치는 이 대회가 인선의 면에서 보아도 "일본 문학의 대표와 지나 문학의 대표가 회동한다는 사실을, 일본 문학의 명예를 위해서 또 지나 문학의 명예를 위해서 승복할 수 없다"라고 말하며, "승복하지 않는 것은…… 문학에서의 12월 8일을 실현할 자신이 있기 때문이다"라고 말했다(14권 460, 435쪽).

탄압과 밀고가 횡행했던 이 당시에 문단의 우두머리가 조직한 일본 문학보국회의 의뢰를 이토록 명확히 거부한 단체는 또 없었다. 그러나 그 저항은 12월 8일이라는 전쟁 슬로건을 내세우는 형태로 이루어졌다. 그것은 마루야마 마사오 등이 총력전의 합리적 수행이라는 논리로 저항했던 사실과도 닮았다. 다케우치가 1959년 논문 「근대의 초극」近代の超克에서 말했듯이, 이 시대에 저항과 굴복은 종이 한 장 차이였다.

그리고 이것은 다케우치에게 계획적인 위장 저항 같은 것이 아니었다. 전후에 다케우치는 그가 쓴 미일 개전 시의 선언은 일종의 위장 저항이 아니었느냐는 평가에 이의를 표하고, "나 본인은 한 번도 마음에 없는 소리를 쓴 기억이 없다", "그 선언은, 정치적 판단으로서는 잘못된 것이다. 철두철미하게 잘못되었다. 그러나 나로서는 문장 표현을 통한 사상이란 점에서는 잘못되었다고 생각하지 않는다"라고 말한다(11권 156, 157쪽).

앞에서 말했듯이 그는 진정한 동아 해방이라는 사상을 그 나름대로 진지하게 내세우는 것으로 침략의 현실에 저항하고자 했기 때문이다.[16]

그리고 당시의 다케우치가 12월 8일과 대치시킨 것이 관료 문화였다. 1943년 3월 다케우치는 중국문학연구회의 해산을 선언하는 「『주고쿠분가쿠』의 폐간과 나」『中國文学』の廢刊と私를 발표했다. 거기서 그는 "세상 전체에 거침없이 흐르는 관료 문화"의 지배에 대항하여 중국문학연구회는 "관료화된 한학과 지나학을 부정함으로써 내부로부터 학문의 독립을

성취하고자" 했으나 결국 "연구회 자체가 현저하게 지나학화化되는 경향"이 보이기 시작했기 때문에 해산을 결의했다고 말한다(14권 456, 451, 452쪽).

이 당시 중국문학연구회는 과거 다케우치 등 몇 명의 중국 문학 애호가가 모였던 시기와는 달리 다수의 회원을 거느리며 규모가 커져 있었다. 일본문학보국회로부터 대동아 문학가 대회에 대한 협력 요청이 온 것도, 중국문학연구회가 일본에서 현대 중국 문학의 연구를 대표하는 존재로 간주될 만큼 성장했기 때문이었다. 그러나 그 대가로 '지나학'에 대한 반역자였던 연구회가 이미 하나의 권위가 되어, '지나학화'되는 경향을 보이기 시작했다는 것이다.

이 「『주고쿠분가쿠』의 폐간과 나」에서 다케우치는 "대동아 이념의 한없는 올바름"을 상찬하며 다음과 같은 논의를 펼친다. 우선 "관료 문화는 자기 보전적 성격"임에 비해 "대동아의 문화는 자기 보전 문화를 초극한 위에서만 쌓을 수 있다"라고 한다. 왜냐하면 "우리 일본은 이미 대동아 지역들의 근대적 식민지 지배를 관념으로서 부정하고" 있으며, "식민지 지배의 부정이란 자기 보전욕의 포기라는 것"이다. 이어서 "창조는 자기 부정의 행위로만 이루어진다", "일본 문화가 일본 문화로서 존재하는 것은 역사를 창조하는 방법이 아니다. 그것은 일본 문화를 고형화하고 관료화하고 생의 본원을 굳히는 것이다"라고 말한다(14권 449, 450, 454쪽).

다소 이해하기 어려운 이런 논리 전개는 태평양 전쟁 개전 후에 다케우치가 경도되었던 교토학파의 '세계사의 철학'에 기반을 두었다. 이 점은 전후의 다케우치 사상을 이해하는 데도 필요하므로 조금 자세히 설명한다.

2장에서 말했듯이 교토학파는 헤겔 철학 등을 밑바탕으로 하여, 국가와 민족 혹은 개인 등을 "처음부터 완성된 개체라는 듯이 생각하는", "개체주의적인 발상"을 서양 근대가 낳은 폐해라고 비판했다. 이런 개체주의적인 발상이 개인 수준에서는 약육강식의 근대 시민 사회로, 세계 수준에서는 강국의 식민지 지배로 이어졌으며, 일본의 세계사적 사명은 국내적으로는 개인을 넘어선 통제 경제, 국제적으로는 국가를 넘어선 대동아 공영권의 건설이라고 그들은 주장했다.

그러나 역설적이게도 이 사상은 일본을 상대화하는 계기를 포함하고 있었다. 당시는 조선이나 타이완 등에 황민화 정책이 강행되고 있었으며, 조선인이 민족이라는 틀을 부수고 일본인이 되는 것을 상찬했다. 이것을 배경으로 세계사의 철학 좌담회에서는 "지금까지 고정된 것으로 생각되었던 작은 '민족'의 관념이 큰 관념 속에 녹아들어", "야마토 민족과 조선 민족이 어떤 의미에서 하나의 일본 민족이 된다"라고 주장되었다.[17]

이 논법으로는 대동아 공영권의 논리를 관철해 가면 일본 민족이라는 개체도 변용과 자기 혁신을 할 수밖에 없게끔 된다. 1장에서 말했듯이 전쟁을 찬미했음에 분명한 교토학파가 육군 보도부와 황도 철학파의 공격을 받은 것은, 이런 논리가 일본 민족에 대한 모독이 될 수밖에 없었던 사실과 관련되어 있다.

원래 헤겔 철학이나 마르크스주의는 자신이 노동과 사회 운동으로 세계에 작용을 가하면 동시에 자신이 변용을 성취해 간다고 간주했다. 패전 후의 공산당계 논자들이 '자기'란 실천 활동 속에서 만들어지며, 사회 운동을 피하면서 주체성을 지키려는 자세는 근대주의라고 비판한 것은 이런 사상을 기반으로 했다. 이런 근대 비판 사상을 응용한 세계사의 철학도 대동아 공영권의 건설이라는 실천 활동에 몰두하면서 일본 민족이 변용해 갈 가능성을 언급했던 것이다.

물론 세계사의 철학은 시류에 편승한 철학자들이 전쟁을 정당화한 것에 불과했다. 다케우치도 이 학파에 경도된 것은 전시 중의 한 시기뿐이며,[18] 전후에는 그들을 어용학자라고 표현한다(4권 36쪽). 그러나 전시 중의 다케우치에게 이 철학은 일본이 동아 해방의 사상을 철저하게 관철하여 자기 혁신을 이룰 수도 있다는 일종의 희망을 시사하는 것이었다.

다케우치가 논고 「『주고쿠분가쿠』의 폐간과 나」에서 관료 문화와 근대적 식민지 지배의 두 가지를 자기 보전적이라고 비판하고, "대동아의 문화는 자기 보전 문화를 초극한 위에서만 쌓을 수 있다", "창조는 자기 부정의 행위로만 이루어진다"라고 주장한 바는 이런 사상에 의거했다. 그 것은 동시에, 외부의 권위에 기대어 자기 보전을 꾀하는 것이 아니라 자기 내부의 고뇌를 직시한 자기 부정과 자기 혁신을 통해 외부로 이어진다는, 다케우치의 종래 사상과도 합치한다.[19]

물론 다케우치가 말하는 일본 문화의 자기 부정이란, 외국 문화를 새로운 권위로서 도입하는 것이 아니다. 「『주고쿠분가쿠』의 폐간과 나」에 따르면 서양 문화든 동양 문화든 "밖에서부터 일본 문화에 무언가를 더한다는 의식"은 실은 "자기 보전적이며 유럽 근대를 긍정하는 입장"이다 (14권 455쪽). 외부로부터 뭔가를 이입하는 데 기대는 것은, 자기 내면의 고뇌에서 눈을 돌리게 해 자기 혁신을 방해하기 때문이다.

원래 다케우치에 따르면 "A가 존재한다는 것은, A가 비A를 배제한다는 것"이다(4권 143쪽). 배경이 있기 때문에 그림이 성립하는 것처럼, 일본 문학이라는 개념 또한 외국 문학이라는 보완적인 대립물을 표상하는 것으로써 성립한다. 때문에 안이하게 외국 문학을 배우는 것은 일본 문학을 고정화하는 것으로 이어진다. 이런 사상에 입각하여 다케우치는 「『주고쿠분가쿠』의 폐간과 나」에서 "지나를 연구하는 데 있어서 자기의 대립물로서만 지나를 긍정해서는 안 된다"라고 말한다(14권 455쪽).

그러나 동시에 "외국 문학의 연구는 점점 활발해져야 한다"라고 다케우치는 말한다. 하지만 그 연구는 "개個가 타의 개他の個의 수탈로 스스로를 지탱하는 것이 아니라, 개가 스스로를 부정함으로써 타의 개를 포섭하는 입장을 자기 내부에 낳는 것"이어야 한다. 보다 구체적으로는 타자와의 "대립이 나에게 육체적 고통인 경우에만 그것은 진실이다"라고 다케우치는 쓴다(14권 454, 450, 455쪽). 물론 이런 발상이 자기의 고뇌를 파고듦으로써 타자의 고뇌와 이어진다는 위다푸론의 연장임은 말할 것도 없다.

이렇게 해서 다케우치는 근대를 비판하는 교토학파의 사상에 의거함으로써 대동아 문학가 대회로 상징되는 관료 문화를 비판했다. 이것은 교토학파에 반발하며 근대를 재평가한 마루야마 마사오와, 표면적으로는 대극에 위치하는 사상 형성이었다.

그러나 그런 표면적인 차이와는 반대로, 마루야마와 다케우치의 비판 대상은 양쪽 모두 전시하의 관료 통제였다. 말하자면 양자의 차이는 근저적인 차이라기보다는 표현 형태의 차이였다. 즉 마루야마는 관료 통제의 근간이 무책임에 있다고 판단하고 근대적인 주체의식의 확립을 주장했다. 그에 비해 다케우치는 관료 통제의 근간이 보신에 있다고 주장하며 자기 부정과 자기 혁신을 이것에 대치했다.

마루야마와 다케우치 간 근대 평가의 차이도 여기서 파생했다. 근대적 개인이라는 말을 자기 보전이라는 의미로 사용한다면, 다케우치가 말하듯이 그 초극은 관료 문화의 타파로 이어진다. 그러나 근대적 개인이 끊임없는 진보와 혁신을 받아들이는 책임의식을 뜻하는 말이라면, 마루야마가 말하듯이 그 확립은 관료 문화를 일소할 것이다. 실제로 마루야마와 다케우치는 표면적인 차이와는 반대로 전후에 서로를 존경하는 관계가 된다.

무엇보다도 다케우치는 근대라는 말을 부정적인 자기 보전의 의미만이 아니라 긍정적인 자기 혁신의 의미로도 사용했다. 그는 1943년 7월의 「현대 지나 문학 정신에 대해서」現代支那文学精神について라는 논고에서는 중국이 "강요된 근대가 아니라 자주적인 근대"를 획득했다고 주장한다(14권 468쪽).

중국이 자주적인 근대를 획득한 기점으로 다케우치가 강조한 것은 1919년의 5·4 운동이었다. 다케우치에 따르면 이 운동 이전의 중국 문학은 "근대의 침공과 그에 대한 고전 지나의 응전, 패배로 특징지어진다"고 한다(1권 468쪽). 즉 서양 근대와 중국 고전이 마치 일본 문학과 외국 문학처럼 서로 대립하면서 실은 보완했던 시기에는, 중국 문학의 자기 혁신이 일어나지 않았다.

그러나 "5·4 이후 근대적 국민운동으로 고전 지나가 자주적으로 다시 쓰이고", "근대를 내부에서 부정하는 인자를 품었다"라는 것이다. 중국 문학은 외부의 권위를 이입하는 것이 아니라 자기의 내부를 바라봄으로써 혁신의 계기를 손에 넣었다. 이것을 다케우치는 "지나가 독자적인 근대를 가졌다"라고 표현한다(14권 468쪽). 말하자면 다케우치는 근대라는 말을 긍정적인 의미와 부정적인 의미의 양쪽에서 사용했다.

이런 가운데 1943년 12월에 끝내 다케우치에게도 소집 영장이 왔다. 그리고 마루야마가 군대 입영을 앞두고 에도 시대론을 남겼듯이, 다케우치는 주저인 『루쉰』을 11월에 탈고했다. 이 원고는 다케우치가 중국 전선으로 보내진 뒤, 공습하의 1944년 12월에 발간된다.

앞에서 말했듯 원래 다케우치는 루쉰의 애독자가 아니었고 이 저서에서도 "이번에 처음으로 루쉰의 글을 통독했다"라고 고백한다. 그러나 절박한 시국 속에서 루쉰을 읽은 그는, 루쉰이 "너무나도 가까이 있는 기분이 든다"라고 느꼈다(1권 15쪽). 결과적으로 다케우치는 이 저작에서 종래부터 자신이 품었던 사상을 루쉰을 논하는 형태로 집대성한다.

우선 다케우치는 기존의 루쉰 전기나 루쉰의 독백들을 하나하나 "거짓말이다", "그대로는 받아들일 수 없다"라고 부정한다. 다케우치에 따르면 루쉰은 일반적으로 정치적인 작가라고 여겨지지만, "소질적으로는 정치와 무연"하다. 루쉰은 당시의 중국에 유포되던 "혁명에 도움이 되는 문학만이 진짜 문학이다"라는 의견을 거부하고 "문학의 효용을 의심함으로써 문학가가 된" 경우라는 것이다(1권 77, 18, 140, 73쪽).

그렇다면 루쉰의 정치성은 어디에서 태어났는가. 다케우치에 따르면 "그 정치성은 정치를 거부하는 것으로 주어진 정치성"이다. 루쉰은 "열렬한 민족주의자이며 또한 애국자"이지만 "민족을 위한 혹은 애국심을 위한 문학"을 쓰고자 하지 않았다. 그는 자기의 외부에 있는 정치에 참가하고자 한 것이 아니라, 어디까지나 "그 자신의 속에 있는 어찌할 길이 없는 고통"과 싸우는 가운데서 문학을 쓰고 "그 고통을 자기로부터 끄집어내어 상대의 속에 두었다"고 다케우치는 쓴다(1권 18, 61, 115쪽). 루쉰은 자신의 내부에 있는 고뇌를 글로 씀으로써 다른 사람들의 고뇌와 이어졌고, 결과적으로 영향력을 가졌다는 것이다.

거기서 다케우치가 검증하는 것이 루쉰이 문학에 뜻을 둔 계기로 종종 거론되는 환등 사건幻燈事件이다. 루쉰이 의학을 공부하려고 센다이仙台에 유학했을 때, 러일 전쟁의 뉴스 영화 속에서 중국인이 일본군에게 학대를 받는 장면이 상영된다. 일본군에게 갈채를 보내는 일본 학생들과 함께 이 장면을 본 루쉰은, 중국인의 신체를 개선하는 의학보다 정신을 개선하는 문학 쪽이 중요하다고 생각했다. 이것이 루쉰 본인이 회상기에 쓴 줄거리다.

그러나 다케우치는 "환등 사건과 문학 지망은 직접적인 관계가 없다"라고 주장한다. 다케우치에 따르면 "그는 동포의 정신적 빈곤을 문학으로 구제한다는 식의 그럴듯한 지망을 품고 센다이를 떠난 것이 아니"라고 한다. 루쉰은 "동포를 가여워하기보다, 동포를 가여워하지 않으면 안 되는 자기 자신을 가여워했던" 것이며, "동포를 가여워하는 것이 그의 고독감으로 이어지는 하나의 지표가 되었을 뿐이다"라는 것이다(1권 60쪽).

다케우치에 따르면 루쉰의 핵심적인 부분은 "정치와의 대결로 얻은 문학의 자각"이다. 문학은 직접적으로는 정치에 대해 무력하지만, 문학은 문학을 관철함으로써 결과적으로 정치에 이어질 수 있다. 외부에 기대를 갖는 것이 아니라 자신 내면의 암흑을 파고들어 가, 자기 부정과 자기 혁신을 이룩함으로써 문학가는 영향력을 획득한다. 다케우치는 루쉰이 이 자각을 얻은 것을 "회심"回心이라고 부른다(1권 55쪽).

또 다케우치는 이 저작에서 "소질적으로는 정치와 무연한" 루쉰이 왜 정치가 쑨원孫文을 존경했는지 논한다. 다케우치에 따르면 그것은 "그가 쑨원에게서 진정한 '혁명자'를 보았기" 때문이다(1권 120쪽).

1911년 신해혁명辛亥革命을 이룩한 쑨원은 "혁명은 아직도 성공하지 않았다"라는 말을 남겼다. 다케우치에 따르면 이 말은 혁명의 성과에 안주하지 않고 영원한 자기 부정과 자기 혁신을 이룩해 가는 지향을 표현한 것이며, "진짜 혁명은 '영원한 혁명'이다", 즉 "'나 혁명에 성공했다'고 외치는 자는 진짜 혁명자가 아니다"라는 것이다. 그리고 루쉰은 이런 쑨원의 자세에서 자기 혁신의 모습을 찾았으며 "쑨원에게서 '영원한 혁명자'를 본 루쉰은 '영원한 혁명자'에서 자기 자신을 본 것이다"라고 말한다(1권 120, 121쪽).

즉 문학에서의 혁명이란 자기 부정과 자기 혁신의 과정이며, 정치에 기대서 내면의 고뇌로부터 눈을 돌리는 것이 아니다. 다케우치는 『루쉰』에서 이렇게 말한다(1권 143~144쪽).

문학은 행동이다. 관념이 아니다. 그러나 그 행동은 행동을 소외하는 것으로 성립하는 행동이다. …… 정치에 영합하거나 혹은 정치를 백안시하는 것은 문학이 아니다. …… 진정한 문학은 정치에 반대하지 않으며 단지 스스로를 정치로 지탱하는 문학을 타기唾棄하는 것이다. 쑨원에게서 '영원한 혁명자'를 보지 못하고 혁명의 성공자 혹은 혁명의 실패자를 보는 문학을 타기하는 것이다. 왜 타기하느냐면, 그런 상대적인 세계는 '응고된 세계'로서 자기 생성이 이루어지지 않으며, 따라서 문학가는 사멸할 수밖에 없기 때문이다.

문학가는 내면의 응시와 자기 혁신을 관철함으로써 결과적으로 정치로 이어지며, 그런 "행동을 소외하는 것으로서 성립하는 행동"이야말로 진짜 힘이 된다. 그것은 다케우치가 보았던 중국공산당의 모습, 즉 마약 매매나 외국의 원조를 거부하고 내부의 윤리 확립을 관철함으로써 중국 민중의 지지라는 진짜 전력을 획득한 모습과도 닮아 있었다.

이렇게 형성된 다케우치의 사상은 전후에 마루야마 마사오나 쓰루미 슌스케 등으로부터 높은 평가를 받고, 에토 준의 평론 『작가는 행동한다』作家は行動する나 요시모토 다카아키의 '자립' 사상으로 이어진다. 그러나

역설적인 표현으로 아로새겨진 다케우치의 사상은, 단편적인 평론만 읽어서는 결코 이해하기 쉽다고 할 수 없었다. 그리고 사실 그는 전후에 그 명성과는 반대로 많은 오해를 받았다.

전장의 악몽

1943년 12월에 『루쉰』의 원고를 출판사에 맡기고 소집된 다케우치는 중국 전선으로 보내졌다. 이미 33세의 노병이었던 그는, 체력이 부족해 행군에서 낙오하기로 악명이 높은 성적 불량의 병사가 되어 중국 각지를 전전했다.[20]

다케우치는 이 시기에 대해 1937~1939년의 베이징 체재와 마찬가지로 거의 이야기하지 않는다. 기껏해야 1949년의 「중국인의 항전의식과 일본인의 도덕의식」에는 다음과 같은 대목이 보인다(4권 34쪽).

나는 군대에서 무의미한 파괴 행위를 많이 보았다. 전술상 필요해서도 아니고 또 전장의 이상 심리로도 설명이 되지 않는 목적 없는 파괴다. 나에게 그것은, 가치의 규준을 잃은 근대인의 아나키 심리가 아니라, 더 소박한 야만인의 심리로 보였다. 우리의 마음속 깊은 곳에 그런 야만인 본능이 살아 있는지도 모른다.

패전 후에 포로가 되어 근 1년간 구류당했던 다케우치는 1946년 6월 귀환했다. 그는 그 체험을 "1946년 여름, 나는 굴욕에서 해방되었다"라고 쓴다(1권 203쪽). 아마도 다케우치 또한 일본군의 일원으로서 목적 없는 파괴로 손을 더럽히고 자기 자신의 야만인 본능을 자각하는 굴욕을 맛보았으리라 생각된다.

마루야마 마사오의 경우도 그랬지만, 대부분의 전후 지식인들은 그들에게 최대의 굴욕적인 기억이 된 군대 체험에 대해 많은 이야기를 하지 않았다. 다케우치의 맹우이며 함께 중국문학연구회를 짊어졌던 다케다 다이준은 역시 병사로서 중국 전선에 보내진 경험을 이렇게 말한다.[21]

자기가 보유한 사상에서 보면, 탈주하거나 감옥에 갔어야 할 테지만, 재향 군인들의 합창으로 배웅받으며, 구단九段의 근보2[근위보병 제2연대]에 입대하여 치중병輜重兵 특무병 이등병이 되었다. ……
사이좋게 지냈던 유학생들의 조국을 공격하러 들어가는 것이니, 좋지 않은 일임을 알면서도, 수송선에 올라타 우선 우쑹吳淞에 상륙. 전쟁에 반대하는 '이론'으로 머리가 가득 찼던 주제에 아무렇지 않게 전쟁으로 향하는, 그 부끄러움, 칠칠맞지 못함은 지금 와서 이야기하고 싶지 않다. ……
입영 통지를 손에 받기 전까지만 해도, 설마 내가(나만은) 전장에 갈 리가 없다, 가지 않아도 될 것이라고 어렴풋이 생각한다. 그리고 총이 쥐어져 '전지'戰地로 간다. 그러면 지금까지와는 다른 자기, 그리고 인간을 발견해 버린다.
사체는 어디에나 널브러져 있었다. 물구덩이에 쓰러져 머리카락이 해초처럼 더럽게 부푼 여자의 시체도 있었다. 마른 땅 위에 마치 살아 있는 것처럼 누운 마른 노인의 사체도 있었다. 타는 냄새, 살 썩는 냄새가 구석구석에 퍼져서 휴식을 취할 때도 식사를 할 때도 항상 감돈다.
헌병의 감시가 없고 재판도 법정도 없는 전선에서 살인은 벌 받지 않는다. 단 한 사람의 노파를 죽이는데 그토록 심각하게 긴장해야 했던 라스콜리니코프의 고뇌 없이, 죄 없고 무기도 없는 사람들이 살해되어 간다. ……
죽인다는 행위가 '용감'하다는 아름다운 말과 결부되어서 끔찍하고 생생하게 실연되어 간다. ……
나는 과거의 체험을 돌아보며, 아무리 애써 보아도 나 자신을 신용할 수가 없다. 인간이 처한 생활 조건에 따라 어떤 비인간으로 변해 버릴지 모른다는 불안으로부터 떨어질 수가 없다.

그리고 다케다는 전장에서 돌아와 쓴 그의 데뷔작 『사마천』司馬遷의 첫머리에서 "사마천은 수치 속에 살아간 남자다", "『사기』史記를 쓴 것은 부끄러움을 없애기 위해서였지만, 쓰면 쓸수록 부끄러움은 커졌으리라 생각된다", "내가 『사기』에 대해 생각하기 시작한 것은 쇼와 12년(1937년)에 출정했을 때부터다"라고 쓴다.[22] 그리고 다케우치는 1960년 안보 투쟁 때 좌담회에 동석한 마루야마 마사오와 함께, 전시 중에 용기가 없었다는 회한이 전후 행동의 발조發條가 되었다고 말한다.[23]

또한 다케우치는 전후에 "노예와 노예의 주인은 같은 것이다"라는 말을 자주 썼다. 이 말은 그가 1943년의 『루쉰』에서 인용한 "타인을 노예로 삼는 자는, 주인을 갖게 되면 자기가 노예임을 감수한다"라는 루쉰의 말을 고친 것이었다(1권 125쪽).

그러나 실은 다케우치가 이 말을 중시하게 된 것은 전후부터이며, 군대 소집에 응하기 전의 저작인 『루쉰』에서는 수많은 인용 중 하나에 불과하다. 다케우치의 이런 전환이 일어난 배경을 엿볼 수 있는 것이, 그가 1948년 논고 「중국의 근대와 일본의 근대」中国の近代と日本の近代에서 캐나다의 역사가인 허버트 노먼E. Herbert Norman의 저작에 대해서 쓴 이런 글이다(4권 169~170쪽).

노먼의 『일본에서의 병사와 농민』Soldier and Peasant in Japan에 다음과 같은 말이 있다. 이 책은 내가 최근 읽은 것 중에서 감명 깊었다. …… "자기는 징병 군대에 소집된 부자유한 주체(에이전트)인 일반 일본인은, 스스로는 의식하지 못한 채 타국민에게 노예의 족쇄를 채우는 대행인agent이 되었다"라고 쓴 뒤에 노먼은 이렇게 덧붙인다.

"타인을 노예화하기 위해서 순수하게 자유로운 인간을 사용하기란 불가능하다. 반대로 가장 잔인하고 무치無恥한 노예는 타인의 자유에 대해 가장 무자비하며 유력한 약탈자가 된다."(白日書院版 114쪽)

이 부분을 읽으며 루쉰을 생각했다. 루쉰은 자국에 대해 이런 의미의 글을 몇 번이고 썼다. …… 나는 노먼의 말을 귀중하다고 생각한다. 그리고 그에 응답할 말이 나에게 없음을 유감스럽게 생각한다. 그러나 루쉰이 그에게 대답해 준다. 만약 루쉰이 없었다면 나는 얼마나 부끄러웠을까.

앞에서 말했듯이 그는 일본의 마약 정책을 알면서도 그것에 항의할 용기가 없었다. 게다가 그 뒤로 일본군의 병사가 되어, 아마도 상관과 고참들에게 린치를 받으면서 중국을 전전하고, 자기 안에도 야만인 심리가 잠들어 있음을 자각했을 것이다. 그런 그가 "가장 잔인하고 무치한 노예는, 타인의 자유에 대해 가장 무자비하며 유력한 약탈자가 된다"라는 노먼의 말에 충격을 받아 루쉰의 말을 상기한다.

그것은 동시에 마루야마 마사오가 자신의 군대 체험에 기반하여「초국가주의의 논리와 심리」에서 쓴 "국내에서는 '천한' 인민이며, 병영 내에서는 이등병이라도, 일단 영외로 나서면 황군으로서의 궁극적 가치와 연결되어서 한없이 우월한 지위에 서게 된다", "그들의 만행은 그런 난무의 슬픈 기념비가 아니었을까"라는 문언과 바탕이 같았다.

그리고 다케우치는 귀환 후 1946년 10월 19일에「초국가주의의 논리와 심리」를 읽고 감동하여 "재미있었다. 근래에 또 없을 만큼 재미있었다. 귀환 후 읽은 것 가운데 가장 뛰어나다"라고 일기에 썼다.[24]

귀환 후의 1946년 12월에 다케우치는 도쿄대학 지나문학과의 조교수로 초빙된다. 그러나 한학 선생의 아카데미즘을 싫어한 그는 이것을 거절하고, 1953년에 도쿄도립대학에 취직할 때까지 오로지 평론으로 생계를 유지했다.[25] 그 가운데 다케우치는 중국과 대비하여 일본의 근대화를 비판하면서 차츰 명성을 얻는다.

특히 1948년경부터는 중국공산당의 승리가 확실시되면서 중국이 급속히 주목받았다. 그러나 전전의 중국 연구자는 오로지 고전을 연구했기 때문에, 악명 높았던 지나통이나 대륙 낭인을 빼고는 현대 중국을 이야기할 수 있는 자가 적었다. 전전의 일본에서는 유명하다고 할 수 없었던 루쉰도, 마오쩌둥이 상찬한 까닭도 있어서 널리 알려졌다. 그런 이유로 중국 문학 연구자인 다케우치가 종종 중국과 중국공산당의 해설자로 논단에 나오게 되었다.

당연하게도 이런 다케우치에게 일본공산당이 주목했다. 1947년 8월 오다기리 히데오가 다케우치에게 신일본문학회에의 입회를 권유했고 1949년 1월에는 이시모다의 맹우였던 도마 세이타가 공산당 입당을 요청했다. 그러나 다케우치는 둘 다 거절했다.[26]

다케우치의 일기를 보면 1946년 6월에 도쿄로 귀환한 직후 공산당 기관지 『아카하타』를 구입하기는 했지만 "옛날이랑 똑같아서 흥이 깨졌다"라고 쓴다. 『긴다이분가쿠』의 동인들이 그랬듯이, 다케우치도 전쟁의 체험에서 아무것도 배우지 않고 15년 전의 운동을 그대로 부활시킨 듯한 공산당의 자세에 위화감을 느꼈다. 그 직후에는 마르크스주의 역사학자들이 모인 『레키시효론』도 샀지만 "이 잡지는 전체가 재미없다. 이래서는 민주주의과학자연맹이라는 놈을 신용할 수 없다"라는 감상을 가졌다.[27]

원래 다케우치는 일본의 마르크스주의자를 신뢰하지 않았다. 1942년 다케우치가 일본군에 협력한 전 마르크스주의자 조사원과 만났다는 것은 앞에서 말했다. 다케우치는 1961년에 패전 직후를 회상하며 전후에 "코뮤니즘이 부활하는 것은 좋은 일이다"라고는 생각했지만 "과거의 코뮤니스트가 전쟁 중에 전향하여 논non코뮤니스트보다도 더욱 적극적으로 전쟁에 협력하는 모습을 비교적 많이 보았기" 때문에, 공산주의 운동으로부터는 거리를 두었다고 말한다(5권 95쪽).

또한 다케우치의 사상에서 보아도, 외부의 정치에 참가하는 것은 그가 선호하는 바가 아니었다. 앞의 장에서도 말했듯이 자기가 전쟁에 협력했던 회한을 없애고자 공산당에 들어간 자는 적지 않았다. 그러나 다케우치는 외부의 권위에 기대어 고뇌를 풀려 하기보다는, 자기 내면의 암흑을 주시하는 길을 선택했다.

다케우치는 신일본문학회에의 권유를 거절한 뒤, 1947년 12월에 루

다케우치 요시미

쉰론인 「『광인일기』에 대해서」『狂人日記』について에서 이렇게 말한다. "그는 절망에 빠졌다. 일체의 구원을 믿지 않았고 이것을 구하려고 하지도 않았다. 암흑만이 그에게 있었다. 암흑은 그의 바깥에 있는 것이 아니라 그 자신도 암흑의 일부다", "답답하게 짓누르듯 덮어쓴 것이 있다. 거기서 나가고 싶지만 나갈 수가 없다. 권위에 기대면 나갈 수 있을 것이다. 관념이나 말의 권위에 기대서 많은 사람들이 자기만은 빠져나갔다고 생각한다."(1권 222쪽).

다케우치에 따르면 "상대방의 입장에 자기를 두고 생각하지 않으면서, 실행할 수 있든 말든, 그런 것은 상관없이, 자기만이 높은 곳에 머물며 권위의 말을 이야기하는 것이 지도자다"라고 한다. 그리고 "지도자"들은 루쉰에게 "'데모크라시'를, '사이언스'를, 자유를, 평등을, 박애를, 정의를, 독립을, 번영을 주려고 했다. 그는 믿지 않았다."(1권 252, 226쪽)

앞의 장에서 보았듯이 전시 중의 회한 탓에 공산당에 입당한 자는 옥중 비전향 간부의 권위를 거역할 수 없었다. 그리고 다케우치는 1947년의 「『광인일기』에 대해서」에서 이렇게 말한다. "루쉰도 과거에는 그런 탈출을 시도했다. 그러나 그것은 그에게 있어서 '실패'였다. 그는 이제 일체의 권위—밖에 있는 것을 믿지 않는다. 암흑을 없애는 것으로서의 빛을 믿지 않는다", "그것은 암흑이 그 자신이기 때문이다. 권위에 기대는 것은 노예가 되는 것이다." 그리고 "그는 죽을 때까지 권위—권위에 복종하는 것과 권위로서 남을 복종시키는 것—에 계속해서 반항했다"라고 다케우치는 말한다(1권 223, 226쪽).

다케우치는 이렇게 공산당 입당을 거절했다. 그는 1961년 강연에서 패전 직후를 이렇게 회상한다. "그 잘못된 전쟁으로의 길, 그 결과로서의 패전이라는 사실에서 어떤 교훈을 끌어낼 것인가, 혹은 그것을 어떻게 자기의 학문 속에 엮어 낼까라는 문제에서, 갑자기 코뮤니즘으로 갈 수 있는 사람은—많은 사람이 가기도 했지만, 그리로 가도 괜찮을 것이다. 그 사람은 그 나름의 과정을 통해 다른 반성을 했다. 나 같은 사람은, 그런 방식과는 거리를 두면서, 화근이 좀 더 깊은 곳에 있지 않은가 라고 생각했던 것입니다." 그리고 다케우치는 그 화근에 대해 이렇게 말한다(5권 95, 96쪽).

그것이 무엇이냐에 대해서, 나는 전후에 한 가지 가설을 냈다. 후진국의 근대화 과정에는 둘 이상의 형태가 있는 것이 아닐까. 일본에서 메이지 유신 후의 근대화에는 매우 눈부신 부분이 있었으며, 동양에서 뒤늦게 식민지가 된 국가들의 해방 운동을 격려했다. 그것이 잘 전진했더라면 유일한 모범이 되었을 테지만, 결과적으로 마지막에는 점점 반대의 실패를 했다. 그 실패의 점에서 뒤돌아보면 일본의 근대화는 하나의 형태였지만, 이것이 동양 국가들 혹은 후진국의 근대화에서 유일하고 절대적인 길은 아니며, 다른 다양한 가능성과 길이 있지 않을까라고 생각한 것이다.

그리고 말할 것도 없이 다케우치가 일본과 대비했던 것이 중국이었다. 그에 따르면 근대 일본은 서양 문명이라는 외부의 권위를 이입하여 우등생이 되었고, 서양 문명의 노예가 되어 동양 국가들을 노예로 삼는 사슬을 채우는 역할을 맡았다. 그에 비해서 중국은 우등생이 되는 데는 실패했지만 자기 부정과 자기 혁신으로 일본과는 다른 자주적인 근대를 쌓아 갔다는 것이다.

두 개의 근대

이런 가설에 기반을 두고 다케우치는 1948~1949년에 「중국의 근대와 일본의 근대」, 「중국 문학의 정치적 성격」中国文学の政治的性格, 「일본인의 중국관」日本人の中国観 등 일련의 논고를 썼다. 특히 「중국의 근대와 일본의 근대」는 반향을 불러서, 『주오코론』이 1964년 10월호에 「전후 일본을 만든 대표 논문」의 특집을 엮었을 때 마루야마 마사오의 「초국가주의의 논리와 심리」와 함께 다시 실렸다. 이 논고들의 주장을 개설하면 다음과 같다.

우선 중국과 일본의 차이는 "궁극적으로는 고유의 문화를 가진 자와 그렇지 않은 자의 차差"이다. 즉 "중국의 문명은 만들어 낸 것이며, 일본처럼 남에게서 빌리는 것이 습관화되어 있지 않다. 따라서 제도든 사상이든, 유럽 문명이 낳은 결과만을 빌려오는 것은 불가능하다. 개혁을 실현하는 길은 내부로부터의 자기 개조를 관철하는 것 밖에 없다"라고 다케우치는 말한다.[28]

중국은 고유의 문화를 가졌기 때문에 전통이 강력하다. 그런 까닭에 전통과 철저하게 싸워서 그것을 부정해야만 혁신이 생긴다. 또한 동시에 그런 자기 부정과 자기 혁신이야말로 고유의 문화를 낳는 원동력도 된다. 따라서 "중국에서는 전통의 부정 그 자체가 전통에 뿌리를 내렸던" 것이며, "전통을 가장 격렬히 부정하는 자가 동시에 전통을 가장 충실히 보지하는 자였다"라고 말한다(4권 11쪽).

그리고 "중공(중국공산당)은 가장 철저한 전통의 부정자인 점에서 민족의 가장 높은 윤리의 체현자"이다. 애초에 "중국의 혁명은 민족에 내재한 본원적인 힘의 발로이며 설령 바깥의 힘을 빌리더라도 운동 자체는 항상 자율적이었다"라고 한다(4권 11쪽).

그에 비해 일본에서는 항상 완성품을 서양에서 수입하는 방법으로 근대화가 이루어져 왔다. 그것이 가능했던 것은 고유의 문화와 전통을 갖지 않았기 때문에 자기 부정을 하지 않고서도 근대화를 할 수 있었기 때문이다. 그것은 "어쨌든 형식적으로는 근대화의 속도를 빠르게 했지만", "내적 생활과 외적 생활의 이중성"을 낳았다. 애초에 "진보로 보이는 그것이 동시에 타락"이었다(4권 14, 143쪽).

이런 근대 일본에서는 자유주의가 길이 막히면 전체주의, 전체주의가 패배하면 민주주의로, 위기 때마다 외국에서 사상을 수입해 올 것이 기대된다. 요약하자면 "과거에 주어진, 지금도 주어진, 장래에도 주어질 것이라는, 주어지는 환경 속에서 형성되어 온 심리 경향이 뿌리내렸다"라고 한다. 그런 까닭에 진정한 절망이나 자기 혁신에 이르지 못하고 "영구히 실패함으로써 영구히 성공한다. 무한한 반복이다. 그리고 그것이 진보인 듯 생각된다"라고 다케우치는 말한다(4권 148, 147쪽).

여기서 발생하는 것이 "'새롭다'는 것과 '바르다'는 것이 중첩하여 표상되는 식의, 일본인의 무의식적 심리 경향"이다. 거기서는 수입된 것이 차례로 낡아 갈 뿐이며, 중국과 같은 전통의 자기 혁신이라는 것이 없다. 따라서 "일본 문화 속에서는 새로운 것은 반드시 낡는다. 낡은 것이 새로워지는 일은 없다"고 말하며 다케우치는 이런 상황을 "일본 사회에는 모든 것을 말려 버리는 독기가 있다"라고 표현한다(4권 148, 163, 113쪽).

그리고 일본 근대 문학의 역사는 이런 경향의 전형이었다. 문학적인 창조에 위기가 닥칠 때, "일본의 작가들이 하는 일은 크게 나누어 보면 밖에서 새로운 유파를 주사약으로 가져오거나, 정치에 도움을 구하거나이다. 즉 밖의 힘을 빌리고자 한다." 그렇기 때문에 서양에서 수법을 빌리거나 문학적 빈곤함을 정치 참가라는 구실로 속이려는 문학가가 끊이지 않는다. "바깥의 힘을 빌렸기 때문에 타락한 것인데, 그 타락을 면하기 위해 또 바깥의 힘을 빌리려 한다. 일본인의 노예근성이 얼마나 깊은지 알 수 있다."(4권 112, 113쪽)

다케우치에 따르면 "일본 문학을 아이의 문학이라고 하면 중국 문학은 어른의 문학"이다. 왜냐하면 "중국 문학은 밖의 것에는 일절 기대지 않았다. 물론 쉼 없이 영양은 흡수했지만 뿌리는 자기 것이었다." 그에 비해 "일본이 사회 모순을 언제나 밖으로 나가서 유사한 방식으로 해결하려 했듯, 일본 문학은 자기의 빈곤함을 언제나 밖에서 새로운 것을 구하는 것으로 얼버무려 넘겨 왔다"라고 다케우치는 본다. 항상 밖의 힘에 기대는 일본 문학은 "마치 아이"와 같으며 "아무리 나이를 먹어도 그대로는 어른이 되지 못한다"는 것이다(4권 102, 113, 125쪽).

이런 "일본 문화는 구조적으로 우등생 문화"다. 근대 일본의 문화란 외부의 권위에서 얼마나 빨리 배우느냐의 경쟁이다. "우월감과 열등감의 병존이라는 주체성 없는 노예 감정의 근원은, 거기에 있을 것이다"라고 다케우치는 말한다. 하층민은 엘리트에게 열등감을 품고, 엘리트는 계몽주의와 지도자 의식으로 가득 차 서양에 대한 동경과 동양에 대한 멸시가 병존한다. 다케우치에 따르면 패전 후의 변혁도 "사관학교의 우등생이 제국대학의 우등생으로 변한 것뿐"이다(4권 150, 143, 152쪽).

그럼 이런 상황은 어떻게 타개할 수 있을까. 다케우치에 따르면 일본에서는 종종 주체성이나 현실, 혹은 정치 등을, 어딘가로 찾으러 가면 주어지는 완성품처럼 생각한다. 그런 까닭에 "주어져야 할 '주체성'을 밖으로 찾으러 나가는" 것이나 "현실이라는 실체적인 것이 있어서 무한히 그것과 가까워지는 것"이 시도된다(4권 158, 149쪽). 이렇게 해서 자기를 찾으러 밖으로 나간다는 행위, 외부에서 구원을 찾는 기대가 노예의 상태를 고정시킨다.

그러나 다케우치에 따르면 자기란 고정된 완성품이 아니라 자기 부정과 자기 혁신에 따른 운동이다. 인간은 자기 부정에 따르는 변화로써야말로 자기라는 것을 실감하고 획득할 수 있다. 따라서 "변치 않는 것은 자기가 아니다", "내가 나이기 위해서는 내가 나 이외의 것이 되어야만 하는 시기가, 항상 있을 것"이다. 자기 보전은 자기를 잃는 것이며 자기 부정은 자기를 획득하는 것이다. 그렇기 때문에 "자기를 고집함으로써 자기는 변한다"라고 그는 말한다(4권 162쪽).

그렇다면 외부에서 문화를 이입해서 위기를 회피하는 것은 물론, 전통을 묵수하며 변화를 거부하는 것도 자기 보전이며 자기를 잃는 데 불과하다. 서양의 모방과 그 반동에 불과한 국수주의의 사이에서 흔들려 왔던 근대 일본은 "자기라는 것을 거부하고 동시에 자기 이외의 것을 거부한다"라고 다케우치는 말한다. 반면 루쉰은 과거의 자기에 머무르는 것도 외부의 힘에 기대서 자기를 포기하는 것도 거부하고 저항한다. 과거의 자기에 머무르는 것은 열등생에 만족하는 것이며, 바깥의 힘에 기대는 것은 우등생으로 출세하는 것이다. 그 양쪽에 대한 거부는 "노예이기를 거부하고 동시에 노예의 주인이기도 거부"한다(4권 156, 125쪽).

그러나 그런 저항은 깊은 절망을 부른다. 왜냐하면 우등생도 열등생도 거부하는 것은, 세계에 자기가 있을 곳을 갖지 못한다는 의미이기 때문이다. 그리고 "노예는 자기가 노예의 주인이 되려 하는 한 희망을 잃지 않는다. 그는 가능성에 있어서는 노예가 아니기 때문"이다(4권 125쪽).

그러나 그 상태로는 "자기가 노예라는 것에 대한 자각도 생기지 않는다"라고 다케우치는 본다. 열등생이 외부의 권위로부터 인정받기를 원하는 것, 우등생이 되려는 기대를 갖는 것, "노예가 구원을 찾는 것, 그것이 그를 노예이게 한다"는 것이다. 제국주의 국가가 될까, 식민지가 될까, 라는 양자택일의 세계관을 재빨리 받아들인 근대 일본은 "저항을 포기한 우수함"을 발휘했다. 그러나 그것은 "노예로서의 우수함"과 다르지 않았다(4권 125, 156, 159쪽).

그리고 "노예가 탈각의 행동을 일으키는 것은, 자기가 노예임을 자각할 때"다. 그것은 "노예이기를 거부하고 동시에 노예의 주인이기도 거부할 때에 갖는 절망감"에 눈뜨는 것이다. 그리고 "저항은 절망의 실천으로 나타난다"고 다케우치는 쓴다(4권 125, 156쪽).

여기서 다케우치가 말하는 저항이나 행동은 안이하게 정치에 참가하는 것을 가리키지 않는다. 이 세계가 주는 기존의 위치나 동일성同一性(정체성을 의미-옮긴이)을 거부하는 것이다. 우등생이기도 열등생이기도 거부하는 것이다. "저항을 포기하면 주어지지만, 그렇기 때문에 주어지는 환상을 거부하는 능력은 잃게 된다"라고 다케우치는 말한다. 이런 저항이야말로 일방적으로 정해진 기성품이 아닌 자기를 획득하는 계기가 된다. 즉 "자기가 자기 자신이 아닌 것은, 자기 자신이라는 것을 포기했기 때문이다. 즉 저항을 포기했기 때문이다."(4권 157, 159쪽).

그리고 이 세계에서 "자기이기를 거부하고 동시에 자기 이외의 것임을 거부하는" 일은, 영원한 자기 부정과 자기 혁신, 즉 회심을 계속하는 일을 의미한다. 물론 회심이란 외부의 것을 이입해서 자기를 보전하는 전향과는 다르다. 다케우치는 1948년의 「중국의 근대와 일본의 근대」에서 이렇게 말한다(4권 161~163쪽).

일본의 우수 문화 속에서는 우등생이 되어 타락하거나 타락을 거부하고 패배하는 것 외에는 살아갈 길이 없다. 우등생이 양심에 따라서 행동하면 전향이라는 현상은 필연적으로 일어난다. 만약 전향하지 않으면 그는 우등생이 아니게 된다. 새로운 것을 받아들이는 능력을 잃었기 때문에. 공산주의보다 전체주의가 새로우면 공산주의를 버리고 전체주의로 옮겨 가는 것이 양심적인 행동이다. 민주주의가 오면 민주주의에 따르는 것이 우등생에게 걸맞은 진보적인 태도다. …… 애초에 일본의 근대가 전향으로 시작되었다. 양이론자는 그대로 개국론자가 되었다. ……

전향은 저항이 없는 곳에서 일어나는 현상이다. 즉 자기 자신이고자 하는 욕구의 결여에서 일어난다. 자기를 고집하는 자는 방향을 바꿀 수 없다. 내 길을 걸을 수밖에 없다. 그러나 걸어가는 것은 자기가 바뀌는 것이다. 자기를 고집함으로써 자기는 변한다. (바뀌지 않는 것은 자기가 아니다.) …… 만약 내가 단순한 나라면 그것은 나라는 것조차 될 수 없을 것이다. 내가 나이기 위해서는 내가 나 이외의 것이 되지 않으면 안 되는 시기가 반드시 있을 것이다. 그것은 낡은 것이 새로워지는 시기이기도 하며…… 그것이 개인에게 나타나면 회심이고 역사에 나타나면 혁명이다.

회심은 겉보기에는 전향과 닮았지만 방향은 반대다. 전향이 밖을 향한 움직임이라면 회심은 안을 향한 움직임이다. 회심은 자기를 지키는 데서 나타나며 전향은 자기를 포기하는 데서 일어난다. 회심은 저항이 매개하고 전향은 매개가 없다.

물론 회심이라는 말은 앞에서 말했듯이 1943년의 『루쉰』에서 사용되었다. 그리고 다케우치에 따르면 "일본 문화는 형태로서는 전향 문화이며 중국 문화는 회심 문화"라고 한다. 일본에서는 메이지 유신과 그 후의 근대화가 용이하게 달성되었다. 그와는 대조적으로 "모든 위로부터의 개혁을 저지할 정도로 중국에서는 반동이 강했다"라고 다케우치는 말한다. 그러나 그것이 중국으로 하여금 일본의 안이한 근대화와는 다른 길을 걷게 하고 "아래로부터의 혁명을 끓어오르게 만들었다"는 것이다(4권 163, 165쪽).

그것이 메이지 유신과 신해혁명의 차이에서 명확히 나타났다. 다케우치는 "메이지 유신은 성공했지만 신해혁명은 '실패'했다. 실패한 것은, 그것이 '혁명'이었기 때문이다"라고 말한다. 그것은 "내부에서 부정하는 힘이 끊임없이 솟아오르는 혁명이다. 쑨원에게는 혁명이 언제나 '실패'로 생각된다"라는 것이다(4권 164쪽).

이런 사상을 바탕으로 다케우치는 1948년의 「중국 문학의 정치적 성격」이라는 논고에서 "일본에는 국민 문학이 없다"라고 말한다(7권 11쪽). 이 논고는 아라 마사히토·히라노 겐과 나카노 시게하루 사이에서 이루어진 '정치와 문학' 논쟁에 대해 다케우치가 논한 것이었다. 이 국민 문학에 대한 생각이 1951년의 '국민 문학 논쟁'으로 이어진다.

다케우치는 근대 중국은 "형식은 유럽적이지 않을지도 모르지만 어쨌든 일본 등과 비교하면 훨씬 근대적이다"라고 말한다(7권 9쪽). 자기 혁신에 따라 아래로부터의 근대화를 이룬 중국에서는 사상과 문학이 국민적 기반을 가진다.

그러나 위로부터의 근대화를 이룬 일본에서는 "사상은 관념이 빌려서 입은 옷으로 통용될 뿐"이다. 그리고 지식인들은 "생활과 동떨어진 사상을 실체적인 것으로서 문제 삼고 있다."(4권 7쪽) 그렇기 때문에 사상도 문학도 정치도 관념 속에서 공전할 뿐, 국민적 기반이 없다.

결과적으로 일본에서 사상이나 문학이나 정치에 대해 논하는 것은, 서양 문화를 재빨리 이입한 우등생들뿐이다. 그 이외의 열등생들은 그런 것에 관심이 없다.

그리고 우등생들은 열등생들을 계몽하고자 한다. 그러나 그들은 "자기는 노예가 아니라는 환상 속에 있으며, 노예인 열등생 인민들을 노예에서 해방하고자 한다"라고 다케우치는 본다(4권 158쪽). 자기는 주인이라는 심산으로 불쌍한 열등생을 구원하려고 생각하는 것이다.

그러므로 그들은 열등생이 "나는 노예다"라는 것을 자각할 때의 절망감을 알지 못한다. 즉 "각성당하는 고통을 모르는 채로 상대를 각성시키고자 한다"는 것이다(4권 158쪽). 다케우치는 자기의 고통과 타자의 고통이 이어질 때 외에는 표현이 상대에게 전해지지 않는다고 생각한다. 그러나 앞에서 말했듯이 "상대의 입장에 자기를 두고 생각하지 않으면서, 실행 가능하든 말든, 그런 것은 상관없이 자기만 높은 곳에 머물며 권위의 말을 이야기하는 것이 지도자"이다. 물론 그런 식의 계몽은 상대에게 효과가 없다.

이런 까닭으로 일본에서는 봉건 시대의 무사와 농민이 문화를 전혀 공유하지 못했듯이, 지식인과 대중 사이에 문제의식이나 고뇌의 공유가 없다. 문단 및 학계는 마치 봉건제하의 길드 같은 양상을 보인다. 문학가가 자기의 외부에 있는 정치에 참가할까 말까를 고민하는 정치와 문학이라는 주제도 "일본 문학의 봉건제가 드러난 것"이다. 1948년 다케우치는 이렇게 말한다(4권 106~107쪽).

[중국의 작가는] 국민적 감정 위에 서서, 그 위에서 자기의 말로 이야기한

다. 일본인 측은 작가로서의 직업의식 위에 서서 자기들 동료끼리의 말로 이야기한다. …… 중국 문학에서는 문학가가 국민적 감정을 대변한다는 것은 자명하며, 문학가를 재는 평가는 그가 어떻게 얼마만큼 그것을 대표 하느냐는 국민적 감정의 규준으로 이루어진다. 일본 문학에서는…… 작 가가 국민적 감정을 대표하느냐 마느냐와, 그것을 어떻게 표현하느냐는 완전히 동떨어진 문제이며, 이 양쪽을 결합시키려면 거기에 또 다른 조작 이 필요해진다. '정치와 문학'이라는 일본적인 문제 제기 방식의 지반이 거기에 있다고 생각한다.

국민적 기반이 형성된 중국에서는 국민적 감정 위에 서는 것과 자기 의 말로 이야기를 하는 것 사이에 어떤 모순도 없다. 작가에게 있어서 인 민의 고뇌는 그 자신의 고뇌이며, 자기의 고뇌를 쓰는 것이 인민의 고뇌 로 이어진다. 그것이 성립되지 않은 일본에서는 자기의 말과 국민적 감정 을 결합하기 위해 정치라는 자기 외부의 매개가 필요하다.

다케우치에 따르면 중국의 "문학가는 장인職人으로서가 아니라, 자유 로운 평균인의 감각으로 대상을 생각"한다. 중국의 학생들도 "일본처럼 특수한 폐쇄적인 사회층을 구성하지 않기" 때문에 "단일 사회의 구성원 으로서의 책임과 자각으로 뒷받침된다. 그러므로 학생의 의지가 민중의 의지로 직접 이어진다." 그렇기 때문에 중국의 문학은 "길드 내에서 생산 되고 소비되는 것이 아니라, 시장은 매우 좁지만 어쨌든 개방적인 단일 사회에서 생산되고 소비된다"라고 다케우치는 말한다(7권 9, 8쪽). 이런 개방적인 단일 사회에서 성립하는 문학이야말로 국민 문학을 의미한다.

여기서 말하는 개방적인 단일 사회란, 마루야마 마사오의 근대 국민 국가가 그러했듯이 각자가 자립하면서 연대하는 상태이며, 기정사실이 아니라 지향해야 할 목표였다. 1948년 다케우치는 이런 개방적인 단일 사회를 달성하기 시작한 중국과 대비하여, 봉건제와 같은 문단 속에서 살 아가는 일본의 문학가를 "그것은 즉, 그들이 근대 시민이 아니기 때문일

것이다"라고 평한다.[29]

이런 국민 문학은 불굴의 주체성을 갖춘 것이기도 했다. 다케우치에 따르면 혁명 후의 중국에는 민중의 "일상적인 요구가 쌓여 가서 정치적 요구로 조직될 때, 그것에 문학적 표현을 주는 것이 문학가의 책임이며, 문학가는 그 책임을 자각하고 있다. 그러므로 이 말은 아래로부터 나온 말이며, 육체를 가진, 그만큼 힘이 강한 말이다. 밖으로부터의 강제에 따른 말이 아니라, 자주적인 말이다. 권력으로 취소될 수 없는 말이다. 즉 문학적인 말이다"라는 것이다.[30]

그러면 일본과 일본 문학이 그런 상태에 도달하기 위해서는 어떻게 해야 할까. 당연하게도 다케우치는 자기 내부의 암흑을 직시함으로써 자기 혁신의 계기를 포착할 것을 주장했다. 그는 1947년의 루쉰론에서 아래와 같이 말한다.

다케우치에 따르면 루쉰은 자기 자신이 암흑이라는 것을 자각하고, 동시에 밖으로부터의 구원을 거부했다. 그때 "그에게 가능한 것은, 악悪인 자기를 멸망시키는 것"이다. 이렇게 해서 루쉰은 자기 자신의 암흑을 비판하고 멸망시키기 위해 『광인일기』狂人日記와 『아큐정전』阿Q正傳을 쓰고 "청년에게 격동을 주었다"고 다케우치는 말한다. "루쉰의 암흑이 상대의 내부에 먹혀들어가, 생명의 불이 자연 발화한 것이다. 새로운 인간의 형성이 이때부터 시작되었다." 다케우치에 따르면 "혁명이란 '국민 스스로가 자기의 나쁜 근성을 개혁하는 것'이라고 그는 쉬광핑許広平에게 보낸 편지에 썼다"라고 한다(1권 228쪽).

그리고 다케우치에게 일본과 그 자신의 최대 암흑은 전쟁 책임 문제였다. 그는 1949년에 「중국인의 항전의식과 일본인의 도덕의식」에서 중국으로의 마약 수출을 비판했는데, 같은 시기의 논고에서 "일본 문화는 본래 그것을 핵심으로 하여 자기 발전해야 할 원동력 – 윤리가 결여되었다는 결론이 될 듯하다. 과연 그럴까."라고 쓴다.[31] 일본과 그 자신의 전쟁 책임을 직시하는 윤리야말로 자기 발전의 원동력이 될 수 있을 터였다.

또 하나 다케우치가 자각했던 내면의 암흑은 천황제였다. 일본군 병사로서 허버트 노먼이 말하는 "가장 잔인하고 수치를 모르는 노예"의 경우에 서야했던 그에게 천황제는 공포와 증오의 대상이었다. 5장에서도 말했듯이 다케우치는 1952년에 "우리 세대에게 천황제는 꺼림칙한, 그러나 또한 아무리 발버둥 쳐도 탈각할 수 없는 숙명이다"라고 말한다(6권 312쪽).

원래 다케우치는 패전 시에 동시대의 적지 않은 지식인들이 그랬듯이 "미군의 상륙 작전이 이루어지고, 지배 권력이 주전파와 평화파로 나뉘어, 혁명 운동이 맹렬하게 전국을 적시는 형태로 사태가 진행된다는 몽상을 그렸다"라고 한다. 그는 1953년에 "8·15는 나에게 굴욕의 사건이다. 민족의 굴욕이기도 하며 나 자신의 굴욕이기도 하다. 괴로운 추억의 사건이다. 포츠담 혁명의 비참한 경과를 보며 통절하게 생각한 바는 8·15 때에 공화제를 실현할 가능성이 완전히 없었느냐는 것이다"라고 말한다.[32]

그러나 다케우치는 외부의 권위를 수입해 전시의 일본을 재단하는 것에는 비판적이었다. 「중국의 근대와 일본의 근대」에서 다케우치는 이렇게 말한다(4권 168~169쪽).

국수주의나 일본주의가 유행한 적이 있었다. 그 국수나 일본은 유럽을 추방하는 것이지, 그 유럽에 담긴 노예적 구조를 추방하는 것은 아니었다. 지금은 그 반동으로 근대주의가 유행하지만, 근대를 담은 구조는 여전히 문제 삼지 않는다. 즉 주인을 바꾸려 하는 것이지 독립을 구하는 것이 아니다. 도조(도조 히데키)를 열등생 취급함으로써 우등생 문화 그 자체를 보존하기 위해 다른 우등생이 자리를 바꾸어 앉으려는 것과 마찬가지다. …… 도조를 부정하려면 도조와 대립해서는 불가능하며, 도조를 넘어서야 한다. 그것을 위해서는 도조조차도 이용하지 않으면 안 된다.

A와 비A는 보완 관계에 있으며, 서양에 대항하기 위해 일본주의를 가

져와 보아도 무의미한 것과 마찬가지로, 일본주의를 비판하기 위해 서양 근대를 내세워도 의미가 없다. 도조를 부정하기 위해서는 도조와 대립하는 것이 아니라 자기의 내부에 있는 도조를 직시함으로써 도조를 넘어서야 한다. 그리고 동시에 이것은 12월 8일을 내세워서 대동아 문학가 대회를 비판했던, 말하자면 도조로써 도조를 비판했던 다케우치의 전시 자세와도 합치했다.

그리고 다케우치에게 있어서 직시해야 할 내부의 암흑인 전쟁 책임과 천황제는 거의 한 몸이었다. 왜냐하면 3장에서 말했듯이 당시의 지식인들에게 천황제는 단지 군주가 존재한다는 정치 제도의 문제가 아니라 주체성의 문제이며, 지식인들의 회한과 전쟁 책임 문제와도 밀접하게 결부되어 있었기 때문이다.

하지만 서로의 얼굴에 먹칠하기를 두려워한 당시의 지식인들이 그러했듯, 다케우치도 패전 직후에는 지식인의 전쟁 책임 문제에 대해 명시적으로 논하지는 않았다. 그러나 1955년 이후에는 전시의 논단 사정에 대해 몇 가지 논고를 남긴다.

그중 하나인 1955년 논고「전향과 저항의 시대」転向と抵抗の時代에서 다케우치는 1941년 2월에 일어난 하이쿠 문단의 일제 검거를 다루며, 검거된 하이쿠 시인俳人인 구리바야시 다미오栗林農夫의 다음과 같은 회상을 인용한다(7권 213쪽). "탄압의 그늘에는 하이쿠 문단의 스파이가 있다고 합니다. …… 하이단에는 여러 가지 결사가 있어서 그 대립 때문에 배타적 감정이 강합니다. 거기에다가 낡은 전통 하이쿠에 비판적인 반역자가 나타나 그것이 큰 위협이 되면, 이 녀석을 눌러 버리고 자기가 하이쿠 문단의 세력을 쥐어야겠다는 권력욕도 있어서, 파쇼fascio적인 당국과 손을 잡고 하나가 되어 일을 하려는 움직임이 나오는 것입니다."

그리고 다케우치 및 다케다 다이준이 주임이었던 중국문학연구회가 종래의 지나학에 대한 비판적인 반역자였으며 전시 중에는 대동아 문학가 대회에 대한 협력을 거부했음은 앞에서 말했다. 나아가 다케우치는 앞에 인용된 구리바야시에 이어서 "이런 사정은 하이쿠 문단뿐만이 아니라 거의 전체에 걸쳐 있었다"라고 말했다(7권 213쪽).

실은 다케우치는 1946년 6월에 귀환한 뒤, 그해 3월 복간되었던 『주고쿠분가쿠』를 비판하는 글을 쓰고 과거의 동지들과 대립했다. 그 글에서 그는 "문학에서의 전쟁 책임"의 사례로 다음과 같은 것을 든다. 그것은 "대동아 문학가 대회를 조직한 자, 거기에 협력한 자, 영합한 자", "봉건 일본의 사생아인 한학은 전쟁의 전 시기에 걸쳐 유감없이 노예성을 발휘했던 것", "학문의 관료주의가 발생하는 지반으로서의 제국대학" 그리고 "자기를 주장하는 것을 두려워하고, 힘이 약하고, 조직력이 빈곤하고, 전투 방법이 졸렬했던 중국문학연구회" 등이었다(13권 100~101쪽).

이미 말했듯이 다케우치가 1943년에 중국문학연구회의 해산을 결의한 것은 비판적인 반역자로서 출발했던 연구회가 비대화하여 그 스스로 권위가 되어 가는 과정에서, 한학 및 관료 문화에 대한 비판의식이 쇠약해지는 경향이 엿보였기 때문이었다. 다케우치는 명확하게 쓰지 않았지만, 그가 대동아 문학가 대회에의 협력을 거부한 데서 연구회 내부에 동요가 생겨, 한학 선생이나 관료 문화에 영합하려는 풍조가 나왔다고 다케우치가 판단한 것도 어쩌면 해산의 이유였을지 모른다.[33] 그리고 전시 중의 다케우치 자신이 "자기를 주장하는 것을 두려워하고, 힘이 약했던" 만큼, 그런 과거를 청산하지 않은 채로 전후에 복간된 중국문학연구회의 동향을 용서할 수 없었을 것이다.

다케우치가 길드와 같은 문단 그룹을 싫어하고, 천황제를 증오하며, 개방적인 단일 사회를 지향했던 데에는 이런 전쟁 체험도 아마 관계되었으리라 생각한다. 그리고 다케우치는 이후 1958년에는 "나무 한 그루 풀한 포기에까지 천황제가 있다"라는 유명한 말을 남긴다.[34]

한편으로 다케우치는 1950년대 전반에 혁명 후의 중국을 표현하며 "개인은 자유 의지를 지니고 스스로 책임을 지고 행동한다", "모든 자주성, 자발성이 중시되고 남으로부터 강제되는 일이 없다", "개인의 행복

추구와 국가의 운명이 일체화되어 있다", "비하하며 남에게 아부하는 것도 아니고 잘난 체하여 남에게 거드름 피우는 것도 아니다" 등이라 말한다(4권 284, 285, 266쪽). 이런 표현을 중국에 대한 과잉된 이상화라고 비판하기는 쉽다. 하지만 반대로 말하면, 이런 몽상을 갖게 할 정도로 다케우치가 전쟁 체험에서 받은 상처가 깊었다고 할 수 있다.

이렇게 보면 다케우치의 사상은 실은 마루야마 마사오를 비롯한 동시대의 사상과 연속되었음이 엿보인다. 메이지부터 일본의 근대화를 다시 생각한다는 접근도, 주체성이라는 문제에 집착한 것도, 봉건제를 비판하고 국민적 기반의 성립을 지향한 것도, 거의 마루야마와 공통되었다. 실제로 다케우치와 마루야마는 친교가 깊었고, 마루야마는 훗날 "두 사람은 실은 같은 정신을 양쪽에서 공격했다고 생각합니다"라고 회상한다.[35]

그러나 마루야마가 근대를 기준으로 일본 사회를 비판한 데 비해서, 다케우치는 긍정해야 할 근대와 부정해야 할 근대를 나누어 일본의 근대화와 봉건제 쌍방을 비판했다. 그러나 어느 쪽에서든 다케우치가 일관되게 비판한 것은, 외부의 권위로부터 주어지는 우등생이나 열등생이라는 위치 짓기에 자기가 스스로 말려드는 노예근성이었다.

그런 노예근성을 일종의 자기 보전과 자기 동일성의 희구라고 간주하면, 그것에 근대라는 명칭을 주는 것이 가능하다. 그러나 동시에 권위에의 예종을 봉건적이라고 간주하고 우등생과 열등생의 분단 상태를 봉건 사회의 길드와 같다고 논하는 것도 가능했다. 그런 까닭에 다케우치에게는 근대 비판과 근대 지향이 모순되지 않았다.

그런 의미에서는 근대라는 말의 용법은 달라도 마루야마와 다케우치가 비판한 대상은 동일했다. 그러나 아마도 두 사람이 가장 크게 달랐던 점은 사상 내용과는 별개로 일종의 자질 차이였다. 마루야마는 균형 감각과 책임의식을 중시하는 정치학자였지만, 다케우치는 내향적이며 로맨틱한 문학가였다. 예를 들어 마루야마가 "문학은 행동이다"라거나 '자기 부정'이라는 말을 쓴다고는 좀처럼 생각하기 어렵다. 반대로 다케우치는

'팡팡 근성'을 비판하는 글 등은 쓰지 않았다. 또한 마루야마라면 다케우치와 같은 주장을 할지라도 용어의 정의를 좀 더 엄밀히 하여, 근대라는 말을 다케우치처럼 두루뭉술하게 쓰지는 않았으리라 생각된다.

이런 자질 차이는 두 사람의 문체에도 반영되었다. 다케우치와 마루야마가 비슷한 전쟁 체험을 공유하고 비슷한 내용을 이야기해도 독자에게 주는 인상은 상당히 달랐다. 마루야마의 글은 논리적이며 명석한 인상을 주었지만, 다케우치의 글은 열정적인 매력이 있었다. 1960년대의 학생 운동으로부터 마루야마가 집중적으로 비판당했음에 비해서 다케우치 쪽은 재평가를 받은 것도, 다케우치의 글이 학생들의 낭만 지향에 합치하기 쉬웠기 때문이라 생각된다.

그러나 그 대신 다케우치의 문체는 반어적인 표현과 독자적인 용법으로 가득 차 있어서, 도무지 이해하기 쉽다고는 할 수 없었다. 실제로 다케우치가 중국공산당을 평가했다는 이유만으로 공산당 입당을 권유받은 상황은, 그의 사상이 일반적으로 이해되었다고 하기는 어려운 사정을 보여 주었다. 그런 소통 오류는 이윽고 국민 문학 논쟁 속에서 드러나게 된다.

국민 문학의 운명

7장에서 말했듯이 1950년대에 들어가면 아시아에 대한 재평가와 계몽주의에 대한 반성이 고조된다. 그리고 잡지 『주오코론』 1951년 1월호는 시미즈 이쿠타로의 논문 「일본인」과 마루야마 마사오의 논문 「일본의 내셔널리즘」을 게재했다. 마루야마의 이 논문은 근대 유럽의 국민주의 및 아시아의 식민지 독립운동에서의 민족주의와 비교하면서 일본 내셔널리즘의 전기前期적 성격을 비판했다.

1951년 7월 다케우치는 「내셔널리즘과 사회 혁명」ナショナリズムと社会革命이라는 논고에서 마루야마의 이 견해에 반론했다. 그 논고가 국민 문학 논쟁의 발단이 된다.

우선 다케우치는 마루야마의 분석이 적확함을 평가하고 "새로운 내셔널리즘을 육성하는 것에 절망하는 마루야마 씨에게 나는 동감한다. 설령그 내셔널리즘이 좌우 어느 쪽의 이데올로기에 따른 것이라도"라고 말한다(7권 19쪽). 당연하게도 이 문언은 이 1951년경에 고조되었던 공산당의민족주의 노선을 암암리에 비판한 것이었다. 8장에서 말했듯이 마루야마의 「일본의 내셔널리즘」에는 진보적 진영의 내셔널리즘 이용을 비판한대목이 있는데 다케우치는 그것에 공감을 표했다.

그것은 동시에 다케우치가 종래부터 품었던 마르크스주의자에 대한불신의 반영이기도 했다. 그는 "좌우 중 어느 쪽 이데올로기"의 내셔널리즘도 신뢰할 수 없다는 것의 논거로, "쇼와의 좌익 운동"이 "새로운 형태의 대륙 낭인을 낳았다"라는 사실을 지적한다(7권 19쪽). 이것은 물론 다케우치가 중국에서 만난 마르크스주의자 출신 조사원의 모습을 떠올리게했다.

그러나 다케우치에게 있어서 절망의 자각은 자기 혁신의 첫걸음이다.다케우치는 마루야마의 절망의 적확함에 찬동한 뒤에 이렇게 주장한다(7권 17~18쪽).

그러나 일본에서도 개별적으로는 '좋은' 내셔널리즘의 형태가 생겼던 것처럼, 중국인의 심정과 비슷한 것이 일본 문학에 완전히 없었던 것은 아니다. 오히려 메이지 시대에는 그것이 다분히 있었다. 소세키에게도 가후에게도 오가이에게마저 있었다. 그중에서도 (기타무라) 도코쿠, (구니키다)돗포, (이시카와) 다쿠보쿠의 흐름에는 그것이 강하게 나타나 있다. 그 색채가 사라져 버린 것은 자연주의 말기, 혹은 '시라카바' 이후일 것이다.

다케우치에 따르면 메이지의 문학가들은 "많든 적든 내셔널리즘과 사회 혁명의 결합에 고심했다"고 한다. 그리고 "메이지적 내셔널리즘의 궁극"에까지 도달한 것이 이시카와 다쿠보쿠이며 "다쿠보쿠의 사상을 계승한 것이 프롤레타리아 문학이다, 라는 것이 문학사의 정설이 되어 있다"
는 것이다(7권 19쪽).

그러나 다케우치가 보기에는 "계승한 것은 사회사상의 면뿐이며 다쿠
보쿠가 그것과 결합하고자 고심했던 내셔널리즘의 측면은 프롤레타리아
문학에서 떨어져 나가 버렸다. 그리고 그것이 일본과 중국의 프롤레타리
아 문학의 차이점이기도 하다." 그리고 "나는 이것이 훗날 프롤레타리아
문학이 일본 낭만파에게 뼈아픈 복수를 당한 원인이 되었다고 생각한다"
라고 말했다(7권 19쪽).

그렇다면 프롤레타리아 문학은 전시 중의 국수주의 문학인 일본 낭만
파에게 왜 보복당했는가. 2개월 뒤에 발표된「근대주의와 민족의 문제」近
代主義と民族の問題라는 논고에서 다케우치는 이렇게 주장한다(7권 31쪽).

마르크스주의자를 포함한 근대주의자들은 피 묻은 민족주의를 피해 갔
다. 자기를 피해자로 상정하고 내셔널리즘의 극단화를 자기 책임 밖의 일
로 삼았다. '일본 낭만파'를 묵살하는 것이 바르다고 여겨졌다. 그러나
'일본 낭만파'를 쓰러뜨린 것은, 그들이 아니라 바깥의 힘이다. 외부의 힘
으로 쓰러진 것을 자기가 쓰러뜨린 양, 자기의 힘을 과신한 적은 없었는
가. 그래서 악몽은 잊었을지 모르지만 피는 씻기지 않았던 것 아닌가.

이 글에서 우선 의문이 떠오르는 것은 "마르크스주의자를 포함한 근
대주의자"라는 표현이다. 다케우치는 이 논고에서 "근대주의란 바꾸어
말하면 민족을 사고의 통로에 포함하지 않는, 혹은 배제하는 것이다"라고
말한다(7권 32쪽). 그러나 당시의 공산당은 근대주의를 비판하고 민족을
내세운 최대 세력이었다.

하지만 그는「근대주의와 민족의 문제」에서 이렇게 말한다(7권 30쪽).

그러면 전후에 나타난 좌측 이데올로기로부터의 제창은 민족을 사고의

통로에 넣었느냐고 하면, 그렇지 않다. '민족의 독립'이라는 슬로건은 있지만, 그 민족은 선험적으로 생각된 것이며 역시 일종의 근대주의의 범주에 속한다. …… 아시아의 내셔널리즘 특히 중국의 그것을 모델로 하여 일본에 적합하게 하고자 시도된 것이다.

즉 여기서 다케우치가 말하는 근대주의는 그가 이전부터 비판해 왔던 나쁜 근대, 즉 외부에서 완성품을 이입해 오는 노예근성을 표현했다고 할 수 있다. 원래 다케우치는 이 전 해에, 코민포름 비판으로 일본공산당이 혼란에 빠졌을 때 공산당을 혹독하게 비판하는 글을 썼다.

그러면 "근대주의란 바꾸어 말하면 민족을 사고의 통로에 포함하지 않는 것"이라는 문언에 보이는 민족이란 무엇을 의미하는 말인가. 애초에 다케우치가 민족을 긍정적인 존재로 생각했다면, 왜 '피로 물든 민족주의'라는 말을 썼을까.

이 논고에서 다케우치는 민족에 대해 이렇게 말한다. 다이쇼기의 시라카바파나 "'시라카바파'의 연장선상에서 나온 일본의 프롤레타리아 문학"은 계급 및 추상적인 자유인만을 중시하고 민족은 내버려진 어두운 구석으로 밀어 넣었다. "민족은 이 어두운 구석에 뿌리를 내린" 것이며 "민족의식이 억압되면서 일어난다."(7권 33, 34쪽) 그리고 다케우치는 이렇게 말한다(7권 36쪽).

한편으로 보면 내셔널리즘과의 대결을 피하는 심리에는 전쟁 책임의 자각이 부족한 점이 드러났다고도 할 수 있다. 바꾸어 말하면 양심의 부족이다. 그리고 양심의 부족은 용기의 부족에 기반을 둔다. 자기를 상처 입히는 것이 두렵기 때문에 피투성이 민족을 잊어버리려고 한다. 나는 일본인이다, 라고 외치는 것을 주저한다. 그러나 잊어버리는 것으로는 피를 씻어 낼 수 없다.

즉 다케우치가 여기서 피투성이 민족이라는 말로 표현하고자 한 것은 자기의 내부에 있는 암흑이며, 구체적으로는 전쟁 책임 문제였다. 아마도 위의 인용에 보이는 "나는 일본인이다, 라고 외치는 것을 주저한다"라는 대목도 "나는 피투성이 침략자다, 라고 인정하는 것을 주저한다"라는 함의의 표현이라고 생각된다. 앞에서 말한 "근대주의란 바꾸어 말하면 민족을 사고의 통로에 포함하지 않는다"라는 문언도 근대주의란 자기의 암흑을 직시하지 않는 노예근성을 바꾸어 말한 것이라고 생각하면 이해가 될 것이다.

대일본 제국이 외부의 힘으로 쓰러져도, 자기 안에 야만인 심리가 잠들어 있음을 깨달은 다케우치에게 "악몽은 잊힐지도 모르지만 피는 씻기지 않았던" 것이다. 그런 그는 전후의 지식인들이 피투성이 민족의 일원이라는 사실을 잊어버린 것처럼, 민주화나 근대화라는 "관념과 말의 권위에 기대어", "자기만은 빠져나간 것"처럼 구는 것을 용서할 수 없었다고 생각한다. 그렇기 때문에 다케우치는 이 논고에서 내셔널리즘과의 대결을 주장하며 "더러움을 자기 손으로 씻지 않으면 안 된다", "오로지 용기로써 용기를 가지고 현실의 밑바닥을 뚫고 가라", "그렇게 하지 않는 자는 비겁하다" 등이라고 주장한 것이었다(7권 35, 37쪽).

그리고 다케우치가 일본 낭만파를 들먹인 것도, 그것이 당시의 문단에서 최대의 터부이자 잊어버리고 싶은 악몽의 상징으로 간주되었기 때문일 것이다. 앞에서 말했듯이 다케우치는 1948년의 「중국의 근대와 일본의 근대」에서는 도조라는 말을 파시즘의 대명사로 사용했다. 아마도 다케우치는 일본 낭만파라는 말도 문단의 암흑 내지 문학의 전쟁 책임에 대한 대명사로 사용했다고 생각된다.

다케우치 자신은 고교 시절에 일본 낭만파의 야스다 요주로와 동급생이기는 했지만, 전시 중에 경도된 것은 일본 낭만파와는 대립 관계였던 교토학파 쪽이었다. 그는 후의 인터뷰에서 "야스다와 동급생이라고 하면 일본 낭만파에 대해 질문받습니다만, 나는 역시 전혀 다릅니다"라고 말하며, 나아가 "저는 야스다의 글은 띄엄띄엄 읽은 적밖에 없습니다"라고 흘린다.[36] 이런 자세는 전시 중 일본 낭만파에 경도되어, 그 애증으로 『일본 낭만파 비판 서설』日本浪曼派批判序説을 쓴 하시카와 분소 등과는 상당히 다르다고 할 수 있다.

그리고 당연히도 다케우치가 제창한 내용은 일본과 자기 자신의 암흑을 바라보며 자기 부정과 자기 혁신을 이루는 것이었다. 앞에서 말한 논고 「내셔널리즘과 사회 혁명」에서 다케우치는 "새로운 내셔널리즘을 육성하는 것에 절망한 마루야마 씨에게 나는 동감한다"라고 말한 뒤에 이렇게 주장한다(7권 20쪽).

극단적 내셔널리즘에 빠질 위험을 피해서 내셔널리즘만 손에 넣는 것이 불가능하다면, 유일한 길은 반대로 극단적 내셔널리즘 속에서 진실한 내셔널리즘을 끄집어내는 것이다. 반혁명 속에서 혁명을 끄집어내는 것이다.

물론 이것은 도조를 넘기 위해서 내부의 도조를 직시하라는 주장의 연장이다. 그것은 동시에 12월 8일을 내세워 대동아 문학가 대회를 비판한다는 논리의 연장이기도 했다. 다케우치는 위의 인용에 이어서 중국에서는 "반혁명에서조차 혁명의 계기를 끄집어냈으며", "그 전형은 루쉰이다. 따라서 루쉰의 저항이야말로 오늘날 배워야 할 것이다"라고 말한다(7권 20쪽).

나아가 다케우치는 「근대주의와 민족의 문제」에서 이 논법을 태평양 전쟁에 대한 관점에도 응용한다. 그에 따르면 오언 라티모어Owen Lattimore 같은 미국 학자도 "태평양 전쟁이 아시아의 부흥에 자극을 주었다는, 역설적이기는 하지만 긍정적인 면도 끌어내고 있다"라고 한다(7권 34쪽). 이것 또한 암흑 속에서 자기 혁신의 계기를 끄집어낸다는 논리의 연장임은 말할 것도 없다.

그리고 나아가 다케우치는 "민족의 전통에 뿌리를 내리지 않은 혁명이라는 것은 있을 수 없다"고 주장한다. 일본에 필요한 것은 서양에서 이입한 방법론에 의거하는 "식민지 문학(뒤집으면 세계 문학)"이 아니라 "국민 문학"이라는 것이다(7권 36쪽). 물론 이것도 전통의 부정과 혁신을 행하는 자야말로 전통의 체현자라고 하는 그의 중국관의 연장이며 국민적 기반에 기초를 둔 국민 문학의 제창이기도 했다.

위와 같이 다케우치의 국민 문학 제창은 그의 종래부터의 사상을 이야기한 것이었다. 그러나 문제는 다케우치의 문제 제기 방식이었다. "루쉰의 저항"이라던가 "피투성이 민족"이라는 다케우치의 독특한 표현은 대체로 이해하기 쉽다고는 할 수 없었다. "일본 낭만파"를 직시하라거나, 태평양 전쟁으로부터 "긍정적인 면"을 끄집어내라면서 사람들을 놀라게 하는 반어적, 역설적인 표현도 오해를 부르기 쉬웠다.

아마도 다케우치는 당시의 문학가와 지식인들의 모습에 불만이 심해진 나머지, 일부러 자극적인 표현을 다용했다고 생각된다. 그러나 결과적으로 그것이 다케우치가 전시의 대아시아주의나 일본 낭만파를 옹호하고 마루야마 마사오 같은 근대주의자를 비판했다, 라는 해석을 초래해도 별수 없게 만들었다.

그리고 어떤 의미에서는 다케우치의 노림수대로, 그의 자극적인 제언은 큰 반향을 불러서 전후 유수한 논쟁의 하나로 불리는 국민 문학 논쟁이 발생했다. 그러나 논쟁에 참가한 지식인은 많았지만, 그 내용은 거의 오해와 엇갈림의 연속이었다.

한 가지 원인은 다케우치의 혼란스러운 용법에 있었다. 그는 논쟁 당초에는 오로지 근대주의를 비판했다. 그런데 논쟁이 진행되면서 "국민 문학의 불성립은 바꾸어 말하면 근대 문학의 불성립"이며 "봉건적인 신분제의 문제"라고 주장하기 시작했다(7권 43, 44쪽). 또한 1952년 좌담회에서는 "국민과 민족"이 "형성되는 것은 근대 이후"이며 봉건제의 타파로 "단일한 개인의 국민적 결합이 가능해진다"라고 말한다.[37]

이래서는 다케우치가 민족이나 근대라는 말로 무엇을 표현하는지, 대부분의 독자가 이해할 수 없었던 것도 무리가 아니었다. 다케우치의 주장을 비교적 잘 이해했던 히다카 로쿠로조차 "씨의 근대주의 개념은 매우 넓다. 씨가 근대주의라 이름 붙인 것 속에는 상식적으로는 오히려 전근대성이라 이름 붙이는 편이 적당하지 않을까 생각되는 것까지 포함되어 있는 것 같다"라고 평한다.[38]

논쟁이 진행되면서 이윽고 다케우치도 긍정해야 할 근대와 비판해야 할 근대주의를 구별하여 "근대주의는 전근대 사회, 즉 신분제에서 해방되지 않은 사회로 외부에서 근대가 들어오는 경우에 발생하는 의식 현상이다", "그 극복으로 근대화가 실현된다"라고 말하게 된다(7권 54쪽). 그러나 그 후에도 다케우치가 엄밀한 정의에 의거하여 이런 언어들을 사용했다고 하기는 어렵다.

애초에 근대주의와 같은 공산당의 용어를 쓴 것도 오해를 부르기 쉬운 행위였다. 6장에서 말했듯이 당시의 공산당은 문학의 자율성을 주창하면서 당의 지도에 저항하는 문학가들을 근대적 자아에 구애받는 근대주의자라고 비판했다. 그러나 다케우치는 논쟁이 소용돌이치는 중에 좌담회에서 "근대주의라는 말은 언제부터 있는 것입니까. 부주의하게 쓰고 있기는 한데 잘 모릅니다"라고 말하는데, 이 말의 유래를 인식하지 않은 채로 사용했던 것 같다.[39]

원래 다케우치는 용어를 엄밀히 정의해서 논문을 쓰는 타입은 아니었다. 그리고 전쟁 체험의 악몽을 비롯한 다케우치의 내면은 기존의 정연한 언어로 이야기할 수 없었다. 그는 『루쉰』에서 "나에게 암흑이라는 것은 설명이 되지 않는다는 의미다"라고 말한다.[40] 아마도 그는 자기 스스로도 정체를 파악할 수 없는 충동에 자극을 받아 근대주의나 피투성이 민족이라는 말을 막연한 이미지로 연발했다고 생각된다.

그리고 다케우치가 국민 문학을 제창한 타이밍은, 어떤 의미에서는 최악이었다. 그의 「근대주의와 민족의 문제」는 잡지 『분가쿠』 1951년 9월호의 「일본 문학에서 민족의 문제」라는 특집 중 한 편으로 게재되었

다. 그리고 이 특집에서는 마루야마 시즈카와 사이고 노부쓰나西郷信綱,
가와사키 쓰네유키川崎庸之 같은 마르크스주의계 문학가와 역사학자들이
민족 문화와 민족 문학에 대해서 논했다. 1951년 9월에는 샌프란시스코
강화 회의가 열렸으며, 공산당이 미 제국주의의 일본 식민지화를 비판하
기도 했다.

원래 이 잡지『분가쿠』는 이와나미서점이 발행했지만, 그 당시에는
일본문학협회日本文学協会가 편집을 했다. 9장에서도 말했듯이 당시의 일
본문학협회는『헤이케 모노가타리』나 지카마쓰 몬자에몬의 혁명성을 대
회에서 논했으며, 잡지『분가쿠』에도 민화와 민요의 재평가를 부르짖는
공산당계 논자의 기고가 다수 실렸다. 그런 잡지의 특집에 근대주의를 비
판하고 민족을 내세운 다케우치의 논고가 게재되었다.

그런 까닭에 많은 지식인은, 종래부터 중국공산당을 상찬했던 다케우
치가 일본공산당의 민족주의 노선에 동조한 것이 아니냐고 받아들였다.
다케우치와 교제했던 우스이 요시미臼井吉見조차 논쟁이 시작되고 1년이
지나기까지 "국민 문학을 주장하는 근본적인 생각이 충분히는 납득이 되
지 않았다"라고 말한다.[4] 우스이의 그 이해라는 것도, 다케우치가 말하는
근대주의는 공산당이 주장하는 그것과는 달리 외국에서 모델을 찾는 것
을 비판하는 말이며, 따라서 다케우치는 공산당의 민족주의 노선에도 비
판적이라는 사실을 알게 되었다는 점뿐이었다.

이런 다케우치의 국민 문학 제창에 대해 논단의 반응은 우선 크게 둘
로 나뉘었다. 하나는 노마 히로시를 비롯한 공산당 소감파계의 문학가들
이 다케우치의 제언을 환영한 것이었다. 그리고 다른 반응은 이토 세이伊
藤整나 우스이 요시미 등 비공산당계 지식인들의 당혹이었다.

그러나 공산당 소감파계 논자들의 환영은 오해의 집적이라고밖에 할
말이 없었다. 원래 그들의 논조는 당의 지도를 거역하는 근대주의자를 비
판하고 "민족을 위한 문학, 국민을 위한 문학이 근대적인 자아의 확립을
위한 문학, 소시민적인 자기 형성의 문학을 대신해 가야 한다"라고 주장

하는 것이었다.[42] 그러나 논쟁 속에서 다케우치가 공산당계의 이런 의견에 대해 위화감을 이야기하고, 근대적 자아의 확립과 문학의 자율성을 긍정했기 때문에 노마 히로시 등은 다케우치를 비판하게 되었다.[43]

한편 공산당 비주류파와 비공산당계의 논자들은 다케우치의 제언을 경계했다. 1950~1951년 공산당 분열의 여파로『신니혼분가쿠』와『진민분가쿠』가 격하게 대립한 시기여서 많은 문학가들은 의심에 빠져 있었다. 혼다 슈고의 표현에 따르면 "신일본문학회는 국민 문학론에 대해 항상 회의적이고, 시의猜疑의 눈초리로 이것을 바라보았다"는 상황이었다.[44]

앞에서 말했듯이 1950년에 다케우치는 코민포름 비판으로 동요한 일본공산당의 대응을 비판했다. 공산당에 열등감을 품은 문학가가 많았던 이 시기에는 혼다 슈고가 "이런 대담한 논문을 쓰고도 괜찮을까"라고 걱정하며 두려워할 정도의 사건이었다.[45] 그러나 반대로 말하면 그런 다케우치가 왜 공산당과 유사한 제언을 하는지 이해하기 어려웠으리라 생각된다.

그런 까닭에 다케우치에게 왕복 서간을 요구받은 이토 세이는 우선 공산당계의 민족 문학론을 암암리에 비판하면서 "'민족을 위한 문학'과 '근대적 자아 확립의 문학'이 이질적이고 모순된다고는 생각하지 않는다"라고 응했다.[46] 다케우치가 그 의견에 동조하자 그들의 반발은 약해졌지만, 그래도 우스이 요시미 등은 "정치적 프로그램과 결합해서 나온 국민 문학의 제언이라는 것은 아무래도 신용이 안 간다"라고 당시의 좌담회에서 말한다.[47]

이처럼 두 방향으로부터 들어 온 오해가 뒤섞인 반응에 대해, 다케우치는 그 나름대로 성실히 대응했다. 그러나 다케우치 자신의 주장이 애매했던 부분도 있어서 오히려 혼란은 깊어졌다. 다케우치는 한편으로는 "수단으로서의 국민 문학이라면 반대다"라고 이토 등에게 찬동을 보였다. 그러나 또 한편으로는 "『긴다이분가쿠』일파"를 비판하며 "자아의 확립, 근대적 시민으로의 해방이라는 것밖에 안 나온다. 그 이상의 국민적 연대까지는 발전하지 않는다"라고 비판했다(7권 50, 48쪽).

그 결과는 다케우치를 향한 양쪽 모두의 비판뿐이었다. 한편으로는 노마 히로시가 다케우치를 비판했고, 또 한편으로는 아라 마사히토가 다케우치를 향해 "'민족'과 동시에 '시민'에 대해서도 생각해야 한다"라고 반론했다.[48] 아라는 이후에 태평양 전쟁에도 긍정적인 면이 있었다는 다케우치의 전쟁관을 비판하며 "다케우치 요시미는 이런 생각을 했던 건가. 진심으로 말하는 건가. 완전히 질려 버렸다"라고 말했다.[49]

하지만 다케우치에게는 대일본 제국을 찬미하는 지향 따위는 없었다. 오해받게 된 다케우치는 논쟁 속에서 일본 문학은 "점령으로 급히 식민지화된 것이 아니라", "'시라카바' 이후가 그러하며", "전쟁 중에 충분히 노예성을 발휘해서 전후에 완전한 식민지가 되었다"라고 강조한다(7권 50쪽). 그러나 이런 주장은 충분히 이해되었다고 하기 어려웠다. 애초에 여러 문학가가 보기에는, 공산당은 시라카바파를 비판하는데 왜 다케우치는 "'시라카바파'의 연장선상에서 나온 일본의 프롤레타리아 문학" 등과 같은 표현을 하는지조차 이해가 어려웠으리라 생각된다.

다케우치가 이상으로 삼았던 정치와 문학의 관계도 거의 이해되지 않았다. 이토 세이는 1953년 좌담회에서 "나로서는 국민 문학이라고 하면, 정치와의 관련성은 [전시 중과] 같은 정도의 강도이며, 방향은 반대라고 생각하므로, 여기도 함부로 접근하지 않도록 경계한다"라고 말했다.[50] 노마 히로시는 완전히 반대로 "다케우치 씨의 문학의 자율성"은 "단지 정치로부터 자기를 구별하는 것"이 아닌가라고 비판했다.[51] 문단에 정착되었던 정치와 문학의 양자택일이라는 발상은 쉽게 무너지지 않았다.

이런 양자택일의 발상을 가장 극단적으로 보인 것이 후쿠다 쓰네아리였다. 후쿠다는 다케우치의 국민 문학을 "도대체 잘 알 수가 없다"라고 평하며 "국민 문학 제창을 하여 진짜로 효과를 보이려 한다면 완전히 정치적이지 않으면 안 된다", "역시 정치적이 되든가, 문학적이 되든가, 어느 한쪽을 택해야 할 것이다"라고 주장한다. 물론 후쿠다의 주장은 정치 지향의 문학 같은 것은 지식인의 관념 과잉에 불과하며, 다케우치의 국민 문학론도 "일시적으로 문단을 뒤흔들 뿐이며 사라져 없어질 공허함을 반복할 뿐"으로 끝나리라는 내용이었다.[52]

1952년 8월 민주주의과학자협회의 주최로 열린 심포지엄은 논쟁의 내용 없음을 상징하는 듯했다. 다케우치를 비롯해 노마 히로시, 이시모다 쇼, 이와카미 준이치 등 패널이 14명이나 모였음에도 불구하고, 거기서 밝혀진 것은 많은 출석자들이 타인의 글을 읽지 않았다는 사실이었다. 발언을 요청받은 아베 고보安部公房나 혼다 슈고 등은 이구동성으로 "다케우치 씨의 논문은 잘 읽지 않는다", "별로 많이 읽지 않았으며, 공부하지 않았다" 등이라고 변명하며 자기 나름의 국민 문학관을 말할 뿐이었다.[53]

일반적으로 문학가들은 문단이 폐쇄적이고 자기들의 문학이 국민 대중에게 전해지지 않는다는 반성은 가지고 있었다. 서양 문학에서 모델을 찾고, 일본의 내발적인 문학 창조를 위한 노력이 부족하다는 열등감도 그들 나름대로 공유했다. 그리고 그들은 다케우치의 국민 문학론을 오로지 그런 측면에 대한 비판으로만 받아들였다. 다케우치의 제언이 문학가들이 종래부터 안고 있던 콤플렉스에 불을 붙이는 역할은 했지만, 그의 문제의식이 제대로 전해졌다고 하기는 어려웠다.

또한 다케우치 자신도 국민 문학의 내용을 명확히 제시하지 못했다. 다케우치는 1952년에 국민 문학이란 "민주주의와 마찬가지로 실현을 추구해야 할 목표이며 그것도 완전한 시민 사회와 마찬가지로 실현이 곤란한 상태이다. 그에 도달하는 것을 이상으로 삼고 노력해야 할 나날의 실천 과제다. 기성의 모델로 족할 것은 아무것도 없다"라고 말한다. 물론 이것은 그의 지론인 '영원의 혁명'을 바꾸어 말한 것이라 할 수 있다. 그러나 그것으로는 다케우치 자신이 한탄했듯이 "일본 문학의 현 상태에 비판적인 시각을 가진 사람들이, 각각의 입장, 문학관 위에서 현 상태를 부정하는 의미로, 반대 개념으로서 국민 문학이라는 말을 쓰는 것뿐이다"라는 상태에서 벗어나기는 어려웠다(7권 47, 42쪽).

원래 국민 문학이라는 말은 전시에도 전쟁을 찬미하는 문학으로서 주창된 경위가 있어서, 그 때문에 국민 문학이라는 말에 반발을 보이는 사람도 많았다. 과거 전쟁 찬미의 글을 썼던 이토 세이는 "전쟁 중의 군국주의적 민족주의와 문학을 결합한 풍조를 받아들이거나, 그것에 동감하는 듯한 글을 썼던 기억이 있어서, 마음이 아프므로, 국민 문학이라는 것을 생각하기를 거부하는 경향이 문단인들에게 있다"라고 말했다.[54] 히라노 겐도 1953년 좌담회에서 동석한 다케우치에게 "국민 문학이라는 말은 저 같은 경우에는 전쟁 중의 기억과 결착되어 있어서…… 더 새로운 좋은 말이 없을까요"라고 물었다.[55]

다케우치는 "설령 '국민 문학'이라는 말이 한 번 더러워졌다고 해도, 오늘날 우리는 국민 문학에의 염원을 버려서는 안 된다"라고 주장했다(7권 36쪽). 또한 그의 사상에서 보면, 실로 암흑의 기억과 결합된 까닭에야말로, 일본 낭만파와 같이 국민 문학이라는 명칭을 제기할 의미가 있을 터였다.

그러나 그런 다케우치의 의도는 전혀 이해되지 않았다. 국민 문학 논쟁에서 전쟁 책임의 문제는 거의 논해지지 않았다. 아마 다케우치 스스로도 서로에게 먹칠이 될 것을 두려워하고 걱정하여 이 논점을 일부러 깊이 파고들지는 않았고, 1955년 이후까지 미룬다.

이 점은 공산당계 문학가들도 마찬가지였다. 1955년 민주주의과학자협회는 일련의 국민 문학 논쟁을 편집하여 『국민 문학론』国民文学論이라는 단행본을 간행했다. 거기서는 이시카와 다쿠보쿠나 프롤레타리아 문학 등이 국민 문학으로 상찬받고, 새로운 국민 문학을 만들자고 설파되었다. 그러나 수록된 「일본에서 지금까지의 국민 문학」이라는 작품 리스트를 보면, 메이지 시대의 문학이 늘어선 뒤 1930년대 후반부터 패전까지는 공백이고, 갑자기 전후로 넘어간다.[56] 많은 프롤레타리아 문학가가 전쟁 협력의 글을 썼던 시대는 마치 존재하지 않았던 것처럼 취급했다.

이런 정세 속에서 문단의 국민 문학 논쟁은 결과적으로 후쿠다 쓰네아리가 예상한 것처럼 "일시적으로 문단을 뒤흔들고 사라져 가는" 전개로 진행되었다. 논쟁은 1952년까지가 절정이었고 이후 빠르게 식어 갔다. 국민 문학을 제창하는 데 열심이었던 공산당계 문학가들도 1955년 육전협에서는 침묵해 버렸다. 과거 다케우치가 말했던 "일본 문화 속에서 새로운 것은 반드시 낡게 된다"는 상태가, 그의 주장에서도 일어나 버렸다.[57]

그리고 논쟁의 뒤에는, 다케우치는 민족주의자이며, 태평양 전쟁과 일본 낭만파를 옹호했다는 딱지만 남았다. 이후 다케우치가 일본의 내발적인 근대화의 싹을 찾아서 전전의 아시아주의를 논하거나, 악몽의 시대를 망각하지 않기 위해서 근대의 초극을 비롯한 전시 중 사상에 대해 주목을 촉진한 사실이 그런 인상을 더욱 확산시켰다. 국민 문학 논쟁 이후로 아시아주의 및 전시사상이라는 주제에 대한 집필 의뢰가 다케우치에게 몰렸기 때문에, 다케우치 자신이 이런 주제에 관심을 강화하게 된 경향도 있었던 것 같다.

하지만 다케우치는 자기를 둘러싼 세평에 대해 위화감을 씻을 수 없었다. 그런 까닭에 이 장 첫머리에서 말했듯이, 다케우치는 1960년에는 "그놈은 파시스트다, 내셔널리스트다라는 식의 평가까지 받았습니다"라고 말하게 된다.

이것도 이 장 첫머리에서 말했듯이 1960년대 이후에는 전공투 운동 속에서 전후 민주주의 및 근대에 대한 비판이 대두하여, 다케우치는 미시마 유키오三島由紀夫 등과 함께 '근대주의=전후 민주주의'를 비판한 민족주의자라는 평가도 나타났다. 전쟁의 시대는 물론 1950년대의 사정도 잘 모르는 젊은이들은, 다케우치만이 전후에 돌출되어 민족을 주창하고 근대주의를 비판했다고 생각하기 쉬웠다.

앞에서 말했듯이 다케우치는 일본 낭만파와 이질적이었으며, 미시마 유키오와 같은 반열에 놓이기를 싫어했던 것이 실상이다.[58] 그러나 다케우치는 자기에 대한 젊은 세대의 평가에 거의 아무 발언도 하지 않았다. 설명해 보아도 시대 상황을 모르는 젊은이들이 이해할 리 없다고 포기했을 것이다. 만년에 자기를 높이 평가하는 연하의 학자를 만난 다케우치는 "세대가 다르네"라고 말했다고 한다.[59]

현재의 눈으로 보면 다케우치가 자기의 사상을 표현하는 데 민족이나 근대주의라는 말을 사용할 필요가 있었는지에 대한 의문도 생긴다. 그러나 민족을 내세워 이루어진 전쟁 속에서 사상을 형성하고, 그 전쟁의 기억과 격투하는 것을 주제로 삼았던 다케우치가, 이 말을 피할 수는 없었다. 전쟁이 일본인이라는 단위로 행해지고 그 단위로 전쟁 책임을 지는 이상, "나는 일본인이다, 라고 외치는 것을 주저하는" 것에 대해 다케우치는 "비겁하다"라고 생각할 수밖에 없었다.

또한 오늘날의 눈으로 보면, 다케우치에게 중국과 중국공산당을 미화하는 경향이 있었던 사실은 부정할 수 없다.[60] 그러나 다케우치에게 있어서 중국을 논하는 일은, 중국 그 자체보다도 중국을 거울삼아 자기 자신과 일본의 전쟁 체험을 논하는 것이었다. 그런 행위 자체가 A와 비A의 이항 대립을 비판한 다케우치 자신의 사상을 배반했다는 비판도 가능했다. 그러나 마루야마나 오쓰카의 서양 근대나 메이지와 마찬가지로, 전쟁 체험의 깊은 상처가 그에게 중국 미화를 불러일으켰다고 할 수 있다.

국민 문학 논쟁 후에 다케우치는 호헌과 평화를 호소하는 시사 평론을 쓰는 한편, 중국과의 국교 회복을 지속적으로 주장했다. 12장에서 말했듯이 1960년 안보 투쟁 때에 그는 도립대학교수직을 사직하면서 기시 노부스케 정권에 항의하여 다시 주목을 모았다. 그러나 그 안보 투쟁이 종언한 후에 그는 급속히 논단의 무대에서 물러나 오로지 루쉰 연구에 몰두한 뒤, 1977년에 폐암으로 세상을 떠났다.

1943년에 쓴 『루쉰』에서 다케우치는 다음과 같이 말한다. "내가 쓰고 싶은 것은 내 상상 속에 있는 루쉰이라는 한 인간의 상이다", 그리고 "나는 루쉰을 일종의 속죄 문학이라고 본다."(1권 29, 44쪽) 중국 전선에 병사로 내보내진 다케우치가 1951년에 피 묻은 민족주의라는 말을 썼을 때 어떤 기억을 떠올렸을지, 현재로서는 더 이상 확인할 방도가 없다.

11

자주독립과 비무장 중립
강화 문제에서 55년 체제까지

우리 집에도 기관총 1정 정도 있으면 일본의 재군비도 대단히
찬성한다.

시미즈 이쿠타로

4장에서 말했듯이, 패전 직후에 헌법 제9조는 정부와 보수 정치가들로부터 지지를 받았다. 그 상태가 무너져 개헌과 호헌의 대립이 확정되는 것은 1950년대 이후이다. 이 장에서는 1950년에 강화 문제가 부상한 뒤부터 1955년에 55년 체제가 성립하기까지의 헌법과 강화에 관한 논의를 검증한다.[1]

미국은 점령 당초에는 일본의 군비를 철저히 해체하는 정책을 취했다. 그러나 1950년 6월에 한국 전쟁이 발발하자, 한반도로 출동한 주일駐日 미군의 공백을 메꾸기 위해 GHQ는 일본 정부에게 경찰예비대警察予備隊를 설립하도록 지시했다. 이것과 병행하여 미국은 미군의 점령을 종료하고 일본을 독립시켜서 반공 동맹국으로 육성하는 방침을 택했다. 그러기 위해서는 일본이 제2차 세계 대전에서 교전 상태였던 국가들과 강화 조약을 맺을 필요가 있었다.

그러나 미국은 점령 종료 후에도 극동의 출격 기지로서 일본을 확보하기를 원했다. 그 결과로 미군의 일본 주둔을 인정하는 미일 안전 보장 조약과 쌍을 이루는 형태로 1951년 9월에 샌프란시스코 강화 조약이 체결되었는데, 미군 주둔에 반발한 소련과 중국, 인도 등은 이 강화 회의에 불참했다. 이 강화 회의를 앞두고, 미국 주도의 강화 조약과 미일 안보 조약을 긍정하는 '단독 강화론', 그리고 소련과 중국을 포함한 강화를 주장하는 '전면 강화론'이 대립했다. 이 전면 강화론을 주창한 것으로 잘 알려진 지식인 집단이 이 장에서 주된 검증 대상으로 삼는 평화문제담화회平和問題談話会이며, 그런 논의 속에서 헌법 제9조도 주목받게 된다.

결론부터 말하면 호헌과 비무장 중립은 전후 일본 내셔널리즘의 한 가지 표현 형태였다. 그리고 그것은 1955년을 경계로 해서 차츰 타성화와 형해화의 경향을 보인다.

헌법이 시행된 후, 그 이념은 사회에 정착되어 갔다. 그러나 주목할 만한 점은, 헌법 시행으로부터 수년간은 제9조보다 일상생활과 밀착된 조항 쪽을 논하는 경우가 많았다는 사실이다.

예를 들어 헌법 공포 1주년인 1947년 11월 3일 및 헌법 시행 1주년인 1948년 5월 3일에 각종 신문들은 사설에서 헌법을 논했다. 거기서는 "건전하고 문화적인 최저한도의 생활을 영위할 권리"를 주장한 제25조로 빈곤 대책을 설명하거나, "모든 공무원은 전체의 봉사자이며 일부의 봉사자가 아니다"라는 제15조를 들어서 관료의 부패를 비판하는 논조가 눈에 띄었다. 그중에서도 "양성의 본질적 평등"을 부르짖은 제24조는 "신헌법이 국민에게 주는 영향"의 필두로 거론되었다.[2]

패전 후의 빈곤과 혼란 속에 있었던 일반 민중에게도 이런 조항들은 제9조보다 실용적인 가치가 높았다. 헌법 시행으로부터 1, 2년 동안에는 제24조나 제25조, 그리고 "강제, 고문 혹은 협박에 따른 자백 또는 부당하게 긴 억류 혹은 구금된 후의 자백은, 이것을 증거로 삼을 수 없다"라고 정한 제38조 등을 근거로, 민간에서 다수의 위헌 소송이 일어난다.[3] 오히려 이 시기가 그 이후보다도 일반 민중이 헌법을 이용하는 정도가 컸다고 할 수도 있다.

그에 비해 제9조에 대한 주목은 높다고 할 수는 없었다. 이 시기에 정부는 매해 5월 3일의 헌법 기념일에 천황을 모시고 헌법을 축하하는 식전을 행했으며, 제9조를 숭고한 국가 이념으로 칭송했다. 그러나 일반 민중에게 제9조는 일상생활과 연이 먼 조항이었다.

또한 4장에서도 말했듯이 패전 직후에 군비 철폐는 연합국과 미국으로부터 주어진 전제였다. 1946년에 일본의 비무장화와 연합국 관리는 국제 사회의 현실이었다. 제9조가 말하는 무장 포기와 헌법 전문이 말하는 "평화를 애호하는 국민들의 공정과 신의"에 일본의 안전 보장을 맡긴다는 문언은, 국제 평화의 아름다운 이상이었음과 동시에 국제 사회의 이런 현실과도 모순되지 않았다.

그것은 미국 측이 보면 일본의 무장 해제와 국제 관리를 정당화하는 구실이기도 했다. 미소의 냉전이 격화되기 전에는, 비무장화된 일본이 연합국의 후신인 국제연합을 통해 안전을 보장받는 것이 미국에게도 바람직한 계획이었다.

이런 전제가 무너진 이유는 냉전의 격화와 1950년 6월의 한국 전쟁 발발이었다. 일본을 반공 동맹국으로서 재再무장화하는 방침으로 돌아선 미국에게 일본 헌법은 방해물이 되었다. 말하자면 미국이 1946년에 내세웠던 구실이 1950년의 미국에게는 족쇄가 되었다.

제9조를 주어진 전제로 생각해 왔던 일본의 여론에게 미국의 이런 전환은 일종의 놀라움을 주었다. 점령군이 경찰예비대 설립을 명한 다음 달인 1950년 8월의 『마이니치신문』 사설은 이렇게 말한다.[4]

헌법 제9조는…… 연합국의 요구이며, 평화 조약에서도 모든 조항보다 우선할 정도의 중요성을 갖는다고 생각되었다. 재군비 금지를 지상 명령으로 삼아 군비 문제를 언급하는 것조차 터부가 된 이상, 일본의 장래 모습에 대해서는 무력 없는 일본을 전제로 생각할 수밖에 없었다. 군비 포기에 진심으로 찬성하는 일본인에게도, 이것에 의문을 지닌 일본인에게도, 이 문제에 대한 사고방식은 처음부터 정해져 있었다. 그런 한, 어떻게 해야 할 것인가에 대한 결정의 책임으로부터 벗어날 수 있었다.

그러나 미국은 한국 전쟁 이전부터 일본의 재군비 구상을 검토의 도마 위에 올렸다. 이미 1948년 1월 6일에 케네스 로열Kenneth C. Royall 육군부 장관이 격화하는 냉전 정세에 대처하기 위해, 일본을 무장 해제시켰던 점령 정책의 변경이 요구된다고 연설했다.[5]

또한 1948년 3월에는 점령군 중 맥아더에 버금가는 존재였던 아이첼버거 장군이 냉전 정세에 대응하고자 "적화赤化할지도 모르는 50만이나 되는 '자이니치' 조선인들을 억제하기" 위해 "일본인 부대를 우리 부대의 일부로서 이용할 것"이라는 제안을 했다.[6] 아이첼버거에 따르면 일본 병사는 절대 복종하며 죽음을 두려워하지 않는, "장교라면 누구라도 부하로 삼고 싶다고 꿈 꿀 병사"—상관이 아니라—였다.[7]

이런 발언에서 엿볼 수 있듯이 미국 측이 바란 것은 미국의 극동 전략에 이용할 현지인 부대의 육성이었다. 1949년 가을에는 타이완의 국민당 정권이 주장하는 중국 탈환 작전에 구 일본군 조종사들이 용병으로 모집된다는 보도도 나왔다.[8] 뒤에서 보듯이 한국 전쟁이 발발한 이후에도 일본인 부대를 한반도에 투입하라는 의견이 미국 의회 등에서 주장된다.

1948년 5월 미국 육군부는 일본의 재군비를 국방 장관에게 제언하는 보고서를 작성했다. 여기서는 "전략적으로 중요한 위치에 있는 일본 본토가 우리의 통제하에 들어가는 것"을 우선 전제로 한 뒤, "점령의 종결"과 "일본 경제의 부흥"을 이야기하고, 나아가 "미 육군이 경무장으로 조직해 초보 훈련을 하고, 그 엄격한 감독 아래 두는 소규모의 일본인 군부대 창설"을 주장했다. 그리고 동시에 "일본의 신헌법에 대한 수정 가능성"이 제창되었다.[9]

그러나 맥아더가 이런 방침에 반대했다. 1948년 3월 21일 윌리엄 드레이퍼William H. Draper Jr. 육군부 차관과 조지 케넌 국무부 정책기획실장이 방일하여 맥아더와 회담했다. 이때 맥아더는 일본은 재군비를 할 경제적 여유가 없다는 점, 아시아 국가들이 반발할 것이라는 점, 일본 국민 대다수가 군대와 전쟁을 혐오한다는 점 등을 이유로 재군비에 반대했다.

그러나 맥아더에게는 이런 객관적 정세 이외에도, 그 자신의 자존심과 관련된 반대 이유가 있었다. 그는 이 회담에서 "일본의 재군비는 일본의 항복 이래 줄곧 점령군 당국을 이끌어 온 많은 기본 원칙에 위반된다"라고 말하며, "지금 와서 이런 원칙들을 포기해 버리면 일본에서 우리의 위신은 위험할 정도로 약화될 것이며, 우리는 일본인들에게 우스운 존재

로 비치게 될 것이다"라고 주장했다.[10]

실은 이런 염려는 일본의 재군비를 제언한 1948년 5월의 육군부 보고서에서도 문제가 되었다. 이 보고서는 부속 문서에서 이렇게 말한다.[11]

일본에 경찰군constabulary 이상의 군사 조직을 만드는 것은 헌법에 위반된다는 해석이 실로 정당하며, 또한 그런 해석은 일본인과의 관계에서 미국의 정치적 입장을 오랫동안 가장 좋은 상태로 확보하는 것으로 이어진다. 만약 그렇게 해석하지 않는다면 일본인들이 다른 헌법 조항도 쉽게 무시하도록 조장해서, 그 결과 일본에서 우리의 위신이 저하될 위험성이 있다.

미국 정부에게 헌법 제9조는 1946년 시점에서 미국의 대일 전략을 정당화한 내용에 불과했다. 하지만 그렇다고 숭고한 이념으로서 일본에 준헌법을 제정 후 고작 몇 년 만에 뒤집으라고 강요하는 것은, 원칙 없는 편의주의라고 표현할 수밖에 없는 행위였다. 그런 정책이 미국의 신용과 위신을 저하시켜서 일본에 반미 감정이 대두하는 계기가 되기 쉽다는 점을 우려한 것이다.

말하자면 미국 측은 냉전상의 전략적 실리와 국가의 위신 및 체면 사이에서 딜레마에 빠졌다. 미국 정부 내에서도 외교 관계를 중시하는 국무부는, 육군부가 추진하는 재군비 구상에 신중한 자세를 취했다. 그리고 이런 딜레마를 체현한 존재가 맥아더였다.

실은 맥아더는 일본 재군비의 가능성을 완전히 부정하지는 않았다. 1948년 말에는 주일 미군이 출격하는 경우에 일본에서 그 보충 병력을 모집한다는 육군부의 방침에 맥아더가 찬성했다. 1949년 9월 소련이 원자 폭탄을 보유한 사실을 공표한 후에는, 강화 시에 일본이 경찰군을 창설하는 것도 인정한다.[12]

그러나 동시에 맥아더의 발언은 어떤 의미에서 모순된, 진폭이 심한 것이기도 했다. 1949년 3월 3일 인터뷰에서는 "일본의 역할은 태평양의 스위스가 되는 것이다"라는 유명한 발언을 했지만, 또한 "일본에 군대를 건설해서 우리에게 협력시키는 일은 쉽게 가능할 것이다. 일본인들은 세계에서도 가장 강건한 부류에 속하는 보병이다"라고 말했다. 한국 전쟁 직전인 1950년 1월의 연두 성명에서는 "자기 방위라는 침범하기 어려운 권리"를 강조하지만, 또한 제9조의 "높은 도의적 이상"을 절찬한다.[13]

이런 맥아더가 언제부터 재군비를 용인하는 입장으로 전환했는지는 명확하지 않다.[14] 아마도 맥아더의 내부에는 경건한 크리스천으로서 절대 평화를 내세우는 이상주의와 군인 정치가로서의 기회주의가 당초부터 동거했으며 그것이 위의 모순된 발언들로 나타났다고 생각된다.

그러나 무엇보다도 그는 비무장 정책을 추진한 점령군의 최고 사령관이었고, 이미 일본과 미국에서 거듭해 제9조를 절찬해 왔다. 그런 경위를 생각하면 지금 와서 일본 정부에게 재군비를 요구하는 것은, 자기 스스로를 "우스운 존재로 비치게" 만드는 행위 이외에 아무것도 아니었다.

맥아더가 재군비를 반대한 또 한 가지 배경은 본국 정부와의 불화였다. 1948년 10월 미국 본국의 국가안전보장회의는 대일 정책 전환에 대한 권고를 결정하여 대통령의 승인을 받았다. 거기서는 공직 추방과 전범 재판의 조기 종결, 오키나와의 기지 확충, 점령군의 인원과 권한 축소, 그리고 연안경비대를 포함한 경찰력의 증강—육군부의 재군비 요구를 국무부가 거부한 이후의 타협안—등이 주장되었다. 그러나 남보다 곱절은 자존심이 셌던 맥아더는 본국의 간섭에 격노하여, 자신은 일본을 점령한 연합군의 최고 사령관이므로, 연합국의 일부에 지나지 않는 미국 정부의 명령에 복종할 의무가 없다고 반론하는 답장을 본국으로 보낸다.[15]

맥아더로서는 자신의 대일 정책이 본국 정부에게 무시당해 체면이 구겨지는 것은 견딜 수 없는 일이었다. 그런 까닭에 맥아더는 본국의 재군비 요구에 대해, 극동에서 공산주의의 위협은 중시할 정도는 아니라고 강조했다. 그는 1948년 케넌 등과의 회담에서 이렇게 말했을 뿐 아니라,

1949년 3월이 되어서도 "최근 중공의 승리에도 불구하고, 태평양에서 미영의 권익은 절대로 안전하다"라고 주장했다.[16]

이런 맥아더가 제9조 옹호를 위해 끄집어 낸 것이 오키나와의 존재였다. 그는 케넌 등과의 회담에서 "오키나와를 적절히 정비하고 요새화하면 우리는 외적의 공세로부터 일본의 안전을 지키기 위해 반드시 일본 국토 위에 군대를 유지할 필요는 없다"라고 강조했다.[17] 또 쇼와 천황은 맥아더에게 오키나와의 장기적 이용을 인정하는 메시지를 보냈다. 오키나와를 군사화함으로써 일본의 군사 부담을 경감한다는 구상은, 이후의 우여곡절을 거쳐서 부분적으로 실현된다.

그리고 이런 양가적인 길항 상태가 무너진 사건이 1950년 6월의 한국 전쟁 발발이었다. 현지로 들어간 맥아더는 패주하는 한국군을 목격했다. 그리고 그는 "워싱턴의 놈들"이 공산주의의 위협을 경시하고 한국에 경무장한 경비대밖에 허가하지 않은 사실을 비난하면서—그전까지 그가 본국 정부의 의향을 거스르며 일본의 재군비에 반대해 온 것과는 완전히 모순되는 자세였지만—주일 미군의 한반도 출동과 일본의 재군비를 결정했다.[18]

이렇게 해서 1950년 7월, GHQ는 일본 정부에 경찰예비대의 설립을 요구했다. 그리고 일본 점령을 종결하고 반공 동맹국으로서 독립시키기 위한 준비 작업도 순식간에 촉진되었다.

미국의 압력

재군비와 강화 문제의 진전은 일본 측에게도 급격하다고 받아들여졌다. 냉전의 격화와 함께 강화를 둘러싼 논의는 그 나름대로 존재했지만, 한국 전쟁 이전의 일본에서는 강화보다 경제 쪽이 오히려 주목을 받았다.

7장에서 말했듯이 패전으로 박살 난 일본의 연간 소득은 1948년에는 미국의 12분의 1 이하에 불과했고, 악성 인플레이션이 끊이지 않았다.

1949년 조지프 도지Joseph Dodge가 이끄는 미국경제사절단의 감독 아래서 긴축 재정이 실시되어, 공공사업과 복지, 교육 예산이 크게 깎였다. 이로써 인플레이션은 줄어들었지만 그 대신 기계나 석탄 등의 산업이 타격을 입어 실업과 도산이 연이었다. 한편 공산당은 1949년 총선거로 4석에서 35석까지 약진했고, 점령군과 정부 측은 공산주의자 탄압과 공안 조례의 제정으로 대항했다.

한국 전쟁이 발발한 시기는 이런 불황의 한복판이었다. 당시 수상이었던 요시다 시게루는 자유당의 비밀 의원 총회에서 "이것은 하늘이 도운 것天佑"이라고 말했다. 한국 전쟁 특수로 경기 회복과 미국 주도의 강화 촉진이 기대되었기 때문이다. 당시는 전쟁 통제 때문에 통합되었던 전력 사업의 재편이 진행 중이었고 '일본 최대의 토목건축 발주자'라고 불린 일본발송전회사日本発送電会社의 분할을 둘러싸고 부패 의혹이 일어난 상황이라, 정권 연명을 위해서도 한국 전쟁은 하늘의 도우심이었다.[19]

그리고 한국 전쟁 발발 후, 재군비론은 급속히 세력을 키웠다. 과거에 제9조를 절찬했던 이시바시 단잔이나 아마노 데이유는 모두 재군비론으로 전환했다. 1946년 5월에 제9조의 지지율이 70퍼센트를 기록했지만, 1950년 11월 여론 조사에서는 재군비 찬성이 53.8퍼센트, 반대는 27.6퍼센트였다.[20]

그러나 재군비에 관한 여론은 단순히 찬성인가 반대인가로 양분할 수 있는 것이 아니었다. 군비 그 자체에는 찬성하는 사람들 사이에서도 전전의 군대가 부활하는 데는 거부 반응이 존재했기 때문이다.

이런 까닭에 여론 조사의 수치는 설문 방법에 따라서 미묘한 변동을 보였다. 예를 들어 1951년 9월 20일 『아사히신문』 여론 조사에서는 "'강화 조약의 성립으로 일본도 독립국이 되었으므로, 스스로의 힘으로 자기 나라를 지키기 위해 군대를 만들어야 한다'는 의견이 있습니다. 당신은 이 의견에 찬성합니까"라고 질문했더니 71퍼센트가 찬성이라고 회답했다. 그러나 1951년 3월 26일 『요미우리신문』 조사에서 "일본에 국방군을 재건하라고 하는데 어떻게 생각합니까"라는 질문에 대해 찬성은 47.3퍼센트에 불과했다.

재군비의 방법에 대해서도 여론은 미묘한 반응을 보였다. 앞에서 말한 1951년 3월 26일 『요미우리신문』 여론 조사에서는 징병제에 찬성하는 자는 10.8퍼센트에 불과했고, 특히 징병 연령에 해당하는 20대의 반발은 강했다. 또 군 최고 지휘권을 군대가 갖는 것을 지지한 사람은 6.5퍼센트, 천황이 갖는 것을 지지한 사람은 고작 1퍼센트였다. 마루야마 마사오는 1950년 좌담회에서 "독립 국가인 이상, 군비를 갖추어야 한다"라는 의견에 대해 "그런 사람은 아마도 일본의 군대에 들어가서 비참한 체험을 해 보지 않은 사람이 아닌가 의심합니다. 진짜로 경험한 사람이라면 어떤 형태든 간에 일본이 군대를 갖는다는 것은 절대 싫다는, 전全 인간적인 반발 감정이 당연히 있지 않을까 생각합니다"라고 말한다.[2]

그리고 여론은 미국의 재군비 압력에 대해 강한 반발을 보였다. 1953년 6월 22일 『아사히신문』 여론 조사에서는 "미국은 일본에게 무기 및 돈을 더 줄 테니 보안대 등을 늘리거나 강화하라고 말합니다. 당신은 그렇게 하면 좋겠다고 생각합니까"라는 질문에 대해서, 긍정의 회답은 27퍼센트에 불과했다. 나아가 "미국은 일본에 군대를 두고 대포나 전차, 군함 등을 빌려주고 있는데, 일본을 위해서 그렇게 하는 것이라고 생각합니까"라는 질문에 대해 긍정의 회답은 10퍼센트였다.

일반적으로 여론은 재군비 그 자체에는 찬성해도 구舊 군이나 전전 체험의 부활에는 강한 반발을 보였고, 미국의 압력에는 저항감을 품었다. 그리고 지식인들도 이런 동요를 공유했다.

예를 들어 잡지 『세카이』의 1952년 5월호에서 헌법학자 미야자와 도시요시는 "군대를 설치하고, 미흡하나마 조국의 독립과 안전을 지키기 위해 최선을 다하고자 하는 기분에는 충분히 아낌없이 공감한다"라고 말하면서 동시에 "만약 군대를 설치하는 것 때문에 민주주의 그 자체가 죽어 버린다면, 그것이야말로 아무것도 안 된다"라고 주장한다. 그리고 나아가 미야자와는 "대체 일본에 전쟁을 포기하고 군대를 폐지하는 헌법을 만들라고 요구한 것은 누구였는가. 그리고 지금 그 일본에게 군대를 만들라고 요구하는 것은 대체 누구인가. 일본인은 이렇게 묻고 싶어질 것이다"라고 말했다.[22]

당시 수상이었던 요시다 시게루도 이런 동요를 품고 있었다. 4장에서 보았듯이 요시다는 패전 직후부터, 점령이 종료된 뒤에는 "역시 국가로서 병력을 보유하지 않겠나"라는 생각을 내밀히 품고 있었다. 그러나 동시에 1949년 11월 8일의 시정 방침 연설에서는 "우리나라의 안전을 보장하는 유일한 길은 신헌법에서 엄숙하게 선언된 바와 같이, 우리나라는 비무장 국가로서…… 평화를 애호하는 세계의 여론을 배경으로 하여…… 우리나라에 대한 이해를 촉진하는 것"이라고 말했다.[23]

이런 자세는 명분과 진심의 분열이라는 측면이 있었지만, 동시에 요시다의 양가성도 표현했다고 생각된다. 요시다는 현실적인 외교 정치가였지만 미국에 종속되는 것을 흔쾌하게 생각하지 않는 내셔널리스트이기도 했다. 또한 그는 친영미파로서 군부에게 공격당한 경험이 있었고, 구군의 부활에는 강한 경계심을 품었다.

어쨌거나 한국 전쟁이 발발하기 전까지는, 맥아더가 제9조를 옹호했던 점도 있어서 미국의 재군비 압력에 저항할 수 있었다. 1950년 6월의 한국 전쟁 발발 직전에, 미국 국무부 고문 존 덜레스John F. Dulles가 특사로 방일했다. 동석한 윌리엄 시볼드 대사의 기록에 따르면, 덜레스와 회견한 요시다는 "큭큭 웃으면서" 일본은 "민주화, 비무장화하여 평화를 애호하고 세계 여론의 보호에 의존하여" 안전 보장을 이룩한다고 말해서 덜레스를 당혹하게 했다.[24]

덜레스는 깜짝 놀랐지만, 시볼드는 덜레스에게 "요시다의 안전 보장 레토릭rhetoric은 극동위원회의 정책 결정에 쓰인 말 그대로라는 사실을, 나는 덮어두었다"라고 말한다.[25] 이를테면 요시다는 1946년의 연합국과 미국이 명분으로 삼았던 것을 거꾸로 이용함으로써 1950년의 미국에게 대항했다.

한국 전쟁이 발발한 뒤인 1951년 1월에 덜레스는 다시 일본을 방문해서 요시다에게 재군비를 요구했다. 이때 요시다는 재군비에는 "두 가지 큰 장해"가 있다고 주장했다. 하나는 일본에 대규모의 재군비를 감당할 만한 경제적 여력이 없다는 점. 그리고 또 하나는 "일본의 군국주의자를 부활시킬 위험"이었다.[26]

덜레스 측은 이런 일본 측 사정에는 개의치 않았다. 덜레스는 요시다를 향해 한국 전쟁에서 "합중국 국민이 지불하는 희생"을 강조하며 공산주의와의 싸움을 위해 "어떤 국민도 희생을 지불할 필요가 있다"라고 말했다. 그리고 요시다가 말하는 장해가 "아무것도 하지 않는 이유를 말한 것인가, 아니면 단지 극복해야 할 장해가 있다는 것을 지적한 것뿐인가"라고 압박했다.

애초에 덜레스는 일본에 우호적이라고 하기는 어려운 인물이었다. 1950년 6월에 방일했을 때는 칵테일파티 석상에서 불황이 심각하면 미국에 파티용 냅킨을 수출하면 어떻겠느냐고 발언해서 일본 측의 노여움을 샀다. 후에 드와이트 아이젠하워Dwight D. Eisenhower 정권의 국무 장관이 되었을 때도 일본의 지도자를 향해 "합중국의 큰 시장을 기대해서는 안 된다. 일본인들은 우리가 원하는 물건은 만들지 않으니까"라고 말했다.[27]

요시다는 이런 덜레스에게 재군비 부담이 일본의 불황을 심화시켜서 반대로 공산주의가 신장될 것이라고 반론했다. 그러는 한편 요시다는 사회당 좌파의 지도자인 스즈키 모사부로鈴木茂三郎와 가쓰마타 세이이치勝間田清一에게 재군비 반대 운동을 일으키도록 내밀히 의뢰했다.[28] 국내의 반대가 강하다는 이유로 덜레스의 요구를 거절하려 한 것이다.

최종적으로 요시다는 미국 측의 요구를 받아들여 한정적인 재군비를 인정했지만, 그의 생각을 표현한 다음과 같은 발언이 전해진다.[29]

재군비 같은 것은 당면한 상황에서는 도저히 불가능하고, 또한 현재 국민들은 그것에 대한 의욕이 없다. 그렇다고 정부가 앞장서서 강요할 만한 문제도 아니다. 언젠가 국민 생활이 회복되면 그런 때가 자연히 올 것이다. 감사하다고 생각할지 모르지만 그때까지 당분간 미국에게 (일본의 방어를) 맡겨 두어라. 헌법이 군비를 금한 것은 실로 하늘이 주신 행운이며, 미국에서 불만이 나오면 헌법이 떳떳한 근거가 된다. 그 헌법을 개정하려고 하는 정치가는 멍청이다.

1946년의 미국의 명분을 거꾸로 이용하여 1951년의 미국에 대항한다는 자세는 이런 헌법관에도 반영되었다고 할 수 있다.

한편으로 덜레스의 수확은 1951년 2월에 이루어진 천황과의 회견이었다. 천황은 미국이 주도하는 강화 조약을 지지하는 한편, 덜레스에게 하토야마 이치로 등 공직에서 추방당한 정치가들과 만날 것을 권한다. 하토야마는 요시다에게 대항할 수 있는 보수 정계의 유력자였다. 원래 천황은 1947년 5월 6일 맥아더와의 회견에서 "일본의 안전 보장을 기하려면 앵글로·색슨의 대표자인 미국이 그 이니셔티브를 갖는 것이 필요하며, 이를 위한 원수의 지원을 기대합니다"라고 말했다. 또한 1950년 8월에 덜레스에게 문서를 보내 공직 추방을 완화해서 "유능"한 인물들이 활동할 수 있도록 만들면, "기지 문제를 둘러싼 최근의 잘못된 논쟁도 일본 측에서부터" 수정할 수 있다고 말한 것이다.[30]

덜레스와 만난 하토야마는 재군비에 적극적인 자세를 보였다. 그러나 거기서 떠오른 문제는 미국 주도의 재군비가 정신적인 지주支柱를 결여했다는 점이었다.

하토야마는 덜레스에게 보낸 1951년 2월 6일 자 서신에서 재군비 반대론이 발생하는 원인으로 세 가지를 들었다. 그중 두 가지는 요시다도 거론했던 경비의 문제와 군벌의 재현에 대한 경계였고, 또 하나는 "미국을 위한 용병화의 우려"였다. 하토야마에 따르면 경찰예비대는 "예비대 내외에 용병의 느낌을 주고" 있으며 "이대로 가면 심리적 약점이 차츰 표

면화될 것"이 불가피했다.[31]

경찰예비대는 이윽고 보안대保安隊로 이름을 바꾸고 1954년에는 자위대自衛隊가 되는데, 병기와 장비는 미군에게 공급받고 미군군사고문단 밑에서 훈련을 받았다. 1953년 6월 20일 『아사히신문』은 보안대에 대한 주민의 반응으로 "미국에서 들여온 장비 속에서 우리 동포의 모습을 찾아내고 잠깐 복잡한 표정에 잠겼다"라고 쓴다. 대원들이 외출하면 주민들에게 "세금 도둑", "미국의 용병"이라는 소리를 듣는 일도 종종 있었다.[32]

그리고 하토야마가 지적했듯이 경찰예비대의 사기는 도저히 높다고 할 수 없었다. 1950년 8월 창설 시의 모집에는 정원 7만 5,000명에 30만 명 이상이 응모했는데, 그 대부분은 급여 우대와 당시로서는 고액이었던 6만 엔의 퇴직금에 이끌린 사람들이었다. 당시의 신문 보도와 회상기에는 대원들의 목소리로서 "결국 우리는 퇴직금 6만 엔을 받아서 돌아가면 된다"라거나 "보이 스카우트보다 조금 나은 수준이다"라는 말이 소개되었다.[33]

이런 사기 저하는 미국이 중국과 남베트남 등에서 육성한 반공 진영 군대에도 공통된 현상이었다. 더욱이 일본에서는 군대와 전쟁을 금한 헌법 아래서 경찰예비대가 무엇을 위해 존재하는지 누구도 명확히 보여 주지를 못했다. 1951년 9월 23일 『요미우리신문』의 보도는 "정신적인 목표가 없는 점이, 누가 뭐라 해도 예비대의 가장 큰 결함이다"라고 말한다. 1953년 6월 20일 『아사히신문』도 보안대의 장교로부터 "정신적 지주가 없는 대원은 아무리 장비가 좋고 보급이 있어도 쓸모없습니다"라는 목소리가 나온 사실을 소개한다.[34]

이런 와중에 자유당 정무조사회政務調査会는 1951년 3월의 정책 방침에서 "장비가 뛰어난 국부군國府軍이 중공군에게 진 사실을 생각하면, 자위의 근본은 정신의 재무장에 있다고 하지 않을 수 없다. 애국심의 진기振起야말로 자위의 원동력이다"라고 주장했다. 나아가 자유당 의원 총회는 1951년 10월에 「강화 조약의 체결에 따른 신정책」講和条約の締結に伴う新政

策을 작성하여 "차츰차츰 방위력을 강화한다"는 것과 "애국심과 자위 의식의 고양"을 외쳤다.[35]

이런 방침과 연동하여 「국민 실천 요령」의 작성과 〈기미가요〉, 일장기의 부활이 추진된 점은 9장에서 본 대로다. 그러나 민중의 관심은 그다지 달아오르지 않았고, 정부의 장려를 예상해서 가두판매한 일장기도 전혀 팔리지 않는다는 신문 보도가 나온다.[36]

1952년 4월에 샌프란시스코 강화 조약이 발효되어 일본은 형식적으로는 독립국이 되었다. 그러나 강화의 내용은 애국심을 만족시키는 것이라고는 도저히 말할 수 없었다. 강화 조약과 함께 맺어진 미일 안전 보장 조약은 점령 종료 후에도 미군 기지의 존속을 인정했으며, 점령군이 주둔군으로 이름을 바꾸었을 뿐, 미군의 주둔이 계속되었다.

게다가 이 시기의 미일 안보 조약에는 일본이 미군에 기지를 제공한다는 내용만이 명기되었을 뿐, 미국 측에 일본을 방위하도록 의무 짓는 규정이 없었다. 안보 조약 전문은 일본 측에 방위력의 점증漸增을 의무로 지웠는데, 1952년 7월 23일에 미국 측은 유사시에 일본 군사력이 미군 지휘 아래로 들어간다는 밀약을 요시다 수상과 맺었다.[37]

미군 주둔에 관한 세부 조항은 1952년 2월의 행정 협정으로 정해졌다. 그 내용은 기지 사용에 기한이나 제한이 없으며, 미국 군인과 가족에게는 치외 법권이 인정되고 주둔 비용은 분담한다는 것이었다. 이런 조약이 막부 말기의 불평등 조약에 비유되었던 사실은, 7장과 8장에서 본 대로다.

이런 강화 조약에 대해서 소련과 동유럽권 국가들뿐만 아니라, 미군 주둔을 불만스러워한 인도와 버마도 서명하지 않았다. 이집트 대표는 자국이 식민지가 되었던 경험에서 "외국 군대가 일본에 주둔하는 한, 일본에는 완전한 자유가 주어지지 않으리라 생각한다"라고 연설했다. 실제로 맥아더는 1949년 11월 26일 천황과의 회견에서 강화 후의 일본에는 "영미군의 주둔이 필요할 것입니다. 그것은 독립 후 필리핀 내의 미군, 이집트 내의 영국군, 그리스 내의 미군과 같은 성격이 될 것입니다"라고 말했다. 내전하의 한반도 및 공산당이 정권을 잡은 중국은 강화 회의에 초청조차 되지 않았고, 저우언라이周恩來 중국 외교부장(외교부 장관)은 이 강화에 대해 "불법이며 따라서 무효다"라는 성명을 냈다.[38]

야나이하라 다다오

이런 강화와 재군비를 두고 일본공산당이 식민지 상태라고 비판했음은 이미 말했다. 공산당계 이외의 논자들도, 예를 들어 고노에 내각의 법무 대신이었던 가자미 아키라風見章는 "누구를 위한 재무장인가. 예전 만주국의 만주군이 눈앞에 떠오르지 않는가"라고 말했고, 1951년 말부터 도쿄대학 총장이 되는 야나이하라 다다오矢內原忠雄도 "군사 협정은 미국에 대해 강화 후의 일본을, 말하자면 '만주국 같은 존재'로 삼는 것"이라고 주장했다.[39]

여론도 독립을 형식적인 것이라고 받아들였다. 1952년 5월 17일『아사히신문』여론 조사에서는 "강화가 이루어졌으므로 일본도 독립국이 되었다고 생각하나"라는 질문에 긍정의 응답은 41퍼센트에 지나지 않았다. 1953년 6월 22일『아사히신문』여론 조사에서는 미군이 "있었으면 좋겠다"가 27퍼센트, "돌아갔으면 좋겠다"가 47퍼센트, "의견 없음"이 26퍼센트였다.

미국은 일본 정부에게 군비 증강과 함께 애국심의 육성을 요구해서 사태를 더욱 복잡하게 만들었다. 9장에서도 말했듯이 1953년 10월 미일 회담에서 "일본 정부는 교육 및 홍보로써 일본에 애국심과 자위를 위한 자발적 정신이 성장할 수 있는 분위기를 조장할 것"이 약속되었다.[40]

이 미일 회담에서 미국 측은 경제 원조의 제공과 교환하여, 32만

5,000명 규모의 육군을 만들 것을 일본에 요구했다. 요시다 수상의 특사로 교섭에 임했던 이케다 하야토는 경제적 부담과 헌법 제9조의 제약 등을 이유로, 이것을 18만 명까지 줄였다. 이런 미국과의 서약에 따라 이듬해인 1954년에는 보안대가 자위대로 확장되었다. 이때 미일 교섭에 임한 이케다가 "일본은 미국의 첩이다"라고 발언한 사실은 잘 알려져 있다.

미국의 이런 압력은 일본의 애국심을 둘러싼 상황을 혼란시킬 뿐이었다. 이 또한 9장에서 보았듯이 진보파 교육학자 및 일교조는 보수 정권의 일장기, 〈기미가요〉 부활론에 반대하는 한편으로 보수 정권이 주장하는 애국심은 미국의 국제 전략에 종속된 것이라고 비판했다.

자위대 내부에서조차 미국에 반감을 품은 자는 적지 않았다. 학도병 출신의 야스다 다케시는 1955년에 육상자위대통신학교陸上自衛隊通信学校 생도대의 소년들과 인터뷰를 하며 국민과 수상에게 말하고 싶은 것이 있냐고 질문했다. 그러자 "세금 도둑이라고 부르지 말아 달라", "'미군의' 기지는 반대다", "그렇다, 양키는 빨리 돌아가 달라"라는 반응이 나왔다.[41]

특히 당시의 자위대원이 반발했던 것은 미국의 세계 전략에 따라서 자기들이 해외로 파병될 가능성이 있다는 사실이었다. 1953년 10~11월에 이루어진 미일 교섭의 시점에서는, 미국 측도 "일본인 부대의 해외 파견 같은 것은 결코 그런 의도가 없음을 국무부 측에서도 명확하게 표명한다"(오카자키 가쓰오岡崎勝男 외상에게 보낸 아라키 에이키치新木栄吉 주미 대사의 전보)라고 여겨졌다.[42] 그러나 실제로는 한국 전쟁에서 미국의 요청을 거절하지 못하고 일본의 소해정掃海艇이 극비리에 출동했다.

이런 까닭으로 대원들에게 이 문제는 절실했다. 아직 한국 전쟁이 계속되던 1953년 5월 당시의 보안대원은 인터뷰에서 해외 파병에 대해 질문받자 "그건 거절합니다. 우리는 거절할 권리가 있다고 생각합니다", "그럴 때는 여기를 그만둘 것입니다. 외국의 내란을 위해 피를 흘리다니, 나는 못합니다" 등이라 회답한다.[43] 그 가운데 한 대원은 이렇게 말한다.

외국의 군대가 공격해 와서 상륙할 때는, 이것은 더 이상 보안관만의 문제가 아니라 처자라던가 일반 사람들에게도 직접 공통된 재난이므로, 나라 전체가 싸울 것입니다. 이렇게 되면 나 혼자만 목숨이 아깝다고는 생각하지 않습니다. 하지만 국외 파병이라는 것은 개죽음입니다. …… 아무리 생각해도 일반 사람들이 태평하게 있는데 우리만 사지로 향한다는 것은…… 그런 상황이 되면 처자가 불쌍하다고 할까, 오히려 미안한 기분입니다.

일반적인 여론도 해외 파병에 대해서는 반발이 강했다. 1950년 11월 15일 『아사히신문』여론 조사로는 재군비에 찬동하는 사람들 사이에서도 일본 방위만으로 한정해야 한다는 의견이 73.9퍼센트까지 올라갔다.

1952년 12월 18일 참의원의 예산위원회予算委員会에서는 우파사회당 소속 의원인 야마시타 기신山下義信이 요시다 수상을 향한 질문에서 이렇게 말한다.[44]

일본이 오늘날과 같은 상태가 되어도, 국민이 조국을 사랑하는 정신에는 결코 변함이 없다고 나는 생각합니다. 지금 여론에서 재군비를 반대하는 이 국민의 마음은…… 미국의 감시견이 되기는 싫다, 그리고 두 번째로 대체 미국은 일본의 군비를 빼앗아 놓고서 또 자기들 형편에 따라 군비를 하라는 것은…… 일본인을 무시하는 듯한 석연치 않은 느낌, 그리고 세 번째로는…… 한반도에 들어가기 꺼려진다는 느낌이 있습니다. 특히 최근에는 미국 하원 다수파의 리더인 마틴(조지프 마틴Joseph W. Martin Jr.) 의원을 작년에 만났는데, 일본인을 한반도에 '파병'하라는 논의에 대해서는 국민들이 분격했습니다. …… 이상 말씀드린 갖가지 기분이 국민들 사이에 있다고 나는 생각합니다.

요시다 수상은 이 질문에 답하면서, 미국 측에는 "일본을 미국의 정책적 도구로 사용하려는, 그런 노골적인 감정은 없다고 나는 생각합니다"라고 답변하고 "일본에 대해 이래라저래라 군비를 하라던가 하는 요구는 전혀 없습니다"라고 말한다.[45] 이것이 사실과 다르다는 것은 미국의 재군비 요구를 거절하기 위해 교섭 중이었던 요시다 자신이 잘 알았을 터이다.

한편으로 재군비를 환영한 것은 공직에서 추방당해 있던 구 육해군의 장교들이었다. 태평양 전쟁 중 육군참모본부 작전과장이었던 핫토리 다쿠시로福部卓四郎 전 대좌를 중심으로 한 그룹은, GHQ 정보부의 찰스 윌러비Charles A. Willoughby 장군 등과 결탁해서 한국 전쟁 개시 이전부터 재군비의 중핵이 된 구 군 장교의 인선을 개시했다. 핫토리 전 대좌를 중심으로 한 참모본부 작전과는 구 육군의 톱 엘리트 집단이었으며, 복귀에 열의를 가졌다.

또 해군 측에서도 구 연합함대 참모장인 후쿠토메 시게루福留繁 전 중장을 중심으로 마찬가지의 움직임이 존재했다. 이 그룹은 1951년 1월에 덜레스와의 회견을 계획해 재군비 의견서를 제출했다. 이 그룹이 작성한 문서는 미 해군의 극동참모부장인 알리 버크Arleigh A. Burke 소장을 "일본 해군 재건의 은인"이라고 부른다.[46]

그러나 이런 구 군인들의 자세는 구 군 내부에서조차 반감을 초래했다. 1950년 봄에, 고향에서 농업에 종사하던 과거의 대본영 참모에게 핫토리 그룹으로 참가할 것을 권유하는 편지가 도착했다. 그때 이 참모의 아버지였던 구 육군 중장은 이렇게 말했다고 한다.[47] "관둬라. 한 번 대실패한 놈들이 지금 와서 또 뭘 하려는 거냐. 게다가 핫토리는 노몬한Nomonhan에서도 실패한 남자다. 뉘우치는 법도 모르고.", "전쟁을 패전으로 이끈 인간들은, 전쟁 지도에 종사했던 놈들이다. 이 사람들이 책임을 느끼지 않고서 어쩌겠다는 건가."

이런 감정은 요시다 수상에게도 현저했다. 1951년 2월 6일 맥아더와 회견한 요시다는 설령 재군비를 한다 해도 "민주적 군대로서 훌륭하게 육성하고 싶다"라고 말하며 "윌러비 장군 주변에 있는 구 일본군 같은 자들

은 쓰고 싶지 않다"라고 강조한다.[48]

이런 요시다의 의향을 반영하여 1950년 8월에 경찰예비대가 발족된 시점에는 구 군의 장교를 가능한 한 배제했다. 그러나 그 후의 급격한 확장으로 간부 부족이 현저해지자, 1950년 11월 구 군인의 추방 해제가 시작되었고 이듬해 8월 800명의 구 군 장교가 경찰예비대에 입대했다.

그러나 구 군인 중에서 입대 권유를 거부한 자도 있었다. 그 동기로 보이는 것은 전사자의 기억이었다. 살아남은 어느 구 특공대 조종사는 항공자위대로부터 권유받았을 때 "특공에 나서서 나라를 위해 젊은 목숨을 바친 대원들을 생각하면, 나만 살아남아 호의호식하는 것은, 도저히 할 수 없습니다"라고 생각하여 이것을 거부했다. 귀환해서 농업에 종사하던 전 하급 장교는 "아끼던 부하를 잔뜩 죽게 만들고, 이제 와서 미국과 사이 좋게 지내는 일 같은 것이 어찌 가능합니까"라고 말했다고 한다.[49]

이런 감정은 일본 정부가 주창하는 애국심에 대한 반발과도 연결되었다. 필리핀 전선에서 포로가 되었던 경험이 있는 작가 오오카 쇼헤이大岡昇平는 1957년에 "자위대 간부 같은 것으로 출세한 전 직업 군인이 신성한 일장기 밑에서 미국풍의 옷을 입은 부대의 열병 같은 것을 하는 광경을 보면, 속이 메슥거린다. 부끄러움을 모르는 데에도 정도가 있다"라고 말하며 "외국 군대가 일본 영토 위에 있는 한, 절대로 일장기를 올리지 않겠다"라고 주장했다.[50]

재군비 문제는 당연하게도 헌법 개정과 직결되었다. 1947년의 신헌법 시행 이래로 정부가 매년 헌법 기념일에 실시했던 식전은 1952년에 강화 조약 발효를 기념한 독립 축하 식전과 병합되어 이듬해부터 폐지되어 버렸다. 그 후에는 보수 정권 속에서 미국제 헌법에 대한 비판과 자주 헌법 제정의 목소리가 높아졌다.

그러나 역설적이게도 헌법 개정 또한 미국의 요망에 따른 것이었다. 일본 정부가 헌법 축하제를 그만둔 1952년 5월에 댄 킴벌Dan A. Kimball 해군부 장관은 일본 정부에 대한 요망으로 "태평양의 자유주의 국민들을 지키기 위해 육해군을 가질 수 있도록 이 헌법의 규정을 수정해야 한다" 라고 발언했다.[51] 1953년 11월에는 리처드 닉슨Richard M. Nixon 부통령이 방일하여 재군비의 증강을 요구하는 한편, 미일협회가 주최한 오찬 모임 에서 헌법 제9조는 잘못되었다고 주장했다.[52]

자주 헌법의 제정이 미국에 대한 종속을 심화하는 것밖에 안 된다는 사태는 일본의 보수계 내셔널리스트들에게 심각한 딜레마가 되었다. 자위대를 사랑한 작가 미시마 유키오조차 "'헌법 개정'을 추진해도 오히려 미국이 생각하는 대로 될 것이며", "한국과 그 밖의 아시아 반공 국가들과 같은 줄에 설 뿐인 결과로 끝날 것이 뻔하다"라고 인정한다.[53]

이 문제는 일본의 우익에서도 마찬가지였다. 사회학자 미타 무네스케는 애국당愛国党의 당수였던 아카오 빈赤尾敏이 가두연설에서 다음과 같이 말했다고 쓴다.[54] "(갑자기 연설의 목소리를 낮추어) 나 역시, 사실대로 말하면 미국 같은 건 진짜 싫다. …… (다시 목소리를 높여) 하지만 그 미국이 있어 주지 않으면 어떻게 되냐. 일본은 소련과 중공의……."

7장에서 말했듯이 1950년대 전반에는 중국과 인도와 같이 식민지 상태에서 독립한 아시아 국가들의 내셔널리즘에 대한 관심이 높아졌다. 그리고 그러한 배경에는 위에서 말한 일본 내셔널리즘의 혼란이 있었다. 1956년부터 2년 반 동안 인도의 러크나우 대학에서 강의를 한 경제학자 후카자와 히로시深澤宏는 인도 학생들이 당시 자와할랄 네루Jawaharlal Nehru 수상의 비동맹 외교를 지지했던 모습을 이렇게 말한다.[55]

[학생들은] 대부분 인도의 평화 중립 외교를 한결같이 지지하고 찬미하며 자랑스럽게 여긴다. 하지만 그것은 오히려 당연한 일이다. 냉전의 조정자로서 국제 사회가 존경하며 경청하는 조국과 수상을 가지고서 기쁘지 않게 생각할 사람은 드물 테니까. 오히려 이 점에서 일본은 너무 비참한지도 모른다. 적어도 나와 친교가 있던 학생들의 대다수는 "국제 사회에서의 일본의 입장은 너무나 비참하다"라고 개탄하고 또 동정해 주었다.

재군비 반대론은 순연한 평화 지향에서만 발생한 것이 아니었다. 그 뿌리에는 미국이 전후 일본의 국가 정체성을 왜곡하는 것에 대한 저항감과, 미국에 종속해서 부활을 꾀하려는 구세력에 대한 반발이 있었다. 그리고 당연하게도 호헌과 비무장 중립의 논조는 그런 심정을 기반으로 삼아 발생했다.

내셔널리즘으로서의 비무장 중립

1952년 4월 강화 조약 발표를 기점으로 잡지 『세카이』는 「평화 헌법의 옹호」를 특집으로 엮었다. 그 권두언卷頭言에서 편집자 요시노 겐자부로는 특집의 의도를 이렇게 선언한다.[56]

각자의 도리에 비추어 납득할 수 있는 것만을 승인하고 납득할 수 없는 것에 대해서는 남자답게 항의하는 기개는 민주주의의 근본적 정신일 뿐만 아니라 특히 대국의 사이에 낀 약소국으로 자기를 발견할 수밖에 없는 우리에게 지금 절실히 필요한 것이 아닐까. 대국이라 해도, 복종해야 할 도리가 존재함을 믿지 않고, 도리에 입각해서 주장해야 할 것을 주장하지 않으면, 우리는 어디서 스스로의 독립을 지킬 수 있을까. 그런 기백을 상실하고 어떻게 패전 후의 좌절에서 일어설 수 있으랴. 우리의 아버지들은 막부 말기·메이지 유신의 국난에 접했을 때 이 넘치는 기백으로써 대국과의 절충에 임하여 능히 우리 민족의 독립을 지켜 주었다.

여기서의 헌법 제9조는 패전으로 약소국이 된 일본이 미국에 대항하는 민족 독립의 상징이었다.

또한 여기서 말하는 대국은 미국만이 아니었다. 또 하나의 대국, 소련에 대한 대항 의식이 존재했다. 그 점을 이해하려면 당시 공산당의 평화 문제에 대한 자세를 파악할 필요가 있다.

보수 정권이 추진하는 재군비에 사회당과 공산당은 반대했다. 그러나 4장에서 말했듯이 공산당은 헌법의 비무장 중립주의에는 본래 반대였다. 그 이유는 자본주의의 변혁을 동반하지 않는 평화의 슬로건은 무의미하며, 자본주의와 프롤레타리아트의 싸움에서 중립은 존재하지 않는다고 여겼기 때문이다.

그런 까닭에 당시의 공산당은 사회주의 혁명에 도움이 되는 군비라면 찬성한다는 입장을 취했다. 이시다 다케시의 회상에 따르면 1949년 메이데이에 도쿠다 규이치가 연설했을 때 "대군중 앞에서 '지금은, 소비에트는 원폭을 가지고 있다'라고 기세 좋게 큰소리를 쳐서, 이것이 만장 대박수를 불렀다"라고 한다.[57]

이런 까닭에 시미즈 이쿠타로의 회상에 따르면 패전 직후의 시점에서는 "마르크스·레닌주의자는 평화의 문제에 대해 현저히 냉담했다."[58] 평화 문제는 어디까지나 자본주의 체제의 변혁이라는 과제의 일부이며, 평화 문제만 떼어 내서 논하는 것은 난센스라는 것이 당시 공산당 주변의 풍조였다.

5장에서 말했듯이 요시노 겐자부로는 1948년부터 평화문제담화회(당시는 평화문제토의회)를 조직해 공산당으로부터 한발 떨어진 지점에서 평화 운동을 개시했다. 이 평화문제담화회는 1948년 7월에 유네스코United Nations Educational, Scientific and Cultural Organization, UNESCO에서 발표한 유럽의 사회 과학자 8인이 낸 평화 성명에 자극받아, 일본의 사회 과학자로서 평화 성명을 내고자 요시노가 조직했다. 이 유네스코 성명에는 사회주의권인 헝가리 학자도 서명해서, 동서 냉전을 넘어서는 것으로서 주목받았다.[59]

그러나 공산당계 논자들은 유네스코에 대해서는 냉담했다. 유네스코의 헌장에는 "전쟁은 사람의 마음으로부터 일어난다"라는 표현이 포함되었다. 그러나 『세카이』 1948년 2월호의 「유물주관과 주체성」唯物主観と主体性이라는 좌담회에서 공산당계의 철학자였던 마쓰무라 가즈토는 이것

을 "관념론적인 견해"라고 비판했다.[60] 전쟁은 자본주의의 모순에서 발생하며, 사회와 경제구조를 논하지 않은 채 정신이나 인간성을 운운해도 무의미하다는 것이다.

그리고 2장과 6장에서 말했듯이 당시에 주체성이나 인간이라는 말은, 기존 마르크스주의의 언어 체계로는 표현이 곤란한 전쟁 체험에서 생긴 심정을 표현했다. 이 좌담회 「유물주관과 주체성」에 참가한 마루야마 마사오는 "주체라던가 에토스라고 하면 내가 거론되고는 하지만, 나는 적극적으로 주체성의 철학을 형성했다고 자인할 만큼 대단하지 않으며, 단지 지금까지의 마르크스주의자의 설명으로는 납득이 안 가는 부분이 있으니까 그것을 지적할 뿐입니다"라고 말한다.[61]

이 좌담회에도 동석했던 요시노가 유네스코에서 발표한 사회 과학자들의 성명을 입수한 때는 좌담회로부터 반 년 정도 후인 1948년 9월이었다.[62] 그리고 이 성명은 인간성을 중시하고 사회 과학을 '인간의 학學'이라고 규정했다. 요시노는 여기에서 기존의 사회주의 진영과 자유주의 진영 간의 이항 대립적인 도식과 맞아떨어지지지 않는, 인간이 이루어 가는 평화로의 움직임을 포착했다. 말하자면 유네스코의 성명은 오쓰카 히사오에게 베버가, 마루야마에게 근대 국민 국가의 이념이 그랬듯이, 전쟁 체험에서 태어난 심정을 표현할 때의 자극 매체가 되었다.

이렇게 해서 유네스코 성명에 촉발받은 형태로 평화문제담화회가 조직되었다. 그리고 오쓰카와 마루야마가 서양사상을 매체로 삼아 내셔널리즘을 표현했듯이, 평화문제담화회도 유네스코 성명에서 배우는 형태로 내셔널리즘을 표현했다. 담화회에 참가한 구노 오사무는 후의 회상에서 "일본의 인텔리겐치아가 전쟁과 평화라는 세계 규모의 문제에 어떤 태도를 취할 것인지, 유네스코로부터 도전장이 던져져서, 여기에 어떻게 대답할 것이냐는 문제가 가장 중요한 모티프였다"라고 말한다.[63]

그리고 이 평화문제담화회는 아베 요시시게, 와쓰지 데쓰로, 다나카 고타로와 같은 올드 리버럴리스트들부터, 마루야마 마사오나 시미즈 이쿠타로 등의 비공산당계 진보파, 그리고 하니 고로 등의 마르크스주의자까지도 포함했다. 이런 폭넓은 인선이 이루어진 이유는 조직자였던 요시노가 전전의 사회 운동이 각개 격파된 경험에서, 당시의 공산당이 취한 '사회민주주의 주요 타격론'에 의문을 지니고 일종의 인민전선적인 조직을 지향해서였다.[64]

그러나 그것보다 더 큰 이유는, 요시노나 마루야마 등의 전쟁 체험이었다. 왜냐하면 공산당계의 지식인들은 공산당에 입당함으로써 자기의 전쟁 협력을 은폐한 자가 적지 않았기 때문이다.

특히 요시노가 싫어했던 것은 당시 공산당계 평화 운동의 대표적 지식인이 되어 있었던 히라노 요시타로였다. 강화 문제에서도 히라노는 공산당계 단체들이 1951년 1월 15일에 결성한 전면강화애국운동협의회全面講和愛国運動協議会(전애협)의 의장단장이 되었다.[65]

그러나 히라노는 1930년대 중반까지 강좌파의 논객으로 활약한 뒤, 전향하여 전쟁을 찬미하는 논문을 양산한 인물이었다. 뿐만 아니라 히라노는 '나치스 국가 체계'라는 출판 기획을 요시노를 경유해서 이와나미서점에 의뢰한 적이 있었다. 전시하의 정세에서 이 기획을 거절하는 것은 이와나미서점의 존망과 요시노 자신의 신변 위험을 뜻했다. 요시노는 고민 끝에 자재가 부족해서 종이가 없다는 이유를 들어 간신히 벗어났지만, 히라노에 대해 "분노를 억누를 수 없었다"라고 한다.[66]

이런 사정으로 마루야마의 회상에 따르면 평화문제담화회의 인선에서는 "일종의 마르크스주의자보다 일종의 보수파 쪽이 그나마 신용이 간다는 그런 생각이 공통되었다." 요시노도 마루야마도 마르크스주의 그 자체는 높이 평가했지만, 마루야마에 따르면 "전쟁 중에 뭘 했는지 묻는 시대였으며, 즉 전후 그 시점의 입장 문제가 아니었던" 것이다.[67]

아베 요시시게나 쓰다 소키치 같은 올드 리버럴리스트가 인선에 들어간 것은 그런 이유였다. 동시에 이런 사정은 공산당계 논자들이 경멸했던 유네스코 성명에 대한 공감 및 '인간'이라는 말 쓰임으로도 이어졌다.

물론 다나카 고타로나 와쓰지 데쓰로, 아베 요시시게 등은 전시 중에 군부에 대해 일정한 저항을 보였다고는 해도, 그 자질은 보수적인 반공주의자였다. 그리고 요시노의 회상에 따르면 공산주의자 탄압이 한창이었던 까닭도 있어서, 1950년 1월에 담화회가 전면 강화를 주장하는 성명을 내자 점령군과 일본의 경시청이 힐문하여 「단체 등 규제령」에 해당하는 정치 단체인지 아닌지에 대한 심사까지 이루어졌다.[68] 이것은 당시에 전면 강화론이 어떤 취급을 받았는지 엿볼 수 있는 일화로, 5장에서 말했듯이 당초에 참가했던 다나카 고타로나 쓰다 소키치 등 몇몇 올드 리버럴리스트들은 이 성명에서 빠져 있다.

또 전쟁 책임 문제에 대해서도 의견이 달랐다. 마루야마는 전시 중에 저항하지 못했던 점에 강한 회한을 가졌고, 요시노도 "청년들을 많이 죽게 했다는 것, 이것에는 책임을 느끼지 않을 수가 없다"라고 말했다. 그러나 요시노의 회상에 따르면 아베 요시시게 등은 "나와는 의견이 다르다"라는 상태였다고 한다.[69] 담화회의 회원으로는 전쟁 협력의 정도가 적은 자를 뽑았지만, 적극적인 전쟁 협력만 하지 않았다면 전쟁 책임이 없다고 생각하는지에 대해서는 개인마다 달랐다.

이 때문에 1948년 12월의 토의에서 하니 고로가 "우리 일본의 학자"가 짊어진 전쟁 책임을 물었을 때 아베 요시시게가 반발하는 장면도 있었다.[70] 최종적으로는 성명문에서 "우리 일본의 과학자"가 전쟁의 방지에 "용기와 노력을 결여했다"는 점을 반성했지만,[71] 아베가 이런 문언에 진심으로 공감했다고는 생각하기 어렵다. 그러나 반대로 말하면 전쟁 협력의 오점이 적은 회원이 모였기 때문에 옥중 비전향의 권위를 가진 공산당에 대항해서 중립을 주장하는 자세가 지켜졌다고도 할 수 있다.

그런 의미에서 비무장 중립론은 미국에 대해서뿐만 아니라 소련에 대한 자주 독립의 주장이기도 했다. 평화문제담화회는 1949년 1월에 최초의 「전쟁과 평화에 관한 과학자의 성명」戰爭と平和に関する科学者の声明을 낸 뒤에 1950년 1월 「강화 문제에 대한 평화문제담화회 성명」講和問題について

の平和問題談話会声明, 1950년 9월 「세 번째로 평화에 대해서」三たび平和につ
いて를 연속해서 발표하고 전면 강화, 헌법 옹호, 중립 등을 주장해 주목을
모았다. 1950년 9월 성명 「세 번째로 평화에 대해서」의 전반부는 마루야
마 마사오가 집필했으며, 거기에는 이렇게 쓰여 있다.[72]

이런 '중립'의 주장에 대해서…… 국제 공산주의의 명백한 침략적 태도
를 눈감아 주고, 혹은 이것을 몰래 변호하는 자라고 생각되는가 하면, 다
른 한편 공산주의 진영으로부터는, 중립주의가 현실에서 진행되는 일본
의 군사 기지화와 식민지화에서 대중의 눈을 돌리게 만드는 역할을 한다
고 비판을 받는다. 오히려 이렇게 서로 모순되는 비판이야말로 중립을 지
금 주장하는 것이 진정한 일본의 자주독립의 입장 표현이라는 사실을 무
엇보다도 크게 증명한다.

　이 성명들은 모두 요시노가 편집장을 맡았던 잡지 『세카이』에 게재
되었다. 그리고 『세카이』는 당시의 젊은이들에게 가장 인기 있는 잡지였
다. 1952년 4월 『도쿄신문』図書新聞이 행한 독자 여론 조사에서, 대학생
및 고교생의 애독 잡지 1위는 『세카이』로, 『분게이슌주』文藝春秋, 『헤이
본』平凡, 『게이세쓰지다이』螢雪時代 등과 현격한 차를 보였다. 담화회의
회원이기도 했던 시미즈 이쿠타로는 후에 이 사실을 평하여 "『세카이』가
1위를 차지했다는 점에 놀라겠지만, 그 무렵의 『세카이』는 일본인의 솔
직한 애국심과 상통하는 면을 가지고 있었다"라고 말한다.[73]
　평화문제담화회의 성명에 대해서도 사태는 마찬가지였다. 요시노 겐
자부로의 회상에 따르면 그들이 참고했던 유네스코의 성명은 국제적으로
는 거의 무시되었다. 그럼에도 평화문제담화회의 성명에 대해서는 "이런
차가운 취급은 없었으며, 오히려 사회당의 의원이라던가, 혹은 꽤나 큰
노동조합의 지도자들도 이것을 매우 열심히 읽었다"라고 한다.[74]
　사회당은 제7회 당 대회에서 "전면 강화, 중립, 군사 기지 반대"의

평화 3원칙을 확인하고, 일본노동조합총평의회는 1950년 3월 대회에서 여기에 재군비 반대를 추가한 평화 4원칙을 채결採決했다. 그러나 사회당은 패전 후부터 공산당에게 비판을 받아 왔던 경위도 있어서 공산당을 적대했다. 그런 까닭에 공산당이 주도하는 전애협과 별개로, 사회당과 총평은 1950년 7월 28일에 일본평화추진국민회의日本平和推進国民会議를 결성했다.[75]

그러나 사회당은 전전의 비공산당계 무산 운동 세력, 말하자면 여러 세력이 모인 단체였고 당내의 좌우 대립이 심하여 사상적으로는 통일되지 않았다. 1951년 1월에 사회당 좌파의 스즈키 모사부로가 일단 위원장이 되어 평화 4원칙의 노선이 정해졌지만, 사회당 우파로부터는 단독 강화나 재군비를 용인하는 목소리가 끊이지 않았다.

이런 사회당에게는 공산당과 거리를 두면서 전면 강화와 호헌을 주장할 수 있고, 또한 좌우의 분열을 촉진하지 않는 사상적 뼈대가 필요했다. 당시의 솔직한 애국심과 연속되었던 평화문제담화회의 성명은, 이 필요성에 들어맞았다.

전쟁과 패전을 체험한 사람들은 마르크스주의를 비롯한 기존의 언어 체계로는 표현하기 곤란한 심정을 품고 있었다. 마루야마 마사오의 「초국가주의의 논리와 심리」처럼 평화문제담화회의 성명은 그런 심정에 표현 수단을 제공해 주는 형태가 되었다. 보수 정당의 재군비론에 비판적이지만 공산당에게는 위화감을 지녔던 사회당 의원과 노조원들은 담화회의 성명에서 이론적인 기반—보다 정확하게는 그들의 심정을 절묘하게 표현해 줄 '언어'—을 찾아냈다.

그리고 당연하게도 사회당 역시 솔직한 애국심을 공유했다. 1951년 1월 사회당 위원장에 취임한 좌파의 스즈키 모사부로는 "청년이여 또다시 총을 잡지 말라"라는 유명한 말을 한 연설에서, 전면 강화와 재군비 반대를 "우리 일본 민족으로 하여금 일본의 독립을 확보하게 할 단 하나의 길이다"라고 표현했다. 우파에 속한 서기장 아사누마 이네지로浅沼稲次郎 명의로 발표된 1950년 9월의 당내 지령도 공산당을 비판하면서 "헌법 옹호와 유엔 지지" 및 "일본 민족의 독립과 세계 평화의 확립"을 내세웠다.[76]

그리고 6장에서도 말했듯이 1948년 12월 평화문제토의회 총회에서 마루야마 마사오는 "진정한 인터내셔널리즘은 각 민족의 문화적 개성을 존중하는 것을 통해서만 가능하다"라고 말했다. 마루야마는 후에 자기가 이런 주장을 펼친 이유에 대해 "미국적 생활 양식=국제주의라는 생각에 대한 비판이 있었다"라고 회상한다.[77] 패전 후에는 미국적 생활 양식에 대한 열등감이 일반적으로 존재했다. 권위에 예종하는 천민 근성을 싫어한 마루야마는 "민족의 문화적 개성"이라는 말로 그것을 비판한 것이다.

또한 마루야마의 회상에 따르면 토의회에서 다나카 고타로가 전쟁 전의 만주에 대한 일본 문화 수출을 비판했고, 그 결과로 1949년 1월 도쿄 법제부회法制部会의 보고에 "만주 사변 이후 국제 문화 진흥의 명목 아래 행해진 문화적 제국주의 같은 것에 대한 경계"라는 문언을 넣었다고 한다.[78] 일본의 동화 정책에 대한 반성이, 미국에 대항해 일본의 민족 문화를 방위한다는 논조와 결합된 점은 8장과 9장에서 말했다. 이와 함께 강화 조약에서 일본의 지위를 만주국에 빗대는 논조가 많았던 점은 앞에서 말한 대로다.

물론 일본의 자주독립을 주장하기 위해 미국으로부터 주어진 헌법을 내세우는 것은 일종의 모순이라고 할 수 있었다. 그러나 반대로 말하면 그 헌법을 역전시켜 이용하는 것은 미국에 대한 최대의 저항력이 될 수 있었다. 시미즈 이쿠타로는 "헌법이 미국의 강요에 따른 것임은 분명하다"라고 인정한 뒤에 이렇게 주장한다.[79]

…… [미국은] 한국 전쟁 무렵부터, 즉 아시아 침공 작전에서 일본인을 이용할 것을 생각하기 시작하면서부터 사사건건 헌법을 방해물 취급하고, 이것을 유명무실하게 만들려는 수법을 취하고 있다. 일본을 재군비시키려는 미국 측의 요구와, 헌법으로 새롭게 태어난 민중을 두려워하는 일본

지배자들의 요구가, 여기서 안팎으로 결합한다. 따라서 헌법의 학습과 실천과 옹호는 국가로부터의 독립이라는 의미에서 국민적 주체성을 띨 뿐 아니라, 미국으로부터의 독립, 아니 그보다도, 미국과의 대립이라는 의미에서 국민적 주체성을 띤다. ……

단지 반미가 아니다. 미국의 행동을 심판할 척도가 우리의 손 안에 있다. 미국은 지상 최강의 나라일지도 모른다. 이 최강국과의 대립에서, 우리가 헌법을 학습하고 실천하고 옹호하는 것으로 일본은 진정 독립할 것이다. 대외적 주체성을 획득할 것이다.

여기에는 일본이나 미국이라는 '국가로부터의 독립'이라는 심정이 '국민적 주체성'이라는 말로 표현되는 모습이 엿보인다.

그리고 "미국의 행동을 심판할 척도가 우리 손 안에 있다"라는 논리는 당초부터 평화문제담화회에 존재했다. 1948년 12월의 토의에서 의장 아베 요시시게는 "극동 재판은 평화와 문명의 이름으로 일본 국민을 재판한 것입니다", "연합국이 평화와 문명의 이름을 가지고 우리를 재판한 이상, 반드시 우리를 향해 평화와 문명을 보증하지 않으면 안 된다. 당연히 그런 의무가 있다고 생각합니다"라고 주장한다.[80] 아베의 이 주장은 1949년 1월의 성명에도 담긴다.[81]

이런 역전은 문명의 이름으로 서양에 식민지화된 지역의 주민들이, 서양이 강요한 문명의 이름으로 식민지 지배의 부당함을 비판하는 형태로, 세계 각지에 존재했다. 패전하여 약소국이 된 일본에서, 그것과 유사한 현상이 헌법의 옹호라는 형태로 나타났다.

요시노 겐자부로는 당시를 회상하며 "극동 재판에서 일본 국민을 그처럼 재판했던 상대가, 지금 다시 전쟁을 하려는 것이며, 거기에 일본을 끌어들이는 것에 대한 불만이 퍼지기 시작했다. 그런 상황 속에서 평화를 요구하는 것은 일본의 구질서와 현재의 동서 대립에 대한 양면적인 비판이 된다"라고 말한다.[82] 비무장 중립론과 호헌론은 미소라는 양 대국에 대한 자주독립의 의지 표시였음과 동시에, 미국을 추종하며 부활을 꾀하는 일본의 구질서에 대한 비판이기도 했다.

반대로 말하면 패전 직후에는 비판이 많았던 헌법이 1950년경부터 국민적 주체성을 표현하는 매체로 재평가된 것은, 미국 정부와 일본 정부가 헌법을 버렸기 때문이었다. 다케우치 요시미는 1952년 5월에 헌법을 평하면서, 패전 직후에는 "외국으로부터 주어진 것이라는 점에 심리적인 응어리가 있었"지만 "위정자의 헌법 무시가 반대로 나에게 헌법 옹호의 기분을 일으켰다"라고 말한다.[83]

그러나 1946년의 미국과 연합국의 명분을 역전시켜서 1950년의 미국에 대항한다는 전략은, 원래 요시다 수상도 취했었다. 말하자면 평화문제담화회는 요시다를 포함한 동시대 사람들이 공유했던 솔직한 애국심 내지 자주독립에의 지향을, 요시다와 일본 정부 이상으로 표현한 것이었다.

아시아에 대한 주목

그리고 지식인들의 미국에 대한 불신은 미국에 일본의 안전 보장을 맡기는 것에 대한 불안으로도 이어졌다. 사회주의권을 강화에서 배제하고 미군에게 기지를 제공하는 것은, 일본에 대한 공격을 유발할 수 있는 위험을 뜻했다. 1951년의 미일 안보 조약에는 미국이 일본을 방위할 의무에 대한 규정이 없었으며, 고작 몇 년 만에 일본의 비무장화 정책을 전환한 미국의 국제 전략에 일본의 운명을 맡기는 것은 위험하다고 생각되었다.

시미즈 이쿠타로의 회상에 따르면 평화문제담화회 내부에서도 올드 리버럴리스트인 아베 요시시게나 와쓰지 데쓰로 등은 전면 강화의 가능성에 회의적이었고 소련과 중국에 대한 혐오가 강했다. 그러나 강화 후에 미군 기지를 남기는 것의 시비에 대해서는 "만장일치, 강한 반대의 목소리가 나왔다"라고 한다. 시미즈에 따르면 "미국이 자국의 편의상 언제고 태평양 저편으로 돌아가 버릴지 모른다고 생각했고, 돌아간 뒤에 일본의

네 개 섬이 러시아라는 적 밑에 존재할 것"을 그들은 두려워했다.[84]

　게다가 미국은 5년 전까지 적국이었고, 공습과 원폭으로 일본의 비전투원을 대량 살육한 나라로 기억되었다. 1951년 6월 사회당의 외교위원회에서 강화 문제를 둘러싼 토론이 이루어졌을 때, 좌파의 가쓰마타 세이이치는 전전의 경제 봉쇄에 대해 "미국은 자기가 철의 원료를 확보한다면서, 자기가 면화를 확보한다면서, 일본을 적당하게 억제한다고 했다"라고 말하며 "안전 보장 형식은 만약 일본이 재군비를 한다면 대등한 입장에서 가능하지만 일본의 군비를 뒤로하고 외국 군대의 주둔을 우선한다, 그리고 그것이 이윽고 재군비가 된다"라고 주장했다.[85]

　대미 불신의 반면에 전면 강화론자 사이에서는 아시아에 대한 주목이 있었다. 1951년 9월의 강화 회의 개최와 함께 『세카이』는 「강화 문제」 특집을 엮었는데 거기서 많은 논자들이 지적한 것은 미국 주도의 강화 회의에 중국이 초대되지 않은 점이었다.

　예를 들어 다케우치 요시미는 이 특집에서 "이 강화가 국민의 승인을 받으면 중국과의 관계가 파국에 처할 것이다"라고 말했고 작가 노가미 야에코野上彌生子도 "가장 오래 싸운 상대는 중국이다. 따라서 화해를 하려면 중국이야말로 상석에 앉아야 할 것을, 중요한 주객은 부르지 않은 채 마무리 지으려 한다. 이것은 야쿠자의 인의仁義에도 미치지 못하는 방식이 아닌가"라고 평했다.[86] 마루야마 마사오는 전시와 전후에 무리한 탓에 1951년 2월부터 폐결핵으로 입원 중이었는데, 이 특집호에 쓴 「병상으로부터의 감상」病床からの感想에서 이렇게 말한다.[87]

…… 이번 강화가 중국 및 소련을 명백한 가상 적국으로 삼은 향미向美 일변도적 강화라는 것을 부정하는 자는 없을 것이다. 그런데 일본이 장기간에 걸쳐서 최대의 병력으로 막대한 인적, 물적 손해를 끼친 바로 그 중국을 제외하고, 더군다나 이들을 가상 적국으로 삼는 듯한 강화란, 이것만 보아도 과연 강화의 이름에 걸맞은 것일까. …… 생각해 보면 메이지 유신

으로 일본이 동양 국가들 속에서 홀로 유럽 제국주의의 식민지 내지 반식민지화라는 비련을 면하고 아시아 최초의 근대 국가로서 호쾌하게 등장했을 때, 일본은 아시아 모든 민족의 희망으로 받아들여졌다. …… 그러나 그 후 얼마 가지 않아 일본은 오히려 유럽 제국주의를 따라하고 이윽고 '열강'과 어깨를 견주고, 결국에는 그것을 배제하여 아시아 대륙을 향한 침략의 길을 걸었다. 이때 일본 제국 앞을 가장 강력하게 가로막고 그 기획을 좌절시킨 근본적인 힘은, 역설적이게도 처음에는 일본의 발흥에 고무되어 일어났던 중국 민족 운동의 에너지였다. 즉 일본이 겪은 비극의 원인은, 아시아의 희망에서 아시아의 배신자로 급속히 변모하는 과정에서 배태되었다. 패전으로 말미암아 메이지 초년의 출발점으로 다시 돌아간 일본은, 아시아의 배신자로 데뷔하려는 것인가. 나는 그런 방향의 결말을 예상하면 견딜 수가 없다.

동시에 주창된 것은 중국과의 관계 절단이 일본의 무역에 타격을 주어 경제적으로도 미국에 의존할 수밖에 없게 된다는 우려였다. 전전의 대중 무역은 일본의 국제 무역 총액에서 60퍼센트 이상을 차지했고, 1950년 4월의 참의원에서도 「중일 무역 촉진 결의」가 통과되었다. 그러나 미국은 한국 전쟁 개전 후인 1950년 10월에 대중 전면 금수禁輸를 결정했고, 점령하의 일본도 그것에 따르게 했다. 나아가 1952년 9월 미국은 일본에 비밀 협정을 맺게 해서 코콤CoCOM(Coordinating Committee for Multilateral Export Controls, 나토 가맹국의 대對공산권 수출 통제위원회)의 수출 금지 리스트 외에 400품목의 수출 금지를 의무 지웠다.[88] 일본은 국제 무역에서도 미국에 종속되고 있었다.

그런 탓에 1950년 1월 평화문제담화회의 성명도 단독 강화가 대중 관계를 단절시켜 "일본의 경제를 특정 국가에 의존 및 예속되는 지위에 세워", "국민 생활의 저하"를 가져올 것임을 강조했다.[89] 『세카이』 1951년 10월의 「강화 문제」 특집에서도 "중국과의 자유로운 교통 없이는 문화적으로도 경제적으로도 독립해서 나아갈 수 없게 된다"라는 의견이 많았다.[90] 이 특집에서 평화문제담화회의 회원이었던 의사 마쓰다 미치오松田道雄는 이렇게 말한다.[91]

이번 강화는 싸움의 화해가 아니라 난폭자의 사과라고 해야 할 터이므로, 폭력을 휘두른 자는 폭행을 당한 사람에게 다시는 난폭한 짓을 하지 않겠다는 성의를 보이지 않으면 안 됩니다. 대동아 전쟁이라는 이름이 그러했듯, 동아의 민족들에게 가장 큰 피해를 주었으므로, 무엇보다도 그런 사람들에게 사과를 하지 않고서는, 동아의 한 구석에 살아가는 우리나라로서는 이웃과 교류하기도 순탄치 않을 것입니다. 동네에서 잘 지내지 못하면 결국 생활이 곤란해 질 것입니다. 생활이 곤란해지면 자칫하면 난폭한 일을 꾀하려는 정치가가 국민을 속여…… 그가 꾀한 일을 실행에 옮기려 하기가 쉽습니다. ……
아무런 원한도 없는 근린의 민족에게 난폭한 짓을 하고 자기만 잘 되려는 야비한 사고방식이 잘못되었음을 인정하는 일이 강화의 명분일 것입니다. 더 이상 전쟁을 하지 않는다고 헌법에까지 써 놓았으면서, 강화를 계기로 그 헌법을 물리고 군대를 만드는 듯한 행동을 해서는, 우리 국민은 인간으로서 제로가 될 뿐 아니라 이웃 국가들이 가만있지 않으리라 생각합니다.
이 점은 소학교 5학년 어린이라면 다들 알 만한 것이 아닙니까. 읽어 보라고 해 보십시오.

　　그리고 동시에 당시 호헌론의 근저에는 전후 일본의 국민적 윤리를 방위한다는 의식이 있었다. 4장에서 말했듯이 패전 직후의 문부성은『새로운 헌법의 이야기』나『민주주의』라는 교재를 발행해 아동들에게 헌법을 새로운 국가 이념으로 가르쳤다. 그러나 그런 방침은 1953년경에 폐지되었다. 하지만 과거 아동들에게 숭고한 이념으로 가르쳤던 헌법을 고작 몇 년 새에 비판하는 행위가 정치와 교육에 대한 신뢰를 저하시키지 않을 리 없었다.

이 점을 중시한 것이 도쿄대학 총장인 난바라 시게루였다. 1946년에 "어떤 사정이 있다 해도, 일본 정부가 만들고, 또 일본의 제국의회가 이것에 힘을 합하는 이상, 그 책임은 일본의 것이고, 우리는 이것을 어디까지나 일본의 헌법으로서 확립하지 않으면 안 된다"라고 말하며 안이한 개헌에 반대한 그는 1950년에도 개헌에 반대하고 전면 강화를 주장했다. 그는 1951년 3월의 도쿄대 졸업식 강연에서 보수 정권의 애국심 육성론과 개헌론에 대해 이렇게 말한다.[92]

특히 우리는 그것이 젊은 세대에게 끼칠 도덕적, 지적 동요와 붕괴에 대해서 우려한다. 나는 교육자의 한 사람으로서 특히 이 점을 말하는 것이다. …… 철저한 비무장 평화주의의 지도와 정책을 고작 3, 4년도 지나지 않는 사이에 내던지고 다시 무기를 잡는 것을, 게다가 [애국이라는] 도덕적 책임과 결부하여 설파하는 데 대해서는, 어떻게 해도 그들을 납득시킬 수 없을 것이다.
…… 일본 국민도 전후에 잠시 좋은 것을 배웠지만, 이번에는 너무나도 갑작스럽게 그것을 잊어버려야 한다고 말하면, 불행히도 모든 것이 일개 '기회주의'라는 인상과 비난을 내외로 초래할 수밖에 없을 것이다. 그리하여 결국 그것은 장래 일본 및 세계의 진정한 안전 보장에 대한 관점에서도 큰 손상이라고 하지 않을 수 없다.

난바라에 따르면 진정한 안전 보장은 일본이 국제적인 신용을 얻는 것과 "국민의 최다수가 그 이상과 목적에서 일치 결합하는" 것을 통해 성립한다. 국민의 일치단결 없이는 아무리 병기를 준비해도 진정한 안전 보장으로는 이어지지 않는다. 그리고 안이한 헌법 개정은 "우리가 국가의 명예를 걸고 내외에 밝힌 서약을 스스로 부수고 훼손하는 것"이며 국민의

단결력과 국제적 신용을 파괴한다고 했다.[93]

앞에서 말했듯이 요시다 수상은 적극적인 재군비를 주저했기 때문에, 미국의 요구에 밀려서 경찰예비대는 군대가 아니라는 명목으로 재군비를 해 갔다. 이 방식은 '흘러가는 대로 재군비'なしくずし再軍備라고 불리며, 그 기회주의적, 위선적인 자세가 비판받았다. 요시다를 비롯한 보수 정치가들이 1946년에는 제9조를 절찬했던 점은 비판을 한층 강화시켰다.

『세카이』의 「헌법 옹호」 특집에서도 이 점이 중시되었다. 특집의 권두에 걸린 것은 헌법의 전문前文과 제9조, 그리고 "천황 또는 섭정 및 국무대신, 국회의원, 재판관 그 밖의 공무원은 이 헌법을 존중하고 옹호할 의무를 진다"라는 헌법 제99조였다. 그리고 지식인들을 대상으로 한 설문 조사에는 재군비의 시비와 함께 '흘러가는 대로 재군비'를 "도덕적으로 보아서 어떻게 생각하십니까"라는 항목이 있었다.

물론 이 설문 조사에 대한 회답은, "도의 파괴의 책임을 질 것"(나카노 요시오), "땅에 떨어진 정치 도덕"(가자미 아키라), "단적으로 비굴"(우에하라 센로쿠), "준법의 정신도 뭣도 없다"(오우치 쓰토무大内力), "그러니까 나는 정치를 신용하지 않는다"(다니카와 데쓰조)라는 의견이 압도적이었다. 재군비 찬성론자였던 정치학자 로야마 마사미치조차 "정치 도덕상 슬퍼해야 할 일이다"라고 회답했다.[94]

그리고 당시의 비무장 중립론이 자주독립의 표현이었던 이상, 이것은 난바라가 1946년에 비판했던 "단지 공리주의적, 편의주의적인 안전 제일주의"와는 대극적인 심정에 기반을 두었다. 예를 들어 도시샤대학同志社大学 학장이었던 다바타 시노부田畑忍는 개헌론을 "정치적 비도덕"이라고 비난하면서 "헌법은 나라의 두 눈이며 생명 이상으로 존중해야 할 것이다"라고 주장했다.[95]

물론 난바라 시게루에게는 그런 지향이 현저했다. 그는 1950년 3월 강연에서 "함부로 좌고우면, 바람에 쓰러지는 갈대처럼 오로지 객관적 정세에 스스로를 맡겨서는 안 된다", "세계 평화의 사도로서 민족의 위대한 이상을 향해 노력하라", "그것은 형극荊棘의 길, 오히려 연옥일 것이다"라고 주장했다. 난바라에 따르면 명확한 국가 이념이 지켜지면 외적의 침공이 있어도 "반드시 국민을 단결시켜서 소극적 내지 적극적 저항이 되어 나타날" 것이었다.[96]

이와 관련해서 주목해야 할 점은 당시의 호헌론자 사이에는 국민의 레지스탕스 활동이나 민병제를 지지하는 의견이 존재했다는 사실이다. 예를 들어 당시 재군비 반대의 선봉에 섰던 시미즈 이쿠타로는 1952년 좌담회에서 "일본에서도 각자가 집에 무기를 가질 수 있고, 우리 집에도 기관총 1정 정도는 있다면, 일본의 재군비에도 매우 찬성한다"라고 말한다.[97] 다케우치 요시미도 1952년에 중국을 참고하여 민병제에 공감을 표했고, 마루야마 마사오는 "전국의 각 세대에 적어도 피스톨을 1정씩 배급해서 세대주의 책임으로 관리한다"라는 계획을 제창했다.[98]

이런 주장은 전수 방어專守防衛인 스위스의 민병제 등을 참고하여 국가의 무장과는 다른 국민의 무장을 지향한 것이었다. 국가의 군대가 국민의 정치 활동을 탄압하기 쉽다는 공포는 전쟁 체험으로 사람들 속에 강하게 각인되었다. 그에 비해 국민이 무장하는 민병제는 국민이 정부와 싸우는 무장으로도 전화할 수 있었다.

마루야마 마사오에 따르면 일본은 정부에 의한 국민의 무장 해제가 일찍부터 철저히 이루어진 나라였기 때문에 개개인의 자기 무장권이라는 발상이 없고, 자위권이라면 곧 "'국가'의 자위권"을 생각하게 된다.[99] 제2차 세계 대전하의 프랑스에서 나타난 것 같은, 국가가 항복한 뒤에도 인민이 레지스탕스로 일어선다는 발상이 약한 것은 그 때문이라고 한다.

따라서 마루야마의 생각으로는 일본에서도 각 가정에 총을 배포하면 정부에게 기대지 않는 개인의 주체성과 진정한 의미에서의 자위 사상이 뿌리를 내리게 된다. 그리고 "외국 군대가 들어와서 난폭한 짓을 해도 자위권이 없는 국민은 손 놓고 있을 수밖에 없다는 재군비파 언어의 마술도 그만큼 효력을 잃을 것이 틀림없다"라는 것이었다.

여기서 유의할 점은 전시 중에 소집된 마루야마나 다케우치를 비롯해 당시 지식인들은 거의 모두가 군사 훈련을 체험했으며, 총의 사용법을 알았다는 것이다. 그리고 그렇기 때문에 그들은 정부와 군대가 무기를 독점한다는 사실의 무서움을 잘 알았다. 시미즈 이쿠타로에 따르면 정부가 국민을 무장 해제하는 것은 국민의 신뢰를 획득할 자신이 없기 때문이며 "우리 집에도 기관총 1정 정도는 있다면 일본의 재군비도 매우 찬성한다. 일본의 재군비를 역설하는 정치가에게 그 정도의 도량이 있는가"라는 것이었다.

이렇게 보면 당시의 비무장 중립론은 미국에 종속된 국가의 군대를 거부하기는 해도, 반드시 절대 비폭력의 주장은 아니었음을 알 수 있다. 민병제까지 제창하지는 않더라도 외적이 침입해 왔을 때에 국민은 불복종하여 레지스탕스를 행하라는 의견이 적지 않았다. 난바라가 제창한 국민의 "소극적 내지 적극적인 저항"이라는 것은 이런 사태였다.

이 점은 사회당 좌파 등에서도 마찬가지였다. 1951년 6월 사회당 외교위원회에서 가쓰마타 세이이치는 "무저항, 무방비라는 소리를 듣는데, 우리는 그런 말을 한 적이 없다"라며, 현재 상황에서의 재군비를 "누구를 위한 누구에 대한 자위인 것인가"라고 비판한다.[100] 전쟁 전의 일본군은 국민 보호보다도 군대 조직의 보전을 우선시했으며, 유사시에는 미군의 지휘 아래로 들어갈 경찰예비대가 어떻게 나올지도 명확하지 않았기 때문이다.

1951년 1월 사회당은 「재군비 반대 결의」를 했는데, 거기서 경제적 부담과 군벌 부활의 위험에 더하여 "재군비와 자위권을 혼동하지 말고 냉정히 구분해서 생각해야 한다"라고 주장했다. 자위권 그 자체는 인정하나 현재 상태의 재군비는 일종의 용병에 불과하고 "제3차 세계 대전에 말려들어 갈 위험을 갖고 있는" 데다가 "굴욕적이기 그지없는 것으로, 일본인으로서 반대하지 않는 자가 있으랴"라는 내용이었다.[101]

그렇지만 민병제 구상 등은 평화문제담화회의 성명에는 담기지 않았다. 마루야마가 집필에 참가한 1950년 9월 성명인 「세 번째로 평화에 대해서」에서 강조한 것은, 유엔의 안전 보장과 "원자력 전쟁은 가장 현실적이고자 하면 이상주의적일 수밖에 없다는 역설적 진리를 가르친다"라는 평화주의였다.[102]

그러나 4장에서 보았듯이 핵무기의 존재가 종래의 군비를 무의미하게 만들고 절대 평화주의를 요구한다는 주장은 맥아더나 시데하라 기주로가 1946년에 말한 것이었다. 유엔에 안전 보장을 맡긴다는 구상 역시 맥아더나 연합군의 구상이었다.

그런 의미에서는 평화문제담화회의 주장은 사상으로서 새롭지는 않았다. 그러나 헌법과 마찬가지로 비무장 중립론 또한 미국에서 주어진 말을 의도적으로 역전시킨 것이었다. 성명 「세 번째로 평화에 대해서」는 요시다 수상의 헌법 제정 당시의 답변이나 맥아더의 1947년 3월 성명 등을 들며 비무장 중립론은 일본 정부뿐 아니라 "연합군도 분명히 동의했다"라고 주장했다.[103]

반면 보수파의 재군비론은 윤리에 대한 천착을 결여했다. 1950년 8월 『도쿄신문』 사설은 전면 강화론을 "남에게 통하지 않는 넋두리世迷言"라 표현하고 "안전과 평화가 목적이며 전쟁과 군비와 교전권의 포기는 수단이다. 헌법 그 자체조차, 국가라는 목적을 위한 수단에 지나지 않는다"라고 주장했다.[104] 그러나 그렇다면 방위해야 할 국가가 어떤 이념이나 국가 정체성에 기반을 두었는지에 대해 보수파는 답할 방도가 없었다.

이 점은 요시다 수상도 마찬가지였다. 앞에서 말했듯이 경찰예비대의 사기 저하에 직면하여 요시다 수상과 자유당은 애국심 및 도의의 고양을 설파했다. 그러나 1952년 12월 참의원 예산위원회에서 도의의 고양이란 구체적으로 무엇을 의미하느냐고 질문했을 때에 요시다는 "일본이라는 나라의 특색은 매우 훌륭한 나라의 특색"이라고 강조할 뿐, 현 상태의 일본에서 무엇이 어떻게 훌륭한지는 이야기하지 못했다.[105]

애초에 당시의 여당인 자유당은 이념을 기반으로 삼아 만들어진 정당은 아니었다. 『세카이』1950년 12월호 기사는 "자유당의 당원 대중을 매료한 문제는 일본 민족 100년의 생사를 좌우할 이토록 중대한 강화 문제가 어떤 모습이어야 하는가가 아니라, 정부 여당으로서 각종 이권에 가까워질 수 있는 유리한 조건을 계속적으로 확보하는 쪽이 더 크다"라고 말하며, 요시다 수상의 단독 강화 촉진도 "'강화 내각'의 영예를 누린다는 것보다도, 정권이 하루라도 길게 유지된다는 점에서 일반 당원 대중에게 크게 환영받는" 데에 불과하다고 평한다.[106]

그에 비해 당시의 비무장 중립론과 호헌론은 내셔널리즘과 윤리의 회복을 구하는 심정을 표현하는 매체가 되어 있었다. 그렇기 때문에 내셔널리즘이 민주주의의 주장과 모순되지 않는 것은 물론, 아시아에 대한 죄책감과도 생활의 향상과도 양립 가능했다.

이런 요소들이 모순 없이 결합할 수 있는 기반이 된 것은 전쟁 체험의 기억이었다. 당시 사람들에게 전쟁은 단지 생명의 위험일 뿐만 아니라 빈곤을 가져오고 자유를 박탈하며 윤리를 붕괴시키고 굴욕과 회한을 주는 체험이었다. 당시의 평화주의는 그런 전쟁의 기억에서 태어났다. 그렇기 때문에 단순히 생명의 안전만이 아니라 민주주의의 방어와 생활의 향상, 윤리의 회복 그리고 주체성의 주장 및 전쟁 책임의 추궁 등이 거기에 결합되었다.

전사자는 그런 전쟁 기억의 상징이 되었다. 요시노 겐자부로가 "청년들을 많이 죽게 만든 것"에 대한 책임감을 이야기했음은 앞에서 말했다. 그리고 그는 「강화 문제」를 특집으로 다룬 『세카이』의 권두언에서도 이렇게 호소했다. "허무하게 대륙의 오지와 남해의 끝에서 죽어간 많은 동포─되찾을 길이 없는 우리의 아버지와 남편과 형제들을 다시 한 번 생각하자. 또 우리의 어린 형제자매와 아이들까지도 맛보았던 그 궁핍과 공포의 기억을 생각하자. 우리가 과거의 큰 잘못에서 다시 그 잘못을 저지르지 않을 결의와 그에 걸맞은 지혜를 끌어내지 못한다면, 이들의 희생은 너무나도 참혹하기 짝이 없다."[107] 전사자에 대한 이런 애도가 일본이라는 국가를 새롭게 탄생시키려는 지향이 되어 나타났다.

유엔 가입과 배상 문제

그러나 이런 중립 평화론이 국제적으로 어떻게 가능할지가 문제였다.

평화문제담화회나 사회당 좌파가 재군비의 대안으로 내세운 것은, 앞에서 말했듯이 유엔의 안전 보장이었다. 그러나 그것은 적극적인 제안이라기보다는 말하자면 소거법의 산물이었다. 미국에 종속된 안보 조약과 재군비를 거부하고, 구 군의 부활을 논외로 치면, 민병제 구상이 일반적인 지지를 받을 수 없는 이상, 남은 선택지는 유엔의 안전 보장 밖에 없었다.

거기서 문제가 된 것은 재군비를 동반하지 않는 유엔 가입이 가능할지의 여부였다. 4장에서 말했듯이 「유엔 헌장」 제43조는 가맹국의 병력 제공 의무를 규정하고 있었다. 그러나 1951년 1월 사회당의 「재군비 반대 결의」再軍備反対決議는 "참전 의무를 동반하지 않는 유엔의 안전 보장을 구한다"라고 주장했다.[108] 이것이 국제적으로 인정받을 수 있는지가 비무장 중립론의 실현 가능성 여부에서 초점이 되었다.

이 문제는 평화문제담화회에서도 토의되었다. 성명 「세 번째로 평화에 대해서」는 이렇게 말한다.[109]

문제는 우리나라가 무력을 갖지 않고 군사적으로 협력할 수 없는 상태이면서, 일방적으로 유엔의 안전 보장을 구하기만 해서는 부끄럽지 않느냐는 점이다. 그것에 대한 해답은 하나로, 무력을 갖지 않고 오로지 평화적 수단으로 세계 평화를 열망하는 일본의 입장과, 정신적, 문화적인 면에서 유엔의 큰 목적에 대한 일본의 협력이 어떻게 평가될지에 달렸다.

이 성명에서는 중립 국가가 국제 조직에 가입한 선례를 논한다. 우선 1920년에 스위스가 국제연맹에 가입할 때 무력 제재에의 참가 및 외국군의 통과를 면제받은 점. 인도나 스웨덴 등은 유엔에 가맹하면서 중립 정책을 견지했던 점. 그리고「유엔 헌장」제43조는 병력 제공에 대해서 안전보장이사회와 제공국이 특별 협정을 체결하도록 규정했으며, 가맹국 전체에 무조건적인 의무를 부여하지는 않는다는 것 등이었다.

하지만 평화문제담화회는 유엔을 이상화하지는 않았다. 애초에 당시는 한국 전쟁에 출동한 미군이 '유엔군'을 자칭했다. 그리고 자유당 정권은 '유엔 협력'을 외쳤고, 수송 업무를 비롯해 미군에 대한 협력과 전쟁 특수의 청부請負를 추진했다. 그런 탓에 사회당에서는 유엔 협력을 둘러싸고 논의가 일어나 "헌법의 범위에서"만 유엔에 협력하라는 지령이 1950년 9월에 결정되어, "예를 들어 스스로 무기를 쥐는 것은 범위를 벗어난다"라고 여겨졌다.[110] 그리고 말할 것도 없이 공산당은 유엔에 비판적이었다.

이에 더해 당시의 유엔은 미소의 대립으로 마비 상태였다. 마루야마 마사오의 회상에 따르면 전전의 국제 연맹이 대국 간의 충돌로 붕괴된 기억이 그것에 겹쳐졌기 때문에, 평화문제담화회에서도 "유엔이나 유네스코는 빈사 상태다"라는 발언이 나왔다. 게다가 공산당이 유엔에 비판적이었던 점도 있어서, "마르크스주의의 세례를 거친 사람들이 그렇다고 생각하지만, 일반적으로도 꼭 〔유엔에〕 큰 기대는 없었다"라고 한다.[111]

그래도 담화회가 유엔 중시를 내세운 것은 일본이 미소의 쌍방에서 독립된 국제적 입장을 취하고자 할 때, 달리 의거할 발판이 존재하지 않았기 때문이다. 그런 까닭에 성명「세 번째로 평화에 대해서」는 중립과 유엔 중시의 주장을 옹호하는 한편, 공산당의 비판을 의식하여 "유엔 자체의 설립 기도企圖에서 말하면, 그것을 한두 개 강국의 정책을 실현하기 위한 수단이라고 보는 것은 정당하지 않을 것이다", "그런 본질적 속성을 잃은 유엔은, 더 이상 당초에 기도했던 유엔과 같다고 할 수는 없다"라는 일종의 유엔 비판을 말하고 있다.[112]

그리고 1950년 1월「강화 문제에 대한 평화문제담화회 성명」은 "우리 헌법의 평화적 정신을 충실히 지키는 한, 우리는 국제 정세의 동요를 그대로 받아들이는 태도로 강화 문제에 임할 것이 아니라, 나아가 두 세계의 조화를 꾀하는 적극적 태도로 임할 것이 요구된다. 우리는 과거의 전쟁 책임을 보상하는 의미에서도, 다가올 강화를 통해 양자의 접근 내지 조정이라는 곤란한 사업에 한 발짝 전진해야 할 책무를 가진다"라고 주장했다.[113] 즉 제9조의 정신으로 동서 양 진영의 중재에 힘쓰는 것이, 병력 제공을 대신할 정신적·문화적인 면에서의 국제 공헌이라는 뜻이었다.

이런 주장이 국제적으로 인정받을 수 있을지의 여부는 큰 문제였다. 이 점에 대해 야마카와 히토시는 『세카이』의 「강화 문제」 특집에서 이렇게 말한다.[114]

그러나 나는 유엔을 향해, 전쟁 포기와 비무장주의의 헌법을 가진 상태로 우리나라의 가입을 인정해 주도록 요구해야 한다고 생각한다. 혹자는 뻔 뻔한 요구라고 말할지도 모른다. 그런 사람들은 일본이 현재의 국제 관계 속에서 그런 입장을 지키는 것이 일본이 세계에 공헌할 수 있는 유일한 길이라는 사실을 이해하지 못하는 사람이다. …… 또한 민주주의 국가들은 이 요구를 지지할 도의상의 책무가 있다고 생각한다. 물론 현행 헌법은 일본 국민이 스스로의 의지를 따라 스스로의 선택을 통해 제정했음에 틀림없지만, 동시에 그것은 연합국의 점령하에 제정된 헌법이며 연합국의 의지에 반해서 제정된 것은 아니다.

연합국에게서 주어진 헌법이기 때문에 연합국은 그것을 존중할 의무가 있다는 논리는, 앞에서 말했듯이 시미즈 이쿠타로나 아베 요시시게 등도 주장했다. 이 논리가 유엔 가맹 문제에도 적용되었다.

그러나 결론부터 말하면 이런 주장이 통할 여지는 없었다. 당시의 미일 양 정부가 그런 지향을 가지지 않았을 뿐 아니라, 이런 의견들은 중요한 조건에 대한 검토가 빠져 있었다. 아시아에 대한 전후 보상 문제다.

앞에서 말했듯이 제2차 세계 대전 종결 직후에 연합국의 대일 정책은 일본의 비무장화와 군수 산업의 해체를 지향했는데, 그것과 함께 배상 청구가 중시되었다. 그러나 미국에서는 1948년 무렵부터 일본을 반공 동맹국으로 육성하기 위해서 배상 청구를 중지시키는 방침이 대두했다.

그런 까닭에 1948년 5월 육군부 차관 드레이퍼의 보고는 일본 산업계의 재건과 '배상 해결'을 호소했다. 그리고 1949년 5월 극동위원회의 미국 대표인 프랭크 맥코이Frank R. McCoy 전 소장이 배상 청구 중지 성명을 발표한다.[115] 그리고 미국 정부는 한국 전쟁 발발 후인 1950년 11월에 '대일 강화 7원칙'을 공표하고 강화 후 일본에서의 미군 주둔과 미국의 오키나와 관리, 그리고 강화 체결 국가의 배상 청구권 포기를 내걸었다.[116]

그러나 미국의 이런 방침에 여러 연합국이 반발했다. 이미 1950년 9월 16일 영국 외무성은 일본의 비무장과 비군사화라는 주장에 어떤 변화도 없다는 성명을 냈다. 11월의 '대일 강화 7원칙'에는 영국 외에도 호주, 뉴질랜드, 필리핀, 소련 등이 반대했다.[117] 특히 일본군에게 공격을 받았던 필리핀과 호주는 재군비 용인과 배상 청구권 포기라는 방침에 강하게 반대했다.

앞에서 말했듯이 1951년 1월에 방일한 덜레스는 재군비를 요구하며 각계 요인들과 면담했다. 그리고 그 후에 덜레스는 필리핀과 호주를 돌면서 미국의 대일 강화 계획에 대한 반대를 누르고자 했다. 그러나 호주와 뉴질랜드의 외무 장관은 일본의 군비와 공업력 제한을 강화 조약에 담도록 강경하게 주장했다. 또한 필리핀에서의 회담은 결렬되었고, 덜레스에 반대하는 데모가 일어났다.

그러나 이런 정부들도 결국 미국의 주장에 꺾였고, 1951년 9월에 샌프란시스코 강화 회의가 열렸다. 하지만 앞에서 말했듯이 중국과 한국은 초청되지 않았고 인도와 버마는 불참했다. 또한 인도네시아는 배상에 관한 양국 간 협정을 맺자고 강화 회의장에서 주장했으며, 필리핀은 배상 협의를 당장 개시하도록 일본 정부에 요구했다. 일본 측은 이런 조건을 받아들이면서 간신히 강화 조약의 조인에 이르렀다.

아시아 국가들의 배상 요구를 억제한 것은 결국 미국의 정치적 압력이었다. 그리고 앞에서 말했듯이 일본은 재군비를 하되, 유사시에는 일본의 군사력이 미군의 지휘 아래로 들어간다는 밀약이 맺어졌다. 이것으로 일본군의 독자 행동을 우려한 아시아 국가들과 호주 등의 불안이 억제되었다.

이런 국제 관계를 생각하면 일본이 미국으로부터 자립해서 비무장 중립을 국제적으로 승인받으려면 전후 보상의 해결이 불가결했다. 그러나 당시의 전면 강화론에는 이 시점이 빠져 있었다. 평화문제담화회의 성명에는 영국과 호주가 일본의 재군비에 반대한다는 사실이 거론되었지만, 전후 보상 문제에 대한 언급은 없었다.

오히려 전면 강화론자들도 배상을 피하는 것을 환영했다.『세카이』의「강화 문제」특집에 실린 경제학자들의 좌담회에서 배상 문제가 의제로 올랐는데, 거기서 평화문제담화회의 회원이었던 오우치 효에는 "이쪽에 지불 능력이 없으니까 봐 달라고 할 수밖에 없다"라고 말했다. 마찬가지로 담화회의 회원였던 아리사와 히로미有澤広巳도 일본군이 아시아 국가들에서 발행한 군표軍票(전지 및 점령지에서 군비 조달을 위해 정부 혹은 군이 발행한 화폐-옮긴이)에 관해 "전쟁 중의 채권 채무는 파산한 것으로 해주었으면 한다"라고 주장했다. 국민경제연구회 이사장이었던 이나바 히데조稲葉秀三는 "일본의 경제력을 저해하면서, 혹은 국민 생활을 저하시키면서까지 배상을 청구할 수 없다는 명분은, 덜레스 씨에게 인정받았습니다"라고 말한다.[118] 이 경제학자들도 일본이 아시아에서 일으킨 참화는 인정했지만 일본 경제의 부흥을 우선시했다.

전후 배상은 본래 평화의 문제와 불가분일 터였다. 그러나 패전 후의 궁핍한 경제 상태 속에서는 평화를 향한 바람이 우선시되고 배상 문제는 경시되기 쉬웠다. 제1차 세계 대전 후의 독일에 가해진 가혹한 배상이 나치스가 대두하는 온상이 되었다는 역사도 존재했기에, 배상 청구가 억제된 것은 당연하다는 의견도 적지 않았다.

그리고 사회당 등은 국민 생활의 향상을 위해 배상 중단을 공공연히 요구했다. 1951년 2월 사회당 위원장 스즈키 모사부로가 덜레스와 회견했을 때, 강화에 대한 요망으로 "배상의 중단", "해외 자산에 대한 호의적 해결" 등을 덜레스에게 제출했다.[119]

덜레스와 스즈키의 회견에 동석했던 시볼드는 사회당의 견해를 "완전히 비현실적"이라 평하고 "사회당의 지도자들이 세계정세 및 대일 평화 조약 교섭의 복잡함에 대한 현실적인 이해를 얼마나 결여했는지 보여 주었다"라고 말한다.[120] 비무장 중립과 전면 강화를 주장하면서 동시에 배상 중단을 요구하는 자세는 그런 평가를 받아도 별수 없었다.

또 당시의 전면 강화론자들이 솔직한 애국심에 의거했던 만큼, 대다수 '일본인' 이외의 사람들에 대한 배려를 결여하기 일쑤였다. 샌프란시스코 강화 조약의 발효로 자이니치 조선인 및 타이완인들의 일본 국적이 박탈되었지만, 그 문제에 대한 언급은 거의 없었다. 오키나와의 분리에 대해서는 지식인층에서 오키나와 주민에 대한 동정적인 의견도 적지 않았지만, 일본 정부나 사회당은 오로지 영토 확보라는 측면에서 이 문제를 다루었다. 사회당 위원장 스즈키가 덜레스에게 보낸 서간에서도 "패전으로 일본은 국토의 44퍼센트를 잃었습니다"라는 말과 함께 북방 영토와 오키나와의 확보를 주장했다.[121]

일반 여론에서는 이런 경향이 더 현저했다. 1951년 9월 20일 『아사히신문』에 게재된 여론 조사에서는 강화 조약에 대한 불만으로 거론된 것 중 "영토가 좁아지는 점"이 11퍼센트로 필두였고, 지시마千島나 남양 군도南洋群島의 상실을 한탄하는 의견이 각 6퍼센트에 달했다. 그에 비해 "전면 강화가 이루어지지 않은 점"은 5퍼센트였다.

8장에서 말했듯이 지식인들 중에서도 난바라 시게루는 패전 후의 상황을 "외지의 이민족이 떠나고 순수한 일본으로 돌아왔다"라고 표현했다. 평화문제담화회에 참가했던 오사카상업대학大阪商業大学 학장 쓰네토

教常藤恭 역시 "과거의 침략적 군국주의에서 획득한 것을 깨끗이 버리고 일본 민족 본래의 모습으로 돌아갔다"라고 말하며 헌법을 "새로운 도덕 기준"으로 해서 일본을 재건해야 한다고 주장한다.[122]

나아가 평화문제담화회의 중진이었던 아베 요시시게는 『세카이』의 「강화 문제」 특집에서 "미군의 주둔과 군사 기지는, 바라건대 네 섬(혼슈, 규슈, 시코쿠, 홋카이도를 가리킴-옮긴이) 이외의 류큐琉球(현재의 오키나와 현-옮긴이) 등의 지역에 해 주었으면 한다"라고 공언했다.[123] 이런 노골적인 발언은 윗세대에서 더 많이 보이는 특징이지만, 마루야마를 비롯한 젊은 지식인들도 전후 보상이나 오키나와 문제에 큰 주의를 기울였다고 하기는 어려웠다.

5장에서 말했듯이 마루야마의 회상에 따르면 평화문제담화회의 회원으로는 전쟁 협력의 오점이 적은 사람들이 뽑혔기 때문에, 전시 중에 저항하지 못했던 데 대한 회한은 있어도 "자기 개인으로서 전쟁 책임이 있다고는 우선 생각하지 않았다"라고 한다.[124] 당시의 지식인들에게 전쟁 책임은 오로지 일본의 위정자가 일본 국민에게 끼친 피해를 묻는 것이며, 혹은 지식인의 처신 방법이나 주체성의 문제였다. 그것은 그들 자신의 경험과 회한에 뿌리를 내렸던 만큼, 전후에 그들의 행동을 뒷받침하는 계기가 되었다. 그러나 그런 전쟁 책임의식에는 외부에 대한 일본인으로서의 시점이 결여되기 쉬웠다.

앞에서 말했듯이 중국을 배제하고 강화를 촉진하는 데 대해서는 당시부터 비판이 많았다. 그러나 그것은 중국과의 무역이 회복되면 일본 재건에 도움이 된다는 인식과 결부되었다. 7장에서 보았듯이 애초에 1950년대의 평화주의 자체가 빈곤에서의 탈출을 향한 소망과 한 몸을 이룬 것이었다.

이런 사고방식으로는 일본 경제에 손해를 입힐 가능성이 높은 배상 문제가 떨어져 나가기 쉬운 것이 당연했다. 『세카이』의 「강화 문제」 특집에는 설문 조사를 포함해서 120명 가까운 지식인들이 기고했는데, 앞에서 말한 경제학자들의 좌담회를 빼면 배상 문제를 논한 사람이 두 명에 불과했다.

그 두 명은 도쿄교육대학東京教育大学 교수였던 가와모리 요시조河盛好藏와 『긴다이분가쿠』 동인인 아라 마사히토였다.[125] 특히 아라는 설문 조사의 회답 전체를 이 문제에 맞추어서 이렇게 주장했다.[126]

강화 문제의 초안에 배상에 대한 점이 없는 것은 이상하다면 이상한 일입니다. 아시아의 여러 지역에서 일본군이 파괴·손상한 인명·재산·시설 등의 총액은 방대할 터입니다. 그것이 장부에서 사라진 이유는 어디에 있을까요. 필리핀이나 버마 등에서 배상 요구가 나오고 있지만, 돈이 없으니까 줄 수 없습니다, 라고 입에 올리지는 않더라도, 그것을 오직 미국의 결정에 맡겨 두고 가만히 보고만 있어도 될까요. 이것은 [공직] 추방에서 해제된 사람들이, 도리어 추방은 잘못되었던 것입니다, 라고 말하는 듯한 얼굴을 하고 있는 것과 미묘한 형태로 연결된 듯 합니다.

이때 당시에 미국은 일본을 반공 동맹국으로 육성하기 위해 공직 추방의 해제를 추진했다. 그리고 5장과 6장에서 말했듯이 아라는 패전 직후부터 일본이 침략 전쟁을 행했던 사실을 일종의 원죄로 삼아서 일본에 근대적인 주체의식을 구축할 수 없을까, 라고 주장했다. 그가 배상 문제에 주목한 것은 그런 사상의 연장이었다고 할 수 있다.

그러나 그런 의견은 지극히 소수였다. 강화 조약 후에도 일본에 점령되었던 동남아시아 국가들에는 청구권이 인정되었지만, 원료를 제공해서 일본이 가공하게 하는 역무배상役務賠償으로 한정되어, 일본의 경제력 재건에 도움이 되는 방향으로 해결이 이루어졌다. 그 후 일본 정부는 버마·인도네시아·필리핀·남베트남의 4개국과 개별 교섭을 통해 배상했는데, 이것은 일본 기업이 아시아에 재진출하는 계기로 기능한다.

이런 동남아시아 진출은 미국의 전략에 따른 것이기도 했다. 미국은 일본의 중국에 대한 무역을 차단하는 대신, 미국의 영향권 아래에 있는 동남아시아 시장을 일본에게 주고자 계획했다. 그리고 미국은 그 지역으로 들어가는 군사 원조 물자를 일본에 발주하여, 한국 전쟁이 휴전된 뒤에도 특수를 지속시켰다.[127]

그와 동시에 미국이 주도하는 일본의 유엔 가입이 진행된다. 1951년 5월 17일 미국의 국가안전보장회의는 강화 후의 대일 정책에 대해 ①일본의 재군비 촉진, ②아시아의 비공산주의 국가들에서 사용할 저비용 군수 물자의 생산을 위해 일본을 원조할 것, ③일본의 유엔 가입과 지역적 안전 보장 참가를 달성할 것이라는 방침을 결정한다.[128]

이런 방침하에서 샌프란시스코 강화 조약은 일본의 유엔 가입에 대한 의지를 선언했고, "연합국은 이 의사를 환영한다"라는 요지가 주장되었다.[129] 이것에 기반을 두고 일본 정부는 강화 조약 발효 직후인 1952년 6월, 유엔에 가입 신청을 했다. 이 신청은 소련의 거부로 부결되었고, 일본의 유엔 가입은 일소 국교 회복 후인 1956년 12월까지 미루어지지만 최종적으로는 달성되었다. 병행하여 1954년 5월에는 자위대 발족과 함께, 참의원에서 해외 파병을 행하지 않는다는 결의가 이루어진다.[130]

이렇게 해서 배상을 지불하지 않는 강화와 병력을 제공하지 않는 유엔 가입은, 미국의 국제 전략에 종속된 형태로 실현되었다. 일본에게는 동아시아 반공 진영의 공장으로서 경제 성장에 전념할 길이 열렸다.

55년 체제의 확립

강화 문제가 일단락 된 후, 1950년대에 헌법 개정은 정치 쟁점이 되었다.

1951년 10월에 샌프란시스코 강화 조약의 비준을 둘러싸고 본래부터 내부 대립이 심했던 사회당이 분열했다. 좌파는 강화 조약과 안보 조약 양쪽 모두에 반대했고, 우파는 안보 조약은 반대했지만 강화 조약에는 찬성했다. 이후 사회당은 1955년 통일 전까지 좌파사회당과 우파사회당이 개별적으로 활동한다.

한편으로 1953년 11월 닉슨 부통령이 제9조를 비판하는 강연을 한 것과 병행하여, 종래는 헌법 개정에 소극적이었던 요시다 시게루 수상이 헌법조사회憲法調査会의 설치를 지시했다. 추방 해제로 정계에 복귀한 개헌파의 하토야마 이치로가 자기파를 이끌고 자유당을 탈당했기 때문에 그 복당을 꾀하기 위한 타협책이었다. 이 조사회의 회장으로는, 역시 추방 해제로 정계에 복귀한 기시 노부스케가 결정되었다. 그리고 1954년 12월에 요시다로부터 정권을 뺏은 하토야마는 보다 적극적으로 개헌을 향해 움직인다.

이런 움직임에 대항하여 강화 조약 체결 후에 자연 소멸했던 평화문제담화회의 회원들이 중핵이 되어, 정부 측에 대항하는 헌법문제조사회憲法問題調査会가 결성되었다. 나아가 1954년 1월에 좌우 사회당을 중심으로 노농당勞農党, 총평, 신산별新産別 등의 노조와 종교 단체 등 120개 단체가 가세하여 헌법옹호국민연합憲法擁護国民連合(호헌연합)이 결성되었다.

그렇지만 이 호헌연합은 다분히 정치적인 타협의 결과물이었다. 회장에는 우파사회당의 가타야마 데쓰 전 수상이 취임했는데, 우파사회당에는 원래 재군비에 긍정적이었던 의원들이 많았다. 그럼에도 이 연합에 참가한 것은 보수 정당에 대항하기 위한 정치 전략이었다. 우파사회당의 미와 주소三輪寿壮 헌법옹호특별위원장은 1954년 5월에 "헌법 옹호라는 슬로건은, 말하자면 보수당의 헌법 개정에 대한 전술적인 수단이며 당내의 다수는 현행 헌법을 영구불변한 것으로는 생각하지 않는다"라고 명확하게 말했다.[131]

한편으로 좌파사회당도 우파와는 다른 이유에서 헌법을 절대적이라고 간주하지는 않았다. 4장에서 보았듯이 원래 사회당은 헌법의 사유 재산 편중이나 사회 복지 규정의 부족에 대해 비판적이었다. 강화와 재군비 문제가 대두한 1950년 전후에는 헌법 제9조에 대한 논의만이 확대되었기 때문에, 그 밖의 조항에 대한 비판이 잠잠해진 것이다.

또한 좌파사회당은 우파가 탈퇴한 만큼 좌파적인 색채가 강해졌다. 1954년 1월 대회에서는 노농파 마르크스주의의 영향 아래 작성된 계급 투쟁을 중시하는 강령이 채택되었는데 거기에서는 의회의 다수 의석을 획득한 뒤에 사회주의의 원칙에 따라서 헌법을 개정할 것이 주장되었다.

그런 까닭에 1954년 5월 3일 자 『마이니치신문』 보도에 따르면 좌파 사회당의 이나무라 준조稲村順三 강령위원장은 "현행 헌법은 평화와 기본 적 인권의 옹호를 위해서만 옹호할 의무가 있을 뿐이며 그 이외의 점은 절대적이라고 생각하지 않는다"라고 말했다. 또한 방위력에 대해서도 이 나무라는 "사회주의 정권하에서 혁명 수행에 유리하면 유지해야 할 것이 다. 비무장이라는 것은 절대적이지 않다"라고 주장했다.[132]

그럼에도 불구하고 좌파사회당이 호헌연합에 참가한 것은, 역시 보 수 정당에 대항하기 위해서였다. 좌파사회당의 호즈미 시치로穂積七郎 헌 법옹호위원회 사무국장은 1954년 5월에 "지금 개정론을 내세우는 것은 전술적으로 불리하므로 기시 씨를 중심으로 하는 자유당의 헌법조사회가 내세우는 개정 방향을 하나하나 공격하는 편이 낫다"라고 말한다.[133]

공산당의 태도는 더욱 미묘했다. 원래 패전 직후부터 공산당은 헌법 에 대해 비판적이었다. 그러나 1950년경부터 소감파가 장악했던 지하 지 도부에서는 재군비 반대와 평화 옹호를 주창하는 근거로 헌법을 내세우 는 경향이 나타났다.

그렇지만 분열기에는 이런 자세가 공산당 전체의 방침은 아니었다. 1950년 7월에 비주류파의 일부인 국제주의자단은 소감파에 반론하면서 "그들[소감파]은 또 '일본국 헌법의 정신과 규정이 짓밟혔다'라거나 '국민 에게 주어진 자유와 권리를 하나하나 빼앗겼다'라고 한숨 쉬며 '일본국 헌법의 정신과 규정'은 [미국] 제국주의자의 일본 인민에 대한 노예화, 무 권리화, 무장 해제이며, 그것을 수식하기 위해 민주적 치장을 덧씌운 것 임을 전혀 보지 않고" 등이라 말했다.[134] 주류파 측도 반미주의를 강화했 던 탓에 헌법을 전면적으로 옹호하는 자세는 아니었다.

애초에 비합법적인 무장 투쟁을 채용하며 당내 문서에서는 합법주의의 극복을 주장했던 당시의 공산당이 헌법을 옹호하는 주장을 내세우는 것은 다소 모순된 사태이기는 했다. 어쨌든 1955년 육전협에서 무장 투쟁 노선은 포기되었다. 그 후인 1956년 8월에 기관지 『아카하타』는 "'헌법 옹호'라는 슬로건은 그 밑에 국민 각 계층을 널리 결집시킬 기치가 되었다"라고 주장하는 기사를 게재한다.[135]

이런 경위에서 공산당의 헌법에 대한 자세에는 의혹의 눈길이 향했다. 1953년 12월 헌법옹호국민연합은 결성 준비에 임하며 공산당 및 그 산하 단체의 배제를 언명했다. 이 소식을 전한 어느 신문 사설은 공산당이 제9조를 옹호하고 재군비 반대 운동을 하는 사태를 평하며 "과거에 평화 조항에 대해서 찬성하고 지금은 그 삭제를 주장하는 보수당의 편의주의를 신뢰하기 어려운 것과 마찬가지로, 우리는 공산당의 중대한 전환 또한 쉽게 신뢰하기 어렵다"라고 말한다.[136]

그리고 애초에 공산당과 사회당은 견원지간이었다. 패전 후 얼마 동안 공산당은 사회민주주의 주요 타격론의 영향하에 있었고 1950년에는 사회당 좌파를 "국제적 독점 자본에 계급을 파는 최악의 분자" 등이라 공격했다.[137] 한편으로 사회당 좌파의 스즈키 모사부로는 1951년 2월에 덜레스에게 보낸 서간에서 중립과 사회적 평등의 추진이야말로 공산주의에 대한 최대의 안전 보장이며 그 주역이 사회당이라고 주장한다.[138]

즉 헌법을 옹호하는 국민연합이 결성되었지만 헌법을 진심으로 지지하는 정당은 존재하지 않았다고 할 수 있다. 그럼에도 헌법 옹호 문제가 이 시기에 부상한 것은 그것이 평화, 민주주의와 함께 보수 정당에 대항하는 세력들의 최대 공약수적인 강령이었기 때문이다.

각종 정당과 노동조합을 규합한 1953년 5월 메이데이는 "일본의 파쇼화 반대, 평화 헌법과 민주주의를 지켜라"라는 슬로건하에 이루어졌다.[139] 만약 여기 모인 각 세력들이 평화와 민주주의의 구체적 내용에 대해서 논의하기 시작하면, 통일은 불가능할 것이 뻔했다. 그럼에도 평화 헌법과 민주주의라는 말을 추상적으로 내세우는 한, 형태만이라도 이 세력들을 규합할 수 있었다.

하지만 야합이라고도 할 수 있는 이런 규합이 이루어진 데는 그 나름의 이유가 있었다. 1952년 4월의 점령 종결과 함께, 전후 개혁에 대한 보수 정당의 침식이 급격히 강화된 것이다.

추방이 해제된 보수 정치가들이 대량으로 부활했기 때문에, 1953~1956년은 정치 제도가 전전으로 회귀할 위험이 가장 강했던 시기다. 개헌 준비뿐만 아니라 1954년에는 보안대가 자위대로 승격했고, 1956년에는 교육위원회의 공선제가 폐지되었다. 그 밖에 가족 제도(메이지기 민법에 제정된 가족 제도를 가리킴. 여기서 이에家는 통솔자인 호주와 그 밖의 구성원인 가족으로 이루어지며, 호주는 남성이 맡는 것이 원칙이었음.─옮긴이)를 부활시키는 민법 개정이 계획되었고, 전후 개혁으로 해체된 내무성을 부활시키는 내정성內政省 설치 법안 등이 의회에 제출되었다.

애초에 당시 보수 정권의 개헌안은 재군비 용인에 그치지 않았다. 1954년 공표된 자유당 헌법조사회의 개정안 요강은 재군비의 긍정뿐 아니라 천황을 국가 원수로 규정했다. 나아가 참의원 의원은 선거만이 아니라 전전과 마찬가지로 추천 의원으로 구성하게 되어 있었다. 또한 도도부현都道府県 지사知事의 공선제 폐지 외에도 국회를 "최고 기관"으로 규정한 부분을 삭제해 천황의 국회 정지를 가능하게 했다. 그리고 조사회에서는 제9조만이 아니라 제21조(집회·결사·언론의 자유), 제24조(남녀평등), 제28조(노동자의 단결·단체 교섭권), 제38조(묵비권), 제66조(내각 문민 규정) 등이 검토되어야 할 문제점으로 여겨졌다.[140]

1953년 11월 29일 『아사히신문』은 미국 당국이 일본의 정세에 대해서 1954년 개헌 준비 완료, 1955년 개헌 실현이라는 예측을 갖고 있다고 보도했다.[141] 그리고 1955년 11월에는 자유당과 민주당의 보수 합동으로 자유민주당이 성립되었을 때에 "자유 헌법 제정"을 내세웠다.

헌법의 내용에 전부 찬성하지는 않았던 세력들이 호헌의 구호 아래

로 대동단결할 필요에 직면한 것은 이런 사정에서 비롯되었다. 예를 들어 1955년 5월에 작가 히라바야시 다이코平林たい子는 일본국 헌법을 "무장 해제 헌법"이라고 비판하며 "일본인 스스로가 만들지 않은 탓인지 너무 이상적이어서 나는 옹호하고 싶지 않습니다"라고 말했지만, "제24조가 개정되어 가족 제도가 부활되어 버리는 것은 참을 수 없습니다"라고 보수 정권의 개헌에는 이의를 표했다.[142] 헌법 옹호는 더 이상 재군비의 시비에 그치지 않는, 전전으로의 회귀 지향과의 대결을 뜻하게 되었다.[143]

보수 세력의 개헌 공세가 강해지면서 일반 여론에서도 개헌에 대한 반대가 강해졌다. 『아사히신문』 여론 조사를 보면 1955년 11월에 개헌 찬성이 30퍼센트, 반대는 25퍼센트였던 것이 1957년 11월에는 개헌 찬성이 27퍼센트, 반대가 31퍼센트로 역전되었다. 신문 측의 표현으로는 "30대를 경계로 찬반이 갈린다"라고 여겨졌고, 전후 세대의 대두가 이 역전의 배경에 있었던 점은 분명했다.[144]

이런 여론을 배경으로 사회당은 의석을 급속히 늘려 갔다. 1953년 4월 총선거에서 좌파사회당과 우파사회당은 합계 138석으로 그 이전의 세 배로 약진했다. 개헌을 내건 하토야마 내각이 성립한 직후인 1955년 2월 총선거에서 두 사회당은 통일을 공약하며 지지를 모아, 개헌 저지에 필요한 총의석 중 3분의 1을 넘는 156석을 확보했다(일본에서 헌법을 개정 하려면, 우선 중의원과 참의원에서 각각 총의석의 3분의 2 이상의 찬성을 얻은 후, 이 개헌안을 국민 투표에 부쳐 과반수의 찬성을 얻어야 함-옮긴이). 비무장 중립 을 내세운 좌파와 자위권과 집단 안전 보장을 인정하는 우파의 통일 교섭 은 난항을 겪었지만, 최종적으로는 동서 양 진영이 가세한 상호 불가침·상호 안전 보장 조약이 체결되면 미일 안보는 해소된다는 타협안─우파 가 실리를, 좌파가 명분을 취한 형태─으로, 1955년 10월에 사회당의 통 일이 이루어진다.

이렇게 해서 각각 합당을 이룬 자민당과 사회당에 의해, 1956년의 제 24대 국회는 전면 대결의 양상을 보였다. 교육위원회의 공선을 폐지한 교

1955년 사회당 통일 대회에서 악수하는 좌파사회당 위원장 스즈키 모사부로(오른쪽)와 우파사회당 위원장 가와카미 조타로河上丈太郎

육위원회 법안은, 500명의 경관대가 본회의장에 진입한 이상 사태 속에서 강행 채결되었다. 그러나 내무성 설치 법안, 검정 강화를 목표로 한 교과서 법안, 자민당에 유리하게 구역을 분할한 소선거구제 법안 등은 사회당 및 여론의 반대로 저지되었다.

그러나 사회당의 신장은 여기까지였다. 여론은 사회주의 정권의 탄생을 기대한 것이 아니라, 전전으로의 회귀를 견제하기 위해 사회당의 존재 의의를 인정했을 뿐이었다. 사회당은 1958년 5월 총선거에서도 의석을 늘려 전후 최고인 177석까지 도달했지만 목표로 했던 200석과는 거리가 멀었다. 1959년 6월 참의원 선거에서는 득표율도 의석도 감소로 돌아섰고, 세력의 한계가 명확해져, 개헌 저지가 가능한 3분의 1의 의석을 지키는 지점에서 고정되었다. 이렇게 해서 자민당이 여당이 되고 적절한 규모의 야당 세력이 길항하는 '55년 체제'가 성립한다.

이렇게 해서 사회당의 좌파와 우파, 그리고 공산당 등은 양쪽 모두 1955년을 경계로 자기 당의 사회 구상을 보류함으로써 국민적인 호헌 운동에 참가했다. 이를 통해서 전전 체제로의 회귀를 저지했다는 의의는 분명히 컸다. 그러나 그 대가로 각자가 본래 지향했던 사회 구상을 서로 대결시켜 가는 역동성은 사라졌다. 그런 가운데 호헌, 평화, 민주주의라는 말이 보수 세력의 공세로부터 전후 개혁의 성과를 "지킨다"는 방위적인 슬로건이 되어 갔음은 부정할 수 없었다.

이런 요지는「교육 기본법」에 대해서도 말할 수 있다. 9장에서 말했듯이「교육 기본법」은 패전 직후에는 오히려 좌파의 비판을 받았다. 그러나 기요세 이치로 문상이나 아라키 마스오 문상 등이 기본법 비판을 표명함에 따라, 교육학자와 일교조 측에서는「교육 기본법」을 옹호하는 목소리가 높아졌다.

패전 직후에는「교육 기본법」에 비판적이었던 국어학자 고쿠분 이치타로는 1957년에 이렇게 말한다. "미합중국 수뇌를 비롯해 국내의 보수 반동 세력이 이「교육 기본법」을 (물론 헌법도) 개악하고자 하거나 이 정신에 따른 교육 실천을 헐뜯으려 하면, '자아, 큰일이다'라면서 헌법 옹호·「교육 기본법」옹호의 목소리가 드디어 올라온다. 따라서 그것은 당연히 방어적으로 될 수밖에 없다."[145] 이 이후에 이른바 혁신 세력은 패전 직후의 급진성을 잃고 방어적인 자세가 강해졌다.

그러나 한편으로 역동성의 쇠퇴는 보수 정당 측에서도 일어났다. 여론의 반대가 강한 것을 알게 되자, 기반 지역의 이익 유도를 우선시하는 보수 정치가들은 낙선을 두려워하여 개헌 의욕이 낮아졌다. 하토야마 내각 성립 직후인 1954년 12월『아사히신문』의 보도에 따르면 "민주당 내 다수의 생각은 총선거를 눈앞에 두고 제9조의 해석론 같은 것에 지나치게 깊이 관여하고 싶어 하지 않는 실정"이었다.[146]

이런 움직임을 지탱한 것이 보수 정당 내부의 신세대의 대두였다. 원래 제9조는 요시다 시게루 등이 미국의 군비 증강 요구를 거절하기 위해 이용했다. 미국의 비호 아래서 이루어지는 경제 성장을 용인하는 신세대에게 헌법은 그런 의미에서도 이용 가치가 있었다. 당시 자민당의 젊은 의원이었던 미야자와 기이치宮沢喜一는 1965년 대담에서 이렇게 말한다.[147] "나 이하의 세대는 거의 개헌에 반대합니다. 윗세대는 해가 갈수록 적어집니다. 절대로 바뀌지 않을 것입니다. 또한 이렇게 편리한 것을 바꿀 수야 없지요."

개헌 압력이 약화되면서 그것을 대신하듯 자위대가 헌법에서 금하는 '전력'戰力이 아니라는 헌법 해석이 침투했다.[148] 개헌론자였던 하토야마도 헌법 문제에 깊이 관여하고 싶지 않다는 의원들의 압력을 받아, 1954년

12월에는 자위대 합헌론을 내세운다.

　이런 보수 측의 제9조 형해화에 호헌론자 중에서도 호응하는 목소리가 나오기 시작했다. 이미 『세카이』 1952년 5월호 「헌법 옹호」 특집에서 평론가 요시무라 쇼이치로吉村正一郎는 이렇게 주장한다.[149]

현재와 같은 절차로 이루어지는 재군비가 좋지 못함은 말할 것도 없습니다만, 그렇다고 개진당改進党이나 우파사회당의 일부가 주장하듯이 헌법을 개정해서 대 놓고 재군비를 해야 한다는 의견에 저는 찬성하기 어렵습니다. 그것은 과연 공명정대하지만…… 공명정대한 것을 실행하면 사태는 지금보다도 훨씬 나빠질 것입니다.
작은 악이더라도 이것을 허용하기란 마음이 아프지만, 보다 큰 악의 발생을 막으려면 비교적 작은 악은, 본의는 아니라도, 관대하게 볼 수밖에 없습니다. 나는 요시다 정부가 거짓말과 속임수를 사용하게 하는 편이 그래도 헌법을 개악하는 것보다는 훨씬 낫다고 생각합니다.

　요시무라에 따르면 "사실상 미국의 위성국이 된 현재 일본의 입장"에서 보면 재군비는 불가피하며, 헌법 제9조는 군비 확장에 대한 견제라고 생각하면 될 것이었다.
　이런 헌법관은 차츰 일반에도 침투했다. 1952년 2월과 1953년 2월 『아사히신문』 여론 조사를 비교해 보면 헌법 개정은 필요 없다는 의견이 10퍼센트 증가했다. 그러나 동시에 군대가 필요하다는 의견도 6퍼센트 증가했다. 『아사히신문』은 이 점에 대해 "일본에 군대를 만들 필요가 있다고 생각하는 사람도 헌법을 개정해서까지 만들 필요는 없다고 생각한다"라고 말한다.[150]
　이제 사람들은 헌법 제9조가 군비의 전폐全廢를 요구하는 것도, 안보 조약의 폐기를 의미하는 것도 아니라고 안심하면서 헌법에 대한 지지를 표명하게 되었다. 그리고 그것은 공산당이나 사회당에 투표한다고 해서 사회주의 정권이 세워지지 않는다는 '지지'가 신장한 것과 병행했다. 1950년대 후반에는 원수폭原水爆 금지 운동과「경찰 직권 행사법」警察職權行使法(경직법) 반대 투쟁 등에서 보이듯, 진보계의 사회 운동이 양적으로는 확대되었지만 거기서 패전 직후와 같은 첨예함은 사라졌다.

이런 상황 속에서 1956년에 마루야마 마사오는 "'신헌법'은 오늘날 상당히 넓은 국민 층에서 **일종의 보수 감각**으로 전화하고 있으며", "일상적인 생활 감각 내지는 수익감受益感 위에 뿌리를 내렸다"라고 말했다. 그리고 그는 1947년에 자신이 말했던 "대학 출신의 샐러리맨층＝인텔리라는 등식이 무너지고" 일본 사회의 구조 변동이 급격히 진행되는 중임을 인정했다. 그리고 1957년 마루야마는 시투아앵citoyen의 번역으로 과거의 공민이 아니라 시민을 사용하게 되었다.[151]

그와 병행해서 전후사상의 침체가 일어났다. 전후가 시작된 지 10년이 넘는 세월이 흘러, 패전 시에 30세 전후였던 전후사상가들도 40세를 넘겼고, 그들을 지탱했던 전쟁 체험의 기억도 차츰 풍화되었다. 그리고 마루야마는 1958년 좌담회에서 "나이를 먹고 육체적 에너지가 감퇴한 탓도 있겠지만, 정말 요즘 1, 2년간은 정신적으로 슬럼프를 느낀다"라고 말하며 자신의 "내면적인 에너지"였던 것이 "무엇인가 풍화해 버려서, 이전만큼 손에 잡히는 실감이 없어졌다"라고 고백했다.[152]

그리고 "더 이상 '전후'가 아니다"라는 말이 『경제 백서』에 등장한 1956년에, 미소의 평화 공존 분위기에 편승하여 일본의 유엔 가입이 실현되었다. 이와 병행해서 미군 기지 반대 운동의 고양을 우려한 미일 정부의 협의로 1950년대 후반부터 1960년대 초에 걸쳐, 본토의 미군 기지는 거의 4분의 1로 축소되었다. 그러나 본토에서 철수한 미군은 실질적으로 오키나와로 이동해서 같은 시기에 오키나와의 기지는 약 두 배로 증가했다.[153] 이렇게 해서 오키나와를 미군에 제공하며, 미국의 비호 아래서 경제 성장에 매진하는 체제가 차츰 고정되었다.

이런 체제 속에서 헌법과 자위대는 조금씩 정착했다. 혼란과 개혁이라는 '제1의 전후'가 끝나고 안정과 성장이라는 '제2의 전후'가 시작되는 가운데, 보수와 좌파 양쪽 모두에서 개헌론은 약해지고 헌법은 국민적인 정착을 보았다. 그러나 그것은 헌법의 이념이 철저해진 결과라기보다는 좌우의 정치 세력들이 서로 이념을 부딪는 것을 보류한 결과였다.

그리고 그것은 '단일'한 '민족'이나 '국민'이 지향해야 할 이념으로 존재했던 시대가 끝나고, 혐오받는 기정사실로 바뀌는 시대의 시작과 병행했다. 3부에서 이야기하겠지만, 이런 형태로 성립한 55년 체제와 혁신 세력, 그리고 국민의 모습은 1960년대 이후에 신좌익과 학생 반란이 대두하면서 호되게 비판당한다.

『세카이』1951년 10월호의「강화 문제」특집에서 아라 마사히토는 아시아에 대한 배상에 대해 이렇게 말한다.[154]

나는 위구危懼합니다. 배상은 일단 날짜를 미루기는 했지만, 모습을 바꾸어서 좀 더 가혹한 내용으로, 그리고 부조리한 방법으로, 실질적으로 지불하게 되지 않을까요. 치러야 할 때에 빚을 치르지 않으면, 이것은 오히려 당연한 일입니다. 상대편을 탓하기 전에 그날그날을 넘기는 데 급급한 자기의 얄팍한 지혜를 탓해야 할 것입니다. 20세기의 현실이라는 가장 혹독한 상대가 이런 방대한 빚을 그냥 넘길 리가 있을까요.

1950년대 전후의 비무장 중립론과 호헌론은 새로운 시대에 국가 이념을 모색하고 자주독립의 일본을 구상하고자 한 시도였다. 이 시도가 좌절된 뒤에 일본은 미국에 종속되는 대가를 치루면서 전후 배상에서 벗어나 경제 성장을 달성했다. 그 과정에서 혼란스러워진 전후 일본의 국가 정체성은 그 후에도 풀리지 않는 문제로 남는다.

12

60년 안보 투쟁
전후의 분기점

'무책임의 체계' 그 자체인 기시 내각은, 해고를 당해도 안락한
망명의 길이 열려 있다. 그러나 국민은 망명할 수가 없다.

쓰루미 가즈코

1960년의 미일 안보 조약 반대 투쟁은 전후 민주주의의 최대 절정으로 알려져 있다(이하 원문에 따라 미일 안보 조약을 '안보 조약' 내지 '안보'로 약칭하는 경우가 있음을 일러둔다. 또한 1960년의 미일 안보 조약 개정에 반대하는 운동은 '안보 투쟁', '60년 안보' 혹은 '안보'라고 약칭하기도 한다.-옮긴이). 이 운동은 한편으로 반미 애국의 구호를 내세운 점과 함께, 이후에 '시민운동'으로 불리는 활동의 맹아가 출현한 사실로도 알려져 있다.[1]

그러나 여기서는 운동의 기반이 되었던 심정을 단순히 내셔널리즘이나 시민주의라는 분류 틀에 끼워 맞추는 것을 거부하는 방식으로 검증하고 싶다. 지금까지 살펴보았듯이 민족, 국민, 민주주의, 시민과 같은 말은 다양한 함의로 사용되었다. 그리고 1960년 안보는 이런 말들의 의미가 변천해 가는 중요한 전환점이 되었다.

샌프란시스코 체제라는 족쇄

1960년 안보 투쟁을 논하기 위해서는 우선 그 전사前史를 이야기하지 않을 수 없다.

이 문제에서 한 편의 주역을 담당한 사람은 당시의 기시 노부스케 수상이다. 그는 도쿄제대 법학부 졸업 시에 훗날 민법학자가 되는 와가쓰마 사카에我妻栄와 수석을 다투는 수재였으며, 우파 헌법학자인 우에스기 신키치上杉慎吉로부터 강좌의 후계자가 되지 않겠느냐는 권유를 받았지만, 거절하고 관료가 되었다. 그 후로 그는 1936~1939년에 만주국의 요직을 맡았고 태평양 전쟁이 발발한 시기에는 도조 내각의 상공 대신으로서 개전 조칙에 서명했다. 패전 후에는 A급 전범 용의자로 수감되었지만, 점령 종료 후에 정계로 복귀하여 자유당 헌법조사회의 회장이 되었다.

이런 경력이 보여 주듯 기시는 수재이며 관료이며 전범 출신이었다. 대중적인 지역 기반 선거로 당선된 유형의 보수 정치가와는 달리, 관료·도쿄대 시절의 인맥과 자금 조달력, 그리고 빈틈없는 언동과 교묘한 당내 조종으로 지위를 쌓은 인물이었다. 1957년 2월 수상의 자리에 앉은 것도, 전 수상인 이시바시 단잔이 병에 걸린 기회를 놓치지 않아서였다.

작가 이토 세이는 국회를 방청하며 기시를 목격했을 때의 인상을 이렇게 말한다.[2] "어라? 회사원 같은 인간이네, 라고 생각했다", "내가 종종 보아 왔던 보수계의 정치가들과는 이질적인 자였다", "국민은 막연히 수상이라는 자에게, 이상을 가진 인간, 인격적인 인간, 호걸풍의 인간 등을 기대한다. 기시 노부스케에게는 그중 어떤 자격도 없다." 이토의 표현에 따르면 기시는 "기성 정당과 당원들의 약점을 잡고, 내부에서부터 그들을 지략으로 지배해서 수상의 자리에 오른", "지식 계급인의 불쾌한 유형의 하나"였다.

이토가 본 기시는, 교묘한 계산과 요령 좋음, 권위적이면서 빈틈없는 우등생적, 관료적인 자세, 그리고 전쟁 책임의 망각 등 전후 지식인들이 비판해 왔던 요소를 전부 갖추었다. 그리고 이토는 그런 기시에게서 "내 안에 존재하지만 스스로 그다지 인정하고 싶지 않은 무언가"를 발견하고 "헉, 이라고 할까, 흠칫한 기분과 닮은 쇼크를 받았다"라고 한다. 1960년 안보에서 기시가 그만큼이나 반발을 산 것도, 이런 기시의 특성을 빼놓고는 이야기할 수 없다.

수상에 취임한 기시는 미일 안보 조약의 개정 교섭에 착수했다. 샌프란시스코 강화 조약과 함께 1951년에 체결된 구안보 조약은, 미국이 일본을 방위할 의무에 대한 규정 없이 일본이 일방적으로 기지를 제공하는 내용이었고, 게다가 그런 상태가 언제까지 계속될지에 대한 연한 규정도 없었다.

그리고 1951년 안보 조약은 일본이 패전으로 파탄 난 약소국이었던 시기에 체결되었다. 그러나 한국 전쟁 후에 일본 경제는 전전 수준을 회복했고, 1955년에는 「관세 무역 일반 협정」General Agreement on Tariffs and Trade, GATT에 가입했으며, 1956년에는 염원하던 유엔 가입에 성공했다. 대미 무역 수지도 1959년에는 1억 달러 이상의 흑자를 올려, 기시 정권은

「무역 환율 자유화 대강」을 작성했다. 급속히 경제 대국화되는 일본에서, 안보 조약을 비롯한 국제 관계의 재구축이 과제가 되었다.

그런 문제의식은 혁신 측도 공유했다. 1956년 10월에는 도쿄도 다치카와시立川市의 미군 기지 확장을 둘러싸고 경관대와 학생·주민들이 충돌해 다수의 부상자가 발생한 '스나가와砂川 사건'이 일어났다. 이 사건과 관련해서 기시의 수상 취임 직후인 1957년 2월 27일에 지식인 500여 명의 서명을 모은 「안보 문제 재검토 성명서」安保問題再検討声明書가 발표되어 안보 조약과 샌프란시스코 체제의 재검토를 요청했다.[3]

나아가 잡지 『세카이』는 1959년 10월호와 1960년 2월호에 국제문제담화회国際問題談話会의 공동 토의를 게재했다. 이 국제문제담화회는 과거의 평화문제담화회를 잇는 형태로, 마루야마 마사오와 시미즈 이쿠타로 등을 중심으로 이시다 다케시, 사카모토 요시카즈坂本義和, 히다카 로쿠로, 가토 슈이치, 후쿠다 간이치福田歓一, 고바야시 나오키 등, 당시의 젊은 지식인이 합세하여 재구성되었다. 그리고 이들은 토의에서 "고도로 공업화된" 일본의 현재 상황을 바탕으로 "대미 종속의 빠른 해소"와 "일체의 군사 문제로부터의 중립"으로 이루어지는 "우리나라의 자주성 확립"을 주장했다.[4]

이런 혁신 측의 주장 가운데, 샌프란시스코 체제에 대한 비판에는 기시 수상도 찬동했다. 잡지 『주오코론』 1957년 5월호 인터뷰에서 기시는 "젊은 사람들이 샌프란시스코 체제에 반대하는 것도, 어떤 의미로는 전후의 일시적인 허탈 상태에서 빠져나와 민족적인 자각이 생긴다는 증거"라고 말하며, 안보 조약의 재검토에 대해서 "당파를 초월한 국민적 감정이 만들어지고 있다"라고 말한다.[5]

그렇지만 어떤 방향으로 안보 조약을 검토할 것인지가 문제였다. 기시는 이 인터뷰에서 "이상을 말하자면, 안보 조약도 행정 협정도 없이, 일본 스스로 방위를 하고 주둔군이 없는, 그리고 일본의 궁극적인 안전은 유엔을 통해 집단안전이 보장되는 형태가 가장 바람직하지만, 거기까지 단숨에 갈 수는 없다"라고 말하며 "미일 간의 사고방식이 물 샐 틈 없게 일치해야 비로소 여러 가지를 할 수 있다"라고 주장했다.

실은 1951년 안보 조약에 미국의 일본 방위 의무에 대한 규정이 없었던 배경에는, 미국 의회가 1948년의 반덴버그Vandenberg 결의에서 상호 원조가 불가능한 타국과의 집단 방위를 금지한 사실이 있었다. 해외 파병이 불가능한 일본은 미국을 군사적으로 원조할 수 없었기 때문에 방위 의무 규정이 없는 안보 조약이 체결된 것이다.

그런 까닭에 미국에게 일본을 방위할 의무를 주장하는 방향으로 안보 조약을 개정하는 지름길은, 일본이 헌법을 개정해서 재군비와 해외 파병을 가능하게 만드는 것이었다. 적어도 어떤 방법으로든 미국의 국제 전략에 공헌하지 않고서는 안보 조약을 보다 대등한 관계로 가져가기는 불가능하다는 것이 기시를 비롯한 보수 정권의 생각이었다. 기시의 "미일 간의 사고방식이 물 샐 틈 없게 일치해야 비로소 여러 가지를 할 수 있다"라는 주장은 이런 생각을 이야기한 것이다.

말하자면 기시 수상도 국제문제담화회도, 샌프란시스코 체제가 경제 성장을 이루어 가고 있던 일본에게 족쇄가 되었다는 인식에서는 일치했다. 단 그 족쇄를 재검토하는 방향이 대미 종속의 해소와 비무장 중립이라는 방향인지, 아니면 재군비와 개헌으로 미국에게 대등한 파트너로 인정받는 방향인지에 따라 입장이 갈렸다.

1957~1959년의 미일 교섭에서 기시의 안보 개정 교섭은 큰 줄기가 잡혀 있었다. 그 중핵은 미국에게 일본을 방위할 의무를 부과하는 대신에 일본은 국내—이 국내가 오키나와를 포함하는지의 여부가 하나의 초점이 되는 데 대해서는 후술한다—의 미군 기지가 공격을 받는 경우, 일본이 공격받은 것으로 간주하고 대응한다는 규정이었다. 그리고 극동의 안정을 위해 미군에게 기지를 제공할 것, 구안보 조약이 무기한이었던 데 비해 유효 기한을 10년으로 할 것, 핵무기 반입 시에는 사전 협의를 할 것 등의 내용이 담겼다.

이런 규정은 기시 정권의 입장에서 보면 구안보 조약보다 대등한 조약에 가까웠다. 그러나 핵무기 반입에 대한 사전 협의는 형식적인 것에 지나지 않는데다가 극동의 범위가 불명확하여 상당한 확대 해석이 가능했다. 변화하는 국제 정세 속에서 10년이라는 장기간에 걸쳐 구속된다는 점과 주일 미군 기지에 대한 공격으로 말미암아 일본이 전쟁에 휘말릴 위험성도 문제가 되었다.

안보 조약에 대한 반발을 강화한 요인 중 하나는 국제 정세의 긴박함이었다. 1960년 5월 1일 소련 정부는 미국의 고공 정찰기 U2기가 소련 상공에서 격추되었음을 발표하며 미국에게 기지를 제공하는 국가들에게 보복을 경고했다. 사회당은 아쓰기厚木 기지에 U2기가 주둔한다는 사실을 폭로했는데, 자민당 외교조사회장이었던 가야 오키노리는 소련이 주일 미군 기지에 주류하는 U2기를 공격하면 "일본은 신안보 조약에 따라 반격한다"라고 말했다.[6]

국제문제담화회는 이런 안보 조약 개정에 대해 "일본이 전쟁에 휘말릴 위험이 생긴다", "앞으로 10년에 걸쳐서 위기의 재생산과 자주성의 포기를 '자주적'으로 미국에게 약속하는 것 외의 아무것도 아니다"라고 비판했다.[7] 그러나 수년에 걸쳐 미일 회담을 계속한 기시 정권에서는 이것이 대미 교섭의 한계였다.

기시가 안보 조약 개정을 둘러싼 미일 교섭을 추진했던 1958년은 내정에서도 충돌이 많은 해였다. 이해 4월에 학교의 관리 강화와 일교조 억압이 목적이었다고 여겨진 근무 평정評定이 각 부현에서 실시되었다. 일교조는 전 조직적으로 반대 운동에 돌입했지만 문부성은 이 운동에 교사의 대량 처벌로 대응했다. 또한 10월에는 경관의 권한을 대폭 확대하는 경직법 개정안이 국회에 제출되었지만, 대규모의 반대 운동이 일어나서 심의 미료審議未了로 끝났다. 이런 일련의 사태는 기시가 종래부터 개헌론자였던 점과 어우러져서, 안보 조약 개정과 전전 체제의 부활은 한 몸이라는 인상을 확대시켰다.

이제 안보 조약 개정은 단순한 외교 문제에 그치지 않고, 전후 일본의 거시적인 디자인을 둘러싼 대립이 되고 있었다. 그 대립은 1960년에 들어가서 큰 불을 뿜는다.

5월 19일의 강행 채결

1959년 3월 28일 안보조약개정저지국민회의安保条約改正阻止国民会議가 결성되었다. 총평·원수폭금지일본협의회原水爆禁止日本協議会(원수협)·호헌연합·일중국교회복국민회의日中国交回復国民会議·전국기지련全国基地連의 5개 단체가 앞장섰고, 사회당을 비롯한 총 134개 단체가 가세하여, 공산당도 간사 단체는 아니지만 참가를 인정받았다.

공산당의 참가가 인정받은 것은 하나의 변화였다. 1955년 헌법옹호국민연합이나 1958년 경직법개악반대국민회의警職法改悪反対国民会議 등, 이전의 혁신 측 국민 조직에서 공산당은 원칙적으로 배제되었다. 그러나 육전협 이후의 온건화 전략이 드디어 인정받아서, 안보 조약 개정 반대의 '국민회의'에서는 공산당이 이른바 '비국민'의 지위를 벗어났다.

그러나 반대로 이런 국민적인 통일에서 떨어져 나간 쪽이 있었다. 하나는 사회당 우파였다. 공산당 참가에 반발하여 우파계 노조인 전일본노동조합회의全日本労働組合会議(전로)와 전국산업별노동조합연합全国産業別労働組合連合(신산별)은 안보조약개정저지국민회의에 가입하지 않았다. 이 노조들을 지지 모체로 삼았던 사회당 우파는 1960년 1월에 사회당에서 분열하여 민주사회당民主社会党(민사당)을 결성했고, 안보 조약 개정에 대해서도 시시비비의 태도로 임했다.

그리고 또 하나는 전학련 주류파였다. 7장에서 말했듯이 육전협으로 온건화한 공산당에게 불만을 느끼고 제명된 학생 당원들은 보다 급진적인 혁명 노선을 내세우며, 1958년 12월에 공산주의자동맹을 결성했다. 전학련 주류파의 집행부를 장악한 분트는 공산당 지도하의 전학련 반주류파와 대립하면서 보다 첨예한 직접 행동으로 기울었다.

전학련 주류파와 사회당·공산당의 대립은 곧바로 1959년 8월에 나타났다. 8월 6일 원폭 기념일에 히로시마에서 제5회 원수폭 금지 세계 대회가 개최되는 시기에 맞추어서, 안보조약개정저지국민회의는 통일 행동에 나섰다. 이때 전학련 주류파가 원수폭 금지 세계 대회의 호소에 안보 조약 저지를 결합시키자고 주장했지만, 사회당과 공산당은 반대했다.[8] 원수폭 금지 운동에는 안보 조약에 명확히 반대하지 않은 보수계 사람들도 포함되어 있었고, 그것에 대한 반발로 국민적 통일이 무너질 것을 우려했기 때문이다.

이런 수세적인 태도의 배경에는 사회당의 퇴조가 있었다. 1959년 6월 참의원 선거에서 사회당의 의석은 3년 전의 49석에서 38석으로 저하되었고, 그 후의 내분으로 우파가 분열해 나갔다. 운동을 첨예화시켜서 그 이상의 분열을 일으키는 것은 사회당이 바라는 바가 아니었다.

또한 공산당은 제명된 학생 당원들이 지도하는 전학련 주류파를 종종 트로츠키주의자Trotskyist라고 비난했다. 트로츠키주의자는 국제 공산주의 운동의 통일을 어지럽히는 극좌 분파 활동을 가리키는 말로 쓰였다. 온건화 덕분에 국민회의 참가를 인정받은 공산당에게, 전학련 주류파의 행동은 통일을 어지럽히는 과격 행동으로 비쳤다.

당시의 공산당은 무장 투쟁기에 하락한 당세를 회복하지 못했고, 1949년에는 35명이 뽑혔던 국회의원도 3명밖에 남지 않았다. 당시의 사회당에 속했던 노조 임원의 회상에 따르면 위험 단체로 간주된 공산당은 "국회에서 뭐라도 하면 곧장 원내의 징벌위원회에 올라간다. 징벌위원회에 올라가면 의원에서 제명된다. 공산당에는 의원이 세 명 밖에 없으니 징벌을 우려해 국회에서는 아무것도 못한다"라는 상태였다고 한다.[9] 이런 상태였던 공산당은 당세 회복을 위해 온건 노선에 진력하고자 했다.

애초에 사·공(사회당·공산당) 양당과 국민회의는 안보 문제가 광범위한 관심을 부를 것이라고는 기대하지 않았다. 사람들의 생활에 가까운 문제였던 경직법에 비해 안보에 대한 일반적인 관심은 낮았다. 국민회의는 1959년부터 수차례에 걸쳐 전국 통일 대회를 조직하기는 했지만, 동원 중심은 노조원 등이었고, 운동이 활발했다고는 말하기 어려웠다.

시미즈 이쿠타로의 회상에 따르면 당시는 "패전 후 14년이 지나, 우리의 생활이 패전 직후의 궁핍 및 혼란을 간신히 벗어나, 조심스럽게, 일종의 안정에 도달한" 시기이며, "많은 사람들은 그 작은 안정을 무너뜨리고 싶지 않다는 기분을 가지고 있었다"고 한다.[10] 사회당 등에게도 안보 통과는 말하자면 이미 예정된 일이었고, 1954년의 호헌연합 이래로 타성화된 '국민 운동'을 통해 자민당 정권을 비판하고 선거에 유리한 영향을 끼치면 좋겠다는 정도의 생각이었던 것 같다.[11]

당시 중년에 가까워진 전후 지식인들도 마찬가지 상태였다. 예를 들어 쓰루미 슌스케는 자기가 근무했던 도쿄공업대학東京工業大學의 조합에서 안보 반대 성명을 낼 준비는 했지만 "이것도, 지금까지 몇 번이나 있었던 실망 가운데 하나로 느껴졌다. 이번에도 아무 도움이 되지 않은 채, 어쨌든 간에 정부의 방침이 올바르지 않다는 판단을 표명하면, 그 이상은 하지 않아도 좋을 것이라 생각했다"라고 한다.

그러나 전학련 주류파를 장악한 분트는 안보 반대 투쟁을 혁명의 첫 걸음으로 간주했다. 그들은 공산당 산하의 전학련 반주류파나 국민회의가 지도하는 온건한 데모를 "향 피우기 데모" 등으로 야유하며 과격하다고 할 수 있는 직접 행동에 나섰다. 그들이 보기에 사·공 양당이 직접 행동을 두려워하는 것은, 기존의 혁신 정당이 체제 내 세력으로 추락해 버린 증거였다.

1959년 11월 27일 안보조약개정저지국민회의의 제8차 통일 행동에서 전학련 주류파를 비롯한 약 1만 명(인원수에 대해서는 다양한 설이 있다)의 데모대가 국회 구내로 돌입했다. 이날 새벽에 여당이 중의원에서 베트남 배상 협정—11장에서 말했듯이 일본 측에 유리한 형태의 배상 협정—을 강행 채결한 사실이 그들을 자극했다.

자민당과 각종 신문들은 이것을 "국회 난입 사건"이라고 비판하며, 가시와무라 노부오柏村信雄 경찰청警察庁 장관은 데모의 책임자로서 사회당의 아사누마 이네지로 서기장을 체포할 수도 있다고 말했다. 실상 그는 데모대의 제지와 해산을 호소했다고도 하지만, 자민당 측은 이것을 기회로 안보 반대 운동을 견제하고자 했다.

이런 비판을 받은 사회당은 자신들에게 여론의 비판이 끼칠 것을 우려하여 국민회의에 전학련의 배제를 요청했다. 공산당은 전학련 배제에 반대하기는 했지만, 전학련 지도자들을 트로츠키주의자라고 비난했다. 동요한 국민회의는 12월 10일 제9차 통일 행동에서는 국회 주변에서의 대중 행동을 중지했다.

전학련 주류파는 아랑곳하지 않고 기시 수상이 안보 조약 조인을 위해 방미하는 것을 저지하기 위해, 1960년 1월에 하네다공항羽田空港에서 데모를 벌였다. 이때에도 국민회의는 혼란을 두려워하여 하네다 주변으로의 집결을 연기했다. 고립된 전학련 주류파는 혼자 힘으로 공항 식당에서 버티기 데모를 했지만, 오히려 분트의 많은 간부들이 체포되는 결과를 낳았다.

전학련 주류파의 직접 행동은 전술로서는 대개 졸렬했다. 안보 반대가 혁명의 첫걸음이라는 인식도, 안정기에 접어든 일본 사회에 공유되었다고는 할 수 없었다.[12] 그러나 타협을 거부한 그들의 직접 행동은 매너리즘에 빠진 국민회의형 운동에 자극을 주고 투쟁을 끓어오르게 하는 일종의 견인 역할을 한다.

애초에 당시의 전학련은 헬멧도 각목도 없이 완전 무장한 경관대와 대치했다. 시미즈 이쿠타로의 표현을 빌리면 "사회주의의 깃발을 내걸기는 했지만 그들의 작업은 묵묵히 경관의 곤봉으로 머리가 얻어터지는 것이었다"고 한다. 그것은 실질적으로는 사회주의 혁명 같은 것과 결합될 리 없는 우직한 운동이었다. 그러나 그 우직함은 정치적 거래에 빠지기 쉬운 사·공 양당보다도 오히려 사람들에게 호감을 주었다. 이 또한 시미즈 이쿠타로의 표현을 빌리면 이후 "전학련의 턱없는―사심 없는―행동으로 안보 투쟁이 한 단계씩 올라간다"는 현상이 출현한다.[13]

이렇게 운동이 계속되는 가운데, 1960년 1~5월에는 여론을 자극하는 몇 가지 동향이 있었다. 우선 국내에서는 일본 최강의 노조라 불렸던 미쓰이三井의 미이케三池탄광노조가 인원 정리에 반대하여 1월 25일부터 무기한 파업에 들어가, 3월 28일에는 회사가 고용한 폭력단이 조합원을 사살하는 사건이 일어났다.

또한 한국에서는 12년에 걸쳐 독재를 했던 이승만李承晩 정권 아래서 3월 대통령 선거에 대한 부정 규탄 데모가 각지에서 일어났다. 4월 19일에는 경관대가 학생 데모대를 향해 발포하여 186명의 사망자를 냈고, 주요 도시에 계엄령이 선포되었지만 데모는 더욱 확대되었다.

국내 노조의 장기 투쟁과 이웃 국가의 학생 데모에 자극을 받아, 4월 26일에는 약 8만 명이 국회에 청원을 했고, 전학련 주류파는 다시 국회 돌입을 시도했다. 그 다음날 한국의 이승만 대통령은 결국 사임하고 5월에는 미국으로 망명했다. 또한 5월 1일에는 앞에서 언급한 U2기의 격추 사건이 공표되어 신안보가 전쟁에 결부되리라는 위기감도 퍼졌다. 국회의 논전도 긴장을 더해서, 사회당은 아쓰기 기지의 U2 철수를 요구했고 이것을 계기로 민사당도 신안보 반대로 돌아섰다.

이때의 국회 회기는 5월 26일까지였다. 사회당과 민사당은 회기 연장을 반대했고 심의는 암초에 걸렸다. 결국 5월 19일 심야에 기시 수상은 측근과 상의한 뒤에 회기 연장과 안보 조약 승인을 자민당이 단독으로 강행 채결하는 작전을 냈다.[14] 결과적으로 이 강행 채결이 안보 반대 투쟁을 일시에 고양시키게 된다.

1956년의 교육위원회 법안 때도 경관대를 진입시켜 강행 채결한 경험이 있지만, 신안보 조약의 채결은 그 이상으로 폭력적이었다.[15] 이 5월 19일에 기시를 중심으로 한 자민당 주류파는 의원 비서 가운데 여자와 노인들을 서류상에서 청년들 이름으로 교체해, 총 600명에 가까운 비서단秘

書團을 편성했다. 사회당 측은 이날 오후 본회의장의 외교관 전용 방청석에 자민당이 고용한 "야쿠자풍의 남자"들이 집결했음을 눈치챘다.

강행 채결을 눈치챈 사회당 의원단과 비서들은 에다 사부로江田三郎 서기장을 중심으로 심야의 회의장 앞에서 어깨동무를 하고 스크럼을 짜, 자민당 의원의 입장을 저지하는 태세를 취했다. 전학련 주류파의 직접 행동을 비판했던 사회당이지만, 이미 국회 주변에서는 자민당의 거동을 알고 집결한 데모대가 '쓰나미와 같은 환성'을 올리고 있었고, 그것이 사회당의 의원들을 발분시킨 듯하다.

자민당 주류파는 비서단에 더해 경관대를 진입시켜 사회당 의원단을 배제하려 덤볐다. 처음에는 주저하던 경관도, 자민당 측에서 나오는 "힘껏 해 버려라", "주저하지 마라"라는 목소리에 재촉당해, 저항하는 사회당 의원들을 떼어 내려 덤볐다. 현장에 있던 신문 기자는 그 모습을 이렇게 전한다.[16]

…… [경관대는] 팔을 비집어 거꾸로 다리를 붙잡고 머리를 끌어당겨 억지로 스크럼에서 떼어 놓는다. 한 사람을 떼어 놓으면 네댓 명의 한 무리가 회의장 밖으로 연행하고, 다른 조가 교대로 다음 의원을 확 덮친다. 와이셔츠의 단추가 뜯겨 나간다. 구두가 날아간다. 한 사람 두 사람씩 뽑혀 나간 동료를 보며 의원단의 저항도 거세졌다. 필사적으로 떨어지지 않으려는 팔, 팔…… 그런데 갑자기, 대열의 뒷줄에서 이상한 일이 일어났다. 의원단, 비서단이 일제히 노래를 시작했다.

사회당 의원단과 비서단이 부른 노래는, 1950년대에 공산당 청년당원과 총평의 노조원들이 애창했던 〈민족독립행동대의 노래〉였다. 그 가사는 다음과 같았다.[17]

민족의 자유를 지켜라 결기하라 조국의 노동자

영광 있는 혁명의 전통을 지켜라 흐르는 피에는 정의의 피로써
쫓아버려라 민족의 적 나라를 파는 개들을
나아가라 나아가라 굳세게 단결하여
민족독립행동대 앞으로 앞으로 나아가라

자민당 의원들의 노성과 국회를 둘러싼 데모대의 환성 속에서, 이 노래는 자연 발생적으로 끓어올랐다. 이 광경을 본 신문 기자는 "실로 지금 이야말로 민족의 독립이 지켜져야만 하는 순간"에 이 노래가 "얼마나 딱 들어맞는가"라고 쓴다.[18]

그러나 결국 사회당 의원단은 배제되었다. 자민당 의원들은 "꼴좋다", "너희들 따위는 국회의원 관둬라"라는 비난을 퍼부으며 회의장 입구를 부수고 입장했다. 기요세 이치로 의장이 마이크를 잡고 회기 연장과 신안보 조약 승인을 채결하기까지 걸린 시간은 고작 15분 정도였다.

이 무리한 채결 방법은 실은 자민당 내에서도 충분히 알려져 있지 않았다. 사실은 기요세 의장이나 많은 의원들은 회기를 연장하는 의결만이라 생각하고 있었는데, 기시의 측근에게 재촉을 받아서 의장이 신안보 채결을 선언하고 한꺼번에 의결해 버린 것이다. 자민당 부총재인 오노 반보쿠大野伴睦는 안보 의결에 대해 회의장에서 처음 알게 되어, 기시의 동생인 사토 에이사쿠佐藤栄作 대장상에게 항의했더니, "처음부터 알려 주면 전부 들켜 버리니까"라는 대답을 들었다고 한다.[19]

이런 기시의 수법은 자민당 내에서도 반발을 불렀다. 기시로서는 안보 승인에 자신의 체면과 정권 연장이 걸려 있었다. 그러나 신안보가 앞으로 10년 넘게 일본의 운명을 결정짓는다는 사실은, 찬반을 불문하고 모두가 알고 있었다. 그렇게 중요한 조약이 이런 방법으로 의결되는 데 항의해서 자민당 의원 27명이 불참했다.

그중 한명이었던 히라노 사부로平野三郎는 이런 방법으로 "안보 강행을 결의하는 사람에게, 어떻게 민족의 안전을 맡길 수가 있겠나"라고 기

시를 비판했다.[20] 미키 다케오三木武夫와 고노 이치로河野一郎도 퇴석했고, 요양 중이었던 전 수상 이시바시 단잔은 "자택에서 라디오를 듣고 화를 내며 드러누워 버렸다"고 한다. 회의장이 돌파되는 상황에 반발하여 귀가한 마쓰무라 겐조松村謙三는 차 속에서 라디오로 안보가 가결되었다는 뉴스를 듣고 "'아아, 일본은 어찌 될 것인가'라고 암연해했다"고 한다.[21]

전쟁의 기억과 애국

5월 19일의 강행 채결은 안보에의 찬반을 불문하고 큰 반발을 불렀다.

5월 21일 『아사히신문』 사설은 "지금은 우리의 의회 민주주의가 죽느냐 사느냐의 기로이다"라며 기시의 퇴진과 총선거를 요구했다. 국민 대다수는 안보에 대한 찬반을 결정하기가 어렵더라도 "그 방법이 비열하다는 인상이 이것을 보는 많은 국민들에게 증오감을 일으키게" 했다는 것이었다.[22]

채결 방법도 그랬지만 5월 19일이라는 강행 채결의 날짜에도 비판이 쏟아졌다. 기시는 1960년 1월에 워싱턴에서 신안보 조약을 조인했을 때, 미일 수호修好 100년을 기념하여 6월 19일에 아이젠하워 대통령을 일본에 초청한다고 공표했다. 이것이 실현되면 전후 최초로 미국 대통령이 일본을 방문하는 것이었다. 그리고 헌법 규정에 따르면 중의원에서 조약이 승인되고 나서 30일이 경과하면, 그 조약은 참의원의 의결을 거치지 않아도 자연히 승인된다. 즉 5월 19일에 안보를 강행 채결한 것은 미국 대통령의 방일 일정에 맞추려는 뜻으로 여겨졌다.

A급 전범 출신인 기시가 미국의 호의를 사기 위해 강행 채결을 추진했다고 간주된 점은 강한 반발을 샀다. 『도쿄신문』 칼럼은 기시를 "천황의 이름으로 전쟁이라는 대도박을 하고, 단물을 맘껏 빨았던 이 여우"라 표현하고, "아이크(아이젠하워)의 방일도 호랑이의 위세를 빌리려 하는 여우의 나쁜 모략이다"라고 평했다.[23] 정치학자 이노키 마사미치는 반공주

의자였지만 "자기들만 미국의 '착한 아이'가 되려는 비열한 생각만큼 미일 양 국민의 진정한 우호 관계에 유해한 것은 없다"라고 비판했다.[24]

이 당시 기시에게 주어진 평가는 비열, 여우, 관료, 작은 악당, 좀도둑이라는 것이 많았다. 다니카와 데쓰조는 강행 채결을 알고 "일국의 수상에 대해 생각할 수 있는 한도만큼의 경멸"을 느끼며 "어처구니없고 공연히 화가 났다"라고 말했다.[25] 이토 세이는 앞에서 말했듯 "국민은 막연히 수상이라는 자에게, 이상을 가진 인간, 인격적인 인간, 호걸풍의 인간 등을 기대한다. 기시 노부스케에게는 그중 어떤 자격도 없다"라고 평했다.

5월 25~26일에 이루어진 『아사히신문』의 여론 조사에서 기시 내각의 지지율은 당시로서는 전후 최저치인 12퍼센트까지 떨어졌다.[26] 물리학자 유카와 히데키는 "안보 조약에 대한 절대 반대는 여전히 소수 의견이라 추정되지만, 금번의 개정에 의문과 불안을 품은 사람의 수는 결코 적지 않습니다. 거기에 5월 19, 20일의 사건에 강한 반발을 느끼는 사람들을 더하면, 그 합계는 앞의 둘 각각의 수보다 훨씬 커집니다. 현 내각의 퇴진을 희망하는 사람들이 얼마나 되냐 하면, 어쩌면 이것이 가장 큰 수가 될지도 모릅니다"라고 말했다.[27]

그와 동시에 기정사실을 구축해 가는 기시의 정치 수법은 전쟁으로 돌입하던 시대의 기억을 떠올리게 했다. 다케우치 요시미는 5월 19일에 심야 라디오로 강행 채결이 이루어졌다는 뉴스를 들은 뒤의 심정을, 23일에 이렇게 쓴다.[28]

나는 침상에서 나왔습니다. 더는 잠들 수가 없었습니다. 건강 때문에 삼갔던 술을 부엌에서 내와 혼자 마셨습니다. …… 이걸로 민주주의는 끝났다. 이제는 끝장이다, 라는 느낌이 우선 들었습니다.
민주주의가 끝나면 파시즘입니다. 파시즘은 장래의 위험이 아니라 눈앞의 현실이 된 것입니다. 파시즘 속에서 어떻게 살아가야 할까. 이것저것 생각이 복잡해질 뿐입니다. 어쨌든 태도 결정을 하지 않으면 안 된다. 나의 경우 망명은 안 되고, 국적 이탈도 안 된다.

굴욕과 회한으로 채워진 전쟁 시대를 살아간 사람들에게 강행 채결은 "파시즘 속에서 어떻게 살아가야 할까"라는 위기감을 주었다. 다케우치는 진지하게 망명을 생각한 뒤에 이것을 단념하고, 일본에 남아서 기시 정권과 싸우겠다는 각오를 정했다.

이렇게 전쟁의 기억을 상기한 사람이 다케우치만은 아니었다. 작가 노가미 야에코는 "이런 방식으로 가면 징병 제도의 부활, 혹은 전쟁까지도 다시 강행 채결될 것이라 생각하니 아연해진다"라고 말했다.[29] 또한 쓰루미 슌스케는 이렇게 말한다.[30]

…… 전시의 혁신 관료이며 개전 당시의 대신이기도 했던 기시 노부스케가 총리대신이 된 것은, 일본의 정신사가, 모든 것이 흐지부지하게 끝나 버리는 특수 구조를 가졌다고 생각하게 했다. 처음에는 민주주의자가 된 것처럼 실수 없이 행동했던 기시 수상과 그 유파는, 이윽고 자민당 절대 다수의 위에 서서 전전과 닮은 관료주의적 방법으로 돌아가 기정사실을 구축해 올리기 시작했다. 그것은 장작림張作霖 폭살爆殺 ― 만주 사변 이래 일본의 군부 관료가 거듭 국민을 상대로 성공해 왔던 방법이다. …… 5월 19일의 이 처치에 대한 분개는, 우리를 멀리 패전의 시점으로, 또한 더욱 멀리 만주 사변의 시점으로 단숨에 거슬러 오르게 만들었다. 나는 이제까지 확실히 파악하기 어려웠던 일본 역사의 모습이 하나의 점으로 응집한다고 느꼈다.

앞에서 말했듯이 기시는 관료적인 권위주의, 미국에 대한 종속, 전쟁 책임의 망각, 그리고 비열함이라는, 전후사상이 혐오해 온 모든 것을 갖추었다. 쓰루미는 "기시 수상만큼 멋지게, 쇼와 시대 일본의 지배자를 대표하는 자는 없다. 이보다 훌륭한 하나의 상징은 생각할 수 없다"라고 말하며, "일본에서 현재 벌어지는 일은 실질적으로는 패배 전에 일본을 지배했던 국가와 패배 후에 태어난 국가라는, 두 국가의 싸움이다"라고 주장했다.[31]

5월 19일의 강행 채결을 경계로 해서, 문제는 안보에 대한 찬반으로부터 '전전 일본'과 '전후 일본'이라는 '두 국가의 싸움'으로 바뀌어 갔다. 그리고 기시에 대한 항의만큼 전후 일본에 대한 애국심을 공공연히 표명할 기회는 없었다. 작가인 마쓰야마 젠조松山善三는 기시를 매국노라 표현했고 야나이하라 다다오는 기시에 대한 항의로써 "진정한 의미에서 나라를 사랑하며 국민을 사랑하는 자가 될 수 있다"라고 강연했다.[32]

시미즈 이쿠타로는 훗날 안보 투쟁에 대해서 이렇게 회상한다.[33]

······ 거의 모든 참가자가 전쟁을 알았다. 그들은 전쟁 전의 생활을 알고 전시 중의 생활을 알며 전후의 생활을 알았다. 머리로 아는 것이 아니었다. 전쟁 속을 겨우 간신히 살아왔던 것이다. ······ 돌아보면 누구의 과거에도 불안, 공포, 분노, 기아, 굴욕이 가득했다. ······ 전후 15년간 이런 경험들과 감정의 사적인 부분은 높고 밝은 무대에 오를 권리를 부여받았지만, 내셔널리즘을 포함한 부분은 어두운 구석으로 밀려났다. 전학련의 턱없는 ─ 사심 없는 ─ 행동으로 안보 투쟁이 하나씩 계단을 올라가면서 ······ 거기에 몸을 담근 경험과 감정을 자극하여 그것들에게 의도치 않은 표현의 기회를 주었다고 생각한다. 많은 사람은 오랫동안 말로 표현되지 못했던 낡은 경험과 감정을 "안보 반대"라는 외침에 맡긴 것이리라.

"돌아보면 누구의 과거에도 불안, 공포, 분노, 기아, 굴욕이 가득했다"라는 말은 과장이 아니었다. 전쟁과 패전 속에서 사람들은 죽음의 공포에 위협당하고, 가난과 기아에 시달리고, 무책임한 전쟁 지도로 육친을 잃고, 자기의 미래 설계를 파괴당하고, 살아남기 위해서 비굴한 행위에 손을 더럽혔다. 전후 15년을 거쳐 간신히 생활이 안정되기 시작하며 그런 상흔이 치유되려 한 시기에, 개전 조칙에 서명했던 전쟁 책임자가 악을 되살아나게 하는 폭거를 행했다.

그때 사람들은 전쟁의 기억을 상기하면서, 전후에 계속 품어 왔던 심정이 기시 노부스케라는 상징으로 응축되는 것을 느꼈다. 시미즈가 말했듯이 "오랫동안 말로 표현되지 못했던 낡은 경험과 감정"이 이제는 "표현의 기회"를 획득하려 했다.

그리고 전쟁 기억의 또 하나의 상징은 전사자였다. 5월 31일 도쿄대학에서 이례적인 전학 교원 집회가 열렸고 마루야마 마사오가 강연을 했다. 거기서 그는 기시 정권과의 싸움을 호소한 뒤 "마지막으로 한마디. 인민 주권의 위에 선 의회 정치는 우리 일본인들이 수백만 명의 피를 흘리고서 간신히 얻은 것이다"라고 강연을 끝맺었다.[34]

전쟁 기억의 상기는 굴욕과 회한의 상기로도 이어졌다. 5월 27일에 이루어진 좌담회에서 마루야마 마사오와 다케우치 요시미는 이구동성으로 "그때 내가 좀 더 이렇게 했으면 좋았을 것을"이라는 회한의 기억이 현재 "행동의 발조"가 되었다고 말한다.[35]

그리고 다케우치 요시미는 6월 2일에 분쿄 공회당文京公会堂에서 열린 집회에서 안보 투쟁 중에 널리 알려진 「네 개의 제안」四つの提案이라는 강연을 했다. 그 제안은 ①이제 문제는 안보에 대한 찬반이 아니라 "민주주의인가 독재인가"이다. ②기시 정권은 폭력을 썼지만 우리는 "폭력을 절대로 쓰지 않는다", ③"적이 외국의 힘을 빌리려 해도 우리는 빌리지 않는다", ④그리고 "나쁜 방법으로 이길 바에야, 이번에는 멋지게 져야 한다"였다.[36]

물론 이 「네 개의 제안」은 다케우치가 종래 지녀 왔던 사상의 연장선 상에 있었다. 아마도 그 속에서는 "불리함을 잘 알면서도 보복 수단을 쓰지 않았던" 중국공산당의 마약 정책이나, 표면적으로는 실패했기 때문에 장기적인 성공으로 이어진 신해혁명 등이 그려졌을 것이다. 그는 이 제안을 끝맺으며 이렇게 말한다.[37]

그러나 기시 씨 같은 사람이 나오는 뿌리 — 이것이 결국 우리 국민들의 마음속에 있는, 약한 마음에 있는, 의타심, 남에게 기대서 자기 일을 스스로 정하지 못하는, 결단이 안 되는, 그런 국민의, 우리들 한 사람 한 사람의 마음 밑바닥에 있는 — 숨겨진 곳의 그것을, 자기 스스로 바라보는 것조차 망설이는 약한 마음이, 그런 파시즘을 키운다는 것을 잊으면 안 됩니다. 진짜 적은 분명히 자기 마음에 있습니다. 스스로의 약한 마음에 채찍질을 하고 스스로 자기의 노예근성을 바라보고 그것을 몰아내는 괴로운 싸움이 이 싸움입니다. 국민 한 사람 한 사람이 눈을 떠 가는 과정이 우리나라 전체가 민주화되는 과정과 겹쳐집니다. ……

시간을 희생하고 돈을 희생하며…… 이런 행동을 하는 것은 큰 결실을 맺고자 하기 때문입니다. …… 그것은 제각기 이 싸움을 통해, 국민 한 사람 한 사람이 싸우고 나서 큰 지혜의 보따리를 자기 것으로 삼는 일입니다. 어떤 곤란이 닥쳐도 굴하지 않고 살아갈 수 있는, 언제나 생명의 샘이 솟아나는 것 같은 큰 지혜의 보따리를 각자가 자기 것으로 삼을 수 있도록 싸워 갑시다.

1960년 6월에 이 메시지는 큰 공감을 얻었다. 이제 사람들에게 기시 정권과의 싸움은, 전후 일본 및 자신의 안에 있는 부정적인 것과의 싸움이 되었다.

다케우치는 나아가 6월 12일 강연에서는 이렇게 말한다.[38]

부디 여러분도 각각의 자리에서, 이 싸움 속에서 자기를 단련함으로써 국민을, 자유로운 인간의 모임인 일본 민족의 집합체로 단련해 주었으면 한다. …… 나는 역시 애국이라는 것이 중요하다고 생각합니다. 일본 민족의 영광스런 과거에, 이전에 없었던 이런 비상사태에 접해서, 일본인의 전력을 발휘함으로써 민족의 영광스런 역사를 다시 쓴다. 장래를 향해 자손에게 부끄럽지 않을 행동, 일본인에게 부끄럽지 않은 행동을 취하는 이 싸움 속에서 여러분과 손을 잡고서 가고 싶습니다.

후에는 보수파로 돌아선 에토 준도 6월 초에 집필한 평론에서 기시 정권과의 싸움을 이야기하며 독자에게 " 만약 여기서 우리가 이기면 일본인은 전후 처음으로 자기 손으로 자기의 운명을 선택할 수 있게 된다 "라고 호소했다.[39]

새로운 사회 운동

5월 19일 이후 운동은 단숨에 고조되었다. 국회 주변은 연일 데모로 가득했고, 5월 20일부터 한 달간 모인 인원수는 그 이전 1년가량의 인원수를 웃돌았다. 6월 4일에 전후 최대의 교통 파업이 행해졌고 각지의 집회와 데모 참가자는 국민회의의 발표에 따르면 560만 명에 달했다.

이런 성황은 사전의 예상을 크게 넘어섰다. 다케우치 요시미는 " 한 번이라도 좋으니까 민중이 국회를 둘러싸 보았으면 좋겠다는 것이 그 무렵 활동가들의 꿈이었다. 설마 그 꿈이 이렇게 빨리 실현되리라고는 누구도 생각하지 못했음에 틀림없다 "라고 말한다.[40]

그러나 사·공 양당은 이런 성황을 조직할 역량과 준비를 갖추지 못했다. 그뿐만 아니라 이들 정당의 간부들은 자기 생각대로 되지 않는 운동의 에너지를 짓누르려는 경향마저 있었다. 총평의 이와이 아키라岩井章 사무국장은 " 여론을 자극하는 방법을 취하면 사회당의 표가 날아간다 "라고 신문에 말하며 " 당리당략? 당연한 것이 아닌가. 사회당이 민주 세력의 중심인 것을 "이라고 말했다.[41] 공산당은 운동을 반미 민족 투쟁의 방향으로 이끌려고 노력했고 국회 주변을 채운 데모대를 종종 미국 대사관 쪽으로 유도하며 지도에 따르지 않는 전학련 주류파를 호되게 비판했다.

사·공 양당의 자세는 사람들의 반발과 냉소를 불렀다. 다케우치 요시미는 " 집회에 나가 보고, 기성 지도자들의 판에 박힌 선동 연설에, 대중이 얼마나 식상해하고 불감증이 되었는지 알게 되었다"라고 썼다.[42] 젊은 정치학자였던 이시다 다케시는 6월 2일에 이루어진 좌담회에서 "국민 측은 더 이상, 종래의 모든 조직을 신용할 수 없다. 무엇인가 직접 자기 의향을 반영할 수 있는 형태를 찾는다"라고 말한다.[43]

이런 상황 속에서 기존의 정당이나 노조와는 다른 조직들이 나타나기 시작했다. 그것은 조직이 사람들을 동원하는 것이 아니라, 사람들이 자기의 표현 수단으로서 조직을 만드는 움직임이었다.

예를 들어 젊은 정치학자였던 시노하라 하지메篠原一는 당시의 좌담회에서 5월 24일에 학자와 문화인이 청원 데모를 했을 때의 일화를 든다. 이때 청원 대표단이 수상 관저에 들어간 사이에 밖에서 기다리던 학자들이 '통일행동회의'統一行動会議를 만들어버렸고, "밖으로 나온 대표단은 그런 것이 만들어졌냐고 약간 당황했다"라고 한다. 이시다 다케시는 이것에 응하여 "조직을 아주 싫어했던 층이 20일의 사건 이후에는 자기들끼리 조직을 만들지 않으면 안 된다고 생각하게 되어, 아마추어이지만, 새로운 조직 형성의 방법을 자기 스스로 만들어 왔다"라고 말한다.[44]

정치학자 후쿠다 간이치의 말에 따르면 그것은 "조직을 밖에서부터 주어지는 것으로 받아들이는 입장"에서 "조직은 자기가 만드는 것이라는 의식"으로의 변화였다.[45] 거기서는 패전 직후의 '정치와 문학' 논쟁 이래로 논의되었던 개인과 조직의 모순이 어느 사이엔가 해소되어 있었다. 기존의 조직이 불만이라면 자기들끼리 조직을 만든다는 움직임이 시작된 것이다.

5월 27일 좌담회에서 마루야마 마사오는 "이제까지 목적의식은 언제나 자기가 만들어간다기보다, 어딘가에서 가져와서 주어지는 것이었다. 그것이 금번에는 산산조각이 나서 날아가 버렸다. 그것은 어떤 의미에서는 좋은 일이 아닐까"라고 말한다. 공산당이나 사회당의 강령이라는 의사擬似 프로그램을 넘어서서 "기존의 혁명적인 조직과는 어떤 관계도 없는 모든 곳에서 분노와 행동이 폭발하고 있다"는 "혼미混迷 속에서 민주

주의가 정착하기 시작했다는 징후를 본다"라는 것이었다.[46]

　무엇보다 사람들은 기존 조직의 뻔한 슬로건에 질려 있었다. 학도병 출신인 야스다 다케시는 "전후 15년에 '전쟁으로 이어진다'라는 캐치프레이즈는 오랫동안 써서 낡아 빠졌다"라고 말하며 "혁신 정당과 조합 등의 전단지 문구가 언제나 똑같이 그게 그것인 호소를 반복하는 점은 문제다"라고 평했다.[47] 어느 대학의 조교는 "지금의 운동은 무엇이든지 완전히 새로운 것뿐입니다. 포스터 하나, 전단지 하나를 만들 때도 전에 쓰던 뻔한 문안을 조금 손보는 식으로는 안 된다"라고 말한다.[48] 이런 안보 투쟁에서는 "지금까지의 틀에 박힌 운동 방식이 아니라 자기들이 생각한 운동 방식"이 출현했다.[49]

　그 하나가 젊은 예술가들과 작가들이 모인 젊은 일본의 모임若い日本の会이었다. 5월 30일에 열린 이 모임의 집회 초청장에는 에토 준, 아사리 게이타浅利慶太, 이시하라 신타로, 오에 겐자부로, 가이코 다케시開高健, 다케미쓰 도오루武満徹, 데라야마 슈지寺山修司, 다니카와 슌타로谷川俊太郎 등, 당시의 20대 신진작가들이 나란히 이름을 올렸다.[50] 그리고 이 모임의 특징은 지도부도 강령도 없는, 회원 각자의 자발적인 모임이라는 점에 있었다. 대표였던 에토 준은 모임의 성격에 대해 이렇게 말한다.[51]

이름이 없으면 폼이 안 나니까, 시인 다니카와 슌타로 씨가 생각해 낸 것이 '젊은 일본의 모임'이라는 이름이지만, 그런 '조직'이 항상 있는 것이 아니라, 다섯 명 모이면 다섯 명이, 50명 모이면 50명이 이 모임의 회원이다. …… 모임을 보살필 인간은 필요하지만, 그것도 하겠다는 사람한테 맡기자. 돈은 모인 회원이 낼 수 있는 만큼 낸다. 많이 모이면 그만큼 운동을 확대할 수 있다. 많이 모이기 위해서는 입에서 입으로 전해지는 것이 제일 좋다. 50명이 각각 세 명에게 전달하면 150명의 시민이 모인다. …… 강행 안보 채결 불승인이라는 공통의 목적을 위해 다성부의 푸가fuga 속에서 한 파트를 나누어 맡을 수 있을 것이다.

이런 모습은 훗날 새로운 사회 운동 및 네트워크 조직 등으로 불리는 형태의 효시라고 할 수 있었다. 에토에 따르면 회원의 "정치적 사고방식은 각양각색"이며 "데모도 그럭저럭 괜찮지만 이렇게 자발적으로 모였으니 그 이외의 표현, 데모라고 해도 으샤으샤만이 아닌 표현이 있을 것이라고 생각하는 자가 대부분이다"라고 한다. 그리고 "반권력 운동에는 다양한 방법이 가능하다. 노동가를 모르는 인간도 정치적 요구는 있다"라면서 "이런 사람들의 목소리가 제창이 아니라 다성부의 복잡한 푸가와 같은 형태로 노동자, 학생들의 목소리와 조화를 이룰 때, 비로소 정치와 생활 사이의 넘기 힘든 단층이 채워지는 것이 아닐까"라고 말했다.[52]

실제로 당시의 국회 주변은 각지에서 모여든 각종 그룹이 내건 다양한 현수막과 깃발로 채워져, 다성부의 복잡한 푸가 같은 양상을 보였다. 거기에는 학생과 노조원의 데모만이 아니라 극단원과 작가의 대열, 대학 교수 청원단, 가게의 상점 깃발을 드리운 소상점주의 데모대, 그리고 "왕골 깃발을 든 농민, 목탁을 두드리는 불교도, 아이를 데리고 나온 여자들" 등이 모여 있었다.[53]

사회학자 히다카 로쿠로는 안보 투쟁의 특징으로 참가자의 다양함을 들었다. 즉 "상대는 민주주의의 파괴자로 권력주의자 일색이며 우리 편은 다채다색多彩多色이다"라는 것이다. 그리고 이것은 "전쟁 전에 반동 진영이 천황주의자부터 사회 민주주의자 등까지 끌어들여서, 최후에는 저항할 자가 오직 공산주의자 일색이었던 점과 반대 관계가 된다"라고 말한다. 이런 가운데 "대중 운동은 단일적 중심부의 존재가 오히려 유해한 단계"로 들어갔다는 것이다.[54]

자발적인 조직 만들기 속에서 사람들의 의식도 변화했다. 다케우치 요시미는 운동이 확산되어 가는 가운데 "학생들에게 학문에 대한 목마름이 나타나기 시작했다"라는 점을 찾아냈다. 그때까지는 배움의 목적을 갖지 못한 채로 대학에 다녔던 학생들이, 데모에 참가하는 방식을 둘러싸고 연일 토의를 거듭하는 가운데, 사회의 구조나 정치 경제에 대한 관심을 품기 시작했다. 그 모습을 다케우치는 "그들은 수동적인 자세로부터 탈각해 갔다. 적극적으로 지도指導를 구하고 자주적으로 연구 의욕을 불태우게 되었다"라고 표현하며 "이 운동이 얼마나 큰 교육 효과를 올리고 있는지 가늠하기 어렵다"라고 말했다.[55]

그리고 다케우치에 따르면 공통된 목표로 엮인 가운데 "교사와 학생 사이의 울타리도 날마다 무너져 갔다"고 한다. 게다가 "다른 기관과의 융화도 진전되었다. 사람들이 이웃 사람에게 친절해지고 시간을 지키게 되었으며, 적극적으로 책임을 지게 되었다." 무엇보다도 그것은 "우리의 운동이 건설의 사업이기 때문이다."[56]

6월 3일 데모 후의 거리를 취재한 라디오 방송 기자는 "여기에는 도회의 서먹서먹한 '개인'이 없다. 20~30명의 시민들이 자기가 목격한 사건에 대해서 완전히 자연스럽게 이야기를 나누고, 토론하고 있다"라고 보도한다. 어느 은행의 사례로는 그때까지 "각자 생각한 것을 묵묵히 숨긴 채 아무 말도 하지 않는" 상태였던 여성 행원들이, 안보에 대해서 "둘이 이야기를 하고 있으면 거기에 또 두세 명이 더해진다"라는 현상이 발생했다.[57]

사람들의 이런 연대를 뒷받침한 것은 기시 정권에 대한 항의와 공통 체험으로서의 전쟁 기억이었다. 패전으로부터 15년째였던 당시는 20대 젊은이들도 전쟁을 알았다. 6월 3일 니혼바시日本橋에서 백화점노조가 주최한 안보 연구회에는, 주최자의 예상을 넘어서 젊은 여성 사원들이 다수 모였다. 그리고 그녀들의 이야기는 안보 문제부터 "소개 아동으로서 겪었던 괴로움, 미망인이 된 어머니의 괴로움" 등 "자연히 전쟁 체험으로 이어져" 갔다고 한다. 당시의 보도는 안보를 계기로 해서 사람들 사이에 전쟁의 기억이 "갑자기 생생하게 되살아났다"라고 말한다.[58]

이런 연대감 속에서, 고립된 운동가가 품기 쉬운 비장감이나 영웅주의가 사라져 갔다. 6월 4일 교통 파업에 대한 보도는 "어느 얼굴도 험상 궂지 않고, 오히려 밝다. 쉼 없이 터져 나오는 박수, 노랫소리", "지극히 당연한 것이 이루어진다는 산뜻한 밝음"을 전한다.[59] 다케우치 요시미도 같은 날 데모의 모습을 두고 "히스테릭한 기 쓰기"나 "적당히 넘어가는 기세나, 해이한 뇌동성雷同性이 거의 보이지 않는다"라고 평했다.[60]

데모 그 자체도 종종 다양하고 평온한 분위기로 이루어졌다. 다케우치 요시미가 본인의 동네에서 참가했던 무사시노모임むさしの会이라는 서클이 데모를 했을 때, 가메이 가쓰이치로는 "나는 데모가 싫다"라고 발언했다. 다케우치는 마루야마 마사오와 데모에 참가했지만 "집단행동에 적합한 사람과 적합하지 않은 사람이 있다. 슈프레히코어sprechchor(무대에서 많은 사람들이 하나의 대사를 낭송하는 무대의 표현 형식-옮긴이)가 강제되는 듯한 분위기는 나도 싫다"라고 생각하여, 가메이의 불참을 허용했다. 그리고 데모는 "젊은 사람들은 노래를, 정당원은 슬로건을 각각 높이 외쳤지만 우리들은 피크닉 기분으로 잡담"하며 이루어졌다고 한다.[61]

히다카 로쿠로는 "전후 15년을 지나, 거의 상상할 수 없었던 일이 실현되었다"라고 말하며 이렇게 쓴다.[62]

거리에서 데모대를 맞이하면 서로 교환하는 눈빛은 분명했다. 자기 스스로 데모대에 들어가면…… 연대적 감정이 퍼져 갔다. 어느 부정형不定形의 사상·감정이 천천히…… 정형의 사상·감정으로 결정結晶되어 갔다. 그 결정화되는 느긋한 시간은 아름다웠다. ……
예를 들어 6월 4일. 그날 오후는 신바람 나는 축제 기분의 표정이었다. 자신과 긍지가 축전祝典이 되었다. …… 교류가 쑥스러움을 부수고 깊어진다. 빌딩 7·8층의 창문이 열려, 손을 흔들고, 박수가 들린다. 연인 사이의 번개와 같은 감정이 지상과 하늘을 잇는다. 나는 밤의 데모 속에서 가만히 눈물을 훔친 백발의 교수를 알고 있다. 그 무렵에는, 때로 가게의 여주인들이나 회사에서 귀가하는 샐러리맨들이 데모대의 뒷편에, 가벼운 기분으로 참가하는 광경이 보였다……

고양된 분위기는 날이 갈수록 진전되었다. 5월 26일 시점에서는 데모에 참가한 구노 오사무가 "역시 안 되겠다. 일본이 아닌 다른 나라에서는, 길을 걷던 사람들이 들어올 텐데, 그런 일은 없네"라고 평했다.[63] 그러나 6월 4일에 화가 고바야시 도미小林トミ의 발안으로 "누구든지 들어올 수 있는 목소리 없는 목소리의 모임"이라는 현수막을 들고 걷기 시작하자, 도로의 양쪽에서 사람들이 가담하여, 처음에 두 명이었던 것이 300명으로 늘어났다.

다케우치 요시미는 6월 4일 데모를 보고 "연령과 복장은 각양각색이고, 신앙과 사상도 다양할 것이 아마도 틀림없다. 단지 하나, 독재자를 용서할 수 없다는 결의가 공통된, 그렇게나 많은 인간의 집단"에 대해서 "국민적 연대의 이미지가 현실화되어 눈앞에 있다"라고 표현했다. 다케우치에 따르면 이런 연대에 참가하는 것은 과거 맛본 적이 없는 "지속되는 경건(?)한 감정"이며 "일개 병졸이 아니다. 부대장도 아니다. 말하자면 사령관이나 참모는 아니다. 단지 불가사의한 연대감이 자기를 지탱해 주는" 것이었다.[64]

이런 연대 속에서 일개 병졸이나 사령관이라는 피라미드형 조직은 의미를 잃었다. 소속 집단에 따라 타자에게 정체성을 부여하고 분류하는 습관도 사라졌다.

예를 들어 "누구라도 들어갈 수 있는 목소리 없는 목소리의 모임"의 행진에 참가했던 모로사와 요코両沢葉子는 지나가는 남성에게 "이것은 어디의 데모입니까?"라는 물음을 받고 "어디의 데모도 아닙니다", "누구라도 자유롭게 들어올 수 있는 데모예요. 우리도 아까 도중에 참가했습니다"라고 답했다. 모로사와는 서로 얼굴도 몰랐던 사이이면서 함께 걸어가는 데모의 참가자를 "알지 못하면서도 혈족의 친근함을 품은 사람들"이라고 표현하고 "데모 속에서 나는 고독을 느끼지 않았다"라고 말했다.[65]

쓰루미 슌스케는 안보 투쟁 속에서 그때까지의 좌익 운동에서 일어나기 쉬웠던 "누구는 누구 라인이라던가, 부하린주의Bukharinism라거나, 프래그머티즘이라거나, 트로츠키주의라는" 딱지를 붙이는 관습이 사라진데 대해 "기묘한 상황", "이게 진짜인가"라는 놀라움을 표현했다.[66] 쓰루미는 이어서 이렇게 쓴다.[67]

…… 처음 만난 사람이라도 10, 20년 알고 지내던 사람처럼 용건의 중심부터 이야기를 시작하는 것은 보통이 되고 있다. …… 아직 조직이 없으니까, 그것을 만드는 데에 참가하는 누군가가 개인의 이름을 기억해 둘 수밖에 없다. 그것도 그 개인이 조직의 회장이나 이사 같은 것이 아니라, 평회원으로 참가했을 뿐인데도 연락의 상대로서 부족함이 없다. …… 누가어느 모임의 간부가 된다는 것은 중요하지 않으며, 적극적으로 관심을 갖는 한 명의 평회원이 스스로 기획하고 모임을 소집하거나 성명을 기초하는 일이 가능해졌다. ……
한편으로는 조직의 시대이면서 또 한편으로는 이만큼 개인에 의존하는시대는 많지 않았다. 모든 것이 재빠르게 개인으로부터 개인으로의 전달로 움직이며, 정부 측에서는, 어떤 목적을 가진 어떤 그룹이 기시 반대 운동을 하는지 이해할 수 없었다고 한다.

조직이 차례로 발생하는 것과 개인이 자발성을 갖는 것은 모순되지 않을 뿐 아니라 서로를 고조시키는 관계였다. 같은 상황을 다케우치 요시미는 "완전한 정보를 얻고자 하면 상황에 뒤처진다", "전체를 파악할 필요가 없다. 부분에 전체가 대표되어 있다"라고 표현했다.[68] 이런 가운데 단일한 중심을 지닌 기존 조직은 의미를 잃고, 땅속줄기가 생각지도 못한 곳에 싹을 틔우듯이 수많은 조직들이 새롭게 출현했다.

보수 측도 혁신 측도 기존 조직의 지도자들은 이런 상황에 당혹해 했다. 혼란에 빠진 그들은 자기가 이해할 수 없는 조직에, 기존의 분류 틀을 끼워 맞추려 했다. 기시 수상과 자민당 간부는 일련의 운동이 모두 "국제 공산주의의 음모"라는 표현을 남발했다. 공산당도 자기들의 지도를 넘어

1960년 6월 18일 일본 국회 의사당 앞에서 열린 안보 데모

서 퍼져 가는 운동에 대해 "트로츠키주의자", "도발자", "미 제국주의의 스파이"라는 딱지를 붙였다.

운동의 참가자들은 그런 대응을 냉소했다. 다케우치 요시미는 "국제 공산주의의 음모라는 설이 진지하게 논해지는 한편으로, 전학련 주류파의 요요기 데모를 미 제국주의의 앞잡이라고 단정하는 구태의연한 『젠에이』의 퇴폐가 서로 균형을 이룬다. 이런 진부한 대사는 이제 질렸다는 민중의 '목소리 없는 목소리'声なき声가 실은 혁명의 주체다"라고 말한다.[69]

원래 "목소리 없는 목소리"라는 말은 기시 수상이 5월 28일 기자 회견에서 "나는 '목소리 없는 목소리'에도 귀를 기울이지 않으면 안 된다고 생각한다. 지금은 '목소리 있는 목소리'뿐이다"라고 말한 데서 시작되었다.[70] 기존의 분류 틀을 통해서만 인식하는 통치자의 말을 역전시킨 명명이 '누구든지 들어올 수 있는 목소리 없는 목소리의 모임'이었다.

통치자의 예상을 넘어선 운동의 속도는 과학 기술로도 촉진되었다. 그 하나가 당시로서는 최신 의사소통 기술인 전화였다. 쓰루미 슌스케는 당시의 수기에서 "전화가 이만큼이나 도움이 되리라고는 지금까지 생각해 본 적도 없다", "모르는 사람에게 전화를 걸어도, 전화 한 통으로 즉시 작업이 추진된다"라고 말한다.[71]

1960년에 전화는 예측하지 못한 급한 용무 외에는 거의 사용되지 않던 미디어이며, 처음 보는 사람에게 전화로 업무를 의뢰하는 것 등은 비상식적인 일로 여겨졌다. 그러나 쓰루미에 따르면 목소리 없는 목소리의 모임이 "지금까지의 군가 같은 데모 노래"와는 다른 노래를 부르고 싶다고 생각해서, 일면식도 없는 작곡가 나카다 요시나오中田喜直에게 심야에 전화를 걸어 의뢰하자, 나카다는 흔쾌히 승낙하고 하루 만에 곡을 만들어서, 그 다음날에는 데모에서 노래를 불렀다고 한다. 쓰루미는 "'전화로 실례합니다만'이라는 인사말은 5월 19일을 경계로 우리들 사이에서는 사라져 가는 것이 아닐까"라고 말한다.

새로운 기술의 보급으로 항의의 표현 수단도 다양해졌다. 등사판 인쇄기의 보급으로 각지의 조직은 기존 조직에게 의지하지 않고서도 전단지 등을 만들 수 있게 되었다. 또한 마루야마 마사오는 "시민이 사회·정치적 관심을 표현하는 방법이 거의 데모로 대표되고, 투서나 항의 전보처럼 혼자서도 할 수 있는 방법이 아직 활용되지 않았다"라고 말하며 새로운 미디어를 이용한 표현을 제언했다.[72]

애초에 강행 채결의 뉴스를 침투시킨 것은 당시의 새로운 미디어였던 텔레비전이었다. 전년의 황태자 결혼으로 텔레비전 보급률은 30퍼센트를 넘어서 있었다. 말하자면 안보 투쟁은 사람들이 국민적인 수준에서 텔레비전 중개로 접한 첫 정치적 사건이었다.

예를 들어 에토 준은 5월 19일의 강행 채결에 대한 텔레비전 보도로 경관대와 "일당 2,000엔(거기다 도시락 추가)으로 고용된 의원 비서라 칭하는 폭력단"에게 사회당 의원들이 "밟히고 차이면서 끌려 나가는 광경"을 목격하고, 자기 자신이 "우롱당하고 모욕당하는 것처럼 화가 났다"고 말한다.[73] 정부가 어떤 성명을 내더라도 채결의 실태는 텔레비전을 보면 일목요연했다.

게다가 방송 기자재의 경량화가 실황 중계라는 표현 수단을 가능케 했다. 6월 15일 국회 주변의 데모를 취재했던 라디오 간토ラジオ関東는 최루탄의 작렬음과 사이렌 소리, 경관의 "검거해라"라는 목소리와 뒤섞여서, 아나운서가 눈물 어린 목소리로 "방송 중입니다만, 경관대가 제 머리를 때렸습니다"라는 실황 중계를 해서 많은 반향을 불렀다.[74]

오사카에 살던 주부인 이소가이 마코磯貝真子는 당시의 텔레비전 방송에 대해서 이렇게 회상한다.[75] "나는 오사카에서 국회를 휘감은 대군중을 보았다. 데모대에게 덤비는 우익, 경관대에게 얻어맞아 피를 흘리는 사람들, '목소리 없는 목소리'의 평온한 행진, 거리의 작은 상점의 파업. 나를 포함한 수백만 명의 사람들이 자신의 눈으로 보고 솔직하게 느낄 수 있었다. 내가 이러고 있을 때, 몸을 던져 싸우는 사람들이 있다는 것이 마음에 켕겨서 더욱 뜨거워졌던 것일지 모른다." 텔레비전은 공간적인 거리를 넘어서 상상의 공동체를 만들어 냈다.

　게다가 당시의 텔레비전은 개인이 각자의 방에서 보는 미디어가 아니었다. 쓰루미 슌스케는 5월 22일 일기에 "텔레비전을 보러 다녀왔다"라고 쓴다.[76] 텔레비전을 소유하지 않았던 70퍼센트에 가까운 세대의 사람들에게, 텔레비전은 길거리나 식당, 혹은 이웃집 등으로 외출해서 보는 것이었다. 텔레비전을 소유한 세대라 해도 거실에 놓인 텔레비전 한 대 앞에 온 가족이 모여서 방송을 보았다. 그것은 거기 모인 사람들 사이에 종종 공통된 관심과 논의를 일으켰다. 텔레비전은 사람들을 분단시키는 미디어가 아니라 사람들을 이어 주는 미디어로 기능했다.

시민의 등장

그리고 안보 투쟁은 시민이라는 말이 적극적인 의미를 지니고 정착하게 된 계기이기도 했다. 목소리 없는 목소리의 모임 전단지는 다음과 같이 외친다.[77]

시민 여러분, 같이 걸읍시다
5분이라도 100미터라도 같이 걸읍시다
각별히 훌륭한 의견이 있는 것도 아니고
주장을 내세울 큰 목소리도 없는 우리들입니다만
"목소리 없는 목소리"에도 무엇이 올바른지를 알아보는 분별은 있으며
부당한 정치에 항의하는 의지가 있다는 것을
같이 걸으면서 조용히 보여 줍시다
일하느라 매일 바쁘고, 거기다가
데모 참가 같은 것은 쑥스럽지만
지금, 여기서 우리들이 포기하고 입을 다물어 버리면
일본은 언제까지나 좋아지지 않습니다

언젠가 우리의 아이들에게 "그때 다들 뭐 했어?"라고
질문받아도 부끄럽지 않을 정도의 일은 해 두고 싶습니다

구노 오사무 등 일부 지식인 사이에서는 1950년대 후반부터 '시민'
이라는 말을 긍정적인 의미로 사용하는 움직임이 있었다. 그러나 시민을
프티 부르주아와 동의어로 보는 공산당 주변의 인식은 뿌리가 깊었고, 이
말 자체가 일반적이지 않았다. 그러나 안보 투쟁 속에서 공산당의 권위가
실추되고 노동자나 농민에 의존했던 기존 조직으로부터 독립된 운동이
퍼지기 시작했을 때, 여기에 참가하는 사람들을 표현하는 말로서 시민이
사용되어 갔다.

이런 시민은 안보 투쟁 속에서 나타난, 자립과 연대가 동시에 실현되
는 상태를 표현한 말이었다. 정치학자 후쿠다 간이치는 당시의 좌담회에
서 개인이 자발적으로 조직을 만들고 연대를 낳는 감각이 안보 투쟁에서
생겨났다고 말하고 "궁극적으로는 일인 일당一人一黨이 된 것이며, 그것
이 시민 정신이다"라고 말했다. 에토 준도 자립과 연대를 겸비한 새로운
시민적 운동의 필요성을 주장했다.[78]

이런 시민이 기존 조직에서 독립된 상태를 표현한 말이 무당파無黨派
였다. 쓰루미 슌스케는 "총평도 공산당도 사회당도 국민회의도, 거대 조
직의 간부는 지도력을 잃고, 회원들의 감정과 사상은 조직의 자리를 넘어
서 국민적 규모를 지닌 무당무파無黨無派의 흐름을 향해 흘러가고 있다"
라고 말하며, 목소리 없는 목소리의 모임에 모인 사람들에 대해 "자유롭
게 모인 시민들이 자기들 스스로 새롭게 질서를 만들 수 있다는, 인민 정
부의 한 모형을 거기서 보는 듯한 기분이 들었다"라고 평한다.[79]

쓰루미가 여기서 쓴 "무당무파"라는 말도, 당시에는 그리 사용되지
않았다. "무당파층"이라는 말이 신문의 표제 등에 정착한 것은 1977년이
라고 여겨진다.[80] 그때 이 말은 "지지정당 없음"이라고 회답하는 사람들
에, 정치적 무관심층을 포함해서 표현하게 되었다. 그러나 1960년에 쓰

루미가 "무당무파의 시민"이라는 말을 썼을 때는 다른 의미를 나타냈다.

그리고 이런 시민은 내셔널리즘과 모순되는 존재가 아니었다. 후쿠다 간이치는 앞에서 말했듯이 시민 정신을 상찬하면서 "일본 국민이 처음으로 국민으로서의 책임에 나섰다", "실로 국민 국가 일본의 원리적 탄생을 예고한다"라고 말했다.[81] 역시 젊은 정치학자였던 사카모토 요시카즈는 좀 더 직접적으로 "안보에 대한 도전이라는 형태로, 일본 역사에서 데모크라시와 내셔널리즘이 처음 손을 잡았다"라고 주장했다.[82]

그런 반면에 프티 부르주아라는 종래의 어감에서부터, 시민이라는 말에 대한 위화감을 이야기하는 사람도 있었다. 히다카 로쿠로는 당시 "'시민'이라는 말에서 우리가 받는 느낌에는, 당연히도 독립독보独立独歩라는 뉘앙스가 있다. 그것은 중요하지만, 민중이 데모를 하고 노동자가 파업에 들어가는 때에 느끼는 것은, 독립된 개인이 일어서는 것과 동시에, 강한 연대감이라고 생각한다"라고 말하며, "이것을 가리키는 말이 없다. 아무래도 '시민'이라는 말은 전부 표현하지는 못한다"라고 주장한다.[83]

이런 히다카에 대해 후쿠다 간이치는 "일본어에서 쓰이는 '시민'이라는 말에는 두 가지 계통"이 있다고 말하며, 마르크스주의에서의 프티 부르주아와 프랑스 혁명으로 출현한 시투아앵이 모두 시민이라고 호칭되는 점을 지적한다. 그리고 후쿠다에 따르면 시투아앵은 "독립된, 게다가 연대감을 가지고 있는" 상태이며 "일본의 경우 시투아앵에 상당하는 것은…… 국민이라고 할 수 있다"라고 했다.[84]

마루야마가 종래부터 주장했듯, 프랑스 혁명에서 출현한 시민이 동시에 내셔널리즘의 담당자이기도 했다는 것은 정치사상의 상식이었다. 따라서 히다카와 후쿠다 간 시민관의 대립은, 마르크스주의의 영향을 받은 사회학자 히다카와 프랑스 혁명형의 국민주의를 긍정하는 정치사상사가 후쿠다의 차이라고 도식적으로 정리하는 것도 가능하다.

그러나 1960년에 시민이라는 말이 대두한 것은 사상의 변화라기보다는 오히려 언어 체계의 변화였다. 예를 들어 도쿄대 이학부 교수였던 다카미야 아쓰시高宮篤는 국회 해산을 요구하는 전학 교원 집회의 성명에 많은 서명이 모인 이유를 이렇게 설명한다.[85] "조금 예스러운 말로 하자면 누구나 모두 국사國事를 걱정했다는 것, 새로운 표현에 따르자면 사회인, 시민으로서 정치에 대한 책임의 지각이랄까"라고.

즉 여기서의 우국과 시민은 모두 같은 심정을 표현한 말이었다. 거기에는 "예스러운 말"과 "새로운 표현"의 차이만 있었다. 그리고 후쿠다도 히다카도 눈앞에 전개되는 현상과 그들을 사로잡은 심정을 표현하는 말을 모색하면서, 시민이라는 말에 미묘한 위화감을 섞어 가며 사용했다.

이런 심정은 패전 직후라면 무사도나 메이지라는 말로 표현되었을지도 모른다. 실제로 안보 투쟁의 와중에도 메이지를 표현 수단으로 삼은 예는 존재했다. 시노하라 하지메는 안보 투쟁을 "쇼와의 민권주의, 호헌 운동이다"라고 표현했으며 다케우치 요시미는 5월 25일에 "나는 메이지의 피를 잇고 있으므로, 가슴속에서 스스로에게 외치는 목소리를 듣는다. '각자 한층 더 분려奮勵 노력하라!'"라고 쓴다.[86]

그리고 다케우치 요시미도 시민이라는 말에 위화감을 포함하며 사용한 사람 중 하나였다. 그는 안보 투쟁에 대한 강연에서 이렇게 말한다.[87]

여기에 시민이라는 말을 썼는데…… 나는 실은 이 말을 선호하지 않는다. 버터 냄새가 나는 점과 오해를 받을 우려가 있다는 점이 그 이유다. 가능하면 다른 말을 쓰고 싶은데, 적당한 것이 생각나지 않아서, 일단 사용하는 것이다. ……

시민이라는 말은 친숙해지기 어렵다. …… 농촌에서 '시민'은 통용되지 않는다. 그것을 무리하게 통용시키려는 것은 아니지만, 그것을 대신할 말이 없으니 곤란하다. 일본의 사정으로는 독립과 균질과 연대의 어감을 포함한 개인을 의미하는 말이, 시민을 넘어서서 인민으로 정착할지도 모르지만, 그렇게 되더라도 그것은 미래의 이야기이며 지금은 아직 인민이라고 말하면 이상하다. 그래서 할 수 없이 시민이라고 부른다.

1950년대라면 "독립과 균질과 연대의 어감"은 '민족'이라고 표현되었을 터였다. 그러나 안보 투쟁에서는 공산당이 민족 독립과 반미 애국이라는 구호를 연호하며 데모대를 미국 대사관 쪽으로 유도하고, 자기 당의 지도에 따르지 않는 세력을 트로츠키주의자, 미제의 앞잡이 등으로 비난했다. 그렇기 때문에 전학련 주류파 등은 민족이라는 말에 반발하며 "우리의 싸움은 (민족 독립 투쟁이 아니라) 기시 자본가 정부에 철두철미하게 주요 타격의 방향을 맞추어야 한다"라고 주장했다.[88]

당시 학생으로 전학련 주류파의 데모에 참가했던 비평가 가라타니 고진은 시간이 지난 후에 이렇게 말한다.[89] "당시의 학생 운동은 '세계 혁명'을 주창했습니다만, 나는 그것은 본질적으로는 민족주의적인 운동이었다고 생각합니다. 단, 그 말이 사용되지 않았습니다. 그렇다기보다는, 사용할 수가 없었습니다. 어찌되었든 간에 민족이라는 말을 휘두르는 체제와 반체제의 사이에 있었기 때문입니다." 이런 사정이 민족에서의 이탈과 공산당이 기피했던 시민의 채용이라는 언어 체계 전환이 이루어진 배경이 되었다.

본래 안보 투쟁에 포함되었던 민족주의는 공산당이 외치는 반미 애국과는 달랐다. 사람들은 미국의 권위에 종속적이면서 일본의 민중에게는 권위적이었던 기시 정권의 자세를 혐오했지, 미국 그 자체를 증오하지는 않았다. 앞에서 말했듯이 『도쿄신문』의 사설은 기시를 "호랑이의 권위를 빌린 여우"라고 표현했는데, 여기서는 "여우의 퇴진과 호랑이처럼 굴지 않는 아이크의 태도"를 요청했다.

그런 기운은 데모의 모습에도 반영되었다. 쓰루미 슌스케는 이렇게 쓴다.[90] "내가 눈을 의심할 정도로 놀란 것은, 전학련 주류파가 긴장된 분위기로 버티기 데모를 했던 시나가와 역 플랫폼을, 6월 4일 총파업일 새벽 무렵에 UP의 미국인 기자가 아무렇지 않게 걸어 다닌 점이다. 1952년 피의 메이데이 무렵, 일본공산당에 휘둘리며 '그 기름 긴 백귀百鬼 놈들을 다시 바다 속에 처넣자'(『아카하타』)라고 목소리를 높이던 시대와는 완전히 다른 상황을, 가장 급진적인 학생들이 만들어 냈다."

그리고 안보 투쟁의 구호 중 하나는 "민주주의를 지켜라"였다. 이 당시 기시 정권도 민주주의의 옹호를 주창했지만, 그 민주주의는 형식적인 의회 정치와 다수결을 가리키는 말이었고, 강행 채결의 결과를 정당화하는 것이었다. 그러나 운동 측은 그것과는 달리, 민주주의라는 말을 "독립과 균질과 연대의 어감"을 표현하는 수단으로 사용했다.

예를 들어 다케우치 요시미는 앞에서 언급한 「네 개의 제안」에서 민주주의 옹호를 주창했는데, 당시의 강연에서 "민주주의란 무엇이냐고 하면, 이것은 결국, 우리 인민의 자유라고 생각합니다", "자기의 행위를 남에게 명령받고 남이 나를 움직여서 하는 것이 아니다. 자기의 일은 자기가 한다. 타인의 지배는 받지 않는다. 그뿐이라고 생각합니다"라고 강조한다. 다케우치에 따르면 "자발성이 점점 높아져서, 그만큼 연대감과 정치의식도 깊어져" 가는 상태, "깊은 곳에서부터 솟아나는 국민의 활력이라는 것"을 "뭐라고 이름 붙일까 할 때, 그것을 민주주의라 이름 붙였다"라고 한다.[91]

나아가 다케우치는 당시에 이렇게 말한다.[92]

고백하자면 나는 실은 민주주의를 그다지 신뢰하지 않습니다. 전후 민주주의라는 것, 민주주의라는 말이 유행할 때, 애초에 그 말을 하는 것이 부끄러워서 거의 입에 올린 일이 없습니다. 잘난 사람이 민주주의라는 말을 하면, 무엇인가 의심스러워진다. …… 때문에 그 녀석은 파시스트다, 내셔널리스트다, 라는 식의 평가도 받았습니다. 그러나 그 5월 19일을 경험하고서, 그 시점에서 생각한 것이 무엇이냐고 하면, 지금이야말로 기회다. 적이 저만큼이나 민주주의를 입에 올리면서 지금 그것을 버려 버렸다. 지금이야말로 우리가 그것을 줍자.

이전까지 다케우치는 독립과 균질과 연대의 어감을 표현하는 경우에

'민주주의'를 피하고 '국민'이나 '민족'을 사용했다. 그것은 과거에 성전 완수를 외쳤던 자가 민주주의로 안장을 갈아탄 여러 사례에 반발해서였다. 그러나 보수 정권이 민주주의를 버린 지금은 "민주주의를 내면에서 전환하여 그것에 알맞은 내용을 국민 스스로가 부여하고자 결의했다"라는 것이었다.[93] 그것은 과거에 미국과 보수 정권이 버린 헌법이 자주독립의 상징으로서 다시 읽힌 것과도 닮았다.

마루야마 마사오도 민주주의라는 말로 마찬가지 심정을 표현했다. 안보 투쟁을 혁명의 첫걸음으로 간주한 전학련 주류파 등은 '민주주의의 옹호'라는 슬로건에는 불만을 표했다. 그러나 마루야마는 당시의 좌담회에서 "민주주의 옹호보다 안보 폐안廢案이 급진적이라거나, 민주주의라는 것은 미적지근하다는 생각만큼 이상한 것은 없습니다. 내정과 외교를 어디까지나 인민의 자발적인 선택의 문제로 끌어 내리려는 것이, 가장 올바른 의미에서 급진적인 요구입니다"라고 말하며, "위에서 청사진을 주는 것이 아니라, 인민이 자발적으로 운동·토의하는 과정 속에서, 수입형 제도가 아닌 일본의 독자적인 민주주의의 형태가 비로소 창조되어 간다"라고 주장한다.[94]

여기서 마루야마는 개개인의 자발적인 선택을 중시하면서 일본의 독자적인 민주주의 창조라는 내셔널리즘을 주창한다. 그러나 양자는 모두 위로부터의 청사진을 거부하는 심정을 표현한 말이며, 따라서 모순되지 않았다. 1960년 초여름에는 시민과 국민, 개인과 조직, 민주와 애국은 모두 동일한 현상과 심정을 표현하는 말일 수 있었다.

5월 29일 쓰루미와 다케우치 등이 모인 사상의 과학 연구회 확대평의 원회는 "지금 진행 중인 상태를 혁명이라고 규정해야 한다는 견해에 대해 전원이 거의 이론이 없다"라는 결론을 냈다. 다케우치에 따르면 거기서 말하는 혁명이란 사회주의 정당의 권력 탈취가 아니라, "민주주의를 완성품이 아닌 과정으로서, 날마다의 실천으로서 파악하는 것" 내지 "국민이 스스로 질서를 만들고 스스로 관행을 만들고 스스로 법을 만드는 훈련"을 의미하는 "일종의 정신 혁명"이었다. 다케우치는 그런 관점에 서서 "최종적인 권력의 탈취만을 혁명이라고 생각하는 쪽이 오히려 관념적이다"라고 주장했다.[95]

사심 없는 운동

안보 투쟁에 대한 주민들의 반응은 대개 호의적이었다. 그 배경에는 기시 정권에 대한 반발이 공유되었던 것뿐만 아니라, 운동이 사심 없는無私 행위라고 간주된 점이 있었다.

예를 들면 6월 4일 교통 파업이 그러했다. 생활 보수주의가 퍼져 갔던 이 당시는 승객들이 교통 파업에 반발하고 노조원의 기운도 높아지지 않는 경향이 나오기 시작했다. 후지시마 우다이藤島宇內는 1958년의 "경직법 반대 때도, 반드시 임금 인상 등의 경제적 요구와 함께 끼워팔기식으로 정치적 요구를 내지 않으면, 일본의 노동자는 싸울 수가 없었다"라고 말한다.[96]

그러나 후지시마는 "그런 전통이 6월 4일 파업 속에서 거의 느닷없게 보일 정도로 바뀌어 버렸다"라고 말하며 그 이유를 이렇게 설명한다.

올해 봄 투쟁의 슬로건은 안보 반대와 임금 인상이었다. 그러나 경영자 측은 요 몇 년 이래 가장 높은 임금을 지급해 왔기 때문에 도저히 파업이 안 된다. …… 결국 6·4 파업에서는…… 순수한 정치 목표만의 파업이 탄생했다. 이때 노조원들의 마음속에는 종래의 임금 인상 때와 같은…… 변명하는 듯한 느낌은 사라져 버리고, 지금이야말로 자기들 노동자는 전 국민의 감정을 배경으로 삼아, 그 속에서 결정적인 역할을 해야 한다는 깊은 자신감이 생겨났다. 그렇게 되자 노조에 생기기 쉬운 노동자 분파주의도 사라져…… 지령도 내지 않았고, 고작 2, 3만이 모이리라 생각했던 데모에 자연히 13만이나 모였다. …… 이처럼 국민이 스스로 사회를 만들어

내는 기백 속에서, 데모나 피켓의 뒷정리를 깨끗이 하고 귀가하는 등의 공덕심公德心이 생겼다.

당시 거리의 목소리를 취재한 라디오 방송원은 "임금 인상 파업에는 대반대지만, 이번만큼은 별수 없다"라는 목소리가 많았던 점을 보도하며, "노조의 실생활상의 이해利害와는 거리가 먼 파업이라는 점에 시민 일반의 정의감이 본능적으로 공명한다"라는 감상을 쓴다.[97] 임금 인상 목적이 아닌 사심 없는 행동이라고 간주된 점이 노조원의 사기와 일반의 지지를 높였다.

이런 사심 없는 운동의 상징으로 보인 것이 전학련이었다. 분트가 집행부를 장악한 전학련 주류파가 5월 19일 이전부터 우직한 직접 행동을 반복하며 운동의 견인 역할을 한 사실은 이미 말했다. 전학련 주류파를 지지했던 시미즈 이쿠타로는 이렇게 말한다.[98]

노래와 깃발이 있는 곳에는 반드시 학생들의 무리가 있었다. 내가 그들을 위해서 할 수 있던 것은, 고작 강연이나 모금 정도였다. …… 학생은 일당을 받고 데모에 나가는 노동자와도 다르다. 운동으로 의식주와 승진의 길을 얻는 조직들의 회원과도 다르다. 만사를 경찰과 협의를 끝내고 행동하는 직업적 운동가와도 다르다. 무엇을 하더라도 학생들에게 이득이 되는 것은 하나도 없었다. 돈도 명예도 승진도 없었다. 희생만 있었다. 얻을 것이 하나도 없는데도, 혹은 얻을 것이 하나도 없으므로, 그들은 닥친 목표를 향해 어떤 희생도 뒤돌아보지 않고, 일직선으로 나아갔다. 나에게 있어서 그것은 올바르다기보다는 아름다웠다.

학생들의 운동은 기성 정당과 같은 전술이 없었으며 졸렬했다. 그러나 그렇기 때문에 사람들은 반쯤은 어처구니없어하면서도, 타협하지 않는 소박한 순수함을 지지했다. 다카바타케 미치토시高畠通敏는 당시의 좌담화에서 "우선 깨닫게 되는 것은, 조직이 없는 일반 주부나 노인들 쪽이 훨씬 급진적입니다. 어찌할 방도가 없는 불만이 있기 때문인지, 이젠 기시 따위 죽여 버려라, 라고 가게 여주인들이 말합니다. 전학련에게도 동정적"이라고 말한다.[99] 전학련의 지지 기반은 서민적인 동네에서 볼 수 있는 이런 정의감과 급진주의였다고 할 수 있다.

생계가 걸려 있지 않은 학생들이 노동자들보다 전투적인 점도, 오히려 호의적으로 받아들여졌다. 당시의 보도는 전학련에 대한 거리의 목소리로 "우리처럼 가족이 있는 사람들은 그렇게 못하지만, 감사하다고 생각합니다", "내 동생은 학생입니다. 데모에 간다는 것을, 언제나 말렸습니다. 그러나…… 5월 20일 이후 나는 오히려 동생과 함께 움직일 수 없는 스스로가 한심한 느낌입니다"라는 반응을 전한다.[100] 생활의 굴레에 매몰된 일상 속에서 순수한 정의감을 잃어버리고 있다는 죄책감이 학생들에 대한 지지로 이어졌다.

이런 죄책감은 전쟁의 기억과도 결부되었다. 학생 데모를 목격한 어떤 주부는 이렇게 쓴다.[101]

그들 한 명 한 명을 나는 보았습니다. 무럭무럭 자란 훌륭한 몸, 그리고 똑똑해 보이는 얼굴이었습니다. 자기 혼자의 공부보다도 지금 일본의 민주주의가 붕괴되는 것을 우려해서 데모에 참가한 사람들이었습니다. 나는 그들에 대해서 정말로 미안하다, 드릴 말씀이 없다는 기분으로 가득했습니다.

"만세! 만세!"라고 외치며 작은 일장기 깃발로 역을 메우고, 오빠와 아버지를 전장으로 보냈던 것이 바로 요전 일 같은데, 만약에 이 젊은 사람들에게 그런 일이 일어나면, 어떻게 해야 할까요.

대열을 지어 행진하는 학생들의 긴장된 표정은 학도 출진을 비롯해서 전사해 갔던 젊은이들의 얼굴을 떠올리게 했다. 사람들은 자기가 전쟁에 항의할 지혜도 용기도 없었기 때문에 죽음으로 내몰게 된 육친과 친구의 모습을, 회한과 함께 학생들에게 겹쳐서 보았다. 고도 경제 성장의 입구에서 전사자의 존재를 잊고 사생활에 충실히 몰입했다는 죄책감이 "정말로 미안하다"라는 말로 나타났다.

거기에 더해서 당시의 대학 진학률은 아직 10퍼센트로, 학생은 대중화된 존재가 아니었고 서민들에게는 '학생 분'에 대한 존경의 마음이 남아 있었다. 미래의 엘리트인 학생 분들이 자기의 공부를 희생하고 순수한 정의감을 추구한다고 간주되어 많은 지지를 모았다.

학생과 경찰이 충돌한 뒤, 주민들은 길모퉁이에서 동네 회의식의 논의를 종종 벌였다. 당시의 보도에 따르면 그런 논의 중의 하나에서 "먼저 손을 댄 것은 전학련이고……"라는 의견에 대해 "그래서 뭐가 어쨌다는 건가, 당신은 학생 분들이 그러고 싶어서 그런다고 생각하나"라는 반론이 나왔다고 한다.[102] 그들은 학생 분들이 사적인 이유에서가 아니라, 자기들의 정의감을 대변하기 위해 싸워 준다고 느꼈다.

어느 중년의 어머니는 매스컴의 취재에 응하여 "절대로 정부가 나쁜 것입니다. 신문을 보고 텔레비전을 보고 울었습니다. 학생 분들을 이런 감정으로까지 밀어 넣은 정부를 원망합니다"라고 말한다. 6월 3일 수상 관저 주변에서는 "일단의 전학련 데모대가 나타나자 시민들은 격한 박수를 언제까지고 쏟아 부었다"라고 한다.[103] 데모에 지쳐서 주저앉은 학생들에게 인근의 주민이 주먹밥을 가져오거나 격려의 말을 건네는 풍경도 많이 보였다.

사심 없는 표현 형태는 학생들의 데모만이 아니었다. 다케우치 요시미는 기시 정권 아래서 공무원으로 근무하기를 거부하며, 도쿄도립대학의 교수직을 사직했다. 도쿄공업대학의 조교수였던 쓰루미 슌스케도 그에 이어서 사직했다. 이런 행동은 정치적으로는 무의미하더라도 큰 반향을 불렀다. 학생들 사이에서는 "다케우치 관두지 마라, 기시가 관둬라"라는 슬로건이 나타났고, 과거 다케우치의 국민 문학론을 비판했던 아라 마사히토는 다케우치 앞으로 "당신의 뜻은 한 알의 보리와 같이 반드시 결실을 맺을 것이다"라는 격려 전보를 보냈다.[104]

그들의 전쟁 체험이 이런 행동을 뒷받침했다. 다케우치도 쓰루미도 전시 중에 정부에 항의할 용기를 갖지 못했던 점에 깊은 회한을 품고 있었다. 그런 까닭에 쓰루미는 후에 요시모토 다카아키와의 대담에서 전쟁 중에는 "자기가 믿지 않는 전쟁 목적을 위해서 죽는 것은 참을 수 없다"라고 생각했지만, "안보 때에는 그 전쟁에 비하면 자기의 목적에 보다 합치하니, 죽어도 좋다고 생각했습니다"라고 말한다.[105]

우익 단체가 이런 운동을 공격했다. 6월 15일 저녁 유신행동대維新行動隊라는 깃발을 건 우익이 두 대의 트럭으로 국회 주변의 신극인新劇人들의 대열로 돌진해서 못을 박은 곤봉과 철봉을 휘둘렀다. 이때 국회를 경비하던 경관대는 우익을 제지하지 않았고, 여성들이 주로 노려져서 약 60명이 중경상을 입었다고 한다.

패전 후에 저조했던 우익 운동은 기시 정권 아래서 신장하여 1958년 1월에 전 내상內相(내무 대신)인 아베 겐키와 전 방위청 장관인 기무라 도쿠타로 등을 대표 이사로 하는 신일본협의회新日本協議会가 결성되었다. 이듬해인 1959년에는 전일본애국자단체회의全日本愛国者団体会議가 탄생하여, 이 두 단체는 안보 조약 개정 촉진 운동을 벌였다. 일교조의 교연 집회에 대한 우익의 방해가 시작된 것도 1958년이었다. 자민당의 간사장이었던 가와시마 쇼지로川島正次郎는 아이젠하워 방일 시의 경비와 환영을 위해 이런 우익 단체를 동원할 계획을 세웠다.[106]

우익의 습격은 전학련 주류파를 자극해, 이 6월 15일의 오후 5시 반에는 학생들이 국회 구내로 돌입했다. 그러나 공산당은 반미 애국의 슬로건 하에 산하 데모대를 국회 앞에서 미국 대사관 쪽으로 유도해 해산시켰다. 고립된 전학련 주류파의 데모대는 경관대에 제지당해서 구급차로 실려 간 부상자만 589명에 달했고, 도쿄대학 여학생인 간바 미치코樺美智子가 사망했다.

이날 밤에 목소리 없는 목소리의 모임의 회원과 함께 국회 주변에 있었던 쓰루미 슌스케는 공산당의 자세를 비판하며 이렇게 쓴다.[107]

일반 시민의 기분은 마르크스주의에도 트로츠키주의에도 관심이 없다. 단 부패한 정치 속으로 대항하여 돌진해 가는 학생들을 돕고 싶다는 감정이 있다. 실은 이를 통해서 온건한 일반 시민의 운동이 급진적인 학생 운동과 서로 왕래하는 구조가 이루어진다. 정연하게 데모를 꾸려 도발자가 들어갈 위험을 배제하고, 위험한 상황에 처한 학생들을 적극적으로 밖에 빼내서 해산하는 방침은, 설령 그것이 가장 순정한 마르크스주의의 체계 파악 위에서 이루어진 행동이라고 해도, 이 시민의 입장에서는 좋지 않다고 생각될 수밖에 없다.

쓰루미가 지적하듯이 전학련 주류파가 지지를 모았던 것은 지도부를 장악한 분트의 혁명 사상에 여론이 공감해서라고는 생각할 수 없다. 그것은 전학련 주류파의 데모에 참가했던 학생들도 마찬가지였다. 어느 학생은 신문의 취재에서 "매스컴이 우리에게 전학련 주류파, 반주류파라는 식으로 딱 떨어진 딱지를 붙이는 것은 민폐입니다"라고 말한다.[108]

당시의 도쿄대 학생이 쓴 편지에는 일반 학생들의 동향에 대해서 "매일, 반주류파의 얌전한 데모와 주류파의 과격한 데모 중 어느 쪽이 효과가 있는지 토론을 거듭하며, 어느 반은 둘로 나뉘어서 양쪽에 참가했습니다"라고 쓰여 있다. 공산당계 학생 중에도 국회 돌입을 내건 데모에 참가한 이가 있었다고 한다.[109] 많은 학생들에게 있어서 어느 데모에 참가할지는 자기의 심정을 표현하는 데 적절한 매체를 선택하는 것이었다.

구노 오사무는 당시에 「시민주의의 성립」이라고 이름 붙인 논고에서, 대부분의 학생들은 분트나 공산당과는 관계가 없으며, "저널리즘은 그들을 이름 붙일 길이 없으니 주류파, 반주류파 등이라고 부르지만, 그들은 실상 무당파의 시민 학생이다. 그들은 눈앞의 상황을 바꾸기 위해 나왔으며, 마르크스주의나 혁명 운동과는 거의 아무런 관계도 없다"라고 말한다.[110] 히다카 로쿠로도 "자발적인 참가자가 엄청나게 늘어나서, 지금으로서는 전학련 주류파적 지도 방침이라는 것은 전체 중의 20분의 1 정도입니다"라는 관찰을 기록한다.[111]

이런 까닭에 분트가 장악한 지도부와 데모에 참가한 학생들이 대립하는 장면도 존재했다. 6월 4일 교통 파업에서는 전학련 주류파의 지도부가 시한 파업의 해제에 반대하고 학생 데모대에게 역 앞에서 버티기 데모를 지시했다. 이때 참가 학생 중 한 명은 "국철 사람들은 목을 걸고 한다. 우리는 그저 그것을 지원하면 된다. 그런데 리더는 국철의 요청을 묵살하고 우리에게 전하지 않았다"라고 항의한다.[112] 안보 투쟁의 몇 년 뒤에는 분트 간부가 우익의 자금을 받았었다는 스캔들이 폭로되는데, 운동에 참가했던 학생들의 심정이 반드시 간부들과 일체를 이루지는 않았다.

무엇보다 분트의 간부라고 해서 마르크스나 트로츠키의 사상을 이론적으로 신봉했다고 할 수도 없었다. 분트의 회원이었던 니시베 스스무西部邁의 회상에 따르면 "분트에서 '혁명'이란, 순수성이나 철저성을 표현하는 이념어였다. 따라서 '혁명'이라는 말이 이상하리만큼 진지하게 발언된 것인데, 거의 누구 한 사람도 그 말이 현실화된 상태를 상상할 수 없었으며, 하려고 하지도 않았다"고 한다.[113] 그런 의미에서는 표면적인 용어 차이에 혼란스러워한 공산당보다도, 학생들의 순수함에 공명한 서민들 쪽이 분트가 주창했던 혁명의 함의를 적확히 이해했다고 볼 수도 있다.

그리고 이런 순수성의 상징적 존재가 된 것이 6월 15일에 사망한 여학생 간바 미치코였다. 1937년에 대학교수의 딸로 태어난 간바는 윤리감과 정의감이 무척 강했다. 부모와 교사의 회상에 따르면, 유치원 무렵부터 청소나 풀 뽑기 등을 "한 명이 멈추고 두 명이 멈추고, 아무도 하지 않을 때, 가만히 보면 미치코 씨만 묵묵히 계속했다"는 유형이었다.[114] 그녀가 사망한 6월 15일에 어머니는 데모에 나가는 것을 제지했지만, 간바는 "그 사람들〔노동자〕에게는 생활이 있어요. 안됐어요. 그러니까 학생이 하

는 거예요. 누군가가 하지 않으면"이라고 반론하고 나갔다 한다.[115]

　　그런 간바의 성격은 학생들 사이에서도 잘 알려져 있었다. 니시베 스스무의 회상에 따르면 대학 선배였던 간바의 강연을 들었을 때 "그녀의 범상치 않은 성실함이 강하게 인상에 남아", "6·15 사건에서 사망자가 나왔다고 들었을 때, 곧바로 그녀임에 틀림없다고 직감했다"라고 한다.[116]

　　사건 후에 출판된 간바의 유고집은 『남모르게 미소 지으리』人しれず微笑まん라는 이름이 붙었다. 이 제목은 그녀가 남긴 시에서 따왔다.[117]

누군가가 나를 비웃는다 이쪽에서 저쪽에서도 나를 비웃는다
그러나 상관없다 나는 내 길을 간다
웃고 있는 자들도 역시 각자의 길을 가겠지
곧잘 말하지 않는가 '최후에 웃는 자가 가장 잘 웃는 자'라고

하지만 나는 언제까지 웃지 않을 것이다
언제까지라도 웃을 수 없을 것이다 그걸로 된 거다
단지 허락된다면 마지막에
남들 모르게 미소 짓고 싶은 것이다

　　간바의 죽음은 큰 반향을 불러일으켰다. 다케우치 요시미는 "많은 사람들이 그녀가 자기 대신 희생해 주었다고 느낀다"라고 말했다. 당시 중학교 1학년이었던 가인歌人 미치우라 모토코道浦母都子는 "어려운 이야기는 아무것도 몰랐지만", "자기의 믿음을 향해 목숨을 걸었던 존재가 있다"는 사실에 "몸이 떨릴 정도로 충격을 느꼈다"라고 한다.[118] 19일에는 간바의 국민장國民葬이 행해져 "간바 미치코 씨는 전 세계에 알려진 일본의 민족적 영웅이 되었다"라는 마오쩌둥의 말이 중국에서 전해졌다.[119]

　　순수한 정의감에 불타며 잠시나마 혁명을 믿었던 학생들의 충격은 더욱 컸다. 당시 교토의 대학생이었던 평론가 호사카 마사야스는 간바의 죽

음을 알리는 뉴스를 들은 학생들의 반응을 이렇게 회상한다.[120] "누구는 야간열차를 타고 도쿄로 향했다. '다시는 교토로 돌아오지 않겠다'라고, 유언 같은 말을 남기고 열차에 오른 자도 있었다", "내 주위의 그런 광경은 전혀 특별하지 않았고, 당시 학생 사이에서 그런 대화는 당연했다."

그러나 사람들은 간바로 상징되는 그 무엇인가에 공명했더라도, 그 심정이 꼭 마르크스주의의 언어와 합치하지는 않았다. 예를 들어 6월 23일 히비야 공회당에서 열린 간바 미치코의 전학련 장례식에는 수천 명이 모였다. 시미즈 이쿠타로의 회상에 따르면, 그때 분트의 서기장이었던 시마 시게오가 조사弔辭를 읽었고 "프롤레타리아, 제국주의, 공산주의, 혁명…… 이런 종류의 말들이 빈번히 나왔다." 그때 시미즈는 "다들, 그런 것을 위해서 히비야 공회당에 온 것이 아니다"라고 느껴서, "나는 '시마 군, 아니다. 그런 것이 아니다'라고 고함을 치고 싶었다"고 한다.[121]

간바의 죽음은 기시 정권도 동요시켰다. 간바가 죽은 밤, 6월 16일 오전 0시를 지나서 긴급 각의가 열려 대응을 협의했다. 안보 반대 운동은 국제 공산주의의 음모라고 주장하는 기시·사토·이케다 등은 경찰력을 최대한 동원해 19일로 예정된 아이젠하워 방일을 강행해야 한다고 주장했다. 그러나 출동을 타진받은 육상자위대의 막료장幕僚長(참모총장에 해당-옮긴이)은 "무리하게 출동하면 자위대의 존망이 문제가 됩니다"라고 난색을 표했다. 가시와무라 경찰청 장관도 "이 데모대는 기동대나 최루 가스의 힘만으로는 어떻게도 안 됩니다. 이제 남은 길은 하나. 총리 자신이 국민의 목소리를 무시했던 자세를 고치는 것뿐입니다"라고 직언했다.[122]

게다가 이미 6월 상순부터 천황 측근들이 방일 강행에 반대했다. 이 시기에 미국 대통령과 천황의 회견을 추진하면 반감이 천황에게 쏠리기 쉬웠다. 공항으로 영접을 가면 데모가 예상되므로, 대통령이 헬리콥터를 타고 황거로 직행한다는 제안에 대해서도 "황거가 붉은 깃발에 휩싸이기 쉽다"라며 궁내청宮內庁이 거부했다.[123] 이런 사정으로 결국 기시도 손을 들었고, 아이젠하워의 도쿄 방문 중지가 16일에 결정되었다.

그러나 간바의 죽음으로 전학련의 직접 행동에 대한 비난도 나타났다. 공산당 기관지는 간바가 전학련 주류파의 학생이었던 이유로, 사실상 묵살했다. 경찰 측은 간바의 사인을 데모대의 혼란으로 정리했고, 자민당과 일본경영자단체연맹日本經營者団体連盟(일경련)은 간바의 죽음은 전학련의 과격함이 초래했다고 주장했다. 도쿄의 7개 주요 신문사는 아이젠하워의 도쿄 방문 중지가 결정된 다음날인 17일의 조간에서 「폭력을 물리치고 의회주의를 지켜라」暴力を排除し議会主義を守れ라는 공동 성명을 게재하여 전학련을 비판했다.

이런 비판에 대해 쓰루미 슌스케는 학생들을 옹호하며 6월 18일에 쓴 논고에서 이렇게 말한다.[124]

그들 대부분은 맨손으로 무장 경찰을 대하고 있다. 돌진할 때도 마찬가지로, 얻어맞아도, 얻어맞아도, 그대로 돌진해 간다. 이런 행동이 강렬한 폭력 부정의 정신으로 지탱된다는 것을, 어째서 신문사의 사장·중역, 일경련의 이사들, 자민당 의원들은 보지 못할까. 여기에는 다이쇼 시대 도쿄대 신인회의 학생 운동에 나타났던 지도자 의식도 영웅주의도 없다. 무명의 젊은이 한 사람 한 사람의 의지 표현이 있을 뿐이다. 간바 미치코의 죽음은 이렇게 죽을 준비가 된, 수를 알 수 없는 학생들의 모습을 나타낸다.

쓰루미는 후에 "학생들의 정치 프로그램이 실현 가능하다고는, 당시도 지금도 생각하지 않지만, 학생들의 타산을 넘어선 자세에는 당시도 지금도 감동한다"라고 말한다.[125] 시미즈 이쿠타로가 "전학련의 턱없는―사심 없는―행동으로, 안보 투쟁이 하나씩 계단을 올라간다"라고 말한 것은, 이런 상황의 표현이었다.

전학련은 공산당과의 대항 관계 때문에 민족이나 애국이라는 말을 기피했지만, 연장자들은 종종 학생들에 대한 공감을 애국이라는 말로 표현했다. 간바의 아버지는 "학생들은 그야말로 문자 그대로 우국의 지정至情

에서, 이렇게 하지 않을 수 없다고 생각해서 행동한다"라고 말했다. 일교조 위원장 고바야시 다케시도 "젊은 사람들의 애국적 행동은, 「교육 칙어」의 정신으로 교육받은 어른들을 훨씬 뛰어넘는 것이 아닐까"라고 주장했다. 시미즈 이쿠타로가 6월 15일 밤에 만난 어느 공산당원은, "애국자를 트로츠키주의자 등으로 비난하다니…… 부끄러운 이야기입니다"라면서 눈을 내리깔았다고 한다.[126]

이미 일장기가 정부나 우익의 상징으로 쓰인 당시에는, 많은 데모대가 사회주의의 신봉 여부와 관계없이 붉은 깃발을 내걸었다. 그러나 6월 5일 『마이니치신문』에 게재된 단체 임원의 투고는 "일본인으로서 안보에 반대한다면, 당당하게 일장기를 걸고 행동하자"라고 말했다.[127] 실제로 일장기를 내건 안보 반대 데모대도 존재했다고 알려져 있다.[128]

애국심과 연대감의 고양은 망명에 대한 비판을 가져 왔다. 다케우치 요시미는 "국적 이탈의 방법까지 공상했던 것을 지금은 부끄럽게 생각한다"라고 말했다. 쓰루미 가즈코는 간바의 죽음 직후에 「청년의 피를 속죄하는 것」青年の血をあがなうもの이라는 글을 써서 "'무책임의 체계' 그 자체인 기시 내각은, 해고를 당해도 안락한 망명의 길이 열려 있다. 그러나 국민은 망명할 수가 없다"라고 주장했다.[129] 물론 후자의 발언은 한국의 독재자였던 이승만의 미국 망명을 염두에 둔 것이었다.

쓰루미 슌스케는 『시소노카가쿠』의 편집자로서 참가한 당시의 좌담회에서 "나는 지금까지 국적 이탈의 욕구가 매우 강해서 내셔널리즘이나 애국심 같은 말을 들으면 소름이 돋는 느낌이었습니다. 그러나 5·19 이후 처음으로 '일본에서 태어나기를 잘했다'라는 느낌, 일본이 처음으로 세계 속에 이어져 있다는 느낌을 가졌습니다만. 그것은 전후에 근본적인 목표로 삼았어야 했다고 생각합니다"라고 말했다.[130] 간바로 상징되는 무명의 젊은이에 대한 연대의식이 '일본인'에 대한 신뢰로 이어졌다.

이런 안보 투쟁에 대한 국제적인 반응은 어떠했을까.

6월 상순의 미국 측 보도는 대부분이 "소수의 과잉 행동", "공산주의에 선동당한 압력", "대중들이 이것에 참가했다는 보도는 없다"라는 것이었다.[131] 영국이나 서독의 보도도 거의 큰 차이가 없었다.

애초에 안보 투쟁은 인종 편견이 강했던 당시의 구미 국가들에서 보면 의회 정치가 미숙한 아시아의 소국에서 일어난 폭동이었을 뿐이다. 5월 19일 강행 채결의 뉴스 영화가 영국에서 상영되어 사회당 의원단을 경관대가 끌고 나가는 장면이 나왔을 때, 객석에서는 "일제히 큭큭거리는 웃음이나 혀를 차는 소리가 들리는 상황"이었다. 똑같은 뉴스 영화가 워싱턴에서 상영되었을 때도 "만장은 실소, 폭소의 소용돌이"였다고 한다.[132]

그러나 운동이 예상을 뛰어넘어 확대되자 조소는 공포와 증오로 바뀌었다. 영국의 신문『선데이 익스프레스』*The Sunday Express*는 간바 미치코가 사망한 6월 15일 이후에 "도쿄의 광신적인 젊은이들"은 "과거 진주만을 공격하고 싱가포르에서 동포를 상처 입힌 광신자의 아이들이다"라고 표현했다. 미국에서는 "진주만을 기억하라"라는 말이 나타나『뉴욕타임스』가 "일본인은 전쟁 전도 지금도 조금도 변하지 않았다"라고 말했다.[133]

6월 10일에는 아이젠하워 방일에 앞서 대통령 비서관 제임스 해거티 James C. Hagerty가 방일했다. 반미 투쟁을 제창한 공산당은 전학련 반주류파를 동원해서 데모를 벌였고, 포위당한 해거티는 미군 헬리콥터로 탈출했다. 그리고 16일에는 아이젠하워의 일본 방문 중지가 발표되었다.

이런 사태에 미국 정계는 경직된 반응을 보였다. 6월 17일 미국 연방의회에서는 "만약 기시 정권이 무너지면 일본은 공산 국가가 될 것이다"(린든 존슨Lyndon B. Johnson 상원 의원), "그런 곳에 돈을 붓는 것은 헛된 짓이다"(올린 존스턴Olin D. T. Johnston 상원 의원), "일본이 미국 달러로 만든 군대를 친선 방문한 미국 대통령의 경비에 쓰지 않으면, 대체 언제 공

동의 목적에 쓰겠나"(밥 사이크스Bob Sikes 하원 의원)라는 발언이 나왔다.[134]

그리고 데모대의 포위에서 탈출한 해거티는 "〈인터내셔널가〉L 'Inter-nationale를 부른 점에서 추측해 보면, 이 사람들은 일본에 대한 충성심조차 없는 사람들이다"라고 말했다. 다케우치 요시미는 이런 발언에 분노해서 "본심으로는 일본을 독립국이라 생각하지 않는 것이 아닌가. 그가 '일본에 대한 충성심'이라고 할 때, 그 본의는 '미국에 대한 충성심'과 겹쳐진 것이 아닌가"라고 평했다.[135]

애초에 『마이니치신문』의 표현에 따르면 당시의 구미 측은 "일본에 대해 놀랄 만큼 무지"했다. 미국 공화당의 케네스 키팅Kenneth B. Keating 상원 의원은 6월 16일에 "기시 수상이 그처럼 유능한 지도자가 아니었더라면, 기시 내각은 이미 오래전에 붕괴했을 것이다"라고 발언했다. 이소노 후지코磯野富士子는 미국의 이런 논조에 반론하여 "기시 씨가 진주만 공격을 계획하고 영미에 대해 선전 포고를 한 도조 내각의 유력 각료였던 점을, 미국 국민 중 몇 명이나 아실까요"라고 말한다.[136]

일본에 대한 이런 몰이해는 외무성의 자세에도 원인이 있었다. 일본의 재외 공관은 국제 공산주의의 음모라는 보수 정권의 견해에 따라 안보 투쟁의 대중적인 확산을 각국에 알리지 않았다. 귀국한 주미 대사는 『주오코론』의 대담에 참석했는데, 오로지 미국에 대한 일본의 신용 실추를 한탄할 뿐이었다.[137]

그러나 구미의 이런 시선은 일본의 신문을 안보 투쟁에 대한 부정적 평가로 이끌었다. 6월 20일 『아사히신문』은 "우리는 일본인이 어떻게 보여지느냐는 현실을 잊어서는 안 된다"라고 말했고, 6월 17일 『마이니치신문』은 아이젠하워의 도쿄 방문 중지에 대해 "일본은 전 세계에 대해서 국가의 권위가 실추되었다. 이런 부끄러운 일이 있을까"라는 미국 측 기자의 의견을 보도했다.[138] 이런 구미의 시선 속에서 6월 17일에는 각 신문사가 「폭력을 물리치고 의회주의를 지켜라」라는 공동 성명을 발표했다.

특히 일본의 신문이 신경 쓴 것은, 구미의 미디어가 안보 투쟁을 거의 동시에 일어난 한국, 터키의 정변과 유사한 것으로 보도한 점이었다. 6월 4일의 파업에 대한 구미의 보도를 전한 『마이니치신문』 기사는 "일본의 민주주의는 한국, 터키와 마찬가지였다는 인상을 준다", "마치 일본은 후진국 취급이다"라고 말한다.[139]

이런 목소리는 정계에도 존재했다. 사회당의 에다 사부로는 6월 4일 파업 후에 자민당의 국회대책위원장을 향해 "나는 일본을 한국으로 만들지 말라, 라는 말만 해 두겠습니다"라고 말했다. 기시 측도 6월 2일에 성명을 발표해 "일본 정국의 현재 상황을 한국, 터키와 비교하는 자도 있지만, 이 나라들에는 언론의 자유가 없었던 것에 비해 일본은 지나치다고 생각될 정도로 언론이 자유로워서 근본적으로 다르다"라고 주장했다.[140]

다케우치 요시미는 이런 풍조에 반론하여 "일본의 국제적인 평가가 하락했다는 이야기를 신문이 쓰고, 정부가 말하지만, 말도 안 되는 소리입니다. 정부의 평판이 하락한 것이지 일본 인민의 평가는 매우 크게 올라가" 있다고 주장했다. 쓰루미 슌스케도 "신문은, 데모대의 행동을 국치, 국치라고 부르는데 뭐가 국치인지 이해가 안 된다"라고 말한다.[141]

실제로 비非구미권에서는 안보 투쟁에 대한 지지가 있었다. 1960년 4월 기니에서 열린 아시아·아프리카국민연대회의에서는 미일 안보 조약을 비판하는 결의가 이루어져, 인도 대표가 "기시 정부는 우리들 아시아인의 적이다"라고 연설했다. 이집트의 각 신문은 일본 정부의 대미 의존 외교와 미국의 군사 동맹 정책을 비판했다. 6월 16일의 『베이징타쿵파오』北京大公報는 "일본의 애국적 열사들"을 절찬했고 당시 모스크바의 일본인 체류자들은 "누구든 러시아인들이 어깨를 두드려 주고 축복을 받고 있다"라고 보도되었다.[142] 중국과 소련의 반응에는 다분히 냉전의 영향이 보이지만, 다른 아시아 국가들은 일본의 민족주의에 공감한 부분이 있었다.

구미의 일부에서도 운동에 대한 긍정적인 평가는 존재했다. 영국의 『뉴스 크로니클』The News Chronicle은 "전부 공산 세력의 선동으로 돌리는 것은 사실로부터 눈을 가리는 행위다", "일본을 친구로 삼으려면 일본의 진정한 자유주의 분자, 민주적 사회주의자에게서 찾아야 할 것 "이라고 말했다. 미국의 『워싱턴 포스트』*The Washington Post*는 일본 진보파의 다수가 "공산주의자가 아닌 마르크스주의자"이며 "모스크바나 베이징의 문화적 노예는 아니다"라고 평한 논문을 게재했다. 영국의 『데일리 메일』 *The Daily Mail*도 "일본은 명목적인 독립국이었지만, 실제로는 미국의 보호 아래에 있는 피점령국"이었으나, 이제는 "일본의 수동적 역할은 끝나려 하고 있다"라고 논평했다.[143]

일본 국내의 한국관도 신문이나 기성 정당과는 다른 면이 있었다. 학생 데모로 정권이 무너진 한국의 사례는, 오히려 운동 측이 보고 배울 대상이었다. 도쿄도자치회연락회의東京都自治会連絡会議는 6월 13일에 "남조선과 터키의 학우와 강력한 국제적 연대성을 쟁취했다"라고 표현했다.[144]

그러나 이런 목소리가 표면적인 미사여구가 아닌, 한국과 아시아의 현실에 대한 정확한 이해에 기반을 둔 것인지 의문도 있었다. 그런 점이 드러난 한 사례가 오키나와에 대한 대응이었다.

미군 기지가 집중되었던 오키나와는 안보 투쟁에서 하나의 초점이었다. 그러나 안보 조약 심의 과정에서 보수 측은 오키나와를 안보 조약의 적용 범위인 '일본'에 넣으려 했지만 사회당 등이 그것에 반대하여 최종적으로 오키나와는 안보 조약의 적용 범위에서 빠졌다. 앞에서 말했듯이 일본에 있는 미군 기지가 공격받으면 일본이 공격받았다고 간주하고 반격 태세를 취하기로 약속하며, 미국에 일본 방위의 의무를 지운 것이 신안보 조약의 노림수였다. 그리고 오키나와의 미군 기지가 공격을 받는 경우, 본토가 전쟁에 휘말릴 가능성이 우려되었다.

이런 모순을 심각하게 체험한 것이 도쿄에서 안보 투쟁에 참가한 오키나와 출신의 학생이었다. 6월 16일에 도쿄 방문을 중지한 아이젠하워가 오키나와를 경유해 필리핀으로 간다는 발표가 나왔다. 그때의 운동 측 반응을 오키나와 출신이었던 나카소네 이사무仲宗根勇는 이렇게 쓴다.[145]

나는 '안보'로 죽어도 좋다고 생각했다. 문학부의 간바 미치코씨가 국가 권력의 사도들에게 살해당한 밤, 나는 분노로 울었다. …… 안보 투쟁 중 나는 '반半일본인'으로서가 아니라, 완전히 '전全일본인'=본토 일본인으로서 행동했다. 이 강력한 스크럼이, 이 외침이, 이 환성이 일본의 미래를, 우리 오키나와도 완전히 감쌀 때, 우리의 시대가 시작되는 것이라고…… 그러나 이날, 방일 저지를 외친 국회 앞에 앉아 있는 거대한 국민 대중을 향해 집행부는 자랑스러운 듯이, 그리고 조금 비창한 듯이 방일 저지의 성공을 보고했다. "…… 아이젠하워의 방일은 저지되었습니다. 우리는 승리했습니다. 비겁한 아이젠하워는 오키나와로 도망갔습니다!" 대중은 환호했다. 나는 어찌할 바를 모를 정도로 깜짝 놀랐다. 이것은 대체 무슨 소리인가? 오키나와에 아이젠하워가 상륙한 것은 틀림없이, 확실하게 일본=오키나와에 발을 들인 것이 아니란 말인가!

분명히 여기서는 안보 투쟁의 국민적인 연대에서 오키나와가 배제되어 있었다. 나카소네는 "오키나와는 본토 일본인, 특히 여기 모인 이른바 혁신적인 사람들 속에서조차, 진실은 아무것도 모르면서, 아니 편견과 선입관으로 전제된 지식과 의식의 형태로만 존재하는 데 불과한가"라는 충격을 받아 "일본 국가에서 오키나와란 무엇인가. 아니, 본래 '일본국'이란 무엇인가. 그리고 더 근본적으로 국가란 무엇인가"라고 생각하지 않을 수 없었다고 한다.[146]

그리고 실은 안보 투쟁의 고양이 전국을 감쌌다고는 할 수 없었다. 미쓰이 미이케광산 쟁의를 지원했던 시인 다니가와 간에 따르면 "내가 직접 아는 한, 5월 19일 이후에도 지방의 표정에 이렇다 할 만큼 질적으로 새로운 고양은 없었다"라고 한다. 만화가 쓰게 요시하루つげ義春는 암시장에 유통되는 쌀을 나르는 내용을 다룬 자전적 작품 속에서 안보의 존재조차 몰랐다고 말한다.[147] 투쟁의 성황은 다분히 도쿄나 주요 도시를 중심으로 한 한정된 것이었다.

물론 여론 조사에서는 기시 정권을 지지하지 않는다는 의견이 많았다. 그러나 6월에 조사한 나가노현의 농촌에서는, 안보 찬성은 극소수였지만 눈에 띄는 항의 행동은 없었다. 그리고 찬반 의견의 특징은 "안보 반대는 전쟁과, 찬성은 경제와 결부된 것이 많다"는 점이었다.[148]

이 특징은 도쿄에서도 마찬가지였다. 6월 4일의 파업 때 신문 기자가 들었던 노조원의 회담에서는, 한 사람이 "여기서 안보를 거절하면, 미국은 일본을 원조하지 않게 되어서 일본은 경제적으로 곤란해진다. 다들 심각하게 가난해지지 않겠는가"라고 말했고, 또 한편은 "그렇다면 다들 이를 악물고서라도 가난을 견디는 생활을 해야 한다"라고 반론했다고 한다.[149] 패전 직후처럼 평화의 주장과 경제의 부흥이 결합되었던 시대는, 미국에 종속된 경제 성장의 진전과 함께 끝나고 있었다.

그리고 다카바타케 미치토시는 서민가의 주부와 노인이 전학련을 지지한 점을 지적하는 한편, "일반 시민이라고 해도, 이른바 화이트칼라는 안 됩니다"라고 말했다.[150] 어느 증권 회사원은 운동에 대해서 "주가는 안 떨어집니다"라고 평할 뿐이었다.[151] 야간 경기가 열린 야구장에서 취재에 응한 샐러리맨은 안보 반대의 서명은 했지만 "의미 없다고 생각한다. 어차피 듣지도 않을 것을. 정치 같은 건 정치가가 아카사카에서 회담하며 정해지는 것이고", "전쟁 같은 게 일어날 리가 없어요. 일어나지 않는 이상 미국과 손을 잡고 가능한 돈을 버는 쪽이 이득이지요"라고 말한다.[152]

당시의 한 '일류 회사의 중견 간부'는 취재에 응해서 이렇게 말한다.[153]

이번 같은 정신적인 운동이 성황을 이루는 일은 앞으로 더는 없지 않을까. 자기 생각에 따라 자기가 움직일 수 있는 영역은, 점점 좁아지고 있다. 우리의 학생 시절은 우선 철학을 했지만, 최근 입사한 녀석들은 처음부터 취직을 목표로만 공부를 했다. 지금은 유치원부터 그렇다. 표준화 standardization랄까, 그런 시대다.

운동의 참가자들도 마찬가지 위구를 품었다. 6월 초『아사히저널』朝日ジャーナル 기사에서 국민회의 사무국장인 미나구치 고조水口宏三는 "대중의 생활이 상대적으로 안정되는 시기의 정치 투쟁이 갖는 하나의 한계는, 뛰어넘지 못하는 것이 아니냐는 기분이 든다"라고 말했다.[154] 거리에서 취재에 응한 학생은 "우리도 매일 데모를 하면 피곤해진다", "취직을 위해서 지금부터 연줄을 찾고 있는 놈들, 데모 같은 데에 나오지 않고 공부하는 놈들의 존재가 공연히 크게 보인다"라고 말했다. 어느 잡지의 편집자는 "만약 지면, 또 뭘 해도 안 된다는 절망이 짙어지겠지요. 지금까지보다 더욱 모두가 정치를 외면하고, 청년층에는 퇴폐 정서가 퍼질 것 같은 기분이 듭니다"라고 발언한다.[155]

5월 19일의 강행 채결에서 30일이 경과하면 참의원의 심의를 거치지 않아도 안보 조약은 자연 승인되었다. 그 기일인 6월 19일이 다가오고 있었다. 간바 미치코가 사망한 6월 15일, 아이젠하워의 도쿄 방문이 중지된 16일, 그리고「폭력을 물리치고 의회주의를 지켜라」라는 신문의 공동 성명이 나온 17일, 국회는 연일 거대한 데모대로 포위되었지만, 기시 수상은 여전히 강경한 자세를 유지했다.

반대 운동의 일부는 자민당 반주류파의 조반造反을 기대했다. 그러나 자민당 내에서는 안보 통과까지 기시에게 맡기고 그 뒤를 잇는 편이 이득이라는 관측이 나와 있었다. 운동 측에는 결정적인 한 수가 없었고, 사회당과 공산당을 비롯한 혁신 정당은 구체적인 방침을 표명하지 못했다.

6월 18일 심야, 오전 0시의 자연 승인을 앞두고 데모대는 밤새워 국회를 포위했다. 이미 연일의 데모와 검거로 지쳤던 전학련은 "간바 씨의 죽음을 헛되게 하지 말라"라는 구호하에 최후의 대규모 동원을 시도했다.[156] 그 밤의 모습을 분트 서기장이었던 시마 시게오는 이렇게 회상한다.[157]

1960년 6월 18일, 미일 신안보 조약 자연 승인의 때가 한 시 한 시 가까워지고 있던 그 밤…… 나는 참지 못하고 빈 뱃속에서부터 쥐어짜듯이 구역

질하며 웅크리고 있었다. 그때 그 옆에서 '공산주의자동맹'의 깃발 가까이에 있던 이쿠타(이쿠타 고지生田浩二)가 화난 듯한 얼굴로 팔을 휘두르면서 "제길 제길, 이 에너지가! 이 에너지가 아무것도 안된다! 분트도 안된다!"라고 누구를 향해서라고 할 것도 없이, 토해 내듯 외치고 있었다.

이렇게 해서 시간이 0시를 맞이하고 안보 조약은 자연 승인되었다. 날이 바뀌어 19일에 관방 장관官房長官은 담화를 발표해 "본 조약에 대한 집요한 반대는 국제 공산주의자의 앞잡이인 일부 소수의 사람들로부터 이루어진 것"이라고 말했다.[158] 사회당은 자연 승인에 대해 "신조약은 위헌"이라는 성명을 냈을 뿐이다.

다음날인 20일에 참의원의 자민당은 야당의 허를 찌르고 안보특별위원회와 본회의를 단독으로 열어, 안보 관계 법안을 일거에 통과시켰다. 22일에는 미국 상원이 신안보 조약을 승인하고, 23일에 기시 수상은 외상 공저公邸에서 비준서를 교환한 뒤, 내각 총사직을 공표했다.

이런 결과에 대해서 사람들의 반응은 다양했다. 시미즈 이쿠타로는 안보 자연 승인의 밤, 패배감에 무너져 울었다. 대조적으로 마루야마 마사오는 투쟁 속에서 실현된 질서 의식과 연대감의 압도적인 인상에 비하면 "'자연 승인'의 순간 같은 것은 나의 뇌리 속에 하잘 것 없는 장소밖에 차지하지 않았다"라고 말한다.[159]

일반적으로 지식인들 중에서는 마루야마와 마찬가지로 승리를 말하는 자가 적지 않았다. 다케우치 요시미도 안보 조약의 통과 그 자체는 5~6월의 국민적 경험에 비해 작은 의미만 갖는다고 위치 지으며 승리를 선언했다. "잘못 이기느니 잘 지는" 것을 주장했던 그로서는 당연한 반응이었다. 형식적으로 안보가 통과되었다 해도 미일 정부를 동요시켰기 때문에 실질적으로는 안보 체제를 유명무실하게 만들었다는 의견도 많았다.

그러나 이런 대국적인 평가에 비해서, 순수성에 집착하며 안보 저지를 외쳤던 전학련 주류파는 투쟁을 패배로 총괄했다. 그들에게는 부분적인 성과만으로 승리를 외치는 자세가 타협적이며 불순한 것으로 비쳤다. 이런 대립은 3부에서 말하듯이 전학련 주류파에 동조했던 요시모토 다카아키의 전후 민주주의 비판으로 이어진다.

승패의 평가가 어찌되었든 간에 안보의 자연 승인과 기시 수상의 퇴진 이후, 데모의 물결은 급격히 시들어 갔다. 애초에 5월 19일 이후 운동의 성황은, 안보 그 자체에 대한 반대보다도 기시에 대한 반감과 전학련으로 대표되는 소박한 정의감으로 뒷받침되었다. 기시가 퇴진하고 안보가 자연 승인되면서 소박한 정의감에서 보면 패배가 명확해진 이상, 운동의 퇴조는 피할 수 없었다.

도쿄의 '혁명'을 취재하라는 지시를 받고 방일한 이탈리아의 신문 기자는 6월 19일 밤에 본사로 "혁명 보이지 않음"이라고 전보를 보냈다. 이 기자는 이렇게 말한다.[160] "나도 예전에는 꿈을 꾸었다. 사회 개혁이라든가, 진보에 대한 정열이라든가. 10년이 지나서 보아라, 꿈의 허무함을 깨달을 것이다. 가장 좋은 진보주의자는 가장 좋은 보수주의자가 된다."

이 이탈리아인 기자의 인터뷰를 게재한 6월 26일 『마이니치신문』은 1960년 3월에 졸업한 대학생의 취직률이 전후 최고치를 기록하여 거의 완전 고용 상태가 되었음을 전했다. 『주간분슌』週刊文春 6월 27일호는 특집 기사로 「데모는 끝났다, 자 취직이다」デモは終わった さあ就職だ라는 타이틀을 내걸었다.[161]

당시 신문 기자였던 다쓰노 가즈오辰濃和男는 이렇게 쓴다.[162]

정치의 계절에서 경제의 계절로, 석탄에서 석유로, 세상은 변하는 중이었다. 당시 사회부 기자였던 나는 소학교·중학교 학생들이 쓴 「우리의 장래」私たちの将来라는 작문을 받았다.

소년 A "전학련에 들어가서 마음껏 정치에 반대하고 싶지만, 취직에도 관계가 있기 때문에 관두려고 한다. 훌륭한 회사에 들어가서, 주식이든 무엇이든 사서 100만 엔 정도 모으고 싶다."

소녀 B "대학에서는 빈둥빈둥 보내고 1, 2년 일하고, 시집을 가서 엄마가 되고 할머니가 되고 이윽고 죽는다."

아이들의 한 심상 풍경이다. 안보 분쇄의 목소리를 대신하여, 이윽고 마이카, 마이홈이 유행어가 된다.

이런 풍조가 퍼지는 가운데, 안보 투쟁의 종언 후에 보수론자들 사이에서 애국심 저하를 한탄하는 논조가 유행했다. 우익 단체인 신일본협의회의 대표 이사였던 야스오카 마사히로安岡正篤는 전후의 애국심 저하의 원인이 "진보 진영의 애국심 부인론否認論이라는 것은 누구나 아는 대로다"라고 1961년에 말했다.[163] 후쿠다 쓰네아리는 1962년에 "전후 교육은 우선 과거의 문화를 부정하고 덤볐다", "애국심을 부정하는 형태로 갑자기 평화나 휴머니즘을 아이들에게 강요했다"라고 주장했다.[164] 이런 보수론자들은 애국심과 윤리 저하가 점령 정책과 전후 민주주의의 영향으로 일어났다고 지속적으로 주장했다.

1960년 11월 『오차노미즈여자대신문』御茶の水女子大新聞에 게재된 어느 학생의 기고는 안보 투쟁 종언 후의 심정을 이렇게 말한다.[165]

나는 더 이상 일본인과의 연대를 믿을 수 없다. 스크럼을 짰던 순간만큼은 믿었다. 그러나 그것이 풀렸을 때, 이제 나의 옆 사람은 완전한 타인이다. 나에게는 완전한 타인이 점점 많아질 뿐이다. …… 안보 투쟁은 '학생 대중'의 향락주의를 남겼다. 단지 절망할 뿐. 어디에 연대의 끈이 있나?

1960년 안보 투쟁은 전후 일본의 진보파가 애국과 민족이라는 말로 표현했던 심정이 최대이자 최후의 분출을 본 사건이었다. 기시를 대신해서 수상이 된 이케다 하야토는 취임 직후에 「소득 배증 계획」所得倍増計画을 발표했고, 본격적으로 고도 경제 성장의 막이 오르려 했다. 그리고 전후 일본의 민주와 애국을 둘러싼 언설도 변동의 시대로 들어간다.

3부

13

대중 사회와 내셔널리즘
1960년대와 전공투

지금 와서도 아직까지 전쟁 얘기만 써서 뭐가 됩니까.

이시하라 신타로

"패전으로부터 20년 가까이 지나, 나는 화살이 다 떨어진 느낌이다."

고도성장과 도쿄 올림픽으로 세간이 떠들썩했던 1964년에 쓰루미 슌스케는 이렇게 썼다.[1]

패전 시에 20~30대 전후였던 지식인들도, 이 시기에는 중년에서 초로의 시기를 맞이했다. 다케우치 요시미와 마루야마 마사오는 1960년 이후 시사적인 언론 활동에서 점차 물러나 각자의 연구로 향했다. 그들보다 젊은 축에 속하는 쓰루미 슌스케도 안보 투쟁이 종언한 뒤에는 우울증으로 1년 이상 칩거 생활을 했다.

이렇게 종래의 전후사상가들이 퇴장하고 지식인의 세대교체와 병행해서 고도성장에 따른 사회 변동이 급속하게 진전되었다. 그런 가운데 1960년대 중반부터 내셔널리즘에 관한 언설 구조도 크게 변화해 갔다. 3부에서는 그 모습을 구체적으로 검증할 것인데, 이 장에서는 그 전제로서 이 시대의 사회 구조와 언설의 변동을 개설한다.

고도 경제 성장과 대중 내셔널리즘

고도 경제 성장은 급속히 진전되었다. 1955~1960년의 평균 실질 성장률은 8.7퍼센트였는데, 1960~1965년에 9.7퍼센트, 1965~1970년에는 11.6퍼센트까지 신장했다. 이 상태는 오일 쇼크가 발생한 1973년까지 계속된다.

일본의 국제적 위치도 크게 변했다. 대미 무역 수지의 증가로 미국의 시장 개방 요구가 높아지고, 수입 자유화 비율은 1955년 16퍼센트에서 1959년 26퍼센트, 그리고 1963년에는 90퍼센트를 넘었다. 또한 1963년에는 일본이 개발 도상국을 지원하는 경제협력개발기구Organization for Economic Cooperation and Development, OECD에 가입하여 국제적으로도 선진국의 일원이 되었다.

고도성장과 수입 자유화는 농업 인구의 감소와 급격한 도시화를 불러

왔다. 7장에서 말했듯이 1945년에 28퍼센트였던 도시 인구가 1970년에는 72퍼센트까지 상승했다. 1962년 도쿄는 세계 최초로 인구 1,000만 명의 도시가 되었고, 1964년 개최된 도쿄 올림픽을 준비하며 대규모 공공 사업이 벌어진 것을 기점으로, 패전 후의 폐허와 암시장의 풍경은 소멸되었다.

생활 양식도 급격히 변화했다. 1964년 미국에 간 야마모토 아키라는 화장지와 냉동식품의 존재에 경악했다. 그러나 그가 귀국한 1968년에 이런 품목들은 일본에도 빠르게 보급되기 시작했고, 1973년 다시 미국을 찾았을 때는 "눈이 휘둥그레지게 만드는 것은, 미국에 하나도 보이지 않았다"라고 한다.[2]

생활 양식의 변화는 사람들의 의식도 급속히 바꾸었다. 서일본의 농촌을 조사한 민속학자 미야모토 쓰네이치宮本常一는 "쇼와 35년(1960년)경을 경계로 촌락 사람들의 통일 행동이 매우 어려워졌다"라고 1968년에 썼다. 미야모토에 따르면 과거의 촌락 사람들은 "촌락 전체가 좋아지면 촌락의 한 집 한 집도 생활이 좋아진다고 믿고", "오직 자기 집만 좋아지면 된다는 생각은, 내가 접한 범위에서 한 사람도 없었다고 할 수 있다." 그러나 고도성장을 거쳐 개인이 개인으로서 수입을 얻게 되고 "텔레비전이 50퍼센트 이상 보급된 곳에서는, 그 지역 사람들이 하나가 되어 새로운 문제에 임하고자 하는 의욕은 없어졌다"라는 것이다.[3]

이런 변화는 대중문화에도 나타났다. 1960년대 전반의 영화나 만화는 "한 명의 100걸음보다 모두의 한 걸음"이라는 말로 상징되는, 이기주의의 극복과 연대의 형성을 주제로 한 경우가 많았다. 그러나 1960년대 후반에는 도회 청년의 고독한 심상 풍경이 보다 많이 다루어진다.

예를 들어 1964년부터 연재가 시작된 만화 『사이보그 009』サイボーグ009의 경우, 연재 초기에는 사이보그 전사 9명의 '팀워크'를 강조했다. 그러나 1960년대 말에는 9명의 등장인물들이 각자의 직업에서 성공을 거두고 팀워크를 강조하는 부분은 줄어들었다. 그 중간점에 해당하는 1967년

에는 등장인물들이 다음과 같은 대화를 나눈다.[4]

"유령섬에서 도망쳤을 때의 우리는 좋았다. 정말 팀워크가 잘 되었다……. 그런데 지금은 어떤가? 다들 따로따로이잖나. ……"
"…… 대체 왜지? 무엇이 원인일까?"
"다들 행복해졌으니까."
"응? 행복해져……?"
"…… 다들 자기 생활을 손에 넣어 버렸으니까."

1966년부터 연재된 야구 만화 『거인의 별』巨人の星에서도 유사한 변화가 보인다.[5] 연재 전반에는 도시 빈민가인 나가야長屋(한 집에 칸막이를 쳐서 여러 가구가 사는 주택-옮긴이) 출신의 주인공이 전쟁 때문에 야구의 꿈을 포기한 일용직 노동자인 아버지에게 훈련을 받아, 나가야에 한 대뿐인 텔레비전 앞에 모인 공동체 주민들의 응원을 받으며 '개인보다 팀이 우선'이라는 윤리에 눈을 떠 가는 과정이 그려졌다. 그러나 연재 후반으로 가면 주인공은 텔레비전과 응접 세트가 갖추어진, 후지산이 보이는 고층 맨션으로 이사했고 주인공의 가족도 분해되어 간다. 주인공의 연인 역도, 연재 전반에는 지방 농촌에서 봉사하는 간호사였지만 후반에는 신주쿠新宿의 고독한 불량소녀로 바뀐다.
　이런 현상과 병행해 발생한 것이 체계적인 사상을 갖추지 않은 무자각적 내셔널리즘의 확산이었다. 지방 공동체가 붕괴되고 전국의 생활 양식과 문화가 단일화되면서 사람들은 '촌락 사람'에서 '일본인'으로 변용해 갔다. 물론 이것은 메이지 시대부터 진행된 사태였지만 고도성장은 그 최종적인 완성을 담당했다. 고도 경제 성장의 진전, 1963년 OECD가입, 그리고 1964년 도쿄 올림픽은 국제적으로도 일본의 지위가 상승한 사실을 각인시켰다.
　작가 오다 마코토는 1966년 이렇게 말한다.[6]

나는 요 근래 6년간 입시 학원의 강사를 하면서 매일 20세 전후의 젊은이들과 접하는데, 6년의 시간 동안 젊은이들의 의식은 내셔널리즘과 국가관에 관한 부분이 가장 크게 바뀌었다. 내가 직접 경험한 것을 비유를 써서 표현하자면, 6년 전에 내가 접한 젊은이 10명 중, "일본에 대해 어떻게 생각하는가"라는 물음에 "일본은 훌륭하다"라고 답한 젊은이는 아마 한 명이었을 것이다. 그리고 그 젊은이는, 자기가 꼭 일본에 만족하지는 않는다. 그러나 자기는 일본인이므로 일본을 그렇게 인정하는 것이라고, 그다지 밝다고 할 수 없는 표정으로 덧붙일 것이다. 이 젊은이는 "나라를 사랑한다"라는 것을, 쑥스러운 듯이, 하지만 그 나름의 결의를 담아서 말할 것임에 틀림없다. 외적이 침략해 오면 너는 자기 생명을 내던지고 나라를 지킬 것이냐고 물으면, 대부분이 웃으면서, 도망갈 거예요, 라고 답했을 것이다. 그중 한 명, 아까 "나라를 사랑한다"라고 단언한 젊은이일 텐데, 그는 진지한 얼굴로 "나라를 지킨다"라는 것이 무엇인가, 나라의 무엇을 지킨다는 것인가, 라고 틀림없이 반문할 것이다.

6년이 지난 지금은 어떨까. 실제로 몇 번이나 시도했는데, 10명 중 우선 여덟 명이 "일본은 훌륭하다"라고 답할 것이다. 그러면서 일본의 어떤 점이 훌륭하냐고 물으면 다 같이 입을 다문다. "나라를 사랑한다"라는 말도 마찬가지다. 나라의 무엇을 사랑하느냐는 물음에 대해 확실한 답이 없는 점도 마찬가지다. "나라를 지킬 텐가." ― 마찬가지로, 거의 모두가 자명한 듯이 대답한다. …… 그렇지만 나라의 무엇을 지키는가, 무엇을 위해서 나라를 지키는가, 라는 물음에는 명확한 답이 없다(여담이지만 이런 무책임한 내셔널리즘의 고양에는, 역시 올림픽의 효과가 컸다고 생각한다……).

1960년에 "쑥스러운 듯이, 하지만 그 나름의 결의를 담아서", "나라를 사랑한다"라고 말한 한 사람은, 아마도 과거에 혁신 내셔널리즘의 주역이었다. 그것은 "나라를 사랑한다"라는 것이 무엇을 의미하느냐는 문제에 대해, 그 나름의 사고를 거친 결과였다. 그러나 고도성장의 진행과 함께, 생활의 안정을 가져다 준 '일본'에 대한 신뢰와 안심이 무자각적인 내셔널리즘이라는 형태로 정착되고 있었다.

이런 유형의 내셔널리즘 출현은, 1956년에 정치학자 마쓰시타 게이이치松下圭一가 '대중 내셔널리즘'이라는 명칭으로 이미 지적했다. 마쓰시타는 당시 27세의 젊은 연구자로, 7장에서 소개한『중간 문화론』의 저자인 가토 히데토시와 마찬가지로 미국의 대중 사회론에서 영향을 받았다.

마쓰시타에 따르면 생산력과 대중 매체의 발전으로 인해 서방 선진국에서는 문화와 생활 양식의 균질화가 진행 중이며, 계급 사회에서 대중 사회로 이행되었다. 거기에서는 계급 대립을 전제로 한 사회주의 혁명이 성립되지 않으며, 정치에 무관심한 대중이 주류를 차지한다. 그리고 과거에 마르크스가 "조국을 갖지 않는다"라고 말한 프롤레타리아트도 "사회의 '소시민화'"와 "대중 민주주의"로 "자본주의 국가의 '국민'으로 전화"하여 대중 내셔널리즘이 발생한다는 것이었다.[7]

그렇지만 가토도 마쓰시타도, 이런 대중 사회를 찬미하지는 않았다. 1960년 안보 투쟁에서 가토는 사생활에 매몰된 정치적 무관심을 "시민이라는 관념 이전의, 일개 이기주의에 불과하다"라고 비판했다.[8] 마쓰시타도 안보 투쟁을 "새로운 국민이 형성되는 시작"이라고 상찬하며, 보수 정권의 체제 내셔널리즘과 대중 사회의 대중 내셔널리즘에 대항하는 혁신 내셔널리즘의 형성을 주창했다.[9]

하물며 계급 투쟁을 내세운 마르크스주의자들은 대중 사회론 자체에 비판적이었다. 미국보다 후진 사회인 일본에서 대중 사회가 출현할 리 없다고 생각한 지식인도 많았다. 정치학자 후지타 쇼조는 1960년 안보 투쟁의 성황 앞에서 "이른바 '대중 사회론'은 파산했다"라고 단언한다.[10]

그러나 1960년 이후의 정세는 후지타는 물론 가토와 마쓰시타의 예측마저 넘어서는 기세로 진행되었다. 여론 조사에서 사생활 지향의 상승과 정치 참가 의식의 저하는 1960년대 이후에도 일관해서 진행된다. 한편으로 "일본인과 서양인의 우열"을 묻는 질문에 대해, 1951년 "일본인이 훌륭하다"가 28퍼센트, "뒤떨어진다"가 47퍼센트였음에 비해, 1963년에 이것이 역전되어 "훌륭하다"가 33퍼센트, "뒤떨어진다"가 14퍼센트였다. 게다가 1968년에는 "훌륭하다"가 47퍼센트까지 상승한다. NHK 방송여론조사소는 이런 결과에 대해 "뿌리를 내린 사생활 우선의 생활 방법" 및 "회복된 민족의 자신감"이라는 표제를 붙였다.[11]

이런 중에 '단일 민족'이라는 말의 용법도 변화했다. 이 말은 1950년대에는 형성되어야 할 목표로서 좌파가 주창했다. 그러나 1960년대 이후로는 고대 이래의 기성사실을 가리키는 말로 보수 측이 주창하게 된다.

예를 들어 1961년 고이즈미 신조는 "러시아나 지나"에 비해서 "일본 국민은 다행히도 이들과는 달리 단일 동질하다"라고 강조했다. 일경련 전무이사 마에다 하지메前田一도 1964년에 "이민족의 집합 혹은 혼혈이 없는 일본 민족의 통일성"을 상찬했다. 미시마 유키오는 1968년에 『문화방위론』文化防衛論에서 "일본은 세계에서 드문 단일 민족 단일 언어의 나라"라고 말했고, 이시하라 신타로도 1968년에 "거의 단일 민족이라고 할 수 있는 국민이, 다른 국가와 완전히 다른 단일 언어를 말하고, 완전히 독자적인 문화를 그리도 긴 기간에 걸쳐 형성해 왔다"라고 주장했다.[12]

고도성장의 진전은 좌파의 논조에도 미묘한 영향을 끼쳤다. 우선 그것은 근대라는 말이 지향해야 할 목표로서의 광채를 잃고 비판 대상으로 변하는 형태로 나타났다. 그 대신에 대두한 것은 근대화의 폐해인 공해 문제에 대한 관심, 그리고 농촌 공동체와 토착 문화에 대한 재평가였다.

그와 함께 과거에는 공산당 주변에서 사용되었던 근대주의라는 비난 용어가 급속히 일반화되었다. 오다 마코토는 1965년의 평론에서 "시대는 크게 변한 듯하다"라고 말하며, 그의 친구들 사이에서 "내가 무슨 말을 하면 '그런 건 근대주의다'라고 일언지하에 정리해 버린다"는 경향이 출현하기 시작한 사실을 지적한다.[13]

동시에 민속학과 고대사가 주목을 받았다. 14장에서 검증할 요시모토 다카아키가 1968년에 출판한 『공동 환상론』共同幻想論은 민속학을 원용하면서 고대 신화를 분석함으로써 천황제와 국가의 발생을 논했다. 이런 접근은 패전 직후에 보였던 민족과 천황제는 근대의 산물이라는 견해와는 서로 들어맞지 않았지만, 1960년대 이후로는 그런 시각 쪽이 근대주의라고 비판받았다.

현재의 시각에서 보면 기묘한 일이지만, 이런 동향에 맞추어 근대주의를 비판한 자들은 자기들이 사용한 말의 유래를 알지 못했다. 공산당에 비판적이었던 신좌익계의 젊은이들은, 이런 조류 속에서 그들이 말하는 "전후 민주주의=근대주의"를 오히려 비판했다. 말하자면 그들은 공산당에 반항하면서도, 그 반항이 공산당으로부터 주어진 언어 사용의 틀 속에서 이루어지고 있음을 자각하지 못했다.

그리고 이런 동향과 병행해서 '메이지'의 평가가 변용되었다. 마루야마 마사오를 비롯한 전후 지식인들은 근대화와 국가 건설의 시대로서 메이지를 높이 평가했다. 1960년 2월에는 다케우치 요시미가 1968년의 메이지 유신 100주년을 기념한 '메이지 유신 100년제' 개최를 제창했다.

1960년 안보 투쟁이 고조되었던 영향으로 이런 메이지 상찬은 얼마간 지속되었다. 1964년에는 근대사가 이로카와 다이키치가 자유 민권기 청년의 정치의식을 그린 『메이지 정신사』明治精神史를 출판했다. 이로카와는 『메이지 정신사』의 서문에서 1960년 안보 투쟁을 통해 "현대 일본 청년"의 잠재력을 목격하고 그들이 "메이지 청년들의 삶의 방식을 보았으면 좋겠다"라고 생각한 것이 집필 동기였다고 말한다.[14]

그러나 1960년대 중기 이후로 이런 경향은 역전되었다. 일본 정부는 도쿄 올림픽으로 고양된 내셔널리즘에 힘입어, 메이지 100년을 기념하며 메이지 재평가 캠페인을 개시했다. 물론 이 경우의 메이지는 혁신과 자유 민권의 시대가 아니라, 국가의식과 원훈元勳들의 시대로 그려졌다.

좌파 역사학계와 교육계는 이런 동향에 반발해 메이지 100년에 반대하는 운동을 개시했다. 이 시기부터 일교조도 애국심에 대한 반발을 점차 강화했다. 1960년에 메이지 유신 100년제를 제창했던 다케우치 요시미

도 1965년에는 「'메이지 붐'에 생각한다」「明治ブーム」に思 う라는 평론을 써서 자신은 일본의 근대화를 되돌아보자는 생각에서 메이지 100년을 제창했는데 "나의 의도와 완전히 관계가 없는 두루뭉술한 '메이지 100년'—무조건 긍정의 풍조가 일어나, 제안은 떠밀려 가 버렸다"라고 한탄했다.[15]

1965년 사상사가 야마다 무네무쓰山田宗睦가 보수 지식인을 비판하는 책인 『위험한 사상가』危険な思想家를 썼다. 야마다는 그 앞머리에서 "3년 뒤의 1968년은 메이지 유신 100주년에 해당한다. 이 찬스를 노리고 전후를 부정하는 여러 가지 목소리가 하나로 합쳐지려 한다. 유신 100년이 이길 것인가, 전후 20년이 이길 것인가. 거기에 실로 일본의 장래가 달려 있다"라고 주장했다.[16] 이 문제 제기를 이어받아 『아사히신문』은 「메이지 100년과 전후 20년」이라는 특집을 꾸몄다. 이렇게 해서 1965년 무렵에 메이지는 보수 반동의 상징으로서 전후와 대치하는 존재가 되어 갔다.

1960년대 후반에는 15장에서 검증할 보수파 비평가인 에토 준이 메이지를 내세우며 국가를 이야기하고, 전후사상은 시라카바파의 연장선상에 있다고 비판했다. 물론 그가 주장한 메이지 상찬과 시라카바파 비판이라는 도식은, 과거에는 마루야마 마사오와 다케우치 요시미, 혹은 공산당 계의 문학가들이 주장했었다. 그러나 에토는 요시모토 다카아키와 신좌익의 젊은이들처럼 그런 언어 사용의 유래를 자각하지 못했다.

패전 직후의 전후사상은 총력전 체제를 비롯한 전시 중의 언어 체계를 변주하는 형태로 전쟁 비판을 표현했다. 그리고 1960년대의 좌우에서 이루어진 전후 민주주의 비판도, 전후사상의 언어 체계를 변주하는 형태로 이루어졌다.

이런 동향과 반대로, 1960년대 말에는 이전까지 메이지를 상찬했던 전후 지식인들이 다이쇼를 상찬하는 경우도 있었다. 5장에서 보았듯이 쓰루미 슌스케는 1950년대에 메이지를 상찬하며 "메이지의 정신은 역시 쇼와의 정신보다 높았다"라고 말했다.[17] 그러나 1972년 쓰루미는 "나는 다이쇼 데모크라시의 사상이 남아 있는 시대에서 자랐다"라고 말한다.[18]

혁명과 혼란의 시대였던 제1의 전후에서 다이쇼 데모크라시는 비판하고 넘어서야 할 온건주의로 간주되었다. 그러나 혁신 세력이 공세를 취하는 위치였던 시기는 이미 끝났고, 패전 직후에는 지나치게 온건하다고 비판받았던 헌법과「교육 기본법」등은 전후 개혁의 성과로서 방위해야 할 대상이 되었다. 다이쇼 평가의 역전은 이런 시대의 변화와도 부합했다고 할 수 있다.

그리고 고도 경제 성장과 병행하여 생긴 현상이 하나 더 있었다. 전쟁 체험의 풍화이다.

전쟁 체험의 풍화

1960년 안보 투쟁 이후 다케우치 요시미는 단속적斷續的으로 전쟁 체험에 관한 논고를 발표했다. 거기서 그의 주장은 전쟁 체험 세대인 "우리는 과거의 기억을 기반으로 삼아 행동하고 있다"라는 것, 자신들에게 안보 투쟁은 "전쟁 체험의 분출"이었다는 것, 그러나 동시에 "전쟁 체험은 엄청난 기세로 부식되고 있는 듯하다"라는 내용이었다.[19]

전쟁 체험의 부식은 두 가지 측면에서 진행되었다. 하나는 전쟁을 알지 못하는 세대의 대두였다. 이미 1956년에 히다카 로쿠로는 소학교·중학교 교사들의 목소리로 "평화 교육이라고 해도, 요즘 아이들은 더 이상 전쟁을 알지 못해요. 전후에 태어난 아이들이 4학년, 5학년이니까요"라던가, "가끔 제가 교실에서 저 자신의 과거를 괴로움과 슬픔과 분노를 느끼며 이야기할 때, 많은 학생들이 눈에 보이는 것은 같은 감동이 아니라, 오히려 신기한 것에 대한 호기심과 일종의 단순한 웃음입니다"라는 예를 소개한다.[20]

그러나 부식은 다른 측면에서도 진행되었다. 그것은 전쟁의 기억이 차츰 형해화하면서 동시에 미화의 대상이 된 점이었다.

이런 현상은 지식인들 사이에서도 진행되었다. 11장에서 말했듯이 마루야마 마사오는 1950년 좌담회에서 재군비 찬성론자를 "아마도 일본의 군대에 들어가서 비참한 체험을 해 보지 않은 사람이 아닐까"라고 비난했다. 그러나 그는 같은 좌담회에서 군대 시절의 기억 중에서도 "연습의 휴식 시간에 노래를 불렀다거나, 실로 작은 소소한 것"이 "오아시스처럼", "이후까지 계속 인상에 남아 있습니다"라고도 말했다.[21]

하물며 패전에서 20년이 지난 시기에는 그런 경향이 한층 더 현저해졌다. 쓰루미 슌스케는 1968년에 "전시 중으로 돌아가 거기서부터 다시 생각한다는 것은, 지금으로서는 어려운 일이다. 그것을 잘해 낼 수 있는 사람조차, 자기의 청춘을 이상화해서 파악하려는 유혹에서 벗어나기란 어렵다"라고 말한다.[22]

1960년대는 생활의 안정과 함께 각지에서 전우회戰友會가 결성되고, 병사 출신들의 회상기가 많이 출판되기 시작한 시기이기도 했다. 이른바 전기물戰記もの 출판의 붐은 패전 직후에도 존재했지만, 1967년 『슛판뉴스』出版ニュース는 당시의 특징을 이렇게 말한다.[23] "최근, 출판되는 전기물, 혹은 전쟁 소설에는 무언가 이전과는 다른 경향이 나타나고 있는 것이 아닐까. 바로 요전까지만 해도 그런 종류의 글은, 전쟁이란 죄악이다, 다시는 반복해서는 안 된다는 소박한 바람이 담긴 것이 거의 대부분이었다. 그러나 최근에는 전쟁을 미화하지는 않더라도 '나라를 위한' 죽음의 아름다움을 어느 정도 전제로 하고 쓴 것이 많아진 듯하다."

이런 전기물을 분석한 사회학자 다카하시 사부로高橋三郎는 '쇼와 40년대'의 현상으로 그 이전의 전쟁 체험기에 존재했던 "일종의 '무시무시함'"이 없어진 것을 지적한다. 역사학자 요시다 유타카吉田裕도 해군 전투기에 탔던 사카이 사부로―1장에서 인용했듯이, 특공대에 대한 해군 홍보를 거짓말쟁이라고 표현했던 조종사―의 회상기를 분석하여, 1953년의 『사카이 사부로 공중전 기록』坂井三郎空戰記録이 1967년에 『넓은 하늘의 사무라이』大空のサムライ라는 제목으로 개고rewrite되었을 때, "자기의 전쟁 체험에 대한 끈적한 집념 같은 것이 사라진" 대신에 "일본 최고의

승부사"라는 측면이 강조되었음을 지적한다.[24]

이런 경향은 전쟁 미화에만 국한되지 않았다. 전쟁을 미화하는 전기물이 용전감투勇戰敢鬪나 순수무잡純粹無雜을 강조한 반면, 전쟁의 비극을 전하고자 하는 전쟁 체험물은 비극과 노고를 정서적으로 이야기하는 경향이 나타났다. 양쪽은 정치적 입장은 반대였지만, 전쟁을 감상적으로 이야기한다는 점과 전후사상의 가장 큰 계기였던 굴욕과 회한의 상처에 닿는 부분이 적다는 점에서는 마찬가지였다. 1956년 히다카 로쿠로가 말한 바에 따르면 전쟁을 모르는 세대뿐만 아니라 전쟁 체험 세대에서도 "전쟁이 이미 각자의 체험과 실감을 넘어선 추상물이 되기 시작"했다.[25]

이렇게 전쟁의 기억이 형해화되는 가운데, 보수 정권의 전사자 추도 사업이 개시되었다. 3장에서 말했듯이 강화 조약 발효 직후인 1952년 5월에 천황이 참석한 추도식이 열리기는 했지만, 그 이후로는 이런 종류의 사업이 이루어지지 않았다. 그러나 1963년 5월 「전국 전몰자 추도식의 실시에 관한 건」全國戰没者追悼式の実施に関する件이 각의閣議 결정되어, 이해부터 매년 8월 15일에 정부가 주도하는 추도식이 거행되었다. 추도 대상의 범위는 중일 전쟁 이후에 전몰한 일본인으로 한정되었고, 1963년 식전에서는 이케다 하야토 수상이 "조국의 영광을 확신하고 죽어간 많은 사람들의 바람"을 강조했다.[26]

그러나 정부의 이런 사업과는 반대로 기억의 풍화는 멈추지 않았다. 추도식이 개시된 1963년 8월 14일에 구로가네 야스미黑金泰美 내각 관방장관은 8월 15일 정오를 기해 묵도할 것을 전 국민에게 요망하는 성명을 발표했다. 그러나 1967년 8월 15일 『아사히신문』 석간은 긴자銀座 거리에서 취재를 했을 때, 모자를 벗고 묵도를 하는 사람은 손에 꼽을 정도였으며 대부분은 무관심했다고 보도했다. 그리고 1968년 8월 15일 같은 신문 석간에는 정오의 신주쿠에서 묵도를 한 사람은 "전혀 보이지 않았다"라고 보도되었다.[27]

전쟁 기억의 형해화는 전후 세대에 대한 전쟁 체험의 계승을 한층 더 곤란하게 만들고, 그 풍화에 박차를 가했다. 전후에 자라난 젊은이들은 전쟁 체험자가 자기의 과거를 미화하고 자만하는 모습에 반발한 것이다.

예를 들어 1961년 노조에 겐지野添憲治는 『시소노카가쿠』의 기고문에서 "귀환한 농민 병사 중 거의 대부분이 현재도 전쟁을 찬미하고 전지에서 행했던 갖가지 잔학 행위를 자랑하고 있습니다. 그리고 전쟁 경험이 없는 젊은이들을 붙잡고는 군대를 안 가면 진짜 남자가 못 된다고 이야기합니다"라고 말한다.[28] 이런 자세가 젊은이들의 반발을 산 것은 자연스러운 일이었다.

전쟁을 미화하지 않는 경우라도 전쟁을 감상적으로 이야기하는 자세는 젊은 세대의 반발을 샀다. 패전 당시에 소년 비행병이었던 다카다 요시토시는 1959년에 친구와 "8월이 가까워지면 전쟁의 상흔이 쑤신다"라며 이야기하고 있었더니, 친구의 남동생이 "그런 이야기를 해마다 반복해서 하는 형들의 세대"는 감상적이며 연약하다고 비난했다는 일화를 전한다.[29]

전쟁 체험자들끼리는 '만감이 교차하는 추억'이라던가 '눈물이 난다'라는 암호 같은 표현만으로도 전시하의 갖가지 기억을 공유할 수 있었다. 그러나 전쟁을 모르는 세대에게 그것은 폐쇄적인 감상 공동체로 비쳤다. 다케우치 요시미는 1961년에 "젊은 세대의 일부 혹은 다수가 전前 세대의 전쟁 체험을 백안시하거나 거부하는 데는, 전쟁 체험의 폐쇄성이 전제인한, 타당한 이유가 있다고 할 수 있다"라고 말했다.[30]

체험자에게만 통하는 폐쇄적인 표현은 점차 정형화되어, 회한을 감상으로 은폐하는 미사여구가 되어 버리기 쉬웠다. 교육자의 전쟁 책임을 추급했던 나가하마 이사오長浜功는 이렇게 말한다.[31] "한마디로 말해서 지금까지의 전쟁 체험은 누구라도 이야기가 가능한 정도일 수밖에 없었다. 괴로운 시대를 체험한 세대가, 부모의 고생을 모르면서 쑥쑥 성장해 가는데 대한 씁쓸함을 젊은 세대에게 내보이기 위한 무기일 뿐이었다", "젊은 세대가 꺼리고 거북해 하는 것은 당연했다. 그것이 풍화되는 것도 당연했다.”

논단에서도 젊은 세대의 반발이 나타났다. 『분가쿠카이』 1959년 10월
호 좌담회에서 당시 27세의 젊은 작가였던 이시하라 신타로와 전중파 하
시카와 분소가 충돌했다. 거기서 이시하라는 전쟁 체험에 집착하는 윗세
대를 비판하는 한편, 살아 있다는 실감이 없는 평화로운 시대가 자기에게
는 고통이며, “지금 와서도 아직까지 전쟁 얘기만 써서 뭐가 됩니까”라고
하시카와에게 반론했다.[32]

1963년에는 26세의 사회학자였던 미타 무네스케가 좌파의 입장에서
“전쟁 세대의 말투에 존재하는 연약함”을 비판했다. 미타에 따르면 현재
는 전쟁 전과는 완전히 상황이 다른 “대중 사회 상황의 완성기”임에도 불
구하고, 전쟁 체험에 구애받는 윗세대는 “이것은 ‘본질적으로는’ 전전과
같다던가, 전쟁으로 ‘이어지는’ 길이라던가, 천황제 ‘원리’의 재현이라고
말하며, 어떻게 해서든지 문제를 자기들 사상의 거푸집에 끼워 맞춰서 생
각하려” 한다. 그것이 안보 투쟁 후의 사회 운동에서 “능동성이나 창조성
을 저해하는 요인이 되었다”라고 말한다.[33]

그리고 전쟁 체험을 내세우는 윗세대에 대한 젊은이들의 대항 수단이
된 것이, 감상적인 피해자 의식을 비판해서 가해를 강조하는 방식이었다.
1967년 젊은이들에게 인기를 모았던 나가시마 신지永島慎二의 만화 『후
텐』フーテン에는 환각제 파티에서 흥분한 젊은이들이 자기들을 조소하는
연장자에게 집단으로 반론하는 장면이 실렸다.[34]

“내가 지금 여기서 당신한테 확실하게 얘기할 것은, 당신이 살인자라는
것이다.”
“뭐, 뭐라고!”
“그것 봐라. 당신 자신이 이미 잊어버린 것이다!”
“내 말은, 당신을 포함한 일본의 40세 이상 인간은, 전부 사람을 죽였다
는 것이다……. 즉 태평양 전쟁의 폭풍 속에서 직접 혹은 간접적으로 많은

사람들을 죽여 왔다는 것이다."

"우리 세대의 인간은 그래도 자기 손을 인간의 피로 적시지는 않았다!"

"그런 우리 앞에서 당신이 뭘 비웃는 거냐!"

　　연장자에 대한 전쟁 책임 추급은 패전 직후부터 존재했지만, 추급의 대상은 오로지 책임 있는 지위에 올랐던 위정자였다. 그러나 위의 대화는 위정자와 민중의 구별 없이 '40세 이상의 인간'에게 책임을 묻는다. 이런 논리는 전쟁을 모르는 세대가 대두하면서 처음으로 출현했다.

　　그것은 동시에 젊은이들이 교육받아 온 말들이 반전되어 연장자들에게 향한 것이기도 했다. 그들은 유소년기부터 평화에 대한 소망과 전쟁에 대한 반성을 교육받아 왔다. 그런 그들이 전쟁 체험을 내세우는 연장자들에게 반항할 때에 연장자의 가해 책임을 강조하는 형태를 취한 것은 자연스러웠다.

평화와 민주주의에 대한 비판

그리고 고도성장이 진행되면서 '평화와 민주주의'에 대한 비판이 대두했다. 전쟁을 모르는 세대들은 평화와 민주주의를 근대적인 대중 사회를 지탱하는 현상 유지의 논리로 간주한 것이다.

　　1960년 안보 투쟁 이후 공산당에 대한 비판이 대두한 것이 그 계기였다. 지금까지 말해 왔듯이 공산당은 독자적인 의미에서 평화와 민주주의를 내세웠다. 예를 들어 공산당의 2단계 혁명론은, 절대 왕정의 단계인 일본에서는 우선 민주주의 혁명을 일으킨 뒤 결국에는 사회주의 혁명으로 이행하게 된다고 주장했다. 그런 방침에 따르는 공산당계의 문학이 민주주의 문학이라 호칭된 점은 6장에서 본 대로다.

　　그런 까닭에 신좌익계의 논자들이 공산당, 특히 1955년 육전협으로 온건화된 공산당을 비판할 때에 평화와 민주주의를 비판하는 형태를 취하기 일쑤였다. 안보 투쟁 직후의 1960년 11월 요시모토 다카아키와 구로다 간이치黑田寬一 등 전학련 주류파를 옹호하는 지식인들이 공저해서 『민주주의의 신화』民主主義の神話를 출판했다. 그들은 거기서 전학련 주류파를 지원하지 않았던 공산당의 자세를 강하게 비판했다.

동시에 이 『민주주의의 신화』에서는 마루야마 마사오나 히다카 로쿠로 등의 비공산당계 진보적 문화인들도 비판 대상이 되었다. 그들이 전학련 주류파의 저돌적인 투쟁을 전면적으로 평가해 주지는 않았던 점, 그리고 안보 투쟁이 패배했다는 전학련 주류파의 인식을 공유하지 않았던 사실로 말미암아, 그들은 평화와 민주주의를 내세운 공산당의 동반자라고 간주된 것이다.

이런 평화와 민주주의 비판은 평화로운 시대밖에 알지 못하고, 그런 상황에 권태를 느끼게 된 전후 세대의 공감을 불렀다. 전학련 주류파의 젊은이들과 친교가 있던 시미즈 이쿠타로는 1961년에 역시 공산당을 비판하면서 이렇게 말한다.[35] "일정한 연령 이상의 인텔리는 전전 및 전시 중의 어두운 기억이 살아 있기 때문에, 평화와 민주주의가 전후의 양대 가치라는 점만으로도 제법 만족할 수 있지만, 젊은 녀석들은 매우 다르다. 전후에 소학교 교육을 받은 사람들의 경우에는…… 양대 가치가 당연한 것, 평범한 것, 심지어는 지루한 것이기도 하다." 그리고 시미즈는 이윽고 "젊은 사람들은 평화 난센스, 민주주의 난센스라고 외치게 될 것이다"라고 말했다.

이런 인식은 전학련 주류파를 지도했던 분트의 회원인 니시베 스스무에게도 공통되었다. 니시베는 1960년 안보 투쟁의 회상기에서 평화와 민주주의는 "전전 세대에서는 간신히 얻게 된 은혜였을 테지만, 전후 세대에서는 회의되어야 할, 나아가서는 타파해야 할 공허한 말로 비쳤다", "권력의 소재를 은폐한 것은 다름 아닌 전후 민주주의임을 분트는 직감했다"라고 말한다.[36]

1960년 안보 투쟁에서 윗세대의 지식인들에게 학생의 직접 행동을 억제하려는 경향이 있었던 것은 사실이다. 또한 1955년 이후 혁신 세력 내부의 대립을 은폐하고 온건화한 국민운동의 형식적인 통일을 지키기 위해, 평화와 민주주의라는 걸릴 것 없는 슬로건이 내세워진 점도 사실이 었다. 이런 점에서 젊은 세대가 "권력의 소재를 은폐하는 것은 다름 아닌 전후 민주주의임"을 "직감"했다고 해도 무리는 아니었다.

하지만 이런 직감이 전후사상의 정확한 인식에서 출현했는지는 의문이었다. 예를 들어 간바 미치코의 유고집에는 "잡지『세카이』등에서 '진보적 지식인'이 말했던, '일본의 자주성이 향상된 면도 있으니, 안보 개정에 전면적으로 반대하는 것은 어린 아이 같다. ……'라는 '어른'의 조건 투쟁에의 진언"을 비판하는 부분이 있다.[37] 그러나 당시의『세카이』에서 그런 내용의 기사를 찾기는 어렵다.

젊은이들은 직감으로 평화와 민주주의의 기만을 지적했다. 그러나 그들 중 많은 수가 1955년 이전에 다양한 헌법관과 평화관이 존재했다는 점을 몰랐다. 그리고 니시베의 회상에 따르면 안보 투쟁 시기에는 운동으로 바빠서, 분트 간부들은 제대로 책을 읽을 시간이 없었다고 한다. 그런 젊은이들이 민주주의와 진보적 문화인의 이미지를 다분히 자의적으로 생각해서 구성했을 가능성은 부정할 수 없으리라 생각된다. 어쨌든 이 시기부터 패전 후에 존재했던 다양한 사상 조류와 개혁을 일괄해서 '전후 민주주의'라 총칭하는 방법이 급속하게 일반화되었다.

그리고 평화에 대한 혐오는 전쟁에 대한 로맨틱한 동경으로도 이어졌다. 1956년 좌담회에서 당시 24세의 이시하라 신타로는 "현대라는 것은 표면은 탁 트이고 밝습니다", "매우 공회전을 하는 듯한, 허탈감이 있습니다"라고 말한 뒤에 이렇게 주장한다. "나 같은 사람에게 전쟁에 대한 이미지를 만드는 것은, 현재의 주변 사람들로부터 듣는 이야기뿐입니다. 하지만 전기물을 읽거나 그런 영화를 보면 영웅적인 느낌도 듭니다. 서부극 이상의 감동을 받는 경우도 있습니다."[38]

이렇게 해서 젊은 세대의 평화 비판과 윗세대의 전쟁 체험 미화가

1960년대에는 일치를 보았다. 1960년대 중반 무렵부터 소년 잡지에서는 『시덴카이의 매』紫電改のタカ, 『제로전 하야토』ゼロ戰はやと 등 전쟁 만화 붐이 일었다. 전투기를 비롯한 프라모델과 무기 해설 기사가 소년들에게 인기를 모으기 시작한 때도 이 시기였다.

전쟁에의 이런 동경은 과격한 사회 운동에 대한 지지와 겹치는 경우도 있었다. 당시의 이시하라 신타로는 '가치 문란자'를 자칭했고 1959년에는 「찔러 죽여라!」刺し殺せ! 라는 에세이를 써서 "테러리스트로서 독자를 두들겨 패는"일이 작가에게 중요하다고 주장했다.[39] 오에 겐자부로의 회상에 따르면 1960년 안보 투쟁 전후에 이시하라를 방문한 전학련의 한 리더는 "현대 일본의 진정한 좌익은 이시하라뿐이다"라고 말하며 오에를 향해서는 "혁명 후 곧바로 숙청이다"라고 말했다고 한다.[40]

평화와 민주주의에 대한 반감에서, 기타 잇키北一輝 등을 비롯한 전전의 우익론자를 상찬하는 젊은이도 나타났다. 윗세대가 그런 경향에 눈썹을 찌푸리는 것은, 오히려 그들이 바라는 바였다. 1960년 안보 당시 소학생으로 기타 잇키의 저작을 읽으며 데모에 참가했다는 한 소년은 1967년에 이렇게 쓴다.[41]

······ 나에게 민주주의는 미워해야 할 것 이외의 무엇도 아니었다. 1960년 여름, 나는 요코하마의 다카다이高台에 있는 소학교 6학년인 소년 파시스트였다. ······

요코하마의 주택가에 사는 소년에게, 예를 들어 '수험'受驗이라는 말은 소학생 때부터 이미 익숙했다. 나는 모든 의미에서 학교와 가정이 공인하는 가치 기준에서 떨어져 있었다. ······ 교사도 부모도 나를 미워하는 것 같았다. 평판이 좋은 도련님들은 모의고사 결과에 따라 나를 경멸했다. 그리고 그들의 가치 기준을 뒷받침하는 것이 민주주의였다. 원숭이 같은 교사는 사회 과목 시간에 그럴듯한 얼굴로 평화와 민주주의에 대해 이야기했다. 소년기의 나에게, 파시스트인 것이야말로 그 반역의 전부였다. ······

격동의 6월에 나는 전학련의 행동을 '파시스트로서' 지지했다. 그들 또한, 어른들이 설정한 멍청한 룰을 짓밟아 부수고 자기의 피로써 그 결과를 받아들이는 자였기 때문이다.

이런 풍조에 편승하여, 1960~1970년대의 젊은이들 사이에서 다케우치 요시미를 '근대주의=전후 민주주의'를 비판한 민족주의자로 재평가하는 움직임이 일어났다. 그들에게 마루야마 마사오가 일본공산당의 동반자라는 사실이 자명했듯이, 다케우치가 일본 낭만파, 미시마 유키오와 동렬의 존재임은 자명한 사실로 비쳤다.

평화와 민주주의에 대한 이런 반항은, 고도성장으로 출현한 대중 사회의 다수자에 대한 반항으로도 의식되었다. 역시 니시베의 회상에 따르면 분트에서 "다수결 제도에 대한 경멸의 마음은 이만저만이 아니었다"라고 한다. 그리고 직접 행동의 과격주의나 방종 방탕으로 "다수자의 범용한 생을 공격하려는 의욕이 분트의 활력"이었다.[42]

다수자에의 반발은 대학생과 지식인이 민중과 고립된 엘리트에서 멀어져 갔던 고도성장하의 상황을 반영했다. 앞과 같이 다수자의 범용한 생을 비판했던 니시베 스스무는, 후에 엘리트주의적 대중 비판을 전개해 갔다. 그러나 그 자신은 상층 계급 출신이 아니었고, 1950년대 말의 "고등학교 2학년 때, 돌연히 세계 문학 전집을 모으기 시작했는데, 그때까지는 교과서 말고는 집에서 서적이라고 부를 수 있는 것을 본 기억이 없는" 환경에서 자랐다.[43]

그와는 대조적으로 1950년대부터 대중을 상찬했던 쓰루미 슌스케는 정치가의 가계에서 성장해 형제자매와 함께 미국에서 유학한 사람이었다. 쓰루미와 니시베의 이런 차이는 고도성장을 전후해서 지식인이라는 존재가 바뀌어 간 한 단면을 보여 주었다.

이런 가운데 전후 민주주의는 범용한 대중 사회와 동렬시되어 갔다. 이시하라 신타로와 거의 동세대인 영화 평론가 사토 다다오는 1969년에

구로사와 아키라를 논하면서 전후 민주주의에 대해서 이렇게 말한다.[44]

전후의 일본에서는…… 극기적, 금욕적인 정신주의는 봉건사상과 군국주의와 함께 과거의 것으로 취급되었다. 푸념 투성이 피해자의식과 행복에의 연약한 바람이 그 빈틈을 채웠다. 그러나 구로사와 아키라는 홀로, 극기와 금욕이라는 정신주의의 고루孤壘를 지켰다. 〈이키루〉生きる 나 〈7인의 사무라이〉에 그 정점이 있었다.
구로사와 작품의 주인공은 항상 무사다. 시대극이 아닌 경우에도 그 주인공의 의식 형태는 무사 이외일 수가 없다. ……
자기 삶의 방식에 대한 확고불발確固不拔의 책임의식 같은 것으로 일관하며 정면에서 밀어붙인 구로사와 작품의 주인공들은, 피해자의식이나 행복에의 바람으로 인간상의 윤곽이 흐릿해져 갔던 전후 일본에서는 의미가 선명했다. 요즘식으로 말하면, 그것은 자립적이고 강인한 개인상을 지속적으로 제시함으로써 일본의 전후 민주주의의 약점과 대비되었기 때문이다.

말할 것도 없이 마루야마 마사오나 오쓰카 히사오가 주장한 것은 "확고불발의 책임의식"과 "극기와 금욕"의 정신을 지닌 "자립적이고 강인한 개인"이었다. 그러나 사토가 여기서 전후 민주주의라고 부르는 것은, 고도성장 속에서 정착한 대중 사회 쪽이었다.

사토의 글에서 엿보이는 것은, 전후 민주주의는 봉건제를 비판하고 근대화를 이야기하므로 무사적인 극기와 금욕도 부정했을 것이라는 선입관이었다. 이 시기에는 무엇이 전후 민주주의인지 더 이상 알 수 없었고, 단지 눈앞의 전후 사회를 전후 민주주의와 동일시하여 비판하는 경향이 출현했다. 이런 가운데 무사도를 내세우는 미시마 유키오와 민주주의의 신화를 비판하는 요시모토 다카아키 등이 신좌익과 전공투 운동의 젊은 이들 중 일부에서 인기를 모아 갔다.

그런 한편으로 전후의 민주화를 점령 정책의 산물로 비판하고 곧잘 '자주 헌법'의 제정을 주장하는 보수파의 논조도, 대중 내셔널리즘의 대두와 함께 전후 민주주의에 대한 비판을 전개해 갔다. 마루야마 마사오는 1964년에 출판된 『현대정치의 사상과 행동』現代政治の思想と行動 증보판 후기에서 이렇게 말한다.[45]

특히 최근의 논의에서 내가 신경이 쓰이는 것은, 의식적인 왜곡이든 무지이든을 불문하고, 전후 역사 과정의 복잡한 굴절과 **개개의** 사람들이 걸어 온 다양한 길을 조잡한 단계 구분이나 '동향'의 이름으로 덧칠해 버리는 종류의 '전후사상'론에서, 어느 틈에선가 전후를 충분히 음미하지 않은 이미지가 침전하여, 새로운 '전후 신화'가 생기고 있는 점이다. …… 이런 신화(예를 들어 전후 민주주의를 '점령 민주주의'의 이름으로 일괄하여 '허망'이라고 하는 언설)는, 전쟁과 전쟁 직후의 정신적 분위기를 직접 경험하지 않은 세대의 증가와 함께, 뜻밖에 무비판적으로 수용될 가능성이 있다.

이 후기에서 마루야마는 "대일본 제국의 '실재'보다도 전후 민주주의의 '허망' 쪽에 걸겠다"라는 유명한 말을 썼다. 그러나 마루야마의 우려는 고도성장의 진전과 함께 더욱더 현실화되었다.

신좌익의 민족주의 비판

그리고 고도성장과 함께 발생한 것이 신좌익의 내셔널리즘 비판이었다. 1960년대부터 다수의 사람이 대중 내셔널리즘으로 향하면서, 신좌익의 젊은이들은 그것에 반발했다.

신좌익의 내셔널리즘 비판은 우선 공산당의 민족주의에 대한 비판으로 나타났다. 그리고 신좌익과 공산당의 대립 지점 중 하나가 '일제日帝 자립론'의 문제였다. 당시의 공산당은 일본을 미국의 종속국으로 규정하고, 계급 투쟁보다 반미 민족 독립 투쟁을 우선했다. 그러나 신좌익의 여러 파들은 일본은 이미 자립한 선진 제국주의 국가이며, 일본 독점 자본과의 대결이 반미 투쟁보다 우선되어야 한다고 주장한 것이다.

　이런 까닭에 공산당과 대립했던 학생들은 공산당의 민족주의를 비판했다. 예를 들어 1959년 1월에 당시의 전학련 위원장이며 공산당에서 제명당했던 고야마 겐이치香山健一의 이름으로 발표된「전학련 의견서」는, 스나가와 투쟁에 대한 공산당 중앙위원회 성명이 "일본인이 일본인을 괴롭히는 정책을 관둬라", "국민의 입장에 서서 미국과 교섭을 개시하라"라고 말한 것을 이렇게 비판한다.[46]

"일본인이 일본인을 괴롭히지 말라"라는 것은 대체 무슨 소리인가! 계급 투쟁은 어디로 갔는가! 20세기 후반에는 계급은 소멸하고 민족만 남았다는 것인가! 정부에게 '국민의 입장에 서서'라고 요구하는 공산당, 그것도 청원 운동이라는 수단이다! 폭력 행위의 저지, 정당 정파를 넘어선 대동단결 등등, 이것은 아무리 변명을 해 보아도 마르크스주의와는 절대로 무관하다.

　여기서 비판받은 것은 초당파적인 국민연합을 유지하기 위해 직접 행동을 억제하려는 공산당의 자세였다. 그리고 이 의견서는 일본공산당이 "기회주의·부르주아 민족주의·관료주의"에 오염되어 "계급 정당임을 잊고…… 국민 정당으로 변질되었다"라고 주장한다.

　동시에 이 의견서는 "'일국 사회주의론의 절대화'와 '세계 혁명의 포기'로 말미암아 세계 프롤레타리아트 해방의 사업을 지속적으로 배반해 온 스탈린주의"도 비판한다. 러시아 혁명 후에 세계 혁명을 중지하고 일국 사회주의 노선을 취한 소련공산당은, 1955년경에는 평화 공존을 주창하여 자본주의 사회와 타협하는 자세를 보였다. 신좌익의 젊은이들에게 이런 온건 노선은 기회주의·부르주아 민족주의·관료주의인 스탈린주의와 다름없었다.

12장에서 말했듯이 전학련 주류파를 지도한 분트도 1960년 안보 투쟁에서 "우리의 싸움은 (민족 독립 투쟁이 아니라) 철두철미하게 주요 타격의 방향을 기시 자본가 정부에 맞추어야 한다"라고 주장했다. 이렇게 해서 분트는 "일본공산당의 민족주의와 사회당의 의회주의, 총평의 합법주의" 등을 비판하는 동시에 진보적 문화인의 시민주의도 부정하고, 비합법적 직접 행동을 두려워하지 않는 "혁명의 당"이 될 것을 주장했다.[47]

이렇게 공산당의 부르주아 민족주의를 비판하면서, 한편으로는 기타 잇키의 저작을 손에 든 젊은이들이 전학련을 지지하는 구도는, 표면적으로는 모순되었다. 그러나 12장에서 말했듯이 분트의 회원이었던 니시베 스스무에 따르면 "분트에서 '혁명'이란, 순수성이나 철저성 등을 나타내는 이념어였다"라고 한다. 그런 의미로는 공산당의 부르주아 민족주의에 대한 비판도 기타 잇키에 대한 상찬도, 평화와 민주주의를 내건 윗세대에 대해 반항하고 순수성과 철저성을 결여한 정치적 타산을 혐오하는 심정의 표현이었다고 할 수 있다.

당연히 거기에는 대중 사회에 대한 혐오도 포함되었다. 1960년 1월 분트의 기관지인 『센키』戰旗 창간호는 일본공산당의 스탈린주의를 깨부수는 혁명적 정열을 내세우면서 "우리는 『센키』가 모든 계급에게 읽히고, 모든 대중에게 사랑받는다는 식의 뻔뻔스러운 생각은 하지 않는다", "부르주아 합법성의 틀에 묶인 노예의 언어를 우리는 절대로 쓰지 않는다", "우리의 말투는 소심한 소시민적 신사 제군에게는 점잖지 못하게 들릴 테고, 어쩌면 그들을 깜짝 놀라게 할지도 모른다" 등이라 주장했다.[48]

여기서는 국민의 다수파를 조직하고자 했던 공산당이나 민중과의 괴리를 고민한 1950년대 지식인들과 차이가 명확했다. 그것은 대중 사회 상황에 대한 반발의 표시이며, 일본이 이미 구미 수준의 선진 제국주의 국가가 되었다는 인식도 결부되어 있었다.

또한 전후 세대의 대두는 민족이라는 말을 향한 반응에도 변화를 가져 왔다. 과거 민족의 이름하에 소년 비행병이 되었고, 전후에는 민족의 슬로건에 이끌려 공산당에 가입한 다카다 요시토시는 1959년에 친구의 동생에게 들은 말을 이렇게 쓴다. "형들의 천황에 대한 증오에 가까운 비판적 태도도, 재야草莽의 신하라느니, 호국의 넋이라느니 하는 것에, 광신적인 태도로 홀린 경험이 있기 때문이다. 우리는 천황한테도 일본이라는 나라한테도 홀린 적이 없으므로, 천황이나 국가 같은 것에는 관심이 없다.", "공산당이 내놓는 민족 독립이라는 슬로건은 우리에게는 와 닿지 않습니다"라고. 다카다는 세대의 차이를 통감하고 "이 말은 가슴에 아프게 꽂혔다"라고 한다.[49]

공산당과 신좌익의 '민족'을 둘러싼 대립 관계가 국제 관계 인식에서 드러난 사례는, 1965년의 한일 회담 반대 운동이었다. 이 한일 회담에서는 군사 독재 정권이었던 박정희朴正熙 정권에게 자민당 정권이 경제 원조를 행하는 형태로, 전쟁 배상 문제가 정치적으로 결착되었다. 그때 사·공 양당을 중심으로 한 국민회의는, 한일 회담은 미국에 종속된 한일 반공 정권의 합의라고 평가하며, 반미 민족 투쟁과 자주 외교를 추진해야 한다고 주장했다. 그러나 신좌익의 파벌들이 한일 회담은 이미 자립 상태에 이른 일본 제국주의가 새롭게 식민지를 확대해 가는 첫걸음이라고 파악하며 민족주의 투쟁을 부정한 것이다.

이 한일 회담 반대 투쟁 때에 신좌익 파벌들과 비공산당계 전학련은 공산당의 반미 민족주의를 비판하고 프롤레타리아 국제주의를 내세웠다. 당시의 전단지에는 "일공의 반미 민족주의를 넘어서 싸우자"라거나 "일공의 '일본인 의식'에 대한 강조는 일본 제국주의자가 지닌 민족주의의 절대적 조건이 되었다"라는 표현이 보인다. 나아가 일부에서는 한국에 대해서도 계급 투쟁 중시를 주장하며, 한국 민족주의에 대한 비판을 내세우는 논조가 존재했다.[50]

1965년에 신좌익계의 사청동해방파社靑同解放派 결성 선언은 "소부르주아적인 '평화와 민주주의' 운동"을 비판하면서 일국 사회주의를 추진한 소련 스탈린주의의 영향으로 각국의 노동자와 공산당이 "자기의 계급적 독립을 현저히 상실하고 소시민적 민주주의, 국민주의, 민족주의에 깊이 물들었다"라고 주장한다.[51] 이런 표현은 이 시기부터 급속히 고조된 대중 사회화와 대중 내셔널리즘에 대한 반발이, 민족주의, 국민주의, 소시민적 민주주의에 대한 적의와 계급 투쟁, 세계 혁명에 대한 공감이라는 형태로 나타난 것이었다.

이런 논조는 1960년대부터 현저해진 전쟁 기억의 미화에 대한 반발과 어우러져 전사자에 대한 감정도 변화시켰다. 1963년에 한일 회담을 비판하는 전학련 주류파 서기국의 전단지는 정부가 주도한 전몰자 위령제를 "'일본인 의식의 고취'와 제국주의 전쟁의 미화"로 표현하면서 "일공의 민족주의"를 비판한다.[52]

3장에서 말했듯이 1951년 천황에 대한 질문장을 작성한 교토대학의 학생들은 "죽어간 선배들을 잊지 말라"라는 슬로건을 들었다. 이 사례뿐만 아니라, 전사자의 기억은 전쟁 책임 추궁과 평화 운동의 기반이었다. 야스쿠니 신사에 대한 비판은 있었지만 혁신 세력도 전몰자에 대한 위령그 자체는 존중했다. 그러나 전후 세대가 대두하면서 위령 그 자체를 일본인 의식의 고취라고 비판하는 논조가 출현하기 시작한다.

좌파의 이런 민족주의 비판과 병행해 앞에서 말한 대중 내셔널리즘의 고조가 일어났다. 그런 가운데 전후 지식인의 국민주의는 더 이상 존재할 곳이 없어졌다. 다케우치 요시미는 1965년의 「'메이지 붐'에 생각한다」라는 논고에서 자신이 제안한 메이지 유신 100년제가 환골탈태되어 버린 것을 한탄하면서, 최근에는 내셔널리즘이라는 말을 피해서 "'네이션의 형성'으로 말하는 방식을 바꾸었다"라고 말했다.[53]

15장에서 후술하듯이 1960년대 중반까지는 호헌의 입장에서 내셔널리즘을 주창했던 오에 겐자부로 등도 1971년에는 내셔널리즘이라는 말을 사용하고 싶지 않다고 말하게 되었다. 1960년 안보 직후에는 "내셔널리즘과 데모크라시의 종합"을 기대했던 정치학자 사카모토 요시카즈를 비롯한 논자들도, 1960년대 말이 되면 내셔널리즘에서 거리를 두고 '시민'만을 표방했다. 1947년에 좌파로서 국민적 긍지를 주창했던 하니 고로도 1968년의 베스트셀러 『도시의 논리』에서는 시민의 자치와 투쟁을 주창하게 되었다.[54]

이와 반대의 경로를 간 사람이 시미즈 이쿠타로였다. 1950년대에는 호헌과 평화 운동에서 '솔직한 애국심'을 표현했던 시미즈는, 1960년 안보 투쟁에서 전학련 주류파에 동조하고 공산당과 대립해 가던 가운데 민주주의 옹호라는 슬로건에 의문을 품었다. 안보 투쟁 후의 시미즈는 대중 사회라는 상황 속에서 전후 민주주의는 효력을 잃었다고 주장하며, 한편으로는 고야마 겐이치 등 공산당에서 제명된 젊은이들과 함께 급진 좌파의 방향을 한때 모색했다. 그러나 그런 노선은 길게 이어지지 않았고 1970년대 이후에는 보수계의 반미 내셔널리즘으로 급격히 기울어서 전후 민주주의 비판과 개헌, 핵무장 등을 주장하며 '솔직한 애국심'을 표현하는 우파 논자로 변모해 버렸다.[55]

3장에서 말했듯이 마루야마 마사오는 1960년 논문 「충성과 반역」에서 우치무라 간조와 자유 민권 운동의 사상가들이 봉건적 충성을 적극적으로 바꾸어 읽어서 반역의 사상을 만들어 갔음을 논했다. 그러나 이 논문에서 마루야마는, 이런 사상운동이 정체기에 들어간 메이지 30년대(1897~1906년)의 상황에 대해 이렇게 말한다.[56]

즉 관료화와 도시화라는 이중의 의미에서 근대화의 큰 물결이 이런 중간층의 자주적 기반을 이미 크게 씻어 내서, '월급쟁이'내지는 기생 지주로 향하는 궤도에 올리거나, 혹은 '차부마정'車夫馬丁 등의 하층 사회로 쓸어내 버렸다. 따라서 이런 암전暗轉을 거친 메이지 30년대의 기독교도들이 '봉건적 정신'을 강조해 보아도, 거기서는 이미 민권 운동의 단계와 같은 역동적인 반응을 찾을 수 없다. 아니 다른 의미에서라면 반응은 있었다. 실로 메이지 30년 무렵부터 사상계에 대두하기 시작한 '무사도' 붐이 그것이며 거기에는 분명히 청일淸日 전쟁 후의 국가적 자부심과 군국적 색조를 띤 복고 풍조의 반영이 보인다.

…… 사태를 냉혹하게 본다면, 이때 봉건적 충성의 강조는 실감의 범위 안에서는 이미 반동적으로 작용했으며, 반대로 저항의 발상과 결합된 한에서는 사회적인 기초가 없는 '황야'의 외침이 되었다고 할 수밖에 없다. 우치무라는 아마도 그것을 지나칠 만큼 잘 알았다. …… 그의 어조가 거의 자학적이라고 할 정도로 아이러니의 울림을 띤 것도 당연했다.

이때로부터 4년 뒤의 마루야마는 앞에서 말한 "대일본 제국의 '실재'보다도 전후 민주주의의 '허망' 쪽에 건다"라는 "거의 자학적이라고 할" 말을 썼다. 그는 자신이 주창한 국민주의가 대중 사회 상황 속에서 어떤 운명에 빠져 있는지 아마도 "지나칠 만큼 잘 알았다"라고 할 수 있다.

그리고 이런 상황 속에서 발생한 사건이 1968년부터 시작된 전공투 운동이었다.

전공투 운동의 대두

전공투 운동의 분석은 이 책의 주제를 벗어나지만, 문맥상 필요한 범위에서 최소한의 사항을 지적해 두겠다.

전후의 학제 개혁과 고도성장은 대학생의 급격한 대중화를 초래했다. 1940년 47개 교였던 대학은 1954년에는 227개 교까지 증가했다. 대학 진학률도 1960년 10.3퍼센트가 1965년 17.0퍼센트, 1970년 23.6퍼센트, 1975년에는 37.8퍼센트까지 상승한다.

그에 더해 패전 후 베이비 붐 세대의 대학 진학이 이루어졌다.[57] 이미 1954년에 베이비 붐 세대가 소학교 진학 연령에 이르렀을 때, 아동 수는 전년보다 55만 명이나 증가하여 심각한 교실 부족에 부딪혔고 한 반에 70명 편성이라는 열악한 교육 환경을 발생시켰다.[58] 그들이 1960년대 중반부터 대학 진학 연령에 도달했을 때, 진학률의 급상승과 어우러져서 수험 경쟁의 격화와 대학 설비의 부족이 일어났다.

그 결과로 출현한 것이 대학 입학 이전에는 입시 학원과 진학 학원의 증가이며, 대학 입학 후에는 대강당에서 마이크로 이루어지는 강의였다. 수험 전쟁, 매머드 대학, 매스 프로mass production(대량 생산) 교육이라는 말이 유행어가 된 것도 이 시기였다.

대학의 교수들은 이런 급격한 대형화에 대응하지 못했다. 그때까지 그들은 예비지식을 갖춘 소수 정예의 대학생들을 상대로 한 세미나 형식의 강의에 익숙했다. 그런 교수들은 소규모의 세미나에서 했던 고답적인 강의를 대강당에서 마이크로 할 뿐이었다. 게다가 대학 수의 급증은 필연적으로 대학 교원의 급증과 질 저하를 불러일으켰다.

대학의 대형화에 당혹하기는 학생들도 마찬가지였다. 그들 중 적지 않은 수가 구제 고등학교나 제국대학에 존재했던 교원과 학생 간의 밀접한 교류나, 천하 국가를 담당하는 미래의 엘리트인 대학생상을 기대했다. 수험 전쟁을 뚫고 도달한 대학에 열악한 설비와 대량 생산화된 교육 내용밖에 없다는 사실은, 그런 학생들에게 기대에 대한 큰 배신이었다.

이런 의식의 차이는 취직에서도 나타났다. 1960년을 경계로 대학 졸업자의 완전 취업 상태가 성립했지만, 대학 졸업생의 급격한 증가 때문에 취직 가능한 직업은 평범한 것으로 변했다. 신입 대졸 취업자의 직종은 1953년에는 사무직이 43.0퍼센트였던 것이 1967년에 31.2퍼센트로 저하했고, 반대로 판매직이 3.5퍼센트에서 19.3퍼센트로 상승했다. 게다가 사무직도 샐러리맨이 인텔리와 동의어였던 시대와는 크게 달라졌다. 이런 사태는 큰 꿈을 안고 대학에 진학한 젊은이들이 자신의 미래가 제한되었다고 느끼게 만들었다.

학생 증가에 대응하고자 각지의 대학에서 교실을 늘리는 건설 러시가 일어났다. 그러나 신축된 콘크리트 건물은 오히려 관리管理 사회의 이미지를 불러일으켜서 학생들 사이에서 평이 좋지 않았다. 나아가 설비 투자의 증가는 사립 대학의 재정을 압박했고 고도성장 아래서의 인플레이션과 결합하여 연달아 학비가 인상되었다. 교육 내용은 빈곤한데도 학비 인상이 계속된 사실이 학생들의 반감을 샀다.

대학의 운영 체제도 급격한 대형화에 대응하지 못했다. 도쿄대학을 비롯한 국립 대학에서는 권위적인 교수가 강좌 내의 조교나 대학생들에게 가부장적인 자세로 군림하거나, 대학원생과 수련의修鍊醫들의 무임금 봉사가 관습이 된 사례가 많았다. 사립 대학에서는 창립자나 이사가 독재적인 권한을 가지거나 지역 경제계와 유착된 경우가 적지 않았다. 이런 구식의 조직 운영은 대형화되는 대학의 실태, 전후의 신교육을 받은 학생의 의식과 도저히 부합되지 않았다.

이런 배경 속에서 1960년대 후반에는 각지의 대학에서 분쟁이 이어졌다. 1965년 4월에 다카사키경제대학高崎経済大学에서, 대학이 위치한 지역 출신을 우선시하는 위탁 학생 입학에 반대하는 학생이 단식 투쟁과 수업 거부에 돌입했다. 1966년 와세다대학에서 수업료 인상 반대 투쟁이 일어나 학생들이 대학 본관을 점거했다. 또한 1968년 니혼대학日本大学에서는 20억 엔의 사용처 불명금이 발각되어, 이것을 계기로 단독 경영자의 대학 운영에 대해 학생들의 불만이 폭발했다. 같은 해인 1968년 도쿄대학 의학부 학생들이 무임금 노동과 마찬가지인 등록의登錄醫 제도에 반대하며 무기한 파업에 들어갔다.

1968년에 당시의 중핵파中核派 전학련 위원장이었던 아키야마 가쓰유키秋山勝行와 정선부장情宣部長이었던 아오키 다다시青木忠가 쓴 『전학련은 무엇을 생각하는가』全学連は何を考えるか는 이렇게 말한다.[59] "우리는 모두 큰 희망을 가지고 대학에 들어왔다", "그러나 새 희망에 불타고, 현대 세계에 눈뜬 학생에게, 대학이 주는 것은 너무나 조악하다", "현대 세계의 생생한 문제의식은 교수나 교실에서는 전혀 느낄 수 없다", "정원을 초과한 학생을 끼워 넣고 대량 생산하여, 자기 자신은 대학에 입학하자마자 고교 생활과는 완전히 이질적인 군중의 일원이 되어 버린다. 근대적인

건물 속에서 생활하는 것은, 표현할 방도가 없는 인간 공백이며, 대학 당국자의 관점에서는 수업료를 내는 '물건'으로서 교육을 받는다."

그리고 "학생 수의 압도적 증대는, 학생의 사회적 지위도 현저히 변화시켜, 대학을 졸업했다고 해서 대기업에 취직한다고는 결코 말할 수 없다", "그것은, 학생 그 자체가 사회 속에서 예외적 존재가 아니라, 군중의 일원으로 간주되기에 이른 사실과 관계가 없지 않다", "오늘날의 학생 운동은, 이미 말한 바처럼 사회적 지위의 변화, 엘리트적 의식과 존재 사이의 결정적 결락缺落, 그리고 대형화되는 학교 속에서, 인간으로서의 진실을 되찾고 싶다는 쉴 새 없는 욕구가 대중적으로 퍼진 것을 기초에 두고 성립했다", "이런 배경 속에서 학생의 불만과 불안의 울적鬱積은, 학원 투쟁이 어떤 계기로 폭발하든 간에, 똑같이 전 학교의 투쟁으로 발전해 버릴 것이다"라고 말한다.

이렇게 해서 1968년에는 니혼대학과 도쿄대학에서 학생의 대학 점거가 일어나, 전 학교의 학생을 규합한 전학공투회의全学共闘会議가 결성되어 '전공투'라고 약칭되었다. 1965년 한일 회담 반대 투쟁 이래로 학생 운동은 일시적으로 정체되었는데, 1967~1968년 이후에는 한 번에 불타올랐다. 이 전공투의 대학 점거는 이윽고 전국 각지의 대학에 파급되어, 전공투 운동이라고 총칭되었다.

이 전공투 운동은 많은 경우에 혁명이나 소외라는 마르크스주의의 언어를 쓰며 이루어졌다. 그러나 그 배경이 된 것은 학생의 대량화와 기존 대학 조직 간의 불일치이며, 아키야마 등이 말하는 "엘리트적 의식과 존재 사이의 결정적 결락"이며, 대형화되는 대학과 사회 속에서 "인간으로서의 진실을 되찾고 싶다는 욕구"였다. 이런 배경이 없었다면 전공투 운동이 일부 활동가의 범위를 넘어서 그토록 퍼질 수는 없었을 것이다.

당시의 학생 중 한 사람은 1996년에 이렇게 회상한다.[60]

하나의 시대가 지나간 뒤, 많은 친구들과 이야기해 보고, 누구나 마르크스도 레닌도 대부분 정확히 이해하지 못했음에 놀랐지만…… 우리를 행동으로 내몬 것은 결코 그런 이데올로기나 사상이나 이론이 아니었다. 이론적 변명은 나중에 따라온다. 전후 태생인 우리 세대에게 구태의연한 질서나 상식이 딱 와 닿지 않았다는 불만 쪽이 오히려 중요했다. 예를 들면 일류 대학에 들어가는 것으로 인생의 플러스 카드를 얻는다거나, 여자는 남자만큼 학력이 필요 없다거나, 대학은 공부를 제대로 하지 않아도 졸업할 수 있는데 그에 비해 유난히도 소모적인 수험 공부라거나, 천황과 군부만이 나쁘다고 총괄하는 전쟁관이나, 어른들의 아시아인에 대한 차별의식이라거나, 사회의 위계질서라거나 하는 생각에 대한 위화감 쪽이 컸다. 그리고 그 위화감을 그대로 받아들여 준 것이 전공투였다. 역사는 낡은 시대의 곰팡이 냄새나는 가치관을 끝내고, 새로운 가치를 찾고 있다. 그리고 그 개혁의 열쇠는 우리 수중에 있다는 뜨거운 포부를 품었다. "자, 이제부터 새로운 시대를 향한 역사적 빅 이벤트가 시작됩니다." 그것은 선배들의 조직이거나 매스컴의 보도이거나, 교문 근처에서 받은 전단지이거나 했다. 어찌되었든 역사에 대한 참가와 미래를 개척하는 시도라고 인식했으므로, 아무리 심각한 척해도 마음속은 두근두근했다. 모든 권위와 권력에 대해서 오만하게 행동하기도 했다. '도쿄대 해체'나, 도쿄대의 문기둥에 쓰여 있었던 '조반유리'造反有理는, 우리에게 점점 활기를 불어넣었다.

이렇게 전공투 운동은 대량 생산 방식의 강의보다 훨씬 큰 매력으로 많은 학생의 마음을 사로잡았다. 당시 활동가 중 한 명은 "입간판 만들기, 등사판으로 전단지 만들기를 하는 중에는 자기표현의 즐거움이 있었다. 반대로 말하면, 대학 강의는 전혀 재미가 없었고, 교수는 몇십 년째 똑같은 노트를 학생의 얼굴을 보지도 않고 읽어 가는 경우가 많았던 점과, 내 전공…… 교실의 보수적인 분위기가 내 성격과 맞지 않았다"라고 회상한다. 강의를 토론회로 바꾸어 버려서 교수를 몰아세우거나, 대학을 점거하고 바리케이드 내부에서 철야 토론을 하거나, 학생들만의 '해방구'를 운영하는 것은 "실로 즐거웠다"라고 한다.[61]

특히 도쿄대학의 경우는 수험 경쟁에서도 사회적 의미에서도 최고의 권위라고 의식된 만큼, 권위에 대한 반항의식이 더해졌다. 구태의연한 대학 제도 속에서 교수의 권위에 종속되었던 조교 중에는 운동에 적극적으로 참가한 사람도 있었다. 그중 한 사람은 후에 "옳지, 기회가 왔다고 할 정도로 '여러분 소동을 피웁시다'라며 선동한 측면도 있었다. 그도 그럴 것이 이렇게 재미있는 일이 또 어디 있겠나. 도쿄대라는 권위가 흔들리는 쾌감, 이것이 없었다면 그렇게 지속되지 못했을 것"이라고 회상한다.[62]

이런 전공투 운동은 매우 급진적이고 또한 정신적인 운동이었다. 도쿄대 전공투의 활동가들은 도쿄대학을 선진 제국주의 국가인 일본의 인재 양성 기관으로 위치 짓고 대학 해체를 주장했다. 공산당계의 민주청년동맹民主青年同盟(민청)은 대학 운영의 민주화와 설비 개선을 요구했지만 전공투는 이런 민청에 반발했고 학생의 지지도 전공투에 모였다.

민청이 지지받지 못한 첫째 이유는 공산당 중앙의 의사를 우선시하는 조직 경향이 신세대의 기풍에 맞지 않아서였다. 당시 활동가 중 한 사람은 민청에 대해서 "한 사람 한 사람의 주체적 움직임보다 조직의 생각을 우선시하는, 내가 가장 싫어하는 분위기였다"라고 말한다.[63]

한편으로 당시의 도쿄대 민청계 활동가는 "민청이 진 이유는, 민청이 온건했기 때문입니다"라고 회상한다. 즉 "당시는 제2차 고도성장기의 한가운데서, 점점 세상이 관리 사회가 되어 갔다. 이대로 졸업하면 관료가 되고 지배층 쪽으로 돌아선다, 정말로 그래도 되는 것일까, 라는 의문이 있었다. 거기에 대고 전공투는 '도쿄대는 지배 계급의 앞잡이다'라고 했다. 학생들의 심정을 제대로 표현해 주었던 것"이라고 말한다.[64]

애초 전공투 운동에 참가한 세대는 전쟁과 기아를 경험하지 않았다. 당시의 신좌익계 활동가 중 한 명은 "데모에 가게 된 것은, 아무 고생도 하지 않고 자라나 세상 물정 모르고 도움도 안 되는 자신을 부끄러워하

며, 무엇이든지 하고 싶다는 '성실한' 기분과, 시대의 분위기에 빠르게 감응하며 유행을 좇는 패거리ミ―ハ―의 '비일상'에 대한 동경이 동거하는 가운데 이루어졌다"라고 회상한다.[65]

때문에 당시의 전공투계 학생들의 수기에는 매스mass, 일상, 질서 등에 대한 반역을 이야기하거나, "자기 부정", "일상의 부정", "예속의 평화보다 자유의 투쟁을!" 등이라 호소하는 것이 많다. 도쿄대 전공투의 어느 학생은 "전공투는 어떤 대학을 만들고 싶은 것인가"라는 물음에 "우리들은 싸움 그 자체를 바란다"라고 답했다.[66]

이런 전공투계의 학생들이 싫어한 말은, 민주주의, 평화, 근대 시민 사회, 근대 합리주의, 협상話し合い 등이었다.[67] 그들에게 그것들은 기존 사회를 지탱하는 논리이며 혁명을 말리는 개량주의였다. 그것은 동시에 그들이 적대한 민청이나 대학 교원들이―물론 공산당에 동조했던 대학 교원은 오히려 소수파였지만―사용한 말이기도 했다.

학생 측의 요구가 종종 추상적이었던 점도 있어서, 대개 교수들은 학생들이 무엇을 위해 운동하는지 거의 이해하지 못했다. 거기다가 대학 운영의 낡은 체질이 더해져서, 대학 측의 대응은 왕왕 졸렬했다. 우익 학생을 이용해 진압을 시도했던 니혼대학의 사례도 있었으며, 도쿄대를 비롯한 많은 대학에서는 대응이 어려진 대학 측이 이따금 경찰이나 기동대의 힘을 빌렸다.

이런 졸렬한 대응은 많은 경우 학생들의 분노를 부추기는 결과를 불렀다. 도쿄대의 경우에는 파업한 의학부 학생들에게 잘못된 징계를 내린 교수회가 교수회의 권위 저하를 우려해서 징계를 철회하지 않은 사실과, 1968년 6월에 기동대를 학내에 진입시킨 것 때문에, 대학 전체가 점거되는 사태로까지 진전되었다.

이때 도쿄대에서 학생 상담을 맡았던 교원은 학생들이 "'만남'으로 배움을 구하고 있다"고 "통절히 느꼈다"라고 회상한다. 와세다대학의 어느 활동가는 대학 측이 학생과의 단체 교섭을 적당히 중단했기 때문에

"우리를 진지하게 상대할 생각 따위 없다"라고 생각해서 대학 본부의 점거에 이르렀다고 말한다. 도쿄대에서도 1968년 6월의 기동대 진입 후에 학생과 회견한 오코우치 가즈오 총장의 태도가 학생 측에는 "국회 답변처럼 빈둥빈둥하다"라고 비쳐져서 운동이 점점 격화되었다. 오히려 학생과 철저하게 대면하고 진심으로 반론했던 보수파 교수 하야시 겐타로林健太郎 쪽이 "적이지만 잘했다"라는 등의 호평을 샀다.[68]

전공투를 지지했던 도쿄대 조교는 학생과의 단체 교섭에 임하는 교수들의 자세를 이렇게 회상한다.[69] "'나에게도 처자가 있다'라거나 '생활이 걸려 있다'라고 이야기를 돌리는 것입니다. '교수'라고 하면 (메이지 시기에는) 사족士族이었고, 무사적 이미지가 있었는데, 그것이 너무나도 칠칠치 못했다." 전공투 운동의 학생들 중 다카쿠라 겐高倉健이 주연을 맡은 야쿠자 영화나 미시마 유키오의 소설을 좋아하는 사람이 많았던 사실은 잘 알려져 있다.

당시 대학생이었고 후에 전후 민주주의 비판을 주창하는 보수론자가 된 사에키 게이시는 이렇게 회상한다. "내가 비교적 동감했던 전공투적인 것은, 하나는 역시 전후 민주주의의 기만, 민주주의라거나 고도성장이라거나, 긍정적으로 평가되었던 체제적인 것에 대한, 무엇인가 정체를 알수 없는 분노랄까, 이런 것은 사기다, 라는 느낌입니다. 그런 것을 무너뜨리기 위해서는 일종의 폭력 운동, 게발트gewalt 밖에 없다는 심정에는 공감했습니다." 그리고 사에키가 이상적인 인간상으로서 선호한 것은 무사적 정신이며, "그것은 전후 민주주의와는 전혀 다르다. 그것을 가장 잘 표현했던 것이 다카쿠라 겐이었다"라는 것이다.[70]

그러나 전공투 운동은 1960년 안보 투쟁 같은 광범위한 지지를 얻지는 못했다. 교수들뿐만 아니라, 일반적으로 연장자들에게 이 운동은 이해하기 어려운 것으로 비쳐졌다. 동세대 중에서도 전공투 운동은 오직 대학에 한정된 현상이었다. 이때 미술계의 전문학교에 다녔던 한 학생은 이렇게 회상한다.[71]

대학에서 학생이 설교를 하러 왔습니다. '학교 분쇄'라던가 이런 저런 얘기를 했지요. …… 그 이야기를 진지하게 받아들여서 운동을 벌였던 전문학교가 있었습니다. 그 학교는 이사회가 눈 깜짝할 사이에 학생이 점거한 채로 학교를 부동산 회사에 팔아 버렸어요. 그러면 불법 점거가 되는 것입니다. 폭력단과 경찰이 당당하게 개입해 들어와요. 전문학교 같은 데서는 학교 측과 충돌하는 것도 불가능해요. 대학생이 바리케이드를 치는 것은, 거기 계속 있을 수 있다고 생각해서지요.

그리고 전공투 운동 속에서 전후 민주주의의 대표 격으로 비판받은 것이 마루야마 마사오였다. 마루야마는 이미 1964년에 젊은 세대 속에서 대두하던 민주주의 비판을, "'반항'의 근저에 '어리광'이 잠들어 있다", "전차 안에서 대자로 누워 울음을 터뜨려서 부모를 곤란하게 하는 아이를 떠올리고 싶어진다"라고 표현했다. 마루야마는 전공투 학생들을 향해서도 "나는 너희들이 어리광부리게 두는 것은 너희들을 위해서 좋지 않다고 생각한다. 나도 생각할 테니 너희들도 생각해 보아라"라고 말했다. 그리고 1968년 12월 전공투에게 연구실을 점거당한 마루야마는 "너희들을 미워하지는 않는다. 경멸할 뿐이다", "군국주의도 한 적 없는, 나치도 한 적 없는, 그런 폭거다"라고 말했다고 보도되었다.[72]

학생들은 이런 마루야마에게 격렬히 반발하며 "당신 같은 교수를 축출하기 위해서 봉쇄한 거다"라고 윽박지르며 연구실을 점거했다. 그리고 요시모토 다카아키는 학생들은 실로 전후 민주주의 속에서 자란 존재이며, "학생들의 행동이 마루야마가 말하는 것처럼 나치스도 군국주의도 하지 않았던 '폭거'라 한다면, 마루야마가 평가하는 전후 민주주의는, 나치스나 군국주의 사회보다도 더욱 열악한 것이 된다"라고 비평했다.[73] 그 후 마루야마는 심신의 피로로 간장肝臟이 악화되어 대학 강의는 1969년 이후로 휴강했고, 정년을 4년 남기고 1971년에 도쿄대를 퇴직했다.

그러나 한편 전공투 운동에서 잘 알려진 슬로건은 "연대를 추구하며

고립을 두려워하지 말라"라는 것이었다. 그리고 마루야마나 오쓰카도 구
舊질서로부터의 자립과 새로운 연대를 겸비한 상태를 국민주의나 근대적
인간 유형이라고 표현했다. 그런 의미에서는 표현 형태상의 대립과는 반
대로, 전공투 운동과 마루야마가 실은 유사한 지향성을 품었다고 할 수도
있었다.

또한 전공투 운동의 대학교수 비판은 "타기해야 할 권위주의, 눈을 가
리고 싶어지는 무책임, 윤리성의 결여"라던가 "자기 지위의 절대화, 흔들
림 없는 자기 긍정, 무책임성, 비주체성"이라는 것이 많았다.[74] 이런 언어
사용은 실로 마루야마를 비롯한 전후 지식인들이 전시 중의 위정자들을
비판한 말과 같았다. 말하자면 전공투 운동의 젊은이들은 마루야마를 비
롯한 전후 민주주의가 쌓은 언설 속에서 자라나, 그 언어를 사용해서 마
루야마와 전후 민주주의에게 반항한 국면을 지닌다.

이런 사정도 있어서, 윗세대의 여러 전후 지식인들에게 신좌익과 전
공투 운동의 주장이 새로워 보이지는 않았던 것 같다. 마쓰다 미치오는
전공투를 평하여 "그들이 말하는 신곡新曲은, 아무래도 19세기 조다. 그
들이 말하는 트로츠키 편곡이 실은 마르토프Y. Martov 씨의 작품이거나,
스탈린의 편곡이라고 생각하는 부분이 레닌의 곡과 똑같거나 한 것이다"
라고 말했다. 히다카 로쿠로는 "기억하고 싶은 사실은, 모험주의가 예전
기성 조직의 실로 손때 묻은 낡은 운동 방침이었다는 점이다. 기성 조직
을 비판하는 자가, 어째서 그 점을 알아채지 못했는가"라고 신좌익을 비
판했다. 간다 후히토神田文人 는 "국민적 역사학 운동과 전공투 운동은 초
심의 사상 구조에 공통성이 있었다"라고 지적했다.[75]

공산당이 비합법적인 무장 투쟁을 했던 시대나, 국민적 역사학 운동
에 참가한 학생들이 아카데미즘을 비판했던 과거를 아는 사람들에게, 신
좌익과 전공투의 주장은 오히려 낡은 것으로 느껴졌다. 근대주의나 계몽
주의에 대한 비판, 민속학이나 대중의 재평가, 혹은 일본국 헌법과 평화
운동을 소시민적 등이라 비판하는 것은, 1950년대 전반에 공산당이 주장

한 내용이었다.

그러나 1968년에 20세 전후였던 학생들은 1955년 이전의 사회 운동을 구체적으로는 알지 못했다. 그들이 알았던 것은 1955년 이후의 온건화된 공산당과, 반쯤 타성화된 호헌 평화의 '국민운동', 혹은 교실에서 평화와 민주주의를 설명하던 '원숭이 같은' 교사 밖에 없었다.

또한 윗세대의 지식인 측도 자기들이 1950년대에 했던 운동이 실패한 역사를 젊은이들에게 이야기하고 싶어 하지 않았다. 실패의 교훈은 젊은 세대에 계승되지 않은 채로 당사자들의 가슴에 담겼을 뿐이다. 국민적 역사학 운동에서 좌절을 경험한 역사학자 스즈키 다다시鈴木正는 1960년 안보 투쟁 직후에 "우리는 10년 전에 '벽'을 부수려다가 상처를 입었다. 나의 제자들이 지금 또 '벽'을 부수려 하고 있다. 나의 선생님에 해당하는 선배들도, 우리들도, 젊은 세대에게 손을 빌려주지 않고 따로따로 '청춘의 잔혹한 이야기'를 반복하는 슬픔과 어리석음을 끊기 위해서는, 입을 열지 않으면 안 된다"라고 말했다.[76] 그러나 그런 상황은 1968년이 되어서도 변하지 않았다.

단 1950년대 전반의 운동과 1960년대 후반의 운동 사이에는 명확한 차이가 있었다. 그것은 신좌익이나 전공투 운동이 일본을 이미 근대화된 선진 제국주의 국가의 일원으로 간주하고 민족주의에 대한 반발을 품은 점이었다. 그리고 그것은 고도성장으로 지방과 계급의 차이가 축소되어서, 1950년대에 '민족'이라는 말로 격차의 해소를 추구했던 심정을 이해할 수 없게 된 시대 상황을 반영했다.

애초에 혼란과 부흥의 시대였던 패전 직후, 일본이라는 국가는 아시아의 개발 도상국이면서 개개인이 새로운 재건을 위해 참가할 수 있다고 생각되었다. 마루야마가 국민주의라는 말로 정치 참가를 이야기한 것도, 마르크스주의계 역사학자들이 민족을 상찬한 것도, 미래를 향해 창조되어야 할 존재로서 국가나 민족을 생각했기 때문이다.

그러나 사회가 안정화된 고도성장기에 자라난 젊은이들에게 일본은 이미 관리 사회가 된 선진 제국주의 국가이며, 국가나 민족은 이미 주어진 것으로서 그들을 억압하는 체제였다. 거기에서는 마루야마가 설파한 정치 참가 같은 것은, 관리 사회의 엘리트로 편입되어 가라는 요청으로밖에 보이지 않았다.

전공투 운동은 내셔널리즘에 대한 비판과 함께 15년 전쟁에서의 가해를 강조했다. 그것은 일본이 이미 선진 제국주의 국가가 되었다는 그들의 인식의 발현이기도 했지만, 교수들을 비롯한 윗세대에 대한 반발과도 결합되어 있었다.

전공투 운동에서는 이따금 교수들의 피해자 의식이 학생들의 비판 대상이 되었다. 학생들의 눈에는 연구실을 점거당한 교수들이 피해자 의식을 품고 있는 탓에 이 운동을 비판하는 것이라고 비쳤다. 이런 까닭에 학생 측은 제국대학이 일본 제국주의의 인재 양성 기관이며 교수들도 아시아 침략의 가해자라는 점을 강조했다. 당시의 도쿄대 전공투가 편찬한 『불꽃으로 그리는 변혁의 논리』炎で描く変革の論理는 이렇게 말한다.[77]

…… 마루야마 마사오 교원, 법학부 교수회 그리고 도쿄대의 전全 교원은, '군국주의'하에서도 오로지 연구실에 틀어박혀서 '학문의 자유'를 지킴으로써 객관적으로는 '일본 군국주의'에 가담하여, 수많은 사람들을 전쟁에서 죽게 만든 '가해자'였다. 그러나 그들에게 가해자의식은 없고, 따라서 전쟁 가담자로서의 책임을 느끼지도 않을 뿐 아니라, 스스로를 '군부 파시스트에게 공격받았던' 피해자라고 생각한다.
우리들의 봉쇄는 도쿄대 90년에서 '연구의 자유'가 맡았던 객관적 역할에 대한 고발의 의미를 지녔다. 그렇지만 도쿄대 교원들은 또다시 '폭력 학생'의 피해자인 척함으로써, 스스로의 역사를 정당화하려 한다.

이런 논리에 따라 도쿄대 전공투의 학생들은 "도쿄대학에 존재하는 것은 하나의 죄다", "그것은 자본주의 체제를 존속시키는 데 조력하는 것이 된다"라고 주장하고, 대학 해체와 자기 부정을 주장했다. 체포된 학생들의 옥중 서간에도 "베트남 전쟁으로 피에 부푼 번영을 구가하는 현재"를 비판하거나, 식민지 지배의 역사를 들어서 "근대 일본(전전 일제·전후 일제·문화·**우리들 자체**)의 총總부정"을 주장하는 것이 많다.[78]

이렇게 해서 각지의 대학에서 대학 해체가 주창되었을 뿐만 아니라, 1969년에는 도쿄대학의 입시가 대학 점거로 중지되었다. 이것에 자극을 받아 종종 입시 분쇄가 외쳐졌다. 그러나 그 한편으로 졸업과 동시에 운동을 포기하고 기업과 관청에 취직하는 학생도 적지 않았다. 오다 마코토는 당시를 회상하며 이렇게 말한다.[79]

…… 당시, 나의 대학에서도 학생 활동가들은 '입시 분쇄 투쟁'을 하려고 했었다. 나는 그들에게 "너희들이 만약 취직알선부 분쇄 투쟁을 동시에 한다면, 그 투쟁을 인정하겠다"라고 말했다. 그들은 아연해 보였다. 나의 말을 이해한 것으로는 보이지 않았다. 나중에 온 사람들에게는 이런 '제국주의 대학'에 들어오지 마라, 들어갈 필요가 없다고 말하면서, 자기는 '제국주의 기업'에 들어간다 — 이런 것은, 논리적으로 이상하다고 하기 이전에, 우선 윤리적으로 퇴폐한 것이었다.

근대 일본이나 자기를 총부정한다고 말을 해도, 그것은 쉽게 달성할 수 있는 일이 아니었다. 전공투 운동은 그렇게 달성이 곤란한 목표를 내세웠지만, 도쿄대에서는 1969년 1월에 야스다 강당安田講堂을 점거한 학생들이 기동대에 진압당하고 운동은 식어 갔다. 전국의 대학에서도 전공투 운동은 1968년에 일거에 불타올랐지만 그 최전성기는 1년 정도밖에 이어지지 않았고 1970년 무렵에는 쇠퇴했다. 운동에 자기 미래를 걸고 나름의 방식으로 삶을 추구한 학생들도 적지 않았지만, 그런 이들이 꼭 다수파라고는 할 수 없었다.

당시 도쿄대 전공투를 취재했던 신문 기자 나이토 구니오內藤国夫는

훗날 이렇게 말한다.[80]

[1968년의] 여름 방학부터 11월에 걸친 시기 동안 학생들은 밝았습니다. 학생들이 진솔한 의견을 서로 나누고 즐겁게 의논하는 모습을 보며, 이것이 대학이라고 생각했습니다. 훌륭한 시기였습니다. 그러나 겨울이 되어 '나는 어떻게 되는 걸까', '일생을 날리는 것일까'라는 걱정에 부딪혀, 순식간에 무너져 간 학생이 많았습니다. 1968년 12월부터 이듬해 5~6월까지는 싸움의 긴장감도 옅어져서, 폭력과 대립과 증오로 이루어진, 보고 있기가 불쾌한 시기였습니다.

운동의 쇠퇴기에 나타난 모습은 이것 또한 1950년대 전반과 유사하게, 신좌익 당파들끼리의 항쟁과 사문, 그리고 린치 등이었다. 당시의 한 활동가는 "운동의 고양기에 동지들 간의 가치관 일치를 추구하지 않고, 열 가지 중에 하나만 동의가 되면 동지로서 상냥하게 연대했던 것과는 반대로, 아주 작은 차이를 찾아내서 자기들의 정통성을 주장하고 다른 의견을 배척하기 시작했다"라고 회상한다.[81]

그리고 1972년 2월에 연합적군連合赤軍의 아사마 산장浅間山荘 사건이 발생했다. 신좌익 당파의 일부가 무장 투쟁을 주장하며 연합적군을 자칭했고, 동지들의 "프티 부르주아적 생활 태도"를 비판하며 린치 살인한 뒤, 종국에는 경찰 기동대와 총격전을 벌인 이 사건은, 경찰 측의 매스컴 조작과 어우러져 신좌익의 이미지를 한 번에 악화시켰다. 이어지는 당파 간 항쟁이 여기에 겹쳐져서, 그 후의 신좌익 운동은 일부 활동가들의 범위를 넘어서기 힘든 상태가 되었다.

이렇게 해서 전공투 운동은 대규모의 운동이었지만 수년 사이에 사라져 갔다. 그리고 운동이 남긴 영향 가운데 하나는, 종래의 진보적 지식인과 교양의 영향력을 크게 저하시킨 것이었다. 1980년대에 도쿄대학출판부의 전무 이사였던 이시이 가즈오石井和夫에 따르면 "그때까지는 학생들 사이에 이건 꼭 읽어야 하는 책이라는 '정본'이 있었지만", 전공투 운동 후에는 "'정본'의 재판再版이 이루어지지 않게 되어 버렸다"라고 한다.[82]

동시에 전공투 운동은 대학생에게도 변화를 가져 왔다. 당시 도쿄대생이었던 하시모토 오사무橋本治는 1969년 입시 중지 이후에 입학한 하급생을 보고 "'아, 도쿄대 완전히 바뀌었다'고 생각했다. 애 같아졌다"라고 회상한다.[83] 이후의 대학생은 대중화된 대학과 대량 생산 강의를 처음부터 전제로 받아들였고, 전공투 운동 학생들에게 발생했던 것 같은 의식의 격차는 축소되었다.

전공투 운동의 배경에는 과거의 대학 이미지와 대중화해 가는 대학 사이의 격차가 있었다. 그것은 학생의 의식 면에서 보면 아키야마 가쓰유키 등이 말했던 "엘리트적 의식과 존재 사이의 결정적 결락"이었다. 전공투 운동 이후로 대학생은 수적인 면뿐만 아니라 지식과 의식 면에서도 대중화하여, 명실상부한 엘리트는 아니게 되었다. 그와 동시에 '지식인'이라는 존재도 전공투 운동의 충격으로 특권적인 지위를 잃었다.

그런 의미에서 전공투 운동은 과거의 대학 및 지식인의 모습과, 대중화되는 사회 사이의 격차, 즉 엘리트적 의식과 존재 사이의 결정적 결락이라는 문제가, 말하자면 1회성의 폭발을 일으킨 사건이었다. 그리고 이 운동은 그들이 지향했던 것과는 다른 방향에서 그 격차를 해소하는 역설적 효과를 가져 왔다고 할 수 있다.

베트남전 반대 운동과 가해

1960년대 후반에는 전공투 운동과 함께 베트남 반전 운동이 대두했다. 여기에 큰 역할을 한 베헤렌ベトナムに平和を!市民連合(베트남에 평화를! 시민연합)에 대해서는 16장에서 검증할 텐데, 먼저 그 배경을 언급해 두겠다.

베트남 전쟁은 1964년 8월 통킹만 사건, 1965년 2월 미군의 북베트남 폭격(이른바 북폭)의 본격적 개시를 거쳐서 격화되었다. 이 전쟁에 대한 일본의 여론은 일관되게 비판적이었다. 1965년 8월 24일 『아사히신문』 여론 조사에서는 북폭에 대한 찬성이 4퍼센트, 반대가 75퍼센트였다.

이런 숫자의 배경에는 아직 사회의 다수파를 차지한 전쟁 체험 세대가 있었다. 미국의 공습을 받는 베트남 민중을 담은 텔레비전 보도는 전쟁 체험자의 기억을 자극했다. 작가 고마쓰 사쿄小松左京는 1966년 10월에 이렇게 쓴다.[84]

…… 비슷한 얼굴을 하고, 비슷한 쌀농사를 짓는 작은 나라에…… 폭격기가 폭탄과 네이팜napalm과 독가스와 식물 고엽제를 뿌려 댄다 ─ 그때, 다시 그 기억이 사람들의 가슴에 소용돌이치는 듯한 공감으로서 되살아난 것이리라. 하늘에서 떨어지는 불의 비에 집이 타고, 살갗이 타고, 사랑하는 아이가 철편鐵片에 뚫리고, 정성을 쏟은 빈약한 밭이 바싹바싹 타고, 포탄 연기 속을 허겁지겁 도망치는 것은 ─ **우리들 자신**이며, 우리의 육친이며, 우리의 연인이었다. 뜨거운 진흙밭 속을 기어 다니는, 우리의 양친이며, 조부모였다. 나 스스로 거짓말도 과장도 없이, 북폭이 시작된 무렵부터, 10여 년 동안 꾸지 않았던 공습의 꿈을 이따금 ─ 확실히 기억하는 것만 해도 두세 번 ─ 꾸었다. …… 꿈에서 막 깬 눈에 처자의 모습이, 불에 문드러져 손발이 오그라든 불탄 사체처럼 보인 적마저 있다.
베트남의 참화는 21년 전의 이들 기억을 확실히 일깨워…… 어쨌든 간에 그것은 무조건 부정한다는 절대적인 확신이 우리들의 혀뿌리, 몸속에서부터 어찌할 바 없이 되살아나는 전쟁의 '맛'으로 확고해져 갔다.

공습 체험이 없었던 농촌의 사람들 사이에서도, 쌀농사를 짓는 아시아 국가에 대한 공감에서 베트남 전쟁을 향한 비판 감정이 일어났다. 1967년에 『아사히신문』의 기자인 혼다 가쓰이치本多勝一가 연재 르포 「전장의 마을」戰場の村을 썼다. 그 속에서는 미군이 베트남의 농촌을 행군하는 모습이 이렇게 그려진다.[85]

황금색으로 물결치는 벼 논 속으로, 다섯 대의 APC 전차대는 쏜살같이 진격했다. 종횡으로 달려대는 열 줄의 무한궤도로, 수확을 기다리던 꽉 찬 벼는 진흙밭 속에 유린되어, 뭉개졌다. 앞의 전차가 지난 자국을 따라 다른 전차가 지나가는 식의 배려도 없었다. 못자리한 논도, 모내기가 끝난 지 얼마 안 된 논도 무시했다. 스포츠카라도 타고 달리듯이, 각 차는 멋대로 경로를 잡으며 논에 새로운 자국을 새겼다. 미국 병사들의 마음에는, 쌀을 만드는 민족의 마음을 헤아리는 공통 인자가 결여되어 있었다.

이 르포「전장의 마을」은 미군의 가재家財 파괴나 잔학 행위를 보도하면서 베트남인에 대한 공감을 함께 이야기했다. 혼다는 베트남 농민들과 피부색을 비교하면서 "우리는 같은 아시아인이다"라고 이야기를 나누었다.[86]

동시에 혼다는 미국에 대한 종속이 베트남에도 생기고 있음을 취재했다. 전선에 가까운 기지에서 "철조망 너머로 아이들을 모은 미국 병사가, 통조림과 과자를 일부러 멀리 던져서, 아이들이 개처럼 경쟁하며 주우러 달려가는 모습을 즐기는" 광경을, 그는 "패전 직후의 일본 도시의 가난한 아이들"과 겹쳐 보았다.[87] 1931년생인 그에게 그것은 자신의 과거 모습과 다름없었다. 미국과 유착한 남베트남 정부와 정부군이 얼마나 부패했는지, 그에 대해 베트남 민중이 얼마나 반감을 품었는지도, 혼다는 극명히 보도했다.

혼다가 남베트남 정부와는 대조적인 존재로 그린 것이, 남베트남해방전선의 병사들이었다. 혼다가 만났던 해방전선의 청년 장교는, 그의 신변을 고려하여 사진 촬영을 삼가는 혼다 등을 향해 "나는 민족의 독립에 생명을 바친 인간입니다. 괴뢰 정부 아래서 살아갈 일이 없는 이상, 얼굴이 외부에 알려져도 하나도 상관없습니다"라고 답했다. 미군의 공습하에서 항전하는 해방구解放區의 간부는 "우리가 군사적으로는 지고 있겠지요. 그러나 지지 않습니다. 져도, 지지 않는 것입니다. 진짜 승리란 무엇일까

요."라고 말했다.[88]

미국의 공습을 견디고, 미국의 물질적 유혹에 저항하면서, 민족의 독립을 내건 해방전선의 모습은 일본의 독자들에게 많은 공감을 모았다. 압도적인 물량과 과학 기술력으로 공격해 오는 미군을 조악한 병기와 부족한 식량으로 상대하며 선전하는 그들의 모습도, 전쟁 체험자의 마음에 호소하는 부분이 있었다. 혼다의 르포가 연재된 『아사히신문』에는 독자들이 공감하는 투고가 쇄도했다고 한다.

그러나 이런 베트남의 모습은 일본이라는 국가에 대해서 되묻게 만들었다. 혼다는 미군이 일본제 군용 트럭이나 상륙용 주정舟艇을 쓰고 있다는 점, 일본의 업자들이 운송한 연료로 북폭이 행해진 점을 보도했다. 베트남에 파견되었던 한국군 장교는 "이 전쟁으로 일본이 돈을 얼마나 많이 벌지 알 수 없을 정도입니다"라고 말했다. 혼다는 일본이라는 국가를 '죽음의 상인'이라고 표현하지 않을 수 없었다.[89]

미군이 일으킨 베트남 특수는 수출 총액의 10~20퍼센트로, 수출 총액의 60퍼센트를 차지했던 한국 전쟁 특수에 비하면 작았다고는 해도, 일본의 경제 성장을 지탱하는 요인이 된 것은 사실이었다. 거기에는 무기나 탄약만이 아니라 고엽제 등도 포함되었다. 요코스카橫須賀와 오키나와가 미국 함대의 기지가 되었을 뿐만 아니라, 1967년에 하네다공항을 이용한 항공기 중에 40퍼센트는 미군의 대절 항공기였으며, 베트남에서 부상당한 미군의 75퍼센트가 일본으로 이송되어 치료를 받았다.[90] 미군에게 일본은 베트남 전쟁에서 없어서는 안 될 후방 기지였다.

이런 사정 때문에 앞에서 말한 1965년 8월 24일 『아사히신문』 여론 조사에서는 전쟁으로 "일본도 연좌될 염려가 있다"가 54퍼센트, "염려 없다"가 17퍼센트라는 결과가 나왔다. 1966년 6월 1일에 당시의 시나 에쓰사부로椎名悅三郎 외상은 중의원 외무위원회에서 일본에 보복 공격이 가해질 수 없는 것은 지리적 조건 때문이라고 밝혔다. 자위대는 유사有事 즉 응卽應 태세를 갖추고, 1966년 9월 남베트남에 군사 시찰단을 보냈다. 일본에서 군수 물자를 수송하는 미군 주정에는 정부의 알선으로 일본 요원이 타고 있었으며, 1967년 10월까지 9명의 전사자가 나왔다.[91]

혼다가 회견한 해방구의 간부는 일본에서 어떤 지원을 했으면 좋겠느냐는 질문에 이렇게 대답했다. "고마운 일입니다. 그러나 우리들은 괜찮습니다. 끝까지 해낼 자신이 있습니다. 걱정하지 마세요. 그것보다도 일본인들이 자기의 문제에 대해서, 자기를 위해서 미국의 가혹한 방식과 싸우는 것, 그것이야말로 결국은 무엇보다도 베트남을 위하는 것입니다." 이 대답을 들은 혼다는 이렇게 쓴다.[92]

중국에 지배받고 프랑스의 식민지가 되어 일본에도 점령되었고, 지금 미국과 민족 전쟁을 벌이는 베트남인, 타민족이라는 것은 절대로 신용할 수 없다는 사실을 한 사람 한 사람이 몸으로 알고 있다. …… 한편 일본인은 이런 인식이 가장 옅은 민족 가운데 하나일 것이다. 이런 베트남인의 눈으로 보면 미국의 전쟁을 지지하는 체제 속에서 '작은 친절'을 보이는 사람들을 전면적으로는 신용하기 어렵다고 생각하는 것이 오히려 당연하다. 그들이 신용하는 것은 자기 스스로를 위해 싸우는 민족이다. 알제리나 쿠바 같은 나라다. 베트남인이 일본의 반전 운동을 정말로 신용하는 것은, 일본인 스스로의 문제 ― '오키나와', '안보', '북방 영토' 그 외에 무수한 '우리들의 문제'에 민족으로서 대응할 때일 것이다. 베트남 반전 운동 자체는 물론 좋지만, 이것을 '자기 스스로의 문제'로서 파악하지 않는 한, 단순한 면죄부로 끝날 것이다. 미국의 북폭을 반대하기 전에 북폭을 지지하는 일본 정부의 모습을 문제 삼지 않으면 안 된다.

하지만 동시에 베트남 전쟁을 계기로 한 일본의 재검토는 거기에 그치지 않았다. 사람들에게 전쟁의 기억을 상기시킨 것은, 공습을 견디는 베트남 민족과 해방전선의 모습만이 아니었다. 베트남의 마을을 불태우고, 베트남인을 학살하고 강간하는 미군의 존재도 마찬가지로 '21년 전의 기억'을 불러일으켰다.

1966년 6월 베헤렌의 요청으로 미일 합동의 베트남 반전 집회가 도쿄에서 열렸다. 도쿄에 초빙된 미국의 평화 운동가 하워드 진Howard Zinn은 일본 사람들이 왜 멀리 떨어진 베트남 전쟁에 이렇게 관심을 가지는지 의문을 품었다. 일본 체재가 끝날 때까지 진이 찾아낸 해답은 "일본 인민이 그들 자신의 최근 역사에 대해 날카로운 의식을 갖고 있기 때문이다"였다. 진과 만났던 일본 사람들은 입을 모아 공습 체험의 공포를 이야기하는 한편, 진을 향하여 "너희들은 지금 아시아에서, 과거 우리가 했던 짓을 하고 있다"라고 미국을 비판했다.[93]

그 전해인 1965년 11월 16일 베헤렌은 미국의 『뉴욕타임스』에 반전 광고를 냈다. 그 광고는 「패자敗者에게 지혜가 있다」라는 표제 아래, "중국 본토에서의 15년에 걸친 싸움으로부터, 일본인은 엄한 교훈을 얻었습니다"라고 이야기했다. 진은 "한 번도 패배한 적 없는" 미국에 비해서 "일본인은, 가해자 및 피해자로서 죽음을 더욱 강하게 연상한다"라는 점에 강한 인상을 받았다.[94]

진이 참가한 도쿄의 반전 집회에서도, 베헤렌의 리더인 오다 마코토가 "공습의 연기 속에서 도망치는 것은 나 자신"이라는 피해 체험을 이야기하는 한편, 일본 정부가 베트남 전쟁 지지를 표명한 점을 들어서 "가해자로서의 자기"를 강조했다.[95] 거기서 오다는 이렇게 이야기한다.

…… 이미 일본인에게 이 전쟁은 남의 전쟁이 아니다. …… 우리의 입장은 미국을 뒤에서 밀어주는 것이다…… 미국에게 강력히 이야기를 못하는 일본 정부는 그런 식으로 생각하고 있을지도 모른다. 그러면 일본은 미국에 대해서는 피해자의 입장에 서 있다. 그러나 동시에 그럼으로써 베트남에 대해서는 가해자의 입장에 서 있다, 그렇게 말할 수 있습니다.

전쟁을 체험한 사람들에게 베트남 전쟁은, 과거의 자기가 또 다른 과

거의 자기를 학살하는 광경이었다. 그런 상황을 만들어 낸 미국에 종속됨으로써, 일본은 미국만큼의 경제적 번영을 달성하려 하고 있었다. 그것은 많은 사람들에게 견딜 수 없는 자화상이었다.

이런 베트남 전쟁에서 자극을 받아 이부세 마스지井伏鱒二의 『검은 비』黒い雨나 오오카 쇼헤이의 『레이테 전기』レイテ戦記 등, 전쟁 기억의 형해화에 대항하는 소설들이 1960년대 후반에 쓰였다. 진은 일본의 이런 역사의식에 감명을 받아 "그들은 물고기이면서 동시에 어부인 입장에 놓인 적이 있다. 우리 미국인은 낚시 바늘에 걸려서 몸부림치며 패배한 적이 한 번도 없다. …… 우리는 한 번도 일본인처럼 자기 자신의 행위를 인정하고 머리를 숙여 사죄하고 평화로운 생활을 약속했던 경험이 없는 것이다"라고 말했다.[96]

그러나 진의 이런 평가는 약간 과잉되었다. 무엇보다도 일본에서 전쟁의 기억은 급속히 풍화되고 미화되려 하고 있었다. 이런 미화에 대항하여 베트남 반전 운동에서는 15년 전쟁의 '가해'가 강조되었다.

가해가 강조된 배경에는, 전쟁 미화에 대항하는 것 외에도, 전쟁을 알지 못하는 젊은 세대에 대한 대응이 있었다. 전쟁 체험자는 베트남 전쟁에 자기의 피해 체험을 겹쳐서 반응했지만, 피해 체험이 없는 젊은이들에게 이 문제를 호소하려면, 현재의 일본이 베트남에 가해하는 사실을 강조하는 편이 유효했다.

1966년 대담에서 오다 마코토는 이렇게 말한다.[97] "피해자 체험이라는 것은, 체험이 옅어져 버리면 그걸로 아웃", "나는 언젠가 기시 노부스케라는 자는 전범이었다는 것을 학생들에게 말했다가 아, 기시씨는 전범인가요, 라는 반응을 듣고 놀랐습니다", "과거의 기시에 대해서 나는 피해자다, 그를 보면 신물이 난다고 말해 보아도, 그런 것은 이미 통하지 않는다고 생각한다."

그 대신에 오다는 "안보 조약으로 우리가 가해자가 될 수 있다는 의식"을 젊은이들에게 환기할 것을 주장했다. 대담 상대인 무토 이치요武藤

一彰도 지금까지의 "평화 운동 자체의 결함은 가해자 체험이라는 것을 중시하지 않았던 데에 있다"라는 인식을 보였다.[98]

오다가 이런 인식에 이른 배경에는 미국의 평화 운동에서 받은 자극이 있었다. 즉 피해 경험이 없는 미국의 평화 운동은 베트남에 대한 가해를 강조함으로써 이루어졌다.

7장에서 말했듯이 오다는 1958년에 미국에서 유학한 경험이 있었다. 거기서 그가 놀랐던 것은, 평화와 번영 속에서 자란 미국의 젊은이들이 전쟁과 빈곤에 대한 상상력을 완전히 결여한 점이었다. 패전 시에 13세였던 오다가 공습을 받아 맨몸으로 도망치며 헤맸던 체험을 이야기해도, 미국 젊은이들은 그것을 우스꽝스러운 모험담으로만 받아들이고 "태평하게 웃기 시작"하는 상황이었다.[99] 오다는 그들과 비슷한 젊은이들이 일본에서도 자라나는 상황에 직면했다.

그리고 오다가 가해자 체험의 중요성을 이야기했던 1966년 대담은 『베트남의 미국인』ベトナムのアメリカ人이라는 책의 일부를 이루었다. 이 책은 미국의 평화 운동 그룹이 뉴스 레터에 게재한 미군의 가해 체험담 등을 편집한 내용이었다. 오다는 이 책의 서문에서 "지금까지 평화에의 지향이 대부분 피해자 의식으로 뒷받침되었던 데 비해, 이 책이 보여 주는 것은 가해자 의식에서 출발하는 평화에의 지향일 것이다"라고 말한다.[100]

평화와 번영 속에서 자라나, 피해자의 체험에 대해 태평하게 웃는 미국 젊은이들 가운데서 출현한 이 운동 스타일은, 일본의 신세대에게도 유효할 터였다. 이 대담을 전후해서 개최된 미일 합동의 반전 집회에서, 오다는 앞에서 말한 바와 같이 자신의 공습 체험과 함께 가해자로서의 자기를 강조했다.

그리고 오다는 베트남 반전 운동이 미국의 흑인 인권 운동과 연속된다는 것, 그리고 베트남에서의 학살 행위뿐만 아니라 국내의 인종 차별이라는 '백인 측의 가해자 체험'이 미국의 평화 운동에서 추진력이 되었다는 것을 강조했다.[101] 혼다 가쓰이치의 『전장의 마을』을 비롯해서 베트남에서 일어난 학살 행위의 배경에 미국의 유색인 차별의식이 영향을 끼쳤다는 의견은 많았다.

이런 인식은 필연적으로 일본에서의 차별을 되돌아보는 것으로 이어졌다. 베트남 전쟁을 계기로 일본군이 중국에서 저지른 학살 행위와 조선인과 아이누アイヌ, 오키나와 등에 대한 차별의 역사가 주목받았다. 혼다는 『전장의 마을』에 이어서 책 『미 합주국』アメリカ合州国에서 미국의 인종 차별을 취재했고, 나아가 1971년에는 중국을 방문해 일본군의 학살 행위를 다룬 『중국의 여행』中国の旅을 썼다.

이 당시에 미군이 저지른 베트남 손미Sơn Mỹ 마을 학살 사건을 미국의 언론이 밝힌 점은 일본에서도 평판이 높았다. 혼다는 『중국의 여행』의 서문에서 전시에도 전후에도 "일본의 보도가 그렇지 않았던 점"을 강조하고 "손미 사건의 보도에 감탄할 바에야, 실천하는 편이 좋다"라며 중국 취재의 동기를 이야기한다.[102]

1967년 3월 일본기독교단日本基督教団이 전쟁 전 기독교 단체들의 전쟁 협력을 밝히는 보고를 공표했다. 쓰루미 슌스케는 이 보고에 대해 "전쟁이 끝나고 22년이 지나 왜 그런 고백을 했는가 하면, 이것은 베트남 전쟁이 촉매로서 도움이 되었다. 베트남 전쟁에 대한 불신감이 있었기 때문에야말로 태평양 전쟁 책임의 고백이 비로소 이루어졌다"라고 평했다.[103]

나아가 쓰루미 슌스케는 1968년에 '국가의 원原범죄'라는 개념을 제기했다. 그에 따르면 미국이라는 국가가 선주민과 흑인의 희생 위에 건국되었듯이 "대개 국가가 있는 곳에는, 어떤 방법으로든 아마도 범죄가 행해졌다"고 한다. 그리고 "일본의 국민으로 태어난 이상, 그 원범죄에 가담한 것"이며, 그것에 가담하지 않으려면 "카운터 크라임counter crime으로 일어서는 것이 당연"하다. 이렇게 해서 쓰루미는 "학도병의 편지는 평화에 대한 희망을 이야기하는데도 불구하고, 평화로운 시대에조차 일본이 조선, 타이완, 중국에서 계속해 온 부당한 지배에 대한 자각과 반성이 보이지 않는다"라고 비판하며, 그들은 국가의 원범죄에 대항하여 탈주할

용기를 결여한 "일종의 정신적 비겁함"을 품고 있다고 주장했다.[104]

이렇게 해서 종래에 일본의 위정자를 비판하는 발판으로 여겨졌던 전사자의 기억은, 차례로 조선인과 아이누 등 소수자의 존재에 그 자리를 양보해 가게 되었다. 그 이행은 전쟁 기억의 풍화, 전사자 추도가 차츰 보수적인 대중 내셔널리즘 측에 휘말리는 동향과 병행해서 일어났다.

이런 이행의 촉매가 베트남 전쟁이었다. 말하자면 베트남 전쟁은 미국이라는 거울을 통해 일본의 기억을 다시 묻고, 국민의 자화상을 재편해 가는 계기가 되었다. 그것은 동시에 전공투 운동이 자기 부정이나 가해라는 계기를 강조했던 흐름과도 합치했다.

그러나 오다 마코토가 1966년에 가해자 체험을 강조했을 때는, 가해의 자각과 피해의 기억은 대립한다고 여겨지지 않았다. 오다는 국가의 명령으로 징병된 병사들을 국가의 피해자임과 동시에 가해자인 존재, 피해자인 까닭에 가해자의 위치로 몰린 존재라고 위치 지었다.

그것은 말하자면, 마루야마 마사오가 말한 억압의 이양이나 다케우치 요시미가 주장한 "노예와 노예의 주인은 같은 것이다"라는 주장과 서로 통하는 인식이었다. 거기서 국가가 병사로 만든 인간은, 피해자이기 때문에야말로 가장 잔인한 가해자가 되며, 피해와 가해는 같은 구조에서 파생한 현상이었다.

본래 오다는 그때까지의 전쟁을 이야기하는 방식이 피해를 너무 강조한 나머지, 전쟁 체험이 지금의 현실과는 무관한 감상으로 풍화해 버리는 것을 우려했다. 그는 그런 형해화된 전쟁 체험을 "산 자로서의 자기와 아무런 얽힘이 없는 추억", "'전장을 모르는' 젊은 세대에 대한 설교용 추억"이라고 표현한다.[105]

오다가 가해의 자각을 강조한 것은, 피해와 가해의 불가분성을 강조함으로써 현재의 자기 자신을 지배하는 사회 구조를 인식시키기 위해서였다. 그리고 많은 경우에 전쟁 체험자의 회한은 자기의 용기가 부족해서 젊은이들을 죽게 만들었다거나, 자기 스스로가 침략 행위에 손을 더럽혔다는 가해에 대한 후회에서 생겨났다. 그런 가해의 기억을 되살리면, 피해에 편중된 감상으로 풍화되는 전쟁 체험의 충격이 다시 한 번 재생될 터였다.

그런 의미에서 오다에게 가해의 자각과 피해의 기억은 말하자면 불가분의 관계였다. 그러나 젊은 세대는 이것을 꼭 그렇게는 받아들이지 않았다. 그들의 일부는 걸핏하면 피해를 이야기하는 연장자를 비판하기 위해, 일방적으로 가해를 강조하는 방향으로 향했다.

1971년에 베헤렌의 사무국장이었던 요시카와 유이치는 "젊은 사람들의 비판을 듣고 있으면, '나도 자기비판을 한 위에'라는 한마디만 하면, 마치 자기는 자이니치 조선인이나 부라쿠민部落民(피차별부락민)의 입장에 설 수 있기라도 한 것처럼, 다른 사람들에 대한 고발과 규탄을 개시한다(라고 생각되는)는 경향이 있습니다"라고 말한다.[106] 오다도 이런 경향을 의식해서 "피폭자가 간신히 무거운 입을 열고 과거의 괴로운 체험을 이야기하려고 하면, '너는 가해자로서의 자기 자신을 잊었다'라고 큰소리로 떠드는 젊은이의 정신적 상태"를 비판했다.[107]

그러나 일부 학생들은 윗세대의 피해의식을 보수파의 전쟁 찬미와 동일시하여 전사자를 타도해야 할 권위로 간주했다. 1969년 5월 20일 리쓰메이칸대학立命館大学 전공투의 학생들이, 전몰 학도병을 추도하며 1953년에 건립된 와다쓰미상わだつみ像을 파괴하고 목에 밧줄을 걸어서 끌어내린 것은 한 예였다. 『아사히신문』 사설은 이 사건에 대해 이렇게 말한다.[108]

적지 않은 학생들이 어른들을 문죄한다. 싫으면 왜 전장에서 도망치지 않았는가. 어째서 총을 버리지 않았는가. 그러지 않았던 것을 보니 다들 틀림없이 파시스트였다 — 그들의 논리는 비약한다. 어른들은 전쟁에 대한 많은 사실을 젊은 세대에게 전해 왔다고 생각한다. 그러나 의외로 그렇지 않다. 가장 기본적인 지식이 이야기되고 계승되지 않았다고 생각된다. 그것은 제국주의의 침략 전쟁이었다, 라는 개념만으로는 전쟁이 지닌 의미를 충분히 이해할 수 없다. 국가라는 것이 가지는 숙명, 권력의 엄청난 무서움, 그것이 실감으로서 젊은이들의 가슴에 새겨지지 않으면 안 된다. 그렇지 않으면 이제부터 어떻게 국가를 지양止揚해 갈지 생각하는 것도, 생명을 걸고 전쟁에 반대하는 것도 불가능하다. 그리고 그 전쟁의 실감을 전할 수 있는 사람은, 우리 어른들밖에 없다.

우리는 지금까지 그런 노력을 덜 해 온 것은 아닐까. 그렇다면 우리는 우선 무엇보다도, 전장에 흩뿌려진 전사자들에게 사죄하지 않으면 안 된다. 우리의 태만 탓에 전사자들이 생명을 버리면서 남긴 교훈을 다음 세대에게 전하지 못했던 것이다.

그러나 이런 의견이 젊은 세대들에게 이해되었다고는 할 수 없다. 1969년 1월 뉴기니 전선에서 살아 돌아 온 병사 출신의 오쿠자키 겐조奧崎謙三가 "야마자키! 천황을 쏴라!"라고 외치고, 신년 축하회에 나타난 쇼와 천황에게 파친코용 동전을 발사했다.[109] 그러나 이 사건을 반反천황제의 직접 행동이라 상찬한 전공투와 신좌익 학생들이, "야마자키"가 뉴기니에서 죽은 오쿠자키의 전우 이름이라는 사실의 의미에 대해, 반드시 깊게 주목한 것은 아니었다.

젊은 세대가 가해를 강조하는 가운데, 의외로 영향이 미친 것이 고대사의 영역이었다. 전쟁 체험이 없는 젊은이들에게는 구체적인 가해 경험이 없었다. 그런 가운데 가해의 강조로부터 자기가 일본인이며, 그 일본이 현재 및 과거에 가해를 행했다는 사실을 강조하는 경향이 나타났다.

그 결과로 베트남 전쟁과 15년 전쟁에서의 가해뿐만 아니라, 고대와 중세의 일본인이 아이누와 오키나와, 조선을 침략한 점도 일부에서 논해졌다. 앞에서 말했듯이 당시는 근대주의에 대한 비판과 토착 공동체에 대한 재평가가 일어나, 민속학과 고대사가 주목을 받던 시기였다. 이런 문맥에서 원시 공산제를 실현했던 아이누와 오키나와를 고대 천황제 국가가 침략했다는, 가해를 강조하는 논조도 나타났다.

이런 경향을 촉발한 것이 요시모토 다카아키의『공동 환상론』과 오키나와론이었다. 앞에서 말했듯이, 요시모토는 1968년에『공동 환상론』을 발표하여 민속학과 고대 신화에서 천황제와 국가의 기원을 논했다. 그리고 요시모토는 오키나와의 복귀 문제가 논의되었던 시기인 1970년에 고대 오키나와는 야마토 조정과는 "이족"異族이었다고 주장하며, 오키나와의 존재를 통해 "본토의 야요이弥生식 이후 국가의 역사적인 근거"를 상대화할 것을 주창했다.[110]

이런 민족관의 대두는 고도 경제 성장과 함께 국내의 지방 격차가 축소되어 단일 민족 의식이 성립했던 점과 병행되었다. 앞에서 말했듯이 1960년대 이후, 보수파의 논자로부터 고대 이래로 일본은 단일 민족 국가였다는 논조가 강해졌다. 그것에 대항하여 1970년대 후반부터는 소수자의 존재를 강조하며 단일 민족 국가라는 견해를 비판하는 논조가 대두되었다. 그러나 1950년대에 존재했던 견해, 즉 지방 격차나 계급 격차를 강조하며 일본에는 단일 민족이 성립되지 않았다는 견해는 어느 쪽에서나 사라져 갔다.

그리고 고대로까지 거슬러 올라가 일본인의 가해를 강조한 하나의 극한이 동아시아반일무장전선東アジア反日武装戦線이었다.[111] 일본 기업의 아시아 진출과 군수 청부를 비판하며 미쓰비시중공업三菱重工業과 미쓰이물산三井物産 등의 사옥을 폭파한 이 그룹은, 건국 신화인 기기 신화에 주창된 에조蝦夷와 구마소熊襲, 아이누, 오키나와, 조선, 중국 등에 대한 가해를 강조하고, "원시 공동체 부족"에 대한 "일본의 고대 건국 이래 면면히 이어진, 일본 민족·일본 제국의 침략 반혁명"을 비판했다. 노동자를 포함한 일본 국민은 아시아를 식민지화하면서 풍요로운 생활을 영위한 "제국주의적 기생충"이며 "'일본'을 부정하는 반일 사상은 새로운 차원에서 원시 공산제로의 혁명적 복귀 사상이다"라고 그들은 주장했다.

이 동아시아반일무장전선이 1974년에 발행한 문서『하라하라 시계』腹腹時計는 이렇게 말한다.

1. 일제는, 36년간의 조선 침략, 식민지 지배를 비롯해 타이완, 중국 대륙, 동남아시아 등도 침략, 지배하고, '국내' 식민지로서 아이누·모시리(モシリ), 오키나와를 동화, 흡수해 왔다. 우리는 그 일본 제국주의자의 자손이며 패전 후 개시된 일제의 신식민지주의 침략, 지배를 허용, 묵인하고, 구일본 제국주의자의 관료군, 자본가들을 다시 살아나게 한 제국주의 본국인이다. ……

2. 일제는, 그 '번영과 성장'의 주요한 원천을 식민지 인민의 피와 수많은 시체 위에서 구하여, 더욱더 수탈과 희생을 강제하고 있다. 그런 탓에 제국주의 본국인인 우리들은 "평화롭고 안전하고 풍요로운 소시민적 생활"을 보장받는다. …… 일제 본국의 노동자, 시민은 식민지 인민과 항상 부단히 적대하는 제국주의자, 침략자다.

이상이 1960년대부터 1970년대 초두에 걸친, 내셔널리즘에 관한 언설 변천의 개략이다. 이하의 3장에서는 이런 변동 시기에 어떤 언설의 창출이 시도되었는지 각각의 사례를 따라서 검증한다.

14

'공적인 것'의 해체
요시모토 다카아키

나는 전후 15년 사이에 생활적인 집착이 늘어나, 몹쓸 인간이
되어 버린 것일까…….

요시모토 다카아키

요시모토 다카아키는 그 전투적인 언론 활동으로 말미암아 1960년대의 신좌익과 전공투 젊은이들에게 열광적인 지지를 모았던 사상가로 알려져 있다. 이 장에서는 요시모토의 사상을 두 가지 문맥에서 검증한다.[1]

하나는 전후 지식인의 혁신 내셔널리즘과 요시모토의 관계다. 결론부터 말하자면 요시모토는 혁신 내셔널리즘의 사상가를 가장 적대하고 그것을 해체한 사상가였다.

그리고 또 하나는 요시모토의 전쟁 체험이 그의 사상에 끼친 영향이다. 요시모토는 저작 속에서 전시 중의 자신을 열렬한 황국 청년으로 그렸고, 지금까지 요시모토론은 그것을 전제로 삼아 왔다. 그러나 이 장의 검증에서 밝히듯이 실상은 그것과 달랐으며, 그런 전쟁 체험이 요시모토의 사상을 크게 규정했다.

이런 요시모토의 사상을 검증하는 것은 고도 경제 성장기에 민주와 애국 간의 관계가 어떻게 변했는지를 보여 주는 좋은 사례 연구가 된다. 이것은 동시에 전쟁과 전사자의 기억이 전후사상에 어떻게 반영되었고 또 어떻게 변용되어 갔는지를 보여 주는 사례이기도 하다.

전중파의 심정

요시모토 다카아키를 논하기 위해서는, 요시모토를 포함한 전중파戰中派 지식인들에 대해 이야기하지 않으면 안 된다.

전중파라는 말은, 전 육군 청년 장교인 무라카미 효에가 사용한 것이 계기가 되어 1955년경부터 퍼졌다. 훗날에는 이 말이 전쟁 체험을 겪은 세대 전부를 총칭하게 되었지만, 당초에는 패전 시에 10대 후반에서 20대 전반의 청춘기였던 세대를 가리켰다. 보다 나이가 많은(패전 시에 30세 전후) 마루야마 마사오와 다케우치 요시미의 세대를 전전파戰前派, 보다 소년이었던(패전 시에 10세 전후) 에토 준과 오에 겐자부로 등의 세대를 전후파戰後派 등으로 부르기도 했다. 그리고 1955년 무렵은 전중파 세대 지식인들이 30세 전후의 나이가 되어 논단에서 활동하기 시작한 시기였다. 이 시기에 요시모토 다카아키도 논단에 데뷔한다.

이 전중파 지식인의 대표로 자주 거론되는 인물이, 평론가 요시모토 다카아키, 작가 미시마 유키오, 정치학자 하시카와 분소 등이다. 이 사람들은 각각의 사상 경향을 뛰어넘는 일종의 공통성을 갖고 있었다.

우선 전중파 지식인들은 전쟁 전에 어느 정도의 인격 형성을 마친 마루야마 등의 세대와는 달리, 철들 무렵부터 전쟁 속을 살고 있었다. 패전 시에 20세였던 사람은 만주 사변이 일어난 1931년에는 6세였다. 미시마와 요시모토는 둘 다 기억에 남은 첫 정치적 사건으로 1936년의 2·26 사건을 든다.

나아가 이 전중파는 전시 중에 가장 중심적인 동원 대상이 되었고, 가장 사상자가 많았을 뿐 아니라, 중등·고등 교육을 제대로 받을 기회도 갖지 못했다. 또 그들의 유년기는 황국 교육이 격화된 시기였고, 게다가 극도의 언론 탄압 때문에 마르크스주의나 자유주의를 접할 수도 없었다. 그런 까닭에 이 세대는 유년기부터 주입받은 황국사상을 상대화할 수 있는 경험도 지식도 없이, 패전에 이르기까지 전쟁에 대해 비판적인 시점을 갖지 않았던 자가 많았다. 학도병들의 유고집『들어라 와다쓰미의 소리를』을 읽어 보면, 다소나마 마르크스주의나 자유주의에 접한 경험이 있는 약간 나이가 많은 학도병들이, 후배들이 너무나도 전쟁에 무비판적인 점에 놀라는 사례가 산견된다.

이런 사정도 있어서 패전 직후에 마루야마를 비롯한 30세 가량의 전후 지식인들이 활약하기 시작했을 때, 20세 전후였던 요시모토 등의 세대는 큰 위화감을 느꼈다. 마루야마와 같은 전전파 지식인들에게는 당연한 상식이었던 마르크스주의나 헤겔 철학이, 전중파에게는 완전히 미지의 존재였다. 태어날 때부터 전쟁 상태에 놓여 있었던 그들에게는, 전쟁에 대해 비판적인 사상을 가진 인간이 있다는 것도, 전쟁 이외의 상태가 존재한다는 것도, 상상하기 어려운 일이었다.

다케우치 요시미에 따르면 패전 직후의 대학생들에게 "언젠가 전쟁이 끝나리라 생각한 적이 있나"라고 질문했을 때, 많은 수가 "아니요"라고 회답했다고 한다. 다케우치는 이에 대해 "역사상 끝나지 않았던 전쟁은 없다. 나 자신은 그 결말은 예상할 수 없었지만 이 전쟁도 언젠가 틀림없이 끝난다는 생각은 끊이지 않았다"라고 말하며, 젊은 세대를 이런 상태로 만든 교육의 무서움을 논한다.[2]

이런 차이로 패전 시에 30대 초반이었던 마루야마 마사오나 아라 마사히토 등이 패전을 해방으로 받아들인 점에 비해, 요시모토를 비롯해서 후에 전중파라 불리는 세대의 지식인들은, 오히려 패전에 당혹해 했던 사례가 많았다. 1947년 좌담회에서 29세였던 데라사와 쓰네노부寺澤恒信는 중일 전쟁 개전 후에 후배와 급격히 말이 통하지 않게 되었던 경험을 이야기한 뒤 이렇게 털어 놓는다.[3] "'우리들은' 전쟁이 끝나서 안심한 것입니다. …… '사상적으로' 돌아갈 장소를 갖고 있으니까, 비교적 순조롭게 돌아갈 수 있었다. 이 점에서, 그런 장소를 갖지 못한 20대 초반의 사람들과는 다르다고 생각한다."

이런 까닭에 전중파 지식인들은 전쟁이야말로 정상이고 평화 쪽이 이상이라는 감각을 종종 이야기했다. 1956년 좌담회에서 무라카미 효에는 "전쟁을 당연히 받아들이는 감정으로 자라났다"라고 말했고, 미시마 유키오도 "지금 쪽이 정상이 아닌abnormal 듯한 기분을 억누를 수가 없다", "끊임없이 '진짜가 아니다'라는 의식이 있다"라고 응한다.[4] 전후사상을 의제擬制라고 비판한 요시모토는 이런 세대에 속했다.

그것과 동시에 전중파 지식인들은 이따금 전사戰死에 대한 동경을 이야기했다. 해군 청년 장교였던 무라카미 이치로村上一郞는 1960년에 "내 인생은 8월 15일로 끝났다. 죽었어야 했다. 15년은 사족이었다", "가정에서의 작은 단란, 그 사람들이 보내는 무사안일한 샐러리 생활, 기시 내각 하의 이 '천하태평'; 그런 것들이 소름이 돋아서 참을 수 없다"라고 썼다.[5] 미시마 유키오가 군인의 죽음을 미화하는 소설을 쓴 사실은 잘 알려진 대로다.

이런 전사에 대한 동경은 항복을 결정한 위정자에 대한 증오로 이어졌다. 해군경리학교의 생도였던 시라토리 구니오白鳥邦夫는 1945년 8월 17일 일기에 "우리는 속았던 것이다"라고 썼다. 그들에게 전사에의 동경을 선동했던 군 상층부가 뒤로는 항복 교섭을 추진했던 사실은, 시라토리에게 있어서 "속았다"라는 것과 다름없었다. 그리고 시라토리는 항복 후의 귀환을 "사바娑婆의 인간으로 추락해 가는" 것이라고 표현했다.[6]

이런 위정자에 대한 증오는 3장에서 보았던 전사자를 발판으로 한 천황 비판과 결합되었다. 무라카미 효에는 1956년의 「천황의 전쟁 책임」天皇の戰爭責任이라는 논고에서, 전사한 전우들은 천황에게 "배반당했다"라고 주장했다.[7] 미시마 유키오의 소설 「영령의 목소리」英靈の聲에서는, 2·26 사건으로 죽은 병사의 영이 "왜 천황 폐하는 인간이 되어 버리셨나"라고 말한다.

이런 감정은 일체의 권위에 대한 회의와 결합했다. 13세에 패전을 맞이한 어느 여성은 패전 때문에 "신국神国 일본, 무적 일본, 현인신現人神 천황, 이런 일체의 기성 권위가 붕괴되고 믿을 수 없게 되어 버렸기" 때문에 "모든 권위를 이상하다고 느끼는 자연적 감정을 몸에 익혔다"라고 말한다.[8]

권위에 대한 이런 반발 속에는 국가에 대한 회의도 포함되었다. 그러나 유년기에 황국 교육을 받았던 전중파 지식인 중에는 일본이나 일본인을 천황과 분리해서 생각할 수 없었던 자도 많았다. 1927년생인 모리사키 가즈에森崎和江는 "나 같은 것은 전시하에서 자라났기 때문에 일본日本이라고 하면 천황과 직결되는 용어라는 느낌이 강하여, 저항 없이는 쓸 수가 없다. 천황 관념을 뺀 국민의 총체를 표현하는 경우에는 '니혼'にほん이라고 가나로 표기하지 않으면 마음이 옥죄는 기분이 든다"라고 말한다.[9]

이런 일본관은 천황과 분리된 국민을 구축하고자 했던 마루야마 마사오 등과는 거의 들어맞지 않았다. 전중파 지식인 중에는 미시마 유키오처럼 일본을 찬미하는 자도, 요시모토 다카아키처럼 일본을 비판하는 자도 나타났지만, 일본과 천황을 불가분으로 간주하는 점에서는 양쪽이 마찬가지였다. 그리고 뒤에서 말하듯이 요시모토는 마루야마에 대한 비판이라는 형태로 내셔널리즘을 부정하는 사상을 주창하게 된다.

그리고 권위에 대한 회의는 또 하나의 반응을 낳았다. 그들이 위화감을 품었던, 전후 사회의 권위로 간주된 진보적 지식인에 대한 반발이다.

1956년 쓰루미 슌스케는「지식인의 전쟁 책임」知識人の戦争責任이라는 논고에서, 패전 시에 비행 예과련생이었던 이가리 마사오猪狩正男의 글을 소개했다.[10] 명예로운 전사를 동경했던 이가리가 패전과 동시에 허탈 상태에 빠져서 너덜너덜해진 군복을 입고 서 있었더니 "'패전병!'이라는 목소리가 들려왔다. 돌아보니 미국인과 팔짱을 낀 일본 여자가 서 있었다"고 한다. 이때 "지금이야말로, 내가 원폭기를 조종해서 위선자와 이기주의자로 넘치는 일본 전체를 분쇄해 버리겠다"라고 이가리는 맹세했다.

이 이가리가 위선자, 이기주의자의 상징으로 든 것은, 전시 중에는 전쟁을 찬미하는 글을 썼으면서 전후에는 평화와 민주주의를 주창한 위선적 지식인이었다. 그리고 그는 전쟁 중의 언론 상황을 자기 나름대로 조사하여, 거의 대부분의 지식인들이 전쟁에 저항하지 않았거나 전쟁을 찬미했다고 주장했다.

이런 대립은 실은 패전 직후부터 시작되었다. 마루야마 마사오를 비롯해 전후 지식인의 중핵을 이룬 사람들은, 전전에 일정한 사회 과학적 지식을 갖춘 상태로 전쟁을 체험한, 패전 시에 30세 가량이었던 세대다. 이 세대가 보기에는, 제대로 된 고등 교육 없이 황국 교육만으로 자라난 전중파는 지극히 교양이 없어 보였고 패전 직후에는 '공백의 세대'라는 호칭마저 존재할 정도였다.

그러나 전중파 측은 이런 견해에 격하게 반발했다. 훗날 요시모토도 참가하는 '황무지파'荒地派의 시인인 기타무라 다로北村太郎는 1947년에 30대 지식인들을 비판하며 이렇게 말한다. "그들은 쇼와 초기에 자기들이 관헌의 탄압을 받으면서 코뮤니즘을 공부했다는 경력을 끊임없이 머리에 떠올리면서, 그 후의 전쟁 시대에 학생이었던 우리를 사상적으로 **텅빈** 시대에 **교육**받은 자라고 **실로** 천진난만하게 일괄하는 나쁜 습관이 있다"라는 것이다.[11]

이런 시선에 대항하기 위해 당시의 20대가 주창한 것이, 사상에 대한 불신과 전쟁 체험에 대한 집착이었다. 교양과 지식량에서 윗세대에 뒤지는 그들이 기댈 수 있었던 것은, 전쟁의 가혹한 부분을 경험했다는 자부심이었다. 기타무라는 위의 논고에서 "젊은 시인을 '계몽한다'라고 말"하는 선배 시인을 비판하며 무익무용의 주석註釋인 사상보다 "실로 이 육체로 살아왔다"라는 전쟁 체험을 중시하겠다고 주장한다.[12]

또한 이 세대의 최대 무기가 된 것은, 전쟁에 비판적이었음에도 불구하고 침묵했던 연장자들의 책임을 추궁하고, 그들을 비겁하다고 공격하는 것이었다. 1947년 아라 마사히토는 당시의 20대 청년이 말한 "'살아남은 사상 따위 누가 믿는가.' 나는 아무 말 없이 우리를 전장으로 보낸 30대에게 이 말을 내뱉고 싶은 충동을 느낀다"라는 발언을 인용한다.[13] 쓰루미 슌스케가 다룬 이가리 마사오 등이 지식인의 전시 중 언론 행적을 조사했던 사실은 이런 패전 직후의 대립과 연장선상에 있었다. 그리고 뒤에서 말하듯이 요시모토 다카아키도 1955년에 지식인의 전쟁 책임을 추궁하며 논단에 데뷔한다.

그러나 이런 전중파의 다수는 윗세대의 전쟁 책임을 추궁하면서도 자신의 전쟁 책임은 느끼지 않았다. 1956년 『주오코론』에 게재된 전중파 좌담회에서, 한 참가자는 "그때 우리는 사회의 지도적 역할을 아무것도 하지 않았으므로, 우리에게 전쟁 책임은 전혀 없다"라고 말한다.[14]

이가리 마사오의 표현에 따르면 그들은 "예전에는 사지에 내몰려, 다행인지 불행인지 살아남아서는 일본의 '진보적' 문화인들에게 밟히고 차이고, 엉망진창으로 당하며 괴로워해 왔다"라는 피해자였다. 무라카미 효에도 천황의 전쟁 책임을 추궁한 글에서, 전쟁 결정도 전후 처리도 "우리

보다 훨씬 어른인…… 사람들과, 미군이 한 것"이며, "우리에게 책임은 없었다"라고 말했다.[15]

본래 전쟁에 비판적인 사상을 알지 못했던 그들은, 전쟁에 항의할 용기가 없었다는 종류의 회한을 공유하지 않았다. 패전 시에 14세의 비행예과련생이었던 사토 다다오는 1958년의 저작에서 "'질 것은 처음부터 알고 있었다'라는 투로, 일부의 어른들처럼 잘난 척할 필요는 없었으며, '왜 이 전쟁을 저지하지 못했는가' 등의 자책을 할 필요도 없었다"라고 쓴다.[16]

오히려 이 세대의 지식인들은 반전사상을 가졌는데도 침묵했던 어른들의 위선을 전쟁 책임으로서 공격할 특권이 있었다. 뒤에서 말하듯이 요시모토 다카아키는 윗세대와 논쟁할 때, 종종 상대를 '아저씨', '전前 세대' 등으로 부르며 자기 세대인 전중파를 '반역의 아들'이라고 표현했다. 이런 요시모토의 자세는 전후 민주주의의 기만을 비판하며 반역을 외친 1960년대의 젊은이들에게 호평받는다.

또한 회한이 없다는 것은 공산당에 대한 열등감도 없다는 의미였다. 오히려 이 세대의 지식인들에게 공산당은 전후에 돌변한 교사들과 마찬가지로, 전후의 기성 질서인 평화와 민주주의의 상징으로 비쳤다. 중학교 3학년 때에 패전을 맞이한 평론가 이소다 고이치磯田光一는 1964년 대담에서 "나의 경우, 공산당은 공인된 것 중 가장 세속적인 세력입니다. 내가 패전에서 받은, 학교 교사 등의 인간에 대한 불신감, 그런 기분을 갖고 있으면 자기 세상이 왔노라고 구가하는 공산당에 필연적으로 위화감을 갖게 됩니다"라고 말한다.[17]

이런 이소다에게 윗세대의 히라노 겐은 "나 같은 경우에는 공산당 콤플렉스가 계속 있습니다", "비속한 학교 교사 같은 자들을 현실에서 보고, 그것에 대해 불신감을 가지면 가질수록, 가열苛烈찬 전쟁 속에서 옥중 18년이라는 절조를 지켜온 사람들이 전후 현실에 나타나 정당을 조직했다는 사실에 대해 신뢰감을 가져도 될 것 같습니다만"이라고 답한다. 후술하듯이 요시모토가 공산당이나 옥중 비전향 간부를 그만큼 대담하게 비판할 수 있던 것도, 이런 세대적인 배경을 빼고는 말할 수 없다.

또 전중파 지식인 중에는 전시에 가장 많이 동원되었던 자기들이야말로 민중과 접촉해 왔다고 주장하는 자도 있었다. 무라카미 효에는 1956년에 "전중파의 많은 수는 군대 조직 속에서 혹은 긴박한 전시 생활 속에서 농민과 공장 노동자 그 밖의 대중과 직접 살을 맞대고 생활해 왔다"라고 주장한다.[18]

그런 까닭에 그들은 종종 대중의 생활 실감實感을 통해 지식인의 이념을 공격하는 자세를 취했다. 이 논법은 지식에서 우월한 연장자 지식인들에게 대항하기 위해 전쟁 체험을 중시한 점에서도 파생되었다. 무엇보다도 이 논법은 고바야시 히데오나 후쿠다 쓰네아리와 같은 보수 사상가가 종래부터 채용한 것이기도 했다. 그리고 이 보수 지식인들의 경우와 마찬가지로, 전중파 지식인들도 전후의 좌파 이념과 전시의 군부 이념을 병렬해서 이야기하는 경향이 있었다.

예를 들어 학도병 출신인 우메하라 다케시는 전후에 문화 국가론을 주창한 교토학파를 비판하며 "전쟁이 올바른 것이라 설득당하고, 전쟁이 싫다는 실감을 부정하며 군대로 향했는데, 지금 또 같은 논리로 민주주의와 문화 국가에 대해서 논한다고 해도, 그것이 대체 무슨 도움이 되겠나"라고 말한다.[19] 그 위에서 우메하라는 대동아 해방이든 민주주의나 혁명이든, 숭고한 이념을 위해 죽을 것을 설파하는 철학은 허구라고 평가하며, "소시민의 행복감에 눈을 흘기는 사상은 어딘가 잘못되었다"라고 주장했다.

우메하라가 이 글을 쓴 시기는 고도 경제 성장의 입구에 해당하는 1959년이었다. 그리고 그가 여기서 "소시민의 행복감"의 사례로 든 것은, 패전 후의 혼란과 생활고를 빠져 나온 뒤, 그가 대학에 전임직專任職을 얻고 처음으로 보너스를 타서 가족과 함께 튀김天ぷら을 먹었다는 일화였다. 그는 "튀김으로 충분히 행복감을 맛볼 수 있는 나 자신이, 민중 중에서도

민중이 아닌가"라고 말하며, 전쟁이나 혁명에 대한 헌신을 설파하는 죽음의 철학을 비판한다.

그러나 대중의 생활 실감으로 이념을 공격하는 이 논법에, 전중파 지식인들의 내부 분열이 투영되기도 했다. 앞에서 말했듯이 그들은 숭고한 이념에 몸을 바쳐 전사하는 것을 동경했고, 천하태평의 전후 사회를 비판하기도 했기 때문이다. 우메하라도 위의 글에서 "전쟁으로 자라난 내가 인간을 보는 눈은, 전쟁을 싫어하면서 전쟁에 동경을 느끼고, 평화로운 민중의 기쁨을 솔직하게 평가하는 눈을 잃었다"라고 말한다. 그는 그런 스스로를 자기비판하고 튀김을 찬미했다.

물론 이런 내부 분열은 이념에 몸바치는 죽음을 주입받았던 그들의 세대적 체험에서 파생한 것이었다. 그리고 이런 전중파 지식인 속에서, 천황과 국가에 몸을 바치는 죽음을 미화하고 천하태평한 전후 사회를 비판한 미시마 유키오로 대표되는 조류와, 대중의 생활을 내세워서 천황제 국가와 공산당의 이념을 공격한 요시모토 다카아키로 대표되는 조류가 각각 생긴다.

그리고 요시모토로 대표되는 후자의 조류에서는, 천황제 국가와 공산당의 동질성이 종종 강조되었다. 양자는 모두 이념으로 대중의 생활을 부정하고, 대중을 전쟁이나 혁명에 동원하는 권위였다. 그리고 양자의 동질성은, 전전의 마르크스주의자가 전향해서 전쟁에 협력했다는 사실을 폭로하는 것으로 뒷받침된다고 여겨졌다.

그러나 또한 '특공대에서 공산당으로'라는 말로 상징되듯이, 전중파 청년들은 천황제 국가와 공산당 양쪽 모두에게 매력을 느꼈다. 그러나 그런 청년들은 공산당 활동에서도 과잉될 정도로 숭고함을 추구하기 일쑤였다. 본래 소년 비행병 출신으로 공산당에 입당한 다카다 요시토시는 1959년에 이렇게 말한다.[20]

나의 인간에 대한 신뢰감은 비행병 시절에 키워졌습니다. 비행기에 목숨을 맡길 때는 비행병과 정비병, 항공대의 모든 인간들이 인간의 두터운 신뢰라는 끈으로 확실히 엮여 있었습니다. 이 끈이 없으면 비행기는 날지 못하니까요. 그것이야말로, 순수무잡이라는, 그 무렵 곧잘 회자되었던 말에 들어맞습니다. 전후 혁명 운동의 일익을 담당하고자 움직였을 때 나의 심정으로는, 혁명 운동에 종사하는 인간 사이에 출세주의라거나, 남을 무너뜨리고도 아무렇지도 않은 듯한 인간 같은 것이 있으리라고는 생각할 수 없었습니다. 그런데 그런 인간이 있다는 사실을 알게 되었을 때, 나는 아연해졌습니다. 그래서 나는, 그러고 보니 부하를 버리고 도망을 간 특공대 사령관도 있었지. 좌익이나 우익의 지도자라는 놈들에게는 공통 심리가 있구나, 라고 격하게 증오했습니다. 그런 까닭에 홀딱 반한 상태에서 깨어났습니다.

이렇게 공산당에 입당했던 많은 청년들은 1950년대 전반의 당내 항쟁과 육전협의 방침 전환에 실망해서 탈당했다. 그 후에 남은 것은 전쟁 지도자들과 마찬가지로 공산당 지도자들에게 "배신당했다", "속았다"라는 심정이었다. 이런 심정은 공산당계 지식인의 전쟁 협력을 폭로한 요시모토의 언론 활동이 지지를 모으는 기반이 되었다.

무엇보다도 이런 '순수' 지향과 좌절 등은, 청소년기의 흔한 심리다. 말하자면 전중파 지식인의 특징은, 20세 무렵에 패전을 맞이했다는 사정으로 청춘기에 겪기 쉬운 감정 형성이 그대로 전쟁과 국가에 대한 사상 형성으로 이어진 점이었다.

이런 사정도 있어서 요시모토 다카아키의 사상은 윗세대와 권위에 대한 반항이라는 20세 청년다운 특징을 지녔다. 그것에 비해 30세에 소집된 마루야마 마사오의 사상은 균형 감각과 책임의식이 특징이었다. 이것은 두 사람의 성격 차이뿐만 아니라 그들의 사상적 원점이 된 전쟁 체험을 몇 살에 겪었는지와도 관계가 있었다.

단 지금까지 말한 전중파 지식인의 특징이 이 세대 사람들 전부에게 공유되었는지에 대해서는 의문이 있다. 말할 것도 없이 원래 같은 세대 중에서도 남보다 이념 지향이 유난히 더 강한 인간이 문학가나 사상가가 된다. 그뿐만 아니라, 지금까지 인용한 전중파 지식인들에게는 동세대 중에서도 특이한 공통점이 있었다. 그것은 그들 가운데 전선에서 전투를 경험한 자가 적다는 사실이다.

지금까지 이야기해 온 지식인에 대해 말하자면, 사토 다다오는 소년 비행병으로, 시라토리 구니오는 해군경리학교생으로, 모두 군 부속 학교의 생도로 일본 내에서 패전을 맞이했다. 무라카미 효에와 무라카미 이치로, 우메하라 다케시 등은 청년 장교 혹은 학도병이었지만, 전선에서 근무한 경험은 없으며 역시 일본에서 패전을 맞이했다.

그리고 전중파 지식인의 대표 격으로 여겨지는 미시마 유키오와 요시모토 다카아키는 태평양 전쟁 중에 20세를 맞았음에도 불구하고 둘 다 병역을 경험하지 않았다. 미시마의 경우, 자전적 작품으로 여겨지는 『가면의 고백』仮面の告白의 기술을 사실이라고 친다면, 꾀병으로 폐결핵 진단을 받아서 병역을 빠져나갔다. 그리고 뒤에서 말하듯이 요시모토는 이과계 대학에 진학하는 수단을 써서 역시 병역을 면제받았다.

그리고 요시모토를 비롯한 많은 전중파 지식인들의 패전 묘사에는 한 가지 공통된 특징이 있다. 숭고한 이념에 불타 완전히 죽음을 믿었던 상태에서, 너무나 돌연하게 8월 15일을 맞이해서 국가에 대한 가치관이 격변했다는 것이 그 전형이다.

그러나 이것을 당시의 평균적인 패전 체험이라고 할 수 있을지는 다소 의심스럽다. 분명히 대부분의 서민들은 반전사상을 체계적으로는 알지 못했으며, 항복의 정보를 사전에 입수할 수도 없었다. 그렇지만 1장에서 말했듯이 전쟁 후기에는 염전厭戰 분위기와 윤리의 붕괴가 광범위하게 침투되었다. 그런 상황을 생각하면 모든 국민이 패전의 날까지 정부의 전쟁 슬로건을 철석같이 믿었다고는 생각하기 힘들다.

전후에 이루어진 USSBS의 면접 조사에 따르면, 패전을 확신한 사람은 조사 대상자의 54퍼센트에 달했다. 단 패전 등을 예고하는 미군의 선전 전단지를 믿은 사람의 비율은, 공습을 받은 도시부가 농촌부보다 많았고, 또한 연소자층보다 연장자층에 많았다.[21] 평화로운 시대를 살아본 경험이 있으며 그 나름대로 세상 물정을 알았던 연장자는, 설령 지식인이 아니라 해도 전쟁을 상대화해서 바라볼 수 있었다. 패전을 돌연한 사태로 받아들인 것은, 황국 교육으로 자란 순정한 젊은이들 중심의 현상이었다.

또한 동세대 속에서도 순진한 전쟁관을 패전까지 유지할 수 있었던 것은 사회 경험 없는 학생들이 중심이었다. 요시모토와 미시마처럼 징병 체험이 없는 자는 군대 내부의 부정과 린치, 전장에서의 학살 행위 등을 목격하는 일도 더더욱 없었고, 정부의 슬로건이 미사여구에 지나지 않음을 알아챌 기회도 없었다.

그것에 비해 전선에 있었던 병사들은 반전사상을 지식으로는 알지 못했더라도 전쟁에 승산이 없다는 점은 잘 알고 있었다. 그런 까닭에 전투 중이었던 부대에서 패전을 맞이한 병사들의 회상 중에는, "다들 안심한 얼굴을 했습니다", "언젠가는 이렇게 된다, 이길 수 없는 전쟁이라는 것은 이전부터 생각했습니다", "솔직히 말해서 아아, 다행이다, 라고 생각함과 동시에 왜 좀 더 빨리 그만두지 않았는가라고 생각했습니다"라는 말이 적지 않다.[22] 반대로 항복 소식을 듣고 비분강개했다는 회상은, 전황이 유리했던 전쟁 전기에만 전선에 있었거나, 혹은 전투 경험이 없는 청년 장교와 예과련생 중에 많았다.

일본 본토인 내지에서 공습을 겪은 자도 전쟁 슬로건의 공허함을 이미 알아챘다. 패전 시에 13세의 황국 소년이었던 오다 마코토는 1965년에 이렇게 회상한다. "개전 당초, 나는 '천황 폐하를 위해' 죽을 생각에 흥분했지만, 그로부터 3년이 지나 이미 공습을 몇 번이고 경험하며, 굶주리고 괴로워할 때, '이렇게 질 전쟁을 왜 시작했을까'라는 뜻의 말을 한 아버지에게 화를 내면서 '대동아 공영권의 이상'을 말하고 '천황 폐하를 위해'라는 의미의, 뻔한 문구를 외쳤지만, 그때는 나도 '대동아 공영권의 이상'이나 '천황 폐하를 위해'와 내 사이가 묘하게 벌어져 썰렁한 느낌이 들어, 기분이 나빴던 것을 지금까지도 기억한다"라고. 오사카 대공습을 경험한 그는 일반 주민들이 "오로지 더는 죽기 싫다 죽기 싫다면서 도망쳐 다니는 와중에 새까맣게 타 버린" 것을 대량으로 보아 버렸다.[23]

그에 비해 예과련생이나 청년 장교는 외부와 격리된 기지와 숙사 속에서 살면서 황국 이데올로기의 순수 배양 상태에 있었다. 그들은 말하자면 군대 내의 엘리트로, 전쟁 말기에 부족했던 식량도 일반 주민보다 많이 배급받았다. 내지 밖에서도 전투가 벌어지지 않은 지역에 있던 사람, 예를 들어 타이완에 주둔한 해군 청년 사관이었던 나카소네 야스히로中曾根康弘 등은, 내지 이상으로 식량이 윤택하며 안전한 환경에 있었다.

그런 까닭에 이런 사람들의 전쟁 체험은 전선의 병사들은 물론 공습을 당한 일반 주민들보다도 오히려 안락했다. 육군의 견습 사관이었던 야마다 무네무쓰의 회상에 따르면 내지의 기지에서 교육을 받았기 때문에 패전 후 귀환하기까지 "우리는 전략 폭격의 실태·패전의 모습을 알지 못했던" 데다가, 민중이 '군인의 흰쌀을 미워하는 눈'도 알아채지 못했다고 한다.[24]

이런 야마다에게 8월 15일은 "돌연히 패전이 날아 들어왔다. 패전은 일체의 붕괴였다"라는 체험으로 받아들여졌다. 그러나 동세대의 지식인 중에서도 남방전선에 징용되었던 쓰루미 슌스케 등의 패전관은 크게 다르다.

그럼에도 야마다는 패전 경험에 대해 "쓰루미 유형이 소수파고, 요시모토·나의 타입이 다수파였다"라고 단언했다. 그 배경에는 반전사상을 알고 있던 사람은 윗세대의 지식인일 테고, 그런 사상을 모르는 자기들 전중파의 감각은 다수파의 대중과 같으리라는 실감이 있었다.

그리고 1955년을 전후해서 전중파 지식인이 논단에 등장하며, 청년 장교나 예과련생 출신자들의 전쟁 체험담이 대중 매체상에 대량으로 유포되었다. 이 연령대의 많은 문과계 대학생들은 학도 동원으로 예비 장교를 경험했고, 다수의 우수한 소년들이 예과련을 지원했기 때문에, 이 연령대의 지식인들 중 청년 장교나 예과련생 출신자가 많았던 사실이 이 현상을 촉진했다.

국민 전체 가운데 청년 장교나 예과련생이 차지하는 비율을 생각해보면, 그들의 이야기가 평균적인 전쟁 체험이라고는 좀처럼 말할 수 없었다. 그러나 그들이 말하는 전쟁 체험은, 패전을 이상화하고 싶다는 국민들의 평균적인 소망과 합치했다. 많은 국민들도 자기들이 용감하고 또 순진하게 전쟁에 헌신했고, 천황의 명령에 따라 '견디기 힘든 것을 견디고, 참기 힘든 것을 참으면서' 패전을 받아들였다는 신화를 선호했기 때문이다.

이미 1946년에 사카구치 안고는 「속타락론」에서 이런 패전 체험의 신화화를 "거짓말이다! 거짓말이다! 거짓말이다!"라고 비판했다. 사카구치는 이렇게 말한다. "우리들 국민은 전쟁을 멈추고 싶어서 안달이 나지 않았던가. 죽창을 들고 전차에 맞서서 흙 인형처럼 픽픽 죽어 가는 것이 싫어서 견딜 수 없지 않았는가. 전쟁이 끝나기를 가장 절실하게 원했다. 그런 주제에, 그 말을 하지 못하는 것이다."[25]

그리고 1955년경부터 위에서 말한 바와 같은 전중파 지식인들이, 말하자면 특권적인 패전관을 이야기하기 시작했을 때, 많은 대중 매체가 환영했다. 그것은 무엇보다도 고도성장이 궤도에 오르기 시작하고 전쟁의 상흔이 낫기 시작한 이 시기에 사람들이 기대한 이야기 방식이었다.

그리고 이런 패전의 이야기 방식은 전쟁을 알지 못하는 젊은 세대에게는 지극히 자연스러운 것으로 받아들여졌다. 특히 전후 민주주의의 위선을 공격했던 신좌익계의 젊은이들은 이런 전중파의 이야기를 환영했다. 이런 이야기가 민중의 전쟁 체험이었다면 진보적 지식인이 반전의식을 품었다는 것은 기만이며, 그들은 침략 전쟁에 협력한 과거를 은폐했거나 혹은 민중과 동떨어진 특권적인 엘리트에 지나지 않았음이 입증되기 때문이었다.

거기서는 전중파 세대의 향수와 전쟁을 알지 못하는 세대의 비판의식이 전후 비판이라는 형태로 공범 관계를 이루고 있었다. 또한 전중파 지식인의 특징인 마루야마와 같은 세대의 전후 지식인에 대한 비판, 어른에 대한 반항, 지식이나 교양보다도 스스로의 체험을 중시하는 자세 등도, 전공투 운동의 젊은이들이 환영하는 경향이 있었던 듯하다.

요시모토 다카아키는 위에서 말한 바와 같은 전중파 지식인의 특징을 집약시켜 표현한 인물 중 하나였다. 그리고 그는 고도성장이 막을 올린 1955년 논단에 등장하여 전후 민주주의에 대한 비판으로 주목을 모은다.

초월자와 가족

요시모토 다카아키는 1924년 도쿄시 교바시구京橋区의 서민적인 동네에서, 작은 조선소를 경영하는 선박공의 3남으로 태어났다. 이과계인 도쿄부립과학공업학교東京府立科学工業学校에서 1942년에 야마가타현의 요네자와고등공업학교米沢高等工業学校(요네자와고공)로 진학했지만, 철학과 문학을 사랑하는 조숙한 청년이었다. 요네자와고공 시절에는 구미의 소설, 미야자와 겐지宮沢賢治와 다카무라 고타로의 시, 요코미쓰 리이치横光利一와 다자이 오사무의 소설 외에, 일본 낭만파의 야스다 요주로와 교토학파의 철학, 그리고 고바야시 히데오의 평론 등을 탐독했다고 한다.[26]

전후의 1957년에 요시모토는 출세작이 된 『다카무라 고타로』高村光太郎에서 8월 15일의 심정을 이렇게 쓴다(《吉本隆明全著作集》제8권 139쪽).

나는 철저하게 전쟁을 계속해야 한다는 격한 생각을 품었다. 죽음은 이미 계산에 넣어 놓았다. …… 죽음은 두렵지 않았다. 반전이라든가 염전 같은 것이 사상으로서 존재할 수 있다는 것을 상상조차 하지 않았다. 방관과 도피는, 그것이 허용되는 물질적 특권을 기반으로 하고 있음을 태도로서는 알았지만, 거의 반감과 모멸만 느꼈다. 전쟁에 진다면 아시아의 식민지는 해방될 수 없다는 천황제 파시즘의 슬로건을 나 나름으로 믿었다.

당시로서는 자극적이었던 이 글은 요시모토를 논하는 경우에 약속이나 한 듯 인용된다. 그렇기 때문에 지금까지의 요시모토론은 요시모토가 열렬한 황국 청년이었다는 선입관에 구속받았다.

그러나 다른 저작에 보이는 단편적인 회상을 종합하면, 전시 중에 그의 실상은 다소 달랐다. 요네자와고공 시절의 그는 전쟁에 대한 적극적 참가를 부르짖는 무단파武斷派와 대항 관계였던 학급 문치파文治派의 중심이었으며, 무단파로부터는 "구제하기가 어려운 인물이라 생각되었다"고 한다(4권 191쪽).

이것도 단편적인 회상에서 종합해 보면, 전시 중의 요시모토를 괴롭힌 가장 큰 문제는 대학 진학 여부였다. 1924년생인 요시모토는 요네자와의 구제 고교에 재학한 상태로 1944년에 징병 검사를 받았다. 1943년 말에는 문과계 대학생의 학도 동원이 시작되었는데, 미래의 기술자인 이과계 대학생들은 징병이 유예되었다. 이과계의 고등공업학교생이었던 요시모토에게 대학 진학의 문제는 병역에 응할지 말지의 선택이었다.

전쟁 말기의 이 시기에 군대 입영은 죽음과 동의어였다. 요네자와고공의 동창생들 중에서 대학에 진학하지 않은 사람들은 차례로 입영했다. 이 시기의 요시모토는 "며칠 사이에 조금씩 빗의 살을 뽑듯이 '이승의 헤어짐'이라는 연회를 열고" 입영하는 동창생을 "역 앞으로 배웅하며, 떠들썩하게 소란을 피우고, 돌아오는 길은 소연하게 고개를 숙이고 기숙사로 돌아가는 나날이 이어졌다"라고 말한다(15권 461쪽). 요시모토를 비난했던 무단파의 리더 격인 학생과 송별할 때도, "다른 때와 마찬가지로 역 앞에서 소란을 연기한 뒤, 그의 열차가 사라질 때까지 서 있었다"라고 한다(4권 193쪽).

이런 상황 속에서 무단파의 학생은 "지금은 국가가 위급한 때다. 너희들은 대학 진학 같은 애수에 찬 것은 이번에 거절하고 곧장 군대에 들어가야 하지 않겠나"라고 요시모토를 비롯한 문치파 학생들을 추궁했다 (4권 192쪽). 대학 진학률이 낮았던 당시로서는 진학으로 병역을 면제받는 것은 "한줌의 학생들에게만 허락된 특권"이었다(15권 462쪽). 그런 특권 을 행사하는 것은 사지로 향하는 동창생을 배반하고, 고투하는 동포에게 등을 돌리는 행위라는 죄책감이 요시모토를 괴롭혔다.

요시모토는 패전 직후인 1945년 11월에 쓴 미야자와 겐지론에서 이 시기에 대해 "조국의 재촉 앞에서 자명한 고뇌를 몇 번이나 계속했는지 모릅니다"라고 말한다. 요네자와 시절의 그는 다카무라 고타로와 함께 요 코미쓰 리이치나 미야자와 겐지 등을 애독했는데, 여기서 그는 그 동기가 "매일 같이 우리에게 결단을 추궁하는 조국의 고뇌에 찬 목소리에 응하려 할 때 느끼는 유럽적 지성에 대한 작은 여수旅愁"였다고 이야기한다(15권 414, 413쪽). 당시의 요시모토에게 조국을 상대화하는 유럽적 지성은 유일 한 희망이었다.

요시모토는 1945년 11월 미야자와 겐지론에서 이렇게 말한다(15권 418쪽).

조국 위기의 날에 미야자와 겐지는 하루도 나의 뇌리를 떠나지 않았습니 다. …… 만약 여기 훌륭한 승려가 있어, 조국의 고뇌를 초월하여 유유하 게 한적한 날을 보내며 스스로의 깨달음을 높이려 한다면…… 만약 여기 훌륭한 시인이 있어, 조국이 고뇌하는 날에, 그가 영원의 시를 계속해서 쓰고자 한다면…… 나는 그러한 사람들을 존중하지 않을 수 없을 것이다.

그러나 요시모토는 조국의 고뇌를 초월한 자세에 대해 동경과 동시에 반발을 품었다. 요시모토는 이어서 "미야자와 겐지에게는 조국이 없다" 라고 비난하며, "그는 필경 한 명의 사상적 코즈모폴리턴에 다름 아닙니 다"라고 말한다(15권 418, 415쪽). 요시모토에게 전쟁을 초월하는 영원의 시인에 대한 동경은 강했지만, 동창생이나 동포에게 등을 돌리는 고립감은 견딜 수 없는 것이었다.

덧붙여서 1958년 요시모토는「전향론」을 발표하며 전전의 공산주의자가 전향한 것은 탄압이나 고문보다도 "대중으로부터의 고립(감)이 가장 큰 조건이었다"라고 주장했다. 이 논문에 따르면 전향이란 "서구의 정치 사상이나 지식"에 기대어 "일본적인 소小정황"을 얕잡아 보았던 "시골 인텔리"에게 일어나는 현상이었다(13권 9, 10쪽).

이렇게 동요하던 요시모토는 그러나 군대에 입영하는 길을 결국 택하지 않았다. 1944년 9월 요시모토는 요네자와고공을 앞당겨 졸업하고 도쿄로 돌아가, 도쿄공업대학 전기화학과에 진학했다.

진학을 결정한 주된 이유는 가족과의 관계였던 것 같다. 1999년 인터뷰에 따르면 제1차 세계 대전 때 칭다오青島 전선에 참전한 경험이 있는 요시모토의 부친으로부터 전사자의 대부분은 처참한 병사病死나 사고사 등에 불과하며 "전쟁은 네가 생각하는 것과 다르다"라고 설득당해서, 병역을 단념했다고 한다.[27]

하지만 요시모토는 부친의 설득을 쉽게 받아들이지는 않았다. 위에서 말한 1999년 인터뷰에서 요시모토는 부친의 이야기를 듣고 "찬물이 끼얹어진 듯한 기분"이 들며 "부친은 역시 대단하다"라고 생각했다고만 말한다.[28] 그러나 1964년의「과거에 대한 자주」過去についての自註에서는 자기의 대학 진학에 대해 "그것이 싫어서 잔뜩 식구들 속을 썩였다"라고 말해, 부친과 상당한 갈등, 대립이 있었음이 엿보인다(15권 462쪽).

조국의 위기에 응하고자 하는 순진한 아들과 그것을 말리는 가족이라는 구도는 전쟁 말기에는 일반적이었다. 17세에 소년 비행병을 지원했던 어느 전중파 지식인은, 지원을 말리는 모친을 향해 "나라가 망할까 말까 한 때에, 작은 집이나 개인의 생활 같은 것을 생각할 수 있습니까"라고 반론하고 입영했다고 회상한다.[29] 이런 '국가'와 '집'의 대립이, 총력전 체제를 마비시키는 '사적인 집'의 이기주의로 문제가 된 점은, 2장에서 본 대로다.

요시모토는 '국가'라는 공동성의 압력에 대해, 유럽사상을 따라 국가를 초월하는 개인, 즉 영원의 시인이 되는 방법으로 대항하려 했지만, 그것만으로는 고립감을 이겨낼 수 없었다. 그러나 그는 국가와는 다른 가족의 공동성을 따름으로써 국가가 주는 죄책감에서 벗어날 수 있었다.

그러나 요시모토가 '집'을 전면적으로 긍정하지는 않았다. 그가 중학교 졸업 후에 도쿄를 떠나 일부러 요네자와의 학교로 진학한 것은, 가족으로부터 독립하고 싶다는 동기 때문이었다고 한다.[30] 후술하듯이 그의 출세작이 된 『다카무라 고타로』에서도 다카무라와 부친 사이의 갈등이 그려지며 집은 일본 봉건제의 상징으로서 비판된다. 그런 그가 부친의 설득에 굴복하여 진학을 결정한 사실은 일종의 굴욕이기도 했을 것이다. 말하자면 요시모토는 병역에 응하느냐 마느냐의 선택을 고민하는 가운데, 영원의 시인에 대해서와 마찬가지로 집에 대해서도 양가적인 감정을 품었다.

그리고 가족 외에도 요시모토가 진학을 결정한 요인이 또 하나 있었다. 권위에 대한 반발이다.

앞에서 말했듯이 무단파의 학생들은 요시모토 등 문치파에게 대학 진학을 포기하고 병사가 될 것을 설파했다. 그런데 그때 무단파 학생들은 "우리는 학장의 의향을 받아서 왔다"라고 덧붙였다고 한다(4권 192쪽). 요시모토는 무단파의 학생이 학장이라는 권위를 빌려서 헌신을 설파하는 자세에 반발을 느꼈다.

그리고 또 하나 무단파의 학생들이 빌린 권위는 지식인이었다. 요시모토의 회상에 따르면 1943년경 요네자와고공에 국민복을 차려입은 강사가 나타났다. 그 강사는 그때까지 요시모토가 알았던 조잡한 농본주의 파시스트와는 달리, 철학적인 색채를 가미한 '동아의 유기적 미래'를 이야기하고, 노동의 합리화에 따른 생산력의 증강을 외치며, 철학 청년 요시모토에게도 "기묘하게 논리적인 설득력을 느끼게 만들었다"고 한다. 그리고 그 강사는 차례로 학생들을 강습에 데려갔고, 강습에서 돌아온 학생들은 "여우에 홀리기라도 한 듯" 군대에 갈 것을 주장하기 시작했다고 한다(4권 191쪽).

이런 상황 속에서 문치파의 리더 격이었던 요시모토는, 학장이나 강사의 권위를 빌린 "추종자epigonen에게 굴복해서야 되겠냐"라고 결의했다. 그리고 요시모토는 어느 날 무단파 학생을 향해 "대학에 진학하는 것이, 어째서 국가를 위한 것이 아닌지 설명해 달라"라고 반론했다고 한다(4권 192).

과학 기술의 연구는 국가가 인정한 전력 증진의 일환이었다. 무단파 학생도 이 주장에 반론하기는 곤란했다. 요시모토의 반란에 힘을 얻은 문치파 학생들은 무단파를 누르고 진학을 향한 결의를 굳혔다.

그러나 "대학 진학을 고수했지만 내심의 고민이 해소된 것은 아니었다"라고 요시모토는 말한다. 그는 패전 직후에 쓴 미야자와 겐지론의 한 절에서, 전국戰局의 궁박함을 생각하면 "나는 이미 과학 기술이 조국을 구할 수 있는 시기는 지났다고 생각했습니다"라고 고백한다. 그러므로 진학 역시 국가에 대한 공헌이라는 반론도 병역을 피하기 위해 '궤변을 써서 반격'한 것에 지나지 않음을 요시모토도 자각하고 있었다(4권 193, 192쪽, 15권 414쪽).

이것 또한 요시모토의 회상에 따르면, 여느 때처럼 입영이 결정된 학생들의 송별회를 하고 술에 취한 학생 한 명의 어깨를 부축해서 학생 기숙사로 데리고 돌아갔을 때였다. 그때 그 학생은 "전별의 인사말이라도 하는 듯이, '아아, 요시모토냐. 너는 자기 좋을 길을 가는구나'라고 한마디만 했다." 요시모토에게는 이 말이 강렬한 인상으로 남았다. 그리고 그 후 그 학생이 특공대원이 되어 죽었다는 통지가 요시모토에게 알려졌다(4권 185, 186쪽).

이런 경위로 말미암아 요시모토는 전후에 자기의 대학 진학에 대해 "그 특권을 옹호하기 위해 자기혐오에 스며드는 듯한 체험을 했다"라고 말한다(15권 462쪽). 또한 1957년 논고에 따르면, 전후에도 계속 "요네자와라는 말을 들으면 뒤가 켕기는 느낌이 엄습해" 기차로 지나간 것 외에는 한 번도 찾아가지 않았다고 한다(5권 662쪽).

이런 사정을 고려하면 앞에서 인용한 "죽음은 두렵지 않았다. 반전이라던가……"라는 글은, 전시 중 요시모토의 실상이라기보다는 그가 이렇게 되고 싶다고 생각했던 이상형이었음을 알 수 있다. 그가 전후에도 계속 간직한 죄책감의 무게가 이런 이상형을 만들어 낸 측면도 있을 것이다. 사카구치 안고라면 이것을 "거짓말이다! 거짓말이다! 거짓말이다!"라고 평했을지도 모른다.

이렇게 해서 요시모토는 도쿄공업대학에 진학했다. 그러나 전황이 급박해진 까닭에 강의는 거의 이루어지지 않았고, 요시모토도 1945년 봄에는 근로 동원으로 도야마현富山県의 공장에 보내졌다. 이런 가운데 요시모토는 대학 진학은 "죽음의 집행 유예"에 불과하다고 생각했다(4권 192쪽). 3년 뒤에는 졸업해서 징병이 되고, 빠르든 늦든 입영한 동급생들과 마찬가지로 죽음에 직면할 것이라는 예측이, 진학을 결정했던 죄책감을 약하게 해 주었으리라 생각된다.

이런 요시모토에게 8월 15일은 "어떤 정신적 준비도 없이 돌연 찾아왔다"고 한다. 패전의 소식을 들은 요시모토는 "자기가 살아남아 버렸다는 죄책감에 괴로워하며", "철저하게 전쟁을 계속해야 한다는 격한 생각"을 품었다. 패전 직후의 요시모토는 "항복을 긍정하지 않은 일군의 군인과 청년들이, 반란을 기획하고 있다는 풍문"에 희망을 걸고, 이 봉기에 참가해서 죽을 생각을 했던 것 같다(8권 140, 139, 142쪽).

그러나 그런 봉기는 결국 일어나지 않았다. 대신에 요시모토가 본 것은 사람들이 "천황의 '종전' 선언을 고개를 숙이고 혹은 기쁜 듯이 들으면서", 귀환하는 병사들이 "군 식량과 의복을 있는 대로 가득 채운 짐 보따리를 등에 짊어지고" 고향으로 돌아가는 광경이었다. 요시모토는 후에 이것을 '완전한 의외'였다고 말하며 "이때 절망적인 대중의 이미지를 보았다"라고 말한다(12권 20쪽).

이런 광경이 전혀 의외였던 것은, 요시모토가 순진하고 이상적인 청년이며 주위의 염전 기분을 이해하지 않았음을 보여 준다. 더 정확하게는 항복에 안도하는 기분이 자기 안에도 존재했기 때문에, 이해하고 싶지 않았을 것이다. 패전의 소식을 들었을 때, 그는 "철저하게 전쟁을 계속해야 한다는 격한 생각"을 품기는 했지만, 동시에 "자기의 전쟁과 죽음에 대한 자각에, 거짓말 같은 균열이 있는 듯하다"는 점을 자각하고, "꺼림칙한 자기혐오를 느꼈다"고 한다(8권 140쪽).

그것은 다름 아닌 요시모토 자신이 절망적인 대중의 일원임을 자각한 것이었다. 요시모토에게 그런 대중이란, 국가의 이념에 동원되는 것을 거부하고 가족과의 사적인 생활에 만족하는 존재와 다름없었다. 이런 그에게는 대중을 혐오함과 동시에 자기 자신이 대중의 일원이라는 양가성이 심어진다.

이렇게 해서 요시모토는 전쟁 체험을 통해 몇 겹이나 되는 양가성을 짊어졌다. 그것은 전사戰死에 대한 동경과 공포이며, 영원한 시인에 대한 동경과 반발이며, 집과 대중에 대한 애정과 반감이었다. 그리고 그 근저에는 병역을 피함으로써 급우를 배반하고 동포를 배반했다는 죄책감이 있었다. 그리고 전후의 요시모토는 이런 죄책감을 주는 '국가', '공적인 것'의 이념과 싸우는 데에 전력을 쏟는다.

신에 대한 증오

패전 후 요시모토는 도야마의 공장에서 도쿄로 돌아와, 공습 후의 폐허 속에서 "권력의 분배 기구에 기댈 수 없게 된 사람들"이 "자기 방위의 본능"으로 생활하는 상황 속에 내던져졌다. 그리고 "이 체험은, 나의 인간 이해에 결정적인 영향을 주었다"라고 쓴다(8권 137쪽).

그중 하나는 폐허와 암시장의 무정부 상태 속에서 "인간이 무슨 짓을 하더라도 누구로부터 불평을 들을 까닭은 없다는 원리를 체득했던"점이었다(5권 674쪽). 특공대원으로 죽어간 요네자와 시절의 동창생이 했던 "아아, 요시모토냐. 너는 자기 좋을 길을 가는구나."라는 말은 그에게 강한 죄책감을 주었다. 그런 죄책감을 완화해준 것이 폐허 생활의 무정부 상태였다고 할 수 있다.

그리고 또 하나는 전쟁이 만든 연대감이 소멸되었다는 고독이었다. 전후에는 "같은 연대감으로 묶여 있었다고 믿었던 사람들이, 대부분 뿔뿔이 움직이고, 제각기 전쟁 체험의 의미 부여를 하기 시작하여, 공통된 전쟁을 함께한 사실이 어디에 있었던가를 의심하지 않을 수 없었다"라는 것이다(8권 141, 138쪽).

특히 요시모토에게 연대감의 소멸을 느끼게 한 것은, 전후가 되어서 "전쟁에 저항했다고 하는 세대가 나타났다"라는 사실이었다. 사상으로서 자각하여 전쟁을 비판한다는 발상이 없었던 요시모토는 이것에 경도되었다(8권 138, 139쪽). 그가 생명을 바칠지 말지 고뇌했던 조국의 내부에, 자기의 헌신을 비판적으로 보았던 사람들이 있었다는 사실은, 요시모토가 그렸던 조국과 연대감이 허상에 불과함을 의미했다.

요시모토가 연대감의 소멸을 특히 의식한 것은, 그가 애독했던 시인 다카무라 고타로가 문화로 일본을 재건하자고 주장하는 시를 발표한 때였다. 다카무라의 열렬한 팬이었던 요시모토는 다카무라를 이해하는 사람이라고 자부했다. 그리고 다카무라는 중일 전쟁기부터 전쟁을 찬미하는 시를 대량으로 썼으며, 요시모토는 존경하는 다카무라의 시를 읽고 병역에 가야 하나 말아야 하나라는 고민이 깊어졌었다.

요시모토가 생각하기로는 자기와 연대감으로 묶였을 터인 다카무라는 자기처럼 패전으로 무너져 내려 절망을 안고 있어야 했다. 그런 다카무라가 문화로 일본을 재건한다는 "희망적인 말을 발견하는 정신 구조가, 납득이 가지 않았다." 요시모토는 이렇게 말한다(8권 142쪽).

다카무라 또한, 전쟁에 혼을 바치지 못하는 주제에 편승한 구설口舌의 도

당에 불과하지 않았는가. 혹은, 내가 죽음과 바꿀 각오로 목숨을 걸고 생각했던 것이, 다카무라에게는 일부분에 지나지 않았던 것이 아닌가. 나는 이 시인을 이해했다고 생각했지만, 이 시인에게는 나 따위가 전혀 알지 못하는 세계가 있어서, 거기서부터 전쟁에 대해 생각했던 것이 아닐까.

말할 것도 없이 요시모토가 다카무라의 이해자를 자인했다고 해도, 그것은 팬이 곧잘 보이는 일방적인 착각이었다. 유년기부터 줄곧 전쟁 상태에 놓여 있었던 요시모토와는 달리, 다카무라를 비롯한 윗세대에게 전쟁이 생애 중 일부분의 의미밖에 갖지 않는 것은 지극히 자연스런 일이었다. 후에 요시모토와 대담을 한 히라노 겐은 "전쟁은 언젠가 끝날 것이다"라는 전제 아래서, 전시 중을 "가짜 모습이라 생각하며" 지냈다고 말하면서, "그러나 요시모토 씨 이하의 세대에서는, 그것이 일시적인 모습이 아니라, 하나의 절대적인 상태로 받아들여졌다"라고 평한다.[31]

자기에게는 전부였던 것이 상대에게는 일부에 불과했다는 것. "자기가 죽음과 맞바꿀 각오로 목숨을 걸고 생각했던 것"이, 일방적인 짝사랑에 지나지 않았다는 것. 20대 초반의 문학청년이었던 요시모토는 이런 현실을 깨우치고 "절망과 오욕과 회한과 분노가 뒤섞인 기분으로, 고독감은 참을 수 없을 정도였다"라고 쓴다(8권 142쪽). 그가 1950년경에 쓴 메모에는 "결국 지상에 존재하는 모든 것은 나를 위해 존재하는 것이 아니었다", "가엾은 나!"라는 말이 이어진다(15권 86쪽).

그와 동시에 도쿄 재판의 충격이 가해졌다. 아시아에서 일본군이 저지른 잔학 행위와 마약 정책이 폭로되면서, 요시모토는 "청춘의 전기前期를 지탱했던 전쟁의 윤리에는, 하나도 취할 점이 없다는 충격을 받았다"라고 한다. 그것은 그 자신의 윤리 기반이 붕괴했을 뿐만 아니라, 요네자와 시절의 동창생을 비롯한 "전쟁 희생자의 죽음은, 무의미해진다"라는 것이기도 했다(8권 139쪽).

물론 전쟁이 침략 행위에 불과했음은 요시모토도 인정하지 않을 수 없었다. 그러나 그의 "절망과 오욕과 회한과 분노"는 객관적인 판단을 받아들이지 않았다. 당시의 메모에서 그는 이렇게 말한다(15권 97쪽).

나는 1945년까지의 대전쟁에 반전적이었다고 자칭하는 사람들을 믿지 않는다. 그들은 방관했다. 진실의 이름하에. 우리는 스스로를 괴롭혔다. 허위에 현혹되어서. 누가 현자인지는 자명한 일일지도 모른다.
그러나 나는 **총명한** 방관자를 좋아하지 않는다.

같은 메모에서 그는 "내가 경멸하는 사람들은 전쟁이 오건 평화가 오건 언제나 상처를 입지 않는다"라고 쓴다(15권 97쪽). 요시모토에게 객관적인 선악이나 현명함 같은 것은 더 이상 문제가 아니었다. 평가의 기준은 당사자가 "죽음과 맞바꿀 각오로", "혼을 걸고" 했는가의 여부였다. 만약 전신전령全身全靈을 걸었다면 반드시 자기와 마찬가지로 패배의 상처를 입었을 것이며, 객관적인 현명함을 말하는 자는 그가 방관자였음을 증명할 뿐이라는 것이다.

물론 요시모토가 윗세대의 지식인들이 "상처를 입지 않았다"라고 생각한 것은, 역시 일방적이었다. 앞에서 밝혀왔듯이, 윗세대의 지식인들도 요시모토와는 다른 모습이었지만 전쟁으로 회한의 상처를 입었다. 그러나 윗세대의 지식인들은 자기가 전쟁 체험에서 받은 회한의 상처를 명시적으로는 말하려 하지 않았다. 무엇보다도 그것은 자기에게 용기가 부족했음을 공표하는 것과 마찬가지였기 때문이다.

그러나 요시모토의 세대는 그런 종류의 회한이 없었다. 따라서 그들은 자기가 전쟁에 헌신하고 항복 때문에 배신당해서 상처입었다는 체험담을 오히려 과장해서 공표했다. 이렇게 요시모토는 자기들이야말로 전쟁 탓에 일방적으로 상처를 입은 세대이며 윗세대는 전쟁을 상처 없이 보낸 방관자라는 인식을 품은 것이다.

그러나 한편으로 요시모토는 세속을 초월한 영원의 시인에 대한 동경을 품었다. 또한 무엇보다도 병역을 피했던 그 자신이 방관자가 아니었느냐는 의문도 당연히 있을 터였다. 아마도 그는 전시 중의 스스로에 대해 자기혐오와 죄책감을 품었던 만큼, 방관자에 대한 증오를 강화했다고 생각된다.

이렇게 해서 요시모토는 패전 후에 두 가지 대상에 대해 증오를 불태웠다. 하나는 "항복을 결정한 전쟁 권력"이며, 또 하나는 "전쟁을 방관하고, 전쟁의 가열참으로부터 도망치면서, 재빨리 평화를 구가하기 시작한 소인텔리겐치아층"이다(8권 143쪽).

전자의 권력에 대한 증오는, 과거 요시모토가 사랑했던 조국에 대한 환멸로 나타났다. 훗날 1960년에 요시모토는 "우리들 전쟁 세대는 국가적인 제약, 민족적인 환상 등이, 가장 격렬하게 파괴된 세대에 속한다"라고 말하며, "패전 당시에는, 국가라거나 민족이라거나 일본인 등의 말은, 듣기만 해도 상처가 쑤시는 것을 느꼈다. 지금도, 저항 없이는 이런 말을 사용할 수 없다"라고 쓴다(13권 45쪽).

그리고 후자의 인텔리에 대한 증오는, 평화와 민주주의를 구가하는 전후 지식인에 대한 반감으로 이어졌다. 패전 후 요시모토는 과거 애독했던 교토학파 등의 저작을 "전부 거짓말이다"라고 생각해서 내다 팔아 버렸다. 그리고 "금세 전환된 평화도 민주주의도, 문학가도, 모두 기분이 나쁠 뿐"이었기 때문에, 마르크스의 원전을 읽은 것 외에는, 성서나 불교 서적을 '유일한 장소場所'로서 탐독했다고 한다(5권 674쪽).

5장에서 말했듯이 마르크스주의의 저작이나 성서를 읽는 것은, 많은 죽음과 가치관의 격변에 직면했던 당시의 20대 청년에게 흔히 있는 행위였다. 패전 직후에 요시모토는 영혼의 구원을 찾아 후지미자카富士見坂의 교회에 다니며 목사의 설교를 듣기도 했다.

그러나 요시모토는 결국 기독교에 반발했다. 그는 목사의 설교를 듣는 와중에, "그냥 듣기 좋은 말이 아닌가, 『신약』 같은 것은 그런 얘기가 아니다"라고 생각했다(5권 670쪽). 또한 공산당에 대해서는 전쟁에 저항했다는 주장에 위화감을 느껴 "무슨 소리를 하는 것인가"라는 반발만 느꼈다.[32] 결과적으로 요시모토는 기독교와 공산당을 경도의 대상이 아니라 반발의 대상으로 삼으면서 사상을 형성해 간다.

1947년에 도쿄공업대학을 졸업한 요시모토는 그가 전공했던 화학 계통의 직장을 전전했지만, 근무 시간이 끝나면 즉시 귀가하여 자기의 사색을 메모로 쓰는 나날을 보냈다. 그리고 그런 메모들에는 신권과 왕권, 즉 신과 국가에 대한 비난의 말이 다수 쓰여 있다(15권 87쪽).

그럼 요시모토는 어째서 기독교와 국가에 반발했는가. 한마디로 말하면 그가 자기에게 죄책감을 불러일으키는 권위를 철저히 혐오했기 때문이었다.

주지하듯이 기독교는 원죄의 무게를 강조하고 그것을 구제하는 신에 대한 신앙을 이야기한다. 그러나 요시모토에게는 병역을 피한 탓에 각인된 죄책감에서 해방되는 것이 중대한 과제였다. 그런 그에게 원죄를 강조함으로써 신에 대한 헌신을 끌어내는 기독교는, 동포에 대한 죄책감을 북돋워 천황이라는 현인신에 대한 헌신을 끌어내는 국가와 동렬의 존재로 비쳤다.

당시 요시모토의 메모에 따르면 "인류가 종교를 부정해 가는 과정은, 인류가 피지배자인 스스로의 위치를 부정해 가는 과정과 다름없다"라고 한다. 그는 이 시기 "정계주의正系主義가 인종학적·신학적 논거로써 지배와 착취를 이론화하는 것은, 어디에서나 마찬가지다"라는 말을 몇 번이고 인용하며 "입법과 행정이, 신과 제왕에서 멀어져 민중의 손으로 옮겨간 것은 언제인가"라고 말한 뒤 제1인터내셔널이 설립된 연도를 기술한다(15권 89, 80, 87쪽). 당시의 그가 종교와 국가를 최종적으로 부정하는 마르크스의 사상에 영향을 받았음은 말할 것도 없다.

그러나 당시의 일본공산당은 적극적으로 민족 독립을 내걸고 있었다. 요시모토는 이것에 격렬히 반발했다. 그는 이 시기의 메모에서 자기를 외계인alien이라고 부르는데, "코뮤니스트, 파시스트들이 함께 민족의 독립을 주장한다. 외계인 이를 불신"이라고 쓰며, "조국을 위해서는 결코 일어서지 않겠다. 인간을 위해서, 굳이 말하자면 인류 속의 가난한 사람들을 위해"라고 주장한다(15권 85쪽).

나아가 패전 직후 요시모토의 메모에는 신과 국가에 대한 반발 이외에 또 하나의 특징이 드러나 있었다. 그것은 현상을 대신할 질서와 이념을 구축하는 것이 아니라, 질서와 이념 그 자체를 부정하는 무정부 상태에 대한 지향이다.

이 메모들에서 요시모토는 질서를 정당화하는 정계주의를 비난하면서 "질서란 착취의 정립을 말한다"라고 쓰며, "누가 결과를 위해서 행동할 것인가", "폭도를 믿는다"라고 쓴다(15권 80, 89쪽). 이런 주장은 당시의 정통 마르크스주의와는 다소 이질적이었다.

원래 요시모토는 모든 윤리가 붕괴한 패전 후의 무질서 상태 속에서 죄책감으로부터 해방되는 안도감을 처음 느꼈다. 그리고 그는 이 시기의 메모에서 "우리는 올바른 것을 하는 놈들이 싫다. 올바른 것은 종종 교활하게 꾸민 탐욕이다"라고 말한다(15권 114쪽). 인간을 구속하는 모든 질서와 이념, 그리고 국가와 신으로 대표되는 권위에 대한 반항이 요시모토의 기본적 지향을 이루었다고 할 수 있다.

이런 무정부 상태에 대한 지향은 평화로운 질서에 대한 반발로 이어졌다. 그는 이 시기, "외계인 너는 이 세상에 살아갈 수 없다 너는 평화를 견딜 수 없으니까"라는 시를 쓴다. 그리고 1959년의 글에서는 전후의 생활에 대해 이렇게 말한다(5권 666쪽).

패전으로 복귀한 세계는 평화롭고, 목숨을 걱정할 일은 우선 없다 해도, 의외로 자잘하게 몹시 번거로운 일상이었다. 어째서, 립스틱이나 여자들 옷 문양을 만들기 위해 고도의 기술을 사용해야 하는가. 비닐 보자기를 만들기 위해 학문을 하지 않으면 안 되는 것인가. 어째서, 서류 뭉치를 평가하려면 나이를 먹지 않으면 안 되는가. 이런 자문자답이 생활 속에서 끊임없이 반복된다.

요시모토가 과학 기술을 공부한 것은, 립스틱이나 보자기가 아니라 무기를 만들기 위해서였다. 그리고 패전 후의 평화에 위화감을 갖고 전쟁에 대한 향수를 이야기하는 것은, 많은 전중파 지식인이 보인 현상이었다. 이런 평화로운 일상에 대한 위화감 속에서, 요시모토는 폭도를 꿈꾸는 메모를 쓰고, 질서를 뒷받침하는 정의와 윤리에 반발했다.

그러나 이 점은 요시모토가 비윤리적이었다는 것을 의미하지 않는다. 당시의 메모에서는 "지극히 윤리적이라는 것이 전후 세대의 특질이다", "윤리성은 이 경우 이따금 반윤리의 형태로 표출된다"라고 말한다(15권 116쪽). 반윤리의 형태를 취한 윤리 추구는 사카구치 안고의 「타락론」 등에도 현저했다. 요시모토도 윤리와의 갈등에 남들보다 배로 괴로워하는 타입이었고, 후술하듯이 1954년에는 「반역의 윤리」叛逆の倫理라는 논문도 쓴다.

그리고 요시모토는 타자에게 윤리를 이야기하며 죄책감을 주면서, 자기는 그 윤리에 전신전령을 걸지 않는 자를 가장 증오했다. 그는 당시의 메모에서 "올바른 것을 하는 놈이 싫다"라고 썼는데, 그것은 "윤리는 타인이 복종해야 할 대상이며 자기들은 그것과 관계가 없다고 생각하는 자는, 이 정의의 사도들 속에 있다"라는 인식에서였다(15권 114쪽). 물론 이것이 요시모토 등 전중파 세대에게 전쟁에 대한 헌신을 말했으면서, 전후에는 자결도 침묵도 하지 않은 연장자에 대한 반감과 결부되었음은 말할 것도 없다.

그리고 요시모토에게 신과 대치되는 '대중'은, 모든 윤리, 이념과 관계가 없는 존재였다.[33] 1966년 에토 준과의 대담에서 요시모토는 이렇게 말한다. "나는 인간의 존재라는 것이 무엇이냐고 하면, 쓸데없는 것을 점점 생각해 내는 것이라고 생각합니다. 처음에는 어딘가 그 근처의, 나무 열매가 있으면 나무 열매, 아니면 짐승이 있으면 짐승을 잡아서 먹었다.

풀이 있으면, 먹을 수 있을 듯한 풀을 먹는다. 그런 형태였던 것이, 점점 쓸데없는 것을 생각하게 되어서…… 규칙 같은 것을 만들어 버린다.”(14권 452쪽)

인간이 만든 신과 국가에 반대로 인간이 구속되어 가는 도식에서는 마르크스의 영향도 엿보인다. 그러나 그와 동시에 요시모토는 패전 직후의 폐허 생활을 회상하며 “풀 위에서 자고, 옷과 신발을 신은 채 자는 것에 익숙해져 버렸다”라고 술회하기도 한다(5권 666쪽).

모든 윤리와 정의가 무로 돌아간 폐허 생활은, 전사한 동창생의 “너는 자기 좋을 길을 가는구나”라는 말이 요시모토에게 남긴 죄책감을 잊게 해주었다. 그러나 그런 상태에 있는 대중이 정의의 사도의 선동 속에서 “쓸데없는 것을 생각하게 되면서”, 죄책감이 자리잡고, 이윽고 구원을 찾아 신과 국가의 노예가 되어 간다는 것이 요시모토의 기본적인 인식이었다.

반대로 요시모토는 일체의 죄책감을 갖지 않는 인간을 동경했다. 1957년 요시모토는 이마이 다다시今井正 감독의 영화 〈순애 이야기〉純愛物語의 영화평에서 이렇게 말한다(5권 630쪽).

나는 인간은 먹을 것이 없어지면, 소매치기라도, 강도라도, 사기라도 쳐서 살아가야 할 권리를 가진다고 굳게 믿고 싶다는 생각을 예전부터 했는데, 이 영화의 주인공 기타로貴太郎와 그의 연인 불량소녀 미쓰코ミッ子는 실로 그런 윤리의 체현자였던 탓에, 내가 미친듯이 기뻤음은 말할 것도 없다. 두 사람은, 장사의 밑천을 벌기 위해, 별로 켕기는 기색도 없이 백화점 손님들의 품속을 털러 나가, 아차 하는 순간에 붙잡혀 버린다. 게다가 소년원으로 보내져도 후회하는 모습 없이 열차에서 뛰어내려 도망쳐 버리는 소년과, 감화학원感化学院으로 보내져서도 후회의 기색 없이, 양심파의 여자 교관을 두들겨 패고 탈주하려 하는 소녀는, 실로 훌륭하다.

여기서 요시모토를 미친듯이 기쁘게 만든 것은 소년과 소녀가 후회나 참회의 감정 없이, 죄책감을 일으키는 양심파를 두들겨 패고 도망쳐 버린다는 행동 패턴이었을 것이다. 그렇지만 요시모토는 소매치기나 강도를 해서 생활할 권리가 있음을 "믿고 싶다"라고 말하고 있으며, 믿는다고 하지는 않았다.

단 요시모토의 신에 대한 반발은 패전 후에 나타난 것이 아니라 그가 진학을 둘러싸고 고민했던 고교 시절부터 존재했다. 요시모토는 요네자와 시절 말기의 1944년 5월에 등사판으로 엮은 시집을 만들어, 거기「무신론」無神論이라는 시를 수록했다. 그 내용은 다음과 같다(15권 47쪽).

그건 그렇다 치고/그런 어떤 경우에도 인간을 떠나서 '신'이 있거나/인간의 바깥 측에 '이상'理想이 있다고 생각하는 것은/인텔리라고 불리는 메타 인류의/쓸쓸하고 어두운 환각일 것입니다
우선 나는 일단 이렇게 해서/무신론의 불씨 하나를 붙임으로써/지금까지의 문화와 사람에 대해 싸움을 이야기하지 않으면 안 됩니다

같은 시집에 수록된「원자 번호 2번」原子番号二番이라는 시에서 요시모토는 '문화인'을 표현하여 이렇게 말한다. "번들거리는 눈이 파랗게 빛나고 허망한 독설을 입에 머금고 점점 나를 쫓아오는 것은 그들 가운데 만만치 않은 자들입니다"라고(15권 37쪽). 아마도 이 표현은 그에게 입영을 압박했던 무단파의 학생들이나 학생을 선동했던 강사의 모습과 겹쳐진 것이었으리라.

그러나 요시모토는 대중이 된다는 방향으로 이런 상황을 타개하려 하지는 않았다. 그러기에 그는 너무나도 이념적이고 또한 지나치게 윤리적이었다.

대신에 요시모토는 공격 대상보다 더욱 윤리적인 자세를 취함으로써 기존 권위의 위선을 폭로했다. 1954년 요시모토의 무명 시절 최대의 저작인「반역의 논리 — 마태복음 시론」叛逆の論理一マチウ福音試論이 발표되었

다. 이 평론은 성서 「마태복음」을 분석해서 원시 기독교단이 관념적인 신의 윤리를 수립해 가는 모습을 그리고, 이것을 철저히 비판했다.

요네자와 시절의 시인 「원자 번호 2번」에서는 그를 괴롭히는 문화인에 대한 대항 수단을 이렇게 이야기한다(15권 37쪽).

나는 이것 역시 마지막 카드입니다만,
너무나 괴로운 길입니다만
오로지 그들보다도 더욱 창백해짐으로써
그들을 무참하게 짓밟는 것 외에는
어떻게 하면 좋을지 알 수 없습니다.

이렇게 해서 요시모토는 「마태복음 시론」을 공표한 이듬해인 1955년에 당시로서는 정의의 상징이라고 불러야 할 존재였던 공산당과 진보적 지식인에 대한 공격을 개시한다. 그것은 진보적 지식인의 위선을 폭로하는 것, 즉 지식인의 전쟁 협력을 추궁하는 형태로 이루어졌다. 이후 요시모토는 공산당의 권위가 저하되고 평화와 민주주의에 대한 권태가 잠재한 분위기 속에서, 순식간에 논단의 주목을 모은다.

전쟁 책임의 추궁

요시모토가 공산당 공격으로 향했던 배경에는, 그 나름의 전쟁 체험이 있었다. 하나는 요시모토의 시론이 공산당계의 논자에게 비판당한 점이었다. 요시모토는 1950년경부터 대량으로 시를 썼으며 사제판私製版 시집을 발행했다. 그리고 1954년 3월 요시모토는 『신니혼분가쿠』新日本文学에 「일본의 현대 시사론을 어떻게 쓸까」日本の現代詩史論をどう書くか라는 평론을 기고했다.

요시모토는 그 수년 전부터 시에 관한 독자적인 사고를 형성했다. 그 기본적인 주장은 질서에 대한 저항이라는 그의 사상을 언어 표현으로서의 시에 적용한 것이었다.

요시모토에 따르면 시에서 감성의 질서인 운율의 발생은 "인간의 감성이 스스로의 결핍감을 채우려 하는 상승 지향" 때문에 "인성에서 신성 쪽으로", "상승"해 버리는 것이 원인이다. 그리고 현대 시의 역할은, 이 신성으로 향하는 상승 지향이 쌓아 올린 현실의 질서에 저항해, 운율의 지배를 타파하는 것이다. 그 싸움의 중요성에 비하면 시인이 공산당의 강령에 따르는지 여부의 문제는 헛소동에 불과했다(5권 313, 325쪽).

이런 요시모토의 시론은 이후의 포스트구조주의 언어 이론과 공통되는 부분도 있으며, 그 나름의 사고를 거친 것이기는 했다. 그러나 내용이 아니라 표현 양식이 문제라는 주장은, 본래 그가 애독했던 고바야시 히데오가 주장한 내용이었다. 게다가 요시모토의 시론은 그 특유의 난해한 표현으로 가득 차 있었으며, 나아가 당시의 시인이나 지식인들에 대해 "일본 시 의식의 구조에 대한, 본질적인 무지가 집중적으로 나타나 있다"라거나 "지극히 엉터리인 것" 등이라 비난했다(5권 323, 318쪽).

그런 까닭에 요시모토의 시론은 공산당계의 비평가에게 "일본이 지금, 미 제국주의의 완전한 지배를 받고 있다는 사실을 빼놓고, 어떻게 현실의 사회 구조를 파악할 수 있겠는가"라는 초점이 엇나간 비판을 받는데 그쳤다. 요시모토는 이것에 화를 내며 "절대적인 사상의 뒤에 걸터앉아, 자기도취에 빠진 선민", "그런 인물은 불단이나 교회에서 기도라도 하는 것이 낫다"라고 이 비평가를 비난하는 초고를 남겼다(15권 445, 452쪽).

이런 경험에 또 하나의 사태가 더해졌다. 요시모토가 노동 운동에서 공산당으로부터 비판받은 것이다.

패전 후의 '특공대에서 공산당으로'라는 말이 상징하듯이, 목숨을 걸 장소를 찾던 전중파의 젊은이들은 급진적인 혁명 운동과 노동 운동의 담당자가 되어 갔다. 요시모토도 화학 계통의 직장을 전전하며, 각 직장에서 조합 활동을 조직해 과격한 파업을 시도하고 경영자에게 탄압받는 생활을 보냈다.

그리고 1955년 요시모토는 당시 근무했던 잉크 회사에서 젊은 층이 중심인 조합 집행부와 함께 파업 투쟁을 계획했다. 그는 이때의 경험을 "괴멸적인 철저 투쟁을 기획했다"라고 회상한다(15권 466쪽).

그러나 연장자인 조합 간부들은 요시모토와 함께 괴멸할 의지는 없었고, 경영자와 타협하고자 했다. 또한 공산당은 육전협을 전후해서 과격한 운동을 억제하는 방향으로 움직였다. 이 지역의 공산당 세포도 요시모토 등의 투쟁 자세를 "일상 투쟁을 돌아보지 않은 파업주의적인 지도"라고 비판했다(4권 197쪽).

이런 경위도 있어서 요시모토 등의 투쟁은 실패로 끝났다. 회사는 징계 인사로 요시모토를 여기저기로 전근시켰고, 그는 이것에 항의해서 사직하고 만다. 그 뒤로 그는 직장을 찾는 데 고생했을 뿐만 아니라, 기혼 여성과의 연애 문제로도 번민하며 그 자신의 표현에 따르면 진흙탕 속으로 떨어졌다. 이런 와중에 공산당과 연장자 노동 운동가는 항복을 결정한 권력으로서 증오의 대상이 되어 갔다.

이런 요시모토에게 공산당과 천황제 국가, 그리고 기독교는 모두 인간에게 죄책감을 불러일으킴으로써 충성심을 끌어내는 존재라고 생각되었다. 요시모토는 1961년에「전위적 커뮤니케이션에 대해서」前衛的コミュニケーションについて라는 논고에서 그가 생각하는 공산당의 전형적인 논법을 다음과 같이 설명한다. "'너는 네가 소시민 인텔리겐치아인 점을 인정하는가?', '인정한다', '너는 노동자 계급이 자본주의를 지양시킬 존재라는 것을 믿는가', '믿는다', '그렇다면 너는 소부르주아적 개인주의에서 탈피해 프롤레타리아적 인간으로서의 자기 형성을 꾀할 것을 맹세하는가', '맹세한다.'"(13권 100~101쪽)

프롤레타리아트와 민중에 대한 죄책감을 불러일으키려 하는 이 논법을, 요시모토는 "무엇에 홀린 군국주의자들"이 전쟁 중에 외쳤던 "천황의「교육 칙어」와 꼭 닮은 위선적인 탁선託宣"에 비유한다(13권 96쪽). 요시모토는 전후에도 "아아, 요시모토냐. 너는 자기 좋을 길을 가는구나"라는 전사자의 말이 낳은 죄책감에 괴로워하고 있었다. 그런 그였던 까닭에 자기에게 죄책감을 불러일으키는 존재와는, 쓰러뜨릴 때까지 싸울 수밖에 없었다.

이렇게 잉크 회사를 퇴직한 요시모토는 특허 사무소에 직장을 얻어 생활비를 버는 한편, 평론 집필도 시작했다. 그가 선택한 주제는 과거 애독했던 다카무라 고타로에 대한 비판과 공산당계 '전세대 시인들'의 전쟁 협력 폭로였다.

1955년 11월의 평론 「전세대의 시인들」前世代の詩人たち과 병행하여 발표된 다카무라 고타로론에서, 요시모토는 과거의 자기를 열렬한 황국 청년으로 그리는 한편, 프롤레타리아 시인인 쓰보이 시게지壺井繁治와 오카모토 준岡本潤 등이 전쟁을 찬미하는 시를 쓴 사실을 폭로했다. 때마침 육전협의 여파로 공산당에 대한 비판이 논단에서 고조되던 시기였다. 요시모토의 문제 제기는 이 조류에 합치하는 형태가 되었다.

이것을 시작으로 요시모토는 공산당계 문화인의 전시기 언론 행적을 차례로 다루며 "모르는 체하기의 명수", "도적의 수법", "이런 놈들이 민주주의자인 척하는 것을 결코 허용할 수 없다" 등으로 마구 무찔렀다(5권 42, 43쪽). 요시모토에 따르면 전후 문학은 "한마디로 말하자면 전향자 혹은 전쟁 방관자의 문학이다"라는 것이었다(4권 130쪽).

이 시기 요시모토의 주장으로 유명해진 것은, 공산당의 2단계 혁명을 본 딴 '2단계 전향론'이다. 즉 전향은 사회주의의 포기라는 제1단계만이 아니라, 프롤레타리아 문학의 기법으로 전쟁을 찬미하는 제2단계를 거쳤다는 것이다. 요시모토는 이 논법으로 "고바야시 다키지가 살아 있었다면, 히노 아시헤이가 되었을지도 모른다"라며 프롤레타리아 문학의 우상 파괴를 수행했다(4권 115쪽).

고바야시 다키지와 히노 아시헤이를 병렬하는 논법은 패전 직후에 정치와 문학 논쟁에서 히라노 겐이 한 것이었다. 또한 요시모토가 전후의 평론가 가운데 좋아했던 사람이 아라 마사히토였다(4권 649쪽). 아라 마사히토의 최대 주제는 전쟁으로 경험한 관념과 육체의 분열이었다. 또한 아라가 관념과 육체의 분열을 극복할 수 있는 존재로 옥중 비전향의 공산당 간부만이 아니라 특공대원을 든 것도, 6장에서 말한 대로다.

물론 요시모토는 전쟁 중에 반전 의식을 표명할 수 없었다는, 아라가 품었던 종류의 회한과는 무관했다. 그러나 아라가 관념과 육체의 분열을 문제 삼은 것, 공산당의 권위를 거부한 것, "민중이란 나다"라고 선언하며 연장자들을 비판했던 점 등은, 약간 변형된 형태로 요시모토에게 계승되었다. 원래 요시모토는 『긴다이분가쿠』를 애독했으며, 「마태복음 시론」을 『긴다이분가쿠』에 투고하려 했지만 이루어지지 않았다는 경위도 있었다.[34]

무엇보다 요시모토의 전쟁 책임 추궁은 다분히 그의 일방적인 생각이 섞여 든 것이었다. 예를 들어 그는 1959년의 평론에서 요네자와 시절에 학생들을 선동했던 강사는 사회주의 운동에서 전향한 자가 아닐까, 라고 주장한다. 그러나 그는 어떤 논거도 들지 않은 채로 그 강사가 "아무리 생각해도 전후에 살아남아", "전후에는 일본공산당 등에 소속해 있을 듯한 기분이 든다"라고 말하며, 자기의 파업 투쟁을 비판한 공산당 세포가 이런 "전향 파시스트의 영향"을 받았던 것이 "아닐까 라며 의심했다"라고 쓴다(4권 194, 197쪽).

그러나 공산당의 권위에 질렸던 동시대의 논단은 이런 요시모토의 주장에 갈채를 보냈다. 반론하는 공산당계 논자에 대해서, 요시모토는 '전향 파시스트', '방관자'라는 비난을 반복하며 "배신행위를 폭로당한 추종자의 허둥댐"이라고 비웃었다(4권 145쪽).

당시의 논단에서 요시모토는 거의 무적을 자랑했다. 많은 연장자들은 자기의 용기가 부족해서 전사시켜 버린 요시모토 세대에게 죄책감을 품고 있었으며, 전쟁 중의 협력이나 침묵을 지적당하면 대항할 수 없었다. 반론을 받은 경우에 요시모토는 우선 상대를 '전향자', '망령 난 늙은이'

라 비난하고, 논리적으로 논파될 것 같은 경우에는 논리적 올바름은 '방관자'의 증명이라고 반격했다. 그리고 그런 타자 비판과 대조를 이루듯이, 그는 죽음을 두려워하지 않고 싸운 황국 청년으로 자기를 그려 간다.

뒤틀림의 구조와 대중

그러나 요시모토는 전쟁 책임을 논하는 데 있어서 전쟁 협력 사실을 비판한 것은 아니었다. 그는 1956년에 "나의 기묘한 논적들은 단지 전쟁시를 썼다거나 안 썼다거나 하는 것으로, 내가 전 세대의 시인들을 비판한다는 식으로 일부러 오독한다"라고 말한다(13권 423쪽). 요시모토에게는 전쟁에 찬성했는가 반대했는가 라는 객관적인 현명함의 문제가 아니라, 그 과정에서 얼마나 온 힘을 다해 싸우고 패배의 상처를 입었는지 아닌지가 중요했다.

즉 요시모토가 물은 것은 문학과 사상의 내용이 아니라 문학가와 사상가의 자세였다. 요시모토는 병역 문제의 구원을 문학에서 찾으려 했던 요네자와 시절부터 "사상과 예술은 죽느냐 사느냐의 문제"라고 인식했다. 그리고 『다카무라 고타로』에서 요시모토는 "실행과 예술을 이원적으로 분리"하는 것을 비판했다(8권 139, 12쪽).

그리고 요시모토가 방관자와 대비시킨 것은 몸과 마음을 싸움에 바친 전사자였다. 그는 "우리의 전쟁 책임론 근저에는 언제나 죽은 동세대의 홍소가 존재한다"고 말하며, 이 점이 자기의 전쟁 책임론을 "『긴다이 분가쿠』파의 전쟁 책임론과 본질적으로 구별시킨다"라고 주장한다. 그리고 요시모토에 따르면 전후의 민주주의 문학은 "전쟁 희생자의 죽음을 발받침으로 삼아 출발한", "전향자, 방관자, 허무주의자"의 문학이기 때문에 용서하기 어려웠다(4권 192, 193, 130쪽). 물론 요시모토가 전사자라고 하는 경우에 염두에 둔 것은 요네자와 시절의 동창생이었을 것이다.

한편 그는 아시아의 전쟁 희생자들에게는 거의 관심을 갖지 않았다.

그는 1961년에 다케다 다이준을 비판하며 "중국을 짝사랑하고 전쟁 책임을 느낄 정도라면 우리의 죽은 자를 생각하라"라고 주장한다(7권 362쪽). 물론 그의 전쟁 책임 추궁 대상은 윗세대이고, 자기 세대의 전쟁 책임을 생각한다는 발상이 요시모토에게는 없었다.

그리고 전사자와 대중이 거의 동의어처럼 겹쳐진 점이 이 시기 요시모토의 특징이다. 그는 『다카무라 고타로』에서 지배자와 인텔리가 전쟁에서 상처 없이 살아남았다고 비판했다. 그리하여 그는 "가장 전쟁에 헌신하고 가장 큰 희생을 치르고 동시에 가장 흉폭성을 발휘하여 지나치게 행동하고, 그리고 결국 내팽개쳐진 것은 하층 대중이 아닌가"라고 주장한다(8권 143쪽). 그에게 대중이란 위선에 찬 지식인이나 방관자와는 달리, 사상과 행동을 일치시켜 싸운 인간이었다.

이런 대중상은 윗세대의 지식인에게는 위화감과 함께 받아들여졌다. 요시모토에게 비판당한 시인 오카모토 준은 1956년 요시모토와의 좌담에서, 전시 중의 서민은 정부의 전쟁 방침에 면종복배面從腹背하지 않았냐고 주장했다. 그것에 대해 요시모토는 "당시 우리가 서민이라고 불렸는데, 우리가 살았던 세대의 주위 사람들을 보면 그렇지 않다"라고 반론했다.[35] 여기서 요시모토는 어디까지나 요네자와 시절의 동창생을 기준으로 대중을 논한 것이다.

요시모토의 출세작이 된 1957년의 『다카무라 고타로』는 이런 지식인과 대중의 이항 대립에 기반을 두고, 다카무라를 제재로 삼아 "서민이라는 출신과 인텔리겐치아로서 가진 교양 간의 모순"을 그렸다. 즉 유럽적인 지성을 몸에 익혀서 쓸데없는 것을 생각하게 되어, "첨단적인 언어와 토속적인 언어 사이"에 존재하는 "뒤틀림捩れ의 구조"에 말려들어, 일본의 대중으로부터 고립되고 "일상 환경을 설정할 수 없다"라는 문제를 품게 된 지식인을 요시모토는 주제로 삼았다.[36]

요시모토에 따르면, 다카무라는 유럽 유학으로 인류 보편적인 감성을 몸에 익힌 결과, 일본에서는 "후진 사회의 우등생"으로서 고립되었다.

특히 다카무라가 대립한 것은 부친으로 대표되는 '서민의 집'이었다. 다카무라는 집에서 탈출하기 위해 유학을 가고 '신여성'인 지에코智惠子와 생활했다. 그러나 그것이 사회로부터의 고립 때문에 실패한 뒤, 다카무라는 서민 회귀를 행하여 전쟁으로 향하는 대중적인 동향에 말려들어 갔다(8권 21, 107쪽).

1955년 당시에 요시모토는 기혼 여성과의 연애 문제로 고민했고, 구식의 이에家 제도와 적대 관계에 있었다. 그가 요네자와의 학교에 진학한 것도 가족으로부터 고립되고 싶었기 때문이었다는 사실은 이미 말했다. 유럽적 지성으로 자기를 지탱하고자 했던 요시모토가, 전시 중의 고립감을 견디지 못했던 점도 이미 말한 대로다.

서구적인 지식인과 일본의 대중이라는 대립 도식은 1950년대 논단에서는 일반적인 주제였다. 그러나 요시모토가 이 뒤틀림의 구조를 문제로 삼은 것은 그가 비판했던 사상과 행동의 분리를 해소하기 위해서였다. 왜냐하면 그가 전쟁 체험에서 받은 죄책감은, 전쟁에 헌신하는 사상에 이끌리면서도 병역을 피했던 사상과 행동의 분리로부터 생겼기 때문이다.

원래 요시모토가 『다카무라 고타로』에서 비판한 내용이, 실행과 예술을 이원적으로 분리하는 것이었음은 앞에서 말했다. 또한 그가 「마태복음 시론」에서 비판한 대상도, 대중의 현실 생활과 유리된 신의 윤리를 수립한 원시 기독교의 관념적 이원론이었다(4권 76쪽).

그리고 요시모토가 제시한 뒤틀림의 구조를 해결하는 방법은 상당히 독특했다. 그는 자기 안으로 침잠하는 것과 타자에게 복종하는 것 사이의 양자택일을 부정하고, "객관 묘사를 내재화(주체화)할"것을 주창한다(8권 12쪽).

요시모토에 따르면 이것은 "자신의 내부 세계를 현실과 충돌시켜, 검토하고, 논리화해 가는 과정"이다(5권 53쪽). 즉 밖의 세계를 거부하는 것이 아니고 밖의 세계에 복종하는 것도 아니며, 자기의 사상과 언어 표현 속에 세계 전체를 포함시켜 버린다. 그렇게 함으로써 자기의 내부와 외부 사이에 있는 뒤틀림의 구조가 해소된다. 후에 요시모토는 이런 상태를 "대중의 원상原像을 투입한다"라고 표현한다.

이것은 시인 요시모토가 세계를 전부 자기 시 속에 집어넣고자 하는 희망을 표현했다고 할 수 있다. 요시모토가 『다카무라 고타로』에서 이런 방법론을 제시한 것도 문학 표현을 행할 때의 자세였다. 그러나 그는 후에 정치 평론을 쓸 때도 같은 논리를 계속해서 유지했다.

1960년대가 되어 요시모토가 신좌익 운동에서 영향력을 갖자, 요시모토의 정치사상에는 현실적 기반이 없다는 비판도 나왔다. 그러나 요시모토 측은 1967년 쓰루미 슌스케와의 대담에서 "사상이라는 것은, 극단적으로 말해 원리적으로 애매한 부분이 남지 않도록 세계를 포괄한다면, 잠재적으로는 세계의 현실적 기반을 확실히 획득한 것이다"라고 주장하며, "그것은 자립했다는 것이며, 그 세계를 포괄할 수 있다면, 어떤 사태든, 누가 뭐라 하든 동요할 일이 없다"라고 말한다(14권 473, 480쪽).

즉 요시모토에게는 정치사상도 하나의 언어 표현이며, 표현으로서의 완성이 현실적 기반이었다. 그렇게 하여 세계의 모든 것을 자기의 언어 표현 속에 포괄하고 뒤틀림의 구조가 해소되면, 전시 중에 그를 고민하게 만든 고립감과 동요는 소멸하고, 사상과 행동의 엇갈림에서 생기는 죄책감도 없어질 터였다. 말하자면 요시모토의 자립이란, "너는 자기 좋을 길을 가는구나"라는 전사자의 목소리를 뿌리치고, 죄책감과 동요를 초월하여 세계의 모든 것을 포함하는 영원의 시를 쓰는 상태에 도달하는 것이었다고 할 수 있다.[37]

그리고 요시모토의 관점에서는 모든 죄책감이나 동요를 떨쳐 낸 표현이야말로 진정으로 사람의 마음을 움직이는 힘이 있었다. 요시모토는 1966년 에토 준과의 대담에서 "지극히 개인적이라고 할까요, 지극히 고립적으로 존재했던 지식인이 낳은 문화라면 문화, 문학이라면 문학이, 시대를 진짜로 전환시켜 간다고 생각합니다"라고 주장했다. 또한 1968년 다케우치 요시미와의 대담에서는 전시 중을 회상하여 "문학가들이 전쟁 문학 같은 것은 쓰지 않았으면 좋겠다고 생각했습니다. 더욱 현실과 괴리되어도 괜찮으니까, 제대로 문학이라고 말할 수 있는 것을, 어찌되었건 간에 갈망했다고 생각합니다"라고 말한다(14권 445, 628쪽). 물론 그에게 이런 전형은 영원의 시인인 미야자와 겐지였을 것이다.

이런 주장은 문학가의 창작 자세론으로는 일정한 설득력을 지녔다. 그러나 요시모토는 사회 운동가나 정치가에 대해서도 같은 논법으로 비평했다. 그는 노동 운동가이며 시인이었던 다니가와 간을 평하여 작품 자체로서 자립한 것은 다니가와의 시뿐이며, 다니가와의 정치 평론은 현실 운동과의 관계를 기초로 하고 있으므로 "완결된 표현이라고 부를 수 없다"라고 말한다. 또한 마오쩌둥이 주창한 "혁명 전사는 물고기이고 인민은 바다"라는 말은, "비유 중에서 가장 단순한 직유로, 그런 직유로 이야기되는 형식 논리는, 궁극적으로는 못쓴다"라며, "그런 놈이 혁명을 해 보아도 별 볼일 없다"라고 했다.[38]

본래 시인이 사회의 구조를 포착해 내는 힘은, 그 시인이 어떤 언어 감각의 시를 쓰는지를 통해서 잴 수 있다는 것이 요시모토의 지론이었다. 이 경우에 완성된 시가 현실 사회의 정치 문제를 어떻게 논하는지는 그에게 2차적인 문제였다.

쓰루미 슌스케는 이런 요시모토 사상의 특징을 시인의 언어관에서 찾는다. 즉 "시에서는 말과 사물이 구별되지 않으므로 독자적인 시의 세계가 성립한다. 말은 여기서는 '사물' 그 자체"다. 원시 사회의 인간이 기우제 의식과 비가 내리는 것을 일체의 사건으로 생각했듯이, 시인에게 언어 표현과 현실 세계는 같은 것이며, 그런 전제가 있어서야말로 "시는 미개인의 주술과 마찬가지로, 힘을 발휘한다"는 것이다. 그리고 요시모토는 '시에 있어서의 말의 마력'으로 평론을 쓰며, 따라서 "이상한 순수성"과 "현실에 대한 실증적 분석을 거부하는 배타적 신앙을 만들어 낸다"라고 말한다.[39]

1958년 요시모토는 전쟁 전 공산주의자들의 전향을 논한 「전향론」

을 발표했다. 이 논문에 따르면 전향이란 "일본 근대 사회의 구조를 총체적 비전으로서 포착하지 못했기 때문에, 인텔리겐치아 사이에 일어난 사고 변환"이다. 그리고 그것은 탄압이나 폭력보다도 "대중으로부터의 고립(감)이 가장 큰 조건"이 되어 발생했다고 한다(13권 6, 9쪽). 즉 전향이란 자기의 사상 속에 대중을 비롯한 세계의 모든 것을 포함하는 데 실패했기 때문에 동요가 일어난 상태다.[40]

그리고 요시모토는 이 「전향론」에서 옥중 비전향의 공산당 간부들도 "'비전향'적인 전향"을 했다고 단정한다. 요시모토에 따르면 옥중 비전향 간부로 대표되는 사고방식은 자기의 사상 속에 대중을 포함하지 않고 이미 주어진 사상을 단지 고수했던 천동설이며 "처음부터 현실 사회를 필요로 하지 않는다"고 한다(13장 6, 19쪽). 애초에 요시모토가 생각하기에는, 상처 없이 사상을 지킨 자는 방관자였다.

대신에 요시모토가 여기서 상찬한 것은 나카노 시게하루의 자전적 소설 『촌락의 집』村の家이었다. 이 소설의 주인공은 전향에 따른 패배의 상처를 입고서도, 일본 봉건제를 상징하는 고향집과 평범한 서민인 부친과 대결하며 문학 표현을 계속했다는 것이다.

6장에서 말했듯이 1947년에 후쿠다 쓰네아리가 옥중 비전향 간부에 대해 거의 같은 취지의 비판을 했을 때는 단순한 보수 반동이라고 묵살되었다. 1958년에도 연장자인 공산당계 지식인들은, 전시에 10대에 불과했던 요시모토가 사상 탄압의 실상을 모른 채로 만든 입론立論이라고 반발했다. 그러나 요시모토의 주장은 젊은 세대뿐 아니라 공산당에 열등감을 품었던 윗세대의 지식인들로부터도 대부분 호의적인 반향을 불렀다.

이런 요시모토를 향해서 공산당을 옹호했던 하나다 기요테루가 논쟁을 걸었다. 논쟁의 발단은 문학의 전쟁 책임 문제를 다룬 1956년 좌담회에서 벌어진 양자의 충돌이었다. 그리고 이 좌담회에서 문학과 정치의 관계에 대한 하나다와 요시모토의 생각에 큰 차이가 있다는 점이 밝혀졌다.

하나다는 이 좌담회에서 문학의 정치적 평가는 그 작품이 현실의 변혁에 얼마나 공헌했는지에 달렸다고 주장했다.⁴¹ 전쟁 전의 많은 사회주의자들이 그러했듯이, 하나다는 전시 중에 『군지코교신문』軍事工業新聞이라는 어용 기관에서 일할 수밖에 없는 상황에 처했었다. 그러나 하나다는 자기가 전향을 가장해 노동자의 비참한 상황을 개선하기 위해서 노동 능률의 향상이라는 건설적 제언으로 꾸민 시국 비판을 썼다고 주장했다.

2장에서 보았듯이 이런 종류의 건설적 비판은 전시 중의 지식인들이 간신히 할 수 있었던 저항이었다. 패전 시에 36세였던 하나다에 따르면, 당시는 탄압을 피하기 위해서 주어진 지면의 4분의 3은 전쟁을 찬미하는 문장을 썼고, 남은 4분의 1에서 간접적으로 시국을 비판했으며, 당시의 독자는 그 사정을 잘 이해했다고 주장했다. 그리고 하나다는 "레지스탕스는 현실에 작용하는 힘을 갖지 않으면 안 된다"라고 말하며 자기가 쓴 기사가 생산의 합리화나 공장 위생의 개선에 공헌했다고 주장했다.

그러나 요시모토가 보면, 생산의 합리화 같은 것은 요네자와 시절의 강사와 같은 사회 파시스트의 논리와 다름없었다. 요시모토의 생각으로는, 언어 표현은 표현으로서 자립하는 것이 최대의 저항이며, 그것이 현실에 어떤 효과가 있는지는 문제가 아니다. 하물며 위장 저항이라는 뒤틀린 언어 표현 같은 것은 비판의 대상이 될 뿐이었다. 따라서 요시모토는 하나다를 향해서 표면적으로 위장했더라도 전쟁을 찬미한 표현은, 그것에 속은 '대중에 대한 책임'이 있다고 주장했다.

이 주장에 대해 하나다는 언어 표현으로서의 저항 같은 것은 위안에 불과하다고 말하며, 위장한 표현이 대중을 속였다는 "객관적인 자료"가 있느냐고 물었다. 요시모토는 대중에 대한 책임이란 문학 표현의 윤리 문제이며 "독자가 한 사람도 없었다고 하더라도" 발생하는, 표현 자체의 책임이라고 주장했다.

이 대답에 당혹한 하나다는 "너는 개인적인 체험에 의거해서 작품을 다루고 있으며", "작품과 대중의 관계를 문제 삼고 있지 않다"라고 반론했다. 그러자 요시모토는 자기 자신이 대중이라고 말하며, 자기의 체험으로부터 언어 표현의 대중에 대한 책임을 묻는 것이 정당성을 갖는다고 주장했다. 요약하자면 요시모토의 대중이란 언어 표현과 현실, 사상과 행동이 일치된 상태를 가리키는 말이며, 그 지점에서 하나다의 위장을 공격한 것이다.

요시모토와 하나다가 약간이나마 내용이 있는 논의를 한 것은 이 좌담회뿐이었다. 그 후 몇 년간 이어진 논쟁에서는, 오로지 요시모토가 하나다를 "전향 파시스트", "하나다 노인" 등으로 비난할 뿐이었다. 그럼에도 사람들은 요시모토에게 갈채를 보냈고 이 논쟁은 공산당의 권위 저하를 상징하는, 전후 문학사에서 가장 중요한 논쟁의 하나로 평가받았다.

말하자면 요시모토가 주목을 받은 것은, 요시모토 사상의 가치 그 자체보다도, 사람들이 공산당의 권위 저하를 바랐기 때문이었다. 패전 후 10년 이상이 경과한 고도성장의 입구에서, 지식인들은 전시 중 회한의 기억을 떠올리게 하는 옥중 비전향 신화를 거북하다고 느꼈다. 육전협에 따른 공산당의 전환을 비판하며 탈당한 전 당원들도 사회 변혁의 꿈을 버렸다는 떳떳치 못한 기분을 가지고 있었다. 자기에게 죄의식을 불러일으키는 정의에 진흙이 칠해지고 파괴되어 가는 모습은 그들의 죄책감을 완화해 주었다. 말하자면 요시모토는 사람들이 전쟁으로 짊어진 회한을 소거하는 촉매 역할을 했다.

동시에 전쟁을 모르는 젊은 세대, 특히 공산당에 대항하던 신좌익계의 젊은이들에게 요시모토는 공산당과 윗세대의 권위에 맞서 싸우는 영웅으로 비쳤다. 요시모토가 열렬한 황국 소년이었다는 자기소개도, 전후 민주주의와 평화에 권태를 느끼기 시작했던 젊은이들에게 신선한 인상으로 받아들여졌다.

그러나 1950년대의 시점에서는 요시모토가 공격했던 정의는 공산당뿐이었다. 그가 민주주의 문학이라고 부르며 비판했던 것은 민주주의를 상찬하는 문학 전부가 아니라, 패전 직후에 공산당계의 문학가들이 민주주의 문학이라 칭하며 썼던 프롤레타리아 문학 운동의 연장선상에 있는 문학이었다.

그러나 1960년대에 들어가면 요시모토는 마루야마 마사오를 비롯한 비공산당계 지식인들에게도 공격의 창끝을 겨누며 공산당에 한정되지 않는 전후 민주주의 비판을 개시했다. 1960년의 안보 투쟁이 그 계기였다.

안보 투쟁과 전사자

요시모토의 사상은 1960년대에 들어가면 미묘한 변화를 맞이한다. 그 배경은 고도 경제 성장이었다.

『다카무라 고타로』에서 전형적으로 보이듯이, 1955년 무렵의 요시모토는 일본 사회의 후진성을 강조했다. 그런데 1959년 하나다와의 논쟁에서 요시모토는 "일본은 후진국은 아닙니다. 엄연한 고도의 자본주의 사회입니다"라고 강조한다(4권 529쪽).

또한 요시모토는 1956년 말에 열애 중이던 기혼 여성과 결혼했고, 이윽고 그 자신도 아버지가 되어 안정적인 가정생활을 해 나가고 있었다. 그는 하나다와의 논쟁으로 잡지 『긴다이분가쿠』에서 상을 받았는데 그 상금의 일부는 전기세탁기의 구입에 충당했다고 말한다.[42] 고도 경제 성장은 확실히 요시모토 자신의 생활을 바꾸어 가고 있었다.

그리고 1960년 안보 투쟁이 고조되어 가던 1959년 11월 요시모토는 「우국의 문학가들에게」憂国の文学者たちに라는 평론을 발표했다. 여기서 그는 『신니혼분가쿠』에 모인 진보파 문학가들의 기고가 안보 조약 개정을 민족적인 위기라고 평가한 데 반발하여, "전쟁 세대는, 민족적인, 혹은 국가적인 환상 공동체의 이익 앞에서 개인은 절대적으로 복종해야 한다는 신화에, 가장 심하게 중첩되고, 구속받아 온 세대다. 전후 사회에서 우리들, 전쟁 세대의 싸움은, 국가나 민족이라는 것을 체제화하려는 사고의 환상성을 어떻게 하면 타파할 수 있을까, 라는 점에 집중되었다"라고 주장했다(13장 497쪽).

요시모토는 이렇게 민족의 위기를 주장하는 문학가들을 비판하는 한편, 안보 반대의 근거로 대중의 생활을 들었다. 즉 안보 조약 개정은 일본의 대미 종속이 아닌 미일 양국의 "독점 지배를 상징"하며, 이 독점 자본의 착취로 대중의 "생활이 좀먹고" 있다. 그리고 "대중은, 이 문학가들이 말하는 일본인의 종속이나 민족의 위기 같은 발언에는 움직이지 않더라도…… 개인의 생활권이나 인권을 침해하는 듯한 국가의 법률 등은, 자기 일신의 이익에 관계되는 상황이 되면, 절대로 따르지 않는다"라고 한다 (13권 496, 499쪽).

여기에는 요시모토의 대중관에 생긴 미묘한 변화가 나타나 있었다. 분명 요시모토는 그 이전부터 대중의 생활을 내걸고 지식인을 비판했다. 그러나 거기서의 대중이란 서구적인 지식인을 고립에 빠뜨리는 후진성의 상징이었다. 또한 대중은 정부의 전쟁 슬로건에 열광하여 철저히 싸우고 상처 입은 존재였다. 그런데 1959년이 되면 일본 사회의 후진성이 부정되면서 대중은 생활을 지키기 위해 정부의 전쟁 슬로건을 거부한다고 주장했다.

말하자면 요시모토에게는 대중의 원상原像이 두 종류가 존재했다. 하나는 전쟁에 열광하고 요시모토를 고립에 빠지게 만든 요네자와 시절의 동창생과 전사자들이었다. 그리고 또 하나는 입영을 주장하는 요시모토를 설득한 부친과, 항복을 기뻐하며 고향으로 돌아간 병사들이었다.

완전히 모순된 이 두 가지 대중의 원상은 그러나 공통점이 하나 있었다. 그것은 요시모토가 혐오했던 뒤틀림의 구조, 즉 사상과 행동의 분열에서 생기는 죄책감이, 양쪽 모두에게 보이지 않는다는 점이었다. 전자의 대중은 전쟁 슬로건을 믿고 죽기로 싸웠다는 점에서, 후자의 대중은 전쟁 슬로건을 태연히 거부하고 생활을 지켰다는 점에서, 각각 뒤틀림이 없는 존재였다.

이 두 대중의 원상은 요시모토의 내부 분열을 투영하기도 했다. 그 하나는 전쟁 슬로건을 믿고 생사의 문제를 고민했던 자기였다. 그리고 또 하나는 항복에 안도하고 폐허 속에서 생활을 영위한 자기였다. 고도 경제 성장으로 생활이 안정됨에 따라, 요시모토의 내부에서 전자의 대중이 차례로 물러나고 후자의 대중이 커졌다.

이런 요시모토가 1960년 안보에서 지지한 세력이 공산주의자동맹(분트)였다. 요시모토에 따르면 안보를 대미 종속 문제로 간주하는 공산당과 달리, 분트는 이것을 미일 독점 자본의 정책이라고 간주하는 '총체의 비전'을 획득했으며, 그런 까닭에 "국가적인 규제력이나 민족적인 폐쇄성"을 벗어나 있었다(13권 29, 45쪽). 즉 분트는 세계의 전부를 사상에 담는다는 자립을 달성하여 동요를 떨쳐 내고, 신과 국가의 권위에서 자유로운 상태에 도달했다는 것이었다.

원래 분트는 육전협으로 온건화한 공산당을 비판하고 보다 과격한 혁명 노선과 철저 투쟁을 내걸었으며, 괴멸적인 철저 투쟁과 폭도를 선호하는 요시모토의 지향에 합치하기 쉬운 당파였다. 이렇게 해서 요시모토는 안보 투쟁 속에서 전학련 주류파를 지지하는 지식인으로 주목받아, 학생들의 지지와 공산당의 비난을 모은다.

1960년 안보 투쟁에서 요시모토가 증오한 대상은, 반미 애국을 내세운 공산당이 데모를 미국 대사관 쪽으로 유도해, 국회에 돌입한 전학련 주류파가 고립된 사건이었다. 요시모토에게 이것은 공산당이나 민족주의에 대한 반감에서도, 전력을 다해 싸우는 젊은이들을 저버렸다는 점에서도, 용서하기 어려운 행위였다. 안보 투쟁 후에 요시모토는 이렇게 쓴다(13권 127쪽).

우리들은 과거에 이런 정경을 체험하지 않았던가? 병사가 된 청년들과 대중이 전투 속에서 죽고 장군들이 살아남은 정경을? 현실적인 생활자 대중은 죽고 '지식'인이 살아남은 정경을? …… 잘 싸운 자는 죽고, 싸우지 않은 자가 살아남은 정경을!

물론 여기서 말하는 "대중"은 전쟁에 열광하고 전사한 대중이다. 요시모토는 이렇게 조직적 괴멸을 걸고 싸운 분트를 "잘 싸우고 '죽은' 행동자"로 절찬하며, 6월 15일의 전학련 주류파 데모대를 "새로운 인터내셔널리즘의 소용돌이"라고 평가했다. 그리고 "지금 내가 관심을 가진 것은, 안보 투쟁의 부상자와 중상자뿐이다. 그렇다, 사자死者 또한 내 의식의 밑바닥에 무겁게 잠겨, 아무래도 태평양 전쟁에서 죽은 자들의 모습과 겹친다"라는 것이었다.[43]

그리고 안보 투쟁 종언 직후에 요시모토는 그의 이름을 높인 「의제의 종언」擬制の終焉이라는 평론을 발표했다. 이것은 요시모토와 다니가와 간, 구로다 간이치 등 신좌익의 지지를 받은 논자들이 1960년 안보를 총괄한 『민주주의의 신화』民主主義の神話라는 공저서에 수록된 글이었다. 그리고 요시모토는 여기서 공산당이나 진보적 지식인들을 철저하게 싸우지 않은 방관자라고 비판하고 민주주의의 신화를 의제로서 해체하고자 했다.

이 평론에서는 공산당뿐만 아니라 마루야마 마사오를 비롯한 비공산당계의 지식인도 "시민 민주주의파"라며 공격 대상이 되었다. 하나의 이유는 그들이 전학련의 직접 행동을 전면적으로 평가해 주지 않은 점이었고, 또 하나는 그들이 안보 투쟁의 소용돌이 속에서 실현된 민주주의의 정착을 강조하며 승리를 이야기한 점이었다. 요시모토의 입장에서는 철저히 싸우지 않은 자가 패배의 상처를 입지 않고서 승리를 노래하는 것을 용서하기 어려웠다.

원래 요시모토에게 투쟁에 관한 인간상은 세 종류뿐이었다. 첫 번째는 철저하게 싸우고 사상과 행동을 일치시켜 전사한 자. 두 번째는 살아남아서 찜찜한 죄책감을 안고 패배의 상처와 함께 살아가는 자. 그리고 세 번째가 싸움을 방관하여 상처 입는 일이 없는 지배자와 지식인이었다. 그런 요시모토가 볼 때에 승리를 주장하는 자가 있다면 그것은 그가 방관자였다는 증명에 불과했다.

다케우치 요시미의 회상에 따르면 안보 투쟁이 소용돌이치던 1960년

5월 말의 어느 모임에서 요시모토와 격론을 벌였다고 한다. 다케우치에 따르면 "대립의 요점은, 내가 프로그램의 필요를 역설"한 점에 대해, 요시모토는 "프로그램 무용설이었다"라는 것이었다.[44] 원래 "누가 결과를 위해서 행동하나"라는 신조의 소유자였던 요시모토는, 안보 투쟁에서도 오로지 괴멸적인 철저 투쟁을 지향했다.

그러나 동시에 요시모토는 1960년 안보 투쟁에서 하나의 사상적 위기에 직면했다. 그가 이 투쟁 속에서 전사戰死에 대한 자기의 감각을 재검토하게 된 것이다.

1960년 안보 투쟁에서 요시모토는 각지에서 강연하는 동시에 전학련 주류파를 지원하는 데모에 참가했다. 간바 미치코가 사망한 6월 15일에는 전학련 주류파와 함께 국회에 돌입하여, 구내의 집회에서 연설했다. 그런데 그 직후 요시모토는 학생들과 함께 경관대에 잡혀서 근처의 경찰 청사에 들어갔다. 체포된 요시모토는 며칠 간 유치留置된 뒤에 석방되어 마중 나온 부인과 딸을 만나 안도했다.

1960년 말에 요시모토는 6월 15일 경관대와의 대치를 회상하며, "나도 여기서 죽는구나 라고 한때는 생각할 수밖에 없었다"라고 말한다(13권 555쪽). 12장에서 말했듯이 쓰루미 슌스케는 안보 투쟁에서 죽음을 각오했다. 그러나 요시모토는 쓰루미보다 과격한 투쟁을 호소했음에도, 그 대치 상황에서 도망치다 잡힌 몸이 되어 생환했다. 즉 그는 전쟁 때와 마찬가지로 안보 투쟁에서도 죽지 않았다.

요시모토는 1961년에 자기의 '안보 투쟁에 대한 심리적 총괄'을 했다. 그에 따르면 안보 투쟁에서 각인된 것은 "경관대의 곤봉에 쫓겨 앞을 다투어 도주했을 때의 굴욕감과 패배감"이었다(5권 678쪽). 경관대의 곤봉에서 도망쳐 처자와 만나 안도해 버린 체험으로부터, 그는 자기에게 "죽을 각오는 없었다"라는 것을 자각하기에 이른다(13권 84쪽).

이것은 요시모토에게 사상적인 위기였다. 전쟁에 몸과 마음을 바치지 않은 지식인을 비판했던 그가, 패전 직후의 체험과 마찬가지로, "나의 전쟁이나 죽음에 대한 자각에, 거짓말 같은 균열이 있는 것 같다"라는 사실을 자각해 버린 것이다. 요시모토는 1961년에 이렇게 쓴다(13권 84쪽).

15세부터 20세 사이의 태평양 전쟁 중에, 나는 어엿한 문학청년이었지만, 이 전쟁에서 죽어도 좋다고 생각했고, 또 그렇더라도 아무렇지도 않았다. 그렇다면, 나는 전후 15년 사이에 생활적인 집착이 늘어나, 몹쓸 인간이 되어 버린 것일까…….

패전 시에 20세의 문학청년이었던 요시모토는 1960년에 35세의 아버지가 되어 있었다. 그리고 예를 들어 3장에서 검증한 와타나베 기요시의 경우에 "죽은 동료들에게 '저놈 혼자 잘살아 보겠다고……'라고 생각될 만한 일은 하고 싶지 않다"라고 썼다. 11장에서 소개한 전 조종사는 "특공에 나서서 나라를 위해 젊은 목숨을 바친 대원들을 생각하면, 나만 살아남아 호의호식하는 것은, 도저히 할 수 없습니다"라고 말했다. 고도성장 속에서 가족생활을 즐기게 된 요시모토에게는 "아아, 요시모토냐. 너는 자기 좋을 길을 가는구나"라던 전사자의 말에 어떤 자세를 취할지가 문제가 되었다.
　이런 물음에 대해 요시모토가 내린 결론은 "내가 좋아하는 길을 가기" 위해 전사자를 부정하는 것이었다. 그는 앞의 글에 이어서 다음과 같이 말한다(13권 84쪽).

거기서, 내 안에 두 가지 감개가 끓어올랐다. 하나는 전쟁 중의 나는 인간이란 무엇인가, 살아간다는 것은 무엇인가 라는 것을 전혀 몰랐다고 할 수 있었다. 그만큼 결단이 명석했다. 말해두건대 이것은 좋고 나쁨이라는 윤리적인 문제가 아니다. 사실의 문제다. …… 또 하나의 대답은, 역시 죽음의 인식, 죽음을 받아들일 수 있는지가 사상의 꽁무니에 떨어지지 않고 붙어 있어서, 아무리 뭐라고 해도 생명에 대한 무지가 강했다는 사실이,

사상을 매듭짓기에는 잘못이 아니었을까 라는 점이다.

요시모토는 전사도 사상적 권위에의 종속이라고 말한다. 이것은 물론 요네자와 시절의 요시모토가 학장이나 지식인의 권위를 빌려서 입영을 요구한 무단파의 학생들에게 품은 감정의 연장선상에 있었다.

그러나 이런 총괄은 요시모토의 사상 속에서 중요한 점이 변한 사실을 보여 주었다. 1950년대까지의 요시모토는 사상에 목숨을 바친 전사를 무조건적으로 긍정했다. 그러나 자기에게 죽음의 각오가 없다는 점을 자각한 1961년에 요시모토는 '몹쓸 인간'이 되지 않고, 전사에 대한 비판적인 시점을 섞기 시작했다.

이런 전사관의 변화는, 앞에서 말한 대중관의 변화와도 연동되었다. 대중이란 사상에 몸을 바쳐 전사할 때까지 싸운다는 방향으로 뒤틀림을 해결하는 존재인가, 아니면 생활을 방위해서 사상을 거부하는 방향으로 뒤틀림을 해소하는 존재인가. 이것은 전사를 긍정적으로 그릴지 부정적으로 그릴지와 불가분의 문제일 터였다.

그리고 요시모토가 대중관을 변화시키기 시작한 1959년은 요시모토와 같은 세대인 우메모토 다케시가 가족과 먹은 튀김의 비유를 들어 죽음의 철학을 비판하는 글을 쓴 해이기도 했다. 고도 경제 성장 속에서 처자와의 생활을 가진 요시모토는 차츰 전사에 대한 소망을 잃고 있었다.

이것이 일종의 전향이라는 사실을 요시모토 자신도 눈치챘다. 그는 1966년에 쓴 평론에서 같은 세대인 하시카와 분소와의 회담을 회상한다. 가족을 지닌 요시모토는 전시 중의 자기를 돌아보며, 아들을 병사로 보낼 때 가족끼리 나누던 인사의 무게를 몰랐다고 말했다. 그것을 들은 하시카와는 과거에 입영을 주장하며 부친을 고생시켰을 터인 요시모토를 향해 웃으며 "그거 전향인데"라고 대답했다. 이것을 들은 요시모토는 "독신인 네가 알 리 없다는 듯 키득거리면서도" 그 지적을 "묘하게 날카로운 인상으로 들었다"라고 한다(13권 398쪽).

그리고 1960년 안보 이후의 요시모토는 대중의 생활에 개입하는 모든 이념을 거부하는 방향으로 향했다. 요시모토는 1965년 강연에서 대중을 "자기 생활에 관련된 사상만 생각하고, 또한 국가 권력이 어떻게 되는가 같은 것은 별로 생각하지 않는" 존재로 그리고, "이데올로그idéologues가 대중이 있는 곳에 가서 전쟁을 선동하거나, 값싼 평화 이념을 이야기하는 것을 대중이 쳐다보지도 않는다"라는 상태를 긍정한다(14권 80, 81쪽). 그 대중상의 궁극은 생활의 현실주의를 통해 요시모토의 입영을 말린 아버지였을 것이다.

그리고 요시모토는 그런 대중을 질타하는 신사들을 비판했다(13권 131쪽). 마루야마 마사오가 그 대표 격이었다. 요시모토는 1960년 안보 후에 집요하게 마루야마를 비판한다.

요시모토의 마루야마 비판은 두 가지 각도에서 이루어졌다. 하나는 전쟁에 비판적인 시점을 가지면서도 충분히 저항하지 않았던 마루야마는, 사상에 전부를 바치지 않았던 방관자이며, 동포의 피투성이 모습과 고립되어 "대중의 생활 사상에 한 삽이라도 거드는 작용을 하지 않았다"라는 것이었다(12권 19쪽).

요시모토의 이런 마루야마 비판은 지식인의 권위에 질렸던 젊은 세대, 특히 마루야마 등 대학교수와 대립했던 전공투 운동으로부터는 환영받았다. 무엇보다도 전쟁에 협력한 과거를 폭로한다는 요시모토의 수법은 오점이 적은 마루야마에게 쓸 수 없었고, "육군 일등병으로서 전쟁에 협력한 마루야마"라는, 약간 무리한 비판에 그쳤다(13권 362쪽).

그리고 요시모토가 마루야마를 비판한 또 하나의 각도는 특권적 지식인인 마루야마가 대중을 질타하는 이데올로그라는 사실이었다. 그 일환으로서 요시모토는 『민주주의의 신화』에 수록된 평론인 「의제의 종언」에서, 『주오코론』 1960년 8월호에 게재된 마루야마의 인터뷰 「8·15와 5·19」를 다루었다.

7장에서 인용한 이 인터뷰는 마루야마가 전후의 사상적 조류를 "'신

臣 '에서 '민民'으로의 대량 환류", "'민'의 '사私'화의 방향"으로 총괄하여
정치적 무관심에 안주하는 사생활 향유를 비판한 내용이었다. 그리고 마
루야마는 1960년 안보에서 정치적 무관심이 타파된 것을 일본에 민주주
의가 뿌리를 내리기 시작한 징후라고 상찬했다.

그러나 요시모토는 이런 마루야마의 견해를 "의제 민주주의의 전형적
인 사고법"이며 "일본공산당의 정점에서 흘러나오는 일반적 조류를 훌륭
히 상징한다"라고 비난했다. 그리고 그는 이렇게 말한다(13권 67~68쪽).

패전의 암시장적 혼란과 자연권적 폐허 속에서 전체 사회보다도 부분 사
회의 이해를 무겁게 여기고, 부분 사회보다도 '사'적 이해 쪽을 중시하는
의식은 필연적으로 뿌리를 내려갔다. …… 마루야마는 이 사적 이해를 우
선시하는 의식을 정치적 무관심파라고 부정적으로 평가하지만, 실은 완
전히 반대이며, 이것이 전후 '민주'(부르주아 민주)의 기저를 이룬다. 이 기
저에서 좋은 징후를 인정하는 길 외에, 대전大戰 후의 일본 사회에서 인정
해야 할 진보는 존재하지 않는다. 여기에는 조직에 대한 물신 감각도 없
으며, 국가 권력에 대한 집중의식도 없다.

요시모토에 따르면 패전 후에 생긴, "사회의 이해보다 '사'적 이해를
우선하는 자립의식", 과거 마루야마가 비판했던 "무기력한 팡팡 근성"과
"노골적인 이기주의의 추구"야말로 진정한 "민주"와 다름없다(13권 68,
117쪽). 1960년 안보에서 자기에게는 죽음의 각오가 없었음을 자각한 그
는, 사적 이해를 우선시하는 것이야말로 신과 국가의 권위를 무화하는 자
립이라고 주장하기 시작했다.

마루야마는 앞의 인터뷰에서 시민은 직업 정치가와는 달리 부분적·
지속적으로 정치에 참가해 가야 한다고 이야기했다. 그러나 요시모토로
서는 정치에 참가한다면 전사할 때까지 싸워야 할 것이며, 부분적이며 지
속적인 참가 같은 것은 미적지근한 방관자의 태도와 다름없었다. 게다가

마루야마는 정치에 부분적으로 참가하는 시민을 재가 불교라고 표현했는데 이것이 요시모토를 더욱 자극했음은 상상하기 어렵지 않다.

요시모토는 자기가 〔전사〕할 각오가 없다는 것이 밝혀진 이상, 정치에서 전면적으로 철퇴할 수밖에 없었다. 그는 1961년에 「퇴폐에의 권유」頹廢への誘い라는 논고에서, 정치 집회에 갈 바에야 "낮잠을 자겠습니다"라고 말하며 "낮잠은 적어도 제로다. 전면 부정은 플러스다. 인민 민주주의 혁명이다. 구조적 개량이다. 반제 · 반스탈린 · 프롤레타리아 당을 만들어라 같은 것은 마이너스다"라고 선언했다(13권 76, 83쪽).

요시모토가 보면 사생활에의 몰입을 비판하는 마루야마의 사상은 "아아, 요시모토냐. 너는 자기 좋을 길을 가는구나"라는 전사자의 말을 상기시키는 것이었으리라. 요시모토는 공산당이든 마루야마 마사오든, "자기가 좋을 길을 가는" 것에 죄책감을 불러일으키는 존재는 부정하지 않을 수 없었다.

이 사상은 '사적인 것'이 '공적인 것'을 해체하는 것이었다. 이런 '사적인 것'의 지향은 패전 직후부터 사회 현상으로서는 존재했지만, 많은 전후 지식인은 그것을 비판하는 입장이었다. '사적인 것'이 '공적인 것'을 해체한다는 사상은, 고도 경제 성장의 입구에 해당하는 이 시기에 전후 민주주의를 비판하는 쪽에서 나타났다.

이렇게 해서 1960년 안보 이후에 요시모토는 방향 전환을 이루었다. 이후의 그는 이런 사적인 것의 상찬으로 모든 공적인 것의 이념을 해체해 간다.

국가에 대항하는 가족

1960년 안보 이후에 요시모토는 동료들과 잡지를 편집하는 한편, 많은 정치 평론을 쓰며 모든 정치 당파를 비판했다. 1960년대에 태어난 무당파 시민운동도, 요시모토에게는 공산당이나 사회주의 국가의 권위를 추수하는 운동에 지나지 않았다. 그는 베헤렌을 평하며 "사회주의 국가군에 대한 동반 운동입니다. 동반 운동이라는 것은 자립한 운동이 아닙니다. 그 자체로 하나의 세계를 포괄할 수 있는 운동은 아니다"라고 말한다(14권 473쪽).

원래부터 요시모토는 평화를 지향하는 운동을 선호하지 않았다. 그에 따르면 베트남 전쟁에 반대한다면 "남베트남 정부를 부수거나, 아니면 자기들이 부서지거나, 그 이외에 방도가 없다"라고 한다. 그러므로 일본에서 베트남 반전을 주장하는 자는 "안전한 '제3자'"이며 방관자에 불과하다는 것이었다(14권 625쪽, 13권 325쪽).

그러나 요시모토는 남베트남민족해방전선을 지지하는 자세를 취하지도 않았다. 요시모토가 보기에는 제3세계의 혁명 운동을 지지하는 것은 "고전 시대 레닌이 주장한 '제국주의'론의 모델 지역을 전 세계 속에서 찾아 헤매다가…… 후진 지역의 민족주의 투쟁에서 그것을 발견했다"라는 것에 불과했다(13권 161쪽).

1960년대 이후의 요시모토는 일본의 진보파가 질서에 대한 반질서에 불과하고 이른바 '질서의 보충물'이라는 시각을 취했다. 그런 구조 속에서는 "현실 운동을 하면 반드시 그 어느 쪽의 질서에 들어가 버린다"는 것이다(14권 429, 436, 437쪽). 전후의 우파와 좌파는 서로를 비추는 거울이며, 전쟁에서 "살아남은 주제에, 사자인 대중에 대해서 자기의 죄와 벌을 대치시키는 길을 모르는 스탈린주의 좌익·리버럴리스트"와 "완전히 죽지 못했던 우익"에 불과하며, "어떤 세력이 승리한다 해도, 그런 것에는 어떤 사상적 의미도 없다"라고 말한다(13권 193쪽).

요시모토에 따르면 "진짜 반질서라는 것은 질서가 있기 때문에 반질서가 존재할 수 있다는 것이 아니라, 질서와 절대적으로, 즉 정신적으로도 존재적으로도 충돌해 버리는 것"이었다(14권 426, 427쪽). 물론 요시모토에게 감성의 상승 지향으로 윤리와 논리를 갖게 된 것은 모두 질서이고, 신과 국가의 권위에 복종한 것이었다. 그리고 궁극의 반질서란 윤리와 죄책감이 주는 동요를 전부 떨쳐 낸 자립의 상태였다.

1960년 안보 이전의 요시모토는 목숨을 걸고 싸워서 사상과 행동의 뒤틀림을 해소하고, 이 세상에서 피안으로 간 사자인 대중으로부터 그런 반질서를 찾았다. 그러나 1960년 이후의 요시모토는 같은 대중이라는 말을 사용하면서도 그것을 전사자가 아니라 모든 '공'적 질서를 무화하는 '사'생활에서 찾아 갔다.

물론 그 사적인 존재는 마루야마가 주창한 바와 같은 근대적 책임 주체로서의 개인이나 시민은 아니었다. 16장에서 말하듯이 1960년의 베트남 반전 운동에서는 쓰루미 슌스케와 오다 마코토 등이 국가를 넘어서는 인간과 시민이라는 사상을 주창했다. 그러나 요시모토는 1966년 강연에서 "시민적 사회에서의 개인의 특수 원리를 존중하는 의식이라는 것은…… 근대 국가라는 것을 상정하지 않고서는 성립할 수 없는 것"이며 "개인 원리가 국가 원리를 넘어선다는 주장은 자기모순에 불과합니다"라고 주장했다(14권 154쪽).

그리고 요시모토는 위의 시민 비판에 이어서 "그러나 대중이라는 것은 그런 것이 아닙니다", "그것은 실로 국가 자체를 넘어 버린다"라고 강조한다. 그 대중이란 쓸데없는 것을 생각하지 않기 때문에 감성의 질서와 무관한 존재이며 정치적으로 무관심한 사적인 존재였다.

1963년의 평론 「묘사와 거울」描写と鏡에서 요시모토는 기존의 정치를 해체하는 것으로서 "대중의 정치적 무관심의 힘"을 상찬한다. 그에 따르면 "생산의 고도화가 촉진된 대중 사회의 힘"이야말로 "스탈린주의의 해체를 촉진했다"라는 것이며, 이것은 "긍정적으로 다루어야 할 상징"이라고 한다. 그리고 1961년에는 약자에 대한 죄책감을 불러일으킴으로써 당에 대한 헌신을 끌어내는 "'전위'적인 의사소통을 거부하고 실체가 있는 생활의 방향에서 자립하는" 것을 주장했다(13권 147, 148, 90쪽).

그러나 동시에 요시모토는 전쟁 중의 경험으로부터, 고립된 사적인 것에만 의거해서는 고립감과 죄책감에 대항할 수 없음을 알고 있었다. 거기서 요시모토가 발견한 공동성共同性은 과거에 그를 전사하지 않도록 말린 가족이었다. 요시모토는 1960년대 중기부터 가족과 연애 관계를 국가를 넘어서는 사적인 공동성으로 상찬한다.[45]

우선 1965년의 평론 「자립의 사상적 근거」自立の思想的根拠에서 요시모토는 독자적인 국가관을 제시한다. 그에 따르면 국가는 마르크스주의가 말하는 생산 양식의 발전 같은 것과는 관계없이 "그 자체의 발전 양식을 가진 환상의 공동성"이다(13권 271쪽). 물론 그가 말하는 "그 자체의 발전 양식"이란 그의 지론인 인성에서 신성으로라는 감성의 상승 지향이며, 쓸데없는 것을 생각하게 되어 버린 상태를 가리킨다. 그리고 1966년부터 요시모토는 '개인 환상', '대對환상', '공동 환상'이라는 도식을 제시하기 시작했다.

요시모토에 따르면 개인의 '개인 환상'이나, 국가를 비롯한 공동체의 '공동 환상'에 비해, '대환상'은 서로 간에 타자인 남녀의 연애가 만드는 것이며, 개인의식과 공동체의식의 어느 쪽으로도 분류되지 않는다. 그런 까닭에 근대 국가와 근대적 개인이 상호 의존 관계인 것과 달리 "집家이라고 하는 것은 대환상을 본질로 하는 까닭에, 개인 환상, 그리고 공동 환상으로서의 국가에 대해 특이한 위상을 가진다"라고 한다(14권 156쪽). 그것은 과거에 그가 자기 안으로 침잠하는 것과 타자에게 복종하는 것 사이의 양자택일을 배격하고, 자립을 주창했던 사실과도 닮았다.

물론 "집이라는 것이 대환상을 본질로 한다"라는 규정은, 연애결혼으로 성립하는 근대적인 가족을 전제로 했다. 요시모토가 위의 사상을 전개한 『공동 환상론』을 1968년에 출판했을 때, 인류학자 야마구치 마사오山口昌男는 이 저작이 고대의 공동체 의식을 논하는데도 요시모토가 말하는 가족은 근대적 핵가족이 아니냐고 비판했다. 그러나 요시모토 측은 야마구치를 "피라미 문화 인류학자" 등으로 비난할 뿐이었다.[46]

원래 요시모토는 1950년의 메모에서 "인간은 지배의 질서에 순치馴致된 정신의 질서를 갖는다"라고 말하며 "명예욕, 금전욕, 지배욕"을 든 뒤, "그러니까 성욕은 가장 순수하다"라고 주장했다(15권 169쪽). 그리고 『다카무라 고타로』에서도 다카무라가 신여성인 지에코와 이룬 연애생활을 일본 봉건제에 대한 대항으로 그렸다.

무엇보다 『다카무라 고타로』 시점의 요시모토는, 집의 존재를 그런 연애를 적대하는 일본 봉건제의 상징이라고 비판했다. 그러나 1960년대 이후로 요시모토는 집이 연애를 통해 만들어졌다고 간주하게 되어, 국가로부터 자립을 보장하는 공동성으로 상찬했다.[47] 그것은 요시모토 개인이 겪은 연애와 가정생활의 궤적과 일치하는 동시에, 고도 경제 성장 속에서 가족의 이미지가 급속히 변화한 시대 배경과도 부합했다.

그리고 요시모토에게 집은 국가뿐만 아니라 신에게도 대항하는 존재로 여겨졌다. 공동 환상을 제시한 1966년 강연 「국가·집·대중·지식인」國家·家·大衆·知識人은 『신약 성서』 「마태복음」의 "아버지나 어머니를 나보다 더 사랑하는 자는 내게 합당하지 아니하고"라는 그리스도의 말을 인용하면서 시작한다. 요시모토는 이 말을 "'신의 나라'와 '가족'은 저울의 양쪽에 걸려 있으며, 인간은 어느 한쪽을 택할 수밖에 없다"라는 의미로 해석한다(4권 455쪽). 물론 「마태복음」은 그가 「마태복음 시론」에서 신의 윤리를 비판하기 위해서 논한 문헌이었다.

그리고 요시모토는 가족의 공동성이 국가로 이어진다는 생각은 취하지 않았다. 1968년에는 "'가족'의 공동성을 아무리 끌어모아도 '사회'나 '국가'의 공동성이 될 리 없다"라고 주장하며 "가족 사회라던가 가족 국가라는 개념"을 사용하는 지식인을 비판한다(4권 461쪽).

요시모토의 『공동 환상론』은 이런 사상을 기반으로 기기 신화와 고대 국가를 비판적으로 논한 것이었다. 물론 이것은 기기 신화와 천황, 국가를 분리해서 생각할 수 없는 그의 세대적인 발상을 반영했다.

요시모토의 고대 지향은 이전부터 현저했고, 1952년의 시론에서도 "자아의 문제는 근대 정신의 계보가 아니라 원시 사회 제도 속 과거 인간의 자아 문제로서 풀어 내지 않으면 안 된다"라고 주장했다.[48] 자아의 문제를 근대 자본제의 문제라고 생각하기 일쑤였던 1952년에는 이런 주장이 거의 다루어지지 않았다. 그러나 1968년의 『공동 환상론』은 근대주의 비판의 흐름을 타고 젊은이들에게 평판이 좋았다.

그러나 요시모토의 글은 '자립'이라거나 '서정의 논리'라는, 독특한 감각적 용어로 가득 차 있으며, 논리 비약도 많았다. 그런 탓에 1960년대의 전투적인 학생들은 요시모토가 사생활을 상찬한 부분에는 주목하지 않고, 오로지 공산당이나 전후 민주주의를 비판한 부분과 국가나 천황제를 논한 부분을 읽고, 그를 공산당과 국가의 권위에 반항하는 급진적인 사상가로 간주했다.

그러나 당시부터 요시모토의 사상에 의문을 제기하는 자도 적지 않았다. 1960년대에 요시모토와 대담을 했던 상대가 이구동성으로 지적한 것은 요시모토의 시적인 발상과 종교성이었다.

예를 들어 다케우치 요시미는 요시모토의 논법이 "무척 문학적이랄까, 혹은 시적 발상"이라고 말했다. 쓰루미 슌스케는 모든 것을 "전면 부정"하여 순수함을 추구하는 자세에서 "무척 종교성을 느낀다"라고 지적하고, 요시모토의 의제 비판은 "'모든 가짜를 쓰러뜨려라'라는 슬로건으로 바꾸어 읽혀", "학생의 순수 취향과 결부되었다"라고 평했다.[49]

1966년 에토 준과의 대담에서 요시모토는 자기의 자세를 이렇게 이야기한다. 시대를 움직이는 것은 "죽을 때에는 가족, 형제만 있으면 충분하다는, 그런 곳의 사상"이며 "문학으로 말하면, 세계가 어떻게 되든지 내가 알 바 아니다, 시대가 어떻게 되든지 알 바 아니다. 단 시대가 있고 세계가 있다면, 그것은 내 속에만 있다는 그런 문학"이며, "자기 속에 세계를 집어넣었다는 듯한, 그런 것만이 움직인다"라고 말한다. 또한 "사상이라는 것은", "진짜로는 타자를 필요로 하지 않는" 것이며 "세계를 포괄할 수 있다면, 어떤 사태든, 누가 뭐라 하든 동요할 일이 없다"라는 것이었다(14권 445, 446, 444, 480쪽).

이런 그에 대해 에토는 "시는 세계를 없애는 것입니다", "실제로는 세계를 없애 버리기만 하면서 세계에 뭔가 기여하고 있다고 생각하는 사람들이 많다"라고 답하여, "절대적인 반체제라는 꿈은 역시 당신 스스로가 정치에 맡긴 시詩가 아닌가"라고 말했다. 그리고 요시모토는 민주주의의 신화를 비판했지만, 지금 젊은이들 사이에는 "요시모토 신화와 같은 것이 만들어지고 있다"라고 지적한다(14권 448, 443, 428쪽).

요시모토는 에토의 의견에 "단지 완전히 이르지 못한 까닭에 객관적으로 그렇게 보일지도 모른다"라고 말하며, 언어 표현으로서의 완성도를 좀 더 상승시키면 된다는 견해를 보였다(14권 448쪽). 그러나 감성의 상승 지향을 비판하고, 옥중 비전향의 공산당 간부를 "처음부터 현실 사회를 필요로 하지 않는다"라고 비난했던 것은, 요시모토 자신이었다.

하지만 앞에서 말했듯이 요시모토의 저작은 도저히 이해하기 쉬운 것이라고는 할 수 없었다. 당시 전공투계의 학생이었던 요시다 가즈아키吉田和明는 "우리 같은 보통 학생에게는, 읽어도 도저히 이해할 수 있을 법한 책이 아니었다. 그리고 사실 이해하지 못했다."라고 회상한다. 역시 당시의 대학생이었던 사회학자 사쿠라이 데쓰오桜井哲夫도 『공동 환상론』에 대해, "모르는 데도 무리해서 건너뛰며 읽고, 이해가 가는 아주 일부분으로부터 이 책을 이해한 척한 데 불과했다"라고 말한다.[50]

그럼에도 불구하고 요시다에 따르면 당시의 대학에서는 요시모토의 저작을 "가슴에 소중히 품고 걸어 다니는 여학생, 남학생의 모습이 유행했다"고 한다. 요시다는 학생들은 내용을 이해 못해도 거기 담긴 메타 메시지를 "시라도 읽듯이", "마음 깊이 느껴 버렸기" 때문이라고 말한다.[51]

분명 요시모토의 글에는 당시 청년들이 선호하던 요소가 다분히 포함되어 있었다. 윗세대의 위선을 비판하는 순수 지향, 괴멸적인 철저 투쟁을 주장하는 전투적 자세, 국가와 공산당이라는 권위에의 반항, 봉건적인 이에와의 대결과 연애 찬미, 그리고 자립이라는 슬로건. 게다가 무엇보다도 모든 권위를 부정하고 "자기 좋은 길을 걷는" 것을 정당화한다는 요시모토가 품고 있던 주제는, '시라도 읽듯이' 학생들에게 전해졌다.

이것 또한 요시다의 회상에 따르면 요시모토의 저작에는 "혁명을 향해서 전진해라, 같은 선동agitation은 한마디도 쓰여 있지 않았음"에도 불구하고, "다카쿠라 겐의 영화를 본 때와 같은 장쾌함을 느꼈다"라고 한다.[52] 13장에서 말했듯이 당시는 다카쿠라 겐이 주연하는 야쿠자 영화가 전공투 학생들 사이에서 인기를 모았다. 논쟁 상대를 비난하는 요시모토의 과격함이나 패배의 상처를 강조하는 자세, 전투적인 로맨티시즘도 그를 통쾌한 영웅으로 비추었다.

그리고 요시모토는 1959년의 평론에서 자기들 전중파를 전전파의 권위에 도전하는 반역의 아들이라고 표현했다(13권 490쪽). 이 당시 전공투의 젊은이들에게 널리 지지를 모은 사상가는 요시모토와 미시마 유키오였다. 이 두 사람은 모두 병역을 회피한 사실에 죄책감을 갖고, 죽음을 두려워하지 않고 싸운 황국 청년 이미지를 연출한 전중파였다는 공통점이 있었다.

전공투 운동의 절정기에 요시모토는 열광적인 팬들에 둘러싸였고, 장문의 요시모토 다카아키론을 쓰거나, 요시모토에게 편지를 쓰고 자살하는 자까지 나타났다. 한 팬이 자택까지 쫓아오자, 요시모토는 이 젊은이를 "자기중심으로 타자를 보지 못한다"라고 표현했지만, 그러나 동시에 "어느 정도는, 나의 그림자에도 이런 자질이 있다"라고 말한다(속10권 351쪽).

요시모토의 전공투 운동에 대한 평가는 "베트남 평화 운동 같은 것보다, 대학 분쟁 쪽을 '좋아'합니다"라는 것이었다(13권 685쪽). 폭도를 상찬하고 결과를 생각하지 않는 괴멸적인 철저 투쟁을 선호하는 요시모토로서는 당연한 반응이었다. 그는 모든 정치 당파를 비판하는 자세여서 당시의 학생 활동가에 대해서도 "마오쩌둥에 물든 바보 학생", "분수를 모르는 풋내기" 등으로 헐뜯었지만, 전공투 운동이 마루야마 마사오를 비롯한 지식인과 대립했을 때는 마루야마 등의 편을 공격했다(속10권 148, 147쪽).

그러나 요시모토의 상황 인식은 지극히 비관적이었다. 그는 1960년 안보에서도 투쟁의 한복판에서부터 이 투쟁은 패배하리라 생각했다고 한다. 그리고 미시마 유키오가 상찬하고 일부 전공투계 학생에게 평판을 얻은 2·26 사건에 대해서도, "테러리스트들은 세상살이의 요령이 없는 단순한 편집증적인 청년으로 보였을 뿐이다. 이해를 계산에 넣지 않고, 결과를 구상하는 것을 거부하고, 논리적인 사고와 계획을 결여했던 그들의 실행으로, 어느 정도 부르주아가 된 도시 서민이 움직일 리가 없었다"라고 썼다(8권 144쪽).

애초에 요시모토의 세계관에서 볼 때에, 투쟁에는 전사자, 패배자, 방관자의 세 종류 사람만 있었다. 승리를 외치는 자는 방관자이며, 전사가 불가능하다면 괴멸적인 철저 투쟁 뒤에 패배의 상처를 품고 살아가는 것만이 요시모토의 사상에서 용서받을 수 있는 방식이었다. 그리고 요시모토에게 공명했던 전공투의 젊은이들은, 마치 패배를 자기의 목적으로 삼기라도 한 듯이 괴멸적인 철저 투쟁을 했다.

전사로부터의 이탈

젊은이들이 가족의 만류를 뿌리치고 데모로 향했던 전공투의 시대에, 요시모토는 오로지 목숨을 걸고 싸우는 반체제 사상가로 인기를 모았고, 사적인 것과 집에 대한 상찬은 거의 주목받지 않았다. 그러나 그 흐름이 변화한 계기가 전공투 운동의 퇴조와 함께 발생한 1970년의 미시마 유키오 자살과 1972년의 연합적군 사건이었다.

1970년 11월에 자위대 이치가야市ヶ谷 주둔지에서 미시마 유키오가 자위대원들에게 봉기를 호소하고서 할복자살했다. 이 사건은 직접 행동을 주창해 온 전공투계 학생들에게 충격을 주어 "미시마 유키오가 선수를 쳤다"라는 반응도 있었다.

요시모토도 이 죽음에 충격을 받아서 "'너는 여태껏 뭘 했냐!'라고 윽박지르는 듯한 힘을 나에게도 갖고 있다"고 말했다(속10권 245쪽). 그러나 최종적으로 요시모토는 1960년 안보 때와 마찬가지의 반응을 보였다. 즉 전사하지 않고 살아남은 자기가 아니라, 사상에 목숨을 바치고 죽은 자를 비판한 것이다.

요시모토는 미시마의 죽음에 충격을 받았다고 인정하는 한편, "정치적 행위로서의 목적에 들어맞지 않는 우매함"과 "비참할 따름인 '격문'과 '사세'辭世로 지은 시의 형편없음"을 문학 표현으로서 비판하고 "지행이 일치하는 것은 동물뿐"이라고 주장했다(속10권 245, 248쪽). 원래 요시모토에게 사상과 행동이 일치하는 대중은 나무 열매나 풀을 먹고 살아가는 동물에 가까운 존재였다. 그러나 이런 미시마 비판은 윗세대의 면종복배를 공격하고 뒤틀림의 구조를 비판했던 요시모토가 미시마의 전사를 앞에 두고 자세를 전환해 갔음을 의미했다.

그 위에 더해진 것이 1972년 2월의 연합적군 사건이었다. 과거 요시모토는 1960년 안보에서 죽음을 각오하고 싸운 전학련 주류파를 상찬했다. 그러나 연합적군 사건에서 그는 전사한 젊은이들에게 다른 태도를 보였다. 1972년 7월 요시모토는 「연합적군 사건을 둘러싸고」連合赤軍事件をめぐって라는 강연에서 이렇게 말한다.[53]

저도 생각하기 싫지만, 전쟁 중에는 동년배 혹은 그 밑 연배의 사람들은 군대에 들어가서 거기서 곡예사輕業師 같은 훈련을 하고, 그런 사람들이 차례로 비행기를 타고, 자폭해서 죽어 버렸습니다. 그런 것을 목격하고…… "이놈들한테는 아무리 생각해도 이길 수가 없다"라는 열등감이 마음에 요동칩니다. 그러면 더 이상 버틸 수 없게 됩니다. …… 나는 학교에 가서는 안 되지 않나 하고 고민했습니다.
그런 때에 그건 아니다 라고 잘라 말할 근거를, 그 당시의 나로서는 내세울 수 없었습니다. 나는 전후에 철저히 그 문제에 대해 사고했다고 생각합니다.

그리고 그로부터 3개월 뒤에 요시모토는 「전후사상의 퇴폐와 위기」戰

後思想の頽廃と危機라는 강연에서 다시 연합적군 사건을 논했다. 그는 거기서 이렇게 말한다.[54]

…… 무엇이 가장 중요한 전후 과제가 될 수 있었냐면, 요약하자면 '공적인 것'보다도 '사적인 것' 쪽이 소중하다는 것, 국가보다 대중의 개개인 쪽이 소중하다, 즉 '내'가 내일 어떻게 되는지가 국가가 내일 어떻게 되는지보다 중요하다는 것은 최소한의 양해 사항이었다고 생각합니다.
…… 그런데 전후 수십 년이 지나…… '공적인 것' 쪽이 '사적인 것'보다 소중하다거나, 국가가 어떻게 되는지가 '사적인 것'보다 소중하다는 식으로, 이데올로기의 여부를 불문하고 점점 그렇게 되어 버렸습니다.

과거 1960년에 마루야마 마사오를 전후사상의 대표 격이라 간주하고 그에 대항해서 사적인 것을 우선시하는 논리를 내세운 것은 요시모토 자신이었다. 그 요시모토가 1972년에는 사적인 것을 우선시하는 사상이야말로 전후사상이라고 주장하기 시작했다.

이렇게 해서 사적인 것이 공적인 것을 해체한다는 논리는, 1960년에 전후사상의 비판으로서 등장해, 1972년에는 전후사상의 지위를 획득했다. 이것은 요시모토가 사생활의 몰두에 죄책감을 초래하는 전사자의 존재에 대해 "그건 아니다"라고 잘라 말하며 "자기가 좋을 길을 간다"는 선언을 한 것과 다름없었다.

그것은 동시에 전사자의 기억으로 고민해 온 요시모토의 전후가 끝났음을 의미했다. 연합적군 사건을 계기로 정치의 계절은 끝나고, 고도 경제 성장 속에서 확산되었던 생활 보수의 흐름이 최종적으로 정착하기 시작했다. 이렇게 해서 사적인 것의 우선이라는 새로운 전후사상은, 전후의 끝과 함께 출현한 것이다.

이런 요시모토의 전후사상은, 과격화된 신좌익 운동에 실망하고 생활로 회귀하고자 했던 젊은이들의 공명을 모으기 쉬웠다. 게다가 요시모토는 공적인 것에의 관심이나 약자에 대한 죄책감을 떨쳐 내고 가정생활에 몰두하는 것이, 국가를 넘어서는 궁극의 반질서이며 자립이라는 논리를 쌓아 올렸다. 이 사상은 과거 요시모토의 전투적 자세에 공명하여 전공투 운동에 참가하고 패배의 상처를 입은 젊은이들이, 1970년대 이후에 '뉴 패밀리'를 만들어가는 조류와 합치했다.

이후의 요시모토는 대중 소비 사회를 긍정하는 평론을 쓰는 한편, 모든 정치 운동을 지속적으로 비판했다. 제3세계에 대한 착취 비판도, 아시아에 대한 전쟁 책임론도, 요시모토의 눈에는 죄책감을 불러일으키는 새로운 신의 창출로 비쳤다. 1980년대의 반핵 운동이나 반원자력 발전소 운동에 대해서도 그는 강하게 비판했다. 무엇보다도 공산당이나 정치 당파의 권위가 실추되고 풍요로운 사생활에 대해 처음부터 죄책감을 갖지 않는 세대가 대두하자, 요시모토의 사상은 차례로 영향력을 잃어 갔다.

이 장의 첫머리에서 말했듯이 요시모토의 사상은 그의 독자적인 것이라기보다는, 그의 세대인 전중파의 특징을 종합했다는 측면을 갖는다. 그와 동시에 '대중의 생활'이라는 입장에서 좌파 지식인의 이념을 공격한다는 자세는 후쿠다 쓰네아리나 고바야시 히데오를 비롯한 보수론자들에 가깝다. 자기 내부에 있는 이상의 채찍을 견디지 못하고 진보파에 대한 비판을 행한 점, 그리고 철저한 정치 참가냐 완전한 무관심이냐의 양자택일을 지향한 점에서, 요시모토의 자질은 세대는 다르지만 후쿠다 쓰네아리와 공통되었다고 할 수 있다.[55]

그러나 요시모토의 특징은 시인다운 언어에의 집착과 죄책감을 불러일으키는 권위에 대한 반감에서 오로지 전투적인 반질서의 자세를 지속적으로 취한 데 있었다. 요시모토의 근저에 있었던 생활 보수주의적 요소는 이런 전투적 자세에 가려서 1980년대까지는 그다지 눈에 띄지 않았다. 아마 그 스스로도 자기의 지향성을 완전히 자각하고 평론을 쓴 것은 아니었으리라. 그의 사상이 전공투 운동에서 선호되고 대환상론이 일본의 페미니즘feminism을 촉발시킨 현상도, 어쩌면 요시모토가 예상하지 못

했던 일이었을지도 모른다.[56]

요시모토는 앞에서 말했듯이 1958년의「전향론」에서 나카노 시게하루의 소설『촌락의 집』을 상찬했다. 이 소설에서는 프롤레타리아 문학운동으로 체포된 뒤에 전향을 선언하고 출옥한 주인공이 고향의 아버지에게 다음과 같이 경멸당한다. "네가 잡혔다고 들었을 때에 아버지는 네가 죽어서 돌아올 것이라 생각하고 모든 것을 처리해 왔다", "그래서 네가 전향했다고 들었을 때는, 어머니도 엉덩방아를 찧으며 깜짝 놀랐다", "요즘 쓰는 것은 이것도 저것도 다 전향의 변명 아니냐. 그런 것을 써서 뭐하냐."

아마도 요시모토는 아버지의 설득으로 병역을 회피했을 때, 이것과 유사한 굴욕을 느꼈을 것이다. 그리고 자기의 저작이 전사하지 못한 데 대한 변명이 아니냐는 의문을, 잠재적으로는 품었을 것이다. 그러나 이『촌락의 집』의 주인공은, "잘 알겠습니다만, 역시 써 가고자 합니다"라고 대답한다. 요시모토는 이 자세를 절찬했다. 그리고 그는 1960년 안보나 1972년 연합적군 사건을 통해 전사의 정경에 직면할 때마다, "자기 좋을 길을 가는구나"라는 전사자의 목소리를 떨쳐 내는 글을 지속적으로 써 갔다.

그리고 그런 요시모토의 저작은 동시대에 많은 사람들로부터 환영받았다. 그것은 고도성장 속에서 권위와 죄책감의 제약을 뿌리치고 자기 좋은 길을 걷는 것을 정당화해 줄 사상을 기다렸기 때문이다. 자기 좋을 길을 걷는다는 그 바람은, 혹은 전공투 운동을 비롯해 권위에 반항하는 형태로, 혹은 죄책감을 벗어나 사생활에 몰두하는 형태로 각각 표현되었다. 요시모토의 사상은 그런 움직임을 촉진하는 촉매로 기능했다.

어떤 의미에서 요시모토 사상의 매력은 다양한 모순을 혼연渾然히 포함한 점에 있다. 거기서는 철저 투쟁을 말하면서 사생활에 몰두하는 것이 궁극의 반질서로 여겨졌다. "대중의 원상을 투입하자"라면서, 타자를 필요로 하지 않는 초월에 도달하는 것이 지향해야 할 "자립"으로 여겨졌다.

사람들은 그런 혼돈 속에서 그때그때 자기의 바람에 응답해 주는 말을, 시를 읽듯 발견할 수 있었다. 그리고 그런 사람들의 바람에 지지를 받으며 민주주의의 신화를 비판한 요시모토는, 그 자신이 신화가 되어갔다.

요시모토는 요네자와 시절의 시인 「원자 번호 2번」에서 다음과 같이 노래한다(15권 36쪽).

너희들이 생각하고 고민하는 것 따위
전부 공중의 누각입니다
잘 보아라 너희들은 모두
각각의 그림자를 그대로
찾아서 그대로 괴로워하는 것입니다

요시모토는 자기 자신의 죄책감에서 해방되고자, 전후사상이 쌓은 공적인 것의 논리를 해체했다. 고도 경제 성장 속에서 혁신 내셔널리즘이 퇴조하고 전후사상의 윤리적 기반이었던 전사자의 기억이 희박해지는 와중에, 사적인 것의 우선이야말로 전후 민주주의라는 인식이 이윽고 광범위하게 유포된다. 그리고 그 속에서 마루야마 등이 주창한 민주와 애국의 결합이 다시 절단되었다.

15

시취屍臭에 대한 동경

에토 준

귀국하면 야스쿠니 신사 근처에서 살고 싶다.

에토 준

"지금, 저 문을 열고 밖에 나가면, 죽은 병사가 더러운 군복을 입고 정렬해 있을지도 모른다. 너는 문 안쪽이 현실이라고 생각할지 모르겠지만, 이것은 꿈이고, 밖에 정렬한 군대가 실재다. 그래. 그럴 것이 뻔하다."

에토 준은 1965년의 평론에서 이렇게 말한다.[1] 그는 전후 일본의 대표적인 문예 평론가 중 한 사람이자 보수 논객으로 알려져 있다. 이 장에서는 에토에 대해 논함으로써, 패전 직후의 올드 리버럴리스트와는 다른 고도성장기 이후의 보수 논조가 지닌 특징을 검증한다.

결론부터 말하자면 에토는 그 성장 과정의 우연성으로 말미암아, 국가를 이야기함으로써 개인의 아이덴티티에 대한 갈망을 채우는 새로운 보수 논조를 만들어 냈다. 에토는 이미 1970년부터 자기 동일성(아이덴티티identity)이라는 말을 사용했는데, 이런 말로 국가를 이야기하는 현상은 과거의 보수론자들에게는 없었다. 그리고 그것은 전후사상의 윤리적 기반이었던 전사자의 기억이 보수 내셔널리즘의 수중에 들어가는 과정과도 겹쳐졌다.

죽음의 세대

에토 준은 만주 사변 이듬해인 1932년에 태어났다. 요시모토 다카아키의 경우와 마찬가지로, 에토를 검증하기 위해서도 우선 그가 속한 세대의 일반적인 경향에 대해서 말해 두겠다.

소국민小國民 세대 등으로도 불리는 이 세대는 패전 시에 10세 전후에서 10대 초반이었다. 패전 시에 31세였던 마루야마 등의 전전파(이 호칭은 마루야마 등의 세대가 자칭한 것은 아니었지만)는 물론, 패전 시에 20세였던 요시모토 등의 전중파보다도, 더욱더 빈틈없이 전쟁과 황국 교육에 물들어서 자라난 것이 이 소국민 세대였다. 1943년『도쿄부 중등학교 입학 안내』東京府中学校入学案内에는 당시 중학교 면접시험에서 나온 구두 문제의 사례로 다음과 같은 것이 게재되어 있다.[2]

"지금 일본군은 어디쯤에서 싸우고 있습니까. 그중에서 가장 추운 곳은 어디입니까. 당신은 거기서 싸우는 군인들에 대해서 어떻게 느낍니까. 그럼, 무엇을 해야 할까요.", "영국과 미국을 이기기 위해서는 어떻게 해야 합니까. 당신은 어떤 식으로 절약을 하고 있습니까.", "일본의 군대는 전사할 때 뭐라고 말합니까. 왜입니까. 지금 당신이 은혜를 입고 있는 사람을 말해 보세요. 어떻게 하면 그 은혜를 갚을 수 있습니까."

이런 질문은 아동 한 사람 한 사람에게 "너는 무엇을 할테냐"라는 윤리적인 물음을 들이밀고 고백을 요구하는 것이었다. 1930년생인 사토 다다오는 중학교 수험을 위한 구두시험 모의 연습에서 실패한 체험을 이렇게 회상한다.[3]

구두시험 연습에서 "일본에 태어나서 행복한 점이 무엇인가"라는 질문을, 많은 친구들 앞에서 받았다. 너무나 추상적인 문제여서 나는 대답하지 못했다.

…… "왜 일본은 지나를 응징해야 하는가"라든가 "ABCD포위진이란 무엇인가"라든가, "비행기는 어떻게 하늘을 나는가"라는 문제라면 자신 있었지만, '일본에 태어난 행복'이라는 너무나도 뻔한 관념은, 대체 어떤 말로 대체하면 좋을까. 나는 갈피를 잡을 수 없어 그 자리에 못 박힌 듯 서 있었다.

질문을 한 선생님은 이윽고 '질렸다'는 얼굴로 나에게 착석을 명했다. 그 옆에서 나의 담임 선생님이 부끄러워서 견딜 수 없다는 표정을 하고 시뻘건 얼굴로 나를 노려보고 있었다.

…… 그것은 가장 괘씸한 짓이었다. "만세일계의 천황을 모시고 있으니까"라는 단순 명쾌한 모범 해답이 준비되어 있었기 때문이다. …… 나는 해질녘까지 교실에 남겨졌다.

해가 지고, 아무도 없는 아직 전깃불도 켜지 않은 조용해진 소학교. 그것은 지독하게 기분이 나쁜, 정체를 알 수 없는 압박감과 고독감이 절절히 느껴지는 장소였지만, 이윽고 나타난 담임 선생님은 인정사정없는 차가운 말투로 "그런 질문에 대답을 못하는 **불충자**에게는 공부를 계속할 자격이 없다"라고 내뱉고, 내 얼굴을 보려고도 하지 않았다. 귀가를 허락받고 완전히 어두워진 교정을 혼자 가로지르면서, 나는 이 '**부끄러움**은 가족에게는 얘기할 수 없다'라고 생각했다.

그것은 실로 일종의 이단 심문이었다. 사토는 이후에 "나는 불충자가 아닐까"라는 의심에 사로잡혀서 그것을 떨치기 위해 예과련에 지원했다. 당시 소년들의 상식이었던, "어차피 전부 군대에 들어가서 죽을 테니까"라는 생각을 가졌던 사토는 예과련의 합격 통지를 받자 가장 먼저 "과거에 나를 **불충자**라고 매도한 선생에게 달려가서 알렸다"라고 한다. 그리고 "'축하한다. 너는 중학교에 안 간 것이 오히려 잘한 일일지도 모르겠네'라는 선생의 말에 나는 흠뻑 행복을 느꼈다"라고 말한다.

그러나 패전은 금세 찾아왔다. 전쟁에 헌신하는 것 이외의 가치관을 알지 못했던 소년 소녀들에게, 그것은 세계의 붕괴를 의미했다. 자기를 질타했던 교사가 변모하여 미국과 민주주의를 찬미하기 시작한 충격도 컸다.

에토와 같이 1932년생인 오다 마코토는 1951년에 자기 세대를 "평화의 도래를 오히려 기이한 감정으로 맞이한, '기묘'한 세대"라고 표현했다.[4] 1965년 오다는 패전 시를 회상하며 이렇게 쓴다.[5]

나보다 10살 많은 사람이라면, 아무리 아둔해도, 적어도 인간에게 (혹은 일본에게) 평화가 **정상인 상태**이고, 전쟁이 **이상한 상태**라고 생각했음에 틀림없다, 고 ― 인간은 누구든지 그렇게 생각한다. 아니, 틀림없이 그렇게 생각할 것이라고, 지금에 와서 나는 생각한다.
그러나, 그때의 나는 그럴 수 없었다.
내가 아는 것은 전쟁뿐이었다. 나는 평화를 알지 못했다. 그것은 책으로 읽을 수 있고, 남의 이야기로 들을 수는 있었다.

그러나, 현실에서 내 손으로 잡을 수 없는 것이었다.

즉, 평화는 허구였다.

전쟁은, 그에 반하여 현실이고, 진실이었다.

오다는 나아가 고도성장하의 풍경에 대한 위화감을 이렇게 말한다. "돌연히, 모든 것이 허구로 보일 때가 있다", "건물들이 예쁘게 늘어서고, 빌딩이 들어서고, 네온사인이 아름답게 반짝이고, 자동차 행렬이 이어지는—그 거리의 풍경이 전부 허구로 보일 때가 있다."

이런 오다가 유일하게 현실감을 느낀 대상은 전사자였다. 공습으로 불탄 기왓장과 인간 사체의 퇴적물이 30센티미터 정도의 두께로 거리를 덮었던 모습을 회상하며 오다는 이렇게 말한다.

거대한 면적의 불탄 폐허가 있었다. 그 면적 위에 빼곡하게 쌓인 30센티미터의 높이 — 그것을 처분해 버리기 위해서는 노력과 에너지가 필요했을 것이다. 전후 20년 가까이, 우리는 그것을 해 온 것이다. 그리고, 노력한 보람이 있어서 그것은 사라졌다.

집, 사무소, 공장들은 마치 처음부터 30센티의 높이가 없었던 것처럼 지면 위에 서 있다.

아무것도 모르는 듯이 늘어서서, 그리고 그 속에서 아이가 태어나고 소년이 소리치고 청년이 일을 하고 있다.

물론 그들은, 만약 그들이 조금 더 빨리 태어났다면 그들의 발과 땅 사이에 그 기묘한 30센티미터의 높이가 존재했으리라고는 꿈에도 생각지 못할 것이다.

또한 앞으로 어쩌면 그것이 발과 땅 사이에 어느새 몰래 끼어들지도 모른다는 생각은 한 적도 없을 것이다.

그건 그것대로 괜찮다.

나도 그렇게 생각한다. 그러나 가끔씩 내 눈에는 그것들이 모두 다, 집도 사무소도 공장도 그 속의 아이, 소년, 청년도 허구의 산물로 보인다.

그리고 내 눈은 유일한 진실로서 그 30센티미터의 높이를 받아들인다.

나는 되뇌인다.

그것은 어디로 갔지?

누가, 어디로 치워 버렸지?

그리고 무엇을 위해서?

오다가 이 평론을 쓴 1965년은 에토 준이 이 장 첫머리에 인용한 글을 쓴 해이기도 했다. 오다와 에토는 정치적 입장의 차이에 불구하고 세대적인 공통 심리를 품고 있었다.

그리고 "무엇을 위해서"라는 물음은, 패전으로 가치관의 붕괴를 체험한 이 세대로서는 벗어날 수 없는 것이 되었다.

10세에 패전을 맞이한 오에 겐자부로는, 24세였던 1959년에 이렇게 쓴다.[6] "무엇을 위해 죽는가, 무엇을 위해서 살아가는가? 나라를 위해서, 나라님을 위해서, 라는 확실한 대답이 가능한 시대가 있었다. …… 이, 나라를 위해서라는 목적의식이, 어쨌든 간에 일본인에게 희망과 같은 것을 주었다고 생각한다."

황국 소년이었던 전시 중의 오에는 하얀 날개를 단 천사 같은 천황이 공중을 나는 꿈을 꾸면서, 병사로서 20세 전에는 죽을 것이라고 생각했다. 그러나 그는 전후에 "과거에 장밋빛 환영으로서 바랐던, 이 황금의 20세를 지극히 허무한 느낌과 함께 현실로부터 받아들여야" 했다. 1960년 25세의 오에는 이렇게 말한다. "평화로운 시대에 청년으로 살아가는 괴로움이란, 이 개인의 눈의 자유라는 형벌을 진 고독한 청년의 고뇌다. 그는 용기를 갖고 이 형벌을 견뎌야 하지만, 전쟁 시대에 청년의 용기를 국가나 천황 등이 뒷받침해 준 것과 같은 사정이, 1960년의 일본인 청년에게는 없다."[7]

오에의 초기 소설은 이런 청년을 주인공으로 삼은 것이 많다. 1962년

의 『늦게 온 청년』遲れてきた靑年은 문자 그대로 전쟁에 늦게 온 청년이 전후 사회 속에서 번민하는 이야기였다. 1964년의 『일상생활의 모험』日常生活の冒險은 주인공이 아랍의 의용군에 참가하여 마지막에는 자살해 버린다. 오에는 1963년의 「나 자신 속의 전쟁」ぼく自身のなかの戰爭이라는 평론에서 이렇게 쓴다.[8] "나는 가끔 나의 내부에서 전쟁을 향한 동경을 발견했던 자이며, 수에즈 전쟁 때는 대학 친구들과 의용군 모집의 소문을 쫓아간 적도 있다. 그것도 단적으로 말하자면 이 '광대한 공생감共生感', 연대의 감정을 동경한 것에 불과함을, 지금의 나는 확실히 알 수 있다."

비슷한 불안감을 품었던 사람이 1932년생인 이시하라 신타로다. 13장에서 말했듯이, 이시하라는 24세였던 1956년의 좌담회에서 "대단히 공회전을 하는 듯한, 허탈감이 있습니다", "공회전하므로, 연대성을 갖지 못하는 것이다", "어떻게 해야 사회적인 것과 결합되는지를 항상 생각하지만, 어떻게 생각해도 나오지 않는 것입니다"라는 발언을 반복한다.[9]

그리고 이 좌담회에서는 미시마 유키오가 이시하라를 향해 "전쟁 덕분에 우리들은 불안에서 벗어났다", "아마도 이시하라 씨 등의 세대로부터, 현대의 불안이 시작될 것이다"라고 말한다.[10] 죽음의 미학을 그린 미시마는 전사에 대한 동경이 각인된 소국민 세대에게 인기를 얻은 작가였다. 앞으로 말하게 되듯이 오에, 오다, 그리고 에토도, 미시마에게 강한 공감과 반발을 품었다.

단 위에서 한 미시마의 말은 전중파의 전형적인 발언은 아니며, 병역을 회피했던 그 특유의 것이기도 했다. 좌담회의 참가자들로부터도 "미시마 씨는 불안이 없다고 말했지만, 그건 미시마 씨의 특수한 사례가 아니었는가"라고 반론당해, 미시마도 "그럴지도 모른다"라고 인정한다.[11]

그러나 죽음에 대한 미시마의 낭만적인 감각은 실제 체험을 결여했기에, 전쟁을 모르는 젊은이들에게는 오히려 인기가 있었다. 그리고 오에와 이시하라의 세대도 실제로는 군대나 전장을 경험하지 않았으며, 따라서 현실 군대의 추악함과 직면하는 경험도 적었다.

그런 탓에 그들이 지닌 전쟁관의 순진함은, 윗세대에게 비판받았다. 병역 미경험자인 요시모토 다카아키조차 1959년에 이시하라나 오에 그리고 에토의 낭만주의romanticism를 비판하며 "그들의 의식에는 살육에 참가하지 않았던 자만이 갖는 살육 동경이 잠재적으로 둥지를 틀었다", "오에 겐자부로의 『우리들의 시대』我らの時代의 표현을 빌리자면 '그 영웅적인 싸움의 시대에 젊은이들은 희망을 갖고 희망을 눈과 입술에 가득 채웠다'라는 식으로 생각하는 것이다"라고 말한다.[12]

또한 같은 세대 중에서도 공습과 기아를 체험한 도시 출신자와, 전쟁의 피해가 적었던 지방 거주자 사이에는 감각의 차이가 있었다. 전시 중에 홋카이도와 쇼난湘南에 있었던 이시하라, 시코쿠의 산촌에 있었던 오에, 가마쿠라鎌倉의 친척 집에 피난을 갔던 에토 등은, 개인적으로는 그다지 참혹한 전쟁 체험을 하지 않았다. 다음 장에서 검증하듯이 이 세대 중에서도 오사카 공습을 경험한 오다 마코토의 전쟁관은 낭만적 요소가 희박하다.

때문에 이 소국민 세대는 전쟁으로 상처를 입었지만 전쟁 체험의 가혹함을 이야기한다는 판에 오르면, 자기들이 연장자보다 뒤처진 지위에 놓일 수밖에 없다는 딜레마를 품고 있었다. 게다가 전쟁 체험에 집착하는 전중파에 대한 반발이 더해져서 자기들은 전쟁의 상처와는 무관한 전후파라고 강조하는 경향이 보였다.

예를 들면 이시하라 신타로는 1956년 좌담회에서 전중파의 미시마 유키오나 홋타 요시에 등이 전쟁 체험담에 열을 올리는 것에 반발하여 "오늘 좌담회에서는 완전히 외부인으로, 듣고 있자니 참으로 따분하다", "전쟁이 나에게 드리운 그림자는, 전혀 없습니다"라고 말한다. 에토 준도 앞에서 말한 1965년의 평론에서 전중파에 흔히 보이는 "군가 연주와 같은 회고적 전쟁 문학의 감상感傷을 혐오하는 바이다"라고 말했다.[13] 요시모토 등의 전중파가 전쟁 체험을 내세워 마루야마 등의 전전파를 공격한 데 비해, 이시하라나 에토 등의 소국민 세대는 전중파의 발판인 전쟁 체험론을 감상이라고 비판한 것이다.

그렇지만 이 세대는 전후에 태어난 사람들과는 달리, 전쟁 탓에 그 나름대로 상처를 입었다. 다케우치 요시미는 1960년의 전쟁 체험론에서 "자기는 완전히 전쟁과 무관하다고 주장하는 세대마저 나타났다. 나는 그 주장에 동의하지 않는데, 자기를 전쟁에서 떼어 놓고자 하는 심리 그 자체가 오히려 전쟁의 상처와 무관하지 않다고 생각한다"라고 말한다.[14] 그리고 에토 등도 한편으로는 전중파의 감상적 회고를 혐오하면서도, 죽은 군인이야말로 실재實在라고 주장했다.

때문에 이시하라 신타로 등은 젊은 시절에는 전중파의 전쟁 체험담에 반발했지만, 자기가 연장자가 되었을 때는 전후 세대에게 전쟁 체험을 이야기하는 경향도 보였다. 이시하라는 1959년에 윗세대의 "눈물샘을 자극하는 전쟁의 상처"나 "좋았던 옛 시절Old Good Age의 재생restoration"이라는 소망을 비판했다. 그러나 1981년이 되면 "어린이 나름의 감각으로 '전쟁'이라는 것을 체득할 수 있었던 점은 소중했습니다"라고 말한다.[15]

나아가 이 세대의 또 한 가지 특징은 미국에 대한 복잡한 감정이었다. 중학교 시절의 오에 겐자부로가 미제 초콜릿에 대해 동경과 굴욕이 뒤섞인 감정을 품었던 것은 7장에서 말했다. 1931년생인 혼다 가쓰이치가 베트남 전쟁을 취재하면서 미군이 던져준 식량을 받아먹는 베트남 아이들과 패전 직후의 일본 아이들—그 자신의 세대—을 겹쳐서 생각했던 점도 13장에서 말한 대로다.

오에가 1966년에 쓴 에세이에 따르면 "철이 들었을 무렵부터 계속해 미국이라는 말이 일으키는 착잡하기 그지없는 콤플렉스 속에서 살아왔다"라고 한다. 그의 미국상像은 전시 중에 교육받은 "강간하고 살육하는" 미국으로 시작해서 패전 직후에는 "민주주의의 미국, 아낌없이 계몽적인 밝은 미국"으로 바뀌었고, 거기다 한국 전쟁으로 "살육하는 미국의 환영이 되살아난다"라는 변천을 거쳤다. 그는 대학 시절에 스나가와 투쟁에 참가했을 때도 철조망 너머에 있는 풍요로운 미군 숙사를 보고 "콤플레이

크가 야기했던, 부끄러움과 욕망이 뒤섞인 고뇌의 기분이 생각났다"라고 말한다.[16]

그리고 미국은 그들의 자화상을 결정하는 타자이기도 했다. 오에는 고교생 시절에 미국의 여학생 그룹과 이야기를 나누었던 일화를 이렇게 쓴다.[17]

그녀들이 '미국의' 만화책을 보여 준다. 안경을 쓰고 이빨이 튀어나온 짧고 뚱뚱하며 추악한 인간이 그려진 것을 보고, 이것은 조선인인가? 라고 내 친구 중 하나가 천진하게 물었다. 아니, 일본인이다, 라고 여학생은 역시 천진하게 대답한다. 이 만화는 무척 당신들과 닮았다, 라고 여학생들은 우리를 손가락으로 가리키며 웃었다. 거기서 나는 내 생애 처음으로 자국 인간이 아닌 자의 눈으로 자기 자신을 보았다.

1967년 오에와 에토의 대담에서 오에는 자기가 불문학을 전공한 이유로 "어릴 때부터 미국적인 것에 너무나 깊이 침투당했다는 느낌이 있었기에, 그것에 대항하여 제3자로서의 불문학을 발견하고 싶다는 기분이 있었다"라고 말한다. 에토도 "같은 이유"에서 한 번은 불문과 진학을 생각했지만, "미국 문학은 싫지만 영국England 문학이라면 괜찮겠다고 생각해서 영문과로 갔다"라고 답했다.[18]

오에도 이시하라도, 그리고 에토도, 각각 '사회적인 것'과 이어지려는 지향을 품고 1960년 안보 투쟁에 가세했다. 13장에서도 말했듯이 이시하라는 「찔러 죽여라!」라는 에세이를 쓰고 전학련 주류파 학생 중 일부에게 지지를 받았다. 오에는 전쟁 때 꿈꾸었던 "'광대한 공생감'을, 나는 지극히 축소된 형태로나마 안보 투쟁 때 느낀 것 같았다"라고 안보 투쟁 후에 썼다.[19]

그러나 그 후 그들은 대조적인 코스를 걸었다. '민주'와 '애국'이 공존했던 안보 투쟁 후, 오에와 오다는 민주 쪽으로, 이시하라와 에토는 애국 쪽으로 각각 분열해 갔다.

이시하라의 경우에 애국으로 기운 계기는 베트남 전쟁이었던 듯하다. 안보 투쟁 후에 그는 닛세이극장日生劇場의 중역에 취임하거나 태평양 횡단 레이스에 참가하는 등, 예술과 스포츠에서 공회전의 극복에 힘썼다. 그러나 1966년에 남베트남 취재에 나선 그는, 귀국 후에 「조국에 대해서」祖国について라는 논고를 발표했다. 그는 거기서 국가의 운명을 걸고 싸우는 베트남과 미국의 병사들을 견문하고 "나는 무엇보다도 조국 일본만을 생각했다"라고 말한다.[20]

이시하라는 이「조국에 대해서」에서 "국가의 이념과 나의 이념이 겹치고, 국가의 목적과 나의 목적이 겹쳐져, 그 목적을 위해 양자의 행위가 겹쳐진다는 행복이야말로, 청년의 지복임에 틀림없다"라고 말한다. 그러나 "국가의 역사에 대한 참가라는 점에서는 현대의 청년은 비운에 처했다고 할 수 있다"라는 것이다. 이시하라는 이후 1968년 7월에는 참의원 전국구에 출마하여 최다 득표로 당선, 자민당의 최우파最右派로서 청풍회青風会를 조직해 간다.

그리고 이시하라는 메이지의 군인들을 동경했다. 이시하라는 「조국에 대해서」에서 전시에 군신軍神이라 칭해졌던 러일 전쟁의 히로세 다케오広瀬武夫 중좌中佐(중령에 해당-옮긴이)를 청년의 이상으로 들며 이렇게 말한다.

…… 과거의 시대에는 히로세와 같이 가장 복된, 아름다운 청년들이 잔뜩 있었다.
국가의 역사는, 그들이 그것을 쉽게 손에 넣을 만한 거리에 있었다.
그리고 지금, 일본의 역사가 우리 청년들을 되돌아보지 않는다고 대부분의 청년들이 믿으며, 절망한다.
현대 문학의 큰 명제도 그것이다. 대체 얼마나 많은 문학이 국가, 사회, 역사, 문명으로부터 소외되어 좌절하고 절망하는 청년들을 그려 왔던가.

어느 작가는 자살이야말로 청년으로서의 유일한 행위다, 라고까지 썼다. 그러나 그런 문학의 비명이 현대병의 허망한 강매押し売り가 아니라고 과연 말할 수 있을까.

　여기서 이시하라가 비판하는 "어느 작가"의 작품이란, 오에 겐자부로의 1959년 소설 『우리들의 시대』われらの時代이다.

　그리고 오에는 이런 이시하라와는 정반대로 대립하는 길을 걸었다. 4장에서 언급했듯이 오에는 평화 헌법을 전전의 일본을 대신하는 국가 이념으로 간주함으로써 '국가의 이념과 나의 이념'을 일치시키는 방향을 모색했다. 위와 같은 이시하라의 비판에 대응하듯이, 오에 쪽은 이렇게 말한다.[21]

…… 어느 청년 작가가, 주간지에 "젊은이라면 누구나 전쟁이 다시 일어나기를 기다리는 기분을 가지고 있다"라는 의미의 망언을 한 점에 대해서는, 그가 동시대의 학생인 만큼 가만히 보고만 있을 수 없다고 생각했다. 나는 젊은이의 한 사람으로서 증언하거니와, 절대로 전쟁을 바라지 않는다.

그 전쟁 시대에 많은 20세의 청년이 허무한 죽음을, 공포에 사로잡힌 채로, 혹은 용감하게 그것을 직시하며, 전장에서 이루었다. 그들은 무엇 하나 일본인의 역사에 적극적으로 공헌하지 못하고 허무하게 죽었다. …… 이런 허무한 청춘을 허무한 죽음으로 마감한 자들의 다음 세대인 우리들이, 전쟁에 대해서 긍정적인 태도를 취하는 것은, 가장 천한 배신행위이며 부끄러움을 모르는 배반이다.

우리는 걸핏하면 그 영웅적인 전쟁의 시대! 등으로 읊어 대기 쉬운 만큼, 보다 제대로 정신의 방향을 판별하지 않으면 안 된다.

　이렇게 해서 오에는 안보 투쟁 후, "일본의 청년이 나라에 대한 정열을 회복하기 위해서는 일본에서 외국의 기지가 없어져야 한다"라고 주장하며 평화 헌법을 자기 윤리의 중핵으로 삼을 것을 선언했다.[22]

그것과 병행해서 오에는 『우리들의 시대』나 『늦게 온 청년』에서 지침을 잃고 우익으로 경도해 가는 소년들을 그렸다. 그러나 1960년 10월에 17세의 우익 소년이 사회당 위원장 아사누마 이네지로를 살해하는 사건이 일어나자, 그는 그것에 깊은 충격을 받았다. 예전부터 "나를 감싸고 있던 비논리적이며 감미로운 영웅적 충동을 다시 한 번 찍어 누를 책임"을 주장했던 오에는, 그 소년을 비판적으로 그린 소설 『세븐틴』セブンティーン을 썼다.[23]

이시하라가 베트남에서 영웅적인 충동을 자극받은 점과 대조적으로, 오에는 1963년에 히로시마를 찾았다. 1965년에 출판된 『히로시마 노트』広島ノート에서 일본 정부가 방치한 피폭자와 피폭자를 지원하는 의사들의 모습을 묘사하며, 오에는 "히로시마의 정통적인 인간은, 일본의 새로운 내셔널리즘을 적극적으로 상징하는 이미지를 그대로 나에게 보여 준다"라고 주장했다.[24]

그리고 1965년에 오에는 오키나와를 찾았다. 오키나와는 그에게 "일본의 모든 장소 중에, 헌법이 일상생활의 회화에 가장 빈번히 오르는 곳"으로 비쳤다.[25] 즉 그는 오키나와를 "히로시마의 정통적인 인간"들과 마찬가지로, 국가의 이념인 평화 헌법과 개인의 일상생활 윤리가 합치된 장소라고 생각했다.

그러나 일본 정부는 베트남 전쟁을 지지하고 오키나와를 미군의 통치에 맡겼다. 게다가 오에는 오키나와를 찾아오는 본토 여행자 중 다수가 "베트남에서 돌아온 미군"과 마찬가지로 "여자와 외국 제품만이 목적"이라는 사실을 깨달았다. 그는 오키나와의 중학교 교사로부터 "조국으로 돌아가는 운동은, 조국 반역의 싸움이어야 한다고 생각합니다"라는 말을 들었고, 복귀 반대를 내세운 아라카와 아키라新川明와도 교류했다.[26] 오키나와는 오에에게 이상적인 일본이었지만, 오키나와에서 본 일본은 일본에서 본 미국과 다름없었다.

이런 일본 국가를 대신해 오에가 애국심의 대상으로 찾아낸 것은 그의 고향인 시코쿠의 산촌이었다. 1965년의 미국 여행 후에 오에는 산촌의 잇키와 폭동을 겹쳐서 그린 『만엔 원년의 풋볼』万延元年のフットボール을 1967년에 썼다. 또한 산촌 주민과 대일본 제국의 싸움을 그린 『동시대 게임』同時代ゲーム을 쓴 뒤, 오에는 "전시를 생각해 보아도 민주주의 시대가 되어서도, 나는 '산촌村'에 대해 애국심을 가지고 있었다는 기분이 든다"라고 말했다.[27]

또한 오에는 산촌에 대한 애국심을 이야기하면서, "우리 마을이 무장을 하고 일본 혹은 전 세계와 싸운다는 이미지는 패전 때에도 공고한 몽상이었다"라고도 말한다.[28] 패전을 계기로 일본 정부 및 미군과 싸우는 봉기가 일어날 것이라는 몽상은, 아라 마사히토나 다케우치 요시미, 요시모토 다카아키 등도 품었다. 동시에 향토애와 국가의 대립이라는 이미지는, 오키나와와 일본의 관계와도 합치했다.

그리고 1970년에 인도의 바라나시Varanasi에서 미시마 유키오의 죽음을 알리는 뉴스를 들은 오에는 "내가 '일본인이라는 것'을 저항 없이 깔끔하게 상대적으로 생각하기 시작했음을 알게 되었다"라고 한다. 나아가 그는 1971년에는 과거에 자기가 주창했던 히로시마를 중핵으로 한 '내셔널리즘'을 자기비판하고, "내셔널리즘이라는 말은, 설령 거기에 반어적 의미를 담았다 해도, 즉 말 그 자체를 역용해서조차도, 나는 사용하고 싶지 않다"라고 선언했다.[29]

훨씬 뒤인 2001년의 좌담회에서 오에는 "초국가주의적인 것에 끌리기 쉬운, 그것에 강한 매력을 느끼는 인간이라는 것을, 무의식 속에 억지로 찍어 누르려 했다"라고 자인한다. 그리고 그는 1997년 설립된 우파 단체인 새로운 역사 교과서를 만드는 모임을 "모두 나이브naive한 사람들이에요. 어째서 그 나이가 될 때까지 그렇게 머무를 수 있었는지 의심스러울 정도입니다"라고 평한다.[30] 자기가 30년도 더 전에 극복한 문제를 아직껏 처리하지 못한 인간들이 있다는 사실은 오에에게 "나이브"하다고 느껴졌을 것이다.

이렇게 해서 이시하라와 오에는 대조적인 길을 걷게 되지만, 그들은 무의식의 레벨에서는 공통된 심정을 품었다. 그 무의식의 형태에는 그들 소국민 세대 특유의 특징이 있었다. 전쟁과 죽음의 공포감이 때때로 성性과 자연의 이미지와 결부되었던 점이다.

전쟁의 상흔은 그들보다 윗세대인 전전파와 전중파의 경우, 회한이나 굴욕과 같은 사회적인 기억으로 새겨졌다. 그러나 패전 시에 10세 전후로, 자기의 체험을 위치 지을 사회적인 언어를 충분히 갖추지 못했던 소년 소녀들은 보다 추상적인, 표현되지 않는 억압감으로서 전쟁의 압력과 죽음의 공포를 받아들였다.

그리고 이 소국민 세대의 소년들은, 태어날 때부터 병사로서 죽을 것을 교육받았다. 그것은 동경과 동시에 공포이기도 했다. 그러나 죽음의 공포를 겉으로 드러내고 공언하는 것은 물론이거니와 자기 자신의 내심으로 인정하는 것조차 금지되었다. 그런 탓에 그들은 죽음의 공포를 무의식중에 억압했다. 그리고 그들의 2차 성징기가 전쟁과 겹친 까닭도 있어서, 억압된 죽음의 공포는 종종 성의 이미지와 결부되어 각인되는 형태가 되었다.

예를 들어 사토 다다오는 소년 시절을 회상하며 "나는 '나는 불충한 자가 아닐까'라는 생각을, '나의 성기는 작지 않을까'라는 망상과 비슷한 형태로 고민했다"라고 말한다.[31] 오다 마코토는 1970년에 동세대의 작가인 노사카 아키요시野坂昭如를 평하여 "나는 그의 글을 읽으면, 설령 그가 자위의 쾌락에 대해서 이야기할 때도, 말을 더듬으며 필사적으로 그 '전쟁과 죽음의' 두려움에 대해 목숨을 걸고 이야기하는 듯이 보여서 일종의 애처로움을 느낀다"라고 말했다.[32]

물론 이것은 소국민 세대의 인간 전부에게 반드시 공통된 현상은 아니다. 그러나 이 세대의 작가 가운데서 종종 보이는 현상이기는 하다. 오

에 겐자부로 역시 1959년에「우리들의 성의 세계」われらの性の世界라는 논고에서 "전쟁의 공포"는 "과거 한 번도 전장에 나간 적이 없는 나에게는 항상 격렬하게 성과 결합된다고 생각되었다"라고 말했다.[33]

이런 죽음과 성의 이미지 결합은, 연장자들처럼 전쟁의 공포를 언어화할 만큼의 체계적인 언어를 갖지 못했던 소국민 세대의 내부에서는, 신화처럼 혼돈된 기호의 난무로 기억되었다. 그것은 억압된 공포가 무의식 속에서 비합리적인 꿈이 되어 나타나는 현상과도 닮아 있었다. 오에는 패전 직후의 기억으로 그가 살던 산촌에 미군이 도착하기 전에, 미군이 주민을 학살하며 강간하고 있다는 유언비어와 함께 "지능 발달이 뒤떨어진 소년"이 "신문지로 만든 병사모를 쓰고" 어린 여자아이의 성기를 죽창으로 찔러 죽였다는 소문이 퍼졌던 일화를 이야기한다.[34]

그리고 오에의 소설에는 이런 신화적인 이미지가 종종 등장했다. 오에가 아쿠타가와상을 수상한 단편「사육」飼育은 추락한 미군 비행기에서 낙하산을 타고 내린 흑인 병사를 산촌 아이들이 감금한다는 내용이었는데, 그 흑인 병사는 "당당하고 영웅적이며 장대한 믿을 수 없을 정도로 아름다운 섹스를 가지고" 있었다고 표현되었다.[35]

또한 오에의 초기 단편「죽은 자의 사치」死者の奢り는 포르말린액으로 채워진 수영장에서 끊임없이 떠오르는 병사들의 사체를 막대기로 찔러 가라앉히기를 반복하는 아르바이트를 그렸다. 이것은 아마도 죽음의 공포를 무의식의 수영장 속에 억압했던 오에의 세대적인 무의식을 상징하는 내용이었다고 할 수 있다.

그리고 오에가 우익 소년을 모델로 삼은 1961년의 소설『세븐틴』에서 소년은 성적인 오르가슴orgasme을 느끼면서 안보 투쟁의 데모대에 폭력을 휘두르며 "내가 죽어도 나는 없어지지 않는 것이다. 나는 천황 폐하라는 영원한 거목의 어린잎 한 장에 불과하니까. 나는 영원히 사라지지 않는다! 죽음의 공포는 극복된 것이다!"라고 외친다.[36] 앞에서 말했듯이 오에는 이 소년을 비판적으로 그림으로써 국가와 천황으로 귀의하려는 유혹을 극복했다. 그러나 오에의 내부에는 죽음과 성, 그리고 나무로 상징되는 자연이, 언어로는 이름 붙일 수 없는 거대한 것의 그림자로서, 뒤엉키듯이 일체화되어 있었다.

따라서 이 세대의 작가들은 죽음의 매혹과 공포를 어떻게 극복할 것인가를 종종 과제로 삼았다. 오다 마코토는 1970년부터 「나는 죽음이 무섭다」私は死がこわい, 「'계속 살아간다'는 것」「生きつづける」ということ이라는 제목의 논고를 쓰고, 베트남 전쟁에서 죽어가는 사람들의 모습이 "가슴을 찌른" 것이 베헤렌을 창설한 이유라고 말했다. 그리하여 그는 "죽음을 두려워하지 않는 미시마 씨"와 결별하고 "미련 없이 깨끗하게 죽기보다, 뻔뻔하게 살아가자"라고 선언한다.[37]

오에 겐자부로도 1950년대부터 반복해서 핵전쟁에 따른 죽음의 공포를 이야기했다. 그는 1963년 논고 「나 자신 속의 전쟁」에서 구체적으로 전투를 체험한 윗세대보다도 "전쟁의 시대에 너무 어려서 싸울 수 없었던 인간" 쪽이 "전쟁이라는 괴물을 추상적, 반反현실적인, 짐작이 되지 않는 대물"로 상상하는 탓에 미래의 핵전쟁에 대한 공포감이 크다고 말한다.[38]

그리고 에토 준도 죽음에 대한 집착이 강렬했다. 에토와 친했던 비평가 후쿠다 가즈야福田和也는 "에토 씨와 교제할 때, 죽음을 향한 동경의 이면에서 이상한 자기방어가 강한 분이라고 항상 느꼈다"라고 말하며, 에토가 "한신阪神 대지진 뒤에 자택의 벽을 엑스레이로 찍어서 설계도와 비교해 보며, 여기에 들보가 두 개 부족하다면서, 일부러 반년 정도 다른 곳으로 이사하며 개축했다"는 일화를 든다. 그리고 에토는 미시마의 자결을 역사적 사건이라고 평가하는 고바야시 히데오에게 반론하며 "역사의 대단한 사건이라고는 생각하지 않는다", "일종의 병이겠지요"라고 전적으로 부정했다.[39]

전후에 대한 위화감과 허구감, 공적인 가치의 희구, 미국에 대한 복잡한 감정, 그리고 죽음, 성, 자연에 대한 동경과 공포 등은 앞으로 검증할 바와 같이 에토 준을 항상 따라다닌 주제이기도 하다. 그것은 에토만이 아니라, 오에나 오다 등 소국민 세대의 문학가들에게 공통된 경향이기도 했다. 그리고 에토는 오에와는 대조적이며 이시하라보다 정교한 형태로, 죽음의 공포를 극복하는 애국의 논리를 구축해 간다.

몰락한 중산 계층의 소년

에토 준의 본명은 에토 아쓰오江頭淳夫이며, 1932년 도쿄의 오쿠보大久保에서 태어났다. 친할아버지는 해군 중장, 외할아버지는 해군 소장이라는 집안 내력은, 훗날 에토 스스로가 중시하게 된다. 부친은 은행원이었는데 골프와 승마를 즐기고 영어 회화도 능숙하며, 전쟁 중에도 아마亞麻로 만든 양복을 갖추어 입는 멋쟁이였다. 물론 당시의 일본 사회에서 은행원은 특권적인 도시 중산층이었고, 에토에게는 돌보아 주는 여종도 있었다.

에토가 4세 때에 모친이 결핵으로 사망했다. 귀염둥이로 자란 장남 에토의 충격은 작지 않았다. 모친이 사망하고 2년 뒤에 에토의 아버지는 재혼했는데, 에토는 새어머니가 익숙해지지 않았다. 소학교에 들어갈 연령이 된 에토는 학교 복도에서 소변을 흘렸지만, 그 이야기를 새어머니에게는 끝내 하지 못했다.

그 후로 에토는 등교를 거부했고 새어머니와 여종이 억지로 학교에 데려가도 곧 도망쳐 버려, 집 창고에 틀어박혀 독서에 몰두하는 매일을 보냈다. 당시의 그가 애독한 것은 메이지·다이쇼기의 일본 문학 전집과 세계 문학 전집으로, 소학생 때부터 다니자키 준이치로에게 끌렸다고 한다.

그렇지만 에토가 좋아한 것은, 책의 내용뿐만 아니라 창고에 틀어박혀서 바깥 세계를 거부하는 평안이었다. 그 창고에는 어머니의 유품들이 보존되어 있었다. 후에 그는 "아마 창고는 나에게 어머니의 태내胎內와 같은 역할을 했음에 틀림없다"라고 회상한다.[40]

그러나 이 평안은 길게 이어지지 않았다. 창고에 틀어박혀 있던 에토의 처우를 둘러싸고 가족회의가 열려, 가정 교사를 붙이자는 안이 나왔지만, 부친은 "국법이 정한 의무 교육을 안 받을 수 없다"라고 이것을 딱 잘라 거절했다. 에토는 후에 이 "법을 알리는 아버지"를 회상하며 "아버지는 과거에 내가 접한 최초의 타인이며 또한 나와 타인의, 즉 사회라는 것과의 통로였다. 나는 사회와 국가, 나아가 그 너머에 펼쳐진 세계에 대한 최초의 감각을 아마도 아버지로부터 얻었음에 틀림없다"라고 말한다.[41]

그러나 이윽고 에토가 결핵균에 감염되었다고 판명되었다. 에토는 새어머니와 떨어져 새어머니의 아버지인 영문학 교수가 사는 가마쿠라로 보내졌다. 그곳에서 에토는 귀여움을 받으며 심신의 상태를 회복했지만, 그 후에도 결핵은 몇 번이나 재발하여 에토를 위협하는 죽음의 그림자처럼 감돌았다.

한편으로 에토의 아버지와 새어머니 사이에는 형제자매가 태어났다. 그러나 에토와 형제자매들의 어머니가 다르다는 사실은, 후에 에토가 결혼할 때까지 비밀로 부쳐졌다. 이 비밀을 지키는 것은 에토에게 "상당히 무거운 심리적 부담"이 되어 "일상다반사 속에서 자기가 짊어진 이 허구의 무게를, 이따금 견딜 수 없었다"라고 한다.[42]

이런 가정 사정과 병행하여 전쟁이 격화되었다. 어머니가 죽은 다음 달에는 중일 전쟁이 시작되었고 에토가 가마쿠라로 옮겨 간 이듬해에는 태평양 전쟁이 발발했다. 당시 8세였던 에토는 미일 개전 시에 "만약에 지면 어떻게 될까라는 불안에 사로잡혀, 그것을 입 밖에 냈다가 이웃의 해군 대좌 부인에게 질책받았다"라고 한다.[43]

이렇게 해서 어린 에토의 내면에는 친어머니의 죽음과 자기 자신의 병, 그리고 복잡한 가정 사정 등이 사회 전체를 덮어 가는 죽음의 그림자와 결합해, 표현할 수 없는 불안으로 각인되어 갔다. 그는 훗날인 1965년에 나쓰메 소세키를 논할 때, 소세키가 "겁에 질린, 불행한, 어두운 유년 시절의 기억으로부터 떠오르는 것", 정체불명의 "물컹거리는 추악한 것, 도저히 오래 쳐다볼 수 없는 것"과 싸웠다고 주장한다.[44] 그리고 에토의 생애 내내 이런 "물컹거리는 추악한 것"에 대한 공포가 그를 지배했다.

실은 이런 성장 환경은 오에 겐자부로와 공통되었다. 오에는 에토와 동세대였을 뿐 아니라 9세였던 1944년에 부친을 잃었다. 에토는 1988년 에 "나는 표면적인 언설의 교환이 어떻든 간에, 오에 겐자부로라는 사람 을 깊이 이해한다고 생각한다. 오에 군 역시 그렇게 생각할 것이라 생각 한다"라고 말한다.[45]

전쟁이 격화되는 와중에 이윽고 도쿄의 일가도 가마쿠라로 피난 왔고, 1945년에는 공습으로 오쿠보의 생가가 소실燒失된다. 에토는 가재도구를 잃은 것보다도 창고가 불타서 친어머니의 유품이 사라진 것을 슬퍼했다.

이런 가운데 에토도 평균적인 황국 소년으로서 전사戰死를 꿈꾸었다. 12세였던 그는 "B29기가 푸른 하늘에 그리는 아름다운 비행기 구름을 올 려다 보며 언제 죽게 될까 라는 감미로운 공상에 잠겨", "사가미만相模湾 에 적이 상륙하면 미군을 한 명만 죽이고 죽을 생각이었다"라고 한다(《江 藤淳著作集》 제6권 19쪽, 속続1권 214쪽).

또한 동시에 "조숙했던 나는 전세가 불리해져서 주위의 질서가 느슨 해지고, 어른들의 감시가 없어진 것과 마치 보조를 맞추기라도 하듯이, 최초로 성의 해방을 느끼기도 했다"라고 말한다. 대전 말기의 1945년 초 여름에 "햇빛이 강해지면서 나는 어떤 애달픈 충실함을 몸속에 익혀, 울 창한 자연이 나에게 가까워지는 것처럼 느꼈다. 역시 조숙했던 여학생들 의 부풀어 오르기 시작한 가슴과 물들기 시작한 귓불을, 나는 아름답다고 생각하면서 바라보았다. 대피 훈련 등에서 그것에 닿기라도 하면 나는 환 희를 느꼈다."(속1권 214쪽)

죽음의 예감으로 가득 찬 소년기에 성의 자각은 울창한 자연의 광경 과도 결합되어, 물컹거리는 추악한 것을 공포의 대상이 아니라 금지된 동 경의 대상으로 각인해 갔다. 에토는 전시 중의 근로 봉사로 논에 처음으 로 들어갔을 때의 경험을 이렇게 회상한다. "진흙의 감촉을 상상할 때는 불결하고 꺼림칙해서 견딜 수 없었지만, 일단 발을 담가 보니 발 사이로 생생하고 따뜻하게 느껴지는 논의 부드러운 진흙이, 남에게는 말할 수 없는, 육감적인 흥분을 주었다", "지금 생각해 보면 그것은 여성의 감촉과 닮았다. 그때, 이상한 얘기지만, 나는 아아 이걸로 나도 일본인이 되었구나 라고 느꼈다. 그것은 어딘가 아아 이걸로 나도 남자가 되었구나 라는 때의 감각과 닮은 듯한 기분도 든다."(속3권 56쪽).

8월 15일에 에토는 "죽음으로부터의 해방을 느꼈다"라고 한다. 그러나 많은 황국 소년들이 그랬듯이 "커다란 것이 자기로부터 사라져 가는 것을 느끼고", "나의 가치가 붕괴한 것처럼, 모든 가치 또한 급속하게 붕괴되어야 한다는 초조함은, 나를 한시도 떠나지 않았다"라고 쓴다. 에토는 훗날인 1959년에 요시모토 다카아키가 쓴 "죽음은 두렵지 않았다", "전쟁에 지면 아시아의 식민지는 해방되지 않는다는 천황제 파시즘의 슬로건을 나 나름대로 믿고 있었다"라는 글을 호의적으로 인용한다(속1권 214쪽, 속2권 85쪽, 6권 53쪽).

이런 가치관의 붕괴 속에서 요시모토 다카아키는 종교서와 고전에서 구원을 찾았지만, 에토의 경우는 음악이었다. 패전 후의 그는 음악 교사에게 바이올린을 배우고 음악회를 다니며 작곡을 하는 나날을 보냈다. 후에 에토는 말로 이야기되는 가치가 모두 붕괴했음에도 불구하고 "전쟁 중에 아름다웠던 베토벤이 패전 후에도 역시 아름답다는 점이 마음에 들었다"라고 회상한다(속1권 216쪽).

그러나 우아한 음악 삼매경의 시기는 오래 가지 않았다. 전시 및 전후의 인플레는 도시 중산층을 급격히 몰락시켰고 에토 일족도 그것에 휘말렸다. 에토도 1948년에는 바이올린 연습을 그만두었고, 일가는 가마쿠라의 집을 '벼락부자'에게 팔아넘기고 부친이 근무하던 은행의 사택인 도쿄 '변두리의 판자집'으로 이사했다. 가마쿠라의 집을 매각하고 오쿠보의 생가가 불에 탄 이상, 전전의 풍요로운 생활을 떠올리게 해 주는 고향도 없어졌다. 생활고 속에서 이윽고 새어머니도 결핵균이 침범하여 늑막염으로 척추 괴사가 되어, 누워 지내는 상태가 된다.

많은 올드 리버럴리스트와 마찬가지로, 몰락을 경험한 에토에게 전후는 혐오스런 시대로 비쳤다. 황국 교육으로 순수 배양되어 전시 중에는 아직 어렸던 그의 세대는, 내심 숨겨 온 반전사상 등이 있을 리도 없었고, 그런 의미에서도 전쟁 종결을 환영하는 분위기와 무관했다. 에토에게 전후는 단지 정신과 생활의 양면에 걸친 붕괴와 상실의 시대로 느껴졌다.

이때를 전후해서 에토의 조모가 1948년에 죽었다. 3장에서 이야기했듯이 패전을 알리는 방송을 듣고 "나라를 이렇게 만들어 놓고, 많은 사람을 죽게 해 놓고, 폐하는 메이지 님께 뭐라고 변명을 하실까"라고 말한 사람은 이 조모였다. 이것이 집을 팔아 치우기 직전의 일이었기 때문에, 에토의 내면에서 메이지를 상징하는 조모의 죽음은 가운家運의 추락과 연동된 일로 느껴졌다. 에토는 이 조모를 가리켜 "사실상의 가장이었다"고 표현하며, 그 죽음을 "모든 오래된 가치가 붕괴되는 상징이었다"라고 말한다(속1권 310쪽, 속2권 84쪽).

조모가 사실상의 가장이었던 시기, 에토의 아버지는 몰락 속에서 초췌해졌다. 승마와 영어 회화에 익숙했던 부친은, 5장에서 말했던 기요자와 기요시와 마찬가지로 전시 중에는 경방단警防団이나 죽창 훈련을 냉소했다. 그러나 안정적인 은행원 신분에 익숙했던 아버지는 맨주먹의 암거래상이 활개 치는 패전 직후의 시대에는 무력했다. 일가가 몰락하는 와중에 에토가 시세時勢에 대해 무슨 말을 해도, 아버지는 "졌으니까 할 수 없다"라고 말할 뿐이었다고 한다.[46]

과거에 자기에게 법을 고하고 지도해 주었던 아버지가 무력해지는 모습에, 소년 에토는 동정과 불만을 느꼈다. 패전의 날조차 하얀 마직麻織 양복에 신사모 차림으로 출근했던 아버지가, 전후에는 몸단장에도 신경 쓰지 않게 된 모습을 에토는 "차마 볼 수가 없었다"라고 회상한다. 그러나 동시에 에토는 1959년에는 "오늘날 일본 청년층"의 공통 감정이라고 전제한 뒤에, "집이 불타고…… 재산이 없어지고, 희망이 상실되어 버린 것은 우리가 나빴기 때문이 아니다. 어른들이 우둔했기 때문이다"라고 말했다(속1권 218쪽, 6권 52쪽).

1967~1972년에 에토는 자기 가족에 대해 『일족재회』一族再会라는 평전을 쓴다. 그러나 거기에 등장하는 것은 친어머니와 메이지생生인 조모, 해군 소장이었던 친어머니의 아버지, 그리고 마찬가지로 메이지의 해군 중장이었던 친할아버지 등, 그가 실제로는 만난 적 없는 인물이거나, 풍요롭던 유년 시절의 기억과 결부된 자들뿐이었다. 그 한편으로 아버지와 새어머니, 그리고 새어머니가 낳은 형제자매를 비롯해서 전후의 괴로운 생활을 함께한 인물들은, 필요할 때 최소한의 조역으로만 쓰인다.

1948년 15세의 에토가 판잣집으로 이사한 뒤에 도둑이 들어서 그의 아버지가 전전에 사용했던 골프 가방과 의류를 훔쳐 갔다. 골프는 전전에는 특권적인 중산 계급만이 즐겼던 스포츠로, 에토에게는 풍요로웠던 유년 시절의 추억과 결부되어 있었다. 그는 이때 "패전이 내 품을 흙발로 밟고 들어와, 거기서 긍지를 빼앗아 갔다고 느꼈다." 그리고 에토는 그에게 있어서 '전후'였던 "좀도둑과 암거래상과 그들 배후의 퇴폐"에 분노를 불태우며, 힘을 잃은 아버지를 대신해 "어른이 되겠다"라는 결의를 했다(속 1권 217쪽).

그러나 이런 결의는 원래 병약하고 응석쟁이였던 소년 에토에게는 상당한 부담이 되었다. 기분은 안달이 나도, 유소년기 이래 그를 괴롭힌 결핵이 재발해 드러눕는 일도 많았고, 새어머니와 배다른 형제자매에 대한 복잡한 감정과 얽혀 종종 발작을 일으켰다. 에토는 다음과 같은 고등학교 시절의 일화를 쓴다.[47]

남동생은 아직 소학생이었고 나는 몇 번째인가의 결핵으로 드러누워 있었다. 옆방에는 척추 괴사를 앓는 새어머니가 누워 있고, 남동생과 여동생은 학교에서 돌아오면 언제나 그 옆에 모여서 새어머니와 이야기를 한다. 그것이 불쾌하지는 않았다. 그러나 언젠가 변소에 가려고 일어난 김에 슬쩍 엿보았더니 남동생이 새어머니의 이불 속에서 무엇인가 먹고 있는 것이 보인다.

"언제까지 그러고 있어서는 어른이 못 된다"라고 내가 말했다. 남동생이 의외로 무엇이라 말대꾸를 하고, 내가 열이 받아서 되받아쳤다. 한참 어린 소학생인 남동생에게 그런 식으로 도전하다니 바보 같다는 것은 알고 있다. 하지만 나는 남동생이 멀리 있는 것을 견딜 수 없다. 멀리 있다고 입으로 말했다는 사실을 견딜 수 없다.

"어린 애를 잡고 그러는 게 아닙니다"라고 새어머니가 나무라자, 나는 더 이상 스스로를 억제할 수 없었다. 나는 남동생을 이불 속에서 끌어내 때리고 남동생이 예뻐하던 고양이를 문 밖으로 쫓아내고, 스스로도 의미를 알 수 없는 소리를 아우성친다. 이것이 동생인가, 이것이 내 동생인가 라고 생각하면서 나는 숨을 헐떡이며 계속해서 때린다. 그것이 질투인지, 슬픔인지, 동생을 나에게 끌어당기고 싶은 충동인지 모르겠다. 모르겠지만 나는 단지 동생을 엉망진창으로 만들고 싶다. ……

이런 혼란 상태에 질서를 주고 법을 알려 주어야 할 터인 아버지는 이미 힘을 잃었다. 구원을 찾던 에토는 한때는 쇼난중학교의 동창생이었던 이시하라 신타로 등과 연구회를 열어 급진적인 마르크스주의에 경도되었다. 그러나 섬세하고 감수성이 강한 에토는 정치 운동에는 적합하지 않았고, 이윽고 문학에 다시 심취해 간다.

그렇지만 전시에 대한 회한을 품은 윗세대가 쓴 대부분의 전후 문학은, 소년 에토가 이해하기 어려웠다. 그는 후에 "전후의 문예 잡지는 나의 상실감과는 관계가 없는 감정과 난해한 표현으로 가득 차 있었으므로, 그런 것을 사서 읽으면 낭비라고 생각되었다"라고 말한다(속1권 218쪽). 그가 좋아했던 것은 일본과는 다른 세계로 데려가 주는 유럽의 번역 문학이며, 호리 다쓰오堀辰雄나 다치하라 미치조立原道造 등의 낭만적인 시나 소설, 고바야시 히데오나 후쿠다 쓰네아리의 심미적인 평론이었다. 에토에게 이런 낭만과 미의 세계는 전후의 현실을 잊게 해 주는 것이었다.

그것과 동시에 패전 직후의 에토는 다자이 오사무에 심취했다. 사양족斜陽族이라는 유행어까지 낳은 다자이의 문학은 전쟁으로 절망과 몰락을 강요당한 청년층에게 인기를 모았다. 에토는 "우리 집이 급속히 무너졌을 때, 다자이 오사무를 숙독했던 흔적은, 아마도 평생 사라질 것 같지 않다"라고 회상한다.[48]

무엇보다 에토에게 다자이는 애증이 교차하는 존재이기도 했다. 에토에 따르면 "그의 속에는 달콤한 나쁜 술 같은 것이 있었다. 혹은 '웃기고 있네. 적당히 해 둬라'라고 말하고 싶어지는 것이 있었다." 그리고 에토는 "나는 그 무렵 다자이 오사무를 통해 일본 낭만파를 바라보며, 혹은 일본 낭만파만을 바라보았다"라고 말하면서 "다자이 오사무의 작품 속에서 시취屍臭만을 맡고자 했다"라고 회상한다. 참고로 "미시마 유키오는 읽으면 반감이 들 것 같아서 일부러 읽지 않았다"라고 한다.[49]

에토가 다자이에서 찾아낸 것은 일본 낭만파를 상징하는 죽음의 향기였다. 에토에게 그것은 그가 태어나고 자란 전쟁 시대에 가득 찼던 향기이며 잃어버린 유년 시절을 함께한 친어머니와 할머니들의 향기였다. 다자이로 상징되는 달콤한 시취는 유년 시절에 각인된 '물컹거리는 추악한 것'으로부터 떠도는 향기이며, 에토에게는 공포와 동경의 대상이었다. 그리고 그런 시취의 유혹을 거부하고 전후의 현실 생활에 맞서는 것이, 그에게는 "어른이 된다"라는 의미였다.

1950년에는 한국 전쟁이 시작되었다. 7장에서 말했듯이 이때 에토와 동세대였던 사토 다다오나 오에 겐자부로 등은, 이 전쟁에 자기들도 동원되지 않을까라는 공포감을 가졌다. 에토도 "미소의 합전 속에서 집단적인 죽음 속에 자기를 묻어 버리는 것만큼 멍청한 것은 없다"라고 생각하며 전사戰死의 유혹을 상대화했다(6권 19쪽).

이때를 전후하여 에토는 다자이의 작품을 그만 읽고 영어 공부에 집중했다. 그 보람이 있어서 고등학교 때는 성적이 우수했지만, 결핵이 그를 다시 좀먹어서 18세 때에 폐침윤肺浸潤이 발병한다. 진급이 늦어진 에토는 요양 생활 후인 1953년에 20세의 나이로 게이오기주쿠대학 문학부에 입학했다. 부친에게 부담을 지기 싫어서 가정 교사를 겸업해 번 돈으로 수업료를 내며 영문과에 진학한 에토는, 이윽고 동인지에 참가하여 스스로 문학에 손을 댄다.

여기서 유의해야 할 점은, 당시에는 문학부에 대한 평가가 낮았다는 사실이다. 7장에서도 언급했지만, 1954년 1월에 교토대학에서 취직 희망자의 평균 취직 결정률이 62퍼센트였던 데 비해, 문학부는 13.7퍼센트였다. 에토가 다녔던 도립1중(현 도쿄도립히비야고등학교東京都立日比谷高等学校)은 도쿄대 합격자가 전국 1위였던 것으로 잘 알려졌는데 게이오의 문학부에 입학하고서 에토가 교무실에 인사를 가자 "너, 게이오는 경제학과인가? 뭐 문과? 너도 의외로 성적이 안 나왔구나?"라는 말을 들었다고 한다.[50] 에토는 이 말에 상처를 입어서 그 후로 다시는 고교를 찾지 않았다.

애초에 전쟁 전의 중산 계층이나 군인 가정에서 문학가는 제대로 된 직업으로 간주되지 않았다. 에토의 아버지도 "문학가를 조금도 존경하지 않았다"고 한다. 에토도 이런 가치관을 내면화했으며, 해군 소장이었던 외조부와 대면했을 때는 천하 국가의 화제에 어두운 자기를 '문약文弱한 손자'라고 느끼며 부끄러워했다. 쇼난중학에서 에토와 동창이었던 이시하라 신타로의 회상에 따르면, 그들이 문단에 데뷔해서 재회했을 때 에토는 "둘 다 문사文士 같은 것이 되어 버리다니 얼마나 멋쩍은가"라고 말했다 한다.[51]

또한 에토는 병약하고 문학에 심취한 자신을 향한 아버지의 시선을 강렬히 의식했다. 그는 자기가 등교를 거부했을 때 아버지가 "너 같은 못난 놈은 견습 점원이나 해라"라고 말한 사실을 "잘 기억한다"라고 회상한다. 패전 직후의 생활 속에서 아버지가 은행원을 관둘 생각을 했을 때, 에토에게 "넝마주이 회사를 세울까. 너를 전무로 삼을 수도 있다"라고 말한 뒤, 곧바로 "너는 도움이 안 되지. 아니다, 아니다"라고 철회했을 때, 에토는 심하게 상처 입었다. 그때 에토는 "뭐라도 좋다, 어쨌든 빨리 돈을 버는 직업을"이라고 생각했지만, 불황 시대에 결핵에 걸린 문학부생이 취

직할 곳은 많지 않았다.[52]

이런 와중에 에토는 1952년 5월에 가루이자와에 있는 친구의 별장에 혼자 틀어박혀 「플로라 플로란과 소년의 이야기」フロラ・フロラアヌと少年の物語라는 단편 소설을 썼다.[53] 아름다운 잔디와 하얀 테라스가 있는 저택에 사는, 어머니를 잃은 병약한 소년이 플로라라는 환상의 소녀와 교류하며 죽어 간다는 문약 그 자체의 소녀취미라고도 할 수 있는 작품이었다. 이어서 1954년 그는 대학의 동인지에 영국의 작가 캐서린 맨스필드Katherine Mansfield를 논한 「맨스필드 각서」マンスフィールド覚書와 「맨스필드 각서 보유」マンスフィールド覚書補遺라는 평론을 기고한다.

이 평론들의 내용은 다소 특이했다. 거기서 그는 맨스필드를 "폐병을 앓는 히스테리 여자"라고 표현하며, "그녀가 생을 함께한 것은 죽은 자들이었다"라고 말하면서 현실을 거부한 "과거에 대한 애착"과 "'죽음'에 의외의 감성을 보여 주는 세계의 아름다움"이야말로 맨스필드의 특징이었다고 주장했다.[54]

이런 맨스필드 평가가 적절한지에 대해서는 여기서 문제 삼지 않겠다. 한 가지 확실한 사실은 이후에, 에토는 나쓰메 소세키나 고바야시 히데오, 혹은 사이고 다카모리西郷隆盛 등에 대한 평전을 쓰는데, 논하는 대상이 누구든지 그 인물이 죽음에 대한 동경을 품었다고 그렸다는 점이다.

그러나 「맨스필드 각서」를 쓴 직후인 1954년 6월에 에토는 갑자기 피를 쏟았고 결핵이 진행 중이라는 진단 결과가 나왔다. 에토는 "재발한 것을 아버지에게 말하기 싫어서 그대로 자취를 감추어 버릴까 생각"했지만, "아버지의 무거운 분노를 받아들이지 않는 것은 비겁하다"라고 생각하여 보고했다.[55]

애초에 에토는 친어머니가 죽은 뒤 재혼한 아버지에 대해 복잡한 감정을 품었다. 그는 후에 "내가 무엇인가 켕기는 기분에서 벗어날 수 없는 것은, 내 속에 아버지를 '거부'한다는 의식이 잠들어 있기 때문이다"라고 쓴다.[56] 『플로라 플로란과 소년의 이야기』에서는 소년의 모친이 아버지와 결혼하고 문학의 재능을 버린다고 되어 있으며 소년의 사후에 아버지는 초췌해져 폐인처럼 되어 버린다.

그리고 에토는 어머니의 죽음 이래로 아버지가 새어머니와 이복 형제자매와 가정을 꾸리는 사이에 "어리광을 부리지 못하는 인간"이 되어 버렸다고 회상한다. 그는 후에 "'집家'이라는 말을 들으면, 내 안에서 어떤 어두운 격정이 솟구쳐, 어떻게 해도 억제할 수 없게 되어 버린다"라고 쓰면서, 상속권을 포기하고 이복 형제자매에게 일가의 자산을 양보할 결의를 이야기하며 "한마디로 나는 장남의 권리를 모두 포기하면서 장남의 의무를 전부 받아들일 준비가 되어 있다는 점을 아버지가 알아주었으면 했다"라고 쓴다.[57] 그러나 의무를 받아들여 어른이 되는 것을 마음으로 서둘러도, 에토의 병약한 심신이 그 결의를 따라가지 못했다.

부친은 에토의 재발 소식을 듣고 질책하기는 했지만, 이전까지 그랬듯이 암시장의 경로로 특효약을 사다 주었다. 에토가 아버지에게 품었던 감정은 복잡했지만, 아버지도 죽은 아내의 모습을 간직한 병약한 장남에게 복잡한 애정을 품고 있었다.

에토의 회상에 따르면 그가 패전 직후에 구제 중학의 입시에 합격한 것을 축하하고자 교사를 불러서 작은 축하회를 연 적이 있다. 교사를 배웅하려 밖으로 나갔을 때, 홍안의 소년 에토를 여자로 착각한 취객이 밤길에 말을 걸어왔다. 이때 술에 취해 있던 아버지는 "**이거**한테 손대기만 해 봐라. 가만 두지 않겠다. 이 바보 놈!"이라고 소리치고 게다가 "너는 귀여운 놈이다. 너는 귀여운 놈이다"라면서 에토를 끌어안았다. 에토는 그 손을 뿌리쳤지만 아버지가 울고 있던 것을 보고 아연했다고 한다.[58]

에토는 역시 1967년에 "그 휘감겨 오는 듯한 아버지의 애정"에 대해서 "끈끈이처럼 끈적하게 나의 피부를 감싸고 나를 나의 생활에서 떨어뜨려 버린다. 그것은 '아버지'의 애정인가. 오히려 모성애에 가까운 것이 아닌가"라고 쓴다. 이런 가운데 그가 "응석 부리기를 못하게" 된 한편으로 부친과는 언제나 작은 일로 다투고, "30분만 같이 있으면 곧 싸움이 시작

되고 험악한 분위기가 되어, 주위가 가슴을 졸이는 것은, 조금도 드문 일이 아니었다"라고 한다.[59]

한편으로 아버지는 풍요로웠던 전전과는 격변한 상황 속에서 처자를 위해 익숙하지 않은 노력을 거듭했다. 에토는 패전 후의 아버지를 회상하며 "이상할 만큼이나 자기의 인생을 살아가려는 것처럼은 보이지 않았다. 왜 스스로를 위해서는 아무것도 하지 않느냐고 물으면, 정해진 것처럼 격노하고 폐부를 헤집는 듯한 말을 나에게 던졌다"라고 말한다. 에토는 이런 아버지를 보는 것이 "괴로워서 견딜 수 없었다"라고 한다.[60]

이런 가운데 에토의 내면에 각인된 '물컹거리는 추악한 것'은, 끈끈이처럼 끈적하다고 그가 표현한 아버지의 애정과도 결합되었다. 그가 응석을 부리지 못하는 인간이 된 것도, 집이라는 말에 어두운 격정을 느끼게 된 것도, 여러 가지 감정이 혼연일체가 된 '물컹거리는 추악한 것'에 대한 양가성의 결과였을 것이다.

그러나 동시에 그 물컹거리는 추악한 것이 발하는 시취의 유혹을 이겨 내고 전후의 현실 속에서 살아가는 것은, 아버지를 져 버리지 않음을 뜻했다. 에토는 1971년에 소년기의 자신을 이렇게 표현한다.[61] "그는 결핵을 앓았고, 건강에 자신이 없고, 가족이라는 무거운 사정을 두 어깨 위에 느끼고 있었고, 그것을 싫다고 생각하며, 이따금 죽음을 몽상한다. 그가 죽지 않는 것은 그 부친의 슬픔을 상상하면 실행이 불가능하기 때문이다. 그는 절망하지만 절망한다는 점을 타인이, 특히나 아버지가 알지 못하게 하기 위해서만 살아 있다."

원래 에토가 패전 직후부터 영어 공부를 시작한 것도 영어가 유창했던 아버지의 명령에서였다. 에토는 1994년의 수필에서 친어머니가 죽은 뒤 아버지가 재혼하기 전에 이즈伊豆 해변의 호텔로 아버지와 놀러가서 해수욕과 고급스러운 서양식 조식을 함께했던 추억을 이야기한다. 그때 옆 테이블에 있던 서양인 남녀가 말을 걸어왔을 때 아버지가 유창한 영어로 이야기하는 것을 자랑스럽게 생각하며 아버지처럼 영어를 잘하고 싶다는 생각을 했다고 한다. 에토는 이 추억에 대해 "그것은 아버지와 내가 가장 가까웠던 시간이었다. 그런 시간이 있었기 때문에 나는 지금까지 살아올 수 있었다"라고 쓴다.[62]

그런 아버지가 전후에 몰락해 가는 모습이, 에토에게는 패전국이 된 일본의 운명과 겹쳐서 보였다. 그리고 에토의 결핵이 재발한 지 3개월 뒤, 아버지도 무리한 탓에 고열을 내며 쓰러졌다. 척추 괴사로 병상에 있던 새어머니와 함께, 일가는 결국 세 사람이 드러누운 상태가 되었다.

이런 위기 속에서 에토는 "별 수 없이 천장을 지켜보며 견디는" 것밖에 할 수 없는 자기에게 "이를 갈며", "이 요양 중에 하나의 전환점을" 얻었다. 즉 "한마디로 말하면 나는 어느 순간부터 죽는 것이 더럽다고 돌연히 느꼈다"라는 것이다. 에토는 그 전환 이후로 그때까지 좋아했던 심미적인 문학, "호리 다쓰오, 다치하라 미치조 및 그 아류를 쓰레기, 가짜라고 느껴", "'문학적'인 것에 대한 혐오"를 품었다.[63]

1955년 5월 이런 에토에게 잡지 『미타분가쿠』三田文学의 편집자였던 야마카와 마사오山川方夫가 찾아왔다. 「맨스필드 각서 보유」를 읽고 에토의 재능을 알아본 야마카와는, 에토에게 일본의 작가론을 집필해 달라고 의뢰했다. 에토는 호리 다쓰오, 고바야시 히데오, 나쓰메 소세키의 세 사람을 후보로 들었다. 그리고 에토는 그때까지 애독한 호리나 고바야시가 아니라, 과거에 작품을 읽었을 뿐 당시에는 한 권의 책도 가지고 있지 않았던 나쓰메에 대해서 쓰기를 강하게 바랐다. 그와 동시에 「맨스필드 각서」를 쓴 에토 아쓰오라는 이름을 버리고 '에토 준'이라는 필명을 택했다.

이렇게 해서 『미타효론』三田評論 1955년 11월호와 12월호에 22세의 신예 평론가 에토 준의 데뷔작 「나쓰메 소세키론」夏目漱石論이 게재되었다. 요시모토 다카아키의 「전세대의 시인들」이나 이시하라 신타로의 『태양의 계절』이 등장한 것도 거의 같은 시기였다. 때마침 시대는 "더 이상 '전후'가 아니다"라는 말과 함께, 큰 전환기를 맞이하려는 참이었다.

죽음과 생활자

흔히들 "데뷔작에 모든 것이 있다"라는 말을 한다. 에토의 데뷔작 『나쓰메 소세키』는 그 후의 그가 펼쳐 간 대부분의 주제들이 맹아로서 포함된 작품이다.

앞에서 말했듯이, 에토는 호리 다쓰오로 대표되는 가짜의 "'문학적'인 것"을 혐오하기에 이르렀다. 그리고 에토가 나쓰메에서 찾아낸 것은 "가짜"贋物가 아닌 진정한 문학, 시취의 달콤함 속에 자폐하는 유혹을 끊어 내고, 현실을 향해 열린 문학이었다. 『나쓰메 소세키』는 다음과 같은 문장으로 시작된다(1권 7쪽).

일본의 작가에 대해 논하고자 할 때, 우리는 일종의 특별한 곤란을 느낄 수밖에 없다. 서구의 작가들은 견고한 토대를 가졌다. 우리는 그 위에 세워진 건물만, 혹은 그 건물의 그늘에 있는 목수만 논하면 된다. 그러나 이는, 이것이 과연 문학일까? 라는 쓸데없는 근심을 하지 않아도 된다는 정도의 의미다. …… 일본의 작가를 상대할 때는 사정이 그렇게 간단하지 않다. 그들을 문제로 삼고자 하면, 우선 그들의 작품이 성립한 토대부터 문제로 삼고 접근할 수밖에 없다…….

후의 에토는 이 일본 문학의 토대를 묻는 작업을, 점령군의 검열 정책이나 헌법 제정 과정을 다시 묻는다는 정치적 보수의 입장에서 추구해 간다. 그러나 1955년의 에토가 물은 것은 그런 것이 아니라, 안이한 언어 표현을 넘어선 현실이 문학 작품 속에 표현되어 있느냐는 문제였다.

에토는 『나쓰메 소세키』에서 현실을 묘사했다고 일컬어지는 프롤레타리아 문학이나 자연주의 문학을 정면으로 비판한다. 그에 따르면 이들 문학 유파는 일본의 현실을 묘사한다고 주장하면서 실제로는 서양으로부터 수입된 수법과 관념 속에서 공전空轉한 데 지나지 않았다.

이런 프롤레타리아 문학 비판에서 고바야시 히데오나 후쿠다 쓰네아리의 영향을 찾아내기는 쉽다. 단 유의해야 할 점은, 패전에 따른 언어 체계의 격변에 직면했던 이 시대의 젊은이들에게는 언어에 대한 불신이 존재했다는 사실이다.

예를 들어 3장에서 소개한 소년 수병 출신 와타나베 기요시는 1946년 일기에서 "내가 천황에게 배신당한 것도, 국가에게 속았던 것도, 내가 스스로를 배신한 것도, 원인을 찾자면 말 때문이다. 사이에 낀 말과 문자를 그대로 지레짐작해 사물의 실체라고 착각했기 때문이다. 말하자면 야무지지 못하게 말의 마술에 걸렸던 것이다"라고 말한다.[64] 대일본 제국이 부린 '말의 마술'에 실망한 것은 이 시대 청소년의 현상이었다. 요시모토 다카아키도 쓰루미 슌스케도, 우선 언어와 현실의 관계를 논하는 데서부터 전후의 사색을 개시했다. 에토 역시 이런 동시대의 조류와 무관하지는 않았다고 할 수 있다.[65]

그리고 와타나베 기요시는 "나는, 이제부터는 내 눈과 손발로 확인한 것, 납득할 때까지 내 머리로 생각한 것만을 믿고자 한다"라고 썼다. 에토도 『나쓰메 소세키』에서 "우리에게 중요한 것은", "우리가 실제로 살아가고 이윽고 죽는다는 재미없는 사실 이외에는 없다"라고 선언한다(1권 59, 60쪽).

그런데 『나쓰메 소세키』에 따르면, 지금까지 대부분의 문학 비평은 국가나 정치라는 말에 얽혀 "한 사람의 인간 대신에 무언가 형편이 좋은 문제로 바꿔치려는 노력"에 빠져 있었다. 에토는 "전통이라든지, 역사적 태도라든지, 사회사적 의의라든지, 그것들 전부가 이런 종류의 대체물"이라고 단언한다(1권 60쪽).

훗날의 보수론자인 에토의 이미지를 생각하면 의외일 수도 있지만, 1960년경까지 그는 국가나 민족보다도 '나'를 훨씬 중시했다. 그는 1959년에는 "민족 공동체 따위 환상입니다"라고 말하며 "국가가 있어서 내가 있는 것이 아니다. 국가 같은 인위적인 계약 사항에 대해 자기의 점수가

높다고 자랑하려는 쩨쩨한 정신을, 상식적으로는 관료적인 정신이라고 말한다"라고 주장한다.⁶⁶

그러나 『나쓰메 소세키』에서 에토는 개인의 번민을 그렸다고 일컬어지는 문학 또한 부정했다. "일본에 근대 시민 사회라는 것은 없으며", "서구적인 의미에서의 근대적 자아 같은 것도 존재하지 않는다"라는 이유에서다. 그런데 근대 일본에서는 "철도가 깔리고 자국의 조선소에서 군함을 건조하는 것이 명예였듯이, 서양풍의 '회의 고민'懷疑苦悶을 소유한다는 것도 명예였다"라고 에토는 말한다. 거기서 일본의 작가들은 "일본인을 주인공으로 해서 그 주인공에게 있지도 않은 '회의 고민'을 하게 만듦으로써 우리나라의 정신사에 서구급의 **진보**가 있었던 것처럼 착각하게 만들었다"는 것이다. 그런 탓에 "작가들은, 이런 의미에서는 영광스런 제국 육해군급의 국가적 공헌을 했다고 하지 않을 수 없다. 오늘날에 와서 보면 실로 웃음거리다."라고 한다(1권 16~18쪽, 54쪽).

그러나 에토는 서구 문화에 대항하여 전통을 상찬하는 자세는 취하지 않았다. 왜냐하면 전통과 역사 또한 공허한 말에 지나지 않기 때문이다. 그는 『나쓰메 소세키』에서 "일본적인 문학이라든가, 일본적 혹은 동양적 사유를 나타낸 문학이라든가, 사소설이 일본 독자의 문학 형식이라든가 하는 망상"을 강하게 비판한다(1권 8쪽).

그러면 진정한 문학은 어떻게 해서 만들어질까. 에토에 따르면 일본에 근대적 자아 같은 것은 있을 수 없고, 단지 "**근대적인 의장**意匠과 전근대적인 주위 현실의 사이에 생기는 염증"이 존재할 뿐이다. 실로 그 "염증 현상이, 아마도 유일하게 쓸 만한 가치가 있는 **일본의 현실**"이다(1권 18, 19쪽). 그리고 이 일본의 현실을 그리고자 격투한 사람이 나쓰메 소세키라고 한다.

영어 교사였던 나쓰메가 영국 유학을 가서 신경 쇠약에 걸린 뒤, 귀국해서 소설을 쓰게 되었다는 사실은 잘 알려져 있다. 이후의 나쓰메는 일본의 서양화와 근대화의 피상성을 비판하는 작품을 썼고, 이윽고 서양적인 이기주의를 넘어서는 "즉천거사"則天去私라는 경지에 이르렀다는 것이, 나쓰메 소세키의 궤적으로 곧잘 그려진다.

그러나 에토는 이 나쓰메관觀에 이의를 제기했다. 에토에 따르면 나쓰메가 영국에 익숙해지지 못한 이유는, 서양 문화와 동양 문화의 충돌 같은 문제가 아니라고 한다.

그리고 에토가 이 문제에 내린 해석은 이전까지의 나쓰메론과는 크게 이질적이었다. 에토에 따르면 나쓰메는 "자기를 말살하고 싶다는, 끊임없는 충동에 고민한 인간"이었으며, 영국에서 신경 쇠약에 걸린 것도 그의 자질資質인 인간 혐오가 표면화되었기 때문이다. 나쓰메가 쓴 "빨리 오차즈케ぉ茶潰け와 소바를 먹고 싶다"라는 편지도 현실 도피의 소망을 그렇게 표현한 데 지나지 않으며, "소세키가 동경하는 장소는 지도 위에서는 찾을 수 없다. 고국 일본은, 그가 바라는 땅에의 매개체에 불과하다"라고 한다(1권 68, 23쪽).

나아가 에토는 나쓰메의 유년 시절을 중시했다. 나쓰메는 몇 번에 걸쳐서 양자로 들여겼고, 계모에게 냉대받았다. 에토는 나쓰메의 회상기에서 중국 남화南畵의 두루마리 그림 앞에서 시간을 보내는 것이 좋았다는 기술을 중시하면서, "남화 같은 것에 빠진 아이의 모습은 이상하며, 우리들은 어린 남화 감상가의 고독한 모습의 이면에 있는, 그를 아프게 했던 불행한 가정생활을 상상하지 않을 수 없다"라고 말한다(1권 21쪽).

또한 에토는 나쓰메가 영문으로 쓴 시 속에서 "인생과 꿈 사이"인 죽음의 세계에 있다는 여성을 그린 점을 다루며, "소세키 세계의 최저음부最低音部는 인간이 존재하지 않는 극지이며, 때로는 오로지 그 자신과 그 '영원한 여성'의 그림자가 길게 그리워진 곳에 불과했다. 그의 마음속 은신처는 실로 이런 풍토였다"라고 주장했다. 에토가 나쓰메의 작품 속에서 "가장 아름다운 것 중 하나"라고 절찬한 것도, 죽은 문조에게 '영원의 여성'이라는 이미지를 교착시킨 단편 『문조』文鳥이며, "시취가 감도는" 작품인 『몽십야』夢十夜와 함께 "생의 요소에 대한 소세키의 거의 생리적인 혐오감"이 표현되어 있다고 말한다(1권 23, 53쪽).

에토는 또한 『나쓰메 소세키』에서 영원한 여성이 사는 죽음의 세계를, 인간을 용해시키는 자연의 세계로도 그렸다. 이것을 표현하는 데 있어서 에토는 "자연계는 전부 음외淫猥하다"라는 리어왕의 말을 인용한다. 그리고 일본의 사소설에 존재하는 것은 "딱딱한 윤리적 윤곽을 가진 '자아'가 아니라, 물컹물컹하게 물먹은 한천처럼 부유하는 그들의 본능—리어왕이 그토록 저주했던 '자연'에 불과하다"라고 말한다(1권 83, 92쪽).

이런 현실 혐오와 죽음에 대한 동경에 사로잡혔던 나쓰메는 일본으로 귀국해서도 부적응자였다. 그러나 에토는 나쓰메가 이런 상태에 머무르지 않고 현실의 사회적 책임에 눈을 떠 "'생활의 의의'를 모조리 포함할 수 있는 문학"을 지향해 갔다는 사실에 주목했다(1권 48쪽). 그 경우에 나쓰메가 극복해야만 했던 것은 자기 말살과 자기 절대화의 충동이었다. 에토는 이렇게 말한다(1권 78쪽).

나는 옳고 너희들은 옳지 않다. 눈을 떠라. 옳게 되어라. 그리고 나와 같이 행동해라. 그렇게 하면 나는 나의 의지에 충실한 너희들의 지배자가 되리라. 혹은 나 혼자 옳고 전 세계는 나의 적이다. 오히려 나는 무無와 동화해서 이 속세를 떠날 테다. 그렇게 해서 계몽주의적 태도는 자기 절대화 및 자기 말살을 향한 욕구와 멋지게 연속된다. 게다가 이 욕구는 적극적으로는 대對사회적인 절대 지배를 향한 의욕으로, 소극적으로는 반사회적인 도피의 자세와도 연속된다.

거대한 자기 절대화와 비소한 자기 말살은 현실 도피의 양 측면이다. 그리고 에토에 따르면 나쓰메에게 "양 극점 사이에서 진동하는 모든 인간적 욕망은 꺼림칙한 것에 불과하다. 그는 그것을 '아집'我執이라 부른다."(1권 79쪽)

에토는 여기서 그의 독특한 자아론을 이야기한다. 에토에 따르면 서양의 근대적 자아는 각자가 자립해 있으면서 신이라는 초월자를 매개로 하여 타자와 연결될 수 있다. 그러나 일본의 "'아집'은 신으로 인간관계를 성립시키기도 불가능하며, 타자 앞에서 자기를 소멸시키기도 불가능하다"는 것이다(1권 54쪽).

그리고 에토에 따르면 나쓰메의 작품은 "'아집'이 물컹거리며 부유하는, 평면적인 인간관계의 세계 속에서 사랑의 불가능성"을 주제로 삼았다. 이 "일본의 근대 사회에 특징적인", "'아집'의 존재" 즉 물컹거리는 추악한 것을 그리는 것이, 근대화의 염증 현상이라는 일본의 현실을 쓰는 것이었다(1권 87, 55쪽).

그러나 대부분의 일본 작가들은 이 중대한 주제를 다루지 않았다. 그들은 서양의 기법을 도입해서 공허한 관념의 언어로 윤리성을 쌓았을 뿐이다. "이걸로 만족할 수 있는 자는 반쯤 전문적인 극히 소수의 문학 감상가뿐이며, 일반적인 독자는 공허한 심정을 어찌할 방도가 없다"라고 에토는 쓴다. 그리고 "문학청년이라는 인종이 경멸받는 것도, 결국은 현실에 있지도 않은 망령을 신앙하기 때문이며, 건강한 생활인의 감각이 그런 가짜에게 자연히 반발을 느끼기 때문이다"라고 말한다(1권 17, 18쪽).

이런 물컹거리는 아집에 대한 대처로서, 나쓰메는 일본에도 근대적 자아를 확립시키자고 한때 생각했다. 그러나 이런 "계몽주의적 태도가 가능하려면, 천하 국가를 논하는 뛰어난 소수와 우매한 대중이 동시에 존재할 필요"가 있다(1권 73쪽). 즉 근대적 자아의 확립을 이야기하는 계몽주의 그 자체가, 지식인의 자기 절대화와 아집을 초래한다.

그러나 현실 속 생활인의 세계에서는 "자기는 절대자가 될 수 없다"라고 에토는 쓴다. 그리고 나쓰메는 일상생활을 위해 일하는 『노방초』道草의 주인공 등을 통해 "평범한 일반적인 생활인에게 통용되는, 일상생활의 윤리"를 그렸다. 한편으로 대부분의 사소설 작가들은 "사회적 책임을 포기했을 때, 그들은 의도치 않게 '자연' 속으로 향했다." 이렇게 해서 나쓰메는 근대 일본에서 "쓸쓸한 '생활자'生活者 작가"가 되어 죽음에 대한 동경을 극복하고 생활자로서의 책임과 윤리를 확립해 갔다는 것이다(1권 92~94쪽).

이런 나쓰메 이해가 어디까지 적확한지는 약간 의문이 들기도 한다. 앞에서 말했듯이 에토는 처음부터 나쓰메의 애독자는 아니었고, 오히려 호리 다쓰오나 다니자키 준이치로 등을 선호했다. 그는 1967년에는 "Y〔야마카와 마사오〕에게 추천을 받아서, 나는 그냥 되는 대로 말했던 나쓰메 소세키론을 쓰고, 그때부터 엉거주춤 질질 끌며 글을 써서 생활하게 되어 버렸다"라고 말하며, "그때 내가 무엇이라도 좋으니 매일 글을 쓰고 싶었던 것은, 그럼으로써 아버지의 무게도 새어머니와 나의 병도, 그런 **우울한** 것의 존재를 잊을 수 있었기 때문이다"라고 회상한다.[67]

그러나 22세의 청년이 이런 상황에서 짜낸 나쓰메론은, 1956년에 단행본 『나쓰메 소세키』로 엮여서 사람들에게 불가사의한 감동을 주는 서적이 되었다. 좋든 나쁘든 논리적인 모양새를 갖춘 책은 아니었지만, 오히려 그것이 혼돈스러운 박력을 빚어내 에토 준의 이름은 일약 문단에 알려졌다.

그렇지만 "문학은 직업으로 삼기에는 부족하다"라는 신조를 가졌던 그는 게이오기주쿠대학의 영문과 대학원에 진학해 대학교수의 자리를 꿈꾸었다. 체력도 어느 정도는 회복되었고, 1957년에는 게이오의 동기생이 었던 미우라 게이코三浦慶子와 결혼하여 아버지의 집을 나왔다. 이후 1959년까지 에토는 대학원에 재적하며 평론을 쓴다.

이 대학원 시절에 에토는 1958년의 경직법 반대 투쟁을 계기로 결성된 젊은 일본의 모임의 간사 역을 맡았다. 이런 활동의 한편으로 에토는 『작가는 행동한다』나 『노예의 사상을 배척한다』奴隷の思想を排する 등의 평론집을 발표하여, 고바야시 히데오와 일본 낭만파, 그리고 천황제에 대한 철저한 비판을 행하며 진보파의 젊은 평론가로 기대를 모았다. 이 시기의 인상이 선열했기 때문에, 1960년대 이후에 에토가 보수파로 전향했다고 비판하는 논자도 많다.

그러나 이 시기에도 그 이후에도, 에토를 일관되게 지배한 것은 "물컹거리는 추악한 것"에 대한 양가적 태도였다. 실제로 대학원 시절의 에토가 행한 천황제나 일본 낭만파에 대한 비판은, 일련의 대비를 구사하며 이루어졌다. 그가 부정해야 할 대상으로 든 것은 죽음의 사상, 음외, 자연, 시, 낭만적인 것 등이며, 긍정한 것은 인간, 질서, 산문, 사실적인 realistic 것 등이었다.

이 대비의 의미는 에토가 1958년에 정의한 인간과 자연에서 명료하게 볼 수 있다. 즉 "'인간'은, 주체적인 의지로 애매한 것을 명료하게 하여, 자기를 압박으로부터 해방하고자 하는 것"이며 "자연"은 "이해의 범위를 넘어선, 어떤 어두운, 애매한 것"이라는 정의이다(5권 239쪽).

에토가 1958년에 쓴 「신화의 극복」神話の克服에 따르면, 신화란 인간에게 잠재하는 "비합리적인, 어두운 흉폭한 에너지"를 풀어내는 우화다. 신화 그 자체는 내용 없는 상징에 불과하지만, "상징이 포괄적이면 포괄적일수록, 해방되는 원시적 에너지는 증대하며, 인간은 한층 더 노예화된다"라는 것이다. 팔굉일우八紘一宇나 대동아 공영권이라는 구호는, 이런 "신화적 상징"의 대표적인 사례였다고 한다(5권 232쪽).

또한 일본 낭만파는 근대를 비판하고 인간이 만든 모든 질서를 비판했지만, 그것은 "책임과 자유가 주어진 '인간'" 그 자체를 부정하는 "'자연' 숭배"에 도달했다. 일본 낭만파에게 "'문화'는 '죽음'의 동의어"이며, "리어왕이 들은 '자연'의 목소리 그 자체"라는 것이다(5권 243~245쪽).

또 일본 사회는 가족 제도나 "'천황'이라는 원시적 종교 관념의 맹종"이 지배하는 거대한 늪이며, "아메바 상태의 생물로 바뀌어 부정형의 자기 운동을 하고, 인간의 윤곽은 어떤 점질粘質의 힘 속에 해소되려 하고 있다"라고 에토는 쓴다. 그리고 거기에서 인간을 자연이나 사물 앞에 배궤拜跪시키는 "물신 숭배라는 사악한 죽음의 사상"이 생긴다. 인간의 도구에 지나지 않는 도검刀劍에서 미를 발견하는 것은, 이런 애니미즘 animism의 전형과 다름없다. '사물의 미'를 상찬한 고바야시 히데오의 비평도 그런 애니미즘의 일례이며 "거기에는 '자연'이 있으며, 인간이 없다. 정확하게 말하면 그[고바야시] 이외의 인간이 없다"라고 한다.[68]

나아가 에토는 이 시기, 이런 도식으로부터 독자적인 문체론을 주창한다. 그에 따르면 일본 문학은 현실과 타자를 직시하는 산문보다 시적이며 자기도취적인 미문美文을 지향하기 쉽다. "시의 세계라는 것은 결국 사물의 세계"이며, 일본 문학은 "시적이며, 구체적으로 말하면 그 문장에 은유metaphor나 직유simile가 많다"라고 그는 말한다. 본래 "음유 시인은 시의 신이나 왕이나 족장의 **권위로써** 전달을 행하고, 작가는 마치 '국민 공회'National Assembly의 대표자들처럼, 우선 자기가 속한 집단―극단적으로는 인간―을 **대표하여** 전달한다. 그런 한, 산문가라는 것은 작가의 불가결한 조건"이다. 그러나 근대 일본에서 "작가는 생활자라는 사회적 책임을 지닌 시민이 아니라, 애니미즘적 사회의 주술자이거나 직능인이었다"라고 에토는 본다. 그 전형이 "수사학 교실의 우등생"인 미시마 유키오이며, 미시마의 문학은 죽음의 찬미와 일상생활에 대한 혐오로 가득 찼다는 것이다.[69]

그리고 일본의 근대 문학사는, 정념의 에너지를 분출시키는 낭만주의자와 그것을 제어하고자 하는 나쓰메 소세키 및 극소수의 현실주의자들 사이의 대결의 역사였다. 많은 문학가들은 어둡고 광폭한 정념을 제어하기 위해 "일본의 전근대적인 낭만주의 위에, 서구에서 수입된 '근대문학'의 주형鑄型"을 끼워 맞추려고 했다. "가령 이런 경향을 '근대주의'라고 부른다면, 쇼와 초기 마르크스주의 문학 운동은 '근대주의'의 마지막 빛줄기였다"라고 에토는 말한다(5권 234쪽).

그러나 이런 "근대주의적인 자기 충족으로는 **근대화**는 조금도 촉진되지 않으며", "자기를 확립하는 것은 자기 부정이다"라고 그는 지적한다. 근대주의의 문제점은 자기의 내부에 있는 "'신화'의 존재를 무시한다는 전제에서 출발하는" 점이다. 필요한 것은 어둡고 혼돈스런 신화를 직시하고 "신화의 성질을 정확히 통찰한 위에 쓴 '문학 작품'"이라는 것이다(5권 67, 268쪽).

이런 논조에서 엿보이는 것은, 에토가 '물컹거리는 추악한 것'에 대한 공포를 근대라는 '윤곽'으로 잡아내고자 하는 모습이다. 그와 동시에 근대주의의 한계를 논하고 신화의 직시를 주창하는 논법에서는 다케우치 요시미의 영향을 느낄 수 있다. 실제로 에토는 이 시기의 평론 『노예의 사상을 배척한다』에서 "한 명의 루쉰을 낳고, 사회의 민중 쪽으로 가까이 다가갈" 것을 주창하거나, 천황제를 비판할 때 다케우치를 인용하기도 한다(5권 207, 73쪽). 또한 국민공회를 상찬하는 한편, 마루야마 마사오에 대해서도 이따금 언급했다.

한편으로 에토는 『나쓰메 소세키』에서는 나쓰메를 문학사적으로 위치 지으며 후쿠다 쓰네아리를 언급했다(1권 92쪽). 후쿠다 쓰네아리와 다케우치 요시미는, 정치적 입장에서도 정치와 문학을 논하는 방법에서도 양극과 같은 사상가이며, 이 둘 모두에게 영향을 받은 것은 약간 기이하게도 보인다. 그러나 후쿠다와 다케우치는 나쓰메 소세키를 비롯한 메이지의 문학을 상찬하고 시라카바파나 프롤레타리아 문학에 대해 비판적이었다는 점에서는 통하는 면이 있었다.

또한 후쿠다와 다케우치는 문단 문학의 폐쇄성을 비판하고 생활자와 국민에게 열린 문학을 만들자고 주장한 점에서도 공통되었다. 그리고 에토도 작가의 자기 절대화를 비판하고 생활자에게 열린 문학을 만들자고 주장했다. 이 '생활자'를 좌파 지식인에 대한 비판으로 사용하면 후쿠다나 고바야시와 같은 보수 쪽으로, 민중과 국민에게 접근한다는 문맥으로 쓰면 다케우치 같은 혁신 쪽으로 기우는 것이었다. 그리고 1950년대 후반의 에토는 후자 쪽에 기울어 있었다.

그렇지만 에토가 후쿠다나 다케우치에게서 받은 영향은 어디까지나 부분적이었다. 에토에게는 후쿠다 같은 전통 지향은 희박했으며, 다케우치처럼 루쉰을 애독한 흔적도 없었다. 무엇보다도 후쿠다나 다케우치가 짊어졌던 전시 중의 회한의 상처가 에토에게는 없었다. 에토가 직면했던 과제는, 스스로도 정체를 파악할 수 없는 물컹거리는 추악한 것과 어떻게 싸울지의 문제이며, 그것을 표현하기 위해 후쿠다나 다케우치의 표현을 빌렸다고 할 수 있을 것이다.

무엇보다도 다케우치는 전시 중의 굴욕적인 체험으로 말미암아 천황제를 부정의 대상으로만 생각했다. 그러나 에토에게 천황제나 고바야시 히데오에 대한 비판은 시취의 유혹에 대한 자기 억제의 산물이며, 그는 내심으로 그것에 이끌리기도 했다. 이 시기의 평론에서도 에토는 '원시'를 비판하면서도 "우리의 마음도 원시적인 감동을 주는 것 없이는 살아갈 수 없다"라고 말했다(5권 219쪽).

그리고 에토가 이 시기에 절찬한 것이, 당시에 갓 데뷔했던 오에 겐자부로였다. 에토에 따르면 시코쿠의 산촌을 무대로 한 오에의 초기 작품 『사육』이나 『새싹 뽑기, 어린 짐승 쏘기』芽むしり仔撃ち는 낭만주의를 노골적으로 보이는 다자이나 미시마와 달리 "작자 자신의 인간적인 의지"와 "'죽음'의 사상적 관능"이 절묘한 균형으로 동거하는 "**대상화되고, 논리화된 범신론의 세계**"였다. 그러나 이윽고 오에가 도회 청년의 번민을 다룬 작품을 쓰기 시작했을 때, 에토는 "자연이나 동물과의 범신론적인 교감을 할 수 있었던 산촌의 소년 대신, 도회에 이식된 고독한 청년이 출현했다"라며 비판으로 돌아섰다.[70]

그리고 당시의 에토가 진보파로 기운 데는 하나의 전제가 있었다. 그것은 그가 마르크스주의를 '윤곽'의 편으로 분류한 점이었다. 그는 당시에 "야스다〔야스다 요주로〕씨의 논리 속에는 혁명 그 자체가 모든 체제를 부정하는 것, 내지는 '일군만민'이라는 '원시 상태'로의 복귀인데, 마르크스주의자에게 그것은 하나의 체제를 또 하나의 **더 좋은** 체제로 바꾸는 것"이라고 말한다(5권 241쪽).

즉 에토는 마르크스주의 운동을 질서의 일종으로 평가함으로써, 혼돈을 의미하는 천황제나 일본 낭만파와 대치시켰다. 그러나 그런 좌파 운동에 대한 인식이 1960년 안보 투쟁으로 그의 내부에서 무너졌다.

시취를 풍기는 1960년 안보

1959년 3월 에토는 게이오기주쿠대학 문학부 대학원을 중퇴했다. 실은 1958년 3월부터 언론 기고를 그만두라는 대학 측의 권고를 받아, 그것에 반발한 에토는 1년 이상 대학원에 다니지 않았다. 당시의 아카데미즘에서는 언론에의 기고는 천한 것으로 여겨져, 에토는 문필가냐 대학원이냐의 양자택일을 요구받아 결국 대학교수에의 길을 단념했다.

문사의 지위를 싫어했던 에토에게 이것은 괴로운 선택이었다. 이후 1971년 도쿄공업대학 조교수로 초빙되었을 때 에토는 "드디어 봉급을 확실히" 받을 수 있는 신분이 되었다며 기뻐했다고 한다. 그는 같은 해에 쓴 에세이에서도 노령에 이른 부친이 관여하던 회사 임원을 관두고 "완전히 소속이 없는 인간"이 된 쓸쓸함에 대해 이야기한다.[7] 부친에 대한 자존심 문제도 있어서, 에토는 자기가 학비를 조달하며 다니지도 않았던 대학원에 학적을 유지했지만, 결국 문학 비평에의 애정을 버리지 못하고 소속이 없는 인간이 되는 길을 택했다.

이렇게 해서 에토는 1959~1971년에 소속이 없는 인간이라는 불안정한 상태에 빠졌다. 이 시기에 에토는 1960년 안보와 미국 체재를 경험하고 보수 내셔널리스트로 변모함과 동시에, 『성숙과 상실』成熟と喪失을 비롯한 대표작을 쓴다.

그리고 에토와 진보파의 관계는 1959년부터 무너지기 시작했다. 그 징후가 처음으로 나타난 것이 전쟁 책임론이었다. 1959년 강좌 『현대의 발견』現代の発見은 전쟁 체험과 전쟁 책임을 특집으로 한 권을 마련했는데, 에토는 거기에 「'체험'과 '책임'에 대해서」「体験」と「責任」について라는 전쟁 체험론을 기고했다. 이 권의 편자였던 하시카와 분소는 『일본 낭만파 비판 서설』을 쓴 전중파 정치학자이며, 13장에서 말했듯이 전쟁 체험에 대한 고집을 보여 이시하라 신타로가 반발한 인물이었다. 아마도 하시카와는 이시하라가 전후파를 자칭하며 자기는 전쟁의 상처와 무관하다고

주장한 것을 언짢아하여, 소국민 세대로서는 드물게 일본 낭만파 비판이라는 문제를 논했던 에토를 전쟁 체험 논의에 참가시키고자 생각했던 것으로 보인다.

그런데 에토가 보인 반응은 이시하라에 지지 않을 정도의 전중파 지식인에 대한 비난이었다. 특히 그가 비판한 것은 전중파 지식인이 전사戰死를 미화하고 천하태평의 일상생활을 멸시하는 점이었다. 에토는 거기서 "'국가를 위해서'든 '사회주의를 위해서'든, 그들 '전쟁 체험론'자들은 서구를 싫어한다는 점에서 일관되며, 개인을 싫어한다는 점에서 일관된다"라고 단정하며, 하시카와 분소나 야마다 무네무쓰 등을 "추악한 청년기의 나르시시즘", "관념을 사랑하고, 현실의 인간을 싫어하는 것" 등이라고 마구 비난했다(6권 45, 43, 46쪽).

특히 에토가 전중파 지식인을 비판한 것은, 그들이 "몹시도 국사풍國土風으로 '행복한'(!) 가정생활에 대한 경멸을 보인다"라는 자세였다. 에토에 따르면 "가정 같은 것은 친근한 인간 사이에 밑바닥을 알 수 없는 구멍이 닫히거나 열리거나 하는 기괴한 장소에 불과하다"라고 한다. 앞에서 말했듯이 부친과의 갈등에 괴로워했던 그는 아버지와의 싸움을 회피하기 위한 일상적인 노력을 거듭했다. 그는 이후 1967년에는 "천하 국가도 문학도 잊고, 소형 자동차의 월부 잔액을 계산하고 싶다. 그런 '가정의 행복'이 있다는 것만으로도 훌륭하다고 생각되는데, 거기다 그것을 경멸하거나 파괴하는 사치까지 내 것으로 삼을 수 있다면, 나는 아마도 기뻐서 어쩔 줄 모를 것이다."라고 말한다.[72]

게다가 에토는 이 1959년의 전쟁 체험론에서 일방적으로 "어른"—그의 부친의 세대—을 비판하는 전중파의 자세를 비판했다. 에토에 따르면 전중파 지식인의 전쟁 책임 추궁은 자기의 채워지지 않는 감정을 위정자나 연장자에게 던지고자 하는 외잡猥雜한 복수 충동일 뿐이며 "세상에는 언제나 '책임'을 자각하는 괴로움을 견디는 소수와 이것을 '증오'의 표현으로 쓰려 하는 다수의 사람들이 있다"라고 말한다(5권 57쪽).

병행해서 에토는 동세대의 젊은 문학가들에게도 위화감을 품었다. 1959년 8월 이시하라 신타로와 오에 겐자부로를 비롯해 '젊은 일본의 모임' 회원들이 중심이 되어 심포지엄이 열렸다.[73] 사회를 맡은 에토는 그들의 예술론이나 정치론에 새로운 것은 전혀 없고, 메이지·다이쇼기 지식인의 논의와 큰 차이가 없다고 느꼈다.

에토는 이 좌담회 후에 참가자가 자기의 논의를 절대시하는 것은, 새로운 것이 좋은 것이라고 여겨 온 전후 가치관에 따른 것이라고 주장했다. 그리고 "그들에게 '혁신'이란, 많은 경우 '현실 이탈'의 동의어였다. 이탈의 끝은 서구의 문화라도 좋고 '혁명'이라는 관념이라도 좋다. 혹은 '전쟁'이라도 '최신의 세대'의 자부라도 좋다"라는 것이다(6권 63쪽).

이렇게 해서 에토의 내면은 혁신이나 혁명, 그리고 전쟁 책임 추궁 등은 현실 이탈의 별명에 불과하다는 도식을 품기 시작했다. 그것을 전후해서 에토는 "고바야시 히데오 씨에 대해 불공정한 태도를 취하고 있지 않은가라는 의심에, 돌연 사로잡혔다"라고 말한다.[74] 그리고 1960년 1월부터 에토는 평전『고바야시 히데오』小林秀雄를 쓰기 시작해, 고바야시가 죽음에의 충동을 극복하고 비평을 전개해 갔다고 논했다. 그런 가운데 그는 1960년 안보에 직면했다.

1960년 5월 19일 에토는 강행 채결의 텔레비전 뉴스를 보고 분노를 느껴, 적극적으로 반대 운동을 시도했다. 23일에는 에토를 간사로 하는 젊은 일본의 모임이 항의 성명서를 발표했고, 6월 4일에는 "민주주의여 되살아나라"라는 구호를 내걸고 집회를 열었으며, 11일에도 각 당에서 정치가를 불러 집회를 열었다.

운동의 한복판에서 에토는 잡지『주오코론』7월호에「'목소리 없는 자'도 일어선다」"声なきもの"も起ちあがる라는 논고를 기고했다. 12장에서 말했듯이 이 논고는 "다성부의 푸가" 같은 "새로운 시민적 운동"을 제창한 것이었는데, 후에 에토의 저작집에서는 삭제되어 버린다.

그러나 동시에 이 논고는 역시 에토의 양가성을 반영한 것이었다.[75]

에토에 따르면 강행 채결은 "일반 시민의 상식 — 생활 감각"으로부터 비판받아야 할 것이며, 문제는 안보의 시비가 아니라 의회제 민주주의라는 질서의 회복이고, "일본 전체가 지금 시시각각 시취를 내뿜고 있다", "시취의 저편에서 느껴지는 것은 파시즘의 불안이다"라는 것이었다. 에토는 이 평론에서 젊은 일본의 모임 집회를 이렇게 표현한다.

여기 모인 사람들은…… 빈사의 병자마냥 고립되어 두려워하고 있다. 그러므로 죽음을 두려워하는 자가 다가올 어둡고 차가운 것의 공포를 견디지 못하고 무의식중에 침대 곁 사람의 손을 찾듯이, 같은 공포와 그것을 벗어나고자 하는 의지를 공유한 사람들의 손을 찾아 모여든 것이다. 그러나 그 공포에 져서 폭주하면 자멸할 수밖에 없다. 폭주하기보다는, 더 많은 시민들과 손을 잡자. 그리고 가까이 있는 의원들을 움직이자.

에토는 안보 투쟁 속에서, 혼란스러운 사태를 수습할 지도자를 찾아 자민당 반주류파의 의원들과 교섭했다. 그리고 그가 보기에는 시취의 유혹에 져서 폭주해 버린 쪽이 전학련 주류파이며, "그들이 '순수'하다는 것은 아무런 이유도 안 된다"라는 것이었다.[76]

그러나 에토가 이 평론에서 전학련 이상으로 증오하며 "기묘하게 비창悲愴한 자기 연민", "정치적 자위 행위", "무책임" 등으로 비난한 것은, 그런 전학련을 지도하지 못한 사회당이었다.[77] 에토가 보기에는 혼란에 빠진 젊은이들에게 법을 알리지 못한 무력한 지도자는 가장 비판받아 마땅할 존재였다.

에토는 전학련을 동정하는 진보적 지식인들에게도 마찬가지로 증오를 폭발시켰다. 1960년 1월의 하네다공항 데모에서 체포된 전학련 주류파의 간부를 위해 지식인들이 구명 운동을 했을 때, 에토는 "어리석은 짓을 혼내는 것이 아니라 그냥 '동정'하는 지식인"은 "여성적이며 불결"하다고 비난했다(6권 25, 26쪽).

6월 10일 에토에게 있어서 결정적인 사건이 일어났다. 이날 특사로 일본을 방문한 해거티 비서관이 "반미 애국"을 부르짖는 공산당계 전학련 반주류파 중심의 데모대에 포위되어 미군의 헬리콥터로 탈출했다.

현장에 있었던 에토는 데모대의 〈민족독립행동대의 노래〉나 "반미 애국"의 외침에서 전시 중의 기억이 되살아나는 것을 느꼈다. 해거티의 차를 포위한 데모대를 보고, 에토는 "내 뱃속을 풍경으로 확대한 듯한 느낌"이 들었다. 그리고 에토의 눈에 데모대는 완전히 통제를 잃은 "거대한 아메바"처럼 보였다. 이 "완전한 무질서"를 수습해 줄 지도자를 찾아, 에토는 부근에 있던 사회당 의원이나 국민회의의 간부에게 매달렸지만 기대했던 반응은 얻을 수 없었다.[78]

이 사건에 대해 쓴 보고서에서 에토는 사회당 의원들을 "무책임의 상징"이라 비판하고, 사건의 전말을 두고 "진보파 지도자의 퇴폐와 무능을 폭로한 코미디"라고 표현했다(6권 32쪽). 과거 천황제에게 주어졌던 아메바, 무책임이라는 표현이, 이제는 진보파에게 던져졌다.

그러나 한편으로 에토는 혐오했던 아메바에게 유혹을 느끼기도 했다. 그는 안보 투쟁 중에 데모에는 한 번도 참가하지 않았다. 그러나 『시소노 카가쿠』에 실린 후지타 쇼조와의 대담에서는, 안보 투쟁의 데모를 평하여 "실로 난숙爛熟한 과실이 떨어지기 일보 직전이라는 기분이 들어서, 나는 무서웠다", "부패해서 이미 무너진 와중에, 무척 맛있는 감칠맛이라는 것이 있다"라며 금지된 유혹의 달콤함을 이야기했다.[79]

원래 에토는 패전 직후에는 다자이 오사무를 깊이 읽는 한편, 마르크스주의에 경도하여 이시하라 신타로 등과 함께했던 연구회에서 "격한 말투로 떠들어 댄" 과거가 있었다. 그는 후에 이때의 경험을 "마르크스주의의 실천 운동에 대한 접근 속에, 내가 그[다자이]로부터 계승한 멸망의 논리를 실현하는 길이 있다고 느꼈다"라고 말한다(속2권 83, 85쪽). 종국에는 정치에 걸맞지 않았기 때문에 문학으로 향했지만, 내심에 숨긴 낭만 지향은 컸다.

아마도 이런 낭만 지향 덕에 에토는 요시모토 다카아키와 죽이 맞았다. 에토는 전술했듯이 1959년의 「'체험'과 '책임'에 대해서」에서 전중파 지식인을 비판하는 한편, "죽음은 두렵지 않았다"라고 하는 요시모토의 말을 호의적으로 인용했다. 요시모토 측도 에토가 진보적 지식인을 비판한 것에 호감을 보이며, 에토의 『작가는 행동한다』를 훌륭한 문체론이라고 상찬했다.[80]

그리고 에토 역시 요시모토와는 다른 각도이기는 하나, 1960년 안보의 직후부터 전후 민주주의에 대한 비판을 전개했다. 1960년 10월 그는 「'전후' 지식인의 파산」"戦後"知識人の破産이라는 평론을 발표했다. 이 평론은 요시모토와 마찬가지로 마루야마 마사오가 행한 안보 투쟁의 총괄을 비판하는 것이었다.

특히 에토가 비판한 것은 『세카이』 1960년 8월호에 게재된 마루야마의 강연 「복초의 설」復初の説이었다. 마루야마는 이 강연에서 패전의 날에 일본의 재건을 결의한 기억을 상기하라고 외치며 공적 관심의 재건을 호소했다. 요시모토가 마루야마에게 반발한 것은 공적 관심의 재건이라는 부분이었지만, 에토의 경우는 달랐다. 에토는 가족의 몰락이 시작된 것 말고는 자기에게 아무것도 아닌 패전일의 기억을 상기하라는 마루야마에게 격렬히 반발했다.

원래 에토는 이 세대의 젊은 지식인들이 으레 그랬듯이, 마루야마의 영향을 받았다. 그는 천황제나 전중파 지식인, 그리고 안보 투쟁의 지도자 등을 비판할 때 마루야마의 "무책임의 체계"라는 말을 상용했다. 정치는 결과 책임의 문제이며, 동기의 순수함은 관계가 없다는 전학련 평가도 마루야마의 영향이 느껴지는 것이었다. 그런 마루야마가 자기가 기대했던 것 같은 견해를 보이지 않은 점에 에토는 분노를 보였다.

그리고 에토의 마루야마 비판 또한 에토다웠다. 에토에 따르면 8월 15일을 기준점으로 현상의 일본을 비판하는 것은, 관념에 기대서 현실로부터 눈을 돌리려는 자기 절대화였다.

에토에 따르면 "'전후'에 정의의 실현을 본다는 사고방식"은 "전쟁에 어떤 도덕적 가치를 도입"하는 것에서 나온다. 그러나 전쟁이란 힘과 힘의 충돌에 불과하고, 전후 개혁도 미군에게 필요한 점령 정책에 불과했다. 평화 또한 신성한 가치 같은 것이 아니고 싸움을 회피하는 일상적 노력이라는 산문적인 행위에 지나지 않는다.[81] 그럼에도 진보적 지식인들은 안보 투쟁을 "자기의 서정시를 현실 위에 쓰기 위한 절호의 기회"라고 간주했다는 것이다(6권 9, 17쪽).

그리고 전후의 평화주의란 "무력 대신 '절대 평화'로 만방에 우월함을 내세우고자 하는 급진적인 심정의 체현이며, '중립주의'란 결국 세계 지배 대신에 국제적인 권력관계에서 이탈하고 싶다는 소망의 정치적 표현에 불과하다"라고 에토는 쓴다. 안보 투쟁에서 내셔널리즘과 민주주의가 결합되었다는 평가가 있지만, 실제로는 "전시에 맹위를 떨쳤던 광신fanaticism이 '민주주의'의 깃발을 들고 부활했을 뿐"이다. 전학련도 그들이 순진한 초국가주의자여서 지지를 모은 것에 불과하다고 본다.[82]

애초에 전후란 무엇인가. 그것은 단순한 물리적 패배를, 평화와 민주주의의 실현이라는 의미로 치장한 허구에 지나지 않는다. 진보적 문화인들은 패전으로 "상처 입은 '긍지'"를 지키기 위해서, "현실을 회피하고자 새로운 규범을 필사적으로 찾았던" 것이다. 에토는 이렇게 말한다(6권 13, 16쪽).

'전후'라는 허구를 걷어내 보아야 한다. 일본을 지탱해 온 것이 생활하는 실제가實際家들의 노력이며, 그것을 위기에 빠뜨린 것이 이상가의 환영이었다는 한 줄기 길이 오늘날까지 이어지고 있음이 보일 것이다. 그리고 이 실제가들 한 사람 한 사람이 얼마나 개인적인 불행을 견뎌 왔는지가 보일 것이다. 생활자는 불행을 관념으로 흘려보내 해소하려는 짓 따위는 하지 않는다.

에토의 이런 평가는 부분적으로는 날카로운 지적을 포함하고 있었다. 그러나 그는 패전 직후에는 아직 어리기도 했고, 실제로는 전후사상의 흐름을 알지 못했다. 에토는 후에 『쇼와의 문인』昭和の文人이라는 저작에서 나카노 시게하루를 논하는데, 나카노가 「다섯 작의 술」에서 전사자에 대한 추도를 호소하고 헌법을 비판한 것을 보수 내셔널리즘의 발로라고 간주했다.[83] 헌법 비판이 당시 공산당의 공식 방침이었던 점을 생각하면, 이것은 크게 착각한 해석이었다. 위의 전후사상 비판도, 대부분은 에토의 편견을 전제로 이루어졌다고 할 수 있었다.

게다가 에토는 1960년 안보 후에 「정치적 계절 속의 개인」政治的季節の中の個人이라는 논고를 발표하여 "그 1개월을 지배했던 것이, 개인을 개인이 아니게 만드는 이상한 분위기였음은 의심할 여지가 없다", "나의 주인은 나 이외에는 없다. 그렇지 않고서야, 어떻게 문학을 할 수 있을까"라고 선언했다(6권 22, 23쪽). 에토는 안보 투쟁의 고양에 내심으로는 이끌리면서도 반발했고, 이를 가리켜 자기를 용해시키는 현실 도피라고 주장했다.

그러나 이 시점에서의 에토는 보수 내셔널리스트로 전향한 것은 아니었다. 이때 에토의 이야기는 진보파의 혁신 내셔널리즘에 대한 통렬한 비판이며 정치에 대한 개인의 주장이기는 했지만, 보수의 입장에서 내셔널리즘을 주창한 것은 아니었다.[84] 민족을 환영幻影이라 평하고 "국가가 존재해서 내가 존재하는 것이 아니다"라고 말했던 자세는, 에토의 안에서 아직 유지되었다.

'민주'와 '애국'의 공존이 붕괴되어 가던 이 시기에 혁신 내셔널리즘에서 이탈해 간 논자는 에토만이 아니었다. 앞에서 말했듯이 오에 겐자부로는 오키나와나 산촌과 같은 국가에 대항하는 공동체를 발판으로 하여 내셔널리즘으로부터 이탈했다. 요시모토 다카아키는 가족이라는 공동성에 의거해 국가를 비판해 갔다.

그러나 패전으로 고향을 잃은 에토는 오에와 같은 노선을 취할 수 없었다. 또한 가족의 분란 속에서 자란 에토는 요시모토와 같은 가족관도 품을 수 없었다. 1966년에 이루어진 에토와 요시모토의 대담에서, 가족을 상찬하는 요시모토와 대조적으로 에토는 "가정관계는 어떤 면에서는 윤리이지만 다른 면에서는 정치입니다", "타인의 고통을 절대로 알 수 없기 때문에, 가정생활도 가능하겠지요"라고 이야기한다.[85]

이런 에토가 내셔널리즘에 대항하기 위해 들 수 있는 것은 개인밖에 없었다. 그러나 한편으로 에토는, 정치의 과잉을 비판하며 군부나 빨갱이를 배제하면 개인이 안정된 질서로 회귀할 수 있다고 낙관했던 구세대의 올드 리버럴리스트만큼 전전의 생활 감각에 익숙하지 않았다. 그리고 신이라는 초월자가 없는 일본에서는 근대적 개인의 성립이 불가능하며, 고독하고 물컹거리는 아집에 빠질 수밖에 없다는 것이, 『나쓰메 소세키』이래로 에토의 주장이었다.

이렇게 해서 1960년 안보를 거친 에토는 불안정한 상태에 빠졌다. 그가 찾아야만 했던 것은, 종래의 보수파가 상찬했던 전전형 가족이나 국가를 대신할 새로운 공동성의 모델이었다. 그리고 에토는 그런 공동성의 모델을 미국과 메이지의 내셔널리즘에서 찾아낸다.

미국에서의 메이지 발견

1962년 29세의 에토는 록펠러재단Rockefeller Foundation 연구원으로 프린스턴대학교Princeton University에 유학했다. 당초의 목적은 영문학 연구였지만 이윽고 일본 문학을 강의하게 되어 2년에 걸쳐 부인과 함께 미국에 체재했다.

그의 세대가 그러했듯이 미국에 대한 에토의 감정은 복잡했다. 그는 패전 직후부터 영어 공부를 시작했지만 승자와 패자의 관계로부터 벗어나고 싶다는 심리적 자기방어로부터 "미국 영화를 보지 않고, 미국 음악을 듣지 않고, 영어 방송을 듣지 않았다"라고 한다(4권 31쪽). 1962년에는 아직 해외 방문이 자유화되지 않았고, 외화의 반출 제한도 있어서, 미국은 일본보다 압도적으로 풍요로운 나라였다.

하지만 유학 시절에 에토는 프린스턴에서 쾌적한 나날을 보냈다. 구미 유학 시에 잘 적응하지 못하고 그 결과 내셔널리스트로 변모하는 패턴은 에토의 경우에는 해당하지 않는다. 오히려 반대로 에토는 미국의 가치관에 적응해 가는 가운데 내셔널리즘에 눈뜨게 된다.

에토가 프린스턴에 적응할 수 있었던 데는 그 나름의 이유가 있었다. 에토는 미국을 적자생존의 경쟁 사회로 간주했지만, 동시에 거기서 일본 사회의 "점착성의 관계"와는 다른 "산뜻한 거리距離"를 찾아냈다. 그는 미국 체재의 회상기『미국과 나』アメリカと私에서 "타인에게 응석 부리지 않는 인간인 내가, 미국 사회의 가혹함 속에서, 나의 감정에 꼭 와 닿는 것을 찾아냈다"라고 말한다(4권 41, 96쪽).

오히려 에토가 싫어한 것은 미국에 재류하던 일본인 사회였다. 그는 이것을 "병적인 소小사회"라고 부르며, 재미在美 일본인들이 "끝없는 호기심과 '친절'이라는 형태로 타인의 사생활에 용훼容喙해 오는" 것을 꺼렸다. 농촌이나 서민가의 생활을 알지 못했던 그는 "도쿄에서 그런 간섭을 받은 경험이 없었던" 것이다(4권 41, 40쪽).

원래 에토는 성격적으로 응석 부리지 못하는 인간이었을 뿐만 아니라, 전전의 도시 중산 가정에서 자랐기 때문에, 깍듯한 예의 바름과 배려를 갖춘 유형이었다. 훗날 에토는『쇼와의 문인』에서 호리 다쓰오를 논하며, 그가 양부에게 빚을 지며 로맨틱한 작품을 썼다고 비판했다. 그러나 서민 가정 출신의 요시모토 다카아키는, 호리가 서민가 태생임을 지적하면서 "서민 가정에서는, 일상생활에서 돈을 빌리고 빌려주기가 일상적이랄까, 집의 쌀가마니 속까지 아무렇지 않게 내보여 준다"라고 말한다.[86]

가족과 성에 대한 에토의 스토익stoic한 자세, 그리고 생활자와 어른의 이미지는 이런 배경으로도 규정되었다. 에토와 친했던 후쿠다 가즈야는 에토의 사후에 "어쨌든, '진지한 생활자'이기는 했습니다. 공공요금 체납 같은 것은 절대로 하지 않았습니다", "하지만 진짜 '생활자'라는 것은, 전화가 끊기든지 전기가 끊기든지 간에, 신경 쓰지 않고 생활할 수 있는 사람이 아닐까요"라고 말한다.[87]

에토가 미국에서 '꼭 와 닿는 것'을 발견한 것도 프린스턴이 청교도적인 기풍을 가진 학원 도시였던 사실과 관련이 있었다. 거기에는 에토가 유년 시절에 친숙했던 전쟁 전 중산 계층의 분위기와 닮은 부분이 있었다. 또한 당시의 프린스턴은 매카시즘McCarthyism으로 좌파 지식인들이 일소된 후였고, 베트남 반전 운동이 발생하기 전의 시기였다. 게다가 에토는 프린스턴을 "일종의 코즈모폴리턴적인 분위기가 있었고, 신참자를 괴롭히는 분위기는 전혀 없었다"라고 평하며, 심각한 인종 차별도 경험한 적이 없는 듯하다(4권 121쪽). 만약 에토가 1970년대 뉴욕에 체재했더라면 상당히 다른 미국관을 가졌을 것이다.

이렇게 프린스턴에 익숙해지는 한편, 에토는 1963년 여름에 일시 귀국하여, 도쿄 올림픽을 앞두고 토목 공사가 진행되던 도쿄가 외잡하고 추악한 거리로 변모한 데 충격을 받았다. 에토의 생가가 있었던 오쿠보도 "남녀가 같이 들어가는 여관"이 늘어선 거리가 되어 있었다.[88] 그것은 더 이상 에토에게 고향이라고는 생각되지 않았다. 그리고 그는 미국의 "나의 집"에 돌아갔을 때, "나의 집이, 반드시 나의 나라 속에 있지 않아도 좋다"라는 신선한 발견을 맛보았다(4권 64쪽).

그러나 에토는 미국에 영주永住하지는 않았다. 그는 체재 2년째에 프린스턴의 교직을 얻었는데, 이것의 연장을 거부하고 귀국했다. 한 가지 이유는 문학가인 에토가 일본어를 버릴 수 없었던 점이지만, 그 외에도 다양한 요인이 있었다.

우선 에토에게는 미국의 실용주의가 체질에 맞지 않았다. 에토는 어느 미국 가정에 초대받았을 때, 그 집의 가장이 점령기의 일본에서 싸게 입수한 도검의 날밑 부분을 옷장 손잡이로 쓰는 모습을 보았다. 그 날밑은 에토가 고바야시 히데오의 자택에서 보았던 것보다 "더하지도 덜하지도 않은 일품"이었다. 이것을 본 에토는 "가만히 분노에 휩싸여", "전쟁에 진다는 것은, 검의 날밑이 옷장 손잡이가 되는 것을 눈으로 보아야 하는 것이라고, 나는 그때 가슴에 새겼다"라고 한다(4권 66쪽). 과거에 도검의 미를 비판하기는 했지만, 본래 심미적이었던 그는 미국의 이런 측면을 혐오했다.

그리고 에토가 미국에 정주定住하지 않은 또 하나의 이유는, 아마도 에토가 무의식중에 집이나 정주를 피한 사실에 있었다. 에토 부부는 결혼하고 이미 5년이 넘었지만 부부 사이에 아이는 없었고, 개를 키우며 그때그때 집이나 방을 빌리는 생활을 전전했다. 에토는 1967년 논고에서 나의 집을 갖고 아버지가 되는 것에 대한 동경을 이야기하면서도, "그 '언젠가'를 가능한 한 훗날로 연기해 두고 싶다"라고 말하며, "'집'이라는 말을 들으면, 내 안에서 어느 어두운 격정이 솟구쳐서 어찌해도 억제할 수 없게 되어 버린다"라고 고백한다. 이런 상태를 그는 "어느 틈엔가 **급히** 만들어진 유목민이 되어 버렸다"라고 표현한다.[89]

그리고 에토가 미국에서 찾아낸 쾌적함은, 일시적으로 체재하는 외국인의 속 편함이기도 했다. 그는 미국에서 귀국하기 직전의 에세이에서 "나는 이 나라와 불행한 연애를 할 바에야, 친한 친구로 남고 싶다"라고 쓴다(4권 140쪽). 에토에게 정주는 그가 미국에서 찾아낸 기분 좋은 거리距離의 소멸을 의미했다.

이렇게 해서 에토는 일본에서도 미국에서도 고향을 찾을 수 없는 상태에 빠졌다. 그런 그가 발견한 고향은, 공간적이 아니라 시간적으로 기분 좋은 거리를 지킬 수 있는 메이지였다. 에토는 전원 기숙사제이며 남학생만으로 이루어진 프린스턴대학교에 처음으로 발을 들였을 때, "한번 견학한 적이 있는 방위대학교防衛大学校"를 떠올리며 이렇게 느꼈다(4권 32쪽).

나는 문득 내가 메이지 시대로 돌아간 듯한 환각을 느꼈다. 사족士族 출신, 아니면 새로운 지적 사족이 되려 하는 '서생'들이 『웹스터 사전』을 앞에 두고 말하자면 국가의 봉사에 관한 학문learning in the Nation's Service을 생각했던 그 시대 — 즉, 나는 그때 아주 짧은 순간이기는 했지만, 사족의 분위기와 같은 것을 주변에서 느꼈다. 그러나 그것은 단순히, 너무나도 반反사족적인 것이 충만한 도쿄에서 온 내가 이질적인 학교를 접하여, 내 속에 잠들어 있던 무언가를 불러일으킨 까닭에 느낀 환각이었을지도 모른다. 환각이라고는 해도, 그것은 기분 좋은 체험이었다. 나는 이곳에는 의연히 남아 있지만 전후 일본에서는 사라져 버린 어떤 정신을 생각했다. 나는, 두 눈에서 눈물이 흘러나오는 것을 느꼈다.

이미 말했듯이 도미 이전의 에토는 나쓰메 소세키를 다루기는 했지만, 메이지 국가의 찬미 같은 것은 쓰지 않았다. 그리고 그가 자신의 조모와 조부가 메이지생인 점을 강조하는 회상기를 쓰기 시작한 것은 미국에서 귀국한 후의 일이었다. 즉 에토가, 메이지 국가'를 발견한 것은 미국 체험으로부터였다고 할 수 있을 것이다.[90]

그리고 에토는 "미국에는 분명 전후의 일본인이 잊어버린 것을 생각나게 하는 힘이 있다"라고 느꼈다. 에토가 발견한 미국은 그의 유년 시절의 일본이 그랬듯이, 애국심을 죄책감 없이 구가하며 젊은이들이 국가를 위해 죽는 것에서 보람을 찾는(다고 생각되는) 나라였다. 에토는 예비 장교 훈련 과정의 제복을 입은 미국인 대학생들을 보고, "이윽고 '나라를 위해' 죽을" 자들이 "죽음의 그늘을 받아 아름답게" 빛남을 느끼고, "잔혹한 감동"으로 가득 찼다.[91]

에토가 일본에 일시 귀국하여 도쿄가 외잡한 거리로 변모한 것을 확인한 것은, 이런 체험을 거친 뒤인 1963년 여름이었다. 이 일시 귀국 때에 그는 친구와 술집에 갔을 때 "묘하게 생생한 사자의 환영을 만났다"라고 한다. 떠돌이 악사와 손님이 군가를 노래하는 술집에서 그는 다음과 같은 환상에 사로잡혔다(6권 81~82쪽).

나는, 군가를 노래하는 손님도 싫거니와, 의미도 없이 그런 장소에 앉아 있는 나 자신도 싫었다. …… 빨리 이곳에서 나가자고 생각했다. 하지만, 어디로? 내가 태어나고 자란 도쿄가 이미 고향이 아니라면, 나는 미국을 고향이라고 생각해야 할 것인가? 그렇게는 할 수 없다는 기분이었다.

그 순간이었다. 내가 어떤 농밀한 사자들의 실재를 느낀 것은. …… 나는 그때 주위에 부유하는 사자들의 날갯짓을 들었다. 들었을 뿐만 아니라 나는 그 기적이 사방에 충만한 것을 느꼈다. 그리고 이 감각은 도쿄에 도착한 이래, 말라붙어 있던 나의 내부를, 불가사의할 만큼 어느 혼연한 것으로 채우기 시작했다. ……

나에게는, 이미 돌아갈 곳이 있었다. 나는, 돌아가고 싶다면, 이전의 전쟁으로 죽은 300만의 사자들 — 일본을 위해 죽고, 지금도 일본에 머무는, 겉모습만 급속히 '근대화'되면서 생긴 그날그날의 생활에 쫓기는 사람들이 잊어버린 그 사자들의 장소로, 돌아가면 되는 것이었다.

이 장의 첫머리에 인용한 "죽은 병사"야말로 실재이며 전후 일본은 허구라는 말을 에토가 이야기한 것은, 이 술집에서였다. 그리고 앞에서 말했듯이 에토가 생모나 조모들에 대해 쓰기 시작한 것은 이 체험보다 뒤의 일이다. 아마도 에토에게 유일한 고향이었던 시취는, 전쟁의 기억과 잊어버린 유년 시절, 그리고 가족의 이미지가 혼연일체된 물컹거리는 것에서 풍겨 나왔다.

이런 감개를 품고 미국으로 돌아간 에토는 1963년 11월의 케네디J. F. Kennedy 대통령 암살과 조우했다. 이미 프린스턴에서 교직을 맡고 있던 에토는, 제자인 학생들이 군복을 입고 케네디의 추도식에 참가하는 모습에 감동했다. 추도식에 진열된 죽은 케네디의 사진은 "말할 수 없이 아름다웠다"라고 에토는 쓴다. 그리고 그는 미국인들이 죽은 영웅을 중심으로 연대하며 "소리 없이 울고 있음에 틀림없다"라고 생각했다(4권 88쪽).

그러나 에토는 케네디는 어디까지나 미국의 대통령이며 "나의 영웅은 실은 어디에도 없었다"라고 느꼈다. 에토는 케네디 장례식의 텔레비전 방송에서 이케다 하야토 수상의 모습을 봤는데, 그가 "합중국 대통령의 직무가 미국인에게 존경받는 것처럼은, 결코 일본인에게 존경받지 않는다"라는 점을 인정하지 않을 수 없었다(4권 85, 91쪽).

이런 가운데 에토는 프린스턴에서 일본 문학사를 강의하기 위해 읽은 메이지 시대의 『런던 타임즈』London Times의 기사를 떠올렸다. 거기에는 메이지 천황이 서거했을 때 "일본인이 얼마나 고요하게, 어떤 위엄으로써 그 슬픔을 표현했는지"가 쓰여 있었다. 에토는 이것을 떠올리고 큰 감동에 휩싸였다(4권 88쪽).

실은 에토에게는 전사자에게 고향을 느낄 수도, 태평양 전쟁을 찬미할 수도 없는 이유가 있었다. 앞에서 말했듯이 에토의 아버지는 전쟁과 총력전 체제에 냉담했다. 또한 조숙한 소년이었던 에토도, "대전 중 해군 사관의 부패와 추태를 내 눈으로 볼 기회가 있었다"라고 회상한다. 그러나 거기서 에토가 생각한 것은, 일본군 그 자체의 부정이 아니라 "이 해군은 조부 시절의 해군과 같지 않은 듯하다"라는 것이었다(속1권 214쪽).

3장에서도 말했듯이 시바 료타로든 마루야마든, 전시 중 일본의 추태를 앞에 두고 메이지를 상기한 것은 패전 후의 일반적인 현상이었다. 단 마루야마 등의 경우는 전시 중의 일본을 비판하고 전후 일본을 건설하는 발판으로서 메이지를 발견했다. 그러나 에토의 경우에는 전후의 일본을 비판하며 기분 좋은 거리를 두고서, 그의 고향인 전시 중의 일본에 가득했던 시취를 맛보기 위해 메이지를 발견했다.

동시에 메이지의 발견은 미국에 동화되어 가는 불안을 완화하기 위해서도 필요한 행위였다. 일시 귀국 후에 미국으로 돌아갔을 때, 공항에서 "미국 여성의 탄력 있는 걸음걸이"를 하는 동양계의 여성을 본 에토는 그것이 자기 부인이라는 사실을 알고 "돌연히 일종의 공포를 느꼈다"라고 한다. 그러나 미국이 메이지 일본과 닮았다면 거기에 동화하는 것은 진정한 일본인이 되는 길이라고 의식할 수 있었다. 에토는 "내 안에 일본을 되찾아 가는 과정은, 내가 영어로 생활하는 데 익숙해지는 것과 거의 비례했다"라고 말한다(4권 65, 57쪽).

이런 '메이지＝미국'에의 동화는 전후 일본을 부정하는 것이기도 했다. 에토는 미국의 지식인들과 논의하는 가운데, 그들이 1960년 안보를 반미 내셔널리즘의 발로로만 생각한다는 사실을 깨달았다. 그것은 에토의 종래 생각과 일치했다. 에토는 그들과 논의하면서 "전후의 '국체'인 '평화'와 '민주주의'라는 이념"을 자유롭게 비판할 수 있는 쾌감을 느꼈다. 그리고 그는 "도쿄 생활 속에서 의식의 밑바닥에 숨겨졌던 자기를 되찾아감에 따라, 나는 반대로 미국 사회 속에 더욱 깊이 받아들여지기 시작했다"라고 느꼈다.[92]

동시에 에토는 자기의 민족적 출신이나 전통문화를 과시하는 편이 미국 사회에서의 적응을 쉽게 만든다는 사실을 깨달았다. 에토의 부인은 파티에서 기모노를 입고 손님들로부터 호평을 받았다. 처음에는 적응에 고생했던 에토 자신도 일본 문학을 강의해서 갈채를 받는 경험을 맛보았다. 그는 그것을 일본인을 회복하는 체험이라고 받아들였는데, 실제로는 미국 사회에 존재하는 일본인의 스테레오 타입에 동화해 가는 과정과 다름없었다.

이것과 병행해서 에토는 민족 문화를 잃은 이민자가 미국에서의 적응에 실패한 사례를 확인했다. 그는 프린스턴에서 이탈리아 문화를 버리고 미국에 동화하고자 했기 때문에 이탈리아계 공동체로부터 고립된 노인의 존재를 알게 되었다. 에토는 그 인물을 "그는 이미 '이탈리아인'과 이어져 있지 않았다. 그러나 '미국인'과의 사이에는 아직 무한한 거리가 있었다."라고 평하며, "사교를 할 수 없는 인간"으로 표현했다(4권 71쪽).

이런 아이덴티티의 획득 과정은 어른이 되는 것으로도 의식되었다. 프린스턴의 숙소에서 세안을 하던 에토는 자기의 머리숱이 엷어진 것을 알아채고 더 이상 자기가 젊지 않다는 사실을 느꼈다. 이때를 전후해서 에토는 평전 『고바야시 히데오』의 수상 소식을 도쿄에서 전보를 받고 알았다. 그때 그는 "내가 다름 아닌 일본어 문화의 수액樹液을 받아서 살고 있다는 것을, 어떤 조용한 긍지와 함께 알게" 되어, "내가 무엇이며, 지금 어디에 있는가, 라는 감각"을 얻었다(4권 44쪽).

이것에 더하여 프린스턴에서의 교직 경험이 에토에게 영향을 주었다. 종래부터 **제대로 된** 직업을 갖고 싶다는 꿈을 꾸었던 그는 미국에서 이것을 실현했다. 일본 문학사를 처음으로 강의했을 때의 감개에 대해 에토는 이렇게 쓴다(4권 76쪽).

…… 학생은 일제히 펜을 움직여 필기를 했다. 그것은 의외로 감동적인 광경이었다. 나는 말하자면 그때까지 생각지도 못했던 새로운 삶의 보람과 같은 것이 내 속에 싹트기 시작했음을 느꼈다. …… 강의하는 행위로 과거에서 현재까지의 일본 문화 전체에 자기를 바친다는 감각이다. 생각해 보면, 어떤 확신을 가지고 자기를 바칠 수 있는 것이 도래하기를 나는 기다렸는지도 모른다. 아마도 깊은 무의식의 저변에서. 그리고 지금, 나는 그것이 드디어 다가왔다고 느낀 것일지도 모른다.

이런 영향은 나쓰메 소세키에 대한 시각에도 반영되었다. 미국에서 귀국한 뒤, 에토는 나쓰메에 대해 "제5고등학교 교수에 취임하여, 고등관高等官 6등에 서임된 것이, 그의 의식에 큰 변화를 주었다", "이때를 계기로 해서 소세키는 '국가'를 이야기하기 시작했다"라고 주장하게 되었다(속3권 31쪽).

에토가 귀국 후인 1965년에 쓴 「일본 문학과 '나'」日本文学と「私」에 따르면, 나쓰메의 주제는 "'나'라는 근대인의 고질병宿痾"을 극복하는 것이었다. 그 '나'란 "'역할' 이전의, 무한정한, 무소속의, 무방비한", "물컹거리는 추한 것, 오래 직시할 수 없는 것"이었다. 그리고 노기 마레스케乃木希典 장군이 메이지 천황을 따라 자결했을 때, 나쓰메는 "나라를 위해서"라는 "잃어버린 역할을, 빨리 회복하고 싶다는 욕망"에 눈을 떠, "무엇을 중얼중얼하고 있나. 여기가 너의 집이 아닌가"라는 유령의 목소리에 부추겨져서 "환영의 집으로 들어갔다"는 것이었다(속1권 170, 173쪽).

이런 형태로 기분 좋은 거리를 두면서 시취에의 욕망을 채웠던 에토는, 자아의 안정을 느끼게 되었다. 귀국 직전인 1964년 6월에 발표한 평론 「국가·개인·언어」國家·個人·言語에서 에토는 "2년간 미국에서 생활하는 사이에, 내 속의 '죽음의 감각'은 꽤나 둔해진 듯한 기분이 든다"라고 쓴다(4권 137쪽).

한편으로 오에 겐자부로는 에토가 미국으로 가기 전 해에 『세븐틴』을 발표했다. 거기서는 우익 소년이 "내가 불안에 떨고 죽음을 두려워하고, 이 현실 세계를 파악할 수 없어서 무력감에 사로잡혔던 것은, 나에게 사심이 있었기 때문이다. 사심이 있는 나는, 나를 기괴하고 모순으로 가득 찬 복잡하고 외잡하며 **불거져 나온** 것으로 느껴, 불안해서 참을 수 없었다"라고 말하면서, "사심을 버리고 천황 폐하에게 정신도 육체도 모두 바칠 것"을 몽상하며 "내가 죽어도 나는 없어지지 않는 것이다. 나는 천황 폐하라는 영원한 거목의 어린잎 한 장에 불과하니까. 나는 영원히 사라지지 않는다! 죽음의 공포는 극복된 것이다!"라고 외친다.[93] 에토는 이런 오에를 "깊이 이해한다"라고 말했다.

그리고 에토의 「일본 문학과 '나'」에 따르면, "사회 질서를 성립시키는 것은 금지된다. 그 속에 있을 때 사람은 그의 개체를 유지한다. 한편 성적 황홀은 개체가 해소되는 순간에 찾아온다."(속1권 152쪽) 국가가 주는 질서에 몸을 맡기는 것은, 에토를 오랫동안 괴롭힌 안정감과 황홀의 이율배반을 해결하는 방법이었다.

미국 체재 중에 에토는 죽음의 공포를 극복한 안정감과 죽음의 황홀감에 익숙해지는 쌍방의 쾌감을 맛보았다. 그는 프린스턴에서 강의를 하며 주어진 역할을 해 내는 안정감을 얻은 한편, "심야에 대학가의 자기 방에서 혼자 강의 준비 중이거나 할 때, 나는 다시 그 사자들의 실재를 느꼈다"라는 것이다. 그리고 그는 "사자를 위로하고, 그것을 통해 사자와의 연결 속에서 살아가는 자기를 확인하는 것, 과거가 현존함을 증거 짓는 것, 그것이 어떤 시대에도 변치 않는 문학의 근본적인 기능이 아닐까"라고 생각했다(6권 83쪽). 이윽고 에토는 부인에게 "귀국하면 야스쿠니 신사 근처에서 살고 싶다"라고 이야기하게 된다(속4권 167쪽).

죽음과 국가 간에 거리를 두는 에토의 방법은, 가족, 특히 그의 아버지와 뗄 수 없었다. 귀국 직전에 쓴 평론 「국가·개인·언어」에서 에토는 "2년간의 미국 생활로 나는 전후의 일본을 지극히 이상한 상태의 나라로 바라볼 수밖에 없었다", "국가가 윤리의 원천임을 받아들이려 하지 않는 국가는, 단지 돈을 벌어라, 수출을 늘려라, 라고 할 뿐이다", "개인은 따라서 고독하며, 무엇을 선으로 무엇을 악으로 삼아야 할지 모른다. 사람들은 그냥 살아 있다"라고 주장했다. 나아가 그는 이렇게 말한다(4권 140, 141쪽).

…… 현재의 일본이 나를 붙들어 맬 힘이, 나이든 부친의 그것과 같이 허약할 수밖에 없다는 점을, 다시금 인정하지 않을 수 없었다.

과거의 일본에 있었고, 지금은 없는 유대きずな라는 것은, 아마도 국가가 각 개인에게 강력히 발하는 의무의 요청이다. 혹은 개인이 사적인 정을 억제하고 그 요청에 응할 때에 생기는 극劇이다. (모리) 오가이에게 있어서 의무의 요청은, 그에게 「무희」舞姬를 쓰게 할 정도로 강력했다. 소세키는 영어학을 ― 영문학이 아니라 ― 습득하라는 문부성 명령에 구속받아, 결국 신경 쇠약에 빠졌다. 탕아 (나가이) 가후조차도, 4년의 외국 생활 동안 부친으로 상징되는 전체에의 요청으로부터 결국 자유롭지 않았다. 그러나 오늘날 나를 향해 발해지는 외부의 강력한 목소리는 아무것도 없다.

그리고 에토는 이 에세이에서 국가 쪽이 유대를 던져 주지 않더라도 "내 쪽에서 일본을 향해 간다"라고 이야기했다. 그리고 귀국 후에 아버지 및 '아버지의 가족'과 대면한 그는, 자기의 상속권을 이복 형제자매에게 전부 양도하겠다는 결의를 말하면서 "더 이상 아버지를 '거부'하지는 않는다. 그것은 내가 '자유'를 버리는 것이 아니라 '자유'를 실질적인 것으로 만들기 위해서다. 한마디로 나는 장남의 권리를 모두 포기하는 대신, 장남의 의무를 전부 받아들일 준비가 되어 있음을, 아버지가 알아주었으면 했다"라고 썼다.[94]

이렇게 해서 에토는 죽음, 성, 자연, 가족, 국가 등이 혼연일체가 된 '물컹거리는 추악한 것'과의 관계를 재구축했다. 그리고 귀국 후의 그는 국가와 아버지의 복권을 내세우는 보수론자로서, 논단에서 활동을 개시한다.

환상의 사자들

귀국 후의 에토는 두 가지 내셔널리즘의 대비라는 논법을 전개했다. 그에 따르면 전후의 전면 강화론이나 안보 투쟁은 자기도취적이며 타자를 무시한 급진적 내셔널리즘의 폭발에 불과했다. 그러나 메이지의 내셔널리즘은 "눈앞의 타자를 시야에 넣은 자기 억제의 윤리"였다는 것이다(6권 35, 72쪽).

에토에 따르면 서양의 근대적 개인이 신으로 지탱되는 것처럼, 에도 시대의 주자학은 천天으로 지탱되는 인간상을 제시했다. 그리고 "메이지인에게 이 '천'은 지극히 자연스럽게 '나라'와 겹쳐졌다"라고 한다. 그리고 메이지 해군의 기초를 쌓은 가쓰 가이슈勝海舟도, 나쓰메 소세키나 오카쿠라 덴신岡倉天心도, "국가라는 초월자에 대한 충성"을 품은 동시에, 영어에 밝은 개명성과 냉철한 국제 인식을 지녔다(6권 72쪽). 그러나 그 후의 일본은 타자에게 개방된 현실적 내셔널리즘을 잃어버리고, 독선적인 이상주의로 자폐해 버렸다는 것이다.

또한 에토가 메이지 정신의 상징으로서 상찬한 것이 노기 마레스케 장군의 순사殉死였다. 그가 문학상에서 "살아가는 방법의 가장 아름다운

표현"이라고 표현한 것도, 나쓰메 소세키가 쓴『마음』こころ에서 메이지 천황을 향해 순사한 주인공이었다. 에토에 따르면 이것은 "가장 순수하게 개인적인 행위인 자살조차 '메이지의 정신'을 위해 목숨을 버리는 행위로서가 아니면 저지르려 하지 않았다"라는, 이상적인 공公의 모습을 보여주었다(6권 72쪽).

그리고 에토에 따르면 일본 문학의 퇴폐는 시라카바파로부터 시작되었다. 노기 장군의 죽음을 조소한 시라카바파 작가들은 "'나'의 존재 의의를 결정하는 것은 '나' 밖에 없으며, 사회라는 타자가 아니다"라는 논리에서 출발했다. 그러나 그것은 필연적으로 타자의 상실을 초래해, 이윽고 자기도취적인 낭만주의의 대두와 국수주의의 흥륭興隆으로 이어졌다. 그것에 대항한 프롤레타리아 문학은 마르크스주의에서 '천'의 대용물을 찾았지만, 그들이 찾아낸 것은 "'사회'라는 **관념**"에 지나지 않았으며, 이윽고 자기 완결적인 사상 속으로 자폐해 갔다(속1권 173, 177쪽). 그리고 사私로 경도된 전후 문학 또한 시라카바파의 연장선상에 있었다.

하지만 에토의 메이지 찬미는 한편으로 타자에게 개방된 현실주의를 이야기하면서 동시에 자살에의 도취를 찬미하는, 큰 모순에 가득 찼다. 그는 1965년에 이렇게 말한다. "역사가가 말하는 이른바 일본의 '근대화'가 개시된 이래 우리는 항상 불행했다. 그것은 우선 일본이 즉 세계라는 자기 완결적인 세계상 대신에, 일본은 세계의 수많은 나라 중 하나에 불과하다는 현실을 받아들일 수밖에 없었기 때문이다."(6권 84쪽) 에토에 따르면 흑선의 도래로 "'타인'을 만났던" 사람들은 "거의 처녀성 상실의 공포와 닮은 상실의 예감"을 맛보았다는 것이다(속1권 156쪽).

그리고 에토는 도쿄 올림픽의 개회식 때에 "전후 처음으로 자기가 게양한 일장기가, 집 대문에 펄럭이는 모습을 이따금 곁눈질로 확인하면서" 각국 선수들이 귀빈석의 천황에게 경례하며 행진하는 모습을 텔레비전으로 보고, "'일본이 즉 세계'라는 멀리 지나 사라졌을 터인 황금시대의 꿈이, 의외로 지금 상징적인 형태로 국립 경기장에서 실현되었다는 사실에 놀라고 또한 감동했다"라고 쓴다. 그는 이때 눈물을 흘리며 "세계를 자기 속에 품고, '타인'과 절대로 만나지 않겠다는 소망. 마치 그 '가정의 행복'에 대한 동경과 같은 소망"에 빨려 들어간다고 느끼고, "흥분해서 거의 성적인 충족을 느낀다"라고 말했다.[95]

이런 에토가 귀국 후인 1967년에 발표한 것이 『성숙과 상실』이었다. 에토는 여기서 수 편의 전후 문학 작품을 제재로 삼아 고도성장하의 일본이 자연이라는 '어머니'를 상실해 가는 한편, 자기에게 윤곽을 주는 '아버지' 역시 부재한 채로 성숙에 이르지 못한다고 주장한다.

1955년의 『나쓰메 소세키』에서는 자연의 상징인 '영원한 여성'에게 어머니라는 명칭은 주어지지 않았다. 그리고 실은 에토가 어머니에게 주목하게 된 하나의 계기도 미국 체재에 있었다. 에토는 아이덴티티 형성에서 유년기에 부모와 맺은 관계를 중시한 에릭 에릭슨Erik H. Erikson의 책을 미국에서 읽고 이것을 응용해 『성숙과 상실』을 썼다. 뿐만 아니라 에토는 미국 체재기에서, 앞에서 말한 주위와 고립된 이탈리아계 이민 2세의 의사를 어머니와의 관계로부터 논했다.

에토에 따르면 이민 1세였던 그 의사의 아버지는 아들을 출세시키기 위해 필사적으로 일하며 그들이 미국 사회에 동화되기를 바랐다. 그러나 그런 "소망과 목적에 충실한 한, 결국 그들은 구세계의 습관과 도덕을 고집하는 어머니로부터, 어떤 형태로든 떨어지지 않으면 안 되었다"라고 에토는 쓴다. 그런 아들은 "어머니를 버리고, 어머니로 상징되는 '이탈리아인'을 배신했다는 죄책감에서 벗어날 수 없게" 되었고, "쫓아오는 죄책감에서 벗어나고자 필사적으로 자산을 이루고 명성을 얻었다"고 한다. 그러나 그 결과로 그는 "사교를 하지 못하는 인간이 되었다"라는 것이다.[96]

하지만 에토는 이 의사 본인과 이야기를 나눈 적은 거의 없으며, 위의 기술은 대부분 에토의 상상이었다. 그리고 에토는 귀국 후의 1965년에 "일본인은 이민 2세와 닮았다"라고 주장하는 평론을 썼고(6권 97쪽), 그 이듬해에 『성숙과 상실』을 썼다.

이 『성숙과 상실』에 따르면 전후 문학에 나오는 어머니는 농경 문화와 자연을 상징함과 동시에 "어린 시절 모친의 품속에서 얻은 세계와의 긴밀한 연관"을 기본으로 하는 "소박한 실재론적인 세계"를 표현한다.[97] 거기에는 육감적인 연관이 있으며 세계는 분명한 실감으로 존재했다.

그러나 농경 문화와 자연이 붕괴되면서 "우리가 '개인'이라는 것이 될 수밖에 없어서, 보호받는 자의 안식으로부터 단절당해 서로를 '타자' 앞에 노출하는 상태에 놓였다고 하면, 우리는 생존을 계속하기 위해 '치자'治者가 되지 않을 수 없다"라고 에토는 쓴다. "치자"란 현실로부터 도피하지 않고, 타자를 응시하면서 싸움을 회피하는 산문적인 노력을 거듭하는 자를 가리킨다.

1966년 에토는 「전후와 나」戰後と私라는 에세이에서 일가가 몰락한 경위와 아버지와의 관계에 대해 처음으로 글을 썼다. 그는 거기서 "'전후'는 상실의 시대로밖에 생각되지 않았다"라고 주장하며, 이렇게 말을 잇는다.[98]

그런 생각이 나의 사적인 정私情이라는 점을 나는 부정하지 않는다. 너의 조부가 만들고 지켰다는 메이지 일본이, 민중을 압박했다는 목소리가 나올 것임을 나는 부정하지 않는다. 너의 부친이 서양에서 온 넥타이를 하고 말을 탔을 때, 특고경찰에게 고문당한 인간이 존재했다고 할 자가 있다는 것도 나는 부정하지 않는다. 네가 전후에 무엇을 잃었을지라도, 민중은 많은 것을 얻었다고 주장하는 자가 나타날 것임을 나는 부정하지 않는다. 한마디로 "꼴좋다, 고소하다. 뭐가 국가냐."라고 외치는 목소리가 적지 않음을 나는 조금도 부정하지 않는다.

그러나 그 모든 것을 받아들여도 여전히 내 안에는 위로하기 어려운 깊은 슬픔이 있고, 그것은 어떤 정의나 정당화로도 씻을 수 없다는 사실을 나는 부정하지 않는다. 그것이 사적인 정이며 정의가 아니라도 좋다. 그러나 이 세상에 사적인 정 이상으로 강렬한 감정이 대체 있을까.

과거의 에토는 둘도 없이 소중한 사적인 정을 회수해 버리는 정의의 일부에 국가를 포함시켰다. 그러나 이「전후와 나」에서는, "나는 나라라는 것을 아버지를 거쳐서 생각할 수밖에 없음을, 요즘 깨달았다", "나는 아버지의 모습의 배후에 떠오르며 그려지는 그 쇠약한 국가의 이미지를, 그 계속해서 견디는 국가의 이미지를 한 번도 배신하지는 않았으며, 앞으로도 배신하지 않을 것이다"라고 말하게 되었다. 이제 국가는 사적인 정이면서 공적인 것이라는 모순된 욕망을 채우는 존재가 되었다.

에토는『성숙과 상실』에서 사회적 책임을 받아들이는 치자가 될 것을 이야기하고, "근대의 정치사상이 실현해야 할 이상으로 삼아온 것은 근대 이전의 '피치자'를 똑같이 보편적인 '치자'로 끌어올리고자 하는 것이다"라고 말한다(속1권 139, 140쪽). 그러나 에토는 국민 측이 일방적으로 "국가라는 초월자에 대한 충성"을 보일 것을 주장했다. 그것은 에토의 소년기에 심어진 국가상이었음과 동시에, "장남의 권리를 모두 포기하는 대신 장남의 의무를 전부 받아들일 준비가 되었다는 것을 아버지가 알아주었으면" 했던 그에게는, 국가와의 관계가 그런 것일 수밖에 없었다.

그러나 국가와 아버지의 복권을 이야기하면서도 에토 부부에게는 아이가 없었고, 에토 자신은 아버지가 아니었다. 미국에서 귀국한 뒤에도 에토는 역시 거처를 정하지 않고 4개월도 넘게 여관과 빌린 집을 전전했다. 그리고『성숙과 상실』에서 그는 "'아버지'에게 권위를 부여하는 것은 이미 존재하지 않으며, 사람들은 마치 '아버지'인 것처럼 살아갈 수밖에 없다", "역할을 **견뎌 가기** 위해서, 그는 아마도 자기를 넘어서는 무엇인가로 지탱되어야 한다"라고 말했다(속1권 143쪽).

에토는 1967년의『일본과 나』에서는 "언젠가는 나도 아이의 학교 걱정을 해 보고 싶다. 천하 국가도 문학도 잊어버리고, 소형 자동차의 월부 잔금을 계산해 보고 싶다"라고 말했다. 그러나 그러면서도 자기의 집을 갖는 것을 두려워하고 "그 '언젠가'를 가능한 한 먼 훗날로 미루어 두고 싶다"라고 말했다. 이『일본과 나』에서 에토는 부친과의 갈등을 이야기하고, 멍이 들 만큼 부인을 구타하는 자기를 이야기하면서 "'가정의 행복'이 있을 리 없지만, 그렇다고 해서 나에게 천하 국가와 이어져 있다는 실감이 있는 것도 아니다"라고 쓴다.[99]

과거 에토가 쓴 『플로라 플로란과 소년의 이야기』에서 소년의 모친은 "자기에게는 주어지지 않았던 행복한 가정이라는 것을 만들어 보고 싶다는 결심" 탓에 문학의 재능을 버리고 가정을 가졌다.[100] 그리고 에토는 갓 대학원생이 된 24세 때에 결혼해 아버지의 집에서 독립했고, 부인 게이코와 열애하여 데뷔작 『나쓰메 소세키』의 속표지에는 'To Keiko'라고 새겼다.

그러나 에토는 그 『나쓰메 소세키』에서 나쓰메와 부인 사이가 좋지 않았음을 이야기하며, 상대 여성이 누구라도 "결말은 비슷했을 것임에 틀림없다"라고 썼다. 그것은 에토에 따르면 나쓰메가 죽음의 세계에 사는 '영원의 여성'에게 홀렸기 때문이며, "자기 아내 속에서 이상의 여성—아마도 앞에서 인용한 영시 속의 여성—의 환영을 쫓고자 한 불행한 남자의 한 예에 불과"했기 때문이었다(1권 25쪽).

에토의 부인 게이코는 집안일을 전부 도맡아 하고 에토의 집필 일정을 관리하며 남편을 문필업에 전념시키기 위해 헌신했다. 집이라는 말을 들으면 원고를 쓰지 못하게 되어 버리는 에토를 대신해서 귀국 후에 임시로 살 집을 찾고, 결국에는 정주 장소가 된 분양 아파트를 찾은 것도 그녀였다. 그러나 후쿠다 가즈야는 에토의 사후에 에토 부부가 일심동체였다는 세평에 대해 "그런 신화를 만들어 버렸다"라고 표현하며 이렇게 말한다. "부인이 에토 씨를 어리광부리게 한 것은 약간 복수 같은 것이었겠지요. 자기 없이는 살 수 없도록."[101]

에토는 1971년 평론 「'국가 목표'와 '국민 목표'」「国家目標」と「国民目標」에서는 "가정 내의 '공'적인 것의 상징"인 "'아버지'의 이미지가 회복되어야 한다"라고 주장했다. 그러나 동시에 그는 이 평론에서 "피곤하고 불안한 아버지는 스스로 '아버지'의 권위와 역할을 받아들이려 하기보다

는, 아내 위에 '어머니'의 이미지를 중첩시켜 그 갈망의 충족을 구하려 한다"라고 말했다.[102]

1970년 에토는 평론 「'장난'의 세계가 끝났을 때」「ごっこ」の世界が終わったとき를 발표했다. 거기서 그는 "전후 일본인의 자기 동일성이 심각하게 혼란스럽다"라고 말하며, 현대 일본은 현실의 감촉을 잃어버린 "'장난'의 세계"가 되었다고 주장했다.[103] 이 "자기 동일성"이라는 말은 당시는 그리 일반화되지 않았던 말이며, 에릭슨을 공부한 에토가 선구적으로 도입한 것이었다.

이 평론에 따르면 "'장난'의 세계"란 "공적인 것이 존재하지 않는 세계, 혹은 공적인 것을 누군가의 손에 맡겨 버린 곳에서 나타나는 세계"다. 전후 일본은 "공적인 가치를 미국의 손에 맡기고 비대"해져 버렸다. 그리고 공적인 것이란 공동체의 운명을 "자기들의 의지로 해낼 수 있다고 받아들이는 각오"이며 "이 각오가 없는 곳에 삶의 보람은 존재하지 않는다"라고 에토는 말한다. 이 각오가 없기 때문에, 대미 종속의 보수파도 미제 헌법을 옹호하는 진보파도 미시마 유키오도 전공투도 장난이나 **사적인 것**이 되어 버렸다고 한다.

이 상태를 타개하기 위해 에토는 "안보 조약의 발전적 해소라고도 할 새로운 동맹 관계"를 구축해 주일 미군을 괌 동쪽으로 철수시켜 "1941년 12월 7일 이전의 상태로 복귀"할 것을 제안했다. 즉 에토의 유년기인 전전으로 복귀해야만 "일본인의 혼란스러운 자기 동일성"은 회복되고 "그토록 갈망했던 현실"을 만날 수 있다는 것이다. 이 논고에서 에토는 이렇게 주장한다.

그것은 말할 것도 없이 현실의 회복이며, 우리의 자기 동일화identification의 달성이다. …… 우리는 그때 비로소 **나로 돌아간다** 그리고 회복된 자기와 현실을 바라본다. 이제 비로소 **진정한 경험**이 가능해진 것이다.

그러나 그때 우리는…… 도쿄의 시가가 환상처럼 빠르게 소실되고, 거기에 불탄 흔적과 폐허가 펼쳐지는 것을 볼 것이다. 그리고 하늘은 빠르게 반투명한 것들의 수많은 무리로 가득 차, 흐느끼는 소리가 뭔가를 호소하는 듯이 들릴 것이다. ……

전쟁을 조금도 알지 못하는 젊은이들도 즉시 그것이 전사한 300만 사자死者들의 귀곡鬼哭이며, 눈앞에 펼쳐진 것이 다름 아닌 패전 당시 도쿄의 광경이라는 사실을 깨달을 것이다. 그것이 일본인이 지금까지 가진 마지막 **진정한 경험**이었다. 우리가 자기 운명의 주인공으로서 역사를 살고, 그 귀결을 자기 손에 쥐어, 그것을 직시한 용기와 성실함을 지녔던 마지막 순간이었다. ……

달성된 자기 동일화란 패자인 자기를 만나는 것이며, 회복된 현실이란 패배와 다름없었다. …… 우리에게 공적인 가치란 패배한 공동체의 운명을 받아들이는 데서 생기는 가치다. 우리가 그렇게 갈망하고 모색했던 자기의 정체란 이런 것 이외에는 없었다.

에토가 실감할 수 있는 유일한 현실은 더 이상 그의 내부에서 감도는 시취밖에 없었다. 에토는 이 평론에서 전후의 일본은 패전의 상처를 직시하지 못하고 "사자의 무게를 받아들이지 못했기" 때문에 "단지 생존의 유지만을 목적으로 하는 '장난'의 세계"가 되었다고 주장했다. 그러나 "8월 15일로 돌아가라"라고 말한 마루야마 마사오를 현실 도피라 비난했던 그가, "12월 7일 이전"으로 복귀하면 현실과 만날 수 있다고 주장하는 것은 모순일 수밖에 없었다. 패전과 몰락의 상처를 직시하지 못하고 전후 일본 사회의 현실을 허구라며 거부하고, 오로지 시취의 세계로 도피한 것은 에토 쪽이었다.

그리고 에토는 1967~1972년에 생모와 조모를 회상하는 『일족재회』를 썼다. 무엇보다 생모가 세상을 떠났을 때 네 살이었던 그에게 실제의 기억은 거의 없었고, 몇 장의 사진이나 몇몇 증언에서 "일지도 모른다", "임에 틀림없다", "의심할 수 없다" 등으로 상상을 해 볼 뿐이었다. 그리고 에토는 생모의 죽음이야말로 "내가 세계를 상실하기 시작한 첫 계기"이며, 현실을 허구로밖에 느끼지 못하게 된 것도, 언어를 통해서만 세계와 접촉하게 된 것도, 생모의 죽음에 따른 상실이 원인이라고 주장하게 되었다.[104]

애초에 에토가 말하는 전사자는, "300만의 사자들"이라는 표현에서도 보이듯이 지극히 추상적이었다. 에토에게는 예를 들어 요시모토 다카아키에게 있어서 요네자와 시절의 동창생 같은, 고유한 이름을 가진 전사자의 기억은 없었다. 에토에게 전사자는 생생한 회한이나 죄책감을 들게 하는 현실적인 것이 아니라, 거의 기억이 없는 어머니와 마찬가지로 기분 좋은 거리를 둘 수 있는 안전한 존재였다.

앞에서 말했듯이 에토는 1955년의 『나쓰메 소세키』에서 "소세키가 동경하는 장소는 지도 위에서는 찾을 수 없다. 고국 일본은, 그가 바라는 땅에의 매개체에 불과하다"라고 말했다. 또한 1964년에는 "가후의 에도에 대한 동경은, 그의 현실 혐오가 만들어 낸 백일몽이라고 해야 할 것이었다"라고 쓴다(6권 75쪽). 이런 표현은 에토의 메이지와 어머니, 그리고 전사자와 국가에도 들어맞았다.

에토의 「'장난'의 세계가 끝났을 때」에 따르면, "**외설**이란 넘기 어려운 거리가 존재한다는 의식과, 그럼에도 불구하고 그것을 넘어서 자기 동일화를 행하고 싶다는 욕망의 조합에서 생기는 상태"이며 "성교 그 자체는 **외설**이 아니지만, 성교를 엿보면서 자기가 성교하는 환상에 젖는 것은 **외설**이다"라고 한다(속3권 125쪽). 아마도 에토는 자기가 메이지나 국가에 품은 감정의 성격을, 잠재적으로는 이해했던 것이리라. 그런 그가 마루야마를 비롯한 전후 지식인들을 유난히도 외잡하다고 공격했다.

전후사상에서 에토의 특징은, 구세대의 올드 리버럴리스트와는 달리 자기의 아이덴티티 문제에서 보수사상을 세워 간 점에 있었다. 올드 리버럴리스트들은 전쟁 전 중산 계층의 안정적인 생활 속에서 자기를 형성했고, 거기에서 길러진 가치관과 생활 감각을 기초로 하여 전후의 사회 변동을 비판했다. 그러나 에토는 올드 리버럴리스트들과 출신 계층은 겹치지만 소년기에 몰락을 경험했기 때문에 안정적인 아이덴티티를 형성할 수 없었다. 그런 까닭에 에토는 패전의 아픔을 잊기 위해 전후 사회의 현실을 거부하고, 국가라는 백일몽을 쌓아 올리며 자기의 아이덴티티를 희구해 갔다.

이 장의 전반에서도 말했듯이 전후 사회에 허구감을 품는 것이나 죽음과 국가에 대해 양가적 태도를 가진 것은 에토만의 특이한 점이 아니라 그 세대의 문학가들에게 적지 않은 현상이다. 그러나 에토의 특징은, 생모의 죽음이 전쟁의 개시와 겹쳤고 아버지와의 갈등이 패전과 겹쳤다는 우연에서, 이런 양가성과 거부감이 '집'의 문제와 혼연일체가 되었다는 점이다. 만약 에토가 단순히 국가에의 헌신을 이야기하고 전사에의 동경을 이야기할 뿐이었다면 젊은 세대에게는 시대착오로만 비쳤을지도 모른다. 그러나 성숙이나 자기 동일성의 문제로 국가를 이야기하는 에토는, 고도성장 이후의 사회 변동에 당황하던 젊은 세대의 공감을 획득할 수 있었다.

그 주장과는 반대로, 에토의 평론은 지극히 사적인 성격이 강하다. 에토는 1965년에 오에 겐자부로를 평하여 "사적 체험의 이야기가, 그대로 국민적 체험의 이야기가 되는 작가"라고 평했는데, 그 표현은 에토 자신에게도 해당한다(2권 196쪽). 전쟁과 패전으로 치유하기 어려운 상처를 입은 한 소년이, 자기 자신을 이야기하고 현실로부터 벗어나고자 몸부림치는 과정에서, 자아 찾기로서의 보수 내셔널리즘이라는, 전 세대의 보수론자들은 생각할 수도 없었던 새로운 스타일을 만든 것이다.

그리고 모든 언어 행위가 그렇듯이 에토도 과거의 언설을 변주하는 형태로 새로운 언설을 만들어 냈다. 신세대의 대두와 고도성장으로 민주와 애국의 공존 상태가 붕괴해 갈 때, 에토는 그 나름의 방법으로 전후 일본의 보수 내셔널리즘을 새로운 시대에 맞는 형태로 바꾸어 냈다. 그 속에서 과거에는 전시 중의 일본을 비판하는 준거점이었던 메이지나 전사자가, 전후의 일본을 비판하는 준거점으로 바뀌어 갔다.

1967년 10월 에토와 오에 겐자부로는 오에의 신작 『만엔 원년의 풋볼』을 둘러싸고 격렬한 대담을 벌인다. 앞에서 말했듯이 오에는 이 작품에서 산촌을 국가와 싸우는 공동체로 발견했다. 그러나 회귀해야 할 고향이 없는 에토는, 대담의 첫머리부터 자기와 멀어진 오에를 격렬히 공격했다. 그것은 과거에 에토가 동생을 구타하며 느꼈던 "그것이 질투인지, 슬픔인지, 동생을 나에게 끌어당기고 싶은 충동인지 모르겠다. 모르겠지만 나는 단지 동생을 엉망진창으로 만들고 싶다"라는 격렬함을 떠올리게 했다.

그리고 에토가 이때 오에에게 한 비판도, 그가 동생에게 말한 "언제까지 그러고 있어서는 어른이 못 된다"라는 말과 같았다. 대담에서 에토는 오에의 작품이 일본의 현실이나 타자와의 관계를 잃어버리고 유아 같은 상상의 세계가 되었다고 비판했다.

오에 쪽도 지지는 않았다.[105] 오에는 에토에게 "그 타자라는 것도 결국에는 에토 준의 내부에 있겠지요", "그것을 타자라고 허투루 보기 때문에, 자기 자신의 생각에 객관성이 있고 보편성이 있다고 용이하게 과신해 버린다"라고 반론하며 이렇게 지적한다. "에토 씨는 자기의 내면을 성실하게 바라보는 사람이라고 생각하지만, 타인의 내부에 대해서는 그다지 성실하게 보지 않는다고 생각합니다", "타인에 대해 당신은 실은 흥미가 없는 것이 아닙니까."

물론 에토는 여기에 "그렇지 않다"라고 반박했다. 그러나 오에의 이 지적은 에토를 지배했던 전쟁 상흔의 성격, 그리고 그가 쌓아 올린 보수 내셔널리즘의 실태를 알아맞힌 것이었을지도 모른다. 게다가 그런 보수 내셔널리즘에 도피함으로써 에토 자신은 구원받지 못했다.

1970년대 이후로 전후 비판과 메이지 찬미의 글을 써 갔던 에토는, 1978년에 아버지를 잃고, 1998년에는 부인 게이코를 암으로 잃었다. 그 이듬해인 1999년 7월, 결국 아버지가 되지 않은 채로 66세를 맞이한 에토는 사자들을 추모한 『아내와 나』妻と私 및 『유년 시절』幼年時代을 마지막 작품으로, 「국기 국가법」国旗国歌法 심의가 한창 진행되던 때에 자택에서 자살했다.

　과거에 죽음을 공적인 가치와 결합한 순사를 상찬했던 에토였지만 그의 유서에서 정치에 관한 언급은 찾아볼 수 없었다. 그리고 마지막 작품이 된 『유년 시절』은 그가 비판했던 호리 다쓰오의 소설과 동명이었다. 친족에게 남긴 유서에는 "게이코가 있는 곳으로 가겠습니다"라고 쓰여 있었고, 『나쓰메 소세키』를 쓰면서 버렸던 '에토 아쓰오'의 서명이 있었다고 한다.[106]

16

죽은 자의 월경越境
쓰루미 슌스케, 오다 마코토

어떤 인간이라도 어느 때에는 위대할 수 있다. 올바를 수 있다. 성실할 수 있다, 아름다울 수 있다.

오다 마코토

1960년대에 전공투 운동과 함께 주목을 모은 것이 베헤렌ベ平連이다. 베헤렌은 고정된 조직 형태를 취하지 않고 시민의 자유 참가라는 운동 방식을 내세워서 이후의 시민운동의 원형을 만들었다고 여겨진다. 이 장에서는 이 베헤렌의 창설 역을 한 쓰루미 슌스케와 오다 마코토를 다룬다.[1]

쓰루미는 일본에 프래그머티즘을 소개한 철학자이며, 지식인의 전향과 전쟁 협력의 역사를 연구한 점 외에도, '15년 전쟁'이라는 말을 만든 점과 잡지 『시소노카가쿠』思想の科学를 주재하여 대중문화 연구의 시조가 된 점으로 알려져 있다. 또한 오다는 세계 여행기 『뭐든지 봐 주마』가 1961년에 베스트셀러가 된 뒤, 쓰루미의 권유를 받아 베헤렌의 대표 역이 되어 국가를 넘어서는 시민 및 가해의 자각 등을 주창한 작가였다.

그러나 그들이 주창한 국가를 넘어서는 시민 혹은 가해의 자각은 전사자에 대한 추도나 피해의 아픔과 모순되는 것이 아니라, 오히려 그 발전 형태로서 제창되었다. 그리고 이것은 동시에 그들 나름의 내셔널리즘에 대한 구상을 제시하는 시도이기도 했다.

위안소 대원으로서 체험한 전쟁

쓰루미 슌스케는 1922년 도쿄에서 태어났다. 1942년에 20세가 된, 전사자가 가장 많이 나온 세대에 속한다.

하지만 동세대 중에서도 쓰루미의 가정 환경은 특이했다. 아버지 쓰루미 유스케는 철도원鉄道院 관료를 거쳐 중의원 의원이 된 정치가로, 전후에 공직 추방을 당했지만 복귀하여 하토야마 이치로 내각에서 후생 대신厚生大臣(한국의 보건복지부 장관과 유사―옮긴이)을 맡았다. 또한 쓰루미의 외조부는 타이완총독부 민정 장관民政長官과 만철 총재를 역임한 고토 신페이後藤新平였다. 또한 쓰루미의 누나인 가즈코는 슌스케와 함께 『시소노카가쿠』의 편집을 맡았던 사회학자이며, 1950년대에는 주부와 여성 노동자의 생활 기록 운동에 파고들었고 후에는 야나기타 구니오나 미나카타 구마구스의 연구 및 내발적 발전론의 제창 등으로 알려졌다.

이런 일족 속에서 자라난 쓰루미의 성격에 큰 영향을 끼친 사람이 고토 신페이의 딸이었던 모친이다. 위대한 부친과 정치가 남편을 둔 그녀는, 장남인 슌스케를 과도할 정도의 엄격함과 맹목적인 애정으로 키웠다.

쓰루미의 회상에 따르면, 모친은 성실하고 향상심向上心이 강하며 "빈둥대는 것을 못 견디는 사람으로, 곁에 있는 것만으로도, 아이의 기분도 파르르 떨려 왔다"라고 한다. 집에 돌아가기 싫어서 귀가가 늦어지면 모친에게 혼났다. 모친에게 반항하여 훔쳐 먹기를 배우자, "이런 무서운 아이가 생긴 것은 내 책임이니 애랑 같이 죽겠다"라고 협박당했다고 한다.[2]

엄격함과 반항의 악순환은 멈출 곳을 몰랐고, 용돈을 넉넉하게 주지 않는 모친에게 반항하여, 쓰루미는 소학생 시절부터 가게에서 물건을 훔치기 시작했다. 도둑질 다음에는 가출, 여자관계, 자살 미수 등을 반복해서, 학교는 두 번에 걸쳐 퇴학을 당했고, 결국은 친척이 운영하는 정신 병원에 들어갔다. 그 병원에서도 모친이 함께 지냈다고 한다.

한편 부친인 유스케는 [구제] 제일고등학교旧制第一高等学校(현 도쿄대학 교양학부 등의 전신-옮긴이) 영법과英法科를 수석으로 졸업한 리버럴리스트 정치가이자 베스트셀러 작가였고, 도쿄대 출신 이외의 인간은 높이 평가하지 않았다. 쓰루미는 이런 아버지의 영향을 받아 소학생 때부터 소설을 썼고, 하루에 네 권씩 책을 읽어서 소학교를 졸업할 때까지 약 1만 권을 읽었다고 한다.[3]

이렇게 해서 쓰루미는 모친에게 반항하는 한편, 모친으로부터 물려받은 순수함과 부친으로부터 물려받은 상승 지향을 몸에 익혔다. 쓰루미는 "아이 시절부터 생활의 모든 면에서 100점 만점의 영웅이 되고 싶었다"라고 회상한다.[4] 그러나 과잉된 이상을 자신이 따라잡지 못했고, 13세 무렵부터 소설에 재능이 없음을 괴로워하며, 독서를 하지 않는 동급생을 얕잡아 보고, 학교 시험에는 반항적인 태도로 백지를 제출하기를 반복했다.

또한 오카베 이쓰코에 따르면 쓰루미는 "어머니는 절대로 거짓말을 용서하지 않습니다. 거짓말을 하지 않는 사람이 있을 리가 없다고 생각하겠죠. 어머니는 실제로 거짓말을 하지 않았습니다"라고 말했다고 한다.[5] 이런 어머니 밑에서 쓰루미는 스스로가 악인이라는 자의식에 고민하며 불량 행위와 자살 미수를 반복했다. 그리고 이후 전향과 전쟁 책임의 문제에 몰두했을 때, 지식인과 보수 정치가들의 "거짓말을 절대로 용서하지 않는다"라는 자세를 취한다.

1939년 하버드대학교 입학 시의 쓰루미 슌스케

일본의 학교에 적응하지 못하고 결국 우울증에 걸린 쓰루미는 부친의 배려로 1938년에 미국 동부의 학교로 보내졌다. 쓰루미는 이것을 자기와 어머니의 싸움에 아버지가 "타월을 던져 주었다"라고 회상한다.[6] 어머니 곁을 떠나자 쓰루미의 불량 행위도 멈추었다. 전원 기숙사제의 남자 학교에서 쓰루미는 유일한 외국인 생도였고, 당초는 영어를 거의 이해하지 못했지만, 100점 만점 지향의 그는 매일 50개의 영단어 암기를 일과로 삼아, 심야까지 공부에 힘썼다.

마찬가지로 미국의 학교에 보내진 누나 쓰루미 가즈코에 따르면, 슌스케의 하숙을 찾아가 보니 스스로에 대한 훈계의 말을 쓴 종이가 벽 한 면에 빼곡히 붙어 있었다고 한다. 가즈코는 이것에 대해 "종이에 쓰인 계율은 어머니의 훈계를 내면화한 것이었는지도 모른다"라고 말한다.[7] 이렇게 성적을 높인 그는 1939년에 하버드대학교Harvard University에 입학하여 프래그머티즘 철학을 공부한다.

쓰루미의 회상에 따르면 일본에서 그는 저명한 부친과 조부 밑에서 그 중압감에 고민했다. 그러나 미국에서는 "나의 성姓이 아무런 연상도 일으키지 않는다"라는 상태와 처음으로 조우하여, 오로지 면학에 힘쓰며 성적 경쟁의 영웅을 목표로 삼았다. 대학 시절의 그는 거의 대부분의 시간을 공부에 썼고, 스트레스로 고민하면서도 "다른 놈들은 나보다 성적이 나쁘다고 생각하면, 어쩐지 기운이 났다"라는 상태였다고 한다.[8]

그러나 1941년 12월 미국과 일본이 전쟁을 시작했다. 이때 쓰루미는 미국인과 적이 되어야 하는 이유를 알 수 없었다. 그러나 동시에 그는 일본의 패전을 필지必至라 생각했음에도 "일본인들 사이에서 패배를 맞고 싶다"라고 생각했다. 그에 따르면 "이 느낌에는 합리적인 근거는 없지만", 어쨌든 "일본 국가가 패배할 때는 일본에 있어야 한다"라고 생각했다 한다.[9]

소년 시절부터 무정부주의 사상을 읽었던 쓰루미에게, 일본국과 자신을 동일시할 생각은 없었다. 그러나 그는 모친과의 갈등 속에서 자기를 악인이라고 생각하며 정의에 대해 위화감을 가졌다. 일본 국가의 명령을 들을 생각은 아니었지만, 미국이 전쟁에 이겨서 정의의 이름으로 일본을 점령했을 때, "영어를 쓰면서, 뻔뻔하게 일본으로 돌아가는 자기를 견딜 수 없다"라고 느꼈다. 패전 후에는 점령군 밑에서 일할 것을 권유받았지만 거절했다고 한다.[10]

1942년 2월 연방경찰 수사관들이 돌연히 쓰루미의 하숙집을 찾아와, 그는 생각지도 않았던 스파이 용의로 유치소에 연행되었다. 미국에 체류하는 일본계 사람들이 수용소로 보내졌던 당시의 정세 속에서, 무정부주의 문헌을 읽은 그가 감시를 받았던 결과였다. 그러나 두려워했던 고문은 없었고, 수용을 둘러싸고 이루어진 공청회에서 특별 변호인으로 출석한 교수는 열심히 쓰루미를 옹호했다. 또한 하버드대학교는 유치소 변기를 책상 삼아서 쓴 졸업 논문을 수업 출석 일부가 모자랐음에도 불구하고 인정해 주었다.

쓰루미는 이 경험에서 미국 국가의 오만함에 반감을 품은 동시에, 미국의 시민 사회에 뿌리를 내린 "민주정치의 바윗장"을 접했다고 느꼈다. 훗날 그는 자기가 미력을 다하여 베트남 반전 운동에 몰두한 것은, 미국

국가에 대해 항의하는 동시에 미국 시민 사회의 은의恩義에 보답하기 위해서였다고 말한다.[11]

3개월의 유치 후에 쓰루미는 중립국 스웨덴의 교환선을 타고 일본으로 송환되었다. 유치자 체험은 쓰루미가 미국을 재발견하게 만들었지만, 전시 중의 일본 송환을 통해, 그는 일본을 재발견했다.

일본으로 향하는 교환선은 위층부터 "우선 외무성外務省과 그 밖의 관리들, 경제인 및 그 가족, 다음으로 민간 회사원, 관리의 보조역들, 그리고 학생이라는 순서"로 선실이 할당되어, 쓰루미를 비롯한 학생들은 배의 맨 밑층에 채워졌다.[12] 교환선은 전장이 되었던 태평양을 피해 대서양을 횡단해서 아프리카의 모잠비크에 도착, 거기서 일본에서 온 배로 갈아탔다. 그때 사람들이 보인 변화에서 쓰루미는 강렬한 인상을 받았다. 배를 갈아타자, 사람들이 "갑자기 일본인으로 돌아갔다"라는 것이다.

일본 선박으로 갈아탄 뒤 처음으로 이루어진 일은, 일본에서 온 군인들이 개전의 조칙과 전시의 마음가짐을 미국에서 돌아온 청소년들에게 가르치는 것이었다. 한자 숙어투성이인 조칙을 들은 귀국 자녀들은 "처음으로 듣는 어려운 말에 곤란해했다"라고 한다. 15세 이후로는 일본을 떠나 있었던 쓰루미 자신도 마찬가지였다. 그때 어떤 여학생이, 미국에서는 양심적 병역 거부 운동이 일어나고 있는데, 일본에서 그런 이야기를 해도 되냐고 군인에게 질문했다. 그 후로 일어난 사태는 쓰루미의 예상을 뛰어넘었다. 배를 갈아타기 전까지는 국수주의의 편린도 보이지 않았던 미국 유학생이 그 여학생을 비난하기 시작한 것이다. 그 이후로는 유학생끼리도 "마음 놓고 이야기할 수 없는 기분"이 퍼졌다. 쓰루미는 이 집단 전향 현상에 깊은 충격을 받아 이렇게 회상한다.

2개월 반의 항해를 끝내고 우리는 요코하마에 도착했다. 같은 인간의 집단이, 한 사람도 교체되는 일 없이, 출발 때와는 다른 인간으로서 배에서 내렸다. 1,500명의 동태 사회학의 실제 예였다.

그것은 한 나라와 또 한 나라 사이의 틈을 여행한 항해이며, 두 문화 사이의 틈을 여행한 항해이기도 했다. …… 학생들을 포함해 대부분의 사람들은 하나의 언어에서 또 하나의 언어로 갈아탔다.

이 언어의 환승은 단순히 영어에서 일본어로의 환승은 아니었다. 이미 선내에서는 원호元号가 지배하는 일본으로 향하는 데서부터 "귀국 신고 때에 '생년월일은?'이라는 질문에 서력으로 19○○년이라고 하면 얻어맞는다"라는 등, 하나의 일본어에서 또 하나의 일본어로의 전환이 시작되었다. 미국에서 언어 이론과 기호론을 공부한 쓰루미는 이런 체험을 사상화하면서, 전후에는 전향 연구에 몰두한다.

쓰루미에 따르면 "일본에서 보낸 전쟁 중의 3년간은 이국처럼 지낸 시기"였다고 한다. 1942년 8월 일본에 귀국해 보니, 유학을 떠난 동안 일본의 분위기는 크게 달라졌고, 길가의 전신주에는 아이가 쓴 "100년 전쟁을 싸워 낸다"라는 표어가 붙어 있었다. 지식인과 학생들이 상찬했던 사회주의나 자유주의는 모멸어가 되어 있었고, 과거에 쓰루미 소년에게 "〔「교육 칙어」는〕 거짓말이라고 가르쳐 주었던 선배 지식인이 「교육 칙어」에 진지하게 눈물을 흘리기 시작했다"라는 것이다.[13]

귀국한 지 5일 뒤에 쓰루미는 징병 검사를 받았다. 일본에서 패배를 맞고 싶다고 생각해서 귀국한 것이 "지나치게 성급한 이상주의로 생각되었다"라고 한다. 미국에서 무리했던 탓에 결핵을 앓았던 쓰루미는, 징병은 면제되었지만 해군 군속으로서 남방에 보내졌다. 쓰루미는 군대에서 자기 생각을 표면에 드러내지 않기로 결의하고, 수첩에 "나에 대해서 침묵을 지켜라", "천천히, 신중하게 이야기하기를 익혀라. 너무 떠들지 마라"라는 훈계를 영어로 기록했다. 이렇게 해서 묵묵히 일을 하면서도, 긴장한 나머지 바지에 손을 비비는 버릇이 "마치 안면의 경련처럼" 멈추지 않았다고 한다.[14]

군대 내에서 군속의 지위는 최하급 병사보다도 낮았다. 그리고 중상

계층 출신자는 하층 출신자의 원망과 질투를 사서 집중적으로 린치를 받기 일쑤였다. 도련님坊ちゃん 출신에 미국에서 돌아와 1942년의 일본어를 완전히 구사하지 못하고, 일본풍 인사치레의 방식조차 연습해서 구사하지 않으면 안 되었던 쓰루미의 경우는 더욱 심했다. 일렬로 늘어서서 얻어맞는 '정렬 구타', 갑판 청소를 무한히 강요받는 '돌아라 돌아라', 새소리를 흉내 내며 침대 밑을 기어 다니는 '휘파람새의 골짜기 건너기' 등, 훗날 쓰루미는 "다 큰 남자가 남 앞에서 수치감을 느끼지 않을 수 없는" 각종 린치에 대해 회상한다.[15]

이런 전쟁 체험은 100점 만점의 영웅을 지향했던 쓰루미의 자존심을 부수어 버리고, 그의 성격을 변하게 했다. 쓰루미는 1955년에 "전쟁 중의 사회에 나가 보고, 이 만점주의로는 안 된다는 것을 느꼈다. 모조리 실패해서, 양심의 무게가 커져 갈 뿐이었다"라고 말한다.[16]

군대 속에서 쓰루미는 병사들은 두 종류의 인간이 있다고 느꼈다. 하나는 향상심에 가득 차 전쟁의 이념을 믿고 진지하게 군무에 임하는 젊은 수병들이었다. 그리고 또 하나의 타입은, 어느 정도 나이가 들어서 징병된, 출세할 길이 없는 노병들이었다. 전자의 병사들은 동작이 늦기 일쑤인 쓰루미를 용서 없이 린치 대상으로 삼았다. 그에 비해 후자는 군인으로서는 열등생이었지만 세상의 쓴맛 단맛을 다 보고 물정을 잘 아는 사람들이었고, 쓰루미를 티 나지 않게 감싸 주거나, 군대 생활을 버텨 내기 위한 요령을 가르쳐 주기도 했다.

이 경험은 쓰루미의 인간관에 영향을 끼치지 않을 수 없었다. 향상심에 가득 찬 순수함과 정의가 그 기준에 미달하는 인간에게 얼마나 폭력적인가 라는 문제는, 그와 어머니의 관계에서 보아도 절실했다. 이런 전쟁 체험에서 그는, "100점 만점의 영웅이 그 시야 밖에서 남에게 어떤 멍에를 씌우는지에 대해 실제 교육을 받고, 나의 이상을 고칠 필요가 생겼다"라고 말한다.[17]

1967년 요시모토 다카아키와의 대담에서 쓰루미는 이렇게 말한다.[18]

내가 요시모토 씨에게 한 가지 비판을 가지고 있다면, 나는 순수한 심정이라는 것이 싫다는 가치 판단에서 벗어나기 힘듭니다. 순수한 심정은, 좁은 움직임 밖에는 취할 수 없지요. …… 즉 극단적ultra이 되지요. …… 자기를 그것에서 조금 비껴 놓고, 말하자면 몸을 부드럽게 하고 힘을 빼고 싶다는 느낌입니다.

전쟁 중에 만년 이등병인 30세 가량의 병사가 있었는데, 그런 사람은 앞장서서 남을 때리거나 하지는 않습니다. 일등 수병 정도가 때리지요. 나중에, 그런 자식도 없는 놈들이 사람을 때려도 되냐고, 뒤에서 소곤소곤하는 것입니다. 나는 반전론자였으니까, 혼자 고립되어서 무서워 참을 수가 없었습니다. 그럴 때, 이런 사람들의 애매한 감정이 위안의 장소가 된 것입니다.

요시모토는 여기에 "나는, 대중을 파악하는 방법에서 쓰루미 씨와는 엄청나게 다릅니다. 내가 파악하는 대중이라는 것은, 실로 당신이 극단적이라고 말한 사람들입니다"라고 응한다. 여기서 요시모토가 염두에 둔 대중은 요네자와 시절의 동창생들이었을 터인데, 쓰루미와 요시모토 간 지향의 차이를 보여 주는 대화라고 할 수 있을 것이다.

쓰루미가 군속으로서 맡은 업무도 자기혐오를 초래했다. 낮의 업무는 라디오로 적 측의 영어 뉴스를 듣고 번역하는 것이었지만, 밤의 업무는 남녀 문제의 조작이었다. 임무지인 자바Java섬에서 그가 살던 관사는 입항하는 해군 장교 대상의 위안소慰安所로 사용되었으며, 쓰루미는 그 관리인을 맡았다.

쓰루미는 거기서 장교들에게 제공할 여자를 준비하거나, "아침밥 준비를 하거나, 스킨이 필요하다면 가져가는" 등의 잡무를 "매우 사무적으로, 철저하게 처리"했다. 명령에 반항하면 물론 영창이나 총살이 기다리고 있었다. 쓰루미는 묵묵히 주어진 작업을 하고, 일체의 남녀 관계를 피하며, 자기 내부에서는 영어로 사고하며 "목까지 차오르는 공포를 누르

고" 숙소에서는 오로지 성서와 종교서를 탐독했다.[19]

위안소 설치도 쓰루미의 업무 중 하나였다.[20] 영어를 할 줄 아는 그는 일본과 독일을 왕복하는 봉쇄 돌파선에 태워져서 해군 장교 대상의 위안소를 만들라는 명을 받았다. 이를 위해 쓰루미와 동료들은 구舊네덜란드령인 자바에 위안소를 설치했고, 동료가 섬에 남겨진 백인 여성들을 모았다. 섬 내의 백인 남성들은 모두 일본군 수용소에 들어갔으며, 쓰루미의 동료는 군수 물자인 비누나 치약을 가지고 생활이 곤궁했던 백인 여성들과 '교제'했다.

쓰루미는 정보를 담당하는 사정관의 관저에 있었는데, 그 사정관은 기밀 경로로 입수한 모르핀morphine에 손을 대서 중독 상태였다. 쓰루미의 동료는 사정관의 식사나 마약 주사를 처리하면서 기밀비에서 용돈을 받았다. 정보부의 업무로 현지에서 '스파이 수백 명'이 모집되었는데, 면접을 통과한 것은 거의 여성으로 "결국은 독일군 위안소로 보내진 사람, 사관 위안소로 보내진 사람, 또한 고급 장교의 위안을 위해 특설特設된 별저 비상 요원이 된 사람 등, 각각의 경로로 질적 변화를 이루었다. 채용된 남자들 또한 위안 시설을 돌보는 데 쓰였다"라고 한다.

전황이 불리해지자 불안에 사로잡힌 일본군은 이따금 스파이로 간주된 자를 살해했다. 자바에 사령부를 둔 해군 함대가 인도양에서 조우한 호주 화물선의 승선자들을 포로로 잡아 사정관 관저로 이송해 왔다. 국제법 규정에서 보면 포로가 된 민간인을 죽이는 것은 범죄였다. 그러나 함대 사령관은 함대의 모습을 보았다는 이유로 승선자들을 생환시키지 않을 의향을 전해 왔다.

사정관의 명령으로 관저의 마구간을 개조해서 급히 옥사를 만들어 승선자들을 수용했다. 수용된 승선자들 중에는 중립국 포르투갈의 식민지였던 인도의 고아Goa 지역 태생의 어부들이 있었는데, 열악한 환경 속에서 질병이 발생하여 그중 한 사람은 빈사의 중병 상태가 되었다. 일본 군의는 의약품을 내주지 않았고, 그 인도인은 살해 처분되었다.

쓰루미의 동료 군속이 살해 명령을 받아, 그 인도인에게 독약을 먹여서 자동차에 태워 묘지로 이송했다. 병원으로 이송해 줄 거라는 이야기를 들은 인도인은 감사해 하면서 연행되었는데, 도중에 독약을 토해 버렸다. 쓰루미의 동료는 그대로 묘 구덩이에 인도인을 묻고, 죽지 않고 울부짖는 상대에게 총을 난사하고 돌아왔다.

일본 군인과 군속들은 국제법에 무지했지만, 중립국의 인간을 증거도 없이 죽이는 것은 국제법 위반이라는 사실을 쓰루미는 알고 있었다. 이것을 사정관에게 호소할까 생각했지만, 자기 몸의 위험을 두려워해서 함구하기로 했다.

이 경험 후에, 어린 시절부터 순수를 지향하며 자란 쓰루미는 "부정의를 즉시 튕겨 내던 소년 시절의 자기 피부의 느낌을, 전신의 표피에서 잃어버렸다고 느꼈다"라고 한다. 과거에 100점 만점의 영웅을 꿈꾸었던 그였지만, 자바에 주둔한 고급 군인들의 "예장禮裝을 보고 있으면, 아이 시절의 훈장 숭배는 증발해 버렸다"라고 쓰루미는 쓴다.

쓰루미는 이런 상황 속에서 "밖에 나가면 하는 일이 악으로 이어지기 때문에, 안에 들어가 과실을 줄이려는 계산적인 자세"로 일관했다. 그는 현지어를 배우려 하지 않고 관사에 틀어박혀서, 입을 다물고 오로지 직무를 수행했다. 이런 그가 "매일 밤 바란 것은, 사람을 죽이지 않고 죽는 것"이었다. 위안소의 일도 "죽이는 부문에 가기보다는 남녀가 합쳐지는 부문 쪽에, 분명히, 보다 깊은 선이 있다"라고 자기를 설득하며 "사람을 죽이는 조건에 처해지면 남을 죽이기보다는 자살하자"라고 결의하고, 자살용 독약을 언제나 주머니에 가지고 다녔다 한다.[21]

이런 전쟁 체험은 쓰루미에게 깊은 회한을 심었다. 그는 패전 후의 수년간을 회상하며 "전쟁 중 내가 한 무행동無行動에 대해 남들 앞에서 얼굴을 들고 걸어 다닐 수 없을 정도로 힘들었습니다"라고 말한다.[22] 그리고 쓰루미는 패전 후에 다케우치 요시미의 중국론과 루쉰론을 읽고 감명받아, 다케우치를 『시소노카가쿠』 연구회에 초대하여 교류했다.

그러나 쓰루미는 일본군으로부터 도망가려는 시도는 하지 않았다. 탈주하면 총살이 기다린다는 공포뿐만 아니라, 다른 종류의 무행동에 대한 회한이 있었기 때문이다.

1957년 쓰루미는「전쟁 영화에 대해서」戰争映画について라는 논고에서 그가 남방으로 보내지기 직전에 소학교 시절의 친구였던 대학생이 상담을 하러 왔던 경험을 이야기한다. 아직 학도 출진이 시작되기 전이라 대학생은 징병 유예 대상이었지만, 남보다 배는 성실했던 그 친구는 그런 특권을 버리고 해군에 지원할 생각을 했다.

이 상담에서 쓰루미는 "서두르지 않는 편이 좋다"라고만 말했다.[23] 그 친구는 "왜 너는 그런 말을 하냐"라고 되물었는데, 쓰루미는 애매하게 대답할 수밖에 없었다. 친구가 반전사상을 이해해 줄지 알 수 없었고, 사상범으로 투옥될 각오도 없었다. 결국 그 친구는 해군에 지원해서 필리핀 해역의 해전에서 전사해 버렸다. 그 친구의 이름인 이치노미야 사부로 一宮三郎도, 쓰루미 안에 사자의 고유한 이름으로 깊이 각인되었다.

이 논고에서 쓰루미는 "나는 나의 패배주의를 웅크리고 앉아서 지켰고, 스스로의 올바름에 대해 확신을 가졌지만, 동시에 웅크리고 앉아 있는 자세에 대해, 미학적으로 흉하다고 느꼈다"라고 회상한다. 그리고 외골수 소년 비행병들을 그린 전쟁 영화를 보면 전쟁이 잘못된 것이라고 확신하면서도 울음이 나온다고 말하며 "전쟁 시절, 그런 외골수인 사람들에 대해서, 나는 무엇인가 켕기는 감정을 계속 가졌다"라고 말한다. 또 다른 회상에서는 전시 중의 심경을 "이미 많은 지인들이 죽었기에, 살아남고자 생각하는 것이 모독처럼 느껴졌다"라고 쓴다.[24] 이런 전중파다운 심정이, 그가 탈주하지 않았던 배경이었다고 할 수 있을 것이다.

쓰루미는 이 전쟁 영화론에서 "정말로 힘내서 싸운 사람들에 대해 나는 어떤 반감도 느끼지 않는다", "오히려, 군인들에게 모조리 죄를 씌우고, 전후에 자기 입장을 살짝 바꿔서 자유주의·민주주의 편에 붙어버린 권력자-관료, 정치가, 실업가들에게 미움을 느낀다"라고 말한다. 그 가장 가까운 예가 그의 부친이었다.

쓰루미의 아버지 유스케는 전쟁 전에는 지미파知美派 리버럴리스트로 알려졌고 국수주의자 히라누마 기이치로를 "일본을 나쁘게 만드는 원흉이다"라고 평했다. 그런데 1939년 1월 히라누마가 내각을 구성했을 때, 유스케는 차관으로 입각했다. 그때 쓰루미는 "훌륭하다고 생각했던" 부친이 "차관 정도의 먹이라도 홀딱 무는" 것에 심한 실망과 굴욕을 느꼈다. 그리고 유스케는 전후에 공직에서 추방당했지만, 1950년대에 복귀했다. 후에 쓰루미는 부친이 "집에서 다양한 사람들에게 전화를 하는데, 이야기 내용을 들어 보면 생각이 변해 가는 것이 보였다"라고 회상한다.[25]

또한 쓰루미는 귀국해 보니 과거 애독했던 무샤노코지 사네아쓰와 구라타 햐쿠조倉田百三가 귀축미영의 깃발을 흔드는 역할을 맡고 있다는 데에 분노를 느꼈다. 야나기 무네요시나 미야모토 유리코, 나가이 가후 등이 그런 조류에 동조하지 않은 사실이 실낱같은 구원이었다. 쓰루미는 우연히 손에 넣은 『평론가 수첩』評論家手帳의 명부를 보며, 과거의 논조를 바꾸고 전쟁을 찬미하는 글을 쓴 지식인들을 체크했다고 한다.[26] 이런 분노는 후에 동세대의 요시모토 다카아키 등도 포함해서, '전향'에 대한 공동 연구를 조직하는 것으로 이어진다.

그러나 쓰루미와 요시모토 사이에는 큰 차이가 있었다. 병역을 경험하지 않았던 요시모토와 달리, 쓰루미는 낭만적인 전쟁관과는 전혀 무관했다. 그는 1950년에는 "우리 일본인이 전쟁 중에, 일본 밖에 나가서 무엇을 했는가―일본에 남아 있던 사람들은 지금도 모른다고 생각한다"라고 말하며 순수한 소년병들이 광폭한 가해자이기도 했던 사실을 지적한다. 쓰루미는 그때 사디스트sadist와 마조히스트masochist는 표리일체라는 학설에 대해 언급하며 이렇게 말한다.[27]

많은 일본인들은, 소학교, 중학교에서 엄격한 틀에 끼워 맞추어져, 게다가 그것을 별로 괴롭다고 생각하지 않으면서 성장했다. 선생님이 말하는 대로 하면서 전혀 자주성이 없고, 「교육 칙어」나 수신 교과서를 잘 이해하지 못하면서도 통째로 삼키는, 전형적인 마조히스트의 우등생. …… 이윽고 16, 7세가 되면 재빨리 학교에서 내보내져 지원병 혹은 군속이 되어 점령지로 나간다. 그러면 거기서…… 사디스트적 본능이 뭉게뭉게 눈을 뜬다. 내지에서 수년에 걸쳐 일본 정신 교육을 받은 소년들이 점령지에 오면 곧 매일 밤 술을 퍼마시고 여자를 사며, 원주민의 딸들을 마음대로 하고 포로수용소에서 '코쟁이'의 목을 시험 삼아 베었던 일을 자랑하는 것을 보았다. …… 우리들 일본인은 평화 시에 천황 폐하나 관료에게 굽실굽실하는 것과 같은 정도로, 전시가 되면, 타 국민에 대해 잔학한 행동을 한다.

이런 시점은 우등생이나 정의에 대한 반항이라는 쓰루미다운 요소가 더해져 있지만, 마루야마 마사오의 「초국가주의의 논리와 심리」나 다케우치 요시미의 "노예와 노예의 주인은 같은 것이다"라는 말과 동질했다. 그리고 무엇보다 쓰루미는 자바 시절의 스스로에 대해 이렇게 회상한다.[28] "나는 이 섬을 지배하는 관료 조직의 말단에서, 내 위에 있는 무게를 현지인에게 더욱 가혹하게 전달하고 있다. 내 스타일은 동료들과 하나도 다르지 않다. 같은 권위를 짊어지고, 두세 마디 짧은 현지어로 명령을 내리고 있을 뿐이다."

이런 쓰루미의 전쟁 체험에서 피해와 가해는 표리일체의 관계였다. 그 스스로가 상관에게 구타당하면서 현지인에게 가해자로 행동했을 뿐아니라, 피해자일 터인 위안소의 여성들도, 쓰루미에게는 복잡한 존재였다. 쓰루미는 자바섬에 있었을 때를 이렇게 회상한다. "장교의 명령으로 술자리 준비를 하는 우리들과 원주민 보이들을, 여자들은 장교의 입장에 서서 바라보았다. …… 백인 여성은 장교에게는 몸을 허락하고, 우리에게는 전쟁 전과 마찬가지로 황색 인종에 대한 권위로 대한다."

최상급의 가해자였을 터인 사정관도 실정은 복잡했다. 사정관은 마약 중독 증상으로 패전을 기다리지 못하고 죽어 버렸다. 사정관의 관사에서는 대량의 빈 주사약 앰플과 함께, 시가詩歌와 스케치, 그리고 '자서전 풍의 글'을 쓴 노트가 나왔다. 노트의 마지막 몇 페이지에는 주사기 그림과 함께 "틀어박혀서 아이에게 남길 유물을 찾았다"라는 문구가 쓰여 있었다. 쓰루미는 사정관이 남긴 자서전을 읽고, 그가 상하이上海에 있는 병원 부장의 사생아이며, 그 점 때문에 내지에서의 출세 경로에 끼지 못하고 자바로 왔다는 사실을 알게 되었다.

이런 와중에 쓰루미는 누가 가해자이고 누가 피해자인지, 단순히 재단할 수 없게 되었다. 애시당초 가해자와 피해자를 구분할 수 있다는 발상조차 의심스러워졌다. 쓰루미는 자바 시절에 대해 이렇게 말한다. "예전에는 흑과 백, 정의와 부정의 사이가 확연하게, 세계가 나뉘어져 있었다. …… 세계의 정의와 부정의 사이가 직선으로 이분되어 있다는 신조는, 응용 불가능하다."

패전 후에 자바에서의 포로 살해가 전범 재판의 대상이 되어, 함대 사령관이 살해 책임을 지고 처형되었다. 쓰루미는 전범 재판에는 비판적이었고 증언도 하지 않았다. 그러나 쓰루미가 포로 살해의 당사자가 되지 않았고 군속 동료가 이 명령을 받은 것은, 어떤 의미에서는 우연일 터였다. 후의 1959년에 쓰루미는 전범들의 유서를 모은 『세기의 유서』世紀의 遺書 속에 수록된 이 사령관의 유서를 읽고, "내 증언의 결과로 사형에 처해진 것은 아니라는 점"에 "마음이 놓였다"라고 한다.[29]

모든 가치관이 붕괴되는 가운데, 자바 시절 쓰루미를 구원한 것은, 관저의 허드렛일을 하던 롬이라는 소녀의 아름다움이었다. 여자와의 접촉을 거부하던 쓰루미는 이 소녀와 어떤 교제도 하지 않았지만, "롬의 뒤를 쫓아 어디까지라도 가고 싶다고 생각했다. 나는 일본인이라는 사실을 벗어던지고 싶었다", "나는 내 등에 짊어진 싸구려 위광을 벗어 내고 이 섬의 무력한 생활 속으로 빨려 들어가고 싶었다"라고 쓴다. 본래는 대립할 리가 없는 인간들을 국경과 국적으로 분단하고, 가해자와 피해자의 역할

로 감싸 버리는 일본인이라는 개념이 부자유한 제복으로만 느껴졌다.[30]

과로와 긴장이 겹쳐서 쓰루미는 지병인 폐습윤이 악화되어 척추 괴사를 앓았다. 자바에서 병상이 호전되지 않자 그는 싱가포르로 보내졌고 1944년 12월에는 일본으로 송환되었다. 싱가포르에서 공습을, 남태평양에서는 해전을 경험하고 죽음의 공포를 맛보았다. 1945년 8월 15일에는 요양 중에 천황의 방송을 들었다. 그는 그 목소리를 귀에 익지 않은 불길한 것으로 느끼고, 천황이 적의 잔학함만을 강조하고 일본 측의 잔학함을 이야기하지 않은 사실에 저항감을 품었다.

동시에 쓰루미는 천황의 명령에 따른 전쟁 종결이라는 형태에 강한 실망을 느꼈다. 2장에서 말했듯이 전시 중의 그는 물자 분배의 불평등과 공습에 따른 혼란으로 말미암아 익찬 조직에 가입했던 사회주의자가 지도자가 되어 민중 봉기가 일어날 것으로 예측했다. 그러나 일본의 민중은 천황이 명령한 패전을 간단히 받아들였다. 게다가 점령군의 도착과 함께 어제까지 성전을 외쳤던 지식인과 위정자가 민주주의를 주창하기 시작했다. 1942년에 쓰루미가 체험한 것과 닮은 언어 체계의 전환이 또다시 일어났다.

후에 쓰루미는 "전후의 민주화는 미국에서 교육을 받은 나에게 감사한 일이었지만, 동시에 자발성의 결여라는 것이 뒷면에 붙어 있어서 전시보다 더 큰 절망감이 들었다"라고 회상한다. 그리고 1946년 5월 『시소노카가쿠』 창간호에 쓰루미는 「언어의 부적과 같은 사용법에 대해서」言葉のお守り的使用法について라는 논고를 기고했다. 거기서 그는 전쟁 중에 국체나 황도皇道라는 말을 부적으로 삼았던 사람들이 이번에는 "미국에서 수입된 '민주', '자유', '데모크라시' 등의 부적"을 남용하고 있음을 비판하고, "맥아더가 떠나고 미국 유행 시대가 끝날 때, 그들은 또 신발을 갈아 신듯이 산뜻하게 새로운 부적을 마련할 것인가"라고 말한다.[31]

이런 전쟁 체험을 거쳐서 쓰루미는 전후에 언어와 대중에 관한 독자적인 사상을 형성해 간다.

근저에의 지향

1946년 5월 쓰루미 슌스케·가즈코 남매를 중심으로 잡지 『시소노카가쿠』가 창간되었다. 잡지 동인으로는 쓰루미와 같은 배로 송환된 쓰루 시게토都留重人나 다케다 기요코武田清子 외에 마루야마 마사오와 다케타니 미쓰오 등이 모였고, 후년에는 다케우치 요시미와 미타 무네스케, 가토 히데토시 등도 연구회에 참가했다. 창간 당시 쓰루미는 23세, 동인들도 32세의 마루야마가 연장자에 속할 정도로 젊은 집단이었다.

패전 직후의 쓰루미 남매는 우선 미국 철학의 소개자로 주목받았다. 전쟁 전 지식인의 기본 교양은 헤겔이나 마르크스 등의 독일 철학이었고, 교토학파 등은 그것을 바탕으로 한 난해한 철학 용어로 전쟁을 미화했다. 그러나 쓰루미 슌스케는 미국에서 익힌 논리 실증주의와 프래그머티즘, 기호론 등을 무기로 이런 부적 같은 언어의 비합리성을 철저히 비판한 것이다.

하지만 7장에도 썼듯이 1950년대에 들어가면 쓰루미 남매는 서양사상의 계몽주의를 자기비판하고 일본의 대중을 중시하게 되었다. 그 후 『시소노카가쿠』에는 『산울림 학교』에서 자극을 받은 생활 기록 운동이나 서클 운동의 소개, 그리고 대중문화 연구 등이 게재된다. 또한 1960년대 이후에 쓰루미 슌스케는 국가를 넘어서는 시민에 주목하고, 일본 국내의 자이니치 한국인·조선인에 대한 주목, 한국 민주화에의 지원, 그리고 베트남 반전 운동과 같은 국제적인 활동을 해 나간다.

미국 철학의 계몽에서 일본 대중의 중시로, 그리고 국경을 넘어서는 시민으로 라는 변천은, 표면적으로는 절조 없게 보이기도 한다. 그러나 사실 쓰루미에게는 일관적인 근본 사상이 존재했다. 그것을 검증하기 위해 1946년 4월 간행된 『철학의 반성』哲学の反省을 보도록 하자. 이 책은 다케우치 요시미의 『루쉰』이나 이시모다 쇼의 『중세적 세계의 형성』 등과 마찬가지로 쓰루미가 전시 중에 집필한 것이며, 그의 사상적 원점을 엿볼 수 있는 저작이다.

이 저작에서 쓰루미는 패전 후 철학의 역할로 비판, 지침指針, 동정同情의 세 가지를 든다. 이 가운데 비판과 지침은, 전시 중에 횡행한 비논리적인 기호 사용법을 비판하고 장래를 향한 합리적 지침을 수립하는 것이었다. 그러나 쓰루미 사상의 특징은 그가 철학의 세 번째 역할로 든 동정에 있다.

쓰루미가 여기서 말하는 동정은 타자에게 연민을 쏟는 것이 아니다. 그가 말하는 동정은, 타자가 자기와 다른 존재라는 사실을 인정한 위에서, 타자와 공감하고 연대를 만들어 가는 것이다.

쓰루미의 『철학의 반성』에 따르면 전시 중의 일본에는 이 동정이 현저히 부족했다. 우선 일본이 지배했던 타민족에 대한 공감과 이해가 없었고, "한 민족의 풍속을 타민족에게 강요하는 경향"이 현저했다.[32] 또한 국내에서도 언론 통제와 밀고의 공포, 그리고 전향이나 이기주의의 횡행이 인간의 공감과 연대를 철저히 파괴했다. 쓰루미 자신도 타자를 신뢰할 수 없어서 내심을 눌러 숨긴 채 전시를 보냈고, 사람들이 보인 전향의 모습에 절망을 느꼈다.

쓰루미는 『철학의 반성』에서 이렇게 말한다. "우리는 한 사람 한 사람이 다른 마음을 가지고 있기 때문에, 자기가 대우주에 단 한 사람의 존재로서 고립되어 있다는 느낌을 벗어날 수 없다"라고. 게다가 "같은 인간이라도 전쟁 전과 전쟁 중에, 외국인, 군인, 고용인, 자본가 등, 각기 다른 계급의 사람들에 대해서 느끼는 방식이 각각 다르다"라고 쓰루미는 말한다. 인간에게는 확고한 신뢰와 공감의 기반이 존재하지 않는 것이다.

그러나 쓰루미는 『철학의 반성』에서 "철학이란, 다른 사람들을 동정하고자 하는 인간의 의지다"라고 쓴다. 철학이란 타자에 대한 불신을 전제로 하되, 그 위에서 공감의 회로를 찾아내려는 노력이다. 그렇다면 그 동정은 어떻게 이룰 수 있는가. 쓰루미는 이렇게 말한다.

사람들의 세계는 그 하나하나가 지극히 방대한 영역이며, 그 내용도 지극히 많은 종목에 이르지만, 그중에서 동정으로서의 철학이 특히 고찰의 대상으로 삼는 것은, 만인의 세계에 공통되게 존재하는 부분의 인자들이다. 된장국味噌汁이라든가 장화라든가 하는 특수 항목이 아니라, 실재, 타인, 사회, 시간, 공간, 신성한 자(신으로 제한되는 것은 아니다), 선악, 진위 등과 같은 일반 항목에 대한, 사람들의 체험 및 사상이다.

개개의 인간은 출신 계급도 경험도 다르고, 성격도 사상도 다르다. 그러나 계급이나 국적이라는 부자유스러운 제한을 벗어던지고 보면, 그런 사람들의 근저에는 "만인에게 공통되게 존재하는 부분의 인자들"이 있지 않을까. 미국인에게는 미국인의, 이슬람교도에게는 이슬람교도의 슬픔이 있다 해도, 특수 항목이 아닌 슬픔 그 자체가 있지 않을까. 그것을 찾아냄으로써 표면적인 차이를 넘어서 공감과 연대의 기반을 포착하는 일이 철학의 임무라는 의미다.

쓰루미의 이런 발상은 그의 전쟁 체험과 결부되어 있었다. 쓰루미는 자바 시절에 사정관이 남긴 노트를 읽고 사정관의 배경을 알게 된 뒤 이렇게 느꼈다고 한다.[33] "다른 사람이 지닌 의지의 밑바닥까지 엿보는 것, 그 의지의 자유로운 발동을 방해하는 조건까지도 제대로 알아보는 것은, 얼마나 어려운 일인가. 우리의 부당한 재단, 고정된 미움은 타인들 각각의 특유한 의지가 자리한 모판苗床을 살펴보지 않는 데서 오는 것 아닐까." 말할 것도 없이 쓰루미가 말하는 동정은 이 모판을 찾는 작업이다.

그리고 보편적인 것을 통해서 타자와 이어진다는 사상 또한, 전쟁 체험에서 태어났다. 쓰루미와 같은 교환선에 탔던 유학생 중에는 수학자 가쿠타니 시즈오角谷静夫가 있었다. 배 안에서 쓰루미는 20세를 맞이했고, 그 기념으로 빈 병에 편지를 담아 띄워 보내며, "세계의 어디로 흘러가더라도 읽을 수 있는 내용으로 하자"라고 학생들끼리 이야기를 나누었다. 그때 가쿠타니는 일본어도 영어도 아닌, 자신이 발견한 정리定理를 써서 병에 넣었다. 가쿠타니는 화성인과 교신할 때는 "어느 나라 말도 통하지 않으니까, 삼각형을 지면에 크게 그려서 피타고라스Pythagoras의 정리를 나타내는 기호를 거기에 쓰면 어떻겠느냐는 설이 있다"라고 했다.[34] 그 후 앞에서 말한 집단 전향 현상이 배 안에서 일어났을 때, 쓰루미는 특정한 언어 체계에 묶여 있지 않은 가쿠타니를 동경했다고 한다.

말하자면 쓰루미에게 철학의 임무는, 언어 체계의 차이를 넘어서는 피타고라스의 정리를 찾는 데 있었다. 그리고 패전 후의 그는 'A는 A다'라는 논리 실증주의를 무기로 팔굉일우나 황도 일본이라는 부적 언어의 비합리성을 비판했다. 패전에 따른 언어 체계의 격변에 직면한 에토 준이 언어에 불신을 갖고 음악에 열중했던 사실은 15장에서 언급했는데, 쓰루미의 경우는 그것이 철학이었다고 할 수 있겠다.

그러나 앞에서 말했듯이 1950년대 이후의 쓰루미는 서양 철학의 계몽주의를 반성하고 일본의 대중문화를 연구하는 방향으로 돌아섰다. 그런데 이것 또한 그 나름의 보편 지향에 기반을 두었다.

그 배경에는 역시 쓰루미의 전쟁 체험이 있었다. 그가 전시 중에 통감한 것 중 하나는, "'교양인'도 '비교양인'도, 대학을 나온 자도 대학을 나오지 않은 자도, 군국주의에 굴복한 점에서는 거의 차이가 없다"라는 사실이었다. 대학을 나온 학도병이나 군속들이 식량의 분배를 둘러싸고 싸우는 모습은, "일본의 교양인은 의외로 대중적이다"라는 인식을 주었다. 쓰루미 자신의 경우에도, 쓰루미라는 성은 군대에서 도움이 안 되었고, 미국에 있었을 때와 마찬가지로 벌거벗은 인간으로서 전쟁에 내던져졌다. 그 체험은 표면적인 교양이나 신분 차를 벗겨 내 보면 인간은 누구나 "만인의 세계에 공통되게 존재하는 부분의 인자들"을 품고 있다는 사실을 느끼게 만들었다.[35]

결국 쓰루미 슌스케에게 대중은 피타고라스의 삼각형과 마찬가지로 만인의 세계에 공통되게 존재하는 부분의 인자들에 대한 또 다른 이름이었다. 쓰루미 스스로도 "전쟁 기간을 보낼 때, 내 정신의 동력이 되었던 것은, 스피노자B. Spinoza도 칸트도 헤겔도 아니고, '나는 강변의 시든 억새'라는 사상이었다"라고 말한다(《鶴見俊輔著作集》 4권 41쪽). 이런 쓰루미 슌스케가 "만인의 세계에 공통되게 존재하는 부분의 인자들"을 추구하는데, 칸트나 헤겔이 아니라 대중문화의 연구로 향한 것은 자연스러운 일이었다.

또 하나의 배경은 쓰루미의 귀국 자녀 체험이었다. 15세에 일본을 떠난 쓰루미는 철학 용어를 영어로 배워 버렸기 때문에, 귀국한 뒤에 팔굉일우나 '황도 일본의 세계사적 역할'이라는 한자어의 나열에 격한 반발과 갭을 느꼈다. 그런 그에게 타자와 교류할 수 있는 일본어는 어린 시절에 배운 일상어밖에 없었다. 따라서 그에게 일상어는 지식인과 대중에게 공통된 것이며, 사상이나 계층에 좌우되지 않는 "만인의 세계에 공통되게 존재하는 부분의 인자들"이라고 느껴졌다.[36]

동시에 일상어는 국제적인 보편성을 가진 언어이기도 했다. 쓰루미는 미국 체재 시인 1940년에 누나 가즈코와 함께, 훗날 주일 미국 대사가 되는 에드윈 라이샤워Edwin O. Reischauer 교수가 쓴 초등 일본어 교과서의 집필에 협력한 경험이 있었다.[37] 당연히 이 초등 일본어 교과서는 지식인이 사용하는 특수한 용어가 아니라 일상 용어를 기본으로 했다.

이런 경험을 한 쓰루미는 패전 후에 850개 정도의 기본 단어와 간단한 문법으로 이루어진 '베이식 영어'의 구상을 상찬했다. 그리고 쓰루미는 이 베이식 영어의 기능으로, 표현이 단순 명쾌하여 난해한 단어나 돌려 말하기를 이용한 논리의 속임수를 물리칠 수 있음을 강조했다.[38]

동시에 쓰루미는 일상적인 기본 언어에는 민족어의 다양성을 초월하여 인류 공통의 룰이 있다고 주장했다. 그는 미국에서 언어 심리학을 배웠을 때, 각종 언어에 공통된 일반 법칙이 있다는 학설에 강한 인상을 받았다. 그리고 1961년 「언어의 본질」言語の本質이라는 논문에서 쓰루미는 "모든 언어에 공통된 문법은, 오히려 논리학의 일부"이며, "특수한 언어에 대한 문법만이 단순히 문법이라고 불린다"라고 말한다. 그리고 전자에

속하는 언어의 일반 법칙은 '1+1=2'나 'A는 A다'라는 "논리의 법칙이며, 수학의 법칙이다"라는 것이었다.[39]

그리고 주목해야 할 것이, 쓰루미의 이런 보편 지향은 그의 대중 지향만이 아니라 내셔널리즘과도 대립하지 않았다는 사실이다. 쓰루미는 1946년의 『철학의 반성』에서 "만인의 세계에 공통되게 존재하는 부분의 인자들"의 중요성을 이야기하며, 동시에 "지난날의 일본주의는 잘못이었지만, 발길을 돌려 돌연히 미국 취미나 러시아 취미로 달음질할 필요는 없을 것이다. 자기가 처한 난관의 특수 사정을 이해하고, 타인 및 타민족에 대한 동정을 유지하면서…… 새로운 국수주의를 시작할 때다"라고 결론짓는다(1권 255쪽).

인류 보편에 대한 지향과 새로운 국수주의라는 주장은, 일견 모순으로 보인다. 그러나 쓰루미는 1962년의 「도구라 마구라의 세계」ドグラマグラの世界에서 이렇게 말한다(4권 212쪽).

국가가 규정하는 나, 회사, 학교, 집이 규정하는 나보다도 깊게 내려가 보면, 선조 이래의 민족 문화로 만들어진 내가 있으며, 그 더욱 밑에는 동물로서의 나, 생명, 이름 없는 존재로서의 내가 있다. 거기까지 내려가서 자기를 현대 사회의 유행과는 다른 방법으로 재구성하고, 새롭게 세계와 결합할 방법을 찾는다. 거기에는 민족주의를 통한 인터내셔널리즘의 길이 있다. 민족정신 밑바닥의 그 어떤 이름도 없는 부분.

서양에서 배운 보편사상(이라고 칭하는 것)을 내세워서 대중을 계몽하려는 지식인이 있다고 하자. 그러나 그 사상을 벗겨 내고 내려가면 지식인들 역시 대중과 같은 일상어를 사용하며, "조상 이래의 민족문화로 만들어진 자신"을 찾아낸다. 그것은 지식인과 대중이 계층 대립을 넘어 결합하는 '민족'의 장소다. 그러나 그 민족문화를 또한 벗겨 내고 내려가면 "민족정신 밑바닥의 그 어떤 이름도 없는 부분"이 얼굴을 내민다. 이렇게 해서 "민족주의를 통한 인터내셔널리즘의 길"이 열린다. 이런 근저에 있는 이름조차도 없는 부분을, 쓰루미는 "민족주의와 무정부주의가 함께 태어나는 장소"라고 부른다(4권 213쪽).

쓰루미는 이 논고에서 "이름은 사회로부터 주어진다. 그러나 그것은 편의적인 것이다. 이름이 아직 지어지지 않은 상태의 나로부터 항상 새롭게 생각해 가지 않으면 안 된다"라는 '철저한 유명론唯名論'을 주장한다. 또한 1969년의 「대중의 세계」大衆の世界에서는 "국가의 갑옷을 벗어던지고 대중이 대중으로 설 때, 그들은 세계 국가의 갑옷도 벗어던진다"라고 주장했다(3권 331쪽). "벌거숭이 인간"인 대중의 시점에서 보면, 국가뿐만 아니라 세계 국가도 "부자유스러운 제복"에 불과하다는 그의 사상이 엿보인다.

이런 사상은, 실은 마루야마 마사오나 다케우치 요시미도 공유했다. 조금 시간이 지난 후의 글이지만, 마루야마는 1978년에 다케우치를 추도하는 담화 「하오 씨와의 교제」好さんとのつきあい에서 이렇게 말한다.[40]

나는 원래부터 낯을 가리는 성질이고, 처음 하버드대에 갔을 때도, 영어 회화가 전혀 안되어서 외출하는 것이 내키지 않는다고 말했더니, 하오 씨는 일언지하에 "어디에나 똑같은 인간이 살고 있다고 생각하면 되는 거야"라고 말했습니다. …… "인류라는 것은 옆집 구마상 핫짱熊さん八っつぁん(라쿠고落語 등에 나오는 서민을 대표하는 이름으로, 김 씨 이 씨와 같이 평범한 사람을 뜻함 - 옮긴이)을 말한다"라고 한 사람은 우치무라 간조인데…… 구마상 핫짱은 같은 마을의 사람이지만, 동시에 그를 자연스럽게 인류의 일원으로 보는 눈입니다. '인류'라고 하면 무언가 멀리 있는 '추상적' 관념이라고 생각하는 방식이 훨씬 이상한 것입니다. …… 내가 지금 서 있는 여기가 다름 아닌 세계다, 세계라는 것은 일본의 '밖'에 있는 것이 아니다, 라는 것이 진정한 세계주의입니다. 그러나 세계라든가 국제적이라든가 하는 이미지는 언제나, 어딘가 일본의 '밖'에 있습니다. 이것이 사이비 보

편주의이며, 이것에 대해 '안'의 집단이라는 소속 내셔널리즘이 있습니다. 이 악순환을 타파하지 않으면 아무것도 안 됩니다.

"구마상"이 같은 마을 사람이면서 인류이듯이, 일본인도 인류와 대립하는 개념은 아니다. 마루야마는 이 점을 통해 다케우치가 내셔널리스트이면서 세계주의적이었다고 말한다. 10장에서 말했듯이 다케우치의 사상은 자기의 암흑을 파 내려가서 타자의 고뇌로 이어진다는 것이며, "자기가 지금 서 있는 **여기**가 다름 아닌 세계다"라는 마루야마의 말은 다케우치의 사상을 잘 파악했다고 할 수 있다. 그리고 다케우치도 쓰루미도, 밖에서 보편사상을 수입해 안의 뒤처진 대중을 계몽한다는 자세—마루야마가 말하는 사이비 보편주의—를 비판했다.

이후 1980년 쓰루미는 위의 마루야마의 말을 인용하며 "그것은 세계 국가라는 가공의 틀 속에서 생각하는 종류의 코즈모폴리터니즘과 마주보는 또 하나의 코즈모폴리터니즘의 싹입니다"라고 말하며, 여기에서 "무국적의 시민성이라는 관념을 기반으로 현실 존재로서의 일본 정부를 비판하는 것과는 다른 길이 열립니다"라고 주장한다. 그에 따르면 "내가 생각하는 의미에서의 시민"은 "나와 교제하는 이 땅의 누구누구"를 가리키며, 시민이나 인류는 공상이고 국가가 실재한다는 보수파의 논의가 오히려 공상적이라고 한다.[41]

참고로 후술하듯이 쓰루미는 패전 직후부터 마르크스주의와는 거리를 두었으며 시민이라는 말을 부정적으로 사용하지 않았던 소수의 지식인 중 한 사람이다.[42] 개략적으로 말해서 쓰루미는 이런 근저의 존재를 1950년대에 대중이라 부르고 1960년대 이후에 시민이라 부르는 경우가 많았지만, 두 단어는 후년까지 혼용되며, 기본적으로는 동질한 것을 표현했다고 할 수 있다.

그리고 이런 대중은 일본의 대중이면서 동시에 마이너리티를 배제하지 않는 존재였다. 그는 1959년 좌담회에서 "일본 사회의 밑바닥을 꿰뚫고 나가면, 거기에 국제적인 시점이 열려 온다"라고 말하며, 일본 사회의 '밑'에 존재하는 조선인, 부라쿠민, 창부들 등의 존재를 든다. 그리고 이런 저변底邊의 사람들에게 주목한 시인 다니가와 간을 가리켜 "외국에 유학해서 국제적이게 된 사람과는 다른 방법으로, 일본에서 살아가며 국제 정신을 쌓아 올렸다"라고 평한다.[43]

많은 전후 지식인들이 그랬듯이 쓰루미도 메이지를 상찬했음은 5장에서 말했다. 그러나 쓰루미에게 유신인은 건국의 영웅이라기보다는, 막부 말기부터 메이지로의 사회 변동을 경험했기 때문에 "주어진 사회의 틀을 부수거나 벗겨 낼 수 있다는 것을 알고 있다. 이론으로서가 아니라, 느낌으로 알고 있다"라는 존재였다. 그리고 쓰루미는 메이지 국가의 질서가 안정된 이후에 태어난 그의 아버지 세대를 "변혁 감각이 아니라 준법 감각"을 기본으로 한다고 비판한다.[44]

나아가 쓰루미의 경우에 이런 틀을 넘어선 근저의 지점은, 일종의 종교 감각과 이어졌다. 그는 소학생 무렵부터 야나기 무네요시의 종교 철학을 읽고 신비 체험에 흥미를 가졌다. 그리고 프래그머티즘을 소개한 1950년의 『미국 철학』アメリカ哲学에서는 미국 철학자 윌리엄 제임스William James에 대해 "처음에는, 제임스가 영매에 대해서 쓴 에세이를 찾아 읽었다"라고 말한다. 그 이유는 "마음은 닫힌 상자 같은 것이 아니라 개인의 마음의 문턱을 넘어 다른 마음과 교류하는 방법을 가지고 있을지도 모른다"라고 생각했기 때문이었다(1권 177, 178쪽). 즉 문턱을 넘어서 동정이 이루어질 가능성을, 쓰루미는 여기서도 찾고 있었다.

원래 영어에서 말하는 영매medium는 인간의 마음을 매개하는 '미디어'와 같은 말이며, 쓰루미는 전후 일본의 대중문화 연구와 미디어 연구의 선구자이기도 했다. 또한 동정이라고 번역되는 sympathy는 정신 감응telepathy과 마찬가지로, 언어logos로는 표현 불가능한 심정pathos이 인간 개체 간의 경계를 넘어 공진synchronize을 일으키는 상태를 가리킨다. 그런 까닭에 영어 sympathy는 배려, 연민 등과 함께 공감이나 교감 작용이라는 의미를 갖는다. 이것을 생각해 보면 쓰루미가 말하는 동정의 뉘앙스를 엿볼 수 있을 것이다.

본래 서양에서도 철학은 수학이나 종교와 한 몸이었던 역사가 길며, 칸트 등도 신의 존재 증명이라는 문제에서 철학을 시작한다. 쓰루미 또한 시대나 국적으로 말미암아 "변화하지 않는 것에 대한 종교적 외경의 감정"의 사례로 피타고라스의 기하학을 든다(2권 369쪽). 그런 의미에서 쓰루미는 오히려 고전적인 철학자였다.

그런 까닭에 쓰루미는 대중문화를 연구하는 한편, 소카각카이創価学会나 야마기시카이山岸会, 덴리교天理教 등에 강한 관심을 보였다.[45] 또한 1970년「방법으로서의 아나키즘」方法としてのアナーキーズム이라는 논고에서는 멕시코의 원주민 주술사와 생활했던 인류학자 카를로스 카스타네다Carlos Castaneda의 신비 체험을 기반으로, 지상의 모든 국가를 초월하는 아나키즘의 철학을 논한다.

무엇보다 종교에 대한 관심은 전사자가 많았던 쓰루미나 요시모토 세대에는 드물지 않다. 또한 언론 탄압이 심했던 전시 중에는 반전의식을 가진 인간끼리는 명시적인 표현을 하지 않더라도 "말하고자 하는 바가 즉각 통했다"라고 하나다 기요테루는 회상한다. 쓰루미도 1956년에 "긴 전쟁 동안, 일본의 정의를 믿지 않는 자는, 지극히 자연스럽게 서로의 사상이 부분적이더라도 견고하게 일치함을 확신하고, 서로의 인품에 대해 신뢰를 가졌다"라고 쓴다.[46] 이런 동정의 전쟁 체험이 언어를 넘어선 의사소통에 대한 관심을 강화시킨 측면도 있었을 것이다.

이런 근저의 지점에서 보면 사상이나 국적의 차이 등은 표면을 덮은 작은 물결 같은 것에 불과하다. 반대로 말하면 거친 바다에서도 수면 밑으로 내려가면 온화한 동정의 세계가 펼쳐진다. 5장에서도 인용했지만 쓰루미는 1946년의『철학의 반성』에서 민중이 미영 풍속의 배격을 지지한 이유를 이렇게 말한다(1권 247쪽).

이 표어들의 의미는, 글자 그대로 해석하면 이국에서 수입된 풍속을 배제하고 일본 고래의 풍속을 미는 것이었지만, 그뿐만 아니라 상류 계급의 생활 양식에 대한 반감도 다분히 포함하고 있었다. …… 역설적으로 말하면 이 표어들의 진정한 의미는 고래의 풍속에 대한 칭송이 아니라, 민중의 자기주장에 있었다고 할 수 있다. 이 표어들을 떠올리며 정부 요직에 있는 자가 어떤 의도를 가졌는지는 별개의 문제이며, 이 표어들은 요직에 있는 자의 손을 떠나 민간에 유포되어서 새로운 생명을 얻었다고 생각된다.

쓰루미는 여기에 이어서 "사람들의 언사를 그들이 자각하지 못하는 사정들까지 거슬러 올라가, 그 본질에 따라서 파악하는 것"을 철학에서 동정의 기능으로 강조한다. 표면적으로는 대화가 불가능할 것처럼 보이는 전쟁 지지자도, 근저까지 내려가 보면 공감과 연대가 가능해질지도 모르는 일이다.

이런 관점에서 보면 인간의 사상이란 근저에서 올라오는 무엇인가에 잠정적인 표현이 주어진 데 불과하다. 그리고 표현 양식은 그것을 처음으로 쓴 지식인이나 권력자의 의도를 초월해서 근저의 존재인 대중에게 다시 읽히면서 새로운 생명을 갖는다.

1956년에 쓰루미는 전시 중의 권력자가 만든 슬로건을 민중과 병사들이 말장난이나 가사 바꾸어 부르기를 통해 의미를 뒤틀어서 사용한 점을 논한다. 또한 그는 대중문화의 일환으로 만화를 자주 논했는데, 그에 따르면 풍자만화란 의미 비틀기로 웃음을 끌어내는 표현 양식이라고 한다.[47] 마루야마 마사오가 총력전 체제의 슬로건을, 다케우치 요시미가 동아 해방 슬로건의 의미를 바꾸어 읽었음은 2장과 10장에서 논한 대로다.

이런 바꾸어 읽기読みかえ는, 서양사상을 수입하는 계몽주의와 그에 반발하는 국수주의라는 쓸모없는 대립을 넘어서는 방법이기도 했다. 종래의 상태에 머무를지, 밖의 권위에 복종할지 사이의 양자택일이 아니라, 종래의 표현을 다시 읽으며 회심을 이루어 가는 방법이 존재할 수 있는 것이다.

쓰루미는 1965년의 「일본사상과 언어」日本思想と言語라는 논고에서, 기노시타 준지의 정의를 바탕으로 "옛날이야기를, 현재의 요구에 대답하는 방법으로서 무엇인가를 새롭게 더해서 다시 이야기하는 것을, 기노시타는 '민화'라고 부른다"라고 말한다. 그리고 이것을 가리켜 서양 모델을 수입하는 문명개화 방식을 넘어서는, 관용어의 전생轉生을 이용한 개혁의 방법이라고 한다(3권 208, 209쪽). 패전 후의 쓰루미가 '들으면 이해가 가는 학문 언어의 모임'きいてわかる学問ことばの会을 설립하고, 난해하며 의미를 알 수 없는 철학 용어를 비판하며 일본의 관용어구로 서양 철학의 개념을 번역한 사실은 잘 알려져 있다.

그리고 쓰루미는 이런 견해를 헌법에도 적용시켰다. 그는 1955년의 「놀이딱지 이야기」かるたの話에서 "거짓말에서 나온 진실"이라는 관용구를 제재로 한 놀이딱지를 논하며 이렇게 말한다(3권 119쪽).

전쟁이 끝나고…… 새롭게, 평화 헌법이라는 거짓말이 공포되었다. 이것은 미국에게서 강제되어 일본인이 자유 의지로 만든 듯이 보이게 한 것으로, 틀림없는 거짓말이다. 발포 당시 거짓말이었던 것과 마찬가지로, 지금도 거짓말이다. 그러나 이 거짓말에서 진실이 나오게끔 만들고자 하는 운동을, 우리는 지지한다. 그것은 거짓말에서 진실이 나오게 할 수 있다는 전제에 서 있다.

미국으로부터 주어진 헌법을, 예를 들면 미국에 대한 대항 수단으로 바꾸어 읽음으로써, 권력자의 의도를 넘어선 새로운 생명을 불어넣는다. 1972년 쓰루미는 멕시코에 객원 교수로 부임하여 『과달루페의 성모』グアダルーペの聖母라는 책을 썼다. 이것은 정복자 스페인으로부터 주어진 마리아상이 멕시코 선주민들의 손에서 갈색 피부의 여신상으로 바뀌어, 정복자의 의도를 초월한 독자적인 신앙 대상으로 바꾸어 읽히기에 이른 경위를 논했다.

동시에 이것은 차례로 부적 언어를 수입하고 전향을 반복해 가는 일본의 모습을 비판하는 사상이기도 했다. 쓰루미는 1975년 인터뷰에서 이렇게 말한다.[48]

새로운 말을 쓰면 항상 새로운 실체를 지시하게 되기 때문에 문제가 깊어지지 못하고, 민주주의도 마르크스주의도 차례로 졸업해 버립니다. 새로운 말을 만들기보다는 오래된 말을 다시 사용해 가는 방법을 택하고 싶은 것입니다. …… 나는 가능한 오래된 말, 원래 가지고 있던 말을 사용해서 그때그때의 요구에 대해 근사近似한 대용품으로 삼음으로써, 불필요한 실체화를 피해 간다는 사고방식을 취합니다. 인간의 문화라는 것은 결국, 크게 보면, 그 시대를 살아가는 인간의 요구라는 측면에서는 임시방편이 아닐까요. 그런 것은 단지 임시방편일 뿐이라고들 하지만, 인간이 유한한 이상, 그 어떤 삶의 방식도 임시방편일 수밖에 없습니다.

쓰루미의 이런 사상에서는, 내발적인 회심을 주창한 다케우치 요시미의 영향이 부분적으로 느껴지기도 한다. 앞에서 말했듯이 전쟁 체험의 죄책감에 고민하던 쓰루미는 다케우치와 깊이 교류했고 후에 다케우치의 전기도 쓴다. 그리고 쓰루미는 자신의 평론집에 『부정형의 사상』不定形の思想이나 『오해할 권리』誤解する權利 등의 제목을 붙였다. 물론 후자는 사람들이 자각 없이 과거로부터의 표현을 바꾸어 읽어 갈 권리를 긍정했다고 말할 수 있다.

이런 바꾸어 읽기는, 진부해져서 죽어 버린 표현을 근저의 에너지로 재활성화시키는 수단이라고 생각되기도 했다. 쓰루미는 1965년의 「괴담의 세계」怪談の世界에서, "무의식의 기억 속 깊이 뿌리를 뻗어 가는 퇴행의 끊임없는 시도만이 우리를 새롭게 한다. 자기 개인의 기억을 넘어선 전통에 대해서도 마찬가지로, 인간의 전통의 원천까지 거슬러 올라가면 올라

갈수록, 우리는 뿌리부터 새로워진다"라고 말한다.[49] 또한 1970년의 「죽은 상징」死んだ象徴에서는 예수의 십자가형을 다루며 "손때로 뒤덮이고, 이윽고 부서져, 그 밑에서부터 다른 상징이 태어나는 재생 기능을 가지는 상징"을 논한다(3권 429쪽).

이런 쓰루미가 선호한 것이 프래그머티즘 철학이었다. 프래그머티즘 사상가들은 어떤 사상이 진리인지 아닌지는 현실 생활에 그 사상을 적용하는 가운데 판명된다고 주장했다. 쓰루미는 이것으로부터 프래그머티즘은 사상을 절대적인 진리로서 통째 삼켜 가는 철학적 사색법에 대한 이의 제기라고 해석했다. 그는 프래그머티즘을 해설한 1950년 저작 『미국 철학』에서 이렇게 말한다(1권 169쪽).

철학적 사색법에 따르면 사상은 항상 **한결같은 것**으로 다루어진다. …… 옳다고 하면, 그 사상 체계 전체가 옳은 것이며, 옳지 않다고 하면 그 사상 체계 전체가 옳지 않은 것이다. …… 이런 **철학적 사색법**이 뿌리 깊이 남아 있기 때문에, 일본의 많은 독서인들은 통째 삼킬 것인가 아니면 완전히 토해 내고 다른 철학 체계를 통째 삼킬 것인가, 둘 중에 하나로 하자는 태도로서 프래그머티즘과 접한다. 프래그머티즘의 사명이 실은 이런 **철학적 사색법**을 주물러 풀어 주는 데 있음을 알아채지 못한다.

쓰루미는 앞에서 말한 1967년 요시모토 다카아키와의 대담에서, 전쟁 전과 전쟁 후의 전향 현상을 다루면서 "순수한 심정은 쭉 끝까지 밀어붙이다가, 잘 안되면 뒤집어 버린다"라고 말하면서 "몸을 부드럽게 하고, 힘을 빼고 싶다"라고 주장한다. 또한 1975년 인터뷰에서는 "의심하는 대중이라는 존재를 믿습니다", "인간이 있는 곳, 대중이 있는 곳에는 반드시 의심이 남는다는 것이 나의 신앙이다"라고 말했다.[50] 쓰루미에게 프래그머티즘은 이런 대중의 유연함과 연결되었음을 알 수 있다.

또한 쓰루미는 "프래그머티즘의 발생은 남북 전쟁의 상처와 깊은 관계가 있다"라고 말한다. 초기의 프래그머티즘 철학자들은 노예 해방이라는 정의의 사상에서 시작한 남북 전쟁이 미증유의 참화를 초래한 경험에서, 사상의 절대적 올바름이라는 생각을 배제하고, 인간이 차이를 넘어서 연대할 수 있는 길을 찾았다는 것이다.[51]

동시에 쓰루미에게 프래그머티즘은 국가라는 문턱을 넘는 아나키즘과도 겹쳤다. 쓰루미는 『미국 철학』에서 아나키스트 오스기 사카에大杉栄의 다음과 같은 말을 인용한다. "생디칼리슴syndicalisme은 노동 운동에서 프래그머티즘이 가장 잘 구체화된 화신이다. 생디칼리슴은 무지한 노동자의 **일상생활** 속에서 그날그날 자본가와 투쟁하는 사이에, 거의 **자연히 만들어진 운동**이다."(1권 165쪽)

나아가 쓰루미는 또한 오스기의 "나는 정신을 좋아한다. 그러나 그 정신이 이론화되면 대개는 싫어진다. 이론화라는 도정道程을 거치는 사이에, 많은 부분에서 사회적 현실과의 조화, 사대事大적 타협이 생기기 때문이다. 속임수가 있기 때문이다"라는 말을 인용한다(1권 65쪽). 이론은 불완전한 인간이 만든 표층의 작은 물결에 불과하며, 이것을 과신하면 현실의 복잡함을 사상捨象한 속임수로 이어진다는 주장이 엿보인다.

약간 냉정히 파고들자면, 쓰루미는 모친과의 관계나 전쟁 체험에서 보아도 이런 사상에 도달할 수밖에 없었다고 할 수 있다. 그는 모친에게서 물려받은 순수함을 가지고 있었지만, 그런 경직된 정의가 현실 속에서는 유지될 수 없으며, 또한 타자의 억압으로 이어지기 일쑤라는 점도 통감했다. 쓰루미는 이런 양가성兩價性, ambivalence 속에서 100점 만점의 정의는 현실 사회의 복잡함에 대해 눈을 가리는 속임수이고, 쉽게 전향할 위험성을 내포하며, 힘을 뺀 끈기 있는 자세야말로 순수성을 지키는 방법이라는 사상에 도달했다.

새로운 조직론의 발견

이런 쓰루미에 대해서 프래그머티즘을 미 제국주의의 철학이라고 간주한 공산당계 논자들은, 패전 직후부터 그를 비판하는 자세를 취했다. 한편으로 쓰루미 쪽은 5장에서 말했듯이 옥중 비전향의 공산당 간부들에게는 경의를 표했지만, 그 나름의 사상적 이유로 공산당과는 거리를 두었다.

우선 쓰루미는 공산당이 다수의 전향자를 포함하면서도 그것을 총괄하지 않은 점을 싫어했다. 쓰루미는 1956년 『시소노카가쿠』 연구회 총회에서 좌파 지식인의 다수가 전쟁을 찬미했던 사실을 들며, 그들과 "손을 잡는 것이 가능할까라는 문제를, 나는 쇼와 15년(1940년)부터 생각했습니다. 나는 뒤끝이 있는 성격이라 잊지 못합니다"라고 말한다. 오히려 쓰루미는 요시다 시게루나 와타나베 데쓰조渡辺銕蔵 등, 패전 시에 반동적이라고 비판받았던 사람들이 전쟁 중에는 그들 나름대로 "A는 A라는 약속을 지켰다"라는 점을 평가했다.[52]

또한 쓰루미는 공산당이 사상에 대한 찬반으로 인간을 분류하는 자세에 대해 반발했다. 그는 1950년의 『미국 철학』에서 전후 일본의 마르크스주의자들이 마르크스주의를 "통째로 삼켜", 세계를 좋은 편과 나쁜 편으로 나눈 점을 비판한다. 또한 1956년에는 "유파마다 조직을 만들려 하는 것이 오히려 외국의 본점에 따른 구분을 일본의 사상계에서 인공적으로 지속시킨다"라고 주장했다.[53] 쓰루미가 보기에는 외부로부터 흡사 절대 진리처럼 보이는 언어 체계를 수입해 와서 인간을 분단하는 것은 가장 비판받아야 할 일이었다.

나아가 쓰루미가 공산당에 반발한 또 하나의 이유는 대중관의 차이였다. 이시모다 쇼 등은 『시소노카가쿠』 연구회와 마찬가지로 민중 지향의 입장에서 생활 기록 운동을 높이 평가했다. 그러나 이시모다 등은 대중이나 민중이라는 것을 수량적인 다수파로밖에 생각하지 않았다. 그러나 쓰루미에게 대중은 근저 혹은 벌거숭이 인간의 별칭이었다. 여론의 표면적인 다수파가 어떠하든지 간에, 예를 들어 서양 문화 배격의 슬로건이 지지를 모은다 할지라도, 그것은 해면을 덮고 있는 작은 물결에 불과했다.

따라서 쓰루미는 1959년에 "나의 전쟁 체험"으로부터 말하자면, "통계적인 다수"는 "매우 허무한 것"이라고 말한다. 그에 따르면 "자기가 책임을 지고 선택한 보편적 척도"를 기반으로 삼아 "국민 전체가 잘못되었으면 그 국민을 비판하는, 혹은 국가를 비판하는 것이 필요한 경우도 있다"라는 것이다. 나아가서는 "인류 전체가 잘못된 경우도 있다. 그 인류 전체를 상대편으로 돌리는 것은, 물론 가능하다." 쓰루미는 "이런 점 때문에 아무리 해도 민과〔민주주의과학자협회〕와는 같이 갈 수가 없었다"라고 한다.[54]

애초에 쓰루미가 인식하기로는 공산당의 비전향 간부나 극히 소수의 리버럴리스트를 빼면, 거의 모든 지식인과 정치가가 전쟁에 협력했다. 그것을 생각하면 공산주의도 민주주의도 외부에서 적당히 주어진 언어 체계에 불과할 터였다. 1956년 쓰루미는 이렇게 말한다(5권 18~19쪽).

일본과 마찬가지로 침략자인 독일, 이탈리아, 거기다 원자 폭탄을 투하했다는 의미에서 매우 큰 전쟁 책임을 갖는 미국 등의 경우, 각 개인이 망명이나 그 밖의 방법으로 책임 있는 위치에서 물러날 자유가 남아 있었다. 일본의 경우에는, 이 나라 밖으로 나가지 못하고, 이상주의적인 윤리의 입장에서 보면, 일종의 몰살하는 전쟁이었다. 여기에는 결백한 지점이 없다. 우리들은 살아남은 한, 피해자이며 가해자이다.
…… 이런 전원 참가의 상황 아래서, 개인의 책임, 집단의 책임을 생각하기 위해, 우리는 외국에서 본보기를 수입할 수 없으며, 자기 스스로 방법을 생각해 갈 수밖에 없다.

"외국에서 수입한 본보기"에 대한 의존이 새로운 전향이나 분단을 낳을 뿐이라면, 어떻게 해야 할까. 물론 쓰루미의 대답은 오래된 관용구를 바꾸어 읽는 것이었다. 구체적으로는 전시사상이라는 관용구를 바꾸어 읽어서 적극적인 의의를 끌어내는 것, 잘못된 것으로부터 바른 방향의 에너지를 끌어내는 것이었다.[55]

1959년 쓰루미는 그 실례로 세오 다카히코姉尾隆彦의『카친족의 목바구니』カチン族の首かご라는 회상기를 든다. 이것은 버마 전선에서 부대로부터 낙오된 병사 세오가 산악 원주민인 카친Kachin족의 족장이 되어, 피난한 영국인 등과 함께 소우주를 쌓고, 한때는 국적 이탈을 생각했던 체험을 쓴 것이었다. 그리고 세오는 자기의 경험을 "견장이나 직함을 뗀 맨몸과 맨몸의 인간"의 교류였다고 회상했다.

쓰루미는 이 회상기를 절찬하고 세오가 쌓은 소우주를 "국제적인 공동체"라고 부르며 "대동아 공영권의 이념을 정말로 관철하고자 하면, 결국 국적 이탈까지 가는 것입니다"라고 말한다.[56] 이것은 쓰루미에게 "외국에서 수입한 본보기"에 기대지 않고, 자기가 가진 악의 관용구로부터 선을 이끌어 낸 좋은 예였다. 물론 여기서는 다케우치 요시미의 영향이 느껴지지만, 한편으로는 자바에서 경험한 다민족 사이의 접촉이 반영되기도 했을 것이다.

그리고 쓰루미는 전후에 친미로 전향한 보수 정치가들을 싫어했다. 1956년 쓰루미는 "'이것은 잘못'이라고 권력을 가진 타국이 전쟁에 대해 말하면 '아 그렇습니까, 그럼'이라고 말하고 재출발을 선언하는 정신이, 일본의 사상에서 가장 유해하다고 생각한다", "그 전쟁이 나쁘다고 생각하지 않는 입장이면, 미처 다 꾸지 못한 꿈을 계속해서 꾸는 편이 좋다. 자기가 납득될 때까지, 양보해서는 안 된다"라고 말한다(5권 18쪽).

앞에서 말했듯이 쓰루미의 부친인 유스케는 전후에 공직에서 추방되었다가 복귀한 인물이기도 했다. 쓰루미는 패전 직후에 "추방 관계 서류를 볼 기회가" 있었기 때문에, 보수 정치가들이 "패전 후의 한 시기에 얼마나 불안에 떠는 존재였는지를 기억한다"라고 1960년에 썼다. 그리고 "그들은 이 시기에 자신들이 가졌던 1931~1945년의 정치사상을 지키면서 그것을 통해 점령군의 정치사상을 비판하는 것이 아니라, 우선 점령군의 정치사상을 일거에 받아들여 버리고, 그 정통성의 그늘에 숨어서 자기들의 전시사상을 정당화하고자 꾀했다"라고 한다(5권 45쪽).

이런 보수 정치가들과 대비하여, 1956년 쓰루미는 "나로서는 강직한 패잔자敗殘者 쪽이 마음에 든다"라고 말한다(5권 18쪽). 쓰루미가 "강직한 패잔자"로 논한 것은, 전쟁 체험에서 "자기가 책임을 지고 선택한 보편적 척도"를 손에 넣어 전쟁과 전후 일본을 비판한 자들이었다. 구체적으로는 3장에서 소개한 소년 수병 출신의 와타나베 기요시, 『전함 야마토의 최후』戰艦大和ノ最期를 쓴 해군의 청년 사관 출신 요시다 미쓰루吉田満, 그리고 『전함 야마토의 최후』에 그려진 우스부치 이와오臼淵磐 대위 등이었다. 특히 요시다와 우스부치의 사례에 대해, 쓰루미는 1960~1970년대에 몇 번이고 논한다.[57]

쓰루미가 1951년에 쓴 「노세대를 비판한다」老世代を批判する에 따르면 "전후 세대의 문제는 패배의 사실을 잘 받아들이는 것이 중심이 된다"라고 한다. 외부에서 사상을 들여와 전향하는 것이 아니라, 패배의 아픔을 받아들이고 그것을 직시함으로써 회심의 계기를 손에 넣어 "자기가 책임을 지고 선택한 보편적 척도"를 만드는 것이 필요하며, 그것이 없으면 "전쟁 포기의 사상도, 인간 평등의 사상도, 재미있는 꿈으로 잊혀 버린다"는 것이다(5권 7쪽).

그리고 쓰루미가 강직한 패잔자 중 가장 두드러진 존재로 간주한 것이, 전사자의 존재였다. 샌프란시스코 강화 조약 체결 직전에 기시 노부스케나 쓰루미 유스케 등의 공직 추방 해제가 진행된 1951년 7월, 쓰루미는 「추방 해제의 심리」追放解除の心理라는 단문을 발표했다. 거기서 쓰루미는 "일본인은 전승도 패전도 군국주의도 민주주의도 모든 것을 제전祭典으로 전화한다", "전후라는 축제는, 끝났다"라고 말하며 이렇게 주장한다(5권 3쪽).

일본은 이 6년의 연옥 생활로 회개를 끝내고, 다시 깨끗해져서 세계의 일원으로 영입된다. 이 기회로 국민 전체가 전쟁 책임에서 벗어났다. 그러나 태평양 전쟁으로 전사하고 전병사하고 전재사戰災死한 많은 사람들에게, 추방 해제의 은전恩典은 없다. 이 사람들은 영원히 말살되었다. 사자가 된 몇몇 사람들은 앞으로도 추방 해제의 기쁨을 누리지 못할 것이다.

전사자가 가장 많은 세대에 속하며, 살아남은 데 대해 전시부터 꺼림칙함을 느꼈던 쓰루미는 1965년에 이렇게 말한다. "전쟁을 살아남은 자는 자기가 살아남은 사실의 우연성에 불안을 느껴, 꺼림칙해진다. 그리고 사자와 함께 살아간다는 감정을 자기 속에 지킬 수 있을 때, 비로소 정말로 살아 있다는 실감을 회복한다." 그리고 요시다 미쓰루의 『전함 야마토의 최후』나 와다쓰미회의 평화 운동 등은 살아남은 자가 "사자와의 연대감을 회복하려는 노력"이며 거기에야말로 "일본적인 평화 운동의 뿌리가 있다"라고 말한다(3권 194쪽).

그리고 쓰루미에게 전사자는 전향이 불가능한 강직한 패잔자이면서 근저의 존재이기도 했다. 1963년에는 전쟁 체험에 대해서 쓴 동인지를 평하면서 "유럽에서의 신의 이념은, 신이 없는 일본인에게는 전쟁 체험의 형태로 나타났다"라고 말한다(3권 318쪽).

단 쓰루미에게 전사자는 일본의 사자만을 가리키지 않았다. 그는 1957년에 괴담 영화를 논한 「일본 영화의 눈물과 웃음」日本映画の涙と笑い에서 이렇게 말한다.[58]

15년이나 이어진 긴 전쟁을 거친 우리 일본은…… 다양한 망령으로 가득차 있다. 아이를 잃은 부모, 남편을 잃은 아내, 부모를 잃은 아이, 그런 현존하는 사람들을 움직이는 무의식의 잠류潛流로서, 죽은 사람들의 정념은 오늘의 역사적 힘이 되었다. 나아가 조선, 만주, 중국에서 이유 없이 죽음을 당한 현지인들의 정념도 또한 우리에게 남아 있을 것이다. …… 그들은, 과거의 기억, 연소되지 못하고 끝난 정념을 묶은 거대한 횃불을 치켜들고 우리의 미래를 향한 길을 비추어 준다. 그들과 친밀한 교통을 여는 것이, 우리의 매일매일에 필요하다.

과거 자바에서 포로의 죽음을 묵인했던 회한을 지닌 쓰루미에게, 전사자는 일본에 한정될 리가 없었다. 그것은 국적이나 사상의 분류를 거부하고, 일본의 사자나 아시아의 사자라는 분단을 거부하는 근저의 존재였다. 이 점은 똑같이 전사자에 대한 집념을 말하더라도, 일본의 300만의 사자를 생각했던 에토 준과는 다르다.

이런 쓰루미는 태평양 전쟁이라는 호칭과 별도로 "1931~1945년"을 하나의 전쟁으로 파악하는 "15년 전쟁"이라는 용어를 제기했다. 중국의 사자를 시야에 넣는다는 점에서 보아도, 1930년대부터의 전향의 역사를 생각해 보아도, 이 개념은 쓰루미에게 필요했다. 그리고 그것은 아마도 쓰루미가 1942년에 귀국했을 때 본 "100년 전쟁을 싸워 낸다"라는 표어로부터 힌트를 얻은 표현이었다는 점에서, "오래된 말을 고쳐 사용하는" 것의 실제 예이기도 했으리라고 생각된다.

그리고 쓰루미는 1956년에 "1931~1945년의 경험을 모아서 검토하는 것은, 외국에서 빌린 것이 아니라 일본 땅에 뿌리를 내린 새로운 조직론을 낳는다. 패전 직후에 만들어진 진보 진영 측의 조직은 전쟁 시대의 경험 위에 세워진 것이 아니었기 때문에 실패했다"라고 말한다. 전쟁 후기에는 언어에 의존하지 않고도 반전의식을 가진 자끼리 상대를 감지했고 "입장이 서로 다른 자 사이의 신뢰와 협력은, 긴 전쟁 시대의 후반에는 그 기반이 이미 준비되어 있었다"라는 것이다(5권 19쪽).

이렇게 해서 쓰루미는 1950년대부터 새로운 조직론을 단편적으로 제시했다. 이 사상은 그대로 훗날의 베헤렌으로 이어진다. 그러면 그 조직론이란 어떤 것이었을까.

쓰루미가 염두에 두었던 것은, 말할 것도 없이 사상이나 입장이 다

른 사람끼리 근저에서의 동정으로써 서로 결합하는 조직이었다. 그리고 1954년 쓰루미는「백과전서에서의 인간관계」百科全書における人間關係라는 논고를 썼다.[59] 이것은 18세기 프랑스의 『백과전서』Encyclopédie 편찬에서 다양한 유형의 집필자가 협동한 모습을 논했다. 거기서는 드니 디드로 Denis Diderot라는 유능한 편집자가 곧 조직자였지만, 고정된 조직은 만들어지지 않았고, 각각의 전문가가 저마다의 특성을 살려서 공헌하며 자유로운 협력 관계를 구축했다고 여겨졌다.

그리고 이 1954년부터 쓰루미는 전시 중부터 구상해 왔던 '전향'의 공동 연구를 개시했다. 이것은 1931년부터 전후 시기에 이르는, 지식인과 정치가의 전향을 개개의 사례에 따라 검증한 것이었다. 그리고 이 공동 연구는 앞에서 말한 백과전서파의 사례와 마찬가지로 다양한 사상 경향과 전문 영역을 가진 사람들의 토의와 공동 연구를 구축하여, 전 3권의 공동 출판으로 간행되었다.

이런 대규모 공동 연구 사업은 마르크스주의라는 사상적 공통성을 기반으로 한 『일본 자본주의 발달사 강좌』와 같은 사례를 빼면 일본에서는 드물었다. 전쟁 체험을 되묻는다는 공통 목표와 공동 작업으로 사상의 공통성을 대신함으로써 새로운 조직론이 만들어졌다.

참고로 쓰루미가 전향의 공동 연구를 제창한 1954년은 아버지 유스케가 하토야마 내각의 후생 대신에 취임한 해이기도 했다. 쓰루미는 후에 "『전향』轉向 3권은 실은 내 아버지에 대한 감상이다. 공산당의 전향은 내 주된 연구 대상이 아니다"라고 회상한다. 『시소노카가쿠』의 간행도 당초에는 아버지의 출자를 지원받았지만, 이 시기부터 쓰루미는 아버지와 연을 끊고 도쿄공업대학 조교수로 번 사비를 쏟아부어, "자존심을 걸고 분발해 밀어붙일 수밖에 없다고 생각했다"라고 한다.[60] 이런 가운데서 독자적인 조직론을 가진 공동 연구가 진행되었다.

물론 쓰루미는 전향과 전쟁 책임을 논하는 데 있어서도 외부의 정의에 의존하는 방법은 꺼렸다. 그는 전범 출신인 기시 노부스케가 수상이

된 1959년에「전쟁 책임의 문제」戦争責任の問題라는 논고에서 자기가 전범 재판의 증언을 한 사실을 다루며 이렇게 말한다(5권 43쪽). "전승국의 재판에 의지하여 특정한 개인을 적발하는 것이 얼마나 효과가 있었는가. 오히려 만주 사변 당시의 진형陣形이 정부와 언론에 거의 돌아온 현재에서부터 특정 개인의 경력을 다루고, 그의 경력에서 전쟁 책임의 문제를 원리 면까지 높여 가며, 나아가 실제적으로 추궁하는 방법이 좀 더 공평하지 않을까."

쓰루미의 생각은, 전승국이라는 국가가 내세우는 정의를 기반으로 삼아서 인간을 가해자나 피해자로 분류하는 것은 아니었다. 그의 바람은 개개인의 배경이나 경력을 조사하여 그 인물이 자기의 '모판'인 "자기가 책임을 지고 선택한 보편적 척도"를 위반한 경위를 밝힘으로써, 회심을 요구하는 것이었다. 말하자면 전향 연구는 추상적인 정의에 대항해서 개개의 인간에 동정하며, 회심과 연대의 원리를 모색하는 것이었다고 할 수 있다.

그리고 위에서 말한 바와 같은 조직 원리의 또 하나의 사례로 쓰루미가 간주한 것은, 각지의 전쟁 체험자들이 생활 기록을 모아서 회지를 만드는 서클 운동이었다. 그가 편집자 역을 맡았던『시소노카가쿠』도 '독자의 모임'이라는 독서 서클을 각지에 만들어, 고정된 체계를 갖지 않은 유연한 구조의 네트워크를 구성했다. 참고로 독자의 모임의 전국 네트워크를 만들자고 쓰루미에게 제안한 것은 마루야마 마사오였다고 한다.[61]

쓰루미는 1959년에 생활 기록 운동의 성공 사례로 알려진『산울림 학교』를 다루며, 그 교사인 무차쿠 세이쿄와 생도들의 관계에 대해서 이렇게 말한다.[62]

무차쿠 세이쿄의 방법은, 자기가 틀렸을 때는 이야기를 하면서도 "아, 선생님이 틀렸다"라고 아이들에게 사과합니다. 이것은 전전에는 있을 수 없었던, 매우 고유한 방법입니다. …… 인간 본연의 모습性은 평등하다. 그

러나 교육을 해야 한다든가, 정치를
해야 한다는 잠정적인 목적을 위해
불평등한 구조를 임시로 만들 필요
가 있다. 그러나, 그 잠정적 불평등
은 당면 목적인 한 작업이 끝남과 동
시에 바로 부서지고, 철거되지 않으
면 안 된다. …… 요 몇 년간 서클 운
동의 철학은 여기서 시작되었다고
할 수 있습니다.

이런 힘을 뺀 자세가 이후 베헤
렌의 원형이었다. 쓰루미는 1974년
베헤렌 해산 시에 "송사리 학교에,

1962년 목소리 없는 목소리의 모임의 데모에 참
가한 쓰루미 슌스케

강 속의 누가 학생이고 누가 선생이라는 것이 있을까요. 그것이 좋은 것
입니다"라고 말하며, 관리직이 고정되지 않은 베헤렌의 원리를 설명한
다.[63] 대표나 평회원이라는 성격은 인간의 본연에서 보면 표면적인 것이
며 잠정적인 역할이라는 사상이 여기에 엿보인다.

이런 조직 원리는 공산당의 권위가 저하한 1950년대 후반에 각지의
서클에서 자연적으로 발생했다. 쓰루미는 1966년에 "당 규약 등에 구속
되지 않는 무정형amorphe한 형태를 가진 조직으로서의 서클 원리"를 높
이 평가하고, 이것을 "원시적 공동체의 재발굴이라는 이름도 좋고, 직접
민주주의라는 이름도 좋고, 개인주의, 자유주의, 무정부주의, 생명주의,
실존주의 등의 이름이라도 좋다"라고 표현했다(2권 313쪽).

그리고 12장에서 말했듯이 이런 사상을 키운 쓰루미가 1960년 안보
투쟁에서 만들어 낸 말이 '무당무파의 시민'이었다. 전쟁 중의 무행동에
강한 회한을 품었던 쓰루미는 이 투쟁에서 "죽어도 좋다"라고 생각하고
'목소리 없는 목소리의 모임'에 참가해 데모를 행하는 한편, 도쿄공업대

학을 사임하며 기시 정권에 항의했다.

그리고 무당무파의 시민이라는 말은, 쓰루미가 안보 투쟁의 와중에 쓴 「뿌리로부터의 민주주의」根もとからの民主主義라는 논고에서 말한 것이었다. 이 논고는 "어떤 공적 조직에 속한 사람이라도, 그의 뿌리로 거슬러 올라가 보면, 자기 자신으로서는 항상 무당무파다"라고 주창하며, 당파나 사상에 따른 분류를 넘어서 뿌리로의 회귀를 주장했다.[64]

1960년 안보에서 '시민'이라는 말을 사용했던 논자는 드물지 않다. 그러나 쓰루미가 말한 무당무파의 시민은, 마루야마 마사오나 후쿠다 간이치 등이 주창했던 국민주의적 시민과는 달리, 국가를 거부했다는 점이 특징이다. 쓰루미는 이 「뿌리로부터의 민주주의」에서 이렇게 말한다.

이 내 속에 있는 작은 나의 더욱더 밑에 잠긴 작은 것 속에, 미래 사회의 이미지가 있다. 내가 전체적으로는 비뚤어졌어도, 분해해 가면, 마지막으로 도달하는 곳에는 모두에게 통용되는 보편적인 가치가 있다. 이런 신뢰가 나를 기성의 사회, 기성의 역사로 향하게 한다. 국가에 머리를 숙이지 않는 것은, 국가 이상으로 큰 국가 연합이라던가 국제 사회의 권력이 내 뒤에 있어서가 아니라, 정교하게 내 안의 밑바닥까지 내려가 보면, 국가도 세계 국가도 비판할 수 있는 원리가 존재한다는 신뢰에 의지하기 때문이다. 이런 사고방식이 사상사적인 계보로서 어디서부터 시작했는지는 논의의 여지가 있지만, 피타고라스에게 있으며 유대교의 예언서에 있으며 석가釋迦에 있으며 노자老子, 장자莊子에 있다고 생각해도 되지 않을까. 보편 종교의 성립은 그런 계기를 포함하고 있다고 생각한다.

이 논고에서 쓰루미는 그가 패전 후에 키워온 사상을 바탕으로 독자적인 전후 일본관을 이야기했다. 패전 후의 보수 정치가와 지식인들이 전향을 거듭하고 "자기 사상의 규칙으로부터 이탈했다"라는 것. 그런 탓에 패배의 고통을 받아들이지 못하고, "일본의 전후는 진정한 의미에서는 오지 않았다"라는 것. "그때 이래로, 우리는 확실치 않은 지반 위에 새롭게 빌딩을 세워 살아가고 있다"라는 것. 소련공산당의 지령을 지켜서 전쟁에 반대한 공산당원보다도, 일본의 민중 종교를 기반으로 삼아 전쟁에 항의했던 마키구치 쓰네사부로牧口常三郎나 이시와라 간지 쪽이 "사적인 뿌리 위에 일본의 현실 국가 기구를 비판하는 사상을 키웠다"라는 것 등이 거기서 주장되었다.

물론 여기서 말하는 '사적인 뿌리'는, 단순한 사생활 중시나 이기주의와는 달랐다.[65] 그는 이 논고에서 "국가가 보증한 사생활의 향유에 몰두하는 사고방식이 아니라, 국가조차도 거리낌없이 마주 보는 나라는 인식방법"을 강조한다. 또한 "국민적 규모인 무당무파", "국민적 규모의 국가 비판"이라는 표현에서는 무당무파의 시민이나 '나'라는 것이 국민적인 연대와 모순되지 않음을 엿볼 수 있다.

그리고 쓰루미는 "일본은, 일본 스스로의 길을 세계 속에 개척해 가도록 만들고 싶다. 그를 위해서는 우선 일본의 공적 정책이 일본인의 사상 속 사私적인 뿌리 그 자체로부터 새롭게 키워져야 한다."라고 말하며, 이것을 "뿌리로부터의 민주주의"radical democracy라고 표현했다. 물론 이것은 사적 이기주의와 공적 정책의 연결을 주창한 것이 아니라, 손때가 묻어서 죽은 표현이 된 전후 민주주의의 재활성화를 위해 근저의 에너지를 끌어 올리려는 표현이었다.

이 논고에서 쓰루미는 헌법의 재활성화를 제창했다. 그에 따르면 헌법을 절대적인 진리로서 지키는 것은 무의미하며 "헌법을 지키려는 운동 방법으로는 이 헌법을 지킬 수 없다"라고 한다. "지킨다"라는 것은, 헌법의 뿌리로 회귀하는 것, "이 헌법을 만든 정신으로 돌아가지 않으면 불가능하다"라는 것이다. 그러나 "그렇지만 이 헌법이, 자력으로 만든 것이 아니라면 어떻게 될까"라고 쓰루미는 묻는다. 유일한 방법은 헌법을 바꾸어 읽음으로써 재활성화하는 것이며 "우리는 지금부터, 이 헌법을 만들 수밖에 없다"는 것이다.

이런 헌법의 바꾸어 읽기로서, 쓰루미는 「뿌리로부터의 민주주의」에서 다음과 같은 헌법관을 제창했다.

일본의 헌법은······ 통상적으로 군사력과 국가 주권을 분리하기 어려운 것으로 여기는 상식을 무너뜨리고, 군사력 보유를 금한다. 이것은 스스로를 국가 이하의 준*국가로서 세계에 내놓는다는 뜻이며, 강제력이 없는 국가에의 강한 지향을 지닌다. 이 헌법이 그리는 국가를 우선 실현하기 위한 노력으로써, 우리는 일본국 헌법으로 보증된, 국민적 규모의 국가 비판 운동을 타고 나아갈 수 있다.

헌법은 국가의 기본법이다. 그러나 그 국가적인 존재 속에야말로 국가 비판의 계기가 잠재되어 있다. 이런 "국가를 우선 실현하기 위한 노력"이 "국민적 규모의 국가 비판 운동"이 된다는 것이다.

그리고 쓰루미는 목소리 없는 목소리의 모임에 모인 사람들 가운데서 "자유롭게 모인 시민이 자기들끼리 새롭게 질서를 만드는 것이 가능하다"라는 '인민 정부의 한 모형'을 찾아냈다(5권 58쪽). 거기에는 그가 전쟁 체험 속에서 그렸던 새로운 조직론의 형태가 있었다.[66] 그리고 후술하듯이 이 조직 원리가 1960년대의 베헤렌으로 실현되어 간다.

그리고 반복하건대 쓰루미에게 전사자들은 국가에 의한 분단을 거부하고, 일본의 사자, 아시아의 사자라는 분류를 거부하고, 내셔널리즘과 인터내셔널리즘의 이항 대립을 거부하는 존재였다. 쓰루미가 비판한 국가란, 이런 국경을 초월한 사자들을 분단시키는 존재였다.

쓰루미의 전사자에 대한 이런 견해를 거의 대부분 공유한 인물이 있었다. 쓰루미와 함께 베헤렌을 조직한 오다 마코토였다.

난사의 사상

오다 마코토는 1932년 오사카에서 태어났다. 세계 일주 여행기인 『뭐든지 봐 주마』나 베헤렌 활동으로 잘 알려진 그는, 큼직한 체격과 빠른 말투의 오사카 사투리 탓도 있어서, 활발하고 호방한 인물로 그려지는 경우가 많다.

그러나 오다 스스로 썼듯이 "나는, 자주 오해를 받는 것처럼, 의심할 줄 모르는 쾌활한 호걸은 아니었다."[67] 오다는 19세였던 1951년에 소설 『내일 모레의 수기』明後日の手記를 간행하고, 24세였던 1956년에는 400자 원고지 1,200장 분량의 대작 『내 인생의 시』わが人生の詩를 출판한, 지극히 조숙한 작가였다.

그리고 오다는 도쿄대학에서 고대 그리스 문학을 전공했으며, 나카무라 신이치로의 문하에 드나들던 문학청년이었다. 친구였던 작가 마쓰기 노부히코는 "장신의 마른 몸"에 "어둡고 날카로운 눈을 빛내며 열렬히 이야기를 하는" 문학청년이었던 오다를 가리켜 "'과거에 치명적인 상처를 입고, 행위 불가능이 된' 회의주의자"라고 표현한다.[68]

오다가 받은 치명적인 상처란 1945년 8월 14일의 오사카 공습이었다. 당시 중학교 1학년이었던 오다는 조잡한 방공호에서 공포의 시간을 보낸 뒤, 미국 비행기가 뿌린 일본의 무조건 항복을 알리는 전단지를 주웠다. 그리고 다음날 정오에 항복 선언 방송을 들었을 때의 심정을, 오다는 이렇게 회상한다(《小田実全仕事》 8권 64쪽).

나는 완전히 피로했다. 허탈 상태였다. 화염으로부터 도망치느라 비틀비틀했다. 무엇을 생각할 기력도 없었다. 게다가 나는 너무나도 많은 것을 보았다. 그야말로, 뭐든지다.
예를 들면 나는 폭탄이 떨어지는 것을 보았다. …… 소용돌이치는 화염을 보았다. ……

겁게 그을린 사체를 보았다. 그 사체를 아무렇지 않게 치우는 내 손을 보았다. 시체 옆에서 아무렇지 않게 무엇인가를 먹는 우리들을 보았다. 고귀한 정신이, 한순간에 추악한 것으로 변하는 것을 보았다. 한 개의 빵을 아버지와 아이가 필사적으로 서로 빼앗고, 어머니가 아이를 버리고 도망치는 것을 보았다. 인간이 가진 어찌할 수 없는 추악함, 천함을 보았다. 그리고, 그 인간 중 한 사람에 지나지 않는 자신을, 나는 보았다.

　오다에 따르면 거기에는 "눈부신 것은 아무것도 없었다. 모든 것이 왜소하고, 인색했다. 예를 들어 죽음조차도 슬픈 것이 아니었다. 비극이 아니었다. 길거리 위에 검게 탄 사체─그것은 오히려 우스꽝스러운 존재였다. 나는, 실제로 사체를 앞에 두고 웃었다"라고 한다(8권 65~66쪽).
　공습의 극한 상황은 인간의 모든 추악함을 드러냈다. 오다가 본 죽음은, 낭만적인 것도 용장勇壯한 것도 아니었음은 물론, 슬픔이나 괴로움 등의 추상적인 표현 또한 넘어선, 언어를 초월한 '것'이었다. 그리고 거기에서는 가해자나 피해자라는 분류는 무의미했다. 아이를 버리고 도망친 어머니가 가해자였다고 한다면, 그 아이의 사체를 앞에 두고 식사를 하는 나는 무엇이란 말인가?
　게다가 이런 오다의 체험은 전장에서 싸운 병사 출신들과도 공유되지 않았다. 오다는 전후에 종군 경험자들과 이야기를 나누었을 때, 그들이 "전쟁이라는 것에 아직 어느 정도의 환상을 품고 있는 것처럼" 느꼈다. 전투가 아무리 비참하더라도 그들은 무기를 들고 싸울 수 있었다. 그러나 오사카 공습의 사자들은 영웅적인 싸움과는 무관할 뿐만 아니라, 자결의 수단조차 갖지 못한 채 "단지 수동적으로 죽음을 기다릴 수밖에 없는" 존재였다(7권 150쪽).
　그것은 동시에 정치적으로도 사상적으로도 의미를 갖지 못하는 죽음이었다. 전후에 오다는 소련 참전과 8월 9일 나가사키 원자 폭탄 투하 이후, 그 다음 날인 8월 10일에 일본 정부가 이미 포츠담 선언 수락을 고한 사실을 알았다. 8월 11일 『뉴욕타임스』에는 「일본, 항복을 고하다」라는 표제로 전승을 기뻐하는 사람들이 뉴욕의 거리를 가득 채운 사진이 게재되었고, "합중국은 천황을 재전환reconversion 요원의 주역으로서 존속시킬 것이다"라는 관측이 이야기되고 있었다.[69]

그럼에도 8월 14일에 오사카가 공습을 받은 것은, 일본 정부가 국체호지라는 조건을 명시적으로 담고자 하는 데에 집착해서 포츠담 선언 수락의 정식 표명을 주저했기 때문이다. 8월 15일 『뉴욕타임스』는 14일의 오사카와 도쿠야마德山 공습을 보도하면서, 일본이 항복을 주저한다면 더한 공습이 행해질 것이라고 말했다.[70]

말하자면 8월 14일 공습은 전혀 무의미한 살육이었다. 거기에는 기껏해야 항복 조건과 체면에 집착하며 망설이던 일본 정부와 거기에 압력을 가한 미국 정부 사이의 알력이 존재한 데 불과했다. 그들의 죽음은 '아시아 해방을 위해 순국한 영웅'이라는 우파의 사상으로도, '평화의 주춧돌이 된 비극'이라는 좌파의 사상으로도 의미를 부여할 수 없었다. 오다는 후에 "거기서 죽은 사람들은 무엇을 위해 죽었는가. 어린 마음으로 그렇게 생각하면서, 나의 '전후'는 시작되었다"라고 말한다.[71]

동시에 전후는 다른 형태로도 시작되었다. 패전 시에 13세의 소국민 세대였던 오다는, 당시의 많은 소년들이 그러했듯이 황국 이데올로기를 주입당하며 자랐다. 그러나 오다는 "하룻밤 새에 모든 슬로건이 다시 칠해진 것을 보았다. '기합이 빠졌다, 너는 귀축미영에 일본이 져도 좋냐'라고 혼내며 나를 때리던 교사가, 잠깐 침묵의 시간을 두고, 미국을 찬미하는 것을 보았다"라고 쓴다(8권 64쪽).

동세대의 오에 겐자부로나 에토 준이 그랬듯이, 오다 또한 공적인 것의 붕괴에 괴로워했다. 그 상징이 '왕년의 특공대'라고 불린 젊은 귀환병들이었다. 1965년 오다는 이렇게 쓴다(8권 42쪽).

분명히 그 무렵에는 어디를 가도 '왕년의 특공대'가 있었다. 닻이나 별 모양을 쥐어뜯은 흔적이 확연하게 남은 전투모를 쓰고, 화려한 머플러를 두르고, 짧은 장화를 신은 청년들이, 폼을 잡고 거리를 걷는다. 그들의 정신은 황폐했다.

그들은, 고작 얼마 전까지 '공'公의 대의명분을 위해 스스로의 생명을 희생하고자 했지만, 그리고 실제로, 그들의 동료는 이미 불덩어리가 되어 태평양에서 사라져 갔지만, 지금 그 일체의 대의명분이 무의미하게 되어 버렸다.

그들의 모습을 목격할 때마다, 과거 신문 지상에서 본, 출격 직전의 비장하면서 아름답고 용감한 그들의 모습이 겹치듯 내 마음속에 나타났다. 두 개의 모습은 너무나도 동떨어져 있어서, 좀처럼 이어지지 않았다.

그리고 내가 어린 마음으로나마 열심히 찾았던 것은, 그 이어지지 않는 두 가지를 이어 주는 무언가였다. 나는 분명 열심히 그렇게 했다고 생각한다. 나 스스로가, 그들과 공통된 정신적 풍토를 가지고, 그 속에서 살았기 때문이다.

오다가 대학에서 고대 그리스를 전공한 것도 공적인 것이란 무엇인가를 묻기 위해서였다. 고대 그리스 철학의 최전성기는 펠로폰네소스Peloponnesos 전쟁의 패배로 아테네Athenae가 몰락하면서 그 이전까지 당연시되었던 가치관이 무너지고 공적인 것을 다시 묻던 시기였다. 오다에 따르면 "그 시대는 너무나도 전후 일본과 닮아 있었다"라고 한다. 즉 "아테네 대제국의 영광에서부터…… 패전으로 일거에 소국으로 전락. 리산드로스Lýsandros를 사령관으로 하는 스파르타Sparta 점령군의 점령……. 점령군의 정치 제도 개혁. 어용 정권이 만들어진다. 끌려갔던 자들이 여기저기서 돌아온다. 군대가 해체된다. 사상의 혼란. 내셔널리즘에의 의문. 처음으로 하나의 폴리스를 넘어서 밖으로 확산되는 코스모폴리트cosmopolite의 사상이 태어난다. 기존의 가치 체계에 대한 의문. 노인들이 청년의 타락을 한탄한다"라는 것이, 오다가 찾아낸 고대 그리스였다(8

권 78쪽).

이런 심정에서 미시마 유키오는
평화를 허구로 간주하고, 영웅적인
죽음을 진실로 간주하는 방향으로
향했다. 에토 준은 공적인 것과 국가
의 재건을 설파해 갔다. 그러나 오다
는 그런 방향으로는 가지 않았다.

그 이유는 오다가 전사戰死라는
것에 대해 어떤 꿈도 품을 수 없어서
였다. 오사카 공습의 사자들은 영웅
적이지도 않았고, 공적인 것으로 의

오다 마코토(출처: 『아사히저널』 1962. 2. 25. 아
사히신문사)

미를 지을 수도 없었다. 오다는 전쟁을 모르는 젊은 세대나 외국인에게 전
쟁 체험을 이야기할 때에 의사소통의 갭을 느낀 경험을 이렇게 쓴다(8권
61쪽).

그때, 나는 정말로 무엇을 말하고 싶었던 것일까. …… 나는 분명, 나는 보
아 버렸다, 라고 말하고 싶은 것이었다. '무엇을?'이라는 당연한 반문이
올지도 모른다. 거기에 나는 다음과 같이 대답한다. '뭐든지.' ……
내가 전쟁 중의 이야기를 한다. 그러나 그들은 알지 못함이 분명하다.
"아, 그런 일이 있었나요." 그들 중 한 사람이 말한다.
내가 소이탄을 끈 이야기를 한다. "멋졌겠네요." 내가 화염에 삼켜질 지
경이 되어 도망친 이야기를 한다. "힘들었겠네요." 내가 불에 탄 폐허에서
인간의 검게 그을린 사체를 치웠을 때를 이야기한다. "냄새가 지독했겠네
요."
그런 맞장구를 듣고, 나는 뭐라 말해야 하나. "멋있었지"라고 말하면 될
까. "힘들었지", "냄새가 지독했어"라고 말하면 될까. 아니, 실제로 그 말
이 옳다. 그것밖에 할 말이 없다.

이렇게 해서 오다는 스스로가 체험해 버린 '뭐든지'를 표현하기 위해, 새로운 말을 찾지 않을 수 없었다. 그리고 그는 작가가 되었다.

이런 오다에게 소설은 '뭐든지' 표현하는 것이어야 했다. 인간의 우열함이든, 정치의 비정함이든, 모든 것을 그려 낼 수 있지 않고서야, 오사카 공습으로 죽은 사람들을 표현하기는 불가능했다.

이런 소설을 오다는 전체 소설全体小説이라고 불렀다. 단 그가 지향했던 것은, "발자크H. Balzac류의, 자기를 신의 자리에 놓고 세계를 휙 돌아보는, 그런 타입의 '전체 소설'"이 아니라, "많은 인간의 복합적 시야 위에 형태를 만드는 소설"이었다(8권 129쪽). 그것은 공습을 실행한 조종사의 시점으로부터가 아니라, 허둥지둥 도망치며 죽어간 사람들의 시점으로부터 뭐든지 표현하는 것이었다. 그리고 특정한 중심을 갖지 않고 "많은 인간의 복합적 시야"로부터 전체를 구성한다는 사상은, 후에 베헤렌으로 이어진다.

이렇게 해서 1951년 오다가 19세의 나이로 출판한 『내일 모레의 수기』는 한국 전쟁 전야의 고교생 군상을 통해 "평화의 도래를 오히려 기이한 감정으로 받아들인, '기묘'한 세대"와, "20세기라는 '기묘한' 세기의 고찰"을 표현했다(1권 92쪽). 그리고 1956년의 『내 인생의 시』는 1952년 '피의 메이데이' 사건 전후의, 조선인을 포함한 학생 활동가들의 모습을 그린다.

그렇다고는 해도 그런 '전체 소설'의 실현은 쉽지 않았다. 오다의 친구였던 마쓰기 노부히코는 오다의 조숙함을 칭찬하면서도, "전체 소설이라는 것을, 애초에 10대나 20대의 청소년이 쓸 수 있는 것일까", "이것은 어른이 할 작업이다"라고 평한다. 마쓰기의 평가에 따르면 『내 인생의 시』는 문체가 혼란하며 등장인물들도 "작가가 쥔 실에 조종되는 인형"에 불과했다.[72]

아마 오다 스스로도 그것을 자각했을 것이다. 『내 인생의 시』를 쓴 뒤에 오다는 1960년대까지 소설 쓰기를 관두어 버렸다. 그리고 1958년 26세의 오다는 풀브라이트 유학생에 지원해서 미국으로 건너갔다. 1950년대 학생 운동에서 미국이 강하게 비판받은 사실을 생각하면, 이것은 오다에게 하나의 전기였다. 1961년 간행된 『뭐든지 봐 주마』에는 미국행의 동기에 대해 "나는 미국을 보고 싶어졌다. 한마디로, 단지 그것뿐이었다"라고 쓰여 있다(6권 7쪽).

이 『뭐든지 봐 주마』는 뉴욕을 중심으로 한 유학 생활과, 거기서 돌아오는 길에 중남미·유럽·중동·인도 등을 '하루 1달러'로 가난하게 여행한 체험을 기록했다. 등장인물들이 울적한 논의를 거듭하던 그때까지의 오다의 소설과는 크게 대조적으로, 이 책은 독특한 유머가 가득했다.

당시는 외국 여행이 자유화되어 있지 않았고 엔화의 화폐 가치도 낮았다. 20대 젊은이가 가난하게 여행하며 세계 일주를 실현한 것은, 당시 사람들에게는 큰 놀라움을 주었다. 장신의 청년 오다가 미국의 젊은 여성과 친근하게 교제하는 모습이 그려진 점도 젊은이들의 동경을 자극했다. 경쾌하고 익살스러운 문장과 어우러져, 『뭐든지 봐 주마』는 베스트셀러를 기록했고 오다는 두려움을 모르는 전후 청년의 대표 격으로 떠받들어졌다.

그러나 오다에게 1950년대 말의 미국은 결코 이상적이지는 않았다. 한결같은 풍요로움이 사회를 뒤덮고 이상할 정도로 균질화된 당시의 미국에서 오다는 "대학의 우등생, 그리니치빌리지Greenwich Village의 비트Beat 시인, 화가, 고등학교의 선생, 포드 공장의 공원, 트럭 운전사" 등 다양한 친구를 사귀었는데, 그들의 "정치의식 부족, 아니, 거의 전무함에, 완전히 질려 버려서, 싫증이 났다"라고 한다(7권 167쪽).

평화롭고 풍요로운 사회에서 자라나 전쟁을 알지 못하는 미국의 젊은이들에게는 타자의 아픔에 대한 상상력이 크게 결여되어 있었다. 식료와 연료가 부족했던 전시 중의 상황을 이야기하고, 소나무 뿌리에서 뽑아낸 기름을 군용 연료로 삼기 위해 군의 명령으로 소나무 뿌리를 팠다고 오다가 이야기하자, 어느 젊은이는 "조금도 동요하는 기색 없이 그거 참 쓸 만한 발상이네, 라고 칭찬해 주었다"라고 한다. 오다에게서 공습 체험 이야기를 들은 젊은 여성은 "나의 체험담을 하나의 스릴 있는 이야기로서"만 귀를 기울이고, 오다가 황망하게 도망치는 모습에 "아무런 거리낌 없이 깔깔거리며 웃기 시작했다"라고 쓴다(7권 153쪽).

그리고 오다는 타자에 대한 상상력을 결여한 그들이, 타자와 연결되지 못하고 황량한 고독 속에 있다는 점을 발견했다. 오다는 교제하던 젊은 미국 여성의 권유로 비트 시인이 시를 낭송하는 카페에 갔다. 오다의 인상에 남은 것은, 낭송된 시보다도 그 여성이 속삭인 말이었다. "이렇게 커피를 마시면서, 사람들 속에서 시를 듣고 있을 때만큼, 내가 마음에 안식을 느끼고, 또한 고독감으로부터 해방되는 때는 없다"라는 말이었다. 오다는 이 카페에 모인 사람들을, "떼 지어 모인 동종의 사람들 사이에서, 친구를, 아니 그보다는 자기 자신을 발견하고, 그리고 고독감으로부터 해방되는", "기가 약한 도망자의 집단"이라고 간주했다(7권 175쪽).

오다가 만난 비트 시인들은 모두 미국 사회의 획일주의conformism를 비판했다. 그러나 하나같이 턱수염을 기르고 스웨터를 입은 비트들을 오다는 "너무나 획일적conforming"이라고 생각했다. 풍요로운 사회로부터 도망을 시도하면서, 고독을 못 견디고, 사회적인 시점도 없고, 결국은 떼 지어 모인 동종의 사람들 밖에 되지 못하는 비트들을 보고, 오다는 어른 앞에서 울며 떼쓰는, 좋은 집안의 도련님들 같다고 느꼈다(7권 171쪽).

오다는 당시의 미국 문학에서도 마찬가지 경향을 느꼈다. 제롬 데이비드 샐린저Jerome David Salinger도 존 업다이크John H. Updike도, 주어진 사회 질서를 의심하지 않고 수동적인 채로 "모호하고 어중간한 절망 무드"에 잠겨, "유아처럼 막연히 서 있는" 인물들을 그렸다고 비쳤다. 전체 소설을 지향하는 오다로서는, 절망의 본질은 자기에게 고독감을 가져오는 사회의 구조를 찾아내지 않는 한 밝혀지지 않을 것이었다. 그 노력이 느껴지지 않는 샐린저나 업다이크는, 실은 절망 같은 것에 빠지지 않았고, 미국 사회의 풍부함이 영원히 지속되리라고 믿는 것이며, 절망 무드의 분위기만을 쓰는 데에 불과하다고 오다는 생각했다(8권 127, 131쪽).

그러나 동시에 오다는 "비트를 그런 곳까지 밀어붙인 것"이 이윽고 일본을 덮을지도 모른다고 예측하며 전율을 느꼈다. 오다의 시점으로는 미국의 문학이나 예술은 "무엇인가를 필사적으로 구한다. 그러면서도 출구가 없다"라는 상황에 있으며, 완성도는 높지만 수동적이고, 역동성을 결여한 '거대한 분재盆栽'였다. 그것은 오다에게 혐오하면서도 안 읽을 수 없는 것, "이제 질렸다, 그만해라, 적당히 해 두라고 외치고 싶어지면서, 그러면서도 외면하기란 불가능한 것"이었다(6권 34, 35쪽, 7권 171쪽). 물론 출구 없이 수동적으로 죽어 간 것은 오사카 공습의 사자들도 마찬가지였다.

한편 오다는 미국의 지식인이나 학생들이 이따금 보이는 정치적 관심의 모습에도 강한 위화감을 품었다. 그들에게 정치란 자유주의와 공산주의가 진을 차지하기 위해 국제 정치에서 벌이는 합전이며, 그들은 이른바 게임을 구경하는 사람들이었다. 그들은 현지의 인간에게는 기아와 생사의 문제일 터인 내전을 자유의 유무 문제로 파악했다. 미일 안보 조약에 대해서도 오다는 일본이 전쟁에 말려들 것인가 아닌가의 문제로서 논의했지만, 미국인들은 국제 정치에서 공산주의의 위협과 현실주의를 이야기했다. 그러나 오다에게는 그들이야말로 현실을 보지 않으며 "무자비하고 기분 좋은 추상화抽象化"를 행할 뿐이라고 느껴졌다(7권 155, 156쪽).

게다가 오다에게 현실주의를 이야기한 미국의 지식인과 학생들은, 자기들의 나라가 세계 최강의 무장을 갖추었다는 전제에서 평화를 이야기했다. 그러면서 그들은 제각기 "인터내셔널리즘을 관철해야 한다, 내셔널리즘이 전쟁의 원인이다"라고 주장하며, 제3세계의 내셔널리즘을 비판했다. 그러나 오다는 그들이 "진짜로는 국가라는 존재에 대해 근본적인 의심을 가지고 있지 않다"라고 생각했다. 비트 시인들이 미국의 획일주의에 반항하면서 결국은 풍요로운 사회가 영원히 이어질 것이라 생각하듯이, 내셔널리즘을 비판하는 젊은이들도 미국 사회의 안정을 완전히 믿고 있었기 때문이다(8권 74, 75쪽).

오다에게 오사카 공습의 사자는 자유주의나 공산주의는 물론, 어떤 추상적 언어로도 의미 지을 수 없는 것이었다. 그것은 언어나 의미로 구성되는 세계를 무너뜨릴 수밖에 없는 불안감을 그에게 주었다. 그가 비트 시인이나 샐린저에게 불만을 갖고, 내셔널리즘을 비판하는 학생들에게 위화감을 느낀 것도, 결국에는 그들이 세계의 안정을 믿었기 때문이다. 오다에게는 샐린저 등이 썼던 분위기뿐인 절망이나 무자비하고 기분 좋은 추상화에 불과한 미국 지식인들의 정치 게임이, 세계에 대해 '근본적인 의심을 가지지 않은' 것으로 비쳤다.

마쓰기 노부히코가 오다를 "'과거에 치명적인 상처를 입고, 행위 불가능이 된' 회의주의자"라고 표현한 것은 이런 상태를 가리켰다. 오다의 빠른 말투의 오사카 사투리도, 『뭐든지 봐 주마』에 보이는 강박적인 행동주의도, 이런 불안에 다그쳐진 것이었다고 할 수 있다. 『뭐든지 봐 주마』라는 제목도 '무자비하고 기분 좋은 추상화'를 거부하고, 오사카 공습의 사자로 상징되는 '뭐든지'를 직시하려는 지향을 나타냈다고 할 수 있다.

이런 미국 사회와 대조적인 존재로 느껴진 것이, 유학에서 돌아오는 길에 들렀던 중동과 인도였다. 7장에서 말했듯이 오다는 시리아와 인도에서 현지의 내셔널리즘에 공감했다. 오다가 유학했던 하버드대학교에서 정치학을 공부하던 인도인 유학생은, 귀국하면 정계에 들어가 자국의 미래를 위해 자기의 학문을 살리겠다고 말했다. 이 인도인 유학생의 이야기를 듣고 오다는 "메이지 초기의 일본 유학생"을 떠올렸다(6권 229쪽).

그러나 이미 고도성장의 입구에 있던 일본에서 온 오다는, 그런 아시아에 자기를 동일화할 수 없음을 깨달았다. 콜카타의 노상에서 하룻밤을 보낸 그는 빈민들의 상황에 경악하며, 자기는 도저히 견딜 수 없다고 느꼈다. 앞에서 말한 인도인 유학생의 말에 대해서도, "부러움"과 동시에 "그들 자신의 입신출세 욕망과 애국의 지정이 단순히 결합된" 모습이 **멋쩍어서** "승복하기 어려운 자기를 발견했다."(6권 228, 229쪽)

이런 가운데 오다는 구미도 아시아도 아닌 일본의 위치를 발견하고 "외국으로 나가는 것은 '일본인이 **된다**'라는 것이다"라고 느꼈다. 동경하던 그리스의 아테네에서 일본 화물선 위에 걸린 일장기가 눈에 들어왔을 때, 오다는 "눈가가 뜨거워져 오는" 것을 느꼈다(7권 57, 43쪽).

그러나 오다는 미국에서 무자비하고 기분 좋은 추상화에 반발을 느낀 것처럼, 추상화된 일본으로 회귀할 수는 없었다. 그는 일본에 돌아왔을 때, 스시나 튀김의 맛은 "아무래도 딱 와닿지 않는다"라고 느꼈다. 그가 진실로 **고향의 맛**을 느낀 것은 햄버거나 라멘이었다. 오다는 자기가 "이미 잡종적 문화를 고향이라고 느낀다는" 것을 감지했다(6권 227쪽).

그리고 무엇보다도 오사카 공습의 사자들에 대한 기억이, 일본인으로의 안이한 회귀를 허락하지 않았다. 『뭐든지 봐 주마』의 말미에는 오다가 파리의 개선문 부근을 돌아다닐 때, 재향 군인들이 프랑스 국가를 제창하며 묵도를 올리는 모습을 보았다는 일화가 쓰여 있다. 오다는 개선문이 전사자를 기린 것이라는 사실을 깨닫고, 동행한 미국 여성이 불가사의하게 여기는 가운데, 그 옆에서 그저 울었다.

이 순간은 에토 준이 프린스턴에서 보았던 케네디의 장례식과 비슷한 체험이었다. 그러나 오다에게 전사자란 에토처럼 '300만의 사자'라는 식으로 추상화할 수 있는 대상이 아니었다. 그는 개선문 앞에서 에토와 완전히 다른 반응을 보였다. 이때의 체험을 오다는 이렇게 쓴다(6권 241쪽).

내가 울었던 것은, 덧없이 죽어간 동포들을, 그때 기억해 냈기 때문이었다. 전사자는 프랑스에도 미국에도 있었다, 라고 말한다면, 나는 오직 한 가지만 말해 두겠다. 그들에게는 어찌되었던 간에, 나치즘, 파시즘 타도라는 목적이 있었다. 그러나 나의 동포들에게는 대체 무엇이 있었는가. 그들의 죽음은 완전한 개죽음이며, 그들을 그 죽음으로 밀어 넣은 장본인 중 한 사람 '기시 노부스케'는 우리 '민주 정부'의 수상이며, 입을 씻고 '민주주의'(그들은 분명 그것과의 싸움 속에서 죽어가지 않았던가)를 이야기한다.

그 모든 생각들이 그때, 개선문에서 나의 가슴에 와 닿았다. 대체, 그들은 무엇을 위해 죽었는가? 나는 반복해서 생각했다. 그들 — 그들이라고 할 때 나의 동포들만을 떠올린 것은 아니었다. 독일의 병사에 대해, 이탈리아의 병사에 대해서이기도 했다. 아니, 지금은 알제리로 내몰려서, 죽음에 직면한 프랑스의 병사들이기도 했다.

그런 나의 눈물은 미국에서도 유럽에서도 그렇게 한다고 해서, 거대한 무명전사의 무덤 같은 것을 세우고, 그 앞에서 혹은 야스쿠니 신사의 기둥문 앞에서, 자위대가 요란하게 행진을 해 보이는 것과는, 결코 결합되지 않을 것이다. 미국인은 모두 애국심을 가지고 있다, 우리도 가지지 않으면 안 된다, 라는 식의 시찰 여행을 다녀온 국회의원의 결론과도 결합되지 않을 것이다. …… 그 덧없이 죽은 사자들을 평안히 잠들게 하는 단 하나의 길은, 다들 잘 알다시피, 다시는 이런 사자를 만들지 않는 것, 아마도 그것 밖에는 없다. 적어도 나의 눈물이 만약 어딘가에 결합될 수 있다면, 그곳뿐이다. 그리고, 2년간의 여행으로 내 체내에도 어느 정도의 내셔널리즘, 혹은 '애국심'이 싹텄다고 한다면, 그것은 아마도, 그렇게 결합되는 자리에서 태어난 것이리라.

오다에게 전사자는 일본의 사자이기 이전에, 어디까지나 무의미하게 죽은 오사카 공습의 사자들이었다. 그리고 야스쿠니 신사는 일본 정부가 「은급법」恩給法 등을 통해 '전쟁에 따른 공무사公務死'라고 인정한, 구舊 병사들을 중심으로 한 전몰자를 기리는 장소이며 오사카 공습의 사자는 거기에 포함되지 않았다. 오다에게 야스쿠니 신사는 일본 정부가 인정한 사자만 받들고, 의미 지을 수 없는 사자를 배제하는 존재였다.[73] 그런 이상 오사카 공습의 사자들과 이어지는 것은 영웅화된 야스쿠니 신사의 사자가 아니라 무의미하게 죽은 독일과 이탈리아, 프랑스의 사자들이었다.

오다에게 사자들은 그 무의미한 죽음으로 말미암아 국경을 넘어서는 존재가 되었다. 이처럼 국가의 의미 부여에서 배제된 동포에 대한 공감을, 오다는 내셔널리즘이라고 표현했다. 그리고 말할 것도 없이 사자에 대한 이런 감각은 쓰루미 슌스케와 공통되었다.

이렇게 해서 오다는 귀국한 뒤 학원에서 영어 교사를 하는 한편, 모든 영역에서 '무자비하고 기분 좋은 추상화'를 비판하는 평론 활동을 했다. 귀국 후의 그는 추상화된 서양 및 아시아를 기준으로 일본을 비판하는 논조에 항의했다. 그리고 현실의 서양 국가들이 자립적인 개인들만으로 구성된 것은 아니라는 점이나, 아시아의 신흥 국가들이 국가 건설의 희망에 불타는 것은 압도적인 빈곤이 이유라는 점 등을 활발히 강조했다.

또한 당시의 오다는 태평양 전쟁에 대해서도 "원리적으로는 침략 전쟁이면서 결과적으로는 해방 전쟁의 측면을 가졌다"라고 말했다(8권 126쪽). 전쟁의 의미를 일방적인 형태로 추상화하는 것은, 그의 전쟁 체험에서 보아도 납득할 수 없었다고 생각된다.

이 시기의 오다는 새로운 시대에 어울리는 일본 내셔널리즘의 재건을 주창했다. 그는 아시아·아프리카 국가의 유학생과 유사했던 메이지인을 1대째, 서양에 대한 동경과 반발 속에서 분열되었던 전전의 일본인을 2대째라고 표현하고, 3대째인 전후 세대는 "'서구'의 고뇌 그 자체를 괴로워한다"라는 단계에 들어간다고 주장했다. 그리고 이런 3대째야말로, 서양에 대한 무용한 반발로 치우치는 일 없이 이성적·현실적인 내셔널리즘을 만든다는 것이었다. 이런 주장으로 말미암아 당시의 오다는 새로운 방식의 우익이라고 간주되었다 한다.[74]

오다는 훗날 당시는 고도성장이 아직 본격화되지 않았고 "'일본은 못난 나라입니다'와 같은 풍조가 세간에 만연했던 시대"였다고 회상하며, 그것에 반발하여 "일본에는 일본의 가치가 있다, 라고 열심히 썼던" 것이라 말한다.[75] 1960년대 중반 이후에 오다는 대중 내셔널리즘의 고조를 비판하며 위와 같은 주장을 삼간다. 그러나 과거의 황국 소년이며 전후 사회에서 공적인 것의 문제를 고민했던 그에게, 일본 내셔널리즘의 재건이라는 주장은 통과할 수밖에 없는 지점이었을 것이다.

나아가 오다는 1964년 8월에 한국을 찾았다. 예전부터 그에게는 조선인 친구들이 있었지만, 한국을 찾아보고 "한국인과 일본의 관계가, 일본인과 미국의 관계와 많은 점에서 너무나도 닮은 것"을 발견했다. 많은 미국인들이 일본 공습에 대해 아무것도 몰랐듯이, 일본 측도 조선 지배의 실정을 알지 못했다. 오다가 만난 한국 정부의 관료는 미국에 유학했을 때, 일본의 젊은 유학생으로부터 "당신은 어디서 일본어를 배웠나요"라는 질문을 받아서, 그 순진함에 쓴웃음을 지을 수밖에 없었다는 일화를 가르쳐 주었다(7권 209, 243쪽).

　그러나 한편으로 오다는 피해와 가해의 관계에 대해 불편한 기분을 느끼기도 했다. 1962년 오다는 6년 만에 소설 『아메리카』アメリカ를 썼는데 거기에는 다양한 민족 그룹의 인물이 그려져 있음에도, 재미 중국인은 등장하지 않았다. 오다에 따르면 미국에서 중국인 유학생과 지기知己가 되었지만, 그중 한 사람으로부터 전쟁 중에 난징에 있었다는 이야기를 듣고, 그때까지 "미국이 가해자고 일본은 피해자라는 의식에 기댔던" 그는 지독한 복잡함을 느꼈다. 그 중국인 앞에서도, 또 예전부터 교제가 있었던 조선인 친구 앞에서도 "나는 그들의 공격이 완전히 정당한 것이라고 인정하면서도, 나는 그런 일본과 아무런 관계도 없다, 나는 그때 고작 어린아이였다, 라고 생각한다"라는 사실을 깨달았다. 그리고 "이런 발뺌을 위한 이야기를 스스로 극복하지 않는 한, 중국인에 대해서는 결코 쓸 수 없다고 생각했다"라고 한다(7권 264쪽).

　우선 오다는 방한 이후에 "일본이 대단히 좋은 일을 해 주었다는 의식을 갖고 있는 사람들과 다른 한편, 반대로 전부 다 죄송합니다, 라고 사과하는 사람들"의 쌍방을 비판했다. 오다가 보기에 일본인이 조선에 안이하게 사죄하는 것은 "평균화된 일본인"이 "자주성 없는 죄의식"에 빠지기 쉬운 길이었다.[76] 하지만 그 나름대로 피해와 가해의 관계를 어떻게 생각할지에 대해서는 아직 뚜렷한 답이 보이지 않았다.

　이런 모색 속에서 오다는 1964년말에 오키나와로 건너갔다. 거기서 그는 미군이 통치하는 오키나와의 실정에 충격을 받은 한편, 미군 장교들과의 회담에서 큰 영향을 받았다.

고등판무관高等辦務官 앨버트 왓슨Albert Watson II 중장을 비롯한 미군들은 오다를 향해 하나같이 공산주의의 위협과 자유의 귀중함을 설파하고, 냉전의 최전선 기지인 오키나와를 미군이 통치하는 것은 어쩔 수 없다고 주장했다. 그러나 오다는 왓슨뿐만 아니라 대개의 미국인에게 결여된 것은, 예를 들면 "'일본이 공산화되건 말건, 그것은 일본인 자신의 문제이며, 미국인이 이러쿵저러쿵 말할 권리도 의무도 없다'라는 관점이다"라고 생각했다(8권 98쪽). 미국 측에게는 일본도 오키나와도 추상화된 진영 다툼 게임 속의 한 칸에 불과하며, 거기에 살아 있는 육신을 가진 인간이 산다는 시점은 빠져 있다고 느낀 것이다.

낙관적으로 자유와 민주주의를 이야기하는 미군 장교들에게 오다는 한편으로는 반발했지만, 민주주의에 대한 그들의 깊은 신념에 감명받기도 했다. 오다는 "그것은 페리클레스Pericles 시대 아테네 민중의 소박하면서도 강력한, 생활에 뿌리를 내린 민주주의에 대한 신념과 같은 것일지도 모른다"라고 생각했다(8권 99쪽). 펠로폰네소스 전쟁에서 지기 이전의 아테네 사람들에게, 민주주의는 생활의 일부이며 불안도 의문도 없어서 구실이나 핑계가 필요 없는 가치였다.

오다가 생각하기에 이 시대의 아테네는 전후의 일본과는 달리 공적인 것의 원리와 사적인 생활이 모순 없이 일치했다. 오다는 미군 장교들의 민주주의 상찬을 들으면서, 페리클레스가 전사자의 추도 연설을 했을 때 "자기들이 자유롭고 편안한 일상생활을 보내면서, 스파르타 교육을 실시하는 스파르타를 물리친 것"을 설파한 점을 떠올렸다. 자유와 민주주의의 나라인 미국이 멸사봉공의 일본을 물리쳤다는 점을 그것에 겹쳐 보면서, 뒤틀림을 모르는 이 상태야말로 미국 민주주의의 강함이라고 오다는 생각했다(8권 99쪽).

그러나 그것은 "비할 데 없는 강함과 동시에 큰 위험을 갖는다"라고 오다는 말한다. 아테네와 스파르타가 싸웠던 펠로폰네소스 전쟁에서, 양 대국의 사이에 섰던 많은 소국들이, 어느 한 편의 군사 기지로서 살아남을지, 아니면 그것을 거부하고 말살될지의 기로에 놓였음을 오다는 떠올렸다. 그 가운데 한 소국이 군사 기지화를 거부하고, 민주주의를 내세운 아테네 군대에 멸망당한 사실로부터 오다는 강렬한 인상을 받았다. 오다는 오키나와의 미국 군인들이 "자기의 민주주의에 대해 한 번이라도 근본적인 회의를 품은 적이 없다는 위험"을 감지했다.[77]

거기서 오다는 미군 장교들에게 "[당신들이] 전쟁 중에 일본인이었다면 어떻게 했겠나"라고 물었다. 애국심이 민주주의와 모순되고, 자기의 죽음에 의미를 부여할 수 없을 경우에 어떻게 해야 하느냐는 물음이었다. 이때 오다가 염두에 둔 것은 일본의 전사자만이 아니라 "나치즘 치하의 독일 젊은이들"이었다(8권 49쪽).

장교들은 당초 "다행히도 지금까지 그런 딜레마에 빠진 적이 없었다"라고 빠져나가려 했다. 그래도 대답을 요구하는 오다에게, 어떤 장교는 "조국을 위해서 미국과 싸우겠다. 그것이 군국주의 정권을 위해서든 뭐든지 간에"라고 대답했다. 어떤 장교는 "죽는 편이 낫다"라고 대답했고, 오다는 "바로 그거다"라고 느꼈다(8권 50쪽).

그러나 어떤 해병대 장교는 "해병대에는 비합리적인 명령에는 불복종이 가능하다는 규칙이 있다"라고 말하며, "예를 들어 대통령이 나에게 의회에 군대를 진입시키라는 명령을 내린다면, 나는 대통령과 싸울 것이다"라고 대답했다. 오다는 이 대답을 듣고 일종의 충격을 받았다. 그 자신을 포함해서, 일본의 애국심 논의에는 "지켜야 할 조국이란 무엇이냐는 고찰"이 빠져 있다고 느낀 것이다(8권 50쪽).

이 오키나와 방문에서 또 하나 오다에게 충격이었던 일은, 특공대와 싸웠던 미군 장교와의 회담이었다. 그 장교는 특공기가 미군의 탄막에 걸려서 "대부분은 추락했다"라고 시원스럽게 말했다. 오다는 특공대를 그린 영화나 드라마가, 그리고 자기가 품고 있던 특공대의 이미지가 기지를 출격하는 비장한 장면에서 끝났으며, 그들 대부분이 허무하게 격추되었던 점을 직시하지 않았음을 깨달았다(8권 46, 66쪽).

이 오키나와 방문 직후인 1965년 1월에 오다가 발표한 것이, 그의 대표적 평론이 된 『'난사'의 사상』「難死」の思想이었다. 이것은 영웅적인 죽음으로 미화되는 산화散華와 대비시켜서, 모든 추상화와 의미 부여를 거부하는 난사難死를 내걸고 그것을 거점으로 공과 사의 관계를 논했다.

이 논고에서 오다가 비판한 것은 당시의 내셔널리즘 논의였다. 특히 오다가 대항의식을 보인 것은, 공적인 대의를 위한 죽음을 찬양한 하야시 후사오의 『대동아 전쟁 긍정론』大東亞戰爭肯定論이나 미시마 유키오가 내세운 산화의 미학이었다. 오에 겐자부로나 에토 준이 그러했듯이, 황국 소년이었던 오다에게 미시마와의 대결은 피할 수 없는 것이었다.

오다에 따르면 미시마의 미학은 급진적인 좌익을 포함해 "순수를 선호하는 청년"의 마음을 파악했다. 고도성장하의 목적 없는 번영에 초조해하고 공과 사의 분열에 초조해 하는 기운이 그 배경에 존재한다.

그러나 어떤 공적인 것을 통해서도 의미를 부여받지 못하고, 오로지 추악한 죽음을 맞이할 수밖에 없었던 오사카 공습의 난사에서 보면, 산화의 미학은 난센스이며 "방관자의 무책임하고 낭만적인 꿈이라고 할 수밖에 없다"라고 오다는 말한다. 한편 국제 정치의 현실주의를 이야기하는 정치학자 고사카 마사타카高坂正堯도 보수 정치가와 기업인을 실무가實務家라고 상찬하는 에토 준도, 정치가와 기업인을 이상화할 뿐이며 실은 "'현실주의자'가 아니라, 미와 윤리에서 의지할 곳을 찾는 로맨티스트"라는 것이었다(8권 19, 29쪽).

오다는 이 평론에서, "한 번뿐이며 순간적인 극한 상황"의 미美인 산화와 대비하여, 난사는 "단편 소설적인 방법이라기보다는 장편 소설의 방법"이며, "일상적인 긴 시간의 확산" 속에 있다고 주장한다(8권 31쪽). 즉 오다의 난사 사상은, 그의 전체 소설론의 연장에서 나타난 것이었다.

그리고 동시기의 일본 문학론에서, 오다는 그 나름의 시점으로 전후 문학을 논했다. 거기서 오다는 전후 문학을 전향 문학이라고 간주하는 요시모토 다카아키의 평가를 비판하고, 노마 히로시를 비롯한 전후 작가들은 세계와 인간을 "모르겠다"라는 붕괴 감각에서 문학을 쓰기 시작했다고 주장했다(8권 112쪽). 오다는 요시모토보다 나이가 어렸지만, 병역 경험 없이 낭만 지향을 전후까지 가지고 간 요시모토와 달리, 노마와 같은 전장 체험자에 가까운 감성을 가졌다.

실은 오다와 요시모토는 모두 『긴다이분가쿠』의 애독자였다. 요시모토가 『긴다이분가쿠』에서 찾은 것은 관념과 육체의 분열 문제이며, 윗세대에 대한 불신과 반항이며, "민중이란 사적인 것이다"라는 선언이었다. 그러나 오다 쪽은 전후 체험에서 인간 불신을 품게 된 사람들이, 어떻게 하면 연대를 회복할 수 있느냐는 문제를 『긴다이분가쿠』에서 찾았다. 오다는 당시의 문학론에서 전후 문학이 인간에 대한 불신과 연대의 붕괴에서 출발한 점, 그 전제 위에서 "아라 마사히토 씨가 반복해서 말한 것 같은 '횡적인 연대'로 퍼져 가는 개인주의의 확립"이 주창되었음을 말한다(8권 135쪽).

그런 의미에서는 오다가 요시모토보다 나이는 어렸지만, 윗세대의 전후 문학가들을 더 잘 이해했다. 오다는 『'난사'의 사상』이나 「문학에서의 전쟁 책임」文学における戦争責任이라는 논고에서 "전체 소설은 청년, 청춘의 문학이 아니라, 성숙과 연령적인 교지狡智를 그 본질로 하는 기름 낀 중년 남자의 문학일 것이리라"라고 주장하며, 반역의 아들을 자칭한 요시모토와는 대조적인 자세를 보였다(8권 117쪽).

그렇지만 오다에 따르면 세계와 인간을 "모르겠다"라는 붕괴 감각에서 출발한 전후 문학도, 시대와 함께 "좌익 진영의 질서, 지식인의 사고 질서도 회복"되는 가운데, 차츰 당파적·도식적이 되어 활력을 잃었다. 그것에 반발하여 "'나는 나다'라는 식의 자기 완결적인 무의미한 이기주의"에 근거하는 문학이 나타났다. 게다가 그런 이기주의는 아라 마사히토가 주창한 개인주의와는 크게 이질적이고, 오다가 본 비트족처럼 "은미隠微

하고 수동적이고 약한, 바로 그렇기 때문에 이기주의인", '"지옥에조차 떨어지지 않는 것"이었다(8권 123, 122, 115쪽).

그리고 오다는 이런 문학 상황 속에서 그려지는 인간상을 평하여 "미와 추의 양자택일 속에서, 미도 추도 아닌 양쪽 모두가 확산되어, 종잡을 길이 없는 중간이 허술"하며, "**보통**의 인간이 하는 **보통**의 고민과 기쁨으로 가득 찬 중간의 세상"이 그려지지 않는다고 주장했다. 미나 추라는 추상적인 언어 표현을 넘은, "확산되어 종잡을 길이 없는", "**보통**의 인간"이 그려지지 않았다는 것이다(8권 118, 119쪽).

이렇게 해서 오다는 자기의 전쟁 체험으로부터 "하나의 원리를 키워갔다"라고 한다. 그것은 "모든 인간이 모든 순간에 위대한 것은 아니다, 바른 것은 아니다, 성실한 것은 아니다, 아름다운 것은 아니다"라는 것이며, 그러나 동시에 "어떤 인간이라도 어느 때에는 위대할 수 있다, 올바를 수 있다, 성실할 수 있다, 아름다울 수 있다"라는 원리였다(8권 80쪽).

이것은 "확산되어서 종잡을 길이 없다"라는 오다의 인간관을 표현했다. 그와 동시에 아라 마사히토가 패전 후에 『긴다이분가쿠』에 발표한 논고인 「제2의 청춘」의 말미에 쓰인 "진부하고 찬연한, 범속凡俗과 닮았으면서도 영웅적인, 추악으로 가득 찬, 그러면서도 한없이 화려한"이라는 인간관을 연상케 했다.[78] 그리고 그것은 오다가 오사카 공습에서 체험한 '뭐든지'를 표현한 말이기도 했다.

이렇게 모든 의미 부여와 낭만주의를 거부하는 인간상을, 오다는 **보통**의 인간이라고 표현했다. 그 보통이란 이상한 것을 배제하는 것이 아니라, 확산되어서 종잡을 길이 없는 뭐든지를 표현한 말이었다. 그것은 동시에 쓰루미 슌스케의 대중과도 겹쳐졌다.

그리고 1965년 4월에 쓰루미의 전화가 계기가 되어, 오다는 한 운동의 대표 역에 취임했다. 그것이 보통의 시민을 내세운 '베트남에 평화를! 시민연합'이었다.

부정형의 운동

1965년 2월부터 대규모로 이루어진 미군의 북베트남 폭격은 일본 여론의 반발을 샀다. 1965년 3월 쓰루미 슌스케는 도쿄의 어느 전람회장에서 '목소리 없는 목소리의 모임'의 연락책을 맡았던 다카바타케 미치토시를 만났다. 1960년 안보 투쟁에서 발족된 '목소리 없는 목소리의 모임'은 그 후 활동이 정체되어 회합에 10명도 모이지 않는 상태였다. 그러나 각지에 있는 이런 작은 모임을 규합해서 북폭 반대의 데모를 기획할 수 있지 않을까 하고 쓰루미와 다카바타케는 생각했다.

쓰루미의 회상에 따르면 4월에 처음으로 열린 회합에서 "젊은 세대 중에서 지도자를 찾자는 생각에 의견이 일치했다"라고 한다. 쓰루미는 1960년 안보 때 도쿄공업대학을 사직한 뒤 도시샤대학의 교수가 되었는데, 이것은 안보 투쟁의 종언 뒤에 우울증이 재발하여 1년 정도 칩거 생활을 보낸 뒤의 일이었다. 그런 쓰루미를 비롯해서 "모두 상당히 피폐해져서, 자기들보다 젊은 사람에게 지도를 받고 싶다는 희망을 가졌다"라고 한다.[79]

그 '젊은 사람'으로 당시 32세였던 오다 마코토의 이름이 거론되었다. 당시의 오다는 운동과 연이 없었지만, 젊은이들에게 인기 있는 행동파 작가로 알려져 있었다. 오사카의 오다에게 전화를 거는 역할은 쓰루미가 맡았다.

오다는 이 의뢰에 응하여 대표 역을 흔쾌히 승낙했다. 오다와 쓰루미는 대담에서 한 번 만난 것이 전부인 관계였다. 그러나 오다는 텔레비전에서 흘러나오는 북폭의 광경으로부터 오사카 공습의 기억을 강하게 자극받았다. 오다에 따르면 자기가 베헤렌에 참가한 것은 "동정자의 시점은 아니다. 나쁘게 말하면, 좀 더 이기적인, 자기 자신에게 밀착한 시점"에서부터이며, "문제가 나의 가슴속 무언가에 꽂혀 들어와, 그것에 따라서 나는 비로소 움직이기 시작했다"라고 말한다.[80]

북폭의 뉴스는 오다뿐만 아니라 전쟁 체험자의 불안과 분노를 불러일으켰다. 쓰루미의 회상에 따르면 당시는 "전화를 걸면 즉시 거기서 이야기가 결정될 정도로, 미국의 베트남 폭격에 대한 반대의 기운이 무르익어 있었다"라고 한다. 마치 "마른 잎이 쌓인 들판에 성냥 하나를 긋듯이", 운동이 발생할 분위기가 형성되었다.[81]

한편으로 쓰루미는 오다 등과는 다른 감정을 가졌다. 그는 후에 "나를 키워 준 미국이, 베트남 전쟁이라는 어처구니없는 짓을 시작했다"라는 충격을 받아서 "미국의 전쟁에 대한 분노"가 "자기 내부에 타오르는 불"이 되었다고 말한다.[82] 과거 미국의 시민 사회에 대해 느꼈던 민주주의의 바윗장에 대한 은의의 감각이, 쓰루미에게 베트남 반전의 동기가 되었다고 할 수 있을 것이다.

그리고 오다는 1965년 4월 『세카이』 임시 증간호에 「지금 무엇을 해야 하는가」いま何をなすべきか라는 논고를 기고하여, 도쿄와 워싱턴에서 통일된 구호를 내건 데모 행진을 제안했다. 당시로서는 국제적인 공동 데모는 메이데이나 각국 공산당의 공동 사업 정도밖에 없었고, 오다의 발안은 참신한 것이었다.

하지만 오다는 훗날 "그 말의 실행이 얼마나 힘든지, 힘든 일이 필요한지, 그때는 충분히 분별하지 못했다"라고 회상한다. 그는 이른바 사회 운동가는 아니었으며, 1960년 안보도 바라보았을 뿐이었다. 베트남 전쟁이 그렇게 길게 지속되리라는 예측도 없었고, "하다 보면 누군가 대신해 줄 사람이 나오겠지, 정 안 되겠으면 사임하면 되겠지"라고 생각해서 대표 역을 맡은 것이 실상이었다고 한다.[83]

쓰루미의 회상에 따르면 1965년 4월의 회의 자리에서 베헤렌이라는 명칭을 생각해 낸 것은 다카바타케였다고 한다. 한편 오다는 그가 풀 네임을 제안하고, 다카바타케가 "줄여서 '베헤렌'이네"라고 말했다고 회상한다.[84] 어느 쪽이든지 분명한 것은, 당초 '베트남에 평화를! 시민문화단체연합'이라는 명칭이었던 것이, 후에 '문화단체'를 떼어 내고 개인 참가의 의미가 강한 '시민연합'으로 변화해 갔다는 사실이다.

베헤렌의 첫 데모는 1965년 4월 24일에 이루어졌다. 데모의 주장을 전하는 전단지에는 "우리는 보통의 시민입니다", "우리가 하고 싶은 말은 단 하나, '베트남에 평화를!'"이라고 쓰여 있었다.[85]

여기에는 두 가지 특징이 있었다. 하나는 "베트남에 평화를" 외의 슬로건은 들어가지 않은 점이었다. 사회주의자의 입장에서 보면 자본주의 체제의 변혁이라는 슬로건을 동반하지 않는 평화 운동 같은 것은 난센스로 여겨지기 쉬웠다. 나아가 다양한 단체의 통일 행동이 되면서, 후에 베헤렌 사무국장이 된 요시카와 유이치의 표현에 따르면 "베트남 반전 외에 전범 사토 (에이사쿠) 내각 규탄을 더한다거나, 오키나와는 절대로 빠뜨릴 수 없다거나, 안보를 넣는다거나"라는 논의가 되기 일쑤였다.[86]

그러나 요시카와에 따르면 많은 운동의 경우, 그것들이 모두 모여서 슬로건에 총화적으로 더해진 뒤에는 "그걸로 안심해 버리고, 내용은 논의되지 않는다"라는 것이 통례였다. 후에 오다도 오키나와나 안보의 문제에 힘을 쏟지만, 베헤렌 발족 시에는 그런 문제를 슬로건에 더하는 입장을 취하지 않았다. 그는 나중에, 당시의 자기에게는 "안보와 오키나와가 그 정도로 강하게 가슴에 와 닿지 않았기" 때문이었다고 솔직히 말한다.[87]

그리고 오다는 당시를 회상하며 "이것이 **평범한 '좌'**의 운동이라면, 그런 것〔오키나와나 안보〕은 처음부터 '당연한 얘기'로 다루어졌을지 모른다"라고 말한다. 베헤렌의 회원이었던 후쿠토미 세쓰오福富節男의 표현에 따르면, 자기 내부에서 문제의식이 무르익을 때까지 "우리는 서두르지 않았다"라고 한다.[88] 쓰루미 슌스케가 예전부터 주장했듯이, 완전무결하게 보이는 정의를 외부에서 도입하는 자세를 피했다고 할 수 있을 것이다.

이것 또한 오다의 회상에 따르면 "베트남의 사회주의는 어떤 특질을 갖는가"라는 식의, "그 무렵 무엇인가 말을 꺼내기만 하면 화제가 되었던 문제점을 우리는 내부에서 그다지 논의하지 않았다"라고 한다.[89] "베트남에 평화를"에 더해서 "베트남을 베트남인의 손에"라는 슬로건도 많이 쓰였는데, 이것도 오다가 오키나와의 미군 장교에 대한 비판으로 이야기한 "일본이 공산화되든 말든, 그것은 일본인 자신의 문제이며 미국인이 이러 쿵저러쿵 말할 권리도 의무도 없다"라는 원리를 연장했다고 할 수 있을 것이다.

이런 자세는 절대적인 진리를 피하려한 쓰루미나 현실의 추상화를 꺼린 오다의 사상에 적합했다. 1966년 쓰루미 슌스케는 "베트남 전쟁이 끝나면 그것으로 세계가 좋아진다거나, 사회주의가 되면 그것으로 세계가 좋아진다는 식으로 생각할 수는 없다"라고 말하며, 이어서 이와 같이 말한다.[90]

베트남의 일은 베트남인들이 정하면 된다. 가만히 두면 베트남인들이 공산주의를 선택한다고 하면, 어째서 그것을 가만두지 않는가.
…… 이런 대략적인 상황 파악은, 잘못된 것일지도 모른다. …… 나는 전시부터 살인을 피하고 싶다는 것을 제1의 목표로 삼아 왔다. 그 신념의 근거를 내 속에서 찾아가면, 인간에게는 상황을 최종적으로 계산할 능력이 없기 때문에, 다른 인간의 존재를 없애 버릴 정도로 충분한 근거를 가질 수 없다는 것이다. 살인에 반대한다는 나의 근거는, 회의주의 속에 있다. 그러니까 나는 모든 사형에 반대하며, 스탈린이든 미국 정부든, 또한 도쿄 재판과 같은 형태를 취하는 것이든, 정치 재판에 따른 사형 집행을 인정할 수 없다. 심지어 전쟁이라는 방식으로, 국가의 명령으로 끌려 나가서, 자기가 알지 못하는 사람을 죽이기 위해 활동하는 데는 강하게 반대하고 싶다.

이런 사상은 베헤렌의 사무국장이 된 요시카와 유이치에게도 다른 형태로 공유되어 있었다. 7장에서 말했듯이 요시카와는 1950년대 전반의 공산당 분열기에 학생 당원들이 반대파를 린치한 사건에 직면한 적이 있었다. 그는 이 린치 사건에 충격을 받아, 절대적인 진리를 내세우는 자세에 대한 반발과 "더는 이런 짓을 반복하지 않겠다"라는 결의를 지니고 베헤렌에 참가했다. 후에 요시카와는 "절대적으로 올바른 것은 없다. '절대라는 말을 사용하지 말라'라는 것은 쓰루미 씨에게서 배운 것입니다"라고 회상한다.[91]

그리고 이렇게 '절대'를 피하는 지향을 표현한 말이, 베헤렌의 또 한 특징인 '보통의 시민'이었다. 1960년 안보에서 시민을 상찬했다고는 해도, 시민은 아직 정착된 말이 아니었다. 오다는 베헤렌의 운동이 확대된 1960년대 후반의 모습을 이렇게 회상한다.[92]

내가 여기서 쓴웃음을 섞어 가며 기억하는 것은, 당시 여러 가지 집회에서, 예를 들어 학생 운동 '섹트'의 대표가 "오늘 여기에 결집한 학생, 노동자, 시민 제군……"이라는 식으로 연설을 외치기 시작했던 일이다. '베헤렌'의 출현 이전에는 그들의 혁명적 어휘 속에 마지막 '시민'이라는 말은 아마 없었으리라고 나는 생각하는데, 그것은 너무나도 갖다 붙인 것 같아서 이상했다. …… 혁신 정당의 지도자도 노조의 활동가도, 학생들과 같은 불신의 눈으로 '시민'을 보고 있었다. …… '좌익'의 '혁명 세력'에게 '시민'은, '프티 부르주아'라거나 '소시민'과 같은 '차별적' 용어와 언제든 무관하지 않았다. 그러나 그들은 당혹해 하면서도 그들과 함께 '싸움'에 '결집'한 '베헤렌'의 시민들을, 이전까지의 그들이 지녔던 '시민' 개념으로부터 벗어난 것으로서 받아들였음에 틀림없다.

오다의 '보통 시민'은 "확산되어서 종잡을 길이 없는", "뭐든지"의 대명사였다. 그리고 베헤렌 데모의 실정도 그것에 어울렸다. 1965년 4월 첫데모의 발기인으로는 오다와 가이코 다케시를 비롯한 작가, 영화감독 외에, 우익단체인 겐요샤玄洋社 국제부장, 신일본문학회원, 주부 등이 개인이름으로 병렬되었다. 데모에서 뿌려진 전단지에는 보수파의 하야시 겐타로나『세카이』전 편집장인 요시노 겐자부로, 나아가서는 직함이 없는 사람들이 개인 자격으로 발언을 했다.[93]

  기존 정당이나 조직과 관계가 없다는 점을 빼면 이들에게 공통성은 아무것도 없었다. 오다의 회상에 따르면 "좋게 말하면 다양성多士濟濟, 나쁘게 말하면, 아니, 사실의 실태에 맞게 정직하게 말하자면 무질서의 뒤범벅"이었으며 "첫날 데모 행진을 해 보고 이 뒤범벅의 모습, '프티 부르주아 소시민'의 모습, 엉터리 같은 모습에 질려서 돌아가 버리고 두 번 다시 오지 않은 사람도 상당수였다"라고 한다.[94]

  이 첫 데모에서 오다 자신은 '어느 모임에도 속하지 않은 개인'이라는 현수막을 들고 걸으며, 길 가던 사람이 "나는 **보통의** 회사원인데요"라고 머뭇거리면서 말을 걸어오자 "나도 **보통의** 작가입니다"라고 대답했다. 보통을 다수파나 표준으로서가 아니라 '확산되어서 종잡을 길이 없는 것'으로 생각하는 오다에게, 이것은 당연한 대답이었다. 데모에 참가한 약 1,500명의 "보통의 주부, 보통의 교사, 보통의 소년, **보통의 실업자**" 등을 오다는 "'보통의 시민'이라고 밖에 말할 길이 없는 사람들"이라고 표현했다.[95]

  이런 '보통'은 '이상'異常을 배제하지는 않았다. 베헤렌은 공산당에서 제명당한 전 당원들도 구애 없이 참가할 수 있었다. 1965년 12월부터 베헤렌의 사무국장이 된 요시카와 유이치도 그중 한 사람이었다. 요시카와는 1960년대 전반의 원수폭 금지 운동의 분열—그때까지 초당파적으로 행해졌던 원수폭 금지 운동이, 중국과 소련의 핵실험을 인정하는 공산당의 자세 때문에 원수협과 원수금(원수폭금지일본국민회의原水爆禁止日本国民会議)으로 분열했다—에서, 공산당의 방침에 반대하여 당으로부터 제명당한 베테랑 활동가였다. 당시 34세였던 요시카와는 베헤렌에 참가한 경위를 이렇게 회상한다.[96]

실은, 베헤렌이 만들어졌을 때 참가하고 싶다고 생각했지만, 공산당에서 제명된 지 얼마 안 되었을 때라 자제했습니다. 당시는 공산당에서 제명 당하면 태어났을 때부터 악마였다는 듯이 여겨졌습니다. 심한 취급이었 습니다. 그런 사람이 베헤렌에 있으면 갓 만들어진 모처럼 새로운 단체에 폐를 끼치리라 생각해서, 창립 때의 데모에도 가지 않았고, 두 번째 데모 에서도 조용히 뒤쪽에 따라갔습니다. 그러니까 사무국장을 하라는 얘기 를 들었을 때, 잠깐만, 내가 해도 될까, 라는 생각이 들어서, 오다 마코토 씨의 의견을 들어 보고자, 데모 후에 처음으로 오다 씨와 이야기를 했습 니다. 나는 이런 전력이 있는 사람이다, 공산당과의 관계가 곤란해질 텐 데 그래도 괜찮겠냐고 재확인한 것입니다. 그랬더니 전혀 상관없다, 무슨 관계가 있냐, 당신 도와줄 거냐, 그럼 된 거 아니냐, 그렇지만 돈은 못 준 다. 나는 별로 돈은 필요 없는데. 그럼 괜찮지 않겠냐. 그걸로 결정. 놀랐지요. 이런 운동이 있는가 하고. 오, 해 볼 만하겠는데, 라는 기분이 들었습니다. 보통은, 그래, 그런 입장이라면 사양하는 편이 좋겠네, 라고 말하겠지요. 정말로 신선한 놀라움이었습니다.

오다는 첫 데모 후에 「보통의 시민이 할 수 있는 것 — '공'과 '사'의 관계」ふつうの市民にできること —『公』と『私』の関係라는 논고를 썼다. 그에 따르 면 지금까지 기존 당파의 운동은 조직의 유지와 확대를 위해서 다양한 슬 로건을 총화적으로 담아내는 '목적에 대한 광범위주의廣範圍主義'를 취했 다. 그것과 대조적으로 베헤렌은 "목표는 [베트남 반전이라는] 가능한 한 구체적이며 좁은 한 가지로 한정하고, 그 목표 아래에서 가능한 한 광범 위하게 인간을 모은다"라는 것이다.[97]

그리고 오다에 따르면 베헤렌을 시작하면서 "알게 된 것은, 많은 인간 들이 한 명 한 명 목소리를 내고 싶어 하지만, 그 기회가 충분히 주어지지 않는다는 단순한 한 가지였다"라고 한다. 그 하나의 원인은 기존의 전전 적戰前的인 운동이 프롤레타리아트의 해방이라는 공적인 대의명분을 내걸 고 "운동에 참가한 개인의 '사'를 무리하게 끌고 갔다"라는 점에 있었다.

그에 비하여 베헤렌 같은 전후적戰後的인 운동에는, "우선 '사'가 있고, 그 것에 결부되는 형태로 '공적인' 대의명분이 존재한다"라는 것이다. 그리 고 전자의 운동은 경직된 금욕주의stoicism나 비장감에 차 있어서, "조금 이라도 실패할 경우 불필요하게 큰 좌절감"이 특징이지만, 후자에는 그것 이 없다는 말이었다.

운동 방식에서도 신선한 기획들이 시도되었다. 1965년 5월 오다의 제 안대로 당시로서는 사상 첫 시도였던 미일 동시 베트남 반전 데모가 이루 어졌다. 1965년 8월 15일에는 아카사카프린스호텔 국제회의장을 통째로 빌려서 나카소네 야스히로나 미야자와 기이치와 같은 자민당 의원들, 사 회당과 공산당 양당 대표, 구舊육군 중장 사토 겐료佐藤賢了 등을 불러 철 야 토론회를 열고, 텔레비전 방송으로 생중계했다. 나아가 1965년 11월 미국의 『뉴욕타임스』에 반전 의견 광고를 냈고, 1966년 6월 미국에서 평 화 활동가를 초청, 홋카이도에서 오키나와에 이르는 강연 여행을 기획했 다. 그해 8월에는 그 미국 활동가들과 함께 '미일시민회의'를 열고, 미일 안전 보장 조약에 대항하는 「미일 반전 평화 시민 조약」日米反戰平和市民条 約을 작성했다.

미디어를 이용한 운동 수법, 유명인을 초청한 철야 토론회, 모의적인 시민 조약, 대형 조직에 기대지 않는 국제 교류 등은 이후에는 일반화되 고 진부해지지만, 당시로서는 전부 사상 최초의 시도였다. 오다의 회상에 따르면 이런 수법은 "평화 운동의 새로운 유파를 선보인 점에서 화제가 되기도 했지만, 너무나도 여유로운 '소시민'의 유희적인 평화 운동을 상 징한다고 반감을 사기도 했다." 그러나 베헤렌 참가자들은 종래의 운동에 없었던 자유로운 발상과 놀이의 요소를 즐겼다. 쓰루미 슌스케는 오다가 발안한 「미일 반전 평화 시민 조약」의 준비 회의에서 작가 고마쓰 사쿄를 향해 "당신, 이건 SF 작가에 대한 도전이야"라고 말했다 한다.[98]

이런 움직임의 배경이 된 것은, 국제화의 흐름과 기술의 진보였다. 북 폭을 다룬 국제 방송이 일본의 반전의식을 높였을 뿐만 아니라 1964년부터 해외여행이 자유화되고 일반인들도 국제 전화를 자동 회선으로 이용할 수 있게 되었다. 1965년 5월 오다가 미일 동시 데모의 회의를 위해 미국에 전화를 걸었을 때, 예전 같으면 교환수를 거쳐서 긴 시간이 필요했지만, "미국까지 전화는 고작 2분 만에 걸렸다"라고 한다. 오다는 이 짧은 시간에 감명을 받아, 국가나 대형 조직에 기대지 않고서도 "전화 한 통으로 세계의 다양한 곳에서 통일 행동을 할 수 있다―세계의 진보파 사람들은 이 사실을 아직 제대로 깨닫지 못한 것이 아닐까"라고 생각했다.[99]

운동의 참가 방식도 각 회원에게 맡기는 방침이 취해졌다. 조직적인 회원 등록은 없었고, 데모나 이벤트에 참가할 수 있는 사람이 자유롭게 수시 참가했다. 연락 역할을 맡은 사무국은 있었지만 피라미드형 조직이나 직책은 만들어지지 않았다. 참가자의 공헌 방식도, 데모 행진이나 서명 활동만이 아니라 선거 시의 투표나 미국 상품의 불매 등, "개인별로 곧 실행할 수 있는" 것을 각자 행하면 된다고 여겨졌다.[100] 후의 시민운동 가운데 퍼진 "돈이 있는 사람은 돈을, 지혜가 있는 사람은 지혜를"이라는 말은, 『뉴욕타임스』에 의견 광고를 낼 때의 모금 활동을 위해 1965년 8월에 가이코 다케시가 발표한 논고의 제목에서부터 퍼졌다.[101]

훗날 유명해진 '베헤렌의 3원칙'은 오다에 따르면 다음과 같은 것이었다. "① '무엇이라도 좋으니, 좋아하는 것을 해라.' ② '타인이 하는 일에 이러쿵저러쿵 불만을 말하지 마라.' ③ '어떤 행동을 제안하고 싶으면 반드시 자기가 먼저 해라.'"[102] 1965년 8월 어느 신문 기자가 "베헤렌에 지도자는 없나요. 기사에 대표 누구누구라고 써야 하는데 곤란합니다만"이라고 말했을 때, 가이코 다케시는 "호소인은 몇 명이나 있지만, 지도자 같은 것은 없어요. 어디까지나 개인이 개인적으로 참가하는 것뿐이니까, 조직이 있다고 하면 있는 것이고, 없다고 하면 없는 그런 것입니다"라고 대답한다.[103] 쓰루미 슌스케가 1950년대부터 주창했던 새로운 조직론이 여기에서 결실을 맺었다.

당시의 베헤렌 회원들이 강조했던 것은 "베헤렌은 '조직이 아니라 운동이다'"라는 것이었다.[104] 조직의 활성화를 위해 운동을 하는 것이 아니라, 운동을 하기 위해서, 필요하면 조직을 만든다. 베헤렌이란 조직에 등록된 인간의 집단이 아니라 운동을 행한다는 상태이며, 어떤 사람이 운동을 행하고 있으면 그때 거기에 베헤렌의 회원이 출현한다는 사고방식이었다.

말하자면 베헤렌은 조직이라기보다는 표현 양식이었다. 그리고 운동의 확산은 이 표현 양식을 각지의 사람들이 채용하는, 일종의 프랜차이즈의 양상을 보였다. 인기 작가인 오다가 강연 등으로 각지를 돌아다닌 결과, 최전성기인 1969년에는 전국에 약 380개의 지부가 생겼고, 쓰루미의 회상에 따르면 "매주, 전국 어딘가의 마을에서 새로운 베헤렌이 생긴다"는 상황이 출현했다.[105] 그러나 그것도 각지의 유지들이 멋대로 '○○ 베헤렌'을 자칭하고 소식지의 발행이나 데모 등을 행한 것이며, 1년에 한 번 정도 모이는 합동 회합을 빼고는 활동도 자유로웠다.

지부의 모습도 '확산되어서 종잡을 길이 없는' 것이었다. 지명이나 학교명을 쓴 나가노長野 베헤렌이나 류코쿠대학龍谷大學 베헤렌 등 외에도, 젊은이들의 영young 베헤렌, 재일 외국인의 외인外人 베헤렌, 급기야는 홀로 데모 행진을 하며 혼자서一人 베헤렌을 자칭하는 자도 나타났다. 사무국장이었던 요시카와 유이치조차 전모를 파악하지는 못했고, "그룹이 탄생해도, 등록이나 인가 같은 것이 전혀 필요 없으니, 정확한 수는 확실치 않다. 또한 '○○베헤렌'이라고 자칭하지 않더라도, 자기들을 베헤렌 그룹이라고 생각하는 그룹도 있으며, 또한 의식에서는 베헤렌과 다르다, 라는 그룹도 있어서, 그 경계도 확실치 않다"라는 상태였다고 한다.[106]

사무국에 해당하는 도쿄의 베헤렌은 1969년 8월부터 가구라자카神楽坂에 사무소를 두었는데, 그것도 본부가 아니라 가구라자카 베헤렌이라고 불렸다. 요시카와는 이렇게 말한다.[107]

이 '가구라자카 베헤렌'은 매주 화요일 밤, 운영진회라고 할까요, 이야기

를 나누는 모임을 열었습니다. 누구든지 올 수 있는, 참가 회원의 자격이 ·
없는 모임이었습니다. 당초는 6시 시작이었는데 점점 늦어져서, 밤 10시
경에 개시해서 끝나는 것이 아침 2시, 3시까지. 의제도 여러 가지. 어떤 때
는 우주론이 되고, 철학이 되고, 농업의 현재 상황이 되고, 수학에서의 무
한의 정의가 되고, 수학자나 철학자가 있거나 해서 이야기가 끝없이 퍼지
는, 일종의 지적인 살롱이었습니다. 데모를 어떻게 하느냐는 이야기만 줄
곧 해도 재미가 없으니까요.

　　이것도 요시카와의 회상에 따르면 이런 베헤렌의 방식은 "신좌익 당
파 등으로부터는 '노동자의 계급의식을 잠들게 하고 프티 부르주아 시민
운동 속에 해소시키는 반동적 조직'이라던가 '문화인의 베트남 놀이'라
던가 '대중의 양심에 값싼 돈으로 면죄부를 파는 조직'이라던가, 욕도 잔
뜩 들었다"라고 한다. 그러나 베헤렌 측은 신좌익을 부정하지 않았다. 요
시카와는 1967년 11월에 베헤렌의 방법은 "의사를 표시하기 위한 '하나
의 수단'"에 불과하며 "이 방법을 노동자, 학생, 모든 사람들이 취해야 할
최선의 방법이라고 제시한 것은 물론 아니며", "노동자는 그 조직력을 가
지고 항의 총파업을, 학생은 그 기동력으로써 격한 데모를" 하면 된다고
말한다.[108]
　　1960년대 말에는 전공투 운동의 대두와 함께, 베헤렌에도 급진적인
학생이 참가하는 사례가 늘었다. 그러나 요시카와의 회상에 따르면 내부
항쟁을 멈추도록 중재하기는 했지만, 기본적으로는 당사자의 판단과 책
임에 맡겨 "행동을 제한하는 것은 일체 하지 않았습니다. 그것은 그 사람
의 자유"라는 방침을 취했다. 오다 마코토도 학생들이 "'베헤렌'이라고
하얀 글씨로 쓰인 검은 헬멧"을 쓰기 시작했을 때, 미국의 비트족에게 느
꼈던 것과 마찬가지로 "왜 유행을 쫓는 것인가. 왜 색을 한 가지 색으로
통일해 버리는 것인가"라고 "진절머리가 났지만", 그들을 배제하지는 않
았다.[109]

새롭게 가입한 급진적인 학생들은 종종 베헤렌의 노선에 만족하지 못하고 오다나 요시카와, 쓰루미 등을 "올드 베헤렌" 등으로 비판하기도 했다. 신좌익이나 공산당의 활동가가 각지의 베헤렌에 들어가, 자기들의 당세 확대에 이용한다는 소문도 흘렀다. 그러나 1968년 8월 마쓰다 미치오가 "이대로 두면 베헤렌도 완전히 점거되어 버립니다"라고 쓰루미 슌스케에게 충고했을 때, 쓰루미는 "절대로 점거되지 않습니다"라고 미소 지었다고 한다.[110] 거기에는 본부도 간부도 없는 운동을 점거하기란 불가능하다는, 약점을 이용한 자신감이 있었다.

그런 까닭에 당시 베헤렌의 데모에는, 헬멧을 쓴 학생, 오다를 비롯한 작가 및 지식인, 그리고 주부나 회사원 등이 동행하며 행진했다. 쓰루미 슌스케는 1968년에 "당파성이라는 것은 어떤 의미에서 인간의 약함을 이용하는 것"이며, "그것과 싸우는 것이 과연 가능한지"가 과제라고 말했다.[111] 패전 후의 운동이 당파 싸움으로 붕괴했던 경험을 한 쓰루미가 부정형의 사상을 키웠던 것이 실천에 도움이 되었다.

결과적으로 베헤렌에 만족하지 못하고 졸업해 가는 자는 많았지만, 제명이나 분열은 일어나지 않았다. '혼자서 베헤렌'이 용인되는 상태에서 분열 같은 것은 일어날 수 없었다. 요시카와는 당시를 회상하며 "나를 포함해 전부 개성이 있는 인간들의 모임으로, 그야 물론 이것저것 곤란한 일도 있거니와 서로 푸념도 했습니다"만, "제명 같은 것은 없었고, 배신자다, 나가라, 라는 것도 없었다"라고 말한다.[112]

거기서는 기존의 운동에 대한 불신이 독자적인 운동 논리를 만드는 것으로 이어져 있었다. 베헤렌을 창설한 뒤, 6년 만에 미국을 재방문한 오다는, 친구였던 게이 전위 음악가와 재회했다. 그때의 대화에 대해 오다는 이렇게 쓴다.[113] "T는 변함없이 정치를 싫어했다. 정치적인 것을 모두 조소한다. 내가 베트남 반전 운동을 하고 있음을 알게 되자, 평소와 다른 이례적으로 진지한 표정으로 말했다. '너는 좋겠다, 너는 아직 정치를 믿는 것이 가능하구나.' 나는 대답했다. '믿을 수 없으니까, 스스로 운동을 하기로 한 거다.'"

물론 베헤렌도 순조롭게 확대되기만 한 것은 아니었다. 1969년 6월 15일(간바 미치코가 사망한 기념일)의 집회와 데모에는 5만 명이 모였지만, 베트남 전쟁에 대한 관심이 일시적으로 식었던 1966년에는 정례 데모의 참가자도 50명이 안 되었다.

그러나 요시카와가 비관하면서 "요전 날의 데모는 겨우 40 몇 명**밖에** 오지 않았습니다만……"이라고 쓰루미 슌스케에게 털어 놓자, 쓰루미는 "놀랐네, 40 몇 명**이나** 왔습니까? 대단하네요"라고 말하며, "작은 것은 좋은 것이다"라고 말했다. 대중이란 양적인 다수파를 가리키는 것이 아니라는 쓰루미의 사상이, 여기에 살아 있었다. 요시카와는 이 말을 듣고 "또 한 번 데모라는 것을 다시 생각하여", "작은 데모를 하고 있는 우리가 커지는 듯한 기분"이 들었다고 한다.[14]

이것과 유사한 관점을 오다 마코토도 공유했다. 1968년 1월 미군 항공모함 엔터프라이즈호Enterprise가 사세보佐世保에 기항했을 때, 오다는 3톤의 목조선에 올라 7만 5,000톤의 항공모함과 대치했다. 오다는 그 대비에 절망감을 품었지만, 이 항공모함도 5,250명 승조원의 집합체이며 그 한 사람 한 사람은 개인으로서의 인간이라고 생각하게 되었다. 그때 7만 5,000톤과 3톤이라는 추상화된 숫자는 의미를 잃었고, 오다는 항공모함의 갑판 위에 보이는 개개의 인간에게 호소했다.[15]

물론 오다도 쓰루미도 "모든 인간이 모든 순간에 위대한 것은 아니다, 바른 것은 아니다, 성실한 것은 아니다, 아름다운 것은 아니다"라는 오다의 말대로, 일관되게 이상적인 영웅이었던 것은 아니다. 오다의 회상에 따르면, 그는 운동 내부에서도 여자관계의 소문이 끊이지 않았고, 운동의 스타로 "우쭐했던 기분"도 있어서, '오다 천황' 등으로 불리기도 했다. 1969년 집회에서는 쓰루미가 "오다가 가는 곳마다 베헤렌이 만들어지는데, 이런 베헤렌은 나카무라 긴노스케中村錦之助(일본의 가부키 배우―옮긴이)의 팬클럽 같은 것이어서 힘이 약하다"라고 비판한 적도 있었다.[16] 그들 혹은 베헤렌 회원들의 그 후 활동과 언동에는, 베헤렌의 사상을 완전히 살려 냈다고는 보기 어려운 측면이 존재한 것도 사실이다.

그러나 동시에 그들은, 이것 또한 오다가 말했듯이 "어떤 인간이라도 어떤 때에는 위대할 수 있다, 올바를 수 있다, 성실할 수 있다, 아름다울 수 있다"라는 존재이기도 했다. 말하자면 그들도 '확산되어서 종잡을 길이 없는', **보통**의 인간이며 보통의 시민이었다고 할 수 있다.

그리고 이런 운동이 국가와 어떤 관계에 있느냐는 문제는, 종래부터 내셔널리즘의 문제를 생각해 온 쓰루미와 오다에게 중대한 것이었다. 그것이 구체적인 운동으로서 나타난 것이 탈주병 구원 활동이었다.

국가와 탈주

"당신들은 지금, 네 명의 탈주병을 눈앞에서 보고 있다. 미국 군대를 떠난 네 명의 애국적 탈주병이다. 역사 속에서 탈주병이라는 명칭은 비겁자, 배신자, 쓸모없는 자 등이라 칭해져 왔다. 그러나 우리는 범주나 호칭에는 관심이 없다. 우리는 스스로가 바르다고 믿는 것을 위해 일어나야만 하는 시점에 이르렀다."

1967년 11월 13일 오다·쓰루미·요시카와 세 명은 기자 회견을 열어 요코스카에 기항중인 미군 항공모함 인트레피드호Intrepid에서 탈주한 네 명의 수병이 베헤렌의 원조를 받아 탈출에 성공했음을 공표하고, 이 네 명이 성명을 읽는 기록 영화를 발표했다. 위의 인용은 그 애국적 탈주병들의 합동 성명이었다.[17]

일본에 찾아온 미군 병사에게 호소해야 한다는 시사는, 1966년 6월에 일본을 방문한 미국의 평화 운동가 하워드 진과 랄프 페더스톤Ralph Featherstone이 주창한 것이었다. 13장에서 말했듯이 이 방문으로 진은 일본 측의 역사의식에 감명받았지만, 베헤렌 측은 두 사람의 자유롭고 활기찬 스타일과 비폭력 직접 행동이라는 운동 방식에 촉발되어 그 후에 미국

대사관 앞에서 버티기 데모 등을 했다. 그리고 베헤렌은 진 등의 제언을 수용하여 1967년 여름부터 요코스카의 음식점 거리에서 미국 병사들에게 탈주를 장려하는 전단지를 뿌렸다.

이미 유럽에서는 베트남행을 거부하고 탈주하는 미국 병사들이 나타났으며, 1965년 8월 일본에서도, 베트남행을 명령받은 한국 육군 병사 김동희金東希가 일본에 망명을 희망한 뒤, 일본 정부에 밀항자로 체포되는 사건이 일어났다. 베헤렌은 이 사건을 계기로 일본 정부가 외국인을 유치했던 규슈九州의 오무라 수용소大村收容所와, 일본에서의 자이니치 한국인·조선인의 문제 등을 주목해 가게 된다.

그러나 요시카와의 회상에 따르면, 탈주 사건을 뉴스로 알기는 했지만 실제로 탈주병과 접촉한 적이 없었던 그들은, "정말로 나오면 어떻게 할지, 현실적으로는 알지 못했다"라고 한다.[118] 게다가 네 명의 탈주병은 베헤렌의 전단지를 읽고 찾아온 것이 아니라, 자기들의 의지로 탈주한 뒤에 갈 곳이 없어서, 소문을 듣고 베헤렌의 보호를 찾아 들어왔다.

탈주병들과 대면한 베헤렌 회원들은 우선 당황했다. 그들은 "무슨 일이 있어도 배로는 돌아가지 않는다. 그런 것은 인간이 할 일이 아니다"라고 말했지만, 네 명 모두 대학에 간 적이 없는 19~20세의 청년들이었다. 그들은 베헤렌은 물론 미일 안보 조약에 대해서도 아무것도 몰랐고, 언제나 "농담을 하며 웃었다"고 한다.[119] 오다는 그들을 평해 "일본 소설가의 머릿속에 환상으로서 깃들어 있는, 순백의 눈을 배경으로 한 2·26 사건의 행동가의 이미지와는, 아마도, 가장 멀리 떨어진", "술과 여자를 좋아하는 젊은이"였다고 말한다.[120]

그런데 오다 등을 놀라게 만든 것은 그 네 사람이 쓴 성명문이었다. 오다는 당초 그들과 영어로 대화를 하며 그 교양 없는 모습에 질려서 "내심 무시하면서, 영어로 글을 쓰면 내가 더 잘 쓰지 않을까, 라고도 생각했다"라고 한다.[121] 그러나 성명문의 완성도는 그 예상을 완전히 뒤집었다. 그들 중 19세의 탈주병은 성명문에 이렇게 썼다.[122]

나, 마이클 앤서니 린드너Michael Anthony Lindner는 보통의 중류 가정에서 태어난 보통의 미국 젊은이다. …… 내가 믿는 것, 바로 그것을 위해서 일어서는 것이, 미국 헌법의 권리 장전에 보장되어 있음에도, 군대로부터 부정당했다…….

베트남 전쟁을 지지하는 측에 내가 몸을 두는 것은, 도덕에 반하며 완전히 비인간적이라고 생각한다. …… 내가 "미국을 위해서 베트남에서 싸운다"라는 말 대신 "베트남 전쟁을 지지한다"라는 표현을 쓴 것은, 내가 그 땅에서 한 일은 조국과 미국의 동포를 위해 도움이 되지 않는다고 느꼈기 때문이다.

…… 이것 때문에 나 자신이 어떤 종류의 '○○주의자'라는 대명사로 불리고, 내 신념이 '○○주의'로 분류된다면 유감스러운 일이다. 나는 어떤 정치적 연관성도 갖고 있지 않으며, 군사적 대학살의 지지를 거부하는 한 명의 미국인이라는 방식 이외로는 분류되고 싶지 않다.

나아가 또 한 명의 19세 탈주병이었던 리처드 베일리Richard Bailey는 이렇게 썼다.[123]

나는 나 스스로에 대해서는 특히 그렇지만, 누구든 사람을 분류하는 것이 싫다. …… 그러나 누구에게든 어떤 일에든 이미 만들어진 딱지가 붙으면, 그 교묘한 심리 과정에 사로잡혀 버린 사람들에게 있어서는…… 사상과 사상 사이에, 인간과 인간 사이에, 범주category와 범주 사이에 싸움이 이어진다.

…… 나는 미국인이다. 두 번 다시 그 곳으로 돌아갈 수 없다고 생각하면, 미국에서의 미래나 친구나 가족을 떠나는 것은 마음이 아프다. 그렇지만 만약 이 전쟁을 끝내고 미국이 양심을 되찾기 위한 방법이 그것밖에 없다면, 나는 기꺼이 스스로 공산주의자의 딱지를 붙이겠다. 우리 헌법의 정신이여 승리하라.

평범하고 교양 없는 술과 여자를 좋아하는 젊은이가 이런 글을 쓴 것은, 오다의 지론인 "어떤 인간이라도 어떤 때에는 위대할 수 있다, 올바를 수 있다, 성실할 수 있다, 아름다울 수 있다"라는 것을 그대로 실행한 듯했다. 그리고 "우리 헌법의 정신이여 승리하라"라고 말하며 '애국적 탈주병'을 자칭하는 그들의 성명을 읽고, 오다는 "내가 일본어로 이것을 쓸 수 있을까"라고 자문하고 "쓸 수 없을 것이라는 결론에 이르렀다"고 한다.[124]

훗날인 1973년에 오다는 혼다 가쓰이치와의 대담에서 "내가 문학이라는 작업에 대해 진심으로 생각하고자 했던 것은, 역시 베트남 전쟁 덕분이라고 생각한다"라고 말한다. 오다에 따르면 현대의 일본어는 정서적인 주제를 "개인적으로 일대일로 이야기하는" 문체는 발달했지만, 공적인 문제를 "시원시원한 자세로 사람들에게 객관적으로 호소하는 문체"가 "성립하지 않았다는 느낌이 들었다"라는 것이다.[125]

오다는 베트남 반전 데모와 집회에서 사람들과 대등한 입장에 서서 문제를 호소하려면 어떤 문체를 취해야 하는지를 통감했다. 자민당도 공산당도, 그들을 비판하며 출현한 신좌익도 "위에서 밑으로 일을 밀어붙이는 종류의 연설 언어"나 "이상할 정도로 겸손해 하면서 동시에 묘하게 강요하는 듯한" 어법으로 끝나기 일쑤였다. 그리고 오다에 따르면 "미시마 유키오가 죽기 전에 쓴 격문檄文은 대단히 좋지 않은 글이지만, 그는 혼신을 기울여 썼다고 생각합니다. 성의를 다해 썼는데도 그렇게 좋지 않은 글이 완성된 것은, 미시마 개인의 재능 문제를 넘어서, 일본어에 그런 문체가 확립되지 않아서가 아닐까"라는 것이었다.[126]

애초에 일본어에는 대등한 입장에서 연대하는 사람들의 집단을 표현하는 말도 존재하지 않았다. 오다는 당초부터 시민이라는 말을 고집했던 것은 아니었고, 미국의 활동가들을 불러서 1966년 8월에 맺은 「미일 반전 평화 시민 조약」을 보아도, 오다의 원안에는 인민 조약이라고 되어 있었다. 회장에서 인민과 시민 중 어느 쪽을 채용할지 논의했을 때, 분명한 것은 "일본에는 '피플'에 딱 들어맞는 적당한 번역어가 없으며, '시민',

'인민', '대중', '민중', '서민'이라는, 각각 뉘앙스가 미묘하게 다른 말이 잔뜩 있다"라는 것이었다. 회의에 출석한 고마쓰 사쿄에 따르면 "미국 측은 이 논의의 의미를 이해할 수 없어서, 멍하니 있었다"라고 한다.[127]

그리고 탈주병들의 출현은 내셔널리즘에 대한 재고를 요구하는 것이기도 했다. 앞에서 말했듯이 원래 오다는 패전으로 붕괴한 공적인 가치에 대해 고민했고, 오키나와에서는 "나는 대통령과 싸울 것이다"라고 말한 미군 장교의 발언을 듣고 "지켜야 할 조국이란 무엇인가"에 대해 생각했다. 그리고 탈주병들과 만난 뒤에 오다는 그들 정체성의 특징을 지연적·혈연적인 조국과는 달리, 원리적인 조국이 존재한다는 점에서 찾았다.

오다가 1968년 2월에 공표한 「인간·어느 개인적 고찰」人間·ある個人的考察에 따르면, 탈주병들은 "'미국의 원리'가 현재의 미국에 없다면, 자기 개인의 원리와 현재의 '조국'의 원리가 상호 간에 들어맞지 않는다면, 깨끗하게 '조국' 미국을 떠난다"라는 행동을 취했다.[128] 그러나 동시에 그들 내면에서는 "자기들의 원리가 그들이 생각하는 '미국의 원리'인 이상, 자기들은 어디로 가든지 미국인이다"라고 여긴다는 것이었다.

그러므로 "자기의 원리와 동일한 원리를 갖는, 적어도 동일시할 수 있는 다른 사회, 국가가 있다면, 그 일원이 되어도 좋다. 그것을 새로운 자기의 '조국'으로 삼아도 좋다"라는 것이 된다. 그러나 일본의 경우 "극히 소수의 예외를 빼고 사람들이 자기와 조국의 '동일성'의 근거로 이야기하는 것은 혈연, 지연이며, 설령 '야마토 정신'이나 '일본 정신' 같은 정의하기 어려운 것도, 원리적인 근거는 아니었다"라는 것이다.

그리고 오다의 인상에 남은 것은 탈주병들이 일본의 평화 헌법에 대해 들은 적이 있다는 사실이었다. 앞에서 말한 한국인 탈주병 김동희는 헌법 제9조를 읽고 일본으로의 망명을 희망했지만, 일본 정부에 체포되었다. 미국의 탈주병들도 일본국 헌법의 정신에 공감을 표하고 그것을 세계에 널리 퍼뜨리자는 메시지를 썼다.

오다는 이것을 평하여 "그때 일본은 그들에게 '조국'이 아니었을까"

라고 말했다. 그리고 그는 "그것은 아마도 '인터내셔널'이라는 호칭으로 불러야 할 점은 아닐 것이다. 나는 그 원리를 '내셔널'이든 '인터내셔널'이든, 그런 것을 초월해서 보다 본원적으로 인간에 내재하는 것으로서 받아들이고자 한다"라고 주장한다.

이렇게 해서 오다가 종래부터 품었던 "지켜야 할 조국이란 무엇인가"라는 물음에 하나의 대답이 주어졌다. 조국이란 자기가 믿는 원리이며, 지연이나 혈연과 일치할 필요는 없다. 하물며 정부의 명령과 일치할 필요도 없다. 때로는 정부의 명령에 반역하여 그 정부가 관할하는 토지로부터 망명하는 것이, 자기가 믿는 조국에 대한 애국이 된다. 그것은 내셔널도 인터내셔널도 아닌, 인간의 원리라는 것이다.

하지만 이런 원리는 오다가 이전부터 체득했던 것이기도 했다. 오다나 쓰루미에게 전사자는 벌거숭이 인간의 상징이며, 그 지점에서 보면 내셔널도 인터내셔널도 표면적인 구분에 불과했다. 그리고 오다는 파리의 개선문 앞에서, 국가가 의미를 부여하지 않는 독일과 프랑스의 사자들을 일종의 동포로 느꼈다.

이런 감각은 많은 사람들이 전쟁 체험으로 체득한 것이기도 할 터였다. 1장에서 말했듯이 전쟁에 대한 반대야말로 진정한 애국이라는 주장은 전쟁의 후기에는 광범위하게 존재했다. 3장에서 보았듯이 "항복을 명하고 외국 군대의 진주를 허락하는 천황은 더 이상 우리의 천황이 아니다"라고 분격한 청년 장교도 적지 않았다. 오다와 쓰루미도 전사자를 애도하는 내셔널리즘에서 출발해서 내셔널이나 인터내셔널이라는 구분을 넘어서는 지점에 도달했다.

1967년 11월에는 탈주병을 돕기 위해 베헤렌의 유지들이 '인트레피드 4인의 모임'을 결성했고, 이윽고 탈주병 구원 조직인 자텍JATEC(반전탈주미병원조일본기술위원회Japan Technical Committee to Aid Anti War GIs)으로 발전했다. 육지를 통해 외국과 접한 유럽과는 달리, 일본에서 정부의 눈을 피해 탈주병들을 출국시키기란 지극히 곤란했지만, 최초의 네 명은 구

소련 선박을 경유해서 스웨덴으로 보내졌고 그 후로도 다양한 수법이 사용되었다.

이 활동을 개시한 뒤에 베헤렌은 일본의 경찰에게 급속히 감시를 받게 되었다. 그러나 미군과 그 가족은 미일 안보 조약에 기반을 둔 지위 협정에 따라 일종의 치외 법권 상태에 있었으므로, 그들의 출입국에는 일본국 여권 및 사증에 관한 법령이 적용되지 않았고, 따라서 미군의 출국을 원조하더라도 일본 법령에 저촉되지 않는다는 점이 활동 과정에서 판명되었다. 미국에 대한 일본 국가의 종속 상태가, 생각지 못한 법의 구멍을 만들어 낸 것이었다.[129]

한편으로 미군은 탈주병 구원 활동에 동요했다. 일본에 기항하는 미군에게는 "BEHEIREN과 접촉하지 말라"라는 통달이 전해져, 베헤렌의 이름은 미군 내에서 단숨에 알려졌다. 일본 정부도 미군의 요청에 협력하는 자세를 보여, 1968년 11월에는 탈주병을 가장해서 러쉬 존슨이라고 자칭한 스파이가 투입되어, 탈주 미군과 자텍의 회원이 체포되는 사건도 발생했다.

이 스파이 사건으로 자텍은 일시적으로 붕괴되었고, 누구든지 자유롭게 가입할 수 있다는 베헤렌과 자텍의 원칙에 의문이 제기되기도 했다. 그러나 자텍의 책임자였던 구리하라 유키오栗原幸夫는 이 스파이 사건에 대해서 1997년에 이렇게 말한다.[130]

…… 나는 그가 스파이라고 거의 확신했습니다. 그것을 쓰루미 슌스케 씨에게 말했을 때, 그는 실로 싫다는 얼굴을 하고, 동료 사이에 그런 의심이 일어나는 것은, 운동이 망가질 때라고 말했습니다.
…… 최근 나는 아무래도 하나의 결론에 이른 듯한 기분이 듭니다. 쓰루미 씨가 옳았다는 결론입니다. 분명히 제1차 자텍은 스파이 존슨 때문에 파괴되었습니다. 그러나 만약 우리가 스파이의 침입에 대해 방어 태세를 갖추고, 모든 탈주병과 협력자를 향해 의혹의 눈을 돌렸다면, 베헤렌의

탈주병 원조 운동은 붕괴했으리라고 생각하며, 지금 이렇게 당시의 운동 참가자가 솔직히 추억을 이야기하는 상태는 존재할 수 없었으리라 생각합니다.

파괴되는 것을 두려워할 필요는 없다, 그것보다도 비밀이 없는, 개방된 운동을 소중히 하고 싶다는 것이 지금 나의 생각입니다. 무슨 일이 있든지 간에 조직을 지키려고 하는 것은 자기들을 둘도 없이 특별한 존재라고 생각하기 때문입니다. …… 그것이 아니라, 누구하고든 교체될 수 있는 운동이 필요합니다.

본래 쓰루미의 전후 철학은 인간 불신과 공포를 극복하는 '동정'을 기초 짓기 위해 출발했다. 경직된 자기를 벗어나고자 하는 사상을 통해, 이 운동은 자기를 지킬 수 있었다.

나아가 탈주병의 출현은 내셔널리즘에 대한 재고를 초래했을 뿐만 아니라 탈주와 망명의 이미지를 크게 변화시켰다. 1950년대까지는 전쟁을 체험한 지식인들이 동포의 고투를 등지고 탈주하기란 불가능했다고 이구동성으로 말했다. 일본이 가난했던 시대에는, 망명이나 세계 시민이라는 말은 어둡고 가난한 동포의 현재 상황을 저버리고 풍요로운 나라로 도망하는 이기주의의 대명사였다.

그러나 네 명의 탈주병을 지지한 1967년 11월의 베헤렌 성명은, 그들을 "용기있는 병사들"이라고 칭했다. 쓰루미 슌스케 또한 1969년의 「탈주병의 초상」脱走兵の肖像에서, 자신이 일본군에서 탈주하지 못한 것은 "용기가 부족해서였다"라고 말했다.[131] 구노 오사무도 1998년에 "일본인으로서, 자기들은 전쟁 중에 하고 싶어도 할 수 없었던 것을, 후회했다. …… 그것을 미국의 탈주병들이 했다는 사실이 큰 감동과 공감을 불러, 무척 열심히 〔지지를〕 했다."라고 말한다.[132] 본래 전쟁을 체험한 지식인들은 한편으로는 탈주를 비판하면서도 다른 한편으로는 과거의 자기 자신이 그것을 실행하지 못한 점을 후회했다.

탈주병의 출현은 탈주와 망명의 이미지를 비겁자에서 용자로 바꾸었다. 그것은 해외 방문이 자유화되고 국제 이동이 일본에서도 특권적인 행위가 아니게 된 흐름과도 합치했다. 네 명의 탈주를 공표한 반향은 컸고, 기자 회견 이후 1주일 사이에 베헤렌에 쏟아진 격려 편지와 지원금은 약 2,000건에 이르렀다.[133]

탈주병의 존재는 오다 등이 종래부터 생각해 온 가해와 피해의 관계에 대해서도 다시 생각하게 만들었다. 오다는 1969년에 탈주병을 논하면서, 태평양 전쟁의 소집에 응했던 지식인이 "다들 싸울 때 혼자만 도망치는 행위를 스스로 용서할 수 없었다"라고 말한 점을 비판했다. 오다에 따르면 그런 주장의 시야에는 "자기 손에 죽임을 당할지도 모르는 '적'"이 들어 있지 않다는 것이다.[134]

물론 13장에서도 말했듯이 오다는 가해와 피해를 이항 대립적으로 논하는 것을 피했다. 오다는 1966년 8월의 미일시민회의 강연에서 오사카 공습 시의 피해 체험을 이야기하며 "자기 개인의 원리를 확립하지 않는 한, 국가의 명령으로 말미암아 나는 총을 쏘지 않으면 안 된다. …… 나는 그 경우, 가해자의 입장에 선다. 그러나 동시에, 국가를 보면, 국가에 대해서 나 자신은 피해자다"라고 말한다.[135] 고마쓰 사쿄는 이에 응해 "국가라는 기묘하고 추상적인 조직은, 그들을 용자, 영웅, 파괴자, 살인자로 만들어 내고—동시에 파괴와 살육의 피해자의 입장으로도 밀어 넣는다"라고 주장했다.[136]

이런 표현을 통해서 오다가 비판한 것은, 국가라는 추상적인 조직이 한 사람 한 사람의 인간을 추상화하여 영웅이나 가해자나 피해자로 만들어 버리는 메커니즘이었다. 국가로부터 전쟁의 의미가 주어지지 않는 이상, 인간은 용이하게 살인 같은 것을 저지를 수 없을 것이며, 그런 의미 부여를 벗겨 낸 **보통**의 인간은 국가에 대항하는 존재가 될 터였다.

오다는 1973년에 이렇게 말한다.[137] "자기 아이와 뺨을 부비는 평범한 남자가, 중국에서 젊은 여성을 해치우는 것이 어째서 가능한가. 그것은 일본 침략군의 일원이었기 때문에 가능했던 것입니다. 그런 입장의 논리를 때려 부수는 것으로서 등장한 보통의 인간이 그냥 인간이라고 나는 생각했습니다." 여기에는 일본인은 가해자고 중국인은 피해자라는, 국가에 따른 구분을 전제로 하는 논법과는 다른 사고가 있었다.

그리고 오다에 따르면, 야스쿠니 신사는 "**단순한** '난사'와 병사로서의 영웅적인 죽음—'산화'를 구별하기" 위한 기관이었다. 오다가 보기에는 오사카 공습의 사자도, 베트남 북폭의 사자도, 나아가서는 "권력자들의 손으로 그곳〔베트남〕까지 보내져서 죽은 합중국과 한국 병사들의 죽음"도 모든 것이 난사였다. 물론 그것은 미국인은 가해자이고 베트남인은 피해자라는 분류는 아니었다. 그의 바람은 "그런 구별을 근본적인 데서부터 배제하는" 것이었다.[138]

이런 자세를 이유로 베헤렌의 활동에서는 1950년대와 같은 반미주의가 사라졌다. 과거의 "미국인 돌아가라", "양키 고 홈"이라는 구호를 대신해, 요코스카 기지 앞에서 미군을 대상으로 이루어진 선전 활동에는 다음과 같은 발언이 보였다.[139] "〔우리는〕 전단지를 다 뿌리면 놀러갈 수 있다. 그러나 그들(미군)은 그렇지 못하다. 죽는 것은 그들이다. 그러니까 그들에게 전단지를 건네는 행위는 진지한 마음으로 하자"라는 표현이다.

그리고 오다는 1969년에 "이 국가로 충만한 세계 속에서, 국가가 규정하는 모든 것으로부터 가능한 한 독립하여, 그것에 정면으로 반역하며 살아가고자 하는 지극히 작지만 확실한 하나의 고리를 만들어 내자"라고 논했다.[140] 그것은 사상적으로는 국경을 초월하는 난사의 공동체이며, 구체적으로는 탈주병 지원으로 태어나는 인간의 연계였다.

실제로 탈주병 구원 활동은 그들을 원호했던 일본 국내의 여러 사람들과 탈주병들의 출신지인 미국, 그리고 출국처가 된 소련과 스웨덴 등에 사람의 고리를 넓혀 갔다. 쓰루미 슌스케는 1974년에 "탈주병 한 사람 한 사람의 안부를 신경 쓰며, 하나의 심장 고동으로 이어진 많은 사람들이 있다", "하나의 심장 고동으로 엮인 집단은, 분명히 이 일본에, 아니 지금

와서는 세계에 널려 있습니다"라고 말한다.[141]

그리고 그것은 현존하는 국가와 꼭 겹치지는 않는, 그들의 조국이기도 했다. 오다는 1966년 10월의 「평화의 논리와 윤리」平和の論理と倫理에서는 "내가 이상으로 생각하는 내셔널리즘에서는, 개인은 국가 원리와 대립하는 개인 원리 위에 확고하게 선다"라고 주장한다.[142] 여기서 오다는 개개의 인간이 가진 개인 원리를 내세워서, 인간을 추상화하고 분단하는 국가 원리에 대항한다. 그러나 그것은 꼭 내셔널리즘을 부정하는 것은 아니며, 자기의 개인 원리와 일치하는 내셔널리즘을 만드는 것이기도 했다.

그리고 베헤렌이 이렇게 조국의 원리로서 재발견한 것이 일본국 헌법이었다. '인트레피드 4인의 모임'을 결성하며 발표한 호소문은 탈주병에 대해 이렇게 주장했다. "우리는 국가 권력의 부당한 사용에 몸소 저항한 이 사람들의 행위를 배우고, 일본국 헌법의 정신에 따라, 그들에 대한 지지와 연대를 다양한 형태로 표명함으로써, 베트남 침략을 계속하는 미국 정부와 그 공범자 일본 정부를 고발한다"라고.[143]

1967년 10월에는 베헤렌에 참가했던 쓰루미 요시유키鶴見良行가 「일본 국민으로서의 단념」日本国民としての断念이라는 논고를 쓰며 "'국가'의 극복"과 "국민이라는 것의 단념"을 설파했다.[144] 그러나 "이것은 꼭 코즈모폴리턴적 심정에서 일본 국민이 싫다는 것이 아니다"라고 쓰루미는 말한다. "분명 민족은 긍지를 가져야 할 대상이다. 그러나 그 긍지가 대국과의 권력 관계 속에서 스스로 굴종으로 떨어져 버리지 않으려면 완전히 새로운 시점에서 내셔널리즘을 구성해야 한다"라는 것이다. 이를 위해 그는 다음과 같이 제언한다.

현실적인 상황이 국민이라는 것을 극복할 수 있는 입장을 이미 요청했다고 해도…… 개인의 감개로 끝나는 것이 아니라, 평화 운동으로까지 결집시켜 갈 수 있을까. 그것은 특히 이 일본에서, 어떻게 성립할 수 있을까. 결론을 먼저 말하자면, 일본국 헌법 전문 및 제9조를 고집함으로써 가능하다. ……

나라가 자위의 수단으로서의 무력까지 포기한다는 것은, 말하자면 국가로서의 파산 선언이며, 엄밀하게 말하면 일본은 그날 이래, 국가가 아니라, 세계에서도 그 호칭이 정해지지 않은 전혀 새로운 조직 집단이었던 것이다. …… '일본국 헌법'이라 알려진 그 일련의 글은, '**국가의 기본법**'인 헌법의 고전적인 성격 규정 일반에 작별을 고함과 동시에, 이 새로운 집단의 탄생을 세계에 선언한다는 성질을 가졌다.

물론 이것은 1960년 안보 속 쓰루미 슌스케의 주장을 연장한 것이기도 했다. 이렇게 해서 쓰루미 요시유키는 "'내셔널리즘을 거쳐서 인터내셔널리즘으로'라는 정식定式"의 실현을 이야기한 것이다.

이런 주장은 단순히 국가를 나와 무연한 존재로 간주하는 코즈모폴리턴적인 심정과는 이질적이었다. 당시 이미 공산당에서 제명당한 나카노 시게하루는 베헤렌이 주최한 1966년 8월의 미일시민회의에 참가하여 이렇게 말한다. 과거 『긴다이분가쿠』를 비판했던 자신이 "개인이 조직을 넘어서고, 개인이 국가 권력을 넘어서 있다는 것, 그래야 한다는 것, 그래야 그 조직이 생활력을 갖고 그 국가 권력이 끊임없이 신선하게 발전할 수 있다는 관계에 대해 나는 충분히 주시하지 않았다"라고. 그리고 "'베헤렌'이 제출한 개인의 문제는…… 메이지의 한 시기에 제출되었다가 무너진 채로 제2차 세계 대전에서 거의 짓밟혔다가 전후에 부활한 것이 변질되어서 잊혀졌던 이 문제를 처음으로 정당하게 제기한 것이라고도 생각한다. 이 개인은, 센티멘털한 개인주의, 이기주의적인 감상주의sentimentalism와는 근본이 이질적인 것으로 보인다."라고 말한 것이다.[145]

그러나 베헤렌 주변의 이런 주장이 꼭 광범위한 이해를 얻은 것은 아니었다. 요시모토 다카아키는 1972년 강연에서 공적인 것에 대한 사생활의 우선이 전후사상의 근본이었다고 주창하면서 "오다 (마코토) 씨나, 그런 사람들"의 주장은 자기와 같으며, 단지 자기보다 표현이 졸렬할 뿐이

라고 말했다.[146]

전후 태생의 젊은이들 중에는 오다 등이 주창한 가해의 자각을, 단순히 일본인의 가해성이나 조선인의 피해성을 강조하면 된다고 받아들인 자도 있었다. 요시카와 유이치가 이런 젊은이들을 평하면서 "'나 또한 자기비판을 한 위에'라고 한마디 하는 것만으로, 자기가 마치 자이니치 조선인의 입장이나 부라쿠민의 입장에 설 수 있다는 듯이, 다른 사람들에 대한 고발과 규탄을 개시한다"라고 말했음은 13장에서 본 대로다.

운동의 후기에는 오다와 쓰루미에 대한 급진적인 학생들의 비판이 대두했고, 오다는 각지에서의 데모와 강연의 피로가 겹쳐서 한때는 입원을 했다. 쓰루미도 각지에서 강연하며 정의의 화신과 같은 역할을 맡는 데 염증을 느낀 한편, 근무처인 도시샤대학의 전공투 운동에도 휘말렸고, 게다가 수입의 절반 이상을 베헤렌 활동에 쏟아붓는 등, 1970년을 전후해서는 "육체적으로도 재정적으로도 파산"에 가까운 상태였다고 한다.[147]

베헤렌의 운동 수법이 표면적으로 모방되어 간 점도 그들의 피로를 깊게 만들었다. 1968년 1월 원자력 항공모함 엔터프라이즈가 사세보佐世保에 기항했을 때, 현지를 찾은 오다는 원잠기항반대사세보시민회의原潛寄港反対佐世保市民会議라는 민사당과 사회당 조직이 중심이 되어 만들어진 시민운동을 발견했다. 그것은 공산당원이나 급진적 학생들을 배제한 노조 및 부인회의 집합체로, "시민 개인이 자유롭게 들어갈 수 없는" 것이었다. 또한 경찰은 '일반 시민'이라는 말을 만들어 "베헤렌이 데모 행진을 하고 있습니다. 일반 시민 분들은 이쪽으로 와 주세요" 등이라 말하며 규제했다.[148]

이런 상황에 염증을 느낀 오다는 1973년에 "요즘은 시민운동이라는 호칭 따위 그만두고, 사람들의 운동이라고 부른다"라고 털어놓았다.[149] 쓰루미 슌스케도 1970년에 "한 번 저널리즘의 에스컬레이터에 올라 옥상까지 올라가 버린 말은, 순식간에 다시 하강하기 시작하여, 좋지 않은 의미가 가득 담겨져서 하수도로 처박힌다"라고 평하며, 베헤렌 운동 그 자체

도 "상당히 정형화되었다"라고 말한다.[150]

그러나 그런 그들을 지탱했던 것은 전쟁 체험의 기억이었다. 오다는 1990년에 베헤렌 시절을 회상하며 "지치거나 염증을 느끼거나 방향을 잃거나 한때의 화려한 성공에 마음이 들떠 우쭐하거나 했을 때, 나는 곧잘 '난사'의 모습을 떠올렸다. 아니, 그것은 자연스럽게 내 눈에 떠올랐다. 그것은 나를 격려하고 힘을 줌과 동시에 질타했다. 때로는 화려하기만 한 방향으로 기세 좋게 일탈하려는 나를 돌려놓아 주었다. 무엇을 하려는 거냐, 너는─이라고 그것은 말했다"라고 쓴다.[151]

베트남 반전 운동은 베헤렌만이 맡은 것은 아니었지만, 베헤렌은 여론의 주목을 환기하는 효과와 탈주병 지원을 통해 미군에게 적지 않은 동요를 끼쳤다. 베헤렌은 1960년대 말부터는 안보와 오키나와, 공해 문제, 군사 관련 기업에의 항의 등으로 활동의 폭을 넓혔지만, 베트남이 평화로워지면 해산한다고 선언했다. 요시카와 유이치는 1972년 12월에 이렇게 말한다.

"목적이 있어서 그에 걸맞은 운동과 조직이 만들어지는 것이지, 그 반대가 아님은 누구라도 인정할 테지만, 실제로는 왕왕 역전된다. '이 조직을 유지·발전시키기 위해서는 베트남 문제를 어떻게 다루면 좋을까' 등과 같은 발상을 하는 조직인이 너무나도 많고, 그것이 운동을 부패시켜 왔다."[152]

그리고 1973년 1월 「베트남 평화 협정」Paris Peace Accords이 성립되고 미군의 철수가 완료된 뒤, 중심이 되었던 도쿄 베헤렌은 1974년 1월에 해산했다. 각지 그룹의 대응은 각자에게 맡겨져, 그 후에도 베헤렌으로 활동을 계속한 사례도 있었다. 요시카와 유이치는 해산식에서 베헤렌이 소중히 해 왔던 것은 "자기의 판단을 타인에게 맡기지 않는다는 것"이었으며, 따라서 "베헤렌을 해 온 사람들 중에 베헤렌이 없어지면 나는 어떻게 하면 좋습니까, 라고 묻는 사람은 없을 것입니다"라고 말한다.[153]

쓰루미 슌스케는 해산 후에, "우리들이 이 운동의 계획과 방법과 조직을 만들고 추진해 온 지도자라는 인상을 주는 것에 대해서, 마음이 불편함을 느꼈다. 우리가 모르는 곳까지 퍼져 있는 협력자, 가까이에 있는 19세, 20세의 보상 없이 일한 사람들에 대한 감사. 그것을 뒤늦게나마 지금 여기서 밝히고 싶다"라고 썼다. 그리고 해산식에서는 반쯤 정형화 된 베헤렌의 수법을 장래의 세대가 뛰어넘고, "어느 날, 베헤렌이 베헤렌으로서가 아닌 모습으로 나타날 수 있으면 좋겠다고 나는 생각합니다"라고 말했다.[154]

오다는 해산 후 "9년간의 '베헤렌' 운동 속에서 내가 계속 생각해 온 것이 하나 있는데, 그것은 인간의 죽음이었다"라고 썼다. 거기서 그는 고도성장과 대중 내셔널리즘 속에서 자폐해 가는 '회사 나라 일본'의 모습을 비판하고, "나를 견디기 힘들게 만드는 것은, 거기에 잠재되어 있는 어찌할 방도가 없는 아이스러움, 어리광, 그리고 오만함이다. 사자死者라는 타자의 눈은 그런 오만의 존재를 용서하지 않을 것이다. 사자의 눈은 실로 그런 것으로서 존재한다"라고 주장했다.[155]

베헤렌은 그 표면적인 무이론無理論적인 모습의 이면에서, 프래그머티스트 철학자와 고대 그리스를 공부한 작가가 창설 역을 맡은, 철학적인 요소가 짙은 운동이었다. 거기서 이루어진 것은 개인이 어떻게 타자에 대한 신뢰를 회복할 수 있을까, 그리고 국가란 무엇인가 라고 하는, 넓은 의미에서의 자기를 묻는 질문이었다.

오다 마코토는 1992년에 출판된 『'베헤렌'·회고록이 아닌 회고』「ベ平連」·回顧録でない回顧에서 "문제는 자기 자신이었다"라고 말한다.[156] 나는 어떻게 하면 '우리'가 될 수 있을까, 그 우리의 범위는 어디까지이며, 어떤 성격일 수 있을까가 그 문제였다. 그리고 그들은 이것을 되묻는 과정에서 전후 일본의 내셔널리즘과 공적인 것의 바람직한 모습을 모색하는 한 궤적을 남겼다.

결론

제1의 전후의 언어가 영향력을 잃고, 제2의 전후가 끝난 지금, 새로운 언어의 창출이 필요해졌다.

오구마 에이지

본론의 검증을 통해 전후의 내셔널리즘과 공적인 것을 둘러싼 논의의 변천이 조금이나마 밝혀졌으리라 생각한다. 이하의 결론에서는 이 변천에 대해 약간의 고찰을 더한 뒤, 앞으로의 바람직한 내셔널리즘의 모습에 대해 생각해 보고자 한다.

전쟁 체험과 전후사상

서장에서도 말했듯이 전후사상이란 전쟁 체험의 사상화였다고 해도 과언이 아니다. 전후사상을 이야기하는 것은 "'일본인'에게 있어서 전쟁의 기억이란 무엇이었는가"를 이야기하는 것과 거의 같은 의미다.

이 점은 많은 전후 문학에서도 마찬가지다. 시바 료타로는 1991년 좌담회에서, 22세 때 맞이한 패전의 충격을 회상하며 "무언가를 쓰기 시작하고부터는, 조금씩 알게 된 것들에 대해, 22세의 나에게 줄곧 편지를 보내는 듯했습니다"라고 말한다. 동석한 홋타 요시에도 "나도 완전히 그렇습니다. 지금까지 내가 해 온 작업은, 계속 전시 중의 자기에게 편지를 쓰는 듯한 것입니다. 내가 쓴 『고야』ゴャ도, 『호죠키 사기』方丈記私記도 『사다이에메이게쓰키 사초』定家明月記私抄도 전시 중에 생각했던 주제입니다."라고 답한다.[1]

전후사상의 최대 강점이자 약점은 그것이 전쟁 체험이라는 국민적인 경험에 의거했다는 것이다. 전쟁이 패전 후의 일본에 얼마나 거대한 공동체 의식을 낳았는지를 보여 주는 일례로, 저널리스트 이데 마고로쿠井出孫六가 1972년에 쓴 일화를 소개하겠다.[2]

요즘 와서 나는, 우리가 패전 후의 어느 한 시기에, 어디에서든 조우했던 한 체험에 대해 생각한다. 그렇다, 지금은 상상도 할 수 없을 정도로 혼잡스럽고 더러운 열차에 꽉꽉 들어차, 물자를 사러 다니던 때의 열차 안을 생각해 주기 바란다.

영양실조의 몸으로 용케 아직 그렇게 힘이 남아 있었나 하고 놀랄 만큼 큰 백팩을 모두가 짊어지고, 짐을 싣는 열차의 망은 그 무게로 휘어질 정도였으며, 부서진 유리창으로는 가차 없이 매연이 날아들었다. 그러나, 과거처럼 경계경보나 공습경보에 깜짝 놀랄 일이 없었기 때문에, 사람들의 얼굴은 지극히 밝았다. 꽉꽉 채워진 차내에서 옆자리에 앉은 사람들끼리, 때로는 살벌한 말다툼을 하는 일도 있었지만, 반대로 처음 만난 사이끼리 10년 지기처럼 친근하게 말을 주고받는 일도 빨리 이루어졌다. 신사풍의 남자가 우선 말문을 튼다.

"나는 우한武漢에 있었는데, 그때 당신은 어디에 계셨나요?"

맞은편 농민풍의 남자가 답한다.

"나는 난징이었지."

그러자 옆의 젊은이가 즉시 대답한다.

"나는 팔렘방Palembang이었어요."

그 즉시 이야기의 중심이 엮이는 것이다. …… 분명히 그것은 따분함을 때우기 위한 주간지의 대체물이기도 했지만, 한편으로는 그때 주관적으로는 전쟁을 철저히 저주하는 기분을 모든 사람들이 공유했던 것이리라.

그것은 실로 전쟁이라는 악몽을 공유한 사람들끼리 만들어 낸 하나의 공동체였다. 직업도 지역도 연령도 학력도 각기 다른 사람들 사이에서, 많은 말이 필요없이 공감이 이루어지는 기초가 거기에 존재했다. 민주와 애국의 공존 상태도, 이런 토양 위에 성립되었다.

그리고 거기에서는 전쟁으로 개개인이 받은 상처를 이야기하는 것이 그대로 타자와 연결되어 가는 회로가 되었다. 아라 마사히토나 다케우치 요시미가 자기의 내면을 파 내려가는 것이 그대로 타자와의 연대로 이어진다는 사상을 주창한 사실도, 이런 공동 의식을 배경으로 했다. 언뜻 고답적으로 보이는 지식인들의 사상도, 이런 공동 의식을 통해 일반 민중들의 심정과 이어졌음은 본론 속에서 종종 언급한 대로다.

물론 한편으로 이런 국민 공동체의 성립은, 정부의 애국심 교육과 총력전에 따른 평준화 효과의 산물이기도 했다. 그러나 애국심 교육과 전쟁으로 고조된 국정에 대한 관심은, 패전 시에 공산주의 운동이나 민주화 운동의 큰 기반이 되었다. 또한 총력전에 따른 평준화는 그 후의 인플레이션과 어우러져서 단숨에 평등화를 촉진하여, 전후 개혁을 뒷받침한 측면도 존재했다고 볼 수 있다.

본론에서도 언급했듯이, 많은 전후 지식인은 제1차 세계 대전의 총력전 후에 독일과 러시아에서 혁명이 발생한 사실을 떠올렸다. 일본에서는 점령군의 전후 개혁이 재빨리 이루어졌기 때문에 사회주의 혁명은 실현되지 않았다. 그러나 총력전이 가져온 평준화 효과와 애국심의 고조가 없었다면, 전후 개혁의 정착도는 아마도 훨씬 낮았을 것이다. 말하자면 전후 일본에서는 총력전의 패배가 혁명으로 이어지는 사태는 없었지만, 그 대신 전후 개혁의 정착이라는 현상을 가져왔다.

그리고 전후사상이 주창했던 급진적인 민주주의도 총력전의 유산에서 발생했다. 물론 마루야마 마사오 등에서 보이듯, 총력전의 합리적 수행을 제언하는 것이 그대로 전시 중의 일본에 대한 비판이 된 측면을 경시해서는 안 된다. 하지만 총력전이 결과적으로 민주주의를 가져오는 현상은, 프랑스 혁명과 러시아 혁명의 예를 들 것까지도 없이, 오히려 일반적이다.

전후사상에서 계급 격차의 해소나 단일 민족에의 지향이 이야기된 것도, 총력전에 따라 심리적으로 성립된 국민 공동체의 이미지에 비해, 현실 사회에서의 격차가 부각되었던 결과라고 할 수 있다. 물론 7장에서 말했듯 1950년대 전반까지는 교양과 문화의 격차가 현저했다. 그러나 전쟁과 패전에 따른 인플레이션으로 말미암아 고도성장 이전에 경제 격차의 축소가 달성된 측면이 있기에, 그것에 비해 문화적 격차가 눈에 띄었다.

또한 사상의 내용에서 보아도, 전후사상의 활력은 전쟁 체험으로부터 태어났다. 전쟁은 많은 지식인과 학생을 군대와 군수 공장으로 끌어냈고 거기서 이루어진 경험이 전후사상의 활력이 되었다. 게다가 전쟁과 패전은, 죽음이란 무엇인가, 정의란 무엇인가, 국가란 무엇인가, 라는 주제를 전 국민 수준까지 공유시켰다.

15장에서 말했듯이 소년 수병이었던 와타나베 기요시는 패전 후의 일기에 "내가 천황에게 배신당한 것도, 국가에게 속았던 것도, 내가 스스로를 배신한 것도, 원인을 찾자면 말 때문이다. 사이에 긴 말과 문자를 그대로 지레짐작해 사물의 실체라고 착각했기 때문이다"라고 썼다. 언어란 무엇인가, 존재란 무엇인가, 라는 철학적인 주제를 소년 소녀들까지도 생각하지 않을 수 없는 상황에서, 전후사상은 시작되었다.

이런 현상은 일본에서만 발생한 것이 아니다. 제1차 세계 대전의 경험이 유럽에 현상학과 언어 철학의 대두를 촉진시킨 점은 잘 알려져 있다. 또한 1926년생 '전중파'인 미셸 푸코는, 제2차 세계 대전의 경험에 대해 이렇게 말한다.[3]

내 생각에는, 내 세대의 소년 소녀들은 이런 역사적인 대사건을 통해서 그 어린 시절의 기반을 굳혔습니다. 압박해 오는 전쟁이라는 위협이야말로 우리의 무대 배경이며 우리 생의 틀이었던 것입니다. 그리고 전쟁이 찾아왔습니다. 가족생활의 이런저런 것보다도, 이 세계와 연관된 사건이야말로, 우리 기억의 중심부를 이룹니다. 나는 '우리의'라고 말했는데, 왜냐하면 거의 확신하건대, 그 당시 프랑스의 젊은 남녀 대부분이, 완전히 똑같은 체험을 했기 때문입니다. 그것은 우리의 개인적인 생에 대한 위협이었습니다. 내가, 우리가 말려들어 간 사건이나 개인적인 경험이 역사와 어떤 관계를 갖는가에 대한 문제에 매료된 것은, 아마도 이런 이유에서 비롯되었을 것입니다. 내 생각으로는, 바로 거기에 나의 이론적 욕구의 핵이 되는 부분이 있습니다.

아마 일본에서도 프랑스에서도, 패전국에서 전후사상의 활력은 죽음의 공포와 결합된 붕괴 감각이 원천이었다. 그것은 현존하는 질서와 세계를 안정된 필연이라 생각할 수 없는 불안감이기도 했다.

오다 마코토는 중학교(당시에는 의무 교육이 아니었으므로 입시가 있었다)에 입학했던 1945년 당시를 회상하며 이렇게 말한다.[4] "그 전날인가 전전날에 오사카가 대공습을 받아, 시험 문제가 전부 불타버렸기 때문인지, 지원자 전원이 무시험 입학. 그 후로 나는 모든 질서는 언젠가는 붕괴한다는 양도하기 어려운 신념의 소유자가 되었다." 쓰루미 슌스케가 메이지 유신을 체험한 유신인에 대한 공감을 "주어진 사회의 틀을 부수거나 떼어낼 수 있다는 점을 알고 있다. 이론적인 설명으로서가 아니라 느낌으로서 알고 있다"라고 이야기한 점은 16장에서 말했다. 이런 붕괴 감각에 기반하여, 국가나 공적인 것을 근저로부터 되묻는 사상이 배출되었다.

이 붕괴 감각은 현존하는 질서가 상대적인 것에 불과하다는 시점을 주는 한편, 표면적인 질서의 변동을 초월해 불변하는 것에 대한 동경을 북돋기도 했다. 프랑스의 역사가 페르낭 브로델Fernand Braudel은 1940년부터 5년 동안 독일의 포로수용소에서 지낸 경험으로부터, 표층에서 일어나는 정치적 사건의 변동을 넘어선 심층의 역사에 관심을 갖게 되었다고 이야기한다.[5] 전전과 전후의 언어 체계에 일어난 격변에 절망한 쓰루미 슌스케가 표층의 변동에 좌우되지 않는 심층의 철학을 만들어 갔음은, 16장에서 말한 대로다.

15장에서는 지극히 간략하고 빈약한 형태로만 소개했지만, 에토 준도 1950년대 후반의 『작가는 행동한다』나 『신화의 극복』 등에서 독자적인 언어론을 전개했다. 당시 에토의 평론을 애독했던 가라타니 고진은, 후에 롤랑 바르트Roland G. Barthes의 저작 등을 읽었을 때, 에토에 비해 "무엇 하나 새롭게 느껴지지 않았습니다"라고 말한다.[6] 가라타니는 에토가 어디서 그런 발상을 배웠는지 불가사의하다고 말했지만, 아마도 에토는 어떤 이론의 영향을 받은 것이 아니라, 그의 전쟁 및 패전 체험으로부터 사상을 만들었다고 생각된다.

결론

전쟁 체험은 적지 않은 사람들에게 말로 표현할 수 없는 심정을 심어 놓았다. 거기서부터 기존의 언어와 사상에 대한 회의와, 새로운 말을 만들어 내는 노력이 시작되었다. 많은 전후 지식인들의 경우, 전쟁 체험을 직접 이야기하는 일은 적었다. 그것은 그들에게 있어서 이야기하고 싶지 않은 가장 큰 상처였을 뿐만 아니라, 언어로 용이하게 표현할 수 없는 체험이었기 때문일 것이다. 그리고 그들은 자기의 체험을 직접 이야기하는 대신 많은 사상을 만들어 냈다.

동시에 미군의 점령이라는 식민지 상황과 미국 문화의 급격한 침투, 그리고 도시와 농촌의 거대한 격차 등은 현대 제3세계의 지식인들이 직면한 상황과 유사하기도 했다. 서양 근대에서 모델을 찾는 데 대한 양가적인 태도와, 지식인이 민중을 어디까지 대변할 수 있느냐는 문제도, 1950년대의 일본에서는 절실한 과제였다.

그런 배경을 생각하면, 가토 슈이치의 『잡종 문화론』雜種文化論이 크레올creol 문화론과 닮았거나, 국민적 역사학 운동과 생활 기록 운동의 사상에서 서발턴 연구subaltern studies와 상통하는 부분이 느껴지는 것은, 전혀 이상한 일이 아니다. 마루야마 마사오의 「충성과 반역」이나 쓰루미 슌스케의 사상 등이 '전통적 범주'의 바꾸어 읽기에 따른 새로운 문화 창조라는, 현대의 문화 이론과 유사한 내용을 가진 점도 그런 배경으로부터 나왔다고 할 수 있다.

전후사상의 한계점

그러나 이런 전후사상의 강점은 동시에 약점이기도 하다.

우선 전후사상은 전쟁 체험이 만들어 낸 국민 공동체의식에 의거했기 때문에, 종종 오키나와나 조선 등이 시야에 들어 있지 않았다. 또한 시야에 들어 있는 경우에도, 8장이나 9장에서 말했듯이, 오히려 일본 민족주의의 강화 요인이 되는 방향으로 작용한 사례가 많았다. 오키나와와 자이니치 한국인·조선인, 아이누 등이 일본 민족주의로는 해결할 수 없는 소수자minority 문제로서 주목받게 된 것은, 전쟁 체험에 따른 국민 공동체 의식이 풍화되고, 대중 내셔널리즘이 이것을 대신한 1960년대 후반 이후의 일이다.

또한 오늘날의 눈으로 보면 전후사상이 너무나도 남성적이었던 점도 부정할 수 없다. 무사도, 남자다움, 부끄러움을 알라, 팡팡 문화 등의 말이 빈출하는 것은, 좋든 나쁘든 전후사상의 한 특징이다. 이런 말 속에서 전쟁과 패전, 그리고 점령으로 상처받은 남성 지식인들의 심정을 쉽게 읽어 낼 수 있다. 그런 의미에서 중남미 국가들에서 지적되는, 패전의 기억과 식민지 상황이 남성적인 문화를 낳은 현상이 전후 일본에서도 출현했다고 할 수 있을 것이다. 이런 전후사상이 고도성장 이후의 사회에 적응하지 못하고, 무사도나 메이지라는 상징이 보수 내셔널리즘 측에 찬탈되어 간 점은, 본론에서 말한 대로다.

그리고 전후사상의 최대 약점은, 말로 이야기할 수 없는 전쟁 체험이 기반이 되었기 때문에, 전쟁 체험이 없는 세대와 공유할 수 있는 말을 만들지 못한 것이었다. 시미즈 이쿠타로는 1975년에 "일본의 많은 사람들에게 사회주의라는 것은…… 다종 잡다한 불만과 소망에 주어진 임시적인 명칭이다", "이런 불만이나 소망의 대부분은, 마르크스의 학설과 관계가 없을 뿐만 아니라, 현실의 사회주의 국가들에서는 그것을 표현하기만 해도 신변의 위험을 초래할 만한 것들인데, 사람들은 그것을 사회주의의 꿈에 맡기고 있다. 달리 적당한 명칭이 없다"라고 말한다.[7] 이 평가는 약간 일방적이지만, 이런 사정이 전후의 마르크스주의뿐만 아니라 전후사상 속의 근대나 주체성이라는 말에도 어느 정도 존재한 것은 사실이다.

본론에서 기술했듯이 마루야마를 비롯해 여러 저명한 전후 지식인은 당시 공산당의 마르크스주의 해석과 거리를 두는 것에서부터 독자적인 사상을 형성해 갔다. 근대나 주체성이라는 말은, 패전 직후에는 공산당과의 대항 관계를 의미하기도 했다. 그러나 그들이 마르크스주의에 상당할

결론

정도로 독자적이며 체계적인 사상을 형성하는 데 성공했냐고 하면, 그 점은 과대평가할 수 없다. 결과적으로 전후사상은 근대나 주체성이라는 말의 배경이 된 전쟁의 기억을 공유하지 않은 세대에 대해서는 설득력을 잃어 갔다.

또한 동시에 전후사상의 붕괴 감각은, 질서가 안정된 고도성장기 이후에는 거의 이해할 수 없는 것이 되어 갔다. 1955년을 경계로 혼란과 개혁의 시대였던 '제1의 전후'가 끝나고 안정과 성장의 시대인 '제2의 전후'가 시작되는 가운데, 이른바 55년 체제의 이름하에 보수와 혁신이라는 세력 도식이 고정화되었을 때, 전후사상의 최전성기는 이미 끝나 있었다.

그리고 전후 태생의 좌파에게 전후 민주주의란 보수와 혁신의 형해화한 대립 도식 중 일부로밖에 비치지 않았다. 질서가 안정된 제2의 전후에 성인이 된 세대 중 많은 사람들에게, 세계는 안정되고 지루한 기존 질서이며 다소 반항을 해도 붕괴될 위험이 없었다. 과거 마루야마 마사오 등은 세계와 미래의 불안정함을 전제로 국가의 건설에 참가하는 국민주의를 주창했다. 그러나 이런 사상은 종종 전후 태생의 세대에게 기존 질서의 수중으로 들어간 '건설적'인 사상으로만 보이게 되었다.

또한 13장에서 말했듯이 전쟁 체험 세대의 전쟁 기억도, 1960년대부터 급속히 풍화되어 갔다. 언어가 되지 않는 심정을 대신해서 나타난 것은, 굴욕의 상처를 은폐하고, 감상적인 이야기로 무해화된 전쟁 체험담이었다.

앞에서 말했듯이 아라 마사히토나 다케우치 요시미 등은 자기의 내부로 파고들어 가는 것이 타자와 이어지는 회로라고 주장했다. 그 전제는 전쟁 체험에서 받은 상처를 자기와 타자가 공유한다는 점이었다. 자기 내부의 암흑을 직시하는 것이 타자의 공감과 흔들림(진감震撼)을 환기하고 표면적인 결합을 넘어선 연대를 낳으려면, 전쟁 체험이 안이한 의사소통을 파괴할 정도의 깊은 상처일 필요가 있었다.

바로 그렇기 때문에 아라도 다케우치도, 또한 쓰루미 슌스케 등도, 전쟁 책임의 문제를 반복해서 제기했다. 그것은 타자를 공격하는 원리로서가 아니라, 자기의 아픔과 타자의 아픔을 이어가기 위한, 패전 후에 어울리는 연대의 원리로서 제기되었다고 할 수 있다.

그러나 많은 사람들은 전쟁 체험의 상처를 직시하기보다는, 고도성장 속에서 그것을 은폐해 버리는 길을 택했다. 이데 마고로쿠도 앞에서 말한 열차 속의 일화를 소개한 뒤, 이렇게 말한다.[8] "그러나, 안이하게 성립된 회화에는, 아무래도 한 가지 중요한 요소가 빠질 수밖에 없다. 물자를 사러 가는 열차 속의 회화에서는, 대륙에서의 남방에서의 괴로운 추억을 잔뜩 이야기하기는 했지만, 대륙에서도 남방에서도 전쟁으로 파괴되어 버린 아시아 각지의 사람들에게 준 고통과 거기에 뼈를 묻은 수십 백만의 돌아오지 못한 영혼들에 대한 마음은, 통째로 빠져 버린 것이 특징이었다. 전쟁의 상처를 서로 핥고 달래는 데만 주의를 기울여서, 켈로이드keloid처럼 남은 전쟁의 진정한 상처는 뿌리부터 척결되지 못한 채, 덮여서 잊혀 버렸다고 할 수 있다."

물론 전쟁과 전사자의 기억은, 제1의 전후가 끝난 뒤에도 간헐적으로 상기되어 전후사상에 활력을 주기도 했다. 1960년 안보 투쟁이나 베트남 반전 운동의 확산을 뒷받침한 것이 전쟁의 기억이었던 점, 베트남 전쟁을 계기로 전쟁 문학의 명작이 쓰였던 점 등은, 12장이나 13장에서 말한 대로다.

그러나 전쟁 기억의 이런 활력에 기댄 채로 전쟁 체험의 언어화가 일정 정도에 그쳐, 전쟁을 모르는 세대와의 단절을 만든 점은, 전후사상의 큰 한계였다. 전쟁 책임 문제를 제기한 다케우치 요시미나 아라 마사히토도 자기의 전쟁 체험에 대해서는 많은 이야기를 하지 않았다. 전쟁 체험에 회한과 굴욕감을 품은 윗세대의 지식인 가운데, 자기의 추악한 전쟁 체험을 숨기지 않고 공표한 것은 쓰루미 슌스케와 무나카타 세이야 등 소수에 그쳤다.

이런 사정은 보다 젊은 세대의 요시모토 다카아키와 에토 준 등이

1960년대에 대두했을 때 전후사상이 비판받는 배경을 낳았다. 전시 중에는 아직 젊었고, 병역이나 공습을 경험하지 않았던 요시모토와 에토는 낭만적인 전쟁관을 품고, 전후 민주주의를 기만이라고 공격했다. 요시모토 등이 자기의 전쟁 체험을 요설로 이야기한 데 반해, 보다 연장자의 지식인들이 전쟁 체험에 대해 침묵하기 일쑤였던 점은, 요시모토 등의 전쟁관과 전후관이 유포되도록 조장했다.

물론 요시모토도 자기에게 진짜 상처가 되었던 부분에 대해서는 이야기를 많이 하지 않았음은 14장에서 검증한 바와 같다. 그러나 전쟁 체험이 없는 세대 속에서는, 요시모토와 에토 등이 이야기하는 전쟁관과 전후관이 그대로 진실처럼 받아들여지는 경향이 나타났다. 그리고 과거에는 전쟁 책임의 추궁과 한 몸을 이루었던 전사자의 기억도, 에토 등으로 말미암아 보수 내셔널리즘의 상징으로 회수되어 갔다.

오다 마코토 등이 제기한 가해의 자각은, 이렇게 풍화되어 간 전쟁 기억의 붕괴 감각을 다시금 활성화시키기 위한 시도였다. 피해의 기억이 추상화되고 풍화되는 상황에서, 자기의 인격을 붕괴시킬 만큼의 상처로서 제기될 수 있는 것은, 가해의 기억밖에 없었다.

그러나 13장이나 16장에서 말했듯이, 거기서 가해의 아픔은 피해의 아픔을 재활성화시키는 것이기도 하며, 피해와 가해는 일체였다. 그리고 전쟁의 극한 상황에서 피해의식과 가해의식은 이따금 구별할 수 없었다.

히로시마 피폭자의 수기를 다수 통독한 이노우에 히사시井上ひさし는 거의 모든 수기가 일종의 죄책감을 이야기한다는 점을 지적한다.[9] 그것은 당시의 히로시마가 군수 도시였고 침략 전쟁에 공헌했다는 문제와는, 약간 수준이 다른 죄책감이다. 도와달라는 이웃과 육친을 저버리고 도망갈 수밖에 없었던 기억, 자기만 살아남아 평화로운 생활을 누리고 있다는 의식이, 강렬한 피해의식과 불가분의 형태를 이루며 일종의 가해의식이 되었다.

그런 의미에서는 피해자의 궁극이라고 여겨지는 나치스 강제수용소의 생존자들조차 일종의 가해의식을 품었다 해도 이상한 일은 아니다. 이웃의 죽음을 가만히 지켜볼 수밖에 없는 상황, 부족한 식량을 쟁탈하는 자타의 추악함, 친구가 가스실행을 지명받고 자기는 제외되었다는 우연, 그런 것에 안도감을 느끼는 자기의 발견, 그런 상황을 빠져나와 자기만 살아남았다는 사실, 이런 체험과 기억이, 나치스가 가해자이며 유대인이 피해자라는, 올바르지만 단순한 도식—다케우치의 표현을 빌리자면 "잘 못되지는 않았지만, 부족한" 것—으로는 회수되지 못하는 심정과, 사자들에 대한 강렬한 죄책감을 남긴다.

16장에서 소개했듯이 쓰루미 슌스케는 "우리는, 살아남은 한 피해자이며 가해자다"라고 말했다. 이 말은 각각의 극한 상황을 빠져나온 전쟁 체험자들의 실감이기도 했다. 전사자의 기억이 전쟁 책임의 추궁과 결부되는 상황은, 전쟁을 일으킨 위정자에 대한 분노와 함께, 전쟁에서 살아남은 자기 자신과 위정자를 용서할 수 없다는 감정이 나타난 것이기도 했다.

오다 마코토나 쓰루미 슌스케가 한편으로는 가해의 자각과 전쟁 책임의 추궁을 주창하면서 다른 한편으로는 전사자의 기억에 강하게 집착하며 윗세대의 가해를 규탄하는 젊은이들에 대한 위화감을 말한 것은, 이런 심정이 배경이었다. 그런 기억의 상처를 굳이 비집어 열고, 연대의 원리를 만들어 내기 위해 그들은 가해를 강조했다.

그러나 전쟁을 모르는 세대의 많은 사람은 이런 심정을 이해할 수 없었다. 그들에게 전사자의 존재는 '300만'이라는 추상적인 숫자가 되기 일쑤였다. 그리고 '가해'라고 하면 일본 및 일본인이라는 국가와 민족이 침략 전쟁을 행했다는 수준이 되어 버리기 일쑤였으리라 생각된다.

이렇게 해서 1960년대에는 두 가지 사태가 진행되었다. 한편에서는 에토 준이 말하는 "300만의 사자"라는 추상화·무해화된 전사자의 이미지가 형성되었고, 그것이 보수 내셔널리즘의 상징으로 회수되어 갔다. 그리고 또 한편에서는 전공투 운동의 일부 학생들이 침략 전쟁의 가해 책임을 경시하는 전후 평화주의의 기만을 비판하고, 그런 상징으로 간주된 와다쓰미상을 파괴했다. 이렇게 해서 전사자의 기억에 대한 "무자비하고 기분 좋은 추상화"와 내셔널라이제이션nationalization이 좌우 양쪽에서 진행되어 갔다.

이런 와중에 전후사상의 특징이었던 민주와 애국의 공존 상태는 붕괴되었다. 1950년대에는 좌파의 말이었던 '단일 민족'도 1960년대에는 우파의 말로 전화되었다. 필자는 이전에 쓴 『단일 민족 신화의 기원』單一民族神話の起源에서 단일 민족 신화가 광범위하게 유포된 것은 1960년대 이후라고 평가했다.[10] 그 책을 쓴 당시에는 이것을 사실로서 확인하는 데 그쳤고 이유는 알지 못했지만, 이것은 13장에서 말했듯이 고도성장에 따른 균질화와 대중 내셔널리즘의 결과다.

그리고 본래는 다양하고 혼돈스러웠던 전후사상에 '전후 민주주의'라는 단일한 총칭이 붙은 것은 이 시기 이후의 일이었다. 1960년 안보 투쟁이 고조된 영향으로 등장한 시민이라는 말도, 이윽고 시민주의자라는 비난 용어가 되어, 1960년대의 전공투 운동과 신좌익 젊은이들이 사용하게 되었다. 이렇게 해서 전후 민주주의라고 하면 근대주의이고 시민주의이며 호헌護憲이라는 이미지가, 1960년대의 전후 민주주의 비판 속에서 발명된다.

최근 우리가 접하는 전후 비판의 대부분은, 이 1960년대에 발명된 전후관을 전제로 한다. 예를 들어 비평가 가토 노리히로는, 1997년의 『패전후론』에서 일본의 300만 사자만 바라보는 내셔널한 구舊개헌파와 아시아 각지의 2,000만 사자만 바라보는 인터내셔널한 구호헌파의 대립이 전후 50년간 이어져 왔다고 주장한다.[11] 물론 이것이 사실무근의 주장이라는 점은 지금 와서 말할 것도 없다.

또한 비평가 후쿠다 가즈야는 2000년의 저작에서, 프랑스 혁명에서는 우파도 좌파도 애국심과 국민주의를 공유했다고 주장하며, 애국심을 갖지 않는 좌익을 사이비 좌익이라고 부른다. 후쿠다에 따르면 전후 민주주의는 이 사이비 좌익의 사상과 다름없으며, 마루야마 마사오는 패전을 "일본이라는 나라 자체로부터의 해방으로 보고", "나라에 대한 책임으로부터도 해방되었다고 생각했던", "사이비 좌익 제조 책임자"이며, 가토 슈이치는 전형적인 "국제파 사이비 좌익"이라고 한다.[12] 이런 마루야마상像과 가토상像이 정확한가에 대해서도, 또한 많은 말이 필요 없을 것이다.

나아가 사회학자 하시즈메 다이사부로는 1997년 좌담회에서 전쟁 전의 신민臣民이라는 개념을 설명하면서, "신헌법으로 '시민'이 되었을 때, 그 반동으로, 이제부터는 권리를 주장하고, 국가가 말하는 것은 무엇이든지 반대해 주겠다. 그렇게 하면 나는 시민이라는, 이런 문맥이 되어 버린 것입니다"라고 말한다. 하시즈메는 나아가 "전쟁을 방지하는 노력을 하는 것과, 전쟁에 참가한 선조들의 행위를 긍정하는 것. 이 두 가지는 완전히 양립한다"라고 주장하며 "그러나 전후사상은 결국 이 점을 이해하지 못했다"라고 한다.[13]

이 논자들의 사상 경향은 각각 다르지만, 다들 1960년대 이후에 발명된 전후관을 전제로 해서 논의하고 있다. 그리고 이런 전후관은 전후를 비판하는 측뿐 아니라 전후를 높이 평가하는 측에도 존재한다. 마치 패전 직후부터 마루야마 마사오를 비롯한 시민 사회파나 시민 사회론자라는 것이 존재했다는 듯이 이야기하는 연구자와 평론가는 많다.[14]

물론 필자 자신을 포함해서, 인간은 완전한 인식을 가질 수 없다. 그러나 잘못된 인식을 기반으로 삼아 논의를 진행하면, 그것이 과연 생산적일지 의문이 든다고 할 수 있다.

전쟁 체험의 다양성

하지만 전후 태생의 세대만이 전후 비판을 펼친 것은 아니다. 요시모토 다카아키와 미시마 유키오, 에토 준 등은 어떻게든 전쟁을 체험한 세대이며, 각각의 전쟁 체험을 기반으로 삼아 전후사상을 비판했다.

거기서 이해해야 할 점은, 전쟁 체험이라는 것은 국민의 공통 경험과 같은 인상을 주지만, 실은 세대와 계층 등에 따라서 상당히 달랐다는 사실이다.

14장과 15장에서 말했듯이, 패전 시에 20대 이하였던 세대에게는 전쟁이 통상의 상태였고, 패전은 해방이 아니라 가치관의 붕괴로 받아들여지는 경우가 있었다. 이 세대의 일부가 패전을 일종의 해방감으로 맞이한 전후 지식인들—그러나 마루야마 등의 경우도, 점령군과 보수 정권의 전후 개혁을 예찬한 것이 아니라, 전쟁과 언론 탄압의 종결을 기뻐했다는 의미에서의 해방감이었지만—에게 위화감을 품고, 1955년 이후에 전후 민주주의 비판을 전개해 갔다.

여기서 유의할 점은, 일반적으로 전후사상은 윗세대에 대한 비판이 특징이라는 것이다. 마루야마 마사오는 보다 윗세대의 올드 리버럴리스트들을 비판했고, 요시모토 등 전중파는 마루야마 등의 세대를 비판했고, 에토와 이시하라 신타로는 전쟁 체험을 고집하는 전중파를 비판했다.

그 배경에는 나이가 어린 세대일수록 자기가 전쟁의 피해자라고 의식한다는 사실이 있었다. 나이가 어리면 어릴수록, 당사자는 전시에 책임 있는 지위에 있지 않았고, 연장자들이 결정한 전쟁으로 피해자가 되었다는 의식을 품기 쉬웠다. 예를 들어 에토 준은 1959년에 이렇게 썼다.[15]

전쟁의 선악은 제쳐 두더라도, 전쟁에 진 덕분에 일본은 만주를 잃고, 조선, 타이완을 잃었다. 좁은 국토에 인구는 지나치게 많고, 생존 경쟁은 갈수록 치열하다. 만약 구세대의 지도자가 보다 명민했더라면, 협력한 지식인들이 보다 용감하고 이해에 밝아, 국제 정세의 전도前途를 잘 파악했더라면, 오늘날의 청년층이 활력을 발휘할 곳을 고민하면서, 장래의 입신에 대한 희망을 잃지 않았을 것이다. 자기들의 장래를 엉망진창으로 만들어 버린 어른들은 '책임'을 느끼고 사임하고, 빨리 죽어 버리는 편이 낫다. 그러면 일자리도 빌 테고, 출세도 지금보다는 편해진다. 자기들의 집이 불타고 형제가 전사하고, 재산이 사라지고, 희망을 상실해 버린 것은 자기들이 나빠서가 아니다. 어른들이 우둔했기 때문이다. 그 꽁무니를 잇게 해서야 되겠나. 그런데도 그들은 조금도 '책임'을 지려 하지 않고, 오히려 자신들을 억압하는 자로서 나타나 있다. 죄를 물어야 할 대상은 ─ 오히려 '악'을 대표하는 그들이며, 신세대야말로 순결과 정의를 대표한다. 아마 이것은 현재 일본의 청년층 사이에 많든 적든 공통된 감정일 것이다.

이런 경향은 사상뿐만 아니라 대중문화에도 나타났다. 1941년생인 애니메이션 감독 미야자키 하야오는 이렇게 말한다.[16] "제2차 세계 대전에서 패배했을 때, 통속 문화는 변하지 않을 수 없었습니다. 전쟁에 진 당사자인 어른들이 잘난 척하는 얼굴로 나오는 것을 용서할 수 없지요. 그래서 전쟁에 진 뒤 『환상 탐정』幻想探偵 정도까지는 정말로 소년이 주인공이었습니다. 거기다 『철인 28호』鉄人28号의 가네다 쇼타로金田正太郎 같은 경우도 서장署長보다 똑똑합니다. 그것을 아이들이 받아들였을 뿐만 아니라, 어른들이 보아도 소년들 쪽이 무구하고 따라서 패전의 책임이 없으므로 주인공으로 삼았습니다."

이런 사상과 문화 속에서 자라난 1960년대의 젊은이들이 가해 책임을 내세워 윗세대를 비판한다는 발상을 품은 것은 역설적인 사태지만 자연스런 결과였다고도 할 수 있다. 그런 젊은이들이 요시모토와 에토의 전후 비판을 받아들인 것 또한 자연스러운 일이라 할 수 있다.

하지만 요시모토와 에토의 전후관은, 전쟁 전반에 대한 이해를 크게 결여한, 한쪽으로 치우친 것이었다. 가장 큰 이유는 그들이 전시와 패전 직후에 너무 젊었고, 또한 피해자의식이 강했기 때문에, 윗세대가 품은 회한과 굴욕의 아픔을 이해할 수 없었기 때문이다. 그런 까닭에 요시모토나 에토의 전후 비판은, 자기들이 전쟁과 패전으로 상처를 입고 내면적으로 변화할 수밖에 없었음에 비해, 윗세대의 지식인들은 전쟁으로 상처 입는 일 없이, 단지 '귀축미영'에서 '민주주의' 예찬으로 전향했다는 형태를 취했다.

패전 직후에 귀축미영에서 민주주의 예찬으로 변한 자가 적지 않았던 것은, 어느 정도 사실이다. 그러나 그것은 보수 정치가나 지방 유력자 등에게 가장 현저한 현상이었고, 마루야마 마사오를 비롯한 전후 지식인들은 오히려 그에 비판적이었다.

마루야마는 전공투 운동 시기의 노트에서 "그렇다 치더라도 '전후 민주주의'라고 말하는 경우, 전후의 헌법(및 헌법에 준하는 자유권을 보장한 법률들) 체계를 말하는지, 또는 현실의 정치 체제(도무지 의회정 민주주의의 **현**실에서 먼 보수 영구 정권하의 '의회 정치')를 말하는지, 아니면 사회주의 운동과 노동 운동을 포함해 민주주의라는 이름을 건 **운동**의 현실(따라서 혁신 정당의 현실)을 말하는지, 그것도 아니면 마지막으로 이것을 공공연히 부정하는 세력이 **처음으로** 세계에서 소멸된 데모크라시의 이념을 말하는지, 그 정도는 분명히 해 주었으면 한다"라고 쓴다. 이런 조잡한 전후 민주주의 비판의 일례로, 2001년의 어떤 잡지 기사에는 "전후 민주주의의 최대 폐해인 당선 횟수 지상주의"라는 문장이 보인다.[17] 그러나 당선 횟수 지상주의는 물론 헌법 규정이 아니며 마루야마가 주장하지도 않았다.

하지만 지식인들 중에도 전시에 전쟁을 찬미하는 글을 쓰고 전후에 민주주의 예찬으로 전향한 자가 적지 않았던 것은 사실이다. 요시모토 다카아키가 일부 시인과 문학가들의 이런 사례를 폭로하면서부터, 그 후로 이것이 전후 지식인의 일반상이라는 듯한 인상이 퍼졌다. 그러나 이것이 완전한 잘못이라고 할 수는 없더라도 전후 지식인 전체에 들어맞지는 않는다.

저명한 전후 지식인으로서 이름이 자주 거론되는 사람은, 마루야마 마사오, 오쓰카 히사오, 난바라 시게루, 가토 슈이치, 쓰루미 슌스케, 다케우치 요시미 등이다. 본론에서도 검증했듯이 이 지식인들은 전시와 전후에 안이하게 전향한 흔적이 없으며, 공산당과도 거리를 두었다. 전시와 전후에 전향이 격했던 지식인으로는 히라노 요시타로, 시미즈 이쿠타로, 야나기다 겐주로柳田謙十郎, 야가와 도쿠미쓰 등을 들 수 있는데, 이들은 앞에서 말한 지식인들에 비해 지명도가 낮다. 안이하게 전향한 자가, 전후 지식인의 대표 격으로 길이 이름을 남기는 일이 없게 할 만큼은, 일본의 독자 내지 민중의 '후각'이 건재했다고 할 수 있다.

단 요시모토나 에토에게 보이는 전후관이 그들의 동세대 모두에게 공유된 것은 아니다. 예를 들어 오다 마코토의 전후 문학관이 요시모토나 에토 등과 크게 다른 점, 그 요인이 오다의 전쟁 체험이었던 점은 16장에서 본 대로다.

반복하건대 전쟁 체험은 국민 공통의 경험이라는 인상을 만들어 내기는 했지만, 실제로는 세대만이 아니라 출신 계층과 거주 지역, 나아가서는 전투와 공습 경험의 유무라는 우연에 따라 달랐다. 전쟁은 국민 전체를 말려들게 만들었지만, 균질한 현상은 아니었다.

예를 들어 1944년 말 미군의 공습과 척박한 식량 상황에 허덕이던 필리핀 전선에서 특공대를 배웅했던 어느 조종사는, 그 직후에 후방의 수마트라 섬에 가보니 완전히 평온무사하게 연회가 열리고 있었다고 이야기한다.[18] 마찬가지로 같은 공습 체험이라도 오다 마코토가 오사카 공습의 불바다를 헤매며 도망친 것에 비해, 요시모토 다카아키가 살았던 지역은 1945년 3월 10일의 도쿄 대공습으로도 화재가 일어나지 않았고, 요시모토는 자택의 방공호에서 나와 B29기와 일본 영격기迎擊機 사이의 공중전을 이를 갈며 팔을 걷어붙인 채切齒扼腕 바라보았다고 한다.[19]

같은 지역에 주둔했던 군대 속에서도 반응은 다양했다. 패전 시에 이등병으로, 조잡한 무기로 본토 결전의 훈련을 받았던 마루야 사이이치丸谷才一는 8월 15일의 모습을 이렇게 회상한다.[20] "그들〔병사들〕은 매우 단순히, 이제 군대에서 집으로 돌아갈 수 있다는 사실에, 이제 더 얻어맞지 않아도 된다는 사실에, 들떴다. 그리고 하사관은 평생 군대에서 살 생각을 하던 남자였으므로, 취직한 기업체의 도산에 완전히 화를 내고, 그 분노는 군인들이 들뜬 것 때문에 더더욱 격해져서, 결국 나를 때렸다."

그리고 전쟁의 참화로 종종 이야기되는 공습과 식량 부족은 주로 도시의 현상이었다. 그러한 이유로 14장에서도 말했듯이 패전을 사전 예측했던 자의 비율은 도시에 비해서 농촌 쪽이 적었다. 1997년에 우파 단체인 '새로운 역사 교과서를 만드는 모임'의 회장이 된 니시오 간지는 피난처인 농촌에서 10세의 나이로 패전을 맞이했는데, 농민이 "점령군에게 약탈될 바에야"라며 가축을 죽이고 "어째서 마지막까지 죽창으로 싸우게끔 명령해 주지 않으실까"라며 비분강개했다고 1965년에 회상한다.[21]

니시오는 이런 패전의 기억에 의거하여 패전은 해방이었다는 '진보적 문화인'의 말은 기만이라고 주장했다. 그러나 오다 마코토는 1966년에 "패전을 굴욕으로 받아들일 수 있었다는 니시오 씨나 그 주변의 사람들을, 오히려 부럽게 생각한다"라고 말하며, 자기는 패전 때에 "이제 공습은 없겠지"라며 안도했을 뿐이라고 말한다.[22]

또한 패전 후의 체험도 계층과 지역에 따라 달랐다. 도시 중산층의 자제였던 에토 준이 패전 후에 몰락을 경험하고 전후에 부정적인 인상을 품은 사실은 15장에서 말했다. 한편으로 도호쿠의 농촌에 있었던 이노우에 히사시는 식량 부족 때문에 농산물 가격이 상승하고, 도시 주민들이 의류 등을 가지고 와서 물물 교환을 했기 때문에, 패전 후에는 "마을 아이들의 복장이 급격히 좋아졌다"라고 회상한다. 동시에 농지 개혁도 이루어져서, 이노우에에 따르면 "대부분의 농가에서는 맥아더에게 '님樣'을 붙여서 불렀다"라고 한다.[23] 만약 니시오 간지가 그 후로도 피난처인 농촌에 남아 있었더라면, 8월 15일에 비분강개했던 농민이 '맥아더 님'이라고 말하는 모습을 볼 수 있었을지도 모른다.

이렇듯 전쟁 체험은 실은 다양했고 전쟁관이나 패전관도 다양했다. 그럼에도 전형적인 전쟁 체험으로 이야기되는 것은, 군인의 경우에는 기아·전사·특공 등이며, 민중의 경우에는 공습·기아·피난 등이었다. 말할 것도 없이 이것은 군인 중에서는 대미전의 전선 지대 경험이고, 민중 속에서는 주로 도시 주민의 경험이다. 그런 까닭에 군인 중에서도 후방 지대에 있었던 사람, 중국 전선에 있었던 사람, 혹은 피난과 공습을 경험하지 않은 농촌의 주민 등은, 이런 정형적定型的인 전쟁 체험론에 위화감을 가졌다.

그것이 노정된 결과가 1960년 안보 투쟁 후에 이루어진 마루야마 마사오 비판이다. 마루야마는 안보 투쟁 직후의 인터뷰와 강연에서 전후의 원점인 8월 15일을 상기하라고 호소했다. 그러나 요시모토와 에토는 마루야마에게 있어서 8월 15일이 지닌 의미를, 공유하지 않았다. 말하자면 전쟁은 많은 사람들에게 말을 잃게 하는 경험을 주었다는 의미에서 국민 공동체의 의미를 형성했지만, 그것을 개개인이 언어화하는 단계가 되자, 실은 각자의 경험이 서로 달랐다는 사실이 노정되었다고 할 수 있다.

그런 의미에서는 요시모토와 에토 그리고 니시오 간지 등의 전후 지식인 비판은 그들 나름의 전쟁 체험에 대한 실감을 바탕으로 이루어졌다. 그러나 요시모토가 전시 중에 대해 "사회 전체의 분위기는, 엄청나게 밝고, 그리고 건설적이었습니다. '전쟁 중에 세상은 어두웠다'라는 것은, 전후 좌익이나 전후 민주주의자의 거짓말이고요" 등이라고 말한 것은 자기의 '실감'만을 과대시한 것이다.[24] 게다가 요시모토를 비롯한 전중파 지식인들이 스스로를 대중의 편에 위치 지으며 진보적 지식인을 비판하는 논법으로 자기의 개인적·세대적인 위화감을 일방적으로 보편화한 것은, 1960년대 이후에 발명된 전후관의 왜곡을 확대시켰다.

14장에서 말했듯이 1945년 6월에 패전을 확신했던 사람은 조사 대상자의 54퍼센트에 달했다. 54퍼센트는 절대 다수가 아니지만 소수파는 아니다. 남은 대다수도 반신반의의 상태였을 것이며, 전쟁 후기에 염전의 감정이 상당히 퍼진 사실은 일본 정부의 전시 중 조사를 보아도 분명하다.

그런 의미에서 "'전쟁 중에 세상은 어두웠다'라는 것은, 전후 좌익이나 전후 민주주의자의 거짓말"이라는 발언은, 역시 국부적인 타당성 밖에 없다고 해석하는 것이 적절하다. 게다가 이 발언이 요시모토 자신의 전시 중의 실감을 정말로 솔직히 말한 것인지는, 14장의 검증에서 보아도 의문일 것이다. 니시오 간지에 대해서도, 패전 시 10세의 나이로는 어른들의 복잡한 감정을 이해할 수 없었을 터일 뿐 아니라, 패전으로 안도했던 감정이 진실로 니시오 자신에게 완전히 없었을까, 그것을 은폐하고 자기의 패전 기억을 만들어 낸 부분은 전혀 없을까 라는 의문도, 필자는 품을 수밖에 없다.

전쟁 체험의 개개인별 다양함, 또한 개개인 내부의 동요가, 정형화되어 가는 전후사상의 전쟁관에 이의를 제기한 것은 사실이다. 그러나 전후사상을 비판하는 그런 전쟁관이나 전후관에 대한 과대평가 또한 새로운 신화로 빠져들기 쉽다.

제3의 전후

이상의 분석을 바탕으로 1990년대 이후 내셔널리즘의 정세를 고찰해 보도록 하자.

1990년대 이후라는 시기 구분을 취한 데는 나름의 이유가 있다. 즉 1990년의 냉전 종결로 전후 일본의 모습을 결정지었던 국제 정세가 기본적으로 변화했기 때문이다.

1955년 전후까지인 제1의 전후와 1960년대 이후인 제2의 전후의 특징은, 국내적으로 말하면 전자를 혼란과 개혁의 시대로, 후자를 안정과 성장의 시대로 요약할 수 있다. 그러나 국제 정세에서 보면 제1의 전후는 국제 정세의 혼란기이며 제2의 전후는 냉전 체제의 안정기에 해당한다.

제1의 전후에 해당하는 1945년부터 약 10년간은 제2차 세계 대전이 종결된 뒤 한국 전쟁이 발발하고 휴전에 이르기까지의 시기다. 이 시기의 국제 질서는 지극히 유동적이었으며 그것에 호응하여 일본의 국내 질서도 큰 변동을 거듭했다. 1951년 샌프란시스코 강화 조약과 미일 안보 조약을 통해 일본의 국제적 위치는 거의 결정되었지만, 그래도 국내 정세의 안정까지는 수년이 걸렸다.

말하자면 제2차 세계 대전이라는 대변동은 국제적으로도 국내적으로도 안정기에 들어갈 때까지 10년이 걸릴 만큼의 여파를 초래했다. 그런 의미에서 일본만이 아니라 세계적으로 보아도 이 10년간은 '전후'라고 부르는 것이 어울리는 시기였다.

그에 비하여 제2의 전후는 미소의 평화 공존으로 냉전 상태를 유지한 채 국제 질서가 안정된 시기다. 일본 국내에서도 55년 체제가 성립하여 보수와 혁신이라는 양대 진영이 대립하면서 안정을 이루는 상태가 태어났다. 경제적으로도 미국에 종속된 국제적 지위에 안주한 상태에서 고도 성장이 시작된다.

그런 의미에서는 전후는 1955년에 끝나 있었다. 그 후의 시기에도 전후라는 호칭이 계속 쓰인 것은, 달리 적당한 명칭이 없었으며, 제1의 전후의 여파가 길게 그림자를 드리웠기 때문이다. 제1의 전후의 특징이었던 전쟁과 전사자의 기억 그리고 혼란과 개혁의 기운은 제2의 전후에서도 저류로서 존재하며 간헐적으로 표면화되었다. 그 최대의 현상이 1960년 안보 투쟁이었는데, 경제 성장의 정착, 전후 태생의 대두와 함께 그런 활력은 차츰 약해졌다.

그리고 여기서 말하는 제2의 전후가 끝난 것이 1990년을 전후한 시대라고 할 수 있다. 냉전 체제의 붕괴와 함께 국제 질서의 유동화가 다시 격해졌다. 그 최초의 현상이 1991년 이라크 전쟁이며, 미국의 대일 군사 요구가 고조되는 한편, 1950년대 이후로 잊혀졌던 유엔에 대한 병력 제공의 문제도 다시 대두되었다.

미국의 대일 군사 협력 요구는 미군의 보완 병력으로서 일본의 재군비가 시작된 1950년부터 계속 이어져 왔지만, 제2의 전후에는 이것이 억제되어 있었다. 일본 국내의 냉전 체제인 보수, 혁신의 봉착 상태가 이어지는 정세 아래서는, 미국이 과대한 군사 요구를 들이밀면 일본의 친미 보수 정권이 위태로워질 가능성이 있었다. 1950년대 후반 사회당의 급성장과 1960년 안보 투쟁의 고조는 이런 위구를 현실화했다. 그런 까닭에 대일 군사 요구는 억제되었고, 그 대신에 오키나와의 군사 기지화가 이루어졌다고 생각된다.

　그런 의미에서는 제2의 전후의 안정을 배후에서 지탱한 것이 제1의 전후의 잔상인 평화주의였다. 1960년 안보 투쟁은 안보 조약 개정을 저지하지 못했다는 점에서 패배로 인식되었지만, 미일의 정권을 동요시켜 미국의 대일 군사 요구를 억제한 효과는 적지 않았다고 생각된다. 이런 운동의 고조가 없었다면 미국의 대일 군사 요구는 훨씬 강해져, 일본이 경제 성장에 매진하기란 불가능했을지도 모른다. 물론 그 경제 성장은 오키나와를 미군에 제공함으로써 성립하기는 했지만 말이다.

　그러나 냉전 종결과 함께 제2의 전후를 지탱하던 국제 질서는 소멸했다. 그와 동시에 제2의 전후에서 달성되었던 일본의 경제 성장도 멈추었다. 나아가 세대교체가 한층 더 진전되면서, 전쟁의 기억을 기반으로 했던 제1의 전후의 잔상도, 최종적으로는 감퇴 단계에 들어갔다.

　세대교체의 진전과 사회 경제 상태의 변동이 동시에 발생한 것은, 절반은 우연이지만 절반은 필연이기도 하다. 왜냐하면 냉전기의 국제 질서는 기본적으로는 제2차 세계 대전의 전후 처리에서 태어났으며, 전쟁의 기억으로 지탱된 질서라는 측면도 있었기 때문이다.

　그 한 예를 유고슬라비아에서 찾아보자.[25] 유고 연구자 시바 노부히로柴宜弘는 제2차 세계 대전 후 "유고의 정치·경제·사회상 제도들의 원점은 '파르티잔partisan 체험'에 있었다"라고 말한다. 자주 관리 사회주의도 민족 집단을 넘어선 연방 국가 체제도, 대독對獨 파르티잔 전쟁에서의 해방구 진영과의 연합 작전으로부터 파생되었다. 말하자면 유고란 전쟁의 기억으로 유지되던 국가였다. 물론 그것은 보다 정확히 말하면 공식적으로 창조된 파르티잔 신화였다고는 해도, 거기에 배후로부터 활력을 주었던 것은 전쟁 체험자들의 기억이었다.

　그러나 세대교체의 진전과 함께 전쟁의 기억은 급속히 옅어져 갔다. 시바에 따르면 1970년대 후반에는 "파르티잔 체험이 없는 젊은 세대는 상당히 냉랭해져서 파르티잔 세대 사람들처럼 뜨겁게 자주 관리 사회주의에 대해 이야기하는 일도 없어졌습니다"라고 한다. 이 시기에는 파르티잔 체험의 풍화를 막기 위해 젊은 세대에게 파르티잔 전쟁과 해방구 운영을 추체험시키는 노동 봉사 운동이 활발히 이루어졌다. 그러나 그런 기억이 일정 정도 이하로 옅어진 단계에서, 유고라는 국가 체제는 붕괴한 것이다.

이런 사례를 생각하면 냉전 체제의 붕괴와 그 후의 세계화라고 불리는 현상에는 제2차 세계 대전의 전후 처리로 구축된 국제 질서가 세대교체와 함께 변동기로 들어간 측면이 존재한다고 생각할 수도 있다. 그것은 즉 전쟁의 기억으로 규정되었던 사회 체제의 동요기라 할 수 있다.

물론 사회의 변동은 경제적·기술적 요인 등이 다양하게 복합되어 발생하므로, 세대교체라는 요소만을 과대시할 수는 없다. 그러나 인간의 행동은 그 체험과 기억에 따라 규정되므로, 전쟁의 기억을 공유하는 세대가 사회 다수파를 차지했던 시대와 그렇지 않은 시대 사이에는, 사회 동향에서 어떤 형태로든 변화가 생기는 것이 당연하다. 일본에서도 1960년대 언설의 변천이 고도성장과 기술의 진보 그리고 세대교체가 어우러지는 가운데 진전되었던 점은, 본론에서 검증한 대로다.

그리고 1990년대 이후에는 전쟁의 기억을 둘러싼 싸움이 일어난다. 즉 냉전 체제 붕괴 후에는 각국의 정통성이 동요하며, 건국의 경위와 역사를 되묻게 되기 때문이다.

앞에서 말했듯이 세계에 현존하는 많은 국가는 제2차 세계 대전의 전후 처리 과정에서 태어났다. 1947년 독립한 인도공화국, 1948년 성립한 대한민국, 1949년 성립한 중화인민공화국 등은 모두 고대로부터 연속성을 주장하고 있지만, 현실에서는 제2차 세계 대전의 여파 속에서 태어난 근대 국가다.

1946년의 헌법 개정으로 '대일본 제국'이기를 그만두고 성립한 '일본국'도 그런 나라 중 하나다. 이 국가들에서 국제적·국내적 질서의 동요와 함께, 이른바 건국의 역사라고도 할 수 있는 독립운동과 제2차 세계 대

결론

전을 되묻는 움직임이 강해진 것은, 주지하는 바와 같다.

사실 일본은 전시에서 제1의 전후로의 이행기, 그리고 제1의 전후에서 제2의 전후로의 이행기에도, 역사에 대한 되묻기가 이루어졌다. 그것이 1946년과 1956년 무렵에 활발해진 전쟁 책임을 둘러싼 논의다.

즉 전쟁 책임론은 일본 사회의 변동기에 국가의 정통성과 정체성을 되묻는 기운이 고조되어, 그것이 일본국의 건국 역사인 전쟁의 기억을 되묻는 움직임으로 나타났다는 측면을 지녔다. 그런 의미에서는 제2의 전후로부터 제3의 전후로의 이행기인 1990년대에 전쟁 책임을 둘러싼 논의가 고조된 것도 그 일환이었다고 생각된다.

그러나 이런 전쟁 책임론들은 동질하지 않다. 1946년 무렵의 전쟁 책임론은 주로 천황의 전쟁 책임을 비롯한 국가 체제의 정통성을 둘러싸고 이루어졌다. 그것에 비해 1956년 무렵의 전쟁 책임론은 55년 체제로 성립한 혁신 세력과 보수 정치가들의 정통성을 되묻는 형태로 이루어졌다.

1990년대의 전쟁 책임론은 아시아 지역들에 대한 가해 책임론이 중심이 되었다. 여기에는 물론 1960년대부터 제창된 가해의 자각과 일본 사회의 국제화 등이 배경이 되었고, 냉전의 종결도 한 원인이 되었다. 왜냐하면 냉전기에는 아시아 지역들의 일본에 대한 보상 요구가 억제되었기 때문이다.

11장에서 말했듯이 샌프란시스코 강화 조약에서는 미국의 정치력이 아시아 지역들의 대일 배상 요구를 억제했다. 일본을 아시아의 반공 동맹국으로 육성한다는 냉전의 논리가 미국 측의 동기였다. 그리고 일본이 그 후에 행한 아시아 각국과의 개별 교섭에서도 일본에 대한 배상 청구는 소액으로 억제되었다.

그리고 그 후 아시아 국가들의 민간에서 일본에 제기한 보상 요구는 각국의 정권들이 억제했다. 일본과 국교를 회복하고 배상의 형태로 원조를 이끌어 낸 각국의 정권으로서는 민간의 대일 보상 요구가 정권의 정통성을 위협하는 일이었기 때문이다.

예를 들어 한국의 태평양전쟁희생자유족회太平洋戰爭犧牲者遺族會 회장은 "1974년의 부산 희생자 집회에서 '일본에게 책임을 물어야 한다. 일본 영사관으로 가자'라고 하자 곧장 [한국의] 경관에게 체포되었다. 우리에 대한 방해는 1988년, 노태우盧泰愚 대통령의 민주화 시기까지 이어졌다"라고 말한다.[26] 이 유족회가 한국 정부에게 사단 법인으로 공인받은 것은 1992년이었다.

그 밖에 타이완에서는 전후에도 38년간 계엄령이 선포되었으며, 구 일본군인·군속과 유족협회의 사람들은 "정치 활동을 하면 투옥되었다. 일본의 식민지 교육을 받은 자는 상대해 주지 않았고, 우리의 대일 청구는 국민당 정권의 철저한 방해를 받았다"라고 말한다. 또한 사할린 Sakhalin(가라후토樺太)에는 패전 전에 일본에서 강제 연행된 뒤 그대로 방치된 조선인들이 다수 있었는데, 사할린한국노인회 회장은 "단체를 만드는 일 같은 것, 도저히 허락받지 못했다. 비밀경찰Komitet Gosudarstvennoy Bezopasnosti, KGB이 무서워서, 조직은커녕 귀국 희망을 입에 올리는 것조차 두려웠다"라고 회상한다.[27]

즉 1990년대에 아시아 각지로부터 대일 보상 요구가 대두된 것은, 냉전 체제의 붕괴와 아시아 지역들의 민주화가 한 원인이 되었다고 할 수 있다. 이렇게 생각하면 1990년대의 전쟁 책임론에서 아시아 지역들의 전쟁 피해가 논의의 중심이 된 것은 오히려 당연했다. 냉전 후의 일본이 아시아에서 국제적인 지위를 정하기 위해 이 문제의 해결이 중요해졌기 때문이다.

거기서 문제가 된 것은 제3의 전후에서 일본의 국가 정체성이 나아갈 방향이다.

일본이 고도성장을 이룬 요인이 무엇인가에 대해서는 갖가지 설이 있지만, 냉전기 국제 조건의 호혜를 받았다는 것이 그중 하나다. 일본을 아시아에서의 중핵적인 반공 공업국으로 육성한다는 미국의 전략이 미국 및 동남아시아 시장을 일본에 가져 왔고, 한국 전쟁과 베트남 전쟁의 특수를 주었던 사실은 잘 알려져 있다.

그러나 일본은 이제 냉전기에 차지했던 특권적인 국제적 위치를 잃고 있다. 아시아 국가들이 민주화를 이루었고, 냉전 후의 중국이 옛 서방 국가들과 활발히 경제 교류를 하게 되었기 때문에, 일본이 아시아 유일의 공업화된 자유 민주주의 국가였던 시대는 끝났다. 이런 국제 조건의 변화가 1990년대 일본 경제의 정체停滯와 어떻게 연동되어 있는가에 대해서는 경제학 분야의 검증을 기다릴 수밖에 없지만, 전혀 무관하다고는 할 수 없을 것이다. 또한 냉전의 종결은 일본에서도 냉전 질서의 국내판이었던 55년 체제의 종언을 가져 왔다.

이런 국내적·국제적인 변동을 배경으로 하여 아시아에 대한 전쟁 책임 논의와 새로운 역사 교과서를 만드는 모임을 비롯한 우파의 대두가 일어난 사실이, 제3의 전후에서 일본 내셔널리즘의 정세라고 할 수 있을 것이다. 그리고 이런 논의들의 공통점은 전후에 대한 되묻기다. 그것은 패전 후의 사람들이 전쟁 시기를 되물었듯이, 냉전 후 일본의 국가 정체성을 정하기 위해 필요한 행위였다고 생각할 수 있다.

호헌에 대해서

이러한 정세를 바탕으로 헌법 등의 문제에 대해서 약간의 사견을 이야기하겠다.

패전 직후에 헌법과 「교육 기본법」이 좌파로부터 비판받은 점, 그리고 좌파 내부의 개헌 논의를 은폐하는 형태로 호헌의 '국민연합'이 1955년경에 성립한 사실은 11장에서 말했다. 그러나 필자는 이런 혁신파의 의의를 긍정한다. 누가 뭐래도 1955년 무렵에 일어난 개헌 운동을 저지한 점은 높이 평가되어야 할 것이다.

11장에서 말했듯이 당시 보수 세력의 개헌안은 제9조의 개정뿐만 아니라 현 지사 임명제의 부활, 참의원 추천 의원제 부활, 남녀평등의 재검토, 언론과 출판 자유의 제한, 천황의 원수화元首化 등을 담았다. 이런 개헌이 실현되었더라면 그 후 일본의 안정과 성장이 가능했을지 필자는 의문으로 생각한다.

전후 일본에서 혁신 세력의 일관성 없음과 정책적인 전망 능력의 결여는 종종 지적되는 바이다. 그러나 일관성의 부족과 전망의 결여라는 점에서는, 보수 세력 측도 지지 않는다. 패전 후에 귀축미영을 포기하고 친미로 갈아탄 보수 정치가의 절조 없음은 지적할 것도 없지만, 그들의 전망 능력이 훌륭했는지 어떤지도 다소 의심스럽다. 그것이 최대로 드러난 사례가 아시아에 대한 외교이며, 미국의 힘을 과신한 나머지 베트남 전쟁과 중국 정세에 대한 장래 예측은 종종 빗나갔다.

국내 정치에서도, 앞에서 말한 바와 같은 개헌안을 검토했던 사실 자체만 보더라도, 당시의 보수 정치가들이 패전 후 국민 의식의 변화를 완전히 잘못 읽었다고 밖에는 생각할 수 없다. 만약 그들이 더욱 현실적인 개헌안을 만들었더라면 1950년대에 개헌이 실현되어 보수 세력의 신장과 보수 양대 정당 상태가 달성되었을지도 모른다. 다행인지 불행인지 그들은 그렇게까지 현명하지는 않았다. 그런 까닭에 반대 세력이 호헌이라는 깃발 아래서 국민연합을 형성해 개헌 저지와 사회당의 급성장이라는 결과를 끌어냈다.

1950년대 중반부터 좌파가 헌법과 「교육 기본법」을 옹호하는 입장으로 돌아선 것은 한편으로는 정치적 타산의 산물이며 또 한편으로는 보수 세력의 개헌 공세에 반발한 결과다. 그러나 또 한편으로는 패전 직후의 헌법·「교육 기본법」 비판의 사회적 전제가 변화한 결과이기도 했다.

4장과 9장에서 말했듯이, 패전 직후에 좌파 세력이 헌법 및 「교육 기본법」에 대해 비판적이었던 것은, 거기 담긴 자유주의적인 이념이 패전 후의 빈곤 상태와 부합하지 않았기 때문이다. 그러나 1950년대 후반에는 경제 상태도 안정되어, 헌법과 「교육 기본법」에 주장된 이념을 실현할 수 있을 정도의 사회적 기반이 정리되었다. 말하자면 일본 사회의 실정이 헌

결론

법과 「교육 기본법」을 따라잡았다.

그런 의미에서는 1946년에 헌법과 「교육 기본법」을 비판하고 1955년 이후에는 옹호로 돌아선 논자들의 거동이 근거가 있다고 생각한다. 이런 문맥을 보지 않은 채 그들의 변절을 비판하는 것은 적절하지 않다.

그럼 현재의 상황에서 헌법을 옹호하는 의미는 있을까. 필자는 기본적으로는 있다고 생각한다.

우선 패전 직후와 달리, 현대의 일본은 헌법 이념을 실현할 만큼의 경제적·사회적 기반을 갖추었다. 반대로 말하면 패전 직후보다도 이런 이념의 실현에 적합한 시대가 된 것이다.

물론 헌법의 문언과 일본 사회의 실태 사이에는 괴리가 있다. 그러나 괴리가 있으니까 개정하라는 논법은, 다소 지나치게 단순하다. 괴리가 있는 것은 제9조만이 아니며, 예를 들어 제15조에서 말하는 "모든 공무원은 전체의 봉사자이며 일부의 봉사자가 아니다"라는 문언도 일본 사회에 완전히 실현되었다고는 할 수 없다. 그러나 그렇다고 해서 제15조는 비현실적인 이상주의이므로 개정하라는 의견이 있다면, 대단한 난센스일 것이다. 현실과 괴리된 것은 기만이며, 기만은 필요 없다고 한다면, 모든 사상과 이념은 불필요하다.

그러면 그런 전제에 서서 현행 헌법을 옹호하는 데는 의미가 있을까. 이 점에 대해서는 개개의 조문을 검토해야 한다고 생각한다.

예를 들어 현행 헌법의 제14조에 대해서는 비판적인 의견이 존재한다. 잘 알려져 있듯이 제14조는 원안인 1946년 2월의 총사령부 초안 제13조의 단계에서는 "**일체의 자연인**은 법률상 평등하며 정치적, 경제적 혹은 사회적 관계에서 인종, 신조, 성별, 사회적 신분, 계급 혹은 **국적** 기원의 여부에 따라서 어떤 차별적 대우도 허용 혹은 의식하는 일이 없어야 한다"라는 것이었다.[28] 이것을 일본 정부가 변경했기 때문에, 현행 헌법에는 "**모든 국민**은, 법 아래 평등하며, 인종, 신조, 성별, 사회적 신분 혹은 가문門地에 따라서, 정치적, 경제적 혹은 사회적 관계에서 차별받지 않는다"라고 되었다(강조는 필자). 참고로 현행 「교육 기본법」의 제4조도 " 모든 국민은, 평등하게, 그 능력에 맞는 교육을 받을 기회를 가져야 하며, 인종, 신조, 성별, 사회적 신분, 경제적 지위 혹은 가문에 따라서 교육상 차별받지 않는다"라고 규정되어 있다.

헌법이라고 하면 제9조만 논의에 오르는 상황은, 역시 1950년대 이후에 성립되었다. 11장에서 말했듯이 패전 직후에는 제9조에 대한 관심은 오히려 적었고, 제24조를 비롯해 일상생활과 밀착된 조문 쪽이 일반적으로 주목받았다. 민간에서 위헌 소송이 많이 제기된 것도 이 시기다.

그러면 헌법 제9조는 옹호할 의미가 있을까. 필자는 국내 정치나 국제 정치의 전문가는 아니지만, 아래에 하나의 사견을 말하고자 한다.

본론에서 검증했듯이, 제9조는 원래 1946년의 국제 정세를 반영해서 만들어졌다. 그것이 냉전기 미국의 국제 전략에서 장해가 되자 미국과 일본의 보수 세력으로부터 개헌 압력이 강해졌다. 그러나 1955년 이후에는 일본 국내의 혁신 세력이 일정 수를 차지한 덕분에 일정 규모의 자위대와 헌법 제9조의 병존이라는 봉착 상태가 이어져 왔다. 그러나 냉전이 종결되고 일본 내부의 혁신 세력이 퇴조하면서 미국의 대일 군사 요구가 다시 강해졌다.

그러나 한편으로는 냉전 종결과 미국, 러시아의 협조로 일본에 대한 안전 보장상의 위협은 대폭 감소했다. 북한은 그 국력으로 볼 때, 일본의 군사적 위협이 될 가능성은 거의 없다. 즉 현재의 국제 정세는 냉전이 격화하기 이전의 1946년 무렵과 유사한 상태가 되었다. 그런 의미에서는 냉전기보다도 훨씬 더 제9조에 적합한 정세일 수 있다. 그럼에도 일본의 보수 세력에서 제9조 개정을 주창하는 목소리가 끊이지 않는 것은, 냉전기 대미 추수 외교의 발상을 전환하지 못했기 때문이라 생각한다.

제2의 전후에서 보수 세력의 대미 추수는 경제 성장의 기반이 되는 시장 획득으로 이어졌다. 그러나 그것은 아마도 두 가지 요인으로 뒷받침되었다. 하나는 반복해서 말했듯이 일본 국내에 혁신 세력이 존재한 까닭

결론

983

에 미국이 대일 군사 요구를 자제했던 점이다. 또 하나는 중국이 냉전의 적대 진영에 있었기 때문에, 미국은 다소 불만이 있더라도 일본을 아시아의 중핵 공업국으로서 중시하지 않을 수 없었던 점이다.

그러나 이런 조건이 사라진 냉전 후의 국제 정세에서, 미국의 군사 협력 요구에 추수하는 것이 긍정적이라고는 생각되지 않는다. 오히려 쉽게 미국 편을 든다는 인상을 주어 일본에 대한 요구를 증가시키는 효과 쪽이 클 것이다. 하물며 제9조를 개정하는 것이 유리하다고 필자는 생각하지 않는다.

본론에서도 밝혀왔듯이 전후 일본의 보수 내셔널리즘은 개헌과 군비 증강을 주장하면 할수록, 그것이 대미 종속을 심화하는 결과가 된다는 딜레마를 지녔다. 일반적으로 식민지 지배에서는 현지의 왕조와 지주층을 종주국에 협력시켜서 왕조에 대한 충성을 종주국에 대한 충성으로 연결시키는 간접 통치가 행해진다. 말하자면 전후의 보수 내셔널리즘은 결과적으로는 미국의 간접 통치 수단으로서 기능해 왔다고 생각된다.

마루야마 마사오는 1951년의 「일본의 내셔널리즘」에서 "전통적 상징을 추대하면서, 현재 아직 무정형인 채로 분산된 국민 심정을 이것을 향해 다시 집중시키는 노력이 앞으로 조직적으로 행해지는 일이 있더라도, 거기서 동원되는 내셔널리즘은 그 자체로 **독립된** 정치력은 되지 못하고, 오히려 보다 상위의 정치력—아마도 국제적인 **그것**—과 결부되어, 후자의 일정한 정치 목적—예를 들면 냉전의 세계전략—의 수단으로서 용도를 가지는 한도 내의 존립을 허가받으리라 생각된다"라고 말한다. 그리고 마루야마는 "그것도 내셔널리즘이라 불러야 할지는 각자의 자유에 맡기자"라고 평한다.[29]

물론 보수 내셔널리스트 사이에도 대미 종속 상태에 대한 불만이 없지는 않았다. 그러나 다수의 논자는 미일 안보 체제에 대한 항의를 회피하고 미국인이나 백인에 대한 반감이라는 보상 행위로 흘러가 버렸다. 그들의 또 하나의 보상 행위는 개헌과 자위대 증강의 주장, 그리고 역사 문제와 야스쿠니 신사, 국기·국가라는 상징의 정치이지만, 이것 또한 아시아 국가들의 반발을 불러 결국에는 대미 종속을 불러일으키는 결과가 된다. 11장에서 말했듯이 아시아 국가들의 대일 배상 요구를 미국의 정치력에 기대서 회피한 시점부터 일본의 대미 종속 상태는 결정되었다.

나아가 보수 세력의 보상 행위는 미국과의 관계도 악화시킨다.[30] 미국의 여론 속에는 일본의 군사 대국화를 걱정하는 목소리가 강하다. 1999년 4월에 공표된 여론 조사에서는 미군의 일본 주둔 목적을 "일본의 군사 대국화 방지"라고 대답한 쪽이 미국에서 49퍼센트, 그것에 비해 "일본의 방위"라고 대답한 쪽은 12퍼센트였다. 더욱 복잡한 것은 대미 군사 협력 법안인 가이드라인 관련법은 자위대 간부조차 "한마디로 우리를 미군의 짐꾼이나 기지 경비 등, 심부름꾼으로 내보내는 법률"이라고 인정하고 있음에도, "일본의 군사 대국화 징후"라고 보도하는 미국 미디어가 적지 않다는 점이다. 그런 까닭에 제9조의 개정이 미국 정부의 의향에 따른 것임에도 불구하고, 구미의 미디어 관계자 사이에서는 "제9조를 변경하면, 구미 미디어의 격한 반응은 확실"하다는 관측이 존재한다.

즉 대미 종속에 대한 불만으로 개헌과 자위대 증강, 혹은 역사 인식 등에서 보상을 찾으면 찾을수록, 아시아 국가들로부터 반발을 사고, 구미의 여론을 자극하며, 미국 정부에 대한 종속을 한층 심화시키는 악순환이 발생한다. 이 악순환을 타파하려면 미국 정부에 대한 종속 상태로부터 벗어나더라도 아시아에서 독자 행동이 가능하도록, 아시아 지역들과의 신뢰 관계를 키워 갈 수밖에 없다. 그 경우에 제9조와 아시아에 대한 전후 보상은 신뢰를 키우는 유력한 방법이 될 것이다.

또한 아시아에 대한 관계에서 종종 문제가 되는 야스쿠니 신사에 대해 부언하자면, 16장에서도 언급했듯이 이 신사는 일본의 모든 전몰자를 기리는 것은 아니다. 정부가 정한 「전상병자 전몰자 유족 등 원호법」戰傷病者戰没者遺族等援護法 및 「은급법」 중 어느 한쪽에 해당하는 자를 기반 삼아, 전쟁에 따른 공무사를 인정받은 군인·군속을 중심으로 야스쿠니 신사가 합사 선정을 한다. 그 경우에 공무사로 인정받지 않은 공습 등의 피해자는 포함되지 않으며, 나아가 야스쿠니 신사는 공무公務 이외의 이유로 사망(평병사平病死)한 군인·군속, 적전敵前 도망 및 그 밖의 이유에 따른 형사자刑死者, 자살자 등은 제외한다는 판단을 보인 경위가 있다.

그 결과로 태평양 전쟁에서 일본의 사망자 약 310만 명 가운데 야스쿠니 신사에서 기리는 합사자는 약 210만 명이라고 여겨진다. 즉 이 신사는 300만의 사자를 추도한다는 목적에도 들어맞지 않는다고 할 수 있다. 참고로 야스쿠니 신사는 1978년에 A급 전범 형사자를 합사했는데, 역설적이게도 쇼와 천황은 이 합사에 대한 불만으로, 측근의 증언에 따르면 "폐하는, 합사에 대해 들은 시점에서 참배를 그만둘 의향을 보이셨다"라고 한다.[31]

1999년에 성립된 「국기 국가법」과 일장기, 〈기미가요〉 문제에 대해서 신숙옥辛淑玉은 다음과 같이 말했다.[32] "학교에서의 '일장기·〈기미가요〉 강요는, 교육적 신념 같은 것 때문에 이루어지는 것이 아니다", "교장 선생이나 체제 측의 선생들은", "윗사람에게 충성을 보여서 자기 노후의 안정적인 브랜드를 유지하기 위해서 〔강요〕한다", "실시율 100퍼센트라는 숫자는 가짜 교사의 수입니다. 불쾌합니다."

참고로 1999년 10월 보도에 따르면 치바현千葉県 아사히시旭市의 자민당 시 의원은 "이 주변에 일장기에 반대하는 사람은 없다. 이웃들이 깃발을 걸면, 자기만 걸지 않는 것은 부끄럽다고 생각하는 것이 일본 민족"이라고 말했다 한다.[33] 마루야마 마사오라면, "그것도 내셔널리즘이라 불러야 할지는 각자의 자유에 맡기자"라고 평할 것이다.

또한 신숙옥은 위의 비판과 함께 다음과 같이 말했다.[34] "이것〔'일장기·〈기미가요〉' 문제〕에 대해 싸우는 선생님들 쪽도 근성이 없다. '자이니치 아이들이', '아시아의 아이들이'라고 말하는 겁니다. 그런 말을 들으면, 당신은 어떻게 생각하는데? 라고 묻고 싶어진다."

물론 이 물음에 쉽게 대답하지 못하는 교사라 해도, 일종의 체면치레를 위해서만 반대하지는 않을 것이다. 단 그런 심정을 표현할 적절한 말을 찾지 못하는 것이다. 제1의 전후의 언어가 영향력을 잃고, 제2의 전후가 끝난 지금, 새로운 언어의 창출이 필요해졌다.

언설의 변천과 이름 없는 것

이 책은 지금까지 전후 일본의 내셔널리즘과 공에 관한 언설의 변천을 검증해 왔다. 마지막으로 어떻게 하면 새로운 말이 발생할 수 있을지의 문제에 대해 약간 고찰해 보겠다.

서장에서도 말했듯이 인간은 소속된 사회에서 공유되지 않은 말을 쓸 수는 없다. 따라서 인간이 해당 사회를 지배하는 언설(언어 체계)의 외부로 나가기란 곤란하다.

그 점을 보여 주는 사례로서 1990년대의 전후 비판론의 일부를 보도록 하자. 앞에서 말했듯이 제2의 전후가 종결되면서 전후를 되묻는 논의가 대두되었다. 그러나 그 특징은 논의의 전제가 된 전후관이 잘못된 경우가 많다는 점과, 전후사상의 말을 사용해서 전후 비판이 이루어진 사례가 적지 않다는 점이다.

예를 들어 사회사상사가 사에키 게이시는 "서양발 근대주의, 진보주의 발상으로는 안 된다, 일본에서 말하자면 전후 일본의 근대주의로는 안 된다"라고 말하며 세계 시민주의를 비판하고 무사적 정신의 재평가를 주창한다. 또한 그는 사생활 중시의 시민을 비판하고 국가에 책임을 갖는 공민을 상찬한다. 그가 집필에 참가한 새로운 역사 교과서를 만드는 모임의 2001년 공민 교과서는, 시민과 공민의 구별을 설파하고 나쓰메 소세키와 후쿠자와 유키치를 상찬하며 "'외발적外發的인 근대화'"를 비판한다.[35]

그러나 그러면서도 사에키는 마루야마 마사오를 서양주의자라 비판하고, 국가에 대한 충성 의무를 말한다. 그 전제가 된 것은 "전후 민주주의라는 것은 국가를 부정하고, 개인으로부터 출발한다"라는 그의 인식이다. 사에키에 따르면 전후란 기만의 시대이며, "'일본 국가'라는 '아버지'"를 잃은 시대다. 그리고 "'아버지'가 존재하지 않으면, 이런 의미에서의 자아를 형성하는 것이 불가능하다. 현실 사회에 직면할 수 없다. 혹은 현실에 대해 현실감을 가질 수가 없다"라고 한다.[36]

또한 비평가 가토 노리히로는 1997년의 『패전후론』이나 1999년의 『전후적 사고』戦後的思考 등에서 다음과 같이 주장한다. 전후 일본은 내셔널한 구개헌파와 인터내셔널한 구호헌파로의 인격 분열을 일으킨 사회다. 그것은 패배의 아픔과 뒤틀림을 수용하지 못하고 은폐해 온 사회다. 이 상태를 극복하려면 아시아 2,000만의 사자보다 먼저 일본 300만의 사자를 추도해서 역사를 받아들이는 주체를 만들어야 한다는 것이다.

나아가 가토에 따르면 외부로부터 가해지는 이데올로기에 저항하는 것이 문학가에게 중요하다. 외부에서 초월적인 사상을 가지고 들어오는 것이 아니라, 침략 전쟁으로 죽은 자국의 300만의 사자를 추도하는 것을 통해 "악에서 선을" 만들어 내지 않으면 안 된다. 그 좋은 예가 요시다 미쓰루의 『전함 야마토의 최후』에 그려진 우스부치 대위다. 그리고 전후에 긍정해야 할 부분이 있다면, 그것은 걸핏하면 비판받기 일쑤인 사리사욕을 우선시하는 태도이며, 거기서부터 출발할 수밖에 없다고 한다.

위에서 엿보이는 것은 마루야마 마사오, 요시모토 다카아키, 에토 준, 다케우치 요시미, 쓰루미 슌스케 등이 만든 전후사상의 논조가 혼탁한 형태로 합성되어, 사에키나 가토의 말을 형성하고 있다는 점이다. 그러면서도 그들은 마루야마나 다케우치를 비판하고, 자기 이외에는 "전부 당연히 전후적인 것에 사로잡혀 버렸다"라고 주장하거나, 자기의 주장이 전후로부터 완전히 새로운 사상이라고 주창한다.[37]

이런 현상이 발생하는 것은 그들 스스로가 전후에 태어나고 자라나, 전후 언어 체계의 내부에서 자기의 말을 형성해 왔기 때문이다. 반복하건대 인간이 사용하는 말은 해당 사회로부터 주어진 말이며, 그 외부로 나와 있다고 생각해도 역시 내부의 말밖에 쓸 수 없다. 사에키와 가토의 사상 경향은 서로 다르지만 전후사상으로부터 주어진 말의 권역 내에서, 환상의 전후와 혼자서 씨름했다는 점은 공통된다.

게다가 양자에게 공통된 특징은, 그들의 전후관이 제2의 전후에 만들어진 것이면서도, 그 전후를 비판할 때는 제1의 전후의 말을 사용하는 경우가 적지 않다는 점이다. 즉 그들은 55년 체제나 구호헌파, 구개헌파를 비판하기 위해 공민의 상찬이나 전사자에 대한 추도 등을 주창한다.

이런 현상이 일어나는 것은, 그들이 제2의 전후—그들은 이것을 전후라고 생각한다—를 비판하기 위해, 그 외부에 있는 말을 찾고자 했기 때문이다. 전후에 태어나고 자라난 그들의 어휘 속에서 제2의 전후를 상대화할 수 있는 말을 찾고자 하면, 그들이 과거에 직접 내지 간접적으로, 혹은 의식조차 하지 않은 상태로 흡수한 제1의 전후의 말의 잔재밖에 없을 것이다. 그들은 의식에서는 제2의 전후의 이야기만 알고 있으므로, 제1의 전후의 말을 이야기하는 것이, 마치 '전후 처음인 것'처럼 느껴지는 것이 아닐까.

물론 그들은 제1의 전후의 사상에 대해 계통적으로 이해하고 있는 것은 아니다. 따라서 그 말의 사용법도 퇴폐한다. 예를 들어 사에키는 무사적 정신과 공민을 강조하면서 최종적으로는 마루야마 마사오를 비판하고, 단순한 국가 충성론에 이른다.

또한 가토는 침략 전쟁이라는 '더럽혀진' 전쟁의 전사자를 추도해서 자기 내부의 암흑과 마주보고 '악에서 선을' 만들어 낼 것을 주창한다. 그러나 가토 스스로는 전쟁을 체험하지 않았으므로, 내부의 암흑이라고 말할 때도, 다케우치나 쓰루미처럼 자기의 내부에는 그것이 있을 수 없다. 그런 까닭에 가토의 논의는 자기의 내부가 어느 틈에 자국의 내부로 전환되어 버려서, 300만의 사자에 대한 추도라는 주장으로 바꿔치기 된다.

전후를 비판한다고 자칭하는 논조가 전후사상이 낳은 말의 퇴폐한 형태로 영위되는 상황은, 전후사상의 영향력이 완전히 끝났다는 것을 보여준다고 할 수 있을 것이다. 즉 현재 일본의 언어 상황은 제2의 전후가 비판받고, 제1의 전후의 사상도 영향력을 잃었으며, 게다가 그것들을 넘어서는 말을 만들지 못한 상태다.

이런 상황에 대해 최근에는 전후사상의 내셔널리즘과 현재 우파의 내셔널리즘 간 공통성을 지적하는 논조도 존재한다. 예를 들어 정치사상 연구자 가와모토 다카시川本隆史는 1998년에 새로운 역사 교과서를 만드는 모임과 국민적 역사학 운동의 유사성을 지적했다. 역사가 니시카와 나가오西川長夫도 이것에 응하여 '새역모'의 논조가 "다케우치 요시미, 이시모다 쇼, 우에하라 센로쿠 등의 언설과 유사해져 왔다"라고 말하며, 전후 역사학은 국민 국가라는 발상의 틀 속에 있었다고 비판한다.[38]

그러나 필자는 말의 표면적인 유사성에서 전후사상과 현재 우파의 공통성을 논하는 것은 지나치게 단순한 논의라고 생각한다. 애초에 말의 유사성만을 운운한다면, 니시카와가 지지하는 1990년대의 국민 국가론도, 부분적으로는 전시 중의 '세계사의 철학'과 유사한 것이 된다.

필자는 니시카와 등의 국민 국가 비판에 (원리적으로는) 찬동하므로, 이것을 세계사의 철학과 같은 열에 둘 생각은 없다. 그러나 전후를 비판하는 많은 논조가 그렇듯이, 니시카와 등의 전후 비판 또한 기존 언어 체계의 구역 내에서 완전히 벗어나지는 않았다.

서장에서도 말했듯이, 이 책의 한 가지 목적은 현재의 우리를 구속하는 '전후의 말'의 성격을 밝히고, 그 구속과 한계를 넘어서, 새로운 시대에 걸맞은 '말'을 모색하는 것이다. 그러나 그 작업은 안이한 전후 비판으로 달성할 수 없다. 그것을 위해서는 전후사상의 가장 좋은 부분을 재현하고, 전후사상으로 만들어진 언어 체계의 전체상을 밝힐 필요가 있다는 점을 서장에서 주장했다.

그러면 전후사상의 전체상이 (한계는 있을지라도) 어느 정도 밝혀진 지금, 제3의 전후에 걸맞은 말의 모색은 어떤 것이어야 할까. 혹은 제3의 전후에서 일본의 내셔널리즘은 어떤 식으로 존재해야 할까. 이런 문제에 유일하고 절대적인 해답을 제시하는 것은 필자의 역량을 넘는 일이며, 또한 해야 할 일도 아니라고 생각하지만, 시험 삼아서 몇 가지 시사를 말하고 싶다.

본론에서 검증했듯이 전후사상은 기존 말의 바꾸어 읽기로 변천해 왔다. 전후사상에 대한 가장 큰 오해의 하나는, 그것이 "구미로부터 수입되었다"라는 시각이다. 전쟁 및 그 밖의 사회 변동으로 말미암아 이전의 언어 체계에 적합하지 않은 사회 상황이 되었을 때, 전후 지식인들은 전시 중의 사상을 바꾸어 읽거나, 미국에서 주어진 헌법을 영유하며 전후의 말을 만들어 왔다.

이런 전후사상이 많은 사람들에게 받아들여진 것도, 그것이 기존의 말의 바꾸어 읽기였던 점에 한 가지 원인이 있다. 완전히 새로운 언어 체계를 수입하더라도, 많은 독자들이 그것을 공유하기는 어렵다. 자기가 미리 내부에 가지고 있는 기존의 말에 대해서 생각지 못했던 바꾸어 읽기가 제시되고, 그것이 그때까지 말이 되지 않았던 심정의 표현 수단으로서 적당하다고 느껴졌을 때, 그 말은 독자에 전해진다. 반대로 말하면 주어진 말에 위화감을 느꼈을 때, 사람들은 그 말을 수입된 것으로 간주한다.

물론 한편으로는 8장과 9장에서 보았듯이, 전시 중의 언어 체계가 전후의 표현과 실천을 제약했던 사례도 적지 않았다. 그러나 그런 제약이 있었다고 해도, 바꾸어 읽기의 과정에서 근대, 민족, 시민이라는 말은 새로운 의미를 부여받아, 심정의 표현 수단으로 여겨졌다.

거기서 앞으로의 내셔널리즘을 전망하자면, 원칙적으로는 내셔널리즘을 전부 똑같이 부정하는 일은, 그다지 의미가 없다고 필자는 생각한다. 내셔널리즘이란 무엇인가를 필자 나름대로 정의하자면, 심정의 표현 수단으로서 민족과 국가라는 말이 채용된 상황, 이라고 할 수 있을 것이다. 그 경우의 심정은 지극히 다양하여, 권력 지향이나 타자에 대한 악의도 있으며, 반권력 지향이나 타자에 대한 연대 소망도 있다. 그런 개개의 문맥을 무시하고 일괄적으로 내셔널리즘이라는 총칭을 부여해, 그것을 긍정하거나 부정하는 것에 얼마나 의미가 있을지 의문이다.

무엇보다 넓은 의미에서의 내셔널리즘을 모두 부정하기란 과연 가능할까. 내셔널리즘을 전부 부정하고 개인을 내세우는 사상은 어느 시기까지의 전후사상에서는 거의 주창되지 않았다. 많은 전후사상은 어떤 식으로든 공적인 공동성—그것은 국민, 민족, 시민, 인간 등 다양한 호칭으로 표현된다—을 추구했다. 그 경우 국민이나 민족은 물론, 1960년 안보 투쟁이나 베헤렌 등에서 주창된 시민과 인간도, 내셔널리즘을 전부 부정하지는 않았다.

　일반적으로 전후 지식인은 권력 기구로서의 국가는 비판했지만 내셔널리즘에는 오히려 긍정적이었다. 다른 방식으로 말하자면, 그들은 국가라는 단위와는 별개의 내셔널리즘을 이야기했다. 그런 의미에서는 국가에 맞서는 시민이라는 표현도, 당초는 일종의 내셔널리즘으로서 나타난 것이며, 국가에 맞서는 내셔널리즘이었다. 물론 마루야마의 표현을 역전시키자면 "그것도 내셔널리즘이라 불러야 할지는 각자의 자유"지만, 어떤 형태로든 공동성과 공공성을 상정하는 한, 넓은 의미의 동포애를 전부 부정할 수 있을지는 생각해 볼 여지가 있다.

　전후 지식인 가운데 그런 흐름에서 예외였던 것은, 모든 공적인 것을 비판한 요시모토 다카아키다. 그러나 가족 이외의 타자를 필요로 하지 않는 자립을 이상으로 삼은 요시모토의 사상에는 타자와 결합하는 회로가 결여되어 있다. 그런 까닭에 예를 들어 가토 노리히로처럼 요시모토의 영향을 받은 논자가, 요시모토 사상의 자가 중독 상태에서 벗어나 타자와의 회로를 찾고자 하면 300만의 사자에 대한 추도로 비약해 버리는 현상도 일어난다.

　물론 전후사상은 앞에서 말했듯이 많은 한계를 안고 있었다. 그러나 필자는 그런 결함과 한계를 바탕으로 삼은 위에서, 전후사상의 내셔널리즘에 다시 읽기를 적용하자고 생각한다. 그 경우에 참고가 되는 것이, 최근의 자이니치 한국인과 오키나와의 내셔널리즘이다.

　특히 자이니치의 민족주의는 일본·한국·북한 등의 정부, 영토와는 이질적인 곳에서 길러진 민족주의다. 또한 최근에는 일본 국적을 취득한 사람이나 일본어 밖에 모르는 사람도 많기 때문에, 국적이나 언어가 꼭 민족주의의 기반이 되는 것도 아니다. 그것은 즉 정부·영토·언어·국적 등으로 회수되지 않는, 일종의 공동성에 대한 희구에 민족주의라는 명칭이 붙은 상태이다.

우에노 지즈코上野千鶴子는 2001년에 어느 "자이니치 한국인 남성"으로부터 "자이니치 내셔널리즘이라 불리는 것은, 사실은 내셔널리즘은 **아니다**"라는 발언을 들었다고 한다. 우에노에 따르면 "그것은 동화를 강제하는 일본의 내셔널리즘에는 저항하지만, 그렇다고 해서 한국이나 조선의 내셔널리즘에 동일화하는 것은 아니다"라고 한다. 그리고 "자이니치 내셔널리즘은 '영토 없는 내셔널리즘'이라고 불린다", "'반권력과 자유의 사상'의 별명"이라고 말한다.[39]

필자는 이 우에노의 평가에서 또 한발 다른 방향으로 나아간다. 이런 자이니치 내셔널리즘을 내셔널리즘이라고 부르는 것은 잘못일까. 민족이라는 말을 자이니치 한국인이 사용하는 것은 잘못일까. 인간에게는 어떤 권리가 있어서 그것을 잘못되었다고 할 수 있을까.

이것은 즉 다음과 같다. 기존의 민족이라는 말은 정부나 영토와 일체가 된 집단을 가리켰다. 그러나 그렇다고 해서 그것과는 다른 종류의 민족주의가 태어나는 것이 잘못일까. 그것은 오히려 기존의 민족 개념에 구속된 판단이 아닐까. 오히려 "그것도 내셔널리즘이라 불러야 할지는 각자의 자유에 맡기자"라고 하는 편이, 좀 더 나은 자세가 아닐까.

이런 내셔널리즘은 지극히 예외적인 것일까? 필자는 꼭 그렇다고는 생각하지 않는다. 필자는 프랑스 역사의 전문가는 아니지만, 본래 프랑스 혁명에서 성립한 상태는 1960년 초여름의 도쿄에서 발생한 것 같은, 이름을 붙일 수 없는 상태이지 않았을까 하고 상상한다.

자기의 기쁨이 타자의 기쁨이기도 하며, 타자의 고통이 자기의 고통이기도 하며, 자기와 타자를 구분하는 기존의 경계가 의미를 잃는다는 현상은, 두 사람이라는 단위에서 발생하면 연애라는 명칭이 붙는다. 그러나 그것이 집단적으로 발생한 경우의 명칭은 정해져 있지 않다. 거기에 혁명이라는 명칭이 붙을지 시민이라는 명칭이 붙을지 인간이라는 명칭이 붙을지, 혹은 네이션이라는 명칭이 붙을지는, 우연의 문제가 아닐까.

그러나 이런 상태에 특정한 이름이 붙고, 나아가 네이션이나 시민의 이름을 쓴 국가가 그들의 말을 권력 행사의 정당화에 이용하기 시작할 때, 내셔널리즘은 억압적인 것으로 변화한다. 그 상태로는 네이션 또한 국적이나 그 밖의 것으로 구분된 집단의 명칭이 되어 버리는 것이다.

한편 이것은 네이션뿐만 아니라 어떤 말에서든지 발생할 수 있는 현상이다. 예를 들어 혁명의 이름을 사용하는 국가 체제가 있다면, 그 국가 내의 언어 체계에서 '혁명'은 억압적인 말이 될 수밖에 없다. 연애의 이름을 사용하는 체제가 있으면, 연애는 타기할 대상이 될 것이다. 그러나 반대로 말하면 정부나 영토와는 무관한, 국가에 맞서는 내셔널리즘 쪽이 현재의 우리가 익숙한 내셔널리즘보다도 먼저 출현한 현상이었을지 모르는 일이다.

주권 국가라는 것은 기본적으로는 폭력을 독점하고, 영역 내의 폭력을 제어하는 제도로서 성립했다. 구체적으로는, 살인을 저질러도 죄를 묻지 않는 것은 국가가 공인한 경우만이다. 단 이런 제도에 폭력을 독점시킨 대신, 정교 분리를 통해 정신적인 가치는 부여하지 않은 것이, 원래의 주권 국가 제도였다.

그러나 네이션의 관을 쓴 국가가 출현한 시점부터 주권 국가는 정신적 권위까지도 획득했다. 그런 의미에서 말하면 국민 국가란 네이션의 명칭을 찬탈한 국가 체제라고도 할 수 있다.[40] 그러나 이런 상태로 성립한 네이션을 유일하고 절대적이라고 생각하여, 예를 들어 자이니치 내셔널리즘을 내셔널리즘이라는 이유만으로 비판하는 데에 필자는 찬동할 수 없다.

물론 필자는 내셔널리즘이라 불리는 현상의 부정적인 면을 알고 있으므로, 내셔널리즘이라는 말의 복권을 주창할 의지는 없다. 또한 본래의 내셔널리즘을 가정하고 그것으로부터 현재의 내셔널리즘을 일탈 등으로 비판할 생각도 없다. 단 여기서 지적하고 싶은 것은, 내셔널리즘이 바꾸어 읽기로 변용되는 것은 꼭 특이하거나 신기한 현상은 아닐지도 모른다는 점이다.

본론 중에서도 말했듯이 자기가 자기라는 사실을 감촉하면서, 타자와 공동共同하는 '이름이 없는' 상태를, 전후 지식인들은 혹은 민족이라고 혹은 국민이라고 불렀다.[41] 그것을 내셔널리즘이라며 비판하는 것은, 쉽지만 무의미하다. 그리고 그들의 말로 표현된 심정이, 예를 들어 전공투의 "연대를 구하며 고립을 두려워하지 않는다"라는 구호, 베헤렌이 주창한 '보통의 시민'이라는 말, 앞에서 언급한 자이니치 내셔널리즘이라는 말로 표현되었던 것과, 그렇게 동떨어졌다고는 생각하지 않는다.

즉 이 책의 결론은 다음과 같다. 새로운 시대를 향한 말을 만들어 내는 것은, 전후사상이 '민주'와 '애국'이라는 내셔널리즘의 말로써 표현하고자 시도해 온 이름 없는 것을, 말의 표면적인 상이점을 구별해서 받아들이고, 그것에 현대와 어울리는 형태를 부여하는 바꾸어 읽기를 하는 것이다. 그것이 달성될 때, 전후의 구속을 진정으로 넘어설 수 있다. 그리고 이 책을 통독한 독자는 이미 그것을 위한 준비 작업을 마쳤다고 할 수 있다.

그때 그 이름 없는 것에 결과적으로 부여되는 것, 그 가령의 명칭이 무엇이 될 지는 아직 알 수 없다. 그리고 "그것도 내셔널리즘이라 불러야 할지는 각자의 자유에 맡기자." 어찌되었든 간에 우리는 이 이름 없는 것을 과거에서 찾고, 현재에서도 찾고, 또한 미래에서도 찾을 것이라는 점은 확실하다.

서장

1 加藤周一「松山の印象」(『雑種文化』講談社文庫, 1974. 初版 1956) 185, 186쪽. 丸山眞男「日本におけるナショナリズム」(《丸山眞男集》岩波書店, 1995~1997) 第5卷 72~73쪽.

2 小田実「『道義国家』から『痩せたソクラテス』まで」(《小田実全仕事》河出書房新社, 1970~1978) 第8卷 145쪽.

3 柄谷行人·福田和也「江藤淳と死の欲動」(『文学界』1999. 11) 16쪽.

4 小林よしのり·福田和也·佐伯啓思·西部邁『国家と戦争』(飛鳥新社, 1999) 28쪽. 佐伯啓思「戦後民主主義とは何だったのか」(実践社編集部編『現代日本論』実践社, 2001) 39, 51쪽.

5 西尾幹二『国民の歴史』(扶桑社, 1999) 682, 680쪽.

6 加藤典洋『敗戦後論』(講談社, 1997) 29, 35쪽.

7 都築勉『戦後日本の知識人』(世織書房, 1995). 이 시민 사회 청년이라는 말은 1959년에 우치다 요시히코內田義彦가 쓴 논문「知識青年の書類型」(《内田義彦著作集》第5卷, 岩波書店, 1988 수록)에서 주창되었다. 우치다는 근대 일본의 지식 청년을 분류하면서 인격 형성기가 ①메이지 초기부터 자유 민권 운동기까지였던 정치 청년, ②청일淸日 전쟁을 전후로 했던 문학청년, ③다이쇼 중기 이후의 동란기였던 사회 청년, ④쇼와기의 '정치적 질식 시대'였던 시민 사회 청년의 네 가지 유형을 제창한다. 우치다는 정치 청년을 메이지 청년, 시민 사회 청년을 쇼와 청년이라고도 호칭한다. 쓰즈키는 이 유형을 계승하는 형태로 논의를 전개했는데, 이런 세대 유형론은 이 책의 5장 등에서 말하듯이 패전 직후부터 자주 보였으며, 패전 직후의 올드 리버럴리스트들에 대한 반감으로 발명되었음이 명백한 도식을 메이지 사상에까지 투영한 것이다. 그러나 시간이 지나자 이 도식은 메이지 사상사 연구에도 영향을 주어, 현대에서 예를 들면 기무라 나오에木村直恵의『〈青年〉の誕生』(新曜社, 1998) 등에 이 도식의 잔영이 보인다. 어쨌든 이 시민 사회 청년이라는 유형은 1959년의 것이며, 1955년 이전의 것은 아니다.

8 예를 들어 쓰즈키의『戦後日本の知識人』87쪽에서는, 시미즈 이쿠타로가 1951년에 쓴『市民社會』(創元文庫)의 저자 해제에 나오는 '시민 사회'의 정의를 인용한다. 여기서 시미즈는 명백하게 시민 사회를 '부르주아 사회'의 동의어로 사용하며, 시민 사회는 봉건 사회나 절대 왕정보다는 전진한 것이지만, 한정적인 평가만 부여할 수 있다고 본다. 그러나 쓰즈

키는 이런 시미즈도 '시민 사회 청년'으로 포함시키기 위해, 시미즈의 시민 사회관에 대해서 애매한 평가에 머물렀다. 또한 이 책에서는 시미즈의 사상을 충분히 논할 수 없었지만, 다른 기회에 검증하고자 한다.

9   이하 武田青嗣·小林よしのり·橋爪大三郎『正義 戦争 国家論』(径書房, 1997) 219, 218, 112, 110쪽. 또한 이 책 223쪽에서는 요시모토 다카아키가 1990년대 후반에 약해藥害 에이즈 AIDS 문제에서 고바야시 요시노리의 거동을 '시민주의자의 윤리주의적인 유언비어' 라고 표현한 데 대해, 다케다 세이지는 "요시모토 다카아키가 쓴 '시민주의'는 반체제를 말하는 사람들을 가리키는 것"이라고 지적한다. 그러나 이 책 14장의 검증을 바탕으로 한 사건으로는, 요시모토가 여기서 말한 '시민주의자'란 약자에 대한 윤리적 죄책감 때문에 행동하는 사람들을 가리킨다.

10   이런 구조나 체계를 강조한 호칭을 굳이 본문에 채용한 것은, 지금까지 쓴 책에서 언설이라는 말을 사용했을 때, 오해하는 독자들이 적지 않았기 때문이다. 지금까지 쓴 책도 개개의 논조를 넘어선 수준에서 언설의 변동을 연구해 왔는데, 단순한 문서 사료 연구로 오해를 받은 부분이 있었다. 기본적으로 개념 용어의 정비에는 별로 관심이 없지만, 여기서 어느 정도 명확히 정리해 둔다.

11   山本明『戦後風俗史』(大阪書籍, 1986) 175쪽.

12   이 책은 다양한 논조를 검증하면서 종종 "심정을 표현한다"라고 기술한다. 심정이 언어 표현의 잔여임에도 "심정을 표현한다"라고 기술하는 것은 모순이다. 보다 정확히 기술하자면 "어떤 언어 표현을 행하는 것으로, 표현이 불충분하다는 심정이 생겨난다. 그것 때문에 더욱 더 언어 표현의 모색이 이루어진다"는 과정을 단축하여, 이 책에서는 "심정을 표현한다"라고 지칭한 것이다. 또한 어떤 언어 표현을 행하는 것으로, 이른바 여백이나 행간으로서의 심정이 표현되는 경우도 존재할 수 있다. 또한 이 심정은 과거에 쓴 책인『〈日本人〉の境界』(新曜社, 1998)에서 소망願望이라고 불렸던 것을 다시 고찰한 개념이다.

13   굳이 말하자면 이로카와 다이키치가『明治精神史』(講談社学術文庫, 1978. 初版 1964)에서 주창한 정신사라는 접근이 이 책에서 말하는 심정과 겹치는 대상을 다루었다고도 할 수 있다. (물론 완전히 겹치는 것은 아니다.) 단 이로카와는 정점적 지식인과 일반 민중의 사상이 완전히 절단되었다는 관점에 서 있지만, 이 책은 그런 입장을 취하지 않는다. 이로카와의 논거는 정점적 지식인은 서양 사상에 영향받았으며, 따라서 민중으로부터 고립되었다는 것이다. 그러나 본론에서 밝히듯이, 지식인이 서양 사상에 영향받았다고 해서 그 논조가 동시대 사람들의 심정에서 고립됐다는 결론이 곧바로 도출되지는 않는다.

14   ジョン ダワー『敗北を抱きしめて』(Embracing Defeat, 三浦陽一·高杉忠明·田代泰子譯, 岩波書店, 2001)上巻 314~315쪽.

15   이런 영유appropriation에 대해서는, 일단 ロジェ·シャルチエ『書物の秩序』(長谷川輝夫譯, ちくま学芸文庫, 1996. 初版 1993)등을 참조하라.

16   이런 현상에 명칭을 붙인다면, 쓰루미 슌스케가 말하는 '오해할 권리'를 본 따서 '오독' 이라는 명칭을 생각할 수 있으리라. 쓰루미의 사상에 대해서는 16장을 참조하라.

17　石田雄『近代日本の政治文化と言語象徴』(東京大学出版会, 1983). 또한 石田雄
『日本の政治と言葉』(東京大学出版会, 1989)도 참조.《丸山眞男集》第8卷 235쪽.

18　또한 이 책에서 검증한 논조에는, 여성의 것이 적다. 의도적으로 선택한 것이 아니라,
대표적이라 여겨지는 논조를 검증 대상으로 한 까닭에 여성의 저작이 들어가지 않았다.
이 책에서는 전후 일본에 있어서의 내셔널리즘과 공적인 것을 둘러싼 언설을 다룬다. 이것은
'천하 국가'를 둘러싼 언설, 세간의 표현으로 "남자는 어떻게 살아야 하는가"를 둘러싼 언설이
라고 할 수 있다. 여성의 논조가 적은 것은, 애초에 이런 주제 설정의 탓도 있을 것이다. 이 책
이 검증한 논조에서 무사도, 남자다움, 팡팡이라는 말이 빈출하는 데 다소 거부감을 느끼는
독자도 있을지 모른다. 그렇다 해도 이런 남성 지식인들이 쌓아 올린 언어 체계는 여성도 포
함한 전후 일본에서의, 천하 국가를 논하는 말 쓰임을 구속한다. 그 구속을 밝히는 것이 이 책
의 목적이기도 하다.
역시 이 책에서 밝히듯이 무사도나 남자다움이라는 말 쓰임에는, 전쟁과 패전으로 상처 입은
전후 일본의 남성 지식인의 심정이 반영되어 있다. 결과적으로 이 책은 전후 일본의 남성 지
식인의 언설과 심정을 검증한, 일종의 남성학이라는 측면을 가질지 모르겠다. 단지 수적 균
형을 맞추기 위해 여성의 논조를 검증 대상 속에 추가하기보다는, 남성 지식인들이 만들어 낸
논조의 검증을 철저히 하는 편이, 여성학의 문제의식에 성실히 대응할 수 있다고 생각한 측면
도 있다.

1부

1장　윤리의 초토화

1　이 장에서 기술하는 내용은, 엄밀히 보면 연구의 성격은 아니다. 사료의 선택도 다소 자
의적이라고 할 수밖에 없으며, 또한 인상 비평에 가까운 수기를 다수 사용했으므로, 사료 비
판이라는 점에서 약간 느슨한 부분도 존재한다. 그러나 공식 자료 등에는 기재되지 않는 전시
중의 분위기를 묘사하기 위해, 본문과 같은 서술 방식을 택하지 않을 수 없었다. 이 장의 기술
은 2장 이하에서의 검증을 위한 배경 설명으로서 불가결하다.

2　奥宮正武『太平洋戦争, 五つの誤算』(朝日ソノラマ, 1997. 初版 1994) 170쪽.

3　堀栄三『大本営参謀の情報戦記』(文春文庫, 1996. 初版 1989) 101, 102쪽.

4　위의 책 333쪽.

5　위의 책 334쪽.

6　淵田美津雄・奥宮正武『ミッドウェー』(PHP文庫, 1999. 初版 1951) 376쪽.

7　大井篤『海上護衛戦』(朝日ソノラマ, 1992. 初版 1953) 130~131쪽.

8　위의 책 116쪽.

9　이 표현은 大岡昇平『レイテ戦記』(《大岡昇平集》岩波書店, 1982~1984, 第9巻 및 第10巻 수록. 初版 1971) 第9巻 264쪽에서 인용했다.

10　위의 책 264쪽.

11　吉田俊雄『最後の決戦·沖縄』(朝日ソノラマ, 1985. 初版 1969) 205쪽.

12　大岡集 第10巻 146쪽.

13　宮本郷三『隼のつばさ』(光人社NF文庫, 2001. 初版 1968) 117쪽. 이 묘사의 사료적 신빙성은 정확하지 않지만, 이런 소문이 파일럿 가운데에 나돌았다는 것은 당시의 사기를 보여 주는 사료여서 인용했다.

14　神立尚紀『零戦 最後の証言』(光人社, 1999) 172쪽.

15　加藤寛一郎『零戦の秘術』(講談社文庫, 1995) 308쪽. 이 책은 사카이 사부로 전 중위의 인터뷰 기록이다.

16　神立 앞의 책 43쪽. 발언자는 시가 요시오 (전) 소령.

17　大岡集 第9巻 280쪽. 오키나와전이 발발한 시점에서의 소문이다.

18　야마토 출격의 경위는 吉田 앞의 책 186~192쪽.

19　宇垣纒『戦藻録』(原書房, 1968) 488쪽.

20　岩本徹三『零戦撃墜王』(今日の話題社, 1986) 265쪽.

21　加藤 앞의 책 304쪽.

22　渡辺洋二『液冷戦闘機 飛燕』(朝日ソノラマ, 1992. 初版 1983) 36~37쪽.

23　遠山茂樹·今井清一·藤原彰『新版 昭和史』(岩波新書, 1959) 222쪽.

24　碇義朗『決戦機疾風 航空技術の戦い』(光人社NF文庫, 1996. 初版 1976) 250쪽.

25　遠山·今井·藤原 앞의 책 221쪽.

26　이하 다케다의 인용은 武田清子「工場に見た嘘と貝殻人間像」(『芽』1953. 8) 40쪽.

27　《小泉信三全集》(文藝春秋, 1967~1972)第15巻 455쪽.

28　本多顕彰『指導者』(光文社, 1955) 149쪽.

29　《天野貞祐全集》(栗田出版会, 1970~1972) 第4巻 55쪽.

30　武田 앞의 논문 41쪽.

31　橘孝三郎『日本愛国革新本義』(高橋正衛編『国家主義運動』,『現代史資料』第5巻, みすず書房, 1964 수록. 初版 1932) 78쪽.

32　津田道夫『日本ナショナリズム論』(盛田書店, 1968) 63쪽.

33　遠山·今井·藤原 앞의 책 225, 227쪽. 공정 배급료는 같은 책 224쪽.

34　丸山集 第3巻 23쪽.

35　松浦総三『体験と資料 戦時下の言論統制』(白川書院, 1975) 79쪽. 인용 원문은 한자·가타카나 혼용문.

36　清沢洌『暗黒日記』(岩波文庫, 1960) 1944. 2. 10 자.

37　이하 시바타의 회상은 柴田道子「戦争が生んだ子どもたち」(『思想の科学』1959. 8) 20~24쪽.

38　『竹内好全集』(筑摩書房, 1980~1982) 第8卷 220쪽. 山中恒『子どもたちの太平洋戦争』(岩波新書, 1986) 179쪽.

39　渡辺清『砕かれた神』(朝日選書, 1983. 初版 1977) 152쪽.

40　《内田義彦著作集》(岩波書店, 1988~1989) 第10卷 22쪽. 渡辺 앞의 책 105쪽.

41　奥野健男「解説」(《昭和戦争文学全集》第4卷, 1964) 494~495쪽. 오쿠노는 패전 시에 17세였는데, 14장이나 결론 등에서도 말하듯이 이 세대는 사회의 복잡함을 알지 못했기 때문에, 정부의 공식 슬로건을 믿기 쉬운 세대다. 오쿠노의 해설은 윗세대의 지식인이 직면했던 언론 탄압을 제외하고 오로지 심리적 측면에서 당시의 상황을 논한 까닭에 불충분하지만, 일면의 사실을 보여 주는 것으로서 인용했다.

42　인용은 다케우치 요시미「近代の超克」(竹内全集 第8卷 수록) 26쪽. 사카구치 안고나 도쿠다 슈세이의 개전 시의 글은 앞의 책《昭和戦争文学全集》第4卷을 참조하라.

43　石川達三「国富としての文学」(『文藝』1942. 1) 17쪽. 島木健作「十二月八日」(『文藝』1942. 1) 25쪽.

44　出隆「親孝行」(『改造』1943. 3) 138쪽.

45　秋山邦雄·鈴木庫三·黒田千吉·荒城季夫·上郡卓「国防国家と美術」(『美術』1944. 5. 『美術手帖』1977. 9에 수록) 101, 102, 109, 104쪽. 발언자는 아키야마 구니오秋山邦雄 소좌와 스즈키 구라조 소좌.

46　《平野謙全集》(新潮社, 1974~1975) 第1卷 189쪽.

47　宗像誠也『私の教育宣言』(岩波新書, 1958) 180쪽.

48　小田切秀雄「文学における戦争責任の追及」(日高六郎編『戦後思想の出発』, 『戦後日本思想大系』第1卷, 筑摩書房, 1968에 수록) 224쪽.

49　本多 앞의 책 53~54, 57쪽.

50　本多 앞의 책 79쪽.

51　本多 앞의 책 64쪽.

52　『清水幾太郎著作集』(講談社, 1992~1993) 第14卷 48쪽.

53　本多 앞의 책 74쪽.

54　長尾和郎『戦争屋』(妙義出版, 1955) 58쪽.

55　『荒正人著作集』(三一書房, 1983~1984) 第1卷 116, 19쪽.

56　앞의 글「国防国家と美術」104, 108쪽.

57　本多 앞의 책 74쪽.

58　安田武「知識人の善意主義」(『思想の科学』1962. 4) 90쪽.

59　日本戦没学生記念会編『きけ わだつみのこえ 第二集』(岩波文庫, 1988) 253쪽.

60　앞의 책 264, 186쪽.

61　飯塚浩二編『日本の軍隊』(岩波書店, 1991. 初版 1950) 99쪽.

62　藤岡明義『初陣の記』(朝日新聞出版サービス, 1999) 38쪽. 앞의 책『きけ わだつみのこえ 第二集』181, 193쪽.

63　伊藤隆·御厨貴·飯尾潤編『渡邉恒雄回顧録』(中央公論新社, 2000) 42쪽. 木俣滋郎『陸軍航空隊全史』(朝日ソノラマ, 1987) 200쪽.

64　加藤寛一郎 앞의 책 320, 321쪽.

65　丸山集 第3巻 33~34쪽.

66　앞의 책『きけ わだつみのこえ 第二集』195쪽.

67　日本戦没学生記念会編『新版 きけ わだつみのこえ』(岩波文庫, 1995) 208쪽.

68　鶴見俊輔『新しい開国』(《鶴見俊輔集》続1巻, 筑摩書房, 2000) 208쪽. 読み書き能力調査委員会『日本人の読み書き能力』(東京大学出版部, 1951).

69　梅原猛「京都学派との交渉私史」(『思想の科学』1959. 8) 35쪽.

70　앞의 책『きけ わだつみのこえ 第二集』178쪽. 安田 앞의 논문 90쪽.

71　梅原 앞의 논문 35쪽. 多田道太郎『複製芸術論』(講談社学術文庫, 1985. 初版 1961) 282쪽.

72　『野間宏集』(《新日本文学全集》第27巻, 1962) 77쪽.

73　《全集黒澤明》(岩波書店, 1987~1988) 第2巻 194쪽.

74　飯塚編 앞의 책 156쪽. 石田雄「丸山眞男と軍隊体験」(『丸山眞男戦中備忘録』해설, 日本図書センター, 1997) 170쪽. 丸山集 第5巻 68~69쪽.

75　앞의 책『新版 きけ わだつみのこえ』305쪽.

76　半沢弘「歪曲された農民兵士像」(『思想の科学』1962. 4) 101쪽.

77　多田 앞의 책 293쪽.

78　앞의 책『新版 きけ わだつみのこえ』251쪽. 앞의 책『きけ わだつみのこえ 第二集』222, 233쪽.

79　앞의 책『新版 きけ わだつみのこえ』373~374쪽.

80　앞의 책 251쪽. 앞의 책『きけ わだつみのこえ 第二集』193쪽.

81　奥宮 앞의 책 99쪽.

82　小田実『「ベ平連」·回顧録でない回顧』(第三書館, 1995) 495쪽.

83　森武麿『アジア·太平洋戦争』(『日本の歴史』第20巻, 集英社, 1993) 289쪽.

84　杉山龍丸「ふたつの悲しみ」(『声なき声のたより』1967. 11. 高畠通敏編『日常の思想』,『戦後日本思想大系』第14巻, 筑摩書房, 1970에 수록) 263, 265~266쪽. 인용하면서 줄 바꿈을 약간 줄였다.

85　松浦 앞의 책 66쪽.

86　天野全集 第4巻 314쪽.

87　渡辺 앞의 책 239쪽.

88　앞의 책『新版 きけ わだつみのこえ』454쪽.

89　丸山集 第4巻 112쪽.

90　《中野好夫集》(筑摩書房, 1984~1985) 第2巻 50~51쪽. 나카노가 인용한 오니시 다키지로大西瀧次郎 해군 중장은, 패전 후에 특공대원에게 "깊이 사죄"한다는 유서를 남기고

자결한, 얼마 안 되는 군인 중 한 사람이다. 그러나 자결했더라도 위정자로서 실패했다는 책임은 불변한다는 점에서, 나카노는 오니시를 인용하여 무책임을 비판한 것이라 생각된다.

91   真継伸彦「小田実の啓示」(小田全仕事 第1巻 해설) 415쪽.

92   マーク ゲイン『ニッポン日記』(井本威夫譯, ちくま学芸文庫, 1998. 初版 1951) 112쪽.

93   丸山集 第5巻 69쪽. 小田切秀雄「転向の問題」(栗原幸夫編『戦後の始まり』,『コメンタール 戦後50年』第1巻, 1995에 수록) 180쪽.

94   《坂口安吾全集》(筑摩書房, 1998~2000) 第1巻 274, 275쪽.

95   赤塚行雄『戦後欲望史』(講談社文庫, 1984) 第1巻 225쪽.

96   福田定良「敗戦と兵隊」(『中央公論』1947. 10. 久野収·神島二郎編『天皇制』論集 三一書房, 1974에 재수록) 293, 294쪽.

97   吉野源三郎「人間への信頼」(鶴見俊輔編『平和の思想』,『戦後日本思想大系』第4巻) 158~159쪽.

98   앞의 책『新版 きけ わだつみのこえ』424쪽.

2장 총력전과 민주주의

1   마루야마 마사오와 오쓰카 히사오. 특히 마루야마를 논한 저작은 매우 많다. 저명한 예로는 14장에서 검증할 요시모토 다카아키의 마루야마론이 있으며, 또한 이로카와 다이키치 등의 민중사관에서 제기한 근대주의자로서의 마루야마에 대한 비판이 있다. 마루야마를 중심으로 전후사상을 논한 대표적 연구로는 서장에서 언급한 쓰즈키 쓰토무의『戦後日本の知識人』이 있다.
최근에는 마루야마의 죽음을 전후해『現代思想』22巻 1号(1994),『大航海』18号(1997),『情況』第2期 8巻 1号(1997),『思想』883号(1998) 등이 마루야마론의 특집을 꾸몄으며,《丸山眞男集》(岩波書店, 1995~1997) 각 권의 해설 외에도, 笹倉秀夫『丸山真男論ノート』(みすず書房, 1988), 米原謙『日本的「近代」への問い』(新評論, 1995), 石田雄·姜尚中『丸山眞男と市民社会』(世織書房, 1997), 情況出版編集部編『丸山真男を読む』(情況出版, 1997), 間宮陽介『丸山眞男』(筑摩書房, 1999), 今井伸英『丸山眞男と戸坂潤』(論創社, 2000), 宮村治雄『丸山眞男『日本の思想』精読』(岩波現代文庫, 2001), 長谷川宏『丸山眞男をどう読むか』(講談社現代新書, 2001), 冨田宏治『丸山眞男』(関西学院大学出版会, 2001), 大隈和雄·平石直昭編『思想史家 丸山眞男論』(ぺりかん社, 2002) 등이 있다. 연구 논문으로는 米谷匡史「丸山真男の戦後批判」(『現代思想』22巻 1号),「丸山真男と戦後日本」(앞의 책『丸山真男を読む』에 수록), 葛西弘隆「丸山真男の『日本』」(酒井直樹, 브레트 드 바리, 伊豫谷登士翁編『ナショナリティの脱構築』柏書房, 1996),「ナショナル·デモクラシーと主体性」(『思想』896号, 1999), 仲内英三「丸山真男における『近代的

なもの』の可能性の条件」(『早稲田政治経済学雑誌』332号, 1997)가 있다. 그 밖에 田口富久治 『戦後日本政治学史』(東京大学出版会, 2001) 등에서 마루야마를 논했고, 溝部英章, 李鎔哲, 松岡幹夫, 区建英, 権左武志, 吉永潤, 野田裕久, 井口吉男, 金栄鎬 등의 논문도 있다.

오쓰카 히사오에 대해서는 柳沢治 「戦時期日本における経済倫理の問題」(『思想』934, 935号, 2002) 및 中島健二 「大塚久雄の近代社会像再考」(『金沢大学経済論集』33号, 1996) 등이 있다. 그런 가운데 마루야마 및 오쓰카와 총력전의 관계를 언급한 흐름으로는, 야마노우치 야스시山之内靖의 문제 제기로 오쓰카의 사상을 논한 ヴィクター コシュマン 「規律的規範としての資本主義の精神」(山之内靖, ヴィクター コシュマン, 成田龍一編 『総力戦と現代化』柏書房, 1995) 및 柳沢의 앞 논문, 그리고 中野敏男 『大塚久雄と丸山眞男』(青土社, 2001) 등이 있다. 야마노우치의 관계 저작으로는 『日本の社会科学とヴェーバー体験』(筑摩書房, 1999)이 있다.

이 장은 오쓰카와 마루야마의 사상이 총력전 체제에서 파생했다고 간주하는 점에 있어서, 中野의 앞 책에 찬동한다. 그러나 그는 오쓰카와 마루야마의 사상이 총력전의 합리적 수행을 주창했다는 점을 강조한 나머지, 그들의 사상이 시국 비판이기도 했다는 점을 경시한다. 中野 (172, 173쪽)는 "전시기가 국민 총동원을 기반으로 한 문자 그대로의 총력전 체제하에 있었으며, 국민의 '최고도 자발성'에 의거하는 전시 체제"였다는 전제로부터 검증을 행한다. 그러나 전시 중의 일본에서 국민의 자발성에 의거한 총력전 체제가 실제로 성립했는지는 의심스럽다. 그런 까닭에 총력전의 합리적 수행을 주창하는 것이, 정부나 군부에 대한 비판이 된다는 문맥이 존재했었다.

또한 많은 마루야마 연구는 마루야마가 주장한 근대가, 서양 근대의 현실과 일치하는지, 혹은 정치사상사적으로 어떤 내용이었는지에 대한 문제를 논한다. 그러나 필자는 마루야마나 오쓰카가 제창한 서양 근대는 전쟁 체험의 결과로서 생긴 심정을 표현하는 매체였다고 본다.

이에 대해 平石直昭 「理念としての近代西洋」(中村政則・天川晃・尹建次・五十嵐武士編 『戦後日本 占領と戦後改革』第3巻 『戦後思想と社会意識』岩波書店, 1995)은 후지타 쇼조의 지적을 바탕으로 오쓰카나 마루야마의 서양 근대는 "'어떤 요구로서의 가정에 붙여진 이름'이며, 그들이 '그것에 부여한 내용으로 문제가 되어야 할' 것입니다"(85쪽)라고 말한다. 이 장의 주장은 이런 시점을 더욱 발전시켰다.

단 히라이시 나오아키平石直昭는 전후 개혁을 미 점령군이 '밖'에서 강제했음을 마루야마 등이 중시해서, 주체성의 주장으로 이어졌다고 강조한다. 마루야마 등이 그런 문맥에서 주체성을 주창했음은 사실이며, 이 책에서도 4장 등에서 그 점을 언급한다. 그러나 마루야마 등이 주장한 주체성은, 점령군의 정책 이전에 전시기의 총력전 체제 속에서 태어났으며, 히라이시는 이 시점이 결여되었다.

다른 한편으로 中野의 앞 책(304쪽)은 마루야마 등의 사상이 총력전의 사상이라고 주장하며 히라이시 등을 비판한다. 그러나 필자의 견해로는 마루야마나 오쓰카가 전시 중의 초국가주의에 저항하며, 동시에 총력전의 합리적 수행을 주창하는 '우국의 열사'(酒井直樹 「丸山眞男

と戦後日本」『世界』1995. 11의 표현)였던 것은, 모순되지 않는다. 이 장은 그런 의미에서는 나카노 도시오中野敏男와 히라이시의 견해를 비판적으로 종합하면서, 마루야마 등의 다의성을 읽어 내고자 한다. 또한 마루야마의 조선관·중국관의 문제에 대해서는, 8장에서 부분적으로 언급했지만 또 다른 기회에 논하고 싶다.

2　이하 아시다 히토시의 인용은 第八八回帝国議会衆議院本会議議事速記録 第2号 (1945. 9. 6) 6, 7쪽. 원문은 한자·가타가나 혼용문이며 구두점은 없다.

3　石原莞爾「全国民今ぞ猛省一番」(『読売報知』1945. 8. 28, 栗原編 앞의 책(1장)『戦後の始まり』수록) 55, 56쪽.

4　市川房枝「自主的な行動を」(『朝日新聞』1945. 8. 20). 高山岩男「文化国家建設と新国民倫理」(『世界文化』1946. 5. 栗原編 앞의 책『戦後の始まり』수록) 71쪽. 吉川英治「慚愧の念で胸裂く」(『朝日新聞』1945. 8. 23. 日高編 앞의 책(1장)『戦後思想の出発』수록) 69쪽.

5　東久邇稔彦「日本再建の指針」(『毎日新聞』1945. 8. 30. 日高編 앞의 책『戦後思想の出発』수록) 54, 56쪽.

6　清沢洌(1장)『暗黒日記』1944. 7. 14. 이시카와의 기고도 이 책에서 재인용.

7　竹内全集 第8卷 218쪽.

8　앞의 책 石原談話 54쪽, 앞의 책 東久邇談話 54쪽.

9　坂口全集 第11卷 274, 275쪽.

10　天野全集 第4卷 56쪽.

11　丸山集 第1卷 31쪽. 이하 이 전집에서의 인용은 권 호와 쪽수를 후주가 아닌 본문에 직접 표기한다. 이 미도리카이 논문 24쪽에는 "정지적靜止的·합리적인 근대적 사유 양식은 현존 사회의 역사적 추이에 중점을 두는 무산층의 대표자에서도, 현존 사회의 비합리적 미화를 요구하는 시민층의 대변인에서도, 맡을 사람을 더 이상 찾을 수 없다. 그것은 필연적으로 '무력'해진다"라고 쓰여 있다. 물론 이것은 부르주아 시민층과 근대적 사유가, 동적動的 역사철학인 마르크스주의와 파시즘에 협격挾擊받는다는 논법을 따른 것이다.

12　丸山眞男『自己内対話』(みすず書房, 1998) 176쪽.「近代的思惟」집필 시의 회상은 鶴見俊輔編『語りつぐ戦後史 I』(思想の科学社, 1969) 91쪽.

13　丸山集 第2卷 230쪽. 마루야마는 나아가 이 논문에서 "내셔널리즘은 또한 민족주의라고 번역되지만, 민족주의라고 하면 예를 들어 다른 한 국가의 본토에 소수 민족으로서 존재하거나, 식민지가 된 민족이 독립하는 경우, 혹은 몇 개의 국가로 나뉘어 속했던 민족이 단일 국가를 형성하는 경우는 적당하지만, 우리나라처럼 옛날부터 민족적 순수성을 지키고 이른바 민족 문제가 없었던 나라에서는 어떠할까"라고 말하며, 민족주의라는 번역어를 멀리한다(第2卷 230쪽). 이런 고대 일본관은, 당시의 지식인으로서는 오히려 예외적이지만, 아마도 마루야마가 접촉했던 쓰다 소키치의 역사관을 답습한 것이라고 생각된다. 이 고대사관이 8장에서 언급할 마루야마나 난바라의 조선관과 결부되었음은 말할 것도 없다. 당시의 고대사관과 쓰다 소키치의 사상에 대해서는, 小熊英二『単一民族神話の起源』(新曜社, 1995)을 참조

하라.

14 3장에서 검증할 수병 출신인 와타나베 기요시의 일기에는, 마루야마가 논문을 발표하기 이전인 1946년 1월 시점에 "이 사람은 병장 타입, 저 사람은 하사관 타입"이라는 등의 분류를 한다(渡辺 앞의 책(1장) 『砕かれた神』 161쪽). 즉 하사관이라는 분류 또한 마루야마의 독자적인 것이라기보다는, 당시의 군대 경험자에게 공유된 것이라 할 수 있다.

15 藤田省三 「天皇制とファシズム」(『天皇制国家の支配原理』 未来社, 1966 수록. 원논문의 공표는 1957) 참조.

16 鶴見俊輔·武谷三男·猪木正道 「知識人の場合」(『芽』 1953. 8) 29쪽.

17 『朝日新聞』의 투고는 日高六郎 『「旧意識」とその原初形態」(『日本資本主義講座』 9, 岩波書店, 1954. 久野·神島編 앞의 책 『「天皇制」論集』 수록) 174쪽에서 재인용. 다카무레 이쓰에의 주장은 小熊 앞의 책 『単一民族神話の起源』 11장을 참조하라. 또한 히다카는 이 투고를 언급하며 "'가족적' 혹은 '부락적' 폐쇄성은, 적어도 근대적인 군국주의 국가로서 총력전에 돌입한 경우에는, 치명적인 한계가 되었다"라고 말해서, 마루야마와 동세대인 그가 유사한 문제의식을 품었음을 알 수 있다.

18 마루야마는 1952년의 『日本政治思想史研究』의 후기에서, 1944년의 「国民主義理論の形成」을 평하여, "현재의 내 과제와 비교적으로 가장 직접 이어지는 것은 이 장이며, 나의 일본 내셔널리즘에의 관심은 이 원고에서 시작되었다"라고 말한다(5권 292쪽). 단 마루야마는 『「自然」と「作為」』 논문의 최종회를 전후하여 1942년에 공표된 「福沢諭吉の儒教批判」에서도 국민적 자각과 자유 독립의 기풍 간 관계를 논한다(2권 150쪽). 그러나 그의 국민주의에의 관심은, 역시 1944년의 「国民主義理論の形成」에서 단단해졌다고 할 수 있을 것이다.

19 高坂正顕·西谷啓治·高山岩男·鈴木成高 『世界史的立場と日本』(中央公論社, 1943) 338~354쪽 참조. 인용은 354쪽. 이 좌담회에서의 근대 국가와 민족주의에 대한 비판에 대해서는, 小熊英二 『〈日本人〉の境界』(新曜社, 1998) 16장에 언급했다.

20 小田全仕事 第1巻 409쪽.

21 本多秋五 『物語戦後文学史』(岩波書店, 1992. 初版 1966) 上巻 205쪽.

22 朝日新聞社編 『声』(朝日新聞社, 1984) 第2巻 36~37쪽.

23 毎日新聞社編 『岩波書店と文藝春秋』(毎日新聞社, 1996) 32쪽.

24 무엇보다 6장에서 말하듯이 마루야마가 시민을 긍정적으로 사용한 예가, 패전 직후에 전혀 존재하지 않는 것은 아니다.

25 《大塚久雄著作集》(岩波書店, 1969~1970, 増補版 1986) 8권 341쪽. 이하 이 저작집에서의 인용은 권 호와 쪽수를 본문 중에 직접 표시한다.

26 全集黒澤明 第1巻 53, 77쪽.

27 원래 오쓰카는 1944년 저작인 『近代欧州経済史序説』에서 자국 내 생산을 확충하여 국민 생활을 향상시킨 영국과, 자국의 생산이 낮은 상황을 방치하고 무역으로 국제 진출을 이룩해 간 네덜란드를 대비했다. 그리고 1947년에는 전자의 방향을 일본의 국민 경제가 나아가

야 할 방향이라고 위치 짓는다(6권 45쪽).

平石의 앞의 논문은 이런 오쓰카의 국민 경제론을 전쟁 전 일본이 빈곤의 해결책을 아시아 진출에서 찾은 데 대한 반성이었다고 위치 짓는다. 한편으로 中野의 앞의 책은 오쓰카가 전후에 시점을 국내로 좁혀 갔다고 주장한다. 전후의 평화주의가 폐쇄성과 표리일체의 관계에 있는 점은, 필자도 『単一民族神話の起源』에서 논했다. 이런 평화주의와 폐쇄성의 이중성 문제는 8장 등에서 다시 언급한다.

28   大塚久雄·爪生忠夫·荒正人·小田切秀雄·佐々木基一·埴谷雄高「近代精神について」(『近代文学』2巻 1号, 1947. 1).

29   坂口全集 11권 271쪽. 사카구치의 농민 비판은 전시의 농촌 문화 찬미에 반발하는 문맥에서 이야기되었다. 전시에 농촌은 근로와 내핍의 상징, 혹은 반근대주의·반개인주의·반자본주의의 상징으로서 상찬된다.

30   渡辺 앞의 책 105쪽.

31   앞의 第八八回帝国議会衆議院本会議議事速記録 第2号 14, 17쪽. 원문은 한자·가타가나 혼용문. 도고의 사상에 대해서는 小熊 앞의 책『〈日本人〉の境界』7장을 참조하라.

32   실제로는 뉘른베르크 재판에서 홍소하는 태도를 취한 것은 괴링뿐이며, 다른 피고들의 태도는 도쿄 재판의 피고들과 큰 차이가 없었다. 레오 카언『ニュールンベルク裁判』(加藤俊平譯, サンケイ新聞社出版局, 1974)을 참조하라.

33   佐藤忠男『黒澤明の世界』(朝日文庫, 1986. 初版 1969) 142쪽.

34   《桑原武夫全集》(朝日新聞社, 1968~1972) 第5巻 217, 218쪽.

35   鈴木裕子『フェミニズムと戦争』(マルジュ社, 1986) 103쪽에서 재인용.

36   《太宰治全集》(筑摩書房, 1989~1992) 第11巻 305, 306쪽.

3장 충성과 반역

1   전후 일본의 천황제 논의에 관한 연구로는 大窪愿二「戦後日本の天皇制の諸問題」(1947. 8. 10, 日本太平洋問題調査会報告. 山際晃·中村政則編『天皇制』, 『資料日本占領』第1巻, 大月書店, 1990에 재수록), 石田雄「戦後の天皇制」(『戦後日本の政治体制』未来社, 1957) 日高 앞의 책(2장)「『旧意識』とその原初形態」, 日高六郎「戦後におけるイデオロギーの動向」(『現代イデオロギー』勁草書房, 1958), 같은 저자「戦後の倫理思想」(『転換期の倫理思想』, 『講座現代倫理』第11巻, 筑摩書房, 1959), 같은 저자「戦後思想の出発」(日高編 앞의 책(1장)『戦後思想の出発』해설), 赤沢史郎「象徴天皇制の形成と戦争責任論」(『歴史評論』315号, 1976), 같은 저자「知識人の戦争責任論」(『歴史学研究』507号, 1982), 荒敬「東京裁判·戦争責任論の源流」(『歴史評論』408号, 1984. 후에 荒敬『日本占領史研究序説』柏書房, 1994에 수록), 吉田裕「占領期における戦争責任論」(『一橋論叢』105巻 2号, 1991. 후에 吉田裕『現代歴史学と戦争責任』青木書店, 1997에 수

록), 安田常雄「象徴天皇制と民衆意識」(『歴史学研究』1991. 7), 같은 저자「象徴天皇制과 国民意識」(中村政則編『占領と戦後改革』吉川弘文館, 1993), 吉見義明「占領期日本의 民衆意識」(『思想』811号, 1992), 川島高峰「戦後民主化における秩序意識의 形成」(『ナショナリズムの現在/戦後日本の政治』岩波書店, 『年報政治学』1994), 宮村治雄「戦後天皇制論의 諸相」(앞의 책(2장)『戦後思想と社会意識』), 吉田裕『日本人의 戦争観』(岩波書店, 1995) 등 다수의 연구가 있다.

그러나 지금까지의 많은 연구는 천황제 비판이나 전쟁 책임론과 내셔널리즘의 관계에 대해 충분히 검증하지 않았다. 또한 천황제나 민족이라는 말의 함의에 대해 깊이 파고든 검증이 이루어지지 않았다. 그런 까닭에 내셔널리즘이나 전사자의 기억, 경우에 따라서는 천황 개인에 대한 애착에 근거해서 천황제 비판이 이루어진 점에 대한 평가가 불충분하다고 생각된다. 특히 최근의 연구에서는 그런 점이 언급되는 경우에도, 당시의 천황제 비판의 한계, 제약으로 언급되는 데에 그친다. 당시에 제기된 천황의 전쟁 책임론은, 내셔널리즘이라는 제약을 바꾸어 읽고, 그것에 의거하는 형태로 이루어졌다는 것이 필자의 견해다.

2   앞의 第八九回帝国議会衆議院本会議議事速記録 第5号(1945. 12. 2) 54, 56쪽. 원문은 한자·가타가나 혼용문. 吉田 앞의 논문「占領期における戦争責任論」은 1억 총참회론에 대한 경계와 민족으로서의 일체성이라는 윤리에 접근하기 쉬웠던 탓에, 좌파와 진보적 지식인이 국민 책임론과 거리를 두었다고 논한다. 전자의 지적에는 필자도 찬동하지만, 후자에 대해서는 보다 깊은 검증이 필요하리라 생각한다. 당시의 좌파나 진보적 지식인이 민족 그 자체를 기피하지는 않았다.

3   日高 앞의 논문「『旧意識』とその原初形態」178쪽에서 재인용.

4   앞의 第八九回帝国議会衆議院本会議議事速記録 第5号 56쪽. 원문은 한자·가타가나 혼용문.

5   粟屋健太郎編『敗戦直後の政治と社会①』(『資料 日本現代史』第2巻, 大月書店, 1980) 5쪽. 원문은 한자·가타가나 혼용문.

6   小田切 앞의 책(1장)「文学における戦争責任の追及」224쪽. 그밖에 거론된 문학가는 다음과 같다. 기쿠치 간·구메 마사오·나카무라 무라오中村武羅夫·요코미쓰 리이치·노구치 요네지로野口米次郎·사이조 야소西条八十·사이토 류斎藤瀏·사이토 모키치斎藤茂吉·이와타 도요오(岩田豊雄, 시시분로쿠獅子文六)·가와카미 데쓰타로·가메이 가쓰이치로·하야시 후사오·아사노 아키라浅野晃·나카가와 요이치中河与一·오자키 시로尾崎士郎·사토 하루오佐藤春夫·도가와 사다오戸川貞雄·요시카와 에이지·후지타 도쿠타로藤田徳太郎·야마다 요시오山田孝雄.

7   第八九回帝国議会衆議院本会議議事速記録 第5号 56쪽. 원문은 한자·가타가나 혼용문.

8   다워 앞의 책(서장)『敗北を抱きしめて』下巻 344쪽에서 재인용.

9   吉田 앞의 논문「占領期における戦争責任論」126쪽에서 재인용.

10   「憲法を守護する者」(『時事新報』1947. 5. 3). 앞의 第八八回帝国議会衆議院本会

議議事速記録 第2号 5쪽. 앞의 第89回 帝国議会衆議院本会議議事速記録 第5号 54쪽.

11　渡辺 앞의 책(1장) 『砕かれた神』 5쪽. 이하 이 책에서의 인용은 쪽수를 본문에 직접 표기한다. 와타나베에 대해서는 森平太 「『暗い戦中派』의 戦争責任」(『歴史評論』 496号, 1991)이나 다우어의 책 『敗北を抱きしめて』 등이 소개하고 있으며, 그 취지는 이 책과 큰 차이가 없다. 단 이 책은 전사자의 기억이 천황을 판정하는 윤리적 기반이 된 점, 천황을 비판하는 내셔널리즘이 와타나베의 내부에 형성된 점을 중시한다. 다우어도 지적하듯이 와타나베의 이 수기가 출판되기 전에 수정되었는지 여부는 판별하기 어려우나, 이 책이 중시하는 점은 큰 변화가 없다고 추정한다.

12　保坂正康 『「きけわだつみのこえ」의 戦後史』(文藝春秋, 1999) 124쪽.

13　이하 神島二郎 『近代日本의 精神構造』(岩波書店, 1961) 364쪽.

14　猪木·武谷·鶴見 앞의 글(2장) 「知識人의 場合」 29쪽.

15　「天皇의 御心について」(『朝日新聞』 1948. 6. 1). 인용은 朝日新聞社編 앞의 책(2장) 『声』 60쪽.

16　吉見 앞의 논문 93쪽에서 재인용.

17　村上兵衛 「天皇의 戦争責任」(『中央公論』 1956. 6) 93쪽. 같은 저자 「戦中派는 이렇게 考える」(『中央公論』 1956. 4) 24쪽.

18　江藤淳 『一族再会』(講談社文芸文庫, 1988. 初版 1973) 56쪽.

19　吉川 앞의 글(2장) 「慚愧의 念으로 胸裂く」 69쪽. 堀田善衛·司馬遼太郎·宮崎駿 『時代의 風音』(UPU, 1992) 180쪽.

20　丸山集 第4巻 79~80쪽. 이런 러일 전쟁관이 시바 료타로의 『坂の上の雲』 등과 같다는 점은 흥미롭다.

21　村上 앞의 논문 「天皇의 戦争責任」 93쪽.

22　三好達治 「なつかしい日本」(日高編 앞의 책 『戦後思想의 出発』 수록) 155~156쪽. 또한 미요시는 《三好達治全集》(筑摩書房, 1964~1966) 8권에 수록된 「私の信条」에서는 "나니와부시浪花節나 천황제는 하루라도 빨리 없어져 버렸으면 좋겠다"라고 말한다. 赤沢 앞의 논문 「象徴天皇制의 形成과 戦争責任論」이 이 미요시의 퇴위론을 "겉치레를 역용하여" 천황을 비판한 것이라고 평한다. 결과적으로는 그렇다고 할 수 있지만, 필자의 추측으로는 미요시가 의도적으로 '역용한' 것은 아니다.

23　日高 앞의 논문 「『旧意識』과 그 原初形態」 178쪽에서 재인용.

24　森田草平 「共産党に入るの弁」(日高編 앞의 책 『戦後思想의 出発』 수록) 396~397쪽.

25　日高 앞의 논문 「戦後思想의 出発」 25쪽에서 재인용.

26　野坂参三 「民主戦線によって祖国の危機を救え」(日高編 앞의 책 『戦後思想의 出発』 수록) 256~257쪽. 살펴본 범위로는 일본공산당의 민족관과 그 변천에 대해서 조사한 연구는, 현재로서는 보이지 않는다. 荒木義修 『占領期における共産主義運動』(芦書房, 1993) 3장은 민주인민전선에서 민주민족전선으로의 명칭 변화와 반미 투쟁 개시의 관계라는

시점에서 '민족'이라는 말이 『赤旗』, 『前衛』에 산견되는 것은 1946년 5월의 식량 메이데이 이후라고 위치 짓는다. 그러나 본문에서 보듯이, 민족에 대한 언급은 『前衛』 창간호부터 보인다. 또한 아라키荒木는 이 민족의 함의를 특별히 검증하지 않는다.

27 「新しい日本史学の立場」(『日本歴史』 1号 巻頭言, 1946).

28 宮本顕治 「天皇制批判について」(『前衛』 1巻 1号, 1946. 2) 4, 6쪽.

29 羽仁五郎 「日本歴史の特殊性」(久野·神島編 앞의 책(1장) 『天皇制』論集 수록) 16쪽. 井上清·羽仁五郎·藤間生大·岡田章雄·大久保利謙·小池喜孝·中野重治 「『くにのあゆみ』の検討」(久野·神島編 앞의 책 『天皇制』論集 수록) 38쪽. 또한 하니는 「日本歴史の特殊性」에서는 요사노 아키코의 가사인 〈그대 죽지 말라〉를 "사카이시가 보여 준 일본 인민의 공화제 전통이 현대에도 살아 있는" 사례로 상찬한다. 2장에서 말한 이 시에 대한 마루야마의 낮은 평가는, 이런 마르크스주의자의 주장에 대한 반발을 포함했다고 생각된다.

30 羽仁五郎 「天皇制の解明」, 井上清 「天皇制の歴史」(모두 久野·神島編 앞의 책 『天皇制』論集 수록) 17, 78쪽.

31 井上 앞의 논문 79, 93쪽.

32 井上清 『日本現代史』 第1巻(東京大学出版会, 1951) 3쪽.

33 앞의 책 4쪽.

34 앞의 책 第1巻 9쪽. 井上 앞의 논문 「天皇制の歴史」 95쪽.

35 正木ひろし 「近きより」(久野·神島編 앞의 책 『天皇制』論集 수록) 51쪽. 正木ひろし編著 『今日の愛国心』(三啓社, 1952) 43쪽. 이 현수막이 유명한 "국체는 호지되었다. 짐은 배터지게 먹는다. 너희들 인민 굶어 죽어라. 어명어새御命御璽"라는 것이다.

36 伊藤恒夫 「愛国心について」(『松山商大論集』 3巻 1号, 1952. 3) 85~86쪽에서 재인용. 이 논문은 당시의 혁신 내셔널리즘의 입장에서 패전 후의 내셔널리즘론을 정리한 것이다.

37 井上 앞의 책 『日本現代史』 第1巻 15쪽.

38 井上 앞의 논문 「天皇制の歴史」 104쪽.

39 앞의 논문 81쪽.

40 尾高와 大河内는 伊藤의 앞의 논문 「愛国心について」 83, 110쪽에서 재인용. 清水幾太郎 『愛国心』(岩波新書, 1949) 71쪽.

41 荒正人 「横のつながり」(『近代文学』 2巻 7号, 1947. 10). 尾高의 인용은 伊藤 앞의 논문 「愛国心について」 83쪽에서 재인용.

42 井上清 「時評」(『歴史学研究』 122号, 1946. 6) 36쪽.

43 清水 앞의 책 97쪽.

44 伊藤 앞의 논문 「愛国心について」 90쪽.

45 丸山集 第3巻에 수록된 「超国家主義の論理と心理」 및 「軍国支配者の精神形態」.

46 『丸山真男座談』(岩波書店, 1998) 第2冊 206, 207쪽.

47 米谷 앞의 논문(2장) 「丸山真男と戦後日本」 131쪽.

48 『毎日新聞』, 『読売新聞』 및 蠟山政道 「我が国体と民主主義」(『中央公論』 1946. 1)

의 인용은, 高橋徹 「憲法問題とマス·メディアの態度」(『思想』1956. 9) 및 石田 앞의 논문 「戰後の天皇制」에서 재인용. 모두 久野·神島編 앞의 책 『「天皇制」論集』 수록. 인용은 198, 219쪽.

49 당시의 각 정당의 천황관에 대해서는 「各派政策討論会 憲法問題と天皇制」(『朝日新聞』1945. 12. 24, 25. 日高編 앞의 책 『戰後思想の出發』 수록)에서 개관할 수 있다.

50 荒井作之助(加藤周一) 「天皇制を論ず」(『大学新聞』1946. 3. 21. 《加藤周一著作集》平凡社, 1978~1979, 第8卷 수록) 102쪽. 丸山集 第5卷 100쪽.

51 《津田左右吉全集》(岩波書店, 1963~1966) 第3卷 473쪽. 쓰다의 천황관 및 그 선행연구에 대해서는 小熊 앞의 책(2장) 『単一民族神話の起源』 14, 17장에서 논했다.

52 丸山集 15권 35쪽. 米谷 앞의 논문은 마루야마가 명확히 천황제 비판으로 돌아선 것은 1950년대에 들어서라고 주장하며, 中野 앞의 책(2장) 『大塚久雄と丸山眞男』도 요네타니米谷의 견해에 찬동한다. 나카노도 지적하듯이, 마루야마는 1952년 좌담회 「日本人の道德」에서 천황제가 일본 민족의 정신적 자립을 방해한다는 "생각이 결정된" 것은 "겨우 이 2, 3년"이라고 말해서, 요네타니나 나카노의 위치 짓기에도 타당성이 있다고 생각된다(『丸山眞男座談』第2冊 254쪽). 4장에서 언급하듯이 마루야마는 패전 직후의 '민주주의의 대합창'에 저항감을 보였으며, 그의 뻐딱한 기질이나 보수성(4장 참조), 나아가서는 공산당에 대한 자세 등에서 보아도, 당시의 천황제 타도론에 거리를 두었으리라 생각된다. 그는 1947년의 「陸羯南一人と思想」에서는 "말로는 가쓰난보다 용맹한 주장을 했던 민권론자가 적지 않았지만, 후에 그런 사람들은 원수처럼 욕하던 번벌藩閥 정치가와 아무렇지 않게 손을 잡아 버렸다. 그에 비하면 가쓰난은 추상적 이론에서 보인 진보성이 그대로 그의 현실 문제에 대한 비판에서도 견지되었다"라고 말한다(第3卷 100쪽). 아마도 전전과 전시 중 마르크스주의자의 전향을 보았던 마루야마는, 패전 직후 '민주주의의 대합창'의 시점에서는, 천황제 타도라는 슬로건에 안이하게 동조하기를 삼갔던 것이라고 추측할 수 있다.

또한 1946~1947년에는 그의 스승인 난바라 시게루나 마루야마를 『世界』 편집부에 소개하여 「超国家主義の論理と心理」를 쓰게 했던 다나카 고타로가 상징 천황 옹호론을 주장했으며, 그런 인간관계에서도 마루야마가 천황제 타도를 노골적으로 주장하기는 곤란했을 것이다. 아마도 "이 2, 3년"이라는 표현은 강화 문제를 둘러싸고 평화문제담화회에서 다나카나 쓰다가 탈락하는 과정을 거쳐, 마루야마의 정치적 입장이 굳어졌다는 사정도 바탕으로 한 발언이라고 생각할 수 있다.

「超国家主義の論理と心理」에서도 천황제라는 말을 사용한 비판적 문언은 없지만, 마루야마는 천황을 정점으로 하는 권위의 위계질서를 부정적으로 논했으며, 다나카와 같은 상징 천황제 옹호론은 주장하지 않는다. 원래 그에게 천황제는 공산당의 공식 견해와 같은 사회적·경제적인 것이라기보다도, 권위의 위계질서라는 사회 심리학적 구조였다. 주지하듯이 천황제라는 말은 공산당 주변에서 사용되기 시작한 말이며, 패전 직후에는 아직 일반화되어 있지 않았고, 마루야마가 천황을 정점으로 하는 위계질서라는 말을 사용한 것도, 공산당 주변의 천황제라는 말이 지닌 함의와 거리를 두고자 한 결과였다고 생각된다.

그런 의미로는 마루야마가 천황제라는 말을 사용해서 그 타도를 명확하게 주장하기 시작한 때는 1950년 전후였다 해도, 「超国家主義の論理と心理」의 시점에서 천황제에 대한 비판적인 감정이 그의 내부에 이미 존재했다고 생각된다. 또한 패전 직후에 천황제 타도를 주장하는 것보다도, 공산주의자를 대대적으로 공직에서 해임한 레드 퍼지의 위협이 발생했던 1950년 전후에 그것을 주장하는 편이, 각오가 필요한 행위였던 사실은 유의해야 할 것이다.

53   丸山集 第15卷 31, 32쪽.

54   丸山集 第8卷 213쪽.

55   앞의 책 213쪽.

56   宗像誠也『教育の再建』(河出書房, 1947) 14쪽.

57   飯塚編 앞의 책(1장)『日本の軍隊』119쪽.

58   『丸山眞男座談』第2冊 254쪽. 또한 이 좌담 253쪽에서 마루야마는 자신이 쓴 1945년 9월의 노트를 소개하며 "일본처럼 데모크라틱한 전통이 없는 곳에서는, 사회적·계급적 대립 투쟁이 룰을 따라서 이루어지기가 곤란하며, 그런 까닭에 민족적인 통일성이 파괴될 위험이 있다"라는 이유에서 "절대주의적인 요소가 아니라, 국민의 '정서적 통일의 심벌'"로서 천황을 위치 짓고자 생각 했다고 말한다. 이런 천황관이나 대중 멸시는 후술하는 다나카 고타로나 와쓰지 데쓰로 등과 공통되었다. 그러나 마루야마는 254쪽에서 "나의 생각을 바꾼 모티프. 역시 도덕의 문제다"라고 말하며, 무책임의 체계를 타파하기 위해 천황제를 부정하는 데 이르렀다는 점을 엿보게 한다. 또한 마루야마는 1945년 9월의 노트에 대해서 "심벌"이라는 "말을 사용했다"라고 말하는데, 신헌법 초안 공표 이전에 '상징'(심벌)이라는 말을 구상했다는 점이 흥미롭다.

59   이하 中野好夫「一つの告白」(『新潮』1949. 2. 日高 앞의 책『戦後思想の出発』수록) 402, 404쪽. 《中野好夫集》에는 부분 수록되어 있다.

60   石田 앞의 논문「戦後の天皇制」220쪽에서 재인용. 1946년 다나카 고타로의 논문이다. 와쓰지와 같은 의견은 1948년에 발간된『国民統合の象徴』에 보인다. 小熊 앞의 책『単一民族神話の起源』344쪽 참조.

61   羽仁 앞의 논문「日本歴史の特殊性」16쪽.

62   加藤著作集 8卷 105, 108쪽. 회상 부분은 1979년의 추기.

63   앞의 책 86, 99쪽.

64   戒能通孝「君主制の精神構造」(『潮流』1948. 5. 久野·神島 앞의 책『「天皇制」論集』수록) 43, 48쪽.

65   丸山集 第3卷 245쪽.

66   丸山集 第8卷 275, 219쪽.

67   이하의 인용은 松本治一郎「天皇に拝謁せざるの記」(『世界評論』1948. 4.『別冊人生読本 戦後体験』河出書房新社, 1981에 수록) 125, 128쪽.

68   이하의 인용은 鶴見俊輔「斜陽族」(『日本の百年』第2卷 筑摩書房, 1961. 앞의 책『別冊人生読本 戦後体験』에 수록) 74쪽에서 재인용.

69　《中野重治全集》(筑摩書房, 1976~1980) 第3卷 15~16쪽. 渡辺一夫「『あこがれの
象徴』私見」(『人間』1949. 9)도 유사한 천황 해방론을 주창한다. 江藤淳『昭和の文人』(新潮
社, 1989)은 中野의 『五勺の酒』에서 헌법 비판론(4장 참조)과 천황 개인에 대한 애착, 그리
고 전사자의 장례라는 부분만을 발췌해 자신의 우파적인 전후 비판론에 결합시킨다. 지극히
건강부회적인 논법이라고 하지 않을 수 없다.

70　中野全集 第12卷 42쪽. 第3卷 13, 20쪽.

71　中野全集 第12卷 42, 44쪽.

72　中野全集 第12卷 7, 12쪽. 第3卷 26쪽.

73　岡野進(野坂参三)「天皇と天皇制」(日高 앞의 책 『戦後思想の出発』 수록) 114쪽.
1945. 4. 중국 옌안延安에서 집필했다.

74　시즈오카현 후지미군富士見郡 후지쵸富士町의 도시바 후지공장에서 실시한 종업원
의식 조사(1945년 12월 4일)에 따르면, 41세 이상의 종업원은 천황제를 100퍼센트 지지했지
만, 그중 14퍼센트가 공산당을 지지했다. 吉見 앞의 논문 89쪽을 참조하라.

75　森田 앞의 논문 396쪽. 中野好夫 앞의 논문 402쪽.

76　《南原繁著作集》(岩波書店, 1972~1973) 第7卷 27쪽. 이하 이 저작집에서의 인용은
권 호와 쪽수를 본문에 직접 표기한다. 패전 후의 난바라 시게루에 대해서는 加藤節『南原
繁』(岩波新書, 1997), 같은 저자의 「南原繁の政治哲学」(『政治と人間』岩波書店, 1993)이
나, 난바라의 전시 중과 전후의 사상적 연속성을 논한 鈴木規夫「世界性の〈東洋的還元と日
本化〉の位相」(『現代思想』第23卷 10号, 1995. 10) 등이 있다. 또한 난바라의 천황 퇴위 권
고나 「황실전범」 개정론에 대해서는, 宮村 앞의 논문「戦後天皇制論の諸相」이 논한다. 어느
논고나 난바라의 민족관과 천황 퇴위론의 사상적 연관성이나, 동시대 논조와의 공통성에 대
한 검증이 불충분하다고 생각된다.

77　난바라는『朝日新聞』1948. 6. 13 자에 천황 퇴위 문제에 대해 기고하여, 전쟁 말기의
'7교수 사건' 때에 "천황은 법률상·정치상의 책임은 없으나, 도덕적으로 책임을 지시는 것"이
바람직하며, 그에 따라 자발적 퇴위를 진언했다고 말한다. 丸山照雄·菅孝行·穂坂久仁雄·
天野恵一『戦後史の天皇』(自由国民社, 1986) 60쪽.

78　南原著作集 第7卷 137, 102, 92, 103쪽.

79　무엇보다도 마루야마가 국민을 중성적인 정치 참가의 장으로서 강조한 데 비해, 난바라
는 민족을 문화적·윤리적 공동체로 간주하는 경향이 강했다. 이 점은 천황의 퇴위로써 상징
천황을 윤리적 기반으로 삼고자 했던 난바라와 근대적 정교분리를 모방하여 천황과 윤리를
절단하려 했던 마루야마의, 천황에 대한 자세의 상이함으로 이어진다.

80　南原繁『国家と宗教』(岩波書店, 1942). 1958년 개정되어 南原著作集 10권에 수록.
鈴木 앞의 논문은 1942年版을 검토하지만, 본문 중에 말한 기본적 도식에는 큰 변경이 없다.

81　『丸山眞男座談』第5冊 319쪽.

82　와쓰지의 사상 및 그 선행 연구에 대해서는, 小熊 앞의 책 『単一民族神話の起源』15,
17장 참조.

83 또한 난바라는 타민족은 이해할 수 없는 '특수한 민족적 종교'를 비판하면서, 일본의 식민지 통치에 대해 "민족 독자의 문화를 고조시키면서, 이것을 타민족 위에 강요"한 "구하기 어려운 자기모순"이었다고 평한다(7권 101쪽). 이 동화 정책관은 필자가 『単一民族神話の起源』에서 검증했듯이, 와쓰지 데쓰로 등과 공통된다. 이 점이 8장에서 언급할 "외지의 이민족이 떠나고 순수한 일본으로 돌아왔다"라는 그의 전후 일본 인식과 연동한다는 사실은, 말할 필요도 없을 것이다.

84 이하 第91回 帝国議会貴族院議事速記録 第6号(1946. 12. 17) 86, 87, 88쪽.

85 清水伸編『逐条日本国憲法審議録』(有斐閣, 1962) 1卷 801쪽.

86 앞의 책 567, 503쪽.

87 앞의 책 164, 505쪽.

88 앞의 책 186, 187쪽.

89 앞의 책 406쪽.

90 앞의 책 410, 563, 404쪽.

91 앞의 책 519쪽.

92 이하 천황 퇴위를 둘러싼 정치 동향에 대해서는, 高橋紘『象徴天皇』(岩波新書, 1987), 渡辺治『戦後政治史の中の天皇制』(青木書店, 1990), 吉田裕『昭和天皇の終戦史』(岩波新書, 1992), 中村政則『戦後史と象徴天皇』(岩波書店, 1992), 松尾尊兊『国際国家への出発』(『日本の歴史』第21卷, 集英社, 1993), 吉田 앞의 책『日本人の戦争観』, 豊下楢彦『安保条約の成立』(岩波新書, 1996) 등에 따랐다. 키넌의 인용은 松尾 앞의 책 114쪽.

93 丸山照雄 외 앞의 책『戦後史の天皇』59쪽.

94 앞의 책 59쪽. 松尾 앞의 책 119쪽.

95 高橋紘「象徴天皇の誕生」(金原左門編『戦後史の焦点』有斐閣, 1985) 59쪽 및 吉田 앞의 책『日本人の戦争観』43쪽에서 재인용.

96 吉田 앞의 책『日本人の戦争観』43, 44쪽에서 재인용. 전자의 원문은 한자·가타가나 혼용문.

97 앞의 책 48쪽에서 재인용.

98 앞의 책 46쪽, 吉田 앞의 논문 91쪽.

99 吉田 앞의 논문 92쪽에서 재인용.

100 中野重治全集 第12卷 420쪽.

101 高橋 앞의 책『象徴天皇』34쪽. 吉田 앞의 책『昭和天皇の終戦史』87, 89, 121쪽.

102 앞의 책『戦後史の天皇』61쪽. 高橋 앞의 책 54쪽.

103 松尾 앞의 책 170, 171쪽에서 재인용. 高橋 앞의 책『象徴天皇』58쪽에 따르면, 천황은 기도의 전언을 받아 퇴위할 의지를 가졌지만 그것을 실행하지 않았다. 또한 강화 조약 발효를 축하한 1952년 5월 3일의 식전에서 읽은 「お言葉」에 "패전의 책임을 국민에게 깊이 사과한다"라는 표현을 넣고자 했지만, 이것 역시 주위의 의견으로 실행하지 않았다고 여겨진다.

104　丸山照雄 외 앞의 책『戦後史の天皇』86쪽.

105　『資料 戦後学生運動』第2巻(三一書房, 1969) 408, 406~407쪽. 질의서 집필자는 나카오카 데쓰로中岡哲郎.

4장 헌법 애국주의

1　조사한 범위에서는 일본국 헌법 제정 시의 헌법 제9조 수용 문제를 내셔널리즘과의 관계에서 논한 연구가 의외로 거의 없다. 헌법 제정기의 연구는 대부분이 헌법 초안 작성과 제정의 정치 과정 분석에 집중되어 있다. 헌법 수용의 문제에 대해서는, 歴史教育者協議会編『日本国憲法を国民はどう迎えたか』(高文研, 1997) 외에 古関彰一『新憲法の誕生』(中央公論社, 1989)의 10장이나 「憲法第九条成立の意図とその受容」(『独協法学』 44号, 1997) 등에서 논해졌다. 또한 당시 정부의 헌법 교육에 대해서는 鈴木正文「憲法制定期における文部省の憲法教育政策」(『大東文化大学紀要 社会科学』 25巻 1~16쪽, 1987)이 있다. 그러나 이것들 중 어느 것도 헌법 제9조를 기반으로 한 내셔널리즘의 성립을 고찰하지 않았다. 이 장에서 사용한 사료는 특히 새로운 것은 아니지만, 헌법 애국주의라는 관점에서 당시의 논조를 정리했다.

2　《尾崎咢堂全集》(尾崎咢堂全集刊行会, 1962) 第10巻 777, 199, 331쪽.

3　久米正雄「日本米州論」(『世界週報』 1950. 2) 43, 44쪽.

4　구메에 대한 비판의 예로는 中野重治「久米正雄の『日本米州論』」(『中野全集 第12巻』) 등이 있다.

5　河上徹太郎「配給された『自由』」(『東京新聞』 1945. 10. 26~27), 高坂正顕「新しき試練へ踏出せ」(『毎日新聞』 1945. 8. 20), 東久邇 앞의 논문(2장)「日本再建の指針」. 모두 日高編 앞의 책(1장)『戦後思想の出発』 수록. 이 책 78, 60, 61, 57쪽에서 인용.

6　石原 앞의 글(2장)「全国民今ぞ猛省一番」 57쪽. 이하 石原의 인터뷰에서의 인용은 58, 59쪽.

7　親泊朝省「草莽の文」(1945. 8. 20, 日高編 앞의 책『戦後思想の出発』 재수록) 63, 65쪽.

8　앞의 책 68쪽.

9　GS「憲法草案手交の際の会談記録」(大嶽秀夫編《戦後日本防衛問題資料集》 三一書房, 1991~1992, 第1巻 수록) 75쪽.

10　石橋湛山「憲法改正草案を評す」(앞의 책《戦後日本防衛問題資料集》第1巻 수록) 103쪽.

11　앞의 책(3장)『逐条日本国憲法審議録』第2巻 4쪽. 第九十回帝国議会衆議院本会議議事速記録 第35号(1946. 8. 25) 523, 522쪽. 후자는 한자·가타카나 혼용문.

12　앞의 책『逐条日本国憲法審議録』第2巻 15, 21쪽.

13   佐藤功「平和憲法を作った力と守る力」(『世界』1951. 11) 101쪽에서 재인용. 또한 이미 맥아더는 1945년 9월 2일에 열린 항복 문서 조인식의 연설에서, 세계가 평화롭게 살아가는 법을 배우지 않으면 "세계 최종 전쟁이 곧바로 일어날 것이다"라고 말했다(ダワー 앞의 책(서장)『敗北を抱きしめて』上卷 34쪽).

14   幣原喜重郎「新憲法に関する演説草稿」(日高編 앞의 책『戦後思想の出発』수록) 271, 272쪽.

15   「新しい憲法とともに」(『日本経済新聞』1947. 5. 3), 「新憲法の実施に際して」(『読売新聞』1947. 5. 3), 「民主憲法の実施に当りて」(『毎日新聞』1947. 5. 3).

16   「今ぞ翻せ日章旗」(『毎日新聞』1947. 5. 3).

17   『あたらしい憲法のはなし』(東京書籍, 1995. 初版 1947) 31, 32쪽.

18   大江健三郎「戦後世代と憲法」(『朝日新聞』1964. 7. 16~18). 大江健三郎『厳粛な綱渡り』(文藝春秋, 1965)에 수록. 인용은 이 책 문고판(講談社文芸文庫, 1991) 168, 171쪽.

19   松尾 앞의 책(3장)『国際国家への出発』50쪽에서 재인용.

20   吉田 앞의 책(3장)『昭和天皇の終戦史』121~122쪽에서 재인용.

21   앞의 글「憲法草案手交の際の会談記録」77쪽.

22   松尾 앞의 책 50쪽. 昭和天皇「勅語」(大嶽編 앞의 책《戦後日本防衛問題資料集》第1巻 수록) 101쪽. 후자의 원문은 한자·가타카나 혼용문.

23   앞의 글「民主憲法の実施に当りて」. 앞의 글(3장)「憲法を守護する者」.

24   伊藤悟「吉田茂」(吉田裕·小田部雄次·功刀俊洋·荒川章二·荒敬·伊藤悟『敗戦前後』青木書店, 1995) 225, 229쪽에서 재인용.

25   ゲイン 앞의 책(1장)『ニッポン日記』537쪽.

26   쓰다 및 와쓰지의 상징 천황론 및 그 선행 연구는 小熊 앞의 책(2장)『単一民族神話の起源』14, 15, 17장 참조. 천황의 발언은 松尾 앞의 책 42쪽에서 재인용.

27   『朝日新聞』1946. 3. 8. 佐藤 앞의 논문 97쪽에서 재인용.

28   久野収·丸山眞男·吉野源三郎·石田雄·坂本義和·日高六郎·緑川亨「『平和問題談話会』について」(1968. 6. 16, 『世界』1985. 7, 臨時増刊号 수록) 27쪽.

29   佐藤 앞의 논문 104쪽에서 재인용.

30   「枢密院における審査(入江メモ)」(大嶽編 앞의 책《戦後日本防衛問題資料集》第1巻 수록) 107, 108쪽.

31   佐藤 앞의 논문 99~100쪽.

32   공산당이 1946년 6월 29일 자로 공표한「日本人民共和国憲法 (草案)」은『前衛』第8号 (1946. 7)에 게재. 神山茂夫編《日本共産党戦後重要資料集》第1巻(三一書房, 1971)에 수록.

33   이하 小田全仕事 第7巻 47, 48, 53쪽.

34   西修『日本国憲法の誕生を検証する』(学陽書房, 1986) 215, 217쪽에서 재인용.

35   앞의 第九十回帝国議会衆議院本会議議事速記録 第35号 516쪽. 원문은 한자·가타

가나 혼용문.

36　앞의 책『逐条日本国憲法審議録』第2巻 41쪽. 앞의「日本人民共和国憲法 (草案)」의 전문도 같은 취지의 내용을 포함한다.

37　이하 中野重治全集 第12巻 31쪽.

38　앞의「日本人民共和国憲法 (草案)」136쪽. 神山茂夫「日本国憲法の歴史性と性格」(神山編 앞의 책《日本共産党戦後重要資料集》第1巻 수록) 144쪽.

39　神山 앞의 논문「日本国憲法の歴史性と性格」144, 148쪽.

40　앞의 책『逐条日本国憲法審議録』第2巻 30, 42쪽.

41　앞의 책 30, 42쪽.

42　앞의 책 22, 23쪽.

43　앞의 책 20쪽.

44　앞의 글「枢密院における審査 (入江メモ)」106쪽.

45　앞의 책『逐条日本国憲法審議録』第2巻 22쪽.

46　앞의 책 第1巻 64~65쪽.

47　이하 난바라의 인용은 앞의 책 54, 53쪽.

48　松尾 앞의 책 51쪽.

49　앞의 책 64, 55, 56쪽.

50　中野重治全集 第3巻 12쪽.

51　竹内全集 第6巻 42쪽. 鶴見編 앞의 책(2장)『語りつぐ戦後史Ⅰ』84쪽.

52　『丸山眞男座談』第5冊 319, 320쪽.

53　앞의 글「新憲法の実施に際して」.

54　古関彰一「単独講話への道」(金原編 앞의 책『戦後史の焦点』수록) 107쪽. 이 문서「アイケルバーガー宛て書簡」은 大嶽編 앞의 책《戦後日本防衛問題資料集》第1巻 395, 396쪽.

5장　좌익의 '민족', 보수의 '개인'

1　필자가 살펴본 범위에서는, 전후 일본공산당의 민족관이나 전후 지식인의 회한을 논한 것은, 연구로서는 찾을 수 없다. 후자의 회한에 대해서는 후술하듯 마루야마 마사오의 1977년 논고「近代日本の知識人」(丸山集 第10巻)이 가장 적확하게 정리했다. 전후 지식인을 "회한 공동체"라고 이름 붙인 이 논고의 함의를 그 후의 사상사 연구는 충분히 고려하지 않았다고 생각한다.

또한 고이즈미 신조·다나카 미치타로·아베 요시시게 등, 이른바 올드 리버럴리스트들에 대해서는 그들 개인을 다룬 사상사적 연구는 보이지 않는다. 올드 리버럴리스트와 신세대의 대립은, 都築 앞의 책(서장),『戦後日本の知識人』등 많은 연구가 지적하는 바다. 이 책도 쓰즈키의 연구에서 많은 시사를 받았으나, 쓰즈키는 올드 리버럴리스트의 사회적·경제적인 배경을 논하지 않았으며, 그 자유주의나 개인의 자유의 성격에 대해서도 위치를 규명하지 않았다. 또한 쓰즈키는 전후 지식인의 회한에 대해서도 언급하는데, 그것이 공산당의 권위 형성에 결합되었다는 시점은 없다.

2   小田実『日本の知識人』(筑摩書房, 1969. 初版 1964) 186쪽.

3   丸山集 第10巻 254쪽.

4   本多 앞의 책(1장)『指導者』40~42쪽.

5   南原著作集 第9巻 229쪽.

6   佐藤 앞의 책(2장)『黒澤明の世界』130쪽에서 재인용.

7   本多 앞의 책 42쪽.

8   久野収·鶴見俊輔·藤田省三『戦後日本の思想』(岩波書店, 1995. 初版 1959) 134쪽. 丸山眞男·竹内好·開高健「擬似プログラムからの脱却」(『中央公論』1960. 7) 36쪽.

9   宗像 앞의 책(1장)『私の教育宣言』183쪽. 丸山集 第10巻 255쪽.

10   中野好夫 앞의 글(3장)「一つの告白」401쪽.

11   埴谷雄高·花田清輝·日高六郎·安部公房·堀田善衛·野間宏·平田次三郎·佐々木基一·荒正人「政治と文学」(『近代文学』6巻 3号, 1951. 3) 15쪽.

12   中野好夫 앞의 논문 409~410쪽.

13   中山和子『昭和文学の陥穽』(武蔵野書房, 1988) 20쪽.

14   宮本顕治·野坂参三·菊地章一·伊藤律·岩上順一·姉歯三郎·甘粕石介·岡本正·今野武雄·古在由重「近代主義をめぐって」(『季刊 思想と科学』2号, 1948. 7) 128쪽.

15   岡部伊都子『沖縄の骨』(岩波書店, 1997) 8, 9쪽.

16   앞의 글(2장)「近代精神について」18쪽. 橋川文三「『戦争体験』論の意味」(『現代の発見』1959. 12.《橋川文三著作集》筑摩書房, 1985~1986, 第5巻 수록) 247쪽.

17   平田治三郎「トーマス·マンへの手紙」(『近代文学』3巻 4号, 1948. 4) 46, 44쪽.

18   トーマス マン「戦後日本の知識人へ」(『近代文学』4巻 3号, 1949. 3) 12쪽. 이 왕복 서간 기획에서 『긴다이분가쿠』 편집 동인들의 당초 의도는 일본 측의 일방적인 기고로 끝내는 것이었는데, 나카노 시게하루의 추천으로 번역하여 보낸 결과, 만 등으로부터 답장이 왔다고 한다.

19   平田 앞의 논문 46, 47쪽.

20   荒正人「第二の青春」(荒著作集 第1巻) 11쪽에서 재인용. 논고 말미에는 1946년 1월 5일의 날짜가 쓰여 있다.

21   ゲイン 앞의 책(1장)『ニッポン日記』181쪽. ケナン「マッカーサーとの会談記録(1948. 3. 1)」(앞의 책(4장)《戦後日本防衛問題資料集》第1巻) 209쪽.

22   全集黒澤明 第2巻 30쪽.

23   竹山道雄「樅の木と薔薇」(『新潮』1947. 4), 日高 앞의(3장)「戦後日本の出発」4쪽에서 재인용. 鶴見俊輔·武谷三男·猪木正道 앞의 책(2장)「知識人の場合」31쪽.

24   앞의「知識人の場合」31쪽. 또한 마루야마 마사오는 1977년의「近代日本の知識人」에서 전후 지식인들을 회한의 공동체라고 이름 붙이며 "회한의 의식이 반드시 좋은 결과만 가져왔다고는 할 수 없습니다"라고 말한다. 마루야마에 따르면 그것은 "공산당에 대한 일종의 열등감"의 원천이 되어서 전향에 회한을 지닌 공산당원이 "상부의 방침에 무조건 복종하는 경향을 재생산"한데다가 "'비전향'의 실적 위에 양반다리를 하고 앉은 공산당의 오만함"도 초래했다. 그러나 동시에 "전후의 **비**코뮤니스트 지식인들 사이에서 공산당이 누렸던 성망을, 오로지 '기세 좋게 활개 치는 세력에 대한 지식인의 권위주의적 추수追隨'로 돌린다면—직업적 반공 反共팔이는 기꺼이 그렇게 돌리겠지만—그것은 인식으로서도 잘못된 것입니다"라고 말한다 (丸山集 10卷 256, 257쪽).

이상 마루야마의 지적은 특별히 실증적인 근거를 보여 주지는 않지만, 그 자신의 전쟁·전후 체험을 바탕으로 한 적확한 것이다. 이 장 1절은 이 주장에 실증 면에서 살을 붙였다. 단 마루야마는 이런 회한의 종교적 성격이나 전사자 기억과의 결합을 간과했다. 이 점은 3부에서 검증할 요시모토 다카아키의 사례 등에서 보이듯이, 전후사상을 이해하는 데 빠뜨릴 수 없는 것이라 생각된다.

또한 中野 앞의 책(2장)『大塚久雄と丸山眞男』는 마루야마가 총력전 수행을 위해서 전시 중에 책을 썼다는 전제하에, 마루야마가 말하는 회한을 "전쟁이라는 공동 프로젝트에 실패한 지도적 엘리트라는 자의식"의 산물이라고 평한다(205~206쪽). 이런 평가는 적당하다고 생각하기 어렵다.

25   神山編 앞의 책(4장)《日本共産党戦後重要資料集》第1卷 59쪽.

26   앞의 책 322쪽.

27   ハンクン ツラリム「朝鮮の便り」(『前衛』創刊号, 1946. 2) 31쪽.

28   이하 バルティスキー「愛国主義について」(『前衛』2号, 1946. 3) 15, 16, 17, 18쪽.

29   鹿地亘「愛国とは何か」(『潮流』1947. 1). 단 이 논고에서는 "'기껏해야 우리들은 민초다. 정치 같은 것, 어느 것도 신용할 수 없다'라는 관념을 전쟁 중에 군부와 관료들은 국민에게 심지 않았나?"라고 말한다(104쪽). 이런 요소는 발티스키 논문에는 없으며, 마루야마 등의 주체성이나 국민주의 지향을 가지가 공유했음을 엿볼 수 있다.

30   神山編 앞의 책 20쪽. 마찬가지 지적은 日高 앞의 논문「戦後思想の出発」25쪽에도 보인다.

31   『太陽』1999. 6, 103쪽 참조.

32   塙作楽『岩波物語』(審美社, 1990) 8~9쪽.

33   《鶴見俊輔著作集》(筑摩書房, 1975~1976) 第1卷 247쪽. 물론 당시의 대중 생활 문화도 외국의 영향을 전혀 받지 않았던 것은 아니지만, 중요한 점은 그것이 국수 풍속으로 의식되었다는 사실이다.

34   清沢 앞의 책(1장)『暗黒日記』1944. 3. 21. 기요사와에 대해서는 北岡伸一『清沢洌』(中公新書, 1987) 및「清沢洌におけるナショナリズムとリベラリズム」(『立教法学』42卷 1~38쪽, 1995)이나 山本義彦의 일련의 연구(『清沢洌の政治経済思想』御茶の水書房,

1996 및『清沢洌選集』日本図書センター, 1998의 해설 등)가 있다. 모두 기요사와의 군부에 대한 자유주의적 저항을 중시한 것으로, 총력전하의 질서 변동에 대한 반감이라는 시점은 취하지 않았다. 연구 논문은 아니지만 小田実「竹内好のアジア観について」(『死者にこだわる』筑摩書房, 1979)는 기요사와의 이런 측면에 대해 부분적으로 언급한다.

35   清沢 앞의 책『暗黒日記』1943. 7. 21, 1944. 3. 21.

36   앞의 책 1945. 2. 15, 1943. 7. 9, 1944. 5. 1, 1945. 4. 10, 1943. 6. 18, 1944. 7. 4.

37   앞의 책 1944. 4. 21, 1943. 6. 30, 1944. 10. 3.

38   앞의 책 1944. 7. 18, 1944. 3. 21.

39   앞의 책 1943. 7. 6, 1944. 8. 5.

40   앞의 책 1943. 6. 18, 1944. 12. 10, 1944. 5. 29. 또한 기요사와는 창씨개명에 대해서 "조선인을 일본 이름으로 바꾸게 하여, 일본인의 신용(?)을 참용僭用하게 만드는—총독 정치의 악惡, 말할 수 없을 정도로 견디기 어렵다"라고 비판한다(1944. 5. 29). 조선인을 일본인에서 배제하기 위해 창씨개명에 반대한다는 논조는, 당시의 후생성 주변에 존재했으며, 후술하듯이 와쓰지 데쓰로나 아베 요시시게의 조선 통치관과 공통된다. 小熊 앞의 책(2장)『単一民族神話の起源』13장을 참조하라.

41   加藤著作集 第7巻 321쪽.

42   清沢 앞의 책 1944. 12. 9.

43   堀田·司馬·宮崎 앞의 책(3장)『時代の風音』173쪽.

44   梅原 앞의 글(1장)「京都学派との交渉私史」37쪽.

45   阿部能成「剛毅と真実と智慧とを」(『世界』1946. 1, 『『世界』主要論文集』岩波書店, 1995 수록) 15, 21쪽. 편집부의 반응은 塙 앞의 책 27쪽.

46   土井章監修『昭和社会経済史資料集成』第16巻(巌南堂, 1991) 62, 265쪽. 1942. 4. 14 및 1942. 5. 12의 환담 및 강연 기록. 265쪽의 원문은 한자·가타카나 혼용문. 와쓰지의 보고에 대해서는 小熊 앞의 책『単一民族神話の起源』15, 16장 참조.

47   塙 앞의 책 28쪽, 앞의 책(2장)『岩波書店と文藝春秋』28쪽.

48   앞의 책『岩波書店と文藝春秋』31쪽.

49   天野全集 第4巻「後語」415쪽에서 아마노 데이유는 「국민 실천 요령」을 "평생 존경하는 고사카 마사아키, 니시타니 게이지, 스즈키 시게타카 세 분에게 위촉하여 편찬했다"라고 말한다.

50   鈴木成高『保守ということ』(『心』1949. 10. 橋川文三編『保守の思想』, 『戦後日本思想大系』第7巻, 筑摩書房, 1968 수록) 278쪽. 小泉全集 第10巻 272쪽.

51   阿部能成·鈴木成高·和辻哲郎·谷川徹三·竹山道雄·武者小路実篤「『心』グループ批判を読んで」(『心』1958. 8. 橋川編 앞의 책『保守の思想』수록) 343, 332, 334쪽.《田中美知太郎全集》(筑摩書房, 増補版 1988) 第16巻 16쪽.

52   예를 들어 고이즈미 신조는 사회주의를 비판하며 "개인의 창의와 책임"(小泉全集 10巻 276쪽)을 외치고, 쓰다 소키치도 사회주의의 영향을 받은 전후의 풍조가 "개인으로서의

자유"를 존중하지 않는다고 주장한다(津田全集 第20卷 534쪽).

53 《蔵原惟人芸術論集》(新日本出版, 1966~1967) 第1卷 36쪽. 단 이 인용은 1927년의 아나키즘-볼셰비즘 논쟁에서의 「文芸論上のアナーキズムとマルキシズム」에서 가져왔다.

54 鈴木 앞의 논문 285쪽, 앞의 글 「『心』グループ批判を読んで」430쪽.

55 앞의 글 「『心』グループ批判を読んで」337쪽.

56 앞의 글 333쪽. 발언자는 谷川徹三.

57 小泉全集 第10卷 153쪽.

58 河上 앞의 글(4장) 「配給された『自由』」77쪽.

59 清水幾太郎・阿部能成・天野貞祐・和辻哲郎・磯田進・松村一人・高桑純夫・都留重人 「世代の差違をめぐって」(『世界』1948.8) 15, 16, 21쪽.

60 앞의 글 24쪽.

61 丸山集 第3卷 5쪽.

62 久野・鶴見・藤田 앞의 책 『戦後日本の思想』135쪽.

63 앞의 글(4장) 「『平和問題談話会』について」37쪽.

64 앞의 글 「世代の差違をめぐって」34쪽.

65 津田全集 第20卷 525쪽.

66 飯塚編 앞의 책(1장) 「日本の軍隊」129쪽.

67 鶴見著作集 第5卷 4, 5, 6쪽.

68 竹内全集 第13卷 85쪽, 第6卷 311, 312쪽.

69 무엇보다 마루야마나 쓰루미 등은, 다이쇼를 명시적으로 비판하지 않았다. 메이지를 이상화하고 쇼와를 비판한다는 경향은, 보수론자에서도 광범위하게 보인다. 쓰다 소키치가 "메이지·다이쇼 태생"을 자칭했던 것은 앞의 인용에서 말한 대로지만, 스즈키 다이세쓰도 「明治の精神と自由」라는 논고를 썼다(橋川編 앞의 책 『保守の思想』수록). 즉 패전 직후부터 1950년대까지 메이지는 정치적 입장을 초월하여 선호되었지만, 다이쇼는 그다지 언급되는 일이 없는 상황이었다. 말하자면 당시 보수계 논자와 진보계 논자 사이에서 메이지라는 상징을 차지하기 위한 경쟁이 벌어졌다. 그 때문에 '메이지 태생'을 자칭하는 윗세대를 비판하기 위해, 마루야마는 "현대의 메이지적인 인간이라고 일컬어지는 사람들"을 비판했으며, 쓰루미는 '메이지인'과 '유신인'을 구분했다고 할 수 있다.

70 加藤周一著作集 第7卷 18, 22, 23쪽. 이 가토의 논고에서 이른바 '성근파 논쟁'이 일어났음은 잘 알려져 있다. 臼井吉見編 『戦後文学論争』上卷 (番町書房, 1972)을 참조하라.

71 丸山集 第4卷 81쪽. 加藤著作集 第7卷 24쪽.

6장 민족과 시민

1 정치와 문학 논쟁 내지 주체성 논쟁, 그리고 『긴다이분가쿠』에 대해서는, 臼井編 앞

의 책 『戦後文学論争』上卷에 정리되어 있으며, 그 외에 磯田光一, 奥野健男, 최근에는 加藤典洋 등의 많은 문예 평론가가 논했다. 또한 久野·鶴見·藤田 앞의 책(5장) 『戦後日本の思想』이나 都築 앞의 책(서장) 『戦後日本の知識人』, 米原 앞의 책(2장) 『日本的「近代」への問い』, 山崎昌夫「主体性論争の系譜」(『戦後日本の思想対立』, 『講座日本社会思想史』第5卷, 芳賀書店, 1967), 菅孝行「主体性論争とマルクス主義」(앞의 책(2장) 『戦後日本と社会思想』), J. V. Koschmann, *Revolution and Subjectivity in Postwar Japan*, The University of Chicago Press, 1996 및 コシュマン「『近代文学』と日本共産党」(E. シュラント, J. T. ライマー編 『文学における二つの戦後』大社淑子·酒井晨史·金井和子譯, 朝日新聞社, 1995) 등 전후사상사 연구에서도 다루어지고 있다. 또한 공산당계의 문학잡지 『民主文学』를 중심으로, 佐藤静夫(일본민주주의문학동맹日本民主主義文学同盟 부의장) 『戦後文学論争史論』(新日本出版社, 1985)을 비롯, 津田孝, 北村隆志, 伊藤成彦, 岩淵剛 등이 『긴다이분가쿠』를 비판적으로 논한다. 그 외에 吉田永宏, 森山重雄, 飛鳥井雅道 등이 이 논쟁을 다룬다.

『긴다이분가쿠』의 동인 중에서는 하니야 유타카를 빼면 히라노 겐이 가장 많은 연구가 축적되었으며 中山和子 『平野謙』(筑摩書房, 1984)을 비롯해 中山和子 『昭和文学の陥穽』(武蔵野書房, 1988), 論究の会編 『平野謙研究』(明治書院, 1987) 등이 있으며, 그 밖에 亀井秀雄 『中野重治論』(三一書房, 1970)도 히라노를 언급한다. 특히 히라노의 전시기에 대해서는 杉野要吉「戦時下の芸術的抵抗はあったのか」(『国文学 解釈と教材の研究』23卷 11号, 1978)과 고노 도시로紅野敏郎 등의 문제 제기를 받아, 나카야마中山와 스기노杉野 사이에 논쟁이 일어나, 에토 준도「改竄された経験」(『文学界』1981. 8)에서 여기에 개입했다. 그 후에도 후노 에이이치布野栄一가「戦時下の平野謙」(『語文』68号, 1987) 및「平野謙の『アラヒトガミ事件』とその周辺」(『政経研究』23卷 1号, 1986) 등에서 이 문제를 탐구했다.

아라 마사히토를 다룬 연구는 그보다 적으며, 菅孝行「文学史の戦後革命」(『新日本文学』35卷 3号, 1980) 및 三宅芳夫「『政治』の不可能性と不可能性の『政治』」(『現代思想』26卷 8号, 1998) 등이 있다. 후쿠다 쓰네아리에 대해서는 土屋道雄 『福田恆存と戦後の時代』(日本教文社, 1989), 井尻千男 『劇的なる精神 福田恆存』(日本教文社, 1994), 金子光彦 『福田恆存論』(近代文芸社, 1996) 외에, 水崎野里子「福田恆存とシィクスピア」(『駒沢大学外国語学部紀要』52号, 2000) 등이 있다.

지금까지 정치와 문학 논쟁은, 히라노 겐이나 아라 마사히토가 공산당이라는 정치에 저항했다는 문맥에서 이야기되는 일이 많았다. 그런 까닭에 결과적으로 그들의 독자적인 근대관이나 정치 참가를 둘러싼 사상, 특히 『긴다이분가쿠』 초기의 견인 역을 했던 아라 마사히토의 사상을 검증하는 측면이 약했다고 생각된다. 또한 협의의 정치와 문학 논쟁이 히라노·아라와 나카노 시게하루 간의 논쟁을 가리킨다고 여겨졌기 때문에, 동시대 공산당의 근대주의 비판이나 도쿄대 세포 분열 사건과의 관계, 나아가서는 마루야마 마사오 등과의 사상적 공통성 등, 관련된 논쟁이나 시대 배경을 언급하지 않는 경향이 있었다.

또한 전술했듯이 히라노 겐이나 나카노 시게하루가 전쟁에 협력한 수준을 둘러싼 나카야마와 스기노 사이의 논쟁은 있었지만, 전쟁 체험이 그들의 전후사상에 어떤 영향을 주었는가에 대해서는, 그다지 논해지지 않았다. 히라노의 전시기를 검증한 나카야마나 스기노도 이 문제에는 중점을 두지 않았다고 생각된다. 연구가 적은 아라 마사히토나 후쿠다 쓰네아리에 대해서는 그 경향이 더욱 현저하다. 그런 까닭에 전후의 정치와 문학 논쟁도, 전전부터의 공산당과 문학 간 관계를 둘러싼 논쟁의 연장으로서 논해지기 쉬웠다.

예를 들어 쓰루미 슌스케는 앞의 『戦後日本の思想』에서 『긴다이분가쿠』 제1기 동인의 "7명 가운데 누구 하나도 전쟁 체험이 없다", "전쟁의 상처가 이 사람들에게는 없다"라고 단정하며, 1933~1935년에 공산당 주변에서 정치와 문학의 관계가 논쟁이 되었던 지점부터 동인들이 "움직이지 않고 있었다"라고 주장했다(5, 11쪽). 분명히 혼다 슈고와 오다기리 히데오 이외의 동인들은 병이나 그 밖의 이유로 병역에 임하지 않았다. 그러나 쓰루미의 이 견해는 일방적이며, 패전 시에 23세였던 전중파의 그가, 30대에게 품었던 편견을 보여 준다. 14장에서 검증하듯이 요시모토 다카아키를 비롯해 패전 시에 20세 전후였던 사람들은, 연장자의 지식인들이 '상처 입지 않았다', '방관 했다'는 인상을 강하게 품었다. 이 장에서도 검증했듯이 『긴다이분가쿠』 동인을 비롯한 당시의 문학가들은, 모두 전쟁에서 깊은 영향을 받았다. 그러나 자기 상흔인 회한의 문제를 글로 공표하는 데는 신중했기 때문에, 쓰루미와 같은 오해가 발생했다.

정치와 문학 논쟁을 공산당과의 대항 관계라는 관점에서만 보면, 전쟁 전과의 연속성이라는 견해가 나오기 쉬우며, 전쟁 체험의 사상적 영향이 경시되기 쉽다. 그러나 이 장에서는 명시적으로 다루어지는 일이 적은 전쟁 체험이야말로, 전후사상인 『긴다이분가쿠』의 근저에 있음을 중시했다. 그 점을 간과해 버리면 『긴다이분가쿠』가 공산당만이 아니라 올드 리버럴리스트풍의 비정치주의와도 거리를 두고자 했던 이유가 보이지 않게 된다. 또한 전후에 많은 동인들이 공산당에 입당한 것이나, '개인'의 주장과 문학가의 전쟁 책임 추궁이 동시에 이루어졌던 것 등의 이유를 이해할 수 없게 된다는 것이 이 책의 견해다.

또한 민족, 시민, 근대, 개인주의라는 말의 사용법에 주목해서 이 논쟁을 검증한 연구는, 살펴본 범위 내에서는 보이지 않는다.

2　　《本多秋五全集》(菁柿堂, 1994~1999) 第1卷 9, 15, 16쪽.

3　　蔵原芸術論集 第1卷 29, 24쪽, 第3卷 4~5쪽.

4　　本多全集 第1卷 20쪽.

5　　蔵原惟人·荒正人·佐々木基一·埴谷雄高·平野謙·本多秋五「文学と現実」(『近代文学』創刊号, 1946. 1) 18쪽.

6　　앞의 글 23, 27, 24쪽.

7　　앞의 글(1장)「国防国家と美術」103쪽. 또한 스즈키는 108쪽에서는 "예술 지상주의"의 기원으로서 "문예 부흥"(르네상스)과 "칸트 철학"을 들어, "그 시대는 어떠했냐 하면, 콜럼버스C. Columbus의 미국 발견 후에 경제적으로 지금처럼 긴박하지 않은 시대였다. 그 시대에 자연 과학을 무기로 삼아 오늘날의 금권주의 국가가 점점 진출해서, 자기들의 유리한 지

위를 쌓아 버렸다. 그런 사람들이 문화 지상주의로써 세계에 군림했다. 그들을 위해서는 유리하다"라고 주장한다. 마르크스주의의 근대 예술 비판이 당시의 군부에 흡수된 모습이 흥미롭다.

8   本多秋五「解説」(荒著作集 第1卷) 326쪽.

9   《小田切秀雄著作集》(法政大学出版局, 1970~1974) 第2卷 323~324쪽.

10   本多全集 第1卷 22쪽.

11   『荒正人著作集』(三一書房, 1983~1984) 第1卷 118, 116, 277쪽.

12   《平野謙全集》(新潮社, 1974~1975) 第1卷 215, 224쪽. 小田切著作集 第2卷 41, 40쪽.

13   平野全集 第1卷 183쪽.

14   荒著作集 第1卷 17쪽.

15   本多 앞의 책『物語戦後文学史』上卷 59쪽.

16   荒著作集 第1卷 119, 279쪽.

17   앞의 책 307, 308쪽.

18   앞의 책 308, 310쪽.『近代文学』第3卷 第2号(1948. 2)에 처음 실린 글과 약간의 자구의 차이가 있지만, 내용적인 상이점은 없다. 여기서는 처음 실린 자료를 중시했다.

19   앞의 책 14, 118쪽.

20   荒著作集 第1卷 308, 12쪽. 小田切著作集 第2卷 323쪽.

21   新井直之編『敗戦体験と戦後思想』(論創社, 1997) 37쪽.

22   荒著作集 第1卷 94쪽.

23   小田切 앞의 논문(1장)「文学における戦争責任の追及」223쪽.

24   荒正人「棄てよ――傍観主義」(『文学時標』第12号, 1946. 10. 栗原編 앞의 책(1장)『戦後の始まり』에 재수록) 181쪽. 小田切 앞의 논문(1장)「転向の問題」180쪽.

25   荒正人·小田切秀雄·佐々木基一·埴谷雄高·平野謙·本多秋五「文学者の責務」(『人間』1946. 4. 高橋和巳編『戦後文学の思想』,『戦後日本思想大系』第13卷, 筑摩書房, 1969에 재수록) 100, 107, 105쪽.

26   荒著作集 第1卷 85쪽.

27   앞의 책 67, 59쪽.

28   앞의 책 64쪽.

29   앞의 책 308, 309쪽.

30   앞의 책 30, 34쪽.

31   丸山集 第3卷 90~91, 87, 89쪽. 마루야마의 주체성 논쟁에서의 발언으로는,『世界』1948년 2월호 좌담회「唯物主観と主体性」이 저명한데,『긴다이분가쿠』의 문제의식과 직접 공통되는 것은 인용한 1947년의「若き世代に寄す」(『日本読書新聞』게재 시의 원제는 다르다) 쪽이다.

32   전시 중의 글은 中山 앞의 책『昭和文学の陥穽』52쪽에서 재인용. 1953년 발언은

堀田善衛·伊藤整·竹内好·平野謙·花田淸輝 「日本の近代と国民文学」(『新日本文学』 1953. 12) 152쪽. 하니야 유타카의 회상에 따르면 잡지명으로 당초 『海燕』이 유력했으며, 아라 마사히토는 『ひまわり』 등을 제안했지만, 결국 『긴다이분가쿠』로 결정되었다. 단 하니야 는 그것이 주는 인상에 대해서는 "처음부터 의도해서 지은 것은 아니었다"라고 말한다. 《埴谷 雄高全集》(講談社, 1998~2001) 第1卷 566쪽.

33   이하 桑原全集 第3卷 23~24, 20, 13쪽. 우스이 요시미도 『展望』 1946년 5월호에 구 와바라와 같은 취지의 단가 비판을 썼으며, 후에 구와바라와 자신의 논고를 정리하여 臼井編 앞의 책 『戰後文学論争』 上卷에 수록한다.

34   荒 앞의 글(3장) 「横のつながり」 10쪽. 平野全集 第1卷 235, 237쪽.

35   荒 앞의 글 「横のつながり」 7, 9쪽.

36   荒正人·加藤周一·佐々木基一·花田淸輝·埴谷雄高·日高六郎·福田恆存 「平和革 命とインテリゲンチャ」(『近代文学』 第2卷 第3号, 1947. 4) 37쪽.

37   埴谷全集 第1卷 563쪽.

38   荒著作集 第1卷 118쪽.

39   小田切著作集 第2卷 52~53쪽에서 재인용.

40   小田切著作集 第2卷 58쪽. 앞의 글 「文学者の責務」 97쪽.

41   丸山集 第3卷 73쪽.

42   小田切著作集 第2卷 57, 55, 58, 59쪽.

43   平野全集 第1卷 237쪽 등. 히라노는 일본의 근대 문학사를 논한 1946년 12월의 「女房 的文学論」에서는, 자연주의적 인간관을 비판했다. 이런 히라노의 견해는 1941년 6월의 「私 小説の問題」와 마찬가지다. 그러나 「私小説の問題」에서는 자연주의나 사소설이 "근대 일본 개인주의 문학의 비참한 귀결"(第1卷 107쪽)이라 말했음에 비해, 「女房的文学論」에서는 자 연주의가 진정한 개인주의 문학과는 별개의 것이라고 한다. 말하자면 전쟁을 사이에 두고 근 대와 개인주의 문학에 대한 히라노의 정의에 미묘한 변화가 발생했다고 할 수 있다.
그렇다고는 해도 1941년의 「私小説の問題」에서도 일본 사소설 작가의 "인간 수련修業"을 "사회와 개인 간 대결의 장에서 싸우며 스스로를 길러 갔던 서구 근대 개인주의와는 완전히 거꾸로다"(第1卷 107쪽)라고 평하는데, 자연주의와 서구 근대 개인주의의 구별은 전쟁 전부 터 있었다. 단 「私小説の問題」에서는 극복의 대상을 표현하는 말이었던 근대 일본 개인주의 가 전후에는 지향해야 할 목표를 표현하는 말로 변화했다. 그 변화에 어울리는 형태로 진정한 개인주의 문학의 원조로서, 나쓰메 소세키와 모리 오가이가 재발견되었다고 할 수 있다.
물론 히라노 자신도 쓰듯이(第1卷 237쪽), 나쓰메와 모리의 재평가는 후쿠다 쓰네아리의 「近 代日本文学の系譜」로 촉발되었다. 또한 「女房的文学論」의 "상하의 관계만 있고 횡적인 관 계를 사상당한 봉건적인 가족 제도"(第1卷 235쪽)라는 표현은 아라 마사히토의 영향을 느끼 게 한다. 또한 반대로 아라의 자연주의 문학관에서는 히라노의 영향이 느껴진다. 이것들은 아 라와 히라노, 그리고 후쿠다 등의 상호 영향 관계라 해도 좋겠지만, 동시대 마루야마나 오쓰 카의 논조와의 공통성 또한 고려한다면, 그들의 전후 주장은 동시대 언설 구조의 변동 속에서 이루어졌다고 할 수 있다.

44   平野全集 第1卷 233쪽.

45   앞의 책 241쪽. 아라 마사히토도 또한 앞의 「横のつながり」 5쪽에서 고바야시 다키지의 여성관을 "지극히 봉건적", "부르주아 민주주의 이전의 것"이라 평한다.

46   平野全集 第1卷 242, 185쪽.

47   荒著作集 第1卷 121, 122쪽.

48   本多 앞의 책 『物語戦後文学史』 上卷 37~40, 43~44쪽.

49   小田全仕事 第1卷 409쪽. 창간 시의 모습은 埴谷全集 第1卷 578~579쪽.

50   新井 앞의 책 32쪽.

51   中野全集 第12卷 93, 94쪽.

52   앞의 글(5장) 「近代主義をめぐって」 119, 114, 118쪽. 이 좌담회는 臼井編 앞의 책 『戦後文学論争』 上卷에도 수록되어 있다. 전후의 '근대주의'에 대해서는 『戦後文学論争』의 高橋春雄의 해설 외에, 日高六郎 「戦後の『近代主義』」(日高編 『近代主義』 해설, 『現代日本思想大系』 第34卷, 筑摩書房, 1964) 등이 있으나, 이 장에서는 근대주의의 사상 내용을 묻는 형태가 아니라, 상징적인 말로서 어떻게 사용되었는지에 주목했다.

53   앞의 글 118, 121쪽.

54   小田切著作集 第2卷 323쪽.

55   앞의 글 「近代主義をめぐって」 121쪽. 徳田球一 「一般報告」(『前衛』 第26号, 1948. 4) 13, 14쪽.

56   甘粕石介 「近代主義の主体性論」(『前衛』 第30号, 1948. 8) 58쪽. 勝部元 「いわゆる『主体性』について」(『前衛』 第30号) 61, 64쪽.

57   高山 앞의 논문(2장) 「文化国家建設と新国民倫理」 82, 73, 69쪽.

58   앞의 논문 「日本の近代と国民文学」 152쪽.

59   丸山集 第6卷 247쪽.

60   小田切著作集 第2卷 322쪽.

61   小田切著作集 第2卷 233, 239쪽.

62   本多 앞의 책 『物語戦後文学史』 上卷 50쪽.

63   이하 인용은 小林秀雄·荒正人·小田切秀雄·佐々木基一·埴谷雄高·平野謙·本多秋五 「コメディ·リテレール 小林秀雄を囲んで」(『近代文学』 第1卷 第2号, 1946. 2) 33, 27, 25, 33, 29쪽.

64   坂口全集 第11卷 273쪽.

65   窪川鶴次郎·荒正人·小田切秀雄·佐々木基一·埴谷雄高·本多秋五 「プロレタリア文学を語る① 窪川鶴次郎を囲んで」(『近代文学』 第1卷 第5号, 1946. 9) 15쪽.

66   《福田恆存全集》(文藝春秋, 1987~1988) 第1卷 576, 580, 581쪽.

67   앞의 책 595, 594쪽.

68   앞의 책 622쪽.

69 앞의 책 623, 622, 589쪽.

70 앞의 책 589, 592쪽. 또한 후쿠다의 『日本語』편집 주간 시대에 대해서는 川村湊 『海を渡った日本語』(靑土社, 1994)을 참조하라.

71 本多 앞의 책 『物語戰後文学史』上卷 252쪽. 福田全集 第1卷 56쪽.

72 福田全集 第2卷 240쪽.

73 福田全集 第1卷 586, 584쪽.

74 加藤周一 「IN EGOISTOS」(『近代文学』第2卷 第5号, 1947. 7) 5쪽. 이 논고에서 가토는 명시적으로 이름을 거론하지는 않지만, 후쿠다의 「近代日本文学の系譜」와 「人間の名において」를 엄하게 비판한다. 그리고 "발전 단계가 뒤쳐져 있으니까 자유 경제를 우선 거치지 않으면 안 된다는 생각이 어이없다고 하면, 당면 목표를 소시민적 개인의 확립에 두는 인간 혁명의 프로그램도 마찬가지로 어이없는 것이리라. 이 프로그램은, 개인과 그 에고이즘을 추구하여 휴머니즘에 이른다고 주장할 때, 이중으로 더욱 어이없다"라고 말한다(3쪽). 이것은 말할 것도 없이 아라 마사히토에 대한 비판을 의도했지만, 이런 논문이 권두에 게재된 것은, 당시의 『긴다이분가쿠』의 열린 성격을 보여 준다고도 하겠다.

75 앞의 글 「文学者の責務」103쪽. 또한 하니야는 이것에 이어서 전쟁 때문에 "젊은 세대는 공장으로 보내지고, 군대는 처음으로 타민족에 접하고…… 민족이라던가, 사회라던가, 인간이라는 것이 이해되는 기반이 어찌되었든 만들어졌다"라고 말하며 "근대 문학의 확립"을 외친다. 전쟁에 따른 사회적·국제적 접촉이 인간이라는 개념의 형성을 촉진했다는 지적은 흥미롭다.

76 福田全集 第2卷 241쪽.

77 大井広介 「文学報国会は無為」(『文学』5卷 29号, 1961) 90쪽. 平野全集 第4卷 114쪽. 히라노가 말하는 "전시 중의 글"이 도조의 연설 초고였는지는 불명확하다. 전시 중의 히라노에 대해서는 이 장의 주 1에서 든 연구들 외에, 정보국에서 히라노의 상사였던 이노우에 시로 井上司朗의 『証言·戦時文壇史』(人間の科学社, 1984)가 있다.

78 앞의 글 「文学者の責務」111쪽.

79 앞의 글 111, 105쪽.

80 平野全集 第4卷 30쪽.

81 中山 앞의 책 『平野謙論』참조.

82 中野全集 第12卷 115쪽.

83 편지의 경위는 埴谷全集 第9卷 361쪽. 아라의 나카노 비판은 著作集 第1卷 111쪽. 같은 책 129쪽에서는 보다 직접적으로 나카노를 비판한다. 나카노는 이 편지를 1969년에 소설 『甲乙丙丁』의 16에 이름을 바꾸어서 수록한다.

84 中野全集 第12卷 631쪽.

85 福田全集 第1卷 669쪽. 本多 앞의 책 『物語戰後文学史』上卷 236쪽에 따르면 혼다는 후쿠다의 공산당관에 반발하여 동인 가입에 반대했지만, 후쿠다가 전쟁에 협력한 경위에 대해서는 알지 못했다고 한다. 혼다 이외의 반대자가 '또 한 사람' 있었다고 하지만, 누구인지

는 명확하지 않다.

86　福田全集 第1卷 63, 62쪽.

87　앞의 책 64쪽.

88　앞의 글(4장)「『平和問題談話会』について」38쪽.

89　丸山静「出発点の問題Ⅱ」(『近代文学』第3卷 第3号, 1948. 3) 39쪽.

90　中野重治·荒正人·小田切秀雄·佐々木基一·埴谷雄高·平野謙·本多秋五「民主主義文学の問題 中野重治を囲んで」(『近代文学』第1卷 第3号, 1946. 4) 40쪽. 날짜 표기는 1946년 2월 4일. 앞의 글「近代主義をめぐって」130쪽. 小田切著作集 第2卷 123쪽.

91　앞의 책(3장)『資料 戦後学生運動』第1卷 153, 154쪽.

92　中野全集 第12卷 97~98쪽. 中野重治·石母田正·藤間生大「民族文化の問題」(『展望』1948. 11) 42쪽.

93　荒正人「市民として」(『近代文学』第2卷 第6号, 1947. 9) 8쪽.

94　上原専禄·宗像誠也『日本人の創造』(東洋書館, 1952) 20쪽.

95　丸山集 第3卷 296, 297쪽.

96　앞의 책 297쪽.

97　小田 앞의 책(1장)『「べ平連」·回顧録でない回顧』7, 8쪽.

98　丸山集 第4卷 330쪽.

99　丸山集 第3卷 161쪽, 第4卷 330쪽.

100　丸山集 第5卷 69쪽. 단, 마루야마는 1947년의「科学としての政治学」의 주에서 막스 베버의 가치 자유론을 언급하며 "그의 제설諸說이 세계관적 가치 판단에 대한 방관적 태도 내지는 좌우 양익에 대한 '중간파'의 입장으로 혼동되는 것을 날카롭게 거부하고, 오히려 학자가 각자의 세계관 내지 정치적 입장을 명확하게 표명하는 것을 **시민으로서의 의무**로 요청한다"라고 말한다(丸山集 第3卷 152쪽). 아마도 이것은 공산당의 중립과 시민에 대한 비판을 의식하면서, 시민이 반드시 방관적 중립을 의미하지 않는다는 점을 강조하기 위해, 굳이 시민이라는 말을 쓴 사례로 생각된다.

마루야마를 비롯해 당시의 논자들은, 꼭 엄밀한 정의를 가지고 언어를 사용하지는 않았으므로, 시민의 긍정적 용례가 이 시기에도 산견되는 것은 물론이다. 이 책은 시민의 긍정적 용례가 1960년 전후로 정착했다는 점을 지적하는 것이며, 그 이전에 그런 용례가 존재하지 않았다고 주장하는 것은 아니다.

101　「平和問題討議会」(『世界』1985. 7, 臨時増刊号) 291, 290쪽.

102　荒 앞의 글「横のつながり」1쪽.

103　甘粕 앞의 논문 55쪽.

104　荒著作集 第1卷 296쪽.

105　荒著作集 第1卷 295, 296쪽. 荒正人「文学的人間像」(『近代文学』2卷 2号, 1947. 3) 37, 39쪽. 또한 미야모토 유리코는『世界』1946. 10의 논고「現代の主題」에서 아라나『긴다이분가쿠』로 대표되는 동향을 "제멋대로인 민주주의 편승자의 정신보다도 정의로운 것"이

라 평가한다. 그러나 미야모토에 따르면 그것은 전쟁이라는 나쁜 정치에 저항하는 중에 "억압받아서 생긴 내부 저항의 버릇"에 불과하다. 개인의 의식은 사회 구조로 규정되는 이상, "심리적인 현상을 푸는 힘은, 궁극적으로 그 심리의 틀 안에는 있을 수 없다"라는 것이 그녀의 견해였다(《宮本百合子全集》新日本出版社, 1979~1986, 第13卷 85, 86쪽). 아라는 이 견해에 대해서 이런 의견이 전시 중의 암흑기를 실감하지 않은 "40대"의 것이라는 점, 그리고 미야모토의 "긍정적"인 성격이 "상승기의 상층 중산 계급upper-middle class" 출신 "시민"citoyen의 것이라고 반론했다(荒著作集 第1卷 296쪽). 훗날 아라는 인터뷰에서 "사실은, 미야모토 유리코와 정면에서 논쟁을 해 보고 싶었습니다만, 나카노 시게하루와 논쟁하는, 궁지에 처했습니다"라고 말한다(新井編 앞의 책 41쪽).

106 荒 앞의 글「橫のつながり」3쪽.

107 荒正人「戰爭と平和」(『近代文學』第5卷 第1号, 1950. 1) 7, 10쪽.

108 荒著作集 第1卷 129쪽. 荒「理想的人間像」. 후자는 甘粕 앞의 논문 56쪽에서 재인용.

109 荒著作集 第1卷 283쪽. 그러나 아라는 이런 국내 망명자의 상태를 반드시 상찬해야할 것이라고는 생각하지 않았다. 아라는 전시 중의 상황을 "자기를 억압하는 강권에서 벗어났다는 긍지는 없었다. 그런 반면, 소수의 그룹에 틀어박혀 남을 욕하는, 세상 어디에나 있는 망명자들의 통폐通弊만이 존재했다"라고 회상한다(荒著作集 第1卷 19쪽).

110 앞의 책 19쪽. 아라는 김사량金史良의 "빛 속으로"光の中に를 평하며, 김의 "탈주"도 넓은 의미에서는 "망명"이라 부를 수 있다고 말한다(荒著作集 第2卷 291~293쪽).

111 荒著作集 第2卷 149쪽. 아라의 조선인 접촉에 대해서는 三宅 앞의 논문에서 시사를 얻었다. 마루야마의 일화는 石田 앞의 논문(1장)「丸山眞男と軍隊体験」170쪽. 이 일화는 마루야마가 대학원에서 지도한 한국의 연구자에게 이야기한 것을, 그 연구자에게 이시다 다케시가 들었다고 한다. 그 연구자는 "편상화로 얻어맞았다"라고 들은 데 비해, 이시다는 실내화(슬리퍼)를 잘못 들은 것이 아니냐고 말하는데, 1장에서 다룬 야스다 다케시의 증언에도 있듯이, "철 징이 박힌 편상화로 얻어터지는" 일은 내무반의 린치에서는 흔했다. 또한 이시다는 "일본인의 고참이 조선 호적을 가졌다는 것은 1944년인 마루야마의 초년병 당시에는 생각하기 어려우므로, 내지 호적을 가지고 조선에 있었던 일본인을 '조선 출신'이라고 말했는지도 모른다"라고 말하지만, 조선에서의 징병 개시는 1944년이어도, 조선인 지원병 제도는 이미 1938년부터 시작되었다. 어찌되었든 이시다도 말하듯이 "이 단편적인 회상 이외에 평양 시절에 대해서〔마루야마가〕인상을 이야기한 자료는 전혀 없는데", 이 침묵의 기간이 마루야마의 사상 형성에 어떤 영향을 가져 왔는지는 고찰할 가치가 있는 문제다.

112 荒著作集 第3卷에 수록된『市民文學論』을 참조하라. 아라의 시민 문학론과 시라카바파에 대한 일련의 상찬은 1950년경부터 쓴 것이며, 정치와 문학 논쟁 시점의 것은 아니다. 시라카바파에 대한 관심은 『긴다이분가쿠』의 동인들에게 공통되었지만, 아마도 공산당과의 대립 관계에 따라 아라의 내부에서 시라카바파에 대한 평가가 높아져 간 것이라 생각된다. 이점에 대해서는 정치와 문학 논쟁만이 아니라, 원래 아라가 공산당에 가입한 것은 평화 혁명

노선이 전제였던 점, 공산당이 1950년의 내부 분열 후에 무장 투쟁으로 기울어져서 평화를 선호하는 아라가 공산당에 대한 반발을 강화한 점 등이 관계가 있으리라 생각된다.

113 宮本全集 第13巻 81쪽.

114 本多全集 第3巻 218, 213쪽.

115 앞의 책 『資料 戰後学生運動』 第1巻 157, 158, 165쪽.

116 앞의 책 169쪽.

117 앞의 책 161쪽. 그 밖에 와타나베 쓰네오가 일로日労의 미타무라 시로三田村四郎에게 기부를 받았던 점도 비판 대상이 되었다.

118 앞의 책 167, 170쪽.

119 앞의 책 160쪽.

2부

7장 가난과 단일 민족

1 加藤秀俊「戰後派の中間的性格」(『中央公論』 1957. 9). 후에 加藤『中間文化』(平凡社, 1957)에 수록. 인용은 高畠通敏編『日常の思想』(『戰後日本思想大系』第14巻, 筑摩書房, 1970) 36쪽에서.

2 앞의 논문 37, 47, 39쪽.

3 清水著作集 第10巻 16쪽. 大牟羅良「僻地の子ども」(武田清子編『人権の思想』, 『戰後日本思想大系』第2巻, 筑摩書房, 1970에 수록) 113쪽.

4 小田全仕事 第7巻 154쪽.

5 앞의 책 53쪽.

6 앞의 책 158, 58쪽.

7 앞의 책 154, 155쪽.

8 小田全仕事 第8巻 130쪽, 第7巻 155쪽.

9 小田全仕事 第8巻 74쪽, 第7巻 158쪽.

10 武田清子「人権思想の峰と淵」(앞의 책『人権の思想』해설) 5쪽.

11 山本 앞의 책(서장)『戰後風俗史』 97쪽.

12 앞의 책 127쪽.

13 「歴史学はどうあるべきか」(『歴史学研究』 155号, 1952. 1) 52쪽. 발언자는 후루시마 가즈오古島和雄.

14 小熊 앞의 책『〈日本人〉の境界』 21장 참조.

15 앞의 책 21장 참조. 로마 제국을 '다민족 국가'의 부정적 사례로 논하는 점이, 호즈미 야

쓰카호적八束에서 와쓰지 데쓰로까지 널리 보이는 점에 대해서는, 小熊 앞의 책『単一民族神話の起源』을 참조하라.

16 石母田正『続歴史と民族の発見』(東京大学出版会, 1953) 58, 59쪽.

17 石母田正『歴史と民族の発見』(東京大学出版会, 1952) 38쪽.

18 石母田 앞의 책『続歴史と民族の発見』57, 58쪽.

19 大島渚『体験的戦後映像論』(朝日新聞社, 1975) 143쪽.

20 堀田善衛『インドで考えたこと』(岩波書店, 1957) 99쪽. 이후 1963년에 상업 목적의 외국 방문이, 1964년에 관광 목적의 외국 방문이 자유화된다.

21 앞의 책(3장)『時代の風音』181, 10쪽. 미야자키는 이 대담에서 일본의 농촌 풍경에 대한 혐오가 해소된 것은 1970년대에 〈알프스의 소녀 하이디〉アルプスの少女ハイジ를 제작하기 위해 취재차 스위스에 가 그곳에서 "일본의 경치 쪽이 나는 좋다는 것을 깨달았다"는 체험 이후였다고 말한다(181쪽).

22 石母田 앞의 책『続歴史と民族の発見』55, 56, 60, 54쪽.

23 石母田 앞의 책『歴史と民族の発見』34쪽.

24 앞의 책 251쪽.

25 土井正興「クリーム色の表紙の思い出」(『歴史学研究 戦後第Ⅰ期復刻版』月報4, 青木書店, 1987) 4쪽. 단 공산당의 민주민족전선은 광범한 사람들을 포괄하는 것을 주창했으며, 도시 주민이라는 의미에서 '시민'에 대한 호소도 존재했다(앞의 책(4장)《日本共産党戦後重要資料集》第1巻 605쪽 등).

26 久野収『愛国心』(『教育評論』1953. 5) 12쪽.

27 《上原専禄著作集》(評論社, 1987~1997) 第7巻 37쪽, 上原·宗像 앞의 책(6장)『日本人の創造』150, 151쪽. 石田宇三郎「平和教育と民族教育」(『教師の友』1952. 11) 16쪽.

28 上原著作集 第7巻 38쪽. 이런 독일의 민족과 국가의 관계의 논조는, 새로운 역사 교과서를 만드는 모임의 회장이었던 니시오 간지에게도 계승된다. 니체F. W. Nietzsche 연구자인 니시오는 1990년대의 국민 국가 비판에 대해서 국가의 역할이 축소되어 있는 현대야말로 민족의 독자성이 중요하다고 설파한다. 니시오는 1999년의 저서『国民の歴史』도 일본 민족의 역사로서 썼다고 한다(「『国民』意識は今」『朝日新聞』1999. 12. 17).

29 佐藤幸治「愛国心」(『現代道徳講座』第5巻, 河出書房, 1954) 172쪽. 또한 이 조사에서는 애국심이라는 말은 전쟁의 기억을 불러일으키는 것으로서 부정적 감정을 표하는 사람이 전체의 3분의 2에 달한다.

30 清水著作集 第14巻 312쪽.

31 《石母田正著作集》(岩波書店, 1988~1990) 第14巻 352, 362쪽.

32 앞의 책 356, 355쪽.

33 앞의 책 355쪽.

34 藤間生大「歴史家の実践」(『歴史評論』11号, 1947. 12) 42쪽.

35　石母田 앞의 책 『続歴史と民族の発見』 411쪽.

36　丸山集 第5卷 289~290. 이 글은 1952년의 『日本政治思想史研究』의 후기다. 마루 야마 마사오는 여기서 "중국의 정체성에 대한 일본의 상대적 진보성이라는 견지"를 자기비판하고, "괄호를 붙인 근대를 경험한 일본과 그것에 성공하지 못한 중국이, **대중적** 지반으로부터의 근대화에서는 오늘날 참으로 반대되는 대비를 이루고 있다"라고 말한다. 이것은 메이지 유신과 신해혁명에 관하여 다케우치 요시미가 제시한 견해를 답습했다(10장 참조).

37　이하 清水著作集 第10卷 11, 12, 14, 16, 17쪽.

38　梅本의 편지는 天野恵一 『危機のイデオローグ』(批評社, 1979) 216, 217쪽에서 재인용. "망국의 노래" 발언은 清水著作集 第10卷 26쪽.

39　丸山集 第5卷 59, 70, 69, 67쪽.

40　쓰루미 슌스케의 발언은 1951년의 「思想の科学研究会─趣旨と活動」(鶴見和子 「戦後」の中の 『思想の科学』, 『思想の科学会報』 複刻第1卷, 柏書房, 1982, 9쪽에서 재인용). 가즈코의 발언은 1954년의 강연 「話しあい, 書きあう仲間」(『鶴見和子曼荼羅』 제II권, 藤原書店, 1998) 372쪽.

41　清水著作集 第14卷 106쪽. 시미즈의 회상기는 그의 억측에 편중된 경향이 강하며 이 일화의 신빙성도 약간 의심스러우나, 가즈코가 한 자기비판의 배경 중 일단을 보여 주는 것으로서 소개했다.

42　이하 石母田 앞의 책 『歴史と民族の発見』 32, 33, 34쪽.

43　佐藤忠男 「裸の日本人」(久野収編 『現代日本論』, 『戦後日本思想大系』 第15卷, 筑摩書房, 1974에 수록. 初出 1958) 57쪽.

44　加藤周一 「民族主義と国家主義」(『中央公論』 1959. 4)가 이런 주장을 취한다.

45　山本 앞의 책 102쪽.

46　이하 大江健三郎 『鯨の死滅する日』(講談社文芸文庫, 1992. 初版 1972) 195~197, 199쪽.

47　鶴見 앞의 책(1장) 『新しい開国』 583, 586쪽.

48　앞의 책 580쪽. 埴谷全集 第1卷 572쪽.

49　清水著作集 第10卷 7쪽.

50　埴谷全集 第1卷 573쪽.

51　高見順·今日出海·堀田善衛·亀井勝一郎·清水幾太郎 「独立国の条件」(『群像』 1952. 6) 18, 19~20, 21쪽.

52　山本 앞의 책 90, 91, 92쪽.

53　日本教職員組合 『日本の教育』 第2集(岩波書店, 1953) 266쪽. 大江健三郎 『持続する志』(講談社文芸文庫, 1991. 初版 1968) 126쪽. 단, 후자는 오에의 1965년의 오키나와 방문기에서 인용했다.

54　『朝日クロニクル 週刊二〇世紀』 1949年版(朝日新聞社, 1999) 10, 11쪽.

55　清水著作集 第10卷 85쪽.

56   日本教職員組合編『日本の教育』第7集(国土社, 1958) 385쪽.

57   井上清·小此木真三郎·鈴木正四『現代日本の歴史』下巻(青木書店, 1953) 568~569쪽.

58   水野浩編『日本の貞操』(蒼樹社, 1953). 일본 정부의 정책 비판은 五島勉編『続日本の貞操』(蒼樹社, 1953) 2장.

59   앞의 책『日本の教育』第2集 269쪽.

60   稲葉桂子「紙芝居脚本 子どものねがい」(『教育評論』第7号, 1952) 83쪽. 清水幾太郎·宮原誠一·上田庄三郎編『基地の子』(光文社, 1953) 170~171쪽.

61   宮原誠一「教師は平和を愛さぬか」(『六·三教室』1950. 1). 船山謙次『戦後日本教育論争史』(東洋館, 1958)에서 재인용.

62   佐藤 앞의 책(2장)『黒澤明の世界』236쪽.

63   앞의 책『基地の子』서문 3~4쪽.

64   遠山茂樹「戦後の歴史学と歴史意識」(《遠山茂樹著作集》岩波書店, 1992) 第8巻 49쪽.

65   神田文人「歴史学における民族の問題」(『歴史評論』第200号, 1967) 43쪽.

66   코민포름 비판의 전문은 앞의 책《日本共産党戦後重要資料集》第1巻에 수록. 인용은 352쪽. 이 사이의 소련·중국·일본의 공산당 동향에 대해서는, 和田春樹『歴史としての野坂参三』(平凡社, 1996) 5, 6장 참조.

67   日本共産党中央委員会「民族の独立のために全人民諸君に訴う」(日本共産党中央委員会五〇年問題文献資料編集委員会編《日本共産党五〇年問題資料集》第1巻, 新日本出版社, 1957) 35~39쪽.

68   藤間生大『『歴史における民族』のあつかい方」(歴史学研究会編『歴史における民族の問題』권말에 수록, 岩波書店, 1951) 167쪽.

69   神田 앞의 논문 48쪽에서 재인용.

70   松本新八郎「民族文化をいかにしてまもるか」(『歴史学研究』154号, 1951) 36, 39, 37쪽.

71   앞의 책『現代日本の歴史』下巻 372, 559, 577, 602, 571쪽.

72   앞의 책《日本共産党五〇年問題資料集》第3巻 215쪽.

73   쓰루미 앞의 책『新しい開国』166, 168쪽. 民主主義科学者協会「民族解放のたたかいに倒れた近藤巨士君への追悼の言葉」(『歴史評論』37号, 1952) 38쪽.

74   앞의 책『現代日本の歴史』下巻 377쪽.

75   高田佳利「行動の意味の発掘」(『思想の科学』1959. 8) 28쪽.

76   《江藤淳著作集》(講談社, 1967~1973) 第6巻 42쪽.

77   山本 앞의 책 162~163쪽.

78   高田 앞의 논문 29쪽. 다카다와 고자이의 회담을 다카다가 기록한 것이다.

79   秋山清『文学の自己批判』(太平出版社, 1972) 108쪽.

80   앞의 책 39, 40, 43쪽.

81   吉川勇一「連合赤軍事件と市民運動」(1972년 3월의 강연. ベトナムに平和を！市民連合編『資料・「ベ平連」運動』河出書房新社, 1974에 수록) 下卷 176쪽.

82   山本 앞의 책 165쪽.

83   森田実의 회상. 西部邁『六〇年安保』(文藝春秋, 1986) 133쪽에서 재인용.

84   「文化問題と日本共産党」, 「日本文化の課題と展望」(모두『前衛』臨時增刊, 1957. 3·9).

85   丸山集 第6卷 164쪽.

86   石田雄「『戦争責任論の盲点』の一背景」(「みすず」編集部編『丸山眞男の世界』みすず書房, 1997).

87   丸山集 第6卷 159쪽. 이런 지적의 배경에는 공산당이나 평화 운동을 공격하려는 목적인 보수계의 폭로 기사가 있었다. 예를 들어 잡지『全貌』에 연재된「学者先生戦前戦後言質集」(단행본은 全貌社, 1954)이라는 기획은 히라노 기타로平野義太郎·나카무라 데쓰中村哲·시미즈 이쿠타로·무나카타 세이야·단 도쿠사부로·야가와 도쿠미쓰·이데 다카시·다카쿠라 데루 등 진보적 내지 공산당계 지식인의 전시 중 언설을 폭로해 시비를 불렀는데, 그 기본적인 자세는 전쟁 책임 추궁이라는 형태를 빌린 좌파 공격이었다.

88   이하의 소비 관계의 기술은 앞의 책『朝日クロニクル 週刊二〇世紀』1958年版 8~11쪽 및 山本 앞의 책 7장을 참조하라.

89   앞의 책『朝日クロニクル 週刊二〇世紀』1956年版 5쪽.

90   山本 앞의 책 175~177쪽.

91   이하 加藤 앞의 논문 50, 46, 35쪽.

92   梅棹忠夫「文明の生態史観序説」(『中央公論』1957. 2). 우메사오의 지역 구분은 식물 생태를 근거로 하여, 습윤 밀림 지대(제1지역)와 건조 지대(제2지역) 간 문명 형태의 상이함을 주장했다. 건조 지대에서는 전제 정치가 필연적으로 발생한다고 위치 짓고, 서구 및 일본과 대비시키는 견해는, 와쓰지 데쓰로의『風土』의 주장과 유사하다.『風土』를 비롯한 와쓰지의 일본론에 대해서는 小熊 앞의 책(2장)『單一民族神話の起源』15장을 참조하라.

93   日高六郎『戦後思想を考える』(岩波新書, 1980) 78~80쪽. 단, 히다카는 공적인 것 지향의 하강 경향이 전쟁 전부터 계속되었다고 주장하지만, 전쟁 전의 조사는 징병 검사장에서 행해졌다. 히다카도 말하듯이 징병 검사장에서는 남을 의식해서 공적 가치 지향의 답이 많아지기 쉽다. 또한 모집단이 20세의 남자뿐이기 때문에, 그런 의미에서도 공적 가치 지향이 높아지기 쉬우며, 전 국민을 모집단으로 한 전후의 조사와 병렬시켜 비교하는 것은 부적절하다고 생각된다.

94   앞의 책 81~82쪽.

95   日本教職員組合編『日本の教育』第7集(国土社, 1958) 624쪽.

96   武田清子「愛国心と親孝行」(『教育評論』1956. 4) 17쪽.

97   丸山集 第8卷 371~372쪽. 안보 투쟁 직후의 인터뷰이며, 이 뒤로 "'민'民의 분할 지

배"를 타파한 계기로서 안보 투쟁을 평가하는 담화가 이어진다.

98 船山 앞의 책 66쪽.

99 国分一太郎·石田宇三郎·片岡並男·斎藤秋男·矢川徳光·松島栄一「岩波講座『教育』をめぐって」(『教師の友』1952. 12) 33쪽. 스탈린의 말을 고쿠분이 소개하는 가운데 말한 내용이다.

100 앞의 좌담회에서는, 시미즈의 '평화의 육체'론이 높은 평가를 받는다. 시미즈의 주장은 9장 주 16 참조.

101 無着成恭編『山びこ学校』(岩波文庫, 1995. 初版 1951) 322쪽.

102 앞의 책 323쪽.

103 上原·宗像 앞의 책(6장)『日本人の創造』34~36쪽. 무나카타는 이 인용에 이어서 『『山びこ学校』의 아이들"을 상찬한다.

104 丸山 앞의 논문(6장)「出発点の問題 Ⅱ」36쪽.

105 全集黒澤明 第4巻 51쪽. 다다 미치타로는 1956년의「黒澤明解説」에서〈七人の侍〉를 평하여 "개인을 확립하는 것만 생각하면서, 결국 집단의 문제에 부딪히지 않을 수 없었다. 노마 히로시, 시나 린조椎名麟三 등 전후파의 문학가가 거친 코스와 거의 같다"라고 말하며, 이 영화를 지식인과 민중이 어떻게 연대할 수 있는지 그렸다고 위치 지었다. 多田 앞의 책 (1장)『複製芸術論』313쪽.

106 이 점에 대해서는 小熊 앞의 책 (2장)《日本人》の境界』21장에서 언급했다.

107 杉浦明平「村の言論統制」(『思想』1960. 8). 藤原弘達「地方ボスの精神形態」(『思想』1955. 12)도 참조하라.

108 石川さつき「村八分の記」(武田編 앞의 책『人権の思想』수록) 128쪽.

109 앞의 책 131쪽.

110 앞의 책 127, 133쪽.

111 앞의 책 124쪽. 이 글에서는 "친구들의 불량화를 막고 일본 국가를 다시 세우기 위해서 노력해 주세요"라고 설교하는 마을 유력자나 교사들에 대한 항의가 이야기되어, "입으로는 그럴듯한 것을 이야기하면서, 눈앞에서 일어나는 부정을 보고도 못 본 척하는 인텔리겐치아가 때려눕히고 싶을 정도로 미웠다"라고 썼다. 그런 의미로 이시카와는 후의 요시모토 다카아키의 사상이나 전공투 운동 등과도 공통된 심정을 품었다. 이시카와의 경우는 양심적인 교사를 만났기 때문에 '애국'의 지점에 그쳤지만. 그런 우연이 없었다면. 다른 방향으로 향했을 가능성도 있다고 할 수 있다. 이런 언설상의 대립은, 반드시 심정상의 대립을 뜻하지 않으며, 표현형태의 차이가 원인인 측면이 적지 않다고 할 수 있다.

8장 국민적 역사학 운동

1 현재까지 국민적 역사학 운동의 전체상을 다룬 연구는 거의 없다. 이 운동의 당사자 주변에서 이루어진 개괄로는 遠山茂樹의 앞의 논문(7장) 「戦後の歴史学と歴史意識」, 神田文人 앞의 글(7장) 「歴史学における民族問題」, 梅田欽治 『『国民的歴史学』運動の遺産」 (『歴史評論』 150号, 1963), 같은 저자의 「『国民的歴史学』の思想」(『人民の歴史学』 143号, 2000) 등이 다루는 범위가 비교적 넓다. 그 외에 당사자의 총괄이나 회상으로는 藤間生大編 『国民と歴史』(『講座 歴史』第1巻, 大月書店, 1956)에 수록된 中塚明·奥田修三의 「『国民的歴史学』の批判と反省」을 비롯해 鈴木正 「歴史論における民族的なもの」(『歴史評論』 120号, 1960), 犬丸義一 「戦後歴史学の理論的成果」(『歴史評論』 150号, 1963), 大江志乃夫 「弁証法的な『講座派理論の克服』を」(『歴史評論』 184号, 1965), 神田文人 「歴史学における民族問題論争」(『現代と思想』 13号, 1973), 網野善彦 『歴史としての戦争史学』(日本エディタースクール出版部, 2000) 등이 있으며, 그 밖에 본론에서 인용한 논문류의 글이 있다. 그 당시 역사학자의 민족론을 다룬 것으로는 阪東宏 「歴史における民族の問題について」(『民族の問題』 해설, 歴史科学協議会編 『歴史科学大系』 第15巻, 校倉書房, 1976)이 있다. 또한 歴史科学協議会編 『歴史科学大系』 第33巻은 『民科歴史部会資料集』(校倉書房, 1999)에 해당한다.

최근의 연구로는 小熊英二 「忘れられた民族問題—戦後日本の『革新ナショナリズム』」 (『相関社会科学』 5号, 1995. 후에 오키나와와의 관계를 가필하여 小熊 앞의 책(2장)을 『〈日本人〉の境界』의 21장에 수록)가 국민적 역사학 운동의 민족론을 검증한 외에, 磯前順一 「歴史的言説の空間」(『現代思想』 25巻 10号, 1997. 후에 磯前 『記紀神話のメタヒストリー』 吉川弘文館, 1998에 수록)이 이시모다나 도마의 '영웅시대론'을 중심으로 당시의 기기 신화관을 다룬다. 또한 大串潤児 「国民的歴史学運動の思想·序説」(『歴史評論』 613号, 2001)은 주로 역사 교육의 관점에서 논한다.

당사자의 회상은 대개 공산당의 내분이나 정치와 연구의 관계라는 관점에서 문제를 논하기 일쑤이며, 내재적 시점에서 빠져나온 연구는 적다. 한편으로 小熊 앞의 논문이나 磯前 앞의 논문은, 당시의 민족론과 역사관의 창출이라는 시점에서 논하고 있으나, 이 시기의 운동을 검증한 것은 아니었다. 그에 비하여 이 장에서는 운동을 이끈 이시모다 쇼의 전시부터의 사상을 검증하고, 덧붙여서 공산당 주변에서 민족관이 변천한 과정, 그리고 국민적 역사학 운동의 전개를 검증한다. 또한 이 운동에서 형성된 민족관과 오키나와 복귀 운동의 관계 및 단일 민족 사관과의 관련성에 대해서는 小熊 앞의 책 『〈日本人〉の境界』 21장을 참조하기 바란다.

2 歴史学研究会編 『民族の文化について』(1952年度 歴史学研究会大会報告, 岩波書店, 1953).

3 渡部義通 「新しい史学への道」(『歴史評論』 11号, 1947. 12) 39~40쪽.

4 石母田著作集 第5巻 297쪽.

5 石母田著作集 第14巻 359쪽.

6   石母田著作集 第5巻 295쪽.

7   앞의 책 273쪽.

8   앞의 책 272쪽.

9   앞의 책 285쪽.

10   앞의 책 295쪽.

11   앞의 책 295쪽.

12   石母田著作集 第14巻 361, 357쪽.

13   앞의 책 357, 358쪽.

14   앞의 책 358~359쪽.

15   石母田著作集 第5巻 279~298쪽.

16   藤間生大「日本史·古代·政治経済」(『歴史学研究』111号,「昭和一七年度歴史学年報」, 1943. 6) 8, 9쪽.

17   石母田著作集 第5巻 295쪽.

18   石母田著作集 第14巻 349쪽.

19   井上清·小池喜孝·藤間生大·大久保利謙·岡田章雄·羽仁五郎·中野重治「『くにのあゆみ』の検討」(『朝日評論』1947. 3. 久野·神島編 앞의 책(1장) 『『天皇制』論集』에 수록) 27쪽.

20   井上 앞의 논문(3장) 「時評」37, 34쪽에서 재인용.

21   民主主義科学者協会 『科学者』10. 5. 石母田正「学問の自由について」(『歴史学研究』143号, 1950) 48쪽에서 재인용.

22   앞의 글 「『くにのあゆみ』の検討」26쪽. 遠山 앞의 논문 「戦後の歴史学と歴史意識」51쪽.

23   遠山 앞의 논문 「戦後の歴史学と歴史意識」50, 51쪽에서 재인용.

24   石母田正「新しい年をむかえて」(『歴史評論』41号, 1953) 3쪽. 틸트먼의 말도 같은 논문 2쪽에서 재인용. 遠山 앞의 논문 「戦後の歴史学と歴史意識」은 이노우에 기요시 등의 『くにのあゆみ』비판을 틸트먼의 시평에 자극받은 것이라고 위치 짓는다(50쪽).

25   「綱領および会則の草案」(『歴史学研究』122号, 1946. 6) 47쪽.「綱領について」(『歴史学研究』123号, 1946. 8), 57쪽.

26   井上清「歴研の『綱領』がつくられたころ」(앞의 책(7장) 『歴史学研究 戦後第Ⅰ期復刻版』月報2, 1986) 2쪽.

27   「国史教育座談会報告」(『歴史学研究』122号, 1946. 6) 49쪽.

28   石母田 앞의 책(7장) 『歴史と民族の発見』249쪽.

29   津田全集 第23巻 35쪽. 재건 대회의 경위는 遠山 앞의 논문 「戦後の歴史学と歴史意識」29쪽. 이 재건 대회는 「각국 군주제의 역사」의 연구 보고회로서 개최된 것을 하니 고로가 동의動議를 내어 재건 대회로 전환해 버린 것으로, '하니 쿠데타'라는 등의 비판을 받았다. 하니의 제자이기도 한 이노우에 기요시의 회상에 따르면 그 후에 하니는 역사학연구회와의 관

계를 거의 끊어 버렸다고 한다(앞의 글 「歷研『綱領』がつくられたころ」). 당시 히라이즈미 平泉에 있었던 쓰다를 찾아간 사람은 이노우에와 마쓰시마 에이이치였다. 아미노 요시히코는 하니가 쓰다를 회장으로 내세워서 역사학연구회의 주도권을 쥐고자 했으며, 쓰다가 하니의 의향을 가지고 찾아온 이노우에 등에게 반발하여 마르크스주의 역사학에 불신감을 품었던 것이 아닌지 추측한다(網野 앞의 책『歷史としての戰後歷史学』23~26쪽). 단 이노우에는 1989년의 津田全集 月報에서 이것을 부정했으며 진상은 불분명하다.

30　中野・石母田・藤間 앞의 글(6장) 「民族文化の問題」47, 48쪽.

31　앞의 글 45쪽.

32　蔵原惟人・石母田正・勝本淸一郎・橋浦泰雄 「わが民族文化の特質」(『日本評論』 1949. 2) 20쪽.

33　앞의 글 「民族文化の問題」42쪽.

34　앞의 글 28쪽.

35　앞의 글 22쪽.

36　石母田著作集 第14卷 352, 362쪽.

37　앞의 책 354쪽.

38　飯塚 앞의 책(1장)『日本の軍隊』178쪽.

39　앞의 책『歷史と民族の発見』279, 280쪽.

40　앞의 책 288~289쪽.

41　이하 이 논문에서의 인용은 앞의 책 284, 291, 289~290쪽.

42　앞의 책 43~44쪽.

43　앞의 책 44, 42쪽.

44　色川 앞의 책(서장)『明治精神史』文庫版 下卷 246쪽.

45　石母田著作集 第14卷 378쪽.

46　앞의 글 「『くにのあゆみ』の検討」38쪽.

47　鈴木良一 「敗戦後の歴史学における一傾向」(『思想』1949. 1) 49쪽.

48　스탈린의 논문 「マルクス主義と言語学の諸問題」는 スターリン全集刊行会譯『スターリン戦後著作集』(大月書店, 1954). 田中克彦『スターリン言語学』精読(岩波現代文庫, 2000)이 이를 옮겨 게재하여 상세한 해설을 덧붙였다. 그러나 다나카 가쓰히코田中克彦는 이 논문이 일본공산당의 민족관 전환에 영향을 끼친 점을 다루지 않는다. 종합적으로 다나카는 이 논문이 한국 전쟁 개전의 달에 공표되어, 『前衛』가 즉각 번역 전재한 정치적 의미를 다소 간과했다고 생각된다. 스탈린의 1913년 논문 「マルクス主義と民族問題」는 スターリン全集刊行会譯《スターリン全集》(大月書店, 1952~1953) 第2卷에 수록.

49　앞의 책(7장)《日本共産党五〇年問題資料集》第1卷 37쪽.

50　이시모다의 해설은 「歴史学における民族の問題」라는 제목으로 앞의 책『歷史と民族の発見』에 수록.

51　앞의 글 「わが民族文化の特質」21쪽.

52　石母田 앞의 책(7장) 『続歴史と民族の発見』308~309쪽.

53　石母田 앞의 책 『歴史と民族の発見』131, 129, 139쪽.

54　앞의 책 140, 142쪽.

55　앞의 책 122쪽.

56　石母田著作集 第14卷 369쪽.

57　앞의 책 369쪽. 石母田 앞의 책 『歴史と民族の発見』258쪽.

58　石母田 앞의 책 『歴史と民族の発見』258쪽.

59　앞의 책 258~259쪽.

60　南原著作集 第7卷 58쪽. 丸山集 第3卷 106쪽.

61　石母田 앞의 책 『歴史と民族の発見』270쪽.

62　앞의 책 271, 272쪽.

63　石母田 앞의 책 『続歴史と民族の発見』329쪽.

64　石母田 앞의 책 『歴史と民族の発見』34쪽.

65　앞의 책 38, 14쪽.

66　石母田 앞의 책 『続歴史と民族の発見』420쪽. 石母田 앞의 책 『歴史と民族の発見』
39쪽.

67　앞의 책(7장) 《日本共産党五〇年問題資料集》第1卷 37쪽.

68　앞의 글 「民族文化の問題」45쪽.

69　神田 앞의 논문 「歴史学における民族問題論争」35쪽.

70　예를 들어 国際主義者団 「民族主義者の新しい策謀について」, 「民族主義者の新し
い欺瞞について」(앞의 책 《日本共産党五〇年問題資料集》第3卷) 등을 참조하라.

71　江口朴郎 「大会についての感想」(『歴史学研究』153号, 1951) 39쪽. 이런 와타나베
파에 대해 하니 고로의 제자였던 이노우에 기요시 등의 근대사가를 하니파라고 칭하여, 양자
가 대립했다는 견해가 있다(神田 앞의 논문 「歴史学における民族問題」51쪽). 그러나 이노
우에는 그런 사실은 "전혀 존재하지 않았다"라고 반론한다(井上清 「戦後歴史学の反省と当
面する課題」 『歴史学研究』230号, 1959, 4쪽).

72　藤間 앞의 논문(7장) 「『歴史における民族』のあつかい方」167쪽. 藤間生大 「古代に
おける民族の問題」(歴史学研究会編 앞의 책(7장) 『歴史における民族の問題』).

73　도마가 야마토타케루 등을 '민족 영웅'이라 표현한 배경에는, 이시모다가 1948년에 주
창한 '영웅시대'론이 있었다. 헤겔이나 마르크스의 역사관에서는 고대 그리스를 영웅시대라
표현했기 때문에, 일본에서도 영웅시대를 찾자고 주장했던 것이다. 그들의 영웅시대론에 대
해서는 磯前 앞의 논문을 참조하라.

74　「古代・中世の部 討論」(歴史学研究会編 앞의 책 『歴史における民族の問題』) 54,
59쪽.

75　앞의 책 69쪽.

76　이하 松本新八郎 「中世の民族と伝統」(앞의 책 『歴史における民族の問題』) 170~

171쪽. 1951년 2월의 보고를 아미노 요시히코와 다나카 마사토田中正俊가 정리했다.

77　歴史学研究会編『民族の文化について』(岩波書店, 1953) 80쪽. 土井 앞의 글(7장)「クリーム色の表紙の思い出」4쪽.

78　野沢豊「民歌民謡は大衆闘争の伝統的武器である」(『歴史評論』30号, 1951), 坂本俊夫「民族の叫び」(『歴史評論』39号, 1952), 山野洋子「農民の生活感情にとけ込んで―『民族芸術を創る会』のしごと」(『歴史評論』39号, 1952) 등을 참조하라.

79　앞의 글(7장)「歴史学はどうあるべきか」54쪽. 국민적 역사학 운동의 종언 후에 1955년 11월에는 도야마 등이 쓴 이와나미신서『쇼와사』昭和史가 발간되어, 이른바 '쇼와사 논쟁'이 일어났다. 이때 마르크스주의 역사학의 입장에서 쓴 이『쇼와사』에 대해 가메이 가쓰이치로는 "'국민'이라는 인간 부재의 역사" 등이라 비판했다. 여기에 대해 도야마 등은 마르크스주의 역사학의 입장은 양보하지 않았지만, 역사 서술을 궁리할 필요성은 인정했다. 이미 국민적 역사학 운동의 시점부터 이런 역사 서술의 문제가 마르크스주의 역사학자 사이에서 인식된 것이 그 이유였다고 할 수 있다.

80　앞의 글「古代·中世の部 討論」56쪽.

81　井上清「党の規律と研究の自由について」(앞의 책(7장)『日本文化の課題と展望』) 103쪽. 단 이노우에는 이 논문 101~102쪽에서 자기는 원래부터 국제파였던 것이 아니라 공산당의 내분을 모른 채 도마를 비판하고, 그 후에 "반주류(국제파) 쪽이 그나마 이론적이라고 생각해서 가까워졌다"라고 말한다.

82　特集「義民」(『歴史評論』37号, 1952).

83　丸山集 第5巻 74, 74~75쪽.

84　ねずまさし「坂本俊夫『民族の叫び』について」(『歴史評論』43号, 1953) 74쪽.

85　井上清「『民族の文化』を読む」(『歴史学研究』163号, 1953) 42, 43, 44쪽.

86　앞의 논문 40쪽.

87　井上清「幕末における半植民地化の危機と闘争 (二)」(『歴史評論』33号, 1951) 15쪽. 이노우에가 역사학연구회의 1951년도 대회에서 이것과 유사한 메이지 유신관을 이야기했을 때 도야마 시게키는 그에 반론했다. 그러나 도야마의 그 반론도 메이지 유신에는 비판적이었지만, 자유 민권 운동 중에서 비정치적인 개인주의를 극복한, 밑으로부터의 건전한 내셔널리즘의 존재를 인정하려는 것이었다. 앞의 책『歴史における民族の問題』의「近代の部 討論」을 참조하라.

88　이노우에는 앞의 글「『民族の文化』を読む」43쪽에서는 "오늘날 민족주의는 제국주의의 식민지 지배·침략의 '가장 본질적인 수단'이며, 그것의 속임수처럼 반제국주의적인 것은 조금도 아니다"라고 말한다. 이 주장은 식민지의 재래在來 지배 계급의 민족주의가 종주국과 협력 관계에 있다는 제국주의론을 밑에 깔았다. 이노우에는 역사학연구회 1951년도 대회의「近代の部 討論」140~142쪽에서는 야나이하라 다다오의 식민 정책 연구를 기반으로 삼아, 20세기의 제국주의는 식민지의 재래 문화를 존중하고 자치 시행을 허락하는 간접 통치의 형태를 취한다고 주장했다. 이런 제국주의 지배에서는 다도나 꽃꽂이를 칭송하면서 미국에 종

속하는 일본의 보수계 정치가나 경제인들이 상징하듯이, 전통 문화를 지키는 식민지 보수 세력은 제국주의 지배의 공범자이며, "이 국수주의·민족주의는 동시에 코즈모폴리터니즘"이라는 것이 이노우에의 견해였다. 이런 상태를 타파하기 위해서는 반봉건 투쟁 및 계급 투쟁을 중시하여, 지배 계급의 부르주아 민족주의를 타파하는 노동자 계급의 민족주의가 형성되지 않으면 안 된다고 여겼다.

89   鈴木正四「近代史における民族の問題」(앞의 책『歴史における民族の問題』) 180쪽.

90   日本史研究会委員会「一九五一年度歴研大会批判」(『歴史学研究』153号, 1951) 37쪽.

91   石母田著作集 第14巻 358, 370쪽.

92   網野善彦対談集『「日本」をめぐって』(講談社, 2002) 152쪽. 간다 후히토도 앞의 「歴史学における民族問題」 51쪽에서 "일반적 경향으로서, 전근대는 소감파로, 근대는 국제파로 분류되었다"라고 말한다. 고대사가로서 네즈의 비판은 앞에서 말한 대로이지만, 조선사 연구자인 하타다 다카시는 「古代における民族の問題」(『歴史学研究』153号, 1951)에서 도마의 조선 고대사 연구가 "고대의 '민족 운동'을 고대가 아니라, 마치 현재인 듯이" 그렸다고 비판했다. 도마는 고대 한반도의 분쟁을 '한족'韓族의 민족 독립 투쟁으로 묘사하면서, 한족을 북방에서 제압한 고구려는 조선 민족에 대한 침략자로 간주하고, 신라의 민족 운동을 상찬했다.

93   앞의 「『くにのあゆみ』の検討」 33쪽, 앞의 「民族文化の問題」 47쪽.

94   앞의 「古代·中世の部 討論」 56, 60쪽.

95   飯塚編 앞의 책 141쪽.

96   石母田 앞의 책『続歴史と民族の発見』 120쪽.

97   梅田 앞의 논문 「『国民的歴史学』運動の遺産」 109쪽에서 재인용.

98   藤間生大「新しい科学のあり方」(『歴史評論』16号, 1948) 52쪽.

99   야나기타의 사상에 대한 필자의 견해는, 小熊 앞의 책『単一民族神話の起源』 12장 및 小熊英二「柳田国男と『一国民俗学』」(アエラムック『民俗学がわかる』朝日新聞社, 1997)을 참조하라.

100   石母田 앞의 책『続歴史と民族の発見』 158쪽.

101   石母田 앞의 책『歴史と民族の発見』 352쪽.

102   梅田 앞의 논문 「『国民的歴史学』運動の遺産」 109쪽에서 재인용.

103   「月の輪古墳」은『歴史評論』53号(1954)에, 「石間をわるしぶき」는『歴史評論』40号 (1952)에 각각 특집이 꾸며졌다.

104   竹内全集 第9巻 59~60쪽.

105   加藤文三「国民的歴史学について」(『歴史評論』44号, 1953) 67쪽.

106   앞의 논문 82쪽.

107   石母田 앞의 책『続歴史と民族の発見』 28~29쪽.

108 앞의 책 132~135쪽.

109 앞의 책 149, 183쪽.

110 앞의 책 151~155쪽.

111 加藤 앞의 논문 70쪽.

112 鶴見 앞의 책(1장) 『新しい開国』 173쪽.

113 加藤 앞의 논문 82, 83쪽. 단 가토도 81쪽에서는 "저 자신도 처음에는 '국민적'이라는 말에 저항을 느꼈습니다"라고 말한다.

114 加藤文三 「"石間をわるしぶき"に寄せられた批判について」(『歴史評論』 40号, 1952) 94, 95쪽.

115 民科歴史部会全国委員会準備会 「民科歴史部会全国報告(草案)」(『歴史評論』 62号, 1955) 5쪽. 1954년 11월 1일의 전국 총회에서의 보고. 井上 앞의 글 「党の規律と研究の自由について」 102쪽.

116 鈴木良一 「ねず君の所感を読んで」(『歴史学研究』 201号, 1956) 53쪽.

117 이노우에의 사문에 대해서는 藤間生大 「老兵の想い」(『歴史学研究』 戦後第Ⅰ期復刻版月報3) 및 「一九五五年度民科歴史部会全国総会議事録(下)」(『歴史評論』 77号, 1956) 87쪽. 井上 앞의 글 「党の規律と研究の自由について」 102쪽.

118 井上 앞의 글 「党の規律と研究の自由について」 102쪽.

119 石母田著作集 第14巻 366쪽.

120 黒田俊雄 「『国民的科学』の問題と歴史研究」(『歴史評論』 46号, 1953) 72쪽. 梅田 앞의 논문 「『国民的歴史学』運動の遺産」 121쪽.

121 黒田 앞의 논문 72, 73쪽.

122 加藤 앞의 논문 「国民的歴史学について」 66쪽. 이런 것은 민중 문화에 대해서도 할 수 있는 말이었다. 1952년에 로쿄쿠를 민중 문화로서 긍정해야 할지, 아니면 봉건적 문화로서 부정해야 할지를 둘러싼 논쟁이 일어나, 많은 지식인들이 발언했다. 그러나 논쟁에 참가한 혁신계의 로쿄쿠시浪曲師에 따르면 많은 논자들이 실제로는 로쿄쿠를 들어 본 적이 없었다고 한다. 津田清美 「浪曲家の立場から」(『歴史評論』 40号, 1952)을 참조하라.

123 中塚明 「国民と歴史学との新しい関係(一)」(『歴史評論』 122号, 1960) 19쪽.

124 石母田著作集 第14巻 378쪽. 梅田欽治 「歴史学と国民」(『歴史評論』 66号, 1955) 79쪽.

125 石母田著作集 第14巻 378쪽.

126 앞의 책 378쪽.

127 앞의 책 378쪽.

128 앞의 책 378쪽. 石母田 앞의 책 『歴史と民族の発見』 38쪽.

129 網野 앞의 논문 「『日本』をめぐって」 159쪽.

130 井上 앞의 글 「党の規律と研究の自由について」 103쪽.

131 遠山茂樹 「一九五三年度大会の欠陥は何故生れたのか」(『歴史学研究』 165号,

1953) 49쪽. 도야마는 이 논고에서 국민적 역사학 운동은 현실 정치에 대한 적극적인 참여를 목표로 했음에도 "실제로는, 외부에서 현대적 관점을 부여받고, 그것에 수동적으로 순응해 간다는 결함을 자기도 모르는 사이에 낳았다", "말하자면 객관적 정세에 완전히 기댄, 주체를 매몰시킨 무방침 상태였다"(50쪽)라고 총괄한다.

132　앞의 논문 49쪽.「東京·歷史部会の活動総括」(『歷史評論』46号, 1953) 95, 96쪽.

133　「第八回大会の方針(民科の正しい性格)を理解するために」(『歷史評論』49号, 1953에 전재) 95쪽. 梅田 앞의 논문「『国民的歷史学運動』の遺産」120쪽.

134　「一九五五年度民科歷史部会全国総会議事録 (上)」(『歷史評論』76号, 1956) 89, 88쪽. 앞의 글「一九五五年度民科歷史部会全国総会議事録 (下)」85쪽.

135　앞의 글「一九五五年度民科歷史部会全国総会議事録 (下)」85쪽. 井上 앞의 논문「党の規律と研究の自由について」103쪽.

136　梅田 앞의 논문「『国民的歷史学』運動の遺産」108쪽.

137　ねずまさし「一九五六年度の総会と大会についての所感」(『歷史学研究』198号, 1956) 51쪽. 網野 앞의 책『「日本」をめぐって』176쪽.

138　인용은 犬丸 앞의 논문「戦後歷史学の理論的成果」80쪽. 이시모다의 자기비판인「二 つの点について」는 앞의(7장)『前衛』臨時増刊『文化問題と日本共産党』에 게재되었다. 또한 1956년도 역사학연구회 총회에서 이시모다가 보인 태도는 ねず 앞의 글「一九五六年度の総会と大会についての所感」및 鈴木 앞의 글「ねず君の所感をよんで」등이 비판한다. 이시모다는 네즈의 비판에 대해 "나는 문제의 시기에 관리자를 맡지 않았고, 역연의 한 회원에 불과했으므로, 나 개인의 역연에 대한 책임은 한 회원으로서의 책임이다"라고 말했다(「ねず氏の批判に答えて」『歷史学研究』201号, 1956, 53쪽).

139　鈴木 앞의 글「ねず君の所感をよんで」52쪽.

140　井上 앞의 논문「戦後歷史学の反省と当面する課題」7, 8쪽.

141　石母田著作集 第14巻 368쪽.

142　網野 앞의 책『「日本」をめぐって』165쪽.

143　藤間生大「年輪」(石母田著作集月報3) 1쪽.

144　石母田 앞의 책『続歷史と民族の発見』128쪽.

9장 전후 교육과 민족

1　필자가 살펴본 범위로는 전후의 교육학자 및 일교조의 민족 교육론을 비판적인 각도에서 주제로 삼은 연구는 보이지 않는다. 船山謙次 앞의 책(7장)『戦後日本教育論争史』는「국민 교육 논쟁」国民教育論争과「애국심 교육 논쟁」愛国心教育論争이라는 장을 마련해서 당시의 교육 논쟁을 정리했다. 또한 大橋精夫『戦後 日本の教育思想』(明治図書出版, 1990)이나 海老原治善『新版 民主教育実践史』(三省堂, 1977) 등의 전후 교육사 개설서는

각각 전후의 '신교육' 비판 및 민족 교육론을 사실로서 열거한다. 그러나 이 책들은 기본적으로는 당시의 민족 교육론 내지 국민 교육론에 찬동하는 입장에서 쓰였으며, 전쟁 전부터의 연속성이라는 문제를 검증하지 않았다.

이에 비해 高橋史郎「日教組の教育基本法評価の変遷と臨教審」(『臨教審と教育基本法』, 『現代のエスプリ』1986, 臨時増刊号)는 일교조 및 교육학자의 「교육 기본법」 평가가 변천한 과정을 비판적으로 논한다. 그러나 다카하시 시로高橋史郎는 그때 당시 민족 교육론과의 관계를 논하지 않는다. 또한 그가 패전 후의 빈곤이라는 사회 상황을 무시하고 오로지 일교조 및 교육학자의 변절을 공격하는 것은, 매우 일방적이며 몰이해한 자세라고 하지 않을 수 없다.

전후의 좌파 교육학자와 일교조가 「교육 기본법」을 비판하고, 전쟁 전과의 미묘한 연속성 속에서 민족 교육론을 주창한 것은 역사상의 사실이다. 결론에서 보인 바와 같이 필자는 현 시점에서 헌법 및 「교육 기본법」을 옹호하는 의의를 인정하지만, 사회 상황이 전혀 달랐던 패전 직후에 좌파가 그것들을 비판했던 것은 어쩔 수 없었다고 생각한다. 그런 과거의 경위를 시대적 문맥과 함께 밝히고 비판적으로 총괄할 필요가 있다. 또한 그것을 행하지 않은 데서 다카하시 시로와 같은 우파로부터의 폭로적 비판이 대두할 여지가 생겼다고 할 수 있다. 이 책의 의도 중 하나는, 우파의 이런 역사 수정주의에 대항하면서 전후 사상을 비판적으로 재검토하는 것이다.

2   船山 앞의 책 6쪽에서 재인용. 원문은 한자·가타가나 혼용문.

3   長浜功『教育の戦争責任』(明石書店, 1984. 初版 1979) 297쪽.

4   山本 앞의 책(서장)『戦後風俗史』65～66쪽.

5   앞의 책 133쪽.

6   「『日の丸』への関心」(『朝日新聞』1950. 2. 27). 무상 배포안에 대해서는 「"日の丸"を配給」(『朝日新聞』1949. 1. 14). 일장기, 〈기미가요〉 관계의 보도는, 繁下和雄編『新聞集成 日の丸·君が代』(大空社, 1989)에 수록되어 있다.

7   伊藤 앞의 글(3장)「愛国心について」80쪽에서 재인용.

8   「祝日には国旗を」(『朝日新聞』1950. 10. 18). 「国民実践要領」은 天野全集 第4巻 수록.

9   교토학파에의 의뢰 경위는 天野全集 第4巻의 「後語」 415쪽을 참조하라. 여기서 아마노는 당시에 여론의 반발을 우려해 교토학파에게 의뢰한 것을 공표하지 않았다고 말한다.

10   船山 앞의 책 246, 248쪽.

11   宗像誠也「『国』の不当な強調」(『教育評論』1956. 4) 27쪽에서 재인용.

12   朝日新聞社編 앞의 책(2장)『声』第2巻 39쪽.

13   宗像誠也「教育基本法」(青木誠四郎·宗像誠也·細谷俊夫共編『教育科学辞典』朝倉書店, 1952). 日高六郎「新しい人間像」(岩波講座『教育』第3巻, 1952) 39, 54쪽.

14   国分一太郎「教育基本法をどう生かすか」(長田新監修『教育基本法』新評論, 1957) 282～283쪽.

15   大熊信行「平和教育と教育基本法」「平和思想の諸系譜を学べ」(『時事通信』1949.

12. 20, 1949. 12. 27). 船山 앞의 책 74쪽에서 재인용.

16 　清水幾太郎「現代文明論」(岩波講座『教育』第1卷, 岩波書店, 1952) 27쪽. 이것을 상찬한 자료로는 앞의(7장)「岩波講座『教育』をめぐって」등이 있다.

17 　上原·宗像 앞의 책(6장)『日本人の創造』102쪽.

18 　清水幾太郎「教育の思想」(佐藤忠男編『教育の思想』, 『戰後日本思想大系』第11卷, 筑摩書房, 1968에 수록) 135쪽.

19 　南原著作集 第7卷 129, 80쪽. 大塚著作集 第8卷 172쪽.

20 　예를 들어 宗像의 앞의 글「教育基本法」은 "「교육 기본법」은 뛰어넘어야 할 한 단계에 불과하다"라고 비판한다.

21 　「教科書『民主主義』対策委員会について」(『歴史学研究』139号, 1949) 57쪽. 인용은 井上·小此木·鈴木 앞의 책(7장)『現代日本の歴史』下卷 374~375쪽.

22 　『民主主義』(復刻板은 径書房, 1995) 11장을 참조하라.

23 　《矢川徳光教育学著作集》(青木書店, 1973~1974) 第3卷 36, 25, 5, 191, 210쪽.

24 　矢川徳光「民族問題と教育」(『教師の友』1952. 1) 16쪽.

25 　海後勝雄「教育における民族の問題」(『カリキュラム』1952. 10) 12쪽.

26 　高橋磌一「民族的教育への前進」(『教師の友』1952. 2) 3쪽.

27 　片岡並男「社会科の反省と歴史教育」(『教師の友』1952. 10) 9쪽.

28 　矢川 앞의 논문「民族問題と教育」16쪽. 高橋磌一「歴史教育をすすめるために」(『教師の友』1953. 10) 7쪽.

29 　井上·小此木·鈴木 앞의 책『現代日本の歴史』下卷 374쪽.

30 　《勝田守一著作集》(国土社, 1972~1974) 第2卷 19, 30쪽.

31 　上原著作集 第7卷 47쪽.

32 　우에하라는 1951년에 무나카타 세이야와의 대담에서는 일본을 "세계의 촌놈"이라고 표현하며 "일본인 한 사람 한 사람을 민족의 일원으로까지 교육하기 위해서는, 유럽인과 같은 개아個我 의식을 일본인 모두에게, 보다 구체적, 실질적으로 갖게 해야 할 것"이라고 주장한다(上原·宗像 앞의 책 136쪽). 이런 발언에서 보이듯이 당시의 지식인에게 서양화와 민족주의는 모순되지 않았다고 할 수 있다.

33 　「会談成果と要約 草案要旨」(『朝日新聞』1953. 10. 25).

34 　大嶽 앞의 책(4장)《戰後日本防衛問題資料集》第1卷 584쪽.

35 　「教師の倫理綱領」(『日教組二〇年史』労働旬報社, 1970) 1168, 1169, 1170쪽. 무엇보다 이 강령은 개인의 확립을 부정한 것이 아니라, "18세기적 개인주의는 더 이상 개인을 확립하는 길이 아니다", "개인으로서의 교사를 확립하려면, 단결로 쟁취하는 길밖에 없다"라고 강조했다.

36 　松島栄一「民族文化の創造と教育」(『教師の友』1952. 9) 17쪽.

37 　原康子作詞·小杉武治作曲〈緑の山河〉. 인용한 가사는 1절이다. 1954년 6월에는 오사카교직원조합大阪教職員組合이〈기미가요〉추방을 방침으로 삼아 화제가 되었는데, 당시

의 일교조 부위원장인 이마무라 스기今村杉가 주장한 바도 "새 국가를 제정하는 국민적 운동"을 일으키자는 것이며, 국가 그 자체를 부정하지는 않았다. 「『君が代』是か非か」(『毎日新聞』1954. 6. 24).

38　今井広史 作詞·佐々木すぐる 作曲「日本教職員組合組合歌」. 인용한 가사는 3절이다.

39　海老原 앞의 책 112쪽.

40　이하 이 대회에서의 인용은 『第一回全国教育研究大会報告書』(『教育評論』1952. 5 臨時增刊号) 539, 538, 540쪽.

41　앞의 책(7장) 『日本の教育』 第2集 469~470쪽.

42　金沢嘉一「祖国の未来に心をよせる子どもたち」(『六·三教室』1951. 10) 26쪽.

43　松島 앞의 논문 21쪽. 日本教職員組合 『日本の教育』 第9集(日本教職員組合, 1961) 319쪽.

44　高橋 앞의 논문 「歴史教育をすすめるために」 5쪽. 片岡 앞의 논문 8쪽.

45　日本教職員組合 『日本の教育』 第7集(国土社, 1958) 394~395쪽.

46　앞의 책 391, 392쪽.

47　小熊 앞의 책(2장) 『〈日本人〉の境界』 21장 참조.

48　앞의 책 『日本の教育』 第2集 459쪽. 이때의 오키나와교직원회 대표는 갼 신에이喜屋武真栄다.

49　이하 石田宇三郎「平和教育と民族教育」(『教師の友』1952. 11) 19, 17, 18쪽.

50　이하 小沢有作「民族解放の教育のために」(『生活指導』31号, 1962) 92, 94쪽.

51　石田宇三郎「国語教育の基本方向」(『教師の友』1953. 7) 32쪽. 이 시기의 국어 교육에 대한 논조는 田近洵一『戦後国語教育問題史』(大修館書店, 1991)이 정리했는데, 공산당의 민족주의 및 국민적 역사학 운동과의 관계를 보지 않고, 표준어와 지방 언어의 문제에도 주목하지 않았다. 한편으로 安田敏朗『〈国語〉と〈方言〉のあいだ』(人文書院, 1999) 3장은 전후의 표준어 교육을 둘러싼 논쟁을 다루지만, 이 책도 공산당의 민족주의나 진보계의 국민주의와의 관계를 간과하고 있으며, 이 장과는 문제의식도 검토 대상도 겹치지 않는다. 또한 야스다 도시아키安田敏朗가 다룬 것을 비롯해 전후의 표준어 교육에 대한 논고는, 滑川道夫編『国語教育史資料』第3巻(東京法令出版, 1981)이나 小林和彦·馬場俊臣編『国語教育基本論文集成 二三』(明治図書, 1993) 등에 일부가 수록되어 있다. 또한 安田 앞의 책은 민주화와 공통어 보급의 관계에 대해서는 "스스로의 말, '방언'을 업신여기지 않고 당당하게 이야기할 수 있다는 것이, 말의 '민주화'가 아닐까. 그러나 요청된 것은 '표준어'의 '민주화', '민중화'였다"라고 평한다(306쪽). 이런 입장에는 공감하지만, 무엇을 민주화 내지 민주주의로 간주하는지는 사상적인 문제다. 본문에서도 썼듯이 당시의 교육자들은 전국적인 자유 토론을 가능케 하는 공통어 보급이야말로 민주화라고 주장했다. 필자는 민주주의의 사상적 검토를 빼놓고는 이 문제에 대한 평가가 불가능하다고 생각한다.

52　スターリン「マルクス主義と言語学の諸問題」205, 204쪽. 田中 앞의 책(8장) 『ス

ターリン言語学」精読』수록분에서 인용.

53 石田 앞의 논문「国語教育の基本方向」21쪽.

54 国分一太郎「国語教育の今日的課題」(『教師の友』1952. 2) 9쪽.

55 蔵原惟人「今日における言語の問題」(『文学』1951. 2) 52쪽. 구라하라의 논고는 다카쿠라 데루에 대한 비판으로 쓰인 것이며 田中克彦『「スターリン言語学」精読』(岩波現代文庫, 2000)에서도 언급된다. 단, 다나카는 당시 공산당과 민족주의의 관계를 보지 않고, 구라하라를 단순한 "언어적 보수주의자"로 간주해 버린다.

56 国分 앞의 논문 7쪽.

57 国分一太郎「国語科」(岩波講座『教育』第5巻, 岩波書店, 1952) 17쪽.

58 荒木繁「民族教育としての古典教育」(『日本文学』1953. 11) 7쪽.

59 이 대회의 모습은 日本文学協会編『日本文学の伝統と創造』(岩波書店, 1953) 참조. 이 시기의 문학론의 동향에 대해서는 佐藤泉「教科書的文学史の出自」(『現代思想』2001. 7)가 약간 언급한다.

60 水野清「中等国語教科書の批判」(『文学』1948. 6) 27, 28〜29쪽.

61 水野清「新国語教育論の回顧と展望」(『文学』1951. 3) 35쪽.

62 각각 久米常民「カリキュラムの反省」(『国語と国文学』1951. 7) 36쪽, 및 市川孝「中学校における文法学習指導の反省」(『国語と国文学』1951. 7) 57쪽에서 재인용.

63 土岐善麿「日本における言語改革の問題」(『文学』1952. 12) 46〜47쪽.

64 滑川編 앞의 자료집 634, 638, 645, 647쪽.

65 水野清「スターリンと国語教育」(『日本文学』1953. 5) 36쪽.

66 日本教職員組合編『日本の教育』第6集(国土社, 1957) 42쪽.

67 日本教職員組合編『日本の教育』第3集 VII(国土社, 1954) 70, 71, 72쪽.

68 日本教職員組合編『日本の教育』第4集(国土社, 1955) 379, 380쪽. 같은 편자 第5集(国土社, 1956) 280쪽.

69 앞의 책『日本の教育』第7集, 33쪽. 같은 책 第4集 380쪽. 1958년 제7차 교연 집회에서는 "방언으로 말하는 것을 표준어로 말하도록 고치는 것은, 진실한 표현을 저해하지 않을까"라는 의견이 나왔지만 토의의 결과로 "악센트 등은 어느 정도 불충분하더라도, 표준어로 이야기하는 것을 목표로 삼지 않으면 안 된다, 라는 결론"이 되었다(第7集 50쪽).

70 극작가 기노시타 준지가 규슈의 지방 언어를 기반으로 일종의 공통 방언을 작성하여 민화극에 사용했던 것을 그 실천의 예로 생각할 수 있지만, 이것은 공통어의 창출로 간주되지는 않았다. 앞에서 말한 오쿠보 다다토시의 의견은 "학자 중에는 공통어(혹은 표준어)에 방언의 좋은 요소를 도입하자고 주장하는 자도 있는데, 어느 방언의 어느 절, 어느 말·어법·발음이라고, 구체적으로 거론하는 것을 본 적이 없다"라고 말한 뒤에 "오늘날 존재하는 공통어를 무시하고, 완전히 새로운 것"을 지향하는 논의에 "스탈린은 '야만인'이라는 딱지를 붙였다"라고 비판했다(滑川編 앞의 자료집 645쪽).

71 矢川著作集 第3巻 143쪽.

72   国分 앞의 논문 「国語科」 17쪽.

73   沖縄教職員会第三次教研中央集会研究集録 『第一集』(『沖縄教育』 5号, 1957) 40쪽. 전후 오키나와에서의 표준어 보급에 대해서는, 小熊 앞의 책 『〈日本人〉の境界』 22장을 참조하라.

74   梅根悟 「愛国心工作と生活教育」(『カリキュラム』 1953. 10) 38쪽.

75   앞의 논문 35쪽.

76   앞의 글 「岩波講座 『教育』をめぐって」 28쪽.

77   위의 글 28쪽. 石田 앞의 논문 「国語教育の基本的方向」 29쪽.

78   앞의 글 「岩波講座 『教育』をめぐって」 21, 22쪽.

79   矢川徳光 「『戦時教養問答』について」(『青少年指導』 1942. 3). 長浜 앞의 책 『教育の戦争責任』 249쪽에서 재인용. 이하 전시 중 교육학자들의 논조는 이 나가하마長浜의 노작에 전면적으로 의거한다. 단, 나가하마는 전후 언론과의 연속성에는 주목하지 않으며, 전후에는 이 교육학자들이 "민주주의라는 버스로 갈아탔다"라고 위치 짓는다(33쪽).

80   矢川徳光 「民族問題と教育」(『教師の友』 1952. 1) 15쪽.

81   矢川 앞의 논문 「戦時教養問答」について」. 長浜 앞의 책 249쪽에서 재인용.

82   長浜 앞의 책 248쪽.

83   海後勝雄 『東亜民族教育論』(朝倉書店, 1942) 7쪽. 海後 앞의 논문 12쪽.

84   海後宗臣 『大東亜戦争と教育』(文部省教学部, 1942). 長浜 앞의 책 142쪽에서 재인용.

85   宮原誠一 『少国民の生活文化』(1943). 長浜 앞의 책 203쪽에서 재인용. 宮原誠一・飯塚浩二・羽仁説子・遠山茂樹・宗像誠也・川崎俊男・玉城肇 「復活する愛国教育」(『改造』 1953. 11) 99쪽.

86   宗像誠也 「臨戦態勢と教育体制」(1941). 長浜 앞의 책 218쪽에서 재인용. 上原・宗像 앞의 책 『日本人の創造』.

87   海後勝雄 『教育技術論』(賢文館, 1939). 長浜 앞의 책 125쪽에서 재인용.

88   이하 宗像 앞의 책(1장) 『私の教育宣言』 181, 182, 183, 185, 187쪽.

89   長浜 앞의 책 230, 180쪽 참조.

90   矢川徳光 「指導と原則」(『文化問題と日本共産党』, 앞의 책(7장) 『前衛』 臨時増刊号) 71쪽.

91   長浜 앞의 책 220쪽. 무나카타는 1958년에 출판한 앞의 책 『私の教育宣言』에서 자신이 전쟁에 협력한 경위를 밝히면서, 오쿠마 노부유키와 요시모토 다카아키의 전쟁 책임에 관한 평론에서 받은 자극이 과거를 공표하는 동기가 되었다고 쓴다.

92   百武福寿 「三十年ぶり, 教え子の同級会に欠席」(『読売新聞』 1975. 9. 15). 長浜 앞의 책 22쪽에서 재인용.

93   海老原 앞의 책 5~6쪽.

94   梅根悟 『国民教育の新体制』(河出書房, 1941). 長浜 앞의 책 107쪽에서 재인용.

95　梅根 앞의 논문 「愛国心工作と生活教育」 38쪽.

96　宗像 앞의 책 『私の教育宣言』 123〜124쪽.

97　高橋 앞의 논문 「歴史教育をすすめるために」 7쪽.

98　矢川 앞의 논문 「民族問題と教育」 8쪽. 松島 앞의 논문 「民族文化の創造と教育」 20, 21쪽.

99　金沢 앞의 논문 30, 25쪽.

100　宗像 앞의 논문 「『国』の不当な強調」 30쪽. 小林武 「荒木文相の見解におこたえする」(『朝日新聞』 1960. 10. 2).

101　森昭 「日本の自立と教育」(『カリキュラム』 1952. 1) 27쪽.

102　伊藤忠彦 「民族教育の課題②」(『教育評論』 1957. 7) 25쪽.

103　勝田著作集 第2巻 233, 236쪽.

104　加藤 앞의 글(서장) 「松山の印象」 185, 186쪽.

105　앞의 책 『日本の教育』 第7集 636쪽.

106　宗像는 앞의 책 『私の教育宣言』 155쪽에서 "입학시험은, 내 생각으로는 교육 문제가 아니라 경제 문제이므로, 취직난이 있는 한 교육의 내부에서 어떻게 하더라도 해결될 리가 없다"라고 말한다.

10장 피로 물든 민족주의의 기억

1　다케우치 요시미를 논한 단행본으로는, 松本健一가 『竹内好論』(第三文明社, 1975) 및 『竹内好「日本のアジア主義」精読』(岩波書店, 2000年) 등에서 논한 외에, 菅孝行 『竹内好論』(三一書房, 1976), 中川幾郎 『竹内好の文学と思想』(オリジン出版センター, 1985), 鶴見俊輔 『竹内好』(リブロポート, 1995), 岡山麻子 『竹内好の文学精神』(論創社, 2002) 등이 있다. 또한 저작의 일부에서 다케우치를 논한 최근의 연구로는 都築 앞의 책(서장) 『戦後日本の知識人』, 米原 앞의 책(2장) 『日本的「近代」への問い』, 로렌스 올슨 『アンビヴァレント・モダーンズ』(黒川創譯, 新宿書房, 1997), 島田洋一 「竹内好」(岡本幸治 編 『近代日本のアジア観』, ミネルヴァ書房, 1998), 孫歌 『アジアを語ることのジレンマ』(岩波書店, 2002) 등이 있으며, 또한 논문으로는 米田利昭 「竹内好『日本イデオロギイ』と『国民文学論』」(『日本文学』 第31巻 10号, 1982), 松本三之介 「戦後思想と竹内好」(『世界』 448号, 1983), 林叢 「竹内好と魯迅」(『比較文学』 34号, 1991), 三宅芳夫 「竹内好における『近代』と『近代主義』」(『ライブラリ相関社会科学』 5, 新世社, 1998), 今井駿 「竹内好の中国論について」(『人文論集』 第46巻 1号, 1995) 등이 있다.

국민 문학 논쟁에 대해서는, 臼井吉見編 앞의 책(5장) 『戦後文学論争』 下巻에 주요한 관계 논문이 수록되어 있으며, 그 밖에 다케우치가 논쟁에 관해 연 좌담회가 『国民文学論争の行方』(《竹内好談論集》 第1巻, 蘭花堂, 1985)에 정리되어 있다. 우스이臼井와는 다른 각도에서 국민 문학 논쟁에 관련된 문헌을 모은 것으로는 民主主義科学者協会芸術部会編『国民文学論』(厚文社, 1955)이 있다. 국민 문학 논쟁에 대해서는 위의 다케우치 연구들이 거의 전부 언급하는데, 그 밖에 本多 앞의 책(2장)『物語戦後文学史』中巻이나 臼井吉見『近代文学論争』下巻(筑摩書房, 1975) 등도 논한다.

다케우치에 대한 평가는 그 민족주의적인 측면을 강조한 '전후 민주주의=근대주의'에 대한 비판자로 위치 짓는 논자(마쓰모토 겐이치松本健一 등)와, 마루야마 마사오 등과 함께 넓은 의미의 시민파로 위치 짓는 논자(쓰즈키 쓰토무 등)가 있다. 그러나 이 책 전체에서 밝히듯이 전후 민주주의자이며 시민파라는 사실과, 민족주의자라는 사실은 모순되지 않는다. 또한 이제까지의 많은 연구는 다케우치가 선험적으로 민족주의자라고 규정하고 그가 말하는 민족이나 근대주의의 내용 속으로 들어가서 검증을 행하지는 않았다. 게다가 위와 같은 검증에 기반을 두고, 국민 문학 논쟁에서 소통 오류가 벌어진 모습을 밝힌 연구는 보이지 않는다.

또한 많은 연구는 다케우치가 침묵하는 종군 시대에 충분한 주의를 기울이지 않았다고 생각된다. 마루야마 마사오의 경우도 그렇지만 많은 전후 지식인들은 전쟁 체험에 대해서, 특히나 가장 상흔이 된 종군 시절에 대해 많은 것을 이야기하지 않는다. 그러나 필자는 이 침묵이야말로 그들에게 있어서 전쟁 체험의 무게를 의미한다고 생각한다. 그 점에서는 쓰루미 슌스케의 『竹内好』도 다케우치의 전쟁 체험에 대한 평가가 불충분하다고 생각된다. 단, 쓰루미가 다케우치의 소년 시절에서 우등생 의식에 주목한 것은 쓰루미다운 탁견이며, 이 장에서도 이 견해를 기본적으로 답습한다.

또한 이 장에서도 논했듯이 다케우치의 중국론이나 근대론에는 자기 동일성이나 타자 표상의 문제가 논해진다. 이것은 다케우치 자신의 문제의식의 발로임과 동시에, 전쟁 중에 '세계사의 철학'의 근대 비판에 경도되었던 그가, 근대적인 동일성을 비판하는 철학을 흡수함으로써 가능해졌다. 다케우치가 이런 철학적 소양을 기반으로 해서 전개한 논의는, 지금까지의 연구에서 충분히 음미되지 않았다.

그에 비해 리처드 캘리크먼Richard F. Calichman의 「竹内好における抵抗の問題」(『現代思想』2001. 7)는 다케우치에게 보이는 동일성 비판이나 타자 표상에 대한 회의를 포스트 콜로니얼post colonial 비평의 입장에서 논한다. 그렇지만 다케우치가 근대 비판의 철학에서 영향을 받은 부분을 포스트 콜로니얼 비평의 근대 비판 이론으로 논한다는 것은 그 자체로는 일종의 동어 반복일 수밖에 없다. 이 장은 그것과는 달리 다케우치가 유소년기나 전쟁 체험에서 얻은 원原사상에 해당하는 부분과 세계사의 철학에서 영향받은 근대 비판의 부분이 어떤 관계인지를 검증했다.

2   松本健一「『血ぬられた民族主義』の意味」(『戦後世代の風景』第三文明社, 1980) 256쪽. 그러나 松本는「理念としての近代」(『歴史という闇』第三文明社, 1975) 237쪽에서는 근대주의자일 터인 오쓰카 히사오와 근대 비판자일 터인 다케우치가 대담(「歴史のなかのアジア」1968)에서 의기투합한 것을 평하여, "그들은 대극에 위치하는 것으로 보이면서도, 실은 영구 혁명을 지향하는 점은, 거의 분명하다", "이 두 가지 영구 혁명 지향은 궁극적으로는 상통한다고 생각된다. 어디라고 명확히 지적할 수는 없지만, 그것은 계몽자로서의 그들

이 혁명(근대)의 모습을 이념으로서 이야기해 밝히는 것을, 스스로 거부하기 때문이다"라고 말한다. 이 지적에 필자 나름대로 부연하면, 오쓰카가 근대라고 부른 것과 다케우치가 영원의 혁명이라고 부른 것은 실은 동일하며 기존의 언어 체계에서는 표현하기 곤란했다는 이야기가 될 것이다. 마쓰모토의 이런 시점은 이 장에서의 필자와 그리 다르지 않다고 생각되지만, 그렇다면 다케우치가 '전후 민주주의=근대주의'를 비판했다는 평가는 부적절하지 않을까.

3 『竹内好全集』(筑摩書房, 1980~1981) 第9卷 220쪽.

4 竹内全集 第13卷 7, 8쪽. 이하 이 전집에서의 인용은 권 호와 쪽수를 본문에 직접 표기한다.

5 飯倉照平「竹内好と武田泰淳」(『朝日ジャーナル』1972. 1. 24).

6 本多 앞의 책 中卷 250쪽. 또한 혼다는 1943년의 『魯迅』에서 국사일 터인 다케우치가 문학 무력설을 주장한 것에 어리둥절하여, "180도의 전회轉回라고 불러야 할 것이다. 어째서 그런 것이 일어났는가"라고 말한다(262쪽). 그러나 이 장에서 검증했듯이 『魯迅』에서의 다케우치 사상은 위다푸론에서 연장되었다.

7 『武田泰淳全集』(筑摩書房, 1971~1973) 第16卷 87쪽.

8 本多 앞의 책 中卷 252쪽에서 재인용.

9 竹内全集 第14卷 50쪽. 다케우치에 따르면 위다푸는 자기를 강하게 주장하는 개인주의 문학을 중국에 가져온 문학가였다. 강연 사건 직후인 1937년 1월에 공표된 「郁達夫覚書」에서 다케우치는 졸업 논문을 쓰던 시점에서 높이 평가했던 위다푸의 농민 문학 제창 등을 "임시방편으로 급히 메우는 거짓의 비참함을 누구보다도 뼈저리게 혐오한 것은 그의 예지叡智였다"라고 평하며, "민중을 사랑했지만, 정치에서 이반하는 방법으로 사랑한 것이어서, 민중의 우매함에는 견딜 수 없었다", "넓음에서 루쉰에게 지며, 깊이에서 이긴다"라고 위다푸를 표현했다(第14卷 58, 61쪽).

10 이하의 경위는 竹内全集 第17卷의 연보와 「郭沫若氏のこと」(全集 第13卷) 및 「中国と私」(全集 第13卷)을 참조하라.

11 후에 「中国のレジスタンス」로 개제. 이 장에서는 원칙적으로 처음 출간되었을 때의 제목을 표기한다. 일본의 아편 정책에 대해서는 江口圭一 『日中アヘン戦争』(岩波新書, 1988)을 참조하라.

12 또한 이 선언은 『中国文学』1942年 新年号에 게재되었는데, 같은 호에 베이징 유학에서 등불이 사라져 버렸다고 말한 앞의 글 「支那を書くということ」 역시 게재된 점도 함께 생각할 필요가 있을 것이다. 本多秋五는 앞의 책 『物語戦後文学史』에서 "두 번째 중국 여행 이래의, 쌓일 만큼 쌓인 울정鬱情이 여기서 돌연히 배출구를 찾아냈음에 틀림없다"라고 말하는데(中卷 257쪽), 이 견해에 필자도 찬동한다.

13 清水著作集 第14卷 16쪽. 竹内全集 第8卷 27~28쪽.

14 竹内全集 第14卷 380쪽, 297쪽. 또한 이런 지나학자에 대한 반발은 도쿄제대 지나문학과에 대한 비판의식과도 관계된 것 같다. 이 시기 다케우치의 논고에서는 "시류에의 영합을 장사로 하는 한학 선생"을 비난하며, "전쟁을 행하는 결의에 지지 않도록, 깨끗한 행동을 하고

싶다"라고 말한 글이 산견된다(14卷 303쪽).

15   대동아 문학자 대회에 대해서는, 尾崎秀樹 『近代文学の傷痕』(岩波書店同時代ライ ブラリー, 1991. 初版 1963)을 참조하라.

16   다케우치가 약간 자각하며 위장 저항을 했다고 회상하는 것은 1943년 7월의 「支那学 研究者の道」이다. 여기서 다케우치는 북지나北支那 파견군의 소책자인 『国民政府参戦と 支那派遣軍将兵』과 기타 잇키北一輝의 『支那革命外史』를 인용하면서, 일본의 지나 연구자 를 비판한다. 위의 소책자에는 전쟁 시기 중일 융화론의 입장에서 "단지 일본인이라는 잘못된 우월감"을 비판한 문언이 있으며, 다케우치는 이것을 인용한다(14卷 477쪽). 이 사실에 대해 다케우치는 1975년의 「わが回想」에서 "기타[기타 잇키]를 추켜세우면 군도 아무 말도 하지 않으니까, 기타를 추켜세운 것입니다. 마침 북지군의 포고가 나왔어요. 북지 파견군의 누군가 가 병사들에게 훈령을 내리고 있는 것입니다. 지나와 사이좋게 지내라던지 말이죠. 그것을 빌 려서 쓴 듯한 기억이 있습니다"라고 말하며, 자각적인 위장 저항이었던 점을 인정한다(13卷 263쪽). 이 회상은 당시의 다케우치가 기타 잇키의 저작에 심취했던 것이 아니라, 단지 추켜 세울 대상으로 간주했음을 엿보게 한다.

17   앞의 책(2장)『世界史的立場と日本』 338쪽.

18   1975년의 「わが回想」에 따르면 교토학파를 알게 된 계기는 『中央公論』1942년 1月号 의 「세계사의 철학」 제1회 좌담회이며 그 전까지는 관심이 없었다고 한다. 마침 「大東亜戦争 と吾等の決意」를 쓰던 시기이며, 다케우치가 이 좌담회에서 자기의 심정을 표현하는 데 이 용 가능한 철학적 언어를 찾아냈음을 엿볼 수 있다. 그 이후로 좌담회 멤버와 니시다 기타로 의 책을 읽어 가며 "한때 열광했지만, 그것은 지극히 짧은 기간이며, 1년 정도 되었던가 아닌 가. 점점 이것은 역시 입만 살아 있는 놈들이라는 듯한 느낌을 받았습니다"라고 한다(第13卷 263쪽). 그러나 교토학파의 철학적 영향은 그 후의 다케우치 사상에도 그림자를 드리웠다고 할 수 있다.

19   엄밀히 말하면 다케우치가 '세계사의 철학'에서 흡수한 것은, 외부의 타자를 자기의 보 완물로 표상하는 것은 일종의 자기 보전이라는, 근대적 동일성을 비판하는 부분이 주가 된다. 반면에 헤겔 철학이나 마르크스주의가 세계에 대한 노동의 작용을 중시했음에 비해서, 다케 우치가 이 부분을 흡수한 것 같지는 않다. 그가 학생 시절부터 마르크스주의의 문헌을 읽는 독서회에 참가했던 사실을 생각하면, 다케우치는 학생 시절과 전시의 두 번에 걸쳐서 그런 노 동관을 자기의 사상에 집어넣기를 아마도 반쯤은 무의식적으로 거부했다고 할 수 있다. 이 장 에서 말했듯이 그의 사상은 무척 내향적으로, 타자와의 관계 구축은 타자의 고통이 자기의 고 통인 경우에 한정된다. 그런 의미에서 말하면 다케우치는 세계사의 철학으로 촉발된 형태로 서 자기의 종래 사상을 표현했으며, 전면적으로 영향을 받았다고 하기는 어려울 것이다.

20   竹内全集 第17卷의 연보 303쪽. 1944년 6월에는 중국군과 교전했는데, 다케우치 자 신은 "적은 죽이지 않았다"라고 말한다. 하지만 그가 전장에서 민간인과 어떤 관계를 가졌는 지는 명확하지 않다.

21   武田泰淳 「戦争と私」(『朝日新聞』 1967. 8. 15 夕刊). 武田全集 第18卷 282~284쪽.

첫머리에 탈주에 대한 언급이 있는데, 이런 전쟁 기억의 토양에서 1967년 11월 '베헤렌'의 탈주병 원조 활동이 공표된다. 16장을 참조하라.

22   武田全集 第11卷 5, 4쪽.

23   丸山·竹内·開高 앞의 글(5장)「議事プログラムからの脱出」 36쪽.

24   竹内全集 第15卷 436쪽. 竹内全集 第17卷의 연표 및 마루야마의 다케우치 추도문「好(ハオ)さんとのつきあい」(丸山集 第10卷)에 따르면, 다케우치와 마루야마는 1947년 9월 30일의 동양문화연구소東洋文化研究所에서 처음으로 만났고, 마루야마가 이즈카 고지 飯塚浩二의 소개로 다케우치에게 쑨원의 자료를 빌린 것에서 비롯되었다. 이때 마루야마가 "'지나'支那라는 한자를 쓰는 것은 별도로 해도, 시나라고 부르는 것 자체는 멸칭은 아니다. 지금도 영어로 차이나China, 프랑스어로 신Chine이라고 말하듯이, 일본어로 시나라고 말하는 것이 무엇이 나쁜가"라고 발언하여, 다케우치와 논의를 나누었다고 한다. 마루야마에 따르면 "전후 갑자기 '지나'라고 부르면 안 된다, '중국'이라고 부르자, 라고 다들 말하기 시작했는데, 하지만 나의 성격상 하룻밤 사이에 태도를 바꾸는 것이 싫은 겁니다"라는 데서부터 이 논쟁이 시작되었다(丸山集 第10卷 350쪽).
다케우치 등 중국문학연구회는 전쟁 전부터 지나라는 호칭을 중국인들이 싫어했음을 알고 있었고, 중국문학연구회라는 호칭을 썼다. 다케우치는 후에 "아마 중국이라는 이름을 잡지명으로 한 것은, 일본에서는『中国文学月報』가 처음일 것입니다"라고 말한다(竹内全集 第13卷 213쪽). 그런 까닭에 중국 측에서『中国文学月報』는 매우 평판이 좋았다고 한다. 마루야마는 이런 경위를 나중에 알고, "하오 씨(다케우치 요시미) 등이 전쟁 전부터 '중국문학연구회'라고, 일부러 '중국'이라는 표현을 썼던 사실을 알았더라면, 아마도 그런 논의는 하지 않았을 텐데……. '중국'이라고 부르는 것도 하오 씨의 의견에 따른 것 중의 하나입니다"라고 말한다 (丸山集 第10卷 350쪽).
단, 다케우치 역시 패전 후에 일본 측이 일제히 '중국'을 사용하기 시작한 데 분노해, 1946년 8월「覚書」에서는 "전쟁 중에는 지나라고 부르고, 패전 후에는 중국이라고 부르고, 그것도 그 이유를 발표하지 않고, 지나라는 말이 상대를 모멸했던 것을 인정하는가 하지 않는가, 상대가 모멸을 느낀 것이 자기의 고통인가 아닌가, 모멸한 것을 나쁘다고 생각하는가 하지 않는가, 그런 근본적으로 중요한 문제들을 말을 바꾸는 것으로 덮어 버리려는 저널리즘"의 전쟁 책임을 묻는다(13卷 101쪽). 또한 1946년 9월에『魯迅』의 2쇄를 출판하면서, 출판사가 무단으로 본문의 지나를 중국으로 고친 것에 항의했지만, "이미 교정이 끝났으니 되돌리지 말아 달라"라고 해서 단념했다고 한다(17卷 304쪽). 이런 경위가 있는 이상, 다케우치는 처음으로 만난 마루야마가 위와 같은 논의를 걸어 온 데에 오히려 호감을 가졌을 것이다.
또한 다케우치는 1940년의「支那と中国」(全集 第14卷)에서 이제까지 의도적으로 사용했던 중국이라는 호칭을 그만두고 앞으로는 지나를 채용한다고 선언하며, "지금은 나 자신이 스스로의 작업을 중국 문학이라 부르고 싶지 않다"라고 말한다. 아마도 베이징 유학 시에 일본의 마약 판매를 알면서도 항의하지 못했던 회한에서부터, 본문 중에 인용했듯이 "나도, 꽤나 후안무치한 놈들과 지금은 가까워졌다"라는 인식에 이른 까닭에 "스스로의 작업을 중국 문학이

라 부르고 싶지 않다"라는 심경에 도달한 것이라 추측된다. 그렇다면 전후에 다시 중국을 사용한 사실은, 다케우치 나름의 결의를 거친 것이라고 생각된다.

25   다케우치가 초청을 거절한 것은, 전시 중에 도쿄제대에 맡겼던 장서가 잘 관리되지 않아 여기저기로 흩어져 없어진 데 대해 그가 화를 낸 것도 한 원인이었다고 한다. 다케우치는 이 문제로 도쿄대학을 고소할지 진지하게 생각했다고 한다. 도쿄대학에의 항의서인 「東大に委託の書籍について訴える」는 全集 第13卷에 수록되었다.

26   竹內全集 第17卷의 年譜를 참조하라.

27   竹內全集 第15卷 403, 436쪽. 또한 다케우치는 1946년 10월 5일의 일기에는 『近代文學』의 아라, 사사키, 하니야의 세 사람과 만난 감상으로 "다들 젊다", "그들이 별 볼 일 없다는 것은 알았다"라고 쓴다. 아라 마사히토가 보낸 다섯 권의 『近代文學』를 읽은 감상은, "고바야시 히데오의 좌담회 재밌다"였다. 한편으로 나카노 시게하루의 『五勺の酒』은 전향과 전쟁 체험을 바탕으로 한 것으로서 높이 평가한다(15卷 433, 434쪽).

28   竹內全集 第4卷 14쪽. 다케우치는 이것을 존 듀이의 설이라고 하는데, 실질적으로는 다케우치의 주장으로서 인용했다.

29   竹內全集 第7卷 8쪽. 1948년 7월 「中国文学の政治的性格」에서 인용했다. 어떤 의미에서 흥미롭게도 패전 직후의 다케우치는 시민이라는 말을 긍정적으로 사용한다. 위의 인용 외에도, 1949년 5월의 「中国人の抗戦意識と日本人の道徳意識」에서는 일본의 마야 상인을 "국민으로서 행동했다"라고 비판한 뒤, 전전의 일본에서는 "모든 도덕의 근원은 국가에 있었다. 그리고 국가는 신神인 한 사람으로부터 나왔다. 애국이라는 암시를 주면, 그들은 어떤 짓이라도 하고, 그것을 선이라고 확신했다. 거기에는 시민 사회적 윤리감인 휴머니즘이 빠져 있었다", "거울에 비친 자기의 야만성을, 눈을 돌리지 말고 바라보고, 그 밑바닥에서부터 자력으로 기사회생의 계기를 움켜쥐지 않으면…… 우리의 자손이 세계 시민에 가담하기를 바랄 수 없을 것이다"라고 쓴다(4卷 34, 35, 41쪽). 또한 국민 문학 논쟁에서도 국민 문학이란 일종의 이상이며 "완전한 시민 사회와 마찬가지로, 실현이 곤란한 상태다"라고 말했다(7卷 47쪽).

국민 문학 논쟁에서의 근대주의라는 말의 사용법에서도 보이듯이, 다케우치는 용어의 정의가 그다지 엄밀하지 않다. 1948년의 「中国の近代と日本の近代」에서는, 근대 이전의 시대를 논할 때도 "명明의 시민 문학"이라는 표현을 쓴다(4卷 129쪽).

하지만 전체적으로 보면, 1946년부터 1950년경까지의 다케우치는 시민이라는 말을 긍정해야 할 근대적 국민의 동의어로 사용했다고 보아도 좋을 것이다. 이것은 동시기의 마루야마 마사오가 시민을 기피하고 국민, 공민을 긍정적으로 사용했던 것과는 대조적이다(6장 참조). 사상사 연구자였던 마루야마 쪽이 다케우치보다 동시대의 마르크스주의계 문헌을 아마도 많이 읽었을 것이며, 또한 용어의 정의에 엄밀했기 때문에 이런 차이가 생겼다고 생각된다. 그리고 국민 문학 논쟁 이후로는 다케우치의 논조 속에 민족의 사용 빈도가 높아지고, 1953년에는 "일본이 실질적으로 근대적 국민 국가가 아니기 때문이다"라는 표현도 보인다(7卷 256쪽). 그리고 12장에서 보듯이 1960년 안보 투쟁 후에는 시민이라는 말에 위화감을 표명한다. 반대로

이 시기 전후부터 마루야마가 시민을 긍정적으로 사용한다.

이런 다케우치의 변천은 스스로에게는 자각되지 않은 채로 진행되었던 것 같은데, 그의 근본적인 사상에는 그다지 변화가 없으며, 표현의 변화에 불과하다고 생각된다. 여하튼간에 다케우치가 단순한 민족주의자가 아니었다는 점, 다케우치=근대 비판자라는 정형이 부적절하다는 것은, 위와 같은 근대 시민의 용례에서도 분명할 것이다.

또한 마루야마는 앞에서 든 「好さんとのつきあい」에서 "보통 하오 씨를 내셔널리스트라고 말하겠지요. 나는 **그것만**을 말하는 것에는, 조금 저항을 느낍니다. 20년 이상 교제하면서, 하오 씨에게는 감각으로서 코즈모폴리터니즘이 있다고 피부로 느낍니다."라고 말한다. 마루야마는 여기서 "자기가 지금 서 있는 **여기**가 곧 세계이다. 세계라는 것은 일본의 '밖'에 있는 것이 아니다. 라는 것이 진짜 세계주의입니다"라고 말하며, 다케우치가 내셔널리스트라는 것과 코즈모폴리턴이라는 것은 모순되지 않는다고 주장한다(丸山集 10卷 359～360쪽). 이 감각은 16장에서 후술하는 쓰루미 슌스케와도 가까우며, 다케우치의 내셔널리즘과 코즈모폴리터니즘이 표현 형태의 차이에 불과함을 시사한다.

30　竹内全集 第7卷 10쪽. 다케우치는 여기에 이어서 "이런 말이 가능해지는 것은, 말이 주술적 사용에서 해방되었기 때문이다"라고 말한다(7卷 10쪽). 아마도 이것은 쓰루미 슌스케의 1946년 논고「言葉のお守り的使用法について」(16장 참조)를 바탕으로 한 것이리라.

31　竹内全集 第4卷 15쪽. 1949년 9월의「日本人の中国観」에서 인용했다. 이 기술은 다케우치가 전시 중에 경도되었던 세계사의 철학의 은어jargon인 모랄리슈 에네르기moralisch energie(윤리적인 에너지-옮긴이)에서 파생했다고 생각된다. 단「中国人の抗戦意識と日本人の道徳意識」에서는 "전쟁 중에 '모랄리슈 에네르기'를 주창한 일본의 어용학자"를 비판한다(4卷 36쪽).

32　竹内全集 第13卷 82, 78쪽. 이 회상기「屈辱の事件」에서 다케우치는 당번 사관이「군인 칙유」의 '이례적인 읽기법'을 한 것을 기록한다. 그것은 "우리나라의 위세에 기울어짐이 있으면, 너희들은 이 근심을 짐과 함께하라"라는 부분을 강조한 것이었다. 다케우치는 "이것은 나에게 쇼크였다. 단순한 수사라고 아무렇지 않게 읽으며 지나쳤던 칙유에, 이 긴박한 표현이 포함되었던 사실을 알고, 메이지의 정신을 다시금 되돌아본 듯한 느낌이 들었다"라고 말한다. 또한 이 뒤에 다케우치는 "이 장교가 몰래 나에게 '민주주의란 무엇인가'라고 물어왔을 때, 나는 유쾌해졌다. 나는「오개조 어서문」을 인용하며, 스스로에게도 분명하지 않은 민주주의의 정의를 설명해 주었다"라고 쓴다 (13卷 85쪽).

鶴見 앞의 책『竹内好』는 이런 다케우치의 메이지 발견에 주목하는데, 패전 직후에 메이지를 상기하거나「오개조 어서문」을 끌어와서 민주주의를 해설하는 일이 많았음은 3장에서 말한 대로이며, 다케우치만의 특이한 점은 아니다. 오히려 여기서는 '12월 8일' 영유의 경우와 마찬가지로,「교육 칙어」나「오개조 어서문」이라는 지배자 측의 텍스트로부터 적극적인 해석을 끌어낸 논리에 주목하고 싶다. 이런 방법론이 일본 낭만파나 도조 혹은 태평양 전쟁에서 긍정적인 면을 끌어낸다는 자세로 이어진다.

33　물론 이것은 일개 추측이며, 명확한 근거는 없다. 전후에『中国文学』를 복간시킨 치다

구이치千田九一는 1943년의『中国文学』終刊号에 "다케우치는 왜, 어떤 이유로, 잡지를 폐간할 생각을 했는가. 이것이 진짜 문제이지만, 알 수 없다. 알 수 있는 문제이겠나"라고 말한다(本多 앞의 책 中卷 260쪽에서 재인용).

34 「権力と芸術」(全集 第7卷) 170쪽. 이 논문은 국민 문학 논쟁에서 노마 히로시와 문학의 자율성 문제를 논의하고 "이때의 응수를 발판으로 해서 발전시킨" 것이라고 한다. 또한 "이원고를 쓰는 데 구노 오사무, 마루야마 마사오, 오다기리 히데오, 쓰루미 슌스케의 도움을 받았다"라고 썼다(全集 第7卷 461쪽). 내용을 보면 1948년 다케우치의 생각이, 마루야마나 구노의 영향을 받으며 보다 다듬어진 것인데, 천황제를 중심으로 한 근대 일본을 "고대적인 것이나 중세적인 것을 포함한 특수한 근대"라고 규정하고, 공산주의와 파시즘을 "새로운 중세"라고 부르는 점이 흥미롭다(7卷 153, 147쪽).

35 丸山集 第10卷 360쪽. 다케우치의 추도문인「好さんとのつきあい」에서 마루야마가 다케우치의 영향을 받아 일본과 중국의 근대화에 대한 평가를 변경한 것에 대해서는, 7장의 주 36을 참조하라. 또한 마루야마의 1960년 논문「忠誠と反逆」의 모티프는 봉건사상에서 근대화의 싹을 손에 넣는다는 것인데, 이것은 다케우치가 1948년에 주장한 도조로부터 저항의 싹을 손에 넣는다는 사상과 유사하다. 나아가 현실이 소여의 실체로서 생각된다는 1948년 다케우치의 주장이, 마루야마의 1952년 논문「『現実』主義の陥穽」에 영향을 주었을 가능성도 생각할 수 있다.

36 竹内全集 第13卷 260쪽. 1975년의「わが回想」에서. 다케우치는 1959년 논문「近代の超克」에서 '일본 낭만파'를 논하기는 했지만, 그 사상에 공감한다기보다는 동시대의 문단에서 일본 낭만파가 어떤 존재로 생각되었는가를 분석했다.
또한 이 논문「近代の超克」에서는 1942년 '근대의 초극' 좌담회를 게재한『文学界』를 옹호하면서 "저항과 굴욕은, 구체적인 상황에 비추어서 보지 않으면 안 된다"고 말하며 "『文学界』가 시종 파시즘의 선봉을 짊어졌다는 시각은, 사실에 맞지 않는다. 나카노 시게하루가『日本ロマン派』와『文学界』를 일률적으로 다루는 것……에 다카미 준이 반대한다. …… 이 경우는 다카미 쪽이 맞다고 생각한다"라고 말한다(8卷 24쪽). 이런 표현은 다케우치에게 있어서 일본 낭만파라는 말이 파시즘과 같은 뜻이었음을 느끼게 한다.
1960년대 이후에 다케우치를 논한 저작 중에는 ①다케우치가 야스다와 고교 시절에 친교가 있었던 점, ②다케우치가 태평양 전쟁 개전을 상찬한 점, ③국민 문학 논쟁에서 민족과 일본 낭만파를 들고 나온 점 등의 사실을 그대로 연결해서, 다케우치를 일본 낭만파에 동조적인 민족주의자로 위치 짓는 것이 산견된다. 그러나 일본 낭만파와 교토학파는 함께 전쟁을 찬미했다고 해도, 전후의 신좌익과 공산당 이상으로 사상적 차이가 컸다. 교토학파에 동조적이었던 전시 중의 다케우치가 일본 낭만파를 사상적으로 평가했다고는, 그런 의미에서도 생각하기 어렵다.

37 伊藤整·臼井吉見·折口信夫·竹内好「国民文学の方向」(『群像』1952. 8) 123쪽.

38 日高六郎「書評『国民文学論』」(『文学』1954. 5) 99쪽.

39 堀田善衛·伊藤整·竹内好·平野謙·花田清輝「日本の近代と国民文学」(『新日本文

学』1953. 12) 150쪽. 근대주의라는 말의 출처는 현재로서는 불명확하지만, 전쟁 전에 모더니즘 문학의 유파를 형용하는 말로 존재했으나, 패전 직후에는 공산당 용어로 받아들여졌던 것 같다. 히라노 겐은 인용한 다케우치의 물음에 대해, "근대주의라는 말은, 구체적으로는 『긴다이분가쿠』를 해치우려고 새롭게 나온 것이 아닐까"라고 말한다(150쪽).

40   竹内全集 第1卷 47쪽. 다케우치는 『魯迅』에서 "절망에 절망한 사람은, 문학가가 될 수밖에 없다", "그는 절망에 안주하지 않았다"라고 말하며 "절망이 허망하다는 것은 실로 희망과 같다"라는 루쉰의 말을 인용한다(1卷 113쪽). 또한 마찬가지로 『魯迅』에서는 "루쉰 문학의 근원은 무로 칭해야 할 그 무엇이다. 그 근저적根底的인 자각을 얻은 것이 그를 문학가로 만든 것이며, 그것 없이는 민족주의자 루쉰, 애국자 루쉰도, 필경 말뿐이다"라고 말하며 "그가 죄의 자각을 얻은 시기"를 "회심"이라고 칭한다(1卷 61, 47쪽). 죄의 자각과 암흑, 그리고 그것을 이야기할 수 있는 말이 존재하지 않았던 점에 대한 다케우치의 불만이, 그가 집필 활동을 한 근저에 자리했음을 엿볼 수 있다.

41   臼井 앞의 책 『近代文学論争』 下卷 323쪽.

42   永積安明 「文学的遺産のうけつぎについて」(『文学』1952. 3) 232쪽.

43   野間宏 「国民文学について」(《野間宏作品集》 第12卷, 岩波書店, 1988에 수록)를 참조하라.

44   本多 앞의 책 中卷 243쪽.

45   앞의 책 279쪽.

46   이 왕복 서간은 臼井編 앞의 책 『戦後文学論争』 下卷 및 民主主義科学者協会編 앞의 책 『国民文学論』에 수록되어 있다. 인용문은 후자의 6쪽에서 가져왔다.

47   앞의 논문 「国民文学の方向」 135쪽.

48   荒著作集 第3卷 92쪽.

49   荒正人 「十二月八日」(『近代文学』1960. 2) 7쪽. 이 논고는 다케우치가 『世界』1959년 12月号에 발표한 「混沌の中の未来像」에 반론한 것이다. 여기서 다케우치는 중일 전쟁은 침략이었지만 태평양 전쟁은 "제국주의 대 제국주의의 전쟁"이라고 주장하며, 도쿄 재판에서 라다비노드 팔Radhabinod Pal 판사가 한 주장을 소개한다.

다케우치는 이 "태평양 전쟁의 이중성격이라는 가설"에 대해 "대동아 전쟁과 우리의 결의(선언)"라는 "도박의 실패가 근본적인 동기가 되었다"라고 말한다(11卷 157쪽). 본문에서 말했듯이 전시 중의 다케우치는 12월 8일의 정신을 내세워 중국 침략을 비판했지만, 이것은 곧 대동아 전쟁으로 중일 전쟁을 공격한다는 논리였다. 그런 입장을 취하는 한, 다케우치는 중일 전쟁과 태평양 전쟁을 분리해서 태평양 전쟁은 제국주의 대 제국주의의 싸움이며 아시아 해방에 결과적으로 공헌한 면이 있었다는 주장을, 버릴 수 없었으리라. 암흑에서부터 자기 혁신의 계기를 손에 넣고자 하는 다케우치의 사상이 암흑의 긍정과 종이 한 장 차이가 될 위험은, 전시 중의 저항과 굴욕이 종이 한 장 차이라는 그의 주장과 겹친다.

50   앞의 논문 「日本の近代と国民文学」 153쪽.

51   野間 앞의 논문 「国民文学について」 258쪽.

52 福田恆存「国民文学について」(『文学界』1952. 9. 臼井編 앞의 책 『戦後文学論争』
下巻에 수록) 138, 139, 141쪽.

53 安部公房·荒正人·岩上順一·石母田正·猪野謙二·小場瀬卓三·神山彰一·呉隆·
杉本時哉·高沖陽造·竹内好·古川清·本多秋五·新島繁「国民文学をどうみるか」(民主
主義科学者協会編 앞의 책 『国民文学論』) 278, 284쪽.

54 앞의 竹内—伊藤 왕복 서간. 民主主義科学者協会編 앞의 책 『国民文学論』 5쪽에서
인용했다.

55 앞의 글「日本の近代と国民文学」153쪽.

56 「日本におけるいままでの国民文学論」(民主主義科学者協会編 앞의 책 『国民文学
論』) 342~343쪽.

57 다케다 다이준은 다케우치의 『日本とアジア』에 대한 서평에서 "그의 '국민 문학론'에
는, 아직도 나는 승복할 수 없다", "그는 이른바 '수재'를 철저하게 혐오했지만, 그 자신이 별종
의 수재라는 생각을, 나는 죽을 때까지 바꾸지 않을 생각이다"라고 말한다(武田全集 第13巻
95쪽). 이것은 다케우치의 성격과 그의 저술이 지닌 성격을 또 다른 측면에서 알아맞힌 날카
로운 평가다.

또한 마루야마 마사오는「好さんとのつきあい」에서 "그러고 보니 다케다 다이준, 그의 인생
지도라는 것은 전부 하오 씨가 했던 것 같습니다", "술이든 여자든, 하나부터 열까지 내가 지
도했다고, 하오 씨 스스로 말했습니다. 그러니까, 그런 의미에서도 다이준은 하오 씨에게는
고개를 들지 못하고, 하오 씨를 지극히 무서워했던 것입니다". "그런 둘도 없는 친구는 또 없
습니다만, 하오 씨는 다이준의 작품을 철저하게 인정하지 않았습니다. 그것은 정말로 심했습
니다. 『風媒花』 같은 것은 풍속 소설이고, 사상성도 뭣도 없다고 말했으니까요. 친하기 때문
에야말로 신랄한 걸까요. 뭐니 뭐니 해도 루쉰이 기준이 되니까, 이길 수 없습니다"라고 말한
다(丸山集 第10巻 352쪽). 지도자를 혐오한 다케우치가 다케다를 "지도했다"고 자칭했던 사
실에는, 앞에서 말한 다케다의 다케우치 평가와 상통하는 부분이 존재한다고 볼 수 있다.

58 竹内全集 第17巻 연표 311쪽에는 1958년에 다케다 다이준의 『森と湖のまつり』 완성
위로회 발기인을 의뢰받았을 때의 기술로 "미시마 유키오와 나란히 이름이 오르는 것은 곤란
하다는 이유로 거절했다"라고 되어 있다. 또한 하시카와 분소의 회상에 따르면 1970년 11월
미시마가 자결한 다음날, 다케우치는 중국의 회中国の会 사무실에서 빙긋빙긋 웃으며 "어이,
오늘은 어떻게 축배를 들까?"라고 말했다 한다(橋川著作集 第1巻 「竹内好と日本ロマン派
のこと」203쪽).

59 加藤祐三「解説」(竹内好『日本とアジア』ちくま学芸文庫版, 1993) 485쪽.

60 8장에서 말했듯이, 마루야마 마사오는 「日本におけるナショナリズム」에서 "일본은
아시아 국가들 중에 내셔널리즘에 대해서 처녀성을 이미 잃은 유일한 나라다"라고 말하며, 이
미라는 말로 중국과 조선 내셔널리즘의 장래에도 일말의 걱정과 두려움을 표현했던 것 같다.
그러나 다케우치는 1952년 5월의 「今日の現場に生きる教育者—ナショナリズムと平和教
育」이라는 논고에서, "마루야마 씨에 따르면, 일본은 아시아 국가들 중에서, 내셔널리즘의 처

녀성을 잃은 유일한 나라다, 라는 것입니다"라고 말하며 "이미"라는 말을 (아마도 무의식적으로) 빠뜨리고 인용한다(6卷 65쪽).

또한 다케우치는 1949년 12월의 「新中国の精神」에서는 중화인민공화국에 대해서 "이런 방식은, 우리가 상식적으로 가지고 있는 공산주의의 개념과는 완전히 다른 성질의 것으로, 만약 그것이 (넓은 의미에서) 공산주의라고 불린다면, 나는 나 자신의 생각을 바꾸지 않으면 안 된다고 생각한다"라고 말한다(4卷 94쪽). 다케우치가 중화인민공화국을 지지한 이유가 그것이 공산주의여서는 아니었다고 할 수 있다.

이후 다케우치는 1964년의 중국의 핵 실험에 반대하고 학자·연구자의 성명에 참가했지만(17卷 연보 316쪽), 이해 8월 설문 조사에서는 "과분한 문제이므로 회답을 보류합니다. 하지만, 우선은 지금까지의 생각을 바꾸겠다는 의사는 없습니다"라고 말한다(9卷 389쪽). 그의 중국에 대한 관심이 속죄에 뿌리를 둔 이상, 중국을 전부 부정하는 것은 불가능했다고 생각된다.

11장 자주독립과 비무장 중립

1   이 장은 1950년대의 호헌론을 검증하기 위해, 각각의 절에서 다음과 같은 대상을 다룬다. 즉, ①재군비에 이르는 미국 측 동향, ②반미 의식의 대두와 재군비 비판의 관계, ③평화문제담화회를 중심으로 하는 당시의 비무장 중립론과 내셔널리즘의 관계, ④전면 강화와 대외 관계, 특히 전후 배상 문제의 인식, ⑤1955년을 전후한 호헌론의 성격과 헌법의 '보수적 감각'(마루야마 마사오)으로서의 정착 등이다.

이 가운데 ①에 대해서는 다음의 주에서 언급한 각 연구 외에 細谷千尋『サンフランシスコ講和への道』(中央公論社, 1984), 五十嵐武士『対日講和と冷戦』(東京大学出版会, 1986), 渡辺昭夫·宮里政玄編『サンフランシスコ講和』(東京大学出版会, 1986), 大嶽秀夫 앞의 책(4장)《戦後日本防衛問題資料集》각 권의 해설 등, 정치사 연구자들이 행한 다수의 연구가 있다. 정치 과정의 연구로서는 이 장에서 여기에 추가할 것은 없다. 단 굳이 말하자면 정치사 연구에서는 맥아더나 요시다라는 행위자actor를 지나치게 합리적 존재로 파악하는 경향이 크다고 느껴졌다. 예를 들어 맥아더가 어떤 국제 정세 인식을 기반으로 삼아, 몇 년 무렵부터 재군비론으로 전환했는지가 하나의 초점이 되어 있다. 그러나 인간은 반드시 상황 인식을 기반으로 하여 정치 행동을 선택하는 합리적 존재는 아니며, 자기의 주장이나 체면을 정당화하기 위해 상황 인식을 구축해 버리는 존재이기도 하다. 필자는 이런 사회학적인 인간관을 기반으로 삼아, 호헌론과 재군비론은 당초부터 맥아더 등의 내부에서 양가적인 상태로 공존했으며, 본국과의 상극 관계나 체면 등의 영향으로 그 시점마다 자기의 형편에 유리한 상황 인식을 구축했다는 관점을 취했다.

나아가 ③의 평화문제담화회에 대해서는 関寛治「平和の政治学」(『日本政治学会年報』「行動論以後の政治学」岩波書店, 1977), 五十嵐 앞의 책『対日講和と冷戦』230～245쪽, 都築 앞의 책(서장)『戦後日本の知識人』3장 등이 있다. 단, 이들에게는 전후 지식인들의 전쟁

체험이나 공산당과의 대항 관계 등에 대한 주목이 적다. 또한 이 장에서는 평화문제담화회의 성명에 보이는 사상이 특별히 신기한 것이 아니라, 오히려 요시다 수상이나 맥아더의 1946년 주장을 역전시켜서 '영유'했던 것이라는, 문화 번역의 관점을 취한다. 또한 샌프란시스코 강화 조약이 배상을 면제한 경위에 대해서는 많은 정치사 연구가 지적하지만, ④의 논점인 전면 강화론과 배상 문제의 관계는 별로 논해지지 않았다.

②, ⑤에 대해서는 선행 연구가 적다. 보수 측의 재군비론이나 개헌론에 대해서는 大嶽秀夫 『再軍備とナショナリズム』(中公新書, 1988)과 渡辺治 『日本国憲法「改正」史』(日本評論社, 1987) 등이 상세히 검증한다. ②의 반미 의식과 재군비 비판의 관계나 ⑤에서 공산당·사회당의 헌법관 변천, 혹은 전후 지식인의 민병제 구상이라는 논점은 당시의 비무장 중립론이나 호헌론이 단순한 평화주의가 아니었던 사실을 보여 주지만, 지금까지는 그리 주목되지 않았다. 西修 앞의 책(4장) 『日本国憲法の誕生を検証する』가 사회당의 개헌론을 약간 역사 수정주의적으로 검증한 정도다. 이 장의 ⑤의 논점은 검증이라기보다는 개략적인 취급이지만 그 문제점을 지적했다.

전면 강화론과 내셔널리즘의 관계 및 진보파 내의 개헌론 등은, 1955년 이후의 혁신 세력에 고정된 이미지와 맞지 않아서 무시되거나 은폐되는 경향이 있었다고 생각된다. 9장에서도 말했듯이 그런 문제를 방치해 두면 우파로부터의 역사 수정주의에 말려들 위험이 있으며, 적절한 총괄이 필요하다는 것이 이 책의 입장이다. 또한 당시의 전면 강화론은 아시아에 대한 배상이라는 문제를 경시한 시점에서 최종적으로 설득력을 잃고 대미 종속이 불가피해졌으며, 1990년대 이후의 전후 보상 문제를 구조적으로 파악하기 위해서도 강화 논의에 대한 검증은 필요하다는 것이 이 장에서 또 하나 주장하는 바다.

또한 정치사 연구자 등은 이 장에서 인용된 자료가 반드시 시계열적으로 배열되지는 않은 점에 위화감을 느낄지 모르겠지만, 여기서는 1950년대 초라는 시대의 언설 구조를 밝히는 것을 우선했다.

2 　예를 들어 「憲法公布一周年に寄せて」(『朝日新聞』 1947. 11. 3 사설), 「新憲法精神の充実に努めよ」(『毎日新聞』 1947. 11. 3 사설) 등이다. 「目覚めた女性」(『毎日新聞』 1948. 5. 3)에서 인용했다.

3 　「はき違えた違憲の訴え」(『日本経済新聞』 1948. 5. 3).

4 　「考えねばならぬ再軍備問題」(『毎日新聞』 1950. 8. 29 사설).

5 　大嶽 앞의 책(4장) 『戦後日本防衛問題資料集』 第1巻 193쪽.

6 　앞의 자료집 第1巻 248쪽.

7 　ダワー 앞의 책(서장) 『敗北を抱きしめて』 下巻 352쪽.

8 　앞의 책 351쪽.

9 　大嶽 앞의 자료집 第1巻 252, 254쪽.

10 　앞의 자료집 第1巻 214쪽.

11 　앞의 자료집 第1巻 256쪽.

12 　三浦陽一 「日本再武装への道程」(『歴史学研究』 545号, 1985)을 참조하라.

13　大嶽 앞의 자료집 第1卷 226, 227, 235쪽.

14　1947년에 수상이었던 가타야마 데쓰는 1947년 2월의 2·1 총파업 중지 명령 이후에는 맥아더가 재군비와 해외 파병을 생각했다고 말한다. 그러나 가타야마 내각의 관방 장관이었던 니시오 스에히로西尾末廣는 그런 분위기는 느껴지지 않았다고 반론한다(大嶽 앞의 자료집 第1卷, 자료 Ⅲ·1·16 및 Ⅲ·1·8).

15　大嶽 앞의 자료집 第1卷, 자료 Ⅱ·2·13 및 Ⅱ·2·14).

16　앞의 자료집 第1卷 226쪽.

17　앞의 자료집 第1卷 215쪽.

18　앞의 자료집 第1卷 423쪽. 여기에는 맥아더의 『回想錄』Reminiscences 중 일부가 수록되어 있는데, 그는 "한국군에게 이런 장비를 부여하지 않는다는 결정은, 태평양의 정세를 그다지 이해하지 못하고, 조선에 대해서는 사실상 아무것도 모르는 워싱턴 놈들이 지시한 것이었다"라고 비난하며, "공산주의는 결국 자유세계에 전쟁을 걸어 온 것이다", "세계 역사가 최초의 인류부터 가르쳐 온 교훈, 즉 망설임이 분쟁을 부르고, 용기가 이따금 싸움을 막는다는 교훈을, 바야흐로 곱씹어 보아야 할 때였다"라고 말한다. 이 발언들은 그가 제9조를 상찬할 때에 주장한 절대 평화주의나 본국 정부에 대한 집요함과는 크게 모순되지만, 이런 내용을 회상기에 쓰고도 거리낌 없는 맥아더의 자기중심적인 성격이 잘 나타난 기술이라고 할 수 있다.

19　山田吉男「講和問題をめぐる最近の自由党」(『世界』 1950. 12) 142, 146쪽.

20　「新憲法草案への興論」(『毎日新聞』 1946. 5. 27)에서는 "전쟁 포기의 조항을 필요로 하는가"라는 질문에 70퍼센트가 필요하다고 회답한다. 1950년의 조사는 「講和と日本再武装」(『朝日新聞』 1950. 11. 25). 이하 이 장에서 인용한 전후의 여론 조사는 海後宗臣·清水幾太郎編『教育·社会』(『資料 戦後二十年史』 第5卷, 日本評論社, 1966)에 수록되어 있다.

21　飯塚編 앞의 책(1장)「日本の軍隊」 149쪽.

22　宮沢俊義「憲法改正と再軍備」(『世界』 1952. 5) 32, 36쪽.

23　ジョン ダワー『吉田茂とその時代』(大窪愿二譯, 中公文庫, 1991. 初版 1981) 下卷 163~164쪽에서 재인용.

24　片岡鉄哉『日本永久占領』(講談社α文庫, 1999) 195쪽에서 재인용.

25　앞의 책 196쪽에서 재인용.

26　회견 기록은 大嶽編 앞의 자료집 第2卷에 수록. 이하 인용은 37쪽.

27　ダワー 앞의 책『吉田茂とその時代』 下卷 386쪽.

28　松尾 앞의 책(3장)『国際国家への出発』 156~157쪽.

29　宮沢喜一『東京·ワシントンの密談』(実業之日本社, 1956) 160쪽.

30　豊下 앞의 책(4장)『安保条約の成立』 144, 164쪽.

31　大嶽 앞의 자료집 第2卷 83, 82쪽.

32　앞의 자료집 第2卷 494, 511, 498쪽.

33 앞의 자료집 第1卷 491쪽, 第2卷 319쪽.

34 앞의 자료집 第2卷 319, 494쪽.

35 앞의 자료집 第2卷 77, 111쪽.

36 「売れぬ日の丸」(『日本経済新聞』1949. 1. 18). 본문과는 약간 어긋나지만, 당시의 일
반 상황을 보여 주는 것으로서 언급했다.

37 古関 앞의 논문(4장) 「単独講和への道」135쪽.

38 「各国代表の演説」(『朝日新聞』1951. 9. 8 夕刊). 「昭和天皇通訳·松井明氏の手
記」(『朝日新聞』2002. 8. 5). 古関 앞의 논문「単独講和への道」134쪽.

39 風見章「地に堕ちた政治道徳」(『世界』1952 5) 152쪽. 「講和に対する意見·批判·
希望」(『世界』1951. 10) 192쪽.

40 「会談成果と要約 草案要旨」(『朝日新聞』1953. 10. 25).

41 鶴見 앞의 책(1장)『新しい開国』148쪽에서 재인용.

42 松尾 앞의 책 183쪽에서 재인용.

43 鶴見 앞의 책 137, 138쪽에서 재인용.

44 大嶽編 앞의 자료집 第2卷 455쪽.

45 앞의 자료집 第2卷 456쪽.

46 앞의 자료집 第2卷 542쪽.

47 堀 앞의 책(1장)『大本営参謀の情報戦記』286쪽.

48 大嶽編 앞의 자료집 第2卷 46쪽.

49 柳田邦男『零戦燃ゆ 渾身編』(文藝春秋, 1950) 546쪽. 神立尚紀『零戦 最後の証言
II』(光人社, 2000) 297쪽.

50 大岡昇平集 第15卷 87, 86쪽.

51 大嶽編 앞의 자료집 第2卷 378쪽.

52 ダワー 앞의 책『吉田茂とその時代』下卷 287쪽.

53 『三島由紀夫全集』(新潮社, 1973~1976) 第34卷 327쪽. 1969년의 「問題提起」에서.

54 見田宗介『白いお城と花咲く野原』(朝日新聞社, 1987) 64쪽.

55 岡田真紀『世界を聴いた男』(平凡社, 1995) 133쪽에서 재인용.

56 吉野源三郎「読者に訴う」(『世界』1952. 5) 3쪽.

57 앞의 좌담회(4장) 「『平和問題談話会』について」43쪽. 소련의 원폭 보유 공표는 1949년
9월이며, 1949년 5월의 메이데이에서 이런 연설이 이루어진 것은 기이하다고도 할 수 있지
만, 이시다의 말대로 인용했다.
또한 이시다에 따르면 "원폭의 위협과 비참함이 진짜로 알려진 것은 1952년의 강화를 지나
서 GHQ가 보도를 규제했던 원폭 피폭 사진이 공개되고, 1954년에 비키니 피폭이 일어난 이
후였으며, 평화문제담화회가 그보다 앞서서 핵이 결정적인 문제라고 내세운 것은 크게 주목
할 만한 일이었습니다"라고 한다(43쪽). 그렇다고 해도 4장에서 말했듯이 맥아더나 시데하라
는 1946년 시점부터 핵병기의 위협을 언급하며 제9조를 상찬했으며, 평화문제담화회가 선구

적이었다고는 하기 어렵다. 단, 일본의 진보계 세력에서 반핵 평화 운동이 주목받은 시기가 1950년대 이후라는 지적은 그 자체로서 주목할 만하다.

58   清水著作集 第14卷 318쪽.

59   유네스코 성명은 『世界』 1949年 1月 号에 수록. 清水著作集 第14卷 319쪽에서 시미즈는 이 성명에 헝가리외교문제연구소장인 알렉산더 설러이Alexander Szalai가 참가한 것을 보고, 미소 간의 평화에 희망을 가졌다고 회상한다. 또한 평화문제토의회가 평화문제담화회가 된 것은 1949년 3월부터인데, 번잡함을 피하기 위해서 본문에서는 가능한 한 평화문제담화회라는 호칭으로 기술했다.

60   清水幾太郎・丸山眞男・松村一人・真木信一・林健太郎・宮城音弥・古在由重 「唯物主観と主体性」(『世界』 1948. 2. 日高 앞의 책(6장) 『近代主義』에 수록) 124쪽.

61   앞의 좌담회 143쪽.

62   앞의 좌담회(4장) 『平和問題談話会』에 대해서」 6쪽. 이 좌담회 12쪽에서는 요시노와 마루야마가 평화문제담화회가 유네스코 성명에서 자극을 받은 경위를 설명하는 가운데, 좌담회 「唯物主観と主体性」에 언급하며 당시 마르크스주의자의 논조를 비판한다. 또한 일설로는 요시노가 성명을 입수한 것은 8월이라고 여겨진다.

63   앞의 좌담회 『平和問題談話会』에 대해서」 50쪽.

64   요시노는 이 좌담회 20쪽에서 옥중 비전향의 공산당 간부들이 1935년에 채용된 인민전선 전술을 이해하지 못했다고 비판한다.

65   전애협에 대해서는, 吉田健二 「全面講和愛国運動関係資料」(『歴史評論』 378号, 1981) 및 森下徹 「全面講和運動の歴史的位置—全面講和愛国運動協議会の組織・論理・運動」(『歴史研究』 32号, 1995) 등을 참조하라. 전애협은 공산당・노농당・사회당재건전국연락회社会党再建全国連絡会 등이 중심인 노농勞農 시민단체 60여 개로 구성되었는데, 「단체 등 규제령」이나 공안 조례에 따른 탄압 및 조직의 약함 탓에 성과를 올리지는 못했다. 4,000만 명을 목표로 '강화 투표'라고 이름 붙인 전면 강화 촉진 서명 운동을 추진했지만, 강화 회의 직전인 1951년 8월까지 모인 수는 500만 명에 미치지 못했다고 한다(古関 앞의 논문 「単独講和への道」 122쪽).

66   앞의 좌담회 『平和問題談話会』에 대해서」 22, 23쪽.

67   앞의 좌담회 18쪽. 단 이런 경향은 주로 평화문제담화회의 도쿄부회가 보인 것으로, 긴키近畿부회에서는 좌파색이 보다 강했다고 한다.

68   吉野源三郎 「戦後の三十年と『世界』の三十年」(『世界』 1976. 1) 261쪽.

69   앞의 좌담회 『平和問題談話会』에 대해서」 37쪽.

70   「平和問題討議会議事録」(『世界』 1985年 7月 臨時増刊号) 261쪽. 1984년 12월 12일의 토의회 의사록. 토의에서 하니 고로는 전쟁 책임 문제에서 지식인의 절조를 물음과 동시에, '인민의 조직'에 대한 접근을 이야기한다. 당시에는 전쟁 책임 문제가 공산당 참가를 요구하는 가장 큰 압력으로 기능한 점이 배경에 있으며, 아베의 반발은 이런 취지를 이해한 까닭이기도 했던 것 같다. 그러나 전쟁 책임에 대해 오점이 적은 토의회 멤버들의 대다수는 이 점

에 동요하지 않았다. 최종적으로는 멤버 각자에게 전쟁 책임이 없다 해도 "국외에 대해서는, 역시 어떤 의미에서 일본의 사회 과학자를 대표하는 형태가 된다"라는 발언을 마루야마가 하여, 이 의견이 성명에 반영되었다(261, 267쪽).

또한 앞의 좌담회 「『平和問題談話会』について」 50쪽, 구노 오사무의 증언에 따르면 하니가 의견을 개진했을 때, 토의회 멤버 중에서도 로야마 마사미치는 "고개를 숙이고 입을 다물고 있었다"라고 한다. 3장에서 말했듯이 로야마는 1945년의 의회에서 전쟁 책임을 느껴 의원직을 사직했으며, 내심으로 느끼는 바가 있었으리라 생각된다.

71　「戦争と平和に関する日本の科学者の声明」(大嶽編 앞의 자료집 第1巻 수록) 357쪽.

72　「三たび平和について」(大嶽編 앞의 자료집 第1巻 수록) 573쪽.

73　清水著作集 第14巻 346쪽.

74　앞의 좌담회 「『平和問題談話会』について」 9쪽.

75　일본평화추진국민회의의 활동에 대해서는, 모리시타 도루森下徹의 구두 보고의 요지가 「全面講和運動と『戦後革新』の形成」(『日本史研究』 458号, 2000)으로 공간公刊되었다.

76　大嶽編 앞의 자료집 1권 552, 537쪽.

77　앞의 좌담회 「『平和問題談話会』について」 31쪽.

78　앞의 좌담회 31쪽. 문화적 제국주의는, 다나카가 1930년대부터 사용한 말이었다. 그러나 마루야마는 1948년 시점의 자기에게는 "미국적인 생활 양식에 곧바로 국제적 보편성을 부여하는 위험성을 논의한 점에서는 점령군의 문제였다고 할 수 있지만, 일본 국민 자신이 식민지 통치하에 놓였다는 이미지가 있었냐고 하면, 그렇지는 않았다"라고 말한다(32쪽). 공산당의 민족 독립 노선은 1948년 당시부터 존재했지만, 담화회의 지향에서 보아도, 그에 동조한다는 경향은 없었던 듯하다.

79　清水幾太郎「国民教育について」(『思想』 1955. 8) 6~7쪽. 이 논고는 강화 문제의 논의로부터는 약간 뒤 시기의 것이지만, 1950년대 전반의 헌법 옹호론을 잘 표현한 것이므로 인용했다.

80　安倍能成「平和問題と日本」(『世界』 1985年 7月 臨時増刊号 수록) 219쪽. 단, 아베는 이 강연 219쪽에서 "우리가 평화와 문명의 이름에 걸맞은 행동을 하지 않았다는 것은, 우리가 감수하지 않으면 안 될 책망"이라고 인정한다.

81　앞의 「戦争と平和に関する日本の科学者の声明」 357쪽은 "우리의 헌법이 전쟁권의 포기를 규정하고, 또한 우리의 존립 자체를, 우리의 과거 지도자를 평화와 문명의 이름으로 심판한 국가들의 선의에 맡긴 이상, 전쟁과 평화의 문제는 우리에게 특별한 관심사임이 분명하다"라고 말한다.

82　앞의 좌담회 「『平和問題談話会』について」 45쪽.

83　竹内全集 第6巻 42, 43~44쪽.

84　清水全集 第14巻 335, 336쪽.

85　大嶽編 앞의 자료집 第2巻 154쪽.

86   앞의 좌담회 「講和に対する意見·批判·希望」 209, 182쪽.

87   丸山集 第5巻 82~83쪽.

88   松尾 앞의 책 166쪽.

89   大嶽編 앞의 자료집 第1巻 362쪽.

90   앞의 좌담회 「講和に対する意見·批判·希望」 190쪽. 발언자는 나라모토 다쓰야奈良本辰也.

91   앞의 좌담회 189~190쪽.

92   南原著作集 第7巻 385쪽.

93   앞의 책 387, 383쪽. 또한 난바라가 상정했던 외적의 대표는 공산주의였다.

94   「『再武裝』に関する意見·批判·希望」(『世界』 1952. 5) 147, 152, 161, 164, 146, 134쪽.

95   田畑忍 「自衛と戦力の問題点」(『世界』 1952. 5) 44쪽.

96   南原著作集 第7巻 330, 387쪽.

97   앞의 논문(7장) 「独立国の条件」 14쪽.

98   竹内全集 第4巻 269쪽. 丸山集 第8巻 281쪽. 마루야마의 제언은 1960년의 것인데, 자위에 대한 그의 사상을 소개하는 데 인용했다.

99   이하 丸山集 第8巻 279~281쪽.

100   大嶽編 앞의 자료집 第2巻 153쪽.

101   大嶽編 앞의 자료집 第1巻 547, 548쪽.

102   「三たび平和について」(『『世界』主要論文選』, 岩波書店, 1995) 156쪽. 성명의 본문 중 소제목. 大嶽編 앞의 자료집은 이 성명의 본문 중 소제목을 생략했다. 반대로 『『世界』主要論文選』은 전 4장의 성명 가운데 1장과 2장만 수록했다. 또한 『세카이』 1985년 7월 臨時增刊号는 4장을 생략해서 수록했다.

103   大嶽編 앞의 자료집 第1巻 577, 578쪽.

104   「憲法と現実」(『東京新聞』 1950. 8. 16).

105   大嶽編 앞의 자료집 第2巻 457쪽.

106   山田 앞의 글 「講和問題をめぐる最近の自由党」 144쪽.

107   吉野源三郎 「読者に訴う」(『世界』 1951. 10) 3쪽.

108   大嶽編 앞의 자료집 第1巻 548쪽.

109   앞의 자료집 第1巻 578쪽.

110   大嶽編 앞의 자료집 第1巻 536~537쪽에는 사회당 우파의 아사누마 이네지로 서기장 명의로 「平和運動と国連支持の関係について」라는 1950년 9월 7일 자 지령이 수록되었다. 그에 따르면 "전쟁을 실력 행사라는 이유로 무차별하게 부정하려는 소위 평화 운동은 실은 국제 공산주의의 모략이다. 그 적절한 예가 스톡홀름 선언"이라며 "유엔의 지지는 우리의 강화 대책과 합치한다"라고 되어 있다. 거기서 "헌법의 범위에서 (예를 들어 스스로 무기를 쥐는 것은 범위 밖이다) 유엔에 협력하는 것이 올바르다", "유엔의 결정에 기반을 두고, 수송 생산에

종사하는 것은 완전히 당의 결정과 합치한다"라고 말한다. 이런 방침이 공산당과 일치하지 않았음은 말할 것도 없다.

111　앞의 좌담회 「『平和問題談話会』를 めぐって」 24쪽.

112　大嶽編 앞의 자료집 第1卷 579쪽.

113　위의 자료집 第1卷 363쪽.

114　山川均 「非武装憲法の擁護」(『世界』 1951. 10) 33쪽.

115　이 자료들은 大嶽編 앞의 자료집 第1卷 Ⅱ·1·7 및 Ⅱ·1·9.

116　「対日講和七原則」은 大嶽編 앞의 자료집 第2卷 Ⅰ·1·2.

117　이하 각국이 반발한 경위에 대해서는 古関 앞의 논문 「単独講和への道」 119～120, 131～134쪽.

118　大内兵衛·有澤宏巳·美濃部亮吉·稲葉秀三 「単独講和と日本経済」(『世界』 1950. 10) 105, 106, 103쪽.

119　大嶽編 앞의 자료집 第2卷 130쪽.

120　앞의 자료집 第2卷 35쪽.

121　앞의 자료집 第2卷 129, 131쪽.

122　恒藤恭 「憲法と新しい道徳基準」(『世界』 1952. 4) 17쪽.

123　安倍能成 「世界とアジアと日本との平和の立場から」(『世界』 1951. 10) 66쪽.

124　앞의 좌담회 「『平和問題談話会』について」 37쪽.

125　이 외에 마루야마 마사오는 이 특집호에 쓴 「病床からの感想」에서 강화의 문제점을 열거하는 가운데 "배상 문제의 불명확"이라는 말을 하는데, 한마디로 지적하는 데 그친다.

126　앞의 좌담회 「講和に対する意見·批判·希望」 175쪽. 또한 가와모리는 "어느 특정국의 힘에 기대서 그 희생〔배상〕을 피하는 것"을 비판하며, "우리는 어디까지나 남자답게, 독립한 민족으로서, 우리의 자력으로 일본을 다시 세우고 싶다고 생각합니다"라고 주장하며, 아시아 국가들을 포함한 전면 강화를 주장한다(211, 212쪽). 아라는 민족을 비판하는 입장에서 배상 문제를 논했지만, 가와모리는 반대로 민족이라는 말을 사용해서 이 문제를 다루었다고 할 수 있다.

127　松尾 앞의 책 166쪽.

128　이 문서 「NSC48/5」는 大嶽編 앞의 자료집 第2卷 Ⅱ·1·6에 수록.

129　外務省交際協力局第一課編 「国連第十総会における加盟問題」(1956) 5쪽.

130　松尾 앞의 책 184쪽.

131　「『平和憲法』をめぐる動き」(『毎日新聞』 1954. 5. 3).

132　앞의 기사. 또한 『産経新聞』 사설(1955. 2. 4)에 따르면 좌파사회당의 이토 고도伊藤好道 정심회장政審会長도 헌법의 사유 재산 편중을 개정할 필요가 있다고 발언했다. 좌파사회당 강령의 개헌론은 西 앞의 책 3장 및 原彬久 『戦後史のなかの日本社会党』(中公新書, 2000) 110쪽을 참조하라. 또한 植村秀樹 『再軍備と五五年体制』(木鐸社, 1995) 240쪽에 따르면 좌파사회당의 스즈키 모사부로 위원장은 당시의 인터뷰에서 "일본의 재군비는 일본이

사회당 정권 아래서 안정된 경우에 비로소 가능해진다"라고 말했다 한다.

133 앞의 「『平和憲法』をめぐる動き」.

134 앞의 논문(8장) 「民族主義者の新しい欺瞞について」 223쪽. 공산당의 헌법에 대한 자세는, 당시의 문서만을 보아서는 명확하지 않다. 고쿠분 이치타로는 1957년의 앞의 논문(9장) 「教育基本法をどう生かすか」 284쪽에서, 헌법과 「교육 기본법」에 대한 공산당의 비판은, 1950년의 코민포름 비판에 따라 반미 투쟁이 강화된 이래, "한층 더 현저해졌다"라고 회상한다.

135 「平和憲法をめぐる十一年(下)」(『アカハタ』 1956. 8. 18).

136 「憲法擁護運動の展開に期待する」(『社会タイムス』 1953. 12. 8 사설).

137 徳田球一 「新しい情勢とこれに対するわが党の政策」(神山編 앞의 자료집(3장) 《日本共産党戦後重要資料集》 第1卷) 369쪽. 1950년 1월 제18회 확대중앙위원회 총회 일반 보고.

138 大嶽編 앞의 자료집 第2巻 130쪽. 129쪽에서는 "일본사회당은 다시 일어날지도 모르는 파시즘과 철저하게 싸우면서, 오늘날까지 공산주의와 이론적, 실천적으로 투쟁해 온 유일한 정당"이라고 주장한다.

139 「憲法記念日に際して」(『毎日新聞』 1953. 5. 3 사설).

140 이런 내용에 대해서는 渡辺 앞의 책 『日本国憲法「改正」史』 3장 및 「きょう憲法施行十周年」(『朝日新聞』 1957. 5. 3) 등을 참조하라.

141 渡辺 앞의 책 246쪽.

142 「憲法 私たちはこう思う」(『毎日新聞』 1955. 5. 2 夕刊).

143 이런 움직임과 병행하여, 헌법 제9조는 "평화를 바라는 일본인 자신의 손으로 만들어졌다"라는 역사관도 대두했다. 『毎日新聞』(1955. 8. 15)은 「戦争放棄はおしつけでない」라는 제목 아래, 휘트니 소장이 대필한 맥아더의 편지에 의거하여 제9조는 시데하라 기주로의 제안에서 태어났다고 보도했다. 단 이 기사에는 헌법 제정 시의 담당 대신이었던 가네모리 도쿠지로가 의문을 표한 담화도 게재되었다.

144 「憲法改正に賛成か反対か」(『朝日新聞』 1955. 11. 13) 및 「憲法改正をどう見るか」(『朝日新聞』 1957. 11. 27). 언급은 1955년 기사에서 인용했다.

145 国分 앞의 논문(9장) 「教育基本法をどう生かすか」 283~284쪽. 여기서 고쿠분은 헌법과 「교육 기본법」의 옹호를 주장하는데, 1957년 당시에도 "'「교육 기본법」의 정신을 지키자'라고 하면 '지금 와서 「교육 기본법」이 뭐냐'라며 얼굴을 찌푸리고 조소하는 듯한 태도가 우리에게 다분히 남아 있다"라고 말한다.

146 「『戦力』論は敬遠のハラ」(『朝日新聞』 1954. 12. 21).

147 「保守における構想力」(『展望』 1965. 2). 津田 앞의 책(1장) 『日本ナショナリズム論』 217쪽에서 재인용.

148 이런 해석으로는 4장에서 말한 "전항의 목적을 달성하기 위해"를 추가한 '아시다 수정'芦田修正 외에, 헌법학자 사사키 소이치의 의견을 계승한 이른바 '기요세 이론'清瀬理論

이 있었다. 하토야마도 1954년 12월에는 이것을 택했고, 좌우 사회당이 "이것은 하토야마 수상이 다년간 자위대는 위헌이고 신속하게 헌법 개정을 해야 한다고 말했던 태도의 급변이며…… 국민을 기만하려는 것"이라고 비판한다(「両社反対声明」『読売新聞』1954. 12. 23).

149 吉村正一郎「より大きな悪を防ぐために」(『世界』1952. 5) 159쪽.

150 「『再軍備』をどう思うか」(『朝日新聞』1953. 2. 14).

151 丸山集 第6巻 293, 256쪽. 第7巻 19쪽.

152 『丸山眞男座談』第2冊 234쪽. 여기서 마루야마는 천황제, 마르크스주의와의 격투가 "내면적 에너지"의 원천이었으나, 그 양쪽이 풍화되어 실감을 잃었다고 말한다. 그런 의미에서는 이 책의 인용 방법이 약간 오독이지만, 전체 상황의 풍화가 마루야마에게 그렇게 인식되었다는 해석을 취하여, 위의 본문과 같이 인용했다.

153 新崎盛暉『沖縄現代史』(岩波新書, 1996) 14쪽.

154 앞의 좌담회「講和に対する意見·批判·希望」175~176쪽. 아라가 위구한 것은 군사 협정 때문에 일본이 전쟁에 말려들 위험이었던 듯하다.

12장 60년 안보 투쟁

1   1960년 안보 투쟁에 대한 사상사적 연구는 많다고 할 수 없다. 정국 분석으로는 岩永健吉郎『戦後日本の政党と外交』(東京大学出版会, 1985), 原彬久『戦後日本と国際政治』(中央公論社, 1988) 등이 있으며, 통사로는 원주에서 언급한 서적 외에, 井出武三郎編『安保闘争』(三一新書, 1960), 信夫清三郎『安保闘争史』(世界書院, 1961, 新装版 1967) 등이 있다. 1960년 안보만이 아니라 1970년 안보까지 포함한 문헌 리스트로는, 国立国会図書館編『安保闘争文献目録』(湖北社, 1979)이 있다.

안보 투쟁과 지식인의 사상을 논한 선행 연구로는 高畠通敏「『六○年安保』の精神史」(テツオ·ナジタ, 前田愛, 神島二郎編『戦後日本の精神史』岩波書店, 1988), 米原 앞의 책(2장)『日本的「近代への問い」, 都築 앞의 책(서장)『戦後日本の知識人』5장 등이 있다. 그러나 서장에서도 말했듯이 쓰즈키는 시민 내지 시민주의를 패전 직후부터 존재한 사상으로 간주하며, 언설과 심정의 분석을 행하는 이 책과는 접근 방식이 다르다.

1960년 안보 투쟁의 배경에 내셔널리즘과 이른바 시민주의의 대두가 있었던 사실은 자주 지적된다. 그러나 거기서 말하는 시민주의나 내셔널리즘은 마치 체계적으로 주어진 사상인 것처럼 다루어져 버린다. 그런 탓에 그들의 구체적 내용이 무엇이었는지, 또한 그 상호 관계가 어떠했는지는 거의 분석되지 않는다. 이 책에서는 ①당시의 시민, 민주주의, 국민 등의 언어가 서로 모순되는 것이 아니라 동일한 현상과 심정을 표현했다는 점, ②1960년 안보 투쟁에서 이른바 시민주의의 대두가 사상의 전환보다도 언어 체계의 전환이었다는 점, ③이른바 새로운 사회 운동의 맹아가 이 투쟁에서 보인 점 등을 주장한다.

또한 이 장에서 다룬 자료는 후에 신좌익 등으로부터 시민주의자라고 총칭된 지식인의 것이 많다. 그러나 이 장에서 논했듯이 시민주의자나 민족주의자라는 명칭으로 분류하는 것 자체가 쓸모없다고 필자는 생각한다. 또한 전학련 주류파에 가까운 입장이었던 요시모토 다카아키는 3부에서, 시미즈 이쿠타로는 다른 글에서 검증한다.

2   이하 伊藤整「岸信介氏における人間の研究」(『中央公論』1960. 8.) 169, 170, 178쪽.

3   성명서 요지는 『朝日新聞』(1957. 3. 1)에 게재.

4   「ふたたび安保改定について」(『世界』1960. 2) 43쪽. 「政府の安保改定構想を批判する」(『世界』1959. 10) 27, 41, 17쪽. 또한 평화문제담화회는 1959년 12월 17일 자로 「安保改定問題についての声明」을 발표한 뒤에 자연 소멸했다고 여겨진다.

5   이하 岸信介「渡米を前にして」(『中央公論』1957. 5) 130, 131쪽.

6   賀屋興宣「安保審議は充分議を尽くした」(『民族と政治』1960. 6) 18쪽.

7   앞의 글 「政府の安保改定構想を批判する」34, 39쪽. 이 성명은 U2기 사건보다 앞선다.

8   信夫 앞의 책 『安保闘争史』52~64쪽 참조.

9   女たちの現在を問う会編 『女たちの六〇年安保』(『銃後史ノート戦後史篇』⑤, インパクト出版会, 1990) 143쪽. 당시에 '인권을 지키는 부인 협의회'人権を守る婦人協議会의 간사였던 와타나베 미치코渡辺道子의 회상.

10   清水著作集 第14巻 451쪽.

11   鶴見俊輔「いくつもの太鼓のあいだにもっと見事な調和を」(『世界』1960. 8, 《鶴見俊輔著作集》筑摩書房, 1975~1976, 第5巻에 수록) 55쪽.

12   어떤 의미에서는 흥미롭게도 안보 투쟁은 혁명의 첫걸음이라는 분트의 인식을 공유한 쪽은 사회당이나 공산당이 아니라 자민당이었다. 11월 27일의 국회 난입 사건에 대해서 자민당 총무 부회장인 야마무라 신지로山村新治郎는 "이것은 혁명의 예행연습이다"라고 규정했다(「11 · 27暴動の真相と責任問題」『民族と政治』1960. 1, 22쪽). 또한 이 사건에서 국회 현관에 방뇨한 자가 있다고 말해지는데, 자민당 정조회장政調会長인 후나다 나카船田中는 이것을 "단지 장난이라는 간단한 말로 표현할 수 없는 좀 더 깊은 일종의 혁명 행동"이라고 표현한다(「安保改定と国会乱入事件」『民族と政治』1960. 1, 12쪽). 단 자민당 측은 전학련은 사회당·공산당과 함께 중소中蘇의 공산당과 연동된 국제 공산주의 운동의 일부라는 인식을 취했다.

13   清水著作集 第14巻 438, 482쪽.

14   기시는 종래부터 예고 없이 갑작스런 방법으로 기정사실을 만들어 가는 경향이 있었다. 1958년 8월 도쿄에서 미국 대사와 안보 조약에 대해 사전 교섭할 때, 부분 개정이냐 신조약 제정이냐의 논의가 일본 측에서도 아직 결정되지 않았지만, 기시는 갑자기 신조약 제정을 자청하여 후지야마 아이이치로藤山愛一郎 외상과 외무성 당국을 곤혹스럽게 만들었다고 한다. 또한 1958년 10월에 경직법 개정안을 제출했을 때도 후지야마 외상은 아무것도 듣지 못했다고 한다(都築 앞의 책 289, 291쪽).

15 　이하의 경위는 安藤良一「その夜の国会を目撃して」(『世界』1960. 7)에서 인용.

16 　위의 논문 65쪽.

17 　きし·あきら 作詞, 岡田和夫 作曲〈民族独立行動隊の歌〉. 인용한 가사는 1절이다.

18 　安藤 앞의 논문 65쪽.

19 　「新安保国会の黒い焦点」(『週刊朝日』1960. 6. 5).

20 　平野三郎「自民党は岸と運命を共にしない」(『世界』1960. 7) 47쪽.

21 　앞의 글「新安保国会の黒い焦点」.

22 　「岸退陣と総選挙を要求す」(『朝日新聞』1960. 5. 21).

23 　「放射線」(『東京新聞』1960. 6. 12).

24 　猪木正道「この暴挙は許せない」(『世界』1960. 7) 52쪽.

25 　谷川徹三「全く無茶だ」(『世界』1960. 7) 35쪽.

26 　「岸内閣をどう思うか」(『朝日新聞』1960. 6. 3).

27 　湯川秀樹「国民大多数に共通する願い」(『朝日ジャーナル』1960. 6. 26) 27쪽. 6월
15일의 날짜가 기록되어 있다.

28 　竹内全集 第9卷 102쪽.

29 　野上彌生子「『ワシントンと桜の木』」(『世界』1960. 7) 43쪽.

30 　鶴見俊輔「根もとからの民主主義」(『思想の科学』1960. 7, 鶴見著作集 第5卷에 수
록) 46쪽.

31 　위의 논문 46, 50쪽.

32 　松山善三「国を売る奴」(『世界』1960. 7). 矢内原忠雄「内村鑑三の非戦論」(『世界』
1960. 7) 175쪽.

33 　清水著作集 第14卷 482쪽.

34 　「東大全学教官研究集会の講演から」(『朝日新聞』1960. 6. 1).

35 　丸山·竹内·開高 앞의 좌담회(5장)「擬似プログラムからの脱却」36쪽.

36 　竹内全集 第9卷 115, 116, 117, 118쪽.

37 　앞의 책 118~120쪽.

38 　앞의 책 138쪽.

39 　江藤淳「"声なきもの"も起ちあがる」(『中央公論』1960. 7) 55쪽.

40 　竹内全集 第9卷 187쪽.

41 　「ヤマ場にきた国民会議」(『朝日新聞』1960. 6. 15).

42 　竹内全集 第9卷 157쪽.

43 　石田雄·篠原一·福田歓一「躍動する市民精神」(『中央公論』1960. 7) 74쪽.

44 　위의 좌담회 70, 71쪽.

45 　위의 좌담회 71쪽.

46 　앞의 좌담회「擬似プログラムからの脱却」33, 34쪽.

47 　安田武「ビラの考現学」(『思想の科学』1960. 7) 51, 49쪽.

48   杉山美智子「マイクの追った"激動する十日間"」(『思想の科学』1960. 7) 44쪽.

49   앞의 좌담회「躍動する市民精神」71쪽.

50   초청장은 辻清明編『政治』(『資料·戦後二十年史』第1巻, 日本評論社, 1966) 153쪽
에 수록.

51   江藤 앞의 논문 52쪽.

52   앞의 논문 52, 49쪽.

53   앞의 책『女たちの六〇年安保』56쪽.

54   日高六郎「五月二〇日から六月十九日まで」(『思想』1960. 7) 131, 133쪽.

55   竹内全集 第9巻 153쪽.

56   위의 책 153쪽. 다케우치가 질서의 건설을 중시한 것은, 종래부터 그의 사상이었다. 다
케우치는 1949년의「新中国の精神」에서 "질서의 파괴는, 아무리 해 보아도, 밖에 있는 권위
를 제거할 수는 없다. 권위 그 자체를 철저히 제거하기 위해서는 자기가 권위가 됨으로써 그
외재성을 없애는 것 외에는 방법이 없다"라고 말한다. 竹内全集 第4巻 100~101쪽.

57   杉山 앞의 논문 40, 43쪽.

58   앞의 논문 41쪽.

59   앞의 논문 41쪽.

60   竹内全集 第9巻 122, 123쪽.

61   竹内全集 第9巻 144쪽. 5월 16일 데모의 서술이다.

62   日高 앞의 논문「五月二〇日から六月十九日まで」135, 132쪽.

63   鶴見著作集 第5巻 57쪽. '목소리 없는 목소리의 모임'의 데모에 대해서는, 小林トミ
「それはこうしてはじまった」(『声なき声のたより』1960. 7, 高畠 앞의 책(1장)『日常の思
想』에 수록)을 참조하라.

64   竹内全集 第9巻 121~122, 107쪽.

65   両沢葉子「誰でも自由に参加できたデモ」(『思想の科学』1960. 7) 107쪽.

66   鶴見著作集 第5巻 56쪽.

67   앞의 논문 56~57쪽.

68   竹内全集 第9巻 110쪽.

69   앞의 책 173쪽.

70   『朝日新聞』1960. 5. 28 夕刊.

71   鶴見著作集 第5巻 58쪽.

72   丸山集 第8巻 374쪽.

73   江藤 앞의 논문 50쪽.

74   辻編 앞의 자료집 164쪽.

75   앞의 책『女たちの六〇年安保』63쪽.

76   鶴見著作集 第5巻 55쪽.

77   辻編 앞의 자료집 154쪽.

78   앞의 좌담회「躍動する市民精神」71쪽. 江藤 앞의 논문 54쪽.

79   鶴見著作集 第5巻 51, 58쪽.

80   「選択の前に」(『朝日新聞』2001. 7. 28). 그러나 1960년 이전에 무당파라는 말이 전혀 쓰이지 않았던 것은 아니다. 예를 들어 무나카타 세이야는 1951년에 마르크스주의의 중립비판에 대한 맥락에서 "무당파성은 보수적이라는 것과 같습니다"라고 말한다(앞의 논문(9장)「岩波講座『教育』をめぐって」42쪽에서 재인용). 그러나 이 말이 일반적으로 사용되었다고 하기는 어렵다.

81   福田歡一「日本民主主義の可能性」(『世界』1960. 8) 58쪽.

82   石田雄・坂本義和・篠原一・隅谷三喜男・田口富久治・二高六郎・藤田省三・丸山眞男「現在の政治状況」(『世界』1960. 8) 237쪽.

83   坂本楠彦・田口富久治・日高六郎・福田歡一・前野良「これからの政治的争点」(『中央公論』1960. 8) 93쪽. 앞의 좌담회「現在の政治状況」258쪽.

84   앞의 좌담회「これからの政治的争点」93쪽.

85   高宮篤「銀杏並木の周辺にて」(『世界』1960. 8) 151쪽.

86   앞의 좌담회「躍動する市民精神」71쪽. 竹内全集 第9巻 109쪽.

87   竹内全集 第9巻 266~267쪽. 1961년의 발언이다. 쓰루미 슌스케는 앞의 책(10장)『竹内好』183쪽에서 이 글을 인용하며 "다케우치는 원래 '시민'이라는 사고방식이 싫었던 것이다"라고 평한다. 그러나 인용한 대로 다케우치는 '시민이라는 말'에 대한 위화감을 이야기했으며 '시민이라는 사고방식'에 반발하지는 않았다.

88   앞의 자료집(3장)『資料 戦後学生運動』第5巻 368쪽.

89   白楽晴・崔元植・鵜飼哲・柄谷行人「韓国の批評空間」(『批評空間』II-17, 1998) 14쪽. 단 전학련 주류파 측은 시민을 사용하지 않고 전후 지식인을 시민주의자라고 부르며, 이들을 국민회의나 공산당의 동반자로 간주하면서 위화감을 표명하게 된다.

90   鶴見著作集 第5巻 51쪽.

91   竹内全集 第9巻 221, 188, 216쪽.

92   위의 책 220쪽.

93   위의 책 186쪽.

94   앞의 좌담회「現在の政治状況」234, 247쪽. 이 발언에는 전학련 주류파를 지지하고 "민주주의 옹호"라는 구호에 반발했던 시미즈 이쿠타로에 대한 저항도 함의되었을 가능성이 있다. 앞에서 말했듯이 시미즈에 대해서는 다른 기회에 논한다.

95   竹内全集 第9巻 155, 156, 172쪽.

96   이하 藤島宇内「六・四・ストの記憶」(『中央公論』1960. 7) 90, 91쪽.

97   杉山 앞의 논문 42쪽.

98   清水著作集 第14巻 478쪽.

99   日高六郎・高畠通敏・中谷健太郎・前田康博・竹内敏晴「形なき組織の中で」(『思想の科学』1960. 7) 82쪽.

100 杉山 앞의 논문 42, 41쪽.

101 樺光子編『人しれず微笑まん──樺美智子遺稿集』(三一書房, 1960) 245쪽. 교토시 시모가모부인민주클럽京都市下鴨婦人民主クラブ에서 간바 미치코의 모친인 간바 미쓰코樺光子에게 부친 편지.

102 杉山 앞의 논문 41쪽.

103 앞의 논문 46, 41쪽.

104 竹内全集 第9巻 134, 153쪽.

105 《吉本隆明全著作集》(勁草書房, 1968〜1978) 第14巻 466쪽. 1967년의 대담.

106 松尾 앞의 책(3장)『国際国家への出発』244쪽.

107 鶴見著作集 第5巻 60쪽.

108 藤島 앞의 논문 89쪽.

109 앞의 책『女たちの六〇年安保』114, 101쪽.

110 久野収「市民主義の成立」(『思想の科学』1960. 7) 13쪽.

111 앞의 글「形なき組織の中で」89쪽.

112 杉山 앞의 논문 42쪽.

113 西部 앞의 책 (7장)『六〇年安保』21〜22쪽.

114 樺編 앞의 책 266쪽. 어머니 간바 미쓰코가 교사의 말을 회상한 것이다.

115 樺俊雄・樺光子『死と悲しみを越えて』(雄渾社, 1967). 日高 앞의 책(7장)『戦後思想を考える』155쪽에서 재인용.

116 西部 앞의 책 31쪽.

117 樺編 앞의 책 65〜66쪽. 원래 시의 제목은「最後に」이며, 1956년 작이다. 인용하면서 줄 바꿈을 줄였다.

118 竹内全集 第9巻 164쪽. 道浦母都子「六月のバラ」(『朝日クロニクル 週刊二〇世紀』1960年分, 朝日新聞社, 1999) 5쪽.

119 樺編 앞의 책 257쪽.

120 保阪正康『六〇年安保闘争』(講談社現代新書, 1986) 9쪽.

121 清水著作集 第14巻 479쪽.

122 松尾 앞의 책 246쪽.

123 앞의 책 246쪽.

124 鶴見著作集 第5巻 51쪽.

125 鶴見俊輔「安保改定, 日本中に渦巻いた国民の怒り」(『朝日クロニクル 週刊二〇世紀』1960年分) 4쪽.

126 樺編 앞의 책 11쪽. 小林 앞의 글(9장)「荒木文相の見解にお答えする」. 清水著作集 第14巻 475쪽.

127 上村実「安保反対のデモは日の丸で」(『毎日新聞』1960. 6. 5).

128 保阪 앞의 책『六〇年安保闘争』137쪽에는, "일반 도민都民 누구든지 행진에 참가할

수 있습니다"라는 현수막과 일장기를 내건 데모 사진이 게재되어 있다.

129 竹內全集 第9卷 163쪽. 鶴見和子 「靑年の血をあがなうもの」(『思想の科学』 1960. 7) 110쪽.

130 加藤周一·久野收 「五·一九と八·一五」(『思想の科学』 1960. 8) 13쪽. 편집과 사회를 맡은 쓰루미 슌스케의 발언.

131 「六·四闘争 大きく報道」(『朝日新聞』 1960. 6. 5). 「米上院, 安保審議始める」(『朝日新聞』 1960. 6. 8). 이하의 외국 신문 보도는 일본 측의 신문 전재에 따랐다.

132 「後進国並みの民主主義」(『毎日新聞』 1960. 6. 6 夕刊). 藤島 앞의 논문 91쪽.

133 「不安な日本の前途 英国各紙の論調」(『毎日新聞』 1960. 6. 21). 「対日信頼感は下落」(『朝日新聞』 1960. 6. 19 夕刊). 「日本を見る目」(『朝日新聞』 1960. 6. 20).

134 「米議会の対日感情硬化」(『東京新聞』 1960. 6. 18). 사이크스의 발언은 日高六郎 『一九六〇年五月一九日』(岩波新書, 1960) 165쪽에서 재인용.

135 竹內全集 第9卷 139, 141쪽. 이 해거티의 발언은, 앞의 책 『女たちの六〇年安保』 84쪽에서는 약간 자구가 다르지만, 취지는 거의 같다.

136 앞의 기사 「後進国並みの民主主義」. 「新安保の批准促進」(『産経新聞』 1960. 6. 17). 磯野富士子 「アメリカは思い違いをしています」(『朝日ジャーナル』 1960. 6. 28) 28쪽.

137 朝海浩一郎·松本重治 「対米関係を憂える」(『中央公論』 1960. 8).

138 앞의 기사 「日本を見る目」. 「訪日延期」世界はこうみる」(『毎日新聞』 1960. 6. 17).

139 앞의 기사 「後進国並みの民主主義」.

140 藤島 앞의 논문 85쪽. 「首相, "総辞職"を攻撃」(『朝日新聞』 1960. 6. 2 夕刊)

141 竹內全集 第9卷 223쪽. 鶴見著作集 第5卷 52쪽.

142 앞의 논문 「安保国会の黒い焦点」. 日高 앞의 책 183쪽. 「海外に大きな衝撃」(『毎日新聞』 1960. 6. 16). 「大もての日本人」(『毎日新聞』 1960. 6. 20). 다케우치 요시미는 이런 중국의 평가에 대해 "미국은 모든 것을 국제 공산주의의 탓으로 돌려 버리는데, 일본의 실정實情에 대한 중국의 오인은 미국의 이런 인식 부족을 뒤집어 놓은 듯하다"라고 평한다(竹內全集 第9卷 176쪽).

143 앞의 기사 「『訪日延期』世界はこうみる」. 「世界一の保守的な国民」(『産経新聞』 1960. 6. 20). 「乱入事件と各国の反響」(『朝日新聞』 1960. 6. 16).

144 앞의 자료집 『資料 戦後学生運動』 第5卷 361쪽. 이 조직은 전학련 반주류파다.

145 仲宗根勇 「沖縄のナゾ」(『新沖縄文学』 1969, 夏号) 59쪽.

146 위의 논문 59~60쪽.

147 谷川雁 「私のなかのグアムの兵士」(『思想の科学』 1960. 7) 139쪽. つげ義春 「となりの女」(『無能の人·日の戯れ』 新潮文庫, 1998. 初出 1985) 174쪽.

148 真壁仁 「そのとき, 農民はどうしていたか」(『朝日新聞』 1960. 7. 2).

149 「『静かなる闘争』のなかで」(『朝日新聞』 1960. 6. 5).

150 앞의 글 「形なき組織の中で」 82쪽.

151 「ビルの内側から」(『思想の科学』1960. 7) 69쪽.

152 杉山 앞의 논문 45쪽.

153 앞의 논문 「ビルの内側から」70쪽.

154 水口宏三・石田雄・日高六郎・岡田任雄 「大衆行動と岸政権」(『朝日ジャーナル』1960. 6. 12) 12쪽.

155 杉山 앞의 논문 44쪽.

156 앞의 자료집 『資料 戦後学生運動』第5巻 367쪽.

157 西部 앞의 책 135~136쪽에서 재인용.

158 「安保条約, ついに自然承認」(『朝日新聞』1960. 6. 19).

159 丸山集 第8巻 360쪽.

160 「十字路」(『毎日新聞』1960. 6. 26).

161 「戦後最高の八五パーセント」(『毎日新聞』1960. 6. 26). 앞의 책(2장) 『岩波書店と文藝春秋』232쪽.

162 辰濃和男 「アカシアの雨がやむとき」(前掲 『クロニクル 週刊二〇世紀』1960年分) 1쪽.

163 安岡正篤 「『愛国心について』を薦む」(日本文化連合会編 『愛国心について』日本文化連合会, 1961) 10쪽.

164 「あなたは日本を愛するか」(『週刊朝日』1962. 1. 5) 설문 조사 회답. 『戦後における"愛国心"論議の展望』(社会風潮調査資料 12, 1962) 16쪽에서 재인용.

165 「未来をみつめる青年たち」(『御茶の水女子大新聞』1960. 11. 20). 앞의 『戦後における"愛国心"論議の展望』25쪽에서 재인용.

3부

13장 대중 사회와 내셔널리즘

1 鶴見俊輔著作集 2권 463쪽.

2 山本 앞의 책(서장) 『戦後風俗史』181쪽.

3 宮本常一 「生活から何が失われたか」(高畠通敏編 앞의 책(1장) 『日常の思想』수록) 61, 57, 62쪽. 또한 미야모토는 고도 경제 성장 외에 총력전에 따른 사회 변동을 이런 의식 변화의 원인으로 든다. 즉 "통제 경제의 강행으로 반년마다 정산하던 방식이 전부 현금 거래로 교체되었기" 때문에 화폐 경제가 침투했고, 신뢰 관계에 기반을 둔 상호 의존을 대신하게 되었다는 것이다(53쪽). 또한 미야모토가 촌락의 공동체 의식 붕괴와 함께 "아이들이 촌락의 아이, 사회의 아이, 파란 하늘의 아이이기 전에, 집家의 아이가 되어 버렸다"라고 쓴 점은 근대

가족론의 관점에서 볼 때 흥미롭다(64쪽).

4   石森章太郎 『サイボーグ009』第5巻(秋田書店, 1967) 178쪽. 또한 주인공 시마무라 조島村ジョー는 미군과 일본 여성 사이에서 태어난 혼혈아이며, 소년원에서 탈주했다는 설정이 있다. 미국의 그림자와 빈곤을 중시한 이 설정은, 1950년대부터 1960년대까지의 사회파 영화에서 자주 보인다.

5   梶原一騎 原作, 川崎のぼる 画 『巨人の星』(講談社, 1966~1970).

6   小田全仕事 第9巻 107~108쪽.

7   松下圭一 「大衆国家の成立とその問題性」(『思想』 1956. 11, 후에 『現代政治の条件』中央公論社, 1959에 수록) 25, 24쪽. 마쓰시타는 가토처럼 문화의 균질화로 성립하는 것까지 시민이라고 부르지는 않았다. 그것은 마쓰시타가 존 로크 John Locke의 연구자이며, 시민을 정치적 참가 의식이 강한 존재로 생각해서, 대중 사회의 수동적인 존재와는 이질적이라고 간주했기 때문이다. 마쓰시타는 문화의 균질화로 태어난 것은 고작 "사회의 '소시민화'"에 지나지 않는다고 위치 짓는다.

8   加藤秀俊 「日常生活と国民運動」(『思想の科学』 1960. 7) 31쪽.

9   松下圭一 「国民運動をどう発展させるか」(『中央公論』 1960. 8) 106쪽. 같은 저자 「憲法擁護運動の理論的展望」(『思想』 1962. 5, 후에 『現代日本の政治的構成』東京大学出版会, 1962에 수록) 268쪽. 이 혁신 내셔널리즘이라는 말은 필자의 이전 저서인 《日本人》の境界』 21장에서 말했듯이 사카모토 요시카즈가 1960년에 「革新ナショナリズム試論」(『中央公論』 1960. 10)에서 제창했으며 후에 다카시마 젠야高島善哉도 채용한다. 또한 마쓰시타는 위의 「国民運動をどう発展させるか」에서 "제도로서 도입된 전후 민주주의가, 한 사람 한 사람의 자발적 행동으로서 성장했다"라고 말한다(106쪽). 살펴본 범위에서는 이것이 '전후 민주주의'라는 말의 용례로서, 가장 빠른 시기의 사례다(최근의 연구에서는 이보다 이른 시기의 용례가 지적되었다. 清水靖久 「戦後民主主義と丸山眞男」『思想』 1130号 참조- 옮긴이). 그로부터 몇 년 뒤에는 오로지 비판적으로 사용되는 전후 민주주의라는 총칭이, 이 시기에는 긍정적으로 사용된 사실을 엿볼 수 있다.

10   佐々木基一·藤田省三·佐多稲子·橋川文三 「大衆の思想と行動」(『新日本文学』 1960. 8) 29쪽.

11   NHK放送世論調査所編 『図説 戦後世論史』(日本放送出版協会, 1975) I, IX장.

12   이상 小熊 앞의 책 (2장) 『単一民族神話の起源』 17장에서 인용했다.

13   小田全仕事 第8巻 68쪽.

14   色川 앞의 책(서장) 『明治精神史』 上巻 3쪽.

15   竹内全集 第8巻 243쪽. '明治維新百年祭'의 제창은 竹内全集 第9巻 62쪽.

16   竹内全集 第8巻 242쪽에서 재인용.

17   久野·藤田·鶴見 앞의 책(5장) 『戦後日本の思想』 279쪽.

18   鶴見著作集 第3巻 445쪽. 1972년의 「素材と方法」에서 인용. 또한 쓰루미는 1970년의 「死んだ象徴」(第2巻)이나 1968년의 「丘浅次郎」(第3巻) 등에서도 요시노 사쿠조吉野作

造를 비롯한 다이쇼기의 사상가를 상찬한다.

16장에서 말하듯이 쓰루미는 '100점 만점'을 목표로 하는 윤리적 지향과, 그 반동인 '어깨에 힘을 빼는' 지향 사이의 딜레마로 고민한 인물이었다. 그의 내부에서 메이지는 전자, 다이쇼는 후자에 대응했음을 저작에서 엿볼 수 있다. 그는 1950년대에는 보수 정권의 전쟁 책임 망각과 기회주의를 비판하기 위해 메이지를 준거점으로 든 적이 많았지만, 1970년을 전후해서는 전공투 운동의 과도한 윤리 주의에 위화감을 느끼며, 다이쇼의 온건함을 재평가하게 되었다고 생각된다. 실제로 위의 문헌에 보이는 다이쇼 재평가에서는, 쇼와기의 마르크스주의로부터 영향을 받은 대학생이 다이쇼 데모크라시를 경멸하고, "요시노의 데모작demo作" 등의 멸칭을 사용했던 사실을 비판적으로 논한다. 그런 의미로는 쓰루미가 보여 준 1970년 전후의 다이쇼 재평가는 학생 반란 측의 전후 민주주의 비판에 대처한, 어떤 의미에서는 일시적인 것이었다고 할 수 있다. 쓰루미를 비롯한 전후 지식인의 다이쇼 재평가 움직임에는 위와 같은 시대 배경도 고려할 필요가 있다. 그렇지만 학생들의 전후 민주주의 비판에 직면했을 때, 다이쇼를 상기한 사실은 주목할 만하다. 또한 이 현상은 마루야마 마사오나 다케우치 요시미 등에서는 확인할 수 없으며, 전후 지식인 모두에게 일반화할 수는 없음을 부기해 둔다.

19 竹内全集 第8卷 223, 232, 235쪽.

20 日高六郎 「戦争体験と戦後体験」(『世界』1956. 8) 50쪽.

21 飯塚編 앞의 책(1장) 『日本の軍隊』149, 141, 142쪽.

22 鶴見著作集 第5卷 146~147쪽.

23 「出版時評」(『出版ニュース』1967年 12月中旬号). 吉田 앞의 책(3장) 『日本人の戦争観』 115쪽에서 재인용. 이하 이 절의 전쟁 체험의 풍화에 대한 기술은, 많은 부분이 요시다 吉田의 이 연구에 의거한다.

24 吉田 앞의 책 『日本人の戦争観』114, 119쪽.

25 日高 앞의 책 「戦争体験と戦後体験」51쪽.

26 吉田 앞의 책 『日本人の戦争観』109~110쪽.

27 앞의 책 111, 112쪽.

28 野添憲治 「知識人の優越感」(『思想の科学』1961. 9) 71쪽.

29 高田 앞의 논문(7장) 「行動の意味の発掘」25쪽.

30 竹内全集 第8卷 227쪽.

31 長浜 앞의 책(9장) 『教育の戦争責任』13쪽.

32 石原慎太郎·江藤淳·橋川文三·浅利慶太·村上兵衛·大江健三郎 「怒れる若者たち」(『文学界』1959. 10) 133쪽. 하시카와橋川는 이 충돌에서 앞의 글(5장) 「『戦争体験』의 意味」를 쓴다.

33 見田宗介 「戦後体験の可能性」(思想の科学研究会総会報告, 1963. 8. 후에 『現代日本の精神構造』弘文堂, 1965에 수록) 143, 147쪽.

34 永島慎二 『フーテン』(ちくま文庫, 1988) 115~116쪽. 원문은 구두점 없음.

35 清水幾太郎 「安保闘争一年後の思想」. 清水著作集 第10卷 191, 194쪽.

36　西部 앞의 책(7장)『六〇年安保』21, 23쪽.

37　樺 앞의 책(12장)『人しれず微笑まん』161쪽.

38　高見順·堀田善衛·三島由紀夫·吉行淳之介·村上兵衛·石原慎太郎·木村徳三「戦前派·戦中派·戦後派」(『文芸』1956. 7) 47, 48, 53쪽.

39　石原慎太郎「刺し殺せ!」(『三田文学』1959. 10) 21쪽.

40　大江健三郎「旅行カバンのなかの未来イメージ」(『週刊読書人』1962. 2. 12). 인용은 大江 앞의 책(4장)『厳粛な網渡り』146쪽.

41　笠原聖志「少年ファシストの安保体験」(高畠編 앞의 책(1장)『日常の思想』에 수록) 261~262쪽.

42　西部 앞의 책 24쪽.

43　앞의 책 27쪽.

44　佐藤 앞의 책(2장)『黒澤明の世界』305~306쪽.

45　丸山集 第9巻 183, 184쪽.

46　『日本共産党の危機と学生運動(全学連意見書)』. 이하 인용은 앞의 자료집(3장)『資料 戦後学生運動』第5巻 25, 3, 24, 44쪽.

47　앞의 자료집 第5巻 368, 393, 395쪽.

48　앞의 자료집 第5巻 243, 245, 246쪽.

49　高田 앞의 논문 25쪽.

50　앞의 자료집『資料 戦後学生運動』第6巻 411, 362, 408쪽.

51　위의 자료집 第7巻 31, 34쪽.

52　앞의 자료집 第6巻 362쪽.

53　竹内全集 第8巻 243쪽.

54　羽仁五郎『都市の論理』(勁草書房, 1968).

55　시미즈의 궤적에 대해서는 天野 앞의 책(7장)『危機のイデオローグ』가 자세한데, 별도의 항에서 논한다.

56　丸山集 第8巻 238~239쪽. 이 논문을 쓴 뒤에 1960년 안보 투쟁이 일어나, 마루야마는 시민의 대두에 대한 기대를 이야기한다. 그런 만큼 1960년 안보 후에 대중 사회가 도래한 상황은 그를 이중으로 실망시켰다고 추측된다.

57　이 세대에 대해 전공투 세대라는 호칭도 존재한다. 그러나 말할 것도 없이 이 세대 중에서 대학 진학자는 소수파이며 전공투 운동에 참가한 자는 더욱 소수다. 동세대 중에서도 매스컴을 이용한 발언이 가능했던 지식인층 중에 전공투 운동 참가자가 많았던 사실로부터, 전공투 세대라는 호칭이 발생했다고 생각된다. 여기서는 대학에 진학하지 않은 자도 포함한 '세대'에 대해 논하므로, 전공투 세대라는 호칭은 부적절하다고 판단했다.

58　『朝日クロニクル 週刊二〇世紀』1954年分(朝日新聞社, 1999) 20쪽.

59　이하 秋山勝行·青木忠『全学連は何を考えるか』(自由国民社, 1968) 137, 138, 139, 125, 121, 122, 126쪽.

60   女たちの現在を問う会編『全共闘からリブへ』(『銃後史ノート戦後編』⑧, インパクト出版会, 1996) 106～107쪽.

61   앞의 책 96, 97쪽.

62   北野隆一『プレイバック「東大紛争」』(講談社, 1990) 65쪽.

63   앞의 책『全共闘からリブへ』97쪽.

64   北野 앞의 책 144쪽.

65   앞의 책『全共闘からリブへ』104쪽.

66   東大全共闘・駒場共闘会議編『屈辱の埋葬』(亜紀書房, 1970) 352쪽. 東大闘争討議資料刊行会編『東大解体の論理』(『日本の大学革命』第4巻, 日本評論社, 1969) 134쪽.

67   단 日本大学文理学部闘争委員会書記局編『増補 反逆のバリケード』(三一書房, 1969) 48쪽을 보면, 1968년 6월에 니혼대학 전학공투회의가 발표한 항의문은 "학원은 민주적 학생의 것이다!", "폭력 학생을 추방한다!"라는 슬로건을 열거했다. 이런 슬로건은 니혼대학 전공투가 직면한 상대가, 대학 이사회의 의향에 따라 전공투에게 폭력을 휘두른 우익 체육회계의 학생들이었다는 사정과 관계가 있다.
그에 비해 민청과 대항 관계였던 도쿄대 전공투의 경우에는, 민주주의 옹호 및 폭력 반대를 내세운 민청에 대항하기 위해, 민주주의에 대한 혐오와 폭력 투쟁을 긍정하는 논조가 많았다. 따라서 민주주의가 전공투 운동에서 부정적인 말로 취급받은 것은, 반드시 당초의 일반적 현상이 아니라, 민청의 세력이 강했던 도쿄대의 독특한 언어 체계가 전공투 운동의 '표준어'로 타 대학에 파급된 결과일 가능성이 있다.
山本義隆『知性の反乱』(前衛社, 1969)에는『情況』(1969. 2)에 게재되었던, 도쿄대 전공투와 니혼대 전공투에서 지도적 역할을 한 학생들의 좌담회인「討論・反大学」이 수록되어 있다. 그 278쪽에는 니혼대 전공투 위원장이었던 아키타 아케히로秋田明大가 1968년 11월에 공투共闘를 위해 "도쿄대에 갔더니, 반反민청이 되지 않을 수 없었다"라고 말했으며, 마찬가지로 니혼대 전공투의 사쿠마 준조佐久間順三도 "[도쿄대에서] 돌아온 학생들이 말하는 것입니다. '민청은, 역시, 좀 이론적으로도 해치울 필요가 있지 않냐'라고. 거기서, '2단계 혁명 비판' 같은 것을 책으로 읽고 공부하게 됩니다"라고 말한다. 부정 경리 문제에서 자연 발생적으로 생긴 니혼대 전공투가 '민주적'이라는 말을 긍정적으로 사용했던 초기 상태에서 도쿄대 전공투의 영향을 받아 변화해 간 모습이 엿보인다.

68   와세다대학의 일화는, 앞의 책『全共闘からリブへ』86쪽. 그 이외는 北野 앞의 책 227, 99, 124쪽.

69   北野 앞의 책 87쪽.

70   佐伯 앞의 논문(서장)「戦後民主主義とは何だったのか」53, 56쪽.

71   앞의 책『全共闘からリブへ』274쪽.

72   丸山集 第9巻 173쪽. 丸山 앞의 책(2장)『自己内対話』137쪽. 1969년 2월 28일의 발언. 연구실 봉쇄 시의 발언은「法学部研究室封鎖」(『毎日新聞』1968. 12. 24).

73   앞의 글「法学部研究室封鎖」.《吉本隆明全著作集》(勁草書房, 1968～1978) 続10巻

13쪽.

74　앞의 책『屈辱の埋葬』293, 298쪽.

75　松田道雄「支配の論理と抵抗の論理」(앞의 책(7장)『資料「ベ平連」運動』上卷 수록) 446쪽. 日高 앞의 책(12장)「五月二○日から六月一九日まで」133쪽. 神田 앞의 논문(8장)「歷史學における民族問題論爭」54쪽.

76　鈴木正「歷史論における民族的なもの」(『歷史評論』120号, 1960) 83쪽.

77　東大全共鬪經濟大學院鬪爭委員会編『炎で描く変革の論理』(自由国民社, 1969) 128~129쪽.

또한 마루야마 마사오도 약간 다른 각도에서이기는 하지만 교수들의 피해 의식을 비판했다. 1969년의 것이라고 생각되는 메모에는 다음과 같은 내용이 있다(앞의 책『自己内対話』 174~175쪽).

"도쿄대 투쟁으로 내 눈에 비친 추잡한 인텔리. 혹은 미래의 인텔리들.

– 자기의 행동을 비정치적 혹은 반정치적이라고 생각하는 논섹트 래디컬non-sect radical의 자기기만.

– 심정적으로 전공투를 추수追隨하며, 마지막 단계에서 저버린 '일반 학생'.

– 분쟁에서 결국 피해의식밖에 갖지 않는 총장과 교관.

– 위선자의 무리(○○○, ○○○○나, 『朝日ジャーナル』의 기자뿐만 아니라, 전공투의 '우쭐해 있는' 지도자들).

– 자기의 시장을 확장할 찬스로서 써 대고 있는 평론가들.

– 타인 지향형, 혹은 관계형의 가치 판단밖에 하지 못하는 교수들(순진한 것인지도 모른다).

– 일공 증오라는 과거 혹은 현재의 체험이 거의 유일한 행동 원리가 되어 있는 전前 일공당원.

– 자기 직장에서의 무력감을 대학에 투사해, 보상 작용으로서 전공투를 지지하는 샐러리맨들(곤란한 존재).

– 전공투 학생을 '폭력 학생'이라고 부르는 데에, 조금의 주저도 느끼지 않는 일공(민청) 교원과 학생.

– 마지막으로, 결국은 이런 것밖에 쓰지 못하는 '교원으로서의' 마루야마.

~라는 것은, 결국 일본에서 살기가 싫어졌다는 것일지도 모른다."

78　앞의 책『屈辱の埋葬』299쪽.『東大鬪爭獄中書簡集』(三一書房, 1970) 178, 180쪽.

79　小田 앞의 책(1장)『「ベ平連」·回顧錄でない回顧』585쪽.

80　北野 앞의 책 270쪽.

81　앞의 책『全共鬪からリブへ』107쪽.

82　北野 앞의 책 91쪽.

83　앞의 책 191쪽.

84　小松左京「"平均的人類"の願い」(앞의 자료집『資料「ベ平連」運動』上卷 수록) 135~136쪽.

85　本多勝一『戦場の村』(朝日新聞社, 1967. 朝日文庫版 1981) 文庫版 161쪽.

86 앞의 책 125쪽.

87 앞의 책 157쪽.

88 앞의 책 250, 313쪽.

89 앞의 책 221, 224쪽.

90 松尾 앞의 책(3장)『国際国家への出発』296쪽.

91 앞의 책 296쪽.

92 本多 앞의 책『戦場の村』313~314쪽.

93 ハワード ジン「魚と漁師」(앞의 자료집『資料「ベ平連」運動』上巻 수록) 89쪽.

94 「爆弾でベトナムに平和をもたらすことができるか?」(앞의 자료집『資料「ベ平連」運動』上巻 수록) 59쪽. ジン 앞의 논문 91, 87쪽).

95 小田実「平和への具体的提言」(앞의 자료집『資料「ベ平連」運動』上巻 수록) 107, 109~110쪽.

96 ジン 앞의 논문 91쪽.

97 小田実編『ベトナムのアメリカ人』(合同出版, 1966) 237, 248쪽.

98 앞의 책 248, 221쪽.

99 小田全仕事 第8巻 153쪽.

100 앞의 책『ベトナムのアメリカ人』2쪽.

101 앞의 책 220쪽.

102 本多勝一『中国の旅』(朝日新聞社, 1972. 朝日文庫版 1981) 文庫版 11쪽.

103 鶴見著作集 第5巻 131쪽.

104 앞의 책 137, 139, 150쪽. 16장에서 말하듯이, 쓰루미는 전후 지식인 중에서도 전사자를 기반으로 삼은 전쟁 책임 추궁에 열심이었다. 그런 그가 '와다쓰미'를 비롯한 전몰 학도병을 비판한 것은, 당시 전공투 운동의 분위기에 밀린 것에 더해, 전공투의 윤리주의적인 주장에 질식감을 느꼈기 때문이라고 생각된다.

이 장의 주 18에서 말했듯이, 쓰루미는 100점 만점의 윤리주의 지향, 우등생 지향과, 그 반동으로서의 불량 지향, 대중 지향 사이에서 딜레마에 빠져 있던 인물이다. 자기의 사상을 완수하고 전사한 특공대원은 쓰루미가 보기에는 100점 만점의 존재이며, 그는 1950년대에 그런 전사자를 발판으로 하여 보수 정치가나 지식인의 동향에 대해 전쟁 책임을 추궁했다. 그러나 쓰루미는 국가의 원범죄를 주장한 1968년의 「戦争と日本人」에서는 특공으로 전사한 학도병들을 "그들은 아마도 소학교 때부터 계속 우등생이었을 것입니다. 항상 법에 복종하며 살아왔다. 자기는 칭찬받는 사람이 되고 싶다는 일종의 유혹을 물리칠 수가 없었다"라고 평하면서, 이것을 "일종의 정신적인 용기 결여"라고 표현한다(5卷 139쪽). 또한 1969년 6월에 쓰루미는 베헤렌이 지원한 탈주 미군 병사에 대해서도 "어린아이 때부터 성실하고 교사나 부모한테 칭찬받으면서 자라나, 지금도 '그 사람이 베트남 전쟁에 반대하는 것은 유감이지만, 그러나 훌륭한 사람이다'라고 칭찬받고 싶어 하는 사람은, 탈병병은 되지 못한다"라고 말한다(5卷 170쪽).

즉 쓰루미는 1950년대에는 100점 만점의 상징인 전사자에 대한 동경으로 전쟁 책임을 추궁한 한편, 1968년에는 그것에 대한 반발에서 전몰 학도병 비판을 주장했다고 할 수 있다. 그렇게 생각하면 그가 여기서 국가의 원범죄에 대항하는 카운터 크라임을 상찬하는 것은, 그의 불량소년 지향이 국가론에 적용되었다고 할 수 있을 것이다.

그리고 쓰루미는 이 시기에 전공투 운동으로부터 자극받아, 상당한 윤리주의적 중압감을 느낀 것 같다. 1967년 에스페란티스트esperantist 유이 주노신由比忠之進이 베트남 전쟁을 지지하는 일본 정부에 항의하여 분신자살했을 때, 쓰루미는 유이를 상찬하면서도 "나는, 자기 몸에 불을 지를 만큼의 용기가 없고, 유이 씨의 행위를, 나로서는 흉내 내기 어려운 격렬한 행위로 생각한다"라고 쓴다(5卷 113쪽). 또한 1968년의 「現代学生論」에서는 전공투의 배제를 위해 기동대를 진입시킨 대학의 대응을 "자기는 때리지 않는다. 그러나 제3자에게 전화를 걸어서, 와 달라고 하여, 그리고 기계적으로 때리게 하는 것은, 이것은 교육적인 관계라고는 생각할 수 없습니다"라고 말하며, "메이지의 정신이라는 것과는 상당히 다른 종류의 인간관계가, 대학 속에 나와 버렸다"라고 평한다(5卷 120, 121쪽). 이후 1970년에 쓰루미는 전공투 운동에 대한 대응에 항의하여 도시샤대학을 사직하는데, 동시에 주 18에서 말했듯이, 이 시기에 메이지에서 다이쇼로 이동한다.

100점 만점의 윤리주의에 양가적인 태도를 품은 쓰루미에게, 아마도 전공투 운동은 공감의 대상임과 동시에 질식감을 느끼게 하는 반발의 대상이기도 했을 것이다. 또한 그는 1968년의 「現代学生論」에서는 "학생은 언제라도 도망칠 수 있는 지위에 있다"라고도 말한다(5卷 121쪽). 말하자면 이런 전공투 운동에 쫓기는 상태에서 전사자를 우등생이라고 비판하며 '국가의 원범죄'에 대한 '카운터 크라임'을 상찬하는 형태로, 전공투 운동의 주장에 표면으로 찬동하고 근저에서는 반발하는, 1968년의 쓰루미의 주장이 나타났다고 생각된다. 또한 이 「戰争と日本人」은 학생들에게는 대개 평가가 좋았다고 하는데, 대학 사직 후의 쓰루미는 심신이 좋은 상태라고 할 수 없었으며, 1972년에는 일본을 떠나 객원 교수로 멕시코에 갔다.

또한 쓰루미는 1969년의 「二十四年目の「八月十五日」」에서 원폭을 비판하며 자결한 오야도마리 조세이 대좌(4장 참조)를 논하면서 "전후 24년째인 오늘날에는, 오야도마리 씨의 사고방식과는 반대로, 정치상의 책임을 주로 생각하고 도덕상의 문제를 놓쳐 버리는 경향이 강하게 나타나고 있다. 죽창으로 원폭에 대항하는 것은 바보 같다는 사고방식만 있고, 올바른 목적을 위해서라면 죽창으로라도 일어서자는 기개는 없어져 버렸다고 할 수 있다. 그 풍조에 대한 반동으로서, 전쟁 이후에 자라난 젊은이들 사이에서 1945년에 그런 식으로 항복하지 말고 옥쇄할 때까지 싸웠으면 좋았을 것, 그런 뒤에 비로소 진정한 민주주의가 일본에 태어났을 것이라는 전쟁관이 나타나고 있다"라고 말하는 한편, "나는 전후를 가짜 민주주의의 시대라고 생각하는데, 그러나 그렇다고 해서 그것을 통째로 버려야 한다는 사상은, 정치사상으로서 믿을 수가 없다. 그것은 정신적 태만의 일종으로, 어려움을 참고 견디는 것이 부족한 종류라고 생각한다", "진지하게 생각하는 사람은, 진짜가 되고 싶다고 바라며, 진짜가 되지 못한다면 죽어 버리라고 타인에게 말하고 싶을 것이다. 그러나 진짜라는 것은, 공상 속에만 있지 않을까. 가짜는 죽으라는 것은, 끝까지 밀어붙여 보면, 자기는 사실 살기보다 죽고 싶다고 생각하는 것이 아닐까"라고 쓴다(5卷 144, 145쪽). 1950년대에는 전사자를 기반으로 보수 정치가의 기만적인 행동을 비판했던 쓰루미가, 전공투 운동의 윤리주의와 전후 민주주의 비판에 공감하면서 반발하는 모습이 엿보인다.

또한 쓰루미가 국가의 원범죄와 카운터 크라임을 주창한 「戦争と日本人」은, 1968년의 김희로金嬉老 사건에 대한 언급으로 시작하며, 카운터 크라임이라는 그의 주장은 이 사건으로 촉발되기도 했던 것 같다. 그러나 쓰루미가 김희로에게 긍정적 내지 동정적이었던 점에 대해, 마루야마 마사오는 1969년경의 메모에서 "'그런 일을 당했으므로, 화가 나서 생각하지 않게 때리거나, (죽이거나) 하는 것도 무리는 아니다'(시어머니에게 괴롭힘을 당한 며느리의 복수로부터, 김희로 사건에 이르기까지) → 원인·철학론과, 인격적 책임의 문제를 혼동"이라고 쓴다. 마루야마는 1969년 2월 28일에 수업을 방해하는 전공투 학생에게도 "김희로 사건이나, (가공의) 질투에 미친 부인이 남편을 살해한 사건 같은 예를 들어서" 반론한다(丸山 앞의 책 『自己内対話』148, 136쪽). 본래 마루야마의 지론은 정치는 '심정 윤리' 문제가 아니라, 결과에서의 '책임 윤리' 문제라는 것이며, 그런 사고방식의 사례로 김희로 사건을 생각했던 사실을 엿볼 수 있다. 그러나 자이니치 조선인의 처지에 배려가 느껴지지 않는다는 점은 차치하더라도, 마루야마가 이런 논의를 꺼내는 듯한 태도로 전공투 운동을 대한 것이, 더욱더 그들을 자극했다는 사실은 상상하기 어렵지 않다. 이후 마루야마는 간장 질환으로 쓰러져서 대학을 퇴직해 버린다. 이런 마루야마의 대응은 자신의 주장을 관철했다는 심정 윤리에서는 동정할 수 있지만, 정치 행동으로서의 결과에 대한 책임에서 볼 때 현명했다고 할 수 있을지, 논의가 갈릴 듯하다. 좋든 나쁘든, 마루야마는 '정치가'는 아니었다고 할 수 있을 것이다.

105   小田実「ことは始まったばかりだ」(앞의 자료집 『資料「べ平連」運動』 下卷 수록) 521쪽.

106   小田 앞의 책 『「べ平連」·回顧録でない回顧』 544쪽에서 재인용.

107   앞의 책 52~53쪽.

108   「戦没学生に声あらば……」(『朝日新聞』1969. 5. 21). 상을 파괴한 학생 측의 의견은 鮎原輸「死者たちの復権―わだつみ像破壊者の思想」(『朝日ジャーナル』1970. 2. 8)을 참조하라. 와다쓰미상의 건립과 와다쓰미회의 활동 경위에 대해서는, 保坂正康『「きけわだつみのこえ」の戦後史』(文藝春秋, 1999)에 자세히 실려 있다.

109   奥崎謙三『ヤマザキ, 天皇を撃て!』(三一書房, 1972. 再版 新泉社, 1987)을 참조하라.

110   吉本著作集 続10卷 202쪽. 또한 요시모토는 오키나와 학자인 이와 후유伊波普猷에게는 자기의 주장 같은 시점이 없었다고 비판하며, "그러니까 류큐·오키나와의 놈들은 안 된다"라고 평한다(191쪽).

111   이하 東アジア反日武装戦線KF部隊(準)著·発行『反日革命宣言』(1979)의 5장인 「KF部隊(準)の反日思想」 및 부록 자료로서 재수록된 『腹腹時計都市ゲリラ兵士の読本 Vol.1』(1974. 3)에서 인용했다. 동아시아반일무장전선東アジア反日武装戦線에 대해서는 松下竜一『狼煙を見よ』(河出書房新社, 1987)을 참조하라.

14장 '공적인 것'의 해체

1　요시모토 다카아키가 전공투 운동에서 인기를 획득한 1968년 이후에 다수의 요시모토 론이 쓰여졌다. 확인할 수 있는 단행본만 해도, 小林一喜, 遠丸立, 宍戸修, 大堀精一, 中村文昭, 白川正芳, 北川透, 磯田光一, 河野信子, 菅孝行, 宮城賢, 岡井隆, 松岡俊吉, 上村武雄, 久保隆, 川端要壽, 吉田裕, 鮎川信夫, 月村敏行, 宮内豊, 上林俊樹, 宮林功治, 好村冨士彦, 神山睦美, 金山誠 등의 저작이 있으며, 비교적 최근의 것으로는 『吉本隆明を「読む』(現代企画室, 1980), 吉田和明 『吉本隆明論』 正·続 (パロル舍, 1986), 竹田青嗣 『世界という背理』(河出書房新社, 1986), 田川建三 『思想の危険について』(インパクト出版会, 1987), 鷲田小彌太 『増補版 吉本隆明論』(三一書房, 1992), 芹沢俊介 『主題としての吉本隆明』(春秋社, 1998), 小浜逸郎 『吉本隆明』(筑摩書房, 1999), 오르손 앞의 책 (10장) 『アンビヴァアレント·モダーンズ』, 水溜真由美 「出家の論理」(『情況』 1999. 10), 友堂勉 「欲望の戦後的形象」(『現代思想』 30巻 11号, 2002) 등이 있다.

본문 중에도 썼듯이, 이제까지의 요시모토론은 요시모토가 과격한 황국 청년이었다는 이미지에 구속되어, 그의 전쟁 체험과 사상 간의 관련성이 충분히 검토되지 않았다고 생각된다. 또한 전중파의 세대적 경향과 요시모토의 관계도 그다지 논해지지 않았다. 마루야마 마사오와의 대립 관계는 종종 언급되지만, 공과 사의 관계라는 관점에서 이것을 논하여, 연합적군 사건에 대한 강연까지 시야에 넣을 필요가 있다고 생각했다. 또한 말할 것도 없지만, 이 장에서는 요시모토의 병역 면제를 비판하는 것이 아니라, 이 점에 대해 그가 죄책감을 느꼈다는 사실을 지적하고 그것이 그의 사상에 어떻게 반영되었는지를 논한다.

2　竹内全集 第13巻 88, 89쪽.

3　中村真一郎·加藤周一·田代正夫·三島由紀夫·寺澤恒信·石島泰·上野光平·三浦節·枡内左紀 「二十代座談会 青春の再建」(『光』 1947. 12) 3쪽.

4　앞의 글(13장) 「戦前派·戦中派·戦後派」 45쪽.

5　村上一郎 「戦中派の条理と不条理」(五味川俊平·村上一郎·山田宗睦 『私と戦争』, 講座 『現代の発見』 第1巻, 春秋社, 1959) 63, 97쪽.

6　白鳥邦夫 「私の敗戦日記」(鶴見編 앞의 책(1장) 『平和の思想』에 수록) 147, 149쪽.

7　村上 앞의 논문(3장) 「戦中派はこう考える」 24쪽.

8　柴田 앞의 논문(1장) 「戦争が生んだ子どもたち」 24쪽.

9　森崎和江 「京ノ方ヲ向イテ拝ムガヨイ」(久野·神島編 앞의 책(3장) 『天皇制』論集』에 수록) 135쪽.

10　鶴見俊輔著作集 第5巻 10쪽.

11　北村太郎 「孤独への誘ひ」(『純粋詩』 1947. 3) 26쪽.

12　앞의 논문 27쪽.

13　荒著作集 第1巻 279쪽.

14　遠藤周作·小林洋子·月丘夢路·深尾庄介·丸山邦男·三輪輝光·大宅壮一 「戦中派

は訴える」(『中央公論』1956. 3) 160쪽.

15 鶴見著作集 第5卷 12쪽에서 재인용. 村上 앞의 논문「戦中派はこう考える」22쪽.

16 佐藤 앞의 논문(7장)「裸の日本人」57~58쪽.

17 이하 平野謙·磯田光一·吉本隆明「戦後文学白書」(『図書新聞』1964. 6. 27, 猫々堂 編·発行『吉本隆明資料集』第1卷, 2000에 수록) 70쪽.

18 村上 앞의 논문「戦中派はこう考える」30쪽.

19 이하 梅原 앞의 논문(1장)「京都学派との交渉私史」35, 38쪽.

20 高田 앞의 논문(7장)「行動の意味の発展」29쪽.

21 松浦 앞의 책(1장)『戦時下の言論統制』66쪽.

22 神立 앞의 책(1장)『零戦 最後の証言』150, 220쪽. 앞의 책(11장)『零戦 最後の証言 II』153쪽.

23 小田実「『難死』の思想」(小田全仕事 第8卷 수록) 14쪽.

24 이하 山田宗睦『戦後思想史』(三一書房, 1959) 18, 8, 11쪽.

25 坂口全集 第11卷 273, 274쪽.

26 《吉本隆明全著作集》(勁草書房, 1968~1978) 第5卷 673, 674쪽. 이하 이 저작집에 서의 인용은 권 호와 쪽수를 본문에 직접 표기한다.

27 吉本隆明『私の「戦争論」』(ぶんか社, 1999) 194쪽. 또한 요시모토는 이 인터뷰에서 징병 기피를 할 의도도 없었다고 강조하며 "'전지로 가기 싫다'라고 생각한 적은 없습니다. '언 제든지 전지로 가자'라고 생각했습니다. 그것은 진심입니다. 이전, 가라타니 고진에게 '요시 모토가 공과계 학교에 간 것은 징병을 피하기 위한 게 아닌가'라는 말을 들은 적이 있습니다 만, 그것은 가라타니 고진이 좌익 학생이었던 무렵의 자기 태도에서 유추한 것이겠지요. 나는 소학교를 졸업하고 곧바로 공과계 학교에 들어갔으니까요"라고 말한다(197쪽). 그러나 요시 모토가 징병을 피한 것에 강한 죄책감을 품었던 사실은 본론에서 검증한 대로다.

또한 요시모토가 여기서 말하는 가라타니 고진의 지적에 해당하는 것은, 필자가 살펴본 범위 에서는 柄谷行人·浅田彰·蓮實重彦·三浦雅士의 좌담에서『近代日本の批評』(福武書店, 1991) 下卷 75~76쪽의 다음과 같은 대화라고 생각된다.

"아사다 아키라浅田彰: 〔요시모토의 평론에는〕이상하게도, 어떻게 해서 징병을 피했는가, 라는 보통의 이야기가 전혀 나오지 않습니다. 죽음을 각오한 청춘이라는 이야기만이 과장되 어 신화가 됩니다.

가라타니: 그 무렵은 이과계 대학생이면 전쟁에 나가지 않아도 된다는 것은 상식이에요. 법 학부의 경우, 조수〔정식으로는 조교수〕인 마루야마 마사오까지 전쟁에 끌려갔습니다. 특별히 요시모토 다카아키가 징병을 피하려고 이과로 갔다고는 생각하지 않지만요. 사실로서, 죽음 의 위험은 없었다는 것입니다."

이후에는 화제가 이동하며 요시모토의 병역 문제가 다루어진 것은 위의 부분이 중심이다. 이 얼마 되지 않는 부분의 지적에 대해, 10년 가까이 지난 인터뷰에서 반론을 시도하는 요시모토 의 자세로부터 이 문제에 관한 그의 깊은 상처가 느껴진다.

28　吉本 앞의 책 『私の「戦争論」』 195쪽.

29　高田 앞의 논문 26쪽.

30　オルソン 앞의 책 126쪽. 로런스 올슨(Lawrence Olson, ローレンス オルソン)의 인터뷰에 의한 것.

31　平野·磯田·吉本 앞의 좌담회 「戦後文学白書」 67쪽.

32　위의 좌담회 69쪽.

33　요시모토는 1950년 메모에서는 "왜 인간은 불완전한 것으로부터 완전한 것으로, 인성으로부터 신성으로-라는 사고를 거치지 않으면 안 되는가"라는 의문을 제기한다(15卷 86쪽).

34　『マチウ書試論』 투고의 경위는 吉本隆明 「『文学者』という画像」(『近代文学』 復刻版·細目·執筆者目録) 日本近代文学館, 1981에 수록) 20~21쪽을 참조하라. 요시모토는 『近代文学』에의 투고 동기를 "신뢰할 만한 평가를 여기서밖에 기대할 수 없었다"라고 말한다. 최종적으로 『現代評論』 創刊号·第2号(1954. 6, 1954. 12)에 게재되었다.

35　花田清輝·岡本潤·吉本隆明 「芸術運動の今日的課題」(『現代詩』 1956. 8, 앞의 책 『吉本隆明資料集』 第1卷 수록) 7쪽.

36　吉本著作集 第8卷 57, 74쪽. 第13卷 243쪽. 더욱이 요시모토는 『高村光太郎』에서 "서민 사회를 그대로 빠져나간 범휴머니즘풍 주아사상主我思想"의 대표적인 예로 시라카바파를 든다(8卷 12쪽).

37　모순적이게도 요시모토는 『マチウ書試論』에서는 자립이라는 말을 부정적으로 사용한다. 그에 따르면 원시 기독교단의 주장은 "인간의 현실적인 조건과는 다른 곳에서, 신의 윤리를 자립시키고, 인간이 살아가는 의미를 일체의 현실적인 것으로부터 거의 격리해 버리는 내용"이었다는 것이다(4卷 76쪽). 이런 자립에의 동경과 혐오에는, 영원의 시인에 대한 요시모토의 양가적 태도가 나타났다고 할 수 있다.

38　吉本隆明 『知の岸辺へ』(弓立社, 1976) 354, 356, 386, 387쪽.

39　鶴見著作集 第2卷 462, 463, 464쪽.

40　요시모토가 말하는 "총체의 비전"은 사회주의를 비롯한 현대 사회의 이론적 파악과 혼동되어 해석되는데, 기본적으로는 그의 시적 언어론에서 말하는 "세계를 포함하는", "자립"과 같은 뜻이었다고 생각된다. 그는 1959년의 글에서 전쟁 체험의 기억이 없는 전후 세대의 공산주의자와 이야기를 나누었을 때, 그 인물이 이론적으로 일본 및 세계의 정세를 비판하는 세계 비전을 가진 자였다고 표현하며, 이것을 "소생이 철저하게 부정해 온 것"이라고 말한다(13卷 463쪽). 요시모토의 생각으로는 기존의 마르크스주의 이론 등을 응용한 세계 비전이나 운동의 프로그램은, 자기의 내부에서 완결된 표현인 총체의 비전과는 달랐다.

41　이하 앞의 좌담회 「芸術運動の今日的課題」 12~19쪽.

42　吉本 앞의 논문 「『文学者』という画像」 21쪽. 단 세탁기 구입에 쓴 돈은 상금의 일부이며 "대부분은 안보 소동으로 체포되었을 때 신세를 진 변호사에게 주었다"라고 한다.

43　吉本著作集 第13卷 126, 127, 53, 580쪽. 요시모토는 용어를 엄밀하게 정의하지 않고 내셔널리즘이라는 말을 다양한 의미로 쓰는데, 1960년의 「擬制の終焉」에서는 인터내셔널리

즘과 내셔널리즘을 독특한 의미로 쓴다. 요시모토에 따르면 중국공산당의 노선에 영향을 받아 반미 애국을 주창한 공산당은 내셔널리즘이지만, "외국의 힘은 빌리지 않는다"라고 선언한 다케우치 요시미의 「四つの提案」은 인터내셔널리즘이라고 한다(13卷 53쪽). 여기서의 내셔널리즘이란 지도자가 인민(대중)을 따르게 하는 것이며, 인민(대중)이 외국의 지도자를 거부하는 자세에는 반대로 인터내셔널리즘이라는 명칭이 붙는다. 일반적인 의미에서의 인터내셔널리즘과는 상당히 다른 용법인데, 요시모토가 6월 15일의 전학련 주류파 데모를 "인터내셔널리즘의 소용돌이"라고 표현한 것도, 이 용법에 의거한다.

44   竹內全集 第9卷 503쪽. 또한 요시모토는 1965년의 「思想的弁護論」에서는 "비소卑小한 기시 정부의 퇴진, 개정 안보 조약의 비준 저지와 자기의 생명을 바꿀 수는 없다고 생각했을 때, 적어도 내 주관의 내부에서 안보 투쟁은 패배했다"라고 주장하며, 이 6·15 체험에서 "전全 당파로부터의 자립"에 이르렀다고 말한다(13卷 293, 294쪽). 요시모토가 안보 투쟁을 패배라고 총괄한 사실은, 그의 이런 주관적 기준에 따른 것이며, 그가 볼 때에 전사할 의지가 없는 투쟁은 전부 패배한 것이었다고 할 수 있다.

45   여기서 중간적인 위치를 차지하는 것이 1964년의 요시모토의 논문 「日本のナショナリズム」이다(著作集 第13卷). 여기서 요시모토는 서양적 교양을 지닌 지식인과 대치되는 일본의 대중이 가진 문화나 심성을 내셔널리즘이라고 부른다(1960년대의 몇몇 논고에서는, 이것을 대중 내셔널리즘이라고 부르는 사례도 있다). 단 그는 이 논문에서는 내셔널리즘에 일관되게 괄호를 붙여서 쓰며, 대중의 문화나 심성을 내셔널리즘이라고 부르는 것은 보류한다. 그 뒤로 1965년 이후에 요시모토는 대중은 국가를 넘어선다는 『共同幻想論』의 노선으로 이행한다. 일본은 비서양적인 후진국이며 지식인은 서양적 교양을 가진 존재라는 1950년대의 평가가, 1964년을 마지막으로 아마도 요시모토의 내부에서 사라져 갔다고 생각된다.

46   이 논쟁의 경위는 桜井哲夫 『思想としての60年代』(講談社, 1988)에 수록된 「〈幻想〉으로서의 吉本隆明」에 자세하다.

47   물론 1960년대 이후에도, 요시모토가 집가를 근대 가족이 아닌 이미지로 그린 경우는 많다. 특히 자기의 출신인 서민적인 동네의 가족을 회상하는 경우에는 그것이 현저하다. 그런 비근대형의 집도, 국가로부터 자립한 존재로 여겨짐은 말할 것도 없다.

48   吉本著作集 第5卷 315쪽. 요시모토의 고대 지향은 어떤 면에서는 폐허에서의 생활을 원시 상태에 비유하는 시점으로부터도 나왔다고 생각된다.

49   吉本著作集 제14권 614, 481쪽. 鶴見著作集 第2卷 464쪽.

50   吉田和明 『吉本隆明』(FOR BEGINNERS シリーズ 32, 現代書館, 1984) 114쪽, 桜井 앞의 책 148쪽.

51   吉田 앞의 책 『吉本隆明』 115쪽.

52   앞의 책 114쪽.

53   吉本 앞의 책 『知の岸辺へ』 387~388쪽. 미시마의 죽음에 접해서도 "곡예acrobate와 같은 육체 단련을 견디고, 이윽고 특공기로 차례로 자폭해 갔던 소년 항공병들"을 상기하는 글을 쓴다(続10卷 245쪽).

54 앞의 책 405~406쪽.

55 후쿠다 쓰네아리는『新潮』(1960. 9)의 평론「常識に還れ」에서 마루야마 마사오 등을 비판하는 한편, "나와는 전혀 다른 입장에 있으면서, 내가 가장 호의를 갖는 주류 제군에게 충고한다. 선생님과는 손을 끊어라"라고 말한다(福田全集 第5卷 228쪽). 또한 요시모토 다카아키, 시미즈 이쿠타로, 후쿠다 쓰네아리의 세 사람은, 모두 도쿄의 서민가 출신이며 전학련 주류파에 호의적이었다. 이 점은 12장에서 말한 서민가의 급진주의와 안보 투쟁의 관계를 생각할 때에 흥미롭다.

56 말할 것도 없이, 이 점은 요시모토에게 촉발된 사람들을 야유하는 것이 아니다. 오쓰카 히사오가 베버를 영유했듯이, 일본의 페미니스트도 요시모토를 영유했다고도 할 수 있기 때문이다.

15장 시취에 대한 동경

1 《江藤淳著作集》(講談社, 1967~1973) 第6卷 81쪽. 에토 준에 대해서는, 月村敏行 『江藤淳論』(而立書房, 1977), 菊田均『江藤淳論』(冬樹社, 1979), 福田和也『江藤淳という人』(新潮社, 2000), 高澤秀次『江藤淳』(筑摩書房, 2001), 大塚英志『江藤淳と少女フェミニズム的戰後』(筑摩書房, 2001), 田中和生『江藤淳』(慶應義塾大学出版会, 2001) 등의 저작이 있는 외에, 柄谷行人「江藤淳論」(『群像』 1969. 11, 후에『畏怖する人間』, 冬樹社, 1972에 수록)이나, 佐藤泉「『治者』の苦悩 江藤淳と日本近代」(『現代思想』 27卷 5号, 1999) 등이 있다. 또한 에토의 미국 체험에 대해서는 阿川尚之『アメリカが見つかりましたか (戰後編)』(都市出版, 2001)이나 桜井哲夫『アメリカはなぜ嫌われるのか』(ちくま新書, 2002) 등이 다루고 있으며, 에토의 연보로는 武藤康史編「江藤淳エピーソド付き年譜」(『文学界』 1999. 9)가 자세하다.

대략 에토 준에 대한 연구는 막 시작되었을 뿐이라고 할 수 있는데, 에토의 죽음을 향한 충동에 대해서는 柄谷 앞의 논문이나 高澤 앞의 책 등도 주목한다. 그러나 본문에서 말했듯이 죽음의 충동 그 자체는 그와 동세대인 작가들에게 드물지 않은 현상이며, 그런 시대 배경으로부터 에토의 특징을 검증한 연구는 없다. 나아가 에토의 자연, 죽음, 性이라는 개념을 전쟁 체험과의 관계에서부터 검증한 연구는 보이지 않는다.

또한 많은 연구는『一族再会』에서 에토가 한 자기 설명이나, 앞의 저작집 第5卷에 실린 자필 연보 등에서 영향을 받아, 에토의 친어머니의 죽음이 미친 영향을 과대시한다고 생각된다. 이것 역시 본문 중에서 말했듯이, 에토는 친어머니에 대한 기억은 거의 없고, 오히려 아버지와의 관계 쪽에 복잡한 감정을 품어, 아버지와 어머니가 거의 겹치는 경우조차 있었다. 실제로 에토가 친어머니에게 큰 의미를 준『一族再会』를 쓴 것은, 아버지와의 관계를 쓴「戰後と私」,『日本と私』보다도 뒤의 일이다. 에토의 내부에 있었던 죽음의 충동은, 소국민 세대라는 세대적인 사정, 결핵 투병, 아버지와의 관계, 패전과 몰락의 상처, 그리고 그의 현실 혐오 등

이 복합적으로 형성한 것이었다. 그것들로 괴로워한 에토가 말하자면 친어머니라는 안전한 대상에서 원인을 찾음으로써, 일종의 도피와 은폐를 했던 측면이 존재한다고 생각할 수 있지 않을까.

또한 에토는 『一族再会』에서 자신이 느낀 상실감의 이유를 어머니의 죽음에서 찾으며 "패전과 전후의 사회 변동이 그것에 박차를 가한 것은 부정할 수 없다"라고 인정하면서도, "한 사람의 인간이 세계를 상실해갈 때, 그 원인을 그의 바깥에 있는 시대나 사회 속에서만 찾고자 하는 것은 공정함을 결여한다. 이런 인간에게는, 이미 '시대'라든가 '사회'라든가 하는 개념 그자체가 붕괴해 가는 현실의 일부로 느껴지기 때문이다"라고 말한다(江藤淳 『一族再会』, 福田和也編 『江藤淳コレクション』 第2巻, ちくま学芸文庫, 2001 수록, 40~41쪽). 어디까지나 사적인 정에 집착한 에토다운 자기 규정이지만, 연구로서는 이런 본인의 의향에 반하여 동시대의 배경으로부터 검증하지 않으면 안 된다. 만약 에토가 이런 사적인 정에 대한 집착을 철저히 하고자 했다면, 그는 나쓰메 소세키를 메이지라는 시대로부터 논하지도 말고, 전후 비판의 시사론 등을 쓰지도 말았어야 했다. 또한 실제로 초기의 에토는 그런 논의 방식을 거부했다. 그가 그런 자세를 관철했더라면 이 책과 같은 검증도 필요하지 않았을 것이다. 에토가 사적인 정을 사적인 정으로서 일관되게 가지고 가지 못하고 거기서부터 일탈해 간 과정을 검증하는 것이, 그의 초지初志를 살리면서, 동시에 보수 내셔널리즘의 함정을 검증하는 길이라고 생각한다.

2　　山中 앞의 책(1장) 『子どもたちの太平洋戦争』 166쪽에서 재인용.

3　　이하 佐藤 앞의 논문(7장) 「裸の日本人」 53~54, 55, 56쪽.

4　　小田全仕事 第1巻 92쪽. 『明後日の手記』 注記.

5　　이하 小田実 「廃墟のなかの虚構」(小田全仕事 第8巻 수록) 63, 61, 62쪽.

6　　大江健三郎 「戦後世代のイメージ」(大江 앞의 책(4장) 『厳粛な網渡り』 수록) 36쪽.
또한 오에 겐자부로와 그 선행 연구에 대해서는, 小熊英二 『戦後民主主義とナショナリズムーー初期の大江健三郎を事例として』(山脇直司・内田隆三・森政稔・米谷匡史編 『ネイションの軌跡』, 『ライブラリ相関社会科学』 7, 新世社, 2001)에서 논했다.

7　　앞의 책 69, 73쪽.

8　　앞의 책 157~158쪽.

9　　앞의 좌담회(13장) 「戦前派・戦中派・戦後派」 48, 49, 50쪽.

10　위의 좌담회 46, 47쪽.

11　위의 좌담회 50쪽. 질문자는 기무라 도쿠소木村徳三.

12　吉本著作集 제13권 485쪽.

13　앞의 좌담회 「戦前派・戦中派・戦後派」 53쪽. 江藤著作集 第6巻 83쪽.

14　竹内全集 第8巻 218쪽.

15　石原 앞의 글(13장) 「刺し殺せ！」 23쪽. 石原慎太郎 「私と太平洋戦争」(アンケート回答, 『文藝春秋』 1981. 12).

16　大江健三郎 「地獄にゆくハックルベリィ・フィン」(初出 『世界』 1966. 9). 大江 앞의

책(7장) 『鯨の死滅する日』 191, 197, 200, 201쪽에서 인용.

17   앞의 논문 201쪽.

18   江藤淳·大江健三郎「現代をどう生きるか」(『群像』 1968. 1) 176, 177쪽.

19   앞의 논문(주 8) 「ぼく自身のなかの戦争」 158쪽.

20   이하 石原慎太郎「祖国について」(吉本隆明編『国家の思想』, 『戦後日本思想大系』 第5巻, 筑摩書房, 1969) 361, 362, 363쪽. 또한 이 논고에서 이시하라가 "전후 20년의 정권을 맡은 보수 세력의 정치는, 전후 내셔널리즘을 좌익에게 빼앗겨서 내셔널한 것의 어떤 이미지를 키워 준다는 작업을 조금도 성취하지 못했다"(363쪽)라고 말하는 점은, 그 후의 그가 자민당에 입당한 사실을 생각해 보면 흥미롭다.

21   大江健三郎「二十歳の日本人」(앞의 책 『厳粛な網渡り』에 수록) 71~72쪽.

22   앞의 책 137쪽.

23   앞의 책 62쪽. 오에 겐자부로는 2001년 좌담회에서, 사회당 위원장 살해 사건에 대해 "나 자신은 아사누마 씨 측에 서고 싶다"라고 말하면서도, 범인인 야마구치 오토야山口二矢 소년에 대해, 사상과 행동을 훌륭하게 일치시킨 인간으로서 "잘못되었지만, 아이 한 사람의 태도로서는 완성되어 있어서 비난할 곳이 없다고 느꼈다. 이 인간에게 나는 이길 수 없다"라고 평했다. 大江健三郎·井上ひさし·小森陽一「大江健三郎の文学」(『すばる』 2001. 3. 特大号) 180쪽.

24   大江健三郎『ヒロシマ·ノート』(岩波新書, 1965) 147쪽.

25   大江健三郎「すべての日本人にとっての沖縄」(初出 1967, 大江 앞의 책(7장) 『持続する志』 수록) 168쪽.

26   앞의 책 163, 162, 153쪽. 후자는 1965년의 「沖縄の戦後世代」.

27   磯田光一『戦後史の空間』(新潮社, 1983) 249쪽에서 재인용.

28   앞의 책 249쪽에서 재인용.

29   大江 앞의 책 『鯨の死滅する日』 145, 89쪽.

30   앞의 논문 「大江健三郎の文学」 178쪽.

31   佐藤 앞의 논문 「裸の日本人」 54쪽.

32   小田実「中年男の個人的な訴え」(『朝日ジャーナル』 1970. 10. 4. 앞의(7장) 『資料「べ平連」運動』 中巻 수록) 410~411쪽.

33   大江 앞의 책 『厳粛な網渡り』 309쪽.

34   大江 앞의 글 「地獄にゆくハックルベリィ·フィン」 192쪽.

35   大江健三郎『飼育』(『死者の奢り·飼育』 新潮文庫, 1968에 수록) 124쪽.

36   大江健三郎「セヴンティーン」(『性的人間』 新潮文庫, 1968에 수록) 182쪽.

37   小田実「私は死がこわい」(『読売新聞』 1. 28~30. 앞의 『資料「べ平連」運動』 中巻 수록) 252쪽.

38   大江 앞의 책 『厳粛な網渡り』 156, 159쪽.

39   柄谷·福田 앞의 글(서장) 「江藤淳と死の欲動」 24쪽. 小林秀雄·江藤淳「歴史につ

いて」(『諸君!』1971. 7).

40   江藤 앞의 책『一族再会』47쪽.

41   江藤淳『文学と私』(福田編 앞의 책『江藤淳コレクション』第2巻 수록) 483쪽. 동
「戦後と私」(앞의《江藤淳著作集》続1巻) 211쪽.

42   江藤 앞의 책『一族再会』57쪽.

43   江藤著作集 続1巻 연보 308쪽.

44   江藤著作集 続1巻 169, 170쪽. 이하, 이하 이 저작집에서의 인용은 권 호와 쪽수를 본
문에 직접 표기한다.

45   武藤編 앞의 글「エピソード付き年譜」219쪽에서 재인용.

46   江藤淳「場所と私」(福田編 앞의 책『江藤淳コレクション』第2巻 수록) 553쪽.

47   江藤淳『日本と私』(福田編 앞의 책『江藤淳コレクション』第2巻 수록) 429~
430쪽.

48   江藤著作集 続2巻 87쪽. 또한 1948년 다자이가 자살했을 때에는『朝日新聞』의 투고
란에서 논쟁이 있었다. 다음에 소개하는 다자이에게 비판적인 주부의 투서는, 에토가 살았던
시대에 '생활자'와 '문학가'의 일반적인 이미지를 전해 주는 것으로서 흥미롭다. "다자이 씨의
자살이 시대의 괴로움을 상징하는 것처럼 평판이 나, 문단 사람들이 동정적인 감상을 여러 가
지 말하고 있습니다만, 과연 그럴까요. 다자이 씨의 소설을 보면, 어느 것이든 가정과 처자를
내팽개치고 술을 먹고, 여자와 놀아나고, 그런 것에 고통을 느끼고, 그 고통을 완화하기 위해
더욱 술을 먹고 여자와 놀아나고, 또 그런 고통이 에둘러 표현되어 있습니다. 저에게는 어떤
사회적 고뇌도 없는 정신 박약자의 독백으로밖에 받아들여지지 않습니다. 다자이 씨에게는
대단히 팬이 있다고 합니다만, 아마 비슷하게 데카당décadent한 생활을 하는 신경이 예민한
사람들의 자기변호에 도움이 되기 때문이겠지요. …… 그건 그렇더라도, 아무리 가깝다지만
시민들이 음용하는 상수도에 뛰어드는 것은, 이 사람들의, 자기 이외에는 일체 상관하지 않는
사고방식을 마지막까지 충실히 실행한 것이겠지요. 가엾은 부인은, 세 명의 아이들을 끌어안
고 어찌할 바를 모르고 계시겠지요."(「太宰さんの身勝手な情死」『朝日新聞』1948. 7. 14,
朝日新聞社編 앞의 책(2장)『声』第2巻 66~67쪽)

49   江藤著作集 続2巻 88, 85, 86쪽. 江藤 앞의 논문「文学と私」491쪽.

50   江藤 앞의 책『日本と私』320쪽.

51   江藤著作集 続1巻 219쪽. 江藤 앞의 책『一族再会』187쪽. 石原慎太郎「さらば友
よ, 江藤よ!」(『文藝春秋』1999. 9) 266쪽.

52   江藤 앞의 논문「文学と私」483쪽. 江藤 앞의 책『日本と私』329쪽.

53   집필의 경위는 江藤 앞의 글「場所と私」555쪽.

54   「マンスフィールド覚書」및「覚書補遺」는 江藤淳『フロラ・フォロラアヌと少年の
物語』(北洋選書, 1978)에 수록.

55   江藤 앞의 책『日本と私』397쪽.

56   앞의 논문 328쪽.

57 앞의 논문 367, 376, 330쪽.

58 앞의 논문 433쪽.

59 앞의 논문 391쪽. 江藤 앞의 논문「場所と私」548쪽.

60 江藤 앞의 논문「場所と私」551쪽.

61 앞의 논문 555쪽.

62 江藤淳「渚ホテルの朝食」(福田編 앞의 책 수록) 583쪽. 江藤著作集 第5卷의 연보 309쪽에는, 아버지의 명령으로 영문학자인 새어머니의 아버지에게 "영어를 배우는 것으로 패전의 충격을 잊다"라고 쓰여 있다.

63 江藤著作集 續5卷 年譜 312쪽. 에토 앞의 논문「文学と私」492쪽.

64 渡辺 앞의 책(1장)『砕かれた神』261쪽.

65 에토 자신은『一族再会』에서, 자기가 언어에 대해 불신감을 가진 이유는, 친어머니가 죽었던 4세 때 세계를 상실해서라고 설명한다(江藤 앞의 책『一族再会』40~45쪽). 이 자기분석은 그가 미국에서 배운 심리학의 영향을 받아 어머니를 발견한 결과이며, 너무 크게 보아서는 안 된다는 것이 이 책의 입장이다.

66 앞의 글(13장)「怒れる若者たち」139쪽. 江藤著作集 第6卷 44~45쪽.

67 江藤 앞의 책『日本と私』443~444쪽.

68 江藤著作集 第5卷 214, 73, 232, 181, 40쪽.

69 위의 책 181, 180, 76~77, 184, 187쪽.

70 江藤著作集 第5卷 266, 264쪽. 같은 책 續2卷 193쪽.

71 武藤 앞의 연보 212쪽. 江藤 앞의 논문「場所と私」549쪽.

72 江藤著作集 第6卷 42쪽. 江藤 앞의 책『日本と私』368쪽.

73 江藤淳・浅利慶太・石原慎太郎・大江健三郎・城山三郎・武満徹・谷川俊太郎・羽仁進・山川方夫・吉田直哉「発言」(『三田文学』1959. 11).

74 江藤淳『小林秀雄』(江藤著作集 第3卷) 후기 あとがき.

75 이하 江藤 앞의 논문(12장)「"声なきもの"も起ちあがる」51, 53, 55쪽.

76 江藤著作集 第6卷 25쪽.

77 江藤 앞의 논문「"声なきもの"も起ちあがる」53쪽.

78 江藤著作集 第6卷 28, 31쪽. 荒正人・大井廣介・江藤淳「文学者の政治行動」(『群像』1960. 8) 192쪽.

79 江藤淳・藤田省三「運動・評価・プログラム」(『思想の科学』1960. 7) 118쪽. 대담은 6월 17일 저녁에 이루어졌다고 쓰여 있다.

80 본문에서 말했듯이 1960년 1월에 하네다에서 체포된 전학련 간부에 대한 구명 활동이 이루어졌을 때 에토는 이것을 비판했다. 그리고 요시모토는 에토의 이 자세를 높이 평가했다. 요시모토가 에토의 구명 비판을 평가한 것은, 많은 지식인들이 전학련의 직접 행동을 비판하면서도 마음이 불편했던 까닭에 면죄부로서의 구명 요청에 응한 데 비해, 아마도 에토는 그것을 단호하게 거절했기 때문이라고 생각된다. 또한 요시모토는 1966년의『言語にとって美と

はなにか』의 서문에서 에토의 『作家は行動する』를 "훌륭한 문체론"이라고 절찬했다. 요시 모토의 회상에 따르면, 고바야시 히데오의 문체론을 뛰어넘는 길을 모색하던 시기에 『作家は 行動する』를 만나게 되어, 주제의 공통성을 느껴 "열심히 읽었습니다"라고 한다(吉本隆明 「江藤さんの特異な死」『文藝春秋』1999. 9, 285쪽).

81　물론 이 평화관에서 아버지와의 싸움을 회피하는 일상적 노력의 투영을 쉽게 발견할 수 있다.

82　江藤著作集 第6卷 15, 23쪽. 앞의 「運動·評価·プログラム」124쪽.

83　江藤 앞의 책(3장) 『昭和の文人』71~104쪽.

84　후에 쓴 자필 연보에서는, 1960년 안보에 대해서 "반정부 운동가의 안중에 한 조각의 '국가'조차 없는 점에 암연하다"라고 쓰여 있지만(続5卷 314쪽), 1960년 당시에 에토가 쓴 글에서는, 인용한 대로 혁신 측의 내셔널리즘을 비판하고 있다.

85　吉本全著作集 第14卷 439, 435쪽.

86　吉本 앞의 글 「江藤さんの特異な死」292쪽.

87　앞의 글 「江藤淳と死の欲動」23쪽.

88　단, 오쿠보를 방문하고 에토가 충격을 받은 때는, 정식으로 귀국한 뒤인 1965년 5월이다(続1卷 220쪽).

89　江藤 앞의 책 『日本と私』352, 376, 343쪽.

90　江藤 앞의 책 『日本と私』379쪽에는, 귀국 후의 임시 거처였던 시부야渋谷의 아파트에서, 『アメリカと私』를 집필했다는 기술이 있다. 따라서 엄밀하게 말하면, 에토가 메이지 국가를 발견한 시점은 미국 체재 중이 아니라, 『日本と私』에 그려진 귀국 후의 불안정 상태였다고 해석하는 것도 가능하다. 그러나 어느 쪽이든, 미국의 자극으로부터 메이지 국가를 발견했음에는 차이가 없다고 할 수 있다.

91　江藤著作集 第4卷 55, 44쪽. 또한 에토와는 대조적으로 安岡章太郎 『アメリカ感情 旅行』(岩波新書, 1962)에서, 야스오카 쇼타로安岡章太郎는 징병 유예 중에 제복을 입은 학생을 보고, "나 자신의 전시 중 기억과 어우러져, 그들의 주변에서 뭔가 불길한 것이 떠돌기 시작했다"라고 말한다. 패전 시에 25세였던 야스오카는 에토보다 전사의 중압을 훨씬 더 느꼈던 것이리라. 이 불길한 것에 대해 혐오를 느끼는가 매혹을 발견하는가가, 야스오카와 에토의 분기점이 되는데, 에토는 야스오카의 『アメリカ感情旅行』을 『アメリカと私』집필 이전에 읽었던 것 같다. 이 점이 『成熟と喪失』에서 야스오카의 『海辺の光景』을 비판적으로 논하는 복선이 되었을 가능성이 있다.

92　江藤著作集 第4卷 56, 57쪽. 나아가 에토는 전후 일본을 상대화하는 시점을 미국 남부와의 접촉에서 얻는다. 에토는 자기가 개최한 홈 파티에서 동석한 남부인들에게서 "동화를 거부하며, 자기 삶의 방식way of life을 계속해서 고집하는 자"를 발견하고, 북부의 남부 정복에서 "미국이 쓰러뜨린 외국과 맺은 관계의 원형prototype"을 느꼈다. 에토에 따르면 노예제 폐지는 보편적인 정의의 실현이 아니라, "하나의 삶의 방식이 힘으로 다른 삶의 방식을 정복"한 것에 불과하다고 한다(4卷 51, 52쪽).

그리고 에토는 민주주의 또한 "보편적 이념이기 이전에 '미국적 삶의 방식'의 별명", "그들의 내셔널리즘의 상징"이며, 미국식 민주주의는 개척 자영농의 풍습에 뿌리를 내린 "예스런 윤리", "토착사상"이라는 인식을 가졌다. 이것과 대조적으로 근대 일본은 "자기 손으로 제 삶의 방식을 파괴하고 있다"라고 그에게는 비쳤다(4卷 56, 133, 53쪽).

93 大江 앞의 책『セヴンティーン』181, 182쪽. 또한 이 소년은 우익 단체의 두목에게서 건네받은 돈으로 사창가에 가서, "머리를 볏짚색으로 탈색한 체격이 좋은 계집"을 "노예"로 종사시켜, "격렬한 오르가슴"을 느끼고, 황금색으로 빛나는 천황이 암흑의 하늘에 떠오르는 환영을 보았다고 되어 있다(180쪽). 이 기술은 미국 여성과 일본 내셔널리즘의 관계를 생각할 때 흥미롭다.

94 江藤著作集 第6卷 141쪽. 江藤 앞의 책『日本と私』330쪽.

95 江藤著作集 第6卷 86쪽. 江藤 앞의 책『日本と私』371, 370쪽.

96 江藤著作集 第4卷 70, 71쪽. 참고로 여기서의 '어머니'에 대해 보충한다. 에토의 기술에 따르면 이 이탈리아계 2세의 의사는 아일랜드계의 여성과 결혼하여, 두 사람 모두 퀘이커Quaker파로 개종했다. 그리고 이 부인은 의사의 어머니를 피해 별실에서 식사를 하도록 요구했다. 의사는 이렇게 해서 어머니를 배신한 데 따른 죄책감의 추적에 괴로워하며, 이따금 "개를 끌어안고서, 집 밖에 주차한 자기 차 속에서 혼자서 잤다. 그가 그때 개밖에 사랑하지 않은 것은 확실하다"라고 한다(第4卷 71쪽). 또한 에토는 앞의『日本と私』에서는 친아버지의 애정을 "오히려 모성애에 가까운 것"이라고 표현하면서, 이렇게 말한다. "아버지는 내가 '자기의 집'을 갖는 것을 기뻐하지 않았듯이, 내가 결혼하는 것도 기뻐하지 않았다. 그것은 상대가 내 부인이었기 때문이 아니다. 어떤 여자와 결혼하더라도, 아버지는 그것을 기뻐하지 않았을 것임에 틀림없다. 내가 살아가고자 하고, 자유롭고 행복해지고자 하는 것을 아버지는 허락하지 않는다. 그것은 아버지가 나를 미워하기 때문이 아니라, 나를 너무 사랑하기 때문이다. …… 어째서 아버지는, 내가 거부할 수 없을 정도로 가까이 쫓아오는 것일까", "내가 결혼하는 것은, 아버지에게 배신을 저지르는 짓이다. 그러나 '악'을 저지르는 형태로라도, 나는 내 인생을 살지 않으면 안 된다. 그 이후로 많은 에너지를 쏟아, 어떻게든 내 인생을 살아갈 장소를 만들었다고 생각했더니, 이번에는 문득 돌아보니 '가정'이 묘하게 희박해지기 시작했다."(439~440쪽)

97 이하 江藤著作集 續1卷 127, 128, 139쪽. 또한 에토는 1972년에는 "농촌에서 쌀의 감산이 시작된 것과 궤적을 같이하여, 도시에서는 태양과 물이 함께 급격히 감소하고 있다"라고 비판하며, "논농사가 계속 되는 한, 일본의 유기적 지속성은 유지되어, 일본인은 계속해서 일본인일 수 있다"라고 주장했다(續3卷 76, 77쪽). 물론 그 자신은 도시 중산층 출신이며 농업과는 무관했다.

98 이하 江藤著作集 續1卷 221, 221~222, 211, 223쪽. 또한 에토는 이「戰後と私」에서 기독교인이었던 새어머니에 대해, "전후에 무엇인가를 획득하고, '해방'을 느낀 인간이 내 가족 중에 있었다고 하면, 그것은 새어머니였을지도 모른다"라고 말한다(217쪽).

99 江藤 앞의 책『日本と私』368, 352쪽. 이『日本と私』는 에토 부부가 미국에서 귀국

한 후에 임시 거처를 전전하다가 결국 부인이 찾은 아파트를 구입하고 정주를 개시하기까지의 내용이 엮여 있다. 수입이 불안정한 문필가였던 에토는 아파트 구입 비용을 은행에서 빌릴 때 아버지를 보증인으로 세워야만 했던 굴욕을 맛보았다. 그 후에 쓴 『成熟と喪失』에서는 이렇게 말한다. "그는 현실의 부친에게 '치자'의 권위를 부여받지는 못한다. 그가 어떤 의지로 방랑을 멈추고 '수염뿌리'를 내려 정주하지 않으면 안 된다고 생각한 것은, 정주의 의의를 발견했기 때문이 아니라, 단순히 그가 '돌연한 부재'와 세계의 붕괴를 두려워했기 때문이다. 이 '공포'가 그를 성숙시켜서, '불침번' 역할을 맡는 가장으로 변모시켰는데, 그것은 아마도 부친과는 반대의 것이 되고자 하는 소극적인 노력 때문이다."(続1卷 143쪽)

100　江藤 앞의 책『フロラ・フロラアヌと少年の物語』15쪽.

101　앞의 글「江藤淳と死の欲動」36쪽.

102　江藤著作集 続3卷 69, 68쪽. 단 에토는 "이 갈망이 핵가족의 부친을 셋째 '아이'로 변모시키는 것이다"라고 말한 뒤에, "그러나 현대 일본 사회의 아이러니는, 이 아내＝어머니가이미 안식의 상징일 수 없고, 그 자체가 불안한 아내이며 어머니일 수밖에 없다는 사실에 깃들어 있다"라고 쓴다.

103　이하 江藤著作集 続3卷 124, 125, 126, 131, 132, 133~134, 135쪽. 단 16장에서 후술하는 오다 마코토는 1968년 2월의「人間・ある個人的考察」(『資料「ベ平連」運動』上卷)에서 동일성의 문제를 논한다. 따라서 에토의「『ごっこ』の世界が終わったとき」는 자기 동일성이라는 말을 사용한 빠른 사례이기는 하지만, 최초의 사례는 아니다.

104　江藤 앞의 책『一族再会』40쪽. 이 저작에서는 친아버지가 새어머니와 재혼한 뒤에 만든 가정은 인공적인 질서로 여겨진다(『一族再会』46쪽). 에토는『成熟と喪失』에서도 고지마 노부오小島信夫의『抱擁家族』에 그려진, 어머니가 되는 것을 멀리하는 여성에 대한 가정을, 자연과 대비된 인공적 질서라고 호칭한다. 물론 에토에게 인공적 질서는 허구와 거의 동의어다.

105　이하 江藤・大江 앞의 글「現代をどう生きるか」159, 169쪽.

106　府川紀子「可哀想な, おじさま」(『文藝春秋』1999. 9) 281쪽.

16장 죽은 자의 월경

1　쓰루미 슌스케에 대해서는《鶴見俊輔著作集》(筑摩書房, 1975~1976) 각 권의 해설 외에, 菅孝行『鶴見俊輔論』(第三文明社, 1980), 上原隆『「普通の人」の哲学』(毎日新聞社, 1990), 新藤謙『ぼくは悪人—少年鶴見俊輔』(東方出版, 1994) 등이 있는데, 연구서로는 原田達『鶴見俊輔と希望の社会学』(世界思想社, 2001)이 충실하다. 그 밖에 올슨 앞의 책(10장)『アンビヴァレント・モダーンズ』, 米原 앞의 책(2장)『日本的「近代」への問い』, 또한 木村倫幸에 의한 1996년부터의 일련의 논고(『奈良工業高等専門学校研究紀要』32~36号, 『季報唯物論研究』64, 66号 등)이 쓰루미를 논한다. 오다에 대해서는, 阿川

앞의 책(15장)『アメリカが見つかりましたか (戦後編)』및 桜井 앞의 책(15장)『アメリカはなぜ嫌われるのか』가 오다의 미국 체험을 논하며, 그 외에 淸水三喜雄「小田実論」(『民主文学』152号, 1978) 등이 있지만, 본격적인 연구는 보이지 않는다. 베헤렌을 단독으로 다룬 연구서는 없으며, トーマス R·H· ヘイブンズ『海の向うの火事—ベトナム戦争と日本 1965〜1975』(吉川勇一譯, 筑摩書房, 1990) 외에, 吉川勇一『市民運動の宿題』(思想の科学社, 1991) 등 각종 회상기가 있다. 또한 요시카와吉川는 베헤렌의 활동을 기록하는 홈페이지 http://www.jca.apc.org./beheiren/를 운영하고 있으며, 거기에 각종 자료와 관련서가 소개되어 있다.

종합적으로 말하면, 거의 연구가 없는 오다는 물론이고 쓰루미에 대해서도 지금까지의 연구는 그들이 논해 온 개개의 논점을 따로 논의하는 경향이 강하며, 그들이 전쟁 체험에서 형성한 근본 사상의 해명까지는 도달하지 못했다고 생각된다. 原田達 앞의 책도 '지적 마조히스트'로서의 쓰루미라는 시점에 집착한 나머지, 사상 형성의 요인을 지나치게 쓰루미의 소년기 (어머니와의 관계나 가정 환경, 사회 자본 등)로 돌리는 경향이 느껴진다. 쓰루미는 전후 지식인 중에서도 전쟁 체험에 가장 집착한 인물 중 한 사람이며, 통상적으로는 이야기되지 않는 추악한 전쟁 체험에 대해서도 그는 굳이 공표했다. 쓰루미의 사상 형성에 소년기의 영향이 크다 해도, 전후의 방향을 결정지은 것은 전쟁 체험이었다고 필자는 생각한다.

또한 이 장에서는 베헤렌의 활동에 대한 기술은 최소한에 그쳤다. 베헤렌 활동이나 내부 사정, 1970년대 이후의 회원 동향을 잘 아는 운동 관계자에게는 이 장의 기술이 약간 개략적이며 공식적으로 느껴질지도 모른다. 또한 1960년대 이후 오다의 작가 활동이나 1969년의 소설『冷え物』을 둘러싼 차별 논쟁 등은 언급하지 않았다. 이 장의 대상은 쓰루미와 오다의 내셔널리즘 및 공적인 것을 둘러싼 사상적 전개와, 그들의 사상이 베헤렌(특히 초기) 활동과 어떻게 관련되었는가에 있다는 점을 부기해 둔다.

2   鶴見著作集 第5卷 366쪽.

3   鶴見俊輔『期待と回想』(晶文社, 1997) 上卷 91쪽.

4   鶴見著作集 第3卷 118쪽.

5   阿部伊都子「思いやりの人」(鶴見著作集 第1卷 月報) 3쪽.

6   鶴見著作集 第5卷 369쪽.

7   鶴見和子「おなじ母のもとで」(《鶴見俊輔集》筑摩書房, 1991〜간행 중, 第12卷 月報). 쓰루미의 미국 시절에 대해서는, オルソン 앞의 책이 자세하다. 이하「鶴見集」는 이 1990년대에 간행된 것,「鶴見著作集」는 1970년대에 간행된 것을 가리킨다.

8   鶴見 앞의 책『期待と回想』上卷 48쪽.

9   「牢獄から見たアメリカ合州国」(鶴見集 제11권) 507쪽. 鶴見著作集 第3卷 3쪽.

10   鶴見『期待と回想』上卷 105쪽. 쓰루미는 여기서 동포에 대한 일종의 빚이 귀국의 배경에 있었냐는 질문에 "동포라는 것은 일본 국민이 아닙니다. 국가가 아닙니다."라고 대답한다.

11   앞의「牢獄から見たアメリカ合州国」490쪽. オルソン 앞의 책 184쪽.

12   이하 교환선에서의 일화는「交換船の地球半周」(鶴見集 第11卷) 500, 505, 506,

507쪽.

13   鶴見著作集 第3卷 438, 119쪽. '100년 전쟁' 표어의 일화는 後藤繁雄『独特対談』(リトル・モア, 1998) 282쪽.

14   「手帖のなかのドイツとジャワ」(鶴見集 第11卷) 507, 508쪽.

15   鶴見著作集 第3卷 335쪽.

16   앞의 책 117쪽.

17   鶴見著作集 第3卷 118쪽.

18   吉本全著作集 第14卷 476쪽. 요시모토의 대응은 477쪽.

19   이 경위는 앞의 「手帖のなかのドイツとジャワ」 509쪽 및 鶴見俊輔「戦争中にいた場所」(『思想の科学』1959. 8) 55쪽.

20   이하 인용은 「戦争のくれた字引き」(鶴見著作集 第5卷, 初出 1956) 467, 472쪽. 기술은 2002년 4월에 이루어진 쓰루미와의 인터뷰 조사에 기반을 두고 제6쇄부터 정정했다.

21   앞의 「手帖のなかのドイツとジャワ」 512, 514쪽. 앞의 「戦争中にいた場所」 55쪽.

22   鶴見俊輔『私の地平線の上に』(潮出版, 1975) 95쪽.

23   이하 鶴見著作集 第4卷 294, 295쪽. 이 논고에서 그는 영화로 본 소년 비행병의 외골수 같은 표정에 호감과 함께 어두움을 느끼고 "벼락이, 우선 천지를 밝히는 빛, 그리고 조금 뒤에는 음향과 땅울림으로, 이중의 반응을 우리에게 불러 깨우듯이"라고 쓴다(293쪽). 한편으로 鶴見著作集 第5卷의 「私の母」에서는 어머니의 질책을 "한 번 번개가 치면, 그 뒤로 벼락 또 벼락으로, 이쪽이 자기비판을 할 때까지 멈추지 않는다"라고 표현하며, 어머니의 성실함을 평가하여 "성의가 있으면, 무엇이든지 궁극적으로는 용서받는다는 것은, 꼭 충분한 사상이라고는 생각되지 않지만, 나에게 있어서는 정신의 고향이다"라고 말한다(366, 369쪽).

24   앞의 「手帖のなかのドイツとジャワ」 514쪽.

25   『近代とは何だろうか』(『鶴見俊輔座談』第4卷, 晶文社, 1976) 31쪽. 鶴見 앞의 책 『期待と回想』下卷 31쪽.

26   鶴見 앞의 책 『期待と回想』上卷 180쪽.

27   鶴見著作集 第3卷 336쪽. 이것은 에리히 프롬Erich S. Fromm의 '사디스트─마조히스트적 성격'을 원용하며 논했다. 또한 쓰루미는 1990년대에 종군 위안부從軍慰安婦 문제가 주목받았을 때, 국민기금国民基金의 발기인이 되어 비판을 받았다. 그는 이런 비판에 대해 앞의 책 『期待と回想』下卷 231쪽에서는, 요시노 사쿠조를 공격한 도쿄대 신인회처럼 "사상적으로 한데 뭉쳐 굳은" 것이라고 표현한다(쓰루미에게 있어서 요시노 사쿠조와 다이쇼 데모크라시의 위치는 13장 주 18을 참조하라). 또한 쓰루미가 위안소에 대해 같은 책 下卷 233~234쪽에서 다음과 같이 말한 데에서는, 그의 전쟁 체험의 복잡함이 엿보인다.

"위안소는, 일본 국가의 일본을 포함한 아시아 여성에 대한 능욕의 장이었습니다. 그 점을 인정하고 사죄함과 동시에 하고 싶은 말이 있습니다.

나는 불량소년이었으므로, 전시 중에 군 위안소에 가서 여성과 자는 행동은 일절 하지 않았습니다. 어릴 때부터 남녀 관계를 가진, 그런 인간은 자존심에 걸려서 제도적인 위안소에는 가지 않습니다. 그렇지만 18세 정도의 대단히 성실한 소년이, 전쟁터에서 일본으로 돌아갈 수 없다는 사실을 알게 되고, 현지에서 40세의 위안부를 안고, 고작 한 시간이나마 위안을 받았던, 그 점에 대단히 감사합니다. 그런 일은 실제로 있었습니다. 이 한 시간이 가지는 의미는 큽니다.

나는 그것을 사랑이라고 생각합니다. 내가 불량소년 출신이라서 그렇게 생각하는 점도 있겠지요. 하지만 나는 여기서 한 발짝도 물러서고 싶지 않습니다. 그 점을 이야기해 두고 싶었습니다."

28   이하 자바 시절의 회상은 鶴見 앞의 글「戰爭のくれた字引き」477, 468, 469쪽.

29   鶴見俊輔「戰爭責任の問題」(鶴見著作集 第5卷) 43쪽. 巣鴨遺書編纂会編·発行『世紀の遺書』(1953. 復刻版은 講談社, 1984). 기술은 2002년 4월에 이루어진 쓰루미와의 인터뷰에 기반을 두고 제6쇄부터 정정했다.

30   앞의 글「戰爭のくれた字引き」477쪽.

31   鶴見俊輔「根もとからの民主主義」(鶴見著作集 第5卷) 44, 45쪽. 鶴見俊輔「ことばのお守り的使用法について」(『思想の科學』1946. 5. 鶴見著作集 第3卷과는 자구의 차이가 있으므로 初出에서 인용) 19쪽.

32   이하 鶴見著作集 第1卷 254, 245쪽.

33   鶴見 앞의「戰爭のくれた字引き」480쪽.

34   앞의「交換船の地球半周」500, 501쪽. 이런 전쟁 체험 외에 쓰루미는 동정의 사상을 형성한 원체험으로, 소년기의 학교 부적응을 든다. 1968년의「丘浅次郎」에 따르면, 중학교를 그만두고 동급생이 진급하여, 자기만 남겨진 것처럼 느꼈을 때, 오카 아사지로丘浅次郎의『進化論講話』나『猿の群れから共和国まで』등을 탐독했다. 그리하여 학교도 인간이 진화의 과정에서 만든 하나의 제도에 불과하며, 학교에 적응하는 자도 적응하지 못하는 자도 보편적인 인간이라는 시점에서 보면 작은 차이에 불과하다고 생각하게 되자, "어두운 방에 창을 활짝 여는 듯한" 인상을 받았다고 한다(著作集 第2卷 376쪽). 이 "창을 활짝 여는"이라는 표현은 본문에서 인용한 영매靈媒에 대한 글에도 보이는 "닫힌 상자"와 대비되며, 쓰루미가 이따금 사용하는 것이다.

35   鶴見著作集 第3卷 323쪽. 이하 이 절 및 다음 절에서 이 저작집으로부터의 인용은 권호와 쪽수를 본문에 직접 표기한다.

36   1969년의「日本の思想用語」에서는, "한 민족의 언어는, 그 민족이 계급으로 나뉘기 이전에 문법과 주된 단어가 생겨 버리므로, 그 언어의 중심이 되는 일상생활상의 용어는, 한 계급 내부의 말이라든가, 한 직업 내부의 말로 분열되어 있지 않다"라고 말하며, 일상어를 사용해서 철학을 대중의 것으로 만들어 갈 가능성을 이야기한다(著作集 第3卷 277쪽).

37   교과서 작성의 경위는「芦田惠之助」(鶴見著作集 第2卷, 初出 1971)를 참조하라. 쓰루미에 따르면, 이 일본어 교과서를 기반으로 삼아 미국 해군은 태평양 전쟁 개전 후에 일본어 속성 강좌를 개설했다. 이 교과서를 편찬할 때에 쓰루미가 참고한 것이, 전쟁 전의 생활 작문 운동에 참가했던 교사 아시다 에노스케芦田惠之助가 조선총독부 근무 시절에 쓴 조선인

대상 일본어 교과서였다. 단, 일반적으로 식민지 지배에 대한 쓰루미의 죄책감은 1960년대 말까지는 강하지 않으며, 1960년의 「日本の折衷主義」에서는 고토 신페이의 대만총독부 시절 부하였던 니토베 이나조新渡戸稲造가 『糖業意見書』에서 사탕수수의 강제 재배를 제안한 사실을 긍정적으로 인용한다(鶴見著作集 第3卷 130쪽).

38   鶴見俊輔「ベイシック英語の背景」(鶴見著作集 第1卷, 初出 1946)을 참조하라.

39   鶴見著作集 第1卷 355쪽. 鶴見 앞의 책 『期待と回想』 上卷 32쪽에서는, 하버드대에서 조지 지프George K. Zipf의 「언어의 심리 생리학」을 배웠다고 회상한다. 나아가 1971년 「日本人の心にうつった世界諸民族」에서는 놈 촘스키A. Noam Chomsky의 학설에 호감을 표하며, 이를 두고 "플라톤Platon, 데카르트R. Descartes, 라이프니츠G. W. Leibniz, 퍼스C. S. Peirce 등에 이미 있는 사고방식의 계보에 속한다"라고 말한다(著作集 第2卷 329쪽). 또한 미국에서는 당초 영어를 전혀 몰랐던 상태에서 잠시 입원했다가 학교로 돌아가자 갑자기 전부 이해가 되었다는 경험을 했기 때문에, 그 후에 촘스키 이론을 읽었을 때 감각적으로 찬동할 수 있었다고 한다(『期待と回想』 上卷 21쪽).

그러나 쓰루미는 순수 지향과 보편 지향의 혼동이기도 한 기하학에 대해서는 양가적인 태도를 가졌던 것 같다. 우울증에 걸렸던 1951년에 쓴 「苔のある日記」(鶴見著作集 第5卷, 初出 1958)에는 "푹신푹신한 상태가 싫다. 좀 더 제대로 된 상태에 이르고 싶다"라는 글과, "기하가 재미없다. 이런 학과가 없으면, 이보다 위의 학문을 이해할 수 없는 것일까"라는 글이 병존한다(458, 459쪽).

쓰루미는 학교를 퇴학한 소년기, 부친을 포함한 추방 해제가 이루어진 1951년, 그리고 도쿄공업대학 조교수를 사직한 1960년 안보 투쟁 후에 우울증으로 칩거 생활을 했다. 쓰루미에 따르면 "우울증이라는 것은 무정형으로 만든다. …… 그것을 어떻게 해서든 젤리 상태의 고체로 돌리려고 '아침 8시에 일어난다'와 같은 무의미한 형식을 자기에게 부여한다", "의미를 내쫓고 싶다, 의미의 판단은 이제 되었다. 선을 긋는 연습만으로 봐 주어라. 논리의 형식화. …… 의미를 몰아내지 않으면 자기가 일어설 수가 없다. …… 의미의 홍수를 견딜 수가 없는 것입니다"라고 한다(앞의 『期待と回想』 上卷 96쪽). 현실 세계의 사물에 윤곽을 부여해 버리는 틀에 대한 반발과, 그 틀이 붕괴하여 의미의 홍수가 발생하는 것에 대한 불안감은, 쓰루미의 기본적인 양가성이라고 할 수 있다. 거기서부터 선을 긋는다는 기하학과 윤리 실증주의로의 기울어짐, 그리고 "국경을 넘어 밖으로 흘러 나간다"라는 대중에 대한 관심이 발생한다고도 할 수 있을 것이다.

이런 의미의 세계의 붕괴 감각은 오다 마코토나 에토 준 등에서도 보인다. 그러나 국가라는 틀에 대해 쓰루미와 오다가 보인 반응과 에토가 보인 반응에는 큰 차이가 있다. 이것은 본문에서도 지적했듯이, 추상적인 윤곽으로 이루어진 "300만 일본의 사자"에 의존함으로써 불안을 해소하고자 했던 에토와, 고유한 이름을 지닌 사자를 기억했기 때문에 그것이 불가능했던 쓰루미나 오다의 차이라고도 할 수 있을 것이다.

40   丸山集 第10卷 359~360쪽. 이 시점에서 마루야마는 코즈모폴리터니즘을 호의적으로 사용한다.

41　鶴見俊輔「戰後の次の時代が見失ったもの」(鶴見集 第9卷) 285, 284쪽. 쓰루미는 당초에 자기가 말하는 '일본 대중'의 의미를, 완전히 파악했던 것은 아닌 듯하다. 鶴見 앞의 책『期待と回想』上卷 190쪽에 따르면, 1967년의「일상적 사상의 가능성」日常的思想の可能性은 '일본적 사상의 가능성'日本的思想の可能性이라고 제목을 붙일 예정이었다. 그러나 마루야마 마사오에게 그 원안을 이야기했더니 "그럼 안 되지 않나", "당신이 나에게 가르친 것은 일상적 사상이라는 것이다"라고 그가 지적했고, 쓰루미는 충격을 받아서 제목을 변경했다 한다. 같은 책 下卷 40쪽에서는 "마루야마 씨 정도의 사상사가 되면, 글을 쓴 본인보다도 그 사람의 사상에 대해 깊은 독해를 하는 일이 가능하다", "지금 와서 생각하면, 마루야마 씨가 말한 대로입니다. 일상적인 동작으로부터 천천히 국경을 넘어 밖으로 흘러 나가는 것이 있지요. 나는 그것에 걸고 싶습니다"라고 말한다. 이 책 전체에 걸쳐서 말했듯이, 1967년은 쓰루미뿐만 아니라 총체적으로 언설 구조가 변동한 시기이며, 쓰루미도 그 변동의 내부에 존재했다고 볼 수 있을 것이다.

42　쓰루미는 1950년의『アメリカ哲学』에서는 일본의 대중 작가인 사사키 구니佐々木邦를 일본판 프래그머티즘으로 논하며「소시민의 철학」小市民の哲学이라는 소제목을 붙였다. 그리고 쓰루미에 따르면 "의미를 살짝 비켜나서 파악하는 방법"인 만화는 "앰비규어티(ambiguity, 하나의 기호에 둘 이상의 의미가 공존하는 상태)를 특징으로 하는 의사소통 양식이며, 이 양식의 달인은, 관심의 구조가 본질적으로 이중적인 소시민 계급 출신자이다"라고 한다(著作集 第1卷 287쪽). 즉 시민은 마르크스주의가 그리는 노동자와 자본가의 대립 도식으로는 파악할 수 없는 애매함의 상징으로 여겨진 듯하다. 그러나 앞의「ベイシック英語の背景」에서 쓰루미는 베이식 영어의 기능으로서 "양의어兩義語 사용의 속임수"를 피할 수 있다는 점을 든다(著作集 第1卷 324쪽). 여기에는 쓰루미의 순수 지향과 애매 지향의 양가성이 나타났다고 할 수 있다.

그렇기 때문에 '시민'이라는 말에 대해서도, 1956년『思想の科学』연구회 총회 토론「戦争責任について」(『思想の科学会報』1957. 3. 20.『思想の科学会報』復刻版, 柏書房, 1982, 上卷 수록) 37쪽에서는 전쟁을 전후한 보수 정치가 및 마르크스주의자의 전향을 비판하면서, "시민 사회의 상거래는 단일 가격one price입니다"라고 말하며 "개인의 일관성integrity"이 중요함을 주장한다. 이 경우는 순수 지향의 의미에서 시민이 사용되는데, 1960년 안보 투쟁 이후에는 시민이 대중과 거의 동의어로서 쓰루미에게 정착되어 간 듯하다.

43　久野・鶴見・藤田 앞의 책(第5卷)『戰後日本の思想』277, 284쪽.

44　鶴見著作集 第5卷 4, 5쪽.『鶴見俊輔座談』의 선전 소책자에 게재된 쓰루미의 담화에 따르면, 패전 직후에 와카쓰키 레이지로若槻礼次郎의 자택을 찾았을 때, 와카쓰키가 훈도시 차림으로 응대하며 "버려진 아이라서 부모는 모릅니다", "전쟁 중에는 (술을) 마시지 못해서 곤란했다" 등이라고 말한 것에 감동하여, "10대의 나를 사로잡았던, 전쟁의 공포감에 사로잡히지 않은 사람이, 지금, 이렇게 눈앞에 있다", "일본이라는 이 나라의 형태가 아직 정해지지 않은 사이에 태어나, 나라를 바꾸기 위해 생애 동안 노력해 온 사람, 전쟁 중에 정부가 만든 '일본인'으로부터 멀리 떨어졌던 사람이 여기에 있다"라고 느꼈다고 한다. 쓰루미는 정치

가 가정에서 자라난 점도 있어서, 정치에 대한 관심은 강했고, 유연함과 일관성을 갖추었다고 간주한 정치가에게는 호의적이었다. 그것이 위와 같은 와카쓰키에 대한 평가, 혹은 요시다 시게루나 이시바시 단잔과 같은 보수 정치가에 대한 평가에 나타나 있다고 할 수 있다.

45 이런 쓰루미의 종교적 요소는 대중문화에 대한 관심과 함께, 『思想の科学』 연구회에 참가했던 사회학자 미타 무네스케가 계승한다. 단, 쓰루미의 종교에 대한 관심의 배경에는 쓰루미의 모친이 아들의 비행을 걱정한 나머지 덴리교나 기독교에 입신했으며, 그의 부친과 여동생이 기독교였다는 배경도 관계되었다고 생각한다. 쓰루미는 『期待と回想』 上卷 246쪽에서는 "[친족인] 기독교도에게 포위되어 있지만, 나는 너구리(민간 신앙이라는 의미—옮긴이)를 깊이 신앙하기 때문에 결코 물러서지 않는다. 기독교, 즉 프로테스탄트로부터 파생된 최신의 유파가 마르크스주의라고 생각하므로, 마르크스주의에 대해서도 물러서지 않는다. 그런 포지션을 15세 때부터 오늘날까지 지속하고 있으며, 그것은 악인으로서의 내 위치 짓기다"라고 주장한다. 또한 같은 책 下卷 231쪽에서는 사상을 위해 목숨을 바쳐 죽은 자를 순수함의 궁극이라 간주하는 운동의 방식을 비판하면서 "'죽임을 당했다, 이 사람을 보라' 이런 방식은, 결국 기독교가 만들었다고 생각한다. 권위를 지닌 종교는 그런 바꿔치기를 하므로, 나는 싫은 것입니다. 그런 사고방식에는 만화적으로 대항하고 싶습니다. 거기에야말로 종교성이 있다"라고 주장한다. 이런 기독교관은 요시모토 다카아키와 겹치는데, 그 대항 수단이 너구리나 만화라는 점이, 쓰루미의 특징이라 할 수 있다.

46 하나다의 발언은 앞의 글(14장) 「芸術運動の今日的課題」 6쪽. 鶴見著作集 第5卷 19쪽. 쓰루미는 1961년의 「言語の本質」에서는 "언어는 우선 언어보다 넓은 표현 활동의 흐름을 이루는 작은 한 부분으로 다루어질 필요가 있다"라고 말하며, 생활 작문 운동을 추진한 아시다 에노스케가 "인간끼리의 모든 사귐을 언어 교육의 소재로 본" 점이나, 아시다의 제자였던 국어 교사가 체조 교육으로 전향한 사실 등을 중시한다(著作集 第1卷 354쪽).

47 「折衷主義としてのプラグマティズムの方法」(著作集 第1卷) 287쪽. 그러나 쓰루미는 대중의 이런 의미 비틀기를 민족의 저항 등으로 찬미하지는 않는다. 그는 1959년에는 전시 중의 말장난 등에 대해 "역사가가 저항 운동résistance의 증거로 취급하는 것은, 저항 운동이 아니라, 오히려 희작戲作 정신입니다"라고 말한다(久野·鶴見·藤田 앞의 책 275쪽). 쓰루미의 관점에서는 바꾸어 읽기가 이루어진 그 자체가 중요하며, 바꾸어 읽기가 이루어진 것을 당파적인 시점에서 채점하는 것은 선호하지 않았다고 할 수 있다.

48 鶴見俊輔 「私の戦中·戦後から」(『ちくま』 1975. 5). 鶴見俊輔 『戦争体験』(ミネルヴァ書房, 1980)에 재수록. 같은 책 10~11쪽에서 인용했다.

49 鶴見著作集 第4卷 291쪽. 그는 여기서 "유년기야말로 우리 성격의 뿌리가 만들어지는 때"라고 주장한다. 쓰루미에 따르면 인간이 구사할 수 있는 기본 개념은 유소년기에 배우고 익힌 일상어 및 대중문화의 언어로 형성되어, 그 후의 사상은 그 토대에 접목되는 데 불과하다. 그 자신도 미국에서 프래그머티즘을 배우기는 했지만, 듀이나 조지 산타야나George Santayana를 유소년기에 애독한 『旗本退屈男』나 『苦心の学友』 등과 같은 대중 소설의 통속 도덕과 닮은 것으로 이해했다고 한다(著作集 第4卷 90쪽). '근저'와 유소년기가 중첩하는 이

런 시점에서, 그는 자기의 사상 형성에서 모친을 중시한다는 자기 설명을 취한다.

50   吉本著作集 第14卷 477, 478쪽. 앞의 日高 해설 457쪽. 또한 쓰루미에게 있어서의 대중이나 근저와 성의 결합에 대해 약간 지적을 해 둔다. 쓰루미는 전시 중에 여성과의 교제를 거부했지만, 현지 소녀 룸 외에, 사무직원과 그 밖의 여성에 대해서도 강한 인상을 가졌다(앞의 「手帖のなかのドイツとジャワ」). 앞의 「戦争のくれた字引き」 477쪽에 따르면 자바 시절에는 "나는, 여성에 대한 내 관심이, 명백히 국가에 대립한다는 점을 느꼈다. 성 대 국가sex vs. state. 이것이 내게 있어서의 근본적인 방정식이며, 나는 국가가 보증해 주는 방식으로 여성에 대한 내 관심을 해방하고 싶지 않았다", "이런 부자유한 제복을 입는 한, 나는 쾌락에 대해, 방향을 바꾸어 정면으로부터 대하기가 불가능하다"라고 느꼈다고 한다.

1970년대에 쓰루미는 야마가미 다쓰히코山上たつひこ의 만화 『가키데카』がきデカ를 높이 평가한다. 쓰루미는 주인공인 '가키데카'가 불량소년이며, 여성 교사에게 성적인 농담으로 반항하는 점을 좋게 보았는데, 그 한편으로 1984년에는 이렇게 말한다. "가키데카는 대단히 살이 찐 영양 과다인 소학생으로, 그의 흥미는 돈과 성에 집중되어 있습니다. 그는 학교 공부에는 전혀 흥미가 없습니다. 그 자신은 스스로를 소학생의 나이로 단 한 명의 소년 경찰관이라고 여기며, 그 자신이 주로 돈과 성에 관심이 있는 까닭에 같은 나이인 다른 아이들을 감시하며 돌아다닙니다. 가키데카는 지극히 무책임하고, 그것은 무언가 현재의 일본이 지칠 줄 모르고 동남아시아에 경제적으로 팔아치우는 모습을 거울에 비춘 것 같습니다."(鶴見俊輔『戦後日本の大衆文化史』岩波書店, 1984. 同時代ライブラリー版, 1991, 96쪽.) 쓰루미에게 '성'과 '동남아시아'란 무엇인가도 하나의 주제가 될 수 있을 것이다.

51   鶴見 앞의 책『期待と回想』上卷 171쪽.

52   앞의 「戦争責任について」 37쪽.

53   鶴見著作集 第1卷 170쪽, 第5卷 19쪽. 쓰루미의 회상에 따르면 1948년 2월경 공산당이 『思想の科学』의 편집 방침에 개입하여, 한때는 잡지 편집에 대한 자신감을 잃어버렸다. 이때는 편집 동인이었던 다케타니 미쓰오가, 마르크스주의자임에도 "마르크스주의의 단색 잡지가 아닌 것을 만드는 데 의미가 있다"라는 취지의 발언을 했기 때문에, 해산할 생각을 접었다고 한다(鶴見著作集 第2卷 457쪽).

54   鶴見 앞의 「戦争中にいた場所」 57쪽. 鶴見 앞의 『期待と回想』上卷 237쪽에서는 여론 조사 등에서는 영향이 없다고 나오는 경우에도 "심층 조사를 해 보면 결과는 모른다"라고 주장한다. 대중을 통계적 다수와 구별한다는 견해는 장 자크 루소Jean Jacques Rousseau의 일반 의지와 유사성을 느끼게 한다. 실제로 쓰루미는 1951년에는 「ルソーのコミュニケーション論」(著作集 第1卷)을 쓰고, 18세기 프랑스 살롱에서의 회화, 출판 상황, 나아가 음악, 교육, 축제 등, 다양한 수단을 이용한 인간 개체 간의 의사소통을 논한다.

55   鶴見 앞의 「戦争中にいた場所」 59쪽.

56   久野・鶴見・藤田 앞의 책 273쪽.

57   鶴見 앞의 「日本思想の言語」 및 「戦後の次の時代が見失ったもの」 등.

58   鶴見著作集 第4卷 289쪽. 여기서 쓰루미는 전쟁의 사자를 반영한 음참陰惨한 요괴가

"너구리 장단이 반주하는 난센스"로 진화하는 희망을 이야기한다. 원래 그는 1950~1960년대에 대중문화 연구의 일환으로 괴담 장르의 영화나 만화를 이따금 논한다. 1969년에 미즈키 시게루水木しげる의 요괴 만화를 논했을 때는, 라바울 전선에서 한쪽 팔을 잃은 미즈키가 정글 생활을 체험하며 얻은 "문명 이전에 대한 회상과 죽음의 세계와의 교류"가 미즈키 만화의 활력이라고 주장한다(著作集 第4卷 345쪽). 또한 1972년에 멕시코로 향했을 때도 사회와 사자의 관계를 중시하는 평론을 썼다. 이것들을 그의 종교관과 전쟁 체험의 관계로부터 고찰할 수 있으리라 생각한다.

59   鶴見著作集 第1卷 수록. 또한 쓰루미는 야나기타 구니오가 조직한 민속학 네트워크를 높이 평가했다.

60   鶴見 앞의 책『期待と回想』上卷 218쪽, 下卷 207쪽. 같은 책 上卷 57쪽에 따르면,『시소노카가쿠』의 발간을 제창한 것은 슌스케가 전쟁의 상처로 침울해진 것을 걱정한 쓰루미 가즈코이며, 아버지 유스케에게 "잡지를 만들게 해 주세요"라고 부탁했다고 한다. 슌스케의 회상에 따르면 패전 직후의 가즈코는 마르크스주의의 영향을 받았으며, 다양한 사상 경향의 사람들을 규합한다는 지향은 없었지만 "나를 동정해서" 부친에게 적극적으로 공작을 했다고 한다. 우연히 유스케가 이끌던 태평양협회太平洋協会 출판부가 전쟁 협력의 경위를 추궁받아 출판 활동이 불가능해졌고, 출판사의 기구와 종이를 보유한 채로 중단되었기 때문에, 이들을 사용해서『시소노카가쿠』가 간행되었다. 또한『期待と回想』下卷 204쪽에서는 쓰루미 슌스케는 자신은 지식인 중에 친구가 없었고 "누나가 인간관계를 전부 만들어서, 그렇게 차린 상을 내가 먹었다"라면서, 의지를 가지고 잡지 편집에 열의를 드러낸 것은 1950년대 중반부터라고 말한다. 이렇게 회상하기는 하지만 슌스케도 연구 활동과 편집 업무에 열의를 갖고 임했음은 의심할 여지가 없다.

61   鶴見 앞의 책『期待と回想』下卷 212~213쪽. 제1차『思想の科学』(1946. 5~1951. 4)의 후기에는 판매 실적이 떨어져서, 쓰루미가 마루야마에게 상담하자, 마루야마는 독자의 모임 네트워크를 만들 것을 제안했다고 한다. 쓰루미는 마루야마의 이 발상의 원천을, 영국의 '보이지 않는 대학'이라 통칭된 왕립 학회Royal Society 같은 민간 아카데미를 마루야마가 이상으로 생각했던 데서 찾는다. 쓰루미는 앞의「百科全書における人間関係」의 첫머리에서도 왕립학회의 조직론을 사례로 든다.

62   久野·鶴見·藤田 앞의 책 163~164쪽. 鶴見著作集 第2卷 268쪽도 마찬가지다.

63   鶴見俊輔「七五調から散文精神へ」(『資料「べ平連」運動』河出書房新社, 1974)下卷 475쪽.

64   이하 이 논고에서의 인용은 鶴見著作集 第5卷 49, 47, 45, 46, 50, 51쪽.

65   쓰루미는 1959년 앞의 책『戦後日本の思想』180쪽에서는 사생활 중시의 욕망 자연주의naturalism을 비판한다. 쓰루미에 따르면 "돈을 벌고, 원만한 가정을 만든다거나, 그런 것을 제외하면 결국 중대하지 않으므로, 그 이외의 것을 생각하면 위선자라는 사고방식"이 "욕망 자연주의"이며 "어떤 형태로 욕망 자연주의를 쓰러뜨리든, 혹은 개작改作하지 않으면 안 된다"라고 말한다.

66 목소리 없는 목소리의 모임이 발행했던 『声なき声のたより』(1961. 8)에 게재된 「政防法反対市民会議(仮称) 結成の呼びかけ」(高畠編 앞의 책(1장) 『日常の思想』 수록)에서는 이 시민회의의 원칙으로서 다음의 세 가지를 든다. "①당면의 정방법政防法 저지를 목적으로, 성공·비성공을 불문하고 국면이 일단락되었을 때는 해산한다", "②'회의'(가칭)는 개인 참가로 하고 책임을 평등하게 분담한다", "③이 '회의'(가칭)는 시민의 정방법 저지 운동을 책임지고 설계함과 동시에, 그 내용과 운동 참가의 책임 범위를 항상 참가자에게 철저히 하여, 운동에서 지도와 자발성이 조화하도록 힘쓴다." 이 원칙들이 베헤렌에 계승된 점은 말할 필요도 없다.

또한 『声なき声のたより』(1968. 5)의 이치카와 하쿠겐市川白弦이 쓴 「『英霊』の個人原理を」에는 앞의 『世紀の遺書』로부터 "저 세상에서는 설마 조선인이라든가 일본인이라든가 하는 구별은 없겠지요"라는 조선인 B, C급 전범 형사자의 말이 인용되어 있다(高畠編 앞의 책 『日常の思想』 267쪽). 이와 같이 베헤렌의 원리는 1950년대의 서클 운동이나 1960년대 전반의 '목소리 없는 목소리의 모임'에 존재했던 것의 연장이며, 돌연변이는 아니었음을 알 수 있다.

67 《小田実全仕事》(河出書房新社, 1970~1978) 第8巻 71쪽. 이하 이 『全仕事』의 인용은 권 호와 쪽수를 본문에 직접 표기한다.

68 真継 앞의 논문(1장) 「小田実の啓示」 413, 423쪽.

69 小田 앞의 책(1장) 『「ベ平連」·回顧録でない回顧』 494쪽.

70 앞의 책 494쪽.

71 앞의 책 493쪽.

72 真継 앞의 논문 422, 423쪽.

73 이런 오다의 야스쿠니관은 小田実 「ことは始まったばかりだ」(『資料「ベ平連」運動』 下巻)에서 이야기된다.

74 小田全仕事 第7巻 40, 63쪽. 小田 앞의 책 『「ベ平連」·回顧録でない回顧』 33쪽.

75 小田 앞의 책 『「ベ平連」·回顧録でない回顧』 33쪽.

76 小田全仕事 第8巻 76쪽. 이 시기의 평론에서 오다는 야스오카 쇼타로의 『アメリカ感情旅行』을 비판하며, 야스오카는 미국으로 향하는 비행기에 탄 시점부터 "평균화된 일본인"이 되어 버렸으며, "한 사람의 인간인 자기가 책임을 지는 대신, 한 사람의 일본인이 책임을 지기 시작했다", "모든 것에 골고루 책임을 진다는 것은, 어쩌면, 무책임의 전형이 아닐까"라고 말한다(小田全仕事 第7巻 83, 93, 92쪽). 이런 '책임의 무책임한 보편 확대'를 비판하는 지향이, 후에 베헤렌에서 강령의 총화를 피하는 점으로 이어졌다고 생각된다.

77 小田全仕事 第8巻 99쪽. 같은 권 140쪽에서는 오다가 소련의 작가 회의에 참가하여 이 소국의 사례를 들어 미소의 자세를 비판한다.

78 荒著作集 第1巻 35쪽.

79 鶴見俊輔 「ひとつのはじまり」(『資料「ベ平連」運動』 上巻) 서문 11쪽.

80 小田全仕事 第9巻 114, 113쪽. 또한 쓰루미는 오다의 사상을 이해해서 베헤렌 참가

를 권유한 것이 아니었던 듯하다. 쓰루미는 1997년의 『期待と回想』上卷 245쪽에서는 이렇게 말한다. "정치사상에 대해서도 철학에 대해서도, 내가 바라는 것은 얼마나 바보 같은가, 입니다. 요즘 사람으로 말하자면 쓰지모토 기요미辻元清美(피스보트ピースボート 주재자)가 좋습니다. 그녀는 바보도가 높습니다. 30년 전에는 오다 마코토의 바보도가 매우 높았습니다. 바보니까, 잔뜩 힘을 가지고 있습니다. 바보의 정치사상이라는 것은 골격이 확실할 것입니다. 그러니까 그를 떠받쳐서 하나의 운동을 했습니다."

81   鶴見 앞의 「ひとつのはじまり」12쪽.

82   鶴見 앞의 책 『期待と回想』下卷 217쪽. 본문에서는 충분히 검증하지 못했지만, 쓰루미에게 미국은 지극히 큰 존재다. 우울증 시기의 증상을 기록한 『苔のある日記』는 유학 중인 1938년의 일기가 원본이고 1951년에 수정하여 "미국이라는 배경은 완전히 숨기고, 우울증의 상태를 표현하고자 생각해서 쓴" 것이라고 한다. 그리고 쓰루미는 교환선으로 귀국한 뒤에 한 번도 미국에 가지 않았고, 강연 의뢰나 동창회 출석 등도 전부 거절했다. 그 이유에 대해 쓰루미는 이렇게 말한다. "미국에 가면 자기의 내적 환경을 부수어 버리게 됩니다. 그게 싫은 것입니다. …… 미국에 갈지 말지를 상담하는 것은 잠재적으로 내부에 있는 우울증을 앓는 자신입니다. 중요한 것은 대부분 그걸로 결정됩니다. …… 나에게 우울증은 가장 무서운 것 중 하나입니다. 가능한 한 그것이 나타나지 않도록 생활하고 있습니다."(『期待と回想』上卷 96쪽, 下卷 96~97쪽.)

83   小田 앞의 책 『「ベ平連」・回顧録でない回顧』23, 26쪽.

84   鶴見 앞의 「ひとつのはじまり」11쪽. 小田 앞의 책 『「ベ平連」・回顧録でない回顧』25쪽.

85   「四・二四デモへの案内」(『資料「ベ平連」運動』上卷) 6쪽.

86   吉川勇一「市民運動'68の認識」(『資料「ベ平連」運動』上卷) 337쪽.

87   앞의 논문 337쪽. 小田 앞의 책 『「ベ平連」・回顧録でない回顧』128쪽.

88   小田 앞의 책 『「ベ平連」・回顧録でない回顧』82쪽. 후쿠토미의 발언도 같은 책 82쪽에서 재인용.

89   앞의 책 63쪽.

90   鶴見俊輔「すわりこみまで」(『資料「ベ平連」運動』上卷) 101, 99쪽. 나아가 쓰루미는 "논리적으로 이것은 베트콩이 살인하는 것에도 반대한다는 뜻이 되지만, 그것은 미군이 철수한 뒤에 살인 행위를 한 경우의 일이다"라고 말한다.

91   吉川 앞의 논문(7장) 「連合赤軍事件と市民運動」176쪽. 吉川勇一「ベ平連始末記」(『連合赤軍"狼"たちの時代』毎日新聞社, 1999에 수록). 후자는 요시카와가 운영하는 앞의 홈페이지에 공개되어 있다.

92   小田 앞의 책 『「ベ平連」・回顧録でない回顧』8쪽.

93   『資料「ベ平連」運動』上卷 5~9쪽.

94   小田 앞의 책 『「ベ平連」・回顧録でない回顧』27쪽.

95   小田実「ふつうの市民にできること」(『資料「ベ平連」運動』上卷) 11쪽.

96 이하 吉川 앞의 「ベ平連始末記」.

97 이하 小田 앞의 「ふつうの市民にできること」 12, 11, 10쪽.

98 小田 앞의 책 『「ベ平連」·回顧録でない回顧』 63쪽. 小松 앞의 논문(13장) "'平均的人類'の願い" 138쪽.

99 小田実 「世界へひらく運動を」(『資料「ベ平連」運動』上卷) 14쪽.

100 1966년 8월 14일 자의 「日米反戦市民条約」(『資料「ベ平連」運動』上卷 118~119쪽)에는 각종 항의 방법이 열거되어 있다.

101 開高健 「金ある人は金を, 知恵ある人は知恵を」(『資料「ベ平連」運動』上卷). 이 말은 호찌민Ho Chi Minh의 말을 기초로 했다고 한다. 가이코는 이 시기의 평론에서 "광고를 내서 전쟁이 끝난다면 고생할 일이 없을 것이다", "아무도 그런 속 편한 생각으로 이 불황과 이기주의의 '어두운 시대'에 돈을 낸 것은 아니었다. 일본인은 하고 싶은 말을 말하고 싶었던 것이다", "과거 20년 간, 오직 예스, 예스라고만 말해 왔던 저 얌전한 일본인마저 노라고 말하는구나, 라고 알게 되면, 몇 몇 미국인은 생각을 할 것이다"라고 쓴다(『資料「ベ平連」運動』上卷 62, 52~53쪽).

102 小田 앞의 글(15장) 「私は死がこわい」 255쪽. 上野千鶴子 『女遊び』(学陽書房, 1988) 260쪽에서는, 베헤렌의 3원칙이 "①하고 싶은 사람이 한다. 하고 싶지 않은 사람은 하지 않는다. ②하고 싶은 사람은 하고 싶지 않은 사람에게 강제하지 않는다. ③하고 싶지 않은 사람은 하고 싶은 사람을 방해하지 않는다"라고 되어 있는데, 당시의 오다는 본문과 같이 말한다. 또한 우에노는 이 3원칙은 "1960년의 미쓰이 미이케 투쟁 속에서 다니가 간 등이 이끌었던 '다이쇼 행동대'大正行動隊의 행동 원칙을 견본으로 삼았다"라고 말하는데, 쓰루미 슌스케는 1950년대부터 이런 조직 원리를 제창했다. 물론 쓰루미의 『誤解する権利』의 사상으로부터 보아도, 어느 쪽이 옳다거나 원조라는 논의를 하는 것은 무의미할 것이다.

103 開高健 「東京からの忠告」(『資料「ベ平連」運動』上卷) 51쪽.

104 鶴見良行 「『米大使館前＝聖域』観の打破」(『資料「ベ平連」運動』上卷) 259쪽.

105 鶴見 앞의 책 『期待と回想』上卷 98쪽.

106 小田 앞의 책 『「ベ平連」·回顧録でない回顧』 133쪽. 吉川勇一 「いつ, どこで, どんなグループが, どんな活動をしていたか？」(앞의 요시카와 운영 홈페이지).

107 吉川 앞의 글 「ベ平連始末記」.

108 앞의 논문. 吉川勇一 「米大使館と羽田デモ」(『資料「ベ平連」運動』上卷) 261쪽.

109 吉川 앞의 글 「ベ平連始末記」. 小田 앞의 책 『「ベ平連」·回顧録でない回顧』 356쪽.

110 松田道雄 「支配の論理と抵抗の論理」(『資料「ベ平連」運動』上卷) 446쪽. 교토 베헤렌의 통신 『ベトナム通信』을 무대로 이루어진 올드 베헤렌 비판과 회담의 경위는, 『復刻版ベトナム通信』(不二出版, 1990)을 참조하라.

111 鶴見著作集 第5卷 130쪽.

112 吉川 앞의 글 「ベ平連始末記」.

113 小田全仕事 第6卷 245쪽.

114 吉川勇一「驚き方と喜び方」(鶴見著作集 第3巻 月報) 3쪽.

115 小田実『物』と『人間』(『資料「べ平連」運動』上巻) 308쪽.

116 小田 앞의 책『べ平連』·回顧録でない回顧』537, 519쪽. 쓰루미의 말은, 오다가 요약한 것이다.

117 「われわれは何故この挙に出たのか」(『資料「べ平連」運動』上巻) 262쪽.

118 吉川 앞의 글「べ平連始末記」.

119 吉川勇一「脱走兵とふつうの市民たち」(『資料「べ平連」運動』上巻) 270쪽.

120 小田実「人間·ある個人的考察」(『資料「べ平連」運動』上巻) 280쪽.

121 小田実·本多勝一「わがベトナム体験の総決算」(1973년 2월의 대담.『資料「べ平連」運動』下巻 수록) 314쪽.

122 マイケル·リンドナー「道徳に反し非人間的だった」(『資料「べ平連」運動』上巻) 266〜267쪽.

123 リチャード·ベイリー「わが憲法の精神に勝利あれ」(『資料「べ平連」運動』上巻) 265쪽.

124 앞의「わがベトナム体験の総決算」314쪽.

125 위의 좌담회 315, 314쪽.

126 小田 앞의 책『べ平連』·回顧録でない回顧』80, 81쪽. 앞의「わがベトナム体験の総決算」314〜315쪽.

127 小松 앞의 글「"平均的人類"の願い」140쪽.

128 이하 小田 앞의 논문「人間·ある人間的考察」275, 276, 283쪽.

129 関谷滋·坂元良江編『となりに脱走兵がいた時代』(思想の科学社, 1998) 26쪽. 자택의 활동은 이 책에 자세하다. 자택을 거쳐 일본 국외로 보내진 미군은 공표된 수로는 19명이다. 가마타 사토시鎌田慧는 1998년에 이것을 평해 "많다고 하는 사람도 있을 테고, 적다고 생각하는 사람도 있을지 모른다. 미국의 전쟁에 협력하는 일본 정부의 밑에서, 그것도 '외국인'이 지금처럼 일상적으로 거리를 활보하지 않았던 시대에, 시민이 탈주병을 숨기고, 사방이 바다로 둘러싸인 섬나라에서, 비합법적으로, 해외로 도주시키는 곤란과 갈등은, 예를 들면 '김대중'金大中 한 사람을 한국으로 데려가기 위해, 정부의 비밀 기관이 전면적으로 관계하지 않으면 안 되었던 사실을 생각해 볼 필요가 있다"라고 말한다(『となりに脱走兵がいた時代』서평, 『週刊朝日』1998. 6. 26).

130 위의 책 103쪽.

131 「声明」(『資料「べ平連」運動』上巻) 269쪽. 鶴見著作集 第5巻 164쪽.

132 関谷·坂元編 앞의 책 491쪽.

133 앞의 책 30쪽. 단, 탈주병의 이미지는 '용자'勇者만이었던 것은 아니다. 13장 주 104에서 말했듯이, 쓰루미 슌스케는 우등생에의 항의라는 시점에서 탈주병을 논했고, 그가 소년 시절에 읽었던 체코의 소설에 그려진 '칠칠맞지 못한' 병사 슈베이크švejk를 상찬했다(「脱走兵の肖像」鶴見著作集 第5巻). 또한 베헤렌에 참가했던 목사 가사하라 요시미쓰笠原芳光는

1967년 5월의 「個人という原理」에서, "'전쟁은 싫다'라거나, '징병은 싫다'"라는 "자신의 생명과 생활을 소중히 하는", "개인을 위해서"라는 사상의 중요성을 이야기한다(『資料「べ平連」運動』上卷 197쪽). 이런 종류의 "개인을 위해서"가 부끄러운 것이 아니라는 이미지를 확산시킨 점도, 탈주병이 가져온 효과라고 할 수 있다.

134 小田実「こちらからむこうへ突き抜ける」(小田実·鶴見俊輔編『脱走兵の思想』太平洋出版社, 1969) 31쪽.

135 小田 앞의 논문(13장)「平和への具体的提言」108쪽.

136 小松 앞의 글「"平均的人類"の願い」141쪽.

137 앞의 「わがベトナム体験の総決算」315쪽.

138 小田 앞의 글「ことははじまったばかりだ」515, 516쪽.

139 栗原幸夫「ある日の横須賀基地ゲート前」(『資料「べ平連」運動』上卷) 178쪽. 1966년 12월의 발언.

140 小田 앞의 글「こちらからむこうへ突き抜ける」35쪽.

141 鶴見 앞의 논문「七五調から散文精神へ」476쪽.

142 小田全仕事 第9卷 108쪽.

143 「よびかけ」(『資料「べ平連」運動』上卷) 272쪽.

144 이하 鶴見良行「日本国民としての断念」(『反権力の思想と行動』盛田書店, 1970) 218, 227, 230~231, 234쪽. 이 논고에서 쓰루미 요시유키는, 그때까지 상찬의 대상으로 여겨졌던 한국의 내셔널리즘을 비판한다. 베트남 전쟁에 한국군이 참전하는 상황에서는, 일본에 대항하는 한국 내셔널리즘이 미국의 국가 전략에 이용된다고 한다. 그렇지만 그가 '민족의 긍지'를 부정하지 않는 것은, 이런 한국 내셔널리즘을 전부 부정하지 않는 배려에서 기인한다. 또한 218쪽에서 "나 역시 남들만큼 일본 낭만파적 심정을 갖고 있으며, 그런 탓에 자칫하면 발이 빠지기 쉬운 위험을 느낀다"라고 말하며 '민족의 긍지'를 긍정하는 것은, 그런 심정의 표현이었다고 생각된다.

145 中野重治「WE SHALL OVERCOME SOMEDAY」(『資料「べ平連」運動』上卷) 142, 143쪽.

146 吉本隆明「戦後思想の頽廃と危機」(앞의 책(14장)『知の岸辺へ』) 406쪽.

147 鶴見 앞의 책『期待の回想』上卷 99쪽.

148 小田 앞의 논문『物』と『人間』315쪽. 小田 앞의 책『べ平連』·回顧録でない回顧』572쪽.

149 앞의 「わがベトナム体験の総決算」315쪽.

150 鶴見著作集 第5卷 177쪽. 鶴見 앞의 논문「七五調から散文精神へ」474쪽. 후자는 1974년 1월의 베헤렌 해산 집회에서의 발언.

151 小田 앞의 책『べ平連』·回顧録でない回顧』44~45쪽.

152 앞의 책 67쪽에서 재인용. 『労働ニュース』 1972. 12. 6.

153 吉川勇一「べ平連解散と小田氏からの手紙」(『資料「べ平連」運動』下卷) 472쪽.

154 鶴見俊輔「この本の出版について」(関谷·坂元編 앞의 책) 494쪽. 鶴見 앞의 논문 「七五調から散文精神へ」476쪽.

155 小田 앞의 글「ことははじまったばかりだ」515, 517쪽. 여기서 오다가 거론하는 것은, 베트남에서의 사자들 외에 고유한 이름을 지닌 많은 사자들이었다. 그는 여기서 1966년 6월 방일한 미국의 활동가 랄프 페더스톤이 6월 15일에 국회 의사당 앞에서 간바 미치코에게 꽃을 바친 일, 그 페더스톤이 미국에 귀국하여 폭탄 테러로 숨진 일, 1967년 11월에 일본 정부의 베트남 전쟁 협력과 오키나와 정책에 항의하여 분신자살한 유이 주노신 등에 대해서 쓴다. 또한 앞의「人間·ある個人的考察」은 1967년 10월에 사토 에이사쿠 수상의 남베트남 방문을 항의하는 데모에서 사망한 교토대학생 야마자키 히로아키山崎博昭를 다룬다. 이 사자들에 대해서는 같은 시기에 쓰루미도 논했다. 그러나 오다가 가장 강한 인상을 받은 것은, 오지王子의 미군야전병원 항의 데모 후 데모 구경을 갔다가 도랑에 빠져 죽은 노동자인 에노모토 시게유키榎本重之의 무의미하고 비영웅적인 죽음이었다.

156 小田『「ベ平連」·回顧録でない回顧』63쪽.

결론

1   堀田·司馬·宮崎 앞의 책(3장)『時代の風音』180쪽.

2   井出孫六「奥崎謙三に関する覚え書き」(奥崎 앞의 책(13장)『ヤマザキ, 天皇を撃て!』) 281~282쪽.

3   桜井哲夫『フーコー』(講談社, 1996) 36~37쪽.

4   小田実 홈페이지 http://www.odamakoto.com/jp/의「自筆年譜」.

5   樺山紘一編『現代歴史学の名著』(中公新書, 1989) 139쪽.

6   柄谷·福田 앞의 글(서장)「江藤淳と死の欲動」13쪽.

7   清水著作集 第14巻 437~438쪽.

8   井出 앞의 논문 282쪽.

9   河村湊·成田龍一·上野千鶴子·奥泉光·イ ヨンスク·井上ひさし·高橋源一郎『戦争はどのように語られてきたか』(朝日新聞社, 1999) 176쪽.

10   小熊 앞의 책(2장)『単一民族神話の起源』17장.

11   加藤 앞의 책(서장)『敗戦後論』.

12   福田和也『余は如何にしてナショナリストとなりし乎』(光文社, 2000) 106, 107, 114쪽.

13   竹田·小林·橋爪 앞의 책(서장)『正義·戦争·国家論』110, 283~284쪽.

14   서장에서도 말했듯이, 都築 앞의 책(서장)『戦後日本の知識人』은, 마루야마 마사오나 다케우치 요시미 등을 "시민 사회 청년"이라는 유형으로 논한다. 또한 우에노 지즈코는 나리타 류이치成田龍一 및 이와사키 미노루岩崎稔와의 좌담회「戦後思想を読む」(『現代思想』

2001. 11. 臨時増刊号) 198쪽에서, "전후 계몽" 사상가로서 "마루야마 마사오, 오쓰카 히사오, 후쿠타케 다다시福武直, 가와시마 다케요시, 스미야 가즈히코住谷一彦, 가미시마 지로 등의 시민 사회론자"를 들며, 이 지식인들이 패전 후에 "지금이야말로 나올 차례라고 등장"했다고 말한다. 그러나 예를 들어 가미시마 지로는 마루야마 등보다 훨씬 나이가 어리고, 첫 저작을 낸 것은 1961년이다.

15   江藤著作集 第6巻 52쪽.

16   「宮崎駿四万字インタビュー」(『SIGHT』 2002年 冬号) 20쪽.

17   丸山 앞의 책(2장) 『自己内対話』 185~186쪽. 「決壊する戦後保守政治」(『世界』 2001. 8) 94쪽.

18   神立 앞의 책(1장) 『零戦 最後の証言』 123쪽.

19   吉本 앞의 책(14장) 『私の「戦争論」』 196쪽.

20   丸谷才一 「あの年の夏」(青銅社編集部編 『八月十五日, その時私は……』青銅社, 1983) 26~27쪽.

21   西尾幹二 「私の『戦後』観」(『自由』 1965. 2) 59쪽.

22   小田実 「平和をつくる」(小田全仕事 第9巻) 91, 90쪽.

23   井上ひさし 「ひろがる世界, さまざまな言葉」(青銅社編集部編 앞의 책) 13쪽.

24   吉本 앞의 책 『私の「戦争論」』 196쪽.

25   이하 柴宜弘 『ユーゴスラヴィアの実験』(岩波書店, 1991) 10~11, 40~41쪽.

26   朝日新聞戦後補償問題取材班 『戦後補償とは何か』(朝日新聞社, 1994. 文庫版 1999) 文庫版 56~57쪽.

27   앞의 책 57쪽.

28   大嶽編 앞의 책(4장) 《戦後日本防衛問題資料集》 第1巻 71쪽. 원문은 한자·가나 혼용문.

29   丸山集 第5巻 76, 77쪽.

30   이하 대미對美 관계에 대해서는 「日本脅威論を煽る米誌」(『AERA』 1999. 8. 30) 16, 17, 18쪽.

31   赤澤史郎 「戦争犠牲者の追悼と靖国神社」(『歴史評論』 628号, 2002) 9쪽. 합사 기준에 대해서도 같은 논문을 참조하라. 또한 야스쿠니 신사에 합사된 전사자의 누계 수는 메이지기 이래 246만 6,000명이며, 그중 태평양 전쟁의 사자는 약 210만이라고 여겨진다.

32   梅野正信·沢田竜夫·藤井誠二編 『リアル国家論』(教育史料出版会, 2000) 144쪽.

33   「『日の丸』が街に増えた」(『朝日新聞』 1999. 10. 19).

34   앞의 『リアル国家論』 144쪽.

35   佐伯 앞의 논문 「戦後民主主義とは何だったのか」 60쪽. 佐伯啓思 『「市民」とは誰か』(PHP新書, 1997). 『新しい公民教科書』(扶桑社, 2001) 7, 15쪽. 또한 이 공민 교과서에 대해서 정치사상가 이자카 요시아키飯坂良明는 "'공민'과 '시민'을 멋대로 구별한다. 시민을 사적 이익밖에 생각하지 않는 '부르주아'와 동일시하는 것은 헤겔이나 마르크스류의 특

수한 파악 방법. 학계에서는 통용되지 않는다"라고 말한다(「専門家はこう読む」『朝日新聞』 2001. 4. 4). 이 점은 이 교과서를 집필한 사에키 게이시나 니시베 스스무가 마르크스주의를 비판하면서, 전후 일본의 마르크스주의 언어 체계의 권내圈內에 머물러 있음을 시사한다.

36   앞의 책(서장) 『国家と戦争』 28쪽. 佐伯啓思 『国家についての考察』(飛鳥新社, 2001) 210, 209쪽.

37   인용은 佐伯 앞의 논문 「戦後民主主義とは何だったのか」 50쪽. 또한 가토 노리히로는 앞의 『敗戦後論』 124쪽에서, 다케우치 요시미가 다자이 오사무의 『惜別』에는 예술적 저항이 느껴지지 않는다고 평한 점에 대해, 다케다 세이지의 다자이론을 인용하면서 이렇게 말한다. "여기서 다케다는, 그때까지 전후에, 거의 아무도 말하지 않았던 것을 이야기한다. 문학은, 당시의 권력에 대해서 얼마나 예술적인 저항을 했는가, 라는 관점에서 재어져야 하는 것이 아니다. …… 다케다는, 그것이 아니라, 문학은 오히려, 그런 예술적 저항이라는 '관점', 문학의 밖에서 작용하는 '관점'에 대해, 그것이 어떤 것이든 간에 저항한다, 그렇게 말하는 것이다."(124쪽) 10장에서 논했듯이 다케우치가 주장한 저항의 개념은 여기서 가토가 주장하는 것과, 완전히는 아니지만 겹친다. 그러나 가토는 여기서 다케우치가 말하는 저항을 단순히 천황제나 정부에 정치적 저항을 했는가 안 했는가, 라는 의미로 해석해서 비판한다.

필자가 보기에는, 가토가 『敗戦後論』에서 주장한 가장 큰 초점은, 이 "밖으로부터 작용하는 '관점'"의 거부에 있다. 그가 구호헌파의 사상을 이데올로기적인 하향식top-down이라고 비판하는 것도, 자기의 주장은 "문학, 자기의 관점에 철저하다"라는 상향식bottom-up이라고 주장하는 것도, 기본적으로는 "밖에서 작용하는 '관점'"을 거부하는 자세, 그가 말하는 '문학'의 주장이라 해도 좋다고 생각한다(『敗戦後論』 316, 314, 317쪽).

본론에서도 검증해 왔듯이, 문학가가 자기의 내부에 집착하여 외부의 사상적 권위를 거부하면서, 또한 타자와 이어지는 회로를 모색하는 것은, 전후사상의 큰 주제 중 하나였다. 아라 마사히토도, 다케우치 요시미도, 이 문제에 몰두하는 가운데 사상을 형성했다고 할 수 있다. 그러나 그들의 경우에는 자기의 체험에 파고드는 것이 전쟁 체험에 파고드는 것으로 이어져, 거기서 타자로 이어진다는 사상을 형성할 수 있었다. 그러나 전쟁 체험을 공유하지 않는 가토에게는 그것이 불가능하다. 거기서 가토는 자기에 파고드는 것을 자국自國에 파고드는 것으로 전환해, 자국이라는 단위로서 전사자를 추도하는 것으로 자기에 대한 집착과 타자에 대한 회로를 양립시키고자 했다고 생각된다. 가토는 『戦後的思考』(講談社, 1999)에서는, 요시모토 다카아키를 인용하면서 전후에 긍정해야 할 것이 있다면 사리사욕의 긍정이라고 주장한다. 그러나 본문 중에서도 말했듯이 요시모토의 사상에 타자와 이어지는 회로는 나오지 않는다. 결과적으로 가토는 300만의 사자와 마주 보자는 에토 준의 주장을, '악에서 선을'이라는 쓰루미 슌스케의 주장과 이을 회로를 만들고자 한다. 가토는 요시모토나 에토를 이따금 인용하며, 또한 쓰루미와도 친교가 있었으므로, 그들의 영향은 직접적이라고 추측할 수 있다.

본래라면 공적 가치를 거부하는 요시모토의 사상이나, 분류를 거부하는 쓰루미의 사상은 300만의 사자라는 에토의 사상과는 도저히 접합할 수 없다. 그러나 가토가 말하는 '나'는, 쓰루미의 '나'와 같은 보편적 요소가 없는 사리사욕이므로 자기를 자국으로 전환하지 않으면, 혹은 사리사욕으로부터 사회적 결합을 설파하는 자유주의 경제론에 의거하지 않는 한, 타자로의 통로는 열 수 없다고 생각된다. 물론 가토가 요시모토나 쓰루미의 원리를 떠나서 그들의 사상을 응용하는 것은 비판해야 할 점은 아니다. 그러나 필자는 가토가 자기에 대해 "밖으로부터 작용하는 '관점'"을 거부하면서, 어째서 자국이라는 단위를 위화감 없이 상정할 수 있는지 이해할 수 없다.

필자의 사견을 말하자면, 이런 입론의 방법에는 가토가 말하는 '문학'의 약함이 나타나 있다고 생각한다. 필자를 포함해서 인간은 불완전한 인식밖에 가질 수 없으므로, 가토의 전후사상 인식이 잘못 되었더라도, 그 자체는 새삼스레 비판해야 할 점은 아닐 것이다. 그러나 가토가 정말로 "자기의 관점에 철저"하고자 한다면, 앞에서 말한 "다케다는, 그때까지 전후에, 거의 아무도 말하지 않았던 것을 이야기한다"라는 등의 글을 쓸 필요는 없다. 그것이 아니라 "나는 이런 사고방식을 다케다의 글에서 처음으로 읽었다"라고 쓰면 충분할 것이다. 그것을 마치 역사적·객관적 진실인 것처럼 "전후에 거의 아무도 말하지 않았던 것을 이야기한다"라는 방식으로 서술한 데서, 필자는 가토의 '문학' 정신의 약함을 본다. 이런 종류의 표현은 전사자를 들어서 천황을 비판한 미시마 유키오를 "전후에서 유일한 예외라 해도 좋은 존재"(『戰後的思考』428쪽) 등으로 호칭하는 등, 가토의 입론 여기저기에서 보인다. 그것은 "나는 이렇게 생각한다"라고 쓰는 것에 불안을 견디지 못하고, 자기 형편에 맞는 객관적 사실 같은 것을 만들어서, 그 권위에 기대려 하는 약함이 아닐까.

이런 약함이, '자기'에게 철저하다고 칭하면서, 마지막에는 그것이 '자국'으로 바꿔치기 되어 버리는, 그의 입론을 초래한다고 느껴진다. 그리고 "나는 이렇게 생각한다"라는 자세에 철저하지 못하고, 자기의 생각에 지나지 않는 전후관을 객관적 진실처럼 기술하여 사회에 유포한 것은, 경솔하지 않을까. 필자는 가토를 새로운 역사 교과서를 만드는 모임과 같은 종류로 취급할 생각은 없지만, 가토 스스로도 다시 생각해 주기를 바란다.

38　川本隆史 「民族·歷史·愛国心」(小森陽一·高橋哲哉編 『ナショナル·ヒストリーを超えて』東京大学出版会, 1998). 西川長夫 「戦後歴史学と国民国家論」(歴史学研究会編 『戦後歴史学再考』青木書店, 2000) 84쪽. 또한 메이지 이후의 일본이 근대화된 국민 국가인가 아닌가 라는 문제는, 현재도 역사 인식에서 하나의 초점이다. 한 가지 지적할 수 있는 것은, 메이지 유신 이후에 일본이 근대 국민 국가 형성을 이루었다고 위치 짓는 니시카와는, 주로 정치 제도의 수입이나 문화 변용의 측면을 중시한다는 점이다(西川長夫 「日本型国民国家の形成」, 西川長夫·松宮秀治編 『幕末·明治期の国民国家形成と文化変容』新曜社, 1995). 마루야마 마사오를 비롯해 메이지 유신으로도 근대 국민 국가가 형성되지 않았다고 간주한 전후 지식인들은, 정치 제도나 문화 변용보다도, 개개인의 주체성이 형성되었는지 아닌지를 중시했다. 어느 쪽의 평가가 옳은가는, 근대의 정의나 근대화의 지표를 어디에서 찾는가에 따라 달라질 것이다.

39　上野千鶴子 「『国民国家』論の功と罪」(西川長夫 『増補 国境の越え方』 해설, 平凡社ライブラリー, 2001) 474쪽.

40　참고로 덧붙이자면 필자 자신의 국민 국가에 대한 평가는 『単一民族神話の起源』,

『〈日本人〉の境界』의 시점에서 거의 변하지 않았다고 생각한다. 2장에서 '세계사의 철학'의 국민 국가 비판론을 서술한 내용으로부터, 필자가 국민 국가에 대한 견해를 바꾸었다고, 결론의 내셔널리즘에 대한 재고를 해석하는 것도 오해이다.

41 최근의 연구 동향과의 관계에서 말하자면, 주체성이라는 말의 함의도 재고할 여지가 있다. 이 말도 전시사상에서 파생되었지만, 2장이나 6장에서 말했듯이, 전후사상의 '주체성'이란, 첫째는 전쟁 체험의 반동으로서 꿈꾸게 된 이상의 인간상, 둘째는 당시 공산당의 교조적인 마르크스주의 해석으로는 표현할 수 없었던 심정을 표현한 말이었다. 패전 직후에 마루야마 마사오나『긴다이분가쿠』동인 등을 비롯해, 인간 정신의 문제를 마르크스주의 이외의 언어로 이야기하고자 하는 논자에게, 하나같이 주체성론자, 근대주의자라는 딱지가 붙여졌음은, 6장 및 11장에서 말했다.

이것이 보다 문학적인 방면이 되면, 패전 직후에는 "꽃, 새, 바람, 달의 아름다움을 마르크스주의로 설명할 수 있는가"라는 주체성론까지 존재했다. 약간 비속한 표현을 쓰자면, "이 나의 가슴속 생각은 이론적인 것이 아니다"라는 "이 나"에 대한 집착이, 주체성이라는 말로 표현되는 경우가 있다(물론 전후사상에서 주체성의 함의가 그것만은 아니다). 이것이 수입 이론에 대한 반발이라는 회로를 통과하면, 일본의 주체성이라는 주장으로 변용되는 경우도 있다. 그렇게 생각하면 가토 노리히로의『敗戰後論』이 하향식의 이데올로기에 반발해 주체의 회복을 주창한 것은, 상술한 의미에서의 현대판 주체성이라고 생각할 수도 있다. 이런 가토가 말하는 주체를 정치 철학이나 국민 국가론으로 해석하여 비판한 논자들에게 그는 "부디, 이 나의 주장을, 이데올로기적으로 받아들이지 말아 주었으면 한다"라고 말했다(『敗戰後論』323쪽). 이렇게 주체라는 말의 해석이 제각각인 상태에서는, 논의가 마지막까지 엇갈렸던 것이 당연하다고 할 수 있다.

이런 주체성이 영어의 subjectivity와 어디까지 겹치는지는, 이 책과는 별개의 비교 연구를 필요로 한다. 적어도 패전 후 주체성 논쟁에서의 주체를, 푸코가 비판한 의미에서의 주체와 안이하게 동일시하며 논의하는 것에 대해 필자는 회의적이다. 이것은 전후사상 속 '근대'나 '인간'의 평가에 관해서도 마찬가지다.

이 책은 전후 일본의 내셔널리즘과 공적인 가치에 관한 언설이 패전 직후부터 1970년대 초까지 어떻게 변천해 왔는가를 검증했다. 결과적으로 이 책은 마루야마 마사오, 오쓰카 히사오, 다케우치 요시미, 요시모토 다카아키, 에토 준, 쓰루미 슌스케 등 주요 전후 지식인들의 사상을 검증했을 뿐만 아니라, 헌법과 강화 문제, 전후 역사학, 전후 교육, 안보 투쟁, 전공투 운동 등의 영역도 다루게 되었다.

1990년대 일본에서는 전쟁 책임과 역사를 둘러싼 문제들에 관한 논쟁이 발생하고, 새로운 우파 단체가 대두하기도 했다. 그것과 병행하여 헌법과 자위대 해외 파견 사이의 관계, 일장기·〈기미가요〉 등의 문제에 대해서도 논쟁이 발생했다. 게다가 이른바 소년 범죄와 관료 부패 등의 문제로 말미암아 공적인 가치와 윤리에 관한 논의도 활발히 이루어졌다.

그런 논의들을 읽으면서 많은 사람들이 타자에게 전해질 수 있는 말을 모색하고 있음을 느꼈다. 사회 상황의 변동 속에서 과거의 말이 효력을 잃자, 사람들은 새로운 말을 찾고자 했다. 많은 논의에서 그런 초조함과 불안감 같은 것을 감지할 수 있었다.

그런데 또 하나 느낀 것은, 논의의 내용에 대한 찬반 이전에, 그들의 논의가 전제로 삼고 있는 전후 인식이 잘못된 사례가 많다는 점이었다. 적지 않은 논자들이 전후의 일본을 비판하고 전후 민주주의의 말의 무효성을 지적한다. 그런데 실은 그렇게 논하는 당사자가 전후의 일본에 대해서도, 또 전후 민주주의에 대해서도 많은 것을 모른다고 느껴지는 논의가 적지 않았다.

그 결과로 적지 않은 논의가 혼자만의 독무대로 끝나고 초조함과 불안감만이 공전한다는 인상을 받았다. 우선 논의의 기초가 되는 전후에 대한 인식을 확실히 할 필요가 있다고 생각했던 것이, 이 책의 연구로 이어졌다.

생각해 보면 전후란 현대인들이 가장 잘 모르는 시대 중 하나다. 왜 잘 알지 못하냐면, "이미 알고 있다"라고 너무 안이하게 생각해 버리기 때문일 것이다. 예를 들어 헌법이라고 하면 "이미 잘 안다"라고 말하는 사람도, 실은 제9조 이외의 조문은 잘 모르는 경우가 적지 않은 것처럼 말이다.

그리하여 연구를 시작해 보니, 전후와 전후 민주주의라는 것이, 종래 내가 막연히 품었던 이미지와는 크게 다르다는 사실을 알게 되었다. 거기에는 나의 예상을 뛰어넘은 세계와, 생각지도 못했던 말의 광맥이 있었다. 이 책은 그런 세계를 그려 내고자 노력했다.

각 장의 내용은 목차를 참조해 주시기를 바란다. 필자의 전작과 마찬가지로 각 장을 독립적으로 읽는 것도 일단은 가능하다. 따라서 관심이 있는 장부터 읽는 것도 한 방법이다. 단 전시 중의 '분위기'를 묘사한 1장은 연구라고 칭하기에는 약간 걸맞지 않은 서술 방식이지만, 다른 모든 장들의 배경이 되기 때문에 이 장을 먼저 읽어 주셨으면 좋겠다. 전후사상은 대부분 그것을 낳아 낸 인간의 전쟁 체험과 분리해서 논할 수 없으며, 전쟁의 상황을 모르고서는 전후를 이해할 수 없다. 그런 까닭에 이 또한 결과적으로, 이 책은 전후사상을 검증해 가는 가운데 "그때 그 전쟁은 대체 무엇이었는가"를 재고하게 되었다.

또한 이 책에서 충분히 언급하지 못한 일본의 식민지 지배와 오키나와 문제는 전작 『'일본인'의 경계』에서 자세히 서술했으므로 그쪽을 참조해 주시기를 바란다. 이 책의 8장에서 다룬 국민적 역사학 운동과 단일민족 의식의 관계 및 그것이 오키나와의 복귀 운동에 준 영향에 대해서도, 이 전작의 제4부에서 자세히 논했다. 또한 여성학으로부터의 문제 제기에 대한 이 책의 자세 등 몇 가지 중요한 문제를 주에서 논했기 때문에, 한 번 읽어 주시면 좋겠다.

전작과 마찬가지로, 이 책 또한 두꺼운 책이 되었다. 당초의 초고를 절반 정도로 압축하고, 수록할 예정이었던 장을 생략하기도 했지만, 그래도 400자 원고지 2,500장에 상당하는 분량(원서 기준-옮긴이)이다. 이렇게 규모가 큰 연구를 하고 있노라면 "당신은 왜 그런 문제에 관심을 가졌는가"라는 질문을 받는 경우가 많다. 나는 대체로 "저도 잘 모르겠습니다"라고 대답한다. 그런 말을 하면 상대편은 어영부영 넘기려고 한다는 인상을 받는 경우가 적지 않은 듯하지만, 이것은 나의 정직한 감정이다.

애초에 자기를 움직이는 동기가 무엇인지, 당사자 자신이 알 수 있을 리가 없다. 때때로 "이런 이런 경험이 출발점이 되어서 나는 이 책을 썼다"라고 말하는 사례도 보이는데, 나는 그런 것을 믿지 않는다. 인간에게 번거로움과 끈기만이 요구되는 연구 같은 작업에 몇 년이고 종사하게 만들 정도의 뒤틀림을 초래한 배경과 이유를, 고작 몇 장 분량의 지면에 쓸 수 있을 리가 없다. 더욱이 자기에게 '결정적인 경험'을 몇 장 안에 이야기 한다는 것을, 나로서는 이해할 수 없다. 결정적이면 결정적일수록 할 수 있는 말이 없으며, 침묵하는 수밖에 없다고 생각하기 때문이다.

그런 까닭에 나는 아직까지도 내가 왜 전작이나 이 책과 같은 연구를 했는지 설명할 수 없다. 과거의 경험이나 기억의 단편을 연결해서 타인을 납득시키기 쉬운 이야기를 만드는 것은 간단하지만, 그런 것은 하고 싶지 않다. 그러나 책을 낼 때마다 "왜 당신은"이라는 질문이 끊이지 않기 때문에, 여기서 나에 관한 사건 하나를 소개한다. 이런 사적인 일에 공공의 지면을 할애하는 것은 내키지 않지만, 허락해 주시기를 바란다.

나의 근친 중에 시베리아에 억류되었던 사람이 있다. 그는 패전 직전에 징병되었고, 총 한 발 쏠 기회도 없이 소련군의 포로가 되어, 시베리아의 수용소에서 약 3년간 강제 노동에 처해졌다. 그는 마을회지에 쓴 회상기에서 이렇게 말한다.

쇼와 20년(1945년) 8월. 나는 현역 초년병으로 만주 동부 무단강牧丹江 근교에 있었고, 소련에 무조건 항복한 뒤에 포로가 되어 10월 하순, 시베리아 동부 치타Chita의 수용소로 연행되었습니다.

사진으로 자주 보는 아우슈비츠Auschwitz의 유대인 수용소 같은, 3단을 겹친 간이침대에 약 500명이 꽉 채워졌습니다.

이제 앞으로 어떻게 될지 모른다는 정신적 불안. 중노동을 하면서도 기아에 가까운 식량 부족. 하루하루 냉기가 더해지며, 곧 다가올 극한을 예고하는, 한마디로 말해서 공포에 가까운 추위. 망향, 배고픔, 추위. 오로지 언젠가는 돌아갈 수 있을지도 모른다는 희망만이 생명을 지탱해 주는 나날이었습니다.

11월 하순, 이미 몇 명이 사망하고 몇십 명의 사망 예정자가 나왔습니다. 동갑의 병사였던 교사카京坂 군도 영양실조 증상을 보이기 시작했습니다. 야맹증이 생겨서, 이른 아침의 작업 정렬 후에 눈길을 걸어서 현장으로 향할 때, 나는 그의 손을 잡았습니다. 밝아지기 전까지는 그렇게 하지 않으면 미끄러져 넘어집니다. 그 사이에 발이 부은 탓인지, 구두에 발이 들어가지 않는다고 슬프게 말했고, 나는 몇 번이나 그를 억지로 밀어붙여서 정렬시켰습니다. 결국 실금이 시작된 11월 중순, 그는 노동을 면제받고 의무실에 입실했습니다. 하지만 물론 어떤 치료도 없습니다. 그냥 누워 있을 뿐입니다.

이듬해 21년(1946년) 1월 1일. 이날은 소련에서도 휴일이라 나는 오후부터 병문안을 갔습니다. 병실에는 침대가 7, 8대 있었을까요. 벽난로에는 아주 적은 양의 석탄이 타고 있었지만 온도는 올라가지 않았고, 바닥에는 떨어진 물이 얼어붙고, 3중 유리창에는 중앙 부분을 빼고 얼음이 들러붙어 있었습니다.

나는 거기서 밖을 바라보았습니다. 러시아인 부모 자식이 걸어갑니다. 집집마다 굴뚝에서 연기가 올라갑니다. 지금의 나에게는 먼 세계인, 가정이라는 것이, 거기에는 있었습니다.

그의 몸 상태는 누가 보아도 앞으로 며칠 밖에 남지 않았음을 알 수 있을 만큼 쇠약해져 있었습니다. 무슨 얘기를 했는지 거의 기억이 나지 않습니다. 어차피 좋은 이야기는 아무것도 없으니까, 뻔하디뻔한 위로밖에 말하지 못했겠지요.

그러나 그가 어딘가 먼 곳을 보는 듯한 눈을 하면서 속삭인, "지금쯤, 내지에서도 설을 지내고 있겠지", "떡을 먹고 싶네"라는 두 가지 말. 이것이 기억의 구석에 남아 있습니다.

며칠 뒤, 그는 죽었습니다. 나 자신도 연일의 중노동과 추위 탓인지 4, 5일 설사가 이어져서 쇠약하고 말라비틀어졌습니다. 1월 며칠 몇 시 경에 그가 죽었던가. 어떤 형태로 알게 되었는가. 누구한테 들었던가. 전혀 기억하지 못합니다. 말하자면 바람의 풍문 같은 것이었겠지요. 타인의 소식을 신경 쓰는 것 같은 인간적 감정은, 누구에게도 남아 있지 않았다고 생각합니다. 장례식이나 조문 같은 것이 없었던 것은 물론입니다. 당시 우리들의 생활은, 인간으로서의 그것은 아니었습니다.

나는 쇼와 23년(1948년) 8월에 귀환하여 마이즈루舞鶴항에 상륙했습니다. 인양선 내의 조사에서 그에 대해서 기입했습니다. 분명히 과거에 귀국한 자가 알려 주어서 가족 분들은 알고 계실지도 모른다고 생각하면서. 그토록 기다렸던 귀국이었지만, 그 후의 생활은 괴로웠습니다. 출정 전에 근무했던 회사로부터는 시베리아 억류자는 공산주의자라는 소문 때문에 좋은 말로 퇴직을 권유당했습니다. 26년(1951년) 2월에는 결핵에 걸려 갈비뼈 7개를 자르는 대수술을 했는데, 퇴원이 가능했던 것은 31년(1956년) 5월이었습니다. 그 후 취직, 전직, 도산, 할 수 없이 41년(1966년)에는 독립해서 작은 장사를 시작, 그 후로는 여차저차 순조로운 생활이 이어져, 현재에 이르렀습니다.

그 사이 매년 정월을 맞을 때마다 그것에 대해서, 그가 한 말을 떠올리며, 현재의 행복에 대해 감사해 왔습니다. 하지만 생활에 여유가 생기면서부터, 표현하기 어려운 어떤 생각이 점점 커져 왔습니다.

살아서 돌아온 것이, 뭐라고 해야 할지 미안한 마음. 나는 아무것도 하지 않아도 되는 것인가.

그 후 그는 1983년에 교사카 군의 형을 찾아내, 사망 당시의 상황을 설명했다. 그는 그것으로 "오랜 세월 어깨에 짊어졌던 짐을 내려놓은 기분이 들어 살 것 같았다"라고 느꼈지만, 그때로부터 10여 년 뒤, 다시 또 다른 사건과 조우했다. 아래는 그것에 대한 신문 보도다(「국적 달라도 억류의 고통은 같다—전후 보상 재판의 원고」『아사히신문』 1996년 11월 30일).

"나도 그도 대일본 제국 신민으로서, 병역의 의무를 다했다. 지금에 와서 국적을 이유로 차별하는 것은, 일본인으로서 정말로 부끄럽다."
하치오지시八王子市의 오구마 겐지小熊謙二 씨(71)는 그런 생각에서, 중국 허베이성河北省에 사는 구舊일본병 오웅근吳雄根 씨(70)가 9월 도쿄지방재판소에 낸 소송의 원고에 이름을 올렸다. 오 씨는 일본병으로서 시베리아에 억류되었는데, 위로금을 받지 못하는 것은 부당한 차별이라고 제소했다.
샐러리맨이었던 오구마 씨는 1944년 11월에 소집되어 중국 동북부(구만주) 무단강의 통신 부대에 배속되었다. 패전 직후인 45년 8월 말, 시베리아 치타의 포로수용소에 억류.
치타에서의 첫 겨울은 추위와의 싸움이었다. 수용소의 석탄도 보리도 옷도, 소련병이 빼돌린 뒤에 남은 것이 주어졌다. 이듬해부터는 정신적인 고통이 덮쳐 왔다. 정치 집회가 매일 열렸고, 판자촌 속에서 '계급 투쟁'이 퍼져 갔다. 장교 출신인 사람은 업신여겨지고, 친했던 사람들끼리 서로를 매도했다.
1947년 말, 다른 부대 병사였던 오 씨가 오구마 씨의 판잣집으로 옮겨 왔다. 그런 고통을 함께한 사람의 이름과 얼굴은 잊을 수 없다. 오구마 씨는 1948년 8월, 마이즈루로 귀환. 오 씨도 같은 해 말에 중국으로 귀국했다.

국내에서는 1988년에 억류자를 위로하는 평화 기념 사업이 개시되었지만, 중국 국적인 오 씨는 대상에서 제외되었다. 잡지에 게재된 오 씨의 수기를 계기로, 두 사람 사이에 편지가 시작되었다.

오구마 씨는 둘이 나누어 갖자며 위로금 국채 10만 엔을 청구하여, "한 사람의 일본인으로서 사과의 마음"과 함께 편지에 5만 엔을 넣어 우송했다. 은급은 근로 연수年數에 따라 수급자와 결격자를 차별하고, 위로금에서는 국적이 장벽이 된다. 정부에 대한 분노가 치밀었다.

일본 정부에 항의하기 위해, 오 씨는 3월에 일본을 방문했다. 48년 만에 재회한 두 사람은 국회의원과 정당 등을 방문했다. "전쟁 전에는 일본인이라면서 병역의 의무를 부과하고, 전쟁 후에는 일본인이 아니라면서 보상에서 제외한다. 이런 것을 용서할 수 있는가. 문화 대혁명文化大革命에서는 '일본군 관계자'라고 격하게 탄압도 받았다"라고 오 씨는 말한다. 호소에 대한 동정은 받았다. 하지만 사태는 변하지 않았다.

일본인이란 무엇일까. 오구마 씨의 분노는 한탄으로 변했다.

첫 공판은 내년 1월 30일. 변호사는 소장에서 오구마 씨에 대해 이렇게 썼다. "나라에 양심이 없어도, 이 나라의 국민에게 양심이 있음을 보여 주었다. 원고가 된 의의는 일본국의 양심과 신의의 회복에 있다."라고.

이 오구마 겐지라는 사람은 나의 아버지다. 오웅근 씨는 구만주에 거주했던 조선인이며, 전쟁 전에는 일본 국적이었다. 전작 『'일본인'의 경계』에서 검증했듯이, 일본 정부는 한국 병합 때 모든 조선인에게 일본 국적을 강제로 부여했고, 그 후로는 원칙적으로 일체의 국적 이탈을 허가하지 않았으며, 1944년에는 만주 재주在住 조선인의 호적 등록을 강행하여 그들을 징병했다. 과거에는 '만주 재주 조선계 일본 국적인'이며, 현재는 '중국적 조선계 구일본병'인 오 씨도 그중 한 사람이며, 패전 후에는 일본 국적을 일방적으로 박탈당했다.

단 덧붙이자면 소장에서 말하는 "일본국의 양심과 신의의 회복"이라는 문언은 변호사가 쓴 것이고, 위의 신문 기사도 기자가 정리해 준 것이며, 나의 아버지는 "일본인으로서"라던가 "병역의 의무" 같은 말을 쓰는 타입의 사람이 아니다. 대개 장사하는 사람으로서 산전수전 다 겪어 온 아버지는 매우 실제적인 인간이며 추상적인 사상이나 논의를 좋아하지 않는다. 재판이 진행되는 과정에서도 전후 보상이나 전쟁 책임, 일본, 아시아, 가해, 피해 같은 말은, 거의 사용하지 않았다.

아버지는 구일본병으로서 중국에 있었으므로 침략한 가해자였음에 틀림없다. 그러나 한편으로 패전 직전에 징병되고 포로가 되어, 강제 노동과 실업과 병이라는 경험을 했기에, 피해의 감정이 강한 것도 무리는 아니다. 애초에 시베리아 억류는, 물론 소련이 행한 것이지만 일본 측도 포로가 된 일본병을 노역에 제공하는 것을 인정하는 문서를 작성했다. 한마디로 일본 국가 측은 포로가 된 일본병을 버리는 말로 써서, 항복 후 소련 정부의 심증을 조금이라도 좋게 만들고자 했던 것으로 보인다.

그런 의미에서 나는 당시의 일본인은 오직 일방적으로 가해 측에 있었다고 단정하는 형태로 전후 보상 문제나 전쟁 책임 문제를 논할 생각은 들지 않는다. 이것은 물론 아시아 지역들이 받은 피해를 경시한다거나, 일본국에 가해 책임이 없다는 의미가 아니다. 내가 말하는 것은, 개개의 사례는 다양하며 또한 정치적 책임에는 경중이 있을 터인데, 추상화 된 '일본인'이라는 단위를 상정하여 그 일본인의 가해나 피해를 논의하는 데 대해서는, 근본적으로 위화감을 씻을 수 없다는 뜻이다. 그 일본인이란 대체 누구를 말하는가, 라고 묻고 싶어진다.

또한 개개의 사례에서도 현실의 인간은 꽤나 복잡하다. 아버지는 앞에서 말한 회상기의 말미에서 "지도자라는 것은, 예나 지금이나 같은 말을 합니다. 나라를 사랑한다. 나라를 지킨다. 이런 말로, 얼마나 많은 사람이 희생되어 왔을까요", "당시의 군인들과 지금의 군인들의 의식은 변했을까요. 군대라는 관료 조직은 그렇게 변하는 것일까요"라고 말한다. 하지만 그 한편으로 아버지는 군가를 좋아하고 어린 시절의 나에게 군가를 가르쳐 주었다. 그런 까닭에 나는 지금도 몇 가지 군가를 외운다.

재판 과정에서는 아버지의 지인인 구 일본군 병사들이 방청하러 왔다. 오웅근 씨는 법정에서 자기의 전쟁 체험을 증언할 때에 '일본인'으로서 배운 군가를 재판관 앞에서 불렀다. 오 씨와 나란히 증언석에 있던 아버지도, 방청석에 있던 병사 출신 사람들도, 가만히 입을 움직이면서 노래를 따라 했다. 그 가사는 "하늘을 대신하여 불의를 친다"라는 것이었다.

물론 군가 그 자체가 바람직하다고는 할 수 없다. 아버지도 오 씨도, 다시 한 번 전쟁 중으로 돌아가고 싶다는 생각은 조금도 하지 않을 것이다. 오히려 대일본 제국의 유산인 군가가 법정에서 일본 정부에 항의하기 위해 사용되고, 국적을 넘어선 공동 의식을 만든 점에 일종의 감개를 느꼈다.

이 소송은 1996년의 제소로부터 2000년 2월 도쿄지방재판소 청구 기각, 같은 해 8월 도쿄고등재판소의 청구 기각을 거쳐, 2002년 3월 최고재판소의 청구 기각으로 결정되었다. 기각의 이유는 현재의 법률에서 해석하면 부당한 차별이라고 할 수 없다는 것으로, 말하자면 문전축객門前逐客이다.

그렇지만 이런 사건이 이 책이나 전작을 쓴 동기가 되었냐고 하면, 의식적으로 그럴 생각은 없었다. 상기 사건의 경위 속에 나의 연구와 겹치는 부분이 있는 점에 대해서도, '우연의 일치'라는 느낌밖에 들지 않는다. 인간은 '파블로프의 개'가 아니므로, 어떤 사건이 있다고 해서 그 직후에 반응이 나타날 정도로 단순하지 않다. 또한 재판이나 포로 체험은 기본적으로는 어디까지나 아버지의 문제이며, 나는 그것에 관계가 있는 사람에 불과하다. 이 소송이 내 연구의 배경이라는 식으로 단순화된 이야기에 대해 나는 위화감을 금할 수 없으며, 아버지도 의외라고 생각할 것이다.

그러나 한편으로 나는 이 책을 통해 많은 전후 지식인들의 사상을 읽은 결과, 결국 인간이 자기 자신의 동기를 스스로 이해하기란 불가능하다는 결론에 이르렀다. 나는 지금 와서도 연구의 동기에 대해서는 "나도 잘 모른다"라고 답할 수밖에 없다. 그러나 위에서 말한 바 같은 아버지와의 관계 속에서 살아왔다는 사실이, 어떤 형태로든 내 연구에 영향을 끼쳤을 가능성도, 나 스스로는 모르겠지만, 완전히 불가능하지는 않다. 나머지는 독자 분들이 자유롭게 판단해 주시면 된다고 생각한다.

이 책의 완성에 이르기까지, 많은 분들에게 신세를 졌다. 깊이 감사드리고 싶다.

2002년 8월

오구마 에이지

이 책을 처음으로 접한 것은 도쿄대에서 유학 생활을 시작한 2008년의 일이었다. 당시 나에게 이 책을 추천해 준 사람은 막 박사 논문을 마치고 대학 교원이 된 한 일본인 선배였다. 그의 말을 듣고 서점에 가서 이 책을 처음 손에 들었을 때, 방대한 분량에 우선 압도당했다. 책 속에서 제재로 다룬 인물들 또한 학자, 문학가, 평론가부터 정치가와 일반인에 이르기까지 대단히 광범위했다.

분석의 틀 및 용어를 다소 건조하게 서술한 서장을 읽을 때만 해도, 수긍은 갔지만 이렇다 할 감명을 받은 기억은 없다. 그러나 전시 중부터 전후까지 국민 전체의 윤리가 붕괴되어 가는 과정을 그린 1장에 들어서자마자, 마치 서술 속으로 빨려 들어가는 듯했다. 책장을 넘기는 손가락을 멈출 수 없었고, 그 자리에서 1장을 다 읽었다.

그 후로 많은 시간을 들여 이 책을 처음 통독하고서, 언젠가 이 책을 번역해서 한국의 독자들에게 소개하고 싶다고 생각했다. 그 뜻이 이루어지기까지 장장 10여 년의 세월이 걸린 셈이다. 그 사이에 나 자신도 석사 논문, 박사 논문을 쓰면서 많은 연구서를 읽었지만, 그 어느 것도 이 책 『민주와 애국』만큼 깊은 인상을 주지는 못했다.

단언컨대 전후 일본에 대해서 알고자 한다면 일단 이 책을 읽어야 한다. 정치, 역사, 사상에 관심이 있는 사람이라면 더욱더 그러하다. 이 책의 견해가 완벽해서가 아니라, 여기 등장하는 인물 및 논쟁, 사건 들을 비롯한 역사적 흐름이, 전후 일본을 논하는 기본적인 발판이 되기 때문이다.

개개의 사상가 혹은 사상 조류를 논한 책은 이 책 외에도 많다. 그리고 개별적인 사상가에 관해서라면, 이 책보다 훨씬 깊이 있는 연구서도 있다. 하지만 사상의 축을 명확히 설정하고 그에 따라 전후 일본에서 이루어진 논의의 전체적인 지도를 그려 낸 저작은, 이 책 외에는 거의 없다. 이 분야에 대한 배경 지식이 거의 없는 독자라면 전체적인 조감도를 파악하는 의미에서, 전문적인 공부를 한 독자라면 개개의 사상가들에 대한 해석을 비판적으로 읽으며 고찰을 심화하는 의미에서 도움이 될 것이다.

여기서 한 가지 질문이 나올 수 있을 것이다. 우리가 왜 전후 일본에 대해서 알아야 하는가, 라는 질문이다.

물론 모든 사람이 이 주제에 대해서 알 필요는 없다. 단 전후를 포함한 일본의 근현대사, 특히 사상사는, '생각하는 사람'으로서 존재하고자 하는 한 한국에서도 피해 가기 어려운 대상이다.

이는 역사나 외교에 얽힌 한일 문제 때문만은 아니다. 나는 현재 우리가 사고하고 토론할 때 쓰는 주요 용어 중 대부분이, 19세기와 20세기에 걸친 짧은 시기에 일본(및 중국)에서 만들어졌다는 사실을 강조하고 싶다. 철학, 사회, 개인, 자유, 권리, 이상, 관념, 추상, 과학, 종교 등의 어휘가, 서구 언어에 대응하는 형태의 번역어로서 발명되거나, 혹은 중국 고전 속에서 재발견되었다. 어떤 이유에서, 어떤 지적 교양을 바탕으로 이러한 어휘들이 탄생했는지, 이 어휘들이 그 후로 어떤 역사적 문맥 속에서 덮어 쓰기를 거듭하며 현재에 이르렀는지 알고자 한다면, 일본의 사상사를 들여다 볼 수밖에 없다.

이처럼 많은 개념과 어휘가 일본 지식인들의 필터를 통과해서 들어온 만큼, 우리의 사고 과정도 좋든 싫든 일본의 사상사와 긴밀히 연관되어 있다. 또한 언어는 고정적이지 않고 유동적이며, 이 책도 시대의 변화에 따라서 '민족'이나 '애국', '민주주의'와 같은 어휘의 함의가 달라지는 과정을 보여 준다. 특히 '제1의 전후'에서 좌파의 언어였던 '애국'이, 고도성장 이후의 '제2의 전후'에서는 우파의 언어로 바뀌어 간 사실은, 한국의 해방 후 역사에서 민주와 애국이 어떻게 논의되었는지 고찰하는 데도 시사를 주리라 믿는다.

제목이 말해주듯이 이 책은 두 개의 사상적 축을 중심으로 구성되어 있다. 민주와 애국, 즉 민주주의와 내셔널리즘이다. 그 배경은 부국강병과 문명개화를 목표로 했던 메이지 시대를 지나, 천황을 중심으로 강력한 정치적·윤리적 중앙 집권을 꾀했던 20세기 전반의 파시즘 시대를 거쳐서, 전쟁과 패전으로 국가의 몰락을 경험하게 된 20세기 중반 이후의 '전후'라는 시대다.

이 전후의 출발점에는 전시 중의 국가에 대한 통렬한 회한이 있었다. 본문에서도 말하듯이 총력전 체제의 기능 부전과 전시의 각종 부정부패, 위에서부터 강요되는 부조리한 정신주의를 경험한 많은 사람은, 전쟁이 끝난 뒤에 일본을 '더 좋은 나라'로 만들어야 한다고 생각했다. 그리고 그 '더 좋은 나라'의 내용이, 일본적인 모든 것을 버리고 서구화를 추구하는 방향은 아니었다.

자세한 내용은 본문에서 보실 수 있지만, 여기서는 한 가지만 덧붙이겠다. 일본의 민주화가 제2차 세계 대전이 끝난 뒤에 완전히 새롭게 시작된 것은 아니었다는 사실이다. 물론 민주주의는 일본에서 자생적으로 탄생한 정치 체제가 아니었다. 하지만 의회 및 정당 정치의 성립과 성인 남자의 보통 선거법 제정을 골자로 하는 민주적인 정치의 기반은, 일본에서 20세기 초반 무렵에 정비되었다. 이 점은 연합군 측도 인식하고 있었고, 따라서 포츠담 선언에서도 전쟁이 끝나면 일본 국민들 사이에 민주주의적인 경향을 '부활'시켜야 한다고 말한다. 물론 이러한 '전전 민주주의'는 인민 주권을 전제로 한 '전후 민주주의'와는 성질이 달랐다. 하지만 군주정과는 다른 정치적 정당성에 입각하여 질서를 구축하고자 했던 시도가 전쟁 전의 정부 제도 안팎에 존재했다는 부분은, 일본에서의 '민주'를 생각할 때에 놓쳐서는 안 된다.

그리고 전후에 더 좋은 나라를 만들고자 했던 사람들은 점령기의 딜레마로 고민했다. 개인, 권리, 자유, 민주주의와 같은, 본래라면 민중의 요구를 통해 성취되어야 할 가치가, 승리를 거둔 강자의 위력으로써 일본인들에게 배급되는 꼴이 된 것이다. 특히 당시의 지식인들은 이렇게 강자로부터 강요된 자유에 대해 복잡한 심정을 품었다. 역사가 존 다우어는 『패배를 껴안고』에서 점령기에 이루어진 일련의 대개혁들, 즉 신헌법 제정, 농지 개혁, 군대와 재벌의 해체 등이 '위로부터의 혁명'이었으며, 형식적으로는 메이지 유신 이후에 일본의 엘리트들이 추진한 개혁과 다를 바가 없었음을 지적했다. 점령기의 민주화는 미군의 검열과 통제를 동반한 비민주적인 방식으로 이루어졌다. 이것이 하나의 원인이 되어, 슬로건은 군국주의에서 민주주의로 바뀌었지만, 위에서 시키는 대로 순종하는 일본인의 사고방식 및 행동 양식은 바뀌지 않았다는 비판도 있다.

그러나 이 책 『민주와 애국』은 거기서부터 한 번 더 굴절된 역사를 그린다. 당초에는 밖으로부터, 또 위로부터 '주어진' 것이었던 민주주의의 가치를 내재화한 일본의 사람들이, 1950년대부터 이를 밖(미국)과 위(정부)로부터 가해지는 압력에 대한 대항 수단으로 역이용하게 되었다는 것이다. 일본에서 일본국 헌법 및 헌법 제9조가 차지하는 위치나 개헌론과 호헌론의 대립 등을 관찰할 때는, 추상적인 평화 가치의 옹호나 단순한 염전 감정이라는 측면 외에도 이런 전후의 역사적 문맥을 염두에 둘 필요가 있다.

다음으로 이 책의 특징에 대해, 우선 연구자의 입장에서 세 가지를 언급하고 싶다.

첫 번째로 지적할 점은, 전시 중과 전후의 연속성을 강조하는 이 책의 시각이다. 이는 이미 일본의 학계에서는 대부분의 연구자가 수긍하는 시각이라 해도 과언이 아닌데, 예를 들어 한국에도 번역된 나카노 도시오中野敏夫의 『오쓰카 히사오와 마루야마 마사오』大塚久雄と丸山眞男 (삼인, 2005)

는 이 점을 단적으로 보여 준다.

단 주의해야 할 점은, 무엇이 어떤 식으로 연속되어 있고, 또 어디가 어떻게 단절되어 있는지를 각각의 사례별로 정밀하게 분석해야 한다는 것이다. 전시 중의 체험과 사상(예를 들면 총력전의 동원 사상)이 전후의 사상(예를 들면 주체성을 희구하는 사상)에 큰 영향을 끼쳤다고 해서, 그것이 모든 사상가에게 공식처럼 적용되지는 않는다. 이 책도 모든 전쟁 체험을 동일시하지 않고, 세대, 계층, 참전 경험의 유무, 전시 중에 머물렀던 장소, 정치적 지향점 등에 따라 개개의 사상가가 서로 다른 다양한 궤적을 그렸음을 보여 준다. 전시 중과 전후의 연속성이라는 시각은, 사상의 다양성이라는 시각과 상호 배타적이지 않다.

두 번째로 지적할 점은, 이 책의 저자인 오구마 에이지가 역사사회학자라는 점이다. 따라서 이 책이 사상가들을 다루는 방식은, 이른바 사상사가들의 방식과는 다소 차이가 있다. 간단히 말해서 오구마는 인간의 사회적 존재로서의 측면을 강조한다. 인간은 그가 살아가는 환경 속에서 사회적으로 구성되는 존재이며, 사상가들 역시 인간이다. 그리고 20세기 중엽의 인간에게 가장 큰 사회적 경험은 전쟁이었다.

이 책은 전쟁 체험이 개개인의 사고방식에 거의 절대적인 영향을 미쳤다고 간주한다는 점이 특징이다. 그에 비해서 사상사 분야의 연구 중 대부분은, 사상가가 생활한 사회적 배경도 물론 고려하지만, 그보다는 그 사상가가 무엇을 읽었고 어떤 논의를 흡수했으며 누구를 논적으로 삼고자 했는가(그 논적은 반드시 동시대의 인간일 필요는 없다)라는 측면에 더욱 주목한다. 나 개인적으로는 전후 일본의 사상가의 경우, 전쟁 체험을 비롯한 사회적 경험이 그들의 문제의식(무엇이 문제인가)을 형성하는 데에 큰 영향을 끼쳤다고 생각한다. 그러나 그러한 문제에 대해서 각 사상가가 제시한 응답 및 처방전(그 문제를 어떻게 해결해야 하는가)을 이해하기 위해서는, 그들이 내면적으로 구축한 독자적인 지성사를 고찰해야 한다고 본다. 따라서 나의 경우에는 오구마의 방법에 동의하는 부분도, 동의하기 어려운 부분도 있다.

　오구마는 사상 및 사상가를 철저하게 시대의 산물로 간주함으로써 개개 사상가에 대한 연구에서 발생하기 쉬운 신화를 해체한다. 또한 특정한 사상에 대한 내재적 분석보다는, 그것이 당시 사회에서 어떤 상황을 배경으로 하여 각광받았고, 당시 논단에 어떤 영향을 끼쳤는지 밝히는 데 중점을 둔다. 따라서 예를 들어 교토학파가 이야기하는 '세계사의 철학'이란 무엇인가, 그것은 하이데거 철학과 어떤 관계인가, 혹은 마루야마 마사오가 분석한 일본 파시즘에서 농본주의의 역할은 무엇인가와 같은 내용은 자세히 다루지 않는다. 이러한 문제에 관심이 있는 독자는 이 책을 입구로 삼아서 좀 더 세부적인 개별 연구의 경로로 들어가 볼 필요가 있다.

　세 번째로, 한국어로 번역된 책 중에서 이 책과 더불어 읽기를 권하고 싶은 몇 권을 소개하겠다. 우선 오구마 에이지의 저작 중에서는 현재 절판 상태인 『일본 단일민족신화의 기원』(소명출판, 2003)을 비롯해서 『일본이라는 나라?』(책과함께, 2007), 『사회를 바꾸려면』(동아시아, 2014), 『일본 양심의 탄생』(동아시아, 2015)이 한국어로 번역되어 있다.

　같이 읽기 좋은 책으로는 한도 가즈토시半藤一利의 『쇼와사』 1, 2(루비박스, 2010), 존 다우어의 『패배를 껴안고』(민음사, 2009), 야마구치 지로山口二郎와 이시카와 마스미石川眞澄가 함께 쓴 『일본 전후정치사』(후마니타스, 2006), 요시미 슌야吉見俊哉의 『포스트 전후 사회』(어문학사, 2013)를 추천한다. 개별 사상가의 원전으로는 마루야마 마사오, 다케우치 요시미, 쓰루미 슌스케 등의 저작이 몇 권 번역되어 있다.

　마지막으로 번역자의 입장에서 한 마디 덧붙이자면, 번역은 원문과 뉘앙스의 차이가 다소 생기더라도 가독성을 우선시했다. 또한 띄어쓰기가 없는 일본어의 구조상, 원문 및 인용문에는 번역문보다 훨씬 많은 구두점이 사용되었는데, 독자의 편의를 고려해서 구두점을 생략하거나 위치를 바꾸기도 했다. 오역이 있다면 물론 나의 책임이니 기탄없이 지적해 주시기를 바란다.

해외 생활이 길어지면 누구나 느끼는 바이겠지만, 언어의 정교한 구사가 생명이나 다름없는 분야를 공부하고 또 가르치며 통감한 점이 있다. 언어가 마음껏 호흡하고 활개치고 성장하고 유희할 수 없으면, 사고도 호흡하고 활개치고 성장하고 유희할 수 없다는 사실이다. 나의 경우에는 일본에서 첫 학술서를 출판한 뒤로 모국어에서 만끽할 수 있는 언어 구사의 즐거움이 무척 그리웠다. 이번 번역은 분량이 많은 까닭에 시간이 오래 걸렸지만, 좋아하는 책을 모국어로 재현한다는 의미에서 무척 즐거운 작업이었다.

이 책이 나오기까지 많은 분들께 신세를 졌다. 한 분 한 분 이름을 들 수는 없지만, 언제나 아껴주시고 지지해 주시는 모든 분들께 깊이 감사드린다. 끝으로 번역 제안에 선뜻 응해 주신 돌베개의 한철희 대표님, 작업 기간이 길어진 탓에 출간까지 함께하지 못한 최혜리 님, 방대한 분량의 원고를 꼼꼼하게 살펴 주신 라헌 님께 감사드린다.

2019년 3월 요코하마에서
조성은

인명 찾아보기

411, 420, 425, 426

마쓰모토 지이치로 168, 180

마쓰무라 가즈토 250, 252, 562

마쓰무라 겐조 613

마쓰시마 마쓰타로 157

마쓰시마 에이이치 448, 471, 1037

마쓰시타 게이이치 667, 1075

마쓰야마 젠조 616

마에다 하지메 668

마오쩌둥 334, 493, 507, 644, 759, 779

마틴, 조지프 557

만, 토마스 227, 1017

맥아더, 더글러스 94, 139, 140, 143, 183,
    195, 196, 200~202, 229, 543~547,
    550, 552, 554, 558, 578, 877, 972,
    1015, 1058~1061

맥코이, 프랭크 583

맨스필드, 캐서린 814

메이지 천황 150, 162, 202, 752, 843,
    845, 849

모로사와 요코 625

모리사키 가즈에 722

모리시타 도루 1063

모리 아키라 472

모리야마 게이 63

모리 오가이 279, 293, 306, 524, 847,
    1024

모리타 소헤이 151, 171, 182

모리토 다쓰오 206

모세 305

무나카타 세이야 61, 164, 223, 300, 367,
    369, 438, 464~467, 469, 472, 963,
    1033, 1044, 1047, 1071

무라카미 이치로 721, 729

무라카미 효에 149, 150, 719, 721, 722,
    726, 729

무샤노코지 사네아쓰 243, 247, 262, 269,
    307, 874

무차쿠 세이쿄 366, 900

무토 이치요 708

뮌처 346

미나구치 고조 654

미나무라 시로 1029

미나카타 구마구스 332, 863, 864

미노데 시게노리 457

미노베 다쓰키치 23

미부치 다다히코 180

미시마 유키오 536, 560, 668, 680, 681,
    695, 720, 722, 729, 730, 779~781,
    794, 795, 801, 812, 854, 909, 921,
    940, 967, 1057, 1086, 1111

미쓰코 748

미야모토 겐지 152, 154, 171, 228, 230,
    268, 284, 285, 296, 308, 344, 352

미야모토 쓰네이치 664, 1074

미야모토 유리코 265, 277, 281, 284,
    304, 307, 324, 350, 351, 874, 1027,
    1028

미야자와 겐지 733, 735, 738, 759

미야자와 기이치 595, 931

미야자와 도시요시 161, 179, 549, 550

미야자키 하야오 323, 969, 1030

미야하라 세이이치 341, 342, 365, 464,
    467

미와 주소 589

미요시 다쓰지 151, 176, 1008

미우라 게이코(에토 게이코) 853, 858, 824

미즈노 기요시 455~457, 459

미즈키 시게루 1102

미치우라 모토코 644

미카사노미야 다카히토 168, 169, 183

미키구치 쓰네사부로 903

스즈키 료이치 394, 420, 426

스즈키 마사시 409

스즈키 모사부로 551, 567, 585, 591,
594, 1065

스즈키 시게타카 246~248, 435, 1019

스탈린 231, 344, 353, 394~397, 403,
404, 453, 457, 697, 1034, 1037

스피노자 882

시가 나오야 191, 243, 265, 281

시가 요시오 152, 999

시나 린조 1034

시나 에쓰사부로 705

시노하라 하지메 620, 633

시데하라 기주로 195, 196, 201, 212,
246, 578, 1061, 1066

시라토리 구니오 722, 729

시마 시게오 353, 645, 654

시마키 겐사쿠 59, 63, 270

시무라 다카시 117

시미즈 도오루 205

시미즈 이쿠타로 24, 63, 158, 160, 250,
326, 329, 330, 332, 337~339, 342,
365, 439, 440, 523, 562~564, 568,
570, 576, 577, 582, 603, 608~610,
616, 617, 638, 645~647, 655, 677,
687, 961, 970, 996, 997, 1031, 1033,
1034, 1062, 1068, 1071, 1077, 1087

시바 노부히로 976

시바 료타로 150, 843, 955, 1008

시바타 미치코 54~56, 999

시바타 쇼 353

시볼드, 윌리엄 183, 550, 585

시시 분로쿠 → 이와타 도요오

신숙옥 986

실러 346

쑨원 501, 502, 515

쓰게 요시하루 652

쓰네토 교 585, 586

쓰다 미치오 52

쓰다 소키치 162, 175, 236, 244, 245,
252, 253, 324, 385, 386, 564, 565,
1004, 1010, 1015, 1019, 1020, 1037

쓰루미 가즈코 332, 333, 413, 647, 863,
865, 878, 882, 1031, 1102

쓰루미 슌스케 32, 74, 104, 222, 230,
238, 251, 252, 254, 331, 332, 354,
356, 419, 502, 608, 615, 625, 626,
628, 630, 631, 634, 636, 640~642,
646, 647, 650, 663, 670, 672, 680,
710, 723, 731, 758, 759, 767, 774,
819, 861, 863~904, 923~928, 931~
933, 935~937, 942~944, 946, 948~
950, 959, 960, 962, 963, 965, 970,
988, 997, 1020, 1022, 1031, 1049,
1054, 1055, 1071, 1075, 1076, 1080,
1082, 1094~1104, 1106, 1110, 1111

쓰루미 요시유키 947, 1107

쓰루미 유스케 332, 863, 864, 873, 874,
895, 899, 1102

쓰보이 시게지 753

쓰즈키 쓰토무 24, 996, 997, 1002, 1017,
1067

쓰지모토 기요미 1104

ㅇ

아라공, 루이 396

아라 마사히토 65, 158, 226, 259, 264,
266~277, 279, 280, 282, 289, 292,
294~297, 300, 303~306, 380, 391,
515, 533, 587, 598, 640, 641, 721,
724, 754, 801, 922, 923, 956, 962,